U0375542

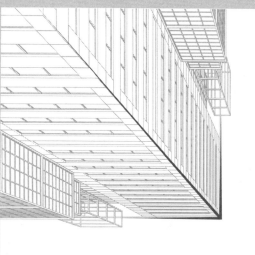

房地产开发企业合规管理及法律风险防范

刘桂林 ——— 著

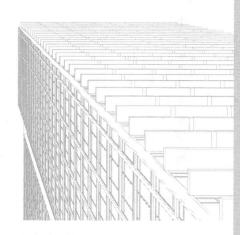

REAL ESTATE DEVELOPERS

Compliance Management and
Legal Risk Control of Real Estate Developers

图书在版编目（CIP）数据

房地产开发企业合规管理及法律风险防范 / 刘桂林著. —北京：北京大学出版社，2024.6
ISBN 978-7-301-34850-5

Ⅰ.①房…　Ⅱ.①刘…　Ⅲ.①房地产企业—房地产法—研究—中国　Ⅳ.①D922.384

中国国家版本馆 CIP 数据核字（2024）第 045491 号

书　　　名	房地产开发企业合规管理及法律风险防范 FANGDICHAN KAIFA QIYE HEGUI GUANLI JI FALÜ FENGXIAN FANGFAN
著作责任者	刘桂林　著
策 划 编 辑	陆建华
责 任 编 辑	陆建华　王馨雨
标 准 书 号	ISBN 978-7-301-34850-5
出 版 发 行	北京大学出版社
地　　　址	北京市海淀区成府路 205 号　100871
网　　　址	http://www.pup.cn　http://www.yandayuanzhao.com
电 子 邮 箱	编辑部 yandayuanzhao@pup.cn　总编室 zpup@pup.cn
新 浪 微 博	@北京大学出版社　@北大出版社燕大元照法律图书
电　　　话	邮购部 010-62752015　发行部 010-62750672　编辑部 010-62117788
印 刷 者	天津中印联印务有限公司
经 销 者	新华书店
	787 毫米×1092 毫米　16 开本　47.25 印张　1147 千字 2024 年 6 月第 1 版　2024 年 6 月第 1 次印刷
定　　　价	188.00 元

未经许可，不得以任何方式复制或抄袭本书之部分或全部内容。
版权所有，侵权必究
举报电话：010-62752024　电子邮箱：fd@pup.cn
图书如有印装质量问题，请与出版部联系，电话：010-62756370

前言

自20世纪90年代初我国房地产业兴起到现在,房地产业已经经历了三十年左右的发展,其间虽经起伏,但发展至21世纪初,房地产业已经成为国民经济的重要组成部分。房地产业属于资金密集型产业,被公认为是高投入、高产出、高利润且伴随着高风险的行业。房地产开发企业的风险主要包括市场风险、政策风险、决策风险、财务风险、运营风险和合规及法律风险等。随着房地产开发企业管理意识和水平的提高,市场风险、政策风险、决策风险、财务风险和运营风险,近些年已经引起房地产开发企业的足够重视。房地产开发企业在项目开发之前一般都会进行充分论证,包括市场前景预测、盈利能力评估,以及对国家产业政策走向进行认真分析研究,并在此基础上作出房地产投资决策。但房地产开发的合规风险及法律风险远未引起房地产开发企业的足够重视,很多房地产开发企业仍然囿于与行政管理部门的关系,对合规风险及法律风险熟视无睹;或者有些房地产开发企业虽然意识到合规风险及法律风险,但不知道如何进行合规管理及法律风险防范。

由于房地产开发企业对合规风险及法律风险重视不够,或虽引起重视但不知如何有效地预防,常陷入各种各样的纠纷中。这些纠纷既包括与行政管理部门的纠纷,又包括与平等民事主体的纠纷,如与金融机构、建筑承包商、分包商、材料设备供应商、设计单位、监理单位及各类中介机构、购房人、承租人等的纠纷。这些纠纷轻则使房地产开发企业面临违约赔偿等一系列的法律诉讼,重则导致房地产开发企业失去土地的使用权或项目的开发权。尤其是近十年来,由于房价的波动,国家出台了一系列相关政策对房地产市场进行宏观调控,给房地产开发企业带来了法律风险,导致房地产纠纷诉讼案件数量有所增加。房地产开发企业遇到的各种各样的纠纷可能使其陷入困境,这不仅会给房地产开发企业造成物质损失,还会影响其声誉。

房地产开发企业合规风险及法律风险主要来源于政策、市场、决策、经营和管理,因此,应从风险的源头控制合规风险及法律风险,而控制风险的关键在于预防。进行房地产企业合规管理及法律风险防范的重点也在于预防,而非在发生纠纷后像消防员一样去灭火。一个企业的核心能力并不在于其诉讼能力,而在于通过一系列管理能力的提升来避免因工作中的疏忽引起的争议和诉讼,从而化不特定的法律风险为特定的管理成本支出,这才是企业应当采取的上策。① 房地产开发企业进行合规管理及防范法律风险,需要建立健全企业合规管理及法律事务工作机构

---

① 参见吴江水:《完美的合同——合同的基本原理及审查与修改》,中国民主法制出版社2005年版,第1页。

和法律顾问制度,并充分发挥合规及法务工作人员的作用。房地产开发企业合规建设及法律风险处理常见的方法有避免法律风险、降低法律风险、转移法律风险和保留法律风险。但房地产企业风险防控体系的建立不仅要健全企业内部机构,还要从合规和管理的角度,根据项目开发流程的不同阶段,结合房地产企业自身的不同发展阶段、发展规模、市场变化、企业风格、企业性质等方面全方位建立合规体系与风险防范体系,找到适合企业的合规管理体系和风险防范方法。本书希望从房地产开发企业的角度出发,通过对房地产开发企业合规管理体系的建立和法律风险防范的分析,找到预防合规风险及法律风险的方法,以资房地产开发企业借鉴。

笔者平时工作侧重于房地产开发过程中的合规管理及法律风险防范,对前期开发流程、报批和审批环节及其具体细节、前后衔接等内容没有亲自处理过,主要通过案件或前期规划人员及网上公开资料了解相关知识,因此,本书关于程序方面的内容难免会有疏漏。另外,行政管理部门关于开发流程及审批手续的政策也会根据不同的情况随时变化,行政管理部门本身也存在机构或职能调整的情况,而且各地的规定也略有不同,因此,关于开发流程及审批手续的部分还请读者根据当地具体规定仔细鉴别。本书的编写历时十余载,前期准备的资料及案例因法律法规及政策的变化,很多已经修订或者废止,很多规范性法律文件中的具体条文序号、内容等因修订也发生了变化,在此还请读者注意,在引用具体规范性法律文件时务必核实其是否被废止及条文内容和序号是否发生变化。

本书共有十一章,按照房地产开发的基本流程顺序安排:第一章为房地产开发企业设立合规管理及法律风险防范;第二章为土地一级开发合规管理及法律风险防范;第三章为房地产二级开发合规管理及法律风险防范;第四章为房地产开发企业融资合规管理及法律风险防范;第五章为外商投资及对外投资房地产合规管理及法律风险防范;第六章为建设工程勘察设计监理合规管理及法律风险防范;第七章为房地产开发企业工程建设合规管理及法律风险防范;第八章为房地产开发企业交易合规管理及法律风险防范;第九章为房地产开发企业税费合规管理及法律风险防范;第十章为房地产开发企业物业合规管理及法律风险防范;第十一章为房地产诉讼与仲裁。为节省篇幅,本书不解释概念,不对概念的内涵与外延进行界定,均以常识性理解为主。

本书的编写得到了各界朋友的帮助。本书能够出版,要特别感谢华英证券有限责任公司监事李建立、中国计算机世界出版服务公司董事长滕小强、青岛计世智岛软件园开发有限公司总经理金鹏,还要感谢泰华锦业房地产开发有限公司董事长李春岗、北京宣兴房地产开发股份有限公司副总经理梁海奇、北京华油房地产开发有限公司总经理刘洪文、正源房地产开发有限公司副总经理富焕斌、中国卫通集团股份有限公司审计与法务部经理袁克文、辽宁宏业控股集团有限公司董事长王国林和总经理孙国朋、北京市京东物资公司董事长郄茂金、三河华远房地产开发有限公司副总经理高原、北京昌平科技园发展集团有限公司吴迪,以及北京首都开发股份有限公司、北京首开亿信置业股份有限公司、北京东银燕华置业有限公司、中国房地产开发集团有限公司、北京优龙国际旅游度假村投资有限公司、惠州市嘉银实业有限公司、武汉军泰置业有限公司、河北鑫博房地产开发有限公司、海南华鸿和怡置业中心、武汉爱心锦泰置业有限公司、济南中力房地产开发有限公司、成都华油兴业房地产开发有限公司等房地产开发公司专业人士在本书编写过程中给予的专业指导和建议。在此还要特别感谢北京市鑫诺律师事务所主任郝建亚律师、刘宁律师、张庆律师、郭振中律师、王江华律师、党建兴律师、薛康波律师、展曙光律师、杜晓军律师、魏超律师、冯向峰律师等全体同人及北京市时代九和律师事务所的前同事、北京瑞强律师事务所主任郑瑞志律师的专业建议与帮助,还有北京老舍文艺基金会理事长王海域,在此一并表示感谢!

此外,还要特别感谢北京大学出版社陆建华编辑、王馨雨编辑及其团队成员辛勤的付出!

由于笔者学识和实践仍有不足,水平有限,本书在深度、广度、用词的准确性和实务操作性上均未完全达到笔者的预期,疏漏错误之处在所难免。因此,对于本书错误及不足之处,诚挚欢迎广大读者和房地产相关专业人士批评与指正。笔者邮箱:13901156983@139.com。

刘桂林
2023年7月于北京宣武门

第一章 房地产开发企业设立合规管理及法律风险防范 001
第一节 房地产开发企业设立的条件及程序 001
第二节 房地产公司设立协议的风险防范 009
第三节 制定房地产公司章程的风险防范 018
第四节 设立房地产项目公司的风险及防范 024
第五节 房地产公司开发资质的风险及防范 027
第六节 代理注册公司的风险防范 029
第七节 房地产公司设立的税费筹划风险 030
第八节 房地产投资决策风险 032

第二章 土地一级开发合规管理及法律风险防范 036
第一节 土地一级开发模式 036
第二节 土地一级开发及入市的流程 042
第三节 土地一级开发前期策划阶段的风险及防范 046
第四节 土地一级开发征询意见和审批阶段的风险及防范 051
第五节 土地一级开发实施阶段的风险及防范 058
第六节 土地一级开发中的法律风险防范 083
第七节 土地一级开发中合同的风险防范 085
第八节 土地一级开发投资融资的风险及防范 095
第九节 开发企业储备土地及土地闲置的风险防范 096
第十节 与地方政府合作的风险及防范 100
第十一节 通过律师介入土地一级开发进行风险防范 107
第十二节 土地一级开发中的其他问题 111

第三章 房地产二级开发合规管理及法律风险防范 113
第一节 房地产二级开发流程 113
第二节 取得二级开发权的基本方式及风险防范 119

第三节	房地产开发中规划的法律风险及防范	180
第四节	烂尾楼处置的风险及防范	187
第五节	开发企业储备闲置土地的风险防范	190
第六节	工业地产商业开发的风险防范	201
第七节	集体经营性建设用地入市与开发"小产权房"的风险及防范	207
第八节	开发政策性房屋的风险及防范	229
第九节	房地产公司收购的风险及防范	238
第十节	商业地产开发的风险及防范	257
第十一节	旅游地产开发的风险及防范	260
第十二节	房地产开发的行政法律风险及防范	270
第十三节	房地产开发的刑事法律风险及防范	274
第十四节	国有房地产企业合规管理及风险防范	277

第四章 房地产开发企业融资合规管理及法律风险防范 288

第一节	房地产融资市场的现状	288
第二节	房地产融资的法律风险及防范	290
第三节	不同融资模式的风险及防范	296
第四节	签订各类融资合同(协议)的要点	329
第五节	中小型房地产企业融资的方案	347
第六节	律师在房地产开发企业融资中的工作	351

第五章 外商投资及对外投资房地产合规管理及法律风险防范 354

第一节	外商投资房地产的历史及现状	354
第二节	外商投资境内房地产的开发模式	356
第三节	外商投资房地产的准入条件及限制	358
第四节	外商投资房地产的法律风险及防范	365
第五节	外商投资房地产的税费问题	377
第六节	对外投资房地产的法律风险及防范	378

第六章 建设工程勘察设计监理合规管理及法律风险防范 382

第一节	建设工程勘察的风险及防范	382
第二节	建设工程设计的风险及防范	385
第三节	建设工程监理的风险及防范	402

第七章 房地产开发企业工程建设合规管理及法律风险防范 414

第一节	招标投标的风险及防范	414
第二节	施工中的法律风险及防范	432
第三节	工程建设合同担保的风险及防范	437
第四节	建设工程施工合同无效的法律风险及防范	440
第五节	工程造价的风险及防范	460

第六节	建设工程承包合同履行的风险及防范	471
第七节	竣工验收和建筑物交付的风险及防范	486
第八节	建设工程价款支付和结算的风险及防范	495
第九节	建设工程索赔的防范及反索赔	501
第十节	建设工程施工合同管理及风险防范	515
第十一节	开发企业材料设备采购的风险及防范	533
第十二节	房地产企业印章管理的法律风险及防范	538

第八章　房地产开发企业交易合规管理及法律风险防范　541
第一节　销售中的法律风险及防范　541
第二节　房地产开发企业租赁业务的法律风险及防范　606
第三节　抵押的法律风险及防范　619
第四节　不动产登记制度对开发企业的影响　621

第九章　房地产开发企业税费合规管理及法律风险防范　629
第一节　房地产开发各阶段应缴纳的税费及其标准　629
第二节　房地产开发税收规避方法揭示及法律风险　639
第三节　房地产开发企业纳税管理制度设计及税费风险防范　644
第四节　政府通过税费宏观调控的问题　653

第十章　房地产开发企业物业合规管理及法律风险防范　656
第一节　物业立法变化趋势对开发企业的影响　656
第二节　开发企业与物业管理有关的风险及防范　658
第三节　从合同角度防范与物业管理有关的风险　672
第四节　物业管理纠纷的处理方式　686

第十一章　房地产诉讼与仲裁　691
第一节　房地产案件的特点及防范　691
第二节　办理房地产案件的技巧　692
第三节　房地产纠纷案例　693

参考书目　742

第一章
房地产开发企业设立合规管理及法律风险防范

通常,投资者要进行房地产开发,须先设立房地产开发企业,然后才能从事房地产开发业务。房地产开发企业在设立过程中可能会遇到很多问题,主要有投资风险、设立协议风险,以及设立房地产开发企业的性质、房地产开发企业的设立条件及程序、房地产开发企业的经营范围、房地产开发企业的组织形式、房地产开发企业内部治理结构、房地产开发企业注册代理、房地产开发与经营活动的资质等级和设立时的税务筹划等问题。

第一节 房地产开发企业设立的条件及程序

一、房地产开发企业的分类

根据不同的标准,可将房地产开发企业分为不同的类型:以出资主体所有权的性质为标准划分,可将房地产开发企业分为国有房地产企业、民营或私有房地产企业,以及混合所有制形式的房地产企业(其中包括国企控股或私企控股的企业);以是否利用外资为标准划分,可将房地产开发企业分为内资房地产开发企业、外资房地产开发企业、内资项目企业,以及与外资合资、合作开发企业,外资房地产企业主要涉及准入的问题,本书将在第五章重点介绍;以房地产开发企业的性质及所从事的房地产开发项目的范围划分,可将房地产开发企业分为综合性开发企业、房地产开发专营企业、房地产兼营企业,以及房地产开发项目企业;以房地产企业从事的开发项目流程或阶段划分,可将房地产开发企业分为专门从事一级开发的房地产企业与二级开发的房地产企业;以开发房屋的性质划分,可将房地产开发企业分为从事商业开发的企业和政策性房屋开发的企业(政策性房屋包括危旧房改造项目、人民政府主办的经济适用房项目、廉租房项目等);以开发房屋的用途划分,可将房地产开发企业分为专营住宅开发的企业、专营商业开发的企业,以及专营工业地产的开发企业;以公司的组织形式划分,又可将房地产开发企业分为有限责任公司和股份有限公司;等等。

二、房地产开发公司设立的条件

绝大多数房地产开发企业都以公司的形式存在,因此,本书在下文中将房地产开发企业统一简称为"房地产开发公司"或"开发企业"。

(一)房地产开发公司设立的条件

房地产开发公司是以营利为目的,从事房地产开发和经营的企业。设立房地产开发公司,应当具备下列条件:

(1)有公司名称和组织机构;
(2)有固定的经营场所;
(3)有符合国务院规定的注册资本;
(4)有足够的专业技术人员;
(5)法律、行政法规规定的其他条件。

设立房地产开发公司,应当向市场监督管理局①申请设立登记。市场监督管理局对符合法律法规或部门规章规定条件的予以登记,发放营业执照,对不符合规定条件的不予登记。设立有限责任公司、股份有限公司,从事房地产开发经营的,还应当遵守《公司法》②的有关规定。

上述规定是原则性规定,按照《城市房地产开发经营管理条例》第五条的规定,设立房地产开发企业,除应当符合有关法律、行政法规规定的企业设立条件外,还应当具备下列条件:

(1)有100万元以上的注册资本;
(2)有4名以上持有资格证书的房地产专业、建筑工程专业的专职技术人员,有2名以上持有资格证书的专职会计人员。

除上述规定的条件外,省、自治区、直辖市人民政府可以根据本地方的实际情况,对设立房地产开发企业的注册资本和专业技术人员的条件作出高于上述条件的规定。比如,北京市的设立房地产公司的条件就高于国家规定,要求注册房地产公司有1000万元以上的注册资本。本节以设立内资、民营、有限责任公司为例,介绍房地产开发公司设立的条件和程序。

(二)房地产开发公司设立的前置审批问题

对于第一次设立房地产公司的股东,其一般不清楚设立房地产开发企业是前置审批手续还是备案手续。按照《城市房地产开发经营管理条例》第七条第二款的规定,在设立房地产开发有限公司时,市场监督行政管理部门在对设立房地产开发企业申请登记进行审查时,应当听取同级房地产开发主管部门的意见。从本条的规定来看,至少房地产开发主管部门在登记注册前要对此事提出意见,可以理解为审批,或者理解为如果没有听取房地产开发主管部门的意见,是不能在市场监督管理部门登记注册的。但是,《企业登记前置许可目录》(共112项)中却没有将房地产开发企业登记注册列在目录中,也就是说,注册房地产开发公司不需要前置审批。《市场监管总局关于调整企业登记前置审批事项目录的通知》也没有将房地产行业列入其中,因此,设立房地产开发公司不属于市场监督管理部门的前置审批范畴。

对于《城市房地产开发经营管理条例》第七条第二款规定的内容,1998年11月5日,建设部

---

① 原工商行政管理部门称为"工商行政管理局",现在更名为"市场监督管理局"。2018年3月,不再保留国家工商行政管理总局,组建国家市场监督管理总局,新的市场监督管理局包含了原来几个部门的职能,行使市场监督管理职能。但本书中仍会出现"工商""工商管理局"等更名之前的表述,原因是2018年之前发文单位是工商行政管理部门,或本书所引用的案例形成于更名之前,或有法律法规涉及工商的名称、内容并未更改,作者在原文引用时也未作更改。虽然本书中仍有"工商"的表述,但不影响实质内容,请读者在阅读时理解。

② 本书中法律、行政法规名称中的"中华人民共和国"省略,例如,《中华人民共和国公司法》简称为《公司法》。

曾致函国家工商行政管理总局,明确告知国家工商行政管理总局,建设部授权住宅与房地产业司对在国家工商行政管理总局申请办理登记的房地产开发企业代为回复意见。笔者查询了各省的地方性法规、规章或省级市场监督管理部门对此问题的意见,发现各省及省以下市场监督管理部门在实践中的做法不尽一致,有些省市要求征询同级房地产开发主管部门的意见,有些不要求征求房地产开发主管部门的意见。重庆市情况特殊一些,2000年5月25日公布的《重庆市城市房地产开发经营管理条例》第十条规定:"设立房地产开发企业,应按本条例第十三条规定的审批权限到市或者区、县(自治县、市)建设行政主管部门申办资质初审,然后持建设行政主管部门审查意见到市场监督管理部门办理登记注册,取得企业法人营业执照后,再到建设行政主管部门办理资质审批手续。"这样的规定实质上是在设立房地产开发公司前增加了前置程序。虽然前置性程序不是前置性审批,但至少要求有了房地产开发主管部门的资质初审后才能办理后续的公司注册手续。2005年7月29日,重庆市第二届人民代表大会常务委员会第十八会议通过的《重庆市人民代表大会常务委员会关于修改〈重庆市城市房地产开发经营管理条例〉的决定》,将第十条修改为:"设立房地产开发企业,应到县级以上工商行政管理部门办理登记注册,取得企业法人营业执照后,再到建设行政主管部门办理资质审批手续。工商行政管理部门在对设立房地产开发企业申请登记进行审查时,应当听取同级房地产开发主管部门的意见。"从重庆市修改后的条例内容来判断,重庆市意图在设立房地产开发公司时减少审批程序,与国务院的《城市房地产开发经营管理条例》第五条规定一致。笔者认为,"听取意见"并非前置程序,也非行政审批,因此,在办理企业设立登记时,企业应当先向县级以上的市场监督管理部门申请设立登记,然后凭借已登记"房地产开发"经营项目的"企业法人营业执照",向登记机关所在地的建设行政主管部门备案,然后申报房地产开发企业资质。2018年7月26日,重庆市第四次修正《重庆市城市房地产开发经营管理条例》,其中没有关于前置程序的规定。

因各地规定不一,故为了注册登记顺利及注册后办理开发资质方便,在申请注册房地产开发公司时,应当与当地行政主管部门沟通,以免在办理后续手续时带来不便。

三、房地产开发公司设立程序

以内资有限责任公司为例,设立房地产公司流程如下:

(一)投资人签订设立公司的协议

投资人有成立房地产公司的意向后,就成立公司相关的出资额、出资比例、出资方式、公司治理结构等具体事宜进行协商,从而签订设立公司的协议。有些资金实力不强的投资人,或主要由一个股东或家族股东设立公司时,一般不签订设立公司的协议,但至少应口头协商达成一致。

(二)企业名称预核[①]

企业名称预核是申请房地产公司注册登记的开始。股东或股东的委托代理人应先到市场监督管理部门领取《企业(字号)名称预先核准申请表》,要求股东或代理人在表格上填写五个公司名称,由市场监督管理部门在其内部系统检索是否有重名。如果没有重名,那么就可以使用其中一个名称,之后市场监督管理部门会核发《企业(字号)名称预先核准通知书》。在设立公司名称预先核准时,股东都希望取一个吉利或响亮的名字,但企业名称的使用是有原则的,并非投资者

---

① 参见《企业名称登记管理规定》。

想取什么名字就能获得什么名字。

1. 企业名称申请登记的原则

（1）企业名称不得有下列情形：①损害国家尊严或者利益；②损害社会公共利益或者妨碍社会公共秩序；③使用或者变相使用政党、党政军机关、群团组织名称及其简称、特定称谓和部队番号；④使用外国国家（地区）、国际组织名称及其通用简称、特定称谓；⑤含有淫秽、色情、赌博、迷信、恐怖、暴力的内容；⑥含有民族、种族、宗教、性别歧视的内容；⑦违背公序良俗或者可能有其他不良影响；⑧可能使公众受骗或者产生误解；⑨法律、行政法规以及国家规定禁止的其他情形。

（2）企业名称应当使用规范汉字。民族自治地方的企业名称可以同时使用本民族自治地方通用的民族文字。

（3）企业只能登记一个企业名称，企业名称受法律保护。有投资关系或者经过授权的企业，其名称中可以含有另一个企业的名称或者其他法人、非法人组织的名称。

（4）企业登记机关在办理企业登记时，发现企业名称不符合本规定的，不予登记并书面说明理由。

2. 企业名称申请登记的管辖

（1）市场监督管理部门对企业名称实行分级登记管理，并负责核准下列企业名称：①冠以"中国""中华""中央""全国""国家"等字词的；②在名称中间使用"中国""中华""全国""国家"等字词的。

地方市场监督管理部门负责核准前款规定以外的下列企业名称：冠以同级行政区划的及同级行政区划放在企业名称字号之后组织形式之前的。国家市场监督管理总局授予外商投资企业核准登记权的，按《企业名称登记管理实施办法》核准外商投资企业名称。

（2）除国务院决定设立的企业外，企业名称不得冠以"中国""中华""全国""国家""国际"等字样。在企业名称中间使用"中国""中华""全国""国家""国际"等字词的，该字词应是行业的限定语。使用外国投资者字号的外商独资或者控股的外商投资企业，可以在名称中间使用"（中国）"字样。

3. 申请企业名称结构

（1）已经登记的企业法人控股3家以上企业法人的，可以在企业名称的组织形式之前使用"集团"或者"（集团）"字样。企业集团名称应当在企业集团母公司办理变更登记时一并提出。

（2）企业集团名称应当与企业集团母公司名称的行政区划名称、字号、行业或者经营特点保持一致。经企业集团母公司授权的子公司、参股公司，其名称可以冠以企业集团名称。企业集团母公司应当将企业集团名称以及集团成员信息通过国家企业信用信息公示系统向社会公示。

（3）企业集团，由其母公司、子公司、参股公司及其他成员单位组成。母公司是依法登记注册，取得企业法人资格的控股企业；子公司是母公司拥有全部股权或者控股权的企业法人；参股公司是母公司拥有部分股权但是没有控股权的企业法人。

（4）已经登记的跨5个以上国民经济行业门类综合经营的企业法人，投资设立3个以上与本企业字号相同且经营1年以上的公司，同时各公司的行业或者经营特点分别属于国民经济行业不同门类，其名称可以不含行业或者经营特点。除有投资关系外，该企业名称应当同时与企业所在地同一行政区域内已经登记的或者在保留期内的企业名称字号不相同。企业名称不含行政区划名称的，除有投资关系外，还应当同时与企业所在地省级行政区域内已经登记的或者在保留期内的企业名称字号不相同。

(三)制定公司章程

企业名称预核时不需要公司章程,但需要全体股东签字授权办理名称预核申请,因此,有些公司将该程序置于名称预核之后。但笔者认为,公司章程是公司的"宪法",其重要性毋庸置疑,因此,在股东合作签订公司设立协议时,可以一并签订公司章程或章程草案,以预防公司在运营中发生股东纠纷。章程起草完毕后,所有股东在章程最后签名,然后持章程办理注册登记手续。

(四)买房或租房

如果投资人的自有资金充足,可用自有的房屋作经营场所,或者购买办公用房。购买办公用房时需要注意,因公司尚未成立,不能以公司名义购买,只能以股权名义购买,那么该房产属于股东的财产,而不属于公司财产。这样,存在的问题是,房产归属于一个股东还是多个股东,如果是多个股东,每个股东的份额是多少。这些问题都要在购买之前由股东约定,以避免产生纠纷。如果投资人租赁房屋经营,经营场所的确定应符合规定。租房时要签订租房合同,房屋所有权人须提供不动产权属证书的复印件。签订租房合同后,还要到税务局按年租金的1‰的税率购买印花税。例如,所承租房屋每年租金是1万元,就要买10元的印花税,贴在房屋租赁合同的首页,后面凡是需要用到房租合同之处,均须提供贴有印花税的合同复印件。

(五)刻制法定代表人私章

在办理刻章的场所向刻章人说明私章用于公司注册,应刻制方形的法定代表人私章。

(六)准备资金

拿到名称核准通知书后,股东携带自己的入股资金(货币出资实缴部分)及公司章程,市场监督管理部门发的核名通知,法定代表人的私章、身份证,到银行开立公司账户。公司账户开立完成后,各个股东按自己出资额向公司账户存入相应的资金。

按照《公司法》(2023年修订)第四十八条规定,股东可以用货币出资,也可以用实物、知识产权、土地使用权、股权、债权等可以用货币估价并可以依法转让的非货币财产作价出资。对作为出资的非货币财产应当评估作价,核实财产,不得高估或者低估作价。以非货币财产出资的,需要评估非货币财产的价值后再以其实际价值出资,有些还需要办理权利转移变更登记,但变更手续较为烦琐,且耗时较长,可能还涉及中介费用、税费,增加公司注册的成本。因此,除非特殊情况,出现必须以非货币财产出资的情形,否则建议直接以货币形式出资,手续较为方便快捷。

(七)关于验资

2013年修正的《公司法》删除了2005年修订的《公司法》第二十九条,即"股东缴纳出资后,必须经依法设立的验资机构验资并出具证明。"也就是说,2014年3月1日之后,办理公司注册不需要验资,公司登记过程中不再需要经过验资程序。《公司法》(2023年修订)第三十条规定,申请设立公司,应当提交设立登记申请书、公司章程等文件。《公司法》(2023年修订)第四十七条规定,有限责任公司的注册资本为在公司登记机关登记的全体股东认缴的出资额。全体股东认缴的出资额由股东按照公司章程的规定自公司成立之日起5年内缴足。也就是说,公司注册资本以认缴为前提,有人认缴出资即可注册,并不再需要经过验资。

(八)办理公司注册登记

投资人或代理人到市场监督管理部门领取公司设立登记的各类表格,填写公司设立登记申请表、股东(发起人)名单、董事经理监事情况表、法定代表人登记表、指定代表或委托代理人登记表等。填好上述表格后,连同名称核准通知、公司章程、房屋租赁合同、不动产权属证书复印件一起交至市场监督管理部门办事窗口。市场监督管理部门受理后,一般一周之内能领取到营业执照。

(九)刻制公章

领取营业执照后,凭营业执照到公安机关认可的印章刻制单位去刻制公司的公章、财务章。在办理银行开户、税务登记、开发资质等手续时均需要用到公章或财务章。

(十)办理税务登记手续

在"三证合一"改革实施之前,公司领取营业执照及企业组织机构代码证书后30日内到注册地税务部门申请领取税务登记证。办理税务登记证时,税务局要求提交公司会计的资格证和身份证。房地产公司办理完税务登记后,在销售房屋时就可以到税务部门申请领购发票。

2014年12月18日,国家税务总局根据《国务院关于促进市场公平竞争维护市场正常秩序的若干意见》的要求,公布了《国家税务总局关于推进工商营业执照、组织机构代码证和税务登记证"三证合一"改革的若干意见》,该意见规定推进税务登记证和工商营业执照、组织机构代码证"三证合一",推进"三证合一"的基本思路是大力推进"三证联办"、积极探索"一证三码"、最终实现"一证一码"。在正式推开"一证一码"之前,可以"三证联办""一证三码"等形式作为过渡。

"三证联办"是指工商、质监、税务部门实现工商营业执照、组织机构代码证和税务登记证"三证"联办同发。即由一个窗口单位归口受理申请表和申请资料,一次性采集信息,并共享至联合办证部门,限时反馈;各部门收到申请信息、材料后,按照职责分工,同时启动复查审办,准予登记的,一并制作"三证",并反馈受理窗口;受理窗口一次性将"三证"发放给申请人,部门间实现数据互换、档案共享、结果互认。"三证联办"是现行法律框架内"三证合一"较好的实现形式。一窗受理、三证同发,实现工商营业执照、组织机构代码证和税务登记证联合办理,简化办证程序,缩短办理时限,方便市场主体,降低社会成本和行政成本。

"一证三码"是工商、质监、税务部门的工商营业执照、组织机构代码证和税务登记证共同赋码,向市场主体发放包含"三证"功能三个代码的证照,简称"一证三码",即由一个窗口单位归口受理申请表和申请资料,一次性采集信息,并共享至联合办证部门,限时反馈;各部门收到申请信息、材料后,按照职责分工,同时启动复查审办,准予登记的,分别按本部门赋码规则进行证照赋码,并反馈受理窗口;受理窗口制作"一证三码"的证照发放申请人,部门间实现数据互换、档案共享、结果互认。

"一证三码"是推进"三证合一"的重要形式。一个证照、三个代码,形式上更符合"三证合一"要求,方便市场主体,也有利于整合部门资源,提高部门间信息共享水平,加强部门间协作配合,统一对市场主体的事后监管。

2015年9月9日工商总局、税务总局根据《国务院办公厅关于加快推进"三证合一"登记制度改革的意见》和《工商总局等六部门关于贯彻落实〈国务院办公厅关于加快推进"三证合一"登记制度改革的意见〉的通知》的要求,发布了《工商总局、税务总局关于做好"三证合一"有关工作衔接的通知》,规定自 2015 年 10 月 1 日起,已登记企业申请变更登记或者申请换发营业执照的,应当换发载有统一社会信用代码的营业执照。原营业执照、组织机构代码证、税务登记证由企业登记机关收缴、存档。

(十一) 银行开立基本账户

公司凭营业执照、组织机构代码证("三证合一"改革实施后不用此证)去银行开立基本账户。开立基本账户需要携带营业执照正本原件、身份证、公章、财务章、法定代表人章等,并按照银行要求填写各类表格。很多地方在开立基本账户时,需要购买一个密码器,用于公司开支票、划款时生成密码。公司开立基本账户后,可持开户许可证和营业执照到市场监督管理部门办理划资手续,将注册资金划转到自己企业的基本账户。

(十二) 备案

房地产开发公司在领取营业执照的一个月内,应当到登记机关所在地的县级以上地方人民政府规定的房地产开发行政主管部门备案。

(十三) 资质办理

房地产开发公司资质办理参见本章第五节内容。

四、设立房地产公司注册登记地点的选择

如果因为有项目开发而成立房地产公司,一般当地政府出于税收或管理的考虑,都要求将公司的注册登记地点设在项目所在地。实践中经常能见到政府的挂牌文件或投资人与政府的协议中约定投资人必须在项目所在地注册房地产公司。如果没有项目而注册房地产公司,那么投资人可根据实际情况选择房地产公司的注册地点。

五、房地产公司经营范围

在《国民经济行业分类》(GB/T 4754—2017)中,房地产业在国民经济行业 K 类中排第 1 位。其中,房地产开发经营为编号 7010,指房地产开发企业进行的房屋、基础设施建设等开发,以及转让房地产开发项目或者销售房屋等活动。房地产开发经营包括土地使用权的转让、买卖和租赁活动;住宅、公寓的开发、销售、出租等活动;办公楼的开发、销售、出租等活动;商业营业用房的开发、销售、出租等活动;其他建筑物的开发、销售、出租等活动。房屋及其他建筑物的工程施工活动,列入 E 类(建筑业)的相关行业类别中;房地产商自营的独立核算(或单独核算)的施工单位,列入 E 类(建筑业)的相关行业类别中;家庭旅社、学校宿舍、露营地的服务,列入 6190 小类(其他住宿业)。

按照上述分类标准,市场监督管理部门在执行上述规定时,一般将经营范围限定如下:房地产开发及经营,房地产买卖、出租,房地产投资,物业管理,城市商品住宅,商业用房,土地开发,商品房销售等。有些地方的市场监督管理部门规定,房地产开发公司的经营范围可以包括房地产开发、建造、销售、出租和管理自建商品房及配套设施,但是不可以承接市政工程,建筑装饰工程,水电、冷暖气工程安装、维修,物业管理,建筑策划,土地使用权转让等;市政工程,建筑装饰工程,水电、冷暖气工程安装、维修和物业管理要另外成立专业公司,并取得房地产开发企业资质以外的相应资质证书。但是,有些房地产开发公司的经营范围比较广,除了上述经营范围,还包括建筑材料生产、销售、商业零售、酒店住宿等与房地产行业完全不相关的行业。比如,某市场监督管理部门在给某房地产开发集团公司《关于同意某房地产开发有限公司增资及变更经营范围的批复》中同意房地产开发公司经营范围由"从事房地产开发、自建房屋销售、租赁"变更为"从事房地产开发、自建房屋销售、租赁;生产、销售天然植物抗菌液"。

关于房地产公司的经营范围试举例如下:

示例一:房地产开发、物业管理、建筑材料;建筑安装、市场建设、房屋开发;房地产开发、安居工程开发建设、水电暖安装、装饰工程;房地产开发与商品房经营;工业与民用建筑施工(四级)、市政工程施工(四级)、房地产开发(凭资质证经营)。

示例二:房地产开发,销售商品房;物业管理;新技术及产品项目投资;技术开发;技术服务;技术咨询;停车服务;出租办公用房、商业用房;健身服务;劳务服务;打字;复印;会议服务;技术培训;承办展览展示;饭店管理;餐饮管理;企业形象策划;组织文化交流活动;销售百货、工艺美术品、建筑材料、机械电气设备安装;货物进出口、技术进出口、代理进出口;以下项目仅限分公司经营:住宿、游泳池、网球场、中西餐、冷热饮、糕点、美容美发、洗浴、图书期刊。主营业务:区域的总体规划;土地开发;房地产项目开发和综合管理。这类公司可以划归为房地产兼营公司。

示例三:房地产一级开发;出租本公司开发企业品房;房屋工程设计;旧楼拆迁;道路与土方工程施工;室内装修;冷气工程及管理安装;物业管理;酒店管理;批发和零售贸易(国家专营专控商品除外)。主营业务:房地产开发、销售、租赁及物业管理。

在上述经营范围的示例中,房地产开发公司既可以进行开发经营,也可以进行施工。这样就存在一个问题,即房地产开发公司自己的开发建设项目是否可以自行施工。关于房地产公司能否自己立项、自己施工的问题,笔者没有查阅到禁止性的规定。上述市场监督管理部门允许的经营范围实质上是允许房地产开发企业自行施工,但从《民法典》《建筑法》《招标投标法》等法律规定和实践中的做法来看,一个开发项目的甲方与乙方若是同一主体,则有违立法的基本精神。笔者也曾接到过这类咨询,询问房地产开发公司的业务范围能否包括建筑施工,能否由自己的公司承建自己的开发项目。笔者给出的解答是,如果市场监督管理部门允许,那么房地产开发公司的经营范围可包括建筑施工,但是只能承接除自己的项目以外的建筑施工工程,且应申请相应的施工资质等级。房地产开发资质等级与施工资质等级是两个概念,不可混淆。

实践当中,房地产开发公司一般由股东或者实际控制人另行组建施工单位,与关联企业签订建设工程施工总承包合同,由关联企业进行施工。由关联企业进行施工对房地产公司有如下好处:一是建筑企业的利润由投资人享有;二是大大降低了开发公司与建筑企业协调沟通的成本,因为开发公司的工程部门与建筑企业实际上都是投资人的同级下属部门;三是在税务筹划方面存在先天便利条件,建筑公司能与开发公司进行良好的沟通配合;四是对于施工单位资金的支付,开发公司没有按期付款的压力。由关联企业进行施工的弊端同样存在,不容忽视,一是关联企业的施工能力会决定施工的质量、工期控制、成本控制,如果施工单位不能保证工程质量、无法控制成本或无法控制工期,则开发公司会面临延期交房的违约责任,面临质量问题的行政监管、业主索赔维权等问题。如果不能控制成本,最后结算成本反而会超出在市场选择施工单位的成本加利润。二是关联企业能否在施工招投标中中标也存在不确定性和法律上的障碍,一旦操作不当,就有可能涉嫌违法。

房地产开发公司的经营范围到底如何确定？各地对房地产公司经营范围的规定并不一致，具体可以根据公司实际需要确定经营范围。从以上示例来看，房地产开发及相关行业都可以包括在其经营范围内，如房地产开发、建筑安装、装修、工程施工等，但在注册时还是根据公司的经营目标及当地市场监督管理部门的要求选择并确定经营范围，并不是范围越大越好。

第二节　房地产公司设立协议的风险防范

很多房地产公司在设立时，都没有签订设立协议，大多根据口头约定确定出资额、出资比例及出资方式，然后直接注册公司。公司章程大多也是根据市场监督管理部门提供的范本签订，没有对公司的控制权、股东会议事规则、股东利润分配等进行详细约定。如果缺少公司设立协议，一旦股东之间对公司设立过程中或公司运营中出现的问题与事先设想或理解不一致，那么公司的风险就会增加，从而直接影响股东之间的权利义务，轻则股东利益受损，公司运营出现僵局，重则股东可能涉嫌犯罪。

一、公司设立时股权设置的法律风险

投资人在商谈公司的设立协议时，股权设置是应该重点考虑的问题。股权设置风险的主要表现形式是股权平均、股权绝对集中或股权平均分散，这些问题都可能导致公司在今后的运营过程中陷入僵局。在公司设立时，投资人将重点放在由谁出资、出资额多少，最多也就考虑到公司由谁控制、哪个投资人说了算、公司由谁决策、公司的收益如何分配的问题，而很少考虑股权设置对股东之间关系的影响、股权设置对公司成立后经营的影响，也很少考虑当股东有争议时如何解决争议，能否进行有效决策。股权绝对平均、股权绝对集中或股权平均分散，都有可能给公司的运营带来风险。

（一）股权绝对平均

案例：2007年，两个熟识多年在温州做服装生意的老板，看好河北省永清县的一地块，拟成立一家房地产公司共同投资开发该地块。在成立公司前，双方都不好意思提出由自己控股，也不想让对方控股，于是提出一个折中的方案：双方各占50%股份，并约定好有事两人一起商量。按照《公司法》的规定，股东会决议需要过半数的表决权股东同意才有效。公司成立后，于2007年11月18日通过挂牌顺利取得某地块的土地使用权，但因摘牌价格的楼面地价高于市场销售价，其中一个股东提出将土地使用权原价转让，另一个股东提出继续开发，认为房屋的销售价格暂时回落属于正常现象，过一段时间必定上涨，肯定会超过原来的市场价格。两个股东因为风险问题引发争议，双方互不同意对方的提议，导致公司无法形成任何决议，双方都不能继续投资建设。2011年年初，国土局向该公司发出限期开发的通知书，并称如不按时开发，将按照规定收回其土地使用权。

上面这个案例就是典型的股权平均设置导致公司陷入僵局。此中原因有很多，既有中国传统文化心理因素的影响，也有对公司管理或法律规定不了解等原因。总之，股东之间因为谦让、表现合作诚意或者因为没有足够的资金实力，投资者各方为了限制对方将来争夺公司的控制权或者让对方信任自己，设置双方或多方均衡的股权比例。如果两个股东各占50%股份，或三个

股东,一个占50%,另外两个股东各占25%,其中两个股东意见一致,与另外一个股东意见不一致,或四个股东各占25%,两个股东意见一致,另外两个股东意见不一致,都将形成平均股权结构,陷入股东僵局,损害公司及股东的利益。

(二)股权绝对集中

在设立公司时,有两种情形,一种是实际出资人只有一个股东,但为了规避《公司法》(2023年修订)第二十三条"只有一个股东的公司,股东不能证明公司财产独立于股东自己的财产的,应当对公司债务承担连带责任"的规定,找其他小股东共同成立公司,小股东所占股权比例较低,一般在10%或20%以下。有些小股东实际上并没有真正投资,有些是真正投资。另一种情形是,一个股东投资超过50%,其他股东虽然人数较多,但股权比例都较低,比如,都低于20%或10%,也有低于5%的。在上述两种情况下,都容易出现股权过分集中的结构。一个大股东拥有半数以上的股权或者拥有2/3以上的股权,就会形成股权绝对集中的局面,即"一股独大"。在"一股独大"的情形下,很可能导致股东会、董事会、监事会都形同虚设,"内部人控制"问题严重,可能导致公司由一个股东实际控制,其他股东对公司事务无任何发言权或实际控制权,公司行为很容易与大股东个人行为混同。尤其是公司发展到规模化、多元化经营以后,因缺乏制衡机制,在公司利益分配或经营决策方面产生的矛盾会日益增加,最终可能在股东之间产生不可调和的矛盾,导致股东之间通过诉讼解决争议,或者通过向公安机关举报的方式,寻求公安机关帮助,作为刑事案件来解决矛盾。这样,股东和公司承担的风险会随着公司实力的增强而同步增大。即使不出现股东之间的矛盾,"一股独大"也会导致其他小股东逐渐丧失参与公司经营管理的热情。一旦大股东出现意外情况,小股东因没有参与公司的经营,无法控制公司的外部经营渠道、社会关系及内部管理,也可能出现小股东争夺控制权的情况,继而可能导致企业无法正常作出经营决策,错过解决问题或过渡的最好时机,严重者公司将走向衰落,甚至破产倒闭。股权过分集中,不仅对公司小股东的利益保护不利、对公司的长期发展不利,而且对大股东本身也存在不利。

(三)股权平均分散

股权分散并不一定会带来风险,因为股权分散是现代公司的基本特征,有限责任公司出现股权分散的情形较少,因为股东人数相对较少,但也有股东人数较多的情形。在股权平均分散的情况下,某一股东如何掌握对公司的控制权就显得尤为重要。在股权比例基本相同的小股东构成的股权设置结构中,由于缺少具有相对控制力的股东,各小股东参与管理热情不高,公司的实际经营管理被委托给职业经理人或者经理层负责具体实施。如果公司缺乏对管理层的有效监督和制约,那么管理层就可能会侵害公司的利益,即所谓的管理层道德危机。另外,如果小股东为争夺控制权或争取更多的利益,那么数量众多的小股东就会在股东会中相互牵制,导致决策效率低下。

(四)夫妻股东

夫妻股东并非一种特殊的股权设置,而是基于股东之间特殊人身关系的一种特殊股权模式。这种股权设置有利有弊。利在于夫妻共同创业,共同经营公司,配合默契,协调一致,提高决策效率;弊在于夫妻股东的公司财产往往与家庭财产混同,损害公司法人人格独立性,在面临债务危机时可能导致公司"人格"的丧失,有可能导致公司不承担有限责任,而以整个家庭财产为限对外承担责任。另外,在夫妻之间出现感情危机时,公司可能也会出现危机,"离婚大战"也有可能变成"股东大战"。如果因股东离异纠纷而导致财产分割,那么将引发公司股权结构变化,导致公司陷入经营危机。

规避夫妻股东风险可采取如下策略:一是严格划分公司财产与家庭财产的界限,如有必要可采取公证的方式,以避免公司财产与家庭财产不分。二是要界定婚前财产的范围,或者约定婚后财产的分配。三是应该在公司章程中写明对股东婚姻风险的应对对策。

二、公司设立的主体资格限制

《公司法》对公司设立的主体资格未作出明确的规定,相关公司设立的主体资格规定散落于行政法规和部门规章之中,除此之外,地方政府制定和颁布的一些地方性法规对公司设立的主体资格问题也有规定。公司股东的主体可分为六类:自然人股东、企业法人股东、非企业法人股东、合伙企业股东、外资企业股东和村民委员会或居民委员会股东。下面分述六类主体作为股东主体资格的限制。

(一)自然人股东限制

自然人作为股东所受限制较少,根据《民法典》的相关规定,自然人具备民事权利能力,如果其为无民事行为能力人或限制民事行为能力人,可以由其监护人或他人代理其民事行为,因此,所有自然人都应当有资格成为公司股东。但是有两个特殊问题:一是未成年人能否成为公司的股东,二是限制行为能力或无民事行为能力的人能否成为股东。国家工商行政管理总局在2007年6月25日《关于未成年人能否成为公司股东问题的答复》中明确规定,《公司法》对未成年人能否成为公司股东没有作出限制性规定,因此,未成年人可以成为公司股东,其股东权利可以由法定代理人代为行使。上述答复十分明确,无须再作解释。至于限制行为能力或无民事行为能力的人,根据《民法典》第十九条、第二十条的规定,限制民事行为能力人和无民事行为能力人也应该可以成为公司股东,由其法定代理人代理民事行为。

(二)企业法人股东限制

《公司法》(2023年修订)第十四条规定,公司可以向其他企业投资。法律规定公司不得成为对所投资企业的债务承担连带责任的出资人的,从其规定。第十五条规定,公司向其他企业投资或者为他人提供担保,按照公司章程的规定由董事会或者股东会决议;公司章程对投资或者担保的总额及单项投资或者担保的数额有限额规定的,不得超过规定的限额。公司为公司股东或者实际控制人提供担保的,应当经股东会决议。前款规定的股东或者受前款规定的实际控制人支配的股东,不得参加前款规定事项的表决。该项表决由出席会议的其他股东所持表决权的过半数通过。

(三)非企业法人股东的限制

非企业法人包括机关法人、事业单位法人、社会团体法人。关于非企业法人的民事主体是否可以设立公司,目前并没有统一的规定。根据1998年2月1日起施行的《公司登记管理若干问题的规定》(已失效)第十七条规定,机关法人、社会团体法人、事业单位法人作为公司的股东或者发起人时,应当按照国家的有关规定执行。企业化经营的事业单位,应当先办理企业法人登记,再以企业法人名义投资入股。从上述规定来看,机关法人、社会团体法人、事业单位法人都可以作为公司的股东,但是根据《中共中央、国务院关于严禁党政机关和党政干部经商、办企业的决定》《中共中央、国务院关于进一步制止党政机关和党政干部经商、办企业的规定》和《中共中央办公厅、国务院办公厅关于军队武警部队政法机关不再从事经商活动的通知》的规定,包括各级党委机关和国家权力机关、行政机关、审判机关、检察机关及隶属于这些机关编制序列的事业单位,一律不准经商、办企业;军队武警部队政法机关不得从事经商活动。因此,机关法人原则上禁止投资公司成为股东,但是,《公司法》(2023年修订)第一百六十九条规定,国家出资公司,由国务院或者地方人民政府分别代表国家依法履行出资人职责,享有出资人权益。国务院或者地方人民政府可以授权国有资产监督管理机构或者其他部门、机构代表本级人民政府对国家出资公司履行出资人职责。

事业单位具有法人资格的,可以作为公司股东或投资开办企业法人,但依照中共中央、国务院的规定不得经商办企业的除外,如高等院校、图书馆等具有社会公益性的事业单位法人。如果中央和地方各级政府另有规定的,则从其规定。

根据《国家工商行政管理局关于企业登记管理若干问题的执行意见》(已失效)第六条规定,社会团体(含工会)、事业单位及民办非企业单位,具备法人资格的,可以作为公司股东或投资开办企业法人,但依照中共中央、国务院的规定不得经商办企业的除外。第七条规定,事业单位、社会团体、民办非企业单位自身不得从事经营活动。从上述规定可知,社会团体法人原则上具备股权投资的主体资格,但依照中共中央、国务院的规定社会团体法人不得经商办企业的除外,如职工持股会就不能成为公司股东。

(四)合伙企业股东的限制

根据《国家工商行政管理局关于企业登记管理若干问题的执行意见》(已失效)第五条的规定,不具备法人资格的独资企业、合伙企业,可以作为有限责任公司的股东。申请公司登记时应提交投资人或全体合伙人同意投资入股的文件、加盖原登记机关印章的营业执照复印件等。上述独资企业、合伙企业投资兴办外商投资企业的,按国家有关规定执行。不具备法人资格的分支机构的股东资格问题,仍按原有规定执行。目前无论是理论界还是实务界,都越来越倾向于承认合伙企业的主体资格。

(五)外资企业股东的限制

对于外资企业作为股东的限制参见本书第五章。

(六)村民委员会或居民委员会股东的限制

《公司登记管理若干问题的规定》(已失效)第十八条规定,农村中由集体经济组织履行集体经济管理职能的,由农村集体经济组织作为投资主体;没有集体经济组织,由村民委员会代行集体经济管理职能的,村民委员会可以作为投资主体投资设立公司。村民委员会投资设立公司,应当由村民委员会作出决议。第十九条规定,具有投资能力的城市居民委员会可以投资设立公司。虽然上述规定已失效,但失效的文件也未否定村民委员会和居民委员会的股东主体资格,现在也未有否定村民委员会、居民委员会股东资格的相关规定。因此,村民委员会和居民委员会成为股东没有受到限制,在实践当中均以村民委员会设立的集体经济组织(如经济合作社、股份合作社等)作为股东,但居民委员会作为股东投资的情况几乎见不到。

三、房地产公司权益分配的风险及防范

对于带项目而成立的房地产公司，或者合作成立的房地产公司，应该事先约定利益的分配方式。利益的分配方式有很多，如按照股权比例分配利润，或者对房屋建成后分得的房屋自营或自行出售，或者是分配销售款。在分配实物时容易发生纠纷，主要是对房屋的位置、面积、结构、朝向、户型等，或者房屋的价格与投资额的折算等问题产生争议。

四、一方出钱、另一方出地形式的出资风险及防范

投资人成立房地产公司大多是因为有项目，或者有获得项目的可能，因此合作条件是一方出地，另一方出钱。因这种原因成立的房地产公司经常出现的纠纷有：因一方提供的土地不具备开发条件、未完成拆迁，或无法开发等原因，项目不能启动，成立的房地产公司也无法开发；出地的一方往往希望以自己的名义立项、报批，不动产权属登记在自己的名下，希望出钱方以入股的方式参与开发；出钱的一方因为出资不足，另一方提供的土地也无法开发。

案例：甲、乙两个自然人与丙公司三方签订协议，决定共同出资成立丁公司。其中丙公司以国有土地使用权出资，该土地摘牌价格为 1.2 亿元。协议签订后甲、乙履行完毕其出资义务，而作为丙公司出资形式的土地使用权却迟迟未能过户至丁公司名下，丁公司因此不能以自己的名义进行土地开发。于是甲、乙将丙公司起诉到法院，要求其承担未能依约出资的违约责任。而丙公司则主张自己同意出资并愿意配合办理过户手续，但甲、乙既不同意分担又不同意由拟设立的丁公司来承担过户需要交纳的部分税费，因此未能过户。

一方出钱另一方出地的投资形式，应重点考虑出地一方土地的权属、性质、用途，以及有无抵押、查封、收回、土地使用权解除或存在诉讼等情形。还须考虑能否将土地过户到新公司名下，如果不能也应通过协议约定的方式控制土地使用权，使土地一方不能因为对外负担债务等问题影响合作。另外，我国对以非货币方式出资的税款承担问题的规定也存在不完善之处，导致很多公司在设立过程中因为这个问题产生纠纷，因此也应重点关注土地使用权转让过程中政府的税费等问题，并约定税费的承担主体。

如果合作一方提供的土地尚未办理拆迁许可证，或者办理了拆迁许可证但还没有拆迁，那么出钱一方对此一定要高度注意。合作方以没有拆迁的土地作为合作条件，对出钱一方来说风险是比较大的。如果拆迁时遇到执意不同意拆迁的住户，那么拆迁成本和拆迁时间都很难控制，很容易使项目搁浅甚至亏本。因此，出钱一方既要考虑项目的风险，又要在合作协议里对拆迁成本等问题有所涉及和控制。

五、设立房地产公司的其他问题

（一）隐名出资风险

隐名出资是指自然人或其他民事主体在设立房地产公司时实际出资，但公司的章程或市场监督登记材料对该出资人的股东身份没有记载，实际的出资认购人与公开登记的出资人不一致。设立隐名股东原因大致如下：

（1）隐名股东有其他未偿付债务，试图通过隐名股东的方式逃避清偿债务的责任；

（2）隐名股东因某种原因不愿意公开自己的财务状况；

(3) 隐名股东为了规避法律的禁止性规定,如法律法规规定的某些主体不能作为股东的情况。

案例:陕西省某县法官入股案。2005年年初,陕西省某县人民法院法官张某变卖房产,后在其同学陈某的煤矿入股180万元,占10%股份。同年8月,中国共产党中央纪律检查委员会明令要求国家机关工作人员不得入股煤矿。2008年2月,张某以其持有10%煤矿股份为由将陈某起诉至法院,要求继续分红收益。2010年2月,某县上级人民法院指定邻近的HS县人民法院一审判决,认为《公务员法》《法官法》禁止公务员入股是管理性强制性规定,并非效力性强制性规定。张某的入股合同有效,判决张某持有股份有效,享有2007年和2008年分红款共1100万元。陈某不服一审判决,上诉至某市中级人民法院。某市中级人民法院认为,张某身为一名法官,违反《公务员法》《法官法》关于禁止公务员、法官从事营利性经营活动的规定,投资入股煤矿系违法行为。二审法院认为张某诉请在煤矿享有股份无事实依据,遂决定撤销HS县人民法院一审判决,驳回张某的诉讼请求。

隐名出资的风险如下:

(1)以规避法律、法规强制性规定为目的设立的隐名出资人,由于行为本身具有违法性,隐名出资人与市场监督登记材料记载的出资人之间关于权利义务的协议一般被认定为无效。因为我国法律对隐名出资人没有明确规定,即便没有规避法律的强制性规定,协议也有被认定无效的可能。即便认定有效,也未必能获得与真实股东一样的权益,一旦发生纠纷会给公司带来较大的法律风险,严重者会导致公司无法经营和存续;

(2)隐名出资人与市场监督登记材料记载的出资人协议约定不明、不完善或没有协议会带来风险。例如,双方对公司的控制权、利益分配或风险承担约定不明,都会给股东或公司带来巨大的风险;

(3)在涉及第三人的交易中,隐名出资人不得以市场监督登记不实为由对抗第三人。在这种情况下,企业仍然面临着交易不确定的法律风险。

(二)借用或冒用他人的名义设立公司

在公司设立时,有些股东编造不存在的自然人或法人作为股东注册,这样的股东称为"虚拟出资人",又称为"冒名股东",即以实际不存在的自然人或法人的名义出资并登记,或者盗用真实的自然人或法人的名义出资并登记。虚拟出资人是被他人恶意使用,并非其本身意志实现。冒名股东是根本不存在的自然人或法人等主体,不可以构成有效的股权所有人,实施虚拟行为的当事人,实际上行使着股东权利。虚拟出资人大多数是为了规避法律,其带来的危害是十分严重的,一旦公司被认定不能成立,股东责任必然被加重。虚拟出资人的法律风险属于违法风险,风险值明显高于隐名出资人的法律风险。

(三)出资不到位的股东风险

出资不到位的股东也称为"空股股东",空股股东未按照法律或约定将对应的资本缴付到位,但空股股东实际享有与其出资相对应的股权。空股股东一般不会因出资迟延履行而当然丧失股东资格,但极有可能因出资迟延履行而承担其他加重义务。我国法律对有关股东出资不到位或出资不实的责任规定相当严格,严重的涉嫌触犯虚假出资罪与抽逃出资罪,要承担刑事责任。从民事角度来看,出资不到位的股东在转让股权时,如果没有隐瞒出资不到位的事实且合同有效,那么这些股东应就出资瑕疵对公司的债权人承担连带责任。如果股东隐瞒出资不到位的事实,那么可能导致转让合同无效,受让方也可以被欺诈为由请求撤销或者变更股权转让合同。如果公司的债权人能够举证证明公司的注册资本没有实际到位,则有权将公司登记机关登记在册的股东与公司一起列为被告,追究其连带责任。空股股东不仅存在个人的法律风险,同样也会对企业造成影响,因此,这种法律风险在评估中也被列入高风险范畴。

(四)干股股东的风险

干股股东,一般是指具备股东的形式特征并实际享有股东权利,但自身并未实际出资的股东。成为干股股东的原因比较复杂,有的是因为有特殊才能或技术,在公司具有不可替代的作用,由公司或其他股东以奖励或者赠与的形式代为出资;有的是有些人与决策人有直接的亲密关系,通过他才能达到特殊的利益诉求;还有的是因为给掌握某项权力的决策人或其亲属一定比例的股权。

就房地产公司的干股形成原因而言,大都是因为某干股股东与房地产开发的相关联部门的官员有特殊的关系,干股股东可以在房地产公司的项目中牵线搭桥,为房地产公司牟取利益,房地产公司因某人与决策人员的特殊关系而受益,因此,其不出资而被给予干股,或者通过给决策人或近亲属干股的方式向决策人行贿。一旦事发,受贿者就会将接受贿赂等违法犯罪行为取得的股份称为干股,但是法院一般都会对受贿者予以刑事制裁,并依法收缴其违法所得。

六、设立公司时可能发生的纠纷

在公司设立过程中存在很多复杂的法律问题与法律风险,因为在公司的设立阶段必然要进行一系列的经济活动,如为准备公司的办公地点而租房、购买办公家具和用品、招聘员工、筹集资金、签订合作协议、向行政机关申请设立注册公司等,这些经济活动都可能引发纠纷。

(一)房地产公司设立不能纠纷

房地产公司设立不能,是指在房地产公司设立的过程中,由于出资人出资条件的变化,或项目的变化,或拟从事的业务环境发生重大改变,或资本没有准备充足、没有达到我国法律规定的成立要件等,导致公司在设立过程中即停止设立申请或设立申请没有被公司登记管理机构审核批准,公司最终不能设立。如果公司设立不能,可能会发生下列风险:

(1)无法确定出资人设立公司的前期费用由谁来承担、如何承担;

(2)一方不返还已出资的财产;

(3)股份有限公司发起人承担连带责任的法律风险。在公司不能成立时,公司发起人要对公司设立时所产生的债务和费用、返还认股人的股款及同期利息、过失致公司利益损害承担连带责任。

为了防范公司设立不能的风险,可采取如下防范措施:

(1)对于公司设立过程中可能产生的债务、费用等,在设立协议中约定由谁来承担、如何承担,要尽量完善相关条款,否则极易引发纠纷;

(2)在公司申请设立登记时,可以借助专业注册代理机构或向房地产业内人士咨询,依照法律规定办理各项审批手续,避免设立不能的结果发生;

(3)出资人已经将出资款存入指定账户,或者将非货币财产权利或实物转移给某一出资人,如果出资人之间终止合作或公司设立申请未被批准通过,那么非实际控制出资款或物的出资人在返还出资款或物时应该就事前作好各项防范准备,以避免引发纠纷,防止资金和人力成本增加。

(二)因出资不实引发的纠纷

股东出资不实是指公司股东在公司设立或增加注册资本时,违反公司章程规定,未出资或出资不足的行为。在实践中,股东出资不实表现为股东根本未出资或未足额出资。股东出资不实的具体表现形式如下:

(1)以虚假的银行进账单和对账单或者虚假的实物投资手续获得公司登记;

(2)以实物、工业产权、非专利技术、土地使用权出资,但未办理财产转移手续,或者出资的实物、工业产权、非专利技术、土地使用权的实际价格显著低于公司章程所定价格;

(3)股东设立公司时,将款项短期转入公司账户,在注册完成取得公章、财务设立基本账户后又立即转出,公司未实际占有和使用该款项进行经营。

《公司法》(2023年修订)第五十条规定,有限责任公司设立时,股东未按照公司章程规定实际缴纳出资,或者实际出资的非货币财产的实际价额显著低于所认缴的出资额的,设立时的其他股东与该股东在出资不足的范围内承担连带责任。出资不实除要承担民事法律责任之外,如果股东同时还有其他违法行为,则还有可能会承担行政责任,严重时甚至会承担刑事责任。

(三)股东抽逃出资的纠纷

股东抽逃出资是指股东将已缴纳的出资通过某种形式转为其自身所有的行为。具体表现为,在公司财务账册上,关于实收资本的记载是真实记载,并且在公司成立时足额交于公司,后又以违反公司章程或财务会计准则规定的手段从公司转移出资。实践中抽逃出资往往表现为以下形式:

(1)控股股东或实际控制公司的股东强行从公司账上划走资金;

(2)制作虚假财务会计报表,伪造交易合同;

(3)股东利用亲属或自己控制的其他经济主体,实施关联交易,转移出资;

(4)签订借款合同,然后以伪造银行对账单和购货发票方式抽逃出资以偿还借款。

抽逃出资要承担民事责任,严重时要承担行政责任,甚至刑事责任。

(四)公司设立无效纠纷

公司设立无效是指已经在公司登记机关办理设立登记手续、领取企业法人营业执照的公司被人民法院确认自始不具备独立法人资格,任何以公司名义发生的债权债务均由其发起人承担。公司设立无效主要是因为设立行为违反法律规定,如发起人或股东低于法定人数,章程缺乏必须记载事项或存在违反公序良俗的记载、公司未召开股东大会、公司资本不足以至于影响公司目的的实现等。

案例:某县建设局局长利用受贿得来的赃款与其高中同班同学共同设立一家有限责任公司,工商机关颁发了营业执照,该公司通过"招拍挂"取得了某县某地块的土地使用权,进行开发建设并销售商品房。待房屋销售基本完成时,该建设局局长被"双规",随后移交司法机关。

从现行的法律角度来判断,该公司本身是不能成立的,因为党政机关干部不能与他人合办公司(参见《最高人民法院关于企业开办的其他企业被撤销或者歇业后民事责任承担问题的批复》)。但是此时公司已经取得营业执照且实际进行了经营活动,因此往往会引发纠纷,这种纠纷就是典型的公司设立无效纠纷。

公司设立无效的纠纷可通过公司设立无效的诉讼解决。公司一旦被宣告设立无效,则公司法人资格即被否认,公司不再存续,不得再以公司的名义进行任何营业活动,并应由人民法院通知登记机关注销公司登记。公司从宣告无效之日起进入解散清算程序,清算完结公司即告消灭。公司解散,发起人如对公司设立无效负有责任,须对有损失的股东和债权人承担连带赔偿责任。《公司法》(2023年修订)第一百零七条规定:"本法第四十四条、第四十九条第三款、第五十一条、第五十二条、第五十三条的规定,适用于股份有限公司。"因此,关于公司设立过程中股东之间可能产生的纠纷及具体权利义务的规定,请读者自行查询上述法条。

(五)债权作为设立公司的出资纠纷

债权出资也称为"以债作股",《公司法》(2023年修订)第四十八条明确规定债权可以出资。但对作为出资的债权应当评估作价,核实财产,不得高估或者低估作价。因债权的实现具有不确定性,以及实践操作难度较大,为避免债权出资的纠纷,房地产公司注册时最好应避免采用债权出资的方式。

(六)劳务出资纠纷

劳务出资是指股东以对公司的劳动出资。因为劳务具有人身属性,不能独立转让,我国不允许股东以劳务出资。对于已发生的数额确定的劳务费用,有人认为应当允许股东以此抵作出资,并可作为公司注册资本的组成部分。这种观点实际上混淆了劳务出资与债务抵销或者债权出资行为。

(七)关于采矿权、承包租赁权等用益物权出资纠纷

《公司法》(2023年修订)第四十八条虽然未明确列出采矿权、承包经营权等用益物权可以作价出资,但是从整个法条的规定来看,采矿权等权益符合第四十八条规定的"可以用货币估价并可以依法转让的非货币财产作价出资"的规定,因此采矿权等是可以作为股权出资的,事实上实践中也是允许的,只不过入资的手续繁杂一些(如需要评估、变更权利主体等)。需要注意的是,如果公司股东以采矿权、土地使用权等用益物权入股,由于股东自身的原因使该用益物权被收回或未能按章程约定的期限行使,则可能会产生纠纷。

(八)土地使用权出资纠纷

股东以土地使用权出资在《公司法》里有明确规定,是房地产公司设立中常见的出资标的。土地使用权出资在实践当中应注意如下问题,以避免产生出资纠纷:

(1)以集体土地使用权出资应注意的问题。依据现有的法律规定,除集体经营性建设用地外,只有国有土地的使用权才能出资,非集体经营性建设用地的集体土地所有权如对外投资,必须先将集体土地通过国家征收的途径变为国有土地,再从国家手里通过出让的方式获得国有土地的使用权,然后进行投资。股东以非经营性集体土地使用权出资,违反《土地管理法》的规定,实践中不可能评估及变更使用权主体。常见的以集体非经营性建设用地使用权出资,大多是以协议的形式,目前对集体以外的另一方投资者而言风险较大。

(2) 以划拨土地使用权出资应注意的问题。划拨土地国家未收取土地出让金，由特定的主体使用，未经许可，划拨土地不得变更使用人，因此，以划拨土地使用权出资的，实践中操作较难，必须在股东补交土地出让金并完成土地使用权更名手续后，方可作为有效出资。

(3) 以设定抵押权的土地使用权出资应注意的问题。设定抵押权的土地使用权受到限制，可能因被拍卖而丧失权利。存在瑕疵的权利如果用于出资，则对其他股东权益影响较大，在股东内部会损害其他投资者的利益，在外部会损害公司债权人的利益。因此，在出资前应对土地使用权的权利瑕疵进行尽职调查，避免以有瑕疵的土地使用权出资。

(4) 以已办理土地使用权过户手续但未交付土地出资的情形。从法律角度来看，办理了土地使用权过户手续，股东即取得物权，出资是没有问题的，但实践中存在办理土地过户手续却未交付土地的情形，且土地被其他第三方实际控制，出资虽没有瑕疵，但公司将来不能实际有效地占有和利用该土地，严重影响了公司利益、股东利益及债权人利益。为避免这类出资纠纷，除对土地的现状进行详细调查了解外，还应在公司的设立协议中明确约定以土地使用权出资一方的违约责任。

(九) 不履行设立协议的纠纷

出资人签订设立协议后，未必按照协议约定的出资时间、形式或手续履行协议的义务。例如，不按期交付出资的货币或实物、不交付土地或办理土地使用权转移登记手续、出资瑕疵导致的对外侵权或违约责任等。

第三节 制定房地产公司章程的风险防范

公司章程是确定公司股东权利义务关系的基本法律文件，是为实现公司目的而制定的纲领性文件，是公司的"宪法"，也是处理公司股东纠纷的重要依据。公司章程中的机构设置是日后公司正常运营的重点，股东应有权掌控公司的发展方向，但公司股东、董事、经理之间的利益并非完全一致，有时会产生激烈的冲突。为避免公司各利益主体在追求自己利益最大化时损害股东及利益相关者的利益，就必须对不同利益主体进行约束，以达到权利的平衡。反之，权利失衡将导致股东利益受到损害，从而产生法律风险。如果公司经营中的信息不透明，董事、经理就可能损害公司的利益。约束和监督并不一定能保障各利益主体积极履行职责，为实现各主体之间付出与收益的相对均衡，建立必要的激励机制不可或缺。因此，机构设置应遵循激励与约束并举的股权制衡原则和信息透明原则。

一、公司治理结构的风险及防范

在设立公司时，出资人就应该考虑今后的公司治理结构的风险。公司治理结构的风险主要分为决策机构的风险（包括股东会、董事会、监事会）和经理及高级管理人员管理的风险，如果公司治理结构不当，就会具有引起公司陷入僵局的法律风险，可能引发股东间或公司管理人员之间的利益冲突和矛盾，公司运行将会出现障碍，股东会、董事会、监事会等权力机构和管理机构无法对公司的任何事项作出决议，使公司无法正常运营。公司陷入僵局，无论是对公司还是对股东都会造成严重损害。公司僵局形成的原因在于公司的治理结构出现问题，因此有必要在公司设立阶段就解决公司的治理结构问题。

(一)决策机构(股东会、董事会、监事或监事会)的法律风险

1. 股东会的法律风险

股东会的法律风险包括股东资格确认中的法律风险、股东权利行使不当的法律风险、股东怠于行使权利的法律风险、股东滥用权利的法律风险、股东会召开通知方式瑕疵的法律风险、股东会召开事项瑕疵的法律风险、出席股东会的股东人数瑕疵的法律风险、股东会主持人确定瑕疵的法律风险、股东会议事方式瑕疵的法律风险、股东会表决程序瑕疵的法律风险、股东会召开不能的法律风险、股东会记录瑕疵的法律风险、股东会僵局的法律风险、股东会决议违反法律和章程的法律风险和股权结构变动中的法律风险。

以有限责任公司股东僵局的风险为例,如果股东之间有利益冲突,或者因股东之间经营思路、性格、为人处世风格等不同,在决策时意见经常无法达成一致,久而久之,股东之间出现严重的情绪化对立,就会阻碍公司的正常运行,导致公司无法形成决议,公司运行陷入僵局。股东僵局产生的原因主要有三种:一是股权设置畸形,双方各占50%股权,导致股东之间只能完全同意或者无法决议;二是股东在章程中设定了非常高的表决比例要求,例如,要求70%以上的股东一致同意才能通过表决,而有两个股东各持股35%,但这两个股东意见完全不一致,也导致了股东僵局;三是股东不出席股东会,导致股东会达不到召开的法定条件。为了不形成股东僵局,股东可以在公司章程中事先建立打破股东僵局的措施,或者使章程的设计不会形成股东僵局。

2. 董事会的法律风险

董事会的法律风险包括董事会选任机制的法律风险、董事滥用职权的法律风险、董事职权行使不当的法律风险、董事怠于行使职权的法律风险、董事会召开通知方式瑕疵的法律风险、董事会召开事项瑕疵的法律风险、出席董事会的董事人数瑕疵的法律风险、董事会会议主持人确定瑕疵的法律风险、董事会议事方式瑕疵的法律风险、董事会表决程序瑕疵的法律风险、董事会召开不能的法律风险、董事会记录瑕疵的法律风险、董事会僵局的法律风险、董事会会议无律师见证的法律风险、董事会决议瑕疵的法律风险、董事激励机制不完善的法律风险和独立董事制度的法律风险。

以董事会僵局为例,董事会是公司的权力执行机关,除较小的有限责任公司可以设执行董事外,其他公司的董事会都是一个集体行使权力的机构,因此导致董事会也可能出现僵局。按照《公司法》(2023年修订)第六十八条的规定,有限责任公司董事会成员为3人以上。但如果董事会的成员是4名、6名、8名、10名、12名时,董事会表决就可能出现赞成和反对票数相同;董事会成员为单数但某一名董事未出席也未委托他人出席;某名董事投弃权票;等等。这些都可能导致董事会决策陷入僵局。因此,应在公司的章程中对董事会的僵局作出明确的规定以避免其发生。

3. 监事或监事会的法律风险

监事制度中的法律风险包括监事选任机制中的法律风险、监事怠于行使职权的法律风险、监事行使职权不当的法律风险、监事滥用职权的法律风险、监事会召开通知方式瑕疵的法律风险、监事会召开事项瑕疵的法律风险、出席监事会的监事人数瑕疵的法律风险、监事会会议主持人确定瑕疵的法律风险、监事会议事方式瑕疵的法律风险、监事会表决程序瑕疵的法律风险、监事会召开不能的法律风险、监事会记录瑕疵的法律风险和监事会僵局的法律风险。

对于目前我国公司的内部监督机构,无论是在《公司法》的规定中,还是在实践中都是有待

完善的。绝大多数公司,尤其是有限责任公司的监事会都是因为公司法的强制性规定才设立的,实践上并没有真正运行,更没有起到监督机构的作用,公司的监事或监事会形同虚设。

(二)经理及高级管理人员风险及防范

经理及高级管理人员的风险包括选任的法律风险、高级管理人员滥用职权的法律风险、高级管理人员怠于行使权利的法律风险、高级管理人员行使权利不当的法律风险和高级管理人员利用关联关系损害公司利益的法律风险等。

如果公司设立阶段对经理或高管选任不当,或公司内部管理制度不完善,经理或高管就可能侵犯公司利益,最常见的就是职务侵占或受贿。另外,如果经理控制了公司的公章或其他印章,做出对公司不利的事情,如职务侵占、对外签订损害公司利益的合同、伪造债务或随意承诺义务,那么公司将处于相当被动的地位。因为公司如果向公安机关举报,公安机关不会受理没有公章的举报材料,如果公司对外声明经理持公司公章签订的合同不代表公司的意思,那么在法律上是站不住脚的,也没有任何说服力。如果公司作出决策要解聘公司经理,没有公章,经理就不会接受解聘,即使公司到法院起诉,法院也要求公司在起诉书上加盖公章,而又因为没有营业执照无法进行公章挂失,因此导致公司的股东会或董事会相当被动,这种法律风险在一些制度不健全的小公司最容易出现。

二、法定代表人制度设计瑕疵的法律风险

按照《公司法》(2023年修订)第十条规定,公司的法定代表人按照公司章程的规定,由代表公司执行公司事务的董事或者经理担任。但有些出资人为了逃避责任,将股东以外的聘用的经理作为公司的法定代表人。例如,某房地产公司刚刚设立,公司最大的股东,也是公司的实际控制人,将新聘用的司机任命为经理,担任法定代表人。显然大股东这样安排的目的是当公司出现问题时其不承担责任,例如,发生对外欠债时,法院在执行时因无确凿证据一般不能拘留公司的实际控制人,只能拘留法定代表人,或者出现经济犯罪时,股东或实际控制人想全身而退。这种想法在某些情形下会起到一定的作用,比如,涉及单纯的债权债务纠纷,法院执行力度不大时,法院不会主动调查公司的实际控制人,如果查不到公司的实际控制人,法院不能拘留股东。但是按照公司法原理中"揭开公司面纱"的原则,公司的实际控制人仍要承担全部的责任,尤其是涉及刑事犯罪时,仍然会追究实际控制人的刑事责任。另外,聘用与公司利益不直接相关或无关的人担任法定代表人,如果法定代表人与公司产生矛盾或纠纷,也是难以处理的,比如,名义股东实际控制了公司,弄假成真,经理(法定代表人)把真正的股东或实际控制人的权利架空,将会侵害公司的利益。

当然,法定代表人根据正常的法律程序产生,由真正的董事长、执行董事或经理担任公司的法定代表人也可能会侵犯公司或其他股东的利益,对公司来说仍然存在风险。

案例:北京某公司系李某某、霍某、周某某、朱某某于2010年4月设立的有限责任公司,注册资本50万元,四名股东各出资12.5万元,后四方共同增资,注册资本变更为800万元,四名股东各出资200万元,分别持股25%。朱某某为公司执行董事、法定代表人、经理,公司成立后,朱某某利用其他股东忙于其他事务,以公司事务参与较少等为由,逐渐控制了公司的全部事务,在公司成立的最初两年,公司向股东分红,但从第三年开始,朱某某便使三位股东完全脱离公司事务的管理,从此一人控制公司,其他三个股东连知情权也无法享有,公司也停止分红。2013年之后,公司长期不召开股东会,于是公司监事李某某根据《公司法》第三十九条及《公司章程》第十一条的规定，于2015年6月4日向公司及执行董事朱某某发出《关于召开公司临时股东会会议的提议》，提议召开临时股东会，但执行董事朱某某一直不履行召开临时股东会会议的职责。

根据《公司法》第四十条及《公司章程》第十二条的规定，在执行董事不履行召开临时股东会会议职责的情况下，由监事召集和主持临时股东会会议。因此公司监事李某某在2015年6月12日通过邮政特快专递向其他三名股东及公司发出《关于召开公司临时股东会会议的通知》，提前17天召集各股东于2015年6月29日在北京市某区咖啡厅召开临时股东会会议，讨论选举公司执行董事、监事并讨论与股东权益相关的其他重大事项。朱某某及公司拒不接收邮件，其中寄给朱某某的邮件被退回，邮局标明拒收，寄给公司的邮件也被退回，邮局标明查无此人。

2015年6月29日，李某某、霍某、周某某三位股东到场，合计代表公司75%的股权/表决权，三股东认为会议召集方式、决议内容、决议程序均符合《公司法》及《公司章程》的规定，会议最终形成股东会决议如下：将公司法定代表人、执行董事、经理由朱某某变更为李某某；将公司监事由李某某变更为周某某。由此，李某某成为公司法定代表人、执行董事、经理，周某某成为公司监事，但公司一直未依据上述会议决议将公司法定代表人、执行董事、经理变更为李某某，也未将公司监事变更为周某某。李某某持股东会等决议到工商行政管理部门要求变更法定代表人，但工商行政管理部门拒绝变更，要求公司出具授权委托书和公章，但公章由朱某某控制，因此，通过工商行政管理部门变更法定代表人没有成功。无奈，因公司怠于履行法定义务，未将李某某变更为公司法定代表人、执行董事、经理或监事的行为给李某某造成重大损害，严重妨碍其作为公司法定代表人、执行董事、经理、监事行使有关权利，于是李某某向法院提起诉讼，要求公司立即到工商行政管理部门办理将公司法定代表人由朱某某变更为原告李某某的工商行政管理变更登记手续；要求法院判令公司立即到工商行政管理部门办理将公司执行董事、经理由朱某某变更为原告李某某，公司监事由原告李某某变更为原告周某某的备案手续。

公司及朱某某答辩称，李某某召集的股东会因未通知其参加，因此程序违法，股东会决议无效，公司同时提出申请，要求中止此案审理，因为朱某某另行提出诉讼，要求撤销股东会决议，法院中止了此案的审理。

在撤销股东会决议一案中，李某某、霍某、周某某答辩称，股东会召集程序符合《公司法》及《公司章程》规定。因朱某某系公司执行董事，却长期不召开股东会，公司监事李某某根据《公司法》第三十九条及《公司章程》第十一条的规定，于2015年6月4日通过邮政特快专递向朱某某发出《关于召开公司临时股东会会议的提议》，并在快递单上标明内置文件名称为"关于召开公司临时股东会决议的提议"。朱某某在明知文件内容的情况下拒收该文件。

至此，作为执行董事的朱某某对明知将要召开临时股东会会议的提议而置之不理，始终不履行召开股东会会议的职责。根据《公司法》第四十条及《公司章程》第十二条的规定，在执行董事不履行召开临时股东会会议职责的情况下，由监事召集和主持临时股东会会议。所以，由公司监事李某某召集股东会会议符合《公司法》及《公司章程》的相关规定。

该次股东会按《公司章程》规定通知全体股东。李某某在2015年6月12日向除其自身外的其他全体股东以邮政特快专递的方式发出《关于召开公司临时股东会会议的通知》，并在快递单上标明内置文件名称为"关于召开公司临时股东会会议的通知"。其中，发给朱某某的邮政特快专递准确载明其联系电话,此电话号码与其以往接收快递所用联系方式一致,为其有效联系方式。至于朱某某主张邮政官网显示的因"查无此人"而无法妥投,系其刻意不接电话或伪装非收件人本人所致。显然其早有准备而恶意拒收发自李某某的邮件。

关于李某某提出的对于提议召开临时股东会的意思表示何时产生法律效力的问题,司法实践中一般认为,以非对话方式传达的意思表示应以"发出主义"为准。李某某发出邮件之时视为朱某某收到通知,意思表示到达朱某某。无论朱某某是否知晓通知内容都视为送达,何况其对于召开股东会会议早有预期,根本就知晓此通知内容。如果非要以朱某某签收作为收到通知标准,那么对于接收召开股东会会议处于蓄意拒绝状态的朱某某而言,其永远"无法"接到通知了。

即使采用"到达主义",也并非一定要实际送达相对人或者其代理人手中,只要送达相对人通常的地址、住所或者能够控制的地方(如信箱等)即为送达。综上,李某某发出邮件之时,应视为通知朱某某送达完成。朱某某假意以未收到通知为由阻止其他股东行使股东权利,如果以此支持了朱某某的主张,既有违立法本意,对于纠纷解决亦无益,其将永久以"未收到通知"为由拒绝召开股东会会议。所以,朱某某以未收到召开股东会会议通知而主张股东会会议程序违法,不应得到支持。

在诉讼过程中,朱某某控制的公司又以公司名义再行起诉,认为霍某、周某某、李某某出资不实,起诉要求三人补齐出资款,认为三人并非分别持有公司25%的股权,在出资不到位的前提下,三人仅分别持有公司5.263%的股权,在增资时三人未实际增资,只有朱某某一人实际增资187.5万元。针对此诉讼,李某某、周某某、霍某认为他们三人合计具有75%表决权,朱某某以三名股东未代表2/3以上表决权而主张股东会表决程序违法不成立。公司成立之初,注册资本为50万元,朱某某、霍某、周某某、李某某各出资12.5万元,分别持有公司25%股权。2010年10月21日,四人分别向公司转账187.5万元用于增加公司注册资本,变更后的注册资本为800万元,四人各持25%股权。兹有中国工商银行北京市分行交存入资资金凭证两张予以证明,并有由北京某和会计师事务所有限公司出具的验资报告,以及工商登记基本信息为证。至于朱某某主张除其以外的三名股东未实际出资,李某某、周某某、霍某所占公司的股权比例应相应降低为5.263%、5.263%、5.263%的推理并不成立,其于2015年7月23日向四股东作出的《股东缴纳出资催告书》及其向公司存入187.5万元款项的行为,系其为诉讼而实施的虚假行为。另外,朱某某一人实际控制公司,其自认未实际出资,涉及刑事犯罪,对其实施的职务侵占、抽逃注册资金等违法犯罪行为,其他三股东保留向公安机关报案并追究其刑事责任的权利。

在法院的建议下,李某某诉公司变更公司登记权一案撤诉,朱某某诉股东决议无效案撤诉,法院对公司诉李某某等三人缴纳出资款一案进行了判决,法院在说理部分认为,公司诉李某某等三人未缴纳出资款,仅持有5.263%的股东权利的主张不成立,李某某等三人各持有公司25%的股权,但李某某召集股东会的通知因未送达公司及朱某某本人,该股东会决议无效。

三、房地产公司设立的刑事法律风险及行政法律风险

(一)刑事法律风险

公司在设立阶段,如果不了解《刑法》的规定,虚报注册资本或者虚假出资、抽逃出资,可能

会触犯刑法,面临追究刑事责任的严重法律后果。公司在设立阶段的刑事法律风险涉及的罪名主要有虚报注册资本罪和虚假出资、抽逃出资罪。

1. 虚报注册资本罪

《刑法》第一百五十八条规定,申请公司登记使用虚假证明文件或者采取其他欺诈手段虚报注册资本,欺骗公司登记主管部门,取得公司登记,虚报注册资本数额巨大、后果严重或者有其他严重情节的,处三年以下有期徒刑或者拘役,并处或者单处虚报注册资本金额 1% 以上 5% 以下罚金。单位犯前款罪的,对单位判处罚金,并对其直接负责的主管人员和其他直接责任人员,处三年以下有期徒刑或者拘役。

2. 虚假出资、抽逃出资罪

《刑法》第一百五十九条规定,公司发起人、股东违反公司法的规定未交付货币、实物或者未转移财产权,虚假出资,或者在公司成立后又抽逃其出资,数额巨大、后果严重或者有其他严重情节的,处五年以下有期徒刑或者拘役,并处或者单处虚假出资金额或者抽逃出资金额 2% 以上 10% 以下罚金。单位犯前款罪的,对单位判处罚金,并对其直接负责的主管人员和其他直接责任人员,处五年以下有期徒刑或者拘役。

很多公司在注册时借用他人资金,注册完毕后归还,这类行为就涉嫌此罪。另外,现在很多股东委托注册代理机构办理登记注册手续,自己不实际出资,让代理注册公司垫资,办理完毕登记注册手续后,代理公司将资金撤回,这种行为也涉嫌此罪。

案例:2010 年 3 月 25 日,章某某出资 1 亿元设立某房地产公司,但在公司设立登记时,章某某让姜某某、任某某担任公司的股东,但两股东未实际出资,其中姜某某持有公司 60% 的股权,任某某持有公司 40% 的股权。公司经营范围为:房地产开发、经营。公司不设董事会,设执行董事一人。执行董事为公司的法定代表人。姜某某担任公司法定代表人、执行董事。公司的实际出资人和控制人章某某与公司股东姜某某、任某某系表兄弟关系,对公司无控制权和管理权。

2010 年 6 月 25 日,公司通过挂牌方式取得某市城市广场地下商业街项目后,销售业绩很好,工程主体结构未竣工销售率即达到 75%,收入约 4 亿元,但公司实际控制人章某某将销售款挪到海南省某项目使用,致使某市城市广场地下商业街项目烂尾。购买商铺的投资人因不能按期经营,起诉公司并到当地政府上访要求公司返还购买商铺的款项,但公司没有能力退还购买人的投资款,造成恶劣影响。部分购买人到公安机关举报,接到举报后,当地公安机关介入调查,以抽逃出资罪将姜某某刑事拘留。

(二) 行政法律风险

行政法律风险是指在公司设立过程中,可能因违反了相关的行政管理规定,由行政主管部门给予处罚的风险。虚报注册资本及虚假出资、抽逃资金的行为也违反了行政管理的规定,应受到行政处罚。

1. 虚报注册资本的行政处罚

虚报注册资本由公司登记机关处以虚报注册资金金额 5% 以上 15% 以下的罚款;对提交虚假材料或采取其他欺诈手段隐瞒重要事实的公司,处以 5 万元以上 50 万元以下的罚款;情节严重的,撤销公司登记或吊销营业执照。

2. 虚假出资、抽逃出资的行政处罚

公司的发起人、股东虚假出资,未按期交付作为出资的货币或非货币财产的,或在公司成立后,抽逃其出资的,由公司登记机关处以虚假出资金额或抽逃金额5%以上15%以下的罚款。

在注册登记房地产公司时,应如实出资或者采取认缴的方式出资,没有必要虚假出资或出资后抽逃资金。因为房地产开发所需资金数额巨大,注册资本只占房地产公司实际投资额的很小一部分,如果连这么一小部分出资额都拿不出来,那么说明投资人不具备投资房地产的实力。如果硬撑门面,只会越陷越深。

第四节 设立房地产项目公司的风险及防范

房地产公司在开发项目时,大多设立项目公司开发,这在房地产界已成为基本的操作模式。所谓的房地产项目公司与房地产开发公司,从法律及行政管理的角度来看并没有本质区别,只是业内的通称不同而已。所谓房地产项目公司可以理解为为某一个房地产开发项目另行设立的公司,等项目完成后视情况决定是否保留该项目公司。因此,房地产项目公司和房地产开发公司都是依公司法成立的公司,国家对两者的管理几乎没有区别。唯一的区别就是,项目公司为新设公司,须新注册和申请开发资质。

出于各种目的和原因,很多房地产开发企业采用"开发一个项目注册一家项目公司"的方式来运作房地产项目。房地产公司在房屋销售完成之后将项目公司注销或是转让,有些房地产项目公司的"寿命"仅有几年。对房地产开发企业而言,设立项目公司的原因很多:有的是因为政府税收方面的规定,不得不在项目所在地设立项目公司;有的是为了单独核算与管理;有的是为规避经营风险;有的是因为合作开发;有的是为了逃避债务或为不诚信的行为留有余地。总之,出于跨地区、资质限制、独立核算、风险规避、合作开发等因素,都有可能会独立成立房地产项目公司。

投资公司能够设立房地产开发专营公司或者房地产开发项目公司,然后以房地产开发专营公司或房地产开发项目公司的名义参与土地的竞买、摘牌等,取得土地使用权并进行工程的开发建设。或者投资公司出一部分资金,另外的法律主体出另一部分资金,由双方共同投资成立房地产专营公司或项目公司。对于一家有多个项目的房地产开发公司来说,如果不是在同一行政区域内有几个开发项目,那么在某个地区取得一个项目时都会分别成立一个公司操作这个项目。一般设立项目公司都采用控股或直接投资的方式成立子公司(有限责任公司),这样无论是项目管理、经济运营,还是法律风险规避都较成熟。待项目开发完成,如果该项目市场还有继续运营的必要和价值,可继续运营,如果没有价值,可注销或不年检让市场监督行政管理机关吊销该公司。目前与房地产经营管理相关的法律并没有明确项目存续期的要求。设立房地产项目公司既有利也有弊,现分述如下。

一、设立房地产项目公司的益处

1. 对纳税有利

在多个地方设立项目公司不是公司的选择,而是项目所在地政府的要求。房地产公司不管

是设立项目公司还是设立分公司,按照国家税务总局的规定都是属地纳税。如果设立分公司,则税收应交公司注册地,项目所在地政府更希望在本地缴税。如房地产公司强行向注册地缴纳税款,项目所在地政府或相关职能部门则可能会对项目不予重视,影响项目的正常进展。另外,从公司财务管理角度来说,采用分公司形式在财务上比采用项目公司复杂许多,总公司需要做合并报表。

2. 规避债务风险

一般情况下,分公司是总公司的派出机构,不是独立法人,无法人资格,不能独立承担民事责任[①],分公司的债务由总公司承担。一旦分公司存在债务,就可能会牵连总公司。而项目公司独立注册,是一个独立法人单位,自负盈亏,享有自主经营的权利,属于新设立的公司,出现债务问题或其他负面的问题与投资的总公司无关,独立承担民事责任,这样在项目操作中可以防止项目公司产生的纠纷和债务波及合作双方的母公司,项目公司在某些情形下不会牵连投资人。如果项目公司亏损,那么一切的债权债务都由项目公司独立解决;如果项目公司盈利,那么合作各方又可以以股东的名义进行分红或在项目公司清盘时分得项目公司的净资产。

3. 有利于项目转让

项目公司是新成立的公司,取得的是新项目,一般无债权债务等纠纷,项目转让无法律上的障碍。如果对新项目进行直接转让,那么要缴纳高额的土地增值税和其他税费,无疑会增加收购方的压力,但成立项目公司进行股权收购后会节省大笔税费,容易成交。许多公司,尤其是有限责任公司的民营投资者,在获得项目开发权后,无论转让还是自行操盘都比较方便。尤其在开发企业出现资金压力时或市场不好的环境下,可以整体转让项目而不牵涉总公司的债权债务。有些投资公司在同一个城市有多个项目的,都会就每一个项目成立一个公司,目的在于方便转让每一个项目。

4. 有利于合作开发

有些项目一个开发企业无法独立操盘,须引进其他投资者合作开发,设立项目公司,对于不同的投资者来说便于合作,其他投资人既可以以入股的方式投资,也可以以借款、合作建房等方式投资,不受总公司其他项目的影响。

5. 便于抵押担保

成立项目公司后,土地在项目公司名下,项目公司可以通过抵押担保的形式从金融机构或信托公司获取项目的建设资金。

6. 便于核算

项目公司财务上是独立核算的,运作起来也比较轻松。项目公司的开发项目竣工后,如果房屋没有销售完毕,那么就可以不清算。

7. 有利于税务筹划

《招标拍卖挂牌出让国有土地使用权规范(试行)》规定:"申请人竞得土地后,拟成立新公司进行开发建设的,应在申请书中明确新公司的出资构成、成立时间等内容。出让人可以根据招标拍卖挂牌出让结果,先与竞得人签订《国有土地使用权出让合同》,在竞得人按约定办理完新公司注册登记手续后,再与新公司签订《国有土地使用权出让合同变更协议》;也可按约定直接与

---

① 有些在行政部门注册的分公司能独立承担民事责任。

新公司签订《国有土地使用权出让合同》。"因此,母公司通过招标、挂牌、拍卖取得的土地使用权,转移到其全资设立的项目公司名下,不属于交易,当然不需要在转让环节纳税。因此,房地产公司可以任意设置全资项目子公司,在房屋卖完后将其注销或不再年检,由市场监督管理部门吊销。这种操作模式对开发企业来说法律风险较小,但是市场监督管理部门对不年检的处罚力度逐渐增大,行政处罚措施会影响到项目公司的股东。

另外,即使因种种原因,在"招拍挂"阶段考虑不周或错过了时机,没有将土地使用权落在项目公司名下,也可以通过母公司与全资子公司之间的项目或土地使用权的转让实现。母公司与全资子公司之间的资产转让可以按照《财政部、国家税务总局关于促进企业重组有关企业所得税处理问题的通知》第三条关于股权、资产划转的规定处理。

8. 项目开发完毕后可随时注销项目公司

注销公司是一种主动的行为,主动将公司清算关闭,法人资格合法终止,所有债权债务清理完毕,是一种合法的行为。但公司经过合法的清算程序注销后并不能完全终止所有法律关系,仍应承担某些责任。房地产公司注销之后常见的法律责任就是已售房地产项目的保修责任。按照相关规定,房屋根据部位的不同而保修期限不同。地基基础和主体结构的保修期与设计寿命相同,一般建筑物的设计寿命是50年以上,因此保修期也有50年以上。防水保修期是5年,装修保修期是2年。如果项目公司在保修期限内注销公司,那么保修责任的承担将会成为一个侵害业主利益的潜在风险。因为目前法律没有建立系统的制度规范以解决公司注销之后的法律责任问题,所以当房屋在保修期内出现严重的质量问题时,因房地产项目公司被注销或吊销,时有维权事件发生。我国现有的公司法体系中法定清算注销制度无法有效解决公司注销后相关法律责任的承担问题,无法有效保护被注销公司长期债权人的合法利益,因此,这给了项目公司巨大的规避自身责任和义务的空间。

二、设立房地产项目公司的弊端

设立房地产项目公司的弊端也是明显的,项目公司的运营模式决定了项目公司的规模无法扩大。双方合作的项目如果因出资方的资金不到位而缓建、停建,而土地方已经提供土地,此时土地方再收回土地或与其他人合作面临着许多实际困难,使得出地方无论是想追究出资方的违约责任还是想尽早解除合同挽回损失都很困难。

(1)资质低制约了项目公司第一次大规模开发建设。项目公司是新公司,初次进行房地产开发一般申请二级资质,因此在开发规模、开发范围上受限制,有些房地产开发市场管理比较规范的城市,二级资质房地产项目公司甚至没有资格通过"招拍挂"获得土地。当然,实践当中二级资质开发大盘的也不少,但随着政府管理越来越规范,二级资质开发大盘的现象应该会越来越少,对开发企业来说应该会越来越不利。

(2)项目公司融资能力差。项目公司不是集团公司,作为一个新成立的独立承担民事责任的主体,没有任何开发业绩,在银行融资贷款以及向购房人提供按揭等方面,无法提供历史开发资料(如果控股股东有房地产开发的业绩是可以提供的,但在手续上比较烦琐)。金融机构对项目公司融资问题的决策,明显不如有多个项目开发经验的房地产专营或房地产公司设立的分公司有优势。银行监督管理部门对于项目开发公司有专门监管规定:对于依据项目而成立的房地产开发项目公司,应根据其自身特点对其业务范围、经营管理和财务状况、股东及关联公司的上述情况,以及彼此间的法律关系等进行深入调查审核,因此,在融资方面对项目公司显然是不利的。

(3)须新办理注册资质。项目公司是依《公司法》成立,须重新注册和重新申请开发资质,手续比较麻烦。

案例:一家大型集团公司 A 旗下有一家全资子公司 B,联合一家施工单位 C 一起投资了一个房地产项目,B、C 公司为该项目又设立了一家项目公司 D,D 的重大决策由 B、C 共同商议完成。D 是 B 的子公司,也是 C 的子公司。B 是 D 的控股方,C 是参股方,房地产公司不存在挂靠的关系。B 和 C 的合作有两个原因:一是 C 可以为 B 提供一定资金,二是可以提供工程管理上的技术支持。设立项目公司的前提条件是有项目,B 公司是股东,有土地或有相应资源,在项目公司成立之前 C 对 B 进行了资信调查、土地调查及履行合约能力调查,然后与 B 及其集团公司 A 进行了大量的谈判,决策过程较慢,效率较低。双方协商一致后共同拟定公司章程、验资、注册等,然后办理公司的资质申请。此做法是因 B 及其集团公司缺少资金,否则没有必要设立项目公司 D。

总之,以项目公司的形式合作是目前投资房地产采用比较多的方式。采用项目公司的合作方式应特别注意,在合作前一定要严格审查合作方的资信状况,如果一方资信不好则会产生很多问题。

第五节 房地产公司开发资质的风险及防范

一、新设立房地产公司的备案

新设立的房地产开发企业应当自领取营业执照之日起 30 日内,持下列文件到房地产开发主管部门备案:①营业执照复印件;②企业章程;③专业技术人员的资格证书和聘用证书。

二、新设立房地产公司的资质管理

《房地产开发企业资质管理规定》第三条规定:"房地产开发企业应当按照本规定申请核定企业资质等级。未取得房地产开发资质等级证书(以下简称'资质证书')的企业,不得从事房地产开发经营业务。"

房地产开发企业按照企业条件分为两个资质等级,各资质等级企业的条件如下:

1.一级资质

(1)从事房地产开发经营 5 年以上;

(2)近 3 年房屋建筑面积累计竣工 30 万平方米以上,或者累计完成与此相当的房地产开发投资额;

(3)连续 5 年建筑工程质量合格率达 100%;

(4)上一年房屋建筑施工面积 15 万平方米以上,或者完成与此相当的房地产开发投资额;

(5)有职称的建筑、结构、财务、房地产及有关经济类的专业管理人员不少于 40 人,其中具有中级以上职称的管理人员不少于 20 人,专职会计人员不少于 4 人;

(6)工程技术、财务、统计等业务负责人具有相应专业中级以上职称;

(7)具有完善的质量保证体系,商品住宅销售中实行了《住宅质量保证书》和《住宅使用说明书》制度;

（8）未发生过重大工程质量事故。

2. 二级资质

（1）有职称的建筑、结构、财务、房地产及有关经济类的专业管理人员不少于5人，其中专职会计人员不少于2人；

（2）工程技术负责人具有相应专业中级以上职称，财务负责人具有相应专业初级以上职称，配有统计人员；

（3）具有完善的质量保证体系。

从上述规定可知，获得房地产开发一级资质除了需要业绩，关键还在于专业技术人员的多少。现在专业技术人员比较难找，因为现在专业技术人员的专业资质、任职公司等信息资料一般都全省联网，想找几个专业技术人员的专业资质证书蒙骗建设行政主管部门基本上难以实现。现在建设行政主管部门对房地产公司临时聘用或者兼职的管理、技术人员不计入企业管理、技术人员总数，因此房地产公司不能像以前一样，通过找一个有资格证书的专业人士挂靠，以提升自己的资质等级。

三、房地产开发企业资质对项目规模的限制

2022年3月2日修改的《房地产开发企业资质管理规定》，实质上对两个资质等级的房地产开发企业承担项目的建设规模都取消了限制，一级资质条件中列明的房屋建设面积累计竣工面积仅仅是取得一级资质条件的要求，并非进行项目开发的限制性条件。

四、无资质、超越资质、借用他人资质开发的法律效力问题

房地产开发资质制度是一种市场准入制度。房地产企业开发资质的相关规定来源于《城市房地产管理法》，但《城市房地产管理法》中并没有具体的条款规定房地产开发资质，而是在国务院的行政法规《城市房地产开发经营管理条例》第九条中规定，房地产开发主管部门应当根据房地产开发企业的资产、专业技术人员和开发经营业绩等，对备案的房地产开发企业核定资质等级。房地产开发企业应当按照核定的资质等级，承担相应的房地产开发项目。该行政法规明确对房地产开发企业的准入资格作出限制，尤其是对授权行政主管部门作出了进一步的规定。但在实践中，无资质开发、借用他人资质开发和超越资质等级开发的情况时有发生。例如，以合作开发合同为名，实际是借用房地产开发资质的独立开发行为，目的是规避国家对开发主体的限制，合同双方当事人签订合同的目的明确，不参与实质开发，也不出资，但给予一定的利益，明显是为了利益而出借资质，因此合同不存在善意的一方，双方签订的合作合同可能被认定为无效合同。根据《最高人民法院关于审理涉及国有土地使用权合同纠纷案件适用法律问题的解释》，当事人双方均不具备房地产开发经营资质的，应当认定合同无效，但起诉前当事人一方已经取得房地产开发经营资质或者已依法合作成立具有房地产开发经营资质的房地产开发企业的，应当认定合同有效。

案例：甲公司是一家从事化工产品销售的公司，乙公司是一家房地产公司，资质等级二级。2006年甲公司与乙公司签订《房地产合作开发协议》，约定甲公司以乙公司的名义开发建设20万平方米住宅楼及商业配套设施，项目的建设资金全部由甲公司负责，项目所有报批手续均由甲公司以乙公司名义负责报批，项目建设资金的账户由甲公司控制，乙公司不参与项目的任何经营，不派出任何管理人员、工程技术人员和财务人员，但甲公司须在取得销售回款后按照销售额的5%向乙公司支付费用。

在项目的建设过程中,因甲公司资金短缺,拖欠施工单位的工程款,在多次协商未果后,施工单位提起诉前财产保全,查封了乙公司名下在建工程及土地使用权。甲公司向项目所在地法院提起确权之诉,请求确认被查封的房屋所有权属于甲公司所有,并向法院主动提出借用了乙公司的开发资质进行房地产开发。法院认为,甲公司自认不具备房地产开发资质而从事房地产开发,借用他人资质开发,违反了《房地产开发企业资质管理规定》,因此不能适用《最高人民法院关于审理涉及国有土地使用权合同纠纷案件适用法律问题的解释》第十五条(修正后为第十三条)规定,即便乙公司一方有房地产开发资质,甲公司与乙公司签订的房地产合作开发合同也是无效合同,甲公司不能依据无效的合同取得房地产项目的所有权,遂驳回甲公司起诉。

因此,在合作开发中,合作双方需要正确理解《最高人民法院关于审理涉及国有土地使用权合同纠纷案件适用法律问题的解释》第十三条的规定,并非一方有资质双方的合作开发合同就一定有效,要区分其与借用资质的本质区别。另外,此案例中甲公司急于取得项目的所有权,因此在诉讼策略上存在失误。

第六节 代理注册公司的风险防范

一、代理注册公司的风险

有些投资者因为事务繁忙或者因为注册手续繁杂,不愿意亲自办理公司的注册登记手续,而委托专业的公司注册代理机构。公司注册代理机构目前鱼龙混杂,既有专业的、合法的代理机构,又有一些代理机构不考虑任何法律风险,完全按照投资人或委托人的要求办理业务。委托注册代理机构办理注册房地产公司的风险如下:

(1)注册代理公司持有公章的风险。公司注册后,如果委托代理公司办理公司的公章、财务章、税务登记等手续,这些东西都在代办者手中,他们可能对外签订合同或承诺义务,恶意伪造债务。注册代理公司使用公章对外签订债权债务协议的法律后果,最终会由公司承担。

(2)注册代理机构代垫注册资金的风险。代理注册的公司如果代垫注册资金,在入资后是不能随意转移的。使用该资金时应符合财务规定,支出应有凭证,且必须用于公司的经营支出。代垫的注册资金,在法律上投资人与注册代理公司应该是债权债务关系,即投资人(或称股东)对注册代理公司的借款,该借款应由股东来偿还,而不能直接动用公司的注册资金来偿还借款。如果股东不偿还代理公司的垫付资金,代理公司自行或由公司同意将资金抽走,则会涉嫌虚假出资、抽逃出资罪。

二、委托代理公司注册房地产公司的风险防范

如果委托代理公司注册房地产公司,应与代理公司签订协议,在签订协议时约定如下基本内容:

(1)明确代理机构登记注册每一步骤的办理时限,如名称预核、办理银行开户、入资、营业执照、IC卡、公章、财务章、人名章、合同章、办理增值税一般纳税人资格证书、办理备案及资质,等

等。办理时限必须明确,超过该时限应承担违约责任。

(2)关于垫资的约定。如果代理机构给投资人垫资,应签订资金借贷合同,写明数额、垫资的期限,明确垫资是否计算利息。除此之外,还应明确公司注册资本和实收资本应该一致,应该一次性入资,而不是分期入资,代理机构应该将全部资金一次性缴纳。代理机构垫资后的还款问题一定要在合同中明确约定,还款的方式也应明确,不能在办理完毕公司注册后直接将公司的注册资金转走,以归还代理机构的垫资,这种行为属于抽逃资金或者虚假出资,面临行政或刑事的处罚。

(3)付款与登记注册的进度挂钩。例如,约定首付30%,入资后再付30%,拿到营业执照后再付30%,办理完毕开户、税务登记、营业执照等所有手续和材料后再付余额10%。

(4)约定代理服务的范围及内容。在合同中明确代理机构的具体工作,不能遗漏。一般代理机构代理服务的范围及内容如下:办理并移交开户许可证原件、营业执照正副本原件及IC卡、公章、财务章、人名章、合同章和增值税一般纳税人资格证书。如果涉及资质或备案,也应明确由谁来做。

(5)移交。公司注册成立后,公司的所有章证、文件和材料要全部移交给委托人。

(6)违约责任。在协议中可以这样约定:如果代理机构只完成其中部分委托工作,视同本协议代理机构没有履行,部分证件和资料委托人不予接收,代理机构应退还委托人所交的全部款项。如果因代理机构只办理了一部分登记手续,其余不再办理,双方因费用问题或其他问题争执不下,可考虑在合同中这样约定:代理机构已经完成并取得的证件和资料,由代理机构负责通过市场监督管理部门、税务局、质量技术监督局等相关的政府机构用两个月时间办理完毕注销手续,所有费用和法律责任由代理机构承担;新注册成立的公司自成立之日到注销之日期间所有的债权债务均由代理机构承担;公司被代理机构注销完后,公章、财务章、人名章由市场监督管理部门收回销毁;如果代理机构有垫资,代理机构将注册资本转出,若代理机构没有垫资,注册资本由委托人实际缴纳,则清算后该费用交给投资人;在公司存续期间所发生的经营活动及票据,所涉及的税务和其他权利义务方的费用,全部由代理机构承担;公司在设立过程中产生的一切费用均由代理机构承担;委托人不承担由新注册成立的公司的股东和法人而产生的连带责任,全部由代理机构承担;代理机构超过两个月没有办理完毕新公司注册成立或注销手续的,委托人有权拒绝支付剩余的代理费用。

第七节　房地产公司设立的税费筹划风险

设立房地产公司时在税收方面主要考虑如何合法纳税、降低税收方面的风险。在享受税收优惠方面,设立房地产公司时应考虑以下因素。

一、地区税收优惠政策

按照相关规定,以下七类地区有税收优惠:
(1)经济特区,所得税率15%;
(2)国家级经济开发区,根据投资额可免1—5年的所得税不等;
(3)国家级高新技术产业开发区,一定时期所得税率15%;

(4)保税区,所得税率15%;

(5)贫困地区企业可免税3年;

(6)西部地区,原则上国家鼓励、产业指导下的企业所得税率15%,国家指导、鼓励的产业可以免二减三;

(7)当地政府财政返还或变相返还或其他方式奖励的地区。

对房地产开发企业来说,上述第(5)、(6)、(7)项税收优惠政策是可以考虑的,在税收方面为招商引资可能会享受优惠政策或变相的优惠政策,但地方政府具体的返还政策或者鼓励政策可能与相关规定有差异。

二、国外避税港注册公司,享受外资优惠政策

有些公司为了避税,会在英属维尔京群岛(BVI)注册成立,因为那里注册要求低,监督力度小,发展外资企业注册行业是这个岛国的支柱性产业之一。除英属维尔京群岛外,不开征所得税和财产税的避税地还包括百慕大群岛、巴哈马群岛、开曼群岛等;只征收较低的所得税和财产税的避税地包括瑞士、直布罗陀、所罗门群岛、新加坡等;只对来自当地的收益征税而对来自海外的收益免税的避税地有巴拿马等,但是,对新设立的房地产公司来说,在上述地区注册并不顺畅,因为在上述地区注册公司再投资就属于外资,而外资投资中国房地产受到诸多限制,因此目前房地产公司在海外注册并不是一个最佳的选择。

三、子公司与分公司的纳税选择

子公司与分公司的纳税是不同的,因此,在选择设立分公司还是设立子公司时要综合考虑以下因素:

(1)分支机构盈利,总部亏损,可以设立分公司;

(2)分支机构亏损,总部盈利,可以设立分公司;

(3)分支机构的项目所在地有税收优惠,有财产返还,可以设立子公司。

有时在外地设分公司,当地税务机关也要求在地方交税。分公司也分为两种,一种是独立核算的分公司;另一种是非独立核算的分公司。对于独立核算的分公司可以要求税费在当地缴纳,对于非独立核算的分公司,有些税种在当地缴纳,有些税种可以回总部缴纳。在盈利的情况下,子公司可以向集团缴纳"品牌使用费"或其他名目费用,转移利润,但是必须合法。

四、以合作建房、入股合作、共担风险方式合作对税收的影响

合作建房,是指由一方(以下简称"甲方")提供土地使用权,另一方(以下简称"乙方")提供资金合作建房。合作建房的方式之一就是甲方以土地使用权,乙方以货币资金合股,成立合营企业合作建房。对此种形式的合作建房,要视具体情况确定如何征税。合作双方约定房屋建成后双方采取风险共担和利润共享的分配方式或者房屋建成后双方采取按销售收入的一定比例提成的方式参与分配,或者按销售收入的一定比例提取固定利润的分配方式,或者房屋建成后双方按一定比例分配房屋的合作方式,在税收方面都有所不同。

五、关联交易对税收的影响

关联交易是指关联企业之间相互移转资源、资产、权利、利益、义务、责任等一切形式的协

议和交易。关联企业主要有以下四种类型：一是一个企业直接控制一个或多个企业,如母公司控制一个或若干个子公司;二是一个企业通过一个或若干个中间企业控制一个或多个企业,如母公司通过其子公司,间接控制子公司的子公司;三是同受某一企业控制的两个或多个企业;四是两个或多个企业直接共同控制某一个企业,在控制方与被控制方企业间形成关联企业。关联企业之间通过转让定价、收购亏损关联企业、劳务收入的转让定价、租赁等方式对税收产生影响。

六、设立新房地产公司

转让国有土地使用权、地上的建筑物及其附着物并取得收入的单位和个人,为土地增值税的纳税义务人,应当按规定缴纳土地增值税。但对于以房地产进行投资、联营的,如果投资、联营的一方以土地(房地产)作价入股进行投资或联营条件,则暂免征收土地增值税。但是,投资、联营企业若将上述房地产再转让,则属于土地增值税征收的范围。

在设立房地产公司而考虑税收因素时,因税收法律法规的政策性、时效性强,具体应以税务部门届时施行的规定为准。

第八节 房地产投资决策风险

房地产项目投资决策是一个复杂的动态过程,房地产投资决策受政治环境、宏观政策、经济环境、地理位置、社会文化等诸多不确定因素的影响。又由于房地产项目的建设周期一般较长,项目影响因素较多,专业性要求也很突出,同时占用资金量大,导致房地产投资有风险大、回报率高、回收期长等特征,所以在投资房地产项目之前应谨慎考虑投资风险。设立房地产公司的目的是投资房地产项目,因投资项目而设立公司的,如果没有项目或项目不成熟,或实施的可能性不大,则无须设立房地产公司。如果因项目设立公司而项目又不具备操作条件,则设立房地产公司无疑会增加经济方面的支出,因此,作投资房地产的决策时应慎重。

一、房地产投资决策影响因素

1. 政策因素

政策对于房地产项目投资决策具有很强的影响力,政府通常因为房地产价格的问题而出台宏观调控政策以抑制房价,出台各种限制措施或提高投资的成本(如加息、增加税费、抑制需求等),或者为刺激经济发展而降低税费、降息。一般在鼓励房地产投资的政策下投资房地产效果较好,连续、稳定的或优惠性的政策能够推动投资增长。

2. 经济因素

整个国家及某一地区的经济发展水平是影响房地产投资决策的最直接的基本因素,主要包括宏观经济环境和微观(区域)经济环境。房地产投资具有很典型的区域性特征,开发企业必须对整体经济水平和区域经济发展阶段有着充分认识。房地产投资需要判断整个国家的经济发展趋势、房地产行业在一定时间段内的发展趋势,以及某个地区的经济发展趋势。

3. 社会环境因素

目前中国社会环境对房地产投资决策有着不可替代的作用。主要包括两方面,一是房地产公司自身是否有足够的专业人员,如市场营销、前期开发、项目管理、工程技术人员、法律人员及财务人员,且这些人员能各司其职,组成一个高效专业的团队,这是投资决策不发生偏差的前提条件;二是房地产公司能否获取有效的信息,包括投资信息、土地信息、开发建设信息,并与政府及职能部门进行顺畅沟通,而且熟悉当地的司法环境。

4. 地理位置及环境

投资项目位于商业中心或交通便利的地段是房地产投资成功最重要的条件,尤其是商业项目。如果投资住宅,则周边的自然环境,如绿化、园林、水系等,也影响投资决策。

5. 基础设施

基础设施完善及公共配套服务设施完备有利于降低投资成本。

6. 法律环境

房地产项目投资受法律、行政法规及规章的严格约束与限制,如果某一地区的法律法规比较完备和稳定,司法比较公正,那么会有利于投资决策的形成。

7. 企业自身情况

企业自身状况包括企业成长阶段、企业规模等,房地产企业在不同的成长阶段具有不同的组织形式、治理结构以及资源拥有状况,从而具有不同的项目投资决策特征。房地产建设项目具有资金投入大、建设周期长等特征,由此决定了规模比较大的企业在决策的过程中能掌握更多的决策信息,因为他们往往拥有一定数量的企业资源、良好的经济效益和财务能力。

8. 其他因素

除上述房地产投资决策因素外,房地产企业在投资时还应考虑开发时机、物业类型、财务、利率、变现、购买力等其他影响因素。

二、投资决策风险的防范

房地产开发企业接触开发建设项目信息后,项目到底该不该做、如何定位、如何投资、资金从哪里来、经济测算怎么做,这些都是要在投资决策阶段解决的问题,解决不好,开发企业很可能会面临资金链断裂、项目烂尾、诉讼纠纷等多重风险。因此,房地产企业应识别投资决策阶段的各类潜在风险,提高掌控复杂多变市场的能力,理性决策、科学决策、成功决策。

(一)慎重决策

在投资房地产前,应进行必要的市场调查、项目策划。投资者应将市场调查、策划放在详规之前,必要时可请专业的房地产顾问公司提供咨询意见。在选定开发项目时,应明确开发物业的类型、市场销售及项目的卖点。在选择与确定开发方案时,应根据目标客户的需求、购买行为、购买能力确定开发方案。在估算项目的总投资与总收入时,应根据项目的具体情况,了解市场的供应量,租、售价水平,以及对未来市场价格趋势的分析预测,综合考虑市场的心理预期、拟开发项目的实际情况及房地产宏观调控政策的走向来进行项目的定价分析,切不可盲目乐观。对成本的估算也不能仅考虑静态的资金成本,应考虑预期之外的因素,如建安成本变化、资金成本、时间成本或诉讼成本等。在法律可行、市场可行、经济可行的基础上进行项目投资决策时,应综合考虑市场、资金、风险等各方面的问题,对开发企业所拥有的开发能力等也要进行综合分析,这些能力一般包括开发企业的开发能力、管理能力、融资能力等。只有综合评价后才能合理取舍,最大可能地规避风险。

(二)利用专业人员防范房地产公司设立中的风险

专业人员包括房地产策划人员、财务人员、销售人员、法律人员等。以房地产律师为例,房地产专业律师在设立房地产项目公司过程中通过提供下列法律服务以规避投资决策的风险:

(1)房地产投资法律咨询,为房地产投资者提供房地产投资法律与国家产业政策的法律备忘录、法律分析意见;

(2)对合作方的审核和调查,包括对股东的商业背景、业绩及信誉,股东对外投资、涉及土地的调查;

(3)起草、审核投资协议、章程,为设立房地产企业起草、审核、修订投资与交易协议、公司章程;

(4)房地产企业资质法律咨询,为房地产企业取得相应的房地产开发资质(一级资质至二级资质)提供法律咨询;

(5)房地产公司设立程序及条件的建议,包括设立房地产开发项目公司的目的、房地产开发项目公司的出资、规避项目出资中容易出现的纠纷;

(6)房地产公司设立中的税务筹划与法律咨询;

(7)房地产公司设立过程中的纠纷及注册代理合同的审核、谈判及建议;

(8)外商投资房地产法律咨询,为外国投资者与中方股东共同组建房地产开发企业提供合法性分析意见;

(9)房地产企业内部规章制度建设,为房地产企业内部治理结构与劳动和社会保障规范提供法律咨询。

(三)投资决策的风险防范措施

1. 做好投资可行性论证

投资可行性论证的目的主要是解决项目是否值得投资的问题,确定最佳的投资方案,以及明确该投资的预期现金流量、时间选择和预期收益的把握程度。房地产投资可行性论证的主要任务是全面了解市场需求状况及其发展趋势,选择投资项目和实施方案,确定适当的建设规模和质量水平,评价建设地点和环境条件。但在实践当中,很多房地产企业并不重视可行性论证,或者仅仅根据决策者的意见决定是否投资,有的企业虽然做可行性论证,但目的是通过项目报批,而不是把可行性论证当成投资决策的依据。有些企业想认真做可行性论证,但受限于经验、能力或重视程度等的不足,经常容易犯如下典型错误:一是调查研究肤浅、投资收益计算失真;二是深度不够,质量不高,不能满足决策的需要;三是可行性报告的编制对内缺乏独立性、公正性和客观性;四是不重视多方案的论证和比较,可行性方案单一;五是重咨询轻评估,盲目追求报告评估过程的高"通过率";六是不注重对敏感性问题和风险因素的分析。以上六种错误往往导致可行性论证形同虚设,没有实际参考价值。

如何让可行性论证由"可研报告"到切实的"可行方案"呢? 总体来说,房地产企业在进行可行性论证时应统一可行性论证的格式,关注要点、设计合理流程、加快专业化及市场培育工作,提高从业人员素质并建立可行性研究数据库。

2. 做好前期法律风险防范

从法律的角度防范投资决策的风险的最主要工作就是委托律师或者专业机构进行前期尽职

调查,调查包括财务尽职调查和法律尽职调查,调查的内容包括项目来源的合法性、项目公司存续的合法性,以及债权债务、对外重大合同、税务、劳资等方面是否存在重大风险。在调查清楚的基础上律师出具法律意见书,从法律的角度对投资决策进行风险判断。如果律师判断项目风险较小或风险可控,则律师应根据企业的性质、规模及项目的具体情况起草合作开发协议,有限责任公司、上市公司、国有企业、外资企业的合同内容略有不同。

3. 做好投资收益的控制

要控制投资收益,一定要建立在成本预测的基础上,影响投资收益的因素很多,因此有必要进行经济效益与敏感性分析,敏感性分析的目的是对房地产投资与开发项目进行定位,考察与风险投资项目有关的一个或多个主要因素发生变化时,对该项目投资价值指标的影响程度。根据这些反映的程度,分析和研究其中的风险存在形式,从而采取相对应的规避办法。比如,成本变动、售价变动、容积率变动等,可能对造成的投资价值指标的影响程度,以确定在风险投资决策过程中需要重点调查研究和分析测算的因素。

投资收益控制还应考虑项目资金预测,包括投资计划、回款计划、资金占用计划和资金要求计划等,资金预测必须考虑资金的成本。投资收益控制还有一个重要的因素就是税收预测,这点对投资收益的影响较大。

4. 做好经济环境预测

房地产企业在项目投资决策时应做好经济环境的预测,具体包括预测经济发展阶段对项目的影响、社会购买力对项目的影响及其他特殊因素对项目的影响。

5. 做好信息收集

进行房地产投资决策时至少应收集政策法规信息、国家经济信息、标准规范信息、行业供需信息、技术发展信息,在对信息全面分析的基础上,进行科学决策。

6. 合理选择合作方式

房地产开发的合作方式决定了项目的成败,无论哪种合作方式,都存在风险,但在决策时应评估风险是否可控,并知悉风险的管控点及如何进行管控。

7. 各部门参与配合

在投资决策过程中,房地产企业内部各部门的配合非常关键,除财务、工程、预算、法律部门外,物业、销售等部门也要参与投资决策,各部门在投资决策的过程中应分工与配合,从各自专业的角度评估投资的风险并提出风险的解决方案,这样有利于科学决策。

8. 与政府信息资源对接

地方政府在房地产开发中发挥着举足轻重的作用,土地获得、施工建设、竣工验收及物业管理、税收等环节都与地方政府存在紧密的关系,因此,房地产开发企业必须与地方政府信息资源对接。企业应该将开发手续的办理、税收优惠政策等方面作为与政府信息资源对接的切入点。另外,企业应该学会利用地方政府发展经济的迫切需要,正确处理地方政策与国家政策的冲突,并在政策冲突中找到利益平衡点,做到既不违反国家法律的强制性规定,又符合当地的政策。除此之外,企业还应妥善处理和协调与地方政府之间的利益关系,严守法律的底线。

土地一级开发合规管理及法律风险防范

土地一级开发,是指由政府或其授权委托的企业,对一定区域范围内的城市国有土地或农村集体土地进行统一的征地、拆迁、安置、补偿,并进行市政配套设施建设,使该区域范围内的土地达到"三通一平""五通一平"或"七通一平"的建设条件,待土地达到供应条件后,再对储备的国有建设用地进行有偿出让或转让的过程。在 2002 年之前,开发企业、用地单位自行进行土地一级开发,也就是说,开发企业或其他用地单位通过出让或者划拨取得"生地"之后,自行进行征地、拆迁和市政建设,然后再开发建设,土地一级开发和二级开发由同一家单位完成。2002 年至 2004 年 8 月 31 日期间属于过渡期,既有土地储备中心负责一级开发,又有开发企业进行土地一级开发。2004 年之后,理论上一级开发与二级开发相分离,但实践当中仍然存在开发企业既进行一级开发,又进行二级开发的状况。土地一级开发中的风险主要表现在融资、审批、征地、拆迁补偿与安置、出让等环节。

第一节 土地一级开发模式

土地一级开发模式是指将土地进行规划、开发和利用的方式或方法。土地一级开发的模式对房地产投资者获取土地使用权的途径和价格有重大影响。一级开发涉及的利益主体是政府、开发企业、原土地方和被拆迁人。

依照房地产开发建设的流程,可以把房地产开发简单地分为一级开发和二级开发。一级开发即通过征地、拆迁、场地平整及道路、市政管线等基础设施建设,使"生地"变为"熟地",或使"毛地"成为"净地",达到土地出让及进行二级开发的条件。一级开发又可分为两类:存量一级开发和增量一级开发。存量一级开发,包括旧城改造、旧村改造、城中村改造及"退二进三"(工业厂区改商业、住宅等第三产业)项目。增量一级开发,包括征收和农转用土地,有些是已纳入城市总体规划的成片征地开发,有些是总体规划区以外单独立项基建类项目。而二级开发,则是房地产开发企业通过"招拍挂"程序取得土地使用权后进行房屋、小区内部环境及内部道路建设。

从不同的角度划分，还可以将一级开发分成不同的类别。从空间上来划分，可以将一级开发分为成片（或连片）开发和分片开发两类；以一级开发时间的先后来划分，可以划分为一、二级分离的形式和包含的形式，先做一级开发，再做二级开发，称为一、二级分离的形式，一级开发包含在二级开发之中的形式称为一、二级包含的形式；根据土地一级开发涉及的类型不同及发展历程划分，当前土地一级开发的开发方式主要可分为五种，一是渐进式开发，二是指定主体开发，三是采取招投标的方式引资开发，四是成立城市投资公司成片开发，五是采取借壳上市的方式开发。

在2004年"8·31大限"①之前，原有房地产的开发模式为开发企业既负责一级开发，又负责二级开发，开发企业获得项目立项批复及规划批复后，直接办理征地、拆迁、市政配套等一级开发的工作，场地平整完毕具备施工条件后在土地上建筑房屋。土地出让政策变化之前土地供应的程序基本上是沿用计划经济体制下的固定资产投资项目审批程序，开发企业私下与原土地使用权人或所有权人就土地使用权转让事宜进行商谈，有了初步意向或谈妥土地使用权转让价格或合作条件之后，开发企业再申请立项、申报规划，最后到国土管理部门办理土地协议出让手续。原有的土地一级开发模式实质是原土地使用权人或土地所有权人同意以协议的方式出让土地，计划、规划部门的审批文件可以理解为对这种土地协议出让行为的确认，而国土管理部门则办理出让、地价款核定等手续，相对来说国土部门主导性不强，而且政府无法直接参与分配协议出让土地的增值收益。政府基于种种原因的考虑，对土地一级开发的模式进行了调整。土地一级开发模式的变化，对开发企业获取土地使用权的途径和价格影响巨大。

以土地一级开发实施主体为标准进行划分，基于不同的开发主体，土地一级开发主要有政府主导型和企业主导型两种模式。政府主导型模式，即完全由政府建立的土地储备中心或国有控股或参股企业进行土地一级开发；企业主导型模式，即政府通过招投标的方式从多家企业中择优选择进行土地一级开发。下面主要以北京和重庆两个城市为主、上海等其他城市为辅的土地一级开发模式为例，分析比较政府主导型模式和企业主导型模式各自的优缺点。

一、政府主导型模式

政府主导型模式，是由政府组建土地整理储备中心或组建土地发展公司，这类机构无论名称如何，都由政府授予特殊职能，属于非营利性公共事业机构。这类机构主要由政府的相关部门抽调主要领导和管理人员组成机构的核心，由政府提供土地开发启动资金和融资担保，统一征地、统一开发。政府主导便于筹集资金，避免城市基础设施改善等带来的增值收益流失。这种模式如果应用于拆迁可以做到规范操作，那么就有利于做好居民工作，提高困难户的补偿标准。

以重庆市为例，重庆市的土地一级开发模式属于典型的政府主导型模式。土地一级开发的主体由九个国有控股集团公司（以下简称"九大集团"）代表市政府实施一级开发。土地一级开发与土地储备紧密联系在一起，重庆市政府授予九大集团土地储备和土地一级开发的权利，将纳入储备范围的土地委托九大集团进行一级开发，"生地"变"熟地"后，再到土地交易中心进行"招拍挂"出让。出让所得的收入在市政府和企业之间按一定的比例进行分配：出让所得综合价金扣除应支付的土地储备开发成本后的10%，作为土地储备开发发展专项资金存入土地储备开发资

---

① 2004年3月18日，国土资源部、监察部联合下发了《关于继续开展经营性土地使用权招标拍卖挂牌出让情况执法监察工作的通知》，要求从2004年8月31日起，所有经营性的土地一律都要公开竞价出让。在此之前，各省、自治区、直辖市不得再以历史遗留问题为由采用协议方式出让经营性国有土地使用权，以前盛行的以协议出让经营性土地的做法被正式叫停。而全国土地政策正式实施的2004年8月31日，也被业界称为"8·31大限"。

金专户;其余上缴财政,按市政府颁布的土地使用权出让金标准,由市与区县政府按规定比例分配;剩余资金集中在市政府,专项用于城市基础设施建设、公益事业等建设。九大集团在具体分工上有所不同,可将其总结为三种方式:自主土地储备开发方式、带项目土地储备开发方式和与国企改革联动土地储备方式。

(1)自主土地储备开发。集团自主对收购的存量土地进行储备开发。土地出让收益上缴财政,由财政按土地出让收益的一定比例返回,作为集团的成本和管理费用。

(2)带项目土地储备开发。市政府将一定范围内的土地交由集团进行储备开发,所得收益用于完成市政府指定的交通、水利、基础设施、社会文化事业项目的建设。

(3)与国企改革联动土地储备。在国企关闭破产、改制重组的土地,全部纳入公司储备运作;国企资产损失核销,统一交由公司负责清收。公司通过储备土地等资源,向银行贷款先期垫付企业资金,使国企关闭破产、污染搬迁等计划得以实施。

目前,上海市的土地一级开发市场主要存在两种操作方式:一种是由市区两级政府通过国资委控制的国有房地产开发企业储备土地,这些开发企业与市区两级土地储备中心合作,从储备中心取得土地后,全面介入征地、房屋拆迁和大市政建设;另一种则是由政府通过全资公司出资设立项目公司进行土地一级开发,再通过项目公司转让等方式将已经完成一级开发的土地投向二级开发市场。通过这种方式,可以很方便地定制受让对象的条件,以达到定向转让的目的。

政府主导的开发模式在土地出让时主要有以下三种具体的操作模式:

(1)将通过竣工验收的一级开发项目以成本价(含管理费用)交由自然资源主管部门①,再由自然资源主管部门组织以招标、拍卖或协议的方式出让。

(2)政府或人大授权,由土地储备机构或土地发展公司代行政府职能,将竣工验收的项目直接出让。各类经济技术开发区常采用这种模式。

(3)城市自然资源主管部门直接以"熟地"价格向投资者出让国有土地使用权,政府通过其所属的土地发展公司负责在合同规定的期限,将已出让的待开发土地开发为"熟地",交投资者使用。投资者在土地开发过程中分期缴纳地价款。政府收取地价的一定比例,专项用于项目用地范围内大市政条件的改善;余款由政府土地发展公司统筹使用,主要用于支付土地开发成本。

二、企业主导型模式

以北京市为例,北京市目前为政府主导型和企业主导型两种土地一级开发模式并存。北京市土地一级开发的政府主导型模式是指由土地储备机构负责实施土地开发,由土地储备机构负责筹措资金、办理规划、项目核准、征地拆迁及市政建设等手续并组织实施。以招标方式确定开

---

① 关于房地产开发土地主管部门名称变更的说明:2018年3月,中华人民共和国第十三届全国人民代表大会第一次会议表决通过了《关于国务院机构改革方案的决定》,批准成立中华人民共和国自然资源部。2018年4月10日,中华人民共和国自然资源部在北京正式挂牌。目前自然资源部是房地产开发中涉及土地的行政主管机关。自然资源部之前的名称为国土资源部,1998年3月10日中华人民共和国第九届全国人民代表大会一次会议第三次全体会议表决通过《关于国务院机构改革方案的决定》,根据这个决定,由地质矿产部、国家土地管理局、国家海洋局和国家测绘局共同组建国土资源部。因涉及土地管理部门的名称变更,故各地涉及各层级的国土管理行政部门的名称存在不一致的情形,且涉及房地产开发的除土地之外的专业部门各地设置也不一致,有的地方将规划与自然资源部门合为一个部门,有些地方是分开的,本书撰写的时间跨度较大,有的部门处于名称变更及机构调整的过程中,故可能出现不同的名称,但均指房地产开发中涉及土地的行政管理部门。

发企业后,土地储备机构应当与中标开发企业签订土地一级开发委托管理协议。

北京土地一级开发的企业主导型模式是指通过招标方式选择开发企业实施土地开发,由开发企业负责筹措资金、办理规划、项目核准、征地拆迁和市政建设等手续并组织实施。通过招标方式确定开发企业后,土地储备机构与中标开发企业签订土地一级开发委托协议。该模式要求政府面向市场招投标,所有的企业都享有平等的投标、中标权利。然而,土地一级开发市场是不完全竞争市场,招标虽然公开进行,但有些房地产企业已经做了很多前期工作,如已经实际参与项目的征地和拆迁工作。驱动房地产开发企业参与竞争利润不高的土地一级开发的原因在于,企业通过参与并实施土地一级开发,对地块的盈亏平衡点等状况了解得更清楚,比其他企业更有信息优势,容易在土地二级市场以"招拍挂"方式出让土地时顺利竞得土地,从而接着进行二级开发。在业内,通过介入土地一级开发而成功竞得土地的方式被称为"曲线拿地"。

企业成为土地一级开发实施主体,一般是通过招投标来确认。确定中标人后,招投标双方,即政府自然资源主管部门或其派出机构应与中标的土地一级开发单位签订《土地一级开发合同》或《土地开发委托协议书》。只有签订了此类合同文件,土地开发各方才具备了法律关系。作为土地一级开发项目的实施单位,企业就可依照协议,积极参与到土地一级开发的具体实施之中。

大型国有土地一级开发企业在北京市数量有限,他们承担了一些政府职能,实施的项目多为本地区重要的商业中心区、科技园区、各类开发区等大面积的成片土地一级开发。如老牌国有企业原北京市城市建设开发集团所承担的望京地区的土地城市开发,又如1999年成立的北科建集团,承担了中关村五个重点项目的土地一级开发。被授权企业所承担的项目大多是"8·31大限"中被列为历史遗留问题的项目,这类经营性项目在2004年8月31日前尚未办理完立项手续,其中,一些项目已经办理完规划手续,一些项目已经与土地方签订土地征收或转让协议,并且开发企业对项目已有相当资金投入。北京市土地一级开发项目招标工作是从2006年下半年开始实施的,首批选择了4个项目做试点,分别是石景山区南宫住宅小区土地一级开发项目;门头沟新城城子地区21—28号用地一级开发项目;顺义区前进村改造一、二期土地一级开发项目;海淀区大西山风景旅游区西埠头土地一级开发项目。

"8·31大限"之后土地一级开发主体的确定有四种方式:一是通过招标投标方式确定一级开发主体;二是通过土地储备中心或分中心直接授权确定一级开发主体;三是以土地储备分中心为主体实施土地一级开发;四是直接入市。2009年12月3日,北京市国土局召开新闻发布会,表示从第二年起北京的存量土地将不再入市,而由政府收购储备。除了前6000公顷由开发企业进行一级开发的遗留土地,之后土地的一级开发将由政府主导,土地储备机构为实施主体,目的是保证民生等项目的用地。

企业主导模式不具备政府主导模式所具有的优点。如果没有可以抵押的固定资产,融资会非常困难,目前很多企业就面临这一难题。与房地产开发相比,土地一级开发利润率较低,开发企业可能不会积极参与土地一级开发。

目前全国其他地区的土地一级开发市场采用的模式既有北京的模式,也有上海的模式。另外"一级带二级"或称"一、二级联动"的开发模式也比较多,此外,以房地产公司投资换取土地的情况也较常见。例如,在某地区,开发企业负责地块一级与二级开发,在协议地块上为政府建办公楼,政府不支付费用,作为回报,政府将一级开发后的土地使用权通过招标或挂牌的方式定向出让给开发企业,由开发企业建商业用房、住宅等项目,但开发企业并不支付土地出让金,而是以挂牌的价格抵扣给政府建办公楼及土地一级开发的费用,这样达到了政府与企业合作的双赢。

企业主导土地一级开发还有以下具体的操作方式:

(1)由企业确定待开发的地块,政府及自然资源主管部门不介入一、二级开发,所有费用均由企业出,政府只负责办理手续。

(2)政府与企业合作开发。土地一级开发完成后利益分成,分成方式由双方协商确定,有固定收益、溢价分成、固定收益+溢价分成等利益分配的方式。如政府不投资,则溢价分成企业分成多,政府分成少,有四六、三七、二八分成比例。有些地方政府承诺溢价部分全部归企业。目前经济发达地区已经很难见到这种合作模式。

(3)政府与其他投资人投资组建公司,政府不出资,然后政府将一定范围内待开发土地一次出让给该公司,土地出让金可作为政府投资,从而在该公司中持有股份。该公司将待开发土地开发成"熟地"后,再向其他企业转让,获取土地开发收益。

在这两类土地一级开发模式之下,又分为很多种模式,但目前还没有形式统一或固定的经过法律或政策确认的模式,很多土地一级开发的模式在实践中仍然处于探索阶段。

案例:2008年3月6日,××地产公司与×自治区×县人民政府就××工业园D区开发事项签订了《××工业园D区开发建设意向书》,合作开发300亩工业用地。根据协议,×县政府负责工业园土地征收、农用地转用报批手续等具体事项,××地产公司则负责筹措资金、编制工业园规划、基础设施建设等土地一级开发事宜,待工业园内地块公开出让时,××地产公司将根据双方约定方式收回开发成本,实现投资回报。

三、两种主要开发模式的比较

土地一级开发的政府主导型模式与企业主导型模式在政府、企业的角色定位,操作方式,收益分配等方面都有不同,下面进行简要介绍。

在政府主导型开发模式中,政府的角色是控制土地一级市场,对于土地一级开发具有排他的唯一开发权,代表政府行使开发权的是国有控股集团或政府的投资平台主体。但2016年之后,各类城投公司等其他机构一律不得再从事新增土地储备工作。而政府主导型的企业角色是受国有控股集团的委托,对土地进行开发,企业是受委托人,类似于房地产开发中施工单位的地位。政府主导型开发模式的操作方式如下:土地的征收、房屋的拆迁、开发资金的筹集、开发区基础设施的建设、产业结构的调整和布局,以及开发后土地的出让和转让,全部由国有控股集团及政府负责完成。政府主导型开发模式有两个优势:一是政府进行土地一级开发面临的阻力小于企业,便于协调各种关系;二是政府可利用国有控股集团雄厚的财力迅速集中资金对土地进行开发,而且可以凭借政府的信誉进行贷款或发行政府债券以筹集开发资金。而政府主导型开发模式的劣势主要有三个:一是政府拥有的市场信息不一定畅通,使得政府对土地的开发效率可能会较低;二是土地的开发权掌握在政府手中,可能降低土地开发效率;三是开发企业成为工程承包单位,收益要上缴财政,主观能动性较差。

总体来说,在政府主导型土地一级开发模式中,由于各个地方土地一级开发机构职责范围的划定不是十分明确,国有控股集团之间同样存在竞争关系,主要体现各企业在争取进行一级开发的地块时有利益冲突。

在企业主导型开发模式中,政府的角色是控制国有土地使用权的出让和负责一级开发的招投标工作,土地一级开发由企业来完成。而企业角色是土地一级开发的主体,土地的开发主要由企业完成。企业主导型的操作方式如下：政府通过招标方式选择开发企业实施土地开发，由开发企业负责筹措资金、办理规划、项目核准、征地拆迁和市政建设等手续并组织实施。通过招标方式确定开发企业后，土地储备机构与中标开发企业签订土地一级开发委托协议。企业主导型的开发模式优势有两个：一是可以帮助解决政府土地开发资金不足的问题，减少政府开发土地的风险；二是引入企业机制，改善政府的管理体制，有利于搞活土地开发，提高土地开发效率。企业主导型劣势有三个：一是政府对于土地供应量的控制将相对被削弱；二是由于竞争的存在，企业受制于政府的状况将有所改善；三是政府和企业在投资、经营决策及收益分配等方面不完全一致产生利益分歧。

总体来说，企业主导型土地一级开发模式是不完全竞争市场；招标中存在"围标"现象，有待进一步市场化；企业参与一级开发的主要目的是进行二级开发。

总而言之，土地一级开发的政府主导型模式和企业主导型模式各有优缺点。由于各地的发展状况不一样，要结合当地的经济发展状况、房地产市场发展状况选择适合的一级开发模式，并根据变化及时进行调整。

四、土地一级开发模式的政策调整

2010年9月3日，国土资源部党组印发《中共国土资源部党组关于国土资源系统开展"两整治一改革"专项行动的通知》，要求土地储备机构于2011年3月底前，与其下属和挂靠的从事土地开发相关业务的机构彻底脱钩，同时强调各地国土资源部门及所属企事业单位都不得直接从事土地一级市场开发，政府不得变身开发企业直接插手土地拆迁，各级国土部门被要求退出土地一级开发市场。以目前的开发模式，对许多地方政府而言，从土地一级开发市场退出，存在诸多问题。

国土资源部推出"两整治一改革"的主要目的有两个：一是提高土地一级市场开发的效率，二是治理国土资源领域腐败问题。但政府从一级开发市场中完全退出，存在诸多变数。为应对通知，地方的土地储备中心可以和企业成立联合公司，也可以让国有企业排他性介入。想要真正实现土地一级开发市场化，还有很多的路要走。

五、土地一级开发的盈利模式

土地一级开发主要通过两种方式盈利：一种是在土地市场化程度相对较高的地区，通常采取固定利润比例的模式；另一种模式是在土地市场化程度不高的地区，由于土地开发风险较大，一般采取土地增值收益分成的模式。除了上述两种盈利模式，各地还探索了其他盈利模式，主要内容如下：

（1）将一级开发期间的土地、场地租赁。由于一级开发的规模大、周期长，开发过程中，如果有部分土地闲置，不管如何规划后期的土地用途，可对暂时闲置的成片土地进行短期性、低密度的投资开发，如蔬菜、花卉、林果种植及水产、家畜养殖等，只要符合环保及消防等要求，均可争取政府支持。

（2）对经营性基础设施项目包装后招商融资。各地政府一般都把通信、供水、污水处理、燃气、供暖等项目作为财政项目一次性投入，这样财政负担较重，又增加了一级开发的直接成本。这类经营性基础设施项目可以包装后作为招商项目直接上市融资，可采取独资、合资、BOT等多种合作形式，可以获取长期收益。

（3）将营利性公建配套项目纳入市场。成片区域的商业服务、医疗、教育等项目有很大的获利空间，政府要引导建设，纳入市场程序，让企业经营。

(4)其他形式的经营权。路、桥等冠名权,道路、路灯、车站广告等经营权属于城市文化视觉资源,还没有引起足够重视,可利用经营权增加收入。

第二节 土地一级开发及入市的流程[①]

土地一级开发的具体工作程序繁杂,主要包括土地一级开发资金筹措、手续办理、土地征收、房屋拆迁、补偿安置、基础设施建设、验收评估、成本核算和回收等工作。各地对土地一级开发流程的规定略有不同,土地一级开发流程一般可分为五个阶段:计划编制阶段、前期策划阶段、征询意见和审批阶段、组织实施阶段,以及入市交易阶段。入市交易阶段包括入市准备、市场交易、签订合同和办理后续手续。北京市土地一级开发及入市的依据有《北京市国民经济和社会发展第十二个五年规划纲要》《北京城市总体规划[②](2016—2025)》和《北京市土地利用总体规划(2006—2020)》及《北京市土地一级开发及经营性项目用地招标拍卖挂牌出让流程示意图》[③],其流程详见图2-1。

一、土地一级开发前期策划阶段的流程

(1)土地一级开发计划编制阶段的流程(略)

(2)土地一级开发申请流程(略)

(3)编制土地一级开发实施方案的流程(略)

二、土地一级开发工作征询意见和审批阶段的流程

(1)土地一级开发实施方案的审批流程(略)

(2)确定土地一级开发主体与组织招投标工作流程(略)

(3)委托控规调整流程(略)

(4)建设用地预审流程(略)

(5)申报规划意见流程(略)

(6)征询相关部门意见流程(略)

(7)市政专业部门接入意见(略)

(8)市政管委办理的事项(略)

(9)项目核准及申报项目备案流程(略)

---

① 本书所有涉及房地产开发各个环节的流程仅供参考,并非确定的办理房地产开发业务的标准及依据,各地情况不同,流程及要求提供的资料也有所不同,且流程是动态的,行政主管部门随时都有可能调整,故办理房地产开发业务应以届时当地行政主管部门的具体流程及要求提供的资料为准。下文对涉及其他环节流程或行政主管部门需要提交的资料不再提醒。

② 国土空间规划与城市总体规划、土地利用规划的关系:国土空间规划是将主体功能区规划、土地利用规划、城乡规划等空间规划融合统一的规划,将实现"多规合一"。根据2019年修正的《土地管理法》第十八条,经依法批准的国土空间规划是各类开发、保护、建设活动的基本依据。已经编制国土空间规划的,不再编制土地利用总体规划和城乡规划。

③ 此示意图来源于首都之窗北京市人民政府门户网站(网址:beijing.gov.cn),文件名称《北京市国土资源局 北京市发展和改革委员会 北京市规划委员会 北京市建设委员会关于印发北京市土地一级开发及经营性项目用地招标拍卖挂牌出让流程示意图的通知》,2022年11月22日查询时该文件显示现行有效,未体现自然资源与规划部门机构合并调整的内容,故本书在介绍流程时仍然将国土资源与规划部门分开,且全国其他地方规划与自然资源部门设置并不一样。

第二章 土地一级开发合规管理及法律风险防范 043

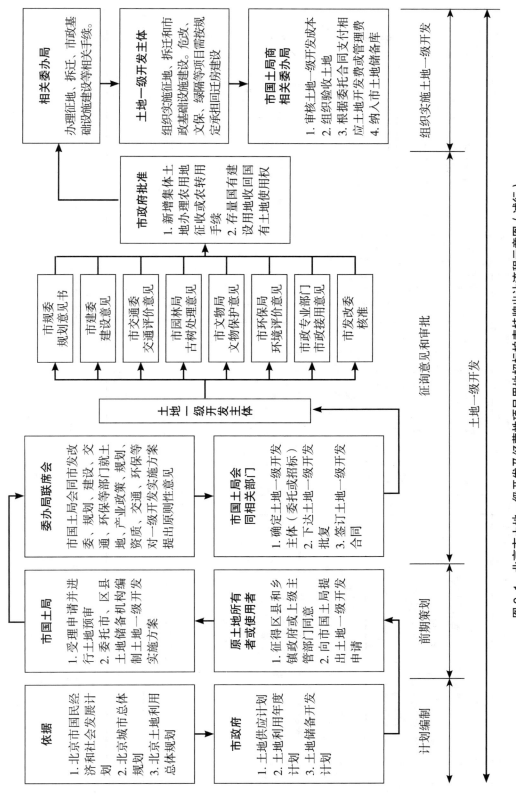

图 2-1 北京市土地一级开发及经营性项目用地招标拍卖挂牌出让流程示意图（试行）

注：①上图为北京市土地一级开发及经营性项目用地招标拍卖挂牌出让流程示意图，具体工作环节的实施应按照相关文件的规定办理。
②上述流程并非必经程序，应视开发的具体情况而定。

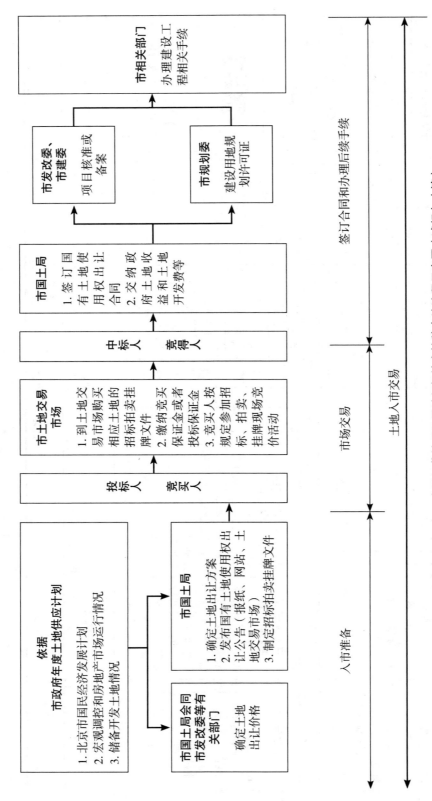

图 2-1 北京市土地一级开发及经营性项目用地招标拍卖挂牌出让流程示意图（试行）（续）

自2004年投融资体制改革以来,项目立项分为审批制、核准制和备案制。政府(各级财政)投资项目实行审批制,视项目具体情况审批项目建议书、可行性研究报告和初步设计;非政府投资项目限制类和重大项目实行核准制,核准批复项目申请报告;企业投资项目(除国家另有规定外)实行备案制,只填写备案申请表,即印发企业投资项目备案确认书。房地产开发项目立项实行核准制,需要呈报项目申请报告,而不是呈报可行性研究报告。项目申请报告可以由有资质的咨询机构编写,也可以由项目单位自行编写,但是要符合项目核准部门的要求。

三、土地一级开发工作组织实施阶段流程

(1) 集体土地征地流程

2019年修正的《土地管理法》规范了征地程序。要求政府在征地之前开展土地状况调查、信息公示,还要与被征地农民协商,必要时组织召开听证会,与被征地农民签订协议后才能提出办理征地申请,办理征地的审批手续,强化了对被征地农民利益的保护。在征地补偿方面,改变了以前以土地年产值为标准进行补偿,实行按照区片综合地价进行补偿,区片综合地价除了考虑土地产值,还要考虑区位、当地经济社会发展状况等因素综合制定。一级开发主体与区规划和自然资源委员会、农工商公司或村集体就征地意向进行协商,主要内容是补偿问题,必要时由区规划和自然资源委员会组织听证,公示征地补偿协议,接受村民监督,听取村民意见,经村民会议或村民代表会议同意后形成会议纪要。协商成功后由一级开发主体与农工商公司或村集体签订征地合同,之后将征收土地方案、征地请示及全部申报材料提交区规划和自然资源委员会。办理农转用和征收土地的审批权限,按《土地管理法》第四十六条规定,征收下列土地的,由国务院批准:①永久基本农田;②永久基本农田以外的耕地超过35公顷的;③其他土地超过70公顷的。征收本规定以外土地的由省、自治区、直辖市人民政府批准,并报国务院备案。

2020年3月1日国务院发布《国务院关于授权和委托用地审批权的决定》,将国务院可以授权的永久基本农田以外的农用地转为建设用地审批事项授权各省、自治区、直辖市人民政府批准。试点将永久基本农田转为建设用地和国务院批准土地征收审批事项委托部分省、自治区、直辖市人民政府批准。对《土地管理法》第四十四条第二款规定的永久基本农田转为建设用地审批事项,以及第四十六条第一款规定的永久基本农田、永久基本农田以外的耕地超过35公顷的、其他土地超过70公顷的土地征收审批事项,国务院委托部分试点省、自治区、直辖市人民政府批准。首批试点省份和直辖市为北京、天津、上海、江苏、浙江、安徽、广东、重庆,试点期限1年,具体实施方案由试点省份人民政府制定并报自然资源部备案。

2020年3月6日,自然资源部发布《自然资源部关于贯彻落实〈国务院关于授权和委托用地审批权的决定〉的通知》,要求贯彻落实《国务院关于授权和委托用地审批权的决定》,并规定对应国务院授权和委托的用地审批权,将部分的用地预审权同步下放省级自然资源主管部门;将先行用地批准权委托给试点省份省级自然资源主管部门。其中委托用地预审和先行用地批准权的期限与试点时间相同。上述实施方案应包括用地预审和先行用地批准内容。

(2) 国有土地收购流程

一级开发主体准备基础资料,委托评估机构出具拆迁评估报告,编制土地收购方案,然后与原土地使用者协商,由原土地使用者提出收购申请。一级开发主体进行权属调查、征询规划意见、进行费用测算、土地储备中心收购方案请示、区政府收购方案批复、土地储备中心或一级开发主体与原用地方签订收购补偿合同,支付收购款,进行地上物拆除,原土地使用者与土地储备中心进行权属变更。

(3)拆迁、拆除流程(略)
(4)市政基础设施建设流程(略)
(5)一级开发结案流程(略)
(6)区土地储备分中心全程监管流程(略)
(7)规自委商相关委办局组织验收(略)

四、上市交易阶段的流程

(1)土地上市交易准备阶段的流程(略)
(2)市场交易阶段的流程(略)
(3)签订出让合同和办理后续手续的流程(略)
(4)国有土地使用权入市交易具体办理程序(略)

五、其他模式下的流程

(1)以土地储备分中心为主体实施土地一级开发工作的项目流程(略)
(2)直接入市的土地一级开发项目流程(略)

第三节 土地一级开发前期策划阶段的风险及防范

本节土地一级开发申请的风险及防范主要以通过"招投标"方式确定的一级开发主体或投资商的角度来阐释。建议开发企业在一级开发阶段的前期策划阶段就介入计划(即实施方案)的编制。

一、土地一级开发工作计划编制阶段的风险及防范

土地一级开发计划编制是土地一级开发必不可少的一个阶段,在这个阶段开发企业应发挥重要作用。如果土地一级开发企业要取得土地一级开发资格,那么在地方政府编制区域总体规划或控制性详细规划前就必须介入,最好出资或协助政府完成总体规划或控制性详细规划的编制与报审,如扩大建设用地规模、增加居住用地面积、调整地块容积率,按照自己的要求对规划进行调整,因此,建议土地一级开发企业在计划编制阶段就介入。在目前的规定中,一级开发计划的编制与开发企业无关,但在实践中,土地一级开发实施方案往往由有意向成为开发主体的土地一级开发企业依据自己的想法与土地储备机构指定的咨询公司合作编制。因为一级开发实施方案作为招标文件的主要组成部分,参与制作实施方案的开发企业自然可以成为政府授权的唯一土地一级开发企业,这样无论是在土地一级开发主体招标中还是在二级开发的"招拍挂"中都保证对开发企业有利。

另外,一级开发主体不要错过一级开发计划的报送时间。土地储备年度开发计划于每年的10月上旬报市规划和自然资源委员会,按照要求调整的计划于11月下旬报市规划和自然资源委员会汇总,如果错过时间则只能等下一年。

二、土地一级开发申请的风险及防范

(一) 土地一级开发申请的风险

(1) 涉及农村集体土地征收的,如果农村集体组织不同意,那么会导致一级开发无法启动。如果只有村委会主任或村党支部书记同意,或村委会同意而不经过村民会议或村民代表会议决定,其法律后果可能是申请无效或签订的征地协议无效。《村民委员会组织法》第二十四条规定:"涉及村民利益的下列事项,经村民会议讨论决定方可办理……(七)征地补偿费的使用、分配方案……"村民委员会经依法召集村民会议讨论决定后与他人订立的协议,应当认定为合法有效。

案例:浙江省乐清市乐城镇石马村村民委员会与浙江顺益房地产开发有限公司合作开发房地产合同纠纷案①

此案仅仅因为双方签订的三份协议中有一份关键协议未召开村民代表会议讨论,最高人民法院认为这是一份新协议,有新内容,而新内容未经村民代表会议讨论决定,因此认定该协议无效。

(2) 如果国有土地使用权的上级单位不同意,那么土地一级开发就无法启动。

(3) 土地储备中心迟延提出申请将会使土地一级开发无法启动。

(二) 土地一级开发申请的风险防范

开发企业须与原土地方接洽,有意向协议后,要求原土地方作为申请人申请土地一级开发。开发企业要求召开村民会议或村民代表会议,由村民会议或村民代表会议决定并形成会议纪要,而且每次签订的协议内容必须经过村民会议或村民代表会议决定,或者第一次会议后由所有代表授权村委会签订合同,有权对合同的内容进行更改。除此之外,开发企业还应征得乡、镇政府的同意,乡、镇政府不批复,一级开发的申请也无法完成。开发企业在与村委会或农工商公司协商时,达成一致意见后,应在意向协议书中明确约定:提出一级开发申请的日期及延期提出一级开发申请的违约责任。还应约定村委会须具备合法的征地程序、手续,包括召开村民代表会议,而且会议的形式及内容都应符合法定程序,保证会议的决定合法有效,保证村民代表为本人签字,不能冒签。如果代签,则应有授权委托书留存可供查证。开发企业最好将这些基础资料留存一份,以备村委会或村民查阅。

在签订协议时注意签订合同的主体,不能由无权的主体签订合同。

案例:某县甲房地产开发公司,计划在郊区乙村开发一个住宅小区项目,于是与乙村村民委员会签订了用地协议,并支付了土地补偿费60万元。用地主要涉及5户村民,于是乙村村民委员会找到这5户村民,让他们在一个月内腾退所占的耕地,由甲公司开发建设住宅小区。5户村民认为,村民委员会无权与甲公司签订协议,因此拒绝腾退耕地,并到该县自然资源主管部门上访。县自然资源主管部门经查证,认为乙村村民委员会甲公司签订的用地协议无效。

建设项目需要使用国有土地的可以分为两类:一类是申请使用现有的国有建设用地,按规

---

① 案例来源:(2006)民一终字第59号民事判决书。

定,这一类只需要向当地县、市人民政府自然资源主管部门申请,经自然资源主管部门审查后报县、市人民政府批准后即可;另一类是申请使用国有农用地或集体所有的建设用地和农用地,涉及农用地转用和征收土地的要经省级以上人民政府批准,由县、市人民政府根据省级以上人民政府的批准文件办理建设用地手续。

根据《土地管理法》的有关规定,无论是哪一类用地,开发公司都应向县级以上人民政府自然资源主管部门提出用地申请,自然资源主管部门同意后,去办理农用地转用和征收土地的审批,在办理审批时,县政府需报上级政府,开发公司按规定提供有关资料配合即可。用地指标被批准后,征收集体土地应当先由市、县人民政府自然资源主管部门与农村集体经济组织签订征地协议。如果乡、镇政府在县政府的授权下与当地村委会签订征地协议,也是有法律效力的。征地完成后,土地变为国有土地,由自然资源主管部门与开发公司签订土地使用权出让合同。

案例:某教育机构于2003年7月入驻北京郊区某县某镇,占用农民土地1203.2亩,拟兴建校区。同年9月,该教育机构引进数十家施工单位开工建设了教学楼、学生公寓、学生食堂、生活服务设施等工程,开工面积约35万平方米,大部分单体工程已施工至"正负零"。由于北京市土地市场的治理整顿、某镇域规划尚未得到正式批准及教育机构实际控制者涉嫌刑事犯罪被公安机关审查等多方面原因,该项目未能继续进行建设,拖欠大量的农民土地补偿费和施工单位工程款,存在诸多经济纠纷,经济法律关系复杂,成为历史遗留问题。

鉴于上述问题,某国有施工单位想介入该土地的一级开发,并进行了一系列的前期工作,包括对债权债务进行了统计、核实,连续几年支付了农村、农民的土地补偿费,因此某国有企业从以下方面提出一级开发的申请。

一是开发的目的是防止土地无限期荒废、节约高效地使用有限的土地资源,彻底解决农民、施工单位的巨额债务问题,化解社会矛盾,确保社会稳定。二是通过专业咨询机构出具咨询意见,认为该土地符合该县新城规划和该镇总体规划,属于符合"两规"的科教用地。与地块配套的基础设施正在不断完善,投资环境日益优化,该地块已经初步具备了进行一级开发的条件。某开发单位是国资委下属的大型国有企业,经济实力强、管理规范且具有土地一级开发、房地产开发的丰富经验,对原教育机构所占土地进行一级开发是现有条件下彻底解决遗留问题的有效途径。三是表明决心,按照政府对土地一级开发的三个原则(政府主导、统一规划、市场化运作)及通过相应的法规体系、规划体系、投融资体系、操作体系、经营管理体系进行了充分论证后,表明其获得土地一级开发主体资格后,能够遵照国民经济和社会发展规划、城市总体规划、土地利用总体规划和城市土地储备供应计划的要求,运用现代项目管理的理论、系统和方法,组织实施土地开发项目的投融资、征地、拆迁、规划设计、市政基础设施和配套建设、交通建设、环境建设,并为二级开发企业提供专业服务,提供土地开发项目完成后的经营管理方案。这样不仅可以对该土地开发项目实施速度、品质、成本全过程把握和控制,达到土地开发项目的社会效益、环境效益、经济效益的高度统一,还可以在进行一级开发的过程中处理与该宗土地相关的历史遗留问题。四是提出明确请求,需要政府在某些方面给予支持或帮助,比如,鉴于通过招投标获得一级开发主体资格时间漫长且存在不确定性,相关单位为处理巨额债务进行资金投入有可能带来巨大风险,请求市国土资源局协调有关单位和部门在政策法规允许的情况下,将该宗土地的一级开发主体资格直接授权给某施工单位。又如,由于原教育机构违法占地进行项目建设的债务数额巨大,且负债不能完全进入一级开发成本,即使通过变通方法进入一级开发成本,也会因土地开发的成本过高而造成二级市场无人问津的局面,开发风险极大。县政府请求市国土资源局在土地一级开发过程中协调有关方面在规划调整、容积率和控高调整、市政建设投入、税收和政策优惠等方面给予大力支持。

三、土地一级开发实施方案编制的风险及防范

土地一级开发实施方案实际上是整个土地一级开发的计划书,是一级开发的纲领性文件,事实上在编制一级开发实施方案时并非只停留在计划阶段,而是应将许多基础工作做好,这样一级开发实施方案通过审批的可能性才更大。就提高开发企业投资的资金使用率而言,加速项目的进程及竣工时间,会得到更多的回报。

(一)一级开发实施方案编制的风险

一级开发实施方案的编制主要存在以下风险:不了解一级开发方案编制的重点及内容、遗漏重要内容、方案不合理,或方案根本无法实施。主要表现为:征地方案不合理、拆迁方案不合理、市政建设方案不合理、供地方案不合理、开发进度计划不合理和投资方案不合理。

(二)一级开发实施方案编制的防范

1. 制订合理的征地方案

(1)应与被征收人沟通协商,摸清被征收人能否同意关于土地征收的补偿金额,包括土地补偿费、劳动力安置费、地上附着物补偿费(房屋除外)、青苗补偿费,或者是被征收人提出的包含上述费用的土地征收补偿费包干使用的总费用和平均每亩补偿费的金额。

(2)在编制方案前,应查清拟被征收的土地是否存在拆迁房屋,如果存在,征收补偿费应当按利用现状分别计算土地征收补偿费,并说明土地征收补偿费总金额和平均每亩补偿费的金额。

(3)事先与乡、镇政府沟通协调,由乡、镇政府出具意见,意见内容包括由谁负责劳动力安置工作、需要的费用和其他需要解决的问题的说明。

(4)说明支付土地补偿费用的方式。

2. 制订合理的拆迁方案

(1)在拆迁方案中,应该明确拆迁工作适用的政策、拆迁的补偿方式(是完全的货币补偿还是回迁或异地安置)、区片综合地价、区位补偿价格的标准及其依据和奖励政策、社会保障费用。

(2)如果方案中有需要进行回迁的情况,应当编制回迁房建设方案。回迁房方案包括回迁房建设的规划意见、回迁房建设的周期、回迁房建设单位的选择、回迁房的销售价格、不购买回迁房居民的补偿标准、回迁房协议等基本内容。

(3)如果开发区域内主要的用地单位已经达成补偿协议,可以附协议,有利于准确测算拆迁成本,方案更容易通过。

(4)如果乡、镇政府已经组织过本行政区拆迁工作,须说明拆迁政策实施细则,有利于拆迁工作的连续性。

(5)方案中应明确拆迁工作启动顺序。

(6)1:500地形图上测量的拆迁房屋总面积,区分住宅和其他房屋;市政基础设施的补偿(含地下管线),应当在1:500地形图上标注各类基础设施,结合规划的市政方案,区分"拆、改、移"的不同情况,可以在市政实施方案中明确;其他地上附着物,如树木、园林花卉、坟墓等,应当在1:500地形图上标注,可以在土地征收补偿的包干费用中包含,也可以按拆迁对待,但是不能

重复补偿。

(7)结合拆迁政策和被拆迁房屋面积,测算拆迁成本,加上市政基础设施和其他地上附着物的补偿,可以按10%的不可预见费匡算拆迁工作总成本。

3. 编制市政建设工作方案应注意的问题

(1)不能遗漏市政咨询的成果,包括上水、排水、中水、电力、电信、燃气、热力、有线电视、道路的规划方案或者咨询方案。

(2)市规划和自然资源委员会审定的项目综合设计成果,包括按此计算的市政总投资;已经与市自来水、电力公司、燃气集团等单位进行了关于市政投资协商的,可以附投资的方案;规划市政基础设施在开发范围内,同时为本区域与区域外服务的,可以附集资费收取方案;规划市政基础设施在本开发区域外,本区域开发需要使用的,应当专题说明建设方案,包括由谁负责建设、建设资金落实情况和费用分摊情况;无法一次实施规划的,结合供地方案,编制市政临时过渡方案,并说明费用。

(3)市政实施方案应当结合现状与规划情况制订,存在多方案的,应择优选择,确实需要对规划进行调整的,应提出调整意见,供规划主管部门参考。

(4)重大基础设施与开发区相邻或者穿越开发区域的,应当说明相互间的关系;已经发现问题的,应当与相关建设单位进行协调,说明协调的情况。

(5)按照市政先行的原则,计算与市政建设实施有关的拆迁费用、征地费用等。综合上述,测算市政建设费用和市政建设相关的费用(分摊、集资、拆迁、征地补偿)。

4. 编制供地方案应注意的问题

(1)结合土地开发的进度分区和开发周期,预测供应土地的数量和时间。

(2)结合房屋开发的进度,明确房屋建设需要接用市政设施的时间和需求。

(3)预测土地销售收入、周边已实施项目的房地产销售价格。

(4)预测供地时点开发状态,预测该时点的开发成本支付情况。

5. 编制开发进度应注意的问题

(1)合理确定一级开发各项工作的顺序和工作周期,预测每项工作的起始时间和结束时间,充分考虑各项工作的内在顺序、制约关系、编排顺序。

(2)开发进度要客观反映不同时点的开发状态,尤其是关键时点的开发状态。

(3)凡需要行政许可的事项,均需要编入开发计划。

(4)拆迁工作、征地工作按法定顺序罗列工作,市政工作进度计划按照规划、设计、施工、竣工交用顺序分专业罗列各项工作顺序。

(5)进度计划成果以横道图或者网络图表达。

(6)进度计划编排的起始时间为0点,以月为单位编制,一级开发企业完成授权工作之日对应进度计划0点。

6. 编制投资方案应注意的问题

编制投资方案应重点注意下列指标:一是测算项目的静态总投资;二是预测土地销售收入;三是结合开发进度、供地时间和收益预测现金流量,得出最大现金流量的数额和出现的时间、投资回收期、内部收益率等财务数值。例如,由于北京市土地一级开发挂牌上市的总量是由政府统一调控的,需要纳入当年土地供应计划,无法预知土地一级开发是否使当年土地供应计划紧张而无法按计划上市,因而,该项目土地一级开发完成后仍存在上市风险。

第四节　土地一级开发征询意见和审批阶段的风险及防范

一、开发实施方案的审批风险及防范

一级开发实施方案的风险在于未通过审批或在审批的中间环节被退件。土地一级开发实施方案须经区县政府审查、专家会审批、市规划和自然资源委员会审议和联席会终审四个环节。审批有两种结果：一是通过审批，属于招标项目的，进入招投标工作阶段；属于授权项目的，由市土地整理储备中心与授权单位签订土地一级开发授权合同，同时向市规划和自然资源委员会申报一级开发批复。二是审批未获通过，作退件处理。退件处理后在此项目条件成熟后，根据退件的理由或修改意见，完善土地一级开发实施方案后可再次申报。

开发实施方案审批风险防范：

(1)报批的前后程序应顺畅衔接，前一程序是后一程序的必要条件，依先后顺序办理，欲速则不达；

(2)深入了解项目的基本情况，收集项目的基础资料；

(3)与土地方和被拆迁人先行协商，争取就征地或拆迁补偿协议达成一致，至少达成签订协议的意向；

(4)与资金提供方预先谈判、协商，或准备融资的工作，为一级开发的资金做准备；

(5)每一申报环节将相关材料一次性备齐，使实施方案合理且具有较强的可操作性，力争一次性通过区县政府、专家和自然资源局的审查和联席会审批。

二、招投标与一级开发主体确定的风险及防范

土地一级开发权的取得，应通过合法途径确定开发企业的土地一级开发主体资格。《北京市土地一级开发项目招标投标暂行办法》规定，除市政府确定的重大项目和利用自有国有土地使用权实施土地一级开发之外，其他土地一级开发项目通过公开招标方式确定项目承担主体。凡涉及市政建设、动用国家资金进行建设的项目，必须通过招投标方式确定中标单位。因此，确定开发主体必须进行招投标，但政府储备机构和市政府确定的土地一级开发企业除外。在某些偏远地区或经济不发达地区，若非通过招投标方式获取一级开发项目，建议将相关项目申报当地政府部门，取得当地政府书面批复同意，或者以会议纪要的形式确定开发主体（包括确定相关土地一级开发主体资格、合作主要原则和合同的主要内容），避免因主体资格问题而可能带来的风险。

(一)土地一级开发招投标的风险

1. 中标无效

在招标投标中实施下列行为的，中标无效：

(1)招标代理机构泄露应当保密的与招标投标活动有关的情况和资料的，或者与招标人、投标人串通损害国家利益、社会公共利益或者他人合法权益的，影响中标结果的，中标无效；

(2)依法必须进行招标的项目招标人向他人透露已获取招标文件的潜在投标人的名称、数

量或者可能影响公平竞争的有关招标投标的其他情况的,或者泄露标底,影响中标结果的,中标无效;

（3）投标人相互串通投标或者与招标人串通投标的,投标人以向招标人或者评标委员会成员行贿的手段谋取中标的,中标无效;

（4）投标人以他人名义投标或者以其他方式弄虚作假,骗取中标的,中标无效;

（5）依法必须进行招标的项目,招标人违反《招标投标法》规定,与投标人就投标价格、投标方案等实质性内容进行谈判的,影响中标结果的,中标无效;

（6）招标人在评标委员会依法推荐的中标候选人以外确定中标人的,依法必须进行招标的项目在所有投标被评标委员会否决后自行确定中标人的,中标无效。

2. 投标主体资质不符合要求

土地一级开发资金量大,因此对开发企业的资质有比较高的要求,不符合招标条件的开发企业没有资格入围。

（二）土地一级开发招投标风险防范

1. 对于在投标时其他投标人已先行对项目进行开发的风险防范

在招投标时,如果已经有开发公司先行进行拆迁及土地整理工作,其他土地一级开发主体是否还应参加投标? 在土地一级开发中,经常存在这种情况,开发公司与原土地方签订了协议,该公司在没有中标或接受委托的前提下就开始拆迁并施工,然后再办理招投标手续。先行介入的开发公司如果不能中标,那么将是一件很麻烦的事情。如果其他投标人中标,先行开发的单位需要退出,无论是先行开发的单位,还是通过招投标中标的单位,都会因错综复杂的关系而与土地方的合作关系变得复杂。这种情形下中标单位介入一级开发面临的风险如下:

（1）土地方不与中标人合作或合作不愉快,可能面临诉讼;

（2）先行介入一级开发的单位与合法中标的单位在双方现场交接中存在矛盾或冲突,如果政府主管部门不予协调,则一级开发面临施工的难题;

（3）先行介入的施工单位已经支出的费用如何结算、与谁结算,已完工程量如何计算等问题,都将导致介入各方的利益难以平衡。

先行介入的开发企业为了中标,可能会想尽办法影响评标专家使其中标,如强调土地一级开发与土地方关系很重要,是土地一级合作开发成功的关键等,或者通过招标人代表暗示评标专家,以期让专家作出对他们有利的结果,或者通过政府主管部门在投标材料的收取、时间上加以限制,或者通过招标代理公司在投标文书的制作上下功夫,或者由政府主管部门的领导直接与有能力中标的潜在投标人打招呼,劝退潜在中标人。

如果投标人不去投标,则面临投标人不足三家导致无法招投标的风险,因此这种方式对已先行介入的开发企业及其他投标人都存在风险。常见的情形为其他投标人放弃投标,先行介入的开发企业找两家陪标企业,但这样做违反《招标投标法》的规定,一旦被查处,可能导致招标无效,甚至要承担刑事责任。

2. 投标企业如何提升中标可能

投标企业中标是一个经过多方因素考量的结果,评标考量的重点是投标人的综合实力、利润报价、资金筹措方案、实施方案、进度计划、财务方案、综合印象等。实践中一般采用综合打分法,满分 100 分,具体打分考量因素如下:一是企业综合实力（包括资金证明和银行授信、财务方案、房地产资质、企业开发经验);二是投标报价;三是投入监管资金;四是实施方案(包括总体方案、成本控制、进度控制、风险控制);五是综合印象。

(1)如通过自行贷款筹集资金,应在投标时提供银行的贷款意向函,因为一级开发资金量大,评标时主要考虑筹措资金的能力,以及筹措资金的合理性、可行性。如果是自有资金,则应提交银行的存款证明。自有资金比例越高得分就越高。在招标文件中,一般评分标准中须明确自有资金、自行贷款与政府筹措资金的比例。

(2)招标人在招标时最关心的就是征地、拆迁补偿与安置、场地平整和市政基础设施施工的问题,因此投标人应投入大篇幅介绍此部分。

(3)合理预测招标底价。招标报价土地一级开发费用由下列内容构成:①征地及税费;②地上及地下一切构筑物拆除费用;③渣土清运及消纳费用;④宗地红线外围市政基础设施及市政管网建设等费用;⑤各种中介费用(包括勘察设计费、测绘、钉桩、勘界、规划、地上物评估、各类咨询、律师费等前期费用);⑥财务费用;⑦不可预见费用。

3. 招标底价设置

一级开发招投标是否应设置招标底价存在很大争议。笔者认为,对于涉及征地拆迁的项目不应设置底价,因为设置底价不符合一级开发的规律,即使设置底价,也可能会为日后开发留下产生众多纠纷的隐患。因为投标单位无法调查清楚被拆迁范围内的房屋数量、产权合法性、面积、重新安置的价格、家庭人口构成及户数、房屋的补偿标准,在投标人众多的前提下,每一个投标人都不可能准确掌握拆迁补偿与安置、社会保障的费用。如果设置底价,而投标人预估的成本高于底价,那么投标人中标后一旦发现越做越赔,就会因各种理由不全面履行合同,这样就为日后的纠纷埋下伏笔。另外,一级开发成本项目中没有预算定额等取费标准,很多成本(如征地、拆迁补偿等费用)是根据具体协商情况确定的,而不是依据法律依据或技术标准确定的,无法在投标时计算清楚,所以底价与报价测算的准确性较低。如果设定底价,投标人可能以包干的形式增加投标价格,这样可能导致流标。从另外一个角度看,投标人为争取中标不增加投标价格,中标后会为了利润极力压缩成本,这样与被征地方或被拆迁人争利的情况,必定引发社会矛盾,也会使政府的管理社会成本加大。但对于成本项目简单的、易于预测和测算的一级开发项目可以设定底价。无论是否设定招标底价,投标人都会进行报价,投标报价是指完成招标范围内全部土地一级开发工作内容的价格体现,即宗地达到验收标准所需的各项费用之和。具体包括:①征地补偿费用及相关税费;②地上物拆除补偿费(树木除外);③住宅以及非住宅的拆迁费用;④渣土清运费;⑤围墙施工费、地下管网或其他需要移建的地下构筑物;⑥组织测绘、钉桩、勘界、规划、地上物评估、中介咨询、公告、委托调查、施工设计等前期费用;⑦宗地红线外围市政基础设施及市政管网建设费用;⑧财务费用(自有资金除外);⑨不可预见费等其他可由一级开发企业承担的费用。上述投标报价与设置底价存在相关性,应综合考虑后决定是否设置底价。

4. 外地开发企业的限制

政府部门一般要求本省的省级行政区域内具有相应资质的房地产开发企业才能参与投标,如果是外地企业,须在项目所在省注册公司,取得相应资质。

5. 如何避免投标无效

投标文件有下列情形之一的,为无效投标文件:①无盖章且无法定代表人或法定代表人授权的代理人签字或盖章的;②无法定代表人出具的授权委托书的;③未按规定的格式填写,内容不全或关键字迹模糊、无法辨认的;④投标人递交两份或多份内容不同的投标文件;⑤投标有效期不满足招标文件要求的;⑥未按招标文件要求提交投标保证金的;⑦联合体投标未附联合体各方共同投标协议的;⑧不符合招标文件规定的其他情形。另外,投标文件不响应招标文件的实质性要求和条件的,评标委员会应视为废标处理。开发企业在投标时还要求投标人及其主要股东没有不良信誉记录,有足够的项目资本金。

6. 中标之后的转让与转包问题

严格来说,一级开发权不能转让,也不能转包。项目转让的前提是一级开发主体在二级市场摘牌,取得项目的土地使用权证,否则双方签订的项目转让协议面临无效的风险。

案例:一级开发权转让。甲公司于2010年8月在陕西省某县取得一块未利用土地,已取得建设项目选址意见书、项目备案确认书和用地预审批复政府文件。乙公司想通过转让的方式取得该地块的开发权,但该项目尚未挂牌。乙公司急于取得该项目,便与甲公司签订了项目转让协议。

正确合法的操作方式是,已取得一级开发权的单位、欲接手该项目的主体与某县国土局三方签订合同,原受托方解除与政府的一级开发委托合同,然后政府再与后介入方签订土地一级开发委托合同。或者原受托方政府自然资源主管部门解除土地一级开发委托协议,然后后介入方作为一级开发主体,重新办理报批及招标手续。一级开发权的转让必须由政府配合且完全同意才能实现,如果政府不同意,一级开发权的转让或转包是无效的。

对正在进行的一级开发,转让时受让方应注意如下内容:①项目是否已获得省一级政府用地计划指标的审批;②转让价款的范围要界定清楚,尤其是征地、拆迁补偿费用,农民安置、社会保障等费用,数额巨大,直接影响开发成本;③规划条件或开发强度是否附加对后期建设不利的条件,如配建配套设施或保障房之类的条件;④土地增值收益如何在原土地方、政府、受让方与转让方之间公平分配;⑤项目转让款支付与项目转让手续的办理挂钩。

7. 一级开发企业市场准入限制问题

有业界人士提出,土地一级开发的企业应设定进入的资格和限制性的条件。例如,土地一级开发企业不得从事商品房的建设与开发,必须拥有征地拆迁的资格,有一定的资本实力和完整的管理队伍,有较高的专业化规划水平以及拆迁安置用房建设的能力和资格,等等。对于一级开发市场准入的问题,政府也在考虑对土地一级市场的开发企业是否有必要实行过多的限制,毕竟土地一级市场的开发使"生地"变成了"熟地",对城市基础设施建设水平的提高发挥着重要的作用,对促进当地的经济发展有利。一级土地开发是一个需要大量资金和人力的工作,没有一定实力的开发企业是很难完成一级土地开发的,因此应当鼓励更多的开发企业参与进来。但进行过多的限制无法形成有效的市场竞争,不利于市场的培育和发展。

三、控规调整的风险及防范

所谓控规调整,是指在控规的实施管理过程中,建设单位对建设项目用地的规划控制条件进行调整,包括改变地块的土地利用性质、提高地块的建设开发强度、改变城市道路走向等。

控规调整的问题,就规划控制指标而言,由于控规指标调整多为"由低调高",直接导致地块总建筑量的增加,影响城市人口和环境,也可能会危害到公共利益。但由于控规指标调整的示范效应,控规调整的"低成本""低难度"与"高回报""普遍性"等形成鲜明对比,因此,建设单位依赖控规指标调整以实现其经济利益最大化。

控规调整的原因很多,如原有控规编制经验不足,控规不合理,以及城市化进程加速,不断突破原有控规的限制。最主要的原因就是土地开发和建设单位希望通过规划指标调整实现经济利益最大化。正是由于这些因素的存在,控规指标调整成为开发建设过程中一种必然存在的现象。然而,现在对控规的调整比较难,国家决心下大力气解决这些问题。据媒体报道,自2009年5月至2010年年底,住房和城乡建设部与监察部共查处违规变更规划、调整容积率房地产项目2150个。在原供地方式下,开发企业可以根据自己的意愿选择计划开发地块,因此,很多不具备控制性详细规划的地块,在开发企业的要求下,政府部门修改控制性详细规划后,开发企业取得了规划手续,对于已经具备控制性详细规划的地块,开发企业要求政府部门直接提高容积率。现在要求土地一级开发后,在开发企业竞得土地时,也必须按照规划要求实施,不能随意调整。控规调整应注意如下问题:

1. 避免与周边单位或群众发生冲突

控规指标调整涉及的利益是复杂的,不仅关系建设开发项目业主的利益,也关系周边地区群众的生活质量,因此,控规指标调整过程中必须尊重群众的知情权和参与权,应按照2019年修正的《城乡规划法》第四十八条规定,在修改控制性详细规划时,组织编制机关应当对修改的必要性进行论证,征求规划地段内利害关系人的意见,并向原审批机关提出专题报告,经原审批机关同意后,方可编制修改方案。

2. 避免因腐败导致开发企业利益受损

控规调整是一项有自由裁量权空间的行政行为,对于土地使用性质的选择、容积率的高低、公共设施的配套等,虽然有一系列的技术规范予以约束,但控规指标调整的管理决策仍具有一定的自由裁量空间。从现有的规划调整法律规定来看,技术规范只是概念性地被提及,很多情况下调整依据由主管部门或由地方具体有决策权的人决定,因此控规调整是存在空间的,如果以钱权交易的方式违法获得调整空间,那么一旦出现问题,就会对开发企业造成较大影响。

四、建设项目用地预审的风险及防范

建设项目用地预审,是指自然资源管理部门在建设项目审批、核准、备案阶段,依法对建设项目涉及的土地利用事项进行审查。建设项目用地实行分级预审。预审意见应当包括如下内容:

(1)建设项目选址是否符合土地利用总体规划,是否符合国家供地政策和土地管理法律、法规规定的条件;

(2)建设项目用地规模是否符合有关建设用地指标的规定;

(3)建设项目占用耕地的,补充耕地初步方案是否可行;

(4)征地补偿费用和矿山项目土地复垦资金的拟安排情况。

预审意见应对上述内容出具结论性意见和对建设用地单位的具体要求。预审意见是有关部门审批项目可行性研究报告、核准项目申请报告的必备文件。建设项目用地预审文件有效期为两年,自批准之日起计算。已经预审的项目,如需对土地用途、建设项目选址等进行重大调整的,应当重新申请预审。未经预审或者预审未通过的,不得批复可行性研究报告、核准项目申请报告;不得批准农用地转用、土地征收,不得办理供地手续。在办理建设用地申请时,还应注意如下问题:

(1)在办理规划意见书的同时办理用地预审,这两项可并行办理,但用地预审办理完成的时间应早于规划意见书办理完成的时间;

(2)按照主管部门的预审审批要求,申请人提交材料应齐全,符合法定形式,且真实有效。

因申请人提交虚假材料导致的法律责任由申请人自行承担。复印件应加盖申请人公章(材料的复印件应加盖骑缝章)并注明"与原件相符"。

示例：

关于××建设项目用地预审的申请报告(文号)

北京市国土资源局(国土资源部或北京市国土资源局分局)：

我单位负责开发建设的××项目已经完成相关前期工作，特申报建设项目用地预审，现就该项目有关情况报告如下。

一、建设单位基本情况

建设单位设立情况、性质(中央国家机关、事业单位、驻京部队或其他性质单位)、业务范围和本单位现有用地情况。

二、建设项目基本情况

该项目建设的相关背景、必要性；项目拟用地选址具体位置、规划依据和所在区域的功能定位，建设项目用地总规模、用地性质、建筑规模以及功能布局等建设方案详细内容，项目投资总额和资金来源；建设项目前期工作进展情况和已经取得的相关批准文件；其他需要特殊说明的情况。

三、建设项目用地情况

建设项目用地总规模确定的有关依据、标准和过程等；建设项目用地的现状权属情况，包括总用地中国有土地和集体土地面积，用地现状中农用地、建设用地、未利用地面积情况，占用耕地或基本农田的面积，占用耕地的补充方式、标准和资金落实情况；建设项目用地方式(包括征收、占用)等情况；建设项目相关用地指标情况，包括建筑密度、容积率、行政办公及生活服务设施用地(或分摊土地面积)情况等。

特此报告。

附件：

1. 企业营业执照或法人代码证书(复印件)；
2. 法人身份证明及委托书(复印件)；
3. 地形现状图(原件加盖公章)；
4. 相关批准文件或其他辅助资料。

(申请单位盖章)
××年××月××日

五、一级开发中申报规划意见的风险及防范

(一)申报规划意见的风险

申报规划意见的风险主要是开发企业拟计划的开发强度指标无法通过土地一级开发主体落实，如土地用途、容积率、建筑密度等未能通过审批。

案例： 某单位在与外商洽谈建设项目过程中，不与城市规划管理部门协商，未事先了解城市规划要求，便自行与外商签订了合同，约定在某地块开发建设别墅区。但该地块所在区域是重要军事区，相关部门早已确定不得在此区域内安排涉外项目，该项目合同的签订不仅违反了城市规划和有关法律法规，而且损害中方企业信誉，可能还要承担违约责任。

(二)申报规划意见的风险防范

1. 行政层级较低的政府规划

对于行政层级较低的政府,开发企业与当地政府的谈判能力比较强,如县政府、设区市的区政府、地级市政府或非一线城市的地方政府。个别地区乡镇政府也有招商引资的指标,开发企业对此更占优势,对于某些地区项目的总体规划及详细规划,地方政府根本没有做过,完全是一片空白,甚至根本不想做,直接让开发企业进行规划,开发企业按照自己的方案完成后,政府只负责审批手续,并不干涉规划细节,开发企业自由度较大。有些地方政府对规划仅有一个初步设想,细节完全由开发企业决定。

2. 一级开发中的规划与二级开发中的规划衔接

综合《城乡规划法》第三十八条、第四十条、第四十三条的规定,在实践中,土地一级开发之前,土地用途、容积率、各种市政管线的布局与容量等规划必须预先确定,而且不得随意变更,除非经过法律程序批准才能进行调整。从开发企业的角度讲,开发企业通过摘牌获得土地使用权后,还要进行各方面的立项、审批和规划指标的修改,要耗费半年甚至一年时间;如果在一级开发中二级开发企业就介入,那么一级开发的规划与开发企业的规划可以找到契合点,减少无效时间,开发企业拿地后可以直接开发,一切手续都在出让前期解决。但这里存在一个矛盾,参与前期开发的开发企业是否一定能在二级市场拿到地?如果几家开发企业都想在二级市场拿地并参与一级开发,那么应如何解决各开发企业之间对规划的具体要求?几家企业二级规划的方案不同,如何平衡各家的要求?解决这些问题可采取以下措施。

(1)引入专业的中介机构。在土地一级开发前,可由专业的顾问公司介入,进行地块周边环境调研、地块定位、规划指标制定参与、土地一级开发模式确定、土地出让方案制订及土地项目招商策划。专业顾问机构的介入不管是对政府还是对开发企业都是有利的。对政府来讲,规划更科学,更符合市场需求,土地一级开发模式更合理,项目定位更有前瞻性,土地价值能得到真正的提升。对企业来讲,原来拿到地后还要进行各方面的立项、审批和规划指标的修改,现在减少了无效时间,拿到地后可以直接开发,一切手续都在出让前期解决。

(2)一、二级联动开发。在一级开发时就考虑二级开发中的规划问题,可在一级开发时一并解决,但一、二级联动开发需要操作技巧。关于一、二级联动的问题在本章第九节中讲述。

六、征询建设、交通、园林、文物、环保部门意见的风险及防范

在征询建设、交通、园林、文物和环保部门的意见时,要根据项目的具体情况,由相关部门从各自的专业领域出具意见。例如,园林部门可能涉及林木移植,会考虑移植树木的权属、补偿、绿化方案等,如果涉及市绿化隔离地区的,则需要一份市绿化隔离地区建设指挥部意见,取得《林木移植许可证》,与有关单位签订林木移植责任书。又如建设地点可能存在文物,或者重点文物地区,可能禁止施工。因此,通过征询这些部门的意见,能够获得施工的许可,如果有问题,可在征询意见阶段提出并解决。

在涉及交通问题时,要配合公交系统的运营,解决公交场站用地的问题。公交场地占地过多,肯定会影响开发企业的利益,尤其是在公交先行占地的情形下,存在公交部门占用土地或房屋但给付成本极低的情况,此时如果再与公交系统达成一致难度将加大。这就需要开发企业与主管部门沟通,由主管部门协调,公交该腾退的要求其腾退,该增加租金的要求其增加租金。

七、市政专业部门接入意见的风险

市政专业部门包括给排水、供热、供气、供电、电信等部门。这些部门的意见非常重要,如果他们不同意,则整个项目在将来可能有不通水、电、燃气,或者没有取暖设施,或者污水无法排出等问题。在征询专业部门意见时就要考虑项目建设的合理配置原则,尽可能提高工作效率、节约投资。各市政专业投资建设进度取决于与各专业部门的协调结果。因此,一级开发单位争取提前与各专业管理部门接洽、同步实施,如果无法同步实施,应在规划设计中充分考虑此因素,实施过程中应尽量避免重复"破路"现象的出现。

八、项目核准与申报备案的风险及防范

项目核准或备案、取得立项批复手续是开始办理征地手续的前提,虽然非国家投资等项目不需要审批,但项目核准或备案手续也是开发过程中非常重要的一个环节,如果国家对房地产进行宏观调控,那么在某些方面会通过项目的核准或备案来限制,例如,开发企业申请别墅项目,肯定不会通过核准或备案。

第五节　土地一级开发实施阶段的风险及防范

土地一级开发的实施与土地储备有着紧密的联系,因为依法收回的国有土地、收购的土地、行使优先购买权取得的土地、已办理农用地转用且办理土地征收批准手续的土地和其他依法取得的土地,都须纳入土地储备,然后才能向市场供应。我国实行国有土地的用途管制制度,国有土地用途的最基本分类为公益性用地和经营性用地两类,目前公益性用地一般不纳入土地储备。

一、国有土地收购的风险及防范

(一)国有土地收购的风险

(1)一级开发申请的提出及用地补偿数额的争议。如果用地单位在用地补偿方面得不到理想的结果,除非企业自行申请土地使用权转让或协商一致提出一级开发申请,否则一级开发主体必须在用地补偿方面与企业协商一致,协商不好则无法开发或影响土地一级开发的进度。

(2)土地的控规条件不利于后续的二级开发,土地价值有限,商业价值低,对二级开发企业来说可能无法准确预估投资回报,进而影响一级开发投资的收回。

(二)国有土地收购风险的防范

(1)收回企业国有土地使用权应给予补偿,补偿可采取货币补偿、实物补偿或货币实物相结合的方式。补偿价格由有评估资质的中介机构按照现状用途进行评估,评估结果由市规划和自然资源委员会会同市发展和改革委员会及市财政局等有关部门确定。

(2)土地使用权人已缴纳土地出让金的,将已缴的剩余年期的土地出让金返还。

(3)补偿价格确定后,应与土地使用权人签订国有土地使用权收回补偿协议,对补偿金额、付款期限、交付土地等内容作出约定。

(4)对企业划拨国有土地的补偿。城市存量土地中,由于土地政策等历史原因,大部分土地是国家以划拨方式交给企业和单位使用的,该类土地主要包括:①因单位搬迁、解散、撤销、破产、产业结构调整或者其他原因调整出的划拨国有土地;②因实施城市规划、旧城改造和土地整理,政府指令收购的土地;③土地使用权人申请土地储备中心收购的土地。之前上述土地如收储,对原土地使用方补偿的问题参照《国有企业改革中划拨土地使用权管理暂行规定》和其他相关规定执行,但该规定于2019年7月16日被《自然资源部关于第一批废止和修改的部门规章的决定》废止。

(5)与土地方协商,确定补偿的价格并固定补偿的价格。协议内容包括交付土地及建筑物的时间、提出一级开发申请的时间等。

(6)土地收购申请由用地单位向土地整理储备中心提出,不具备国有资产管理权的用地单位(此处的用地单位指原土地使用权人,而非一级开发单位或二级开发企业),还须由上级公司或上级管理部门出具同意搬迁改造的意见。

二、集体土地征收的风险及防范

一级开发中开发主体组织实施征地、拆迁和市政基础设施建设。如果开发企业接受委托作为一级开发的主体,那么开发企业负责征地将面临诸多风险,涉及各方面的利益主体,既包括被征地的集体组织,也包括村民。各利益主体的利益诉求不同,而且针对不同的情况,法规及政策规定也不一致,例如,绿化隔离、文物保护或危房改造等项目须按规定承担回迁房建设。

(一)集体土地征收转为房地产开发建设用地的流程

2019年修正的《土地管理法》和2021年修订的《土地管理法实施条例》对集体土地的征收流程有所调整。集体土地征收转为房地产开发建设用地的流程如下。

①前置审批手续。如拟征收的土地涉及农用地转用的则应根据不同的审批权限办理农用地转用审批手续。具体按照《土地管理法》第四十四条和《土地管理法实施条例》第二十三条、第二十四条和第二十五条的规定办理。

②征收土地预公告。依据《土地管理法实施条例》第二十六条规定,县级以上地方人民政府认为符合《土地管理法》第四十五条规定的,应当发布征收土地预公告。征收土地预公告应当包括征收范围、征收目的、开展土地现状调查的安排等内容。征收土地预公告应当采用有利于社会公众知晓的方式,在拟征收土地所在的乡(镇)和村、村民小组范围内发布,预公告时间不少于十个工作日。自征收土地预公告发布之日起,任何单位和个人不得在拟征收范围内抢栽抢建;违反规定抢栽抢建的,对抢栽抢建部分不予补偿。

③土地现状调查。土地现状调查应当查明土地的位置、权属、地类、面积,以及农村村民住宅,其他地上附着物和青苗等的权属、种类、数量等情况。

④社会稳定风险评估。社会稳定风险评估应当对征收土地的社会稳定风险状况进行综合研判,确定风险点,提出风险防范措施和处置预案。社会稳定风险评估应当有被征地的农村集体经济组织及其成员、村民委员会和其他利害关系人参加,评估结果是申请征收土地的重要依据。

⑤拟定征地补偿安置方案。县级以上地方人民政府应当依据社会稳定风险评估结果,结合土地现状调查情况,组织自然资源、财政、农业农村、人力资源和社会保障等有关部门拟定征地补偿安置方案。征地补偿安置方案应当包括征收范围、土地现状、征收目的、补偿方式和标准、安置对象、安置方式、社会保障等内容。

⑥征地补偿安置公告。征地补偿安置方案拟订后,县级以上地方人民政府应当在拟征收土地所在的乡(镇)和村、村民小组范围内公告,公告时间不少于三十日。征地补偿安置公告应当同时载明办理补偿登记的方式和期限、异议反馈渠道等内容。

⑦听证。若多数被征地的农村集体经济组织成员认为拟订的征地补偿安置方案不符合法律、法规规定的,县级以上地方人民政府应当组织听证。

⑧签订征地补偿安置协议。县级以上地方人民政府根据法律、行政法规规定和听证会等情况确定征地补偿安置方案后,应当组织有关部门与拟征收土地的所有权人、使用权人签订征地补偿安置协议。征地补偿安置协议示范文本由省、自治区、直辖市人民政府制定。对个别确实难以达成征地补偿安置协议的,县级以上地方人民政府应当在申请征收土地时如实说明。

⑨征地报批。县级以上地方人民政府完成本条例规定的征地前期工作后,方可提出征收土地申请,依照《土地管理法》第四十六条的规定报有批准权的人民政府批准。有批准权的人民政府应当对征收土地的必要性、合理性、是否符合《土地管理法》第四十五条规定的为了公共利益确需征收土地的情形以及是否符合法定程序进行审查。

⑩发布征收土地公告。征收土地申请经依法批准后,县级以上地方人民政府应当自收到批准文件之日起十五个工作日内在拟征收土地所在的乡(镇)和村、村民小组范围内发布征收土地公告,公布征收范围、征收时间等具体工作安排,对个别未达成征地补偿安置协议的应当作出征地补偿安置决定,并依法组织实施。

⑪征地实施。

(二)集体土地征收的风险

集体所有土地主要通过被征收而进入房地产开发市场,但还有一个间接渠道,即乡镇破产、兼并等情形致使发生建设用地使用权随同厂房一起转移且符合土地利用总体规划而进入房地产市场(参见本书第三章第七节)。集体经营性建设用地直接入市不属于本书所述房地产开发的概念,故此处不详述。本部分内容仅介绍集体土地的征收,因为集体土地征收是集体土地进入房地产市场的主要渠道。为叙述方便,此处将征地与拆迁安置补偿及国有土地上房屋征收与补偿风险一并提及。拆迁补偿安置中房地产公司作为拆迁人的法律风险如下:

1. 认定被拆迁人的主体资格引发的风险

(1)承租公房等引起的纠纷。承租房的拆迁补偿涉及非常多的政策问题,这是历史遗留问题造成的,公房的产权人有些是房管所,有些是国有企事业单位或国家机关,公房分为直管公房和自管公房。承租公房的补偿主体是产权人还是承租人?因为产权人是国家,具体的管理主体有的是单位管理,有的是房管所管理,那么如何确定承租人?确定承租人是以租赁证上登记的名字为准,还是以户籍为准,还是以实际居住的人口为准?家庭共居人口是否都属于被拆迁人?家庭成员的亲等关系如何界定?是否直系亲属都属于被补偿安置对象?户口在拆迁补偿安置中到底地位和作用如何?如何认定实际居住地与户籍所在地不一致的情况?上述主体资格类的问题容易发生纠纷。

(2)析产引起的纠纷。被拆迁安置补偿主体之间可能存在纠纷,需要拆迁人调查清楚。争议的各主体是否有析产协议,如果有,以析产协议为准;如果没有,以法院判决书或调解书为准。

(3)继承导致房屋所有权人的变更。承租权变更非常难处理,也非常难以认定。开发企业在确定拆迁安置补偿主体时,如果是公房则以承租合同为准;如果是私房则以判决书、调解书为准。

(4)房屋买卖引发的所有权人纠纷。在拆迁安置补偿时,如果是因房屋买卖引发的纠纷,拆迁人应以买卖合同及不动产权属证书为准,了解买卖协议履行的程度,是否付款、是否交付、是否办理过户,区分不同的情况分别处理,但总的原则是先搁置,不确定补偿主体,最终以双方协商结果或调解或法院的文书为准。

(5)抵押引发的拆迁房屋所有权人认定的问题。拆迁人在拆迁时,如果被拆迁安置补偿主体办理了抵押房屋过户手续,则以抵押权人为准;未过户的,仍然在抵押期限之内,以抵押人为主。

(6)拆迁代管房屋资格认定引发的风险。拆迁人在拆迁时,应以代管委托书或代管协议为准。代管的拆迁协议要经过公证,办理证据保全。

2. 强制拆迁引发的法律风险

目前对强制拆迁的管理比较严格,但强拆的现象仍有时有发生,有些拆迁人或委托的拆迁公司采取断水、断电等方式野蛮拆迁、暴力拆迁。开发企业一定要有风险意识,知道法律是如何规定的,知道拆迁的前提条件,没有行政决定不能拆,没有补偿金及安置房不能拆。

3. 拆迁补偿安置协议引发的法律风险

拆迁人签订协议后不履行会引发纠纷,导致承担违约责任。例如,一方签订协议后反悔,或者违反法律的强制性规定,导致协议无效。因拆迁安置补偿协议引发的争议在实践中常见的就是延期交房、延期办证、变更规定及房屋质量等,但最难点集中在签订补偿协议的谈判阶段。被拆迁安置补偿主体的心理预期都比较高,拆迁难度大。

4. 拆迁补偿中价格评估的法律风险

《土地管理法实施条例》第三十二条规定,省、自治区、直辖市应当制定公布区片综合地价,确定征收农用地的土地补偿费、安置补助费标准,并制定土地补偿费、安置补助费分配办法。地上附着物和青苗等的补偿费用,归其所有权人所有。社会保障费用主要用于符合条件的被征地农民的养老保险等社会保险缴费补贴,按照省、自治区、直辖市的规定单独列支。申请征收土地的县级以上地方人民政府应当及时落实土地补偿费、安置补助费、农村村民住宅以及其他地上附着物和青苗等的补偿费用、社会保障费用等,并保证足额到位,专款专用。有关费用未足额到位的,不得批准征收土地。从上述规定可以看出,根据《土地管理法》和《土地管理法实施条例》,土地征收补偿标准进行了修订,征收农用地的土地补偿费、安置补助费标准须根据公布区片综合地价确定,以区片综合地价取代原来的土地年产值倍数法确定征收补偿安置费用。征地区片综合地价是指在城镇行政区根据土地利用总体规划确定的建设用地范围,依据地类、产值、土地区位、农用地等级、人均耕地数量、土地供求关系以及当地经济发展水平和城镇居民最低生活保障水平等因素划分区片并测算的征地综合补偿标准。而原来的土地年产值倍数计算法是按照被征土地原用途、产值来计算。修改之后与之不同的是,区片综合地价以土地原用途、土地资源条件、土地产值为基础,并结合区片农用地条件、社会保障水平确定,是区片农用地在某一基准日的平均征地价格。区片综合地价是动态的,要求至少每三年调整或者重新公布一次。目前在征收农村集体土地时,土地取得费即为征收补偿安置费用,主要包括征收土地、地上青苗、建筑物及构筑物的补偿费用及涉及人员的安置补助费。

实践中,如果评估机构依法评估,是没有太多风险的,但问题在于,拆迁人委托评估机构,评估机构受制于拆迁人,评估机构如果故意压低评估价格,评估报告不独立、不客观、不公正,或者拆迁人的工作人员、主管机构的相关工作人员为个人利益虚报征地或拆迁的数量,会引发评估报告违法的法律风险。评估报告还存在确定评估报告机构时没有公开透明、评估报告形式上不合法等问题。

案例：北京市怀柔区某道路建设项目拆迁时，某村村民委员会主任、镇长及评估公司商议，采取虚报土地数量、地上建筑物建筑面积的方式，多得了约3000万元拆迁补偿款，然后将其私分，后被村民举报。人民检察院以诈骗罪对该村村民委员会主任、镇长及评估公司经理等多人提起公诉。

5. 拆除特殊房屋时不同拆迁补偿标准引发的法律风险

（1）拆除超过批准期限的临时建筑，应给予适当补偿。临时建筑一般的批准期限为两年，可申请延期一年。有些临时建筑是由历史原因形成的，例如，在法规或执法不严的时期，为解决家庭住房而临时建筑的房屋，已居住几十年，事实上已经成为正式居住的房屋，还有很多临时建筑到期后也未拆除。对如何认定为临时建筑的争议比较大。如果认定为正式建筑，那么应全额补偿；如果认定为临时建筑，则适当补偿。临时建筑被认定过多，会增加补偿成本。

（2）拆除公益事业房屋的补偿。公益事业房屋的附属物不作产权调换，直接以货币补偿。

（3）产权不明的，由拆迁人提出方案后报行政管理部门审核同意后才能拆迁。

（4）拆除有抵押权的房屋。若抵押人选择以货币补偿，应先由抵押人和抵押权人协商重新设立抵押权或应当先由抵押人偿还所担保的债务，然后才能领取补偿金；若选择产权调换，应在产权调换后将房屋作为抵押物重新签订抵押合同。

（5）拆除租赁房屋的补偿标准风险。被拆迁人与承租人解除租赁关系的，或被拆迁人对承租人进行安置的，拆迁人对被拆迁人补偿。若达不成意见的，应实行产权调换，调换后继续承租，重新签订租赁合同。

6. 拆迁安置协议中被拆迁人优先权保护引发的法律风险

根据2003年实施的《最高人民法院关于审理商品房买卖合同纠纷案件适用法律若干问题的解释》第七条、第八条规定，拆迁人以产权安置的方式补偿被拆迁人，拆迁人将房屋另行出售给第三人，被安置人得不到房屋的，拆迁人最高可双倍赔偿。这些规定的目的在于保护被拆迁人的居住权，法律将安置补偿权作为特别债权予以保护。司法解释的规定打破债权平等原则，设立法定债权上的优先权。但是2020年修正并于2021年1月1日实施的《最高人民法院关于审理商品房买卖合同纠纷案件适用法律若干问题的解释》将原第七条、第八条删除。

7. 拆迁民事诉讼法律风险

拆迁过程中开发企业可能面临的法律风险如下：

(1) 拆迁安置协议无效；
(2) 延期交房；
(3) 延期办理不动产权属证书；
(4) 交付的房屋与实际不一致，包括位置、面积、用途、楼层、朝向、户型结构等；
(5) 因拆除或搬迁产生纠纷；
(6) 补助费纠纷；
(7) 对结算价款有争议；
(8) 对过渡期补偿及周转房有争议；
(9) 被拆迁人不来收房、不结算房价款；
(10) 面积超标的争议；

(11)交纳物业费及其他杂费引起的争议；
(12)房屋质量差。

案例：拆迁安置补偿纠纷

2006年6月15日，孙某与开发企业签订了《拆迁安置产权置换协议》（以下简称"协议"）。协议约定开发企业以出让方式取得某地块国有土地使用权，孙某原居住的房屋位于该地块内，在拆迁范围内，房屋面积53.26平方米。孙某将拆迁范围内的房屋交给开发企业拆除后选择产权置换新建商品房两居室一套，建筑面积84.59平方米，东西朝向，并附有该房屋在整栋楼中的位置、房屋平面示意图。孙某原房屋建筑面积53.26平方米，双方互不找差价，超过部分31.33平方米由孙某按每平方米6600元的价格购买。协议第八条约定开发企业不得擅自变更该商品房的结构形式、户型、空间尺寸、朝向等，由于行政审批需要变更的，应书面告知孙某。第九条约定开发企业在取得置换商品房"施工许可证"之日起30个月内根据最终审定的施工图及竣工实测面积交付房屋。第十条约定除不可抗力外，开发企业未按照约定期限交房的，每逾期一个月应补偿房价款的万分之三，并于实际交房之日支付违约金。

签订协议后，孙某按约定支付了房屋增加部分的差价，并将房屋交给开发企业拆除。但拆迁过程中，开发企业遇到三户执意不同意拆迁的住户，拒不同意开发企业的任何补偿条件，且无法强制拆除，最终开发企业未拆除剩余三户。于是被迫改变规划，时间拖延了一年多，在拆除孙某房屋后近一年的时间内未能组织任何施工。2008年在改变规划后才开工建设，因此未按承诺时间交房，多次推迟交房的时间。因三户执意不同意拆迁的住户未拆迁，开发企业只能变更整个小区的平面布局，因此导致部分房屋的结构和朝向发生变化，有些房屋将东西向房间次卧室朝西的窗户变成了朝北的窗户，导致东西向房间无法采光，其中就包括孙某的房屋。另外，有些楼层电梯无法直达，只能从电梯间走到外挂楼梯，通过外挂楼梯上半层或下半层楼梯入户。因规划改变、户型及朝向改变、延期交房等原因，孙某与其他被拆迁人联合，采取上访、聚众等多种方式向开发企业施加压力，但最终问题没有得到解决。于是孙某根据协议的约定向北京仲裁委员会申请仲裁，请求开发企业支付自2009年10月1日起至实际交房之日的逾期交房补偿金，赔偿因改变规划、户型、朝向、采光，电梯不能到达楼层等造成的损失20万元。

8. 房地产公司作为拆迁人在遵守《民法典》方面的法律风险

《民法典》关于物权部分的立法宗旨就是保护各法律主体的财产权不受侵犯。如果房地产公司强行拆迁，则侵犯了他人的财产权，构成民事侵权或涉嫌刑事犯罪，因此开发企业应避免非法拆迁。只有国家可依法进行征收，个人主体不能进行集体土地的征收。征收必须基于《土地管理法》第四十五条公共利益的需要，开发企业因商业开发的需要进行征收的，必须通过协商。开发企业在拆迁时，应保障被征收人的居住条件，这加大了开发企业的开发成本，但这是《民法典》保护私有财产权利的要求。虽然原则上必须按照《民法典》的上述规定或立法精神执行，但某些地方离真正执行的目标还有一定的距离。

9. 征地程序及办理手续不齐全，造成时间延误

手续不全表现如下：①征地实施主体不符合有关规定；②不符合土地利用总体规划；③涉及征收农用地未列入本年度土地利用计划中确定的农用地转用指标；④未调整城市规划和村庄、集镇规划；⑤征地补偿价格低于该地区最低保护标准；⑥涉及征收耕地的项目，未落实补充耕地或缴纳耕地开垦费；⑦未进行公告或听证；⑧未进行土地现状调查；⑨未进行社会稳定风险评估；

⑩未经任何征地报批手续。

案例：集体土地未征收为国有，房地产开发协议无效

甲、乙两方均为房地产公司，甲方与村委会签订协议，约定村委会提供土地，甲方建设，建好的建筑物一半分给村里由村民居住使用，另一半给甲方。甲方无资金，与乙方签订合作协议，约定乙方投资，房屋建好后1/3归乙方，2/3归甲方。但甲方未办理任何征地手续，后来甲、乙产生纠纷，起诉到法院，法院认为双方签订的拆迁安置补偿协议无效，无证拆迁属于侵权行为。

10. 征收成本失控

征地成本失控主要表现就是实际征地补偿款远远高于计划的补偿成本，无法筹措后续资金，即便有能力筹措后续资金，经济利益的回报率也大大降低。

11. 征地利益冲突导致征地不能

集体组织或农民因为补偿价格无法达成一致，农民要求高或者政府补偿太低，矛盾冲突使征地计划搁浅。

12. 征收集体土地行政法律风险

（1）非法转让土地。买卖或者以其他形式非法转让土地的，可没收违法所得；对擅自将农用地改为建设用地的，限期拆除在非法转让土地上新建的建筑物和其他设施，恢复土地原状；对符合土地利用总体规划的，没收在非法转让土地上新建的建筑物和其他设施，可以并处罚款。

（2）非法占用土地。未经批准或者采取欺骗手段骗取批准，非法占用土地的，责令退还非法占用的土地；对违反土地利用总体规划擅自将农用地改为建设用地的，限期拆除在非法占用土地上新建的建筑物和其他设施，恢复土地原状；对符合土地利用总体规划的，没收在非法占用土地上新建的建筑物和其他设施，可以并处罚款。超过批准的数量占用土地，多占的土地以非法占用土地论处。

（3）无权征收主体。无权批准征收、使用土地的单位或者个人非法批准占用土地的，超越批准权限非法批准占用土地的，不按照土地利用总体规划确定的用途批准用地的，或者违反法律规定的程序批准占用、征收土地的，其批准文件无效，对非法批准征收、使用土地的直接负责主管人员和其他直接责任人员，依法给予行政处分。非法批准、使用的土地应当收回，有关当事人拒不归还的，以非法占用土地论处。

（4）擅自出让集体土地。擅自将农民集体所有的土地使用权出让、转让或者出租用于非农业建设的，由县级以上人民政府自然资源主管部门责令限期改正，没收违法所得，并处罚款。

13. 刑事法律风险

征收集体土地刑事法律风险涉及非法转让、倒卖土地使用权罪或非法占用农用地罪等罪名。具体的风险及防范参见本书第三章第十三节。

（三）集体土地的征收条件

集体土地的征收条件较为严格，必须满足征地的前提条件才能征收集体土地。征收集体土地的主要条件如下：

(1)征地实施主体符合有关规定;

(2)符合土地利用总体规划的,已经调整城市规划和村庄、集镇规划的,涉及征收农用地已列入本年度土地利用计划中确定的农用地转用指标,涉及征收耕地的项目,应先落实补充耕地或缴纳耕地开垦费,已取得自然资源主管部门建设用地预审意见,获得省级政府建设用地征地的批复,取得用地指标;

(3)申报项目已经取得市、区县发改、规划部门批准;

(4)已与被征(占)地单位签订《征地补偿安置协议》;

(5)发展和改革行政主管部门对项目已审批、核准或备案(中央单位的建设项目在国家发展和改革委员会或国家部委立项的,还需要市建设行政主管部门的《项目计划通知书》);

(6)规划行政主管部门已批准《规划意见书》;

(7)村民会议或村民代表会议决议已通过征地的决议;

(8)不得超越审批权限,超越审批权限的无效;

(9)进行预公告和公告;

(10)进行土地现状调查;

(11)进行社会稳定风险评估;

(12)符合规定的征地流程或程序。

(四)征地成本失控的防范措施

1. 从征地评估开始控制拆迁成本

控制拆迁成本首先从选择评估公司开始,防止评估公司随意高评或低评。

(1)通过招投标确定拆迁评估机构。一般情况下,拆迁当事人应选择综合实力较强、社会信誉良好的房地产评估机构对拆迁房屋进行评估。一级开发单位须委托有一级、二级、三级房地产评估机构资质许可的房地产评估机构进行评估。未获得房地产评估资质许可以及虽获得三级房地产评估资质,但尚处于暂定期内的房地产评估机构,不得接受房屋拆迁评估委托、出具评估报告或者价格咨询报告。

除了通过招投标确定评估机构,还可采用协商确定或被拆迁人投标确定的方式。评估机构和评估人员与拆迁当事人不得有利害关系,也不得是拆迁当事人本人。

(2)一级开发企业与评估公司签订合同的注意事项参见本章第七节。

(3)评估中应注意的问题:①高评或低评问题。在实践中评估公司可能高评或低评。高评的原因一般是与被拆迁户有私下交易,低评一般是受征地或拆迁人暗示或明示,少给征地拆迁补偿。高评与低评同样面临风险。高评的风险是补偿失控,低评的风险是征地拆迁引发社会矛盾,使征地拆迁不能按时竣工。②评估时要注意或要求评估公司评估的时点为房屋拆迁许可证颁发之日。③拆迁房屋的评估不包括房屋的装饰价值,房屋装饰应单独出具评估报告。④评估机构应按《房地产估价规范》(GB/T 50291—2015)的规定格式出具评估报告,居住房屋还应出具分户报告。⑤评估报告应由注册房地产评估师签名,经评估机构审核并加盖机构公章。⑥凡房屋拆迁评估中涉及原始成本、机电设备、工程造价等专业技术工作的,评估机构可委托有资格从事该类业务的机构协助评估。⑦注意要按照2021年修订的《土地管理法实施条例》的新规定进行评估,注意评估的修改变化。

2. 防范征地补偿费用失控

被批准征收土地的,应当按照被征收土地的原有用途给予补偿,补偿费的基本内容包括四项:土地补偿费、安置补助费、地上附着物和青苗的补偿费(如果是菜地,还应当由用地单位缴纳新菜地开发建设基金)及安排被征地农民的社会保障费用。2019年修正的《土地管理法》实行按照区片综合地价进行补偿,区片综合地价除了考虑土地产值,还要考虑区位、当地经济社会发展状况等因素综合制定。地方性征地补偿安置的具体标准可查阅相关省、自治区、直辖市文件。

为控制拆迁补偿与安置的成本,根据法律法规及地方政府的规定,需要注意以下问题。

(1)确定补偿对象及范围,不可无限扩大拆迁补偿的对象。

①对征地范围内合法有效的不动产权属证书、农村宅基地使用权证或者建房批准文件按户进行补偿安置。

②对被拆迁房屋用途及面积的认定,以不动产权属证书、农村宅基地使用证或者建房批准文件的记载为准。

(2)对特殊情况的处理。

①征地预公告公布时,被拆迁人已取得建房批文但新房尚未建造完毕的,新房在建工程按实际完成的工程量重置价的评估价格协商补偿;建房批文规定应当拆除尚未拆除的旧房,可以按重置价结合成新的评估价格协商补偿。

②征地预公告公布时,被拆迁人已取得建房批文但新房尚未建造完毕的,其土地使用权基价和价格补贴按建房批文规定的建筑面积计算;建房批文规定允许保留旧房的,应当将旧房面积和建房批文规定的新建建筑面积一并计算。建房批文规定应当拆除尚未拆除的旧房、已由被拆迁人自行拆除的旧房,土地使用权基价和拆迁补贴不予补偿。

③征收土地预公告时,被拆迁人已取得建房批准文件且新房已建造完毕的,对新房予以补偿,对应当拆除而未拆除的旧房不予补偿。

④拆除未超过批准期限的临时建筑,可以给予适当补偿。

⑤违章建筑、超过批准期限的临时建筑,以及征收土地公告后擅自进行房屋及其附属物新建、改建、扩建的部分,均不予补偿。

⑥同一拆迁范围内,既有国有土地又有征收集体土地的,国有土地范围内的拆迁房屋补偿安置按《国有土地上房屋征收与补偿条例》执行,被征收集体土地范围内的房屋拆迁补偿安置按征收集体所有土地拆迁房屋补偿安置的规定执行。

(3)区分居住房屋、非居住房屋及共同举办企业房屋征地拆迁的补偿安置标准。

(4)不予补偿的情况。区(县)自然资源主管部门将拟征地的用途、位置、补偿标准、安置途径以书面形式告知被征地农村集体经济组织和农户后,凡被征地农村集体经济组织和农户在拟征土地上抢栽、抢种、抢建的地上附着物和青苗,征地时一律不予补偿。在基础设施建设征地拆迁过程中,抢栽抢种树木、苗木寻求高额补偿的现象较为严重,影响了工程建设的正常进展。一级开发主体可采取如下措施:①一级开发主体可要求各区、县政府加以制止,由当地政府对当地群众进行宣传、教育和劝导;②在对基础设施建设征地拆迁过程中,占用基本农田抢栽抢种的树木、苗木的行为,不予补偿;③区、县人民政府在被征地的乡镇、村进行征地发布公告后,对在征地范围内新种植的树木、苗木,不予补偿;建设单位在获得批准文件后,应立即组织对征地拆迁用地范围内的土地附着物进行录像取证并及时开展清理登记工作;④在一般农田、规划林地上种植的树木、苗木,按照规定补偿,超过相关栽植密度的,其超过部分不予补偿。

(五)从化解社会矛盾避免冲突的角度防范风险

2010年5月15日公布的《国务院办公厅关于进一步严格征地拆迁管理工作切实维护群众合

法权益的紧急通知》,规定因工作不力引发征地拆迁恶性事件的,有关领导和直接责任人将被追究责任。对于程序不合法、补偿不到位、被拆迁人居住条件未得到保障以及未制定应急预案的,一律不得实施强制拆迁。该通知要求尚未按照有关规定公布新的征地补偿标准的省区市,必须于2010年6月底前公布实施。从化解社会矛盾的角度,在征地过程中应该采取如下措施防范征地风险:

1. 落实征地补偿款

落实征地补偿款不仅能防范矛盾,而且是开发企业办理后续手续的前提条件。乡镇政府、村委会向国土局出具《国家建设征收土地结案证明》,开发企业出具征地补偿款交款凭证(复印件),经国务院或市政府批准,才能办理征地结案手续。

示例:

国家建设征收土地结案证明

根据北京市人民政府京政地[×××]第×××号文和北京市规划委员会建设用地规划许可证×××规地字×××号,×××单位征收我乡×××村土地×××公顷,开发建设×××项目。经核查,该项目征地补偿费共计×××万元,已全部支付到位,不存在拖欠征地补偿款问题,双方对此无争议,同意该单位办理征地结案手续。

2. 化解利益分配矛盾

土地由集体所有征收为国有后,土地增值收益分配不均是引起征地矛盾的主要原因。目前在土地增值收益分配比例方面,农民或农村集体组织可能认为分配比例低,易发生纠纷。解决土地增值收益的问题,地方政府在征地之前要综合考虑农民和农村集体经济组织(以下简称"村集体")的利益,包括后续发展的权利等。政府可以从某些方面与农民或村集体协商,比如,在征地时货币补偿方式与实物补偿方式相结合,除补偿款之外,如果征地后土地用于商业用途,那么不妨给予农民一定的商业用房用于农民日后的生产经营;或者让农民或村集体在新办的企业中投资入股,既可以得到资本的分红,也可以解决农民的就业问题;或者直接约定土地征收后的增值收益由政府、开发企业与农民按一定的比例分配;或者让农工商公司参与土地一级开发。《土地管理法实施条例》第三十二条规定,省、自治区、直辖市应当制定公布区片综合地价,确定征收农用地的土地补偿费、安置补助费标准,并制定土地补偿费、安置补助费分配办法。地上附着物和青苗等的补偿费用,归其所有权人所有。社会保障费用主要用于符合条件的被征地农民的养老保险等社会保险缴费补贴,按照省、自治区、直辖市的规定单独列支。申请征收土地的县级以上地方人民政府应当及时落实土地补偿费、安置补助费、农村村民住宅以及其他地上附着物和青苗等的补偿费用、社会保障费用等,并保证足额到位,专款专用。有关费用未足额到位的,不得批准征收土地。

(六)从权属的角度防范风险

土地权属关系复杂,权属单位较多,土地使用权人众多,包括居住用地、商业用地,其中既有国有土地,又有集体土地。因权属单位众多,部分土地出现了权属划分不清的情况,在征地时权属难以认定,可能无法达成征地补偿协议。

因此,区(县)建设用地事务部门应当对拟征土地的权属、地类、面积以及地上附着物权属、种类、数量等现状进行调查,调查结果应与被征地农村集体经济组织、农户和地上附着物产权人共同确认,要求听证的应组织听证。

征地时应调查清楚征地范围内的权属状况,按照各权属单位调查地类情况,统计各权属单位征收的农用地、宅基地、工矿用地、未利用地等土地类型的具体面积,然后根据具体情况和所有权人协商征地补偿标准。应核定各用地单位的产权资料,尤其是相邻的两个单位之间的产权资料,对有争议的权属界限尽量通过协商解决,避免产生诉讼。

对于权属复杂的地块,如果是交通枢纽的一级开发,应采取一次性征地、分期分批拆迁、整体设计、分步实施的策略。

与被征地单位协商签订征地补偿安置协议,与建设用地单位协商签订征地费包干协议。单独选址项目和分批次项目的征地补偿安置费用,应当根据市建设用地事务中心审核鉴证的征地费包干协议支付,未按期全额支付到位的,不得核发建设用地批准书。

(七)从法律的角度防范风险

(1)征地主体必须合法。一般征地的主体是土地储备中心或土地发展公司等,有些项目授权给一级开发企业实施,还有些开发企业或土地储备中心委托拆除公司实施具体的施工。不管最终由谁来征地或拆迁,主体必须合法。

(2)征地必须通过村民会议或村民代表会议决议,否则可能面临征地无效的风险。具体参见本章第四节关于一级开发申请的防范内容。

三、拆迁与安置补偿的风险及防范

(一)开发企业在拆迁中的风险

谈及开发企业的开发风险,应当先考虑拆迁的风险。对于拆迁,有的开发企业谈虎色变。因为拆迁要面对各种各样的难题:如果是回迁的,一方面可能要联系购买合适的周转房,另一方面要做周密的说服搬迁工作,同时又要进行合理的经济补偿;遇到执意不同意搬迁的住户,风险就会更大,执意不同意搬迁的住户不搬迁,就不能顺利开展拆迁工作,从而直接影响正常的工程施工。

现在社会分工越来越细,例如从房地产行业中分离出了专营拆迁工作的拆迁公司。由于该类公司是专业拆迁公司,很多开发企业把拆迁任务委托给拆迁公司。有的开发企业对拆迁工作没有予以高度重视,致使拆迁工作远不能按照原计划进行。拆迁完不成,后续的工程开不了工,开发企业与原工程承包公司的合同就履行不了,原先计划的预售工作也无法展开。所以拆迁风险将会产生许多连锁风险,有许多开发企业一开始就遇到了这样的风险。

要想合理避免拆迁的风险,开发企业应选择合适的拆迁公司并与拆迁公司签订一份权利、义务条款分明的委托拆迁合同。尤其在时间与奖惩条款上要规定得明确无误,严格规定委托合同条款,以转嫁风险。

除此之外,开发企业应做详细周密的社会调查,了解搬迁户的一般期望值和实际期望值,摸清哪些人是潜在的执意不同意拆迁的住户以及他们的预期,对此作出合理预算,根据有关搬迁法规与搬迁户签署有关搬迁补偿协议。搬迁补偿协议是非常重要的文件,如果该文件各项条款完备,内容周密,那么就可以通过法律手段在前期把一切潜在的风险排除掉。

一个按期完成拆迁工作的项目,就奠定了成功的基础,会使开发企业在一开始运作时就信心百倍。

1. 拆迁的现行规范性法律文件

目前拆迁安置补偿的规范性法律文件分为国家层面的规范性法律文件与地方层面的规范性

法律文件。

涉及国家层面的拆迁安置与补偿的规范性法律文件有:《民法典》《建设部关于印发〈城市房屋拆迁工作规程〉的通知》《住房和城乡建设部关于印发〈国有土地上房屋征收评估办法〉的通知》《房地产估价机构管理办法》《建设部关于房屋建筑面积计算与房屋权属登记有关问题的通知》。

以北京市为例,涉及地方层面的规范性法律文件有:《北京市集体土地房屋拆迁管理办法》《北京市国土资源和房屋管理局关于印发〈北京市宅基地房屋拆迁补偿规则〉的通知》《北京市集体土地房屋拆迁管理办法》《北京市人民政府办公厅关于印发〈北京市加快城市危旧房改造实施办法(试行)〉的通知》。

以上规范性法律文件是拆迁的法律依据。在国务院新条例实施之前,拆迁中实际被执行的《城市房屋拆迁管理条例》(已失效)广受诟病,认为其与《物权法》(现《民法典》物权编)有冲突的地方,而该条例属于行政法规,与法律相抵触,应进行修改。从国情出发,在基础设施建设等方面必须考虑效率,但应给被拆迁人一个合理的解决拆迁补偿救济的渠道,不能激化社会矛盾。从拆迁的情况来看,即使给出合理的补偿,有的被拆迁人还是不愿意搬迁,原因比较复杂,有的是因为被拆迁人在一个地方住久了有了感情;有些是被拆迁人为了获得更大的利益而超出实际市场价格出价,制定拆迁法规时必须对这种情况予以考虑。要充分考虑拆迁人的资金成本与时间成本,不能因为执意不同意拆迁的住户而导致拆迁停滞,但也不能随意侵害被拆迁人的利益,应该给拆迁人与被拆迁人一个利益博弈的平台,但前提是不能影响效率,有些问题可以在拆迁后通过诉讼或其他渠道予以救济。

上述拆迁依据在新的拆迁法规出台之后可能很多都会进行修改,请读者留意新实施的规定,以免误读或错误引用。

2. 拆迁的风险表现

(1)拆迁不能启动。原因是拆迁的主体不具备拆迁资格、资金不到位或前期手续没有办齐。未取得房屋拆迁许可证、建设用地规划许可证、国有土地使用权批准文件及国有土地使用权批准文件的,不能拆迁房屋。

(2)拆迁工作没有计划、混乱,导致不能按期完工。

(3)拆迁中存在违法行为。

(4)安置补偿失控。

(5)被起诉或赔偿。

(6)拆迁过程中与被拆迁人矛盾激化,导致发生群体性事件。

(二)办理拆迁安置补偿程序方面风险的防范措施

1. 及时办理拆迁手续,未取得拆迁许可证的拆迁无效

办理拆迁许可证的应提交用地批准文件、规划批准文件、拆迁实施方案和安置房屋或者拆迁补偿资金的证明文件。

(1)拆迁必须在规定的拆迁期限内完成。确需延长拆迁期限的,应当在拆迁期限届满日的15日前,向区、县房屋拆迁行政主管部门提出延期拆迁申请,区、县房屋拆迁行政主管部门应当在收到延期拆迁申请之日起10日内给予答复。拆迁期限累计超过一年的,延期拆迁申请由区、县房屋拆迁行政主管部门报经市房屋拆迁行政主管部门核实后给予答复。

(2)建设项目若在拆迁期限内发生转让,应当经区、县房屋拆迁行政主管部门同意后,办理房屋拆迁许可证变更手续;区、县房屋拆迁行政主管部门应当将变更后的房屋拆迁许可证的相关内容予以公告。建设项目转让人尚未将拆迁补偿安置协议或者行政决定书中载明的有关权利、义务履行完毕的,由受让人继续履行;项目转让人与受让人应当书面通知被拆迁人、房屋承租人,并自转让合同签订之日起30日内予以公告。

(3)准备好拆迁的所有文件,委托有资质的拆迁单位,拆迁工作人员应持有上岗证。

(4)区、县房屋拆迁行政主管部门不得作为拆迁人,也不得接受委托实施拆迁。

(5)不得擅自扩大或者缩小房屋拆迁许可证确定的拆迁范围。确需扩大或者缩小拆迁范围的,应当按规定办理规划、土地批准手续,并向颁发拆迁许可证的区、县房屋拆迁行政主管部门申请变更拆迁范围。

2. 做好被拆迁人、被拆迁单位的前期工作

针对拆迁难的问题,拆迁人或委托的拆迁实施单位应做好拆迁的前期准备工作。拆迁的前期准备工作如下:

(1)调查拆迁项目被拆迁人的基本情况(拆迁项目的"四至"范围、房屋产权状况、房屋类型、面积、户数、人口、特殊照顾对象、被拆迁人是否有特殊的社会关系等)。

(2)核实拆迁范围内的单位和个人是否新建、改建和扩建房屋及其附属物,是否改变房屋和土地用途,是否建立新的房屋租赁关系,是否分户。

(3)举行制订拆迁方案的听证会。

(4)制订拆迁计划与拆迁方案,拆迁方案应载明如下事项:①拆迁"四至"范围;②拆迁房屋总建筑面积;③拆迁户数;④拆迁期限;⑤拆迁补偿安置资金总额的预算;⑥申请拆迁许可证时首期补偿安置资金到位数额、安置房屋的价值量,及后续资金分期到位计划;⑦实施拆迁的方式。

(5)拆迁人应备有不低于补偿安置资金总额30%的拆迁补偿安置资金,并设立专用存款账户。补偿安置资金与安置用房价值之和不足补偿安置资金总额的,拆迁人应当在拆迁方案中明确资金分期到位的时间。

(6)核实安置房源的产权是否清晰、有无权利负担。

(7)核实安置房源的数量是否达到拆迁基地被拆迁人总户数的70%,安置房源是否符合国家质量安全标准及是否达到本市公共建筑设施配套要求。

3. 在拆迁期限内转让建设项目

拆迁期限内转让建设项目的,拆迁人应经拆迁主管部门同意后办理拆迁许可证变更手续,将拆迁安置补偿协议有关权利义务转移给受让人。受让人应书面通知被拆迁人,并在转让合同签订后30日内予以公告。

(三)拆迁安置补偿在成本控制方面的风险防范

(1)拆迁人应在房屋拆迁许可证的拆迁范围内实施拆迁,不得擅自扩大拆迁范围。拆迁期限内完成不了的,延长拆迁期限应报主管部门批准。

(2)拆除违章建筑和临时建筑的补偿。拆除违章建筑、超过批准期限的临时建筑的,不予补偿;拆除未超过批准期限的临时建筑,应当给予适当补偿。被拆迁人接到停止建设通知后,继续进行房屋及其附属物新建、改建、扩建的部分,不予补偿。目前某些地方政府在拆迁时,对不发放不动产权属证书的房屋一律按照违章建筑处理,以降低补偿成本。

(3)拆除生产经营性非居住房屋的补偿安置。因拆迁造成生产或经营性房屋停产、停业的适当补偿,是指拆迁非居住房屋中用于生产、经营的房屋,由拆迁人给予被拆迁人或者房屋承租人的适当补偿。北京市补偿标准按被拆除房屋建筑面积每平方米500—1500元计算,具体标准由拆迁当事人协商确定。

(4)限制被拆迁人的选择补偿方式。虽然被拆迁人可以选择补偿方式,但是受以下两种条件的限制:①拆迁非公益事业房屋的附属物不作产权调换,拆迁时被拆迁人只能选择货币补偿;②被拆迁人与房屋承租人对解除租赁关系达不成协议的,只能实行产权调换,被拆迁人不能选择货币补偿。

(5)搬家补助费、设备迁移费和临时安置补助费标准则由市价格主管部门会同市房地资源局制定。

(6)实行价值标准房屋调换的,应当按照房地产市场价格评估确定货币补偿金额,再将该金额与安置房屋的房地产市场价结算差价。被拆除房屋的房地产市场评估单价低于补偿单价标准的,按最低补偿单价标准计算。

(四)拆迁不同类型房屋的风险防范

(1)拆迁安置补偿协议的风险及防范参见本章第七节。

(2)拆迁宗教团体所有房屋的处理。拆迁宗教团体所有的房屋,应当事先征求宗教事务管理部门意见,并与宗教团体签订拆迁补偿安置协议。

(3)拆迁公益事业房屋的处理。拆迁用于公益事业的房屋及其附属物的,拆迁人应当根据有关法律、行政法规的规定和城市规划的要求,按照原性质和规模予以重建,或者按照房地产市场价进行补偿。

(4)拆迁公共设施的处理。需要拆除交通岗亭、交通标志、交通护栏、邮筒、废物箱、车辆站点、消防栓、人防等公共设施以及树木绿地的,拆迁人应当予以重建或者给予适当补偿。

(5)争议房屋拆迁的处理。只要拆迁人提出补偿安置方案,报房屋拆迁管理部门核实同意,向有关机关申请证据保全,并且将拆迁补偿资金或者符合国家质量标准的安置用房、周转用房办理提存的,便可实施拆迁。

(6)拆迁设有抵押权的房屋的处理。在拆迁设有有效抵押的房屋前,应当通知抵押权人关于拆迁房屋的相关事项。经与抵押权人、被拆迁人(抵押人)协商,能解除抵押合同的,在可达成一致后,将拆迁补偿款交付被拆迁人。

(7)租赁期限未满的房屋拆迁的处理。拆迁协商议定租金标的租赁居住房屋,被拆迁人与房屋承租人解除租赁关系的,或者被拆迁人对房屋承租人进行安置的,拆迁人对被拆迁人给予补偿。被拆迁人与房屋承租人对解除租赁关系达不成协议的,拆迁人应当对被拆迁人实行房屋产权调换。产权调换的房屋由原房屋承租人承租,被拆迁人应当与原房屋承租人重新订立房屋租赁合同。

(五)通过行政程序或司法途径防范拆迁与安置补偿纠纷

拆迁过程中开发企业或拆迁实施单位应当积极利用行政或司法资源,通过合法的途径来规避拆迁的风险。行政或司法渠道解决拆迁纠纷有三种方式,一是行政复议,二是行政诉讼,三是民事诉讼。

1. 行政裁决的问题

2014年修订的《土地管理法实施条例》第二十五条规定,对补偿标准有争议的,由县级以上地方人民政府协调;协调不成的,由批准征用土地的人民政府裁决。在2021年修订的《土地管理法实施条例》施行以后,根据第三十一条的规定,征收土地申请经依法批准后,县级以上地方人民政府应当自收到批准文件之日起15个工作日内在拟征收土地所在的乡(镇)和村、村民小组范围内发布征收土地公告,公布征收范围、征收时间等具体工作安排,对个别未达成征地补偿安置协议的应当作出征地补偿安置决定,并依法组织实施。2014年修订的《土地管理法实施条例》中规定的协调、裁决程序在2021年修订的《土地管理法实施条例》中被删除,协调裁决程序已经被征地补偿安置决定所替代。如果被征收人未能签订征地补偿安置协议,对补偿安置决定不服的,可以针对补偿安置决定进行行政复议或行政诉讼。

2. 房屋拆迁行政复议应注意的问题

行政复议对一级开发主体来说并没有太多的不利,行政复议维持率较高,一级开发主体在行政复议时严格按照法定程序处理即可。

3. 房屋拆迁行政诉讼应注意的问题及拆除违法建筑风险防范

房屋拆迁行政案件涵盖多种具体行政行为,涉及许多规范性法律文件,法律关系繁杂,是社会的热点。《行政诉讼法》第二十六条规定,公民、法人或者其他组织直接向人民法院提起诉讼的,作出行政行为的行政机关是被告。经复议的案件,复议机关决定维持原行政行为的,作出原行政行为的行政机关和复议机关是共同被告;复议机关改变原行政行为的,复议机关是被告。复议机关在法定期限内未作出复议决定,公民、法人或者其他组织起诉原行政行为的,作出原行政行为的行政机关是被告;起诉复议机关不作为的,复议机关是被告。第四十五条规定,公民、法人或者其他组织不服复议决定的,可以在收到复议决定书之日起15日内向人民法院提起诉讼。复议机关逾期不作决定的,申请人可以在复议期满之日起15日内向人民法院提起诉讼。第四十六条规定,公民、法人或者其他组织直接向人民法院提起诉讼的,应当自知道或者应当知道作出行政行为之日起6个月内提出。因不动产提起诉讼的案件自行政行为作出之日起超过20年,其他案件自行政行为作出之日起超过5年提起诉讼的,人民法院不予受理。如果超过这个时限,被告可以超过诉讼时效的理由提出抗辩。因不服拆迁安置补偿决定提起的行政诉讼,由最初作出行政行为的行政机关所在地人民法院管辖。经复议的案件,也可以由复议机关所在地人民法院管辖。如果被拆迁人选择其他的管辖法院,被告可提出管辖异议。

案例: 某公司于2001年通过出让的方式取得《国有土地使用证》,土地面积为17881平方米,土地用途为工业用地。该公司取得《建设用地规划许可证》和《建设工程规划许可证》之后,在某市某区某镇域范围内建设危险化工产品贮藏设施和设备。在建设该工程的同时,该公司未经国土部门和规划部门批准,与某事业单位签订了土地租赁合同,在紧邻合法审批土地旁边另行占用了18556平方米,超过批准的土地,建设了危险化工品贮藏设施和设备。2003年1月,某区国土资源局对A公司违法占地的行为进行了行政处罚,该公司缴纳了罚款。

A公司危险化工品贮藏设施和设备建成后一直使用到2012年7月,但依据某市安监局的通知,由某区政府以会议纪要的形式决定,某区安监局牵头组织区公安局、消防支队、国土局、规划行政部门及相关乡镇,对A公司及其他重点危险化工品贮藏设施和设备进行检查并要求A公司对危险化工品贮藏设施和设备进行改造,计划用两年时间提升化工行业安全水平，责令A公司进行技术改造升级，加大资金投入。对于投资额度超过1500万，符合或经改造后达到危险化学品重大危险源技术规范要求的企业，某区政府在会议纪要中明确可补办国土、规划等相关手续。

A公司按照某区政府的决定及某区安监局的要求，自筹资金3000多万元对危险化工品贮藏设施和设备进行了拆除改造，并重新委托设计单位进行了设计，且该设计通过了设计审查专家评审意见，并于2013年5月获得了某市某区安全生产监督管理局《危险化学品建设项目安全设施设计审查意见书》。

A公司通过改造审查后，投入资金约3000万元对危险化工品贮藏设施和设备进行改造，在2015年8月改造基本完成后，某区进行"拆违"，某镇政府以该建设是违法建筑为由，于2015年11月向A公司送达了《拆除决定书》，要求A公司拆除"某市某区某镇某村村西"的违法建筑，拆除的法律依据是《城乡规划法》第六十五条、《某市城乡规划条例》第六十八条、《某市禁止违法建设若干规定》第十五条第一款。①

A公司不服上述具体行政行为，向某区法院提起行政诉讼，请求法院撤销某镇政府于2015年11月作出的《拆除决定书》。在庭审过程中，A公司提出如下意见。

①某镇政府并未提供证据证明某村村西属于乡村规划的范围，如不属于乡村规划的范围，则某镇政府无强制拆除的权责。而A公司恰恰有证据证明没有合法手续的建筑所占用的土地属于国有土地，某镇政府提供的村委会证明和村民的证明不能证明A公司的建筑使用的是村集体土地。

②某镇政府作出《限期拆除通知书》时，所列拆除范围包括A公司在某镇某村村西的所有建筑，而A公司在某村的建设除部分手续不全经某区政府同意补足外，其余均为有土地证和不动产权属证书的建筑，某镇政府的通知及决定拆除的范围不清楚，从通知和决定的表述来看，拆除范围包括了A公司合法使用土地上建筑，拆除决定侵害了A公司的合法财产。

一、案情简析

（1）关于某镇政府的拆除权责。根据2019年修正的《城乡规划法》第六十五条规定，在乡、村庄规划区内未依法取得乡村建设规划许可证或者未按照乡村建设规划许可证的规定进行建设的，由乡、镇人民政府责令停止建设、限期改正；逾期不改正的，可以拆除。依据该法，乡、镇人民政府有权取得乡、村建设规划许可证核发权，可以拆除无证(违章)建筑的法定职权。依据上述法律规定，拆除违法建筑的权责主体首先要区分行为人违反了乡、村庄规划还是城镇规划，拆除违法建筑依据不同性质的规划其拆除主体是不同的。因此，在拆除之前行政机关必须确定谁是合法的拆除主体，否则，行政执法所依据的法律是错误的，所谓"失之毫厘，谬以千里"。本案中如果某镇政府强拆的理由是该建筑未取得乡村建设规划许可证，则某镇政府须提供证据证明某村村西属于乡村规划的范围，在乡、村庄规划区内，如不属于乡村规划的范围，则某镇政府无强制拆除的权责。这也是本案是否适用上述《城乡规划法》和地方性法规规定的事实前提。即使当时在某村村西的部分区域存在违章建筑，按照《土地管理法》《城乡规划法》及相关法规的规定，亦应由某区地级规划或土地管理机关管辖处理或执法，某镇政府并无管理与执法的法定职责与职权。只有在乡、村庄规划区内进行建

---

① 本书案例中引用的法条均为案件发生且作出决定、裁决、判决时正在适用且有效的法律、行政法规或章程的规定，但部分案例中的条文在本书写作及出版时可能已经失效或有修改。为了尊重原文引用的法条，避免引起读者的误解，除对个别的新旧条文进行了对照或注释外，均未作详细说明，还请读者自行甄别。

设的,某镇政府才可能依照《城乡规划法》管理,对违章建筑执法拆除;否则,就缺乏相应的执法权限,而应由区级拆违实施部门执法拆除违章建筑。

(2)关于拆除范围的描述。某镇政府并未提供证据证明拆除的具体位置和范围,仅仅在《限期拆除通知书》中载明"某村村西"。在庭审过程中,关于拆除范围的具体位置及拆除建筑物的唯一性,某镇政府的代理人在法官的追问下一直不能明确拆除的具体范围,在庭审中形成了非常被动的局面。

二、关于拆除违法建筑的法律风险及化解工作提示

(1)执法主体须适当,应分清各部门的职权。对于违反城镇规划的,由规划行政主管部门、城市管理综合行政执法机关或国土部门按照各自职责制止和查处违法建设或禁止违法建设相关工作。对于违反乡村规划的,由乡、镇人民政府作为执法主体进行执法。

(2)在作出拆除决定之前应提供确定土地所有权归属的证据。区一级政府应协调国土、城管、规划、乡镇政府等部门对相关违法建筑所占用的土地是否属于城镇国有土地或集体土地予以认定且提供证据,并对是否属于违法建设作出内部职责认定,以便确定拆除主体是乡镇政府还是区相关行政主管部门。

(3)对于拆除违法建筑的准确位置或范围,应从技术的角度进行科学的描述,不能像本文引用的案例仅仅写明"村西",这样的描述是一个非常宽泛的拆除范围,具有不确定性和非唯一性,在拆除之前行政执法机关要出具拆除违法建筑物的"四至"和坐标点,即使不能提供坐标点,也要通过图或表、照片等形式记载详细的拆除范围和位置,否则,在行政诉讼中可能因拆除范围的不确定而导致行政案件败诉。建议拆除违法建筑的范围应先由规划部门出具书面界定意见,再函告执法部门。

(4)加强行政强制执行的实务培训,借助法律专业人士把关。各级政府及职能部门面临着日益增多、日趋复杂的法律事务,行政执法机关应充分认识到《行政强制法》对城乡规划管理工作所产生的深刻影响,加强行政执法人员培训,熟练掌握并严格按照法定程序实施拆除,提高执法流程和执法文书的规范化、标准化,提高一线执法部门人员执法水平。政府及职能部门可借助法律专业人士开展违法建筑的拆除工作,这样不仅能规避行政诉讼败诉的风险,同时也能够树立"文明执法、执法为民"的良好政府形象。

4. 房屋拆迁民事诉讼应注意的问题

(1)拆迁人与被拆迁人因房屋补偿、安置等问题发生争议,或者双方当事人达成协议后,一方或者双方当事人反悔,就房屋补偿、安置等问题有争议的,应当通过民事诉讼的渠道解决。拆迁人与被拆迁人或者拆迁人、被拆迁人与房屋承租人无法就拆迁补偿安置协议达成一致,就补偿安置争议向人民法院提起民事诉讼的,不属于法院受理范围,应通过行政复议或行政诉讼的途径处理。一级开发主体应明确拆迁案件通过行政途径处理还是采用民事诉讼途径处理。房屋拆迁民事诉讼时效从当事人知道或者应当知道权利被侵害之日起三年内提起,因此,对一级开发主体来说作为原告起诉的,不能超过三年。如果作为被告,原告超过三年起诉的,被告可以进行诉讼时效抗辩。

案例:2010年,A公司负责某街道土地一级开发项目范围内的拆迁工作,A公司与杨某签订了《回迁协议书》,约定房屋拆除后,给付杨某两套回迁房,回迁期间按照房屋租赁的市场价格支付周转期费用。协议签订后房屋被拆除,但因该地块无法进行拆迁安置工作,回迁房一直未开工建设,杨某诉至法院要求确认协议无效,应由A公司按照协议约定的补偿面

积折现支付补偿金额。法院认定《回迁协议书》因损害国家利益而无效,支持了杨某的诉讼请求。协议被确认无效后,A公司单方委托评估机构对被拆房屋价格进行了评估并同意按照评估价格给付杨某拆迁补偿费用,但因杨某对赔偿金额不满意,一直拒绝受领补偿款项。

此后,杨某分别于2017年、2019年、2021年向法院提起诉讼,要求A公司支付相应期间的周转费及利息,一审法院及二审法院都支持了杨某的诉求,判决A公司每年支付杨某约20万元的周转费用。法院认为杨某与A公司签订的《回迁协议书》无效,A公司作为拆迁的主体单位,理应赔偿拆迁房屋后给杨某造成的相关损失。鉴于A公司仍未对杨某进行妥善安置和补偿,在杨某得到妥善安置和补偿之前,A公司应当继续支付杨某因涉案房屋被拆除而无法实际居住期间的周转费用。

(2)拆迁人委托拆迁,被委托单位以自己名义与被拆迁人签订拆迁安置补偿协议,由拆迁人承担相关民事责任。被拆迁房屋为共有产权,拆迁人和部分共有产权人签订协议,或者部分共有产权人以其余共有产权人的被委托人身份签约,其余共有产权人要求确认协议无效,经审查委托关系不能成立的,应予支持;部分共有产权人以个人名义签约,并保证承担法律后果,但无证据证明其他共有产权人同意,其他共有产权人要求确认协议无效并予以安置的,应予支持。

(3)补偿款被冒领的处理。因拆迁人的疏忽,导致房屋补偿款被冒领的,拆迁人还应对实际的被拆迁人或者房屋承租人予以补偿安置。拆迁人可以通过诉讼的方式要求冒领人返还不当得利。

案例:2010年,A公司作为某一级开发项目的实施主体,在组织拆迁安置工作过程中,未仔细核实授权手续是否为本人签字,与公有房屋租赁合同的承租人李某的配偶刘某签订了《拆迁补偿协议》,并收回了租赁合同。协议签订后,A公司向刘某支付了全部拆迁补偿款及安置费用100万元,刘某腾退并交付房屋。房屋被拆除后,李某称,房屋是自己的,她与刘某离婚了,并拿出了与出租方重新签订《公有住房租赁合同》,诉至法院要求确认《拆迁补偿协议》无效。法院以A公司未尽审查义务,与不具备李某授权的刘某签订《拆迁补偿协议》,违反法律、行政法规的规定,侵犯了李某合法权利,故确认《拆迁补偿协议》无效。李某胜诉后,以未亲自受领拆迁补偿款为由在拆除后的土地上搭建违章建筑,致使A公司的项目工程进度延期。A公司多次催告李某拆除违建并返还场地,但李某一直不予理会。因此,A公司诉至法院,请求法院判令李某拆除地上违章建筑,返还所占的A公司土地。

(4)被拆迁人拒绝受领补偿款的处理。拆迁补偿安置争议经行政决定后,被拆迁人在法定期限内不申请行政复议,也不提起行政诉讼,且拒绝受领补偿款的,拆迁人可以向公证机关办理提存。

(5)货币补偿款的分配。货币补偿分为公有房屋和私有房屋的货币补偿。公有房屋货币补偿款按照下列原则分配:拆迁人给予房屋承租人的货币补偿款、安置房屋,为房屋承租人及其同住人共有。承租人、同住人之间一般遵循一人一份、均等分割的原则取得拆迁补偿款,但有下列情况的除外:①承租人或者同住人属于年老体弱,缺乏经济来源,且按均分所得的补偿款无法购得房屋保证其正常生活的;②承租人或者同住人在取得公房承租权时额外支付过较多款项的;③对公房内居住的未成年人实际承担监护义务的。私有房屋补偿款直接补偿给私有房屋的产权人,被拆迁人应当负责安置房屋使用人。

(6)房屋拆迁补偿款之外的其他补偿费的处理。搬家补偿费、设备迁移费、临时安家补助费,应归确因拆迁而搬家、设备迁移和临时过渡的承租人、同住人等。奖励费和一次性补偿费,一般应当由在拆迁时被拆迁房屋内实际居住的人自行予以分割。设备搬迁和安装费用、无法恢复使用的设备按重置价结合成新结算的费用,应归设备所有人。因拆迁造成停产、停业损失的补偿归遭受实际损失的经营人。

案例:黄某在四川省 G 市 S 街 89 号有私产铺面 3 间。被告八达公司从 G 市建设局取得了拆迁许可证,负责对该处进行商品房开发。2000 年 3 月,拆迁办在黄某私房附近张贴了国务院 1991 年公布的《城市房屋拆迁管理条例》(已失效),同时张贴该地段要进行商品房开发的《拆迁公告》。2000 年 6 月 15 日,八达公司与拆迁办签订了《拆迁协议》,八达公司委托拆迁办拆除黄某的私产房屋。2000 年 11 月 4 日,拆迁办主任郑某某与黄某就拆迁安置补偿达成协议:"双方在原地址合建,拆除旧房后给黄某一间 30.9 平方米新门面房,大于此面积每平方米向拆迁办补差价 2500 元。新房在 2001 年 10 月交付使用。"协议签订后拆迁办随即拆除了黄某的 3 间铺面。2001 年 8 月,因黄某的邻居未与拆迁办达成协议,但拆迁办在张贴的公告却按 2001 年《城市房屋拆迁管理条例》及 2001 年 1 月 1 日施行的《四川省城市房屋拆迁管理条例》对邻居进行补偿。黄某看到公告后,遂认为 2000 年 11 月 4 日与拆迁办主任签订的协议违规而反悔,要求拆迁办增加补偿,应补偿 3 间房而不是按照面积补偿,而且还应补偿经营损失等,黄某多次与拆迁办、八达公司协商均未达成协议,双方遂产生纠纷。

2003 年 6 月 25 日,黄某以 G 市建设局、八达公司为共同被告起诉到法院,请求判令被告赔偿黄某原地段、原区位营业铺面正房 3 间,临街面宽度 9.9 米,每间开间不低于 3 米,进深 6.3 米;按《四川省城市房屋拆迁管理条例》从 2000 年 3 月—2003 年 6 月赔偿黄某临时安置补助费及搬家费 12.11 万元;赔偿黄某从 2002 年 9 月—2003 年 6 月的误工费 7660 元。

被告 G 市建设局辩称,该局没有拆迁黄某的私产房屋,拆迁黄某私房的拆迁人是被告八达公司,而不是该局的拆迁办;该局不是本案的适格被告,黄某的私产房是被八达公司拆除,应由八达公司对黄某承担安置补偿,与该局无关,黄某应该向八达公司追偿拆迁安置补偿费。

被告八达公司辩称,拆除黄某房屋是依据《拆迁协议》进行,而拆除是由拆迁办实施的,因此,黄某的补偿、安置应由被告 G 市建设局承担。对于赔偿,由于黄某自身原因延迟解决而造成的损失应由其自己负责。另外,公司认为拆迁办与黄某达成的协议虽然从形式上不是很规范,有的是按 G 市的拆迁传统来办,但总体来说合理合法。关于拆迁的补偿,法律有明确的标准和规定,黄某的临时安置补助费和搬家费都应按 G 市的相关标准办理。最后,公司不承认黄某有误工损失。

法院经审理认为,拆迁人被告八达公司未依法对黄某进行安置补偿,酿成纠纷,应当承担法律责任。被告 G 市建设局后来退出了拆迁工作,黄某的拆迁安置不应当由其承担,故黄某请求 G 市建设局承担安置补偿的请求法院不予支持。黄某的合法权利应当受到法律保护,但法院对其不当要求不予支持。据此,法院依照《城市房屋拆迁管理条例》第五条、第九条第三款、第十九条第一款、第二十二条、第二十九条、第三十四条之规定,判决被告八达公司将修建好的两间门面房交付黄某并办理不动产权属证书;被告八达公司给付黄某搬家费 200 元、租金损失补偿费 33600 元。驳回黄某的其他诉讼请求。

拆迁时还应注意如下问题:

(1)拆迁的适用法律有国务院 2001 年公布的《城市房屋拆迁管理条例》(已失效)及 2011 年公

布的《国有土地上房屋征收与补偿条例》。在新旧法规衔接上,应重点考虑法律的适用问题,根据实体法无溯及力的原则,应根据拆迁的时间点确定适用新法规还是旧法规。另外,新法规只是针对国有土地上的房屋征收与补偿,而并未涉及集体土地上房屋的征收与补偿,因此,对集体土地上房屋的征收与补偿应适用2021年修订的《土地管理法实施条例》,拆迁人应高度重视。

(2)确定安置补偿的主体。政府主管部门下属的拆迁办作为房屋拆迁的主管部门不得接受拆迁委托,其职能是代表政府管理拆迁事务,当出现纠纷时拆迁人才是补偿的主体,拆迁实施人不是补偿的主体,只是拆除的具体施工单位,因此应当明确安置补偿的主体。主体确定不清楚,就可能导致错误主体与被拆迁人达成的拆迁补偿协议无效。

(3)产权调换及补偿差额。产权调换时门面房的安置并非一定要间数相等,而在于建筑面积相等。双方对于产权调换已达成一致意见,因此应当按照双方一致同意的方式进行产权调换。

(4)明确临时安置补助费适用于居住房屋而非营业用房。营业用房因拆迁而产生的损失,补助费的数额取决于补偿时间和每月租金损失额。

(5)拆迁补偿中不应补偿误工费。

(六)防范暴力拆迁,避免犯罪

暴力拆迁案件主要表现形式为负责拆迁单位为完成拆迁任务,指使本单位工作人员或者雇佣非本单位人员,采用威胁、恐吓、殴打、故意毁坏财物、非法拘禁等违法手段,强迫居民签订拆迁协议或者对房屋进行非法强制拆除。拆迁人、拆迁单位在拆迁中应当对如下问题高度警觉:

(1)采用恐吓、胁迫以及停水、停电、停止供气、停止供热等非法手段实施拆迁;
(2)野蛮暴力拆迁。

案例:2009年,北京某房地产开发有限公司承揽了某危改小区项目,取得相关合法的批文,因部分房屋的承租人不愿意迁出,拆迁进展缓慢。于是公司的副总经理王某组织6家拆除公司的负责人召开会议,要求对不予按期迁出的承租人采取行动并给公司画出地图,要求拆除公司"按图打砸"。其中3家拆除公司因怕出事而撤出该地的拆除工作。另外3家公司指使二十多名无业人员,手持消防斧、砖头对拆迁店铺进行打砸。被拆迁户报警后,王某等人被抓获,人民法院认定其故意毁坏他人财物,数额较大,已经构成故意毁坏财物罪,对王某判处有期徒刑1年5个月,其余人判处有期徒刑1年1个月至1年4个月不等。

各种方式的暴力拆迁对应不同的法律后果:①采用殴打他人、强行推倒房屋等方式侵害他人实体权利,并已造成轻伤以上等后果的,可以故意伤害罪或故意杀人罪追究刑事责任;造成轻伤以下后果的,可以寻衅滋事罪追究刑事责任;尚不够刑事处罚的,可予以行政处罚。②采用堵门等手段扰乱社会秩序、公共场所秩序、交通秩序的,可以聚众扰乱社会秩序罪,聚众扰乱公共场所秩序、交通秩序罪追究刑事责任;尚不够刑事处罚的,可予以行政处罚。③采用强行推倒房屋、打砸玻璃、断水断电等手段,对被拆迁房屋以及房屋内财物进行损毁的,可以故意毁坏财物罪追究刑事责任;尚不够刑事处罚的,可予以行政处罚。④采用非法限制公民人身自由、非法侵入他人住宅等手段的,可以非法拘禁罪、非法侵入他人住宅罪追究刑事责任;尚不够刑事处罚的,可予以行政处罚。⑤采取邮寄恐吓信威胁他人人身安全的或者发送侮辱、恐吓信息干扰他人正常生活的,可予以行政处罚。

四、市政基础设施建设的风险及防范

(1)市政工程建设主要是对被征收或收回、收购的土地范围内进行水、电、气、暖、通信、有线电视、道路等市政设施、管线等铺设、施工,如果一级开发单位急于完成建设任务,可以同时开展市政工程建设与征地拆迁工作,这样可以加快施工进度。如果一级开发单位出于资金的考虑,不急于进行施工建设,可与二级开发企业和土地部门协商,在二级项目竣工前一级开发建设的某些项目同时或提前竣工,不影响二级开发的使用,这样可节省资金。

(2)市政工程开工建设前,一级开发主体首先要对市政工程进行设计。通常这些设计都是由专业的市政设计院设计的,其他设计单位一般无法介入。另外,一级开发单位还应签署接用协议,一级开发实施主体在签署接用协议时,应与各市政单位明确需要接用的管线接口位置、与待征地块的距离、铺设管线成本、使用费用及建成后的维修管理责任等,接用至项目用地红线内的市政管线应符合区域规划要求,避免二次扩容及重复建设。

(3)市政工程建设具有垄断性,一般工程建设均由市政管委或相关主管部门指定的下属施工单位承建,其余市场化的施工单位几乎无法介入,最多也就是取得分包的资格,分包一些工程或劳务。如果一级开发单位强行外包,很可能在验收时无法通过,因此,一级开发实施主体在进行市政基础设施施工时,一定要慎重选择施工单位。尽管市政建设具有特殊性,但一级开发企业也不应放任不管,仍应尽职履行甲方义务,确保工程在规定的期限内完工并达到要求的质量标准。如果不抓工程质量,那么验收时未通过的责任仍应由一级开发实施主体来承担,因为市政工程的验收是由自然资源主管部门会同建设、规划、设计、施工、监理单位共同完成,而非由市政施工单位与一级开发单位来决定。

(4)一级开发单位最好投保工程质量险,这样可规避施工质量方面的责任,但保险费用应事先与各方协商决定。

五、竣工验收的风险及防范

土地一级开发的竣工验收的程序应包括:审核土地一级开发主体提交的一级开发成本报告、审核地上物清除状况及拆迁结案手续、验收市政工程等。验收应由土地储备部门、市政建设部门、工程建设管理部门、拆迁管理部门及土地一级开发企业共同完成。具体的验收分为土地开发成本的审核及土地整理验收和基础设施及市政管网建设验收两种情况。土地整理验收在场地方面要求宗地达到原自然状况或自然地坪标高,在宗地四周设置围墙(围栏),并使宗地达到"三通一平",具备施工车辆主要进出道路的路由、施工临时用水源头、施工临时用电源头接通条件。基础设施及市政管网建设验收时,一级开发实施单位应提供完备的竣工验收资料,向政府土地储备机构提出验收申请,政府土地储备机构在组织验收后应出具验收合格证明或整改意见通知。对于一级开发成本的审核应由自然资源主管部门聘请具有相应资质的评审机构负责,因为一级开发成本是土地上市交易价的基础,非常重要。

在一级开发结案时还应验收回迁房建设情况、入住情况,与实施方案承诺的条件对比核实。

在某些情形下,在竣工验收交付前并没有建设好市政管网等,政府职能部门只是承诺在二级开发项目竣工前市政管网如水电等同时具备使用条件,而且竣工的前提是二级开发单位缴纳了土地开发补偿费。交付时一般只能做到"三通一平",但应根据具体的项目而定,有些市政管网是到位的。

一级开发单位在交付时应注意:

(1)现状地上、地下物等其他情况(如树木、管线、杂土、排水渠、电缆沟等);

(2)市政条件情况,要求现场检验各项市政接口位置,与实施方案承诺的条件对比核实,地面是否平整,所有施工机械及渣土等已清运干净,设置遮挡围栏,取得市政综合规划方案,明确市

政接口位置和接用费,签订接用协议,同时要求取得规划、立项、征地等各环节相关批准文件,具备项目公开上市条件;

(3)签订交接协议。协议的内容包括:市政管网的数量、技术指标(管径、压力与负荷、信息流量)等方面达到指标要求。

案例:某市发生水管爆裂事件170多起,根据调查结论,大多数是年久失修所致。根据现行规定,供水管如果是钢管则使用寿命为20—30年、铸铁管应为30—40年。但是调查发现,某些供水主管道施工后不满5年即发生爆裂,属于施工用材料低劣或者施工质量差导致的爆裂。

土地一级开发验收完成,对一级开发企业来说,并非一级开发完成的标志。在土地一级开发验收阶段,土地整备中心委托有资质的评估机构对土地一级开发企业提交的成本费用进行复核,复核后的结果应该为该土地上市的基准地价。如果开发企业在这个阶段就退出,那么对于开发企业来说,评估阶段及后续的挂牌上市阶段均由政府主导,开发企业无法介入,无法参与后期包括土地招标文件的制定等上市准备工作。因此,将导致上市土地交易价格及交易主要信息均掌握在政府手中,土地一级开发企业将无力控制土地一级开发的上市成本,因此对于开发企业极为不利。鉴于此,一级开发企业应以二级市场确定主体时作为开发结束的标志。

六、土地上市交易阶段的风险及防范

(一)土地上市交易准备阶段的风险及防范

二级开发企业在准备摘牌时不可被土地包装迷惑。现在有些土地一级开发项目因存在一些劣势,如地段、周边配套设施不完善等,在二级市场挂牌出让有难度,所以经常委托专业的土地顾问机构进行土地包装。

案例:某开发区管委会委托某公司进行土地一级开发策划,提供全程顾问服务,包括土地一级开发模式设计、挖掘土地内在价值、土地项目定位、土地项目招商等土地一级开发全过程,直至推向市场。这些机构在土地的内在价值等方面常常夸大其词,与二级市场的需求并非完全一致,因此,应引起二级开发企业警觉,在拿地之前对土地进行详细咨询与综合评估。

(二)市场交易阶段的风险及防范

市场交易阶段常见的现象就是"毛地净挂"。由于土地一级开发市场并不成熟,相关的配套法规并未禁止土地必须完成一级开发后才能出让,很多地方土地出让前开发整理力度不大,但政府为增加土地供应、改善供需矛盾,大量土地以"生地""毛地"形式直接挂牌出让,业内称之为"毛地净挂"。开发企业可以通过这种方式囤积土地,但是对开发企业来说风险也是明显的,最大的风险就是政府不能按期拆迁,不能按期交地。

案例:2007年11月12日,江苏省某市国土资源局与A房地产公司签订了《国有土地使用权出让合同》,第三条约定出让人出让给受让人地块的位置、面积及合同项下出让地块为商业、办公、娱乐、住宅用地。第五条约定出让人同意于2009年3月31日前交付土地,该土地"净地"(地上建构筑物拆成自然平整)出让,地块外部条件(道路、水、电、气等)均以现状为准。第九条约定,如因房屋拆迁原因,涉及的部分土地不能交付,受让人同意可按实际完成拆迁土地交地,出让人同意受让人按实际交地面积支付土地使用权出让金。合同签订后,A 房地产公司向某市国土资源局支付了总出让价款的 50% 即 3 亿元土地使用权出让金,但至 2009 年 1 月,某国土资源局因被拆迁人强烈抵制拆迁,认为拆迁补偿款过低而拒绝搬迁,拆迁一直搁置至交付土地之前。A 房地产公司要求退回首付款,但遭到政府的拒绝,理由是已经拆迁了一家国有企业的办公楼,虽然拆迁量只占整个项目宗地的 1/8,但按照合同约定拆多少交多少地,政府并未违约。

市场交易阶段的防范措施如下:

(1)一级开发单位与政府约定,一级开发单位先期交纳的土地出让价款需专款专用,只能用于征地与拆迁安置、基础设施建设。

(2)约定征地或拆迁安置补偿手续的办理期间或时限,否则属于政府违约行为,一级开发单位可解除合同。

(3)一级开发实施单位或开发企业在介入前调查清楚建设用地使用权是否为"净地","净地"出让对开发企业来说没有拆迁安置方面的风险。二级开发企业在受让前,要求政府职能部门处理好土地的产权、补偿安置等经济法律关系,完成必要的通水、通电、通路、土地平整等前期开发。

(4)二级开发企业欲取得土地,须按建设用地使用权出让合同约定缴清全部土地价款,否则拿不到土地使用证书,不能按土地价款缴纳比例分期发放土地使用证书。

(5)关注各地土地入市条件的限制,比如,北京市规定存量土地将不再入市,而由政府收购储备。此外,北京商品住宅入市地块都不得超过 20 公顷,超出的大地块也将分拆后分别入市,避免一些大地块开发建设周期较长,从而加快商品房的供应速度。

(6)确定入市交易的范围。下列情况允许入市交易:①政府通过收回、收购、置换、征收等方式储备的土地,需出让土地使用权的;②市和区、县的开发企业或其他单位利用划拨土地进行一级开发后,需转让土地使用权的;③由区县政府选择投资开发者进行危旧房改造或其他成片开发,需转让土地使用权的;④因企业改制、破产、兼并等需转让划拨土地使用权进行房地产开发的,或以划拨土地使用权进行联建、合作开发房地产的;⑤协议出让土地首次转让土地使用权的;⑥省级政府规定的其他土地使用权交易;⑦委托人委托交易市场进行公开交易的其他土地使用权交易。

(三)招标、拍卖、挂牌底价确定需要注意的事项

国有建设用地使用权出让,必须进行土地估价,以了解招标拍卖挂牌地块的正常价格,并在此基础上综合确定出让底价。出让底价可以具体分为协议出让底价、招标出让标底、拍卖出让底价和挂牌出让底价四种形式。

出让底价确定的一般程序:

(1)确定拟出让宗地的用途、容积率等规划和土地使用条件;

(2)在自然资源主管部门组织下收集基准地价和出让最低价以及土地市场现状的资料,对拟出让地块的土地市场价格进行评估;

(3)政府土地出让协调决策机构最终确定拟出让地块的出让底价。

在国有建设用地使用权出让中,高于底价出让方可成交,底价根据评估价格确定,出让时不得低于底价,拟出让土地低于底价政府就不会出让,低于底价无法成交。底价由政府内部掌握并

严格保密。交易价格不得低于规定的标准,否则将承担责任。出让最低价不得低于基准地价的70%。可以借助数学符号来表示几个价格概念之间的关系:出让成交价≥出让底价≥出让最低价≥基准地价的70%。

(四)签订出让合同和办理后续手续的风险及防范

对一级开发主体来说,如果当地土地供应过多、政府宏观调控房地产价格或者房地产市场不景气,那么土地出让价格就会降低,则不能通过"招拍挂"迅速出让土地,即使挂牌也可能因价格过低而流标,也会影响土地一级开发主体收回投资。如果土地市场正处于上升期,或价格激烈上涨,一级开发企业想通过一、二级联动拿地,那么即使在挂牌文件中设定了排斥竞争对手的条款,因巨大的市场诱惑力,其他竞买人也会极力进入市场抬高地价。如果土地一级企业自身资金实力不够,那么将面临该幅土地出让价格太高而无法通过土地一级开发拿地的风险。

对于通过市场拿地的二级开发企业来说,在价格上涨时应谨慎入市。2008年二、三线城市开始频频出现退掉"地王"的情形。2008年中期,市场销售价格与楼面地价几乎相同,由于开发企业在拿地前未谨慎评估地块价值和预期利润空间,导致开发企业无论如何也不可能盈利。这是因为开发企业的决策失误,在高位入市是冲动的行为,开发企业不得不为这冲动的行为而付出代价。但市场风云变幻、波诡云谲,金融危机反而救了中国的开发企业,到2009年就纷纷解套。然而,市场不可能永远青睐开发企业,也不会永远眷顾盲目投资的开发企业,因此在地价及房价上涨的过程中,开发企业切不可盲目冲动。

(五)工程交接时应注意的问题

交接时应查验工程质量,明确工程现状。二级开发企业可以在合同中约定免责条款:如一级开发单位或开发企业的电力容量、给排水等量不够,给以后入住的业主造成不便或损失,由开发企业承担责任。

七、一级开发成本控制的风险防范

(一)土地一级开发成本

要控制一级开发的成本,首先要了解土地一级开发成本由哪些部分构成,哪些部分是成本控制的关键因素,然后再有针对性地控制和防范。土地一级开发成本构成包括如下内容:

(1)征地、拆迁补偿费及有关税费;
(2)收购、收回和置换过程中发生的有关补偿费用;
(3)市政基础设施建设的有关费用;
(4)招标、拍卖和挂牌交易中发生的费用;
(5)贷款利息;
(6)土地储备开发供应过程中发生的审计、律师、工程监理等费用,不可预见费用以及经同级财政和自然资源主管部门核准的其他支出。

除此之外,还应将本项目所支出的咨询费、策划费、设计费、项目公司的开办费和相应费用等列入开发成本,同时,资金的成本和合理利润也应列在一级开发成本之中。

(二)土地一级开发成本的主要影响因素

影响土地一级开发成本的主要因素有相关经济政策、地方政府的行政执行力、企业自有资金比率、资本运作能力、项目管理水平等。

与土地一级开发成本相关的宏观和微观经济政策,包括对房地产企业的金融政策、拆迁补偿政策、土地管理政策、房地产行业产业政策等,它们的变化会引起土地一级开发成本中利息支出、拆迁费用和前期费用的相应变动。

地方政府的行政执法能力直接体现在编制拆迁补偿安置方案、拆迁评估、控制拆迁前后居民和集体企业的违章乱建行为,以及在拆迁时地方政府能否站在公平、公正的立场上,坚持行使执法权,坚持原则,对违规行为有一定的约束力和震慑力,杜绝或减少违章乱建现象,抓住土地一级开发成本控制的这一关键节点,控制拆迁成本,从而使政府的土地收益得到保证。

企业自有资金比率和资本运作能力、项目管理水平都是企业自身的经营管理能力,它们决定了企业抗金融风险能力,保证工程建设进度和质量的能力,也是控制土地一级开发成本的重要保证。

如果说前两个因素是外因,是土地一级开发企业不可控因素,那么,后三个因素则是内因,属于企业的"内功",是企业的可控因素。

(三) 土地一级开发成本控制的关键节点和主要影响因素

案例:某公司有政府背景,是为开发北京市北五环外某项目而专门成立的一家从事房地产开发的股份有限公司,注册资本金1.5亿元。该土地一级开发项目总占地面积为120公顷,建筑规模约120万平方米,规划建设用地性质为居住、公共设施及市政设施。因政府对一次性征地规模的限制,开发企业对该项目的一级开发进行了拆分,分两期开发,其中一期总用地面积70公顷,总建设用地50公顷,建筑控制规模70万平方米。该项目一期已完成土地一级开发立项,取得项目规划意见书,完成了征地,进入拆迁阶段。一期用地范围内有为农民拆迁安置的用地,有经营性项目用地。一期范围内有拆迁农户、农村集体企业、国有企业。但在拆迁阶段,遇到了成本失控的问题。根据可行性研究报告,该项目一期用地土地开发直接成本估算为8亿元,但是按照项目所发生的实际费用计算,该项目土地一级开发一期实际总体投资为13亿元,比估算的成本增加了5亿元。

某公司在项目完成后对土地一级开发成本增加的原因进行了分析,发现有三方面因素导致一级开发成本增加。

一是实际征地费比可行性研究报告的征地费增加了。原因有两个,第一个原因是可行性研究报告征地费用关于被征土地上的人口测算不准确,各类补偿及安置人员没有落实,实际操作中转非及超转名单人数增加,且转非人员以老、幼、妇、残为主,属于转非及超转人员中费用较高的群体,导致费用增加。第二个原因是转非及超转人员的生活及医疗保障的计算基数是静态的,而实际上政府每年定期公布社会人员平均工资水平的基数是按年调整的,而企业在签订征地协议与缴纳征地款等相关征地费的两项工作之间相隔整整一年期间,社会平均工资也以每年10%的速度增长,所以转非及超转的费用增加。

二是实际拆迁安置费比可行性研究报告的安置费增加了。主要是因为农民在征地协议签订之后仍然加紧在宅基地上翻盖楼房,取得政府征地批复后农民增建了大量房屋,导致农村居民拆迁投资增加幅度巨大。另外,村民在征地期加建并分户,导致需多建回迁楼。除此之外,乡镇集体企业在征地期间也像农民一样增建房屋。国有企业因房地产价格上涨因素也抬高了搬迁条件。

三是由于项目投资增加,实际贷款利息增加,相应财务费用、管理费用及不可预见费用增加。

从上述案例可以看出，土地一级开发的管控关键节点是前期规划审批、立项后融资、拆迁评估环节，而这几个环节最关键的节点是拆迁评估环节。

规划审批节点决定项目是否能继续进行，在立项之前，企业需要做市场调研、项目策划、可行性研究报告等土地变性工作，即将农村集体土地调整为城市建设用地，如果规划审批通过了，这是关键的一个节点，说明土地可以进行一级开发，对投资的企业来说降低了投资风险。

在立项之后融资是另外一个关键节点。立项后企业需要投入大量资金用于支付征地和拆迁补偿费用。如果企业自有资金不足或者在立项后因国家金融政策调控也会导致企业一级开发成本增加，例如，一级土地开发的融资担保条件由信用担保变为抵押担保后，银行如果不能按时发放贷款，会拖延征地补偿款的支付，无法启动拆迁。资金不足或者改用其他的融资方式必然导致资金成本的提高，进而增加土地一级开发的成本。所以，企业强有力的融资工作是征地拆迁阶段顺利进行的必要保证，是征地拆迁环节的关键节点。

一级拆迁成本控制最关键的节点是拆迁及评估环节。此阶段容易出现的问题是一级开发企业与当地镇政府、村集体组织达成一致意见签订了征地协议后，如果不能及时缴纳征地费取得征地批复，时间拖延后企业或当地政府不能控制村民或企业突击新建房屋，那么企业的拆迁成本会急剧增加。控制农民或企业建房的办法有两个：一是在征地协议中明确约定地方政府有责任采取任何有力措施制止农民、企业建房；二是企业与当地各级政府和村集体组织签订多方协议，约定评估时点及评估时点后对于新增建筑物一律不予补偿。可见，拆迁环节是土地一级开发成本控制中最重要的环节。

（四）土地一级开发企业成本控制策略

土地一级开发企业应结合自身优势，提高企业管理水平，降低土地一级开发成本，以提高企业的竞争力。土地一级开发企业应制定企业发展战略，做好自身发展定位，掌握影响土地一级开发的宏观和微观经济政策走向，积极与各级政府规划、土地、建设、财政、发展与改革部门密切沟通并维持良好的关系，保持顺畅的项目信息来源，尽量规避政策风险，在土地一级开发项目实施过程中遇到困难时，向地方政府寻求支持。

除此之外，一级开发企业应采取合作的方式拓宽融资渠道，在政策许可下构建新型融资平台或使用资产证券化、房地产信托等新型融资方式。总之，提高企业管理水平，加强成本控制，是一级开发企业管理的核心。开发企业应当从吸引人才、制定企业管理制度和管理流程等方面降低一级开发成本。

第六节　土地一级开发中的法律风险防范

土地一级开发中涉及的法律风险较多，除本章已经涉及的风险内容外，还有其他的法律风险，例如，违反了一级开发的法律法规、政策，或者没有处理好一级开发各主要主体之间的关系，或者在签订一级开发合同时遗漏了关键节点的控制内容，使一级开发主体蒙受重大损失等，本节仅列举一些常见的一级开发中的法律风险。

一、土地一级开发相关规范性法律文件

以北京市为例，土地一级开发涉及的相关规范性法律文件可分为四类：

(1)土地储备、开发、招投标类。包括《北京市土地储备和一级开发暂行办法》《北京市国有建设用地供应办法(试行)》《北京市人民政府批转市国土房管局〈关于加强国有土地资产管理建立土地储备制度意见〉的通知》《北京市收回企业国有土地使用权补偿办法》《北京市国土资源局关于发布〈北京市土地一级开发项目招标投标暂行办法〉的通知》。

(2)征地与补偿类。包括《基本农田保护条例》《北京市基本农田保护条例》《北京市建设征地补偿安置办法》。

(3)拆迁与安置类。参见本章第五节第三部分关于现行拆迁法律依据所述内容。

(4)竣工验收与入市交易类。包括《招标拍卖挂牌出让国有土地使用权规范(试行)》《协议出让国有土地使用权规范(试行)》《招标拍卖挂牌出让国有建设用地使用权规定》《国土资源部、监察部关于严格实行经营性土地使用权招标拍卖挂牌出让的通知》《北京市国土资源局关于停止执行458号文件加快遗留项目处理有关问题的通知》。

二、土地一级开发中各参与主体之间的法律关系

按照现行土地一级开发流程,一级开发完成后的土地需要以"招拍挂"的方式进入市场,二级开发企业只有通过"招拍挂"的方式才能取得土地的二级开发权。在土地一级开发的全部过程中,参与的主体有地方政府,一级开发企业,原土地方,二级开发企业,政府各部门(发展与改革、规划、自然资源、建设等部门)和接受一级开发企业委托而提供专业服务的设计、施工、监理、拆迁、评估其他中介服务等单位,还有投资方或融资方,前四者为土地一级开发过程中主要参与者,他们分别承担了土地所有权人、土地一级开发权人、原土地使用权人、未来土地使用权人的角色。地方政府是土地的收益权人,即基本土地出让金及出让金的溢价部分归地方政府;一级开发企业因承担土地开发任务,按照《北京市土地储备和一级开发暂行办法》的规定,将获得2%~8%的法定利润,但在土地开发过程中发生的费用构成土地开发的一级成本;原土地使用者将获得拆迁等补偿,包括土地、房屋、人员安置的补偿费用。如果是农用地转为建设用地的项目,还应包括征地费及与征地有关的耕地占有税等;二级开发企业是土地的购买者,其以中标价格取得土地的二级开发权,则该中标价中包含了土地挂牌底价(一级开发总成本)和全部土地出让金部分。土地一级开发过程中主要参与主体之间的利益分配是围绕土地的权利而进行的。在征地拆迁阶段,一级开发企业对原土地使用者农民或农村经济组织提供土地、房屋、人员安置等的补偿费用。

三、土地一级开发的非规范性法律文件及材料

土地一级开发的非规范性法律文件及材料较多,主要分为综合类、成本类、基础设施投资类、前期费用类,以及与一级相关的二级开发类文件,下面简单列举如下:

(1)综合类非规范性法律文件,包括地块土地开发的年度计划、项目一级开发的立项、当地自然资源主管部门的一级开发授权、土地一级开发协议书。

(2)成本类的非规范性法律文件,包括收购土地及拆迁的文件、征地批文、征地协议、拆迁协议、相应的付款凭证。

(3)基础设施投资类文件,包括基础设施投资的规划、基础设施投资的实施方案、相应的付款凭证、基础设施的设计方案。

(4)前期费用文件,包括前期费用的合同、付款凭证、未付款计提凭证。

(5)与一级开发相关的二级开发文件,包括该片土地的整体规划、规划意见书、年度开发

计划。

四、土地一级开发需要注意的法律问题

土地一级开发需要重点关注以下法律问题：
(1) 是否符合城市总体规划和土地利用总体规划。
(2) 立项文件是否合法。
(3) 控制性规划文件是否经过批准、征地拆迁文件是否具有合法性。
(4) 获得土地一级开发权是否合法。
(5) 签约主体是否合法。

重点关注并核实上述五个问题，能够保证签订的一级开发协议合法有效，否则，可能因违反规划或者违反法律规定而导致一级开发合同无效。

五、投资和融资的风险

土地一级开发企业在一级开发过程中，承担了项目前期调研、规划设计、项目立项、征地拆迁、基础设施建设和定价上市全过程的实施主体身份。在项目实施的各个阶段，开发企业都承担着各种政策、资金、经营风险。在立项之前，为了使投资测算可行性研究报告具有可执行性，企业需要做大量的市场调研、项目策划，有时还需要做初步规划设计和先期的拆迁调查摸底，协调政府各部门关系，留意政府政策动向，适时调整项目规划。开发企业在前期工作阶段，有资金和人力资源的投入，在立项之后，地块征地拆迁的大量资金需要集中投入，企业面临融资压力，但目前各商业银行对房地产项目贷款的自有资金比例达35%，一般新成立的项目公司不能从银行取得贷款，往往采用向股东单位或其他单位借款的方式缓解资金压力。另外，如果立项后项目进度迟延，征地拆迁遇到难点，拖延项目进度，或者未能及时列入当年的供地计划，那么企业在贷款的前提下又面临逾期还贷的罚息风险。

除此之外，立项后的最大风险是土地一级开发成本不能按照事先的计划进行严格控制，如果不能进行严格控制，即便列出了不可预见的费用，在项目实施过程中征地拆迁费用增加，或者政策变化导致成本增加，或者地方政府在拆迁过程中执行力不够时，也会导致拆迁成本大幅增加。

从法律的角度看，土地一级开发企业是项目实施主体，但是在土地一级开发的整个过程中，企业没有土地使用权，不能采用土地抵押贷款的方式融资，因此在征地拆迁时企业处于被动的地位，融资方面存在法律上的风险。

第七节 土地一级开发中合同的风险防范

土地一级开发中涉及几个关键的合同，主要包括意向用地单位与村集体组织签订的《土地开发协议书》(或称《土地使用协议书》《土地使用权转让协议书》《合作开发协议书》等)；政府土地储备机构与一级开发主体签订的《土地一级开发委托协议》；征地单位与农村集体经济组织或者村民委员会签订的《征地补偿安置协议》《拆迁安置补偿协议》；原土地使用权人或土地一级开发单位与土地整理储备中心签订的《土地入市交易协议》；竞得人与市规划和自然资源委员会签订的《出让合同》；原土地使用权人或土地一级开发单位签订的《补偿协议》《中介协议》《法律服务

协议》等。

一、开发企业（意向用地单位）与村集体组织签订协议的风险防范

案例：某村民委员会与某房地产开发企业签订《土地开发协议书》，约定：村委会将50000平方米的集体所有的农用地交给开发企业开发，村委会按照每平方米1500元的价格向开发企业收取土地开发补偿费。开发企业支付定金后，村委会配合开发企业向政府有关部门申请办理有关将土地变更为国有商住用地的手续，直至国有土地使用证办理至开发企业名下。该土地变更性质后，按照相关政策政府以"招拍挂"方式公开出让时，开发企业参与竞买，如果开发企业竞买成功，则不论成交价多少，村委会均按每平方米1500元收取土地补偿价款；如果竞买不成功，开发企业仍须按每平方米1500元向村委会支付该款项，但在成功竞买人向村委会支付完毕土地补偿款后，村委会将补偿款返还给开发企业。如补偿款有盈余，则由村委会与开发企业五五分成。

按照目前利用集体土地开发建设的程序，集体土地开发必须经向县级以上地方人民政府申请，并报有批准权的人民政府批准，有批准权的人民政府应当对征收土地的必要性、合理性、是否符合《土地管理法》第四十五条规定的为了公共利益确需征收土地的情形及是否符合法定程序进行审查，批准后经过土地一级开发，农用地转为建设用地后，通过招标、拍卖或挂牌等方式向社会公开竞价出让，最后由中标人与国土部门签订国有土地使用权出让合同，支付出让金和税费，办理土地登记，领取国土证。

按照上述利用集体土地建设的程序，开发企业在土地变更性质及征地阶段都无权介入，主体主要涉及县级以上地方人民政府、农村集体经济组织和农民，签订征地补偿协议，开发企业只有在土地上市后才有权参加竞买，或者在一级开发中作为政府的代理人，受政府的委托作为土地一级开发的实施单位。开发企业无权单独与村集体组织签订开发补偿协议。而在土地被征收为国有后，村集体组织则失去了对土地支配和处分的权利。

开发企业在政府没有征地，土地没有变更性质之前就与村委会协商签订土地开发补偿协议是否合法？这种做法对开发企业来说存在哪些风险？根据《土地管理法》《城市房地产管理法》等法律法规和政策规定，房地产开发企业进行开发建设需要使用土地的，必须依法申请使用国有建设用地，开发企业与农村集体经济组织私自签订开发合同、出让或转让合同，或者其他土地使用权补偿协议等类型的协议用于房地产开发，违反现行法律规定，是无效合同。但在实践中，因政府一般都无法先行支付前期开发费用，包括农村集体经济组织和农民各项征地拆迁补偿费、新增建设用地有偿使用费、征地管理费、耕地开垦费、土地补偿费及基础设施配套费和"七通一平"费等费用，因此，事实上很多村委会与开发企业之间自行协商确定征地补偿费，默认土地前期开发费用、应预付税费由开发企业承担。正是基于上述现实，在司法实践中一般认定，如果该土地最终由开发企业取得使用权证，则认定合同有效，将开发企业与村委会先行签订的合同视为土地征收补偿协议，也受到法律保护。

基于上述分析，开发企业可以先行与村集体组织签订征地补偿协议或类似的协议，以期取得先天优势，便于后续的一级开发和二级开发，但也应注意先行签订协议的风险，如村集体违约、补偿范围不明导致的补偿纠纷、不能取得土地使用权的纠纷等。另外，在开发企业中标后土地补偿费返还的问题上，还存在诸多矛盾，很多开发企业以高价拍地后再返还的方式排挤掉其他竞买者，这种操作方式对于先行介入开发的开发企业来说具有先天优势，而其他竞买者会因此在二级市场拿不到地，引发不满。高价拍地，事后返还的做法，违反了公平交易原则。针对这种情况，财

政部、国土资源部、中国人民银行印发的《国有土地使用权出让收支管理办法》,规定将土地出让收支全额纳入地方政府性基金预算管理,不准在财政预算外运行。坚决不允许出现事先商定地价,然后返还地价款的违法违规做法,严厉打击围标串标等行为。土地出让金纳入财政预算后,谁都不能擅自处理。

因此,开发企业在未征地之前就介入,然后想在二级市场上拿地,目前在操作上存在一定困难。即便在二级市场上不能拿地,开发企业也可以争取一级开发权,在一级开发的补偿方面努力,争取最大的利润。

开发企业在与集体组织签订或履行协议时应注意如下风险:政府的土地出让金价款应该直接返还开发企业,开发企业作为一级开发主体,应该得到补偿。如果一级开发费用直接补偿给村集体,则开发企业应与村集体协商补偿款分配的问题。一般开发企业如作为一级开发主体,此费用将直接补偿给开发企业,在签订协议时应注意此情况。

如果土地价格下降,挂牌出让时开发企业不愿在二级市场摘牌,那么需要注意风险的问题。因为开发企业已在前期支出了费用,比如,向农村集体缴纳了征地补偿款或拆迁补偿款,那么开发企业可以在合同中约定要求退回预付的土地价款,要求政府退回代付的税费和其他支出。如果政府不投入资金,而是开发企业投资,"招拍挂"流拍,政府又无钱补偿开发企业的前期投入,则对开发企业来说风险极大。开发企业在与集体组织签订先行介入协议时都应该考虑到这种风险。

二、签订土地一级开发委托协议的风险及防范

从实践来看,各地的土地储备机构基本上都是储备土地征收、拆迁的实施主体。在政府主导模式下进行的储备土地一级开发,有的是由土地储备机构直接负责土地一级开发,有的由承担土地储备职责的国有企业或专门承担土地一级开发职责的国有企业负责一级开发,这类企业多由土地储备中心和其他机构联合投资设立,还有的由土地储备机构和国有企业联合负责一级开发。在企业主导型模式下,政府通过招标方式选择开发企业实施土地开发,由开发企业负责筹措资金、办理规划、项目核准、征地拆迁和市政建设等手续并组织实施,通过招标方式确定开发企业后,土地储备机构与中标开发企业签订土地一级开发委托协议。

土地一级开发委托协议是由土地一级开发单位与土地储备中心或分中心签订的,授权委托协议的框架内容应包括:一级开发的范围和委托内容、一级开发模式、工作进度要求、开发费用及支付、土地一级开发成本及监管、土地一级开发验收及标准、双方的权利及义务、违约责任及解除条款。其中要求一级开发实施单位具体的工作内容应包括:①办理各种政府审批手续,含规划、项目核准(立项)、征地、拆迁、市政建设的审批(包括交通影响评价和环境影响评价);②实施征地工作;③实施拆迁工作;④完成地上物拆除、地下构筑物拆移、渣土清运、围墙施工、场地平整等工作;⑤招标人认为可由中标人承担的其他一级开发工作。

从政府的角度来说,一级开发的主要风险来自一级开发实施单位资金不到位,没有开发经验,不能保质保量按期完工。政府可通过协议规避一级开发的风险。政府土地储备机构应在土地一级开发委托协议中约定解除合同的条款:如果一级开发实施单位不能保质保量按期完成协议约定内容,则土地储备机构有权解除合同,具体应该包括解除的前提条件,例如:①一级开发实施单位资金未到位,无法实施征地拆迁;②一级开发进度严重滞后,足以认定不能按期完工;③不配合政府储备机构,或提供虚假材料;④开发无法进行且通知后仍不改正;⑤发生重大安全生产事故,造成社会不稳定,导致工作无法进行。如果一级开发实施单位出现上述情形,导致合同无法履行,那么土地储备机构有权解除合同。解除或终止的法律后果就是土地储备机构可收回一级开发权,不退还履约保证金,不支付一级开发利润,一级开发实施单位还应支付违约金及赔偿金,但一级开发实施单位投入的成本应予返还。

从一级开发实施单位的角度来说,一级开发的风险主要来自两方面:一是由于政府方面的政策变化或土地储备机构违约,如土地政策变化、政府人事变动、土地储备机构不履行合同、无法收回一级开发的投入等;二是由于自身的资金实力不强及开发或管理经验不足导致违约,如没有足够资金或融资出现问题、不能按期征地拆迁、出现严重质量问题导致工程无法通过竣工验收等。

一级开发实施单位可以从以下方面规避风险:

(1)在一级开发委托协议中明确约定因政策变化导致的一级开发不能按期完工或最终不能履行的,责任不在一级开发实施单位,一级开发实施单位不能因此遭受损失。如果已投入,那么土地储备机构应按一级开发实施单位的实际投入给予实际补偿,同时计算投入的资金损失。

(2)如果因为领导变动导致的一级开发延期或停滞属于土地储备机构的责任,那么土地储备机构除赔偿一级开发实施单位的实际损失外,还应承担相应的违约责任。

(3)合同中约定一级开发的总费用,否则在一级开发竣工后,补偿的范围将成为双方争论的焦点,如果约定不清,则很可能导致一级开发实施单位的开发成本无法收回。土地一级开发总费用包括土地一级开发的直接成本、间接成本和甲方支付给乙方的土地一级开发的委托开发收益。具体费用包括以下内容:

①土地征收及拆迁补偿费,包括土地收购、收回和置换时发生的各种依法应补偿和拆迁还建等费用;征收土地过程中依法应支付的各项费用,包括劳动力安置补助费,地上建筑物、附属物及地下附着物补偿费,青苗补偿费,房屋拆迁补偿费等费用;征收土地过程中发生的各种税费支出,如拆迁管理费、新增建设用地有偿使用费、耕地开垦费、新菜地开发建设基金、防洪费、耕地占用税及征地管理费等。

②前期工程费。前期工程费指土地开发整理项目在工程施工前所发生的各项支出,包括开发土地的可行性研究费,前期策划顾问、规划等咨询费,规划设计费,勘探、测绘费,测量费,项目勘察费,施工设计费,土地清查费,项目招标费及土地评估费等。

③工程施工费,包括土地开发过程中,对地上建筑物附属物及地下附着物进行拆迁、平整土地和市政基础设施配套("三通一平"或"七通一平")等支出的费用;景观水系工程费;高压线、信号发射塔及其他线路(有线电视线路等)迁移费;土地一级开发过程中该区域的绿化带绿化景观工程、公园绿化工程及区域标识系统工程费;其他工程施工费用。

④项目管理费等费用,指为项目的组织、管理所发生的各项管理性支出,主要包括工程监理费;项目工程验收费、项目决算的编制及决算的审计费,整理后土地的重估与登记费、基本农田重划及标志设定费等;项目管理人员的工资及项目补助、职工福利费、社会统筹、住房公积金、工会经费、职工教育经费、劳动保护费和其他费用;土地收购过程中委托评估、代理、公证、审计费、律师费及其他中介机构而支付的费用;为项目广告宣传、招商推介所发生的费用;土地储备供应过程中进行招标、拍卖和挂牌交易中所发生的委托费用;为本开发项目融资所发生的利息支出及土地验收至土地公开交易期间全部开发成本所发生的利息支出、手续费及相关费用;为组织项目所发生的其他费用,如差旅交通费、办公费、保险费、房产税、车船使用税、印花税、土地使用税、固定资产折旧费、无形资产摊销费、递延资产摊销费、修理费、租赁费、业务招待费等。

⑤不可预见费,是指项目施工过程中因自然灾害、设计变更、人工、材料、设备和工程量等发生变化而增加的费用及其他无法预见的费用。

⑥税金,是指支付的增值税、城市维护建设税、教育费附加、企业所得税等。

(4)融资方面应谨慎,具体的防范措施参见本章第八节。

(5)加强管理,利用专业机构或人士,避免在征地、拆迁、施工及管理中出现漏洞。

(6)一级开发主体在与土地储备机构或者政府授权相关职能部门签订土地一级开发委托协议中,约定一级开发主体与政府的土地出让增值收益分成存在一定的法律和政策风险。根据《国务院办公厅关于规范国有土地使用权出让收支管理的通知》的规定,土地出让收入应全部缴入地方国库,各地的土地储备机构无权自行处理。因此,目前土地一级开发中由企业进行投资并约定承担风险及分享土地出让收益,尚缺乏明确的法律或者政策依据,存在很大不确定性,而且在投资收益分成执行方面也存在政策性的限制。因此,在项目实施前,一级开发主体应寻求将收益分成分配事项纳入今后项目土地出让收入地方基金支出的预算管理,从而保障资金及投资收益安全。

(7)保障资金安全。建议一级开发主体在签订的《土地一级开发委托协议》中,增加如下条款:本协议中约定的土地一级开发的主体地位、土地一级开发内容、合作方式、投资收益分成及投资利益保障等事项,应由政府以文件批复的形式,作为乙方出资的前提条件。乙方仅在本协议经过政府批复后才生效且才能实际投入资金。

(8)约定免责条款。一级开发不能按期完工的最大风险来自征地与拆迁,因此应该约定,如果政府或政府与拆迁单位确定的征地价格或拆迁补偿价格过低引起拆迁迟延,或者引发群体性事件等社会矛盾导致拆迁迟延的,那么一级开发实施单位不承担延期的违约责任。

(9)明确一级开发的实施方式,如约定政府职能部门与一级开发实施单位共同或单方委托相关有拆迁资质的单位进行拆迁,拆迁协议由双方共同或某一方与拆迁单位签订,拆迁价格由谁与拆迁单位确定,约定市政设施配套建设项目的开发建设由谁下达设计任务书,由谁委托第三方进行设计,重大设计变更是否需要政府一方批准。

(10)约定政府一方允许一级开发实施单位或其股东向第三方转让一级开发项目。

(11)约定关于项目土地面积、土地性质、"四至"范围、地上物现状的问题。具体包括:①明确项目一、二级土地联动开发的土地面积;②明确项目土地的将来性质是国有划拨土地还是国有出让土地;③土地"四至"范围和地上物现状的描述。

(12)约定关于征地补偿政策、拆迁补偿政策的确定以及拆迁费用是否可以调整的问题。具体包括:①关于征地补偿政策、拆迁补偿政策的确定;②关于征地费用、拆迁补偿费用和"七通一平"费用是否可以调整的问题。

(13)约定关于征地计划、拆迁计划,包括拆迁时限、拆迁范围、资金使用计划等,具体包括:①拟订、实施和监督管理等问题;②关于征地工作计划、拆迁计划,包括拆迁时限、拆迁范围、资金使用计划等的拟订、实施问题;③征地工作计划、拆迁计划帮助、指导、监督和管理问题。

(14)约定关于资金的投入时间、资金安全保障以及成本分摊,合理避税问题。具体包括:①资金到位的时间、征地及拆迁需形成的条件等内容应约定;②资金安全保障问题;③在对投入资金进行成本核算过程中,税务部门能够认可且可以冲抵;④成本的相关票据和计提凭证三方应该有明确的约定,否则不利于合理避税。

(15)约定关于项目的整体规划、相关报批手续完善的内容。具体包括:①关于项目的整体规划问题;②本项目相关报批手续的立项主体、工作分工、完成顺序、完成时限等问题,应该根据各方职责予以落实责任并保证能够按时实施。

(16)约定一、二级土地市场联动开发问题。具体包括:①在解决整体规划、取得该土地规划意见书的前提下,如何与政府确定土地进入二级市场"招拍挂"时,摘牌单位资质和摘牌壁垒设定问题;②土地一、二级市场联动开发时,需要的资金规模和融资渠道设定问题。金融机构介入本项目并提供专项贷款需要一级开发企业提供的条件要在协议中约定,以便为融资提供必要条件和可能。

(17)约定各方向政府争取的优惠政策及避免同类项目重复建设问题。具体包括:①政府为开发企业享有当地挂牌出让土地后所产生的相关交易税费的减、免、缓等优惠政策提供支持;②成立项目协调小组,小组成员由公安、城管、规划、教育、交通、环保、消防、国土、建设行政主管部门、镇政府等政府及职能部门一把手组成,对口定期召开会议,协调、支持项目的征地、拆迁和建设问题;③在投资项目建设过程中需要在政府职能部门办理报批手续时,政府职能部门办理各项手续按所规定的办结期限缩短一半时间为本项目提供服务,以保证本项目建设顺利进行。

(18)约定关于项目实施过程中所产生的税费,是否必须缴纳或不需要缴纳,并明确税费承担和支付主体。

(19)约定关于摘牌保证金和土地出让金的缴纳程序和冲抵问题。

(20)约定关于整体开发项目的资金投入测算和确认问题。

三、签订征地补偿安置协议的风险防范

征地补偿安置协议直接关系拆迁能否顺利完成,直接关系拆迁的成本,因此,这份协议在整个一级开发过程中十分重要。签订征地补偿安置协议应注意下列问题:

(1)协议内容。协议应当包括补偿方式、补偿款金额及支付方式、安置人员数量及安置方式、青苗及土地附着物补偿、社保费用、违约责任和纠纷处理方式等内容。

(2)市政道路的征地应注意的问题。市政道路工程涉及的征地工作,由项目公司委托当地政府具体办理。建设市政道路工程是公共利益的需要,国家可以依照法律规定对土地实行征收,由具体的项目公司负责实施。项目公司可以书面委托方式委托地方政府承担征地补偿安置工作,地方政府按照委托书的要求与被征地农村集体经济组织或者村民委员会协商确定征地补偿安置事宜,最终由项目公司、受委托的地方政府、被征地农村集体经济组织或者村民委员会三方共同签订征地补偿安置协议书,按照程序上报征地手续。

(3)关于土地征收法定补偿名目之外的费用争议问题。律师在办理征地补偿合同纠纷案件时,经常遇到村集体签订的征地补偿合同中约定村集体向开发企业收取土地管理费的问题,土地管理费的计算起始期限自签订协议起,一般期限是50年或70年。一般开发企业都按照村委会的要求签订土地补偿合同,但开发企业通过"招拍挂"中标,用地单位与自然资源部门签订国有土地使用权出让合同且取得用地单位名下的《国有土地使用证》后,就拒不缴纳合同约定的管理费。其通常的理由为:一是土地性质已经改变,合同约定收取管理费的只是集体土地使用期限内,土地性质转为国有后权属已经改变,用地单位已经没有缴纳管理费的义务;二是虽然征地补偿合同有土地管理费的约定,但农村集体组织签订合同后从来没有尽任何管理的义务,按照权利与义务应一致的原则,农村集体组织无权收取土地管理费。有律师认为,结合征地补偿合同的目的,当初约定土地管理费实际应定性为土地补偿费的延续,是用地人取得《国有土地使用证》应支付的对价,也就是说如果征地的时候用地人不同意这样的条件,农村集体组织就不会同意签订征地补偿合同。也有律师认为,开发企业有权拒绝缴纳土地变更性质之后的土地管理费,如果土地管理费是征地补偿对价的一部分,那么应该一并计算在劳动力安置补助费等费用之内,而不应该单独列为集体组织的管理费,否则法律依据不足。

四、签订拆迁安置补偿协议的风险防范

拆迁安置补偿协议是由拆迁人与被拆迁人签订的,但对于拆迁安置补偿协议是民事合同还是行政合同,存在诸多争议。民事合同双方主体是平等的,须达成一致意见方能签订,而拆迁安置补偿协议中拆迁人一方享有特权,被拆迁人不能决定拆还是不拆,无权对此问题作出决定,一般也不能决定价格,无法与拆迁人平等协商。对于未能签订拆迁协议的情况,法律规定了强制拆迁来解决,新拆迁法规规定决定强制拆迁的主体是法院,而原来是行政执法部门,强制拆迁前要经房屋行政主管部门裁决。另外,从整个征地或拆迁的程序上来看,政府在征地之前或收购、收回之前,并不直接与村集体或农民、居民签订补偿协议,未事先商谈价格,也没有在谈好价格之后再做土地利用计划及一级开发计划,而是按照自己的既定程序,等到需要拆迁时向一级开发主体颁发拆迁许可证,然后再与被拆迁人协商确定拆迁补偿的价格。从这个角度来看,房屋拆迁关系是行政法律关系,拆迁安置补偿合同是行政合同,而非平等的民事合同,房屋拆迁补偿引发的诉讼是行政诉讼。按照目前的规定,拆迁安置补偿协议为行政合同的性质,无论从拆迁谈判的效率、补偿价格上,还是强制拆迁上,对开发企业都非常有利。2021年修订的《土地管理法实施条例》对原来的程序进行了部分调整,未修订之前的规定是征收方先获得征地批文,然后进行"两公告一登记",征收人与被征收人洽谈签订征收补偿安置协议,而新修订的《土地管理法实施条例》则把签订征收安置补偿协议的时间提到了征地申请报批之前,即如果被征收人认为征收补偿安置方案不合理,可拒绝签订征地补偿安置协议,征收方报批工作难度增加,这有利于保护被征收人的合法权益,但增加了土地一级开发企业的工作难度。因此,开发企业仍应从法律的角度予以防范。开发企业在签订拆迁安置补偿协议时应注意以下问题:

1. 确定签订拆迁补偿安置协议的主体

拆迁私有房屋的,拆迁人应当与被拆迁人订立《拆迁安置补偿协议》;拆迁公有房屋的,拆迁人应当与房屋承租人订立《拆迁安置补偿协议》。房屋拆迁许可证核发之日合法有效的不动产权属证书所载明的所有人和租用公房凭证、房屋租赁合同所载明的房屋承租人,由拆迁人按户进行补偿安置。在上海市,拆迁租赁房屋的,拆迁人应当与被拆迁人、房屋承租人共同订立拆迁安置补偿协议;而北京市拆迁租赁房屋,拆迁人只与被拆迁人签订协议,不与承租人签订协议,这样会导致承租人拒绝腾退房屋的情形发生,延误拆迁或引起拆迁纠纷。公有租住房屋承租人死亡的,可以与继续承租该公房的同住人签订安置补偿协议;同住人有多人的,应协商确定签订《拆迁安置补偿协议》的代表。如果主体不明确,拆迁人极易与被拆迁或利害相关人发生纠纷,或者延误拆迁进度。

2. 货币补偿拆迁安置协议的内容

订立协议的主体必须明确,以免日后产生纠纷。除此之外,还应明确货币补偿金额、搬迁期限及支付方式和条件。支付条件一定要明确,在房屋拆除后支付。

3. 房屋调换拆迁安置协议的内容

房屋调换拆迁安置方式要注意以下问题:以现房调换的,应当约定安置房屋的价值金额、面积、地点、层次和房屋交付时间等事项,以及拆迁人应当向被拆迁人支付搬家补助费、设备迁移费;以期房调换的,除约定安置期房的价值金额、面积、地点、层次和房屋交付时间等事项外,还应当约定过渡期以及过渡期内的临时安置补助费,过渡期内被拆迁人、房屋承租人应自行安排住处。

案例:2006年,某开发企业开始对西坝河北里某号院地区进行拆迁。2008年1月4

日,开发企业与被拆迁人签订《北京市住宅拆迁货币补偿协议》,协议中第六条约定,乙方(被拆迁人)若未按约定期限完成搬迁的,应按延期天数向甲方(开发企业)支付违约金每天100元(签协议之日起七日内搬家交房)。开发企业承诺以其购买的产权房屋安置被拆迁人。2008年1月4日,开发企业与被拆迁人签订某国际公寓认购书,被拆迁人购买开发企业所有的某国际公寓1507号房产(以下简称"1507号")。该国际公寓不是开发企业自行开发的房产,而是通过拍卖方式取得,并于2007年12月11日取得拍卖房产的不动产权属证书。开发企业拍卖购得房产后,反复找房屋的实际占有人——该国际公寓的物业公司要求对方腾退房屋,但是,物业公司始终拒绝腾退房屋,其中1507号已经由物业公司出租给"某精密电子(上海)有限公司北京分公司",出租期限为2003年8月8日至2009年5月7日。物业公司拒绝腾退,于是开发企业向法院起诉物业公司腾退房屋,该案一审已经判决物业公司腾退房屋。案件执行后,开发企业在2009年4月15日接收1507号后立刻在2009年4月23日为被拆迁人办理入住手续,并且在2009年5月6日与被拆迁人办理房屋过户手续,被拆迁人取得1507号的房屋所有权证。另外,被拆迁人在签订拆迁协议后至今没有按照协议约定腾退被拆迁的房屋,使开发企业的拆迁工作陷入停滞状态。

被拆迁人办理完毕房屋交接手续及取得不动产权属证书后,起诉开发企业延期交房。最后法院判决开发企业违约,赔偿延期交房违约金66319.5元。

开发企业完全可以避免上述拆迁补偿的风险,通过拆迁补偿协议约定即可化解风险。只要在协议中写明若不按期搬迁,开发企业提供的房屋交付时间可顺延,即可完全解决此类风险。

五、签订委托拆迁协议的风险防范

实践中,土地一级开发企业不会自己亲自征地或拆迁,因为大部分开发企业不具备实施征地拆迁的专业能力,缺少拆迁经验,或没有资质,或不愿意面对拆迁安置纠纷带来的麻烦,而是将征地或拆迁工作委托给专业的拆迁公司去做。委托拆迁是一级开发单位将征地、拆迁或拆除的具体工作交给具体的实施单位。拆迁方作为受托人,其所履行的民事行为后果及法律责任也应由转包方承担。一级开发单位应与拆迁公司签订委托拆迁协议,协议内容应包括拆迁的范围(包括拆迁地点与户数、面积)、拆迁安置与补偿、拆迁进度、拆迁费及拆迁服务费的支付方式条件或时间、甲乙双方的权利和义务、争议解决方式、不可抗力等。

一级开发单位在签订委托拆迁合同时应注意下列问题(为表述方便和清晰,一级开发企业以下简称"甲方",拆迁实施单位以下简称"乙方"):

(1)审查乙方的营业执照、房屋拆迁资格证书及公司章程,确保签约主体、签约程序无瑕疵。

(2)要求乙方代表甲方按有关规定与被拆迁人签订拆迁货币安置补偿协议书,并将协议书原件交由甲方备案。支付被拆迁人的各项费用。由乙方制表,甲方审核、签字、盖章,并报拆迁主管部门批准后方可支付给被拆迁人。

(3)明确完成各节点的时限,如拆迁入户调查复核工作的时限、办理手续的时限、评估报告提供的时限、拆迁进度、拆迁总期限并制订工作计划。

(4)乙方应承诺杜绝拆迁户集体上访或越级上访的情况发生;乙方保证个人上访的户数不超过一定的人数。

(5)关于拆迁补偿费用的确定。拆迁费由甲方认定,不能由乙方认定。如果评估公司认为拆迁项目范围内每户评估内容与拆迁实际情况微有出入,须经评估公司、乙方以及甲方三方协商确认解决方案,并经甲方书面同意后方可进行调整。甲方以企业行为对拆迁户提供的各类补助,均应以甲方出具的书面标准及计算方法计算,乙方拆迁工作实施中,本项内容须征得甲方签字认可后方可向拆迁户承诺。拆迁实施过程中,如遇特殊事项需要甲方另行承担费用,乙方应提前与甲方商洽,取得甲方书面同意后方可实施。

(6)拆迁服务费根据拆迁进度支付。

(7)甲方应为拆迁提供便利,包括提供拆迁工作所需的各项手续文件及资料,负责审核拆迁方案及拆迁预算;负责监督乙方拆迁工作的各项进程,并派专人现场参与管理,随时对拆迁资金进行查询,确保拆迁资金的合理使用及拆迁安置户的合理安置,积极配合乙方的拆迁工作,协调有关事宜。

(8)要求乙方配合进行入户测量建筑面积及确权工作;制订分户补偿方案并填写分户补偿方案表;协助甲方办理拆迁许可证及房屋评估的申报手续;在银行设立拆迁资金专用账户,确保拆迁资金的专款专用,并随时接受甲方的查询和监管;严格按照甲方和上级主管部门审核批准的拆迁安置补偿协议书,与被拆迁人签订拆迁安置补偿协议书,并向被拆迁人发放拆迁补偿款;有效控制拆迁成本,严格按照甲方审定的拆迁预算方案实施拆迁;保证被拆迁户不得将原有建筑结构内的门、窗、暖气、管道及附属设施拆除,并保证原结构完整;负责与结构拆除公司形成书面的交接手续;若发生建筑物结构内、外遭被拆迁户的损坏、拆除等事件,由乙方承担相应的违约责任并承担由此造成的经济损失;负责解决拆迁过程中发生的拆迁纠纷;在规定的拆迁期限内对执意不同意拆迁的住户采取有效措施;拆迁结束后,将有关拆迁资料按拆迁管理部门的要求整理成卷,并办理拆迁结案工作;拆迁工作完成后,在法律时效期内负责处理居民拆迁善后事宜。

(9)违约责任的约定。可这样约定乙方的违约责任:若乙方未能按合同规定的各阶段拆迁进度完成拆迁任务,则任一阶段未全部完成拆迁任务但完成当期拆迁任务完成90%以上时,甲方按实际完成的拆迁任务向乙方支付拆迁服务费;任一阶段完成的当期拆迁任务不足90%但完成80%以上时,视为乙方违约,甲方有权扣除当期乙方实际完成的拆迁服务费的20%,但乙方后期能够追补完成的,甲方将在乙方完成后予以补足;任一阶段完成的拆迁任务不足80%时,甲方有权单方解除本合同,拆迁服务费根据乙方实际完成的拆迁任务进行结算;甲方也有权选择不解除本合同,同时甲方有权扣除拆迁服务费总额的10%作为违约金。

六、入市交易协议的风险防范

在签订入市交易协议前,一级开发企业应该与政府就土地一级开发成本核算及收益分配标准问题达成书面的一致意见,就成本的界定、利润比例及土地增值部分的分配等签订协议,然后再签订入市交易协议。

七、土地开发建设补偿协议的风险防范

一级开发单位与竞买成功的中标人协议的内容应包括项目的基本情况、双方的权利义务、土地开发建设补偿的标准及内容、土地开发建设补偿费付款时间、供地进度、违约责任等内容。对于一级开发主体来说,风险在于竞得人不能按期、按时、足额付款,不与市规划和自然资源委员会签订国有土地使用权出让合同,不按合同约定缴纳政府的土地收益。

对此,可采取如下防范措施:约定竞得人的义务,包括按期足额向一级开发单位付款并按时缴纳政府的土地收益;在项目移交后及建设期协调与相邻用地单位的关系;负责项目建筑工程的招投标、施工监理、工程建设、市政管线接用、竣工验收及经营等工作;负责取得建设工程规划许可证和开工证;负责项目工程临时水电路的接用、办理相关专业部门的报批手续,并承担相关费

用;负责承担本项目红线内的上水、雨水、污水、热力、天然气、电力、通信、道路、路灯等市政设施工程的建设工作,以及相关工程、接用费用,公共配套设施建设以及人防工程建设、项目规划用地内的绿化工程及费用等条件。约定清楚土地开发建设补偿费的构成、标准及内容、付款时间及违约责任。开发补偿费用的构成包括储备机构的前期费用,一级开发单位支付的一级开发资金,本项目应承担的项目外市政、公共配套、其他项目的亏损平衡资金,不可预见费用,上市交易费用等。开发建设补偿协议还应约定延期付款按照应付款支付违约金的比例,约定比例越高对一级开发单位越有利。

另外,有些一级开发主体为排挤其他竞争者,故意采取抬高一级开发成本的方式,在"招拍挂"中挤走其他竞争者,当然,这样做是不符合规定的。

八、土地一级开发监管协议的风险防范

监管协议是政府为了加强对土地市场的宏观调控,保证土地一级开发质量,控制土地一级开发成本而单方要求一级开发单位签订的协议。虽然称为协议,但双方的权利义务并不对等,一级开发单位只能尽义务而不享受权利。监管协议的内容包括项目的基本情况、土地一级开发周期、总成本、利润、资金监管、一级开发工作内容、验收及标准、违约责任、协议解除等内容。对一级开发单位来说,监管协议能不签则不签,如果非签订不可,在能够谈判的前提下,一级开发单位可就协议的以下内容进行谈判并对部分条款进行修改。

(1) 土地一级开发项目保证金缴纳的标准越少越好,占开发总成本的比例越低越好,争取将这一比例压至最低。

(2) 将保证金返还的条件放宽,如不能在项目结束前就返还,也需要约定虽未完成全部一级开发工作,但已具备入市交易条件的,则土地储备机构也可允许申请入市。

(3) 资金监管协议需要明确委托权终止或协议解除后监管资金的解冻时间及条件。

九、征地或拆迁房屋评估委托合同签订的风险防范

一级开发过程中征地或拆迁价格由一级开发单位委托专业的评估公司来确定,且评估公司必须通过招投标确定。同一拆迁范围内,拆迁人只能委托一家评估机构进行评估,并与其签订书面的房屋拆迁评估委托合同。

(1) 房屋拆迁评估委托合同应包括以下内容:①双方当事人的姓名或者名称、住所;②委托评估的被拆迁房屋的性质、用途、面积;③评估的价值标准及评估方式;④需要双方当事人提供的资料及提供方式;⑤评估报告的交付日期;⑥酬金及支付方式;⑦违约责任;⑧评估报告争议的解决程序及责任承担;⑨合同争议的解决方式;⑩需要约定的其他事项。

(2) 在评估委托合同中应约定如下内容:①评估机构接受房屋拆迁评估委托后,不得转让、变相转让受托的评估业务;②评估委托人应当如实向评估机构提供评估所需资料,协助评估机构开展现场查勘等工作;③对被拆迁房屋进行实地查勘,查勘记录、拍摄被拆迁房屋状况的照片及录像,实地查勘记录应由实地查勘的评估人员、拆迁人、被拆迁人签字认可;④评估机构应当按照拆迁评估委托合同约定的时间和要求完成评估,向拆迁人出具评估报告(包括分户评估报告),如未按照约定的时间和要求完成评估,或者评估失实的,应当承担相应的责任;⑤针对成片简屋及非成套独用居住房屋,拆迁人应当委托评估机构做抽样评估报告,且抽样评估样本比例不得低于同类被拆迁房屋建筑面积的5%,若抽样评估结果明显低于被拆迁房屋所处区域最低补偿单价标准的,拆迁人应当将抽样评估的结果在拆迁范围内进行公示,评估机构可以不再出具分

户评估报告,但被拆迁人要求的除外;⑥对于同一拆迁范围内既有国有土地,又有征收集体土地的房屋拆迁工作的,应分别依照不同的规定及标准进行评估;⑦房屋所有权人或者房屋承租人拒绝评估时,评估机构可以参照被拆除房屋同区域、同建筑类型的房屋进行评估,如当事人对评估结果有异议的,可以申请鉴定;⑧被拆迁房屋的性质和面积一般以房屋权属证书及权属档案的记载为准,拆迁人与被拆迁人对被拆迁房屋的性质或者面积协商一致的,可以按照协商结果进行评估;⑨对于评估依法代管的、产权不明确的房屋,评估机构应将评估报告(含技术报告)及评估过程中形成的有关评估资料同时提交给委托人,由委托人一并办理证据保全手续;⑩评估机构应按照评估技术规范的要求收集各类资料并归档,并至少保留10年。

第八节 土地一级开发投资融资的风险及防范

一、土地一级开发投融资的历史与现状

2001年公布的《国务院关于加强国有土地资产管理的通知》第一条规定,市、县人民政府可划出部分土地收益用于收购土地,金融机构要依法提供信贷支持。2007年公布的《土地储备管理办法》(已失效)规定,"土地储备机构向银行等金融机构申请的贷款应为担保贷款,其中抵押贷款必须具有合法的土地使用证"。2012年公布的《国土资源部、财政部、中国人民银行、中国银行业监督管理委员会关于加强土地储备与融资管理的通知》规定,列入名录的土地储备机构可以向银行业金融机构贷款,土地储备融资资金应按照专款专用、封闭管理的原则严格监管。纳入储备的土地不得用于为土地储备机构以外的机构融资担保。2016年公布的《财政部、国土资源部、中国人民银行、银监会关于规范土地储备和资金管理等相关问题的通知》第五条规定,土地储备机构新增土地储备项目所需资金,应当严格按照规定纳入政府性基金预算,从国有土地收益基金、土地出让收入和其他财政资金中统筹安排,不足部分在国家核定的债务限额内通过省级政府代发地方政府债券筹集资金解决。自2016年1月1日起,各地不得再向银行业金融机构举借土地储备贷款,第六条规定,根据《预算法》等法律法规的规定,从2016年1月1日起,土地储备资金从以下渠道筹集:一是财政部门从已供应储备土地产生的土地出让收入中安排给土地储备机构的征地和拆迁补偿费用、土地开发费用等储备土地过程中发生的相关费用;二是财政部门从国有土地收益基金中安排用于土地储备的资金;三是发行地方政府债券筹集的土地储备资金;四是经财政部门批准可用于土地储备的其他资金;五是上述资金产生的利息收入。土地储备资金主要用于征收、收购、优先购买、收回土地及储备土地供应前的前期开发等土地储备开支,不得用于土地储备机构日常经费开支。土地储备机构所需的日常经费,应当与土地储备资金实行分账核算,不得相互混用。2018年财政部和国土资源部印发的《土地储备资金财务管理办法》对土地储备资金的来源、使用和管理进行了严格限制。2019年财政部和自然资源部印发的《土地储备项目预算管理办法(试行)》第四条规定,土地储备项目从拟收储到供应涉及的收入、支出必须全部纳入财政预算。土地储备项目预算按规定纳入地方政府性基金预算管理,年度预算执行中遵循以收定支、先收后支的原则。

从上述一系列文件的规定,可以理出一个基本的脉络,即从允许信贷资金支持土地一级开发到限制再到禁止,从2019年财政部和自然资源部印发的《土地储备项目预算管理办法(试行)》第四条的规定来判断,目前政府的平台公司,或者是第三方机构垫资的合作模式都没有了合作基

础,土地一级开发的外部合作基本上没有了空间。目前土地储备资金的来源主要来源有两个方面,一个是已有土地出让收入,另外一个是土地储备专项债融资。

二、一级开发投资融资的风险防范

因目前土地储备机构新增土地储备项目所需资金纳入政府性基金预算,土地一级开发资金只能通过五个渠道解决,故投资人应严格遵守目前的规定,避免违反各种规定导致投入的资金无法收回的风险。

第九节 开发企业储备土地及土地闲置的风险防范

开发企业储备土地的方式有很多,如以协议的方式、以一级开发的方式储备土地、从土地市场以"招拍挂"的方式储备土地、从二级市场受让土地等。以北京市的开发企业一级开发的方式储备土地为例,土地一级开发的企业主导型模式是指通过招标方式选择开发企业实施土地开发,由开发企业负责筹措资金、办理规划、项目核准、征地拆迁和市政建设等手续并组织实施。招标底价包括土地储备开发的预计总成本和利润。通过招标方式确定开发企业后,土地储备机构与中标开发企业签订土地一级开发委托协议。该模式要求政府面向市场招标,所有的企业都享有平等的投标、中标权利。然而,土地一级开发市场是不完全竞争市场,招标虽然在全市范围内进行,但有很多企业已经做了大量前期工作,在招标时很难不被确定为开发的主体。驱动企业竞相追逐利润较低的土地一级开发的原因,在于企业通过土地一级开发对地块的盈亏平衡点等状况了解得更清楚,比其他企业更有信息优势,容易在土地市场进行"招拍挂"出让土地时顺利竞得土地,从而接手进行二级开发。在业内,通过介入土地一级开发而成功竞得土地的方式被称为"曲线拿地"。

一、开发企业储备土地的方式

在近十几年土地价格上涨、土地竞争空前激烈的情况下,无论何等规模的开发企业都能感受到拿地的压力。拥有大量的土地储备,成为开发企业保存实力及后续发展的关键。如何获得土地储备,为将来的二级开发奠定坚实的基础是开发企业急需解决的问题。

开发企业储备土地一般有如下方式:

(1)采用与土地方签订协议的方式,但这种协议的方式法律效力较弱,象征意义大于实际意义,因为这种协议从法律上来说仅是与原土地方的意向协议,与土地一级开发距离较远,甚至还没有起步。

(2)通过与地方政府签订合作协议进行土地一级开发的方式储备土地。2004年,北京72宗土地成交入市,除极少部分由政府进行一级开发外,都是政府和开发企业联合进行开发。2009年土地价格高涨以来,无论是上市的房地产公司还是没有上市的房地产公司在二级市场都拿不到开发土地,开始将一级土地开发作为其土地储备的新方式,纷纷以低廉的价格参与土地的一级开发,选择介入一级开发市场进行开发。

案例:沿海某县土地发展公司与某房地产公司签订合作合同,约定由该房地产公司提供资金对某海湾的土地进行一级开发,开发事宜包括使该地块适合住宅、商业、写字楼、酒店与旅游及公用用途，包括但不限于作为政府国有土地储备该地块的办理规划、项目核准、征地拆迁安置及大市政建设等手续并组织实施。大市政建设包括道路、给排水系统、水管、燃气及电力供应、通信系统及兴建公用设施。双方合作合同还约定，待该地块的开发事宜完成之后，土地发展公司将负责在2009年年底前通过公开招标或拍卖的方式，分若干阶段出售该地块的土地使用权。届时，该房地产公司实施土地一级开发所发生的实际成本将获得补偿。根据框架协议书，无论该房地产公司日后是否取得该地块土地使用权，能否在土地二级市场摘牌，都将收取为进行该地块土地一级开发所投入资本总额12%的固定回报。如果房地产公司在二级市场摘牌，竞得该地块的土地使用权，那么在扣除其为土地一级开发所付出的全部费用及固定回报之后，其实际付出的价格将远远低于其他参与土地竞标的公司。

（3）通过"招拍挂"从土地市场获得储备土地。通过"招拍挂"获得土地储备资金量大，不是所有企业都能承受，即使是规模较大的开发企业也未必能在竞争中取胜，况且通过"招拍挂"入市的土地项目远远不能满足土地市场的需要。

（4）通过一、二级联动的方式储备土地。2009年地价上涨后，开发企业纷纷将目光投向土地一级开发，以一级开发的新方式储备土地，通过"一带二"的开发形式获得竞争优势，土地一级开发企业可依靠一级开发的优势获得二级开发权，实现"曲线拿地"的目的。

一、二级联动开发对开发企业来说益处良多，开发企业通过与政府签订一级开发协议或一、二级联动类协议不但能够获得土地一级开发成本一定比例的利润，有些开发企业还与政府约定了土地上市交易后，一级开发企业能够分享部分土地出让的增值收益，而且一、二级联动还有助于开发企业为日后在二级市场取得该地块土地使用权做好准备。一、二级联动开发使开发企业可以更好地控制项目开发的成本，当地块由其他企业摘牌时，政府与开发企业之间的协议交易的金额将最终影响地块成本。在一般情况下，一、二级联动能节省10%左右的开发成本。一、二级联动还能更好地控制项目开发的质量，以确保符合开发企业将来二级开发的要求。如果开发企业在日后获得该宗土地使用权，那么其自身对该地块亲自开发，就能控制成本及质量。如果开发企业在二级市场不能摘牌，那么根据双方签订的协议书，开发企业进行开发所产生的实际成本也会得到补偿，无论开发企业日后是否会取得该地块的土地使用权，都有权收取为进行开发事宜所注入资本总额一定比例的固定回报。因此，即便日后开发企业无法获得土地使用权，此项交易仍然对开发企业有利。

（5）通过置换的方式取得储备土地。三、四线城市的地方政府因缺少资金但为快速发展地方经济，通过BT、BOT或BOOT模式吸引投资开发企业对城市的基础设施项目进行投资建设，基础设施项目是广义的，除一般理解的大市政外，还包括政府机构大楼、学校、危改回迁项目等，项目完成后，政府通过土地置换、回购项目方式回报投资企业。以投资置换土地，对于企业和地方政府来说是双赢，缺乏城市建设资金的地方政府，可依靠企业的投资快速进行城市更新，提升城市的投资引力。在房地产的宏观调控下，投资企业特别是中小型开发企业，可通过此种方式获得持续生存的土地资源。但其中也蕴含着一定的风险，对于置换的土地，投资企业面临能否如期顺利获得转换地块及开发后能否顺利销售变现的风险。

以投资置换土地的方式，对政企双方来说都非常有利，而城镇化发展政策也符合中小型开发企业进入三、四线城市，中小型投资、开发企业可以借鉴，但这种模式对投资企业来说，也有一定的风险。企业一旦与政府签订合同，且企业已注入前期投资资金，但置换的土地却因拆迁、"招拍挂"、政府人员变动等因素不能如期获得，那么企业就将面临开发风险。另外，企业能否按照预期取得置换地块也存在不确定因素。一般情况下，企业签订合同时，首先必须确定置换土地的位置,并按当下的地价进行置换。投资企业要和政府约定,如果土地后期通过"招拍挂"上市时,出现竞争企业推高地价,那么无论地价有多高,前期的投资企业都要加价并最终摘牌。高出事前约定的土地成本部分,在企业上交土地出让金后,地方政府应给予返还。有经验的投资企业,一般会选择有国家优惠政策的项目进行投资,包括基础设施项目和旧城改造项目。一般情况下,投资企业还会要求地方政府先期投入部分启动资金,以减少投资风险。

二、土地储备及闲置的风险防范

开发企业与政府签订了土地一级开发委托合同,但长期未启动,相关前期手续已过期,或者土地一级开发进展缓慢,资金未到位,对于存在上述情形的项目,自然资源主管部门可采取撤销、收回等方式,重新研究确定土地一级开发主体。

2009年12月3日,北京市国土局召开新闻发布会,表示正研究对"已批未用"土地的管理,对拿地未按规定签订土地出让合同、缴纳地价款、开发建设,将限制其参与后续土地竞买。从12月起,北京市商品住宅入市地块都不得超过20公顷,超出的大地块也将分拆后分别入市。

2009年11月18日公布的《财政部、国土资源部、中国人民银行、监察部、审计署关于进一步加强土地出让收支管理的通知》明确开发企业以后拿地时,"分期缴纳全部土地出让价款的期限原则上不得超过一年……特殊项目可以约定在两年内全部缴清。首次缴纳比例不得低于全部土地出让价款的50%"。如果开发企业拖欠价款,不得参与新的土地出让交易。

其中,国土资源部关于加强房地产批后监管、严厉打击闲置土地等措施已具雏形,只待发布时机。其思路是,与金融管理机构联手增加土地市场透明度,重点监管典型"地王"和闲置地。

因目前全国各个城市对于分期缴纳土地出让价款及首付比例并无统一规定,出让土地会分别签订合同,约定首付比例和分期缴纳时间,大部分在20%~30%。现在普遍提高了开发企业拿地的首付款,由此会对开发企业资金链形成压力,对中小型开发企业不利,使中小型开发企业退出市场,反而可能会抑制供给,导致供不应求,房价可能上涨。

三、一级开发企业在二级市场摘牌的办法

开发企业介入一级开发的主要原因在于企业通过土地一级开发,对地块的盈亏平衡点等状况了解得更清楚,比其他企业更有信息优势,容易在土地市场进行"招拍挂"出让土地时顺利竞得土地,从而接着进行二级开发。

土地一级开发主体完成土地一级开发后,如果想成为二级开发的开发企业,必须通过"招拍挂"方式取得二级开发权,直接签订一、二级联动协议或私下约定一、二级联动是违反规定的,但仍有些开发企业通过以下违规操作方式取得二级开发权:

(1)通过虚增土地成本、设置遗留问题等方式阻退想通过竞争取得二级开发权的开发企业,让关联企业或自己顺利取得二级开发权。比如,北京市某商业金融项目,土地一级开发单位在开发建设补偿协议的范本中约定,乙方(竞得人)负责为北京市某农工商总公司还建15000平方米(商业用途)的房产,其中地上建筑面积11500平方米、地下建筑面积3500平方米。还建部位:地上一层和二层共划分3000平方米(具体位置在本协议签订时另行协商确定),剩余12000平方米自建筑物东北角分别向西、向南同时划分(地上8500平方米、地下3500平方米)。而整个项目的规划的建筑控制规模为27000平方米,这样就不会有其他的开发企业在二级市场拿地。最终,某房地产公司在二级市场顺利摘牌。

案例:北京市某地块进行挂牌竞价,因地理位置优越,很多有实力的开发企业购买了标

书,有的还交了保证金,准备竞得该地块。但后来众多开发企业在挂牌文件中发现,一级开发单位有回购的条件。回购是为平衡某中学减少的教育用地和解决原拆迁商户安置问题。在某地块土地使用权出让招标文件中,回购约定让其他开发企业望而却步,无人报价竞标。国土局在解释中指出:两部分回购均由于此前一级开发企业已经签订相关回购协议,用于补偿被拆迁单位及教育用地不减少及用于安置教职员工。

(2)有些土地是一个项目的二期或者三期用地,在做完一级开发之后,开发企业一般都想做二级开发,于是开发企业在做一级土地开发的时候,就会把土地在公开市场的包括付款方式在内的交易条件等都做到适合自己的公司摘牌。比如,在"招拍挂"条件中限定一些特殊条件,有的在挂牌条件中规定先交钱后交地,必须共同使用一期出现的公共设施等附加条件。

(3)对于规模较大的房地产集团,在成立一个土地一级开发公司的同时又注册一个房地产开发公司,甚至一套人马同时运作两个公司。北京某些企业经常使用这样的方法。上述方法有违规之嫌,但很多房地产一级开发企业都在用。

案例:2008年5月5日,某房地产集团公司与某市土地储备中心私下协议,同意集团公司参与某市土地整理储备项目的竞标,集团公司摘牌后,成立全资项目公司,负责该项目的投资与开发工作。随后,某房地产集团公司竞得某市土地整理项目的国有土地使用权,其后设立了全资项目公司,该项目公司被确定为该整理项目工程建设的受托人,某市土地储备中心与项目公司签订了《项目委托建设合同》,进行该地整理项目工程建设。

四、关于土地一、二级联动"招拍挂"壁垒设定问题

有些开发企业通过以下违规方式取得二级开发权:

①加强对一级开发成本范围的研究和掌握,在保证一级开发利润的基础上,为二级开发设置一个较为有利的特定便利条件。

②加大在土地一级开发过程中额外收入的开发力度,争取更大的预期收益。

③采取有效、合理、灵活的挂牌策略,精心准备相关文件资料、后续事宜条件等文件,尽最大可能提高外部公司进入的难度。

④开发贷款利息的计算周期,即起点和终点的确认问题。

⑤属于分期开发项目后期部分的,在市政管线接用的时间、费用、条件、容量等方面进行有效的规划,以形成有利的、可控的竞争优势。

⑥属于分期开发项目的,将一期部分的市政设施费用比较合理地向后期部分转移,形成一期可实现利润的同时提升二期的进入门槛。

⑦通过付款方式的特殊要求,提高获取二级开发权的难度。

⑧通过和原有土地方签署相关补充协议,形成对于项目相关情况更为深刻的了解,使自己在相关问题的认识深度方面更为有利,增加自己相对于第三方获取项目的成本与优势。

⑨通过和土地储备机构就土地一级开发成本进行有效的沟通,充分发挥对一级开发成本相关范围的理解与掌握,在政策许可范围内就一级开发的综合成本核定一个理想的水平。

⑩通过遗留拆迁问题、遗留原土地房面积返还、人员安置、其他补偿等手段增加二级开发难度,提高准入门槛。充分利用在一级开发过程中积累的合作关系优势、前期情况熟悉优势等,形成在未来二级开发中的特定优势。

第十节　与地方政府合作的风险及防范

就土地一级开发合同的签订主体而言,一方是政府的职能部门或授权部门,另一方是企业。根据法律规定,政府一方在一级开发合同中不是履行行政管理职能,而是就一级开发合同中约定的权利义务中的合作方式、资金、利益分配等进行协商,双方这些内容看似平等,但作为合同一方当事人的政府因为拥有大量的资源,这些资源不可避免地会影响双方平等地履行合同,也就是说,在土地一级开发合同中,政府违约的可能性是存在的,而且追究政府违约责任也不太现实。本节所说的地方政府更多的是指向行政层级较低的地方政府,比如,地级市或设区的市、区或县级政府乃至乡镇一级政府,或者经济不发达地区的地方政府,这些地区经济发展水平相对弱一些,地区差距明显。

到这些地方投资,投资收益与风险并存,机会与挑战同在。这些地区因为市场化程度不高,人为因素影响较多,如由于领导的变更或者利益的驱动导致地方政府违约等因素都会导致土地一级开发存在巨大的风险,或者可能导致投资被当地政府控制,使某些利益或全部利益丧失。但是,危机与风险存在的同时,也存在重要或巨大的商机。而且,这些地方政府的经验及谈判能力与一、二线城市相比,明显较弱。地方政府为引入资金会承诺一些优惠条件,投资者恰恰可利用这些条件争取利益最大化。举例来说,目前土地一级开发并没有统一的规范,各地一级开发协议不尽一致,土地增值收益的分成成为一级开发较为重要的利润来源,因此,投资者可以抓住这个机会,约定较高的分成比例,以获取最大的利润。

政府资金的缺乏是开发企业与政府合作的前提条件。从全国的情况看,能够完成土地"七通一平"以后进行招标拍卖挂牌的地方政府不多,因此,地方政府需要融资解决土地一级开发问题,需要和企业分享土地增值收益。

以笔者的经验,在与地方政府合作进行土地一级开发时可采取如下动作措施,使一级开发企业实现利润最大化、风险最小化。

一、防范地方政府违法或违约

使用政府性资金投资建设的项目及基础设施建设项目,根据《国务院关于投资体制改革的决定》,仍应通过立项审批,而不是备案或核准。另外,开发企业拟与政府合作开发的土地必须取得建设用地规模、指标等,这样后续工作才具备合法前提和基础,否则,如果强行开发,则属于违法行为。

另外,开发企业取得土地一级开发主体资格应通过合法渠道,按照法律规定,必须通过招投标方式确定中标单位的,必须走法律规定的程序,否则属于违法,中标也无效。如果不是通过招投标方式获取一级开发项目,建议开发企业向地方政府要求以书面批复或者会议纪要的形式,确定开发企业的土地一级开发主体资格和利益分成的内容,这样可避免因一级开发主体资格问题而可能带来的风险。

案例:
一、案情简介
A 房地产公司于 1994 年取得某地块的土地使用权并进行开发,但因经营不善,资不抵债,被债权人起诉,某市中级人民法院(以下简称"中院")于1998年作出×中民初字第×××号民事判决书,并于2003年12月15日作出一中执字第×××号民事裁定书,依法查封了A房地产公司所有的位于某市某区整体41113平方米土地及地上物。就其中148亩土地及已开发建设的全部别墅进行公开拍卖,由某B房地产开发有限责任公司(某金融公司投资的全资公司,以下简称"B公司")以3900万元的价格竞买成交,并付清竞买款。中院认为拍卖及竞买行为合法有效,根据相关法律,裁定别墅项目中的148亩土地及全部地上物归B公司和某某中心(以下简称"某中心",某中心为政府为特殊公益目的设立的法律主体,且具有房地产开发资质,后该中心通过股权转让的方式由某金融公司直接控制)依法所有,法院裁定后两块地的土地使用权实际上由某金融公司通过B公司和某中心直接控制。

2005年11月20日,某区政府授权新区管委会与某金融公司签订协议书,承诺协调某B公司和某中心,将分属于上述两家土地使用权人的位于某区约425亩的用地,用于建设某金融公司员工配套住宅建设项目,B公司和某中心分别作为各自属地用地的开发建设主体,拟建成后定向销售予某金融公司某区总部基地员工。

2005年11月30日,新区管委会与某金融公司就某金融公司入驻某区建设总部基地事宜达成协议。协议内容包括入驻项目的基本情况,双方权利、义务,优惠政策,以及某金融公司向新区管委会支付土地使用权取得费,并且某金融公司支付的土地使用权取得费用按照每亩42万元的价格计入房屋成本,土地进入市场,土地取得费不足部分由新区管委会补贴,虽然某中心将该项目转让给了某金融公司,但未办理任何土地使用权转让手续或签订明确的项目转让合同。2009年5月19日,新区管委会与B公司、某金融公司就某金融公司员工生活基地项目达成框架协议,同意某金融公司自行筹措资金、自行开发建设本项目、定向销售给某金融公司员工,该项目开发建设的全部收益归某金融公司所有。某区政府和某金融公司以资金形式通过新区管委会给予B公司补偿,补偿总额为3.14亿元,其中某区政府补偿额为1.14亿元,某金融公司补偿额为2亿元。当日,新区管委会与B公司就补偿事宜达成《中国某金融公司员工生活基地项目补偿协议》,协议主要约定了某区政府应支付给B公司的补偿款数额及支付方式,约定由某区政府支付B公司1.14亿元,以及双方的权利、义务和违约责任。

某金融公司实际控制的两个主体在签订协议后进行了建设,住宅项目于2010年9月开工建设,于2014年6月竣工验收,总建筑面积148627平方米,其中可销售面积为130039.33平方米,其余为不可销售面积(附属设施),户型为独栋、双拼、联排及公寓,共计578套。然而,按照某市现行购房政策,已拥有1套以上住房的本市户籍居民家庭暂停在本市向其售房,外地籍居民家庭无法提供在本市连续2年(含)缴纳社会保险或个人所得税证明的暂停在本市向其售房。依据此限购政策,某金融公司在某区总部基地工作的员工具备购房资格的不足百人,无法全部购买。由此,自2014年6月该项目竣工,住宅项目因无法销售一直处于闲置状态。同时,根据《金融企业财务规则》,中国银行业监督管理委员会要求加快两个项目固定资产投资处置进度,某金融公司基于以上原因向区政府申请该配套住宅项目对外销售。

二、案情解析

(1)关于两个项目的销售合法性问题

根据《城市商品房预售管理办法》和《商品房销售管理办法》的规定,商品房销售分为预售和现房销售。就两个项目的工程进展情况来看,已通过竣工验收,取得竣工验收备案表,因此,两个项目应适用《商品房销售管理办法》的规定。两个主体符合上述办法第七条规定的条件,是可以办理销售许可证的,但具体办理销售许可的条件需要由建设行政主管部门审核确定。但是因 B 公司第一个项目有 19 栋别墅,而近十多年间国家出台了一系列关于别墅项目审批或用地限制的规制,因此,第一个项目在销售过程中可能存在不能顺利办理预售许可证的风险。根据《民用建筑设计术语标准》(GB/T 50504—2009)的定义,别墅一般指带有私家花园的低层独立式住宅。近年来国家对于别墅开发的政策较为严格,2003 年 2 月《国土资源部关于清理各类园区用地加强土地供应调控的紧急通知》(已失效),强调"停止别墅类用地的土地供应";2006 年 5 月《国土资源部关于当前进一步从严土地管理的紧急通知》(已失效),再次重申在全国范围内停止别墅供地,并对别墅进行全面清理。同时明确,联排、双拼及 Town House 等低密度住宅不属于别墅范围,而被划入高档住宅范围;2008 年,国务院公布《国务院关于促进节约集约用地的通知》,要求"合理安排住宅用地,继续停止别墅类房地产开发项目的土地供应";2010 年公布的《国土资源部关于加强房地产用地供应和监管有关问题的通知》中,也重申严禁向别墅供地;2012 年 2 月 22 日公布的《国土资源部关于做好 2012 年房地产用地管理和调控重点工作的通知》中,规定"不得以任何形式安排别墅类用地";2012 年 6 月 18 日,国土资源部和国家发改委联合发布关于实施《限制用地项目目录(2012 年本)》和《禁止用地项目目录(2012 年本)》的通知,新的限制、禁止用地项目目录增加了住宅项目容积率不得低于 1.0(含 1.0)的限定。别墅类房地产开发项目列在第十七大项,容积率不得低于 1.0。伴随媒体一系列宣传,独栋别墅供地、审批、销售等带来一系列社会舆论的压力。该项目的规划意见于 2004 年取得,容积率确定为 0.4 以下,虽不符合现在的政策或规定,但审批时符合当时的政策。根据法不溯及既往的原则,B 公司项目符合当时的规定,且 B 公司项目也不属于别墅类房地产开发项目。虽然 19 栋别墅的审批符合当时的法律法规和政策性规定,但是社会公众可能对现在出售的别墅存疑,也不排除公众或新闻媒体向国土或规划部门质疑,导致行政主管部门对别墅部分不予发放销售许可证。

(2)关于新区管委会、某金融公司签订的协议书效力及补贴款的问题

新区管委会、某金融公司和 B 公司三方或双方通过框架协议及其一系列双方协议将 1.14 亿元通过融资平台补贴给某金融公司,但该补贴在审计部门审计时未必会被认定为政府补贴,审计部门可能认定是房地产合作开发协议或房地产项目转让协议,届时处理结果也不同。

①认定为房地产合作开发合作协议。B 公司作为一方,新区管委会和某金融公司作为一方,三方依据一系列协议约定三方是合作开发房地产,权利义务如协议的约定。如认定三方属于房地产合作开发合作协议,则 B 公司有资质,一方有资质的前提下,会认定三方合作合同有效,但三方的一系列协议未约定风险及利润分配,依据修正之前的《最高人民法院关于审理涉及国有土地使用权合同纠纷案件适用法律问题的解释》第二十六条(2020 年修正后第二十三条)的规定,合作开发房地产合同约定提供资金的当事人不承担经营风险,只收取固定数额货币的,应当认定为借款合同。新区管委会只提供了资金,没有约定利润分配,也没有约定承担经营风险,根据上述司法解释的规定,新区管委会与某金融公司、B 公司三方之间的合作协议可认定为借款合同。如认定为借款合同,则 B 公司或某金融公司应返还全部 1.14 亿元资金及利息。因项目的实质所有权人为某金融公司,在某金融公司与 B 公司没有纠纷的前提下,某金融公司应返还新区管委会的 1.14 亿元资金。

②认定为房地产项目转让协议。B 公司将所有的房地产项目以 3.14 亿元全部转让给某

金融公司或某金融公司与新区管委会。B公司仅仅拥有名义上的项目所有权。项目实质的所有权人为某金融公司或某金融公司与新区管委会共有。如认定为项目转让协议,则新区管委会所付1.14亿元可理解为了购买B公司项目所支出的项目转让款,虽然合同中未明确约定,但如果认为1.14亿元不是项目转让款,则从民事法律角度来判断,新区管委会只有承担付款的义务,没有相应的权利,则违反了民事法律制度关于合同应公平公正、等价有偿的基本原则。如认定为项目转让协议,笔者倾向于认为三方一系列的协议项目的受让方为某金融公司与新区管委会,某金融公司与新区管委会是共同的受让方,至于新区管委会是否具备受让的主体资格,则属于政策、纪律和行政管理的范畴,在此可不予考虑。如认定为新区管委会与某金融公司共同受让B公司项目,则双方应该共享利润,在项目转为公开销售后扣除成本应按照双方的投资比例分配利润。

(3)关于某中心的主体及项目的合法性问题

某中心项目由某中心通过法院组织拍卖取得土地使用权后按照每亩42万元的价格转让给某金融公司,但未办理项目转让手续,如某中心是政府背景投资性质主体,那么从物权的角度来判断,某中心某花园项目的所有权人目前仍然属于某中心,某中心项目通过一系列协议转让给某金融公司并未办理项目转让手续,因此,从形式上来说该项目所有权不属于某金融公司,项目的所有权主体为某中心。

(4)关于某中心以每亩42万元的价格将项目转让给某金融公司的合法性问题

①关于某中心将项目转让给某金融公司的效力问题。因某中心属于国资性质,按照《企业国有资产法》第五十三条的规定,国有资产转让由履行出资人职责的机构决定。履行出资人职责的机构决定转让全部国有资产的,或者转让部分国有资产致使国家对该企业不再具有控股地位的,应当报请本级人民政府批准。第五十四条规定,国有资产转让应当遵循等价有偿和公开、公平、公正的原则。除按照国家规定可以直接协议转让的以外,国有资产转让应当在依法设立的产权交易场所公开进行。转让方应当如实披露有关信息,征集受让方;征集产生的受让方为两个以上的,转让应当采用公开竞价的交易方式。某中心项目全部转让给某金融公司未经过政府批准,未通过产权交易所公开进行,而是通过协议直接转让,违反了《企业国有资产法》,转让行为是无效的。

②关于每亩42万元转让价格是否有效的问题。《企业国有资产法》第五十五条规定,国有资产转让应当依法评估、经履行出资人职责的机构认可或者由履行出资人职责的机构报经本级人民政府核准的价格为依据,合理确定最低转让价格。根据上述法律规定,该转让价格未经评估,也未经国资管理部门核准,无论每亩42万元的价格是否低于市场价格,此价格的确定均违反法律规定,属于无效的行为。新区管委会或某中心可主张此价格无效,按照签订协议时土地市场的评估价格要求土地使用方支付土地价款。

③关于每亩42万元出让价格是否附条件问题。协议中第二条约定:甲方同意销售给乙方员工的生活公寓的土地使用权取得费按照每亩42万元的价格计入成本;此条款属于附条件的出让价格,条件是该公寓必须用于某金融公司的员工,体现了招商引资的政策,但现在改为对外销售后,条件发生了变化,因此,每亩42万元出让价格存在的基础发生了本质的变化,该条款可能不被执行。

④关于主体销售资金的处理问题。如某中心是政策性或政府投资背景的法律主体,则项目转为对外销售之后,其资金属于国有性质或财政资金性质,此费用如果转给某金融公司或转出则存在较大障碍。

因三方的一系列协议未明确三方的行为属于何种法律关系,故在实践中存在多种可能性,既有可能认定为项目转让关系,某金融公司与新区管委会是共同的受让方,也可能认定为资金借贷关系,或认定为政府违规使用资金补偿或扶植房地产行业,但结果均存在不确定性,新区管委会可能要求相关方返还1.14亿元的资金,可以要求某中心按照当时的土地评估价格支付土地使用费。新区管委会可能会要求某金融公司就B公司土地补偿款、某中心土地价款问题提出如下要求。

第一,要求某金融公司返还新区管委会1.14亿元补偿款。返还数额包括本金和同期19栋别墅贷款利息。第二,B公司项目转对外公开销售之后,核算成本后按照1.14亿元占项目总投资额的比例由新区管委会参与利润分配。第三,要求某中心对登记在某中心的土地使用权价格进行评估,评估时点为新区管委会与某金融公司签订协议书的时间(2005年11月30日)或比较合理的时间点。某金融公司按照每亩评估价格与42万元每亩的差价向新区管委会补交土地差价款。

(5)关于某中心销售款处理的问题

因某中心项目名义上属于国有资产,如处置国有资产则应按照相应的合法程序进行,某中心不能将销售款无对价或无合法依据直接转给某金融公司或由某金融公司直接支配,因此,项目的销售款归属与法律规定存在冲突,这方面对于某金融公司来说存在风险。

二、优先选择优质地块进行开发

对于一级开发先开发哪块地,后开发哪块地,也就是每年的土地供应量与供应区位如何确定的问题,地方政府完全可以决定供应量与供应区位,或者根据市场需求,即任何用地单位都有权依据城市详细规划,向政府提出拟开发或使用某宗土地的要求。如果政府部门认为项目建设符合城市发展要求,即可对该宗地进行土地一级开发并向市场推出。

三、通过谈判获取最大投资收益

目前我国对土地一级开发的模式没有进行界定和规范,因此,土地一级开发的实施单位既可以是政府的土地储备中心,也可以是投资人。对于由谁成为操作主体、开发成本如何界定、利润如何分配等问题,完全可以通过谈判协商确定。土地一级开发企业可与当地政府通过协议约定的方式,实现投资利益与投资目的。比如,海南省政府在2006年7月19日公布的《海南省人民政府关于规范企业参与土地成片开发的通知》(已失效)第七条规定,合理确定土地出让收入分成比例。开发企业按照规划要求出资进行基础设施建设形成建设用地条件后,由政府按照规定统一供应土地。土地出让收入扣除土地开发成本后余下的纯收益部分,按照市、县政府所得不得低于30%的比例,确定市、县政府与主开发企业的分成比例。也就是说,土地一级开发企业最高可以得到70%的土地增值收益。

实际上,按照现在的规定,一级开发中土地增值收益的分成在政策上存在瓶颈,开发企业没有土地增值部分权益的合法身份,因为在土地上市交易套现增值部分的环节中,出让金直接进入财政账户,所以无法直接将增值部分划拨给开发企业。有些地方政府在没有直接文件的前提下,只能通过协议优惠等其他变通的方式补偿开发企业。例如,政府承诺向开发企业提供建设用地,其中对土地使用的费用给予优惠;新增建设用地有偿使用费属于政府应收比例之内的,政府同意不收,须上缴上级政府的部分不能够减免,此项费用由开发企业自己承担。政府承诺减免开发企业在改造建设项目中的各种行政收费,并承诺出现风险政府将进行补偿。对于这种间接补偿怎么补、补多少,目前没有任何政策支持和依据,严格来说是有违现行政策的,但地方政府为发展本地经济,可能会冒着一定风险,给开发企业很大的空间。

四、争取较长的开发期限

一般地方政府都会明确开发企业对土地一级开发的期限。开发区域内的基础设施建设期限一般不得超过 2 年,投资的开发企业可与地方政府争取,将开发期限延长。比如,海南省要求完成开发区域内全部自有项目建设,以及落实全部招商引资项目的期限一般不得超过 8 年,最长不得超过 10 年。特殊情况需延长开发期限的,须报省政府批准。

五、防范与地方政府签订无效合同

需要注意当地地方性法规的规定。比如,海南省规定市、县政府违反省政府批准的土地成片开发方案,或者尚未经省政府批准擅自与开发企业签订的土地成片开发合同(协议)无效。

六、了解代征绿地和代征规划道路

在一、二级开发联动的项目中,必须事先了解代征绿地和代征规划道路的问题。代征绿地和代征规划道路是指该项目建设用地中,包含社会公共绿地和公共道路,需要由此土地的开发者实现绿地或建设道路。代征因为将绿地和道路的建设结合到了项目建设中去,如果开发企业既想做一级开发,也想做二级开发,那么代征绿地和道路将给开发企业提供一个建设良好周边环境的机会。由于开发企业自己解决周边绿地和道路建设,那么社区周边的环境会和社区建设同时到位,对项目销售有促进作用,对开发企业是有利的。代征绿地比较多,代征道路很少,通常只在成片开发中出现。因为道路建设的成本比较高,如果开发企业针对小地块修路,开发成本过高,对开发企业来说不划算。因此开发企业在介入时,一定要了解地块是否有代征绿地和代征道路,如果有,就可以跟政府谈判,降低整个宗地的价格,或者在税费方面给予开发企业一定的优惠,或者在付款条件上给予方便。对开发企业来说,可以由此获得一定利润,至少不能因为代征绿地或道路收不回投资。如果宗地的价格谈不下来,那么可以就代征部分与地方政府单独谈补偿。如果开发企业通过行贿的方式扣除代征地面积,将承担刑事责任。

案例: 某房地产公司法定代表人陈某为了在一土地开发项目中增加总建设规模,扣除代征地面积,请求北京市土地整理储备中心某分中心主任任某帮忙,受到任某的帮助后,陈某的公司省去了几百万元的费用。完成陈某的要求后,任某向陈某提出要买房,于是陈某通过中介找了一套 80 平方米左右,房价款 280 万元的房子,但任某嫌房子小,任某看中了中介推荐的另一套 160 平方米的房子,房款为 408 万元。陈某觉得 400 多万的房价超出其承受范围,但因怕得罪任某,只能出钱为任某支付上述款项,房屋登记在任某名下。后因某种原因,任某被举报,因受贿被判处有期徒刑 13 年。陈某的行贿行为被另案处理。法院经审理认为,陈某作为单位法人,为单位谋取不正当利益,送给国家工作人员财物,情节严重,其行为已构成单位行贿罪。鉴于他在犯罪后主动投案,如实供述罪行,依法从轻处罚,以单位行贿罪被判处陈某有期徒刑 3 年,缓刑 3 年。

七、与地方政府合作协议中可提出约定的内容

在与地方政府的合作协议中提出的下列内容,有可能存在条款无效或不符合规定的之处,但是投资方提出后,如地方政府能同意,则至少在发生争议谈判时可取得主动权。

（1）为保障一级开发企业资金安全，建议开发企业在签订《土地一级开发委托协议》时，约定企业出资的前提条件，如将当地政府对确定土地一级开发的主体地位、土地一级开发内容、合作方式、投资收益模式、资金保障等事项的批复同意列为出资的前提条件。另外，为防范一级开发土地增值收益分成的现实法律障碍，开发企业在项目实施前，与政府协商寻求将收益分成分配事项纳入今后项目土地出让收入地方基金支出的预算管理，从而保障资金及投资收益安全。

（2）关于一级开发单位在二级市场摘牌的约定。直接约定摘牌属于违规，但在协议中可设定假定条件，如投资者摘牌，则二级开发权归属于投资者，如果没有摘牌，则一级开发主体的开发成本应多获得补偿，且土地增值收益应在开发企业与政府之间分配。

（3）关于确定一级开发的底价或摘牌的底价约定。比如，约定开发企业取得土地使用权的综合地价（除契税以外），如果开发企业不能以上述价格取得土地使用权，则本协议终止。

（4）约定开发企业对项目进行分期开发建设，但政府须在出让土地时一次性挂牌，开发企业按国家有关规定分期缴纳地价款。

（5）地方政府不按现有的成文规定履行开发合同及开发流程，虽然给一级开发单位带来便利，但一级开发主体也不能忽视开发手续的合法性。如果投资项目属于使用政府性资金投资建设的项目及基础设施建设项目，应通过立项审批，一级开发从头到尾每一个流程都合法，这样为一级开发企业打下良好的基础。

（6）地方政府如用开发企业的借款进行一级开发，则应由政府或国有公司提供担保。

（7）政府承诺开发项目所有的行政事业性收费标准不得高于每平方米×元。

（8）建议开发企业考虑申请办理工程总包资质，以便在一级开发过程中以工程总包形式接受委托及对外分包专项工程。

（9）约定政府为开发企业创造良好投资环境，负责协调解决施工期间因施工等而引起的影响社会稳定及其他社会治安问题。

（10）政府承诺该地块的除一级开发包含的市政管网、道路以外的公共设施，如医院、学校、公交站场、农贸市场等也由政府来完成，至第一期住宅工程竣工时，基本配齐该居住小区的公共服务设施。

（11）关于提前办理销售许可证的约定。在协议中可以约定开发企业工程形象进度在主体结构完工前办理完毕销售许可手续，并允许开发企业对外公开销售。工程主体封顶后，政府协调相关部门办理公积金贷款或商业贷款（一级带二级的开发适用）。

（12）政府不应干涉限价。如果政府限价，则在建筑市场发生变动时有权调整价格。

（13）约定不可抗力。地方政府的行政行为、行政措施等不属于不可抗力事件；因征地、拆迁或施工等引起的上访、阻止施工等行为均不属于不可抗力事件。

（14）施工条件的约定。政府同意开发企业自行在施工区域内建设混凝土搅拌站，建设及运行自备水源；同意给开发企业划定沙场，施工用沙石料由划定的沙场取材（一级带二级开发适用）。

（15）约定政府一方负责宗地的征地拆迁、用地报批、办证等手续，并通过公开挂牌的方式对该宗地的国有土地使用权进行出让，开发企业参与竞标，在中标后向政府主管部门支付国有土地使用权出让金并对宗地进行开发建设。

（16）约定政府确保将宗地挂牌时的规划设计应满足开发企业提出的要求。

（17）约定政府确保宗地的国有土地使用权按评估价确定的价格为底价在土地交易中心挂牌出让，明确出让金底价包括的范围，最好列明土地征地补偿费、征地管理费、契税、印花税、过户交易税、土地增值税、增值税、教育费附加、城市维护建设税、防洪费、测量费、评估费、"招拍挂"费用、过户交易手续费等所有税费,以及宗地国有土地使用权出让至开发企业名下前应支付的其他费用。

(18) 约定投资款在开发企业参与宗地的使用权挂牌出让的竞投时,可直接作为竞投保证金,并在开发企业中标后转为首期国有土地使用权出让金。

(19) 约定国有土地使用权在土地交易中心公开挂牌出让的时限。

(20) 约定延期验收的违约责任。

(21) 约定生效条件。

案例:2007 年 6 月 6 日,某集团公司与某开发区管委会订立框架协议书,双方同意成立项目公司以推进开发事宜,注册资本 2 亿元,由某管委会下属的国资公司和某集团公司分别持有 45% 和 55% 的权益。同年 10 月 6 日,双方就开发事宜订立合作合同,该合同仅在新公司已赢得竞标而得以进行项目开发事宜情况下才生效。

八、前期通过协议介入一级和二级开发

目前我国规范性法律文件还未对一级开发投资人的资质、注册资本等方面作出严格要求,但政府规范土地一级开发市场的行为是持续进行的,而且标准要求越来越高,限制性的措施越来越多,门槛也会越来越高。因此,房地产开发企业应尽早介入土地一级开发业务,资金实力不强的中小型开发企业,也应提早布局,面向二线或三线城市进行土地一级开发,即使是乡镇也应全力以赴,否则中小型企业将被市场淘汰。

第十一节　通过律师介入土地一级开发进行风险防范

虽然土地一级开发存在巨大的商机,但因其所需资金量巨大及市场化程度低、政策影响显著,其法律及政策风险也绝对不能忽视。一级开发单位或政府可引入专业律师为土地一级开发项目提供法律服务,专业律师的介入可为土地一级开发的各方规避土地一级开发的风险。专业律师可为一级开发的各方提供如下土地一级开发法律服务:

一、为投资方或政府方提供法律咨询

咨询范围包括与土地一级开发的相关法律法规及具体的措施等,从风险的角度提示咨询者如何规避风险,如何制订合理的投资方案或防范措施,为投资决策提供咨询意见。

案例:2008 年 9 月,某房地产公司到笔者所在的律师事务所咨询,称西部某省某地级市设立开发区,该开发区位于老城西侧,目前没有开发,也未拆迁,政府想招商引资,欲引入外来资金开发新区。某房地产开发公司欲到新区投资,与当地政府初步接洽,有意向开发一块约 3000 亩,其中出让建设用地面积约 1900 亩的地块,该地块规划为住宅、商业用地。但政府表示没有资金启动该地块的土地一级开发,全部费用都由投资者承担。某房地产公司考虑到投资的风险,特向笔者咨询,但未提供任何项目的资料。当地政府要求某房地产公司提供合作方案,某房地产要求笔者提供一份简单的合作方案的思路并能最大程度防范合作的风险。

笔者根据某房地产公司的陈述,首先指出从空间位置上看,新开发区位于老区的西部区域,现有周边环境和配套较差,政府刚开始规划,人们的认同感较低,尤其在西部地区的郊区人们对该地段的认同感更低,一出县城就认为到了农村,因此,从销售的角度来讲,价格增长可能缓慢,消费者持币观望的心理比较重,尤其对于商业项目,更是如此。

鉴于西部地区市场发展的阶段及土地一级开发市场的发育程度,笔者提出如下四个初步咨询方案。

方案一:由政府的土地整理储备中心与某房地产公司签订合作框架协议,双方共同开发。立项、审批、农用地转用报批手续、征地、拆迁安置等工作由政府土地整理储备中心来实施,一级开发的费用(部分)由某房地产公司提供。在双方的合作过程中,政府的土地整理储备中心可委托某房地产公司办理一切或部分应由土地储备整理中心应办的手续或实施一级开发,但某房地产公司均以政府土地整理储备中心的名义对外实施一级开发行为(根据某房地产公司的意愿委托范围可以扩大到一级开发的全部或部分,包括征地、拆迁、施工、成本控制、工期控制、质量控制、施工等)。一级开发完成后,在二级市场某房地产公司参与竞买、摘牌,某房地产公司意向摘牌的地块应事先在框架协议中确定。某房地产公司摘牌后土地出让金折抵一级开发费用。

此方案的付款时段为,双方成立共同监管账户,立项、审批、征地、拆迁安置所有方案及细节确定后,某房地产公司将一级开发费用分期汇入共管账户。第一期费用为征地及拆迁款××元;第二期土地整理、基础设施的费用××元待土地竣工验收且挂牌上市、某房地产公司摘牌后,由共管账户支付给施工单位(建议一级开发的施工单位由某房地产公司控股的公司或关联公司来完成,另外,应保证某房地产公司支付的一级开发费用定向用于一级开发,不被挪作他用)。

在某房地产公司将一级开发费用中的征地及拆迁安置款支付给被拆迁人后及某房地产公司在二级市场摘牌并办理完毕土地使用证之前,由土地整理储备中心或政府指定的国有公司作为担保,或者由政府担保(虽然法律规定政府担保无效,但无效的担保政府仍应承担赔偿责任),或者由政府可上市交易的土地抵押,提供债权的担保。

如果在二级市场某房地产公司不能摘牌,由其他主体竞得该地块,则竞得人除支付给某房地产公司一级开发补偿费用及固定开发利润之外,溢价部分(土地增值收入)由某房地产公司与政府按照7∶3的比例分成。但此约定与土地管理的收支两条线相冲突,因此应考虑此风险,可能政策有变。

方案二:借款。由政府土地整理储备中心做一级开发,某房地产公司在二级市场摘牌。一级开发的费用由政府向某房地产公司借款,某房地产公司摘牌后以土地出让金折抵借款。借款保证有两种方式:一是国有公司担保,或者政府担保;二是用政府可上市的土地抵押。

方案三:前期策划由当地政府土地整理储备中心承担,由政府成立的国有控股公司与某房地产公司或其控股公司成立新公司,新公司与政府或开发区管委会签订协议,由新公司竞标土地一级开发项目。如果新公司没有竞得该项目的土地一级开发,则双方签订的协议不生效。待一级开发完成且支付完所有征地、拆迁款后,国有控股公司将其全部股权转让给某房地产公司或其控股公司,由某房地产公司或其控股公司摘牌,摘牌之后付全部款项。但此方案仍需某房地产公司先期支付一级开发费用,作为投资的保障措施同方案一。

方案四:由政府组建全资项目公司进行土地一级开发,一级开发完成后,由项目公司在二级市场摘牌。项目公司取得《国有土地使用证》后,通过项目公司转让方式将已经完成一级开发的土地投向二级开发市场。产权交易所将项目公司100%股权挂牌转让,由此达到地块完成一级开发后转入二级开发市场的目的。一级开发的费用由项目公司向某房地产公司借款的方式支付,借款保证同方案一。

上述四个方案均是在没有任何资料的前提下制订的,四个方案各有利弊,但根据此投资项目的实际情况,笔者认为第一种方案对房地产公司更为有利。

笔者最后指出,项目所在地属于经济欠发达地区,目前对该区域房地产市场、法律环境、经济环境等均不太熟悉,不可预见(未知)因素很多,因此提出如下建议:

(1)重点考察、了解项目所在地方土地政策、法律实施状况及政府的承诺履行情况。

(2)必须充分、详细了解该区域(城市)总体规划、控制性详细规划和具体地块情况,避免向储备劣质或规划不确定地块投资。

(3)政府应提供资料,然后对其进行全面、缜密的审查和过滤,全方位、多角度地检验真伪,确保项目信息真实、有效等。

二、尽职调查

律师可为土地一级开发项目做尽职调查,必要时出具尽职调查报告。
(1)对项目相关资料进行调查核实,对相关审批事项进行调查核实。
(2)对地方政府优惠政策、一级开发的具体实际操作惯例进行调查核实。
(3)调查核实当地政府对类似投资项目的履约情况。
(4)调查当地政策变化风险。
(5)调查与相关法律法规或政策相冲突的风险。
(6)调查征地与拆迁困难的风险。
(7)调查土地一级开发融资难风险。
(8)调查资金链断裂风险。
(9)调查土地出让价格风险。

三、一级开发风险控制及方案设计

律师可对土地一级开发项目风险进行防范并在一定程度上控制风险。由于土地一级开发面临资金、政策、法律等方面的风险,土地一级开发的法律及经营风险是不可避免的,但任何风险都是可以识别的,律师识别风险之后可以对风险进行分类,对风险大的项目虽然可能采取控制措施,但从成本、控制力度等方面考虑,认为风险较大时可以选择放弃,对经识别之后可以控制的风险进行控制,因为任何风险都具有一定的可控制性的,律师能够就具体的土地一级开发项目的风险进行控制。律师常用的风险控制措施如下:

(1)建议投资者针对一级开发项目设立项目公司。从民事法律的角度来看,项目公司只对因该项目产生的债权债务承担责任,项目公司的经营及债务除特殊情况外一般不会牵连母公司或投资人个人公司以外的其他财产,因此,即使项目失败对投资者来说损失的仅仅是该项目的投资,而不会影响其他项目或投资者个人的资产。因土地一级开发投资数额巨大,所涉及的法律关系较为复杂,且履行时间较长,需要专门的机构介入进行持续性的具体操作,因此,在具体操作过程中,肯定存在一定的地方政府不履行合同或不诚信等问题,这些风险是无法预见的。因此,投资人设立专门的项目公司,由项目公司依法享有相应的合同权利,履行相应的义务,独立承担相应的法律责任,以降低该投资风险。

(2)律师要求地方政府提供一级开发的规范性文件及程序性规定,以研判一级开发的合法性及各项优惠政策能否落实。律师要求地方政府提供相应的地方性法规、规章及行政性措施、办事程序及提交办理某项具体行政许可或审批事务的清单,明确该地方政府的土地一级开发操作方式及合法性,以确保该土地一级开发委托合同、征地补偿协议、拆迁安置协议等合同的合法性。另外,尤其是行政层级较低或经济欠发达地区的地方政府,一般都将土地一级项目作为政府的招商引资项目,当地政府往往承诺很多优惠政策,律师应该要求当地政府以书面形式或以协议的形式明确该优惠政策的种类及投资者享有该优惠政策的起始时间及具体的范围。

(3)要求当地政府协调提供土地一级开发贷款。因一级开发资金量大,如何高效率使用资金,以尽量使资金成本最低,是每一个一级开发企业考虑的问题。开发企业应尽量少地使用自有资金,并且应当根据项目一级开发的资金使用量,通过银行贷款、借贷或政府投资平台担保的合法集资等形式,获得一级开发资金。如果是贷款,应与政府协商,由政府出面协调并提供相应还款能力的国有企业做该笔贷款资金的担保。通过政府投资平台担保这种方式,一级开发投资商可以最大限度降低开发企业的投资风险。

(4)律师通过与地方政府的各种协议锁定利益分配及特殊权利。通过协议的方式规避风险并争取最大的利益。如果地方政府有各种协议文件的范本,律师可以通过与当地政府签订补充协议的方式,约定土地一级开发各方的权利义务、利润分配及在土地二级开发市场摘牌,保证一、二级联动开发的前提下开发企业获得土地使用权。

律师作为一级开发项目法律顾问,可为项目的整体运作设计风险低、可操作的方案,可以从项目的前期考察,以及土地一级开发合作模式选择、前期资金的投入及资金保障、项目可行性分析及操作模式、项目可能存在的法律风险及防范措施、需要政府授权的法律文件和每个阶段政府需要审批的相关批文、需要政府办理的所有相关手续的办理程序等做详尽的筹划,并制作框架合作协议书、合作交流提纲、法律意见书、合作协议、融资协议等法律文书。

框架合作协议书原则性地约定关于土地开发项目的合作方式及内容。合作交流提纲将需要与地方政府和拥有土地权利的各方交流的问题及建议解决方案列明,帮助地方政府决策层理顺思路,使双方谈判和沟通顺畅,利于合作。在项目法律意见书或建议书中,律师可以把整个项目需要政府出具的各个阶段的审批文件列明,将本项目土地一级开发过程中涉及的所有问题以法律意见书的形式上报给开发企业,供开发企业参考。在正式的合作协议中,明确约定各方权利义务关系,将土地一级开发的各个环节分解到位,明确各方责任,各项工作的完成标准及时限,土地出让金的缴纳和冲抵,规划方案的设定,与征地、拆迁相关的事项,土地一、二级联动开发"招拍挂"时的合法壁垒设定,土地一级开发成本构成,政府的税收优惠及不再审批同类项目的保护性政策,各方的各自承诺与保证等内容。

四、为政府提供土地一级开发法律服务

目前地方政府在实施土地一级开发过程中依据的规范性法律文件的位阶层级较低,相关配套文件也不齐全,故各地政府在一级开发的具体的开发模式、程序或流程方面几乎各有各的理解和做法。基于这种情形,笔者认为,在国有土地一级开发中,律师可以通过适当的方式向政府机关提供土地一级开发的法律服务。比如,审查地方政府制定的土地一级开发实施细则或操作流程,是否与国家级规章或地方性相关法规相冲突,对土地一级开发的模式进行建议。另外,一些外地开发企业并无实力,到地方进行土地一级开发目的是圈地,政府可委托律师进行相关的尽职调查,以保证国有土地一级开发顺利进行。调查应该包括一级开发企业的资信状况,是否具有国有土地一级开发项目的经验,是否具有拟进行的国有土地一级开发项目所需的相应的资质,开发企业与他人合作履约的程度、商业信誉,投资关键决策人或老板在业内的影响及口碑,以及开发企业的实际履约能力。

除此之外,律师还可为政府的土地一级开发融资提供法律服务,可为政府在土地出让时委托项目或竣工项目的招标、拍卖,挂牌招标文件制定、起草、审查,以及资格预审等相应的法律服务。

第十二节　土地一级开发中的其他问题

关于土地一级开发中存在的问题,各地在不停地探索,以求解决之法。比如,北京市土地一级开发主体由北京市土地整理储备中心及其授权的开发企业进行,目前土地整理储备中心和开发企业均可进行土地一级开发。其中土地整理储备中心既作为指导性单位审议一级土地开发项目的申请,也作为一级开发的实体参与一级开发。2006年年底,北京市国土部门开始推行土地一级开发招标制。目前,土地一级开发存在如下问题:

一、制度设计存在改善空间

一级开发企业的利润率不合理,导致社会资本不愿意向土地一级开发投资,而是投向二级或三级市场。因土地一级开发投资不足,导致土地供应不足,二级开发企业拿不到地,房屋供应量无法满足需求。

二、一级开发未全面市场化

一级开发由政府绝对主导,不以市场方式公开选择土地一级开发公司,开发成本不透明,影响土地开发的成本和效率,容易抬高熟地价格,可能存在幕后交易,导致土地出让存在问题。另外,土地一级与二级开发没有明确的界限,所以就像上文所述,一、二级联动开发方式目前很普遍。从房地产开发的整个流程来看,一、二级联动开发是原协议出让土地方式的翻版。目前我国城市土地一级开发资金主要来源于土地储备机构、银行信贷资金及一级开发实施单位的自有资金及自行筹集。如果彻底放开土地一级开发市场,从政策上放宽土地一级开发资金的进入渠道,那么土地一级开发的资金不足从而影响开发进度及供地的问题可能会得到缓解。

三、规划方面缺少市场机制

目前,由政府出让的土地都限定了土地规划指标。这些规划指标的制定是行政行为,难免缺少市场元素,应适当引入市场因素作为参考,减少土地出让后部分规划指标的修改。

四、土地一级开发利益分配难

土地一级开发主要涉及三个利益主体:一是地方政府;二是一级开发企业;三是原土地使用权人或所有权人。目前土地一级开发利益分配并没有统一的规定,各地一级开发利益分配不一致,个别地方以地方规章或文件的形式确定利益分配,而大多数地方通过协议方式来约定土地一级开发的利益分配,这里的利益分配主要指土地增值收益。土地出让增值收益分成在许多地方成为一级开发的重要利润来源,一般情况下地方政府为招商引资拉动当地经济发展,给企业一些优惠条件,企业分成比例较高,但这种分成办法与土地出让收支管理办法有冲突,一级开发企业应事先筹划好合法地拿到土地增值收益分成的方案。而某些城市,土地增值几乎全部归政府。

五、宏观调控使商业与住宅房地产用地受到牵连

对建设用地需求量大的是工业用地,尤其是各类招商引资的各级各类工业园区。目前我国各类工业园区总面积已经超过了全国所有城市市区建成区的总面积。在宏观调控下,住宅与商业房地产用地也受到牵连,用地供给量逐年减少。

六、土地一级开发投融资目前存在的主要问题

一级开发融资体系不健全,体制单一,融资渠道不畅,融资困难导致政府无法通过储备调控土地供应数量,在开发完成后为保证收回资金必须快速上市出让。

七、土地一级开发中土地储备法律制度依据不足

目前土地储备的主要成文依据是规章层级的,它们的法律位阶都比较低,法律依据明显不足。有些规定的内容与《民法典》等上位法不一致,在实施过程中遭遇到了不少法律问题。因此在实施土地储备过程中,一方面在涉及多方利益时很难协调,对预期结果无法确定或准确预测,由此将给土地储备运行带来一系列风险;另一方面,这种基本上依靠政策来规范实施的土地储备制度,由于政策本身即存在一定的不确定性,也直接影响土地储备制度的正常运行和目标的实现。

第三章
房地产二级开发合规管理及法律风险防范

第一节 房地产二级开发流程①

本书在第二章介绍了土地一级开发的流程,一般区分土地一级开发与二级开发的分界点是二级开发主体向自然资源主管部门申请办理相关土地手续后,领取中标通知书、签订土地出让合同、缴纳土地出让金之时。但也有人认为,一级开发单位竣工验收后即宣告整个一级开发的过程完成,至于上市交易,则属于二级开发的内容。为了方便读者阅读,本书在二级开发的章节中,将土地取得的几种方式中涉及的"招拍挂"等过程也列入其中,与一级开发有重合之处,但侧重点不同。

本节主要介绍二级开发的报批及审批的流程、风险及防范。报批及审批最大的风险就是时间风险。在20世纪80年代初期,处于改革开放前沿的深圳市喊出了"时间就是生命,效率就是金钱"的口号,这个口号可以借用在房地产报批及审批环节。时间风险主要来自两方面:一是开发企业为谋取不正当利益,在土地出让金、土地性质与用途、建筑密度、容积率指标等方面提出不合法要求,行政主管部门依法办事,对开发企业的要求不予批准或采取拖延的方式变相拒绝;二是政府部门的工作效率低。

一、"招拍挂"及土地证办理流程

开发企业取得土地的方式有很多种,此处仅以开发企业通过"招拍挂"出让方式取得土地使用权为例,简单列出该流程。

---

① 此流程可参考北京市的二级开发流程,该流程在规划与自然资源管理部门合并后,事实上应有所修订,但在其官方网站中的流程图的机构名称并没有改变,流程也没有改变,仍处于有效状态,故二级开发流程仍主要引用该流程图进行介绍,但不排除读者在阅读此节内容时流程图已经修改、调整的可能性,可能有些环节取消或增加新的环节,或者流程的先后顺序有所调整,或者某些需要提交的材料取消或新增,或者收费标准调整或取消等。故提醒读者在阅读本节内容时,应查询相关的官方网站信息,以政府部门公布的最新内容为准,此节的开发流程及需要提交的资料仅供参考。

(一)招标流程(略)

(二)拍卖流程(略)

(三)挂牌流程(略)

(四)办理国有土地使用证(略)

开发企业通过招标取得中标通知书,通过拍卖取得拍卖成交确认书,通过挂牌取得挂牌成交确认书,并与国土部门签订土地出让合同且缴纳土地出让金等后,应到自然资源行政管理部门办理出让国有土地使用权设定登记手续。

二、环保批复流程

开发企业办理的环境影响评价文件经批复后才能办理立项。如果没有一级开发直接进行二级开发,那么立项申请主体还需要提交交通影响评价、地质灾害评估等文件。

(一)办理房地产项目环保审批需提交的材料(略)

(二)审批流程(略)

(三)对环境影响评价文件的要求

(1)环境影响报告书的内容要求。环境影响评价文件的等级要符合《建设项目环境保护分类管理名录》(已失效)的规定;环境影响报告书要达到《建设项目环境影响评价技术导则总纲》规定的深度要求。

(2)新建项目容易产生废气、噪声、异味,或者存在其他可能扰民的项目时,如果距离居民较近,应征得项目周围居民的同意。

(四)对建设项目的要求

1. 建设项目基本要求

①符合《北京市为保护环境禁止建设项目、禁止建设地区和严格控制建设地区的名录》的要求;②符合国家产业政策;③符合城市功能区划和环境保护规划;④要合理利用自然资源,防止环境污染和生态破坏;⑤采用的技术与装备政策须符合清洁生产的要求;⑥污染物排放不得超过国家和北京市规定的环境保护排放标准;⑦满足国家和地方规定的污染物总量控制要求;⑧建成后须符合地区环境质量、符合环境功能区要求;⑨建设单位应当承诺在项目投入使用前向利害关系人如实说明该地区的环境质量现状及拟采取的防护措施;⑩对环境可能造成重大影响,需要编制环境影响报告书的建设项目,需提交论证会、听证会或采取其他方式征求有关单位、专家和公众意见的结果,但按国家规定需要保密的情形除外;⑪符合《电离辐射防护与辐射源安全基本标准》(GB 18871—2002)、《电磁环境控制限值》(GB 8702—2014)及其导出标准中的强制性规定。

2. 房地产项目基本要求

①符合建设项目基本要求;②如果项目所在地区环境质量超标,建设单位应采取必要的防护措施,以减少环境对本项目的影响;③应当与周围产生污染的工业项目保持一定的防护距离;④临近铁路、轨道交通、高速公路、城市快速路、城市主干路、机场时,应符合城市规划部门划定的

防噪声距离,并按照国家声环境质量标准和民用建筑隔声设计规范进行设计。

3. 城市基础设施项目基本要求

①符合建设项目基本要求;②建设经过已有噪声敏感建筑物集中区域的高速公路和城市高架、轻轨道路,有可能造成环境噪声污染的,建设单位应当设置声屏障或者采取其他有效的控制环境噪声污染的措施;③城市集中污水处理厂应当与居住区等环境敏感区保持300米以上的防护距离;④垃圾卫生填埋场应当与居住区等环境敏感区保持500米以上的防护距离。

三、办理规划意见书流程(略)

四、立项流程

立项主要考察的是项目的投资额及可行性。现在各地由于市场经济的发展程度不同,所以立项管理的宽严程度也不同。有些地方基本不管,而有些地方管得非常严。立项所需要的材料,各地规定各不相同。

以北京市为例,总建筑面积5万平方米以下的住房建设项目的商品房投资计划由区发改委、区建设行政主管部门核准。危改用房、高档房地产开发项目、容积率小于1.0的低密度房地产开发项目、总建筑面积5万平方米及以上的住房建设项目由市发改委、市建设行政主管部门核准。

有些地方房地产开发项目立项审批除提交规定的材料外,还须提交建设用地的权属文件或建设项目用地预审意见书、项目建设投资概算、项目地形图、有关职能部门的意见、人防部门的环评意见等。可见,各地规定提交文件的项目不一致,而且立项与其他程序的先后关系也不同。比如,有些地方要求先进行环境评估,或国土部门提供用地预审意见、规划部门提供规划意见等再立项,但在很多地方,做规划意见、环评的主要前提就是提交立项批文,否则不予进行,而立不了项,根本做不了规划、环评,这就陷入了死循环。

房地产公司立项审批一般会按照发改委及建设行政主管部门的要求去做,否则计划是无法立项的。为了从死循环中跳出来,开发企业一般让发展改革部门推荐编制可行性研究报告的专业公司。如果环评在先,去环保局时就让环保局推荐做环境评估报告的专业公司,然后由类似的专业公司负责办理此类手续。

五、人民防空工程建设标准审查流程

人民防空工程建设标准审查由区人防办办理。凡进行旧城改造、新区建设和各类经济、技术、旅游开发区建设,乡镇政府所在地规划区域内的建设项目,必须结合新建民用建筑(指住宅、旅馆、招待所、科研、教学、办公、医疗、商贸、文体等用房)和外资民用建筑,依法同步建设人民防空工程。已取得发改委立项和符合规划部门规划意见的建设项目,必须修建人防工程或易地建设。办理人防预审需要收费,根据《北京市物价局、北京市财政局关于制定我市防空地下室易地建设费标准的函》,收费标准为每建筑平方米1640元。按规定应当修建人防工程的建设项目,确因地质条件限制或其他客观因素不宜修建人防工程的,按规定缴纳人防易地建设费。

目前人防工程的产权均属于国家,不归全体业主。人防工程的使用权一般归开发企业。人防部门属于政府部门,不是军队编制。用于人防用途的部分地下室也可以用作停车位,但是不能发放不动产权属证书,不能出售,只有使用权。因此,从经济角度看,多建人防对开发企业来说是不划算的,应在合法的范围内尽量减少人防工程面积。

六、总平面审查、管线综合审查及单体审查

(一)总平面审查

总平面审查,专业表述应该为"修建性详细规划审查",业内人士一般简称为"修规"。这个阶段就是审查小区的总平面规划图纸,项目审查重点围绕容积率、建筑间距、建筑密度、绿地率、建筑标高、建筑性质、建筑控制高度、建筑立面色彩和造型、停车泊位等展开。以住宅小区为例,审图的内容包括一个小区内建筑物的位置、高度、占地面积、建筑物之间的间距、是否符合日照标准、总容积率、是否超过规定的容积率、建筑密度、进出小区道路的位置、小区出入口的安排、是否符合消防规范等。

总平面审查是整个开发报建过程中最需要专业技术知识的工作,这个过程一般需要两到三个月。如果开发企业工作能力不强,那么总平面审查耗时一年以上的可能性是存在的。如果总平面审查结束时规划要点却到期了,需要重新领取后再审总平面,等审完之后总规又改了,可能把这块地的用地性质变成了公用事业用地,那么后续的开发工作将无法继续。总平面审查往往要和规划部门反复修改协商,规划部门通常会提出很多关于项目不符合规划要求的问题,比如,消防间距不够、车道转弯半径太小、地下室边界线和地上建筑的边界线没有用两种颜色标注等。

(二)管线综合审查

管线综合审查是将小区的给排水管线、强电线路、弱电线路这三项综合考虑,根据各项设计规范,科学统筹安排到同一张图纸上。管线综合审查在报批时风险较大,即使是大公司也可能因未通过审查而使项目搁浅。综合管线涉及小区的电力供应、通信、排水等,非常重要。上述管线需要从外部市政管线引入,与外部管线有一个接口。即使开发企业设计的综合管线再好,但与市政管线接口不匹配,或者市政管网有所改变,那也不能通过审批。无论开发企业事先做了多少准备工作,都无法保证预留的接口不发生变化。最常见的是市政排污管线突然重新施工,接口位置发生了变化,即使水平抬高几厘米,审查部门也会认为开发企业报批的综合管线因为排水管线倾斜度不够而否定整个小区的管线综合审查,需要重新规划设计。

案例:某商业项目在报批时,开发企业与电力部门及规划审批部门进行沟通,准备从某某电站接入,且高压电线的接入口已确定,电力部门及规划审批部门口头同意。等开发企业施工完毕要正式接入的时候,电力部门表示其容量已经超过设计,不能再接入了,需要从其他地方接入。这样做成本非常高,开发企业要多花费大量资金。结果,开发企业决定暂时不接入,使用临时电。因临时电不稳定,经常停电导致居民家用电器损坏,引起住户不满,住户多次与开发企业协调沟通,使开发企业疲于应付。

(三)单体审查

规划部门对单体设计的审查也是非常严格的,但单体设计的审查相对于总平面规划的审查比较容易通过。单体设计就是在总平面规划的基础上,落实单体建筑的设计方案,通俗地讲,就是落实各空间的大小尺寸。单体设计审查通过后,设计公司就可以出具建筑施工图,开发企业就可以申领建筑工程规划许可证。

七、办理建设用地规划许可证和建筑工程规划许可证流程（略）

八、施工图纸审核流程

施工图纸审查已经市场化了，开发企业可以自行寻找有资质的施工图纸审查单位进行审查，施工图审查单位必须对审查结果负责。施工图纸审查是收费项目，费用较高，除了审查费以外，还有其他额外的费用。有些地方还需要进行预算单价审查，如工程造价的预算报告是否存在问题、建设行政主管部门审查预算单价是否合理等。建设单位进行勘察和施工图纸审核，须提交土地证、项目核准书、建筑工程规划许可证、勘察报告、施工图纸。

九、消防设计审查验收主管部门进行施工图纸消防审核的流程

根据《建设工程消防设计审查验收管理暂行规定》，审查和验收工作主体为住房和城乡建设主管部门。

（1）特殊建设工程的消防设计审查。对特殊建设工程实行消防设计审查制度。特殊建设工程的建设单位应当向消防设计审查验收主管部门申请消防设计审查，消防设计审查验收主管部门依法对审查的结果负责。特殊建设工程未经消防设计审查或者审查不合格的，建设单位、施工单位不得施工。

（2）其他建设工程，建设单位申请施工许可或者申请批准开工报告时，应当提供满足施工需要的消防设计图纸及技术资料。未提供满足施工需要的消防设计图纸及技术资料的，有关部门不得发放施工许可证或者批准开工报告。

消防报建是所有专业报建中最艰难的，因事关人身安全，政府部门的管理极为严格。对开发企业来说，想要完全满足消防规范的要求，需要投入大量资金，而且可能会影响消费者使用习惯，比如，如果电梯间和楼梯间之间设置防火门，业主出入时感觉非常不方便。现在消防设计审查越来越严格，体现了政府对公共安全负责任的精神。那么，开发企业应如何在公共安全、法律规范与自身利益之间寻求平衡？一般来说，各开发企业都是委托消防施工单位代理报批。因为这些企业长期和消防主管部门打交道，了解涉及生命安全的消防规范底线。开发企业不要以为在消防设施方面"偷工减料"的想法可能实现，这种想法是不现实的，应按照消防规范规定去做。比如，建筑物12层以上要设置专门的消防电梯，17层以上设置剪刀楼梯，这些强制性规范无论如何都不能变通，没有开发企业能绕得过这些强制性规范。

十、节能审查

在领取建设工程规划许可证之后，设计公司在建筑施工图的基础上再次细化，完成结构施工图、水电施工图等全部施工图及结构计算书等，完成节能设计并制作节能计算书，就可以向有关部门申请节能审查。节能审查原来是没有的，但现在越来越强调可持续发展，建筑节能的重要性也就越来越显著。有些设计单位设计的360度落地窗、全敞开式阳台、无封闭式中庭等在节能方面肯定不会达标。北方的开发企业一般在节能审查上都能达标，因为北方涉及冬季取暖的问题，节能不达标的房子，在冬季需要花费更多取暖费。

十一、招投标文件审核备案及招投标监督流程

此处所讲的招投标与第二章所述招投标不同，本章所讲招投标是指二级开发时建筑工程施工的招投标，开发企业是甲方，承包单位是乙方。

建设单位招标需要办理相关的备案手续,由区建设行政主管部门办理招投标备案。根据《招标投标法》及其相关的规定,招标人可自行招标,也可委托其他招标代理机构招标,可以采用不同的招标方式,可以直接发包。公开招标的,招投标资格预审结果应登记,招标文件应进行备案。

十二、签订施工合同及备案流程

招标人与中标人应在发出中标通知书后 30 日内签订书面合同,签订书面合同后应对合同进行备案。双方合同备案人员携带全部合同正副文本、中标通知书、招标文件、委托人的授权书、备案人员的岗位证书等资料向招标办备案。招标人与中标人签订补充合同或协议,以及变更、解除合同,均应及时向招标办备案。

在施工合同备案之后必须到保险公司办理工程意外伤害险并到银行办理工程资金证明。办理工程意外伤害险需要提交中标通知书和已备案的施工合同,到银行办理工程资金证明需要提交当年完工工程提交总投资不低于 50% 的资金证明,一年以上工程提交总投资不低于 30% 的资金证明。签订施工合同的风险及防范参见本书第七章。

十三、办理施工许可证流程

(一)办理质量监督、建筑节能设计审查和安全监督手续(略)

(二)办理施工许可证

办理完质量、节能、安全监督、工程意外伤害险、工程资金证明手续后就可以办理施工许可证了。建筑工程施工许可证的核发机关是建设行政主管部门,但出于行政层级等原因,各地规定不尽一致。以北京市为例,根据北京市住房和城乡建设委员会工程建设管理处 2019 年公布的《北京市建筑工程施工许可办理指南》规定,城市轨道交通工程、跨区域市政基础设施工程等线性工程、列入市级重点工程计划的新建单体建筑面积 10 万平方米及以上的非住宅类房屋建筑工程和上级部门指定以及因工程特殊性确实需要由市级办理。除市住房城乡建设委负责审批的工程以外的其他工程施工许可审批工作,全部由工程所在地的区住房城乡(市)建设委按照属地原则办理。中央在京单位建设工程、驻京部队需在地方办理施工许可手续的工程,可按照自愿和便利的原则,由建设单位自行选择市或区级住房城乡(市)建设委办理施工许可手续。北京经济技术开发区建设局在市住房城乡建设委的指导、监督下,负责辖区内建设工程施工许可审批管理工作。

十四、市政配套设计施工流程

申领施工许可证之后,建设单位到自来水公司、市政管理处、热力公司、供电局、园林局、电信公司等办理配套设施申报、设计施工,建设单位需要提供总规划平面图,然后与各个单位签订协议,建设单位需要配合施工。

十五、办理商品房预售许可、变更或延期流程(略)

十六、竣工验收流程

施工单位施工完毕后,需进行建设工程验收。建设工程竣工验收由建设单位组织、勘察、设计、施工、监理五方联合进行工程质量验收,住宅项目由建设单位另行组织施工单位和监理单位进行分户验收。在验收时五方出具竣工验收报告及质量评估报告,区建设工程质量监督站进行现场监督。

以北京市为例,整个建设工程竣工要进行联合验收,包括规划验收、消防验收等,联合验收政策依据有:《建筑法》《北京市城乡规划条例》《国务院办公厅关于开展工程建设项目审批制度改革试点的通知》《国务院办公厅关于全面开展工程建设项目审批制度改革的实施意见》《中共北京市委、北京市人民政府印发〈关于率先行动改革优化营商环境实施方案〉的通知》《北京市人民政府办公厅关于印发〈北京市工程建设项目审批制度改革试点实施方案〉的通知》等。

联合验收的必备条件如下:按照规划许可文件要求完成建设;具备工程竣工验收条件;具备消防验收条件;特种设备完成使用登记;具备人防工程竣工验收条件;给水、排水、电力、燃气、供热按要求完工;道路、管线按设计要求完成;档案资料整理完毕;其他事项具备验收条件。

联合验收的办理方式依托网络平台,实行全程网上办理;建设单位网上申请,建设工程信息共享;建设单位提交联合验收申请后,各专项验收管理部门或市政服务企业按照法律法规、标准规范、设计文件等规定,对工程项目进行资料审查和实体验收。办理联合验收的牵头单位是市区两级住房城乡建设委,区住房城乡(市)建设委在市住房城乡建设委指导监督下开展工作;验收单位有市区两级的规划自然资源部门、城建档案管理部门、住房城乡建设部门、市场监督管理部门、民防部门、水务部门、档案部门以及自来水、排水、热力、燃气、电力等专业服务企业。

十七、办理入住手续,交付使用流程

房屋通过竣工验收后,一般建设单位会委托物业公司办理入住手续,向购买人交付房屋。在交付之前,建设单位应与物业公司签订物业管理协议,将物业移交给物业公司管理。

十八、办理不动产权属证书

房屋竣工验收后,开发企业先办理初始不动产权属登记,按照行政管理部门的要求,再办理每一位购买人的不动产权属转移登记。

十九、维修和保修流程

这是房地产开发的最后一个流程。根据相关规定,工程的部位不同,其保修期限也不等。保修期最长的是地基基础工程及主体结构,与建筑物的设计寿命相同,也就是说开发企业应承担终生的保修责任。但开发企业会依据与建筑承包商的合同约定最终的保修责任由建筑承包商来承担。具体的风险及防范将在本书第七章详细介绍。

第二节 取得二级开发权的基本方式及风险防范

取得土地使用权是进行房地产开发的首要前提。取得土地使用权的方式多种多样,至于哪种方式对开发企业最有利,要根据开发企业自身的发展阶段、发展规模,以科学的操作方式,以最小的代价,选择对自己最有利的途径获取目标地块,取得土地使用权,将开发利益最大化。但取得土地使用权的不同方式有不同的风险,如何处理土地使用权过程中遇到的风险以及预防潜在的风险,从而真正做到利益最大化、风险最小化,是开发企业面临和必须重视的问题。

开发企业获得项目开发权的方式可以概括为三大类:一是通过招标拍卖挂牌或协议出让的

方式从国家手中取得土地;二是通过转让的方式从其他企业取得土地或项目;三是通过合作间接获得土地或项目。但事实上因土地性质、用途等不同,开发企业获得土地或项目开发权的具体方式并不局限于上述三大类。下面介绍房地产开发企业取得土地使用权或项目的具体方式及风险防范。

一、自有用地的开发建设

土地所有权属于国家或集体,因此本处所指的自有用地是指企业取得土地使用权证的自有用地,土地用途可能是商业、住宅、工业或旅游用地等;土地性质可能是出让土地,也可能是划拨土地;土地权属可能是国有土地,也可能是集体土地。

(一)自有用地开发建设的合法性

按照《城市房地产开发经营管理条例》第二条的规定,房地产开发经营是指房地产开发企业在城市规划区内国有土地上进行基础设施建设、房屋建设,并转让房地产开发项目或者销售、出租商品房的行为。如果出售自有用地建设办公楼等,属于开发经营,按照目前的规定,是不被允许的,按照"招拍挂"出让或协议出让,进入土地交易市场,原土地使用权人摘牌后才能用于开发经营。如果自有土地用于自己办公或开设酒店,其用途仍然为自用,房屋建成后并不转让,不构成房地产开发经营行为。

按照《民法典》第三百四十四条有关建设用地使用权的规定,建设用地使用权人有权在其享有使用权的土地上建造建筑物、构筑物及其附属设施。因此,在自己享有使用权的土地上建设自用办公楼是行使自己的土地使用权,只要取得土地规划、建设管理部门的相应许可,建设房屋就不违法,是合法行为。对于在自有土地上建设房屋需要办理的手续,各地的规定不完全一样。在北京市,在自有土地建设经营性楼房(如办公楼、酒店、写字楼等)有三个主要环节:一是办理规划手续,确定容积率;二是办理土地手续,补缴土地出让金及其他手续;三是项目立项。这三步办好后,就可以做后续的报建工作了。

目前各地的政策鼓励机关及企事业单位、高校、科研院所等社会单位利用自有国有土地建设保障性住房,如共有产权房屋、公共租赁房等,鼓励产业园区建设公共租赁住房向园区内企业职工出租,鼓励农村集体经济组织利用存量建设用地建设租赁房。现在一些国有企业和一些社会单位已经开始建设公租房,对于建设公租房的,政府提供相应的政策保障,在土地方面给予支持。

2007年8月7日,国务院办公厅曾出台《国务院关于解决城市低收入家庭住房困难的若干意见》,停止国家机关集资合作建房,并规定任何单位不得新征收或新购买土地集资合作建房。但此规定仅限制国家机关,对国家机关以外的单位,利用自有土地集资建房且供应对象符合政策性房屋要求的,并不禁止。因此,利用自有土地建房自用是被允许的,且自行建设某些类型的房屋还是受鼓励的。

房屋建成后的销售属于开发经营,利用自有土地建设写字楼等商业用房,在立项时属于自用,但自用房屋建成之后能否出售,目前针对这种特定的行为,法律并无禁止性规定,但无法办理分割销售。实践中的做法是取得房地产权属证书的房屋,如无禁止性规定仍可出售,因此,很多单位虽然房屋建设时是自用,但建成后仍然出售或出租。目前房屋以自用立项然后出售并无禁止性规定,也无持有一段时间才允许上市出售的规定。

(二)自有建设用地风险的防范

开发企业很少有自有土地,因此,很多开发企业与自有用地单位合作,以开发企业出资,自有用地单位出地的方式合作开发房地产。具体的防范措施参见本节合作开发部分。

二、以出让方式取得国有土地使用权

(一)"招拍挂"出让的风险及防范

根据《招标拍卖挂牌出让国有建设用地使用权规定》,以下情形必须通过"招拍挂"的方式取得国有建设用地使用权:工业、商业、旅游、娱乐和商品住宅等经营性用地,以及同一宗地有两个以上意向用地者的,应当采取招标、拍卖等公开竞价的方式出让。严格限制以划拨方式设立建设用地使用权。"招拍挂"是政府土地一级开发后,通过招标、拍卖、挂牌的形式向开发企业出让土地使用权。因一级开发是一个漫长的过程,任何一个阶段的失误,都有可能导致开发企业在出让环节蒙受损失。对于房地产开发企业来说,通过"招拍挂"取得开发权有很多"雷区",为避免踩到"雷区",应注意如下风险。

(1)主体不合格导致合同无效的法律风险。应注意审查土地的合法性和土地出让方权限的合法性。《最高人民法院关于审理涉及国有土地使用权合同纠纷案件适用法律问题的解释》第二条规定,开发区管理委员会作为出让方与受让方订立的土地使用权出让合同,应当认定无效。另外还应注意投资项目审批的程序是否合法等,以免签订土地出让合同后计划却不能落实。乡镇政府及村委会以下主体与开发企业签订的出让合同也是无效的。

(2)出让土地规划条件未纳入国有土地使用权出让合同的法律风险。如果房地产开发不符合土地出让的规划条件,那么根据《城乡规划法》的规定,出让合同是无效的。因此,开发企业应了解规划部门出具的拟出让地块的规划条件和附图。2019年修正的《城乡规划法》第三十八条第一款规定,在城市、镇规划区内以出让方式提供国有土地使用权的,在国有土地使用权出让前,城市、县人民政府城乡规划主管部门应当依据控制性详细规划,提出出让地块的位置、使用性质、开发强度等规划条件,作为国有土地使用权出让合同的组成部分。未确定规划条件的地块,不得出让国有土地使用权。规划附图要明确标明地块区位与现状、地块坐标、标高、道路红线、出入口位置、建筑界线及地块周围地区的环境与基础设施条件。规划条件必须作为土地出让合同的附件,因此,出让地块必须具备规划部门出具的规划条件和附图,否则不能出让。因此,开发企业应对规划条件及附图进行详细的研究分析(主要是经济方面的分析),并结合企业实际情况进行投资决策。开发企业应重视出让土地的规划条件,将规划条件标准及其变更解除合同的问题在出让合同中明确约定。

(3)出让土地上的房地产开发不符合规划的法律风险。《城市房地产管理法》第十条规定,土地使用权出让,必须符合土地利用总体规划、城市规划和年度建设用地计划。房地产开发违反城市规划存在法律风险,开发企业违反土地出让合同约定的土地利用条件,出让方可以收回土地使用权。

(4)出让人交付的土地不符合交付条件的法律风险。有些地方政府为尽快获得土地出让金,在尚不具备土地周边配套基础设施和土地利用条件的情形下,强行交付土地,导致开发企业无法继续开发,或者导致开发延期,因此,土地的交付标准应在出让合同中详细约定。为规避到期不能交地的风险,在出让合同中应约定,如果出让方不能按期交付土地,后续的出让价款可不支付,且不属于违约。

案例:某开发企业与某县国土局签订国有土地使用权出让合同。合同约定国土局应于2008年7月1日交付土地,开发企业应于同日支付全部出让金。但国土局逾期未交地,开发企业也未缴纳最后一笔出让金,于是双方发生争议,因地价上涨,国土局起诉开发企业解除出让合同,而开发企业反诉,要求继续履行出让合同。

(5)"毛地净挂"的土地出让在征地拆迁中的法律风险。开发企业受让土地的不同性质将导致补偿的主体、程序及标准存在差异。拆迁补偿分为集体土地征收过程中由政府支付的土地附着物的补偿和开发企业对城市规划区范围内国有土地上城市房屋的拆迁补偿。由于这两种补偿方式的差异,被拆迁人与拆迁主体之间极易产生矛盾,处理不慎即会产生纠纷。因此开发企业应明确被拆迁人是否需要安置补偿及如何补偿的问题。

(6)一级开发竣工验收中的法律风险。竣工验收是土地一级开发中的最后一个环节,是对工程进行整体评价和评估的重要阶段,直接与土地开发项目交付相关,需要开发企业与设计、施工、监理等相关单位组成验收委员会,进行质量检测,并审查竣工报告和初步决算。需要注意,在验收完毕后,土地一级开发主体应按照政府质监部门等行政主管单位的要求完成项目竣工备案手续。在之后的"熟地"入市阶段,开发主体应协助政府土地储备部门完成土地有偿出让。

(7)拿地时的决策风险。政府部门在发布挂牌公告时,会详细说明挂牌地块的情况,包括土地面积、土地使用性质、建筑高度、绿地比例、建筑界线,以及必须配置的公共设施和市政基础设施等。开发企业在选择是否竞买时,要充分考虑该土地的特点及开发规划,从资金、项目、管理等多方面综合衡量,全面考虑,进行可行性研究后再作决定。

(8)拿地程序不合法的风险。土地一级开发程序复杂,每一个环节都有较多法律规制,即便是地方政府已经挂牌出让的土地也未必合法,因此,开发企业应对土地开发的整个程序进行审查,注意出让的土地是否在经批准的总面积方案范围内,确认投资项目审批、核准的权限和程序是否合法,用地的计划指标是否已经落实或已获得批准,否则,即使签订了土地出让合同,土地出让合同也可能因为违法或者项目的投资计划不能落实而导致后续的二级开发无法启动。开发企业除应审查"招拍挂"之前的手续外,在"招拍挂"过程当中也注意以下程序问题:

①开发企业一旦决定竞买,应在挂牌出让公告规定的报名时间内,到各地自然资源主管部门办理报名手续,按规定提供报名材料。经审核后符合竞买条件的,须按规定交付竞买保证金,取得竞价资格后即可参与竞价。

②报名截止时间为挂牌公告期满前3日,竞价截止时间与挂牌公告期满时间相同。竞买人报价必须采用统一制作的竞价书,进行现场书面报价。

③竞买报价书经提交并确认有效后,不得撤回。竞买人须按照报价书的内容承担义务。竞买人可在满足加价幅度的条件下多次报价。

④开发企业应审查填写的报价单是否符合挂牌文件规定、开发企业报价是否得到确认,或者有无其他单位出价更高。

⑤开发企业成为竞得人后,政府主管部门应当与开发企业签订成交确认书,开发企业应审查成交确认书,确认包括出让人和竞得人的名称、出让标的、成交时间、地点、价款,以及签订国有建设用地使用权出让合同的时间、地点等内容。

⑥开发企业应提示政府主管部门,在挂牌工作结束后10个工作日内在土地有形市场或者指定场所、媒介公布挂牌结果。

⑦开发企业在土地挂牌结束后应当在成交确认书规定的时间地点签订《国有建设用地使用权出让合同》,开发企业应审查合同条款与挂牌公告内容是否一致。

(9)防止恶意竞争,或者出让方恶意排斥、排挤潜在摘牌者。中标人提供虚假文件隐瞒事实或采取行贿、恶意串通等非法手段中标或竞得的,中标竞得结果无效,还应承担民事责任。

(10) 政府在公告中的限制性条款,比如,是否具备一定规模、拿地后是否有囤地行为等。

(11) 土地出让金缴纳的风险。一般出让合同中都约定开发企业不依约支付出让金可解除合同并收回土地使用权,至少应支付延期违约金。开发企业签订土地出让合同后,就要缴纳土地出让金,这笔钱数额巨大,有的甚至占到开发总成本的60%。这笔钱如何支付以及什么时间支付对开发企业来说至关重要,因为这关乎开发企业的资金链和资金使用成本。按照目前的政策,一般是在1个月内一次性缴纳,也有地方政府要求分期缴纳全部土地出让金,原则上不得超过一年,首次缴款比例不得低于全部土地出让款的50%。这样的规定对开发企业的影响非常大:一是对土地储备较多的开发企业有利,有些开发企业储备的土地几年甚至十几年也开发不完;二是提高了房地产开发的门槛,对中小型开发企业极为不利,因为前期占用太多的资金,一些资金实力不足的中小型地产商面临被淘汰出局,或者被挤到三线或四线城市的危险。这个政策会促使房地产市场逐步形成实力强大的公司更加强大的局面。基于上述政策的规定,开发企业在拿地时一定要根据政府出让合同中出让金缴纳的时间点及比例筹措资金。

(12) 不能缴纳土地出让金的风险。除上述所列不能缴纳出纳金有解除合同、收回土地的风险外,开发企业中标后在未付清土地出让金之前,不能将已取得的国有土地使用权设立抵押贷款融资。开发企业应警惕延期支付出让金的违约责任,应确保有足够的资金竞标,否则会产生不利的后果。

案例:某县级市国土局与甲公司签订土地出让合同,约定甲公司应在2008年6月1日前交付全部土地出让金等配套设施费用,合同同时约定国土局于2008年7月1日前将净地交付给甲公司。但因拆迁存在阻力,国土局延期交地,因此甲公司延期缴纳出让款。后国土局起诉到法院,甲公司反诉,最后法院判双方各自承担责任。

(13) 开发企业支付两次土地使用权对价的风险。实践中,对划拨土地有使用权的主体与开发企业签订了转让合同,后经政府批准办理出让手续,那么开发企业有可能既向原土地方支付转让款,也向政府支付土地出让金,因此存在支付两次对价的法律风险。《最高人民法院关于审理涉及国有土地使用权合同纠纷案件适用法律问题的解释》第十条规定,土地使用权人与受让方订立合同转让划拨土地使用权,起诉前经有批准权的人民政府同意转让,并由受让方办理土地使用权出让手续的,土地使用权人与受让方订立的合同可以按照补偿性质的合同处理。第十一条规定,土地使用权人与受让方订立合同转让划拨土地使用权,起诉前经有批准权的人民政府决定不办理土地使用权出让手续,并将该划拨土地使用权直接划拨给受让方使用的,土地使用权人与受让方订立的合同可以按照补偿性质的合同处理。如果土地是划拨的,开发企业在受让划拨土地时要考虑出让的主体及补偿的主体,避免既支付补偿金,又支付土地出让金。

(14) 开发企业将土地出让合同中的权利与义务全部转让的风险。有些开发企业在签订土地使用权合同后,将国有土地使用权出让合同中的权利义务全部转让,这里存在法律风险。有些政府制定的格式出让合同,明确规定签订合同后不得将权利义务全部转让,必须独立开发,不得转让,包括股权转让也不允许。依据《民法典》第五百五十五条的规定,当事人一方经对方同意,可以将自己在合同中的权利和义务一并转让给第三人。如果开发企业将合同义务全部转让给第三方,那么必须经过土地出让方同意,亦即经政府一方允许。

(15) 土地用途和容积率调整的法律风险。容积率是指建筑物总面积与宗地面积之比,在宗地面积一定的情况下,建设项目的容积率越高,建筑物总面积就越大,土地利用率就越高,提高容积率,开发企业获取的利益也会提高,相应地,政府会让土地使用权人缴纳更高的土地出让金。

提高容积率后应补缴土地出让金的法律依据经历了从无到有的过程。1994年公布的《城市房地产管理法》仅对土地使用者改变土地使用权出让合同约定的土地用途应相应调整土地出让金作出规定,但对容积率调整是否应补缴土地出让金未作出规定。2001年《国务院关于加强国有土地资产管理的通知》规定,土地使用者需要改变原批准的土地用途、容积率等,必须依法报经市、县人民政府批准。对于出让土地,凡改变土地用途、容积率的,应按规定补交不同用途和容积率的土地差价。2002年《建设部关于加强国有土地使用权出让规划管理工作的通知》(已失效)第四条规定,如因特殊原因确需改变规划设计条件的,应当向城乡规划行政主管部门提出申请,经批准后方可实施。城乡规划行政主管部门应当告知土地管理部门,依法应当补交土地出让金的,受让人应当依据有关规定予以补交。根据国土资源部、国家工商行政管理总局公布的《国有建设用地使用权出让合同(示范文本)》第十八条,受让人应当按照合同约定的土地用途、容积率利用土地,如果在出让期限内,需要改变合同约定的土地用途的,有两种处理方式,一是由出让人有偿收回建设用地使用权;二是依法办理改变土地用途批准手续,签订国有建设用地使用权出让合同变更协议或者重新签订国有建设用地使用权出让合同,由受让人按照批准改变时新土地用途下建设用地使用权评估市场价格与原土地用途下建设用地使用权评估市场价格的差额补缴国有建设用地使用权出让价款,办理土地变更登记。

　　地方政府依据上述规定,先后出台了因容积率变动补缴土地出让金的管理规定,对计算应补缴的土地出让金方式作了各种规定,主要采取评估法、基准地价修正法、平均楼面地价法和综合法等多种方式。一是按原出让合同的楼面地价为标准计算应补缴的土地出让金,规定这一方法的地方比较多,主要是因为该方法计算简单,无须再进行土地市场价格评估,成本也较低,这种方法在土地市场价格上涨的情况下对开发企业最有利。二是按批准变更时新旧条件下的土地市场价格的差额为应补缴额。三是根据批准调整时间与原出让时间的跨度制定不同的处理方法,未超过一定年限的,按原出让楼面地价计算应补缴额;超过一定年限的,按第二种方式处理。四是制定类似基准地价的补缴土地出让金的标准,按补缴标准计算应补缴额。

　　土地出让合同签订后,土地级别、区段位置、开发强度是不能改变的,这在各个层级的规范性法律文件中均被反复强调,但土地用途和容积率有调整的可能,土地用途和容积率调整会引起出让价格的变化。《城市房地产管理法》第十八条规定,土地使用者需要改变土地使用权出让合同约定的土地用途的,必须取得出让方和市、县人民政府城市规划行政主管部门的同意,签订土地使用权出让合同变更协议或者重新签订土地使用权出让合同,相应调整土地使用权出让金。《最高人民法院关于审理涉及国有土地使用权合同纠纷案件适用法律问题的解释》第五条规定,受让方经出让方和市、县人民政府城市规划行政主管部门同意,改变土地使用权出让合同约定的土地用途,当事人请求按照起诉时同种用途的土地出让金标准调整土地出让金的,应予支持。调整土地出让金应该包括受让人补缴土地差价和出让人退还土地差价,但司法解释未明确规定。为避免调整需要退还出让金而实际不能执行的问题出现,开发企业应在出让合同中补充约定退还差价款。除此之外,开发企业应重点关注调整容积率必须经过合法批准,否则既属于违法行为,也是违反土地使用权出让合同的行为,既可能受到行政处罚,也会因违约承担民事责任。

　　(16)中标、摘牌后不履行的法律风险。开发企业中标、摘牌后,签订成交确认书或中标通知书后,出让人改变竞得结果,或者中标人、竞得人放弃中标宗地、竞得宗地的,都应承担相应的违约责任。

　　(17)出让合同中附生效条件的风险。有些出让合同中附生效条件,比如,合同约定出让合同须经上级政府的批准,而法律或行政法规规定无须上级政府批准,或只需要向上级政府备案,那么该出让合同是否生效?按照最高人民法院的理解,约定附带出让条件的合同,所附条件不产生限制合同效力的法律效果,约定的所谓生效条件不符合《民法典》对附生效条件的规定。

(18)土地出让方工作人员违法犯罪对出让合同的影响。在土地使用权出让过程中,可能涉及国家机关工作人员犯罪。比如,国土资源行政管理部门负责人接受贿赂后,将本应"招拍挂"的土地协议出让,或不具备条件就出让,或出让金标准低于规定,或征地未获得审批等,以上情况的出让合同是否有效?有些情况下,工作人员虽然收取贿赂,但出让的程序合法,合同内容也合法,整个出让过程未违反法律规定,这种情况下出让合同是否有效?这个问题比较复杂,笔者认为,如果出让程序和内容合法,即使工作人员受贿,合同仍然有效,不影响合同的效力。但在合同有效的前提下,如果不符合"招拍挂"的方式,那么客观上无法继续履行,产生纠纷时法院也不会支持当事人的诉求,会要求当事人另行解决。

(19)出让合同纠纷风险及防范。土地使用权出让合同是指市、县人民政府自然资源主管部门作为出让方,将国有土地使用权在一定年限内让与受让方,受让方支付土地使用权出让金的协议。对于土地出让合同是民事合同还是行政合同,争议很大。在(2018)最高法民申3167号案件中,最高人民法院在裁判意见中认为土地使用权出让合同是民事合同。但是在(2018)最高法民申3890号案件中,最高人民法院认为土地使用权出让合同是行政协议。在(2020)最高法行申11747号行政裁定书中,最高人民法院认为,土地使用权出让合同纠纷属于行政诉讼的受案范围。依据《城市房地产管理法》《城镇国有土地使用权出让和转让暂行条例》等规定,国有土地使用权出让合同属于行政协议。从签订主体看,签订国有土地使用权出让合同的一方是土地管理部门,系行政主体;从目的要素看,此类协议是为了实现公共利益或者国家对有限的土地资源合理、有效利用的管理目标;从双方权利义务关系看,此类协议与行政机关履行行政职责或者完成行政管理任务密切相关,行政机关在协议的签订和履行中,享有基于社会公共利益或者法定事由单方收回土地等权利。

国有土地使用权出让合同效力引发的纠纷种类如下:
①主体不合格无效;②土地出让金低于订立合同时政府按国家规定确定的底价;③未办好集体土地征收手续的;④一方以欺诈、胁迫等手段签订土地出让合同的;⑤以合法形式掩盖非法目的的;⑥恶意串通的;⑦违反法律、行政法规强制性规定的;⑧划拨土地未批准擅自转让或变相转让的。

国有土地使用权出让合同引发的其他常见纠纷如下:
①国有土地使用权出让方式选择引发的纠纷;②不公平竞买引发的纠纷;③随意废标、撤拍、撤牌、不按规定签订土地使用权出让合同引发的纠纷;④不按照土地出让合同约定缴纳土地出让金引发的纠纷;⑤不按期交付土地引发的纠纷;⑥不按期开发建设、土地闲置引发的纠纷;⑦擅自改变土地用途和使用条件而引发的纠纷;⑧收回土地使用权引发的纠纷;⑨因出让方不按约定颁发国有土地使用证书而引发的纠纷。

为防范上述各种因土地出让合同而引发的纠纷,开发企业应仔细审查土地出让合同。开发企业应注意土地出让合同中关于权利义务、开发转让、地下空间开发利用权等条款。开发企业在与政府签订土地出让合同应注意以下问题。

①审查土地出让合同的主体及出让的范围,确认签订土地出让合同的主体是适格主体。开发区管理委员会作为出让方与受让方订立的土地使用权出让合同是无效的,土地使用权出让的主体只能是市、县人民政府自然资源主管部门,土地使用权出让合同的订立与履行则由市、县人民政府的自然资源主管部门具体负责。土地使用权出让合同的标的物仅限于国有建设性土地使用权,不包括国有农场的土地使用权,也不包括集体土地使用权。

②审查受让方的主体资格。开发企业参与竞拍的资格一般在挂牌公告中都有明确规定。除此之外,近些年,房地产宏观调控的一系列措施中,政府也对开发企业拿地进行了限制,比如,对空置量大的房地产开发企业,限制其参加土地拍卖和新项目申报;对不执行宏观调控的房地产开发企业也禁止其拿地。

实践中经常遇到这样的问题,个人希望通过出让方式取得土地使用权并进行开发,应当通过何种方式实现？按照《城镇国有土地使用权出让和转让暂行条例》第三条规定,中华人民共和国境内外的公司、企业、其他组织和个人,除法律另有规定外,均可依照本条例的规定取得土地使用权,进行土地开发、利用、经营。《城市房地产管理法》《土地管理法》及国土资源部发布的《招标拍卖挂牌出让国有建设用地使用权规定》等法律法规、规章,对个人以公开方式获得国有土地使用权也无限制。也就是说,个人可以取得国有土地使用权,也可以办理土地使用权证。但是个人以出让方式取得的国有土地使用权,主要用于房地产开发、利用和经营活动。按照《城市房地产管理法》的规定,如果进行房地产开发,必须先成立开发企业,取得资格证书。按照《城乡规划法》的规定,如果进行房地产开发建设活动,必须由建设单位取得建设用地规划许可证和建设工程规划许可证,而以个人名义进行房地产开发建设活动是不可能的。因此,个人通过公开出让方式取得国有土地使用权后,如果要开发,应当先在出让土地使用权成交确认书上签字后的一定期限内办理房地产公司注册,然后以项目公司名义签订正式的国有土地出让合同,缴纳土地出让金后,办理土地登记手续,核发国有土地使用证。很多国有土地出让合同的条款中也有类似的约定,以个人名义取得土地使用权后,个人应作为股东注册公司,然后以公司的名义开发建设。个人通过公开出让方式获得的土地使用权,其土地用途是固定的,也就是必须是经营性用地,而不能用于个人住宅建设。

③签署合同时确认出让方是否已经办理土地使用权出让批准手续或能否办理该项手续,以避免不必要的损失。土地使用权出让合同的出让方因未办理土地使用权出让批准手续而不能交付土地的,受让方可以解除合同。

④注意土地用途调整对土地出让金的影响。政府可以调整土地出让金标准。开发企业经政府自然资源主管部门和市、县人民政府城市规划行政主管部门同意,可以改变土地使用权出让合同约定的土地用途,但政府自然资源主管部门可要求开发企业按照同种用途的土地出让金标准调整土地出让金。

⑤开发企业改变土地用途,政府可收回土地使用权。开发企业擅自改变土地使用权出让合同约定的土地用途,政府自然资源主管部门可解除出让合同,收回土地。

⑥"毛地"出让的,应在出让合同中明确征地或拆迁补偿安置由谁负责、拆迁安置的条件与费用等问题。如果是成片开发的出让合同,那么双方需要对子项地块的开发、转让等问题作出约定,一般应根据子项地块的土地出让金支付进度、土地使用权证书取得情况,以及土地投资开发情况来规定转让条件。

⑦开发企业还要注意有关国有土地收回的相关规定。如果受让方违约,那么出让土地有被收回的法律风险。

⑧明确地下空间的开发利用权。

⑨明确对出让土地的实际面积如何界定。

⑩注意土地出让合同关于地价的约定,避免产生无效条款,同时避免产生不必要的损失。根据规定,出让金低于当地政府最低价的条款无效。土地出让价格应由市场供求关系决定。所以,司法解释规定土地用途为工业用地,公益性、非营利性用地,需要采取协议出让的方式时,约

定的土地出让金仍不得低于当地政府最低价,否则价格条款无效。

有些开发企业可能通过不正当的方式影响政府房地产开发行政主管部门,让具体经办人员或决策人员采用一些手段,以达到自己的目的,比如,让国土部门对土地拍卖设定条件,有时在公开的"招拍挂"信息中我们可以看到竞买条件是"量身定做"的,实际上,拍卖的地块已被提早得知消息的开发企业提前做好了工作,而且有些开发企业可能与政府的决策人员达成一致,不知情的开发企业根本没机会摘牌。

也有开发企业采取打时间差的做法,主管部门要求在挂牌3天内就缴齐保证金,可实际上挂牌公告的日期却定在法定休息日或节假日前一天的16时30分左右,让竞争对手很难有准备的时间,通过这种方式排挤其他外来竞争者。

另外,即便不设定任何限制条件,与主管部门的具体决策人员达成协议的开发企业也可以通过竞价来排挤其他竞争者。比如,决策人员与某开发企业可以私下达成协议,确定土地的交易价格,如果有人竞买,或挂牌后有多家竞价,那么某开发企业就可以不停地叫价,迫使其他开发企业收手,直到以最高的价格将土地拿到手。开发企业暂时把按照竞价取得的土地价款交付给政府财政部门,政府通过返还出让金或变相返还出让金等办法,把公开竞价与通过协议私下确定的价格的差价退还给开发企业,实际上开发企业还是按协议的价格拿地。正因为存在上述暗箱操作的情况,即便房地产企业资金雄厚、准备充分,也可能无法成功通过二级市场取得土地使用权。

(二)协议出让

协议出让国有土地使用权,是指国家以协议方式将国有土地使用权在一定年限内出让给土地使用者,由土地使用者向国家支付土地使用权出让金。协议出让方式是"招拍挂"方式的补充,只有在不属于应当采用"招拍挂"方式的情况下才可采用协议方式。采用协议方式出让国有土地使用权必须要在地价评估基础上,集体审核确定协议价格,其价格不得低于基准地价的70%。协议出让结果必须向社会公开。

1. 协议出让国有土地使用权范围

出让国有土地使用权,除依照法律、行政法规和规章的规定应当采用招标、拍卖或者挂牌方式出让,方可采取协议方式,主要包括以下情况:

(1)供应商业、旅游、娱乐和商品住宅、工业用地等各类经营性用地以外用途的土地,其供地计划公布后同一宗地只有一个意向用地者的;

(2)划拨、承租土地使用权申请办理协议出让,经依法批准,可以采取协议方式,但《国有土地划拨决定书》《国有土地租赁合同》,以及法律法规、规章等明确应当收回土地使用权重新公开出让的除外;

(3)划拨土地使用权转让申请办理协议出让,经依法批准,可以采取协议方式,但《国有土地划拨决定书》、法律法规、规章等明确应当收回土地使用权重新公开出让的除外;

(4)出让土地使用权人申请续期,经审查准予续期的,可以采用协议方式;

(5)法律法规规定的其他协议出让的情形。

2. 协议出让国有土地使用权的禁止性规定

(1)以协议方式出让国有土地使用权的出让金不得低于按国家规定所确定的最低价;

(2)协议出让最低价不得低于新增建设用地的土地有偿使用费、征地(拆迁)补偿费用,以及按照国家规定应当缴纳的有关税费之和,有基准地价的地区,协议出让最低价不得低于出让地块所在级别基准地价的70%,低于最低价时国有土地使用权不得出让;

(3)应当以招标、拍卖、挂牌方式出让国有土地使用权而擅自采用协议方式出让的,对直接负责的主管人员和其他直接责任人员依法给予处分。

(三)用地预申请

用地预申请是"招拍挂"出让土地使用权的一种特殊的方式,又称"勾地",也有人将勾地单列为一种独立的土地使用权出让方式,与协议出让、"招拍挂"出让并列。所谓用地预申请,就是自然资源主管部门根据房地产市场用地情况,对纳入"招拍挂"出让计划的土地预先向社会公布出让方案,由有意申请购买者提出购买意愿申请并报价,如果申请人所提出的报价符合政府预期,那么主管部门将以"招拍挂"方式公开出让该宗土地。勾地制源于香港,目的是防止土地被低价出让。2005年年底,国土资源部发布了《招标拍卖挂牌出让国有土地使用权规范(征求意见稿)》,其中提到了"勾地",但在正式公布实施的《招标拍卖挂牌出让国有土地使用权规范(试行)》中,使用了"用地预申请"这个词。规范中第5.4款规定:"为充分了解市场需求情况,科学合理安排供地规模和进度,有条件的地方,可以建立用地预申请制度。单位和个人对列入招标拍卖挂牌出让计划内的具体地块有使用意向的,可以提出用地预申请,并承诺愿意支付的土地价格。市、县国土资源管理部门认为其承诺的土地价格和条件可以接受的,应当根据土地出让计划和土地市场情况,适时组织实施招标拍卖挂牌出让活动,并通知提出该宗地用地预申请的单位或个人参加。提出用地预申请的单位、个人,应当参加该宗地竞投或竞买,且报价不得低于其承诺的土地价格。"

设立这个制度的目的可能是防止土地流拍,使土地价格保持稳定。按照勾地的做法,政府认为地价低时不卖,高价时才出手,开发企业即使提了申请,勾地也不一定会成功。在成熟市场经济的条件下,价格是根据供求关系变化的,地价可以涨,也可以跌,只要符合市场规律即可。从开发企业的角度,因为勾地的价格不透明,开发企业通过一些渠道可以获得一定的信息,以较小的代价获取较大的利益。

(四)一、二级联动取得土地使用权

具体参见第二章的内容。

(五)房地产开发中常见的国有土地使用权合同纠纷

1. 开发区管委会无权签订出让合同

《最高人民法院关于审理涉及国有土地使用权合同纠纷案件适用法律问题的解释》第二条规定,开发区管理委员会作为出让方与受让方订立的土地使用权出让合同,应当认定无效。如果起诉前经市、县人民政府自然资源主管部门追认的,可以认定合同有效。

2. 未办理出让批准手续发生国有土地使用权出让的合同纠纷

《最高人民法院关于审理涉及国有土地使用权合同纠纷案件适用法律问题的解释》第四条规定,土地使用权出让合同的出让方因未办理土地使用权出让批准手续而不能交付土地,受让方请求解除合同的,应予支持。出让合同未办理批准手续而不能交付土地的,违约责任应由出让方承担。未办理出让批准手续,出让合同的效力不受影响,不导致出让合同无效。但如果导致出让

合同无法履行的,开发企业可请求解除合同,要求出让方承担违约责任。

3. 改变土地用途的合同纠纷

出让合同签订后,如果变更土地用途必须经审批登记,审批登记是土地使用权出让合同中变更土地用途的必要条件,未经审批登记,变更行为就不能产生效力。开发企业在签订出让合同或者取得土地使用权证之后,如果提出变更土地用途,则是对国有土地出让合同的变更,必须经出让方同意,而且经规划行政主管部门同意方可实施,否则无法变更。《最高人民法院关于审理涉及国有土地使用权合同纠纷案件适用法律问题的解释》第五条规定,受让方经出让方和市、县人民政府城市规划行政主管部门同意,改变土地使用权出让合同约定的土地用途,当事人请求按照起诉时同种用途的土地出让金标准调整土地出让金的,应予支持。第六条规定,受让方擅自改变土地使用权出让合同约定的土地用途,出让方请求解除合同的,应予支持。也就是说,开发企业如果擅自改变土地用途,出让方有权解除合同,收回土地。经过批准调整土地用途,土地出让金也需要进行相应的调整,因为土地出让金是一个可变量,决定其数额的因素很多,出让金数额可能会增加,也可能会减少,因此,任何一方都有权提出调整出让金的数额。

4. 因未取得土地使用权证书引起的合同纠纷

开发企业在签订土地使用权出让合同之后,未取得土地使用权证书,出于资金压力或赚差价的目的,会将土地使用权转让。那么开发企业未取得土地使用权证书而将土地使用权转让,是无效行为还是无权处分行为?《最高人民法院关于审理涉及国有土地使用权合同纠纷案件适用法律问题的解释》第八条规定,土地使用权人作为转让方与受让方订立土地使用权转让合同后,当事人一方以双方之间未办理土地使用权变更登记手续为由,请求确认合同无效的,不予支持。从上述司法解释规定来看,未取得土地使用权证书再次转让的,不属于无效行为。

5. 因未办理权属变更登记引起的合同纠纷

转让方转让土地使用权之后,未办理权属变更登记的,属于合同履行的问题,并不影响合同的效力。

6. 因一地数转引起的合同纠纷

由一地数转引起的纠纷,《最高人民法院关于审理涉及国有土地使用权合同纠纷案件适用法律问题的解释》第九条规定得比较清楚。在合同有效的情形下,能取得土地使用权主体的顺序如下:

(1)已经办理完毕使用权转移登记的优先。基于不动产物权登记制度考虑的,以登记为先。

(2)实际占有开发建设的优先。在数个受让方主体都没有登记的前提下,谁实际占有了土地,实际控制了土地,谁就有权履行合同。这是基于占有制度考虑的,目的是保护交易安全。

(3)先支付转让款的优先。在数个受让主体都没有办理转移登记,也没有实际占有开发建设用地的情形下,谁先支付了转让价款,谁就有权继续履行合同。但是司法解释并未规定是支付了全部转让价款还是支付了部分转让价款,支付到什么比例,支付一元转让价款是不是也适用等问题。

(4)成立在先的合同优先。如果上述三个条件都不成立,那么看签订合同的时间,即谁的合同签订在先,谁就有权继续履行合同。

受让方如果解除合同,可参照以上规定,根据实际情况确定如何诉讼。

(六)签订土地出让合同后悔约的处理

(1)土地使用权出让合同是市、县人民政府自然资源主管部门代表国家,作为出让方与受让方按照平等、自愿、有偿的原则,对出让土地的问题友好协商,达成一致后,依法签订的书面协议,对于其本质是民事合同还是行政合同的问题存在不同的理解。因此,对于签订出让合同后的违约问题应遵循民事争议的方式解决还是行政的方式解决也存在争议,甚至法院的处理也有相互矛盾之处。

（2）解决途径上,双方可以协商解决。如果双方合意解除出让合同,那么可将支付的费用返还。协商不成的,可以向人民法院起诉。如果出让方未按合同要求提供土地使用权,那么应当双倍返还定金,并承担违约赔偿责任。如果受让方毁约的,那么其支付的定金不予退还,还应承担违约赔偿责任。法律同时赋予另一方提出解除合同或继续履行的权利。

（3）如果受让人在已经付清地价款,未办理使用权证时,不愿再继续履行该合同,那么可以将出让合同中的权利转让给第三人,国土部门应当受理。如果受让人一并转移出让合同的权利与义务的,在征得国土部门同意后,可以通过补充协议的形式将出让合同项下的受让人变更为第三人,由第三人继续履行合同,受让人即可退出。

（4）对于高价取得土地使用权后不想继续开发,想退地的情况,具体可参阅本章第五节的内容。

（七）"零地价"出让的风险及防范

有些地方政府及开发区为吸引投资,自行出台税收减免和先征后返政策,或以政府奖励、财政补贴等名义将税收和土地出让金等收入返还给企业。尽管基层政府知道"零地价"出让违反规定,形式上对企业用地仍然进行"招挂拍",按规定将土地出让金划入财政专户,然后资金绕一个圈子,最终还是按照"零地价"出让的结果,通过财政账户间接返还给企业,具体的资金返还路径各地不太一样。一般的地方政府都是按照收支两条线进行,土地出让金先缴地方财政,再由地方财政将土地出让收入全额投入地方政府的城投公司（或其他政府投资平台）或地方土地储备开发中心,最后由城投公司或地方土地储备开发中心转给开发企业。有些地方投资平台做得更隐蔽一些,以投资项目参与股权的方式将资金投入开发企业的项目之中。

根据《国务院办公厅关于规范国有土地使用权出让收支管理的通知》的规定,任何地区、部门和单位都不得以"招商引资""旧城改造""国有企业改制"等各种名义减免土地出让收入,实行"零地价",甚至"负地价",或者以土地换项目、先征后返、补贴等形式变相减免土地出让收入。财政部、国土资源部、中国人民银行印发的《国有土地使用权出让收支管理办法》第二条、第十条亦作出类似规定。根据以上规定,改变土地容积率应当补缴的土地价款属于国有土地使用权出让收入,任何地区、部门和单位都不得减免或以土地换项目、先征后返、补贴等形式变相减免。

《国务院关于清理规范税收等优惠政策的通知》也规定,严禁对企业违规减免或缓征行政事业性收费和政府性基金、以优惠价格或零地价出让土地。此外,该通知对财政支出管理进行严格控制,指出未经国务院批准,各地区、各部门不得对企业规定财政优惠政策。对违法违规制定与企业及其投资者（或管理者）缴纳税金或非税收入挂钩的财政支出优惠政策,包括先征后返、列收列支、财政奖励或补贴,以代缴或给予补贴等形式减免土地出让收入等,坚决予以取消。

对于开发企业来说,以"零地价"获得土地使用权时,如果地方政府的上级政府或上级政府的职能部门对此进行监管,那么监管部门有权对地方政府违规批准返还土地出让金的行为进行处理,即可要求地方政府或地方政府的职能部门撤销违反国家法律法规的涉地协议、合同和政府会议纪要等合同或文件,并限期追缴已返还的土地出让金,地方政府也可收回土地。如果地方政府通知开发企业收回土地,开发企业可以提起行政复议。开发企业对行政复议结果不服的,可以在规定的时间内提起行政诉讼。另外,如果开发企业认为其所获土地不属于以"零地价"的方式取得,而是支付了对价,那么开发企业可以主张在出让合同中没有交付土地的国土部门一方应履行交付土地的义务。如果国土部门以执行或落实土地督察为理由主张出让合同无效,则开发企业可进行抗辩。抗辩的理由如下:出让合同是合法有效的,对例行土地督察中发现的问题,当地政府应当按照土地督察提出的整改要求,对违规批准返还土地出让金的,要撤销违反国家法律法规的协议、合同和政府会议纪要,限期追缴已返还的土地出让金,而不能直接将土地收回。在涉地协议、合同未被依法撤销前,在不具备符合《土地管理法》第五十八条规定的可以收回国有土地使用权的情形下,国土局应当依据案涉出让合同的约定,向开发企业交付案涉土地,而不是收回土地使用权。

三、以划拨方式取得国有土地使用权

国有土地使用权划拨,是指经县级以上人民政府依法批准,在土地使用者缴纳补偿安置等费用后,国家将该幅土地交付土地使用者使用,或者将土地使用权无偿交给土地使用者使用的行为。严格来说,划拨土地是不能进行房地产开发经营的,只能自建或以合作的方式建设,即使是自建,也面临着严格的限制条件,风险较大。

目前划拨土地用于建设必须符合特定的目的,并且符合划拨土地目录中的建设项目用地,由建设单位提出申请,经有批准权的人民政府批准后,方可以划拨方式提供土地使用权。目前以划拨土地进行商业开发是被禁止的,但有些开发企业以合作的方式,与邮政、教育、科研、体育、公共文化单位合作建房,开发企业提供资金,以划拨土地使用权单位的名义报建,报建单位取得建筑的所有权,开发企业通过协议的方式取得一定比例房屋的使用权,但该房屋不能上市销售。严格来说,这不是房地产开发,而是与他人合作建房。如果以划拨方式取得的土地使用权,因企业改制、土地使用权转让或者改变土地用途等不再符合划拨土地使用规定,应当实行有偿使用。如以划拨土地进行开发,必须向政府土地部门申请变更土地用途,将教育、科研、体育或公共设施等用地调整为住宅、商业用地,进行商业地产开发,政府土地部门征询规划等部门的意见,如果政府土地部门同意,则开发企业须重新办理规划,符合条件的必须办理土地出让手续。

案例:某公司在某市新城区市政府附近有一块15000平方米左右的土地,这块土地是在市政府决定搬迁前某国有公司以划拨方式按工业用地取得土地的使用权,但是随着新城区的不断建设开发,现在这块地已经是繁华地段,周边都是新建的政府各职能部门的办公大楼、商业大厦及住宅小区。该国有公司现在想进行商业开发,申请将工业用地改为住宅用地或者商业用地。

(一)国有土地使用权的划拨范围

(1)国家重点扶持的能源、交通、水利等基础设施用地,如石油天然气设施用地、煤炭设施用地、电力设施用地、水利设施用地、铁路交通设施用地、公路交通设施用地、水路交通设施用地、民用机场设施用地,可以划拨方式提供土地使用权。对以营利为目的,非国家重点扶持的能源、交通、水利等基础设施用地项目,应当以有偿方式提供土地使用权。

(2)城市基础设施用地和公益事业用地,包括供水设施、燃气供应设施、供热设施、公共交通设施、环境卫生设施、道路广场、绿地。

(3)国家机关用地和军事用地。

(4)非营利性邮政设施用地。

(5)非营利性教育设施用地。
(6)公益性科研机构用地。
(7)非营利性体育设施用地。
(8)非营利性公共文化设施用地。
(9)非营利性医疗卫生设施用地。
(10)非营利性社会福利设施用地。

(二)在原集体所有土地上取得划拨土地使用权的程序

若项目的土地原为集体土地,搬迁后政府为安置集体企业与村民,将该土地用于安置集体企业及农民就业,可以采取划拨的方式供地。在原集体所有土地上取得划拨土地使用权不需要征地,也不办理收储手续。在原集体所有土地上取得划拨土地使用权程序如下:

(1)建设单位必须持国务院管理部门或者县级以上地方人民政府按照国家基本建设程序批准的设计任务书或者其他批准文件,向县级以上地方人民政府自然资源主管部门提出用地申请。

(2)县级以上自然资源主管部门审查同意申请后,会同有关部门进行项目选址,选址后,由自然资源主管部门根据项目的总体规划方案及申请用地范围,向拟征土地所在地的有关部门发征询单,拟征土地所在地有关部门同意后,被征土地的地方人民政府组织建设单位与被征地单位及有关部门依法商定征收土地的补偿安置方案,然后按照审批权限,提交县级以上人民政府审查批准,再由自然资源主管部门发给建设用地批准文件。

(3)在获得建设用地批准文件后,由自然资源主管部门根据建设进度一次或者分期划拨建设用地。建设项目竣工后,先由建设项目管理部门组织有关部门进行验收,再由县级以上人民政府自然资源主管部门核查实际用地,认可后才能按有关规定办理土地管理登记手续,核发国有土地使用证。至此,建设单位才正式取得划拨的土地使用权。

该地块被确定为国有划拨土地后,可用于集体企业的商业设施建设,土地使用权登记在集体企业名下或登记在合作的项目公司名下。

(三)划拨国有土地使用权在转让、出租、抵押及权利处分方面的限制

根据《城镇国有土地使用权出让和转让暂行条例》第四十四条、第四十五条的规定,划拨土地使用权和地上建筑物、其他附着物,必须符合五个条件才能转让、出租、抵押,即:

(1)经市、县人民政府自然资源主管部门和房产管理部门批准(以国有划拨土地使用权为标的物设定抵押,自然资源主管部门依法办理了抵押登记手续,即视同已经具有审批权限的自然资源主管部门批准,不必再另行办理土地使用权抵押的审批手续);

(2)土地使用者为公司、企业、其他经济组织和个人;

(3)领有国有土地使用证;

(4)具有地上建筑物、其他附着物合法的不动产权属证明;

(5)依照规定签订土地使用权出让合同,向当地市、县人民政府补交土地使用权出让金或者以转让、出租、抵押所获收益抵交土地使用权出让金。

不符合上述条件者,划拨土地使用权不得转让、出租、抵押。对未经批准擅自转让、出租、抵押划拨土地使用权的单位和个人,市、县人民政府自然资源主管部门应当没收其非法收入,并根据情节处以罚款。

从上述规定可以得出结论,土地使用权人不符合转让、出租、抵押条件且未经有批准权的人

民政府批准,与受让方订立合同转让划拨土地使用权的,不产生法律上的转让后果,合同无效。

案例:中国××实业发展有限公司(以下简称"目标公司")于1999年成立,原为国有央企的三级公司,央企二级公司作为股东持有目标公司51%的股权,职工(自然人)持有目标公司49%的股权。2015年,目标公司的央企二级公司股东和全部自然人股东决定拟通过北京产权交易所将该公司100%股权全部转让,本次转让标的为目标公司100%股权及转让方央企二级公司单独享有的土地使用权(划拨用地)。其中标的企业有位于海淀区某处"××大厦"房产,占地403.8平方米,土地性质为国有划拨用地。该宗土地证载明土地使用者为目标公司,根据目标公司2005年改制方案,该宗土地未纳入标的企业改制范围,地上建筑物已纳入改制范围。本次股权转让将该宗土地使用权纳入转让范围,依据资产评估报告,土地使用权性质为划拨条件下的房地合一,并对土地使用权(划拨用地)价值和建筑物价值分别作价。土地使用权(划拨用地)转让全部所得由目标公司的央企二级公司股东独享。

某民营企业于2016年2月4日在北京产权交易所摘牌,向北京产权交易所缴纳了全部费用,并在市场监督管理部门办理完毕股权转让变更登记手续。某民营企业控制的目标公司在出售目标公司名下房产和土地使用权时遇到如下问题:

(1)划拨土地上的房产应如何转让?
(2)以什么方式实现转让公司的利益最大化?

根据目前相关法律法规及政策的规定,划拨土地上房产转让有两种方式,一是向市级自然资源主管部门提出申请,经过市规划和自然资源委员会批准后,缴纳土地出让金进行土地使用权转让变更手续;二是有批准权的人民政府按照国务院规定决定可以不办理土地使用权出让手续的,直接将土地使用权及房产进行转让,转让方按照国务院规定将转让房地产所获收益中的土地收益上缴国家或者作其他处理。

(四)划拨国有土地使用权转让的具体方式及法律后果

1. 划拨国有土地使用权转让的具体方式

(1)有批准权的政府准予转让的,应当由受让方办理土地使用权出让手续,并依照国家有关规定缴纳土地使用权出让金;

(2)以划拨方式取得土地使用权的,转让房地产时,受让方用于军事、公用事业或按照住房改革制度出售房屋等情形的,经有批准权的政府批准,可以不办理土地使用权出让手续,但应当将转让房地产所获收益中的土地收益上缴国家或者作其他处理;

(3)有批准权的政府决定不办理土地使用权出让手续,并将该划拨土地使用权直接划拨给受让方使用。

2. 划拨土地使用权转让时要经批准并补缴土地出让金

划拨土地使用权转让必须经有批准权的人民政府批准,在补缴土地出让金变更性质为出让土地后才能进行转让,否则转让无效。起诉前办理了批准手续的划拨土地使用权转让合同认定为有效。另外,转让合同经追认为有效后,受让方已经办理了土地使用权出让手续,补缴了土地出让金,转让合同按照补偿性质的合同处理,即受让方按照有效合同支付给土地使用权人的金额为拆迁安置补偿费用。

3. 破产企业国有划拨土地的权利

划拨土地因土地使用者迁移、解散、撤销、破产或其他原因而停止使用后,政府可无偿收回并出让。《最高人民法院关于破产企业国有划拨土地使用权应否列入破产财产等问题的批复》规定，划拨土地不属于破产财产，在破产时政府予以收回，依法处置。因此划拨土地无法进入市场流通，不属于企业的财产，企业无权处分。

房地产开发企业不能与国有机关、社会团体和国有企业等划拨土地使用权人签订转让划拨土地的协议，因为其不符合划拨土地使用权转让的条件，划拨土地上无建筑物也不能转让，未经批准也不得转让，否则面临合同无效的法律后果。

案例：A厂是事业单位，有一汽车检测厂用地50亩，属于划拨土地。目前检测厂已经停止使用，该地块已闲置多年。B公司是一家房地产开发企业。经协商，双方计划共同在该地块开发建设一商业中心，并于2007年1月签订《合作开发建房协议》，由B公司提供资金，A厂提供划拨土地，在协议中双方就开发内容、投资、分成及开发期限等作了约定。协议签订后，B公司在2007年9月将定金2000万元支付给A厂，并进行拆迁、场地平整及施工围挡。在办理手续的过程中，因土地价格上涨，A厂悔约，以B开发公司未履行完拆迁工作且划拨用地无法办理开发手续为由，要求B公司追加投资1亿元，或者A厂分成增加20%，否则终止协议。2009年2月，B公司向人民法院起诉请求判令A厂继续履行合作协议。法院最后依据《城市房地产管理法》《土地管理法》及《最高人民法院关于审理涉及国有土地使用权合同纠纷案件适用法律问题的解释》规定，认定A厂出资的土地为国有划拨的土地，未经人民政府批准，不得用于房地产开发建设。双方签订的《合作开发建房协议》是无效的，应当终止履行，A厂应当返还B公司支付的2000万元。本案提醒我们，房地产开发企业未经人民政府批准，以划拨土地使用权作为投资合作开发房地产是违法的，将导致合作协议无效。

（五）划拨土地使用权收回风险

无偿取得划拨土地使用权的土地使用者，因迁移、解散、撤销、破产或者其他原因而停止使用土地的，市、县人民政府根据城市建设发展需要和城市规划的要求，可以无偿收回，并可依照规定予以出让。无偿收回划拨土地使用权时，对其地上建筑物、其他附着物，市、县人民政府应当根据实际情况给予适当补偿。如果开发企业与村集体企业发生纠纷，导致长期无法经营或工程停滞，那么政府就可以依据上述理由收回土地使用权，开发企业将面临较大的政策风险。

（六）划拨土地使用权抵押融资的限制

《最高人民法院关于破产企业国有划拨土地使用权应否列入破产财产等问题的批复》第二条规定，企业对其以划拨方式取得的国有土地使用权无处分权，以该土地使用权设定抵押，未经有审批权限的人民政府或土地行政管理部门批准的，不影响抵押合同效力；履行了法定的审批手续，并依法办理抵押登记的，抵押权自登记时设立。根据《城市房地产管理法》第五十一条的规定，抵押权人只有在以抵押标的物折价或拍卖、变卖所得价款缴纳相当于土地使用权出让金的款项后，对剩余部分方可享有优先受偿权。《最高人民法院关于破产企业国有划拨土地使用权应否列入破产财产等问题的批复》第三条规定，国有企业以关键设备、成套设备、建筑物设定抵押的，如无其他法定的无效情形，不应当仅以未经政府主管部门批准为由认定抵押合同无效。按照《最高人民法院关于适用〈中华人民共和国民法典〉有关担保制度的解释》第五十条第二款规定，当事人以划拨方式取得的建设用地使用权抵押，抵押人以未办理批准手续为由主张抵押合同无效或者不生效的，人民法院不予支持。已经依法办理抵押登记，抵押权人主张行使抵押权的,人民法院应予支持。抵押权依法实现时所得的价款,参照前款有关规定处理。

划拨土地使用权的企业在融资过程中,往往都以国有划拨的土地使用权或以划拨土地使用权与其地上建筑物一并提供抵押进行融资,如果未事先取得人民政府或自然资源主管部门的批准,抵押也是有效的,但是因划拨土地的特殊性,在处置及价格方面有一些限制,开发企业面临融资的不利因素,划拨土地抵押的特殊性会影响融资。对提供贷款的企业来说,其对划拨土地的贷款存在下列风险及限制,因此划拨土地使用权融资存在不利因素。

1. 土地使用权抵押登记的范围限制

土地上没有房屋及其他定着物的国有划拨土地使用权如果是无偿取得的,一般情况下难以办理抵押登记,尤其是开发企业仅取得划拨土地的使用权而无地上建筑物,一般难以办理抵押登记,因而导致在建设阶段无法通过抵押方式融资。

2. 政府无偿收回划拨土地对贷款方的风险

根据《土地管理法》第五十八条第一款第三项的规定,以划拨方式取得国有土地使用权的土地使用者因迁移、撤销等原因停止使用土地的,市、县人民政府可以无偿收回土地使用权。如果已设定抵押的划拨土地使用权被无偿收回,那么此时抵押权也会消灭。因为抵押权是依附于土地使用权的存在而存在,当土地使用权被无偿收回时,抵押权也就丧失了其存在的基础。

3. 政府的出让金优先于抵押权优先受偿

按照《最高人民法院关于适用〈中华人民共和国民法典〉有关担保制度的解释》第五十条第一款的规定,抵押人以划拨建设用地上的建筑物抵押,当事人以该建设用地使用权不能抵押或者未办理批准手续为由主张抵押合同无效或者不生效的,人民法院不予支持。抵押权依法实现时,拍卖、变卖建筑物所得的价款,应当优先用于补缴建设用地使用权出让金。根据《城市房地产管理法》第五十一条的规定,以划拨方式取得的土地使用权或连同地上建筑物一并抵押的,以拍卖等方式在处分土地使用权和建筑物时,应当先从所得价款中缴纳相当于应当缴纳的土地使用权出让金额后,余款抵押权人可优先受偿。因此,在融资担保中,抵押权人都会考虑划拨土地使用权应缴纳的出让金部分,并作出自己的判断,如果扣除政府的土地出让金后,抵押物已无价值,那么银行就不会同意给该项目提供贷款。此外,如果是划拨土地使用权抵押,一旦开发企业到期未履行债务,那么按规定抵押权人(银行等金融机构)可以优先获得抵押的土地使用权,但抵押权人要额外缴纳划拨土地使用权出让金(收益金)。实践中,划拨土地使用权补缴出让金的标准是比较高的,一般为该地块使用权市场转让价总额的35%~50%,无形中增加了抵押权人的金融风险。

4. 划拨土地使用权的抵押登记在实践中的操作存在困难,导致金融机构不愿意为划拨土地及地上物办理抵押贷款

2004年1月15日,《国土资源部关于国有划拨土地使用权抵押登记有关问题的通知》(已失效)颁布并实施。实际操作过程中,对划拨土地使用权及其地上附着物设定抵押时,因登记困难,抵押双方往往仅签署抵押合同,而没有到土地部门进行登记,现在仍认定抵押合同有效。因土地使用权抵押时,其地上建筑物、其他附着物应随之抵押,但是在处置抵押物时,程序上可能复杂一些,以及受抵押物价格的影响,抵押融资存在一些困难,金融机构不愿意为划拨土地使用权及建筑物抵押贷款。

5. 划拨土地使用权房屋抵押权实现的风险

划拨土地使用权上房屋的抵押,必须经过批准,而且主体只能是公司企业、其他经济组织和

个人。《城市房地产管理法》第五十一条规定,设定房地产抵押权的土地使用权是以划拨方式取得的,依法拍卖该房地产后,应当从拍卖所得的价款中缴纳相当于应缴纳的土地使用权出让金额后,抵押权人方可优先受偿。从2004年1月15日公布的《国土资源部关于国有划拨土地使用权抵押登记有关问题的通知》(已失效)的规定得出结论,房地产公司作为划拨土地使用权的抵押权人,为实现抵押权,必须办理抵押登记或经有关政府主管部门批准,补办出让手续,补缴出让金后方可从拍卖国有划拨土地使用权的房地产所得中优先受偿。否则,存在不能拍卖国有土地上的房产的法律风险。如果房地产公司作为抵押权人,那么必须办理抵押登记手续,否则不能保护自己的利益。

(七)划拨土地对投资人与其他主体合作的影响

这里的合作指项目投资人或开发主体引入其他主体以投资、股权、融资、项目转让等方式的合作。鉴于目前合作主体的法律意识较强,一般在合作之前都会对土地的性质、是否存在法律障碍等进行尽职调查,然后结合项目的总体情况进行评估,项目因划拨土地的原因可能会影响与其他主体的合作,失去很多商业机会。

(八)划拨土地合作开发的风险及防范

1. 划拨方式取得土地使用权进行房地产开发的条件

划拨土地不能直接进行房地产开发,必须符合一定的条件才能开发。具体条件如下:

(1)按规定报有批准权的人民政府审批,只有取得批准后才能开发。

(2)依法办理土地使用权出让手续,签订出让合同,将划拨地改为出让土地,同时补缴土地使用权出让金。

(3)经批准,可以不办出让手续,但转让方应当按国务院规定缴纳转让房地产收益中土地收益金或土地收益折成国家股份,入股分红。

2. 划拨土地上进行政策性房屋(经济适用房、保障房等)开发转为商业开发的风险

政策性房屋的土地是划拨取得的,但严禁以政策性房屋的名义取得划拨土地后,改变土地用途,变相进行商品房开发。

3. 划拨土地进行商业经营的途径

划拨土地进行商业经营有下列五种基本途径:

(1)将划拨土地变为出让土地,主要通过两种方式实现:一是政府将原划拨土地直接出让给原划拨使用权人,签订出让合同,缴纳出让金,取得土地使用权,原使用权人可以转让、抵押、出租;二是原划拨使用权人将划拨土地"转让"给他人,但须报政府批准,否则无效。

(2)出租。

(3)划拨土地使用权人作价出资或入股,投资于改制的公司,并以股东的名义分红。

(4)执行法院判决书、仲裁机构的裁决文书而发生的所有权变更。

(5)因抵押权实现而设定出让土地使用权。

4. 通过强制执行取得划拨土地使用权的风险

通过强制执行的方式取得划拨土地使用权,属于划拨土地使用权转让,因此,划拨土地使用权转让必须经国土部门批准,但是国土部门从行政管理的角度,未必会同意划拨土地使用权转让,故而在划拨土地强制执行时司法权与行政权存在冲突,国土部门可以拒绝法院的强制执行。

划拨土地使用权强制执行是否顺利,取决于国土部门是否同意,国土部门同意后才能采取拍卖等执行措施。根据1997年8月18日《国家土地管理局关于人民法院裁定转移土地使用权问题对最高人民法院经〔1997〕18号函的复函》可知,通过划拨方式取得的土地使用权,由于不属于当事人的自有财产,不能作为当事人的财产进行裁定。但在裁定转移地上建筑物、附着物涉及有关土地使用权时,在与当地自然资源主管部门取得一致意见后,可裁定土地使用权随地上物同时转移。凡属于裁定中改变土地及使用条件的,须征得土地管理部门同意。在执行划拨土地时,补充土地出让金应在裁定中明确,补签出让合同,办理出让手续,缴纳土地出让金或收益,方可取得土地使用权。因此,房地产开发企业在通过执行程序购买划拨土地时,前提条件必须是划拨土地执行已征得国土部门同意,否则原则上不能购买。另外,开发企业在交易前还要查询划拨土地申请改变用途是否与控规一致,规划设计条件如何,如果土地用途、规划设计条件与开发企业的想法不一致,那么就不能按照自己的意愿开发。

5. 划拨土地使用权转让合同转性的风险

划拨土地原则上不能转让,不经批准转让划拨土地的行为无效。若要合法转让划拨土地,须经批准。经批准转让的划拨土地实际上已经是国有土地使用权的转让,而不是划拨土地的转让。《最高人民法院关于审理涉及国有土地使用权合同纠纷案件适用法律问题的解释》第十条、第十一条对转让划拨土地的合同效力作了规定。第十条规定,土地使用权人与受让方订立合同转让划拨土地使用权,起诉前经有批准权的人民政府同意转让,并由受让方办理土地使用权出让手续的,土地使用权人与受让方订立的合同可以按照补偿性质的合同处理。第十一条规定,土地使用权人与受让方订立合同转让划拨土地使用权,起诉前经有批准权的人民政府决定不办理土地使用权出让手续,并将该划拨土地使用权直接划拨给受让方使用的,土地使用权人与受让方订立的合同可以按照补偿性质的合同处理。

为避免签订无效的划拨土地使用权转让合同,开发企业至少应在起诉前办理土地出让批准手续,使土地出让行为合法化。另外,必须办理国有土地使用权过户手续,否则将面临转让无效的风险。上述司法解释的规定,实际上认可了关于划拨土地使用权转让合同的性质转化,也认可了合同效力可以补正,转让合同可按照补偿性质合同处理。原划拨土地的使用权人与新的受让人之间已不是一种土地使用权转让的合同关系,而是一种经济补偿关系。

6. 规划用途确定的土地使用权转让风险

土地使用权转让时,未办理变更手续,划拨的权利人没有改变。如果原土地用途是建设公共配套设施,转让方却说能够建设住宅,那么一定要引起注意。土地可改变用途,登记成住宅用地,但风险极大,未经批准改变土地用途有被撤销的可能性。

总之,取得划拨土地进行房地产开发用地的法律风险主要有三个:一是转让受到限制,只有取得相关批准,才能规避风险;二是拍卖的划拨土地,要看政府是否同意、用途变更是否合法、是否能办理过户登记手续,否则无效;三是直接转让划拨土地使用权转让的,订立的转让合同无效。

(九) 通过国企改制或破产的特殊方式取得国有土地使用权

所谓的特殊方式取得国有土地使用权,是指通过国企改制或企业破产取得国有土地使用权。

1. 国企改制土地使用权处置程序

(1) 国企改制土地使用权处置程序的法律依据如下:

①《国务院关于在若干城市试行国有企业兼并破产和职工再就业有关问题的补充通知》。

②《国土资源部关于印发〈国土资源部关于加强土地资产管理促进国有企业改革和发展的若干意见〉的通知》。

③《国土资源部关于改革土地估价结果确认和土地资产处置审批办法的通知》。

④《国土资源部办公厅关于印发〈企业改制土地资产处置审批意见(试行)〉和〈土地估价报告备案办法(试行)〉的通知》。

⑤各地方政府公布的文件。

（2）土地资产处置方案审批权限如下：

①企业进行公司制改造、改组或组建企业集团,属于国务院或国务院授权部门批准设立的公司和企业集团以及境外上市公司,由企业隶属单位报自然资源部审批。

②企业进行公司制改造、改组或组建企业集团,属于省级或其授权部门批准设立的公司和企业集团,由企业隶属单位报省级自然资源部门审批；国务院有关部门、企业集团或地方人民政府批准改制且符合国家作价出资（入股）或授权经营方式配置土地的企业,其土地资产处置方案报所在地省级自然资源主管部门审批。

③企业实行股份制改组、租赁经营和出售、兼并、合并、破产的,由企业隶属单位报上一级人民政府自然资源主管部门审批；属于中央企业的,报自然资源部审批。

④无论哪类企业,若改制涉及的土地已经实行有偿使用,或者需要转为出让或承租土地的,则直接到土地所在地市、县自然资源主管部门申请办理登记或有偿使用手续。

（3）企业改制过程中,划拨土地使用权的处置,应根据以下程序进行：

①拟定土地使用权处置方案。由企业或企业隶属单位拟定土地使用权处置方案,主要内容应包括企业改革的形式和内容、企业现使用土地的状况和拟处置土地的状况、拟处置方式和处置价格及理由等。

②地价评估结果确认和土地使用权处置方案审批。地价评估结果和土地使用权处置方案应当报有批准权的人民政府自然资源主管部门确认和审批。同时还应提交企业改革的批准文件、资产重组方案、土地使用权证书或土地权属证明及其他有关材料。2001年2月13日公布的《国土资源部关于改革土地估价结果确认和土地资产处置审批办法的通知》规定,以土地估价报告备案取代土地估价结果确认审批,并且不再指定评估机构。同时企业改制涉及的土地已经实行有偿使用或需要转为出让或承租土地的,不再进行处置审批。

③签订合同与变更土地登记。土地使用权处置方案经批准后,采取国有土地使用权出让方式处置的,企业应持土地使用权处置批准文件和其他有关文件,以及土地所在地的市、县人民政府自然资源主管部门签订国有土地使用权出让合同,并按规定办理土地登记手续；采取国有土地租赁方式处置的,企业应持土地使用权处置批准文件和其他有关文件,以及土地所在地的县级以上人民政府自然资源主管部门签订国有土地租赁合同,并按规定办理土地登记手续；采取国家以土地使用权作价出资（入股）方式处置的,企业应持国家土地管理局或省级人民政府自然资源主管部门签署的土地使用权处置批准文件以及作价（入股）决定书,按规定办理土地登记手续；采取保留划拨方式处置的,企业应持土地使用权处置批准文件及其他有关文件按规定办理土地登记手续。

（4）土地资产处置方案报批程序如下：

①改制企业根据省级以上人民政府关于授权经营或国家控股公司试点的批准文件,拟订土地资产处置总体方案,向有批准权的自然资源主管部门申请核准。

②土地资产处置总体方案核准后,企业应自主委托具备相应土地估价资质的机构进行评估,并依据土地状况和估价结果,拟订土地资产处置的具体方案。

③企业向市、县自然资源主管部门申请初审,市、县自然资源主管部门对土地产权状况、地价水平进行审查并出具意见。

④企业持改制方案、土地估价报告、土地资产处置具体方案和初审意见,到有批准权的自然资源主管部门办理土地估价报告备案和土地资产处置审批。

⑤企业持处置批准文件在财政部门办理国有资本金转增手续后,到土地所在的市、县自然资源主管部门办理土地变更登记。

2. 国企改制中涉及划拨土地使用权的处置方式

根据《国有企业改革中划拨土地使用权管理暂行规定》(已失效)的规定,对国有企业改革中涉及的划拨土地使用权,根据企业改革的不同形式和具体情况,可分别采取国有土地使用权出让、国有土地租赁、国家以土地使用权作价出资(入股)和保留划拨用地等方式予以处置。

3. 国企改制中受让方取得国有土地使用权的风险

国企改制中受让方取得土地使用权涉及风险主要包括:未经批准变相改变土地规划用途、违反城乡规划的法律风险,国企改制划拨土地标的权属有纠纷的法律风险,划拨土地作价评估不准的法律风险。

4. 国企破产拍卖取得土地使用权的风险

国企破产拍卖土地时竞买人要注意破产管理人是否为第一次拍卖。如果是第二次拍卖,须解除或终止第一次拍卖成交确认书及合同,否则存在"一地数转"或"一房二卖"的情况,可能还涉及第二次拍卖违约的问题。只有解除或终止成交确认书及合同后,才能再次拍卖。

四、以合作方式取得项目开发权

房地产合作开发的原因大多是一方"有地缺钱",另一方"有钱无地",因此,房地产开发合作最常见的方式就是一方出钱,一方出地。在目前的房地产投资开发中,经常有几家投资单位以联建形式进行开发,或者是因为某一个开发企业资金实力有限,需要与其他单位合作开发,或者是有土地的一方没有资金,需要与有资金的一方联合开发,或者是有资金的或有土地的几方没有房地产开发经营权,需要找一个具有房地产开发经营权的房地产公司进来参股。总之,在实际开发中就形成了联合开发或投资组合,并且不限于一方出钱,一方出地,也可以双方共同出资。合作开发也不限于进行房地产开发,也可以是合作建房自用。房地产开发的模式有多种,目前法律认可的合作开发房地产,是指各方当事人提供出让土地使用权、资金等作为共同投资,共享利润、共担风险、共同合作开发房地产的行为。

(一)合作开发的模式

实践中,合作开发房地产主要有两种常见的模式:一是双方或多方作为股东设立独立的项目公司模式;二是采取协议合作模式。前者法律关系相对明确,后者不需要设立新的公司,但是容易产生法律纠纷,尤其是房地产合作开发周期长,投资额和利润经常与预期有出入,在投资和利润分配问题上,合作方更易产生纠纷。从一方出钱,一方出地这种基本的合作模式衍生为各种各样的合作方式,其中常见的有以下四种模式:

(1)项目公司模式。双方投资组建一个房地产项目公司,在协议中明确双方的权利义务,并体现在新的公司章程中,公司组建后以项目公司的名义拿地。这种方式一般是一方尚未办理完毕土地使用权手续,但明确表示肯定能拿到地,且可以用双方新项目公司的名义拿地,能拿地一方以土地协议折价入股或以土地评估作价入股的方式构成投资比例。

(2)联建模式。合作开发各方未组成项目公司,以投资各方名义共同办理有关手续,合作方式、投资及权益分配比例均由合作协议约定。这种方式被称为联建,它指的是合作各方的合作获得政府的认可,并且各方合作办理联建的手续。但据笔者所了解,这种方式在20世纪90年代较多,政府也批准此种方式,近些年已经见不到联建这种房地产开发的方式了,因此这里不再讲述。

(3)以土地方的名义办理立项及报建手续,各方的权利义务通过合作协议来约定。

案例:A、B、C、D四家公司协商一致签订一份合作协议,协议中约定四方合作联合开发一个房地产住宅、商业项目。其中A公司有建设部核准的房地产开发资质,但A公司不出资,房屋建成后分得房屋总建筑面积的10%,该项目以A公司的名义立项、销售;B公司是投资方,占总投资总额70%,房屋建成后分得房屋总建筑面积的67%;C公司是原土地使用权人,签订协议时未得到任何土地补偿,因此出土地方不再出资,分配房屋总建筑面积的15%;D公司是施工方的关联公司,因施工单位同意垫资建设到主体结构封顶,所以D公司未出资,但分得房屋总建筑面积的8%。

由于市场变化等各方面的因素,原材料成本增加,D公司不同意继续垫资到主体结构封顶,主体结构还差十层封顶时就停止了施工。D公司要求B公司实际出资,但因为在合作开发协议中资金预算没有考虑市场价格变动,导致建筑成本急剧增加,所以现在四方均不愿承担市场变化引起的追加资金的负担。四方出现争议,造成工程久拖不能竣工,最终导致工程烂尾。

(4)以联合体投标摘牌,然后由联合体联合投资,各联合体作为股东,设立房地产开发项目公司。

(二)合作开发的风险

房地产行业具有投资规模巨大及土地稀缺的特性,单独拥有土地或拥有资金的一方往往无力全程承担开发风险,因此合作开发应运而生。合作开发能最大限度地促成资金和土地的融合,因此各种各样的合作不断呈现。但合作开发参与者较多,法律关系较为复杂,合作者相互之间的权利与义务虽然可以通过协议来约定,但是有些约定违反法律的强制性规定,容易在手续办理、资金投入、利益分配及责任承担等方面出现矛盾,因此产生纠纷的概率很大。

1.项目所有权纠纷

根据我国目前房地产项目建设的相关法律及管理制度,政府审批、立项并获得项目土地使用权的一方才是唯一合法的项目开发建设主体,其他任何合作方都只能以合法取得项目开发权的一方的名义从事项目开发、建设、销售。从法律角度讲,这会导致项目实质上的所有权、财产所有权与名义上的所有权、财产权相分离,因此会存在一系列的风险。这些风险具体如下:

(1)真实的项目开发主体在法律上没有所有权,只能通过协议的方式取得相应的权利。作为真实的项目开发主体,除非以项目转让的形式取得开发权,否则,任何合作方不管以合作开发还是以项目转让的名义进行开发,都必须以名义上的合作方的名义办理各类开发手续且以其名义进行建设、施工、销售,这类似于建筑工程施工中的"挂靠"。这种合作方式使得真正的项目所有权人或受让方要永远受制于人,一旦出现纠纷,真正的项目所有人只能依据协议的形式来保护自己的权益。

（2）如果双方在协议中约定双方因该项目组建项目公司、分公司或项目部而不进行工商注册，真正的项目所有人或受让人以合作方的名义来经营，那么成立的项目公司或分公司在法律上不具有任何主体上的地位，仅仅是名义合作方的一个内部机构设置，因此，不能对外承担任何法律意义上的权利或义务，仅仅依靠双方的协议约定项目的所有权，其权利的表现形式非常脆弱，不能对抗依法登记的物权效力，一旦遇到所有权纠纷，可能会使真正的项目所有人或受让方失去项目的所有权。

2. 受让方财产可能因土地方债务而受损

如果土地方对其他主体有债务，那么出钱方所建项目可能被土地方的债权人查封、拍卖，另外，土地方可能会以出钱方资产作为自己的资产进行抵押。如果土地方内部存在利益纷争也会影响项目的正常实施。土地方的诉讼会严重影响受让方项目的利益，这是合作项目的最大风险。

3. 不利于项目的融资

如果项目的出钱方自行融资，除非资金充盈，否则就不能以项目作抵押进行融资，因为项目的所有权是登记在土地方名下的，所以此类合作转让对于项目资金管理和经营非常不利。如果项目进行信贷、抵押贷款、信托，那么都要以土地方的名义才可以实施，但土地方基于自身利益与风险的考虑未必会同意，尤其是在土地方还有多个项目的前提下，更难以同意以其名义进行融资，即便出地方同意以项目抵押等方式融资，对于资金提供方来说，出资人也会对这种双重主体身份的项目还款保障保持高度警觉。

4. 合同无效的风险

根据《城市房地产管理法》《城市房地产开发经营管理条例》等有关法律法规的规定，如果合作开发商品房的目的是出售营利，那么合作一方至少应当是具有房地产开发资质、取得房地产开发企业执照的企业法人。双方都没有开发经营资质的，合同无效。除非一方建房是为了自用而不对外销售就不需要房地产开发资质，或者补办开发资质。另外，除了主体资格之外，违反法律强制性规定的行为也属于无效的合同，比如，土地使用权人未经有批准权的人民政府批准，以划拨土地使用权作为投资与他人订立合同合作开发房地产的，合同无效，除非补办变更手续。

5. 合作存在不稳定因素

在项目合作开发经营过程中，出地方企业发生人事及经济变动都可能会影响出钱方。另外，整个项目完成所需的行政许可和行政审批、核准或备案事项都要以土地方的名义进行，如果出地方不配合将影响项目的进度或者使项目停滞。

(三) 合作开发的风险防范

对于出钱方来说，因项目开发权不完整，风险较大，因此，合作开发不是最佳的选择，项目转让是较为理性的选择。如果不能通过项目转让获得开发权，那么出钱方可以考虑以适当的方式规避合作开发的风险。合作开发的风险来自合作对象，对于有资金或有房地产开发经营资格但无土地使用权的开发企业而言，必须确认对方有合法的开发建设项目土地使用权，否则，双方所签的合同可能会因为不具备房地产开发经营条件而无效。签订合作开发合同后的风险在于开发企业是否按照法律、行政法规的规定及时办理土地使用权证书的变更登记，办理与建设工程有关的许可证书和其他相关批准文件的变更手续。只有办理了变更登记，各方的权益才能够得到有效保护。

1. 从签订合同的角度防范风险

为避免合作开发中出现上述风险,签订完备的合作开发合同是避免上述纠纷发生和解决问题的关键。在合作之前应该制作法律文件,把合作方之间的权利义务分清楚,同时也应充分考虑各种不可预测的因素,留有充分补救的余地。由于合作协议是较为复杂的法律文件,在签署时一定要非常谨慎,最好请律师参与此类合同的签订。签订房地产合作开发合同应注意以下问题:

(1)明确合作各方是否有房地产开发资质。如果没有资质,应通过合法的渠道取得资质,否则将承担相应的违约责任。

(2)明确合作方式。应明确是成立项目公司进行开发,还是不成立项目公司进行开发。如果不成立项目公司,应明确是由各方联名开发,还是由一方或数方隐名参与开发。组成项目公司合作开发的,要明确注册资本投入方式以及注册资本与投资总额差异的处理对策及相应的责任。

(3)合作合同的内容有协议模式和法人型合作模式两种情况。

采取协议模式的合作方式,合同应包括如下内容:①机构设置和职责分工;②费用的分担及分摊标准,包括前期费用、办公费用、建筑安装成本、人员工资、办公费用、招待费用、办公家具和配备车辆等费用,售楼处的建造费用和售楼处经理的工资,项目公司租用办公场所的费用,合作项目公司的竞买保证金、拍卖佣金、土地出让金、行政性事业性收费等;③财务会计制度及负责主体,控制财务的一方将在合作项目中享有主动权;④合作项目所需资金和其他费用的支付方式;⑤如果是共同竞买土地,合作各方应约定竞买不成功的处理方式,底价多少可以摘牌、多少可以退出;⑥工程前期报批、竣工及房地产权属证书办理手续的责任主体;⑦施工单位、设计单位及监理单位由谁选定;⑧房屋销售的主体及销售底价;⑨工程保修的责任主体;⑩物业管理。

采取法人型合作模式,合同应包括如下内容:①项目公司的出资方式及注册资金不到位的责任;②项目的设立方式,注册资金的注入时间及金额,项目公司股东会、董事会、管理团队的构成及决策机制,项目公司股权转让,项目公司终止、解散和清算事宜;③项目公司行政审批手续由哪方负责办理,费用如何承担;④项目开发管理模式、决策机制、管理团队的组成及其权利和义务的分配;⑤项目实施过程中的设计单位、施工单位、监理单位、材料供应商的选择方式,项目营销策划方案,销售利润分配等事项;⑥项目地价款、建造资金的融资方案;⑦项目停顿的风险责任分配。

(4)明确划分双方的责任。对每一项义务的履行方式、时间、地点进行详细约定,建议使用附件、附图等方式具体描述,对土地使用权的位置、面积、使用年限、使用权性质、批准文件或证书及资金支付事宜明确说明或作出承诺。

(5)以土地使用权入股组成项目公司的,需要评估土地使用权。

(6)以筹建或其他名义合作开发的,需要使之成为能独立承担权利义务的其他经济组织,并明确各方的权利义务。

(7)合作开发一方以土地使用权作为合作投资的,应办理土地使用人和使用性质的变更登记手续,并明确有关费用的承担方式和责任方。

(8)约定具体明确的合作利益分配方式。合作开发各方的投资利益分配方式有多种,有的分配销售利润,有的分配建成的房屋面积。如果约定分配房屋,应明确房屋分配的具体办法。房屋分配容易引起纠纷,因为各方分得的房产价值与所处的位置有很大关系,虽然在同一项目中,但位置的差异往往导致价值不同。如果仅仅简单地约定分配比例,而对具体位置只字不提,那么在分配时容易出现纠纷。双方在签订合作开发合同时,房屋的设计图纸或具体的房屋位置坐落、房间号可能没有确定,或者房屋在建设的过程中存在设计变更,所以双方在合同中大多只约定分配房屋的比例、面积、楼层或大致位置。由于规划变更等原因,也往往出现合作开发合同约定的面积与实际竣工面积存在差异,对此如何处理,也应事先约定。如果签订合同时设计图纸没有经过审定,那么双方应约定将审定的设计图纸作为主合同的附件,将来按照审定的设计图纸各自分配建筑面积、公摊面积、楼层位置、地下停车位等具体位置。双方应将房屋分配的详细方案作为补充合同,与合作开发合同具有同等法律效力。约定分配利润的,也应约定利润的具体计算办法、成本核算办法等。

合作收益分配方式的约定,直接决定了合同性质,进而决定当事人能否得到实现合同目的。如果合作各方在签订合同和履行合同中没有按照法律规定进行,就算合作收益分配方式的标准和比例再高,一旦在实现收益时合作方发生争议,那么所有约定也是无效的,故合作收益分配方式都必须依照法律的规定来确定。否则,就会出现原来约定分配比例低的一方最后得到的收益远远大于约定,而约定分配比例高的最后得到的收益远远小于约定,甚至会出现所得收益被收缴等情况,这可能会导致合作方投资的失败。

(9)合作开发合同应约定建筑面积增加时应当办理政府批准手续的主体,以及增加面积的成本分担份额及面积分配方式。

(10)合作开发合同由于需要办理相关手续,在办理相关手续前合同往往处于效力待定状态。在当事人订立的合作开发合同中,只有合作各方共享利润、共担风险,才能被认定为合法有效的合同,除此之外,均不被视为合法有效的合同。合同应具体约定一旦合同被确认无效或不生效时的具体处理方法。按照合作开发的法律性质,由合作双方按比例投入(资金或土地),按比例享有房屋产权。其中的权利(经营管理权)与义务(责任与风险)当然也应由双方按比例承担。如果一方全权负责经营管理,而另一方不参与经营管理(实际是放弃权利),那么,在施工过程中如果出现管理漏洞、经营失误、工程事故,或者擅自违法抵押贷款、对外担保债务等,轻则影响工程进展,出现预算超支,重则造成停工、窝工等。从法律上讲,对外承担债务、承担亏损,应当由合作双方按比例承担,这是无法回避的。因此,在合作开发建设中,双方应当共同管理、明确分工、相互监督,在处理重大问题上应共同决定、共同承担责任。

(11)约定资金投入的时间,并约定双方各自投入的本金,待项目资金确保开发时方可退回。还可约定开工前任何一方终止协议,违约方除向另一方退回投入投资外,另支付应付资金5%~20%的违约金。开工后,一方终止协议,违约方向另一方支付已付资金的双倍赔偿。

(12)明确约定项目的工期。

(13)明确约定违约责任,且对合作各方在合作中的职责进行明确约定。合作各方应在合同中就违约金、承担的违约责任进行明确约定。实践中经常见到类似"一方违约的,应承担违约责任或赔偿另一方的损失"的条款,这样的条款笼统、不易执行,往往形同虚设。而明确约定违约金的数额或计算比例则十分有利于守约方向违约方追究责任。出地方容易忽视的另一个问题是违约条款和解除合作开发合同的条款设定。实际上如果这两个条款设定得好,是非常有利于保障出地方利益的。在分期、分批给付土地权益的时候,出地方应约定:一旦资金不到位,出地方有权收回土地,继续自行开发,或另寻合作伙伴进行开发。并约定对方已付出的资金在赔偿土地方的实际损失的情况下的处理办法。建议把实际损失的具体项目,如拆迁厂房、安排周转房等支出情况,以及具体数额(或有依据的估算数额),都事先列入合作合同当中。只要对方认可并规定在合同当中,就可以为将来出地方主张权益带来有利的依据。

(14)约定合同无效或不生效时的处理方式。合作开发合同由于需要办理相关行政手续,在相关行政手续办理前合同常常会处于效力待定状态,因此,需要具体约定合同无效或不生效时的处理方式。另外,还要约定合同的变更登记、审批备案的责任。

(15)明确限定解除合同的权利。

(16)明确税费的分担。应在合同中明确有哪些税费,将税费的明细列出,然后由双方协商税费如何承担。比如,在房地产开发中应缴纳的增值税、城建税、固定资产投资方向调节税,按照规定应由建设单位或房地产开发单位(即在项目报建文件中申报的单位)负责承担,但完全可以通过协议的方式明确最终的费用由哪一方来缴纳。总之,合作双方在签订合作开发合同之前,对各项投入和各项上缴的税费都应当事先完全知晓,根据市场情况,协商决定合作各方最后分配的比例。

(17)在订立合作开发合同时,应注意审查合作方是否取得了项目开发所需的审批文件。如果在订立合同时尚未办理相应的审批手续,应及时督促负有相应义务的合作方办理相应的审批手续。在合作过程中,应妥善行使本方的监督权利。

(18)措辞力求准确明了。为避免合同的文字歧义产生争议,在签订合同时,需要反复斟酌,做到措辞准确。

(19)合作开发投入资金性质与保障。实践中,经常遇到的问题是合作开发投入的资金到底是何种性质,如果是借款,那么无论项目投资的盈亏,一方都应该归还另一方的借款本金和利息;如果是投资性质的款项,那么如果亏损,投资方要按投资比例承担亏损的数额。因此,合作开发投入的资金性质必须在合同中明确,否则容易发生争议。

案例: 甲方为有实力的民营科技企业,获得土地使用权时享受某些政策性优惠,乙方为大型国有房地产开发企业,丙方为行业内知名房地产公司。北京市某区推出某地块,允许联合体投标,按照招标文件的条件,如三家组成联合体投标对三家企业均十分有利。三方协商一致后,甲、乙、丙三方于 2015 年组成联合体参与北京市某区某地块 F2 公建混合住宅用地和某地块 F3 其他类多功能用地项目(以下简称"项目")的投标,并于 2015 年 4 月中标,中标价格为 20 亿元。用地性质为 F2 公建混合住宅用地、F3 其他类多功能用地,土地面积约 24 万平方米,其中建设用地约 14 万平方米,建筑控制规模在约 25 万平方米,其中 12 万平方米为可上市销售部分,13 万平方米为自持部分,自持部分 20 年之内不得上市销售,除非经过特殊批准。

在投标之前,三方约定基本内容如下。

①项目遵循"统一规划、统一设计、统一报建、各自开发"的原则,以项目公司名义办理各类报建及审批手续,并按规划要求指标分别设计,然后各自开发各自取得的可售部分和自持部分土地。根据三方的事先约定,其中甲方持有自持部分,乙方和丙方持有可售部分。

②因联合体在本次招标中获得项目的国有建设用地使用权,按照国土局的要求,甲、乙、丙三方必须成立项目公司作为主体进行项目的开发建设。甲、乙、丙三方约定持有项目公司的股权比例分别为 33%、34%、33%。

③关于投标及地价款的分担。项目公司应缴纳的土地价款,包括土地出让金、开发补偿费及相关税费,甲、乙、丙三方一致同意,甲方应承担自持部分的地价款 64000 万元;乙方应承担可售部分的地价款 68000 万元;丙方应承担可售部分的地价款 68000 万元。

④关于项目权益的分配及风险承担。项目可售部分符合销售条件后,项目公司对可售部分进行销售,对可售部分形成的全部权益,由乙方、丙方按 5∶5 的比例享有;甲方不参与该部分利润的分配,也不承担该部分的亏损。项目公司自持部分由甲方享有该部分形成的

全部权益,乙方及丙方不参与该部分利润的分配,也不承担该部分的亏损。

⑤股权退出的特别约定。在项目可售部分建成,可售部分实际完成结算后,乙、丙两方分别将其所持项目公司的全部股权以实际出资额(注册资本金)平价转让至甲方,由甲方继续持有和经营项目公司。

这种合作方式存在以下方面的问题。

①项目公司不能成立。如三方成立项目公司之前,对公司的控制权、财务管理、公司治理结构等争议较大,不能及时成立项目公司,则三方无法在国土局规定的时间内缴纳土地出让金,成交确认书可能会被取消,已经缴纳的投标保证金可能会被没收。

②融资配合问题。除应缴纳的土地价款由三方共同融资外,项目建设所需的投资费用由三方按照协议约定各自筹集建设资金,如各方项目建设另行需要通过土地使用权或在建工程进行抵押融资的,各方只能依据协议条款确定的项目权益分配原则,抵押其独自享有权益部分的土地使用权或在建工程进行项目建设资金的融资,不得抵押其他方享有权益的部分土地或在建工程进行融资。但是从法律的角度讲,各方约定的土地使用权或在建工程属于项目公司,因此,一方建设资金如需通过土地使用权或在建工程抵押方式融资,则其他方在抵押手续办理过程中如果不予配合,则一方不能办理抵押融资手续,即便依据合同约定抵押物是属于自己的财产,银行也要求全体股东或法人股东的法定代表人亲自去银行签字并录像。

③统一申报手续的问题。三方约定各自所有的项目,在办理前期手续时,必须以项目公司的名义统一申报前期手续,工程前期的报批工作包括但不限于下列事项:

A. 报批建设项目的立项和可行性研究报告及环保批复;

B. 建设项目的市场调研,确定开发项目的整体方案;

C. 规划设计单位招标或确定规划设计单位(仅限概念设计或方案设计),签订《规划设计合同》;

D. 规划方案设计和规划方案的报批;

E. 方案设计和施工图的审批。

但在办理上述手续时存在如下问题:因三方约定分得的项目涉及统一规划,故关于公共配套设施、热力站、开闭站、人防等建设的位置具体占用三方中哪一方的土地,公摊如何分配,规划指标到底如何落实和调整,由于三方规划的理念不同、前期申报手续费用的分担等问题,三方都会从自己利益的角度据理力争,届时可能导致三方因利益不一致而不予配合规划手续的办理,进而导致无法继续开发的结果。

④项目施工。虽然协议中约定了项目自持部分的施工单位、监理单位、设计单位、勘察单位的选择由甲方单独确定,项目可售部分的施工单位、监理单位、设计单位、勘察单位的选择由乙方和丙方单独确定,工程的施工和管理由各自负责并承担相关的费用,但是因该项目属于必须通过项目公司招投标的,三方如果不予配合,那么会导致没有公司控制权一方或两方无法进行招投标,进而无法施工。

⑤房屋销售。可售部门在销售时,如果因质量或延期交付等问题,导致一系列诉讼,那么自持部分也会面临被法院查封等风险。

⑥质量问题。虽然协议约定三方各自维修,乙方和丙方销售完成后,对可售部分地基基础和主体结构承担 50 年的保修责任,但是,待乙方和丙方股权退出后,甲方控制项目公司后将面临对可售部分终身保修的责任。

⑦关于乙方和丙方退出的问题。乙方和丙方在销售完成后,以股权转让的方式退出项目公司,项目公司完全由甲方控制,但乙方和丙方退出有两个问题必须考虑:一是因乙方是国有企业,在转让时必须按照特殊的程序处理,如果甲乙双方约定的股权转让价格在产权交易所挂牌交易而产生溢价,则溢价部分由谁承担,以及税费如何处理;二是乙方退出后,如何保证甲方将来能控制项目公司而不被其他第三方进行项目公司替代为新的股东。如果因乙方股权在公开转让过程中,甲方未成功受让该部分股权,甲方如何应对第三方。

⑧关于财务的问题。虽然约定了三方独立投资建设,但有些情况下三方必须使用公司的基本账户,如何区分或如何控制自己的销售收入或融资收入就成了三方互相不信任的一个大问题,例如,公司的销售收入进入账户后,乙方和丙方不希望甲方挪用,甲方的融资款进入统一账户后,甲方也不希望乙方和丙方挪用。

⑨项目经营中建设费用及各项税费的承担。本项目除约定的项目公司应缴纳的土地价款(包括土地出让金、开发补偿费及相关税费)之外,可能还需要缴纳以下各项建设费用和税费。

A. 配套费用。本项的配套费用是指本项目涉及建设和安装房屋基础外墙以外的所有共用的建筑物、构筑物、地下管线、绿化、建筑小品、配电室、物业管理用房、业主活动室、上下水、电、气、电话、有线、防雷、智能化系统、监控、录像、园林景观、道路、围墙、门卫房、门楼建设、照明系统等。

B. 项目公司的人员工资、保险、福利、办公费用、招待费用、办公家具和配备车辆等所发生的费用。

C. 售楼处的建造费用和销售佣金。

D. 项目公司成立之后建设融资贷款产生的贷款利息等融资成本。

E. 甲方自持物业的经营管理费用或可售部分未售出的物业管理费。

F. 行政事业性收费[包括基础设施配套费、墙革基金、散装水泥专项基金、绿化补偿费(含缺绿化补偿费、城市绿地临时占用费)、占道费、建筑垃圾处理费等]、人防工程易地建设费、水电报装费和消防报建费、经营服务性收费(如规划咨询费、可行性论证费、用地规划费、修建性规划设计费、测图费、拔地钉桩、标高沉降费、规划建筑方案设计费、道路定线、工程勘察咨询服务费、城建档案综合管理费、工程设计咨询服务费、施工图设计审查服务、建设工程监理费、工程造价咨询服务费、安全技术服务费、招标综合服务费、白蚁防治费、经济合同签证费等)。

G. 销售不动产应缴纳的增值税、印花税、土地增值税等一切税费的预征和缴纳。

虽然三方约定甲方自持项目部分在自持阶段应缴纳的税费由甲方独立承担,在乙方和丙方清盘项目税收清算时,甲方和乙方及丙方分开清算,无法分开清算的,三方可能会发生争议,因为项目自持与销售各自承担的税费不一致,所以甲方不希望承担任何自持项目之外的销售而产生的税费。

⑩关于公司的控制权。公司的控制权主要包括人事、财务、工程的决策权及公章、财务章的管控权。任何一方完全控制公司且不配合其他方办理各项手续时,则无控制权一方将寸步难行。

可行的解决方案如下。

(1)三方可对上述问题的细节进行协商,找到处理方案,并对违约责任进行详细约定,具体可咨询专业律师。

（2）对项目进行拆分。三方可与国土局沟通，将自持部分和可售项目拆分，对此有两个拆分方案，一是将可售项目直接登记在乙方和丙方成立的项目公司名下，将自持项目直接登记在甲方成立的项目公司名下；二是三方分别成立两个公司，将可售项目和自持项目拆分，可售项目仍由三方成立的公司持有，自持项目也由三方成立的公司持有。第一个方案难度较大，相当于改变了挂牌文件和中标通知书的主体，国土局同意的可能性极小，因此可以考虑第二个方案。第二个方案可向国土局提出如下理由和承诺：根据招标文件的规定，自持部分由于须持有至少20年之久，为使自持地块能够独立开发建设、便于自持地块运营及成本核算，便于联合体三方能相对独立开发经营，联合体三方经协商一致后对可售地块和自持地块项目进行了相对拆分：

A. 联合体三方分别签订两份国有建设用地使用权出让合同，一份是自持地块国有建设用地使用权出让合同，另一份是可售及公租房地块国有建设用地使用权出让合同，联合体三方按照联合体投标协议约定的投资比例，成立两个项目公司分别进行自持及可售地块的开发建设。鉴于三方作为联合体与国土局签订了土地出让合同（以下简称"原出让合同"），现拟将项目自持部分和可售部分分别登记于两家项目公司名下，三方一致确认，两家项目公司对于项目自持部分和可售部分的开发，仍按原出让合同有关条款执行。两家项目公司根据原出让合同内容，就项目自持部分和可售部分分别与国土局另行签订土地出让合同，原出让合同终止。

B. 联合体三方同意项目宗地面积及出让建筑面积等指标按照原出让合同中确定的各地块指标进行规划，且后期各出让合同面积调整不能突破原出让合同，联合体三方承诺严格按照招标文件要求，自持部分长期经营不少于20年。联合体三方同意就自持地块与可售地块的分配原则、地块编号、面积、建筑规模按照约定执行。

如国土局同意按照上述方案拆分项目，则三方的合作相对独立，相互制约减少，成立两个项目公司后，虽然持股比例不变，但是两个公司相对独立，自持项目的公司由甲方控制，甲方对这个项目公司有表决权和决策权，乙方和丙方仅有知情权，无表决权，同样可售项目的公司由乙方和丙方控制，甲方无决策权和表决权，这样三方之间的制约变得较少，更有利于项目的合作。

2. 拆分房地产公司后进行项目转让

有些房地产公司拥有多个项目，但只想转让其中的一个项目，应如何处理？这时房地产公司可按照《公司法》的规定，将公司分立，把转让的项目置于分立的公司之下，然后分立后的公司再将项目转让。

3. 从其他方面防范合作纠纷的风险

严格挑选合作方，选择适宜的合作方式。合作各方应根据各自的实际情况，选择适合彼此的合作模式，不仅能顺利地合作，而且能高效地实现合同目的。实践中主要有项目公司型、组成联合管理委员会等形式。在这一过程中，可以由律师根据合作双方的特点，向客户推荐最适合的模式。房地产开发项目合作开发的其他风险防范的注意内容如下。

（1）合作意思表示应真实。如约定出资方仅负责提供资金，不承担其他义务，由对方在项目完工后高于原出资额返还，这是以合作之名行借贷之实，根据国家有关禁止企业间资金借贷的规定，此类合同是无效合同。

（2）应签订合作开发合同。合作开发合同是合作双方最重要的法律文件，是双方权利义务的基础,更是利益分配的依据,其作用至关重要。而签订一份严谨、完善、明确的合作开发合同,更是需要律师的实践经验。为避免合同因文字歧义产生争议,在签订合同时,律师需要反复斟酌,做到措辞准确。

(3)选择开发手续齐全或相对齐全的成熟项目进行合作。手续不齐全的房地产开发项目必然会带来不确定性,导致项目开发权的不完整,给项目投资带来巨大的风险。因此,合作的房地产开发项目必须考察项目具备的条件,至少包括项目的土地权利与确定的规划条件。必须对土地权利、规划意见、行政许可等项目现状进行极其详细的尽职调查,然后根据调查的结论设计合作的条件,为交易风险设置"保护伞"。

(4)出资的土地必须已经办理完毕合法的手续、缴纳了土地使用费用才能建立合作,并由转让方办理土地的手续。

(5)政府许可合作双方共同作为开发主体、共同立项、共同报建、共同销售的问题。如果合作双方在获得土地使用权或立项时只以一方的名义,而另一方在法律上不是开发主体,那么将来在房屋销售或不动产权属登记时,不动产权属证书上就没有另一方公司的名称,拥有产权或销售权的只是报批的一方,另一方只能通过协议取得销售房屋或拥有房屋的权利,或者通过二手房交易的方式取得房屋所有权。如果当地政府允许,合作双方应共同申请立项、共同报批,那么将来发放不动产权属证书时,双方所建房屋属于共有财产,这样不仅保证了另一方的权利,也节省了二手房上市交易的税费。因此,合作双方应当共同立项报建,否则未参与立项报建的一方的权利很容易受损。比如,在销售时,只有报建的一方才有销售权,而另一方不能参与销售,即使参与销售,也只能以报建方的名义,在销售款的收取及转移上非常麻烦。在这种情形下,最好由双方通过协议共同委托一家销售代理公司销售,销售产生的各种费用,可由双方先行约定按分房面积的比例承担,也可以按各方实际销售的房屋建筑面积负担。

(6)正确处理一方再次转让合同的情况。合作开发合同的基础是"人和",合作的各方至少在合作之初彼此是信任的并且对合作方暂时了解且认可。因此,合作开发合同一经签订,双方就应当全面履行义务,善始善终地完成合作项目。如果在合作开发中,一方转让部分权利与第三人再合作,就会出现更多的合作主体,彼此之间的法律关系会更为复杂。有些合作方合作不愉快,或者没有履行能力,再次将项目与他人合作,这样对合作方影响比较大。有些转让方出于恶意,比如,引入一家皮包公司或由黑社会控制的公司,目的是逼迫另一合作方退出,以达到其悔约目的。因此,合作各方在合同中应该约定如出现一方打算转让部分或全部权利义务的,应首先应征求另一方的意见,另一方有优先受让的权利。在未征得另一方的书面认可时,单方面擅自转让权利义务的行为不产生法律效力。

(7)合作方的资金应受到监管。双方在签订合作开发项目合同时,应当在协议中明确约定资金到位的具体时间及延期到位的逾期责任。双方应设立共同的资金账户,资金应该打入双方共建的账户,销售的货款也应该打入共管账户,双方共同管理,共同决定使用,共担风险。如果各自独自管理,往往会影响合作。资金能够按时、足额到位是合作成功的前提。

(8)合作开发的物业问题。如果想解决物业管理方面的纠纷,那么合作双方应当事先通过协商共同组建物业公司或共同聘请物业公司,对未售出的房屋由合作各方按照物业的建筑面积比例分别承担物业管理费用,这样就能有效避免产生纠纷。

(9)在房地产开发项目投资时,合作开发绝对不是明智之选。最好不采用合作开发的方式,尤其应避免三方或三方以上的合作。房地产项目收购或项目转让是较为理性的选择。

(10)做适当技术处理。合作方可采用在转让方之下采取成立分公司或项目公司的技术处理,但设立分公司或项目公司不能够保证项目的独立运作,包括在项目建设管理和销售等环节都必须由转让方出面进行。

(11)合作方只有在合作合同中明确约定双方"共同投资、共享利润、共担风险"并且在实际操作过程中也是以此为基础进行投资和利润分配的,才能视为合作行为。因此,在合作方订立合作合同时,如果没有房地产开发经营资质的一方与他人合作时,那么应当审核合作方是否具备房地产经营开发资质。非提供土地合作一方,要注意审核提供土地使用权的合作方的土地使用性质。如果存在与上述法律规定相违背的情况,则订立的合同无效。一旦合同订立,若因此发生纠纷,则不利于维护各自的权益。

(12)对非土地方或项目实际开发方的风险防范。合作中以他人名义开发但实际操盘的一方,时刻面临项目被处分、查封等法律风险,因此,非土地方应与土地方协商,就开发的项目单独建立独立核算的财务制度,对合作中的公章、银行印鉴管理,双方签字权限、程序,双方对项目资金的控制、核算、税费分担,如何清算等进行约定,尽可能确保基于开发所支出费用经过全部合作方的认可。作为资金投资方可通过设立担保和先期收益条款来保证权益,将拟开发土地使用权或提供土地的一方的有效资产在一定时间内为其投资设定抵押,或在收益分配中约定优先分配利润。

(四)项目合作的纠纷及处理

对于合作纠纷,根据我国的司法实践,一般有协商、调解、仲裁、诉讼四种解决途径,其法律效力也不相同。通过协商和调解解决纠纷,这两种解决形式通常不具有法律效力、对当事人没有法律强制约束力。在司法实践中,当发生合作纠纷时,需要对合作开发合同的形式及效力进行认定。合作开发房地产,要求合同一方当事人具备房地产开发经营资质,如果双方均不具备房地产开发经营资质,应当认定合同无效。土地使用权性质与合作方式不同,合同性质及效力也不一样。比如,利用宅基地与他人合作建房的,虽然提供土地使用权的一方取得了建房所需的"两证一书",但因宅基地属于集体土地,仅供集体所有制的成员使用,合作建房合同应认定无效。又如合作双方所签合作合同约定提供土地使用权的一方当事人不参与经营活动,不承担经营风险,只收取固定利益的,应当认定双方所签合作合同为土地使用权转让合同等。对于项目合作常见的纠纷,需要注意以下内容:

(1)合作主体经营资格不合法的法律风险及防范。常见的风险包括一方或双方不具备房地产开发资质,还包括一方或双方不是合法存续的法律主体。防范此风险的办法是在合作之前进行调查。

(2)划拨土地使用权作为投资合作开发的法律风险及防范。具体参见本节以划拨方式取得土地使用权部分。

(3)合作开发中因当事人未足额出资引发的法律风险。未足额出资可能导致项目不能按期或按计划开发,也涉及成本核算和利润分配的问题。

(4)以土地出资的一方在合作期间将土地使用权另行转让引发的纠纷。如果采用股权变更的方式转让,法律上并无强制要求审批和进行不动产权属变更登记,即便是项目整体转让,也无强制要求必须前置审批。土地方再行转让,合作主体变更或股东变更,出资方将承担更大的风险。因此,出资方应在合同中约定土地方再转让的处理方式,如解除合同、继续履行合同、如何赔偿等,或者约定土地方不得转让,如果未经允许直接转让,则构成违约,出资方可将土地使用权主体变更到自己名下。出资方防范的方法是可对土地进行抵押,出资方为抵押权人,以防止土地方任意转移土地使用权和项目开发权。

（5）发生诉讼后，一方当事人请求分配须经有批准权的人民政府主管部门批准而未经批准、未取得建设工程规划许可证或擅自变更建设工程规划的房地产项目利益的，人民法院不予受理；已经受理的，裁定驳回起诉。因当事人隐瞒建设工程规划变更的事实所造成的损失，由当事人按照过错承担。

（6）利用宅基地合作建房，合同被确认无效后，房屋归宅基地"两证一书"的申办人所有，同时，由宅基地"两证一书"申办人将投资款及利息返还出资人。

（7）房屋实际建筑面积超出规划建筑面积，经有批准权的人民政府主管部门批准后，当事人对超出部分的房屋分配比例协商不成的，按照约定的利润分配比例确定。对增加的投资数额的承担比例，当事人协商不成的，按照约定的投资比例确定；没有约定投资比例的，按照约定的利润分配比例确定。超出规划建筑面积的房产，补办批准手续后合作双方对该部分房产的分配协商不成的，一方当事人可以请求按合作合同约定的利润分配比例分割；对该部分房产增加的投资额的承担比例，协商不成的，应按约定的投资比例或利润分配比例承担。

（8）当事人违反规划开发建设的房屋，被有关行政管理部门认定为违法建筑并责令拆除，合同当事人对损失的承担比例协商不成的，应按双方过错大小、投资比例或利润分配比例确定。

（9）合作建房合同约定仅以投资数额确定利润分配比例，一方当事人未按合同约定的比例出资的，双方利润应按实际投资比例分配。

（10）房地产合作开始中增加投资数额承担比例引发的法律风险及防范。投资数额超出合作开发房地产合同的约定，对增加的投资数额的承担比例，当事人协商不成的，按照当事人的过错确定；因不可归责于当事人的事由或者当事人的过错无法确定的，按照约定的投资比例确定；没有约定投资比例的，按照约定的利润分配比例确定。合作开发合同约定仅以投资数额确定利润分配比例，当事人未足额出资的，按照当事人的实际投资比例分配利润。

在条款设计时，应当先根据投资预算确定投资总额，再结合市场和人为因素增加或减少投资额进行具体处理。比如，由合作一方代替出资，双方根据实际投资额重新界定投资额和利润分配比例。

（11）合作开发中因建筑面积增减引起的法律风险。房屋实际建筑面积少于合作开发房地产合同约定的，对房屋实际建筑面积的分配比例，当事人协商不成的，按照当事人的过错确定；因不可归责于当事人的事由或者当事人过错无法确定的，按照约定的利润分配比例确定。

（12）合作开发中的违章建筑不予分配。在合作开发过程中，项目未经批准即变更规划甚至违法加层或增加单体占地面积的情况很多。在合作开发中，在依法须经批准的房地产建设项目未经有批准权的人民政府主管部门批准、房地产建设项目未取得建设工程规划许可证或擅自变更建设工程规划的情形下，当事人无权要求分配房地产建设项目利益。从行政法规的规定来看，对于当事人违反规划开发建设的房屋，有批准权的人民政府主管部门应认定其为违法建筑并责令拆除。对于由此造成的损失，当事人对损失承担协商不成的，按照当事人过错确定责任；过错无法确定的，按照约定的投资比例确定责任；没有约定投资比例的，按照约定的利润分配比例确定责任。

（13）合作开发合同的当事人无权要求将房屋预售款作为投资参与利润分配。

（14）假合作开发的问题。合作开发合同是指合同各方当事人订立的以提供出让土地使用权、资金等作为共同投资、共享利润、共担风险合作开发房地产为基本内容的协议。利润分享和风险承担明显不对称的协议属于假合作开发，主要有四种情况。

①合作开发房地产合同约定提供土地使用权的当事人不承担经营风险,只收取固定利益的,应当认定为土地使用权转让合同。

②合作开发房地产合同约定提供资金的当事人不承担经营风险,只分配固定数量房屋的,应当认定为房屋买卖合同。

③合作开发房地产合同约定提供资金的当事人不承担经营风险,只收取固定数额货币的,应当认定为借款合同。下面举例说明实践中当事人一方只收取固定数额货币的,在签订合同时可如何约定具体内容。

示例:

《某餐饮步行街项目的合作协议书》(节选)

第二条 合作方式 双方同意,按照必要性原则,将已经签署的与项目相关的文件和政府相关批件,由甲方变更为乙方,在此变更的基础上取得项目开发经营所需的接续手续和证件。并按照乙方投资开发、甲方代理销售的分工,完成项目开发经营工作。项目收益分配,则依先行冲抵成本,净利润分配甲方优先,但乙方提留净利润为5000万元的方式确定。

第四条 关于利润预提和分配 乙方同意,在本协议签署后至项目实现销售收入前,向甲方支付部分预提利润。该预提利润数额为7400万元。项目完成后,按照会计原则扣除各项成本(包括建设开发费用、土地出让金、税费、销售费用、预提利润等)后,由甲方优先分享净利润,除保证乙方提留5000万元净利润外,甲方按照本协议随时提取项目销售利润。

第五条 乙方对甲方特别保证 鉴于项目以乙方名义开发经营,为充分保证甲方按照本协议取得收益分配权,双方同意对甲方作出特别保证:某股份有限公司以其持有的乙方的股份提供质押担保。当乙方不能依约保证甲方收益分配时,甲方得通过减少乙方持有的某股份有限公司股份并相应增加甲方持有的乙方股份,充分实现全部收益分配权。

④合作开发房地产合同约定提供资金的当事人不承担经营风险,只以租赁或者其他形式使用房屋的,应当认定为房屋租赁合同。

(15)根据《最高人民法院关于审理涉及国有土地使用权合同纠纷案件适用法律问题的解释》第九条的规定,土地使用权人作为转让方就同一出让土地使用权订立数个转让合同,在转让合同有效的情况下,受让方均要求履行合同的,按照以下情形分别处理:已经办理土地使用权变更登记手续的受让方,请求转让方履行交付土地等合同义务的,应予支持;均未办理土地使用权变更登记手续,已先行合法占有投资开发土地的受让方请求转让方履行土地使用权变更登记等合同义务的,应予支持;均未办理土地使用权变更登记手续,又未合法占有投资开发土地,先行支付土地使用权转让款的受让方请求转让方履行交付土地和办理土地使用权变更登记等合同义务的,应予支持;合同均未履行,依法成立在先的合同受让方请求履行合同的,应予支持。

(16)合作开发中房屋预售款不得冲抵投资参与分配。合作双方"一方出地,一方出资"为房地产合作开发的典型模式,如果出资方受资金等因素影响出资不到位,那么约定全额出资前以预售款冲抵出资是否合法?在房地产合作开发中,以房屋预售款冲抵投资参与分配的行为实质是违约行为。因为合作双方对项目利益的分配是建立在双方权利义务对等基础上的,预售款是双方合作开发项目的利益,而如以预售款冲抵出资一方的出资,实际上是对合同守约方利益的侵害,违反了民法的公平原则,亦与合作开发据以确定的利润分配比例相矛盾。

(17)房屋分配的风险及防范。有时合作双方签订合作开发合同时,没有施工图纸,甚至连概念设计都没有,房屋分配无法具体到单元或房间号,但实际上因为房屋的位置不同导致价格差距较大,双方有可能因无法确定位置或者抢占高价的位置引起分配争议。为防范这种纠纷的出现,在没有图纸的前提下,也应明确分配房屋的朝向、楼层、东西南北方位。

(18)经营管理权纠纷。经营管理权实际上也可以理解成对项目开发的控制权,由谁来主导经营管理,谁就有更大的话语权,可能对实际操盘一方有利。为避免出现经营管理权方面的纠纷,应明确项目管理的组织机构、决策程序、人事安排等。

(五)合作开发房地产合同中各方对发包人欠付工程价款的责任

合作开发合同中的合作一方按照合同约定负责开发项目建设,由其作为发包人与施工单位签订施工合同,在发包人无力偿还工程欠款时,其他合作方对其应偿还的工程欠款原则上不承担连带责任。依据《最高人民法院关于审理涉及国有土地使用权合同纠纷案件适用法律问题的解释》第十二条的规定,合作开发合同,是指当事人订立的以提供出让土地使用权、资金等作为共同投资,共享利润、共担风险合作开发房地产为基本内容的合同。"共同投资,共享利润、共担风险"是指合作各方内部关系,而不是指对外关系。合作开发合同各方没有成立合作开发房地产的项目公司或成立不具备法人条件的其他组织,应属"独立经营",应按照约定各自独立承担民事责任。在法律没有规定,合同也没有约定的情况下,合作各方不应当对建设工程发包人应偿还的工程欠款承担连带责任。签订合作开发合同的行为,既不属于个人合伙,也不属于设立合伙企业,不应当适用《民法典》或《合伙企业法》中有关个人合伙和普通合伙人承担连带责任的规定。

根据债权合同相对性原理,发包人以外的合作各方对发包人应偿还工程欠款不承担连带责任。案件讼争的法律关系是施工合同纠纷,而不是合作开发房地产合同纠纷。施工合同只对合同当事人产生约束力,对合同当事人以外的人不发生法律效力。在发包人无力偿还工程欠款时,其他合作方对其应偿还的工程欠款原则上不承担连带责任。但是,如果发包人以外的合作各方存在取代原发包人或因加入债务的履行而与施工合同发包人成为共同发包人的事实,应当认定实际参与施工合同履行的合作开发合同的合作方与施工合同的发包人成为共同发包人,应当对欠付工程价款承担连带责任。实际参与了施工合同的履行行为表现为,与发包人一起共同选定施工队伍、参与施工管理、支付工程款、在经济签证上签署意见、参与工程验收或者工程结算等。

(六)集体性质的主体对合作的影响

1. 以集体土地或划拨土地出资对股权转让的限制

按照公司股东财产权理论及《公司法》的规定,有限责任公司的股东有相互转让或向股东以外的人转让股权的权利。作为有限公司制农村集体企业的股东,同样应当可以依据《公司法》的规定转让其对公司的股权。但是,对于以农村集体土地使用权出资的股东转让股权的问题,实践中存在两种情形:一是农村土地使用权出资的股东(农村集体经济组织)部分转让股权,但农村集体经济组织和农民的股权仍然占控股地位或起着实际支配作用;二是农村土地使用权出资的股东(农村集体经济组织)部分或全部转让股权,致使农村集体经济组织和农民的股权不占控股地位或继续起着实际支配作用,达不到乡镇企业的法定标准,引起有限公司的集体经济组织企业性质的变化。如果通过股权转让的形式将集体建设用地使用权的受让对象扩大到非本村村民或城市居民及城市企业,那么将有悖于《土地管理法》的立法宗旨,也不利于保护农民和农村集体组织的利益。因此,我国法律规范禁止非法的土地出让和集体土地使用权转让行为,对于前述两种股东转让股权的行为加以限制,即农村集体组织以土地使用权出资到有限公司后应限制转让其公司股权,以集体土地使用权入股的股份不得转让,如果确实需要转让,或者依法被强制转让的,应先将公司使用的集体土地征购为国有土地,由国家给予集体土地所有权人以土地补偿或土地整治补偿,再进行出让、转让。因此,投资人通过股权转让的方式无法完全取得项目的所有权。开发企业涉及集体经营性建设用地的相关内容参见本章第七节相关内容。

2. 集体组织以现金或实物出资对股权转让的影响

如果投资人与村集体企业以现金或实物共同出资成立有限责任公司,那么当一方的持股人为集体企业时,股权转让应当满足三个前提条件:一是经过公司的股东会同意;二是通过资产评估对股权转让进行定价,并报集体企业主管部门确认和批准,一般是经当地区级以上人民政府批准;三是经过持股人的内部表决,即最重要的环节是转让事宜须经代表村民的村民会议或村民代表会议同意。

五、以并购(项目转让)方式取得项目开发权

并购可分为资产并购和股权并购,并购也称项目转让,为叙述方便,本书将并购与项目转让视为同一含义。以项目转让的主体来划分,项目转让可分为政府的定向转让和其他主体的项目转让。以转让的方式来划分,主要可以分为直接转让与间接转让两种形式。项目转让涉及的主体较多,比如,银行、施工单位、建筑材料供应商、工程监理单位等相关公司都与转让方存在抵押、查封、担保等多种债权债务关系。除此之外,转让方可能未缴清土地出让金,拆迁安置补偿也未落实,或者市政配套费用也未付清,具体情况一般比较复杂,转让风险较高,项目转让中的法律陷阱也非常多,而且受让方难以将所有的风险全部了解清楚,因此项目转让经常引起法律纠纷。

(一)转让的方式及条件

1. 转让方式

房地产项目的转让主要有两种方式,一种是直接转让,另一种是股权转让。直接转让相对于股权转让风险相对来说小一些。股权转让又可以依不同的标准进行划分,以转让的主体来划分,政府或政府指定的国有公司可作为转让人进行股权转让。非政府主体间的股权转让又分为两种形式:一种是全部股权转让,转让方不再参与这个项目;另一种是部分股权转让再加上部分项目转让。如果涉及股权转让,那么受让方就要特别注意转让方部分原股东或全部股东及原项目公司对外的债务问题。

土地使用权转让形式包括买卖、交换、赠与、作价入股、联合开发、收购或合并、兼并及以土地使用权折价抵债等方式。

政府可以通过股权转让的方式供地。有些地方政府在一级开发时,委托指定的具有国资背景的开发企业或土地发展公司等进行土地一级开发,然后在二级市场摘牌,政府公司持有土地,再由二级开发企业通过股权收购的方式完成定向转让,这也是开发企业从政府拿地的一种方式。

案例:某建设开发有限公司是某市某区人民政府和某集团共同投资组建的国有控股型企业,2008年1月,该公司在对某地块进行土地一级开发后,在产权交易所将下属两个项目公司100%股权挂牌转让,通过项目公司转让这种方式,将已经完成一级开发的土地投向二级开发市场。A、B两家房地产公司分别受让两地块。随着这两个项目公司股权转让的成交,国有控股公司的项目公司所持地块也已易主,由此达到地块完成一级开发后转入二级开发市场的目的。

2. 转让条件

(1)符合《城市房地产管理法》第三十九条规定的条件。
(2)转让必须有合法的依据,而且应当有明确的受让人。
(3)转让必须获得各方当事人一致同意。
(4)受让人须具有房地产开发的资质并履行相关的项目更名手续。
(5)以划拨方式取得土地使用权的转让条件须符合特殊的规定。

(二)项目转让的法律后果

通过项目转让,项目所属土地使用权将变更至受让人名下,项目立项、规划等手续需要对项目开发主体进行相应变更,如尚未取得,则以受让人名义申报办理,受让人通过项目开发经营直接取得收益。项目转让的,项目资产自项目公司剥离,受让人仅承担项目本身存在的风险,不承担项目公司的债务风险。

(三)国有土地使用权转让常见纠纷的种类

(1)因转让合同无效而引起的纠纷。
(2)因违反转让条件而产生的纠纷。
(3)因土地价格剧烈上涨或下跌导致一方悔约而引起的纠纷。
(4)因"一地数转"而引发的纠纷。
(5)因无土地使用权证转让而引起的纠纷。
(6)因延付或拒付土地使用权转让费而引起的纠纷。
(7)因延期交付土地(项目)或不交付土地(项目)而引起的纠纷。
(8)因转让方不及时办理土地权属变更登记或股权变更登记而引起的纠纷。
(9)因一方强占土地强行开发而引发的纠纷。

(四)房地产项目直接转让(资产并购)的风险

案例:2001年,北京A房地产开发有限公司(以下简称"A公司")与北京E厂(原土地方)签订土地协议出让合同,约定A公司取得E厂工业厂区部分规划总用地面积约30000平方米土地的开发权。2002年A公司与北京B房地产开发有限公司(以下简称"B公司")签订联合开发协议,约定以A公司与E厂签订合同中约定的具有开发权的全部地块的开发权与B公司合作,A公司提供规划项目内全部用地,B公司以A公司名义申请立项报批、规划、建设、销售,土地出让金及开发建设的一切成本、政府规费、税费等费用由B公司承担,除此之外,B公司还应支付A公司补偿款2.53亿元。2003年,A公司和B公司经协商一致,又将项目转让给了C公司。A、B、C三公司在三方合同中约定:C公司以A公司的名义成立第一项目部,C公司负责支付项目的土地出让金及一切与开发有关的成本及费用,全权负责该项目的规划、建设、销售等工作,项目部独立核算,A、B公司不参与其经营及利润分配,C公司拥有该项目所有权及所有销售收入。除此之外,C公司需要支付B公司项目合作转让款3.2亿元,转让款项分两次交清,协议签订后支付1亿元,待A公司取得土地使用权证后支付 2.2 亿元,三方合同中并未明确约定土地出让金由 C 公司直接向政府部门支付。

2003 年 6 月,A 公司与政府自然资源主管部门签订《国有土地使用权出让合同》。2003 年 8 月,A 公司与 C 公司办理了项目现场进驻的交接手续,C 公司进驻施工现场,进行施工的前期准备工作,建设了井架施工围挡及职工生活用活动板房。2003 年 8 月,C 公司按合同约定向 B 公司交付首付款 1 亿元及土地出让金。在 2004 年 6 月,政府土地部门要求 A 公司缴清所有地价款,A 公司遂要求 C 公司缴纳该笔地价款,但 C 公司认为,土地出让金已按三方协议约定支付给了 B 公司,A 公司应向 B 公司主张这笔费用,但 B 公司拒绝向 A 公司转付这笔土地出让金,于是 A 公司与 B 公司、C 公司在合作中产生矛盾。2004 年"8·31 大限"之前,A 公司自行缴清了全部地价款和滞纳金。2004 年 9 月,A 公司在并未告知 B 公司、C 公司的情况下,私下独自与北京 D 房地产开发有限公司(以下简称"D 公司")签订项目转让合同,A 公司将项目建设用地的使用权以 3.6 亿元的价格转让给 D 公司。2004 年 10 月,D 公司支付了全部转让价款后,强行进驻 C 公司的施工现场并开始进行土方施工,至此 C 公司才知晓 A 公司已与 D 公司签约。C 公司致函 A 公司与 D 公司,要求 D 公司立即停止施工并撤出施工现场,但 A 公司与 D 公司未予理睬。C 公司无奈于 2004 年 12 月向法院提起诉讼,要求 A 和 B 两家公司继续履行三方所签合同,同时向 C 公司支付违约金,但 A、B 两公司表示不想继续履行合同。2005 年 6 月法院判决驳回 C 公司的诉讼,理由是:虽然 A、B 和 C 公司所签的合同有效,但也应终止履行,因为 D 公司在向 A 公司支付转让款后,已实际在本案所涉项目用地上开始施工建设,A 公司与 B 公司坚决表示不再与 C 公司合作,考虑本案争议的合同性质,目前三方已事实上失去了继续合作的基础,"三方协议"现已不具备继续履行的条件,因此应当终止履行。C 公司不服判决,向高级人民法院上诉,要求撤销一审判决,支持一审的诉讼请求。但二审期间,A 与 D 之间办理完毕土地使用权变更登记手续,D 公司已取得《商品房预售许可证》。高级人民法院遂依据本案的事实情况驳回 C 公司上诉,维持一审判决,但建议 C 公司另案起诉。至此,C 公司实际上已经退出了该项目土地的开发并丧失了使用权。

从上述案例可以总结出项目直接转让有如下风险:

(1)房地产市场价格的波动使一方违约的可能性增加。在房地产市场价格波动较大时,项目转让双方出于利益的考虑故意违约的可能性大增。如果价格上涨,转让方违约的可能性大;如果价格下落,受让方违约的可能性大,即使找不到合法的依据,受让方也会为交易制造障碍。目前房地产市场土地与房屋的价格双双高涨,因此违约行为几乎都发生在转让方。

(2)交易的主体过多导致难以协调各方利益。对项目转让来说,比较可行且实践当中成功可能性大的转让方式是转让方与受让方同为一个主体。转让的方式最好是一手的项目转让,发生纠纷的可能性较小,即使转让方从其他转让方处受让所得项目,也应确保项目上无任何债权债务纠纷。

(3)真正的项目开发的主体在法律上不享有所有权导致发生纠纷时利益受损。房地产开发项目转让必须以合法的物权登记作为认定权利的唯一法定形式。受让方在进行调查后最终决定受让项目时,必须以该项目已经交付土地出让金或获得土地权证为前提。对于未缴纳土地出让金的项目,受让方应慎重考虑,如果非要冒险受让该项目,那么也应在合同中约定清楚,土地使用权的出让金是由受让方缴纳的,一旦取得土地使用权证,转让方应该协助受让方办理变更登记手续。如果转让方不协助,那么就应当承担相应的违约责任。由于在办理土地证之前是由转让方与土地部门打交道,而受让方无法直接与原土地方或政府沟通和建立联系,因此,转让方缴纳土地出让费用办理完毕土地使用权证之后,受让方也未必能真正拥有项目的土地使用权。

(4) 开发项目的手续不完备导致受让方利益受损。项目转让风险控制的前提是转让方在项目的手续方面不存在法律上的障碍及项目转让时市场价格可以锁定,如土地权属关系清晰,已缴清土地出让金或已取得土地使用权证、已申领规划意见书等。如果开发方面的手续不齐全,法律关系不清晰,项目的市场价格无法锁定,加上项目转让合同履行期限长,一旦相关利益方因市场价格变动提出合同没有约定的细节或故意曲解合同,就会使开发的其他环节中断,后续开发无法继续进行。

(5) 转让存在限制性条款的风险。根据《城市房地产管理法》第三十九条第一款第二项的规定,房地产直接转让投资必须达到25%,否则不允许转让,因此在项目直接转让时,应核实转让方投资确已到位。《城市房地产管理法》第三十八条规定,以出让方式取得土地使用权的,不符合第三十九条规定的条件的房地产,不得转让。上述转让条件与投资比例挂钩的做法早已引起质疑,原因在于这种规定既不符合法理,又与实践相悖。根据法理,土地使用权一经合法取得,只要不损害他人利益或公共利益,权利人就可不受阻碍地自由处分,权利人取得土地使用权后,可以自己开发利用该土地,也可以转让该土地给他人使用。据推测,上述规定的目的可能是通过设置转让条件限制土地炒卖,以防止抬高土地价格,从实践来看结果明显与其初衷背道而驰,土地价格大幅度上涨,而有些开发企业在缴付出让金、取得土地使用权证后因资金原因无力继续开发,又因未达到投资总额的25%而无法将土地转让给他人开发,土地资源因此得不到有效利用,市场流通也受到阻碍。在房地产司法实践中,违反《城市房地产管理法》第三十九条第一款第二项规定的情况比较多,起诉到法院的案件也比较多。如果转让方没有完成投资总额的25%,将土地使用权转让,但转让后土地升值,转让方起诉到法院,要求确认合同无效,这种情况转让合同的效力如何认定? 在审判实践中,不同的法院有不同的观点,有些法院认为《城市房地产管理法》是效力性强制性规范,违反这一条款将导致合同无效,有些法院认为在《最高人民法院关于适用〈中华人民共和国合同法〉若干问题的解释(二)》(已失效)出台之后,把强制性规范区分为管理性强制性规范和效力性强制性规范。能够引起合同产生效力、引起合同无效的强制性规范,是指效力性的强制性规范,而《城市房地产管理法》第三十九条第一款第二项规定应该作为管理性的强制规范,违反25%投资条件、违反工业用地条件、没有形成成片开发用地的条件,这些条件只是行政管理的规定,导致不能完成土地使用权转移登记,并不引发法律上合同无效的后果。合同有效之后引发法律后果只是行政管理上的问题,如果转让方没有达到25%的条件,政府行政管理部门可以拒绝办理土地的权属转移登记手续,那么符合条件之后可有权再次申请变更,这是政府行政管理上的问题。行政管理的要求只能导致合同暂时不能履行或不能继续履行,合同不能履行当事人可以请求解除合同,由对方承担相应的赔偿责任。但其他问题是,合同解除权由谁来行使? 转让方有没有权利行使解除权? 如果受让方不要求解除合同而要求继续履行合同,那么合同还能否继续履行? 受让方能否自己继续履行25%的投资条件,或者有没有可能找第三方替代履行来完成? 这些问题在司法实践中没有明确答案。目前主流观点认为,《城市房地产管理法》第三十八条、第三十九条是针对行政管理部门对不符合规定条件的土地在办理土地使用权权属变更登记问题上所作出的行政管理性质的规定,而非针对土地使用权转让合同效力的强制性规定。根据物权变动的原因与物权变动的结果相区分的规则,完成开发投资总额的25%以上是土地使用权能否过户的条件,只可能影响物权变动的结果,但不影响物权变动的原因。根据《民法典》第一百五十三条"违反法律、行政法规的强制性规定的民事法律行为无效"的规定,土地使用权转让方未完成开发投资总额的25%以上即转让房地产项目,并非违反法律、行政法规的强制性规定,不会导致合同无效的后果。

(6)一地数次转让的风险。一地数次转让对受让方风险较大,发生纠纷时哪一个受让方取得土地的权利不能确定,最好还是采取预防措施进行风险防范。防范的方法是在签订转让合同时约定办理土地登记手续,约定预告登记事宜。在预告登记期间,未经预告登记权利人同意,不得办理土地变更登记和土地抵押登记,防止一地数卖或多次重复抵押。

(7)一方隐瞒土地上负担或者原土地权属存在瑕疵,转让方欠缴相关土地规费、欠缴土地出让金,或土地权属或权证登记存在争议,土地被抵押或部分被抵押,地上建筑物或附属物权属及其拆迁安置等善后事宜存在争议。转让时土地是否设定了抵押或其他权利负担对受让方来说非常关键,因此,在受让之前应当查清这些问题,否则会影响项目的正常进行。

案例:某公司为目标公司,于2003年取得某县约500亩土地使用权,该500亩土地办有37个土地使用权证,其中部分以出让方式取得,部分以划拨方式取得,均登记在目标公司名下。2013年3月22日,甲、乙双方签订了《股权转让协议》,约定甲方转让目标公司的全部股权,乙方成为目标公司的股东,乙方以偿还目标公司对外债务的方式支付应付甲方的股权转让款。

甲方和目标公司承诺目标公司名下的土地使用权证在办理过程中不存在违反法律、法规、规章的情形,如因上述原因导致目标公司的土地证被撤销,或因股权转让变更登记前的开发过程中的任何违法、违规行为,导致目标公司被有权机关予以处罚,由甲方承担赔偿责任(目标公司承担责任后,可向甲方追偿)。

在尽职调查阶段,乙方到土地使用权证的发证机关进行了查询,发证机关确认了土地证的真实性,于是乙方与甲方顺利地进行了股权转让变更登记手续及目标公司的交接。但乙方在之后的开发建设的过程中,发现目标公司的多份土地证与原股东现场指认的地点不一致,且有些土地证的界址在基本农田内,有些土地证的界址在农村宅基地上,根本无法进行开发建设。

对于项目转让来说,尤其是没有进行施工的项目转让,一定要聘请专业技术人员核实土地的范围,必要时请专业公司进行测量,以便核对实际土地范围是否与土地证的记载一致。

(8)受让人支付能力不足,导致合同无法履行。为防范受让人支付能力不足的风险,双方均可请求银行向对方出具担保函,以保证合同义务的履行。也可以采用资金监管的方式,由受让方将全部资金存在监管银行,在具备支付条件时由银行一次性或分批向转让方支付。

(9)土地项目的规划条件(规划要点、开发性质、容积率、建筑高度、红线退让、外立面等)不确定导致的市场价格判断风险。规划条件对于土地的市场交易价格起到极其重要的决定作用,对于已经取得规划设计条件许可的项目基本可以判断市场价格,如果规划条件不确定,则无法判断市场价格。如果出让方承诺规划可变更,能增加建筑面积或改变项目性质,则受让方应谨慎对待,可通过协议的约定来控制市场风险。

(10)房屋和土地权利不一致的风险。有时开发企业在出让、受让房屋、土地时没有考虑土地与房屋的关系。根据《城镇国有土地使用权出让和转让暂行条例》第二十三条规定,土地使用权转让时,其地上建筑物、其他附着物所有权随之转让。第二十四条规定,地上建筑物、其他附着物的所有人或者共有人,享有该建筑物、附着物使用范围内的土地使用权。土地使用者转让地上建筑物、其他附着物所有权时,其使用范围内的土地使用权随之转让,但地上建筑物、其他附着物作为动产转让的除外。因此,开发企业在转让房屋或土地时应考虑房屋与土地的关系,并在合同中明确约定。

（11）签订阴阳合同的风险。房地产项目转让签订阴阳合同的主要目的是避税，递交给房屋自然资源主管部门的是低价合同，另行签订一份高价的合同，高价合同才是双方真实的意思表示，是真正履行的合同。还有就是为了规避完成开发投资总额的25%以上的规定，转让方与受让方签订两份不同的合同，主要在合同价款、支付方式、履行时间、双方责任等内容上有较大差异。在不具备转让条件时，如不符合完成开发投资总额的25%以上的规定，先签约转让，待条件符合后再另行签约。有些是划拨土地不符合转让条件，双方是"假合作、真转让"。那么，签订阴阳合同是否导致合同无效？如果无效，应认定过户的合同无效还是真实履行的合同无效？根据笔者办理过的类似案例，在遇到阴阳合同的时候，法官会根据现有证据、合同的履行情况和情理来综合判断哪一份合同才是双方当事人真实意思表示，对于虚假意思表示的合同（一般为阳合同）一般认定其不具有法律效力，对于真实意思表示的合同（一般为阴合同）是否具有效力，要根据该合同是否违反效力性强制性规定等因素判定。投资额达到25%的条件并非效力性强制性规定，仅以转让未达到该项规定的条件为由，请求确认转让合同无效的，一般不会被法院支持。此外，有些法院的办案法官在遇到利用阴阳合同避税的情况时会给税务部门出具司法建议函，要求税务部门追缴税款或按照税法的相关规定处罚。

（12）转让人隐瞒拖欠工程款对受让人的风险。如果受让方受让的项目拖欠施工单位的工程款，在项目转让后承包人可能向受让人主张工程款，并可申请法院查封、拍卖在建工程，承包人有优先受偿的权利。在土地使用权转让中，受让方很难查清建筑工程施工合同履行的有关情况，因而不可能在支付的项目转让价款中提出进行扣减的要求，如果转让方有意隐瞒，受让人的法律风险就会增加。

（13）转让国有土地使用权时没有解除抵押的法律风险。《民法典》第四百零六条规定，抵押期间，抵押人可以转让抵押财产。当事人另有约定的，按照其约定。抵押财产转让的，抵押权不受影响。抵押人转让抵押财产的，应当及时通知抵押权人。抵押权人能够证明抵押财产转让可能损害抵押权的，可以请求抵押人将转让所得的价款向抵押权人提前清偿债务或者提存。转让的价款超过债权数额的部分归抵押人所有，不足部分由债务人清偿。

（14）存在租赁负担的国有土地使用权转让的法律风险。因法律规定"买卖不破租赁"，因此土地使用权转让后，即便已经取得了受让方名下的土地使用权证，如果租赁没有到期，受让方仍然要履行出租人的义务，如果强行终止合同，受让方还应当承担违约责任。另外，在转让时承租人还可能提出租赁方的优先购买权问题。因此，在项目转让时应查清租赁的情况，如果没有租赁，应在合同中由转让方声明不存在租赁。

（15）转让闲置土地被收回的风险。如果转让的是已经超过2年的闲置土地，那么有被收回的风险。因此，受让方应查清是否为闲置土地，有无收回的可能性。如果转让的是闲置土地，超过一年而未开发的，则应特别注意，政府是否会收取违约金，或者政府是否会收回土地，这对受让方来说风险巨大。

总之，为防范上述风险，受让方应调查出让方的土地出让金是否缴清、土地证是否办理、转让地上物是否符合转让条件、产权有无限制、权属有无争议、共有人是否同意转让、是否符合规划用途。土地与房屋一起转让时，应调查二者产权是否一致，以及有无抵押、拖欠工程款、租赁等情况。

（五）项目转让的风险防范

很多开发企业只关注购买项目的价格，对别的东西都不重视，因此从某种角度来说，收购交易中的风险主要在于收购资产的市场价格判断。真正的风险未必能得到应有的重视,等到发现问题的时候,往往都为时已晚。

1. 从非合同角度防范转让风险

在并购之前,购买方应审慎调查,进行收购方案的设计,包括法律方案、财务税收方案等,还应请专业人士参与谈判、进行法律风险的提示与审查、帮助起草和审核法律文件、出具法律意见书、协助办理相关法律手续。

(1)综合调查。在签订股权转让合同前,收购方应委托律师、会计师、评估师(涉及国有股权转让时评估国有资产)进行尽职调查。律师应对项目公司的税务、债务、担保、对外签订的合同、诉讼等方面进行调查、审查。同时,律师应与会计师竭诚配合,对公司的财务进行审查,并到自然资源主管部门、金融机构、市场监督机关、建设行政主管部门等部门进行调查,在阅读审查各类法律文件的基础上,对各个方面出具客观详尽的律师尽职调查报告和会计报告。受让方也要对涉及项目的周边环境,如交通、绿化、基础设施建设等进行全面了解,以利于受让方有效决策,才能最大程度降低风险。

(2)资金准备。股权收购需要大量的资金,股权转让后还要准备足够的资金面对项目公司各类到期债务、金融环境变化、国家政策调整、突发案件、不可抗力等风险。同时转让过程中可能存在诸多正在履行中的合同,因此必须准备足够量的资金,防止资金链的断、缺。

(3)在双方合同履行中的书面往来中应注意不要给对方留下把柄。比如,书面往来中,一方提出解除合同、撤回投资,但对方未同意。过了一段时间,因房地产价格上涨,提出解除的一方不想解除,而对方这时却提出解除合同,理由是一方已先行提出解除合同,己方同意解除。在合同履行过程中,一方如果提出解除合同这样重要的事项,一定在解除的单方意向中同时声明,此建议事项若未经双方最终签约,则不影响原合同继续履行。实际上,在合同履行期间,双方在谈判期间会提出很多建议,包括变更正在履行的合同的内容,但对方未必会同意,一旦双方不能履行原合同,对方往往会依据一方所发文件对自己是否有利选择性地予以同意,一旦如此,在诉讼中可能将其视为对合同的变更,对提出一方非常不利。因此,在谈判的文件中必须声明:此建议事项若未经双方最终签约,则不影响原合同继续履行。

(4)开发项目必须具备以下转让条件,且符合政府对不同阶段允许转让的条件才可以转让:项目已经获得主管部门的批准;转让方取得土地使用权;转让方取得建设工程规划许可证;转让方进行了部分投资。

(5)受让方作决策时,必须考虑项目的开发阶段,了解转让方是否已经支付土地出让金或获得土地权证,受让方最好不承担缴纳土地出让金的义务。如果转让方未缴纳土地出让金,受让方可直接向自然资源主管部门缴纳并自行办理土地使用权证。

(6)转让方应防范受让方以并购为由侵犯商业秘密或知识产权。有些并购意向是假的,其真实的目的是了解对方的商业秘密,或者是通过尽职调查寻找被并购方侵犯并购方知识产权的证据。比如,一家跨国公司收购一家中国民营企业,尽职调查完毕后2年,待有关协议期满后,突然向法院起诉,原来所谓收购是假,调查其侵犯知识产权的情况是真。因此,对于大型并购,转让方应与中介机构和买方签署保密协议,防止泄密。但是,在房地产项目收购领域,假并购并不常见。

(7)并购一家公司名下多个项目之一的处理。在项目转让中经常出现这样的情况:一个项目没有设立项目公司,一家公司名下有多个项目,只转让其中的一个项目,或者只转让一个分期开发项目的某一期。对于这种情形可按如下方式处理:将分期的多个项目分立成两个公司,由转让的公司持有转让的土地,这样土地规划等手续不必再变更,这种处理方式既可以保证受让方不受转让方债务的拖累,又能在公司分立达到规定的条件时避税,不需要交契税、增值税、土地增值税和所得税。

(8)并购时抵押的处理。如果房屋上设定了抵押权(或其他第三人权利),那么需要审查与该抵押相关的主债务合同、抵押合同、抵押登记文件,并要求其说明主债务的履行情况,房屋是否设定了抵押权等第三人权利。是否办理抵押登记也是对房屋权属情况审查的重点。对于收购方而言,房屋是否设定了抵押将直接影响收购方对该房屋收购价值的认定。此外,虽然法律并不禁止抵押期间抵押人转让抵押财产,但在实务中,有的不动产登记中心通常会要求提供抵押权人的书面同意,否则不予办理过户登记。因此,房屋是否设定了抵押还会影响收购交易方案的确定。由于房屋的抵押情况会在权属证书、登记机关的登记记录、抵押合同等不同的文件和资料中有所体现,在审查房屋的抵押情况时,应当通过审查权属证书、要求转让方如实说明情况、提供文件资料和向有关机关核实等多种方式进行核查,尽量获取全面、真实的信息。转让时注意房屋是否存在被查封、冻结、扣押等强制措施的情况。如果房屋存在上述情况,那么应当要求转让方提供该房屋被采取强制措施的相应文件,根据相关的事实提出解决的办法。

(9)项目转让应办理土地使用权变更登记手续,向房地产开发主管部门办理转让合同备案手续,如未完成拆迁补偿安置的,转让人还应书面通知被拆迁人。

2. 从项目转让合同角度防范风险

在并购交易开始之前,并购方一般会要求被收购方签署协议,提出不得接受其他竞争对手的并购等要求。作为被收购方的企业,从签订协议时起就要防范法律风险。

(1)完善转让协议。在协议中将转让方与受让方的权利责任写清楚,对转让方的债务、担保问题真实完整地进行披露,对项目后续工作及手续的完备也要具体规定,对因转让而引发的争议约定解决方案,对股权转让金的支付时间、数额、方式等进行规定,尽量将可能引起的各类风险问题写进协议。

(2)委托专业律师起草、修改合同或进行谈判。首先,要与律师沟通,使其充分了解己方意图与要求的文件类型,做到准确而无歧义;其次,委托律师审阅相关资料,了解交易方式、结构与背景;再次,委托律师审查转让项目程序是否具备法定转让条件;最后,委托律师设计合同的整体架构、体例、条款等。

(3)项目转让合同的主要内容如下:①转让双方的名称、住所地、法人代表,该条款是必备条款,需要明确转让合同的主体。②转让项目的基本情况,该条款将项目的情况具体细化,包括所处地点、"四至"界限、面积等。此条款中对项目的清晰描述对于部分项目转让具有重要意义。③土地使用权的性质、取得方式和使用年限。土地使用权的性质均为国有。划拨、出让和转让三种取得方式对转让方的要求不同,办理的程序也不同。转让后的使用年限为原使用期限减去已使用的年限,即为受让人可使用的年限。④项目状况,包括主管部门的批文、批准书、许可证等,项目开发现状(停建、缓建)、拆迁情况,设置担保等,项目涉及的土地或工程的权利限制。⑤项目转让方式。以转让股权方式转让的项目应约定项目公司情况、股权转让比例、价金、期限、相关变更程序等,以直接转让方式转让的项目应约定项目概况、费用的构成、数额、支付方式和期限,项目的立项、用地,工程建设的有关审批程序重新办理手续等。⑥转让双方的权利义务,包括转让中双方权利义务及办理相关审批程序的义务。⑦后续问题解决,包括转让前债务、担保、诉讼、拆迁、承包等。⑧违约责任。⑨争议解决方式,是选择仲裁还是诉讼方式。⑩项目标的物转让、交割日期、方式及当事人约定的其他事项。

(4)起草项目转让合同应注意的问题如下:

①签订合同之前,确认项目已经获得主管部门的批准,转让方取得土地使用权和建设工程规划许可证,并进行了部分投资,符合不同阶段的转让条件。双方具有房地产开发营业执照和资质等级证书,项目转让合同必须以书面形式签订。

②合同中应约定涉及项目的具体法律文件、法律文件的移交,以及项目转让之后,办理相关法律文件的义务主体。双方还应在合同中列明转让项目已经取得的各种政府批文清单,包括立项和规划批准文件等清单。

③以公司股权转让方式转让全部或部分房地产项目,应按《公司法》的有关规定办理市场监督变更登记手续,同时办理房地产转让的变更登记手续;未成立项目公司以合作各方的投资权益内部转让全部或部分房地产项目,应按项目土地使用的不同情况,申办变更立项和土地使用的批准手续;转让给合作各方以外当事人的,须获得原合作各方及受让方的一致同意。如果转让方承诺项目建筑面积或土地性质可变更,则应在合同中要求转让方对所承诺的项目增加建筑面积规划和改变项目性质承担协助或保证的义务。

④转让的项目如尚未办理土地出让手续或虽已办理了出让手续,但转让时尚未付清土地出让金的,应约定办理出让手续的具体责任人及有关费用(包括尚未付清的费用)的承担方式;还应约定项目转让时发生的房地产税、契税、印花税等税费的承担及项目转让后需要向政府有关部门支付的一切费用由哪一方承担。

⑤项目转让时,项目未按出让合同约定的期限和条件进行开发,转让合同应约定补办政府主管部门认可手续及具体责任方。

⑥项目转让时,按出让合同的土地使用年限已开始使用的,转让合同约定的土地使用年限应相应扣除。

⑦转让方的债权、潜在债务澄清等情况要约定公告程序。

⑧转让项目必须获得各方当事人(包括合同当事人和第三人)的同意。在某些情况下,涉及对第三人的效力问题。如在拆迁中,若约定将其中的义务转让给受让人,则必须取得被拆迁人同意。项目转让前已实行预售的,应当规定转让双方需要通知预购业主,并规定由此引起的责任的处理办法。项目转让方与施工单位及监理单位签订合同的,应当作如下约定:转让方应如实提供该项目所涉及的转让方与第三方签订的设计、施工、工程监理、商品房预售等合同中,须由受让方继续履行的所有合同原件,或经与原件核对一致的复印件,除非转让方已解除原合同。转让方应当通知上述合同的合同当事人,与受让方一起协商有关合同继续履行事项,并按以下方式处理原合同事宜:若几方达成协议,应签订对原合同的书面补充协议。若无法达成补充协议,则转让方应当负责与原合同当事人解除原合同,由此引发的合同责任应当由转让方承担,与受让方无关。项目转让时,开发项目转让方与第三方签订的合同都应解除或约定具体的解决方式。

⑨约定转让完成后,应按规定办理变更登记手续等。例如,约定项目转让时,本合同转让方应将已取得的各项法律手续和许可证件(包括交清土地出让金的凭证)在本合同生效之日起十五个工作日内交付给受让方。受让方自行向政府有关主管部门办理转移手续,转让方应积极协助。受让方未按本合同的约定及时向转让方支付有关费用,或未按政府有关部门的规定提供转交证件所需要的证明文件而导致不能获得政府有关部门批准的,转让方有权拒交有关证件。转让方保证各项法律手续转移的确定性,如果其中某项手续因转让方的原因无法确定地转移而影响项目的转让,双方同意共同向政府主管部门申请补办有关手续,其补办有关手续的一切费用由转让方承担;若补办不成功时受让方有权单方提出解除合同的,转让方退还受让方全部已支付

费用,并按受让方已支付费用的 20% 予以赔偿。如果因受让方的原因无法确定地转移其中某项手续而影响项目的转让,双方同意合同解除,则转让方不退还受让方所交定金,退还受让方其他已付费用。同时,受让方在接手项目后已投入项目资金或其他资产,转让方不再折价返还受让方。若合同解除,则受让方按已付费用的 20% 赔偿转让方的损失。

⑩对双方的义务条款可作如下约定。

转让方责任:转让方保证其有资格转让项目,并保证项目符合法定转让条件;转让方保证项目不存在为第三人或转让方债务担保的情形;转让方保证项目转让时,不存在法院查封、扣押等情形;转让方保证项目转让时不存在其他行使《民法典》第八百零七条规定的优先受偿权的情形;转让方应当如实向受让方提供项目转让时的现状情况;转让方应按约定及时向受让方提供许可证件和法律文件,并积极协助受让方向有关部门办理相关转移手续;转让方应对合同任何一方有关事宜保密,并不得将转让方在与受让方商谈项目转让的过程中及以后在履行合同的过程中所获取受让方任何商业秘密(资料)泄露(包括故意或过失)给与合同无关的任何其他方或个人,除非该商业秘密(资料)已正当地为公众所知悉,同时,这也是受让方的责任;转让方应按合同约定履行其他义务。

受让方责任:受让方保证有资格受让项目,并有能力继续开发建设合同项目;受让方应当按合同的约定,向转让方支付项目转让费;受让方应积极协助转让方处理项目转让前所签订的合同事宜;受让方向转让方保证,在项目转让完成之后,履行双方在合同中约定的应由原转让方履行的与第三方有关设计、施工、工程监理、商品房预售等合同的义务;转让方应按合同约定履行其他义务。

(六)通过股权转让(股权并购)方式进行项目转让的风险

通过股权转让方式取得土地使用权和项目开发权是房地产企业常用的方式,与项目直接转让相比,股权转让以快捷且较低的成本和更简便的程序实现土地使用权转让,但因为股权转让涉及土地使用权、目标公司、人力资源、债权债务等概括转移,风险也会随之增加。通过股权转让的方式进行项目转让时,未披露的债权债务对受让方来说影响巨大,有些甚至是致命的。以股权转让方式进行的项目转让引发的诉讼比较常见,有的受让方在转让完毕后,突然接到法院送达的将其作为被告的应诉通知书或者查封裁定、协助执行通知书、划款的执行通知书等,导致受让方遭受重大损失,甚至存在转让方与第三人勾结,恶意制造债务让受让人破产,所以股权转让对受让方来说无疑存在巨大风险。

案例:2004 年,北京 A 房地产开发有限公司(以下简称"A 公司")与北京 B 房地产开发公司(以下简称"B 公司")签订土地出让合同,约定 A 公司将取得的开发权 10000 平方米土地转让给 B 公司。B 公司以 A 公司名义申请立项报批、规划、建设、销售,土地出让金及开发建设的一切成本、政府规费、税费等费用由 B 公司承担。签订合同后,B 公司向 A 公司支付了项目转让费用,然后进驻施工现场进行施工的前期准备工作。2005 年 6 月,A 公司与政府自然资源主管部门签订《国有土地使用权出让合同》并办理了国有土地使用证。因房地产价格上涨,A 公司准备悔约,于 2005 年 9 月在并未告知 B 公司的情况下,私自与北京 C 房地产开发有限公司(以下简称"C 公司")签订项目转让合同,A 公司将项目建设用地的使用权以高于 B 公司近一倍的价格转让给 C 公司。2005 年 10 月,C 支付了全部转让价款后强行进驻了 B 公司的施工现场并开始进行土方施工,至此 B 公司才知晓 A 公司已与 C 公司签约。B 公司致函 A 公司与 C 公司,要求 C 公司立即停止施工并撤出施工现场,但 A 与 C 公司未予理睬。B 公司迫于无奈向法院提起诉讼,要求 A 公司继续履行双方所签合同,同时向 B 公司支付违约金。为防止在诉讼期间 A 公司转移土地使用权,B 公司申请法院对诉争的土地使用权进行了财产保全,法院作出民事裁定,查封被告北京 A 房地产开发有限公司使用的土地。裁定生效期间,上述土地不得出租、转让、抵押。但 A 公司向法院提出申请并提供担保财产,要求解除对土地的查封裁定。法院接受了 A 公司的担保后,解除了对诉争土地使用权的查封。之后,A 公司与 C 公司立即到自然资源主管部门办理了土地使用权及项目的变更登记手续,将项目变更至 C 公司名下。法院在开庭审理后认为 A 公司与 B 公司签订的合同已无现实履行的可能性,遂判决驳回 B 公司的起诉。B 公司不服判决,向高级人民法院上诉,要求高级人民法院撤销一审判决,支持一审的诉讼请求,但二审期间,C 公司已取得《商品房预售许可证》。高级人民法院遂依据本案的事实情况驳回 B 公司上诉,维持一审判决,但认定 A 公司存在违约行为,建议 B 公司另案起诉。至此,B 公司实际上已经与该项目没有任何关系,被全面"排挤"出该项目。

从上述案例来分析,虽然受让方提起诉讼并查封项目土地,但其他两方仍然可以使用各种方法解除查封,在诉讼期间将项目转让。转让人与新的受让人恶意串通,迅速办理完毕与新受让人的土地使用权变更登记,并在随后办理了商品房销售许可证,完全掌控了该项目并彻底将原受让人排除出局。原受让人希望通过诉讼改变项目所有权人的结果是无法实现的,只能通过另案起诉要求拿回全部的投资款或补偿,但转让方资产及偿债能力成为决定受让方是否能挽回损失的一个重要因素。

案例:A 公司拟将自己的工业厂房以 2600 万元的价格转让给 B 公司,所有的交易税费均由 B 公司承担,上述交易在经过税务机关核税后,各项税费总计达到 320 万元,于是 B 公司向 A 公司建议通过收购 A 公司的股权方式完成转让,A 公司的股东接受了 B 公司的提议,双方顺利完成了交易。但是一年后,C 银行突然起诉 A 公司要求其承担 D 公司一笔 1000 万元的借款担保责任,此时 D 公司已经资不抵债,进入破产程序。最终法院判决 A 公司承担相应的担保责任,A 公司不得不替 D 公司归还银行贷款,为这笔交易多支付了 1000 万元。

公司股权转让形式下的房地产转让,受让方必须分别考虑房地产项目风险和公司股权风险。公司股权风险是主要的风险,它来自股权收购后引起的经营主体变更所产生的目标公司对外债务和义务的转移。因此,房地产项目股权转让需要进行转让流程的设计,在房地产项目股权转让前期应该进行尽职调查,调查清楚房地产项目股权转让过程中存在哪些潜在风险,并准备相应的法律文件。以公司股权转让实现项目转让的主要风险如下:

(1)债务风险。受让方收购股权,股权转让生效后,受让方必须承担目标公司的债务,对原有的债务向债权人承担清偿责任,不管转让协议中如何约定,即使受让方与转让方之间签署的股权转让协议已明确双方的责任分担甚至原有债务的豁免,协议中明确约定受让方对目标公司的债务不承担责任,这种条款属于内部协议条款,不能对抗善意第三人,也不能免除受让方的责任。当债权人要求房地产项目公司清偿债务时,房地产项目公司不能以股权受让方与转让方约定的债务承担方式为由拒绝承担债务,受让方只能在承担债务责任后对转让方进行追偿,而这时转让方的偿债能力已经没有保证了,因此受让方面临债务的极大风险。目标公司债务可能包括:土地出让金、违约金、滞纳金、市政配套费、项目日常经营过程中的工程承包费、设计费、监理费、材料设备费、人工费、劳务费、水电费、暖气费、消防费等,以及银行债务、拆迁补偿款等。

案例: 某影业有限公司(以下简称"目标公司1")是一家依照中国法律,由香港特别行政区(以下简称"香港")企业独资设立并有效存续的有限责任公司,目标公司1的注册资本为2.98亿港元。目标公司1取得了青岛市某区宗地面积为16355平方米的国有建设用地使用权,并取得了在该地块进行影院(以下简称"影院项目")开发建设及经营的权益。目标公司1的全资控股股东为某科技有限公司(以下简称"目标公司2"),目标公司2系由两名自然人根据香港公司条例有关规定在香港注册成立的有限责任公司。目标公司2持有目标公司1的100%股权,目标公司2由张某出资900000港元,持有目标公司2的90%股权;王某对目标公司2的出资为100000港元,占其注册资本的10%。两名自然人股东通过控制目标公司2来实际控制目标公司1,为目标公司1的实际控制人。

目标公司1受让土地使用权的费用通过融资取得,现在是负债经营,取得土地使用权之后已经无法继续投资进行开发建设,其中目标公司1向五名债权人借款约2.3亿元人民币,最大债权人为孙某,债权数额本金为6000万元。目标公司1的实际控制人通过与最大债权人孙某协商,达成以债权转股权并收购目标公司1全部股权的方案。受让方孙某拟收购目标公司1影院项目的所有权益并承担约定的债务,两名转让方作为目标公司1的实际控制人,愿意向受让方转让该影院项目,因此,转让方与受让方双方经过充分协商,就该项目的转让及债务安排达成如下协议条款。

①项目转让的方式为由两名自然人转让所持有的目标公司2全部股权的方式来间接转让目标公司1的影院开发项目。本协议及相关附件签署后,双方按照目标公司2住所地所在地区的有关规定办理目标公司2股权转让变更登记的相关手续及目标公司1控制权移交的手续。股权转让之后目标公司1的实际控制人为孙某。

②股权转让对价(项目收购对价)及转让价款支付及税、费承担。本次股权转让的对价(项目收购对价)为:

A. 目标公司1土地权益及登记在目标公司1和目标公司2名下的各类资产或权益。

B. 受让方孙某对目标公司1的债权折抵股权转让对价。本项目转让协议签署之前,目标公司1向受让方陆续借入款项共计6000万元,该笔款项在本协议生效后,作为受让方支付的本次股权转让的对价。

C. 受让方孙某承担目标公司1的对外债务。

D. 股权转让(股权收购)税、费的承担。在本次股权转让过程中所涉及的一切税、费均由转让方承担。本次股权转让所涉及的相关手续的办理地为香港,因此转让方应按香港有关规定缴纳与转让股权相关的一切税、费。如果本次股权转让被税务主管机关认定为转让方实质转让的应税财产,那么转让方应按现行有效的税务法规、规章等主动向主管税务机关申报股权转让所得并承担所得税。如果转让方未向税务主管机关申报或缴纳该笔所得税款,那么导致受让方实际控制的目标公司1承担责任的,目标公司1因此所支付的任何款项均视为受让方或者目标公司1所遭受的损失,该损失额可由受让方控制的目标公司1从本协议附件所确定的应偿还的债务金额范围内进行抵扣,如受让方或目标公司1已经按本协议及相关附件的约定清偿完毕本协议所确定的债务,则受让方或目标公司1均有权向转让方追偿。

E. 因目标公司1未按国有建设用地使用权出让合同约定的开工日期(2012年1月31日之前)开工,导致目标公司1每天应按土地出让价款1%的标准向青岛市国土资源和房屋管理局承担违约责任,由转让方1(张某)负责与相关部门协调解决免除该违约金,如转让方不能协调的,则该违约责任所涉及金额由转让方承担,如目标公司1承担的,视为转让方给目标公司1或受让方造成的损失,由转让方进行赔偿。

(2)担保风险。如果转让方在转让前以其资产设定了担保,那么股权价值就存在极大的不确定性。比较常见的是有的项目公司将其土地使用权或在建工程抵押给银行,或用其资产或信用为第三方提供担保。甚至有的项目公司会把土地使用权或在建工程多次抵押,几经转手,也可能会出现被原股东的债权人查封的情况。

股权质押成为企业融资的一种重要方式。对股权质押标的物的限制是股权必须是可以依法转让的。质押权能否充分实现取决于公司的净资产量。股权质押后,公司可能通过将财产抵押给他人、投资高风险项目、降低利润等方式使公司贬值,这样质押权人很难依法实现质押权。因此,对于质押权人来说,应该审查质押股权的合法性、出质公司的资质、合理评估股权的价值、完善质押合同和及时办理质押手续。

(3)诉讼和仲裁风险。如果项目公司正在进行诉讼或仲裁,那么将会给公司的资产带来不可预料的风险与经济损失,尤其是诉讼或仲裁中转让方的财产或资产及土地使用权被保全,可能会被执行拍卖或划扣。实践中,项目公司与承包商之间因工程款的支付引起的诉讼占较大比例。开发企业在受让项目时,应在签订协议前先评估转让方违约的可能性大小。即使受让项目时项目公司没有进入诉讼程序,也存在未来引起诉讼的风险。

(4)转让股权合法性和有效性风险,包括股权主体(出让方和受让方)和股权转让的合法性。收购不同性质企业股权取得房地产项目有时会遇到法律障碍,如收购上市企业、境外企业等,不同所有制的企业遇到的障碍也不同。上市公司股权交易过程中涉及信息披露的问题,如果是国有股权转让,则必须按法定程序进行交易,对于国有企业在股权交易过程中所涉及的国有资产,要有上级主管部门进行监控,否则转让合同视为无效。收购国有股权须国有资产管理办公室审批办理产权界定登记,并在产权交易中心签订产权转让合同,由产权交易中心出具产权交割单后,才能正式办理股权和市场监督变更登记手续。受让方收购股权后必须到企业登记机关办理相关登记,外商投资企业还要经过商务部门审批,否则转让合同也被认定为无效。如果有限责任公司不具备章程规定的股权转让条件,则转让也无效,其他股东也能提起无效之诉。

股权转让无效可分为以下情况:

①违反《公司法》规定。在公司章程没有对股权转让进行规定时,股权转让应适用《公司法》(2023年修订)第八十四条的规定。如果股东违反《公司法》的规定转让股权,应被认定为无效。股东在向其他股东以外的人转让股权时,如果违反《公司法》的规定,很有可能会被认定为转让行为无效。

②违反公司章程规定。如果公司章程对股权转让有规定,那么应优先适用章程的规定,违反章程的规定,转让无效。但前提条件是公司章程对股权转让的限制性条款不能与法律和行政法规的强制性规定相抵触,也不能禁止股东转让股权。

③违反特别规定。根据《企业国有资产法》第五十三条规定,国有资产转让由履行出资人职责的机构决定。履行出资人职责的机构决定转让全部国有资产的,或者转让部分国有资产致使国家对该企业不再具有控股地位的,应当报请本级人民政府批准。因此,在前述两种情况下,如果国有股转让没有经过批准,那么也会被认定为股权转让无效。

案例:2006年3月23日,云南某房地产开发有限公司(以下简称"某公司")召开临时股东会,经过股东会决议,同意和某转让部分股权。同日,和某与杨某签订《股权转让协议》,协议约定,和某在某公司拥有60%的股权份额,愿意将55%的股权份额转让给杨某,和某保留某公司5%的股权份额。杨某愿意以三处房产实物抵偿给和某在某公司的55%的股权份额,而抵偿的三处实物房产属于三和公司的资产,双方到工商行政管理部门办理了股权变更手续,协议已履行完毕。双方对协议进行了公证,后公证被撤销。

后双方发生争议,起诉到法院。法院审理认为,和某与杨某双方自愿签订《股权转让协议》,但协议内容是以实物抵偿,而抵偿的实物属于某公司的资产,并非杨某的个人资产,故双方所签订的协议内容是股东抽逃出资的行为,违反了《公司法》关于股东不得抽逃出资的规定,协议无效。原审法院依据《公司法》第三十五条、《合同法》第五十二条第五项(现《民法典》第一百五十三条)之规定,判决和某与杨某签订的股份转让协议无效。

二审法院查明某建筑公司曾诉被告某公司,第三人为和某,要求撤销某公司与和某签订的房屋买卖行为。该判决认为,某公司尚欠某建设公司工程款,故某公司与和某的买卖行为以明显不合理的低价转让某公司财产,必然对某建筑公司的债权实现造成损害,依法应予撤销。二审法院认为:第一,本案中和某与杨某签订《股权转让协议》将包括诉争在内的房地产转让给和某,并据此由某公司与和某签订了《房屋销售合同》,和某办理了不动产权属证书,但生效判决撤销房屋的购销行为,依据《合同法》(现《民法典》合同编)规定的无效的合同或者被撤销的合同自始没有法律约束力,和某与某公司签订《房屋销售合同》时的购销行为自始没有法律约束力,而签订《房屋销售合同》正是为履行《股权转让协议》作出的,可见,《股权转让协议》中用房屋进行抵偿的约定自始没有法律约束力;第二,杨某与和某签订的《股权转让协议》约定和某向杨某转让某公司55%的股份,和某得到相应的对价。要实现此目的,杨某应该向和某支付该55%股份相应的对价。但从协议约定看,杨某在得到股权的同时,并没有向和某支付相应的对价,而是用某公司的财产作为股权对价向和某支付。生效判决已经确认某公司与和某之间的房屋转让行为是以明显不合理的低价转让财产,必然对某建筑公司的债权实现造成损害。此认定属于《合同法》第五十二条(现《民法典》第一百五十四条)规定的"有下列情形的,合同无效……(二)恶意串通,损害国家、集体或者第三人利益……"的情形,该协议应属无效合同。综上,原审法院认定该案为股东抽逃出资错误,二审法院予以纠正,判决协议无效正确,应予维持。

(5)手续风险。有的项目公司虽然获得了项目的批准,但是可能因为原公司的注册资本未到位或中途股东变更,交易款未完全付清致使相关手续没有办理完结。如果项目进行分期立项,虽然一期立项已经完成,但是由于政策等原因,二期立项需要另行采用其他方式,那么后期项目就面临较大风险。

(6)税费风险。一个房地产开发项目的税务问题可能需要几年才能解决,项目周期一般要几年,在项目完成前,企业的所得税无法结算。项目转让后,这类税费问题就转移给了受让方。另外,除了项目竣工时应清算的税费外,目标公司可能还存在其他欠缴税费的行为,按照规定欠缴税费的滞纳金非常高,可能会累计百万元、千万元或者亿元。除此之外,在以股权转让方式取得项目开发权或财产权时,必须将税费作为交易的成本一并予以考虑,否则可能会产生严重亏损。

案例:中国××实业发展有限公司(以下简称"目标公司")于1989年成立,原为国有央企的三级公司,2005年年初根据"主辅分流"的精神进行了改制,央企二级公司作为股东持有目标公司49%的股权,职工(自然人)持有目标公司51%的股权,该公司属于国有参股企业。

2015年目标公司的央企二级公司股东和全部自然人股东决定拟通过北京产权交易所(以下简称"北交所")将该公司100%股权全部转让,本次转让标的为目标公司100%股权,挂牌价为12294.3662万元,其中包含:①目标公司100%股权,对应挂牌价为6712.32万元;②转让方央企二级公司单独享有的土地使用权(划拨用地),对应挂牌价为5556.52万元;③本次交易债权数额25.5262万元。其中标的企业有位于海淀区某处2号楼"××大厦"房产,占地362.7平方米,土地性质为国有划拨用地。该宗土地证载明土地使用者为目标公司,根据目标公司2005年的改制方案,该宗土地未纳入目标公司改制范围,地上建筑物已纳入改制范围。本次股权转让将该宗土地使用权纳入转让范围,依据资产评估报告,土地使用权性质为划拨条件下的房地合一,市场价值水平为6666.52万元,其中土地使用权(划拨用地)价值为5556.52万元,建筑物价值为680万元。土地使用权(划拨用地)转让全部所得由目标公司的央企二级公司股东独享。标的转让价款分配方式:①转让方央企二级公司获取海淀区某处2号楼国有划拨用地全部转让价款。②标的成交价款扣除土地使用权(划拨用地)转让价款及债权价款后,为目标公司100%股权转让价款,各股东按照持股比例对股权转让价款进行分配。付款条件为一次性付款,意向受让方经资格确认后3个工作日内缴纳3688.30986万元保证金至北交所指定账户。意向受让方须在被确定为最终受让方后3个工作日内与转让方签署《产权交易合同》,在签署《产权交易合同》后3个工作日内一次性支付除保证金外的剩余交易价款至北交所指定账户。

实际上,此次挂牌交易的主要资产是目标公司名下的房产,某民营企业于2015年3月4日在北交所摘牌,并在规定的时间内缴纳了全部保证金。该民营企业的摘牌目标非常明确,即通过股权转让的方式取得目标公司的房屋和土地使用权,然后转让上述房产和土地使用权,目前已经有意向客户愿意出资1.3亿元购买此房地产,但该民营公司在摘牌之前并没有考虑再次转让时应该缴纳的税费。按照北交所的交易规则,目标公司的股东应在摘牌后30日内,即在2015年4月3日前,与委托人签署《产权交易合同》。民营企业在摘牌后委托律师起草审查股权转让协议,但律师了解民营企业摘牌的真实想法后,明确告知目标公司转让房地产需要缴纳各种税费,因此,此次股权交易必须考虑再次转让时的税收风险,否则,此次交易与民营企业预期的利润不符,甚至可能亏损,因此,建议在与股权转让方签订股权转让协议时,要求股权转让方在收取股权转让款的同时应向民营企业出具发票,并按照转让方评估报告的内容分别标明房屋和土地的价格,这样有可能在目标公司通过出售方式转让房地产时,将股权转让时的支付的房屋和土地价格抵扣土地增值税,这样可能达到转让项目时增值或保值的目的,至少不会亏损,否则,如果税务机关要求全额支付土地增值税时,此次转让民营企业不但不会盈利,反而会亏损。律师粗略测算土地增值税后向民营企业释明,根据《土地增值税暂行条例》第七条的规定,土地增值税实行四级超率累进税率,土地增值税应由出让方承担。具体税率通过以下方式确定:

①按取得收入减除规定扣除项目金额后的增值额缴纳土地增值税。

②规定扣除项目:取得土地使用权所支付的金额;开发土地的成本、费用;与转让房地产有关的税金等。如不能提供上述证据,则扣除额为零,需全额支付土地增值税。

③税率的确定分为四档:增值额未超过扣除项目金额的50%的部分,税率为30%;增值额超过扣除项目金额的50%~100%的,税率为40%;增值额超过扣除项目金额的100%~200%的,税率为50%;增值额超过扣除项目金额200%的,税率为60%。

根据上述规定,如央企二级公司股东不能开具发票,则在股权受让后民营企业控制的目标公司在以后的转让土地交易中,作为出让方,无法证明"规定扣除项目"中"取得土地使用权所支付的金额",即无法扣除本次交易价格费用,将为国企股东承担巨额的土地增值税。

以本次挂牌土地价格 6666 万元、建筑物价值 680 万元计算,按照《土地增值税暂行条例实施细则》第十条的规定,应按 60% 的税率缴纳土地增值税,土地增值税税额 = 增值额×60% - 扣除项目金额×35%,即增值税税额 = (6666 - 680)×60% - 680×35% = 3353.6 万元,应缴土地增值税 3353.6 万元。如央企二级公司不提供发票或不能证明扣除数额,则按照全额的 60% 征收。按照民营企业的预期,目标公司房产的市场价值为 1.3 亿元,成交价格 1.22 亿元,当时没有考虑税费,民营企业可赚 800 万元,但经过律师的测算之后,如果央企二级公司不出具发票,则可能要支付约 3300 万元的税费,民营企业了解之后非常重视,因此,律师建议在股权转让协议中将央企二级公司必须提供发票的条款作为协议的必备条款。律师在与央企二级公司谈判过程中,央企二级公司坚决不同意将此条款加入股权转让协议,并明确不给出具任何发票,因此导致谈判破裂,此次收购失败。

(7)项目本身的风险。房地产项目立项、土地来源、规划、建设的合法性等,如果存在不利的因素或违法事项,那么都将由受让方承担。项目是否存在查封、抵押、限制转让的情形,土地是否设定租赁权,土地的税费等是否按年分担,这些问题都应查清楚,以便正确决策。

(8)转让方多个股东共同决策项目转让应注意的风险。股权转让分两种情况,一是股权在转让方的合作各方内部转让;二是将股权转让给合作各方以外第三人,也有人称之为以合伙方式进行合作开发的项目转让。房地产开发项目在两个开发公司之间转让,矛盾和纠纷通常发生在转让和受让公司的股东之间。实践中,以合伙方式运作的房地产合作开发项目的共同权益人之间,或在与第三人转让项目权益时,也可能会发生矛盾和争议。争议的主要表现是转让方内部合作各方或股东之间的争议,或者转让方全部或部分股东与第三人之间的纠纷。这种合作开发的房地产项目的权益引起矛盾和纠纷时,涉及合作开发权益人之间或合作开发权益人与第三人之间的诉讼主体众多,法律关系复杂。

案例:A、B、C 三方当事人协议开发建设某项目,在建设过程中,经各共同权益人一致同意,A 将项目权益转让给 B、C,并办理了登记备案手续。后 B 未经 C 同意,将开发项目转让给受让人 D,并由 B、D 双方共同签订转让协议书,但没有经政府登记备案并办理有关手续。后三方在履行合同过程中发生纠纷,其争议的焦点是 B、D 双方的协议是否有效。

(9)转让方以土地出资入股的风险。出资不到位的原因有很多,有的是因为以划拨土地出资,有的是因为土地出资方土地存在权利瑕疵或设立负担,有的是因为土地未办理过户,有的是因为注册资金未到位,有的是因为抽逃资金,等等。出资不到位使受让方存在风险,除常见的股权纠纷外,还可能涉及土地被拍卖等风险,导致利益受到重大损失。《最高人民法院关于适用〈中华人民共和国公司法〉若干问题的规定(三)》第八条规定,出资人以划拨土地使用权出资,或者以设定权利负担的土地使用权出资,公司、其他股东或者公司债权人主张认定出资人未履行出资义务的,人民法院应当责令当事人在指定的合理期间内办理土地变更手续或者解除权利负担;逾期未办理或者未解除的,人民法院应当认定出资人未依法全面履行出资义务。第十条规定,出资人以房屋、土地使用权或者需要办理权属登记的知识产权等财产出资,已经交付公司使用但未办理权属变更手续,公司、其他股东或者公司债权人主张认定出资人未履行出资义务的,人民法院应当责令当事人在指定的合理期间内办理权属变更手续;在前述期间内办理了权属变更手续的,人民法院应当认定其已经履行了出资义务;出资人主张自其实际交付财产给公司使用时享有相应股东权利的,人民法院应予支持。出资人以前款规定的财产出资,已经办理权属变更手续但未交付给公司使用,公司或者其他股东主张其向公司交付,并在实际交付之前不享有相应股东权利的,人民法院应予支持。

(10)转让方股权出资未到位的风险。转让方在公司成立之初注册资本未到位,或者公司注册后经过一次或二次以上转让,转让金也未到位,或者抽逃资金,对受让方都存在风险。《最高人民法院关于适用〈中华人民共和国公司法〉若干问题的规定(三)》第十二条规定,公司成立后,公司、股东或者公司债权人以相关股东的行为符合下列情形之一且损害公司权益为由,请求认定该股东抽逃出资的,人民法院应予支持:①制作虚假财务会计报表虚增利润进行分配;②通过虚构债权债务关系将其出资转出;③利用关联交易将出资转出;④其他未经法定程序将出资抽回的行为。第十三条规定,股东未履行或者未全面履行出资义务,公司或者其他股东请求其向公司依法全面履行出资义务的,人民法院应予支持。公司债权人请求未履行或者未全面履行出资义务的股东在未出资本息范围内对公司债务不能清偿的部分承担补充赔偿责任的,人民法院应予支持;未履行或者未全面履行出资义务的股东已经承担上述责任,其他债权人提出相同请求的,人民法院不予支持。股东在公司设立时未履行或者未全面履行出资义务,依照本条第一款或者第二款提起诉讼的原告,请求公司的发起人与被告股东承担连带责任的,人民法院应予支持;公司的发起人承担责任后,可以向被告股东追偿。股东在公司增资时未履行或者未全面履行出资义务,依照本条第一款或者第二款提起诉讼的原告,请求未尽《公司法》(2018年修正)第一百四十七条第一款规定的义务而使出资未缴足的董事、高级管理人员承担相应责任的,人民法院应予支持;董事、高级管理人员承担责任后,可以向被告股东追偿。第十四条规定,股东抽逃出资,公司或者其他股东请求其向公司返还出资本息,协助抽逃出资的其他股东、董事、高级管理人员或者实际控制人对此承担连带责任的,人民法院应予支持。公司债权人请求抽逃出资的股东在抽逃出资本息范围内对公司债务不能清偿的部分承担补充赔偿责任、协助抽逃出资的其他股东、董事、高级管理人员或者实际控制人对此承担连带责任的,人民法院应予支持;抽逃出资的股东已经承担上述责任,其他债权人提出相同请求的,人民法院不予支持。第十八条规定,有限责任公司的股东未履行或者未全面履行出资义务即转让股权,受让人对此知道或者应当知道,公司请求该股东履行出资义务、受让人对此承担连带责任的,人民法院应予支持;公司债权人依照本规定第十三条第二款向该股东提起诉讼,同时请求前述受让人对此承担连带责任的,人民法院应予支持。受让人根据前款规定承担责任后,向该未履行或者未全面履行出资义务的股东追偿的,人民法院应予支持。但是,当事人另有约定的除外。

根据上述司法解释的规定,如果转让方有抽逃资金或出资不到位的行为,那么受让方股东有可能被公司的债权人追偿并承担连带责任。

(11)转让方股东之间的意见不一致导致的风险。如果股东之间的意见不一,那么也可能导致转让方与受让方的纠纷。

(七)股权转让的风险防范

(1)开展尽职调查。开发企业或委托的律师调查工作主要围绕目标公司和目标房地产项目,分两方面进行调查:一是调查目标公司的情况,包括公司的基本资料(如公司章程、股东信息及出资情况、开发资质)、公司财务及税收、公司对外签署的合同及其执行情况、对外担保情况、对外债权债务关系等;二是调查房地产项目本身的情况,房地产项目本身的情况是是否进行股权转让的决定性因素,因为公司股权转让的风险还可以通过合同加以约束,但目标房地产项目本身的风险只能依靠调查结果进行判断。项目调查主要内容是了解项目合法性、项目风险及项目经济性，通过对土地使用权及其权利限制、项目用地的性质、土地用途、拆迁情况、项目规划、房地产项目本身是否存在债务（如出让金、工程款等）、是否存在相邻关系矛盾等因素综合考虑，并出具法律尽职调查与风险防范建议报告范本，供受让方决策时参考。

案例：某饭店是20世纪80年代初某省某地级市驻京办事处与某区某乡政府合作的项目，项目的投资及运营管理均由某地级市人民政府实施并负责。A公司从2000年开始与驻京办事处和某乡政府联系，拟对该饭店进行升级改造，计划将该饭店拆除，由A公司投资新建一座约6.9万平方米的综合大厦。因此，2002年8月16日，北京市某农工商总公司（协议甲方）、驻京办事处（协议乙方）及A公司（协议丙方）签订了开发改造协议书，约定三方共同合作开发该饭店项目，甲方和乙方以土地和房产作为合作条件，丙方出资建设，竣工后甲方和乙方分配实物房屋。其中协议书第六部分"面积分配原则"约定"丙方确保甲、乙双方所得相对独立的建筑面积各为8000平方米"。协议签订后，驻京办事处腾空了房屋，并交某拆迁公司拆迁，但A公司投资不到位，迟迟不能开工建设，协议约定对于驻京办事处应分得的8000平方米建筑面积无法兑现，致使驻京办事处十多年时间仍未取得该饭店8000平方米建筑面积房屋，驻京办事处一直在外租房办公。A公司仍不能投资到位的原因是自2002年8月16日双方签订协议书以来，A公司四次更换股东，其中目标公司第一任实际控制人毛某将股权转让给徐某，徐某再转让给崔某，徐某在将目标公司股权转让崔某的过程中，隐瞒了该项目应分给驻京办事处8000平方米建筑物的事实，崔某在股权转让的过程中未进行尽职调查，在驻京办找到崔某时，崔某才知道事实真相，但崔某的前任股东徐某已经拿到股权转让款，但徐某拒不承认隐瞒事实真相，后崔某认为该项目无法盈利，又通过股权转让的方式将该项目转让给穆某，穆某接手之后，房地产价格上涨，穆某开始投资建设，项目于2015年开始启动。但A公司作为具有独立民事主体资格的法人，股东更换并不能影响其应承担的对驻京办事处义务。根据有关法律规定，如果上一任股东隐瞒真实情况的行为侵犯了现股东的合法权益，那么在向现股东承担责任后，可向上一任股东追偿，但这种追偿仅限于股东之间的行为，并不影响A公司对驻京办事处应当承担的各项义务。驻京办事处向A公司提出交付8000平方米建筑面积、承担违约责任、赔偿驻京办事处因未能分配房屋多年以来的租房损失等要求，目标公司的股东穆某即向前任股东崔某追偿，崔某向前任股东徐某追偿。

（2）开展评估。根据上述尽职调查的结果评估股权转让的风险，以便受让方决定是否并购或采取何种方式规避风险。

（3）起草法律文件并签订股权转让协议。要制作房地产项目收购流程示意图，并拟定项目股权收购交流提纲，起草项目合作开发协议范本、股权转让协议范本、股东会决议范本、股权质押合同范本，起草这些文件之后，经过谈判协商一致后即可签订股权转让协议。

股权转让协议应包括下列内容：①股东优先购买权的约定；②订立合同的目的及合同订立的基础和前提的约定；③合同转让受让标的的约定；④合同转让价款构成的约定；⑤合同转让价款支付的约定，如果涉及多个转让主体，应约定清楚股权转让款支付给谁，约定支付方式，设定共管账户，明确币种与付款发票等内容；⑥转让方义务的约定；⑦受让方义务的约定；⑧合同双方的声明与承诺的约定；⑨合同担保的约定；⑩目标公司印章的约定，公司印章的移交，以及移交前后的界限划分；⑪目标公司交接后管理的约定；⑫税务申报、缴纳责任的约定；⑬违约责任的约定；⑭免责条款的约定；⑮争议解决方式的约定；⑯合同其他事项的约定，比如，劳动合同的处理，员工安排,合同生效条件等;⑰合同附件的约定,比如,将物品清单、诉讼纠纷仲裁、印章证照财务档案、政府批复、合同、协议清单、营业执照、税务登记等作为合同的一个附件。

案例:某项目位于某市中心的市府东路,原为沪港合资某房产公司(项目公司)开发,结构封顶后因资金困难而停建。某保险公司欲受让该项目,转让方则希望保留合资项目公司,受让方以参股形式介入。承办律师为其设计了受让方受让港方公司母公司的全部股权的方式实现实际受让该项目的全部权益。

(4)要求转让方履行公司信息披露义务并承担披露不实的责任。在公司股权转让过程中,受让方面临的最大风险就是对公司原有的、不可知的债务的承担,以及承担之后向转让方追偿不得的风险。为控制这一风险,股权受让方可要求转让方对目标公司情况进行披露并承担披露不实的违约责任。披露的内容是与公司相关的一切情况,主要包括项目公司概况,股权转让比例、价格、支付方式,现有资产的认定,原公司股东会决议,有关出资、资产、债务、合同、担保、专业资质等可能对受让方利益有影响的情况。若转让方披露的内容不真实或容易产生误导,则受让方可以解除合同,并追究转让方的违约责任。为控制受让方向转让方追偿不得的风险,受让方可事先要求转让方提供担保或者分期支付股权转让款并留下一部分尾款作为防范股权转让潜在风险的保证金。

案例:某公司为目标公司,从2001年开始取得某项目的开发权,但因公司没有足够的实力,取得多处土地使用权之后没有足够的资金进行自行开发建设,于是与多个公司合作进行开发建设。目标公司的实际控制人为王某,王某除了目标公司之外,还成立了建筑公司、物业公司、运输公司、园林公司等二十多个公司,但公司的法定代表人都不是王某,这二十多个公司的股东或法定代表人均是王某的亲属或下属职工,王某是这二十多个公司的实际控制人。

2013年,目标公司的股东、实际控制人王某通过股权转让的方式将目标公司90%的股权转让给A公司,其余10%股权由王某控制。股权转让的对价为A公司通过向目标公司投资偿还目标公司对外的债务,股权转让合同关于股权转让价款的条款中没有约定具体股权转让款的数额。目标公司的债务主要分两部分,一部分是目标公司真实发生的债务,如应退还合作单位的合作款项,施工单位的工程款、材料费、工资等;另一部分是目标公司欠王某控制的关联公司的债务,在股权转让时王某口头承诺目标公司欠付的债务关联公司可以不主张,仅仅列了一个清单,没有相关资料,而且目标公司的股权转让协议中明确约定目标公司的债务必须是真实发生的,否则A公司不予清偿。

2015年12月,目标公司的新股东A公司想将王某实际持有的10%股权全部收购,但王某对A股东出的收购价格不满意,双方没有谈判成功。

2016年5月,王某控制的关联公司B公司起诉目标公司,要求目标公司给付工程款4500万元,并承担同期银行贷款利息。B公司诉称,2004年至2010年,B公司与目标公司签订了10份施工合同,B公司为目标公司的工程开山修路,包括开挖、拉运、降方、回填土、平整等。工程竣工验收合格后,经双方结算,目标公司共欠B公司4500万元,经B公司多次索要,目标公司拒不支付。

目标公司答辩称:①对B公司提供的10份施工合同和10份结算协议的真实性、合法性和关联性均不认可。B公司所述的工程项目根本不存在,这10份施工合同和结算协议是伪造的,或者是后补签或倒签的日期。B公司仅仅提供结算协议不能证明工程是真实存在的，B 公司应提供结算协议所依据的包括但不限于施工及竣工图纸、工程验收单、目标公司工作人员签署的现场施工记录、现场工程量签证单等完整有效的结算资料，便于审核工程量及价款的真实性与准确性。没有完整的结算材料，仅有结算协议，目标公司有理由怀疑是目标公司经办人秦某某与 B 公司恶意串通虚构债务损害目标公司利益。因为代表目标公司在结算协议上签字的经办人秦某某在 2009 年 4 月之前是目标公司股东、董事长及法定代表人，同时秦某某还是 B 公司董事及公司主要管理人员，换言之，代表原目标公司经办结算事宜的本质上是同一控制人所控制的关联公司所为。目前目标公司的公司股权已经转让，原股东秦某某等为了实现个人利益最大化，有足够动机故意虚构目标公司的公司债务并借助诉讼来实现个人非法目的。因此，B 公司应提供原始的结算资料，否则，目标公司无法确认工程量及工程价款的真实合法性。

②B 公司工商登记的营业范围证明 B 公司只能从事农业基础设施施工，即 B 公司没有资格承揽非农业的建设工程施工。该合同所约定的工程属于道路施工工程，根本不属于农业基础设施，B 公司没有承揽该道路施工的资质。2004 年公布的《最高人民法院关于审理建设工程施工合同纠纷案件适用法律问题的解释》(已失效) 第一条规定："建设工程施工合同具有下列情形之一的，应当根据合同法第五十二条第(五) 项的规定(现《民法典》第一百五十三条)，认定无效：(一) 承包人未取得建筑施工单位资质或者超越资质等级的……"因此，B 公司是在没有道路施工资质的情况下承揽公路工程施工，故合同无效。第三条进一步规定："建设工程施工合同无效，且建设工程经竣工验收不合格的，按照以下情形分别处理：(一) 修复后的建设工程经竣工验收合格，发包人请求承包人承担修复费用的，应予支持；(二) 修复后的建设工程经竣工验收不合格，承包人请求支付工程价款的，不予支持。"根据前述规定，即使该合同是真实的，也是无效的，合同无效后，只有经工程验收合格，才能参照合同约定的价款进行结算，否则 B 公司无权请求支付价款。因此，B 公司仅凭合同或结算协议，无权请求支付价款，B 公司需要进一步出具工程验收单，现场施工记录、施工图纸等基础资料。

③对 B 公司所有的结算协议，目标公司的答辩意见还包括以下质疑。第一，B 公司提交的结算协议形式和程序不合法，也不符合工程结算惯例。根据《财政部、建设部关于印发〈建设工程价款结算暂行办法〉的通知》，办理工程竣工结算，应按一定的程序进行。先由施工单位编制竣工结算报告及完整的结算资料，结算资料提交后不得更改或补充，施工单位对所提供的竣工结算资料的真实性、完整性、有效性应作出书面承诺。完整有效的结算资料至少应包括以下内容：施工合同或协议，补充协议(如有)，中标通知书，施工单位规费计取标准，建设项目安全文明施工得分及措施费费率核定表，图纸会审纪要(签字盖章手续齐全)，开竣工报告及工期延期联系单(签字盖章手续齐全)，竣工验收记录，在招标文件，承包人编制的结算书(由承包人盖公章，其造价人员签章，并由建设单位签字同意送审)，承发包方及监理单位认可的施工图纸，经审定的施工组织设计或施工方案(签字盖章清楚)，材料设备认质认价单，设计变更技术核定单，现场签证单，甲供材料收货验收单，隐蔽工程验收记录，与工程结算有关的发包方通知、指令，会议纪要，往来函件，工程洽商记录，建设单位付款情况表，结算资料报送承诺书。建设单位收到施工单位上述完整的竣工结算资料后进行审核，发包人审核后进行确认或修改，最终双方签署工程结算审核定案表。定案表上反映送审金额、审定金额、审增金额、审减金额等事项。定案表由双方签字盖章后，发包方根据定案表支付工程竣工结算价款，按合同约定保留 5% 的质量保证金，质保期届满后，对质保金进行

清算，如有返修，质保金相应扣除。绝大部分工程高达几百万元的标的，B 公司仅有一份结算协议，没有任何其他资料，B 公司无法举证结算价款的任何计算依据、计算的凭证和计算过程，完全不符合法定的办理竣工结算的形式及程序，更不符合工程竣工结算惯例。

第二，结算协议违背常识。实践中，承包人送审的价款鲜有和最终审定的价款完全一致的，因为工程施工时间跨度大、涉及金额大，通常会有变更洽商，这都会导致最终结算价和承包合同价有诸多偏差，而且送审价和审定价一般会精确到小数点后面两位，不可能是完整的整数，但本案基本上每一份结算协议都是承包价和结算价完全一致，且均为整数，这明显不符合客观实践，违背工程结算常识。

股权转让中防范恶意伪造债务，除上述提及的保留尾款或保证金之外，为防止转让方有多个公章或移交公章之前，转让方留有大量盖有公章的空白纸伪造债务，受让方应在交接后立即启用新公章，并在交接时将原股东的公章在纸张上留下印鉴，由双方在公章下面签字确认移交的是哪一枚公章。

（5）约定股权转让方对违约责任的担保方式。受让方可采用要求转让方提供担保、保证金的对策，或转让方和受让方共同公告或以律师公告的方式规避股权转让的风险。

除正常的担保方式外，受让方还可要求转让方提供母公司或上市公司担保。保证金对策可采用分期付款的方式，留下一部分尾款作为防范股权转让潜在法律风险和潜在债务风险的保证金。如果在股权转让后一定期限内因偿还对外债务发生了损失，那么受让方直接用保证金支付；如果超过一定的期限后，公司没有对外债务，那么受让方再支付转让方全部股权转让款。

（6）约定劳动关系的处理。转让方向受让方陈述并保证，目标公司未与任何人签订劳动合同，既不欠发任何工资或其他劳动报酬，也不存在欠缴法定的社保费用的情形，否则，相应支付义务或者责任由甲方承担。如果签订了劳动合同，应约定处理劳动关系的方法。

（7）约定税务的处理。转让方向受让方陈述并保证，目标公司一直依法纳税，不存在偷税、漏税或者欠税的情形。转让方成员为自然人股东的，转让方成员转让股权所得依法应当缴纳的个人所得税，由转让方成员自行缴纳。同时约定交接日前税务申报、税费缴纳均由转让方承担，之前发生的一切不实申报或拖欠税款，转让方应及时纠正、补缴，造成的损失由转让方赔偿。交接日后由受让方承担。交接期间，转让方应协助受让方与税务部门、市场监督管理部门沟通协调，如在交接日后，转让方需对之前发生的税务进行申报缴纳，受让方应给予协助。

（8）约定过渡期安排。从协议生效至目标公司 100% 的股权转让的市场主体变更登记手续办理完毕前为过渡期。在过渡期内，目标公司应当处于封闭状态，即除必要的双方约定的依法申报纳税工作等事项外，不得开展任何对外活动。转让方在此期间应妥善保管好目标公司的财产，维护目标公司的资料完整和各项合法权益，不得放弃目标公司的各项合法权益，不得处置目标公司的财产，除双方书面同意外，不得为目标公司新设义务、新增负担。

（9）约定股权转让生效前后债务的承担。在印章交接之前，所有债务由原股东承担，如未披露债务，除应承担未披露的债务外还应承担违约责任。

（10）约定市场主体变更登记手续的办理主体及时间。对于股权转让协议签订后没有办理股东变更登记是否影响协议效力的问题，《民法典》第五百零二条规定，依法成立的合同，自成立时生效，但是法律另有规定或者当事人另有约定的除外。依照法律、行政法规的规定，合同应当办理批准等手续的，依照其规定。未办理批准等手续影响合同生效的，不影响合同中履行报批等义务条款以及相关条款的效力。应当办理申请批准等手续的当事人未履行义务的，对方可以请求其承担违反该义务的责任。依照法律、行政法规的规定，合同的变更、转让、解除等情形应当办理批准等手续的,适用前款规定。股权转让协议因双方协商签订而生效,属于转让双方自由的法律行为,而要求公司进行股东变更登记是国家对公司作为企业法人进行管理的行政要求,公司是独立于股东的法律主体,两者属于不同法律范畴。因此,是否进行股东变更登记不影响股权转让协议的效力,如果转让方不提供股东变更所需资料,那么受让方可以要求其履行协议并承担违约责任。实践中,虽然股东变更登记不会影响股权转让协议的效力,但是不依法进行变更登记会使公司受到行政处罚,造成不必要的损失和纠纷,因此,受让方应要求转让方或股东提供所需资料以避免行政违法带来公司的损失。

(11)双方应当依照框架协议或转让协议确定的内容制定办理股权变更登记所需的股权转让协议、章程等文件。因办理股权转让市场监督登记而产生的费用,由转让方承担。

(12)约定票据成本的抵扣问题。转让方有义务出具合法有效的票据,使目标公司目标地块的土地成本达到本次股权转让价款的数额,并使税务部门在进行土地增值税稽核时认可该票据作为土地成本抵扣。

(13)约定转让合同的技术处理。通常股东对项目公司的总投资大于注册资本,为了审批的便利,需要把转让价格设计为由股权价格(实收资本)和债权(股东新增投资视为股东借款)组成。

(14)约定股权转让后报批手续的协助义务。转让方应负责以目标公司的名义向有关行政主管部门报告,并取得有关行政主管部门的行政许可,同意目标地块项目在约定的日期之前开工建设。要求转让方协助目标公司进行目标地块建设项目的规划设计审查和报建工作,并保证目标地块建设项目的报建费用控制在一定的范围之内。如果报建费用高出约定的标准,则对高出部分由转让方或受让方按照一定的比例承担。

(15)设计股东行使优先购买权的方案。《公司法》(2023年修订)第八十四条规定,有限责任公司的股东之间可以相互转让其全部或者部分股权。股东向股东以外的人转让股权的,应当将股权转让的数量、价格、支付方式和期限等事项书面通知其他股东,其他股东在同等条件下有优先购买权。股东自接到书面通知之日起三十日内未答复的,视为放弃优先购买权。两个以上股东行使优先购买权的,协商确定各自的购买比例;协商不成的,按照转让时各自的出资比例行使优先购买权。有人认为,公司原有股东可以对转让股东的部分转让股权行使优先购买权。理由是:第一,从法律规定看,《公司法》规定了股东的优先购买权,但并未禁止股东部分行使优先购买权的情况;第二,从立法本意看,《公司法》之所以规定股东享有优先购买权,目的就是保证原股东可以通过优先购买权的行使,实现对公司的控制权,维护其既得利益;第三,有限责任公司的股权是可分物,法律允许对其分割、部分转让。但实践中,当由于原股东主张部分行使优先购买权而使股权转让无法进行时,如果拟转让股权的股东坚持退出公司,那么就只能寻找新的受让方,或者解散公司进行清算,甚至因此可能使公司陷入僵局。因此,应当充分考虑和设计转让方案。

案例:某房地产公司有甲、乙两名股东,甲拥有55%股权,乙拥有45%股权。甲因要到外地发展,决定将55%股权转让,起初乙并无购买意向,甲便与丙谈好股权转让价格,丙愿意购买甲的股权,从而取得该房地产公司的控股权。但甲正式征求乙的意见时,乙提出要行使优先购买权,但只购买甲10%的股权,从而对公司控股,甲可以将其45%股权转让后给丙。但丙提出其只购买甲的55%的股权,否则不买。甲、乙、丙三方协商未果,产生纠纷。

(16)约定保密条款。股权转让协议中应约定保密条款,以防止对双方不利的泄密事件发生。

(17)约定采用公告的方式解决转让之前的公司拖欠债务问题。受让方可采用单方公告申报债权的方式,让公司的债权人申报债权;也可以双方共同公告,由转让之前的公司申报债权,增加查清潜在债务的可能性。

(18)约定付款事宜。受让方在付款时,可以约定先将土地使用权转让款如数存入银行,或通过其他方式取得银行信用,然后应转让方的要求请求银行出具担保函,当受让方不能如期支付转让款时,转让方可以向银行追偿。转让方也可以先取得银行的信任,请银行向土地受让方出具担保函。这样,受让方在支付转让款后,转让方未能按照约定提供开发土地时,受让方可向银行追偿,以保证双方的利益,取得互信。另外,转让方和受让方可共同选定第三方为资金托管单位,监督合同履行并托管转让款。

对转让方来说,签订股权转让合同后一次性付款对其更有利,收款之后再移交项目和办理股权转让登记,而对受让方来说,移交完毕项目和办理完毕股权转让变更登记后付款对其最有利。在实际交易中,都是寻找一个平衡点,比如,放在银行或公证处,或者设立共管账户。如果转让时或处于应当付款的节点,项目拆迁尚未完成,那么应考虑设立共管账户,拆迁进度与共管账户的资金拨付挂钩,以实现对风险的控制。对于受让方来说,支付价款的时间也应当与股权转让的节点相挂钩。如有审批,应与审批、市场监督登记变更、开发项目取得政府批文等节点挂钩,这样可减少风险。

转让股东与受让股东均为二人以上时,转让股东之间可约定指定其中一个主体作为转让方收受价款的代表,该代表接受了价款即视为支付行为完成,合同项下的付款义务完成。如果多个受让股东不同意其他股东代表,则必须在转让协议中明确股权转让双方的对应关系。

付款时应严格区分股权转让款与股东借款,否则对合同一方来说,发生争议时会造成巨大损失。

另外,在付款进度上应该考虑将土地使用权证办理与付款挂钩,这样可控制土地证的办理。除此之外,还要考虑土地出让金缴纳延期的补救措施等问题。

(19)与相关利益方续约或解除合同。

(20)约定合同转让受让标的。标的为转让方拥有的目标公司全部或部分股权以及该股权所享有的权益。

(21)约定合同转让价款构成。约定转让价款时,不仅要约定总额,还要约定转让价款的构成。还有公章、合同章、项目章、人名章、财务章等移交,涉及公司员工的证书安排等也应在合同中约定。

(22)约定股权转让和目标公司交接管理事宜。如果是100%股权转让,或者控制权的转让,那么需要约定公司的交接管理事宜,包括交接印章、证照、文件资料,改组股东会、董事会、监事会、高级管理人员,转让方不应介入干预。如受让部分股权,应约定股东会、董事会、监事会、高级管理人员的构成。

示例:关于目标公司控制权移交的约定

①股权转让双方同意本协议及相关附件签署后三日内,转让方向受让方移交目标公司的现有如下文件、资料及资产:

A. 目标公司的所有政府批文、许可证照、印鉴,包括但不限于营业执照、组织机构代码证、税务登记证、银行开户许可证、社会保险开户证件、工程建设批准文件、图纸、公章、合同专用章及财务章等;

B. 目标公司所涉及的市场监督、税务、银行、财务等相关资料,包括但不限于验资报告、

公司章程、财务账簿、记账凭证、会计档案和网银账户等;

C. 目标公司所有资产及权属证明文件,包括但不限于房地权证等;

D. 目标公司的全部文件,包括董事会会议记录、支票簿、客户资料、合同、协议、员工明细表及劳动合同、解除劳动合同协议、社保缴纳明细和其他文件;

E. 其他属于目标公司的文件、资料和物品。

②转让方向受让方移交的上述之全部资产、文件、资料应完整、真实,移交的物品应完好并能正常使用。

③转让方与受让方就上述之全部资产、文件、资料和资产完成交接后,应共同签署交接清单。交接清单签署日即为目标公司的"交接日"。

④交接日后,由受让方实际控制目标公司的日常经营管理、资产保管。受让方应审慎、合法行使前述控制权,避免转让方和目标公司遭受损害。

⑤目标公司在本协议签署后至股权变更登记完成期间,因发生本协议附件约定的债务范围之外的新增负债、亏损、资产抵押等事项,进而损害受让方及目标公司权益的,受让方有权要求转让方予以赔偿。

(23)约定违约责任。常见的股权转让违约事实包括签订合同后悔约不履行,签订合同后未按时移交印章、证照、文件资料,未按照办理市场监督登记,未按时办理股东变更,未履行合同解除后转让款的返还约定等。

(24)采用股权质押操作方式来规避付款的风险。受让方支付股权转让款之后,为保障转让方履行其义务,可要求转让方将公司股权进行质押,受让人作为质押权人以保证受让方的利益。

(25)约定合同附件内容。股权转让协议应约定附件内容,包括交接实物清单、印章及各类档案清单、政府批文清单、已签订合同和协议清单、营业执照、组织代码、税务登记及其他证件清单等。

以股权方式进行的项目转让虽然在形式上看手续较为简便,但是法律风险不易防范。因此选择股权转让方式应以项目公司的情况为主要考量标准,确定该公司除转让项目外无其他项目,公司存续时间较短,债务相对清晰,原股东具备经济实力等。在股权转让合同中除须约定披露的债务和对外担保外,还须约定,对于另行发现的债务和对外担保,股权受让人可对原股东行使追索权。

(八)公司股权转让形式下的项目转让与项目直接转让的优缺点

1. 股权转让的优点

(1)股权转让成本较低。公司股权转让形式下的项目转让比项目直接转让少交相当于成交金额3%～5%的契税,也可以使转让方也少支付一部分增值税和土地增值税。

(2)股权转让手续便捷。由于只是项目公司的股权发生变动,只涉及公司内部股权的转让,因此不需要审批机关的批准,只需要股东之间签订股权转让协议。相对于项目直接转让需要涉及原来项目立项、审批机关重新审批而言,程序较为简便。

(3)股权转让开发效率高。只要股权转让手续办理完成,投资者就可以立即开展后续开发工作,有助于加快开发速度,提高效率。

(4)股权转让减少现金流的压力。股权转让可以用现金支付,也可以采用换股方式,减少现金流的压力,相对于项目直接转让普遍用现金支付的方式压力较小。

(5)股权转让方式具有保密性。股权转让在市场监督管理部门登记即可,无须第三方认可,也无须进行项目登记。

2. 股权转让的缺点

股权转让的最大的风险在于如果不能查清债务,则收购方可能承担连带责任,存在隐患。

(1)收购方承担的风险增加。收购方除考虑房地产项目本身的建设风险外,还需要考虑目标公司的对外担保、债务、未支付款项、合同违约等潜在风险。

(2)前期谈判调查时间比较长。由于商业秘密,外部人员很难了解项目公司的对外担保、合同违约或有负债等经营、财务或税务情况,信息不对称增加了双方沟通和谈判的难度。如国有股权转让,股权的合法性和主体资格的认定涉及国有资产管理机构、产权交易所等机构或部门的监督和管理,交易时间可能会变长。

3. 项目直接转让的优点

(1)风险较小。项目直接转让只涉及房地产在建工程的转让,不需要像股权转让形式下的项目转让考虑目标公司的债务、担保、诉讼等潜在风险,项目转让方便,较容易规避风险。

(2)收购目标单一。完成转让后不涉及其他后续问题。

(3)前期不需要进行详尽调查。相对于股权转让形式的项目转让需要详尽调查项目公司的情况而言,项目直接转让不需要调查目标公司的信息,节省大量人力、物力和财力。

(4)有明确的法律依据。《城市房地产管理法》《城市房地产转让管理规定》规定了房地产项目转让的条件,使项目直接转让有了明确的法律依据。

4. 项目直接转让的缺点

项目直接转让虽然在表面上看似复杂,但是有法律的明确规定,程序上并不复杂,且容易规避风险,但土地使用权转让的变更登记需支付较高的税费,如契税、土地增值税,所以受让人通常只有在债务风险较大又难以确定的情况下才选择项目直接转让的方式。如果是通过协议直接转让,那么受让人需要征得债权人的同意,特别是对不动产享有所有权或与所有权有关的其他权利的债权人,因此,双方应在转让前公告债权债务申报,以避免在项目转让后,债权人行使撤销权。如果项目转让通过拍卖程序进行则更有利于减少受让方风险。另外,如果无法调整规划条件,无法按照自身意图进行开发,或者转让方负债较多,无法推进项目达到可转让条件,此时付款的风险较大。

(九)土地使用权转让合同纠纷的风险及防范

土地使用权转让合同,是指土地使用权人作为转让方将出让土地的使用权转让于受让方,受让方支付价款的协议。这里需要对以下风险进行防范。

(1)"一地数转"。根据《最高人民法院关于审理涉及国有土地使用权合同纠纷案件适用法律问题的解释》第九条的规定,土地使用权人作为转让方就同一出让土地使用权订立数份转让合同,在转让合同有效的情况下,受让方均要求履行合同的,按照以下情形分别处理:①已经办理土地使用权变更登记手续的受让方,请求转让方履行交付土地等合同义务的,应予支持;②均未办理土地使用权变更登记手续,已先行合法占有投资开发土地的受让方请求转让方履行土地使用权变更登记等合同义务的,应予支持;③均未办理土地使用权变更登记手续,又未合法占有投资开发土地,先行支付土地使用权转让款的受让方请求转让方履行交付土地和办理土地使用权变更登记等合同义务的,应予支持;④合同均未履行,依法成立在先的合同受让方请求履行合同的,应予支持。

(2)未办理转让登记手续。土地使用权人作为转让方与受让方订立土地使用权转让合同后,当事人一方以双方之间未办理土地使用权变更登记手续为由,请求确认合同无效的,人民法院不予支持。因此,未办理转让登记手续不影响合同的效力。

(3)无土地证转让无效。土地使用证是土地使用权的权属凭证,没有取得土地使用证意味着用地人在法律上未取得土地使用权。目前的司法实践中的普遍意见是,转让人在签订转让合同时未取得土地使用权,但在履行合同的过程中取得土地使用权的,转让合同认定为有效。

(4)划拨土地使用权转让无效。土地使用权人未经有批准权的人民政府批准,与受让方订立合同转让划拨土地使用权的,应当认定合同无效。但起诉前经有批准权的人民政府批准办理土地使用权出让手续的,应当认定合同有效。

(5)土地使用权人与受让方订立合同转让划拨土地使用权,起诉前经有批准权的人民政府同意转让,并由受让方办理土地使用权出让手续的,土地使用权人与受让方订立的合同可以按照补偿性质的合同处理。土地使用权人与受让方订立合同转让划拨土地使用权,起诉前经有批准权的人民政府决定不办理土地使用权出让手续,并将该划拨土地使用权直接划拨给受让方使用的,土地使用权人与受让方订立的合同可以按照补偿性质的合同处理。

(6)成片开发土地不符合形成工业用地或其他建设用地条件的转让是否有效。既然法律规定成片开发土地应在形成工业用地和其他建设用地的条件后方可转让,不符合此规定而转让土地的,转让合同应当认定无效。如果签订转让合同时未形成工业用地或其他建设用地条件,但在合同履行过程中形成工业用地或其他建设用地条件的,转让合同是否也应认定有效?在合同履行过程中也未形成工业用地或其他建设用地条件,在发生纠纷进行诉讼时仍未形成相应条件的,转让合同是否有效?目前在土地使用权转让纠纷的案件中,审判机关对此类转让合同多以合同为当事人的真实意思表示和维护房地产开发的秩序为判决理由维持其效力。

(十)土地使用权取得的特殊方式

通过项目转让取得土地使用权还有两种特殊的方式,即法院拍卖和产权交易所拍卖。虽然这两种方式也存在风险,但是总体来说,关于土地权利方面的风险不大,关键在于如何实现通过拍卖取得的权利。

六、通过租赁取得国有土地使用权

国有土地租赁,是指国家将国有土地出租给使用者使用,由使用者与县级以上人民政府自然资源主管部门签订一定期限的土地租赁合同,并支付租金的行为。国有土地租赁是国有土地有偿使用的一种形式,是出让方式的补充。

(一)国有土地租赁的出租及承租主体

国有土地出租的主体分为政府自然资源主管部门及其他主体,其他主体包括集体土地所有权人、使用权人或其他国有土地使用权人。

(1)政府自然资源主管部门或经济技术开发区作为出租人。有些经济技术开发区规定,进入园区的企业或者项目用地实行国有土地使用权出让制度和国有土地使用权租赁制度,并逐步实行以土地租赁制度为主。企业与政府自然资源主管部门签订土地租赁合同后,持土地使用权证或区房屋租赁行政主管部门出具的权属证明办理钉桩手续、规划审批手续、项目开工手续、房屋产权手续。土地租赁期间,承租人可以向土地及房屋管理部门提出购买该承租范围内的土地使用权,经同意可重新签订国有土地使用权出让合同。出让年限不超过国家法律规定的最高年限,出让价格参照当时市场价格经评估后确定。以租赁方式获得土地使用权的承租人,可以依法将建筑物、构筑物连同其占用范围内的土地使用权一起出租,但出租年限不得超过土地租赁合同规定的出租年限减去原承租人已使用年限后的剩余年限。

(2)集体土地所有权人或其他主体作为出租人。有些开发企业租用集体土地用于开发,集体土地既有建设用地,也有农田,开发企业租赁后建造房屋,用于商业或住宅的行为,违反了《土地管理法》的规定,改变土地使用权的性质和土地的农业用途,属于违法行为。所以开发企业不能租赁集体土地进行房地产开发经营。有些国有土地的使用权人,将自己持有的国有土地出租给开发企业,这类土地在符合条件下可以进行开发,但开发经营的主体是出租方,承租方无法进行开发,只能通过合作的方式开发。开发企业以承租的方式从自然资源主管部门以外的承租主体租赁土地进行开发存在障碍。目前利用集体土地进行开发经营的政策及法律规定变化参见本章第七节的内容。

(3)国有土地使用权租赁的承租人主体范围。除法律法规另有规定外,中华人民共和国境内外的自然人、法人和其他组织均可以通过租赁方式取得国有土地使用权。

(二)国有土地出租的限制

自然资源主管部门出租的土地可以用于建设,但不能用于经营。比如,某开发区规定,高新技术企业、高产值、高附加值企业、国家鼓励和扶持的支柱企业、占地少、见效快的生产性企业,可承租园区内的土地。企业租赁土地后,承租人应按照租赁合同的规定开发、利用土地。未按租赁合同规定开发、利用土地,造成土地闲置的,自然资源主管部门依法予以纠正,并可根据国家和当地有关规定作出处理。以租赁方式获得的土地使用权,承租人不得转让、抵押,或以法律法规禁止的其他方式进行交易。出租人转租建筑物、构筑物连同土地使用权的,须向自然资源主管部门办理转租登记手续。

土地使用权租赁按照以下原则确定用地期限:

(1)外商投资企业、股份有限公司、有限责任公司用地期限,原则上不超过营业执照规定的经营期限,但最长不超过50年;

(2)其他企业用地期限,原则上不超过20年;

(3)临时用地期限为2年。

(三)国有土地使用权租赁的条件

对因发生土地使用权转让、场地出租、企业改制和改变土地用途后依法应当有偿使用的土地,可以进行国有土地使用权租赁。新建项目申请国有土地使用权租赁须通过建设项目用地预审,落实预审意见,取得计划行政主管部门立项批文,取得规划行政主管部门用地及建设规模的规划批准文件,取得土地权属文件或土地权属来源文件,且土地权属清晰,无争议且具备申请国有土地使用权租赁的其他条件。

(四)国有土地使用权租赁的方式

国有土地租赁,可以采用招标、拍卖或者双方协议的方式,有条件的,必须采取招标、拍卖方式。采用双方协议方式出租国有土地的,租金不得低于出租底价和按国家规定的最低地价折算的最低租金标准。协议出租的结果要报上级自然资源主管部门备案,并向社会公开披露。通过协议方式租赁国有土地的,土地使用者应当按照当地有关规定,办理建设项目计划立项、建设用地规划许可、建设用地审批等相关手续。通过招标、拍卖方式租赁国有土地的,可以参照土地使用权出让的有关程序进行。

(五)承租国有土地使用权的风险

(1)承租人必须按土地使用权租赁合同规定,定期向区房屋租赁行政主管部门缴纳土地使用费。逾期未缴纳的,政府主管部门提供的格式合同中一般都规定,承租人除应及时补缴所欠土地使用费外,还须按日缴纳应缴土地使用费一定比例的滞纳金。未经批准逾期半年未缴纳土地使用费的,区房屋租赁行政主管部门有权解除租赁合同,并保留原土地使用费和赔偿金的追索权。

(2)土地使用权租赁合同期限届满,承租人需要继续使用土地的,应于合同到期前一个月申请续期。经批准续期的,应重新签订土地使用权租赁合同。土地使用权租赁合同期限届满,承租人未申请续期或虽申请续期但未获区房屋租赁行政主管部门批准的,土地使用权及其地上建筑物、构筑物由区房屋租赁行政主管部门无偿收回。若地上构筑物、堆放物属于临时性的,由承租方负责拆除,恢复原地貌。

(六)承租国有土地使用权的风险防范

国有土地租赁必须按照土地利用总体规划、城市规划、土地利用年度计划和城市规划管理技术规定的要求进行,否则不能进行建设。

租赁土地上的建筑转让须经过自然资源主管部门的批准。土地使用权租赁合同期限届满前,承租人向区房屋租赁行政主管部门补缴地价款并签订土地使用权出让合同后,可以将土地使用权连同地上建筑物依法转让。

第三节 房地产开发中规划的法律风险及防范

一、办理建设用地规划许可证和建筑工程规划许可证的风险防范

(1)要求工程设计单位应依据国家规范性法律文件、规范、标准和规划要求进行施工图设计,并依法承担相应的义务和责任,其中防雷装置的设计应取得气象行政主管部门的审核意见。

(2)无控制性详细规划的地区,应首先编制控制性详细规划,特殊情况由建设单位做出设计方案上报市规划委,定出该地块的用地指标,待联审会通过后,向市规划委申报规划意见书。建设用地规划许可证及规划要点批复由规划部门颁发,前者是核定土地用途及用地界线的法律依据,后者是确定土地使用强度指标的法律依据,如容积率、建筑密度、停车位配置、小户型比例限制等指标,都在上述规划要点批复中得到体现。

(3)在"招拍挂"之前,一般要由规划部门核定规划要点,颁发建设用地规划许可证之后,才能去土地部门领取土地使用权证。国土部门依据规划部门核定的土地功能及土地使用强度,计算出土地出让金,在国有土地使用证上载明土地用途及年限。"招拍挂"之后,很多地方的国土部门在出让土地的时候不考虑规划,直接将地块出让,办理标明用途的国有土地使用证,开发企

业获得土地使用权证之后,再去规划部门完成规划。《城乡规划法》基本理顺了规划与国有土地使用权的关系,其基本规定是,以出让方式提供国有土地使用权的,在国有土地使用权出让前,城乡规划主管部门应当依据控制性详细规划,提出出让地块的位置、使用性质、开发强度等规划条件,作为国有土地使用权出让合同的组成部分。未确定规划条件的地块,不得出让国有土地使用权。以出让方式取得国有土地使用权的建设项目,在签订国有土地使用权出让合同后,建设单位应当持建设项目的批准、核准、备案文件和国有土地使用权出让合同,向市、县人民政府城乡规划主管部门领取建设用地规划许可证。城乡规划主管部门不得在建设用地规划许可证中,擅自改变作为国有土地使用权出让合同组成部分的规划条件。规划条件未纳入国有土地使用权出让合同的,该国有土地使用权出让合同无效;对未取得建设用地规划许可证的建设单位批准用地的,由县级以上人民政府撤销有关批准文件;占用土地的,应当及时退回;给当事人造成损失的,应当依法给予赔偿。

二、规划的限制条件

1. 别墅用地及规划的限制

国家目前禁止对别墅类房地产进行开发。对别墅类房地产开发进行限制的文件最早见于国务院于 1995 年 5 月 26 日公布的《国务院关于严格控制高档房地产开发项目的通知》(已失效),"要严格控制高档房地产开发项目的审批"。该通知规定,对下列高档房地产开发项目,1995 年不再批准立项和开工,以后也要严格控制审批:①别墅性质的高档住宅及度假村;②单位面积建筑设计造价高于当地一般民用住宅、办公楼一倍以上的公寓、写字楼项目;③建筑标准四星级(或相当于四星级)及以上的宾馆、饭店。严格禁止新上高尔夫球场、仿古城、游乐宫等项目。其后,2004 年 10 月 21 日国务院公布的《国务院关于深化改革严格土地管理的决定》第十八条规定,继续停止高档别墅类房地产、高尔夫球场等用地的审批。《国务院办公厅转发建设部等部门关于调整住房供应结构稳定住房价格意见的通知》第六条规定,继续停止别墅类房地产开发项目土地供应,严格限制低密度、大套型住房土地供应。2006 年 12 月 12 日国土资源部、国家发展和改革委员会公布的《禁止用地项目目录(2006 年本)》(已失效)第十五条规定的其他禁止项目中的第一项就是禁止别墅类房地产开发项目。2006 年 5 月 30 日,国土资源部公布的《国土资源部关于当前进一步从严土地管理的紧急通知》(已失效)第三条明确,坚决执行停止别墅类房地产开发项目土地供应的规定,即日起,一律停止其供地和办理相关用地手续,进行全面清理。北京市也出台了相关的规定。2007 年 8 月 7 日公布的《北京市国土资源局、北京市发展和改革委员会关于印发北京市 2007 年度土地供应计划的通知》规定,严格限制住宅小区建筑容积率低于 1.0、单套住房建筑面积超过 140 平方米的低密度、大套型住宅项目的土地供应,继续禁止别墅类房地产开发项目土地供应。

目前别墅类供地是被严格禁止的,但仍可以低密度住宅用地的名义报批。比如,设计成容积率等于或高于 1.0 的联排别墅等,在报批时还是可以通过的;有些项目低于 1.0 的容积率也能通过,不过一般都是采取配建的形式,在某一宗地范围内既建设高容积率的住宅,也建设低容积率的住宅,建成后将高容积率与低容积率住宅分区管理,形成事实上的别墅区。

2. 对户型的限制

对户型的限制是在 2006 年 5 月 24 日公布的《国务院办公厅转发建设部等部门关于调整住房供应结构稳定住房价格意见的通知》中规定的,要求调整住房供应结构,明确新建住房结构比例。自 2006 年 6 月 1 日起,凡新审批、新开工的商品住房,套型建筑面积 90 平方米以下住房(含经济适用住房)面积所占比重,必须达到开发建设总面积的 70% 以上。直辖市、计划单列市、省会城市因特殊情况需要调整上述比例的,必须报建设部批准。过去已审批但未取得施工许可证的项目凡不符合上述要求的,应根据要求进行套型调整。2008 年 1 月 3 日,国务院公布《国务院关于促进节约集约用地的通知》,第十五条规定,优化住宅用地结构。合理安排住宅用地,继续停止别墅类房地产开发项目的土地供应。供应住宅用地要将最低容积率限制、单位土地面积的住房建设套数和住宅建设套型等规划条件写入土地出让合同或划拨决定书,确保不低于 70% 的住宅用地用于廉租房、经济适用房、限价房和 90 平方米以下中小套型普通商品房的建设,防止大套型商品房多占土地。2006 年 9 月 1 日,北京市规划委员会公布《北京市规划委关于贯彻落实宏观调控政策加强住房结构规划管理的通知》,强调对于 2006 年 6 月 1 日后新审批、新开工的住房项目要严格按照《国务院办公厅转发建设部等部门关于调整住房供应结构稳定住房价格意见的通知》的规定执行。2006 年 6 月 1 日前已经取得相关批准文件,但未取得施工许可证的商品住房项目,应按照依法行政的原则,依照有关政策规定,配合市有关部门做好清理工作。市规划委从 2006 年 9 月 1 日起对新审批的住房项目执行新的审批流程。新审批流程规定,①审批部门在办理规划意见书时应当填写"住宅建筑套型密度"指标。②在审查设计方案时应审查"住宅建筑套型密度"是否符合规划意见书提出的要求。③在办理建设工程规划许可证时应当在许可证附件中填写住房项目总建筑面积、90 平方米以下住房的建筑面积、单栋住房项目总套数、单栋住房项目 90 平方米以下住房套数等指标,同时要审核套型结构比例是否符合规划意见书和审定的设计方案的要求。发现设计单位违反上述要求的,审批部门应当将案件线索移送,并协助勘设测管办调查处理。④规划监督部门在进行规划验收时,应当审查住房项目的平面结构与规划行政部门核发建设工程规划许可证时的备案图纸是否一致。发现平面布局不一致的,规划监督部门应当向审批处(科)室和勘设测管办通报有关情况并协助调查。⑤启动新版的"建设项目规划许可及其他事项申报表",综合处(科)在受理住房项目时应当审查申请人提交的书面材料中是否包含住房项目总建筑面积、90 平方米以下住房的建筑面积、单栋住房项目总套数、单栋住房项目 90 平方米以下住房套数等指标,申报总平面图中是否附有"套型结构比例明细表",套型结构比例明细表中是否已经列出:A.住房项目的总建筑面积和总套数;B.套型建筑面积 90 平方米以下住房的总建筑面积及其占住房项目总面积的比例;C.套型建筑面积 90 平方米以下住房总套数;D.单栋住房的建筑面积和总套数;E.单栋住房 90 平方米以下住房建筑面积及其占该栋楼总建筑面积的比例;F.单栋住房套型建筑面积 90 平方米以下的套数。申报材料不满足上述要求的,综合处(科)应当要求建设单位补充完善。

  从上述的规定来推测,出台户型限制政策的目的有两个,一是集约用地,减少对土地的占用;二是抑制房价过快上涨。但限制户型的规定能否达到出台政策的目的?比如,90 平方米以下的户型占总建筑面积 70% 以上,果真能实现政策出台的初衷吗?户型选择完全根据市场需求,如果政府的目的是节约用地,那么消费者完全可以再买一套,也无法达到节约土地的目的,如果是为了限价,那么房屋的市场价格与户型的大小实际上没有必然联系,并非户型小了房地产市场价格就能降下来,户型小了只影响一套房屋的总价,与房屋的市场价格的单价并没有必然联系。其实对户型的限制与市场交易行为是不相容的,所以,很多开发企业想出了一些对策,比如设计上下层、将两套房屋打通等规避措施。

  实际上,套型建筑面积 90 平方米以下占 70% 以上的"90/70"政策是建设部出台的带有强烈的北方特征的政策。北方人在考虑冬天取暖的要求之后,的确不习惯居住大面积。同时,在完全不考虑洗手间的采光和通风要求时,90平方米的套型面积的确可以设计出非常不错的三居室户型,这是与北方人的使用习惯及气候一致的:空气干燥,而且洗手间的使用频率较低。但在南方增加一扇洗手间的窗户,90平方米要设计出三居室几乎是不可能完成的任务,所以只能设计成两居室。

3. 建筑密度

在总平面审查时,建筑密度与容积率两个技术指标非常重要,确定这两个指标的难度很大。建筑密度指项目用地范围内,所有建筑的基底总面积与规划建设用地面积之比,也就是建筑物的覆盖率,它可以具体反映出一定用地范围内的空地率和建筑密集程度。建筑密度等于建筑首层面积除以规划用地面积乘以100%。比如,一块建设用地为10000平方米,其中建筑占地3000平方米,这块地的建筑密度就是3000/10000=30%。建筑密度一般不会超过50%,因为除了建筑物用地,用地中还需要留出一部分面积用于道路、绿化、停车场及公共设施等。建筑密度主要是为了控制小区的绿化、空间、地区的人口密度等,如果开发企业设计一些异型建筑,比如,空中花园型的架空层,在其顶面种草,保证绿化面积,对于这种做法是否符合建筑密度的规定,是否应当计算建筑密度,目前的技术规范没有禁止性规定。

某小区占地10000平方米,有3000平方米的地面上有建筑物,建筑密度为30%。3000平方米的建筑占地里面,有2000平方米是一个大型的架空平台,架空层下是停车位,上面是空中绿化广场。这2000平方米,到底算不算建筑基底呢?因绿化没有减少,休闲空间没有减少,所以这2000平方米不能算作建设基底,不能算进建筑密度里面。

消防通道的设置与绿化道路能否重复计算?按照规定,高层建筑四周必须设立环形消防车道。但对某些黄金地段来说,尤其是独栋或两栋塔楼的建筑,设立环形消防车道,小区就基本没有绿化带了。解决办法是可以设置隐形消防车道,用方格砖铺路,中间种草绿化,这部分既可做消防通道又可当绿化带计算。

4. 容积率

容积率是指一个小区的总建筑面积与用地面积的比率,是用总建筑面积除以净用地面积。对于开发企业来说,容积率决定地价成本在房屋中占的比例,而对于住户来说,容积率直接影响居住的舒适度。一个良好的居住小区,高层住宅容积率应不超过5.0,多层住宅应不超过2.0,绿地率应不低于30%。但由于受土地成本的限制,并不是所有项目都能达到这个要求。当建筑物层高超过8米,在计算容积率时该层建筑面积加倍计算。

提高容积率以增加建筑面积,获得更大利润是所有开发企业的目标,但是容积率在规划指标中已确定,如果需要增加建设面积,有些开发企业会与规划部门协商,将净用地面积范围扩大,不按照土地使用权证中红线内的面积计算,而是将代征市政道路及代征绿地都算作净使用面积,还有开发企业将周边道路的中线之内的范围都算在净用地面积中。加大净用地面积,总建筑面积自然就增加。因目前没有禁止性规范,所以有些开发企业通过这种方式提高容积率。

案例: 从2003年到2007年4月,某市规划行政部门梁某帮助某房地产公司把该公司住宅项目的容积率上调到3.95,梁某在该市专门办理调整容积率,并且宣称"明码标价、童叟无欺",每平方米调整的费用是400元。另外,梁某还帮助某地产公司将旗下项目的体育用地调整为居住用地,允许开发企业在海拔300米以上禁建区进行建设。容积率是保证小区居住环境的硬指标,同时,小区的容积率是与绿地、环保、车位、配套设施等要求和数据配套的。而审批之后再调高容积率,开发企业就不必被迫建设与之配套的公共设施。这就意味着,原来5个人享受的绿地、环保、车位现在要由10个人共享。这样,开发企业可以在不用建设配套设施的情况下,获得更多房产的销售利润。但对住户来说就意味着居住环境变差、居住质量下降。提高容积率,是开发企业赚取利润中最大的一部分。人民检察院在起诉中认为梁某利用调整容积率、增加商业设施用地、少建绿地、减少公共服务设施用地、调整土地用途等方式受贿,梁某存在三方面的违法行为:一是帮开发企业调整容积率;二是帮开发企业调整土地性质和用途;三是帮助开发企业疏通关系。

一些开发企业拿到土地后,便采取各种方式修改规划方案,改变土地使用性质,或者提高容积率,以获得最大的利润。产生这种问题的原因有很多,原因之一在于有的城市没有建立相关的审批制度和工作程序,变更规划、调整容积率的问题在不同地方不同程度地存在。此外,有的地方对违规项目的处罚不到位,以罚代管的现象比较突出。

从开发企业的角度来说,改变规划及容积率,目的是降低其开发难度和运营风险,因为很多开发企业是在房地产市场低迷的2008年市场最高价时拿地,一些开发企业自身难以消化高价土地,便通过改变容积率等方式来变相降低土地成本。国家对取得土地使用权后更改土地用途、变更容积率的事情管理是比较严格的,在文件上是严格限制的。比如,2009年4月住房和城乡建设部、监察部再度联合下发通知,要求扩大楼市违规变更规划、调整容积率问题专项治理的范围,2009年4月1日至12月31日领取规划许可的房地产项目也须清理检查,重点检查大、中城市涉及提高容积率和改变土地使用性质的房地产项目。

5. 停车位配置

单体审查阶段应注意车位的配置应符合当地的规定,比如,北京市规定,在三环路以外的(包括旧区改造和零星加建的住宅)地区,按每千户500个车位标准设置;在三环路以内、二环路以外地区,按每千户300个车位标准设置;二环路以内旧城及危旧房改造区、历史文化保护区等特殊地区车位标准应另行研究。中高档商品住宅按每户1个车位标准设置,高档公寓和别墅按每户1.3个车位标准设置。如果车位不按照规定配置,一般无法通过单体审查。规划部门在审查总面积期间也会审查车位,一般按照一个车位35—45平方米的经验值评估地下室停车位面积,一般不会认真在图纸上计算停车位的数量,但是在单体审查阶段停车位的数量是要确定的。如果停车位不够如何通过单体审查?很多开发企业要求设计单位设计子母车位、立体机械停车位或在停不进去车的转角也设计一个车位。只要通过单体审查,开发企业从成本角度考虑一般是不会安装机械停车装置的。开发企业一般不愿意多建地下停车位,除非在用地紧张且是黄金地段的大城市。如北京、上海等一线城市,一个停车位可以卖到十几万至几十万元,开发企业未必会亏本,但对于停车并不紧张的地区,建停车位对开发企业来说是赔钱的,因为一个停车位如果能正常使用,每个停车位所需要分担的车道等面积,至少在35—45平方米。

三、规划的行政法律风险

1. 未取得建设工程规划许可证或未按照规划建设的风险

《城乡规划法》第六十四条规定,未取得建设工程规划许可证或者未按照建设工程规划许可证的规定进行建设的,由县级以上地方人民政府城乡规划主管部门责令停止建设;尚可采取改正措施消除对规划实施的影响的,限期改正,处建设工程造价5%以上10%以下的罚款;无法采取改正措施消除影响的,限期拆除,不能拆除的,没收实物或者违法收入,可以并处建设工程造价10%以下的罚款。

案例：1998年6月18日，北京市西郊某农场农工商合作社（甲方）与北京市天涯天商贸集团和张某、郝某、马某三人（乙方）签订了《土地使用权合同》。甲方同意将所属的37.28亩土地提供给乙方，用于建设名誉村民住宅即天涯名流乐园别墅等旅游配套项目。乙方按每亩4万元的价格向甲方支付土地使用费149.1万元，土地使用期为70年。合同签订后，某乡土地规划科给乙方出具了土地开发委托书和土地使用证明，但乙方未取得建设用地规划许可证和建设工程规划许可证。合同签订后，乙方进行了开发，建设了别墅项目。此别墅项目占用菜地、鱼池、生产队部和场院，共计37.28亩土地（其中基本农田27亩，耕地9亩，非耕地1.28亩）。2001年4月，海淀区规划行政部门依据《城乡规划法》，认定乙方所建的42栋别墅属于违法建筑，进行了全面强制拆除。

2. 违法进行地下工程建设的风险

《城市地下空间开发利用管理规定》第三十一条规定，有下列行为之一的，县级以上人民政府建设行政主管部门根据有关法律、行政法规处罚：

(1) 未领取建设工程施工许可证擅自开工，进行地下工程建设的；
(2) 设计文件未按照规定进行设计审查，擅自施工的；
(3) 不按照工程设计图纸进行施工的；
(4) 在使用或者装饰装修中擅自改变地下工程结构设计的；
(5) 地下工程的专用设备、器材的定型、生产未执行国家统一标准的。

3. 违反消防法规的风险

《消防法》第五十八条规定，有下列行为之一的，由住房和城乡建设主管部门、消防救援机构按照各自职权责令停止施工、停止使用或者停产停业，并处3万元以上30万元以下罚款：

(1) 依法应当进行消防设计审查的建设工程，未经依法审查或者审查不合格，擅自施工的；
(2) 依法应当进行消防验收的建设工程，未经消防验收或者消防验收不合格，擅自投入使用的；
(3) 《消防法》第十三条规定的其他建设工程验收后经依法抽查不合格，不停止使用的；
(4) 公众聚集场所未经消防救援机构许可，擅自投入使用、营业的，或者经核查发现场所使用、营业情况与承诺内容不符的。

核查发现公众聚集场所使用、营业情况与承诺内容不符，经责令限期改正，逾期不整改或者整改后仍达不到要求的，依法撤销相应许可。

建设单位未依照《消防法》规定在验收后报住房和城乡建设主管部门备案的，由住房和城乡建设主管部门责令改正，处5000元以下罚款。

四、规划的民事法律风险

1. 无建设工程规划许可证的风险

无规划许可证开发的风险来自以下方面：一是无规划证所签订的建设合同的效力。按照《最高人民法院关于审理建设工程施工合同纠纷案件适用法律问题的解释（一）》第三条规定，当事人以发包人未取得建设工程规划许可证等规划审批手续为由，请求确认建设工程施工合同无效的，人民法院应予支持，但发包人在起诉前取得建设工程规划许可证等规划审批手续的除外。二是无规划证所建建筑物拆除的损失。如果行政执行将建筑物拆除，涉及对第三方的赔偿问题，如施工单位、材料设备供应商、买受人、承租人等。三是无规划证被停工的损失。主要涉及对施工单位的赔偿。四是《最高人民法院关于审理涉及国有土地使用权合同纠纷案件适用法律问题的解释》第十六条规定的无规划证合作开发产生纠纷法院不受理及损失自负的风险。第十六条规定,在下列情形下,合作开发房地产合同的当事人请求分配房地产项目利益的,不予受理;已经受理的,驳回起诉:①依法需经批准的房地产建设项目未经有批准权的人民政府主管部门批准;②房地产建设项目未取得建设工程规划许可证;③擅自变更建设工程规划。因当事人隐瞒建设工程规划变更的事实所造成的损失,由当事人按照过错承担。

2. 无规划条件的风险

无规划条件的民事法律风险主要有三个。一是无规划条件出让土地无效的风险。按照目前的规定,在城市、城镇规划区内,以出让方式提供国有土地使用权的,在国有土地使用权出让前,市、县人民政府城乡规划主管部门应当依据控制性详细规划,提出出让地块的位置、使用性质、开发强度等规划条件,作为国有土地使用权出让合同的组成部分。未确定规划条件的地块,不得出让国有土地使用权。规划确定后不得擅自改变。规划条件未纳入国有土地使用权出让合同的,该国有土地使用权出让合同无效。二是土地使用权证被撤销的风险。政府对未取得建设用地规划许可证的建设单位批准用地的,即便建设单位取得了土地使用权证,未经批准改变规划的,政府也可以撤销有关批准文件;占用土地的应当及时退回;给当事人造成损失的应当依法给予赔偿。比如,原规划为配套的幼儿园、垃圾站等,未经规划部门批准同意,将其用途变更为住宅,规划部门可依法撤销其土地使用权证。三是未按照规划施工,擅自改变规划的,在竣工验收时,不允许建设单位组织竣工验收,可能会造成延期交工,对小业主造成违约,承担违约责任。

3. 规划变更的风险

开发企业在取得土地使用权后,如果需修改控制性详细规划的,首先要取得规划部门同意,然后城乡规划主管部门应当通过听证会听取利害关系人的意见,因修改造成损失的,应当依法给予补偿。修改规划常见的是增加楼层、楼高,提高容积率,这容易引起小业主或项目周边产权人的反对,因此开发企业除了与规划部门沟通之外,重点应放在与小业主及周边产权人沟通,必要时与其谈判赔偿的标准,或者共同受益的方案。

案例:2009年,广州某房地产开发有限公司取得某小区的国有土地使用权,规划条件是B1—B3栋12层,G1栋8层,G2栋12层。开发企业拿地后与规划行政主管部门沟通,希望将B1—B3栋由12层增高至48层,将G1和G2由8和12层增高至24—40层不等,规划部门原则上已同意,但须按照规定走公示程序。2009年3月,该小区部分楼体拔高的规划在广州市规划行政部门官网公示后,遭到近200名业主强烈反对,不少业主认为容积率大幅调高,改变了小区通风、采光和景观等内在价值,造成物业潜在贬值。2009年4月30日,规划行政部门召开听证会,听取该小区各方代表意见,最终,开发企业更改规划的方案未获通过。2011年,该小区最终审批后的B1—B3栋都定为地上11层、地下1层,G1栋不超8层。

五、政策及外部经济环境对规划设计的法律风险

房地产政策的变化,也会引起规划方面变化的风险,如限购政策、增加保障房建设,要求开发企业在取得土地使用权时必须配建保障房,保障房有具体的标准,这些规定对开发企业来说都有影响。

六、因抗震设防引起的法律风险

《防震减灾法》《工业与民用建筑抗震设计规范》和《房屋建筑工程抗震设防管理规定》对规

划设计也有影响，规划设计必须符合上述规范性法律文件的规定，否则，将承担相应的责任。

第四节 烂尾楼处置的风险及防范

除了前述几种取得项目开发权的方式，还有一种取得方式，就是接盘烂尾楼。这种方式可以理解为对本章第二节中项目并购、出让及合作等几种方式的综合使用，因为处置烂尾楼可能涉及合作、项目转让、拍卖、破产重组、土地闲置收回等问题。

烂尾楼是指已办理用地、规划手续，项目开工后，因开发企业无力继续投资建设或陷入债务纠纷，停工一年以上的房地产项目。烂尾楼形成的原因较多，如开发企业盲目估计自己的实力，投资项目后没有后续资金又不能融资导致项目停工停建，项目涉及合作方的内部或外部经济纠纷，开发企业拖欠银行贷款、建筑承包商开发工程款被债权人起诉且项目被查封，开发企业违法违规建设导致工程停工，政府的规划调整及改造路网等。

处置烂尾楼是非常困难的，主要原因是开发企业对自己的项目评价过高，都想自己融资继续完成，即使转让也想在盈利或者不赔钱的情况下进行，开发企业宁可项目停工，也不愿意赔钱。但对于烂尾楼项目，开发企业是无力自行复工继续建设的，因此只能与其他投资商合作或进行项目转让。对于烂尾楼项目，几乎不可能再有开发企业进行投资，因此这条道几乎走不通，可行的就是项目转让。从法律上来说，符合法定转让条件就可以进行项目转让，但现实当中的烂尾楼项目转让仍然困难重重，原因主要有两个。一是烂尾楼项目几乎都被司法查封，如果不解除查封是不能转让的，但解除查封的前提条件是债权债务已清理完毕，但烂尾项目的众多债权人都将债权指向了开发企业唯一仅存能实现债权的实物，即烂尾楼，而项目的价值远远低于债权的价值，开发企业无力偿还债务，加之各债权人查封后都不想放弃自己的利益，在项目的总价值不足以弥补债权的总额时，法院的执行部门也很难决策，导致查封不可能在短期内解除或根本无法解除，因此也不能进行项目转让。二是开发企业对市场的预期过高，很难找到接盘者。接盘者首先考虑的是接盘后的利润，如果没有利润就不会接盘，但开发企业的过高期望会使接盘者退缩，因此很难寻找到接盘者，导致项目无法转让。

一、处理烂尾楼的主要方式

尽管处理烂尾楼难度很大，但还是有一些办法。单纯依靠市场自身不能解决烂尾楼的问题，仅仅依靠司法也很难处理，比较可行的办法就是在处置烂尾楼时采用行政和司法及与市场相配合的方式。如果单纯依靠行政途径解决，那么效率更高一些，但可能会遗漏债权人；如果单纯依靠司法途径处置，那么相对来说时间较长，进展较慢，也可能无力处置，但司法处置不会留下所有权方面的纠纷。处置烂尾楼有下列常见的方法：

（1）招商引资。对于因资金问题停工的房地产项目，可以采用这种方式重新进行开发。

（2）委托拍卖。对关系明确、产权明晰而又确实无法重新启动的，可到土地房产交易中心申请挂牌交易，或者由人民法院通过强制执行程序拍卖建设工程。

（3）对长期闲置、不能按期竣工的，依据有关法律法规及规章收回土地使用权，重新挂牌。

（4）项目转让或股权转让。

（5）破产重组。

(6) 债转股。最大的债权人,如银行或施工单位,债权人债转股可以减轻接盘者的经营风险和债务承担。

(7) 强制拆除。政府可依据国务院公布的《城市市容和环境卫生管理条例》等相关法规进行强制拆除。强制拆除对各方的利益影响较大,一般很少用。

案例:A公司与某电子器材厂约定联合开发建设办公楼,项目占地约5000平方米,建筑面积约6万平方米,总投资计划达人民币5亿多元,全部资金由A公司筹措,其中部分是商品房,办理了预售许可证,部分办公用房未办理销售许可证,准备分配给某电子器材厂作为自持物业,自己经营或自用。在大楼土建结构封顶后,因A公司没有足够的后续建设资金,导致该工程停建。B公司此时欲购买一栋大楼自用并对外经营,经过A、B两公司的全面协商,双方达成了初步的意向,即B公司收购A公司的项目。

二、购买烂尾楼的法律风险

1. 烂尾楼法律关系复杂,法律问题繁多

烂尾楼可能涉及的主体有政府、银行、施工单位、设计监理单位、材料设备供应商、购房人等,各方与开发企业的利益既有冲突的一面,也有一致的方面。从法律角度讲,各主体间存在多种法律关系,既有行政法律关系,也有民事法律关系。民事法律关系也分为多种,比如,银行贷款,若开发企业以土地使用权为银行设定抵押,则银行享有《民法典》规定的相关权利,银行意见直接影响烂尾楼的处置工作。处置烂尾楼会涉及如下法律问题:一是若原开发企业与他人合作开发,双方之间则存在权利义务关系;二是施工单位与开发企业就工程款欠付所发生的法律纠纷;三是购房人和开发企业之间的房屋买卖问题。

2. 债权债务关系难以查清,债务风险较高

烂尾楼可能存在的债务包括土地出让金、行政规费和罚款、银行贷款、工程款、购买人房款、建材设备商的欠款、设计费和监理费,以及因拖欠和迟延支付的违约金、赔偿金及滞纳金等。处置烂尾楼时要查清这些费用,否则将面临债务的风险,尤其是在股权转让的情形下,风险更大。

3. 烂尾楼因违规被停建

如果涉及政府行政许可的项目没有被批准,建设或施工手续不齐备,存在违法违规建设,那么该项目无法进行竣工验收,接盘将受到重大影响。除上述因违规被停建的原因外,还有一种情况,就是停建时间长,项目所在区域的规划有所变更,按照原规划设计的项目已不符合接盘时的市场需求,此时,接盘者想修改原规划,但批准部门不允许。

4. 施工单位不撤场,接手后仍无法开发

有些施工单位要价较高,如果不能处理好与施工单位的关系,施工单位不撤场,则会使接盘者无法开展施工,甚至出现施工单位占据施工现场几年的情形。接盘者必须充分考虑这种风险。

5. 拆迁户及回迁问题

有些项目需要回迁,涉及回迁户的安置与补偿问题,因关系拆迁户的切身利益,所以拆迁户的反应比较激烈,可能还会引起冲突,必须考虑此风险。

6. 质量问题

在接盘时必须考虑所建项目的质量问题,以及项目长期搁置对质量的影响,否则处理因长期搁置而产生的质量问题将拖垮接盘者。

7. 诉讼问题

项目"烂尾"后，各债权人为保护自己的利益，会采取相应的法律措施，所以难免存在诉讼，如建筑质量的诉讼、预售的诉讼、银行机构对逾期贷款的诉讼等。接盘者必须考虑诉讼对其接盘后的影响，以及项目有无被法院拍卖的可能。

三、处理烂尾楼的风险防范

（1）签订合同阶段的风险防范。应先对该项目签订的合同进行审查，对原建设方与其他利益主体签订的所有合同都应进行审查，这些合同的内容直接影响接盘者的决策，因此应对所有的合同进行风险识别、分析与判断。需要审查的合同可能包括：合作开发合同、土地使用权出让合同、抵押贷款合同、勘察合同、设计合同、施工合同、材料设备采购合同、委托销售合同、商品房预售合同等。对上述合同的审查应从合同效力、权利与义务、合同履行的状况、违约责任及解除合同损失等方面考虑。审查完成之后，应着手起草并签订框架协议。框架协议须明确项目的接盘方式、债务处理方案及债务的担保方式、总价款与支付方式及时间、项目交接、双方的权利义务与原开发企业的协助义务。框架协议须约定生效的时间，因为框架协议的内容涉及双方以外的主体，因此，原开发企业必须与其他债权人签订解决债权债务的协议后才能履行框架协议。另外，框架协议最好将获得地方政府的认可和支持也作为合同生效的条件。原开发企业根据框架协议与各债权人分别签订各自债权债务的处置协议之后，原开发企业和接盘者再根据选择的接盘方式签订合同。合同的细节应明确收购范围：由于双方协议收购的标的物是未完工程，因此一定要明确标的物的范围，比如已建成的房屋面积（包括地下室）或大楼土建结构、外墙、内部管线、设备安装等的工程形象进度及具体的工作面情况。双方最好申请对停工的工作面开展现场公证，并由施工单位、监理及双方用建筑工程的术语来描述具体的建筑物交接现状，以区分交接前后的施工状况。万一以后产生纠纷，可作为确定客观事实的证据，否则一旦发生纠纷，双方将难以弄清楚相关的客观事实。除此之外，合同中还应考虑接盘后的各类税费用双方如何承担和处理。

（2）处置债务

①实物抵债。商品房以改造之后的市场价计价抵债。实物抵债既解决了债务问题，又解决了商品房的销售问题。这种方式适用于对债权银行的债务处理，因为对债权银行的债务由于法规的强制性规定，不可能减免债务本息，以房抵债则可规避法规的强制性规定，特别是项目中包含商业用房和办公用房的，易被债权银行接受。

②减免违约金及利息。对于烂尾楼建设方的债权人来说，能拿回本金是非常现实的考虑，如果债权得到实现，大多数债权人都能够接受只拿回本金，尤其是施工单位、材料设备供应商还有部分购房人，只要基本的债权能得到实现，他们是愿意放弃违约金或利息损失的，这样对接盘者非常有利。有些烂尾楼的违约金、利息等已占本金的50%以上，因此，免掉这部分债务对后续工作会有很大的帮助。

③延长债务偿还时间。接盘者的资金暂不用于偿还债务，而是与债务人签订还款计划，保证还款的时间，使接盘者的资金优先用于启动项目的后续建设，保证项目的销售及回款。从长远来看，这种方式能保证债权人的利益，债权人可能会接受。

（3）积极与政府配合，寻求政府的支持与协调，必要时由政府进行干预。比如，对于开发企业因未缴齐国有土地使用权出让金，或者已交齐但停工两年以上的，政府有权以闲置土地的名义收回土地使用权。最好能从政府争取一些特殊政策，如简化程序、加大审批力度、免规费等。如果规划设计需要调整或者处理原开发企业的违规行为,需要由政府来协调,最好是在处理完毕后再接盘,如果短时间解决不了这些问题,应申请政府牵头,对相关违规处罚、规划调整及调整申报的主体等事项形成多方会议纪要,然后在接盘后再进行处理。

(4)接盘公司必须考虑如何处理与原施工方的关系,考虑是与原施工单位协商,通过变更主体继续履行与原开发企业签订施工合同,还是另行与其他施工单位签订合同。如果由原施工单位继续施工,那么拖欠的工程款应通过债转股、直接支付或延期支付或以房抵债的方式处理。同时,原开发企业、接盘开发企业与施工单位三方应充分协商,并达成一致意见,保证不因施工单位占据施工现场而不能继续开工。接盘开发企业应该保证在后续工程建设中起主导作用。

(5)原开发企业(或称"转让人")将开发项目转让给他人且转让前已经进行商品房预售的,转让人应当将项目转让的情况书面通知预购人,如果没有通知,对预购人不发生法律效力。预购人有权在接到书面通知之日起一定期限内要求解除商品房预售合同。预购人未按照上述约定要求解除商品房预售合同的,应当由项目受让人继续履行商品房预售合同。因此,原开发企业必须根据所有预购人的要求继续处理并签订相应的合同,如果解除合同,违约责任由原开发企业承担。预购人愿意继续履行合同的,由新接盘的开发企业承担继续履行的义务,但不承担逾期交房的违约责任,此债务应予免除。除商品房部分外,有些项目存在非商品房部分,对于这部分也应约定处理方式。

(6)如果原开发企业不退出,可让债权人起诉查封并拍卖,通过法律途径使原开发企业退出。

(7)处理项目抵押。应查清项目的已建部分有无抵押,明确项目公司的担保情况。还应查清抵押担保的范围、还款期限,以及拍卖与抵押权之间的优先权问题。

(8)抵销权问题。在处理烂尾楼时,对于各个不同主体之间存在的债权债务关系,可以考虑用关于抵销权的法律规定处理,保护接盘开发企业的利益。

(9)要求开发企业制作明确的债权债务清单并由公司或股东承诺。如进行项目,需要查清开发企业是否有向股东、其他社会组织的借款募资,要求项目公司的原股东及管理层协助接盘者配合进行项目公司的债权债务清查工作,并制作债权债务清单,以明确项目公司对外负债的总额。同时,为了防止项目公司还有其他未查清债务,应要求项目公司的原股东出具承诺书,以保证项目公司除债权债务清单中列明的负债之外再无其他负债。

(10)在处理烂尾楼工程中借助专业律师的力量。在处理烂尾楼时,针对项目遇到的各类法律难题,可委托专业律师利用自身的经验,在精心设计收购方案、严密论证的基础上,通过参加谈判,积极协调,尽职调查,起草、审查文件和法律文件制作等工作,将风险化解或将风险降到可控的程度。

总而言之,开发企业在选择投资烂尾楼项目之时,不应盲目。尤其对目前土地储备不足的开发企业来说,接手烂尾楼未必能带来丰厚的利润。如果仅仅涉及资金问题,那么处理方式较为简单,但一旦牵扯到法律纠纷,就需要听取专业律师的法律分析以权衡利弊。

第五节 开发企业储备闲置土地的风险防范

土地闲置,既有企业自身的原因,又有政府拆迁未及时交地的原因,也有城市规划调整的原因,还有其他政府部门职能或权限调整等原因。据统计,目前全国闲置建设用地面积在1万公顷以上,因规划调整为主的政府部门原因和司法查封而闲置的土地约占55%。房地产公司囤地的现象也比较普遍,而且规模比较大。有机构对中国目前开发企业囤地按照面积进行了排名,并按照当年预计的销售业绩计算,某些上市公司的土地储备足够开发10年以上。

一、开发企业储备土地的方式及策略

(1)以协议的方式储备土地。开发企业与集体经济组织或者村委会、村办企业、划拨土地的使用权主体、国有企业等签订协议,约定由开发企业来开发协议所约定的土地。

(2)以一、二级联动的方式储备土地。

(3)以公益事业名义储备土地。开发企业以各类慈善事业、福利事业、宗教事业、教育事业等名义要求当地政府立项,如"光彩事业"、老年住宅实验基地等,开发企业以此名义向地方投资,等拿到土地后申请变更土地用途,然后进行商业开发。

(4)以市政工程名义储备土地。开发企业主动向地方投资道路、管网、广场、绿地公园等市政项目,获取地方政府信任后可获得成片土地及邻近区域地块的开发权。比如,某省某工程公司投资2亿元建设热力管网,该管网的所有权和经营权仍归公司,某省作为回报,将某市级开发区3000平方米的规划、招商、开发、经营权交给某工程公司。

(5)开发企业购买拥有土地储备的壳公司,或者购买壳公司之后将土地资产转移至壳公司。

据业内人士披露,目前约1/3房地产开发企业是不建房的,拿地之后只"炒地皮",可见,不建房开发企业的项目转让也是一种典型的囤地方式。

二、开发企业储备土地的风险

(一)市场风险

房地产市场的价格波动会影响开发企业的经济利益,如在高价时储备土地,房屋价格一旦下跌,开发企业的经济利益就会受到影响。

(二)法律风险

开发企业储备的土地分两种情形:一是通过协议约定某地块归开发企业开发或使用,但未取得土地使用权证;二是通过"招拍挂"或划拨等形式取得土地使用权,由国家颁发土地使用权证。开发企业储备土地的法律风险如下:

(1)协议约定土地使用权的风险。通过协议约定集体土地使用权或者约定划拨等土地使用权,因为土地权属、土地性质、规划用途等原因,可能导致协议约定无效,或者无法获得合法的土地使用权,最终的结果可能是协议约定的内容本身对双方并无约束力,协议形同虚设。

(2)取得土地使用权证储备土地的风险。开发企业储备的土地可能被认定为闲置土地。闲置土地是指:①取得建设用地批准文件以后,连续满1年或者超过1年未动工开发建设的;②超过土地使用权出让合同约定的动工开发日期1年以上(含1年)未动工开发建设的;③已动工开发建设但开发建设的面积占应动工开发建设总面积不足1/3的或者投资额占总投资额不足25%且未经批准中止开发建设连续1年以上(含1年)的;④法律法规规定的其他情形。

2007年9月8日公布的《国土资源部关于加大闲置土地处置力度的通知》规定,土地闲置费原则上按出让或划拨土地价款的20%征收;依法可以无偿收回的,坚决无偿收回。2006年5月

24日,《国务院办公厅转发建设部等部门关于调整住房供应结构稳定住房价格意见的通知》第七条规定,加大对闲置土地的处置力度。土地、规划等有关部门要加强对房地产开发用地的监管。对超出合同约定动工开发日期满1年未动工开发的,依法从高征收土地闲置费,并责令限期开工、竣工;满2年未动工开发的,无偿收回土地使用权。对虽按照合同约定日期动工建设,但开发建设面积不足1/3或已投资额不足1/4,且未经批准中止开发建设连续满1年的,按闲置土地处置。

2001年8月28日公布的《北京市闲置土地处理办法》规定了对闲置土地的处理方式:

对土地闲置不满2年的,由自然资源主管部门核发《限期动工开发通知书》,责令土地使用者在规定期限内动工开发建设,并向社会公告;依照法律法规规定应当或者可以征收土地闲置费的,自然资源主管部门核发《缴纳土地闲置费通知书》,按照规定征收土地闲置费。

对土地闲置满2年的,经原批准机关批准可以无偿收回。经批准征用的农民集体所有土地闲置满2年,且没有进行征地补偿安置工作的,可以按照下列方式处理:①市人民政府组织落实征地补偿安置工作后,纳入市人民政府土地储备;②由原批准机关撤销批准征地文件,土地仍归农民集体所有。原用地涉及占用农用地转用计划指标的,该农用地转用计划指标由市人民政府收回。

以出让方式取得使用权的土地闲置满2年,土地使用者全额或者部分支付地价款的,经自然资源主管部门批准可以按照下列方式处理闲置土地:①开发建设前期工作准备就绪,资金落实,已基本具备开工建设条件的,重新确定开发建设时间,限期动工开发建设,限期不超过1年。半年之内不能动工开发建设的,土地使用者应当对土地实施绿化等环境保护措施;限期期满仍未动工开发建设的,按照该办法第八条第一款的规定收回闲置土地。②经有关部门批准安排临时使用。临时用地期限届满,经自然资源主管部门组织进行地价评审后,土地使用者必须动工开发建设,并交纳土地增值收益;临时用地期限届满,土地使用者仍不动工开发建设的,按照办法第八条第一款的规定收回闲置土地。③置换其他建设用地进行开发建设。

经批准征收的农民集体所有土地和以划拨方式取得的建设用地闲置满2年的,土地使用者已经落实征地补偿安置或者完成房屋拆迁工作量1/3以上,资金落实,基本具备开工建设条件的,可以比照该办法第九条第一项的规定处理。

闲置土地被收回时,原土地使用者已经落实征地补偿安置或者完成房屋拆迁工作量1/3以上的,对其在取得批准用地文件后或者依法签订的土地使用权出让合同生效后,进行地上物和其他附着物拆迁、征地补偿安置所支付的费用,以及其他直接用于开发土地的实际投入,由自然资源主管部门委托审计机构审计后,给予适当补偿。具体补偿金额和补偿方式,由自然资源主管部门确定。

(3)政府收回不予补偿。国有土地使用权的收回是指当出现某种法定事由时,自然资源主管部门经原批准用地或有批准权的人民政府批准依法收回用地单位和个人使用的国有土地使用权的行政行为。收回单位和个人的土地使用权,是土地所有者行使所有权的行为,具体可分为国有土地使用权的收回和集体土地使用权的收回。如果土地使用者违反城市规划或土地使用权出让合同的规定而开发利用土地,国家可强制收回土地使用权。土地使用权人擅自改变用途、长期闲置土地、将土地用于非法目的等违法、违约用地行为,情节严重,或在经纠正不改的情况下收回土地使用权的,一般政府是不予补偿的,因此,开发企业应警惕。对于出让等方式取得土地使用权的,除土地使用者违反国家法律法规的强制性规定而被国家无偿收回外,国家收回土地使用权的,一般是给予适当补偿的。

(三) 政策风险

对于开发企业储备的土地,各地国土部门也出台了一些政策以阻止开发企业囤地。比如,北京市规划和自然资源委员会对"已批未用"用地进行清理,明确今后开发企业如果在土地市场拿地,但未按照交易文件规定签订协议、支付价款,对于开发建设的企业,将限制其参与后续土地竞买,即限制其拿地资格。政策处在不断变化之中,因此,开发企业储备土地从政策的角度来说风险比较大。

(四) 检察机关公益诉讼收回土地使用权的风险

检察机关对国有土地领域管理的介入,是从最初的督促追缴国有土地使用权出让收入拓展到督促纠正违法用地、违法审批以及违规闲置土地、未批先建等国有建设用地管理秩序。检察机关有权立案办理国土领域公益诉讼案件,并有权提起行政公益诉讼,督促收回国有土地使用权出让金,收回被非法占用的国有土地,督促依法处置闲置低效用地。

三、土地被收回的法律风险

土地被收回后对开发企业的影响非常大,即使开发企业实际投资很大,有些地方政府收回土地后也不给予任何补偿,使得开发企业损失严重。有些地方政府土地收回之后会给予开发企业适当补偿。

被依法收回土地的土地使用者,应当自收回土地的法律文书送达之日起15日内,到自然资源主管部门办理注销土地登记、交回土地使用证书。逾期不办理注销登记手续的,自然资源主管部门直接变更土地登记和注销其土地使用证书。从法律角度讲,开发企业至此就失去了对闲置土地的建设用地使用权。

案例:MG中心项目地处北京市某区,总占地面积3.89万平方米,规划总建筑面积约42万平方米,预计工程总造价约8.5亿元。MG中心项目规划设计的设想是建造集国际5A智能化高档写字楼、公寓、酒店、国际精品商业区于一体的多功能综合性建筑。该地块最初是一块南北长562米、东西宽约80米的属于某乡的一块菜地,由某开发企业以住宅用地取得该地块的开发权。2001年12月11日,某开发企业退出,将此地转让给北京某投资顾问有限公司,由其开发住宅小区,建设规模近19万平方米,总投资2.3亿元。2002年,某投资顾问公司更名为北京MG公司,该地块被调整为商业用地。2002年9月2日,北京市发改委、建委联合发文,正式批复MG中心启动二期公寓、酒店的开发。2002年9月9日,市规划委已两次向北京MG公司颁发建设工程规划许可证,MG中心一、二期写字楼,公寓及酒店的工程规划获批。2002年12月,北京MG公司以近3.63亿元的价格与北京市国土资源局签署国有土地使用权出让合同,取得该地块的土地使用权。北京MG公司为此支付了整个土地价款的15%,即5451万元定金。

2002年8月,MG公司与中国对外建设总公司(以下简称"中外建")签订前期工程施工合同,约定由中外建承包该项目,工程范围主要包括挖土、护坡桩、降水工程等,工程价款2000万元包干,但实际上前期工程成本高达3000万元,中外建为此净赔1000万元左右。除双方签订前期工程范围外,中外建还承建了一部分工程桩。2002年10月,前期工程结束,北京MG公司仅支付1000万元工程款。由于双方在后续工程的合作上没有达成一致意见,北京MG公司以支付余下1000万元前期工程款为条件,与中外建达成退场协议。但该项目到

2002年12月1日才获得一期工程施工许可证。后中外建退场,北京建工集团与MG公司签订了三个备案合同,两个未备案合同。但双方仍发生纠纷。至2003年10月27日,北京建工集团单方面宣布停工,并派驻保安看护工地。此时MG中心只完成了25万平方米的建设。

MG项目于2003年10月27日停工后一直未复工。2005年,北京市主管部门开始加大对闲置土地项目清理整顿的力度。2005年10月8日,北京市发展和改革委员会等四部门联合在市国土资源局网站发布公告,解除与MG公司的国有土地使用权出让合同,收回国有土地使用权。2006年1月13日,取消其立项批复文件、规划意见书、建设用地规划许可证、建设工程规划许可证、建筑工程施工许可证等批准文件。取消的理由是受让方没有按出让合同的约定期限付清全部地价款,拖欠土地出让金。被取消立项的地块重新纳入土地储备市场进行"招拍挂"。北京MG公司认为市国土资源局收回土地使用权的理由不成立,未交成土地出让金是市国土资源局的原因,北京MG公司预备缴纳剩余85%的地价款时,北京市规划委员会要求北京MG公司终止项目,易地重建,后来改变了"易地重建"的最初提议,要求他们更改规划。2006年1月6日,北京MG公司将北京市国土资源局诉至北京市某区人民法院,认为国土资源局的行政行为违法。同时,北京MG公司向国家发展和改革委员会等部委申请行政复议,称不服四部门宣布取消MG中心项目的相关合法审批手续。此事历经多年,MG公司最终取得开发权并且竣工。

四、土地使用权被收回的风险防范

土地闲置2年一定会被收回吗?我国政府为打击囤地行为,一再重申严格执行土地闲置满2年收回的政策。2008年1月3日公布的《国务院关于促进节约集约用地的通知》,再次重申土地闲置满2年、依法应当无偿收回的,坚决无偿收回。土地闲置满1年不满2年的,按出让或划拨土地价款的20%征收土地闲置费,闲置房地产用地要征缴增值地价。尽管政府机构经常成立督察组,到各地检查清理闲置土地,但真正收回的所占比例不大,因此,有些囤地的开发企业认为政策不会真正执行,土地闲置2年也不会被收回,闲置1年也不会被收取闲置费,于是对政策不够重视。

案例: 某知名开发企业2006年在东三环内竞买一块规划面积4.6万平方米的土地,最终成交价格为5.1亿元,楼面地价将近每平方米1.3万元。按照土地出让合同的约定,该地块开工日期为2006年9月20日,项目约定的竣工日期为2008年3月31日。然而开发企业在签订出让合同后近三年半的时间内仍没有动工,而是在2009年8月以高出出让合同的价款将项目转让给另外一家上市公司,据媒体报道,该开发企业赚取税前利润大约为2.35亿港元。政府最终不仅没有收取20%的土地闲置费,而且也没有将其收回,没有进行任何处罚。

政策难以执行的原因比较复杂,既有开发企业资金不足不能开发的原因,又有故意囤地的原因,还有政府不能按期拆迁的原因,或者规划改变需调整的原因,以及政府部门的原因。政府收回土地使用权被很多现实的因素所影响,有很多的顾虑,如是否会影响招商引资的环境,破坏与企业之间的关系等,因此执行起来非常困难,尽管政府机构一再督促,在执行层面仍面临层层阻力。

从政府的角度来讲,当前收回闲置土地使用权的法律法规不完善,导致无偿收回较为困难。无偿收回闲置土地法律不完善主要表现在收回的法律性质、行使收回权的主体和收回程序上。

对于收回闲置土地是行政处罚还是土地出让合同的违约解除的问题,法律法规没有明确规定,各地存在不同的认识和理解,导致做法也各不相同。各地在收回主体和程序上也各不相同。以上种种法律法规的不完善使有些地方政府担心因制度缺陷面临行政诉讼风险,不愿意强力执行土地闲置无偿收回的规定。另外,有人认为闲置土地无偿收回的制度不合理,处罚过重,违反违法与处罚相当的合理性原则,按照平等民事主体违约处理更符合公平公正的原则,即便土地闲置2年,政府或主管部门可解除土地出让合同,开发企业承担违约责任,扣除违约金后土地出让金应当返还开发企业,但无偿收回明显违反了公平公正的原则,导致执行难度加大。

目前地方政府的实际做法有四种。一是口头强调,不会真正收回闲置土地,不执行收回制度或收闲置费。二是变相收回同时给予补偿。因无偿收回难,但又有具体的规章,行政机关陷入两难,只好采用变通的方法,行政机关督促开发企业直接履行开发义务,或者采用有偿调剂方式收回,或者给予开发企业补偿,这些措施均属于有偿收回。三是收回,并严格按照出让合同约定履行。四是收回,不给予任何补偿。目前政府收回闲置土地的原因主要有两个:一是因土地价格上涨,而决定收回;二是地方政府迫于上级政府或中央政府的压力,不得不收回。但土地闲置是否收回的决定权在政府,政府从未严格执行过此规定,真正被收回的土地仍占少数。

虽然《土地管理法》《城市房地产管理法》和《闲置土地处置办法》等规定对满1年未动工开发的土地应收取闲置费,连续2年闲置的土地将无偿收回,但同时又规定了因不可抗力或者政府、政府有关部门的行为或者动工开发必需的前期工作造成的动工开发延迟除外。这个规定让许多开发企业在自然资源主管部门查处闲置土地时,都能找到规避处置的借口,以规避土地闲置的风险。规避土地闲置2年收回的风险有时不需要开发企业亲自来操作,因市场变化或其他原因,地方政府可能主动调整政策,各地不同时期均出台过相关政策将土地闲置2年收回的期限延期,例如,奥运会之前,北京市等奥运会承办城市均因奥运会同意开发企业延期开发或为其延长建设时间,此外,北京市曾对土地出让金的缴纳方式进行调整,交地时间后延,南部某省在2009年年初以扩内需为由,规定闲置满2年以上的土地可暂不收回土地使用权,土地闲置费减半收取。

有些开发企业针对"因政府、政府有关部门的行为造成动工开发迟延的除外"这一规定,故意制造"政府原因",例如,在报批项目时故意错写一些关键数据,被政府部门退回修改,将修改的时间定性为政府迟延审批原因,借此延期开工,为闲置土地超过2年开发留出操作的空间。还有开发企业申请顺延开工日期,这种方式获得政府审批的可能性较小,一般需要有足够的理由,例如,拿地时地价高,开工建设时市场价格回落等,但能否延期的决定权掌握在政府手里。还有的开发企业采用假开工的方式规避土地闲置超2年被处置的风险,由于政策并未明确规定动工的标准,有些开发企业在举办开工奠基仪式后不再施工,或者仅仅完成了土方工程,或者仅仅进行了施工围挡,均自称已经动工开发,自称符合开工的规定。

开发企业取得土地使用权后,将土地使用权抵押,如果土地使用权被收回,抵押权人应如何实现自己的利益?对于这个问题有三种观点:第一种观点认为政府收回是行政处罚行为,收回后抵押物灭失,抵押权人得不到补偿;第二种观点认为政府收回是依据合同,是为实现债权,抵押权人的抵押权优于债权,抵押权人优先受偿;第三种观点认为开发企业存在违约行为,政府是在行使政府管理职能。在土地抵押的情况下,开发企业应想办法规避土地使用权被收回的风险。

案例:某房地产公司于2011年通过"招拍挂"的方式取得国有建设用地使用权,与某省某市某区国土资源局签订了国有建设用地使用权出让合同并取得了土地使用权证。该房地产公司在取得国有建设用地使用权,与某省某市某区国土资源局签订出让合同后,先后与三家设计院签订合同并委托其对宗地进行概念设计和方案设计,因该房地产公司取得的六块宗地相连在一起,按照规划的要求需要进行统一规划设计并报方案,不能拆开分别单独报规划。但在设计过程中该房地产公司通过设计院的反馈意见发现,出让合同附件土地出让规划条件中规定的容积率大于1.0,小于1.1,且限高小于12米的规划条件无法同时满足,该房地产公司立即与规划部门沟通,希望调整实际上不能实施的规划指标,但在沟通过程中,该市人民政府办公厅于2013年3月颁发了××号文件,严格控制该区域规划建设的通知,停止办理各类住宅开发项目的审批手续,如办手续必须经过该市规划行政部门同意,而该房地产公司的土地范围在该文件规定的范围之内,因此,该房地产公司无法继续办理规划手续。另外,国土局出让的地块不具备开发条件,交付的土地为毛地,没有拆迁,且该宗地周边未建设市政配套设施,不具备"三通一平"的基本条件,没有施工道路,最近的一条市政道路距该宗地3.9公里,且需要通过村庄,大型施工设施无法进入施工现场,村民不配合,对进出车辆进行围堵,阻止施工。且该地块水、电、暖、排污等市政设施均不具备,部分村民不配合工作导致进度缓慢。以上原因导致项目无法办理规划手续和开工手续,但2015年11月国土资源局认定上述宗地为闲置土地,根据《闲置土地处置办法》第十四条的规定,于2015年11月17日向该房地产公司发出《收回国有建设用地使用权决定书》,决定无偿收回国有建设用地使用权。该房地产公司认为国土资源局作出的涉案具体行政行为所依据的事实错误,告知事项和适用法律依据错误,程序违法,向人民法院提起行政诉讼,请求法院撤销国土资源局作出的《收回国有建设用地使用权决定书》的具体行政行为。

首先,该房地产公司认为,延期开工系因政府土地出让规划条件指标无法实施且规划审批权限调整原因导致,非该房地产公司原因造成。未能施工的原因在于规划技术指标无法实施及××号文件下发后停办手续引起,该房地产公司并未闲置土地。国土资源局认定该房地产公司土地闲置不符合客观事实。该房地产公司与国土资源局签订的土地出让合同约定的开工日期为2012年4月1日,而市政府的××号文件下发日期为2013年3月28日,即使没有规划指标不能实施的客观事实存在,那么从2012年4月1日至2013年3月28日也不满一年,还没有达到闲置一年的期限,市政府就停办了审批手续,导致各项手续均无法办理,因此,认定该房地产公司土地闲置与事实不符。

其次,该房地产公司认为,国土资源局作出具体行政行为适用法律依据错误。国土资源局在事实认定错误的基础上,适用《闲置土地处置办法》第十四条作出具体行政行为,亦属适用法律错误。根据《闲置土地处置办法》第八条之规定,有下列情形之一,属于政府、政府有关部门的行为造成动工开发延迟的,国有建设用地使用权人应当向市、县国土资源主管部门提供土地闲置原因说明材料,经审核属实的,依照本办法第十二条和第十三条规定处置:①因未按照国有建设用地使用权有偿使用合同或者划拨决定书约定、规定的期限、条件将土地交付给国有建设用地使用权人,致使项目不具备动工开发条件的;②因土地利用总体规划、城乡规划依法修改,造成国有建设用地使用权人不能按照国有建设用地使用权有偿使用合同或者划拨决定书约定、规定的用途、规划和建设条件开发的;③因国家出台相关政策,需要对约定、规定的规划和建设条件进行修改的;④因处置土地上相关群众信访事项等无法动工开发的;⑤因军事管制、文物保护等无法动工开发的;⑥政府、政府有关部门的其他行为。

基于该房地产公司土地开发过程中存在的客观事实,因规划原因及村民上访等原因导致开工时断时续,符合《闲置土地处置办法》第八条第二款、第四款和第六款的规定,因此,应该按照《闲置土地处置办法》第十二条的规定处理,即"因本办法第八条规定情形造成土地闲置的,市、县国土资源主管部门应当与国有建设用地使用权人协商,选择下列方式处置:(一)延长动工开发期限。签订补充协议,重新约定动工开发、竣工期限和违约责任。从补充协议约定的动工开发日期起,延长动工开发期限最长不得超过一年;(二)调整土地用途、规划条件。按照新用途或者新规划条件重新办理相关用地手续,并按照新用途或者新规划条件核算、收缴或者退还土地价款。改变用途后的土地利用必须符合土地利用总体规划和城乡规划……(六)市、县国土资源主管部门还可以根据实际情况规定其他处置方式……"基于上述规定,国土资源局应与该房地产公司协商延长动工开发期限,调整规划条件或协商其他处置方式,而不应采取收回的方式处理。

最后,该房地产公司认为,国土资源局涉案的具体行政行为违反法定程序。该房地产公司根据国土资源局2015年11月3日下达的《某市某区国土资源局闲置土地处置听证权利告知书》于3个工作日内向国土资源局提交听证申请,国土资源局向该房地产公司发出听证通知并于2015年11月27日就此案举行听证会,然而国土资源局作出具体行政行为的时间为2015年11月17日,此时间早于听证会召开时间。国土资源局未听取该房地产公司关于此案的陈述、申辩和质证,违反《行政处罚法》(2009年修正)第四十二条、第四十三条关于行政听证之规定,国土资源局作出的具体行政行为系程序违法。

综上所述,国土资源局作出的具体行政行为事实认定错误、告知事项及法律适用存在错误、违反法定程序,为维护该房地产公司合法权益,现根据《行政诉讼法》(2014年修正)第二十五条、第四十四条、第四十六条的规定向法院提起诉讼,请求依法撤销此决定书。

国土资源局辩称,该房地产公司的诉讼不成立,应维持收回土地的决定书,因为该房地产公司在出让合同中约定的开工期限内并未开工,已经超过了两年期限,该房地产公司关于该地块没有道路、不通水电、未拆迁等因素在摘牌时是明知的,不能推卸责任于政府。

法院审理认为:《行政处罚法》(2009年修正)第四十二条规定,某区国土局作出收回国有建设用地使用权之前,当事人要求听证的,行政机关应当组织听证,听证结束之后,行政机关依照《行政处罚法》(2009年修正)第三十八条规定作出决定。虽然某区国土局进行了听证告知,也组织了听证,但经庭审质证证明被告作出的处罚决定在2015年11月17日,而听证会的召开在2015年11月27日,未作听证决定已出,明显违反法定程序。依据《行政诉讼法》(2014年修正)第七十条第一款第三项之规定,判决撤销某区国土资源局作出的收回国有建设用地使用权决定书。

五、"退地"的策略

开发企业在签订土地出让合同后总会因为各种原因想解除土地出让合同,也就是常说的"退地",开发企业想要退地应如何处理?现试举一例加以分析。

案例:2007年11月16日,上海某房地产开发有限公司(以下简称"开发公司")与×市国土资源局(以下简称"国土局")签订了《×市国有土地使用权出让合同》,合同约定国土局将34258.1平方米的地块出让给该公司,土地交付的日期是2009年3月31日前,该土地净地(地上建构筑物拆成自然平整)出让,地块外部条件均以现状为准。合同约定总地价款58500万元,支付期限及金额为:首付20%定金,即11700万元,签订合同起第二个工作日内付总额的30%,即17550万元,2008年6月30日之前支付总额的30%,即17550万元,2009年3月31日之前支付总额的20%,即11700万元。如因房屋拆迁原因,涉及的部分土地不能交付,受让人同意可按实际完成拆迁土地交地,出让人同意受让人按实际交地面积支付土地使用权出让金。

双方在出让合同第三十一条约定:受让人必须按照本合同约定,按期支付土地使用权出让金。如果受让人未支付已到期的土地使用权出让金,自迟延支付之日起,每日按迟延支付款项的两倍向出让人支付违约金。受让人超过30日尚未付清到期款项的,出让人有权在通知受让人后解除合同,收回土地使用权,受让人无权要求返回定金,并按全部土地出让金的20%向出让人支付赔偿金,出让人将已收的土地使用权出让金扣除定金、赔偿金及违约金后的余额退还给受让人。违约金总额不得超过土地使用权出让金总额的20%。双方在出让合同第三十二条约定:受让人按合同约定支付土地使用权出让金的,出让人必须按照合同约定,按时提供出让土地。由于出让人未按时提供出让土地使得受让人对本合同项下宗地占有延期的,每延期一日,出让人应当按未交付土地部分已支付的土地使用权出让金的两倍向受让人给付违约金。出让人延期交付土地超过30日的,受让人有权解除未交付部分土地合同,出让人应当双倍返还未交付部分土地相应定金,并退还未交付部分土地已经支付土地使用权出让金的其他部分,受让人并可请求出让人赔偿因未交付部分土地违约造成的其他损失。违约金总额不得超过未交付部分土地使用权出让金总额的20%。

签署土地使用权出让合同的当日,双方还签订了《×市国有土地使用权出让有关费用代收协议书》,约定由国土局代收城市基础设施配套费、教育设施建设费、土地用途变更费。

合同履行的情况:双方签订出让合同后,开发公司于2007年11月20日之前支付了11700万元定金、第一期土地出让金17550万元及1661.85万元三项代收费用,总计30911.85万元。2008年7月×市建设局向某投资发展有限公司颁发了《房屋拆迁许可证》,并发布拆迁公告,拆迁实施单位为×市某有限公司。拆迁期限是2008年7月17日至2008年12月31日。但拆迁范围内的161户居民要求原地回迁或增加补偿标准,而目前拆迁人给出的5000元每平方米的补偿标准与居民心理价位相距甚远。非住宅类的6家企事业单位与拆迁人在补偿数额方面分歧较大,未达成拆迁协议。

某投资发展公司实际已支付出让金及其他款项逾3亿元,扣除市政府的收益5000万元及已支付给承租人的补偿5300万元,尚有约2亿元的结余,此款足以支付被拆迁人补偿及施工费用,但某投资发展公司已支付的土地出让金被×市政府挪作他用。×市政府方面在与某投资发展公司接触中私下表示他们不可能按时完成拆迁,也希望开发公司不要再继续付出让金,否则不能按期拆迁的责任完全在×市政府。

(一) 解除出让合同的法律依据

1. 出让方存在违规行为

×市规划和自然资源委员会在挂牌出让该地块之前存在多处违规行为,集中表现在出让方违反政府挂牌出让国有土地使用权的规定,将毛地视为净地出让,在土地使用权未收回的前提下将国有土地再次出让。×市曾出台文件要求净地出让,该地块挂牌之前就应该收储,具备供地条件之后方能挂牌。但因出让方违反挂牌的程序规定及实体规范的规定,×市政府没有先与土地使用权人签订补偿协议,收回或者收购土地使用权,然后办理土地使用权的注销手续,纳入土地储备,储备机构没有进行必要的前期开发,不具备供地条件,致使目前该土地使用权仍属于部分被拆迁人。按照挂牌及净地出让的程序规范的要求,政府应完成前期开发整理后,将净地纳入当地土地供应计划,统一组织供地。但因×市政府的违规操作,开发公司受让的该地块土地使用权仍登记于原土地使用权人名下,出让方还没有解决土地权利的问题,原权利人不同意拆迁补偿的数额,因此,出让给开发公司的土地便产生权利纠纷,使开发公司无法获得土地使用权。正是因为×市政府的违规操作,在土地使用权权属还未解决的前提下,即将该地块挂牌出让,导致×号地块无法按期拆迁,开发公司无法按期获得合同约定的土地,责任完全在出让方。

2. 合同效力

土地使用权出让合同,是市、县人民政府自然资源主管部门代表国家,作为出让方与受让方按照平等、自愿、有偿的原则,对出让土地的问题友好协商、达成一致意见后,依法签订的书面协议,其本质是民事合同还是行政合同在法律层面存在争议,但与合同效力无关。虽然政府在出让土地使用权过程当中存在违规操作,但也不必然导致合同无效。人民法院确认合同无效,是以法律、行政法规为依据,不以地方性法规、行政规章为依据。虽然×市政府违规操作违反了国土资源部的部门规章及地方政府的规章,但不能作为合同无效的依据。综合合同的内容及合同履行的情况,案例中的出让合同应认定为有效合同。

既然出让合同不能认定为合同无效,那么按照法律的规定,有效合同就应该按照合同约定的内容履行。但问题在于,合同约定房地产公司付款的履行义务在先,而出让方交付土地的义务在后,现在已超过合同约定的付款期限,因此,按照合同约定开发公司已构成违约,开发公司应该按照出让合同第三十一条的约定承担违约责任,如是,则出让方有权解除合同,收回土地使用权,开发公司并按土地出让金的20%向出让方承担违约责任。

如果开发公司提出退地,则出让方必称是开发公司违约在先,没有按照合同约定期限付款,即使真实情况是×市政府方面不能按期完成拆迁,他们也仍会坚称开发公司违约在先,以推卸自己的不能按期拆迁及违规挂牌出让土地的责任。×市政府可以依据《合同法》第六十七条(现《民法典》第五百二十六条)的规定为自己延期拆迁找到法律依据,在当事人互负债务,有先后履行顺序,先履行一方未履行的,后履行一方有权拒绝其履行要求。先履行一方履行债务不符合约定的,后履行一方有权拒绝其相应的履行要求。因开发公司是先付款一方,因此单纯从法律角度来判断,开发公司未履行付款义务,×市政府有权解除该地块的出让合同,对开发公司不利。如果双方签订的合同被认定为行政合同,则应按照行政合同方面的规定来处理。

(二)解决方案

对于如何实现该开发公司的目标,即退地且开发公司不承担违约责任,假设该合同被认定为民事合同,现提出如下建议。

1. 解决途径

土地出让合同如果认定为民事合同,那么签订出让合同后的违约问题应遵循处理民事争议的方式解决。在解决途径上,可以先由双方协商,如双方合意解除出让合同,可将支付的费用全部或部分退还;协商不成的,当事人达成争议解决方式合意后可以提交仲裁委员会仲裁,也可以直接向人民法院起诉。如果认定为行政合同,则可通过行政渠道解决,如复议、行政诉讼。

2. 以《民法典》规定的不安抗辩权为由解除合同

如果认定为民事合同,按照《民法典》第五百二十七条的规定:"应当先履行债务的当事人,有确切证据证明对方有下列情形之一的,可以中止履行……(四)有丧失或者可能丧失履行债务能力的其他情形。当事人没有确切证据中止履行的,应当承担违约责任。"因出让合同约定开发公司应该付款在先,×市政府方面交付土地在后,但依据《民法典》第五百二十八条的规定,开发公司可以×市政府方面不能按期交地为由提出解除合同,但开发公司应该举证证明×市政府方面后履行交地的义务预期已根本不可能,才能依据此条款解除合同。

3. 以×市政府违规供地挂牌出让为由解除出让合同

该地块属于没有收回土地使用权、没有进行必要的前期开发、没有收储即直接供应的土地,不符合相关的规定,导致出让方无法按期交地,开发公司的合同目的不能实现。虽然×市政府违反一系列的规定不必然导致合同无效,但×市政府的这些违规行为可视为对履行出让合同的一种违约行为,恰恰是这种违约,导致开发公司的合同目的不能实现,因此按照《合同法》第九十四条(现《民法典》第五百六十三条)的规定,在履行期限届满之前,当事人一方明确表示或者以自己的行为表明不履行主要债务,或者当事人一方有其他违约行为致使不能实现合同目的,当事人可以解除合同。

4. 依据合同第九条约定退回已交付的土地出让金及代收费用

双方在出让合同第九条约定,如因拆迁原因,涉及的部分土地不能交付,受让人同意可按实际完成拆迁土地交地,出让人同意受让人按实际交地面积支付土地使用权出让金。此条款虽然规定了部分土地不能交付则可按实际交地的面积支付土地使用权出让金,但可以理解为部分是无穷大,事实上在可预期的 2009 年 3 月 31 日之后出让方全部土地都不能交付,也就是说,2009 年 3 月 31 日之后,如果出让方不能全部交地,则开发公司无须支付出让金,已支付的应全部退回。如果在 2009 年 3 月 31 日之后出让方只交付 50% 部分土地,因开发公司已支付总合同价款 50% 的出让金,那么根据双方合同的约定,开发公司也无须再支付出让金,除非在 2009 年 3 月 31 日之后出让方交地的面积过半,开发公司才需要向出让方继续付款。

5. ×市政府违约的可能后果

如果出让方不按合同要求提供土地使用权,应当双倍返还定金,并承担违约赔偿责任。如果受让方毁约的,其支付的定金不予退还,还应承担违约赔偿责任。法律同时赋予另一方有提出解除合同或继续履行的权利。

如果受让方已经付清地价款,未办理使用权证时,其不愿再继续履行该合同,可以将出让合同中的权利转让给第三人,国土部门同意后第三人可以办理使用权证。如果受让人一并转移出让合同的权利与义务的,在征得国土部门同意后,可以通过补充协议的形式将出让合同项下的受让人变更为第三人,由第三人继续履行合同,受让人即可退出。

6. 协商解决

出于政府的强势地位及司法环境的考虑,在保证开发公司利益的前提下通过协商解决争议应该是开发公司考虑的选择方案之一。协商的方案有很多,现提出两点协商的方案,以供参考。

(1)双方协商签订补充协议,内容为开发公司不用立即支付剩余出让金,且×市政府不再追究延期付款的违约责任,后续款项的支付与拆迁进度挂钩。如果 2009 年 3 月 31 日不能完成拆迁,可以给予×市政府方面一定的宽限期,超过宽限期仍不能按时拆迁完成,则解除双方的出让合同。合同解除后的一定期限内,×市政府应该将出让金全部退回。

(2)双方以不可抗力或情势变更为由,协商解除出让合同,在一定的期限内返还已交付的土地出让金及代收费用,不能按期返还的土地出让金及代收费作为政府向开发公司的借款,双方另行签订借款协议并按约定的期限偿还本金。

(3)与×市政府协商修改规划,提高容积率和建筑密度。

第六节 工业地产商业开发的风险防范

目前工业地产的政策相对宽松,因此有些开发企业将开发重心转向工业地产。比如,某工业生产商在某领域或地域比较成功,想扩大生产,需用工业用地,本来只用 100 亩,但开发企业以工业投资而非房地产开发的名义取得 1000 亩土地的开发权,建成厂房后出租。有些地方政府为招商引资,通常会采用较为优惠的政策。有些开发企业建好厂房后可将工业用地转化为商业用地,以工业园区配套的名义建造写字楼、研发中心等进行出让。实际上,这种投资工业地产然后以商业模式经营的方法已经成为比较成熟的开发路径。

一、工业地产开发模式

目前工业地产开发模式主要有以下四种:工业园区开发模式、主体企业引导模式、工业地产商模式和综合运作模式。

工业园区开发模式是目前各级政府最常使用的工业地产开发模式,在政府主导的前提下进行,由政府制定相关产业政策、设定税收条件等,然后政府通过招商引资、土地出让、出租等方式引进符合相关条件的工业发展项目。

主体企业引导模式是在某个产业领域具有强大综合实力的企业,与政府合作,由政府提供土地,主体企业进行工业地产一级开发或二级开发,营建一个相对独立的工业园区。主体企业在自身入驻且占主导地位的前提下,借助企业在产业中的强大实力与影响力,通过土地出让、项目租售等方式引进其他同类企业聚集。

工业地产商模式是房地产投资开发企业在工业园区内或其他地址获取工业土地使用权后,建设厂房、仓库、研发中心、工业配套设施等房地产项目,然后以租赁、转让、出售或合资、合作经营的方式进行项目相关设施的经营或管理,获取合理的房地产开发利润。工业地产商模式的投资人实质上就是房地产投资开发企业。对于一般开发企业来说,工业地产商模式较为常见。这种模式的操作方法是房地产投资开发企业在工业园区内或其他地方获取工业土地项目,先进行项目的道路、基础设施建设及绿化等一级开发建设,然后进行二级开发,包括建设厂房、仓库、研发基地或工业配套设施等房产项目,然后以租赁、转让或合资、合作经营的方式进行项目相关设施的经营或销售,客户对象包括制造商、零售商等,这种模式在本质上依旧是房地产开发。另外,目前北京市和上海市等大城市出现了像在国外一样的总部基地的房地产开发模式。这种模式是指开发企业按企业要求定制低密度的独栋办公楼、商务楼和仓储厂房,然后再出售给进入总部的企业。

综合运作模式是指对上述工业园区开发模式、主体企业引导模式和工业地产商模式进行混合运用的工业地产开发模式。

我国目前工业地产的开发模式主要以工业园区开发模式和工业地产商模式为主。省级和国家级开发区出于开发区总体规划及政府管理的方便,开发区或者新区管委会通常与区域内一家开发企业签订协议,一般约定其在土地一级开发方面有优先权,所以其他企业想进入该开发区进行开发有一定难度,即使能进入,相对成本可能会高。

2006 年之前,工业用地主要是用地单位与当地政府以协议出让的方式获得土地,因工业用地价格比一般住宅与商业地产低很多,还有地方政府为了拉动地方经济的发展,在工业用地供应方面相对比较宽松,因此很多开发企业大量圈地,并以各种方式持有土地,等待土地增值,再想办法转变土地用途或直接用作工业地产开发,获得更加高额的利润回报。笔者曾在安徽省看见某市工业开发区的厂房很漂亮,建筑密度非常低,空地上建有草坪、花园。笔者开始不解其意,觉得太浪费土地了,后来看到很多工业用地单位都如此慷慨,才恍然大悟,原来他们是在圈地,等待土地升值。为遏制协议出让引发的问题,制止工业用地浪费,国家出台了一系列政策,其中就包括工业用地必须"招拍挂"。2006年8月31日公布的《国务院关于加强土地调控有关问题的通知》第五条规定,要建立工业用地出让最低价标准统一公布制度。国家根据土地等级、区域土地利用政策等,统一制定并公布各地工业用地出让最低价标准。工业用地出让最低价标准不得低于土地取得成本、土地前期开发成本和按规定收取的相关费用之和。工业用地必须采用招标拍卖挂牌方式出让,其出让价格不得低于公布的最低价标准。低于最低价标准出让土地,或以各种形式给予补贴或返还的,属非法低价出让国有土地使用权的行为,要依法追究有关人员的法律责任。2007年4月4日公布的《国土资源部、监察部关于落实工业用地招标拍卖挂牌出让制度有关问题的通知》,对工业用地政策进一步规范,抬高了工业用地的成本。

二、工业地产销售

(一)工业地产项目销售的法律障碍

目前住宅与商业地产销售已经有了比较完备的制度,比如,可以办理预售许可证进行预售,也可以在房屋竣工取得权属证书之后进行现房销售。但对于工业地产的销售目前各地做法不一,有些地方政府行政主管部门不向工业地产项目颁发工业地产项目的预售(销售)许可证,但有些地方政府向工业地产项目颁发销售许可证,在政府允许的分割方式下可以销售。《最高人民法院关于审理商品房买卖合同纠纷案件适用法律若干问题的解释》第二条规定,出卖人未取得商品房预售许可证明,与买受人订立的商品房预售合同,应当认定无效,但是在起诉前取得商品房预售许可证明的,可以认定有效。如果按照预售的规定,开发企业肯定不能取得预售许可证,因此合同被认定为无效。目前有些地方工业地产能进行预售,购买方可以办理银行按揭贷款。对于很多具体的问题,比如,工业地产房屋或配套设施的产权如何在办理不动产权属证书时进行分割,目前仍无明确的规范。工业地产的土地性质虽是工业用途,但所建房屋用途却是工业生产、办公和科研,运作形式和其他商品房几乎没有任何区别,且房屋的建设是取得了建设用地规划许可证、建设工程规划许可证、国有土地使用证、施工许可证,完全是合法的,而且将来可以取得开发企业名下的房地产权属证书,那么上述问题如何解决?各地的做法并不一致,很多地方对于工业地产能否预售没有规定,因此,实际做法是只租不售或者直接出售。长沙市出台政策,规定工业地产可以办理按揭贷款,可以预售,突破了工业地产房屋的产权分割和预售许可的政策瓶颈,银行也可作相应的按揭配套。如果将工业地产开发所建房屋纳入《城市房地产管理法》第四十五条的范畴,那么工业地产项目的销售因无法办理预售许可证,在销售中所存在的法律问题就暴露出来了。在现有的法律规定下,如果开发企业预售或转让房屋违反《城市房地产管理法》第三十八条、第三十九条的规定,根据相关商品房买卖合同纠纷司法解释的规定,销售或转让合同就是无效的。如果直接出售,因各地几乎不对工业地产项目颁发销售许可证,因此在条件不具备的情形下,转让或买卖合同可能被法院认定为无效合同。

按照现行的《城市房地产管理法》第三十八条规定,下列房地产,不得转让:以出让方式取得土地使用权的,不符合第三十九条规定的条件的;司法机关和行政机关依法裁定、决定查封或者以其他形式限制房地产权利的;依法收回土地使用权的;共有房地产,未经其他共有人书面同意的;权属有争议的;未依法登记领取权属证书的;法律、行政法规规定禁止转让的其他情形。根据上述规定,工业用地所建房屋,因在建设过程中不能取得房地产权属证书,转让是无效的。但在司法实践中,一般不认为没有不动产权属证书的房屋买卖是无效的,理由是此条第六项的规定是行政管理的规定,而非禁止性规定,不能认定无效。第三十九条规定:"以出让方式取得土地使用权的,转让房地产时,应当符合下列条件:(一)按照出让合同约定已经支付全部土地使用权出让金,并取得土地使用权证书;(二)按照出让合同约定进行投资开发,属于房屋建设工程的,完成开发投资总额的百分之二十五以上,属于成片开发土地的,形成工业用地或者其他建设用地条件。转让房地产时房屋已经建成的,还应当持有房屋所有权证书。"根据上述规定,未竣工的工业地产项目符合一定的条件,即项目完成开发达到投资总额的25%,是可以转让的。

案例:2008年11月,某投资公司通过股权转让的方式取得某置业公司名下的一块工业用地使用权,该使用权是置业公司通过挂牌的方式取得。某投资公司以置业公司的名义办理了厂房规划,该规划获得了当地政府的批准,但当地政府不对工业用地的房屋出售颁发销售许可证。置业公司规划的建筑实质上并非工业厂房,而是类似于别墅花园式的办公用房,并修建相应配套设施。在施工期间,某置业公司对不特定的主体销售。2009年10月,该项目开始销售,销售合同以住宅预售合同为范本,稍作改动。某公司与某置业公司签订了房屋买卖合同,购买了其中一栋办公楼,并支付了全部房款。等房屋建好后,置业公司通知某公司收房,但某公司迟迟不来。三个月后,置业公司收到法院的开庭传票及起诉状,某公司诉与置业公司签订的房屋买卖无效,要求返还房款并赔偿损失。

(二)工业地产销售的模式及法律风险防范

1.取得销售许可证后直接销售

在政策允许的地区,按照当地政府的要求,进行分割销售,但一般情况下,工业地产分割销售并非像住宅销售一样,划分为非常小的销售单元,而是整栋楼销售,且限定不同用途的楼栋不允许销售,只能自用。一般情况下,在地区政府划定的开发区范围内,政策宽松一些,在允许的范围内颁发销售许可证,开发企业可以销售。

2.工业地产项目直接转让

(1)在建工程转让。按照《城市房地产管理法》第三十九条的规定,如果开发企业以出让方式取得土地使用权的,按照出让合同约定已经支付全部土地使用权出让金,并取得土地使用权证书,且按照出让合同约定进行投资开发,属于房屋建设工程的,完成开发投资总额的25%以上,是可以转让的。依据上述规定,开发企业取得项目后在符合上述条件后可总体转让,符合法律规定。但如果对一个项目进行分割转让需要与土地及房屋建设行政主管部门沟通协商,如果不能分割,则单栋厂房或房屋的转让存在障碍,也面临没有不动产权属证书转让无效的风险。如有可能,建议开发企业在取得土地使用权的过程中,将地块分割,分别置于集团公司不同的控股公司或全资子公司名下,这样有利于项目的分割转让。但上述变通方法需要与政府方面协商,符合政府管理部门规定的条件。

（2）直接销售工业地产。按照《城市房地产管理法》第三十九条的规定，直接销售的合法条件是房地产公司开发项目通过竣工验收并取得房地产权属证书。但这种方式会占用开发企业资金，其财务成本较高。如果在房屋没有建成前就销售，可能面临转让或销售合同无效的法律后果。开发企业如提前转让或销售，可采用如下方式规避合同无效的风险：

①对于拟购买工业地产项目的企业，开发企业先行与其签订一份《房屋买卖预约合同》，约定该企业将购买开发企业开发的"总部办公基地"项目若干面积的房屋并支付销售价款等主要内容，并由购买企业先行支付不超过总价款20%的定金。"预约合同"，是指双方在不具备交易条件下，就将来在具备交易条件后签订正式交易合同的协议，购买企业先行交付的定金为"立约定金"，其目的是担保双方均能够在符合交易条件的情况下签订正式买卖合同并履行各自义务。按照我国相关法律，该合同属于有效合同，任何一方反悔，将承担被没收定金或者双倍返还定金的法律后果。

②约定在房屋竣工验收完毕并办理房地产权属证书后，双方再签订正式买卖合同或转让合同，届时房屋已具备交易条件，所签订的买卖合同不违反我国法律和行政法规禁止性规定，是合法有效的。如届时任何一方不愿意签订合同，如前所述，将会承担相应的法律责任。

③双方先行确认将来要签订的正式合同文本的全部内容和条款，在今后签订正式合同的时候即按照双方确认的文本直接签署，而无须再行协商，从而避免日后发生纠纷。

3. 以股权转让方式转让

目前工业地产交易中，由于工业地产涉及的交易税费较高（包括土地增值税、增值税、企业所得税、印花税、契税等），而股权转让的方式涉及的税费相对来说要低很多，因此，越来越多的公司通过股权转让的方式转让工业地产。但是以股权转让方式转让工业地产存在两方面的问题：一是股权转让意味着开发公司资产及管理权的丧失，因此，必须是在项目整体完成或者大部分完成且开发企业进行整体销售时才能采用此种方式转让工业地产；二是股权转让使股权受让人（购买人）有可能承担原企业存在的债务而导致遭受较大损失。股权转让通常有以下两种模式：

（1）开发企业在取得土地使用权时将土地化整为零，同时注册多个控股公司或全资子公司，一个公司取得一块土地使用权，待公司取得土地使用权后，公司以股权转让方式销售。但此种方式在实践中难度非常大，除非政府管理部门同意才能实施。

（2）开发企业以待售的房屋作价入股，与受让方共同成立有限责任公司，然后开发企业通过股权变更将全部股权转让给受让方，房屋登记在受让方完全控制的有限公司名下。这种方式有诸多操作上的细节需双方共同沟通及市场监督管理部门协助，技术上较复杂。

4. 工业地产销售的其他变通方式

（1）以合作建房名义进行销售。为避免工业地产房屋买卖合同或转让无效的风险，可采取与购买人签订《合作建房协议》《委托建房协议》等方式，约定由购买人支付相应价款，开发企业出地共同建设厂房或办公用房，并按照约定条件交付。但《最高人民法院关于审理涉及国有土地使用权合同纠纷案件适用法律问题的解释》第二十二条规定："合作开发房地产合同约定提供资金的当事人不承担经营风险，只分配固定数量房屋的，应当认定为房屋买卖合同。"合作建房模式中，购买企业以投资名义支付一定款项，不参与经营，不参与修建，而仅仅是按照约定获得一定面积的成品房，这其实正是司法解释所规定的名为联建，实为房屋买卖的情况。如果合作建房协议签订时仍不具备25%的开发规模的，或者没有取得房地产权属证书，那么该合同仍应定性为房屋买卖合同，仍可能导致无效。

(2) 以租代售。有些开发企业与购买人签订长期的租赁合同，比如，50年的租赁合同。按照《民法典》第七百零五条的规定，租赁期限不得超过20年，超过的部分无效。但租赁期限20年的规定在技术上可以处理，可以按照工业用地使用权的年限约定租赁期限。但这种以租代售的方式对购买方来说，由于不能取得产权，不能持有不动产权属证书，因此影响其购买决策，不能促使其下决心购买，影响销售。

(3) 以投资的形式出售。

5. 工业地产转让的法律风险防范

(1) 通过尽职调查找出项目的法律风险隐患，并以交易文件的形式予以防范。收购方在审阅目标公司提供的文件时，要发现问题并把问题分类整理。对调查清单已经明确的事项不再考虑，对新发现的问题编入清单，要求目标公司进一步提供。收购方除审查书面文件外，对发现的问题须要求被收购方安排时间到政府相关职能部门核实，同时要到工业厂房及项目现场核实，以便发现问题或确认问题。

(2) 风险防范主要集中于下列法律问题：①土地使用权问题。注意目标公司土地使用权取得过程是否有瑕疵，目标公司及国土部门能否提供任何土地使用权出让合同，能否提供土地使用权出让金支付凭证，确认相应土地使用权最初是否经过合法程序出让，出让金是否全额缴纳，出让合同中的土地使用权转让条件、土地开发建设要求。另外，目标公司的土地使用权转让合同主体、出让金缴纳主体是否一致，是否存在母、子公司不一致的情形；如果不一致，可能存在母、子公司之间事实上的二次转让行为。如果没有实际的资金往来，可能被认为双方存在债权债务，也可能被税务部门认定应补交契税、增值税、所得税等，因此，内部转让行为蕴藏着巨大的纳税风险。②房产建设手续与所有权登记主体是否一致，行政审批程序是否合法。注意内部施工单位施工的情形，可能被认定双方为债权债务关系。③注意目标公司对外签订的金融合同，如银行借款合同，是否对相关工业厂房设置了转让、抵押等多种权利限制，是否因这些限制导致无法收购。④租赁合同中是否设置了承租人的收购条款。如果承租人选择购买租赁物，目标公司则必须出售，收购方达不到收购房产的目的。⑤政府的承诺能否兑现，如果不兑现，目标公司是否存在违约或损失。⑥注意目标公司的对外债权债务，以及与员工的劳动合同争议。⑦制定一套完备的切实可行的规范文件，其中要预先设定争议解决程序。在交易的履行过程中，如果涉及报送政府主管部门规范文件，政府部门在提出疑问时，收购方法律人员应给予及时专业的答复。

对于上述问题，可根据不同的情况，要求被收购方提供保证、担保等，或者另行设计交易模块，分拆交易。

三、工业用地变性

全国各地的土地市场，以工业用地拿地，再转为住宅或商业用地的行为在开发企业看来并不鲜见。改变土地用途，俗称"土地变性"，将工业用地性质变为商业或住宅，法律法规是不禁止的，但是必须符合规定。有些开发企业与地方政府部门违规操作，违法的情况也时有发生。违规改变土地性质一直是自然资源部门查处的重点之一。对于不符合变性条件的土地，开发企业通过行贿自然资源主管部门有关领导或政府领导，违法变更土地性质。

有些项目的地块直接作为住宅开发用地不可能获批立项，开发企业就先以工业项目立项，低价获得土地和相关税费优惠政策，然后以招商困难、无法运作，政府需保障投资方利益等理由将工业项目变更为住宅或商业项目。地方政府为了完成招商引资的目标，可能会默许开发企业的要求，这样开发企业就可达到以低价拿到土地的目的。还有的开发企业直接在工业用地上建住宅或商业用房,然后要求地方政府进行土地变性。有的地方政府会同意开发企业补齐土地出让金,给予办理土地变性手续。而实际上,土地变性为商业等用途经营是应收回重新挂牌出让的。

(一)工业用地变性的法律依据

我国实行土地用途管制制度。根据规定,国家将土地的用途分为三大类:农用地、建设用地和未利用地。对三大类用地的基本方针是:对耕地实行特殊保护(如划定基本农田保护区、实行严格的农用地转用审批制度)和严格控制农用地转为建设用地,控制建设用地总量,国家编制土地利用总体规划。建设用地出让一般分五类:商业用地、综合用地、住宅用地、工业用地和其他用地。工业用地可以改变为商业用地、住宅用地或综合用地,依据《土地管理法》第五十六条的规定,建设单位使用国有土地的,应当按照土地使用权出让等有偿使用合同的约定或者土地使用权划拨批准文件的规定使用土地;确需改变该幅土地建设用途的,应当经有关人民政府自然资源主管部门同意,报原批准用地的人民政府批准。其中,在城市规划区内改变土地用途的,在报批前,应当先经有关城市规划行政主管部门同意。2003年国土资源部公布的《协议出让国有土地使用权规定》第十六条规定:"以协议出让方式取得国有土地使用权的土地使用者,需要将土地使用权出让合同约定的土地用途改变为商业、旅游、娱乐和商品住宅等经营性用途的,应当取得出让方和市、县人民政府城市规划部门的同意,签订土地使用权出让合同变更协议或者重新签订土地使用权出让合同,按变更后的土地用途,以变更时的土地市场价格补交相应的土地使用权出让金,并依法办理土地使用权变更登记手续。"

(二)工业用地变性的条件、方式及程序规定

根据国土资源部2006年公布的《招标拍卖挂牌出让国有土地使用权规范(试行)》第4.3条的规定,如果出让地变更用途的,《国有土地使用权出让合同》约定或法律、行政法规等明确应当收回土地使用权,实行招标拍卖挂牌出让。对于出让地申请变更用途应当采取"招拍挂"形式。

"招拍挂"政策实施之前改变土地用途的大致程序是,工业用地的土地使用权人提交变更用途的申请,然后报送到土地局,逐级上报到主管土地规划的行政领导签字,然后拿批复到规划部门办理规划变更,和土地局重新签订土地出让合同或者变更土地合同,然后补缴土地出让金。

"招拍挂"政策实施之后,将工业用地变更为商业、住宅等用途的用地,如果没有特别充分的理由,则一般不会审批。现在对于城市规划管理非常严格,如果不符合规定进行土地变性,土地及规划部门都可能要承担相应的后果,所以,行政主管部门及工作人员一般不会冒此风险违法变更土地用途。

1. 出让土地改变用途等土地使用条件的处理

出让土地申请改变用途等土地使用条件,经出让方和规划管理部门同意,符合城市总体规划,由土地的收购储备机构根据年度收购储备计划安排收储,原土地使用权人可以与市、县自然资源管理部门签订《国有土地使用权出让合同变更协议》或重新签订《国有土地使用权出让合同》,调整国有土地使用权出让金,但《国有土地使用权出让合同》、法律法规等明确应当收回土地使用权重新公开出让的除外。出让取得的工业用地,如果土地用途的变更符合城市规划,有些地方规定只要按市场评估价格补交差价就可以了,但是,有些地方规定必须"招拍挂",因此,各地方如何操作就有了很大的灵活性。但《国务院办公厅关于清理整顿各类开发

区加强建设用地管理的通知》规定,协议出让的土地改变为经营性用地的,必须先经城市规划部门同意,由自然资源行政主管部门统一招标拍卖挂牌出让。笔者认为,如果是划拨用地,政府就完全有权利要求进入有形市场公开进行"招拍挂"交易。如果是以出让方式取得的工业用地,变更用途后自用,并不进行房地产开发经营,强制性要求"招拍挂"的做法不妥当,有违物权的基本准则。但如果土地改变用途为经营性用地进行房地产开发,应当以招标拍卖挂牌方式重新出让,工业用地原使用人和买受人不得自行进行买卖。

原土地使用权人应当按照国有土地使用权出让合同变更协议,或重新签订的国有土地使用权出让合同,及时补缴土地使用权出让金,并按规定办理土地登记。

2. 改变土地性质重新"招拍挂"地上建筑物处理

各地对于工业用地改变为经营性用途的,一般做法是先由政府收购储备,然后按照规划要求,通过"招拍挂"重新出让。原有建筑物不需要的,整体收购后进行拆迁;地上建筑物在土地用途改变后不必拆建,可继续保留使用的,采用土地房产整体收购、整体招拍挂出让方式,或者采用国有土地使用权"招拍挂"出让、房产自行转让的方式。在地上建设物不拆除的前提下,土地房产整体"招拍挂"出让,建筑物的出让没有合法的依据。目前国土部门"招拍挂"出让的标的无论是在出让公告还是在出让合同中都明确规定是国有土地使用权,房屋等建筑物不应列入"招拍挂"出让范围。另外应考虑到建筑物上存在的租赁、抵押等关系。

四、工业地产政策的动向

目前工业地产投资逐渐升温,再加之中央政府与地方政府在工业用地出让方面错综复杂的关系,预计今后中央政府将运用更频繁的监管与监察手段,加大对工业用地出让的过程监管与事后监管,也可能会出台相关工业地产新政策,对工业地产进行调控,这无疑会为工业地产开发企业的日后经营带来很大的政策不确定性,政策风险也就随之而生,这是开发企业在投资工业地产项目之前必须考虑的。

第七节 集体经营性建设用地入市与开发"小产权房"的风险及防范

一、集体经营性建设用地入市的风险及防范

从土地权属角度划分,土地可以分为全民所有和劳动群众集体所有,即《土地管理法》第二条的规定。从土地用途的角度划分,土地可以分为农用地、建设用地和未利用地,即《土地管理法》第四条的规定。按照《国土资源部关于印发试行〈土地分类〉的通知》的规定,土地分类的基本框架采用三级分类体系:一级设 3 个分类,即严格按照《土地管理法》第四条第三款的规定,土地按照用途分为农用地、建设用地、未利用地;二级设 15 个分类;三级设 71 个分类。在《土地管理法》修正之前,允许进入市场交易的房地产企业开发建设用地只能是国有土地,包括存量国有建设用地和经依法征收转为国有土地的集体土地。如果房地产企业欲使用集体土地,用地企业通常需要通过与农村集体经济组织共同设立企业的方式参与集体建设用地的运营。而农村集体经济组织以土地使用权入股、联营均需要向县级以上地方人民政府土地行政主管部门提出申请,并由县级以上地方人民政府批准,且该建设用地的用途及转让也受到严格限制。事实上,在

《土地管理法》修正之前,利用集体土地进行传统意义上的房地产开发经营是不合法的,也是行不通的。从开发企业的角度,如果房地产开发企业使用集体土地进行开发,从上述土地用途分类来看,开发企业可能使用农用地、建设用地或未利用地这三类用地。农用地是指直接用于农业生产的土地,包括耕地、林地、草地、农田水利用地、养殖水面等,但每种用途的土地能否使用或如何取得合法使用权,则是一个复杂的问题。另外,并非所有的集体建设用地都可用来进行开发经营。《土地管理法》修正之后,情况发生较大变化,2019年修正的《土地管理法》增加了集体经营性建设用地这一概念。按照2019年修正的《土地管理法》,集体建设用地可分为集体经营性建设用地、宅基地、公共设施及公益事业用地三类用途。而只有集体经营性建设用地这类用途的土地,土地所有权人根据2019年修正的《土地管理法》可以通过出让、出租等方式将集体经营性建设用地交由单位或者个人使用,该单位和个人可以将通过出让等方式取得的集体经营性建设用地使用权用于转让、互换、出资、赠与或者抵押等。农村集体经营性建设用地,是指国土空间规划(土地利用总体规划、城乡规划)确定为工业用地、仓储用地、商服用地等经营性用途,并经依法登记的集体建设用地。农村集体经营性建设用地入市,是指农村集体经营性建设用地使用权以出让、出租、作价出资(入股)等有偿方式进入土地市场交易的行为,与国有土地享有同权同价。对开发企业而言,2019年修正的《土地管理法》实施之后,开发企业多了一种取得土地使用权进行开发的合法渠道,但是也存在诸多风险。

虽然本部分介绍的内容为集体经营性建设用地,但是因涉及集体土地利用的问题,在介绍本部分内容时会突破集体经营性建设用地的范围,涉及集体土地流转、集体非经营性建设用地(宅基地、集体公益用地、未利用地)等问题。因此,请读者仔细了解、区别文中出现的概念。

(一)集体经营性建设用地入市合法化的政策变化历程

从20世纪80年代开始,因经济发展建设用地需求增加,农村集体土地大量进入市场,事实上,从那时开始,客观上就存在集体建设用地市场。在当时因土地法律法规不健全且监管不严格的情况下,多数村集体拥有集体土地利用的决策权,将村内各种建设用地、农用地或者未利用地流转给企业或自然人使用,导致大量集体土地进入市场。但是在改革开放初期,国家宏观层面及法律方面对于农村集体经营性建设用地是严格管控的。1992年公布的《国务院关于发展房地产业若干问题的通知》(已失效)规定,"集体所有土地,必须先行征收转为国有土地后才能出让",即集体所有土地不得直接出让。1998年修订的《土地管理法》第六十三条也规定,"农民集体所有的土地的使用权不得出让、转让或者出租用于非农业建设",即严禁农村集体土地用于任何非农建设。1999年公布的《国务院办公厅关于加强土地转让管理严禁炒卖土地的通知》中明确规定,农民的住宅不得向城市居民出售,也不得批准城市居民占用农民集体土地建住宅,有关部门不得为违法建造和购买的住宅发放土地使用证和房产证。这些规定实际上严格限制农村集体经营性建设用地入市,个人不得私自流转农村集体建设用地。总之,政府明确不允许农村集体建设用地入市交易。

2004年修正的《土地管理法》规定,建设需要使用土地的,必须依法申请使用国有土地。如果是城市内集体所有的土地,必须在征收为国有土地后方可出让使用权。但是2004年《国务院关于深化改革严格土地管理的决定》提出,"在符合规划的前提下,村庄、集镇、建制镇中的农民集体所有建设用地的使用权可以依法流转",即允许一部分符合规划的农村集体建设用地进入流转市场。随后国土资源部发布了"增减挂钩"政策,关于集体经营性建设用地入市的政策有所松动。2002年《农村土地承包法》的公布,以法律形式确立了土地承包经营权可以依法流转。

2008年,《中共中央关于推进农村改革发展若干重大问题的决定》首次提出建立"城乡统一的建设用地市场"的改革目标,逐步建立让集体土地与国有土地享有平等权益等新政策。2009年,《国土资源部关于促进农业稳定发展农民持续增收推动城乡统筹发展的若干意见》强调农村土地的确权登记和城乡统一建设用地市场的逐步建立。2013年,《中共中央关于全面深化改革若干重大问题的决定》提出建立城乡统一的建设用地市场的改革目标,在符合规划和用途管制前提下,允许农村集体经营性建设用地入市,标志着国家开始放开农村集体经营性建设用地入市。

2014年1月,中共中央、国务院印发《关于全面深化农村改革加快推进农业现代化的若干意见》,提出加快建立农村集体经营性建设用地产权流转和增值收益分配制度,要求有关部门出台更为具体的政策法规和方案推动农村集体经营性建设用地上市。

2014年11月,中共中央办公厅、国务院办公厅印发《关于引导农村土地经营权有序流转发展农业适度规模经营的意见》,该意见正式提出农村土地所有权、承包权、经营权分置,对土地经营权的流转提出了原则性要求。

为落实十八届三中全会决定关于农村土地征收、集体经营性建设用地入市和宅基地制度改革的要求,2014年12月,中共中央办公厅、国务院办公厅印发《关于农村土地征收、集体经营性建设用地入市、宅基地制度改革试点工作的意见》,决定在全国选取30个左右县级行政区域进行试点。试点允许存量农村集体经营性建设用地使用权出让、租赁、入股,实行与国有建设用地使用权同等入市、同权同价的政策。因试点涉及突破《土地管理法》《城市房地产管理法》的相关条款,需要提请全国人大常委会授权国务院在试点期间暂停执行相关法律条款。

2015年2月,《全国人民代表大会常务委员会关于授权国务院在北京市大兴区等三十三个试点县(市、区)行政区域暂时调整实施有关法律规定的决定》公布,规定由全国人大常委会授权国务院在北京市大兴区等33个试点县(市、区)行政区域,暂时调整实施《土地管理法》《城市房地产管理法》关于农村土地征收、集体经营性建设用地入市、宅基地管理制度的有关规定。上述调整在2017年12月31日前试行,对实践证明可行的,修改完善有关法律;对实践证明不宜调整的,恢复施行有关法律规定。暂时调整实施的具体内容如下:

(1)暂时停止实施《土地管理法》(2004年修正)第四十三条和第六十三条、《城市房地产管理法》(2009年修正)第九条关于集体建设用地使用权不得出让等的规定,明确在符合规划、用途管制和依法取得的前提下,允许存量农村集体经营性建设用地使用权出让、租赁、入股,实行与国有建设用地使用权同等入市、同权同价。

(2)暂时调整实施《土地管理法》(2004年修正)第四十四条、第六十二条关于宅基地审批权限的规定,明确使用存量建设用地的,下放至乡(镇)人民政府审批,使用新增建设用地的,下放至县级人民政府审批。

(3)暂时调整实施《土地管理法》(2004年修正)第四十七条关于征收集体土地补偿的规定,明确综合考虑土地用途和区位、经济发展水平、人均收入等情况,合理确定土地征收补偿标准,安排被征地农民住房、社会保障。有条件的地方可采取留地、留物等多种方式,由农村集体经济组织经营。

试点行政区域只允许集体经营性建设用地入市,非经营性集体建设用地不得入市。入市要符合规划、用途管制和依法取得的条件。入市范围限定在存量用地。同时建立健全市场交易规则、完善规划、投资、金融、税收、审计等相关服务和监管制度。试点行政区域在现阶段不得以退出宅基地使用权作为进城落户的条件,宅基地退出遵循自愿有偿的原则。转让仅限在本集体经济组织内部,防止城里人到农村买地建房,导致逆城市化问题。为落实上述政策,国土资源部公布了《国土资源部关于印发农村土地征收、集体经营性建设用地入市和宅基地制度改革试点实施细则的通知》。

2016年10月,《中共中央办公厅、国务院办公厅关于完善农村土地所有权承包权经营权分置办法的意见》公布,就指导农村土地所有权、承包权、经营权分置具体操作提出新的意见和要求。

2018年12月,最新修正的《农村土地承包法》确立了农村土地的所有权、承包权、经营权分置制度,落实了土地经营权的概念及流转要求,包括流转原则、流转合同的条款要件、融资担保等内容。

2019年8月修正的《土地管理法》第六十三条第一款规定:"土地利用总体规划、城乡规划确定为工业、商业等经营性用途,并经依法登记的集体经营性建设用地,土地所有权人可以通过出让、出租等方式交由单位或者个人使用,并应当签订书面合同载明土地界址、面积、动工期限、使用期限、土地用途、规划条件和双方其他权利义务。"2019年修正的《土地管理法》删除了原第四十三条中有关任何单位和个人进行建设,需要使用土地的,必须依法申请使用国有土地的规定。新增了第二十三条、第六十四条,新增规定实质上允许农村集体经营性建设用地入市,而无须再转为国有土地之后才可以作为经营性建设用地入市。此次《土地管理法》的修正重点,就是集中在集体经营性土地入市、土地征收、农村宅基地管理制度改革等方面。2019年修正的《土地管理法》的公布和实施,在法律层面上解决了农村集体建设用地入市的法律障碍,农村集体经营性建设用地入市在法律层面被允许。

2020年3月,国务院和自然资源部分别公布《国务院关于授权和委托用地审批权的决定》和《自然资源部关于贯彻落实〈国务院关于授权和委托用地审批权的决定〉的通知》,这两个文件是针对2019年修正的《土地管理法》中关于农转用和征地审批权限下放规定出台的首批配套文件。

2020年,国家发展改革委印发了《2020年新型城镇化建设和城乡融合发展重点任务》。文件提出,全面推开农村集体经营性建设用地直接入市,出台农村集体经营性建设用地入市指导意见。允许农民集体妥善处理产权和补偿关系后,依法收回农民自愿退出的闲置宅基地、废弃的集体公益性建设用地使用权,按照国土空间规划确定的经营性用途入市。

2021年9月1日施行的《土地管理法实施条例》第四章第五节规定集体经营性建设用地管理,目的为建立城乡统一的建设用地市场,实现集体经营性建设用地与国有建设用地同权同价。今后除了商品房住宅项目,工业、商业等经营性用途,包括保障性租赁住房,都可以依法使用集体经营性建设用地。该章节的着重点在于鼓励乡村重点产业和项目使用集体经营性建设用地。

(二) 集体经营性建设用地入市的主体

2019年修正的《土地管理法》明确了集体经营性建设用地的入市主体是集体土地所有权人。《土地管理法》第十一条规定:"农民集体所有的土地依法属于村农民集体所有的,由村集体经济组织或者村民委员会经营、管理;已经分别属于村内两个以上农村集体经济组织的农民集体所有的,由村内各该农村集体经济组织或者村民小组经营、管理;已经属于乡(镇)农民集体所有的,由乡(镇)农村集体经济组织经营、管理。"实际上,"村农民集体所有"在法律上并没有明确的界定,"集体"的具体概念、数量、层级及范围,"集体"的内部治理结构均未有明确的规定,集体土地所有权主体在实践中是不太明晰的。根据各地的实践,入市涉及的主体主要有村集体经济组织、村农民集体、村委会、各类土地的承包人、村民小组或乡镇、街道办事处、农民集体授权委托的具有市场法人资格的土地股份合作社、土地专营公司、经济合作社、集体经济组织联合设立的公司等。另外，作为入市实施主体，各地的规定及实践做法也不尽一致。总之，多数是由上述所列主体代表集体行使所有权。

(三) 集体经营性建设用地入市土地来源及入市条件

集体经营性建设用地来源主要有三种：一是存量建设用地，也就是现有的集体建设用地；二是新增建设用地，新增建设用地需要用地指标，只转不征；三是通过"盘活"利用闲置宅基地，使其成为可入市的集体经营性建设用地，但是闲置宅基地不能直接入市，必须通过合法的形式将其"盘活"。有些地方政府规定的关于集体经营性建设用地入市的范围比《土地管理法》规定的范围更详细。例如，《海南省集体经营性建设用地入市试点办法》第五条规定，"农村集体经营性建设用地可以按照规划入市用于以下项目：(一) 符合国家和我省产业政策的项目，包括租赁性住房；(二) 集镇开发边界范围内面向本市县或周边市县毗邻乡镇的农村集体经济组织成员的自有房屋建设。但所建房屋不得分割转让"。2019年9月公布的《农业农村部关于积极稳妥开展农村闲置宅基地和闲置住宅盘活利用工作的通知》提出，"鼓励利用闲置住宅发展符合乡村特点的休闲农业、乡村旅游、餐饮民宿、文化体验、创意办公、电子商务等新产业新业态，以及农产品冷链、初加工、仓储等一二三产业融合发展项目"。2021年6月，中共河北省委农村工作领导小组印发的《河北省农村闲置宅基地盘活利用指导意见》提出，"允许农村集体经济组织在妥善处理产权和补偿关系后，在农民自愿前提下，依法把有偿收回的闲置宅基地、废弃的集体公益性建设用地依法登记后，按照规划确定的用途，稳妥有序引导集体经营性建设用地入市"。

根据《土地管理法》的规定，农村集体经营性建设用地入市需要满足如下条件：

①集体经营性建设用地入市应纳入全市土地供应年度计划管理。

②集体经营性建设用地入市要符合空间规划，即要有土地利用总体规划和城乡规划。现在正在编制"多规合一"的国土空间规划，国土空间规划应当统筹并合理安排集体经营性建设用地布局和用途，如果不纳入国土空间规划，今后是无法安排使用集体经营性建设用地的。

③符合国家产业政策、土地供应政策、生态管控要求和土壤污染防治要求的规定。

④经营性用途必须为工业、商业用途，即集体经营性建设用地主要用于工业、商业等经营性用途，属于公共公益用途的，不在这个范围。

⑤必须权属清晰、依法登记。要求办理集体经营性建设用地入市土地所有权登记的，必须依法取得集体所有土地权属或集体土地使用权证书。土地权属清晰，要求地上建筑物、构筑物及其他附着物权属清晰，不存在权属争议，未被司法机关查封或者行政机关限制土地权利，且已补偿完毕、缴清相关费用；原地上建筑物、附着物处理完毕，具备开发建设所需的水、电、路、土地平整等基本条件，或虽未处理，但已经过地上建筑物、土地所有权人等产权人书面同意随土地一同入市流转。

⑥集体经营性建设用地入市前应当经本集体经济组织成员的村民会议2/3以上成员或者2/3以上村民代表的同意。为避免程序瑕疵带来的项目风险，房地产企业在利用集体经营性建设用地过程中，应注意核查每个环节的合法性、合规性。例如，集体经营性建设用地使用权的流转属于涉及集体经济组织重大利益的事项，应符合自愿原则，经过集体民主议定程序讨论并作出决议。

只有符合上述条件的集体经营性建设用地，才可入市使用。

(四) 集体经营性建设用地准入限制

目前对于入市流转的农村集体经营性建设用地有以下限制：一是不得进行商品住宅开发，禁止进入房地产市场,禁止"小产权房"开发。目前有些开发企业以农村集体经营性建设用地入市的名义建设民宿,实质上是占用集体建设用地修建别墅或住宅,继续开发"小产权房",公开对外销售,现行法律法规下该行为仍然是不允许的。二是只有存量农村集体经营性建设用地才能入市流转,而增量农村集体经营性建设用地,则不允许直接入市。三是宅基地使用权不能入市。《土地管理法》明确了农业农村主管部门负责宅基地改革和管理,负责全国农村宅基地改革和管理有关工作,并赋予了农业农村主管部门在宅基地监督管理和行政执法等方面相应职责。关于宅基地的政策,目前仍坚持实行一户一宅的基本管理制度,增加了户有所居的规定,下放了宅基地的审批权,允许已经进城落户的农村村民自愿有偿退出宅基地,鼓励农村集体经济组织及其成员盘活、利用闲置宅基地和闲置住宅。四是集体的公益性事业、公共设施用地使用权不能入市。土地利用规划确定的城镇建设用地范围外的集体土地才允许入市,目的是保障乡村产业发展用地。土地利用总体规划应当统筹安排城乡生产、生活、生态用地,满足乡村产业和基础设施用地合理需求,促进城乡融合发展。

2021年6月24日公布的《国务院办公厅关于加快发展保障性租赁住房的意见》提出,人口净流入的大城市和省级人民政府确定的城市,在尊重农民集体意愿的基础上,经城市人民政府同意,可探索利用集体经营性建设用地建设保障性租赁住房;应支持利用城区、靠近产业园区或交通便利区域的集体经营性建设用地建设保障性租赁住房;农村集体经济组织可通过自建或联营、入股等方式建设运营保障性租赁住房;建设保障性租赁住房的集体经营性建设用地使用权可以办理抵押贷款。上述规定实质上允许了保障性租赁住房可以使用集体经营性建设用地。

(五)集体建设用地入市的交易方式

实践中,集体土地入市的交易方式可分为四种。

①政府征收集体土地转为国有建设用地后通过"招拍挂"的方式入市交易。这种方式需要改变土地性质,建设项目确实需要占用农用地的,可通过土地利用规划的调整等,实现农转用和征收土地。

②土地指标入市交易,即在农民或村集体经济组织自愿将闲置的农村建设用地复垦为耕地的前提下,将复垦的耕地按一定比例折算成建设用地指标,结余部分可以以指标凭证的方式在市场交易。

③集体经营性建设用地直接入市。这是《土地管理法》中新增规定的一种集体土地交易方式。这种交易方式不改变土地性质,即农村集体经营性建设用地入市可以通过出让、出租等方式交由单位或者个人使用,可以直接入市。

④土地承包经营权流转。严格来说,土地承包经营权流转不属于集体经营性建设用地的交易方式。但是,实践中要通过土地承包经营权流转的方式使用集体土地,才能正常开发项目。例如,观光农业项目、休闲旅游项目要利用大量的集体土地,但是这类土地无须转为建设用地,仍保留原土地的用途。因此,此处将土地承包经营权流转作为集体土地入市交易的一种类型。

对于集体经营性建设用地直接入市的具体交易方式,各地的规定略有不同。如《海南省集体经营性建设用地入市试点办法》明确规定,对于农村集体经营性建设用地使用权出让、出租和作价出资(入股)方式,交易方式应采取招标、拍卖或者挂牌方式公开交易。对于入市面积在5亩以下或者零星分散等特殊情况,经村民会议讨论同意并报经市县人民政府批准的,可以采取协议方式交易。未经公开入市交易的,农民集体与用地者不得私下签订出让、出租合同或作价出资(入股)协议。

案例：2020 年 8 月 8 日，某公司与项目建设用地权属方某村村民委员会签订了《集体经营性建设用地使用权出租合同》，约定以协议方式将该宗地集体经营性建设用地出租给某公司用于工业项目建设，租期为 2 年。同时约定，出租期限届满前 3 个月，经评估达到约定投入产出条件的，某公司可向某村村民委员会提出书面申请，将租赁土地转为出让土地，重新签订集体经营性建设用地使用权出让合同。2021 年 8 月 18 日，某区自然资源和规划局出具确认函，确认该租赁土地使用权转让给某公司不存在实质性障碍，并承诺尽快推动标的土地使用权的出让流程。

（六）集体经营性建设用地入市收益分配

入市收益分配既涉及政府与农民集体之间的利益分配问题，也涉及农民个人（或各类承包人）与集体之间的利益分配问题。同一块地分属两个集体组织的，还涉及不同集体经济组织之间，以及集体组织与农民个人之间的收益分配。目前，《土地管理法》和《土地管理法实施条例》都未针对地方政府如何参与分配土地入市收益进行明确规定，也未明确政府是通过"土地增值收益调节金"方式或者税收方式，以何种比例进行分配。根据试点地区的经验，在政府与农民集体间的分配上，政府根据国家政策采取征收土地增值收益调节金的方式来进行收益分配。有些试点地区出台规则明确了收取土地增值收益调节金为 20%；有些地方规定进行阶梯式差别化征收调节金的办法；有些地方规定调节金按入市土地增值收益一定比例区间收取。总之，各地并没有统一的标准和规定。

另外，对于不同的村集体之间的土地收益分配，目前没有统一的标准和分配方式。试点地区大多参考土地所在区域的征地补偿标准，剩余部分留归村集体，用于农村集体公共设施的建设。有些地方规定若土地是属于乡镇集体或者村集体所有的，则土地入市收益不予分配。若土地是属于村民小组的，则土地入市收益在扣除相应的税费及村集体提留部分后，剩余部分用于农户的分配。

（七）集体经营性建设用地入市后的使用年限

《土地管理法实施条例》第四十三条第二款规定："集体经营性建设用地的出租，集体建设用地使用权的出让及其最高年限、转让、互换、出资、赠与、抵押等，参照同类用途的国有建设用地执行，法律、行政法规另有规定的除外。"有些地方的实施办法明确了农村集体经营性建设用地使用权出让、作价出资（入股）的最高年限，不得超过国家规定国有建设用地同类土地用途的最高年限：商服用地不超过 40 年；工业、仓储用地不超过 50 年；使用权的出租年限可根据具体项目需要确定，但最长不得超过 20 年。

（八）集体经营性建设用地直接入市程序

就入市程序方面，集体经营性建设用地在满足入市条件及所有权登记等的前提条件下，农村集体经营性建设用地使用权公开入市交易须完成编制方案、申请、审查、地价评估及入市方案拟定、入市方案表决、方案审批、公告及交易、签订成交确认书、公示及签订书面合同、办理产权登记等流程。集体经营性建设用地直接入市交易步骤如下：

（1）根据《土地管理法实施条例》第三十九条规定落实自然资源行政主管部门提出的规划条件及产业准入、环保要求。集体经营性建设用地入市前，土地所有权人应完成以下工作：

①向自然资源和规划部门提供拟入市土地的位置和范围等，申请核查拟入市土地是否满足

入市条件,是否位于地质灾害易发区,是否压覆矿产资源等,并取得发改委、生态环境等相关部门同意入市的意见书;②委托有资质的土地测绘单位完成拟入市土地的勘测定界,初步形成勘测定界报告和宗地图;③向自然资源和规划部门申请取得拟入市土地规划设计条件;④委托有资质的土地评估机构对拟入市土地进行价格评估。集体经营性建设用地统一基准地价体系建立前,参照国有建设用地基准地价体系执行。地价评估报告须报自然资源和规划部门备案。

(2)根据《土地管理法实施条例》第四十条规定,编制土地出让、出租入市方案。土地所有权人编制集体经营性建设用地入市方案,明确拟入市宗地的土地界址、面积、使用期限、土地用途、规划条件、产业准入和生态环境保护要求、交易方式、入市价格、集体收益分配安排、集体组织内部土地经济关系调整、入市主体、委托入市实施主体等内容。然后由本集体经济组织形成书面意见,在出让、出租前不少于10个工作日报市、县人民政府。市、县人民政府认为该方案不符合规划条件或者产业准入和生态环境保护要求等的,应当在收到方案后5个工作日内提出修改意见。土地所有权人应当按照市、县人民政府的意见进行修改。

(3)通过集体会议表决。入市方案经本集体经济组织成员的村民会议2/3以上成员或者2/3以上村民代表的同意,并经公示无异议后形成《入市决议》。

(4)审查入市方案。在具备相应条件后,集体经营性建设用地土地所有权人向所在地乡镇政府或街道办事处提出入市申请,经同意后向集体经营性建设用地入市经办机构提出入市申请,并提供土地所有权证明、宗地勘测定界图、入市决议等相关材料。入市申请审核通过后,由入市经办机构编制报批方案呈报人民政府批准。

(5)组织土地供应程序及公告。入市方案经批准后,根据入市方案确定的方式,由具备法人资格的土地所有权人或经其授权、委托的法人组织实施入市交易。一般以招标、拍卖、挂牌或者协议等方式确定土地使用者。集体经营性建设用地入市一般通过农村产权流转交易市场平台进行,在交易之前应进行公告。

(6)公示及签订入市合同。交易完成后,由组织入市交易的实施主体与竞得方签订《集体经营性建设用地使用权成交确认书》。交易结果按相关规定进行公示。公示结束后双方签订《集体经营性建设用地使用权出让[租赁、作价出资(入股)]合同》。合同示范文本由国务院自然资源主管部门制定,书面合同内容应载明土地界址、面积、用途、规划条件、使用期限、交易价款支付、交地时间和开工竣工期限、产业准入和生态环境保护要求,约定提前收回的条件、补偿方式、土地使用权届满续期和地上建筑物、构筑物等附着物处理方式,以及违约责任和解决争议的方法等,并报市、县人民政府自然资源主管部门备案。未依法将规划条件、产业准入和生态环境保护要求纳入合同的,合同无效;造成损失的,依法承担民事责任。《集体经营性建设用地使用权出让[租赁、作价出资(入股)]合同》签订后报自然资源和规划部门、农业农村部门备案存档。

(7)缴费和办理土地使用权登记。《土地管理法实施条例》第四十二条规定:"集体经营性建设用地使用者应当按照约定及时支付集体经营性建设用地价款,并依法缴纳相关税费,对集体经营性建设用地使用权以及依法利用集体经营性建设用地建造的建筑物、构筑物及其附属设施的所有权,依法申请办理不动产登记。"集体经营性建设用地使用权受让方在缴清土地价款和相关税费后,才可办理集体建设用地使用权登记和规划建设手续。

(九)集体经营性建设用地使用权二级市场交易

集体经营性建设用地使用权可以通过二级市场正常流转。《土地管理法》第六十三条第三款规定:"通过出让等方式取得的集体经营性建设用地使用权可以转让、互换、出资、赠与或者抵押,但法律、行政法规另有规定或者土地所有权人、土地使用权人签订的书面合同另有约定的除外。"《土地管理法实施条例》第四十三条第一款补充规定:"通过出让等方式取得的集体经营性建设用地使用权依法转让、互换、出资、赠与或者抵押的,双方应当签订书面合同,并书面通知土地所有权人。"集体经营性土地使用权人依法建造的建筑物、构筑物可申请集体建设用地使用权及地上建筑物、构筑物所有权登记。依法取得的集体经营性建设用地使用权,使用权人按合同约定支付土地价款和开发利用后,可以进行转让、转租或抵押等。

(十)集体经营性建设用地使用权的收回

集体经营性建设用地所有权人取得土地后,如果违反规定,则可能面临土地被集体组织收回的风险。《土地管理法》第六十六条规定:"有下列情形之一的,农村集体经济组织报经原批准用地的人民政府批准,可以收回土地使用权:(一)为乡(镇)村公共设施和公益事业建设,需要使用土地的;(二)不按照批准的用途使用土地的;(三)因撤销、迁移等原因而停止使用土地的。依照前款第(一)项规定收回农民集体所有的土地的,对土地使用权人应当给予适当补偿。收回集体经营性建设用地使用权,依照双方签订的书面合同办理,法律、行政法规另有规定的除外。"对于取得集体经营性建设用地使用权后土地闲置的,目前法律法规没有作出明确规定。但是参考关于集体经营性建设用地的"招拍挂"程序、交易平台等国有建设用地的规定,集体经营性建设用地使用权出让、出租或者入股协议中一般都约定了集体经营性建设用地土地闲置收回的期限、条件等内容,具体闲置收回的条件可参考《闲置土地处置办法》第二条和第八条的规定。除了可以通过合同对闲置土地的收回进行约定,有些地方政府规定,若未按照出让、出租合同或作价出资(入股)协议约定的开发期限开发土地的,按合同约定进行闲置土地认定和处理。对于涉及乡村公共利益需要征收集体经营性建设用地的,可以依法实施征收,并对土地所有权人依法给予合理补偿,土地所有权人和使用权人应当服从。收回集体经营性建设用地使用权,依照双方签订的书面合同办理,法律、行政法规另有规定的除外。

(十一)农村集体经营性建设用地入市交易现存问题

(1)入市土地范围仍显过小。根据《土地管理法》第六十三条的规定,农村集体经营性建设用地入市的范围主要限制在存量集体经营性建设用地。扩大增量建设用地的范围较难,限制较多。无论是存量还是增量土地,必须符合土地利用总体规划和城乡规划,并进行登记。因使用时不得随意变化土地的原用途等一系列限制性规定,导致可入市交易的土地范围过小。即使有存量土地,但多数存量经营性建设用地并未办理审批手续。大量的空闲宅基地与公共设施和公益事业用地未能纳入入市交易的范围。

2021年12月,国务院办公厅印发的《要素市场化配置综合改革试点总体方案》明确,进一步提高土地要素配置效率,对盘活存量用地、建立健全建设用地市场等方面作出要求。总体方案第五项提到,"支持探索土地管理制度改革。合理划分土地管理事权,在严格保护耕地、节约集约用地的前提下,探索赋予试点地区更大土地配置自主权。允许符合条件的地区探索城乡建设用地增减挂钩节余指标跨省域调剂使用机制。探索建立补充耕地质量评价转换机制,在严格实行耕地占补平衡、确保占一补一的前提下,严格管控补充耕地国家统筹规模,严把补充耕地质量验收关,实现占优补优"。第六项提到,"鼓励优化产业用地供应方式。鼓励采用长期租赁、先租后让、弹性年期供应等方式供应产业用地。优化工业用地出让年期,完善弹性出让年期制度。支持产业用地实行'标准地'出让,提高配置效率。支持不同产业用地类型合理转换,完善土地用途变更、整合、置换等政策。探索增加混合产业用地供给"。第七项提到,"推动以市场化方式盘活存量用地。鼓励试点地区探索通过建设用地节约集约利用状况详细评价等方式,细化完善城镇低效用地认定标准,鼓励通过依法协商收回、协议置换、费用奖惩等措施,推动城镇低效用地腾退出清。推进国有企事业单位存量用地盘活利用,鼓励市场主体通过建设用地整理等方式促进城镇低效用地再开发。规范和完善土地二级市场,完善建设用地使用权转让、出租、抵押制度,支持通过土地预告登记实现建设用地使用权转让"。第八项提到,"建立健全城乡统一的建设用地市场。在坚决守住土地公有制性质不改变、耕地红线不突破、农民利益不受损三条底线的前提下,支持试点地区结合新一轮农村宅基地制度改革试点,探索宅基地所有权、资格权、使用权分置实现形式。在依法自愿有偿的前提下,允许将存量集体建设用地依据规划改变用途入市交易。在企业上市合规性审核标准中,对集体经营性建设用地与国有建设用地给予同权对待。支持建立健全农村产权流转市场体系"。

上述规定实质上是允许将存量集体建设用地依据规划改变用途入市交易。也就是说,宅基地如果符合规划,可以作为工业用地、居住用地等其他建设用地入市交易。

(2)主体及办证的问题。农村集体建设用地存在主体不清晰、权属不明等问题,需要进行确权的情况较为复杂,要完成入市交易,前提是确权。但是因主体及确权的问题较为复杂,将影响集体建设用地入市交易。

(3)集体建设用地使用权,应当具备占有、使用、收益、处分的权能,但是现有的规则严格限制了集体建设用地使用权的权能,会影响交易、融资等行为。

(十二)开发企业在集体经营性建设用地入市中的风险防范

集体经营性建设用地入市将为开发企业带来新的机遇,集体经营性建设用地成为开发企业取得土地使用权的新途径,开发企业新增了一条获得土地使用权的渠道。开发企业可依据新的规定,与集体用地的所有者直接通过出让、出租及其使用权的转让、互换或抵押等方式,或通过"招拍挂"、协议等多种方式参与集体用地的开发。由于不需要再经过集体土地转化为国有土地这个环节,同时地价款的支付时间、支付方式等可与集体组织协商确定,在一定程度上缩短了取得土地使用权的时间,减少了征地中的矛盾和冲突,降低了开发企业土地取得的成本。集体经营性建设用地入市,将有利于专业房地产开发企业开发、经营长租公寓、医疗康养、文化旅游地产、工业地产、物流业、仓储等业务。虽然集体经营性建设用地入市给开发企业带来了机遇,但是风险依然较大,如果把握不好会导致严重后果。开发企业在投资项目前,应对项目用地的土地权属、规划用途及地方特殊政策等进行全面调查。根据调查结果综合评估项目范围内各种类型项目的用地成本、投资收益、实施难度及用地风险。合理评估各方面风险及收益之间的平衡点,并根据项目的实际情况、与地方政府及村集体经济组织的熟悉程度、法律法规及政策的变化趋势等来选择具体的土地利用方式。下面从多个角度简单提示开发企业利用集体经营性建设用地的风险。

1. 集体经营性建设用地主体及交易主体的风险防范

(1)企业一方的拿地主体。开发企业能否完全以自己的名义取得集体经营性建设用地权,以达到开发某一项目的目的,这个问题较为复杂,要依据具体情况判断。有些情况下,开发企业能完全以自己的名义取得集体经营性建设用地权。但有些情况下,开发企业需要与集体组织一方按照《公司法》的规定及集体组织一方的要求成立公司,以新成立公司的名义拿地。另外,开发企业能否直接以自己的名义拿地,还需要考虑具体的待利用土地是否符合现行法律法规或政策的规定、开发企业是否有权利用不同用途的土地等问题。

(2)政府主体。政府一方作为决定开发企业能否取得集体经营性建设用地权的角色,对开发企业能否取得集体经营性建设用地权起到决定性作用。政府决定符合什么条件的企业可以拿地,哪些产业可以进入该地区。政府会优先考虑企业主体规模大小、是否有开发建设的实力、开发企业能否引入产业资源、开发企业是否有运营能力等条件。政府关注开发企业开发和运营的项目能否带来税收,拉动就业,提高农民收入。不符合政府预期的开发企业难以通过集体经营性建设用地入市前的立项和审批。

(3)集体一方的合作主体。前文提及过集体组织一方的主体存在规定不明等情况,因此,对于开发企业来说,与哪一个或哪一级村集体经济组织签订合同是一个重要的问题。利用集体土地通常都涉及村民利益,如果处置不当,后期往往会造成很多问题。因此,应当谨慎应对集体一方的主体问题。集体经济组织、农业合作社、土地股份合作社等多主体均可作为入市主体,可采取自主入市、委托入市或合作入市的模式入市交易。在入市的时候,开发企业应关注各主体的决策机构。如果是土地股份合作社,则行使决策权的机构是其股东大会,只有股东才有权决定集体土地的建设用地使用权是否入市流转。村支书、村委会主任只是股东大会委托的代理人,无权决定某宗集体土地是否入市,以免村支书、村委会主任等少数人越权代理,导致引发后续的纠纷。为防止主体方面或程序方面的风险,开发企业在签订相关协议时应尽量要求土地所有权人内部决策合法有效。《土地管理法》规定,集体经营性建设用地如进行出让、出租,应当经本集体经济组织成员的村民会议 2/3 以上成员或者 2/3 以上村民代表同意。但是没有规定具体的程序,这方面可参照《村民委员会组织法》中关于村民会议、村民代表会议的召集程序、到会人数等程序性要求的相关规定。如因集体经营性建设用地出让、出租的相关决策违反上述程序,村民认为侵犯其民主权利、合法财产权利的,村民可以向人民法院主张协议无效或者申请撤销相关内部决议。如果发生此类事情,那么对开发企业来说,将会非常被动。

从土地用途的角度看,开发企业开发的项目很多情况下是超出集体经营性建设用地范围的,会发生分别使用几种不同用途的土地进行开发的情况,很多时候涉及农用地、未利用地、集体经营性建设用地之外的土地。因此,在这种情况下,开发企业应注意,如果涉及使用宅基地使用权的情况,二级市场的市场主体是集体土地的建设用地使用权人或宅基地使用权人,那么权利主体只能转让其合法取得的建设用地使用权或宅基地使用权,不能自行设定建设用地使用权或宅基地使用权,不能把承包经营权当作建设用地使用权出租或出让。

另外,根据《农村土地承包法》的规定,现行农用地利用的基本制度为家庭承包经营制,即对于集体所有的农用地,由集体经济组织发包,集体经济组织的成员以家庭(农户)为单位承包土地进行经营。而对于本集体经济组织以外的主体,除非是"四荒地"等不宜采取家庭承包方式的土地可以采取招标、拍卖、公开协商等方式承包,一般只能通过从承包经营的农户手中流转方可获取集体农用地的使用权。因此,在使用集体土地的时候,很多时候涉及承包方的权利,即农民个人或者村民转租的第三方,这时候的权利主体还涉及农民个人及第三方。此时开发企业需要将土地经营权通过出租(转包)、入股或者其他方式流转给受让方(包括工商企业等社会资本),且经承包方书面同意并向集体经济组织备案后,受让方可以再流转土地经营权。

2. 集体经营性建设用地利益分配的风险防范

目前,针对集体经营性建设用地入市收益没有成文规定,且分配不明确。入市收益涉及地方政府、用地主体及集体经济组织等,具体包括村民、村集体、村民小组、合作社、农工商公司、乡镇平台公司及区、县政府等主体。目前,关于农村集体经营性建设用地入市的土地收益分配的规定,在财政部、国土资源部于 2016 年 4 月 18 日公布的《农村集体经营性建设用地土地增值收益调节金征收使用管理暂行办法》中有所规定。根据上述暂行办法规定,用地企业除应承担农村集体经营性建设用地成交价款外,在拿地环节还应按成交价款的 3%~5% 征收与契税相当的调节金,在再转让环节,按农村集体经营性建设用地土地增值收益的 20%~50% 征收土地增值收益调节金。但是,该暂行办法没有从法律层面明晰入市收益的分配主体,即政府、集体或承包权人等之间如何分配,目前入市收益分配对象不太清晰,各主体之间的分配比例也不太明确。

在实践中,有的地方以土地增值收益调节金的方式分配,但是入市带来的土地增值收益没有明确标准统一的计算方法和上缴比例。另外,在入市土地增值收益分配的时候,集体和农民之间分配比例也不明确,往往会引起集体与村民之间的矛盾,引发纠纷,进而影响开发企业使用土地。

3. 集体经营性建设用地改变土地用途的风险防范

中共中央办公厅、国务院办公厅印发的《关于引导农村土地经营权有序流转发展农业适度规模经营的意见》规定,"加强土地流转用途管制。坚持最严格的耕地保护制度,切实保护基本农田。严禁借土地流转之名违规搞非农建设。严禁在流转农地上建设或变相建设旅游度假村、高尔夫球场、别墅、私人会所等"。目前法律及相关政策均明令禁止借土地流转之名违规进行非农建设,不允许以集体经营性建设用地的名义改变土地用途进行开发建设,也不允许直接进行商品住宅的开发销售。

在现行严格的农用地用途监管制度下,房地产企业在集体农用地上建造酒店、度假村、"小产权房"等建筑物进行分割销售,合法的渠道仍应经过土地征收、农转用及"招拍挂"程序。若擅自占用农用地进行上述行为将面临行政处罚,甚至还将被追究刑事责任。因此,在项目投资前,房地产企业应对拟开发的项目用地进行全面尽职调查,根据项目自身的情况,先行判断土地用途、建设用地指标等是否符合拟建项目的用地需求。即便与当地政府合作开发项目,且地方政府对土地利用作出合法利用的承诺和保证,房地产企业在项目建设中仍应遵守不改变农用地用途、不占用基本农田、不破坏土地生态环境等红线要求。改变土地用途,一定要按照合法的途径进行变更。

实践中,一个项目用地可能涉及两种土地权属、多种土地用途。例如,即便只涉及集体土地,用地也可能会涉及三种土地用途。投资企业获取及利用土地的方式,要根据项目的具体项目类型、土地权属、土地用途等综合确定。若项目类型为农业主导型,则可以通过土地经营权流转的方式进行,在不改变土地用途的情形下,直接根据土地原有用途对土地予以利用。若项目涉及非农业建设,投资企业可根据项目的特点采用如下三种方案:一是将集体土地通过国家征收为国有土地后直接通过"招拍挂"方式取得国有建设用地的使用权;二是与村集体经济组织合作,将建设用地使用权以作价入股、联营等方式合作开发使用;三是投资企业按照《土地管理法》及《土地管理法实施条例》,通过市场"招拍挂"或协议租赁等方式直接取得集体经营性建设用地使用权。以上三种方式均是合法的土地利用方式。即使通过以上三种合法的方式利用土地,也仍应时刻警惕风险的存在。例如,农用地中的耕地,基本农田是红线,开发企业不要去触碰。如果不改变用途使用农用地,合法的渠道是通过经营流转,获得农用地的使用权。开发企业在不改变土地性质、不改变土地用途的前提条件下,可以用于种植业、渔业、畜牧业、林业,或建设一些非封闭性质、不属于房屋的构筑物也是合法的使用方法。如确实需要占地进行建设,则仍需要办理合法的审批手续。例如,休闲农业项目在符合土地利用规划,确有必要占用耕地时,可以采用城乡建设用地"增减挂钩"的方法解决,即先行在异地复垦土地,复垦后在土地数量和质量验收合格后,再通过置换、"增减挂钩"等政策性规定才能将占用耕地用作建设用地。否则,非法占用基本农田,严重者需要承担刑事责任。

如果使用林地,那么在用地方面,可以建设森林体验、森林养生、森林浴场、健身步道等基础设施。但不能在基地范围内建设医院、疗养院、养老院等大型医疗、养老设施。如果开发企业想建医院、养老院等永久性设施,那么开发企业需要与规划行政主管部门沟通,通过规划部门的规划调整配合。开发企业可以把康养建设项目用地放在森林外围建设用地上。合法的途径是办理审批手续,按照规定进行征收、征用,缴纳相关费用。

开发企业进行涉及乡村项目的开发、建设时,使用的建设用地很多情况下是比较零散的。土地的利用现状可能涉及林地、园地、草地或少量的基本农田,这种情况下可采用"点状供地"的模式。《国家旅游局关于印发〈全域旅游示范区创建工作导则〉的通知》规定,探索实行重点旅游项目点状供地等用地改革,优化旅游项目用地政策,第一次提出了"点状供地"的概念。2018年,《浙江省人民政府办公厅关于做好低丘缓坡开发利用推进生态"坡地村镇"建设的若干意见》也使用了"坡地村镇"建设,并实行"点状或带状布局多个地块组合开发"的供地模式,也提出了"点状供地"这一概念。如果采用传统的成片供地模式,则成本高,也存在土地资源浪费的情况。所谓点状用地,即不是集中在一个区域、不是连成一片的整体土地,而是横跨不相连接的多宗土地,可能在一个村,但是分散在不同的自然村,也可能不在一个村集体。有些项目可采取点状供地的方式,即将项目用地分为永久性建设用地和生态保留用地。其中永久性建设用地按需征收,并办理开发建设用地的农用地转用手续。其余环境园林绿化等用地可以"只转不征",以租赁、承包、托管等方式供项目的开发企业根据具体情况使用。通过上述方式处理,可以达到新增建设用地数量少、节约用地指标且大幅降低开发成本的效果,同时也节省了土地资源。开发企业在利用点状供地时,应考虑不同点位土地的使用年限或点状地的使用年限是否与租赁地的使用年限相一致。如果不同方式取得的土地的使用年限不一致,用地租赁期限与建设用地出让年限不匹配,则可能因最先使用到期的土地后续无法继续使用,导致整个经营期限缩短,或者产生纠纷。如果房地产企业作为项目业主方或运营方,在签署相关使用权流转合同时,建议将集体经济组织加入合同签署一方。另外,房地产企业在签署合同的时候,尽可能预判合同履行过程中可能发生的风险,根据风险情况起草违约责任条款或解除合同的条件,以及解除合同之后的赔偿数额及计算标准。

总之,虽然房地产开发企业可以将农村集体经营性建设用地可以用于工矿仓储、商服等经营性用途,但是在用地企业利用商业用地、工业用地、采矿用地、仓储用地、租赁住房用地等土地时,必须严格按照规划确定的用途使用土地,否则势必面临被责令恢复原状、土地使用权被收回的法律后果。

4. 集体经营性建设用地所建房产销售及产权分割的风险防范

目前,集体经营性建设用地不动产产权分割及销售仍存在诸多问题和障碍。由于集体经营性建设用地的性质属性,无法进行房地产项目的产权分割;由于集体土地本身是面向企业、法人单位用于产业经营的,无法按照住房销售的模式向购买人分割销售。因此,关于集体经营性建设用地不动产产权分割及销售全国仍处于探索阶段。目前,有些地方允许集体建设用地所建设的产业园进行分割并销售。产业园区所建不动产可按栋或按层分割销售,单个单元的分割销售面积不少于一定的面积,允许集体土地上所建产业园的不动产办理分割登记,进行分割销售。

5. 办理集体经营性建设用地报批手续及使用交易平台的风险防范

集体经营性建设用地报批程序中的审核报批环节,由区(县)自然资源行政管理部门进行。

该部门对是否符合土地利用规划和用地条件进行审核,审核同意后上报所在区(县)人民政府审批。区(县)人民政府批准后,自然资源部门核发用地批准通知书,用地单位凭用地批准通知书等相关材料,申请集体建设用地土地登记,办理集体建设用地使用权证。但实际操作中报批程序可能涉及法律法规及政策调整导致项目审批遇到问题。因为如果新的空间规划没有出台,在乡镇一级用地条件等未确定的前提下,项目用地规划审批无法继续进行。如果新的空间规划确定,原土地利用规划与现规划不符,则原土地性质无法变更。

目前,关于集体经营性建设用地交易是否必须通过交易平台进行并没有成文的规定。但是实践当中,一般各地都是根据《关于农村土地征收、集体经营性建设用地入市、宅基地制度改革试点工作的意见》规定,普遍参照国有建设用地市场交易规则,使用政府的交易平台,由村镇集体经济组织或者委托乡镇、街道提出申请,通过当地土地交易中心的平台进行集体经营性建设用地入市挂牌交易。在集体经营性建设用地入市交易过程中,由政府监管集体经营性建设用地的确权登记、规划控制、环境调查、合同履行、后续开发建设等工作。从法律的角度来看,若因当地政府没有类似的交易平台,导致无法使用交易平台进行交易,则不能认定交易非法。因政府交易平台对交易程序有明文规定,且实施全过程均通过电子平台进行,这在一定程度上弥补了因信息不对称而给开发企业带来的交易风险。

6. 开发企业入股合作方式中入股比例折算的风险防范

地方政府从行政管理、保护农民利益或税收的方面考虑,为防止没有实力的开发企业进入或者开发企业短期获利后撤出的事件发生,政府对开发企业一般都会设定一些条件作为防止上述情形发生的预防措施。例如,政府对开发商自持物业比例提出要求,或者要求开发商必须持有一定的固定资产。很多地方政府在入股合作中一般会要求开发企业自持51%以上的资产,且要求企业持有的资产是真实的。企业所持资产应以企业的实际投入成本为准,而不是所谓的评估价或市场价,或者类似于知识产权、品牌价值等资产。这就涉及双方的股权比例确定后,实际投入的资产如何按照确定的比例折算投资款。如果地方政府不强制要求持有资产的比例或股权比例,那么就涉及双方的投入资产如何作价,以及如何确定股权比例的问题。

政府要求开发企业提供的资金是真实的,对于开发企业来说,希望集体一方提供的土地价值是与市场价格相符的。例如,某地集体组织以土地使用权折价入股形式与投资人进行合作时,土地使用权按照评估价格每亩5.8万元计算,共使用集体建设用地10亩,则股权投资价格折算为58万元,整个项目投资约为580万元。如果公司注册资金计划为580万元,则按照股权比例折算,集体组织占10%的股权。但这不符合集体经济组织的预期,他们希望在合作的企业中至少占50%的股权。那么如果双方各占50%的股权比例,投资企业出资58万元即可,这样双方各占50%。但后面的问题是,116万元资金根本无法完成该项目,实践中的处理方式是股权投资比例确定之后,按照实缴的比例实际入资,后续的投资按照股东借贷的方式来处理。

对于集体组织来说,如果提出土地评估的价格是按照年限变动的,约定前期每年入股价格按照每亩5.8万元执行,合作期间随着地价的上涨,随时调整价格或者市场价格发生变化的,需要同步调整土地使用权入股基准价格。集体组织如果提出这样的条件,对开发企业来说比较麻烦,可能面临每年均需要评估地价,然后调整股权比例或者追加注册资金的情况,操作起来比较复杂。因此,投资企业在与集体组织合作时应尽量避免出现这种复杂的约定,尽量采取简单化的确定股权比例处理方式,如果地价确实上涨,可以采用变通方式通过增加集体一方的分红比例等解决复杂的股权比例变更。

7. 集体经营性建设用地使用权期限的风险防范

《土地管理法》第六十三条第四款规定,集体建设用地使用权的最高年限参照同类用途的国有建设用地执行。各试点行政区域一般也是参照国有建设用地出让年限的规定来设定集体经营性建设用地使用权的期限,期限届满时是否可以续期则不明确。需要注意的是,我国《民法典》第七百零五条明确租赁合同期限不得超过20年,租期超过20年的部分无效。实践中,采取租赁方式入市并将租赁期限设定为20年以上的,这可能无法保障承租人长期合法利用建设用地使用权,具有法律风险。租赁期限设定为20年以上的,合同条款中设定20年租赁期限,但同时又约定20年期满后自动延期10年或20年。对于这样的约定目前在司法实践中是否合法以及如何认定尚没有定论。为规避租赁合同20年期限的风险,建议房地产企业选择出让或入股的方式获取集体经营性建设用地使用权。

8. 集体经营性建设用地退出与收回的风险防范

《土地管理法》规定,通过出让等方式取得集体经营性建设用地使用权的,允许其使用权人以转让、互换、出资、赠与或者抵押等方式将其再次入市流转。取得集体经营性建设用地使用权的开发企业,可以通过转让、互换、出资、赠与等方式退出。但是,有些开发企业在取得集体经营性建设用地使用权的时候,在与集体的合同中进行了特殊约定,例如,约定了退出方式(如整体转让、分割转让)、退出期限、受让方资质等诸多限制性规定和要求。如果有约定类似的条款,那么开发企业还应当遵守特殊条款。因此,在开发企业取得集体经营性建设用地使用权时,就要考虑将来的退出条件是否受到限制,并在集体组织报送入市交易方案的阶段就参与合同条款的谈判,争取有利于自己后续退回的条款。有些集体出让合同设置了房屋整体转让或抵押权实现时出让人具有优先购买权的选择性条款,即土地所有权人在债权人实现对于农村集体经营性建设用地使用权的抵押权时享有同等条件下的优先购买权。如果合同中存在这样的条款,那么实际上是限制了农村集体经营性建设用地使用权通过折价、拍卖、变卖、抵押财产等方式在二级市场的流转,给开发企业的退出增加了难度。

除了出让方的优先购买权之外,根据《土地管理法实施条例》《国务院关于加强国有土地资产管理的通知》《国务院办公厅关于完善建设用地使用权转让、出租、抵押二级市场的指导意见》,在二级市场交易平台进行交易时,如果土地使用权申报的转让价格明显低于市场价格的,即申报价格比标定地价低20%以上的,市、县人民政府可行使优先购买权。

集体建设用地使用权合同中一般都针对提前收回约定条款。收回的原因包括:为国家公共利益的需要,将宗地征收为国有;为农村集体公共利益的需要,出让人提前收回建设用地使用权,出让合同提前终止。如果集体一方因上述原因收回土地使用权,那么正常情况下,用地企业可能已经为项目开发建设投入大量资金。如按照征收规定给予补偿的,补偿标准如何确定、补偿标准能否弥补投资企业的损失、投资损失如何计算及其标准、补偿款在土地所有权人和用地企业之间应如何分配,都没有成文的规定,因此,投资企业在签订出让合同时应进行详细约定。

9. 利用集体经营性建设用地使用权融资的风险防范

对于农村集体项目,开发企业融资的难度较大。既有银行方面风险规避等原因,也有经济方面的原因,还有投资项目的抵押物在法律上的定性及能否抵押融资、价值评估等问题,导致金融机构在涉及农村集体项目贷款时面临一系列障碍。《中国人民银行、银保监会、证监会等关于金融服务乡村振兴的指导意见》等一系列政策支持文件出台后,集体经营性建设用地或集体土地利用的融资渠道仍未畅通。上述指导意见或政策更多的是银行与当地政府的合作,通过政府财政提供风险补偿资金，或建立合理的风险分担机制和利益分享机制，从而降低银行贷款的成本和风险，不涉及投资企业如何直接获得金融支持。国家层面的相关金融政策更关注乡村产业发展，防止资金流入房地产市场，对于房地产金融政策导向仍然是收紧的，特别是对于集体经营性建设用地房地产项目而言，仍然缺乏金融支持。但是，因 2019 年修正的《土地管理法》及条例实施之后，从法律层面可以对集体经营性建设用地进行抵押，为融资创造了前提条件。在国家确定的入市改革试点地区已经允许以农村集体经营性建设用地进行抵押贷款。贷款人被限定为银行业金融机构，但之后农村集体经营性建设用地抵押融资的贷款人、抵押权人的主体资格限制可能会逐步放宽，而不仅限于银行业金融机构。取得农村集体经营性建设用地使用权不动产权证，是办理抵押贷款的必要条件。有些地方还规定了贷款的其他条件，如设置抵押权的土地未设置影响资产变现或抵押权人优先受偿的其他权利、土地所有权人通过同意抵押的决议、取得试点县（市、区）政府同意抵押的证明材料等。2019 年 7 月 6 日，国务院办公厅公布的《国务院办公厅关于完善建设用地使用权转让、出租、抵押二级市场的指导意见》提到放宽对抵押权人的限制，即自然人、企业均可作为抵押权人申请以建设用地使用权及其地上建筑物、其他附着物所有权进行不动产抵押并办理相关手续。已依法入市的农村集体经营性建设用地使用权转让、出租、抵押，可参照该指导意见执行。

关于土地经营权融资担保的实践操作问题，2018 年修正的《农村土地承包法》第四十七条明确，土地经营权可以向金融机构融资担保，使金融机构向土地经营权人提供贷款有了合法依据。但在实践操作中，土地经营权人向金融机构融资担保仍有诸多限制，且需要承包人书面同意，承包人不同意，仍然无法以经营权融资担保。

10. 集体经营性建设用地交易合同的风险防范

集体经营性建设用地入市交易涉及几个主要的合同，即农村集体经营性建设用地使用权出让合同、农村集体经营性建设用地使用权开发建设与利用监管协议、合作框架协议或合作协议等。

（1）农村集体经营性建设用地使用权出让合同一般参照国有建设用地使用权出让合同，约定受让人按时开工、竣工和投产，并约定保证金。用地企业按期履约，可返还履约保证金，否则承担违约责任。这些约定显然对于用地企业来说不利。

（2）农村集体建设用地使用权开发建设与利用监管协议是应政府的管理需要而签订的，主要目的是政府监管企业履约。监管事项包括但不限于规划条件、后续开发建设要求、绿化要求等。政府一般对农村集体经营性建设用地的使用提出了更多的监管要求，并对用地企业设置了多方面的法律后果，因此，用地企业应全面了解监管协议中对用地企业的要求。

（3）集体土地出让合同在涉及某种用地项目类型时，一般都约定限制该地整体转让、分割转让，以及房屋的分幢、分层、分套转让。一般还约定不得分割抵押、不得分割销售、不得以租代售。为防范上述风险，用地企业需要提前了解宗地、房屋的转让要求，以免在经营过程中违反法律的强制性规定及合同的约定，避免受到行政处罚，或者导致转让合同无效。另外，开发企业还应注意合同中有无土地使用权人出资比例、项目公司股权结构、实际控制人发生变更处理的特殊约定。如有事先经土地所有权人同意才能转让、合作的条款，则在谈判过程中应争取删除，这样可避免在以股权转让的方式退出项目时遇到障碍。

（4）如果土地出让期限届满，受让人申请续期，可能会因为各种原因致集体组织一方不同意续期，那么投资企业将失去对项目的权利。尤其是对于经营期限比较短、还没有收回成本的项目来说，损失会较大。为规避风险，可在合同中约定关于期限届满自动续期的条款。

11. 开发企业利用集体建设用地开发养老项目的风险防范

国土资源部办公厅 2014 年印发的《养老服务设施用地指导意见》(已失效)第九条规定,"农村集体经济组织可依法使用本集体所有的土地为本集体经济组织内部成员兴办非营利性养老服务设施。民间资本举办的非营利性养老机构与政府举办的养老机构可以依法使用农民集体所有土地"。从上述规定可以看出,开发企业利用农村集体建设用地开发养老项目主要有两个途径:一是企业自行投资建设养老服务设施。但目前直接实施这种模式还存在障碍,企业无法直接以自己的名义取得集体土地的使用权,导致实际上无法直接实施。二是与集体经济组织联合建设养老设施。企业按照酒店式公寓的形式进行规划建设,企业作为物业持有人成立运营管理公司提供统一管理和服务,收取相应的物业管理费,盈利模式为租赁加物业管理服务。

目前开发企业投资集体养老项目,风险有三。一是项目的主体必须是农村集体经济组织,农村集体经济组织负责养老项目的证照办理及对外签订各类合同。即使民营资本为大股东,项目的主体还是农村集体经济组织,否则不能立项。这样就存在资产的安全性问题,投资企业只能通过协议来约定财产的归属。不动产的物权登记在集体经济组织名下,集体经济组织如果违约或者收回权利,则开发企业面临风险。二是在农村集体用地上建设的养老项目规模受到限制。因为规模是按照本集体经济组织内部成员数来规划床位数的,即服务的老人范围限定在本村集体内或最多辐射到周边区域,具体床位数由民政部门及规划部门确定。三是目前农村集体用地上仅能设立非营利性机构,不能设立营利性机构。

12. 利用宅基地的风险防范

宅基地是经过集体审批,村民占有并使用的用于建造住宅的土地。宅基地属于集体建设用地的范畴,但是不属于目前可直接入市交易的集体经营性建设用地,因此,直接利用宅基地会面临诸多风险。目前对宅基地使用权的取得及流转存在更为严格的限制条件,一般只能在集体经济组织成员之间内部流转。但是,对于内部可流转范围,是只在一个村集体成员之间,还是可以扩大到同一乡(镇)、同一区(县),目前并没有成文规定。即使是集体经济组织的内部成员,受让一方也需要满足没有宅基地等特定条件方可取得宅基地使用权。2018 年公布的《中共中央、国务院关于实施乡村振兴战略的意见》对于宅基地的问题提出了"探索宅基地所有权、资格权、使用权'三权分置'"的概念,2019 年修正的《土地管理法》允许进城落户的农村村民依法自愿有偿退出宅基地,鼓励农村集体经济组织及其成员盘活利用闲置宅基地和闲置住宅。这样的规定,对于开发企业合法利用宅基地提供了一种新的渠道。目前虽然有一些原则性的规定,但《土地管理法》并未明确宅基地使用权对外流转的合法主体、具体适用条件、程序及用途限制。如果房地产企业直接与宅基地使用权人或村集体签订两方或者三方合同,在两方或三方发生权属纠纷的时候,可能会被人民法院认定为以合法的流转形式掩盖非法的买卖目的,实质为宅基地买卖,因而可能会被判定为合同无效。

目前开发企业利用宅基地的合法合作模式主要有以下几种。

(1)由村集体出面,与村民协商,将村民闲置用房的宅基地使用权出租给开发企业,由开发企业出资按照自己的经营方案将宅基地进行改造,租赁期满后,宅基地使用权仍归村民所有。

(2)开发企业与村集体组织及村民签订宅基地使用权流转三方合同,合同由宅基地所在的乡镇政府进行鉴证,在合同中约定企业对宅基地进行统一改造。有乡镇一级政府的参与,在一定程度上能够为开发企业合理开发利用宅基地适当地减轻政策风险。实践中,最好签订三方协议,协议签订主体为开发企业、村集体和宅基地使用权人。因为如果合同履行时间较长,在此期间内宅基地使用权人死亡,会涉及继承等问题,直接关系继承人或村集体收回土地的问题。签订三方协议时,可以在协议的内容中事先约定由村集体收回宅基使用权时,村集体具有决定权,以此避免与村集体产生纠纷。

(3)依法把有偿收回的闲置宅基地、废弃的集体公益性建设用地转变为集体经营性建设用地入市。开发企业在有投资意向之前,关于宅基地使用权的问题,可事先与村集体沟通协商,由村集体出面与宅基地使用权人谈判或协商。在宅基地使用权人放弃宅基地,由村集体收回使用权后,村集体报相关政府部门批准将闲置宅基地转变为集体经营性建设用地入市,这样房地产企业可合法获取集体经营性建设用地使用权。

(4)开发企业与村镇集体经济组织通过联营、入股等方式进行多种形式的合作。例如,建设运营集体租赁住房、休闲农业、乡村旅游、民宿等混合业态的旅游项目,也可以探索养老产业新模式。

13. 开发企业使用集体未利用地的风险防范

集体未利用地是指农用地和集体建设用地以外的集体所有土地,包括荒山、荒沟、荒丘、荒滩等土地,俗称"四荒地"。相关政府职能部门对在集体未利用地上建设乡村旅游项目多持鼓励和支持的态度。根据《土地管理法》第四条的规定,国家实行土地用途管制制度。利用集体未利用地进行乡村旅游项目的非农建设,虽然不需要办理农用地转用手续,但是开发企业在前期投资调研阶段应核实项目用地的规划限制。如现有规划与计划投资的项目用地规划不一致,应与集体一方或当地政府沟通,了解规划有无调整的可能性、调整的难度,以及追加费用等问题。

二、开发"小产权房"的法律风险及防范

"小产权房"既不是法律概念,也不是房地产行业专业概念,而是人们对目前房屋所有权现状的一种通俗的说法。"小产权房"是相对"大产权房"而言的,而"大产权房"也不是一个法律概念。房屋所有权本来没有大小之分,但由于我国房屋、土地的法律及政策的特殊规定,形成了社会上一些约定俗成的说法,即将现行法律法规、规章及房屋土地行政管理机关认可并给予颁发不动产权属证书的房屋称为"大产权房",现行法律法规、规章及房屋土地行政管理机关不予认可且不予颁发不动产权属证书,而是由乡镇政府、行政村或村民小组发放不动产权属证书的称为"小产权房"。"小产权房"的开发,其实是对集体土地直接进行的二级开发。

"小产权房"价格方面的优势,使一部分购房者并不十分在意各级政府一再传递的将严管"小产权房"的消息,仍然对"小产权房"趋之若鹜。正是因为有了市场的支持,"小产权房"的开发者也不顾各级政府的严厉警告,依然在建设、施工、出售"小产权房",只不过对政府的下一步行动保持警觉而已。建设"小产权房"所使用的集体土地既有宅基地,又有集体建设用地,还有基本农田。从"小产权房"全国分布的范围来看,"小产权房"基本是大城市及经济发达地区所特有的现象,经济不发达的地区或中小城市中"小产权房"的问题并不明显。

(一)"小产权房"的开发模式

与大产权房开发模式相比,"小产权房"的开发模式有三种。第一种是开发企业直接以自己的名义与农村集体组织签订土地使用协议,直接进行开发建设,不办理任何审批手续,比如,以农业观光、采摘、旅游观光的名义进行现代都市农业、农业生态别墅建设,将一部分土地建设成为瓜果蔬菜、养殖等农产品开发基地;另一部分则以农业用房的名义开发成为低密度产品出售或者以兴办农产品加工企业名义占地,建设部分厂房,余下的以宿舍、员工生活区等名义进行开发;或者以休闲度假为名义进行开发,包括修建休闲度假村,甚至变相修建高尔夫球场,同时以度假村的名义修建房屋对外出售。第二种是开发企业与村集体或乡镇政府合作,以乡镇政府或村集体进行社会主义新农村建设或旧村改造的名义立项,获得合法的立项、用地、规划及开工等审批手续,这是"小产权房"目前普遍的运作模式,开发企业建设的房屋中一部分用于村民的回迁安置,剩下的对外销售,但仍不能办理合法的销售手续,待房屋竣工后以政府的名义进行房屋所有权登记,然后转移到购买人名下。第三种是村集体组织直接以自己的名义在集体土地上开发建设并对外销售。这种情况相对较少,因为一般村委会没有雄厚的资金和专业房地产开发人员,对市场的把握也不是很专业,因此自行开发需要在设计、施工、销售、资金等方面全部或部分取得专业公司的帮助。

(二)"小产权房"与"大产权房"开发成本的比较

(1)"小产权房"与"大产权房"的开发建设在税费负担方面有着明显的差别。"小产权房"不需要缴纳开发企业为获取集体土地办理征地手续及因"招拍挂"交给政府的土地使用权出让金,也不需要支付因征收国有土地而给予农民集体的各项征地补偿及安置费用。

(2)中间开发环节的利润。在没有开发企业参与的情形下,由村集体主导开发,没有了开发企业或建筑承包商,没有了招投标的环节,原本参与这些环节的利益主体就不能参与利润分配,利润就能节省下来归农村集体经济组织或农民。

(3)"小产权房"的配套设施一般不完善,节省了开发成本。一般"小产权房"的开发在基础设施、市政配套设施方面不完善,节省了开发成本,也无须支付市政建设配套费用等。

(4)"小产权房"在工程设计、建设的投入、配套开发费用、应缴纳的税款、营销费用等成本费用更少。而有相关人士调查认为,这一成本在房地产开发中大约会占50%。[①]

(5)因在开发方面行政环节大大减少,或没有审批环节,因此行政审批方面的支出减少,因而其开发成本,相比真正的商品房成本能减少1/3。这也是"小产权房"市场价格低廉的决定性因素。[②]

(三)开发"小产权房"的风险

近十几年来,随着城市房屋价格的快速上涨,位于城市远郊或近郊区的"小产权房"因其价格远远低于城市房屋的价格而获得空前的生存和发展空间。但是按照现有的法律法规及政策来分析"小产权房",可以得出的结论是,"小产权房"不具有合法性,属于违法建筑,转让"小产权房"属于无效的民事行为,集体土地只有被征为国有后开发才是合法的,直接开发面临一系列的风险。

在现有的法律评价体系下,开发"小产权房"被确定为违法行为。因为其违反《土地管理法》《城乡规划法》《村庄和集镇规划建设管理条例》等相关法律法规及规章的规定,是违法开工建造的房屋或其他建筑物设施。在这些法律法规、规章及其他规范性法律文件之中,对违法建筑的处理方式基本一致,即责令停止建设,限期拆除或者没收违法建筑物、构筑物或者其他设施,对有些违法行为并处罚款。属于违法建筑的,登记机关不予登记。房屋权属证书是权利人依法拥有房屋所有权并对房屋行使占有、使用、收益和处分权利的唯一合法凭证。依法登记的房屋权利受国

---

① 参见刘彦、谢良兵:《"小产权房"暗战土地收益》,载《中国新闻周刊》2007年第26期。
② 同上。

家法律保护。而"小产权房"不能取得不动产登记,得不到法律的确认,进而也得不到国家强制力保护,对于拆除的违法建筑,不予补偿。另外,《国务院办公厅关于清理整顿各类开发区加强建设用地管理的通知》规定,禁止将以征用方式取得的农民集体所有土地用于农业园区开发。各省、自治区、直辖市人民政府要对种植、养殖等农业园区的建设用地标准或比例作出规定,防止将农用地转为建设用地,变相搞房地产。2003年公布的《国务院关于促进房地产市场持续健康发展的通知》还特别强调,"严禁以科技、教育等产业名义取得享受优惠政策的土地后用于房地产开发,严禁任何单位和个人与乡村签订协议圈占土地,使用农村集体土地进行房地产开发"。

案例:2005年10月28日,北京市房山区青龙湖镇青龙头村村民委员会、村经济联合社与北京金地雅房地产开发公司(下称"开发企业")签署了《青龙头村旧村改造实施方案协议书》。协议约定,青龙头村以344亩集体所有土地作为合作条件,将该土地全部用于开发房地产。协议还约定了多项对村民有利的条款,包括房屋回迁的价格、面积选择、经营性用房及为村民修建一条公路,建设医疗室、物业、村委会等公建住房。另外,村集体组织还将拥有经营性别墅项目10%的经营股份,并将分享开发企业商品房销售总金额2%的提成,用于村民新住宅基础设施的维护。①

协议签订后,开发企业即开始按照协议的内容在约定的用地范围内进行拆迁并施工。该项目所有建筑物中的一部分作为商品房项目对外公开出售;另一部分用于村民的回迁安置用房和旅游经营用房,但该项目既未办理立项手续,也未办理任何征地手续、开工手续,未向政府缴纳土地出让金及其他费用,当然也无法办理商品房销售许可证。

2006年5月下旬,北京市多个部门认定该项目在土地、设计、建设、工商等方面均存在违法行为,因此责令工程停工。2007年3月27日,多辆工程车开进房山区青龙头村的别墅群,机械轰鸣声中,一幢幢崭新的别墅陆续倒下,房山区青龙湖144栋违法别墅被拆除85栋,其余被没收,另有3名涉案人员被羁押。

2007年9月27日,国土资源部在新闻发布会上通报了北京市查处房山区青龙头村非法占地建别墅案。查处的理由是以新农村建设的名义,在未办理任何立项、规划及建设用地审批手续的情况下,非法占用本村集体土地326.12亩(其中耕地127.39亩),建设农民新居、别墅、道路及其他设施。2007年12月30日,国务院办公厅公布《国务院办公厅关于严格执行有关农村集体建设用地法律和政策的通知》,要求严格执行有关农村集体建设用地法律和政策,再次强调不允许城镇居民购买"小产权房"。通知重申农村住宅用地只能分配给本村村民,城镇居民不得到农村购买宅基地、农民住宅或"小产权房",并强调单位和个人不得非法租用、占用农民集体所有土地搞房地产开发。

(四)"小产权房"开发的法律风险防范

(1)不能占用耕地或基本农田开发。如果占用耕地或基本农田开发则踩到政策的"红线",各级政府必将严厉追究开发企业的责任,轻者责令停建、恢复原状,重者可能将被追究刑事责任。

(2)必须在现有的法律及政策框架内开发。可以社会主义新农村建设的名义或旧村改造的名义进行开发,但必须办理规划等手续,否则取得合法建设的手续,不能办理销售许可证或不动产权属证书,不能转让。

---

① 参见谢良兵、刘彦:《北京叫停小产权房始末》,载《中国新闻周刊》2007年第26期。

(3) 以入股、联营、破产和兼并的形式取得农村集体土地的使用权。目前《土地管理法》进行了修正，但法律仍禁止以转让、出让、出租等方式取得农村集体土地使用权进行商品住宅的开发。即使开发企业以入股、联营、破产和兼并的形式取得农村集体土地使用权，但开发也必须符合现有的规定，使之符合集体土地使用权及流转的法律规定。

(4) 利用集体土地进行开发建设需防范合同无效的法律后果。因政策及法律法规的限制，开发企业利用集体土地进行"小产权房"开发建设是违法的，因此，集体土地所有权人常常利用法律或法规的强制性规定，在巨大的利益诱惑面前或房地产市场价格波动较大的情况下故意毁约，直接以合同无效的理由为继续履行合同设置障碍，或者将开发企业的投资据为己有。

案例一：某公司2001年7月1日与某村签署租赁合同，由该公司租赁村集体土地62余亩，租赁范围包括土地上旧厂房的使用权。租期13年，从2001年7月至2014年7月。租赁合同第六条约定承租方可以建设临时厂房、库房、办公室，修建道路。第十条约定租赁期满后承租方投入的设施、设备有权全部拆运走。同年7月3日该公司与镇政府签署协议，就该公司租赁的土地范围内的原砖厂房的修缮、归属进行了约定，约定该公司修缮的房屋其中两间归镇政府，其余修缮后的房屋及承租方自建房屋归承租方。合同签订后，该公司进行了大规模开发建设，主要用于旅游地产的开发建设，但到2014年租赁合同到期后，该村不愿意再按照原来的价格续签租赁合同，提出涨价，且涨幅较大，该公司不能接受村里大幅度提高土地租赁价格，另外，该村要求该公司征地，将集体土地转为国有土地，村集体要一次性补偿。因为双方没有达成一致，该公司继续占有使用租赁土地，但因租金没有协商一致，所以该公司没有支付租金。村民采取各种方式上访，并干扰该公司的经营。

法律分析如下。

①该公司与该村租赁合同到期后未续签租赁合同，目前原租赁合同继续有效，但期限变为不定期，某村有权在合理期限内通知承租方后解除租赁合同。《合同法》第二百三十六条（现《民法典》第七百三十四条第一款）规定，租赁期限届满，承租人继续使用租赁物，出租人没有提出异议的，原租赁合同继续有效，但租赁期限为不定期。《合同法》第二百三十二条（现《民法典》第七百三十条）规定，当事人对租赁期限没有约定或者约定不明确，依照规定仍不能确定的，视为不定期租赁。当事人可以随时解除合同，但出租人解除合同应当在合理期限之前通知承租人。《合同法》第九十七条（现《民法典》第五百六十六条第一款）规定，合同解除后，尚未履行的，终止履行；已经履行的，根据履行情况和合同性质，当事人可以要求恢复原状、采取其他补救措施，并有权要求赔偿损失。根据上述规定，目前该村在提前通知该公司后有权单方解除租赁合同、要求返还租赁土地，并要求支付租赁合同解除前的租金。

②关于租赁合同解除后该公司修缮的原属于某镇政府的两间房屋的处理。根据该公司与镇政府签署的协议书的约定，原属于镇政府的废弃房屋由某公司修缮后，其中两间归政府所有，其余归该公司所有。因此，归属政府所有但由该公司使用的两间房屋，该村无权要求该公司拆除，除非政府要求腾退，该公司有权继续使用。另外，即使只拆除该公司所有或自建的其他房屋，鉴于该公司的房屋与镇政府的房屋相邻，因此，在通行、用水、排水、用电、暖气和燃气等方面都无法分割，拆除该公司的房屋及相关建筑必然导致镇政府的房屋无法正常使用，镇政府享有的相邻权必然受到损害。《物权法》第九十一条（现《民法典》第二百九十五条）规定，不动产权利人挖掘土地、建造建筑物、铺设管线以及安装设备等，不得危及相邻不动产的安全。鉴于拆除该公司的房屋可能损害镇政府的相邻权，因此，客观上出租人无法拆除该公司的房屋。

③关于该公司修缮的归其所有的其余废弃房及该公司自建房。其余修缮的归该公司所有的房屋及该公司在租赁土地上自建的其他建筑物,在租赁合同解除后,如果租赁合同明确约定租赁合同终止时承租方要拆除,则必须拆除;如果没有明确约定承租方拆除,则地上物的处理会成为双方争议事项。该公司与该村签署的租赁合同第六条约定承租方可以建临时厂房、库房、办公室,修建道路围墙等;第十条约定租赁期满,承租方投入的设施、设备有权全部拆运走。笔者认为,第十条约定的承租方有权拆运走所投入的设施、设备的条款包含的拆除范围及房屋的归属约定是不明确的,拆除范围并不必然包括不可移动的房屋本身,可以理解为只包括可以移动的设备设施,如果理解为可以移动的设施设备,则在土地租赁合同解除后,关于不可移动的房屋本身的归属与处理的问题,租赁合同是不明确的,至少不能当然理解为归出租方无偿所有或由某公司拆除,既然不能理解为土地租赁合同解除后房屋归出租方所有,鉴于房屋与其所占用的土地不能分离,则出租方在诉讼中要求拆除或腾退房屋均缺乏事实和法律依据,即使土地租赁合同解除,房屋占用范围内的土地也无法被收回,出租人无法通过解除租赁合同达到收回土地的目的。

但鉴于租赁合同解除后,该公司没有权利继续占有其所建造的房屋占用范围内的土地,另外该公司就新建的房屋没有办理用地审批的手续,因此导致该公司对房屋的所有及房屋坐落土地的占有无法通过主动启动诉讼程序获得司法支持或法律保护,这种情况下,不排除村民会投诉到镇政府或区政府相关主管部门要求对违章建筑进行拆除,但是对于农村集体土地上的房屋,即使是违章建筑,未必会有政府相关主管部门主动进行拆除。即使拆除,也很可能会损害政府的相邻权导致最终在执行方面遇到障碍。

④关于房屋与土地不同的法律规定可能对本案的影响。本案件租赁合同及协议约定租赁范围内的房屋分别归镇政府或该公司所有,但房屋所占用的土地所有权和使用权在租赁合同到期后却归出租人所有,这种享有房屋所有权却不占有土地使用权的约定本身就是矛盾的,房屋与土地无法分割,《物权法》第一百四十六条(现《民法典》第三百五十六条)规定,建设用地使用权转让、互换、出资或者赠与的,附着于该土地上的建筑物、构筑物及其附属设施一并处分。《物权法》第一百四十七条(现《民法典》第三百五十七条)规定,建筑物、构筑物及其附属设施转让、互换、出资或者赠与的,该建筑物、构筑物及其附属设施占用范围内的建设用地使用权一并处分。从该规定可知,房屋所有权归属与其占用的土地使用权权属应是同一的,不能分别归属不同的主体。本案房屋与房屋所占用的土地使用权归属主体的矛盾将导致村民委员会即使收回土地也不能要求拆除或腾退房屋,镇政府或该公司仍有权使用房屋占用范围内的土地,而且按照《物权法》(现《民法典》物权编)的规定,村委会即使收回了土地,也要给镇政府或该公司方便使用房屋的相邻权,以便于物的使用。

综上所述,房地产公司承租农村集体土地进行建设存在巨大风险,虽然从法律的角度可以与村集体进行诉讼,但法律上存在很多不确定性,对房地产公司的投资存在重大风险隐患。

案例二:2005年6月1日至2008年2月20日期间,姜某与北京市某区某镇某村村民委员会、村经济合作社签订《土地租赁合同》《租赁土地协议书》和《土地承包合同》,共租赁、承包某村村集体土地约164.5亩,租赁期限50年;2007年12月5日,姜某与北京市某区某庄村村民委员会签订《荒山承包合同》,承包村集体土地约4亩,承包期限50年。合同签订后,姜某在上述土地上经过工商行政管理局批准注册了北京某种植园,经营范围为种植、培育果木、果品采摘、旅游信息咨询、果园绿化咨询。种植园成立后,姜某在租赁和承包的土地上经营农业生态观光园,并建筑种植园的配套设施。北京市国土资源局认定张某占用 64064.08 平方米土地上的建筑物、构筑物和其他设施是违章建筑,限期予以拆除,并出具了行政处罚决定书。

张某向国土资源部提出行政复议,认为《行政处罚决定书》程序违法,没有经过合法听证的程序,而且认定申请人的违法事实没有相关证据支持,且适用法律错误。张某认为,北京市国土资源局认定申请人违法事实的法律依据是《土地管理法》第四十三条第一款、第四十四条第一款(2019 年修正前的条款),申请人认为这两款法律规定的情形是指以盈利为目的对外进行销售的房地产开发用地的情况,而申请人在种植园里所建建筑属于农业配套设施范畴,符合相关法律规定。而且,所建建筑原来就存在,属于更新改造,所有权属于村集体。张某与村委会有协议,新建建筑属于村公共设施和公益事业建设,按照规定由张某来申请。况且所建建筑所使用土地属于集体建设用地,没有改变租赁或承包土地的土地性质,并非处罚决定书所述水浇地、果园等用地,处罚决定书未查清建筑所占用土地到底属于何种用途的土地。建筑所占用的土地不涉及农用地转为建设用地,因此,无须办理农用地转用审批手续。

第八节　开发政策性房屋的风险及防范

政策性房屋包括经济适用房,限价房、限套型普通商品住房(以下简称"两限房"),危房改造(以下简称"危改")回迁房,集资建房,绿化隔离项目回迁房,住宅合作社建房,廉租房及各类保障性住房等。

一、开发政策性房屋的风险

开发政策性房屋主要风险来自政策的限制,如对开发主体、准入资格、销售条件等方面的限制。开发企业一般介入政策性房屋开发是因为有政策的优惠,如税收、土地取得、补偿等方面的优惠。还有一些开发企业违反政策,以"委托代建"或"定向开发"等方式建房变相搞商品房开发。

案例: 某教育机构依法取得一块划拨土地,批准用于建经济适用房,但教育机构没有资金建房,于是与某房地产公司协议联合建房。双方在协议中约定房地产公司出资金,一切手续都以教育机构的名义办理,教育机构不参与整个市场运作,房屋建成后除出售给教育机构的职工外其余的向社会公开出售。

以划拨土地与他人联建,这是一种变相的土地使用权的转让。出资方的风险较大,其权益得不到法律保护。在划拨土地上建造的房屋向社会出售须补办国有土地出让手续,不能以经济适用房的名义办理手续,开发企业的风险较大。

2006 年 8 月 14 日公布的《建设部、监察部、国土资源部关于制止违规集资合作建房的通知》规定,一律停止审批党政机关集资合作建房项目。严禁党政机关利用职权或其影响,以任何名义、任何方式搞集资合作建房,超标准为本单位职工牟取住房利益。对已审批但未取得施工许可证的集资合作建房项目,房地产管理(房改)部门要会同有关部门重新审查,不符合《经济适用住房管理办法》和房改政策的,不得按集资合作建房项目开工建设。已经开工建设的集资合作建房项目,房地产管理(房改)部门要会同有关部门重新审查项目供应对象、面积标准和集资款标准。集资合作建房必须符合土地利用总体规划和城市规划,列入当地本年度经济适用住房建设计划和年度土地利用计划,其建设标准、优惠政策、供应对象的审核等要严格按照经济适用住房的有关规定执行。建成的住房不得在经审核的供应对象之外销售。凡以集资合作建房名义搞商品房开发,对外销售集资合作建成的住房的,要没收非法所得,并从严处理有关责任人;构成犯罪的,移送司法机关追究刑事责任。

目前全国基本上停止了经济适用房的开发建设,代之以两限房、共有产权房、公共租赁房等,建成后的政策性住房只能向特定的主体销售,开发企业所得部分仍不能公开上市出售。

在房地产市场中,借政策性房屋之名变相进行商品房开发的现象比较常见,以商品房开发为实际目的的合同应当归于无效。这种合作方式对开发企业来说,在房屋产权上存在风险,可能不能办理不动产权属证书,上市交易有受限的风险。划拨土地上的房屋无法办理商品房登记,届时业主将面临不动产权属证书办理的种种困难。按照现在执行的政策性住房政策,购房人不拥有产权或有部分产权,一旦业主再购买其他房屋,该政策性用房将被国家回购或终止租赁。回购只能按政府定价来进行,而非市场价来进行。如果业主想出卖房屋,则存在法律上的障碍。

目前开发企业开发政策性住房主要是与政府合作或国有企业、集体企业作为开发建设主体,要详细了解当地政策性房屋开发的政策,掌握能取得的优惠政策,然后根据政策的规定及优惠政策判断是否投资政策性房屋的开发。

二、绿隔房地产项目的风险及防范

绿化隔离地区建设除了植树造林实现绿化目的外,还包括了绿化隔离地区的农民搬迁,土地征收,旧村改造和新村建设,商品房开发,市政基础设施建设等。为规范绿化隔离地区建设活动,北京市制定了一系列配套政策,其中也包括了绿化隔离地区房地产项目。由于绿化隔离地区规划面积较大,其房地产项目用地也在北京市房地产市场占据了一席之地,业界通常将绿化隔离地区的房地产项目称为"绿隔项目"。

(一)绿隔项目的主要政策依据

1994年1月20日公布的《北京市人民政府批转首都规划委办公室关于实施市区规划绿化隔离地区绿化请示的通知》;

2000年3月24日公布的《北京市人民政府印发〈关于加快本市绿化隔离地区建设的意见〉的通知》(已失效);

2000年3月29日公布的《北京市人民政府办公厅印发市绿化隔离地区建设领导小组〈关于加快本市绿化隔离地区建设暂行办法〉的通知》(已失效);

2001年7月6日公布的《北京市人民政府办公厅转发首都绿化办关于实施北京市绿化隔离地区绿地系统总体规划意见的通知》;

2001年11月1日公布的《北京市国土资源和房屋管理局关于办理绿化隔离地区新村建设房屋权属登记的通知》;

2001年12月12日公布的《北京市绿化隔离地区建设总指挥部、市发展计划委员会、市财政局、市国土资源和房屋管理局关于印发本市绿化隔离地区新村建设中办理土地征用及使用和土地出让金返还手续有关问题的通知》;

2002年公布的《北京市绿化隔离地区建设总指挥部等关于统一安排本市绿化隔离地区范围内剩余建设用地的通知》。

(二)绿隔项目政策的主要内容

(1)规定绿化隔离地区剩余建设用地的开发建设主体、开发内容和范围、有关政策及工作程序等内容。

(2)提出为加快基础设施和新村建设,推进城市化进程,在农民自住房建成的前提下,允许集体经济组织开发建设一部分商品房向社会出售,所得收益用于拆迁补偿和绿化建设。对于经营性绿色产业项目,绿化建设用地面积在10亩以上的,允许有3%~5%的土地用于与绿地相适宜的建设项目,但要严格控制绿色产业项目的建设用地,用地面积限制在绿化面积的3%~5%以内。建设农民自住房屋和上市出售的商品房的比例为1:0.5。

(3)金融机构对旧村改造和新村建设给予贷款支持。

(4)简化开发建设手续,规定建设项目实行"一条龙"审批,并对绿化隔离地区土地置换的审批、房屋搬迁、土地房屋登记发证、房屋的出租销售等问题进行规范。

(5)享受土地出让金返还、税费的减免等绿隔项目优惠政策。

(6)对绿化隔离地区搬迁上楼的农民及商品房购买人办理不动产权属证书问题进行了规定。明确了农民自住房、按比例建设的商品房土地使用手续的办理及商品房部分土地出让金返还程序问题。

(三)绿隔房地产项目的种类

1. 商品房开发项目

(1)1:0.5的商品房项目。在旧村改造和新村建设过程中,为了弥补绿化隔离地区建设资金的不足,在农民自住房建成的前提下,允许集体经济组织开发建设部分商品房上市出售,集体经济组织可按农民自住房的面积的1/2建设商品房用于出售,所得收入全部用于补偿拆迁、新村建设及绿化建设。

(2)剩余用地项目。在确保绿化隔离地区规划绿地和新村建设(含农民自住房及其按规定比例配套开发建设的商品房)等用地后,绿化隔离地区规划范围内剩余建设用地,原则上由市政府统一征收,统一实施土地一级开发建设,所获收益用于绿化隔离地区新村大市政配套设施建设。

在绿隔建设的旧村改造中,依据绿隔政策的比例进行商品房开发是允许的,主要是为了弥补旧村改造的资金不足。在绿隔项目中,如果严格按照1:0.5政策执行,对开发企业来说,商品房的利润根本无法承担回迁楼的建设成本,绿隔项目的旧村改造就无法启动。由于村里缺乏资金,肯定会与开发企业合作,一般开发企业介入的盈利点为回迁房和商品房的比例为4:6或者3:7时。但是占用回迁房指标开发商品房,是一种明显的违规行为,但村镇为了能顺利开发,一般会同意这样的比例。

2. 产业用地项目

为了安置农村劳动力和与绿化用地配套,北京市政府允许在绿化隔离地区范围内安排适当的产业用地。根据规定,对于经营性的绿色产业项目,其绿化建设用地面积在6.67公顷以上的,允许有3%~5%的土地用于与绿地相适宜的建设项目,但不得进行房地产开发和任何工业项目,此类项目的建筑物高度严格限定在两层以下,且必须用于绿地维护、管理用房及其设施建设和丰富绿地内的休憩功能,与绿地相协调的服务、娱乐、文化、休闲等设施。

目前集体产业用地政策对该项目的态度尚不明确,因此应寻找政策支持,充分利用集体产业用地政策。比如,能否争取到协议出让,或者按照新的集体经营性建设用地使用权上市政策执行,这样就解决了融资、转让、出租的问题,开发企业能取得建筑物的土地使用权及建筑物所有权,在权利上没有障碍。开发企业通过协议出让难度较大,须由乡镇政府向区政府提申请,区政府报市政府,再上报市长办公会,虽难度较大,但可一试。另外,有些地方投资者经批准后,通过集体建设用地流转的方式,就地使用集体建设用地,可按照规划用于发展旅游业、服务业、商业和工业。自然人、法人或其他组织可以通过出让方式取得集体建设用地使用权,投资者可办理《集体土地使用证》和《不动产权属证书》。集体建设用地使用权出让年限和同用途的国有土地使用权出让年限一致。使用者在依法登记取得使用权之后,可按规定对使用权进行再次流转。

3. 旧村改造和新村建设

旧村改造和新村建设的主体大多是绿化隔离地区各村委会的农工商公司或经济联合社,由其出资或农民集资建房,采取合作建房的形式,不需要按照国家建设征地和市区的危旧房改造政策执行,各乡(镇)、村根据自己的情况和农民的意愿自主决定拆迁补偿办法,自行制定拆迁补偿政策。在建设资金不足的情况下,村集体也会引资建设。另外,对于绿化隔离地区水、电、气、热、环卫、道路等基础设施建设由政府投入。

新村建设原则上以行政村为单位进行,按照居住小区的标准,以多层建筑为主,统一规划,统一开发,农民可建自住的单体二层或三层建筑,但不能超过农民原有宅基地占地面积80%。农民可按照人均40—50平方米建筑成本折价购买自住房,或按现有正式住房1∶1的面积计算,允许农民将自住房的购买权部分或全部有偿转让。

(四)绿隔项目的土地政策及权属处理

旧村改造和新村建设用地内的新建住宅,无论是农民自住房还是开发的商品房,都应颁发不动产权属证书。而农民的自建房屋是不能转让的,即使转让也不能办理产权过户手续。绿化隔离地区的剩余建设用地,与普通的经营性建设项目用地一样,其性质为国有土地使用权,需要通过招标、拍卖、挂牌的方式从土地交易中心以公开竞买方式取得。

(五)绿隔项目的开发模式

政府鼓励各集体经济组织采取多种方式引资开发绿化隔离地区的房地产项目。绿隔项目的开发模式与传统的房地产项目开发并无本质区别,但由于受绿化隔离地区政策的影响,绿隔项目的开发模式还存在独有特点。对于农民自住房一般都是由集体经济组织自行组织,开发模式单一,因此以下主要针对绿隔项目中的商品房项目的开发模式进行介绍。

(1)按比例建设的商品房项目。绿化隔离地区按农民自住房的面积比例建设的商品房项目,由于与农民自住房的建设关系紧密,目前就该商品房项目的开发模式多采取集体经济组织办理开发前期手续,拆迁完毕做到"三通一平"并取得国有土地使用权后进行转让。

(2)剩余建设用地项目。投资建设绿化隔离地区剩余建设用地对开发企业来说是有获利空间的,但2004年1月9日之后,绿隔项目不再享受允许协议出让的政策,必须以公开交易方式出让。目前剩余建设用地项目在土地一级开发方面与商品房开发项目有一些不同。绿化隔离地区的剩余建设用地由市政府统一征收后进行土地一级开发建设,为此北京市政府专门组织成立了北京市绿化隔离地区基础设施开发建设有限责任公司(以下简称"绿基公司")。政府授权绿基公司作为绿隔地区剩余土地一级开发的主体,剩余建设用地的前期开发费用均由绿基公司承担,包括征地、拆迁直至地块"七通一平"。

剩余建设用地项目的开发模式基本上是:①由集体经济组织(即原土地方)负责将地块拆迁完毕做到"三通一平"的挂牌条件;②所有立项、征地、规划等报批手续均以绿基公司名义办理;③绿基公司负责申请将地块在北京市土地储备中心挂牌出让;④绿基公司负责完成项目周边的市政配套设施建设;⑤开发企业通过摘牌取得项目开发权,在摘牌成功后向绿基公司支付市政配套费用,向集体经济组织支付征地补偿及拆迁等费用。

如果绿基公司没有足够的资金从事项目的前期开发,此时开发企业即可介入,开发企业可与集体经济组织合作,由开发企业提供征地拆迁费用,在符合挂牌条件后再由开发企业参与摘牌。因一级开发主体是绿基公司,在开发企业摘牌成功后开发企业与集体经济组织的关系是补偿与被补偿的关系,开发企业虽然不能作为一级开发的主体,但可以通过与绿基公司合作,签订合作协议,参与项目的一级开发。如果绿基公司拒绝开发企业以任何形式参与剩余建设用地的土地一级开发,那么开发企业只能在二级市场拿地。如果绿基公司在没有资金时也不想与开发企业合作由开发企业提供资金,那么开发企业是无法启动项目的。

三、城中村改造项目的风险防范

"城中村"既不是法律术语,也不是房地产术语,而是人们约定俗成的称谓。城中村一般指位于城市规划区内,村中人口户籍仍为农民身份,但已失去或基本失去集体所有土地,仍然实行村民自治和农村集体所有制的村庄以及社区。城中村改造涉及集体土地转为国有土地、农村集体经济组织转为合作或股份制经济组织、违法建(构)筑物的处理、拆迁补偿安置纠纷、集体土地建房买卖纠纷、村股份公司与房地产开发企业合作开发、村集体企业改制等问题,但没有统一的法律、行政法规规定城中村改造的问题,而是散见于《民法典》《土地管理法》《城乡规划法》《村民委员会组织法》及各地制定的政策。

(一)城中村改造的法律依据

《民法典》《行政许可法》《土地管理法》《城乡规划法》《城市房地产管理法》《村民委员会组织法》《土地管理法实施条例》《城镇国有土地使用权出让和转让暂行条例》《土地利用总体规划编制审查办法》及《国有土地上房屋征收与补偿条例》等。

城中村改造项目涉及的法律关系和法律主体较为复杂,法律关系主要包括民事法律关系和行政法律关系,民事法律关系包括不动产物权变动法律关系、婚姻继承法律关系、抵押租赁法律关系、村集体企业改制法律关系、拆迁补偿法律关系等;行政法律关系包括涉及项目立项批准、规划许可、拆迁许可、违法建筑物查处、土地征收、行政复议、行政诉讼等。城中村改造涉及的法律主体包括房地产开发企业、村民、村委会或村集体企业、投资公司和各级政府机关。

(二)城中村改造的模式

根据城中村改造的主体划分,城中村改造大体上可分为三种模式。

(1)政府主导的模式。在政府统一主导下,由政府解决资金,政府负责城中村改造区域的规划、拆迁补偿及安置房建设等事宜,改造后整理出的土地由政府按照"招拍挂"的规定出让拆迁国有土地使用权。

(2)政府主导,市场化运作的模式。政府负责城中村改造区域的规划、立项,政府主导制定改造方案和村民安置方案,政府将开发用地和建设用地捆绑招标,并提供优惠政策。由政府招商引资,村民委员会与开发企业进行协商补偿,由开发企业出资完成拆迁补偿安置及村民社会保障等工作。

(3)市场化运作,政府监督的模式。由政府负责城中村改造规划的制定、行政审批等行政事项,其他事项包括拆迁补偿、安置及回迁房建设等方案及实施等完全通过市场运作解决,项目拆迁补偿安置资金完全由开发企业承担,或者由村集体企业与开发企业合作完成。

因为政府资金的问题,绝大多数城中村改造项目都有开发企业的参与,由开发企业提供全部或部分资金,从开发阶段及开发企业从政府拿地的角度来看,开发企业参与城中村改造一般有下列三种方式。

(1)一、二级联动开发。开发企业既负责土地一级开发,又负责二级开发,开发企业在完成拆迁安置及补偿后,政府将土地在交易市场公开交易,开发企业通过公开竞价的方式获得项目开发权,实施项目开发建设。

(2)政府与开发企业协议的方式。政府与开发企业先达成城中村改造框架性协议,协议中约定由开发企业负责拆迁补偿安置,在拆迁补偿完成后,政府通过土地交易市场采取"招拍挂"的方式将土地使用权进行出让,开发企业参与竞争土地使用权。如果开发企业竞得土地使用权,则前期投入的拆迁补偿安置资金可冲抵土地出让金。

(3)政府负责拆迁补偿安置,开发企业在二级市场拿地,但开发企业需按照"招拍挂"文件的要求负责回迁安置房建设并在建成后交付。

开发企业取得项目开发权之后,通常会与村集体经济组织、其他投资商合作开发或单独开发。

(三)城中村改造项目的基本流程

(1)与村集体或政府协商有意向后,由政府制定城中村改造总体规划和专项规划。
(2)将集体土地征收为国有土地。
(3)确定改造模式和投资人。
(4)进行规划许可、拆迁许可等行政审批手续。
(5)拆迁补偿安置和拆除实施。
(6)房屋及基础设施的建设。
(7)项目交付,主要包括回迁房的交付和公共设施、附属设施的交付。

(四)城中村改造的风险

(1)利益冲突比较明显。城中村改造涉及集体土地征收、土地收回、地上物拆迁、回迁、土地置换、土地"招拍挂"上市出让、"村改居"、社会保障、劳动力安置、村民就业、土地增值收益的分配等问题,涉及面广,利益冲突大。利益冲突可能存在于开发企业与村民之间、开发企业与村委会或村集体企业之间,也可能存在于政府与村民之间、政府与村委会或村集体企业之间、村民与村集体之间、上级政府和下级政府之间。任何两个主体之间存在矛盾,对开发企业来说,开发的难度都会加大。城中村开展改造业务时可能经常碰到群体事件,如集体信访、集体维权、暴力抗法等,这些都会增加开发企业的开发风险,尤其是在维稳的政策下,地方政府的压力增加,政府也会把压力传导到开发企业。

(2)政策的不确定性导致风险加大。因国家缺乏统一的规范城中村改造的法律,实际上城中村改造起主导作用的是地方性法规、规章及政策等因素,各地的差异较大。

(3)主体违约的可能性大。开发企业投资城中村改造项目涉及尽职调查、开发模式选择、项目融资、办理行政审批、城中村村民及企业就地安置或整体性搬迁、易地集中安置的方案拟订、拆迁补偿谈判、改造范围内资产收购、土地使用权取得、项目建设规划、施工许可取得、地方行政事业性收费减免事宜等事项,涉及面广,因此导致各主体违约的可能性增加。

(4)沟通成本高。村民对城中村改造组建的公司模式及股权设置架构、公司与村民利益之间的关系可能有疑问或不了解,增加了沟通或执行的成本。

(5)难以制订拆迁方案。拆迁方案直接关系村民的切身利益,有些村民宅基地建多层房屋,有些村民有几处宅基地,有些宅基地面积较大,但所建房屋面积很小,村民占地或所建房屋不一。如果制订"一刀切"的方案,纯粹按照面积补偿或者只补偿固定数额,村民可能不会接受,这就造成拆迁方案难以确定。

(6)拆迁资金及社会保障方面的问题不落实导致拆迁难度增加。如果筹措城中村改造的资金渠道单一,而这个单一的渠道又没有足够的资金支撑,那么改造就难以启动。城中村改造的资金不是静态的,还应该包括后续村民养老、医疗、就业等社会管理问题的动态资金,应当考虑这些资金应如何落实,由谁负责的问题。未改造之前,村民可能靠出租房屋谋生,如果解决不了保障问题,那么可能会引起村民的对立情绪。

(五)城中村改造的风险防范

(1)开展尽职调查。尽职调查内容应包括项目土地房产权属和利用状况、当地房地产市场和城中村政策法规环境、村集体和村集体经济组织的相关信息。

①城中村土地权属状况调查。第一,调查城中村项目内的土地所有权是国有土地还是集体土地,或者两种所有权并存。如果是国有土地,需调查目前土地是否属于国有土地使用权、国有划拨土地使用权、国有土地租赁或者临时用地,是否存在抵押,土地使用权年限是否到期等。如果是集体土地,需调查明确该土地的用途,是否属于宅基地、非农建设用地、农用地、未利用地。第二,调查区分项目内的土地是合法用地还是非法用地。第三,调查城中村建筑物、构筑物和附着物的物权人情况,包括所有权人、用益物权人、担保物权人。

②项目所在地的地方性政策和城中村政策法规环境调查。上文提到城中村改造法律问题,因此,调查的主要目标是当地的政策及具体规定或实践操作,应进行充分了解和分析。重点关注地方城中村改造规范性法律文件中的下列事项:土地使用权取得方式、地价支付方式;拆迁补偿安置标准、程序、拆迁补偿和地价的折抵关系;城中村改造项目的行政审批流程;城中村改造项目的专项规划及其所在地的城市总体规划、控制性和修建性详细规定等规划指标;政府对城中村改造的项目工期建设要求、公共基础设施建设要求、回迁房安置建设要求;政府对城中村改造项目的优惠政策。

③对村集体和村集体企业进行调查。对村集体进行调查的内容应包括村民对城中村改造的意愿、村集体的决策程序、村办企业的状况等。

(2)开发企业与集体组织合作的风险防范。开发企业与村集体合作开发存在两种模式,一种是法人型合作开发模式,即双方共同出资组建城中村改造项目公司,以项目公司名义立项、审批、拆迁、拿地、规划、建设、销售和负责回迁安置等开发事宜;另一种是完全通过合作协议的方式,开发企业与村集体组织通过协议约定双方的权利和义务,项目以一方名义报建。无论采取哪

种合作方式,开发企业都应防范下列问题:

①集体组织主体资格的防范。开发企业在与村集体组织合作之前,应从法律的角度判断合作方的主体是否存在法律障碍,如存在则应建议规避。另外,应明确村集体组织的内部议事程序和外部议事程序,签订合同的主体是否已取得合法的授权、是否能确保签订的合作协议合法有效也应明确。

②协议应约定的内容。协议应约定项目拆迁补偿安置资金的预算、项目拆迁补偿安置资金来源、拆迁补偿安置资金超出预算的资金继续投入的责任分配、工程设计、监理、施工、营销、销售利润分配、项目停滞的风险责任分配等。协议应约定的其他内容参见本章第二节合作取得项目开发权的相关内容。

③开发企业采取法人型合作的,开发项目土地使用权应该办理在项目公司名下,采取协议合作型开发时,土地使用权最好办理在开发企业名下。如果因为政策的原因开发企业不能作为开发的主体,那么开发企业应慎重介入。采用法人型合作开发的,开发企业与村企业应约定清楚项目公司的设立方式、出资方式、注册资金、审批手续办理人、项目公司的治理结构、项目公司的决策程序、拆迁补偿安置协议谈判的主体等。

④开发企业要与村集体约定拆迁补偿安置具体事宜由村集体负责,村集体应负责在约定的时间内完成拆迁补偿谈判。

(3)在规划阶段积极介入项目的前期工作。开发企业在规划预案公示阶段,应积极向政府有关部门提出建议,力求城中村专项规划方案的完整性、科学性和经济性,为取得项目后续开发打好基础。由于拆迁期限与拆迁成本具有相关性,拆迁迟迟不能结束常常会导致城中村改造项目的开发成本远高于预期,开发企业应要求政府部门尽量调高项目的容积率、建筑密度等指标,以吸引开发企业投资并提高抗风险能力。

(4)争取采用一、二级联动的方式开发。在城中村的项目实践中,如果开发企业既进行项目的一级开发,也进行二级开发,可以避免项目土地价格被推高。

(5)审查修订拆迁补偿安置总体方案。注意方案不得违法,注意区分各类建筑的补偿标准,注意拆迁资金支付的条件等内容。

(6)拆迁完成之后,开发企业应核定对城中村改造项目土地的一级开发成本,与政府主管部门签订协议,对挂牌价成交、高于挂牌价成交、第三人高于挂牌价成交等不同挂牌的结果,明确约定由政府对开发企业一级开发成本进行补偿和对土地增值进行分成。

四、开发危改回迁房的风险防范

(一)危改回迁房的法律依据

危改形式的不同性质决定安置补偿适用不同的政策。"开发带危改"适用《北京市人民政府关于调整本市城市房屋拆迁补偿办法的批复》;"市政工程带危改"适用《北京市人民政府关于〈市政建设重点工程有关规定〉的通知》(部分失效);"房改带危改"形式适用《北京市人民政府办公厅关于印发北京市加快城市危旧房改造实施办法(试行)的通知》,这是目前北京市危旧房改造的指导政策。

(二)危旧房改造的模式

目前北京市在危旧房改造过程中主要采用三种形式:一是"开发带危改",也就是开发企业为主体,以房地产开发为目的进行危改;二是通过市政道路及重点工程建设拆迁实现危改,如平安大街、广安大街建设;三是以"房改带危改"的形式进行的危改。"开发带危改"同"房改带危改"在危改主体、机制、补偿和安置标准等方面都有不同。"开发带危改"是房地产开发企业从商业利益出发,通过开发投资利润补偿被拆迁居民的形式,是十年来较多实施的危改形式,多发生在人口密度较小、市政条件好、利润高、开发收益较高的地区。由于开发企业的目的是获取利润,没有开发利润的地区,开发企业是不会投资危改的。"房改带危改"的形式较为特殊,当地居民是危改主体。按照政府组织、居民参与,居民按房改政策自己掏钱拆危房建新房的原则运作,多发生在开发企业不愿投资的人口密、利润低或无开发利润的地区,以及市政道路和重点工程建设又达不到的地区。在"开发带危改"中,发生的一切费用由开发企业支付;而在"房改带危改"中政府出资市政配套费用,居民自己负担建房费用。二者在补偿和安置标准方面也有不同。

(三)危改的优惠政策

1. 税收方面的优惠

2008年8月19日公布的《北京市地方税务局关于房改带危改项目有关税收问题的通知》规定,为促进"房改带危改"项目的建设,对其按房改成本价计算取得的售房收入部分,暂免征营业税;对按经济适用住房管理的房屋销售的收入,比照经济适用住房的有关政策,暂不预征土地增值税;对房地产开发企业建设"房改带危改"项目中比照经济适用住房管理的房屋所占土地免征城镇土地使用税,具体比例按照其建筑面积占项目总建筑面积的比例计算。

2. 对危改项目审批方面的要求

对于危改项目有关部门必须按照各自的职责积极支持和配合,包括简化项目审批手续、加快审批速度。发展与改革部门可将项目建议书和可行性研究报告合并审批。对经市政府批准的危改小区,市发展与改革部门会同市建设部门在接到区县发展与改革部门上报的可行性研究报告后,应在规定的时间内办完审批手续。

3. 产权管理

危改区居民购买就地安置房屋,安置房产权按照经济适用住房的产权管理。其中,拆除房屋属于私有自住房屋的,房屋所有权人按商品房产权管理。

(四)开发企业参与危改的风险防范

1. 避免签订的合作合同无效

案例:某镇政府与某房地产开发公司(以下简称"开发公司")签订合作开发协议,约定由镇政府以危改回迁房名义立项,由开发公司以镇政府名义进行投资、建设。工程完工后,一部分房屋分配给镇政府用于危改房分配,剩余房屋由开发公司负责对外销售。

有人认为上述合同违反了《合同法》第五十二条(现《民法典》第一百五十三条)的规定,应当归于无效。笔者认为,如果镇政府能以危改房或保障房的名义立项,则双方签订的合同是有效的,笔者的一个法律顾问单位与镇政府签订过这样的合同,以危改的名义立项,最后与镇政府分配房屋后,剩余部分仍以镇政府名义出售,但销售收入属于开发企业所有。

2. 从合作协议的内容防范风险

危改合作合同应约定的内容包括如下内容:

（1）政府一方负责办理完成征地、立项、拆迁、大市政、建设用地规划许可证、建设工程规划许可证、土地使用权证等相关手续。开发企业负责协助政府办理该项目所需的各种手续，并支付办理手续的相关费用及拆迁费用。开发企业负责施工建设、筹集项目前期费用及建设资金、被拆迁户的回迁、组建或选聘物业服务单位进行管理等工作，对商品房部分负责房屋的销售。

（2）双方权利和义务应约定的内容包括：①开发企业应要求政府方保证该项目的合法性，保证取得项目有关的立项、征地、拆迁、大市政、建设用地规划许可证、建设工程规划许可证、土地使用权证等手续，政府协助开发企业做好项目拆迁补偿工作，负责解决施工过程中与周边居民所发生的矛盾、纠纷，负责排除该期项目建设开发的一切人为障碍，保证开发企业享受相应税费优惠政策；②开发企业必须保证按规划进行开发，且市政配套工程要与此项目后期工程衔接，并保证能够与后期工程的市政设施正常对接。开发企业承担此工程勘探、测绘、设计、园区内市政设施建设、办理开工证与房屋权属证书、房屋销售等与此项目相关的一切手续的费用。

案例： 2002年，某市发改委将某市南郊农场及其周边的三个村立项为绿隔旧村改造工程，绿隔回迁楼项目建设方为南郊农场，绿隔工程将建设回迁房83200平方米，配建商品房107000平方米，按照绿隔优惠政策，政府弥补建设方在回迁楼建设时资金上的不足。按照该市《关于加快本市绿化隔离地区建设暂行办法》（已失效）第十条的规定，建设商品房获得的收入、各种税款，将全部返还给项目建设方，用于回迁楼的建设。优惠前提是必须在回迁楼建成后，才可进行商品房开发。南郊农场之后又将这一项目改为危改项目，转让给某区建委危改办，同时无偿划拨7400平方米土地给危改办，由危改办指定房地产公司进行改造。如此南郊农场及区危改办都能获利，但未获某市发改委审批。

2001年5月，某市南郊农场将商品住宅用地分别转让给A房地产开发有限公司、B房地产开发有限公司，协议转让金额9600万元。南郊农场以其处在绿化隔离带内的两个项目整体资金不能平衡为由，进行规划调整并享受了项目土地出让金返还的优惠政策。在这个项目中，南郊农场既获得了返还的商品房土地出让金，又获得了商品房协议转让金。南郊农场将绿隔项目的回迁楼工程改为危改项目是为了回避拆迁，抽身而退，避免和一些职工之间的矛盾。

第九节　房地产公司收购的风险及防范

收购的称谓有很多，有并购、兼并、合并、购并等，本书对这些概念不作区分，均指同一含义。房地产企业收购分为资产收购和股权收购，资产收购与股权收购的内容参见本章第二节取得二级开发权的几种基本模式及风险防范。

一、收购房地产公司的条件

（1）收购有项目的公司必须合法，其建筑物必须合法，不能转让违章建筑项目。被收购项目的公司本身应是合法存续的，被收购对象应当是交易对方所合法持有，属于可以合法转让的资产，并且有权将合法的资产转让。

（2）房地产公司的收购须以现存的开发义务为基础，符合《城市房地产管理法》规定的转让条件。

(3)收购房地产公司属于民事权利义务转让,必须获得房地产项目当事人和有关第三人一致确认。

(4)收购方须具有房地产开发资质并履行相应手续。收购方以自己名义开发,须有房地产开发资质,须办理土地使用权变更手续。

(5)出资未达到投资总额25%的不得转让。如何认定转让效力的问题,《最高人民法院关于土地转让方未按规定完成土地的开发投资即签定土地使用权转让合同的效力问题的答复》(已失效)明确以下三点。

①根据《城市房地产管理法》(1994年公布)第三十八条的规定,以出让方式取得土地使用权的,转让房地产时,应当符合两个条件:A.按照出让合同约定已经支付全部土地使用权出让金,并取得土地使用权证书;B.按照出让合同约定进行投资开发,属于房屋建设工程的,完成开发投资总额的25%以上。因此,未同时具备上述两个条件而进行转让的,其转让合同无效。

②以出让方式取得土地使用权后转让房地产的,转让方已经支付全部土地使用权出让金,并且转让方和受让方前后投资达到完成开发投资总额的25%以上,已经办理了登记手续,或者虽然没有办理登记手续,但当地有关主管部门同意补办土地使用权转让手续的,转让合同可以认定有效。

③对于当事人违反《城市房地产管理法》(1994年公布)第三十八条第一款规定的,人民法院可以建议政府有关部门依法给予处罚。

但目前的司法实践对于投资未到25%的问题已明显宽松,一般不认为合同无效,而认为此规定为管理性规范,而非效力性规范,只有违反效力性规范转让合同才无效,违反管理性规范的合同有效。此问题在本书前述章节中已经有详细论述,具体内容参见本章第二节。

二、资产并购的程序

房地产公司并购包括股权并购和资产并购,两者的程序略有不同。

(一)股权并购的程序

(1)收购方与目标公司或其股东进行洽谈,了解情况,进而达成收购意向,签订收购意向书。

(2)收购方及被收购方召开公司股东会或股东大会,作出是否出售或收购的决定。

(3)收购双方及目标公司成立专门机构,聘请律师进行尽职调查,收购方在目标公司的协助下对目标公司的资产、债权、债务进行清理,进行资产评估,对目标公司的管理架构进行详尽调查,对职工情况进行造册统计。

(4)收购方与被收购方及债权人达成债务重组协议,约定收购后的债务偿还事宜。

(5)出让方和受让方签订股权转让合同或股权转让协议,并按照《公司法》或公司章程的规定进行表决。

(6)双方根据法律法规的要求,将收购合同交有关部门批准或备案,不需批准或备案的,双方按照约定直接到相关行政主管部门办理包括股东变更登记在内的市场监督、税务登记变更手续。

(7)双方按照合同约定履行资产转移、经营管理权转移手续。

(8)法律法规规定有特别要求的企业转让程序。如果出让方是国有、集体企业须向上级主管部门提出股权转让申请,并经上级主管部门批准,价格的确定须经评估、验资。出让的股权属于国有企业或国有独资有限公司的,须办理立项、确认,然后再到资产评估事务所评估,出让方召开职工大会或股东大会。集体企业性质的企业须召开职工大会或职工代表大会的,按《工会法》要求形成职代会决议,必须由产权交易中心审理合同及附件,并办理交割手续。如果有外资成分,则转让程序也有所不同,须履行审批手续。

(二)资产收购的程序

资产收购的程序与股权收购程序类似,但在所有权转移上需要办理不动产权属变更登记,而不是股权变更登记。

(1)收购方与目标公司初步了解,进而达成收购意向,条件具备的可签订收购意向书。

(2)进行初步的调查。了解被收购方的资产、负债、管理构架及职工情况。

(3)收购双方正式谈判,协商签订收购合同,对被收购方的债务进行清理。

(4)收购合同生效后,双方按照合同约定履行资产转移、经营管理权转移手续,除法律另有规定外,应当依法办理不动产权属变更手续。

(5)收购中的政府程序。涉及外国投资者、外商投资企业、国有企业或上市公司等特殊主体的,必须履行特定的审批、核准、登记、审计等程序。

三、房地产项目收购的风险

(1)收购房地产项目中关于建设工程款优先受偿权的法律风险。收购方要了解有无施工合同价款纠纷,工程款结算情况,是否存在未付工程款的情况。如果未完成工程价款结算,应在项目转让协议中明确工程价款具体的处理约定,以防范建设工程价款债务移转的风险。

(2)收购房地产项目中工程质量责任转移的法律风险。转让时如果工程未完工,就涉及已施工项目质量由谁负责的问题,尤其是在受让方更换施工单位的情况下,区分质量责任将更加困难。最好的办法是不更换施工单位,出现质量问题,最终由施工单位负责,受让方可与施工方签订补充协议,对施工单位进行约束。如果受让方更换施工单位,最好由受让方、施工方与转让方三方签订协议,约定已完成工程的形象进度、工程量及工作面,并约定已完成工程的质量责任由施工单位与转让方共同承担。如果约定不明,或者在并购时没有考虑地基基础与主体结构的质量问题,那么一旦出现严重的质量问题,则对收购方利益造成重大影响。

(3)收购房地产项目中已售商品房的交付责任引起的法律风险。如果收购的项目已经部分出售,涉及债权、债务的概括转移的问题。如果转让方与购房人签订了商品房买卖合同,未经购房人同意,将开发项目全部债权债务转让给受让方,违反了《民法典》第五百五十五条"当事人一方经对方同意,可以将自己在合同中的权利和义务一并转让给第三人"的规定。因为转让方与购房人签订的商品房买卖合同既包括债权,也包括债务,因此根据《民法典》第五百五十一条的规定,债务人将合同的义务全部或者部分转移给第三人的,应当经债权人同意。相对于转让方履行房屋交付、产权办理及房屋维修行为等债务来说,购房人是债权人,未经债权人同意,转让方不得转让其特定的债务。基于上述法律规定,转让合同存在法律风险。最好的解决办法是取得购房人的同意,尤其是在资产并购的情况下,每一个购房人与转让方和出让方签订三方协议,让购房人同意转让方案。如果购房人不同意,应由购房人与转让方解除合同,债权债务由购房人与转让人双方确定,与受让方无关。如果买受人同意,则买受人与受让人应重新签订买卖合同。

(4)收购房地产项目中房地产抵押权引发的法律风险。《民法典》第四百零六条规定:"抵押期间,抵押人可以转让抵押财产。当事人另有约定的,按照其约定。抵押财产转让的,抵押权不受影响。抵押人转让抵押财产的,应当及时通知抵押权人。抵押权人能够证明抵押财产转让可能损害抵押权的,可以请求抵押人将转让所得的价款向抵押权人提前清偿债务或者提存。转让的价款超过债权数额的部分归抵押人所有,不足部分由债务人清偿。"《最高人民法院关于适用〈中华人民共和国民法典〉有关担保制度的解释》第五十四条规定,"动产抵押合同订立后未办理抵押登记,动产抵押权的效力按照下列情形分别处理:(一)抵押人转让抵押财产,受让人占有抵押财产后,抵押权人向受让人请求行使抵押权的,人民法院不予支持,但是抵押权人能够举证证明受让人知道或者应当知道已经订立抵押合同的除外"。为了避免受让有抵押权的项目的风险,在转让合同中应约定转让方告知的义务,而且受让方应当与抵押权人沟通,获得抵押权人同意或认可。一般抵押权人会衡量受让方的实力,如果对抵押权人实现债权有益,或者对其利益没有不利影响,抵押权人会同意转让。只有抵押权人同意了,才能避免转让的风险。如果转让后抵押权人行使抵押权,将对受让方非常不利,尤其是受让方先支付转让价款的前提下,可能造成受让方严重损失。

(5)收购查封项目的法律风险。被法院查封的项目以时间段为标准可划分为签订合同之前的查封与签订合同之后的查封。签订合同之前的查封,转让方可能如实告知受让方,也可能故意隐瞒查封的事实,不告诉受让方。如果受让方不知道查封的事实,也没有采取任何措施,那么合同签订后,尤其是在受让方已付款的前提下,查封的项目可能会被法院拍卖,受让方可能会遭受重大损失。签订合同之后的查封也是存在的,双方在交易过程中,项目没有被查封,但在签订后债权人申请查封。无论是签订合同之前的查封,还是签订合同之后未办理项目过户之前的查封,对受让方来说都是巨大的灾难,可能会导致钱物两空的结局。规避的办法主要有三个:一是事先查清项目是否存在查封,没有查封则继续交易,且约定项目转让款的支付是在办理完过户手续之后,如果在办理过程中项目被查封,则转让方承担违约责任,交易停止;二是在已经存在查封的前提下,受让方和债权方、法院及转让方签订协议,或在法院的组织下达成执行和解,由法院出具法律文书,约定项目的归属、债务清理后查封的解除;三是在合同中约定转让方对查封的声明,一旦与声明不符则应承担违约责任。

(6)受让存在租赁关系项目的风险。《民法典》第七百二十五条规定,租赁物在租赁限内发生所有权变动的,不影响租赁合同的效力。第七百二十六条规定,出租人出卖租赁房屋的,应当在出卖之前的合理期限内通知承租人,承租人享有以同等条件优先购买的权利。上述规定就是用俗语表达的所谓"买卖不破租赁"和优先购买权。如果受让的项目存在租赁,那么取得项目的权利后,原租赁合同继续有效。另外,在受让方与转让方交易时,在同等条件下,承租方有优先购买权,这样的规定不利于交易的顺利进行,受让方可能面临承租人行使优先购买权的风险及在受让之后承租合同的纠纷。

(7)收购有对外担保的公司或项目的风险。收购的项目或公司中常见的对外担保方式有保证、抵押、质押。如果是资产收购,被收购对象存在抵押可能使交易无法进行,如果是股权收购,存在抵押对收购没有直接影响,会影响收购资产价值的认定,但不会对交易方式和结构造成重大影响。收购存在对外担保的公司或项目对受让方来说存在风险,主要是可能影响交易的正常进行或者收购之后公司需对外承担担保责任,对受让方股权的权益造成重大利益损失。

(8)房地产项目收购中债务法律风险。房地产项目收购中的债务种类一般有银行贷款、工程款、购房款、对外担保、政府税费(包括土地出让金等)及一般债务等。项目转让是权利义务的概括转让,受让方转让后,必须承担项目原开发企业或原项目公司对外的全部债务责任。即便转让协议中约定了受让方对原债务不承担责任,但不能对抗善意第三人。如果存在不能查清的债务,则会对受让方造成巨大的影响。如果转让方欠付政府的税费,则可能面临行政处罚,严重者还可能承担刑事责任。

(9)收购协议无效或被撤销的风险。如果收购协议违反法律的强制性规定,那么收购协议无效。另外,若各方在收购交易中采取了明显不合理的低价并因此损及收购相对方的债权人利益,则该债权人有权依据《民法典》第五百三十九条的规定,请求人民法院撤销债务人的行为。债务人以明显不合理的低价转让财产,对债权人造成损害,并且受让人知道该情形的,债权人也可以请求人民法院撤销债务人的行为。其依据是《最高人民法院关于印发〈全国法院贯彻实施民法典工作会议纪要〉的通知》第九条:"对于民法典第五百三十九条规定的明显不合理的低价或者高价,人民法院应当以交易当地一般经营者的判断,并参考交易当时交易地的物价部门指导价或者市场交易价,结合其他相关因素综合考虑予以认定。转让价格达不到交易时交易地的指导价或者市场交易价百分之七十的,一般可以视为明显不合理的低价;对转让价格高于当地指导价或者市场交易价百分之三十的,一般可以视为明显不合理的高价。当事人对于其所主张的交易时交易地的指导价或者市场交易价承担举证责任。"

(10)收购程序及审批的风险。普通的收购程序简单,除了资产买卖、股权转让程序外,仅涉及有关新旧企业的设立、注销、变更登记等,而一旦涉及外国投资者、外商投资企业、国有企业或上市公司等特殊主体,则可能须履行特定的审批、核准、登记、审计等程序。除了交易程序的审批之外,还涉及项目的审批手续,比如,规划、土地、环保、消防等项目是否按照基本建设程序进行了审批。如果项目审批存在问题,那么对收购方今后的经营会产生影响。如果政府行政主管部门不批准上述程序,则面临着收购程序不能继续的风险,最终导致交易不能完成。

(11)收购总体方案设计的风险防范。在了解被收购方的基本情况后,收购方需要设计收购总体方案。如果收购方案设计不周全,比如,对付款的条件、担保等问题的设计考虑不周全,则收购方会面临风险。

(12)员工的风险。员工的风险主要是因劳动合同纠纷而引发的风险。目前劳动力成本急剧攀升,企业承受的压力越来越大,用人单位与劳动者的纠纷也越来越多。尤其是在收购过程中,收购方可能对原企业的管理层进行更换,这样又增加了产生劳动纠纷的可能性。

(13)收购的项目或公司存在重大诉讼的风险。重大诉讼直接影响到收购方的利益,有些诉讼直接影响交易的成败,或者直接影响收购方本身的"生死"。

(14)股权转让后收购方无法控制目标公司的风险。通过股权收购的方式收购项目的,收购方可能无法控制目标公司,导致其无法参与收购公司的经营。

四、房地产公司收购的法律风险防范

(一)通过律师尽职调查规避风险

(1)通过尽职调查取得详尽的被收购方的资料。律师尽职调查的资料来源于收购方的介绍、交易对象一方的陈述、核查交易对方提供的文件资料、对被收购对象的实地考察与核实、从收购方委托的会计师事务所或审计事务所等其他中介机构获取信息。对于对方提交的文件资料,律师应该要求对方或其授权代表在其提供的文件和资料上签章,确定其提供的文件资料的真实性、完整性和准确性。

(2)尽职调查中应避免泄露保密信息。

(3)尽职调查的内容主要包括主体资格、资产负债、所有者权益及其他应该调查的内容。

1. 尽职调查报告的结构和形式

尽职调查报告的结构一般分为导言、正文、尾部和附件四大部分:导言部分分为尽职调查范围与宗旨、尽职调查的手段与方法、尽职调查的前提、尽职调查的限制、简称与定义、调查报告的结构;正文部分分为公司主体情况介绍(包括股东构成、股权变动等)、项目情况(包括公司征地的背景、被征地块状况描述、公司征地成本项目构成及明细、土地征收涉及的相关文件及协议、土地一级开发的合法性、招拍挂土地权属及取得土地使用权的过程、项目手续及批准文件、销售情况、对外担保、负债、员工等);尾部内容为律师结论与声明,就报告的作用进行最后的强调与建议;附件部分为市场监督调查资料、被调查方提供的资料及项目的其他资料等。

2.尽职调查的方法

尽职调查所采用的基本方法包括审阅文件、资料与信息;与交易双方公司有关人员会面和交谈、询问求证、实地查看、参阅其他中介机构尽职调查小组的信息。

3.尽职调查报告的内容

(1)公司的设立与存续

①公司的设立

A.公司设立时的股权结构

B.公司的出资和验资

C.对公司出资的法律评价

在调查过程中,如果发现注册资金不到位,或者虚假出资、抽逃资金等情况,那么律师应该根据实际情况作出法律评价。

> 示例:根据《公司法》的规定,内资的有限责任公司注册资本必须在公司成立之日起2年内缴足,而根据公司的章程,其××万元人民币的注册资本是在3年内分三次到位,此种做法与《公司法》的规定相冲突。根据公司有关人员陈述,此种出资方式系经当地政府许可,但本所律师认为,《公司法》为全国人民代表大会通过的法律,地方政府无权制定与《公司法》相悖的政策,目前该种出资方式的合法性不能成立。

②公司的股权变动

律师通过调查后应确定股权结构以及历次的股权转让是否合法,比如,律师经调查发现公司股权转让由股权转让各方签订了股权转让协议并经股东会通过,转让各方股权转让款的支付及股东的出资经过了会计师事务所的验证,股权转让后,修改了公司章程,股东的变更也在当地的市场监督管理部门办理了登记和备案,因此,律师可以得出股权转让行为合法有效的结论。

但是股权转让过程中有可能存在违法行为,比如,某公司的股东会决议同意甲、乙二人退出公司全部股份,共计100万元,退出股份划入公司股东丙、丁名下,但将该100万元变为公司借款,这是违反《公司法》的行为,也不符合退股程序规定,混淆了公司权益与股东权益,虽然经过市场监督变更登记,但是仍然属于无效行为。因此在存在违法行为时,律师应提醒委托人在收购时注意风险防范。

③公司存续的法律评价

律师通过调查后,在核实公司的章程及其年检资料后,应判断其目前是否合法存续。律师应同时提醒委托人,分期出资的,某一期资本金未到位,出资必须在一定的期限内完成,因此,委托人在受让其100%股权后,应在一定的期限内完成剩余的出资义务,否则该公司的存续将存在法律障碍。对于符合法律规定的合法存续的公司,如果公司系家族式企业,律师同时也要指出,公司内部管理方面可能存在不规范的地方,提醒委托人要充分考虑合作后的磨合问题及可能的风险。

(2)公司的组织架构及治理结构
①公司章程的制定及修改
②公司的治理结构
(3)公司的生产设备及知识产权
(4)公司的土地及房产
①土地使用权
　　调查内容包括国有土地使用权、集体土地使用权、土地租赁、拟征收土地的使用状况。如果土地使用权手续合法,但存在其他方面的风险,那么律师可出具结论性意见并提醒委托人注意风险。律师可以从以下方面来评价,出具法律意见:
　　A.项目已经发改委核准,公司系项目唯一、排他之业主,公司已严格依法履行了征地审批手续,建设项目用地选址符合要求,建设项目已履行地质灾害危险性评估及审批程序、环境影响报告评审及批复程序,符合开发条件。建设审批手续齐全,政府批文及核准都在有效期内,符合法律规定。因此,公司土地使用权手续合法,证照齐全,符合法律程序,享有完整的土地使用权。
　　B.如果律师经调查发现存在问题,律师可将调查中发现的问题提醒如下:"招拍挂"文件要求未经自然资源主管部门同意,竞得人不得对土地使用权进行转让、拍卖或采取其他方式变更投资比例,因此,对公司股权收购存在政策性风险,委托人应选择符合政策要求的合作方式。另外,如果涉及土地纠纷,应注意征地补偿安置方案是否落实,妥善处理好与被征地农民的纠纷,以避免影响项目的进展。
②房屋所有权
　　对于房屋状况,律师应查清房屋的产权来源及是否合法拥有,并对房屋状况进行法律评价。比如,律师根据实际情况可这样出具结论:公司的在建工程虽已竣工,但由于未按规定办理建设手续,其办理不动产权属证书存在法律障碍,因此,已建成房屋的权属不确定可能影响其价值,存在法律风险。
(5)贷款、担保与抵押
①正在履行的贷款合同
②担保合同
③抵押情况
(6)税务问题
(7)重大诉讼、仲裁与行政措施
(8)劳动用工
　　员工安置问题属于股权收购的重要问题之一,委托人应在股权收购前,就被收购公司员工安置问题与股权转让方进一步磋商确定,明确签订劳动合同的职工人数。如果收购方式为股权收购,收购完成后,委托方是继续履行合同期未满的劳动合同,还是解除与员工的劳动合同,应在收购合同中明确,否则面临劳动用工的纠纷。
　　示例:

尽职调查报告

某房地产开发有限公司:
　　北京市某某律师事务所律师根据贵公司与本所的约定,就贵公司拟实施以股权收购某市城市广场项目(以下简称"该项目"),委托律师对持有该项目的某房地产开发有限公司(以下简称

"目标公司")的主体设立、历史沿革、存续状况、主要财产、主要债权和债务、税费、劳动与社保、诉讼、仲裁、争议和行政处罚等情况进行法律尽职调查。基于此,律师依法出具本尽职调查报告。

导　言

一、目的(略)

二、简称与定义(略)

三、方法与限制(略)

四、假设(略)

五、适用法律(略)

六、本报告的结构(略)

正文

一、目标公司设立与存续相关法律事项

根据目标公司向律师提供的目标公司工商登记备案文件资料,律师对目标公司所涉之主体相关法律事项作出如下陈述。

(一)目标公司的设立及法律评价

1. 目标公司的设立

(1)根据2010年5月5日目标公司设立时的公司章程,目标公司设立时注册资本总额为10000万元,其中:江某某出资6000万元,占注册资本60%;任某某出资4000万元,占注册资本40%;均为货币出资。公司经营范围为:房地产开发、经营。公司不设董事会,设执行董事一人。执行董事为公司的法定代表人。江某某担任目标公司法定代表人、执行董事。

(2)……

(3)根据《验资报告》,目标公司已收到全体股东缴纳的注册资本合计10000万元。其中,江某某以货币出资6000万元,任某某以货币出资4000万元;

(4)……

2. 法律评价

(1)目标公司成立时的股东数量符合法定人数;股东出资达到法定资本最低限额,且在依法约定时间内以货币形式全额缴足,并经会计师事务所验证;股东共同制定了符合法律规定的公司章程。

(2)根据目标公司的《企业法人营业执照》,目标公司于2010年6月17日成立。由此,律师认为:目标公司的设立符合目标公司设立时适用的《公司法》规定的设立有限责任公司应当具备的条件,为合法设立的有限责任公司。

(二)目标公司的历史沿革及法律评价(略)

(三)目标公司股权持有人及股权负担

1. 目标公司股权持有人

江某某,持有目标公司60%的股权。

任某某,持有目标公司40%的股权。

2. 根据律师调查,目标公司自成立之日至2013年8月24日,公司股权设置了第三方权利,目标公司100%的股权被质押。

3. 股权质押基本事实

(1)2012年8月16日,公司股东江某某、任某某向工商行政管理机关提交公司股权出质设立登记申请书,要求将江某某持有目标公司60%股权(6000万股)、任某某持有目标公司40%股权（4000万股），共计10000万股权质押给吴某某。出质人为江某某、任某某，质权人为吴某某，出质股权数额1亿股，被担保债权数额5000万元。

安徽省股权交易所有限公司出具的《股权质押告知函》载明，目标公司股权已在本所进行托管。质押登记手续已经办理，质押期限自2012年8月17日至2013年2月18日。该所已将上述股权予以冻结并记载于目标公司股东名册。

（2）股权质押的原因。股权质押的原因在于，2012年8月16日目标公司向吴某某借款5000万元，期限为2012年8月起至2013年2月，借款利率为每月2%，违约条款约定不能按时归还贷款的，按照每月5%的利率支付逾期利息，并按照合同金额的30%向乙方支付违约金。另据目标公司被调查的财务总监陈述，吴某某实际向目标公司支付2500万元，尚有本金未付，目标公司尚欠吴某某1080万元利息未付（利息截至7月），每月利息新增约104万元。根据这些信息初步估算，目标公司尚欠吴某某本金2500万元+1288万元利息（至2012年8月底）+1500万元违约金，共计约5288万元。

4. 法律评价

从工商行政主管机关出质的登记资料、质押合同和债务主合同、出质人和质权人的主体资格证明、出质人持股公司盖章的股东出资证明书、股权质押告知函等文件来看，目标公司的上述出质事项，符合《公司法》《公司登记管理条例》(现《市场主体登记管理条例》)等法律法规及目标公司章程的规定，是合法有效的，但对贵司以股权形式投资该公司将产生重大影响。主要影响如下：

江某某、任某某在目标公司的股权已经被质押，且被安徽省股权交易所冻结，无法交易，贵司无法通过股权转让的方式取得目标公司的股权，因此在股权质押解除之前，贵司与江某某的股权转让无法完成，只有在目标公司清偿了吴某某债权之后，或者在吴某某同意的前提条件下，股权质押才能解除，否则无法解决股权质押的问题。如果吴某某不同意和解，免除部分利息，此项债务贵司承担的损失截至2012年8月底应为5288万元。

（四）目标公司治理情况及法律评价（略）

（五）内部管理制度及法律评价（略）

二、目标公司经营资格、资质相关法律事项

（一）目标公司的经营资格、资质（略）

（二）法律评价

1. 经合理审核，目标公司依法具备与其经营范围相适应的基本经营资格、资质。

2. 目标公司对于其从事的房地产开发项目，已取得法律法规要求的特殊、专项许可方面的经营资质，但需提醒贵司特别注意的是，目标公司房地产开发企业暂定资质证书即将过期。

三、目标公司经营相关法律事项

（一）目标公司的经营范围及经营现状情况（略）

（二）目标公司经营的地块的相关法律事项

1. 2010年5月28日，甲方某市综合开发试验区管委会与乙方某集团公司签订《联合开发某项目的入区协议》，协议约定乙方在某市投资建设"某广场联合开发项目"，并于2010年6月前在甲方辖区内以自有资金设立"某房地产开发有限公司"，注册资金1亿元人民币，负责商业开发项目的建设与经营，甲方为乙方提供的项目用地占地面积约37500平方米，甲方负责协助乙方摘牌。

2. 根据目标公司与某市国土资源局于2010年8月27日签署的《某市国有建设用地使用权

拍卖转让成交确认书》，目标公司通过挂牌出让方式，竞得 XYZQTD1135 等两地块的国有建设用地使用权。标的面积合计 38318.89 平方米，成交价款 3228 万元，成交时间为 2010 年 8 月 27 日。

3.……

4.……

5.……

6. 根据目标公司提供的国有建设用地使用权证及陈述，目标公司地块的使用权受到限制，设定了第三方权利。目标公司将土地使用权及在建工程中的 4347 平方米抵押给了中国某银行股份有限公司某市分公司，抵押物价值合计 1 亿元，被担保的债务数额为 5000 万元，抵押率为 50%，抵押期限截至 2012 年 12 月 28 日。

7. 根据某市房地产管理局 2011 年 7 月 26 日颁发的编号为合房预售证第 20110417 号《商品房预售许可证》记载，该项目 50% 的商业建筑面积自行持有，不得对外销售。预售许可证记载可销售面积为 19671.45 平方米，有效期至 2013 年 7 月 25 日，目前销售许可证已经过期。

（三）目标公司经营过程中的重大合同

目标公司向律师提供了 136 份合同，律师认为如下合同对贵司影响巨大。

1. 目标公司于 2012 年 8 月 16 日与吴某某签订的《借款合同》及为履行借款合同而签订的《质押反担保合同》《委托贷款借款合同》。

《借款合同》内容在本报告前述第一部分（三）目标公司股权持有人及股权负担部分已经详细说明，如果贵司以股权投资的方式介入目标公司，则在没有还清吴某某的借款之前无法介入，按照合同的约定，目标公司须偿还吴某某 5288 万元，吴某某才能解除股权质押。另外，目标公司的在建工程和土地使用权被抵押，如果不能还清贷款，则抵押物有被法院拍卖的风险，而且未经抵押权人同意，被抵押的销售单元不能出售。

2. 商业策划及管理合同。目标公司与武汉某地产策划公司签订的《商业策划及管理合同》未标明日期，目标公司未盖章，合同金额为 982 万元，经核查，该费用已经转给武汉某地产策划公司，但该合同数额明显与市场价格相背离，经查，武汉某地产策划公司是目标公司控制的关联公司。

3. 招商策划及代理合同。目标公司与上海某某投资管理有限公司签订的《招商策划及代理合同》未标明日期，合同金额为 800 万元。经核查，该费用已经转给上海某某投资管理有限公司，但该合同数额明显与市场价格相背离，经查，上海某某投资管理有限公司是目标公司控制的关联公司。

4. 建材采购合同。目标公司与上海某某实业发展有限公司签订的《建材采购合同》未标明日期，合同金额为 5280 万元。经核查，根据目标公司与施工单位签订的施工合同，合同中列明的钢材应该由总承包单位采购，不属于甲供材料。经查，上海某某实业发展有限公司是目标公司控制的关联公司，但目标公司解释说这批材料是甲供材料，律师询问目标公司是否与总包单位签订了材料供应主体变更补充协议，目标公司称没有。合同约定的 5280 万元材料款已经转走。

5. 土方工程施工合同。目标公司与某市某建设工程有限公司第三分公司签订的《土方工程施工合同》未标明日期，合同金额 972 万元。经律师核实，土方工程包含在目标公司与总包单位的总包合同之中，就此问题律师向目标公司质疑，要求目标公司解释，土方施工合同是否与总包合同重复计算土方工程量，但目标公司没有解释清楚。

6. 三份围墙施工合同。某建筑装饰工程有限责任公司与目标公司签订了现场围墙施工合同，围墙总长度 454 米，总工程款 430 万元，经核查，围墙费用明显高于市场价格。

7. 施工合同。2010年6月7日,目标公司与总包单位签订了《某某广场项目施工合同》,约定总包单位的承包范围为土方工程、主体结构、水电安装。合同价款采用定额计价,最终决算后下浮5%。延迟支付工程款的按照当期应付工程款的日10‰计算违约金。据了解,目前该工程已经停工一年以上。目标公司陈述其拖欠工程款约5000万元,施工单位索赔1300万元。经核实,目标公司列明欠施工单位款项1亿元。如果按照5000万元为基数,那么按照停工期限一年计算,目标公司应承担违约金1825万。本金及违约金合计6825万元。另外,律师对施工合同及履行情况并不了解,因此,不能确定施工单位具体的工程款数额及应支付的数额。

8. 销售合同。目标公司与买受人签订了《认购协议书》《商品房买卖合同》《认租协议书》和《委托经营管理合同》的样本。商品房买卖合同约定交房日期为2012年12月30日前,延期交付按照已付款的日2‰承担违约责任。如果以目标公司已收款2.79亿元为基数,延期8个月计算,至8月末目标公司应付违约金1339万元。委托经营管理合同约定,目标公司每年按7%的固定利率向买受人支付租金,此笔费用参照上述延期交房的违约金计算数额为2.79亿元×7%×240天/365天共计约为1284万元。两项违约金合计约2623万元。

(四)法律评价

1. 根据供审查文件资料的内容,以及目标公司向律师作出的陈述,虽然目标公司生产经营范围符合许可的经营范围,但律师认为,目标公司生产经营出现严重困难。

2. 根据律师的合理核查及目标公司的陈述,目标公司的经营活动不具备规范性、合法性,目标公司股东、法定代表人江某某因抽逃资金已经被公安机关刑事拘留,目前尚未批捕。

3. 根据目标公司的声明,并经律师适当审查,目标公司已经提交律师审查的重大合同存在重大问题,存在将本项目的收入挪作他用的严重问题。从合同的角度来看,《商业策划及管理合同》《招商策划及代理合同》《建材采购合同》《土方工程施工合同》、三份围墙施工合同存在转移资金的事实,目标公司将本项目的资金约982万+800万+5280万+962万+430万=8454万元挪作他用,另外,从财务的角度核查,目标公司净转出资金约2亿元。因此目标公司存在重大违规事实,并存在对该项目构成重大实质性不利影响的尚未履行完毕且可能存在潜在纠纷的重大合同。

4. 结合贵公司最终确定的该项目所采取的目标公司股权转让之交易模式,从律师的角度出发,为公平、合理、合法拟定该项目的交易条件,律师提出建议如下:

(1)如果继续进行该项目,贵司应要求目标公司及股权转让方对其转走的目标公司财产予以收回,对纳入该项目交易范围的尚未履行完毕的经营合同、协议,进一步提供全面、完整的文本及履行现状情况的统计与说明;要求聘请会计师事务所,从目标公司财务记载内容方面入手,对目标公司经营合同、协议的履行现状情况,进行数据方面的财务审计;在不能完全查清的情况下,应当通过该项目交易合同条款要求目标公司及相关转让方作出相应陈述、承诺、保证的方式,明确责任及风险的承担。

(2)由于地块及在建工程是实施该项目的重点实质性交易标的,对于地块取得、经营过程中,由目标公司所签订、签署过的所有合同、协议,实际发生过的所有凭证、凭据,以及规划、设计文件、行政审批文件等相关文件资料,目标公司及股权转让方应当向贵公司作出全面披露并全面、完整地予以提供。

(3)为保障贵公司依法实现该项目的主要交易目的,在该项目交易合同条款中,针对该地块,在目标公司及股权转让方已经向贵公司作出信息披露的基础上,贵公司应当要求该项目股权转让方就该地块至该项目交易成交日之前,已经发生的所有土地使用权取得、开发、经营行为及过程的合法性、有效性,作出明确保证与承诺;对于可能由此引致的全部经济、法律责任、风险,作出责任承担方面的明确条款约定。

四、目标公司主要资产相关法律事项(略)

五、目标公司重大债权、债务和担保相关法律事项

经向目标公司提交资料清单,要求其提供债权、债务相关文件、资料。根据目标公司提供的目标公司债权、债务方面的文件、资料,律师根据贵司财务审计专业人士的意见,以及审核情况,出具报告如下。

(一)重大债权(略)

(二)重大债务(略,参考重大合同的内容)

(三)担保

根据目标公司的陈述及提供的材料,目标公司的声明不存在任何形式的对外担保。

(四)对目标公司重大债权、债务及担保事项的总体法律评价

1. 依照专业分工,目标公司债权债务的数额应由会计师事务所负责审计确认,律师的职责是确定目标公司债权债务的法律性质,并就债权债务的处理提出法律意见。

2. 依据前述贵司审计专业人员审核的内容,该项目审计机构对目标公司现股东的负债2亿元,以及本报告前文所引用的其他债权、债务数额,作出了财务认定。而根据目标公司的声明,目标公司所有重大债权债务除吴某某年利率50%过高部分无效外,均合法有效。

3. 针对目标公司的前述债权债务事项,律师认为,从目标公司及股权转让方现已提交审查的相关文件、资料来看,前述目标公司擅自转移的费用应由公司承担。

4. 如果贵司想继续履行收购程序,针对上述目标公司的债权债务现状情况,律师建议如下。

(1)对于目标公司股权转让方要求纳入该项目交易范围内的目标公司债权、债务事项,贵公司应当要求目标公司股权转让方提供债权、债务的详细清单,以及债权、债务发生的有效凭证及相关证明文件,或者将会计师事务所出具的有关财务调查报告中的内容作为依据,经该项目股权转让方确认后,作为该项目交易合同的附件。对以该债权债务事项为依据的该项目合同合理对价予以商定,并作出具体合同条款约定,以明确合同各方的合同权利、义务及责任,避免和减少履约的法律风险。

(2)对于目标公司已形成的前述对目标公司现股东的债务,律师建议由目标公司与现股东在该项目实施之前予以结清。如果目标公司事实上无法提前结清对现股东所承担的债务,而必须将该股东借款列入该项目交易对价的考虑范围之内,则该项目各方应当针对目标公司偿债的方式、期限、责任界定、风险控制等内容,作出符合法律规定的合同条款约定。

六、目标公司的对外投资相关法律事项(略)

七、目标公司税费相关法律事项

1. 税率(略)

2. 税费缴纳情况

至本报告出具之日,目标公司、目标公司股权转让方未向律师提供目标公司税费缴纳方面的完整文件资料,未向律师提供完税证明。依照目标公司相关人员的陈述,目标公司近三年未缴纳任何税费,税务部门是否处罚及是否存在其他税务违法、违规行为,目前未查明。

3. 法律评价

(1)目标公司适用的前述税种及税率符合我国现行有效的相关法律法规的规定,目标公司必须缴纳,如果不缴纳,则违反税法,将受到处罚,轻则补缴,按照日5‰收取滞纳金,重则承担刑事责任。

（2）根据目标公司的陈述，并结合目前律师所收集到的文件、资料，律师发现目标公司目前存在拖欠有关地税、国税(省级国税地税未合并前)以及其他税费等情况，如果按照实际销售额2.79亿元计算，预先缴纳税率10%计算，目标公司拖欠税款2790万元。如果计算税务部门的滞纳金，按照一年的时间计算，应为509万元，两项合计3299万元。

八、目标公司的劳动合同及社保缴纳情况相关法律事项(略)

九、目标公司的诉讼、仲裁、行政处罚相关法律事项

1. 依照目标公司2013年8月23日出具的《某房地产开发有限公司案件汇总》，以及目标公司向律师陈述的内容，目标公司存在尚未了结的诉讼、仲裁事项以及潜在的诉讼、仲裁事项，但目标公司未向律师提供法院的判决书。

2. 诉讼情况。目前有32位本项目的购买人向法院提起诉讼，要求返还购房款及要求赔偿，诉讼请求数额为1320万元。法院判决退还购房款及利息，利息按照同期银行贷款利率计算。利率按照一年期6%的利率计算，违约金数额为1320×6%=79.2万元。判决生效后不支付按照银行贷款利率的双倍计算。

3. 法律评价。针对该项目的风险，律师认为，目标公司应退还的费用至少为1399万元，不包括继续增加的迟延履行滞纳金，迟延履行滞纳金每天都在增加。

结论

综上所述，律师意见如下。

1. 经合理审查，目标公司的主体设立符合《公司法》，目前其合法有效存续，未被吊销，该项目目标公司在主体资格方面，不存在法律上的障碍。

2. 经合理审查，目标公司现股东合法持有目标公司的股权，目标公司股权上存在质押，存在第三方权利，存在阻碍依法进行股权转让的因素。

3. 经合理审核，目标公司依法具备与其经营范围相适应的公司经营资格、资质，但房地产开发资质即将过期，且施工许可证已经过期，继续施工存在行政许可的法律障碍。

4. 根据合理核查，目标公司的销售许可证已经过期，在未经行政许可的前提下，项目不能继续销售。

5. 根据合理核查，目标公司存在重大欠缴税款行为，可能面临行政甚至刑事处罚的严重后果。

6. 根据合理核查，目标公司存在抽逃注册资金的严重违法行为，目标公司法定代表人目前已被刑事拘留。

7. 根据合理核查，目标公司存在转移目标公司资产的违法行为。

8. 根据合理核查，目标公司的土地使用权和在建工程4347平方米被抵押，且债权期限已过，有被拍卖的风险。

9. 根据合理核查，目标公司存在重大债务和支付违约金的风险。

10. 根据律师与目标公司的沟通，目标公司有意隐瞒重大债务，不愿意配合律师了解目标公司的债务，有意隐瞒本项目的资金转移问题、财务信息和销售信息。

11. 根据合理判断，目标公司管理制度不健全，制约机制不完善，尤其是合同管理混乱。

12. 贵司对该项目采取股权收购的交易模式，存在足以阻碍实施的法律障碍性因素，且贵司可能深陷目标公司的债务，除了已经基本查明应付工程款及违约金6825万元、还吴某某借款本息5288万元、税务欠款及滞纳金3299万元、逾期交房违约金2623万元之外(以上四项合计18035万元)，可能还存在目标公司有意隐瞒的未查明的债务。另外，政府对此项目的行政处罚及

政府的要求,律师并未了解清楚,投资此项目风险较大,因此,建议贵司暂停此项目的股权收购。

声明(略)

北京市某律师事务所
律师:某某
某年某月某日

(二)通过公司分立转让或收购房地产公司部分项目

有些房地产公司用一个公司开发了两个以上项目,未分别设立项目。如果开发企业想转让其中的一个项目,可采用公司分立的方式,将某一个项目放在分立的公司名下,然后将该公司或项目转让。公司分立有两种形式:一是存续分立,是指公司将一部分财产或营业依法分出去,成立一个或几个新公司,新公司取得法人资格,而原公司也继续保留法人资格;二是解散分立,是指公司以其全部财产依法分别成立两个或两个以上的新公司,并解散原有公司,原有公司的法人资格消灭。

1. 公司分立方式的选择

(1)公司分立是指一个公司(以下简称"原公司")按照《公司法》的有关规定,通过公司最高权力机构决议分立成两家或两家以上的公司。公司分立方式可以采取存续分立和解散分立两种形式。

①存续分立,是指原公司分立成两个以上公司,原公司继续存在(以下简称"存续公司")并设立一个以上的具有法人资格的新公司(以下简称"新设公司");

②解散分立或称新设分立,是指将原公司法律主体资格取消而新设两个或以上的具有法人资格的新公司(以下亦简称"新设公司")。

(2)分立方式的选择

①公司根据业务发展需要及涉及分立公司的实际情况,可选择采取存续分立或解散分立的方式。

②如果项目已经取得土地使用权证或者其他证照,股东一方持有公司多数的股权份额,想保持存续公司的名称,尽量减少证照办理及变更手续,则分立应采取存续式的公司分立方式比较合适。

2. 公司分立的总体流程

这里所说的公司分立的总体流程是指从法律层面上讲,公司分立必须履行的步骤以及涉及的法律法规等,是公司分立的总体框架,应按照如下流程进行。

①公司董事会拟定公司分立方案。在公司分立方案中,除应当对分立原因、目的,分立后各公司的地位,分立后公司章程及其他相关问题作出安排外,特别应妥善处理财产及债务分割问题。

②公司股东会关于分立方案的决议。公司分立属于《公司法》上所规定的重大事项,应当由股东会以特别会议决议的方式决定,即有限责任公司的分立必须经代表 2/3 以上表决权的股东通过。股东会决议通过方案时,应当一并通过公司债务的分担协议。为了保证分立方案的顺利执行,应当同时授权董事会具体实施分立方案。该授权包括向国家主管机关提出分立申请、编制其他相关文件等事项。

③签署分立协议。公司分立经股东会通过后,股东就资产分割、债权债务的分担、股权安排

等事项及其具体实施办法达成一致协议。

④董事会编制公司财务及财产文件。《公司法》（2023年修订）第二百二十二条规定，公司分立，其财产作相应的分割。公司分立，应当编制资产负债表及财产清单。经股东会授权后，应当由董事会负责实施。

⑤履行债权人保护程序。《公司法》（2023年修订）第二百二十二条规定，债权人保护程序主要涉及分立通知和公告程序；在分立决议作出后的10日内，将分立决议通知债权人，并于30日内在报纸上或者国家企业信用信息公示系统公告。

⑥登记事项。公司存续分立所涉及的公司登记注册事项，主要是注册资本的减少等变化和新公司的产生，要办理原公司的变更登记和新设公司的设立登记。

3.公司分立的具体操作

（1）公司分立的前期准备

①由于各地政府机关、税务机关等部门对公司分立所适用的政策和标准存在差异，公司分立前，分立公司所在地区的财务、开发、法律等部门对当地税务、国土、发改、商务等部门关于公司分立所适用的政策和标准，以及其他要求应进行充分调查和了解，对在分立过程中所涉及的财务、税务、开发及手续办理过程中可能存在的其他问题进行充分研究、分析和论证，并出具专门的分析调研报告，提出相应的解决方案，确保公司分立的实操性和可行性，避免公司分立中存在的各种风险。

②制作公司分立的文件资料：A.清理原公司的各项合同及经营业务，对合同及工程造价等进行结算和清算，对相关物业的面积进行测算及划分，为编制公司的资产清单及债权、债务处理方案做好基础工作；B.编制原公司的资产负债表和财产清单，完成分立所需的账务和税务处理；C.编制公司的债权、债务清单及其处理方案；D.拟定公司分立协议、章程、董事会决议等法律文件。

③根据原公司的债权债务情况，提前做好债权人、债务人的协调沟通工作，尽量取得债权债务人的同意。

④组织会计师事务所对公司分立进行审计。审计时，应确定公司分立的基准日，在审计报告中应明确原公司的资产分配方案和债权、债务承担方案。

⑤办理税务的备案手续。

（2）公司分立的实施

①取得公司股东同意分立的初步意见。

②取得会计师事务所对公司分立的审计报告，明确分立基准日的公司分立的资产归属、债权债务归属。

③召开公司的股东会、董事会，作出股东会、董事会决议。A.董事会负责召集股东会决议、制订分立方案；B.股东大会依据章程作出公司分立的决议属于特别决议，须由代表2/3以上表决权的股东同意通过。对公司分立、解散、清算或者变更公司形式作出决议，如果股东以书面形式一致表示同意的，可以不召开股东会会议，直接作出决定，并由全体股东在决定文件签名、盖章。

④签订分立协议、定立新设公司的章程。

⑤在公司最高权力机构作出分立决议之日起10日内通知债权人，通知方式为：A.于最高权力机构作出分立决议之日起30日内，在省级或以上报纸上至少公告3次；B.书面发出债权人通知，债权人签收相关分立通知。对于债权人自接到通知书之日起30日内，未接到通知书的自第一次公告起90日内，提出公司清偿债务或者提供相应担保的要求，尽量做好协调沟通工作，避

免影响分立的进行。

⑥办理存续公司的营业执照变更手续、新设公司的市场监督登记手续。

⑦存续公司的营业执照变更手续(如法人变更等)应在完成原公司之物业或土地资产的变更手续后再办理,确保存续公司与新设公司营业执照等市场监督注册资料一致,避免资产转移过程中政府部门核查相关证照时提出疑问。

⑧存续公司与新设公司的股权变更手续都应在完成原公司之物业或土地资产的变更手续后再办理,确保存续公司与新设公司市场监督注册资料一致,避免资产转移过程中政府部门核查相关证照时提出疑问。

(3)原公司之物业或土地资产的变更手续

①咨询税务机关和国土部门,是否具备开具公司分立的契税及土地增值税及其他相关税费的免税证明的条件。

②办理分立物业过户登记至新设公司名下的相关手续:如原公司的物业已建成或将尽快建成,已取得或将尽快取得物业不动产权属证明的,尽量采取产权物业过户的方式办理公司分立;对项目尚未开始建设或刚处于建设阶段的,可采取土地或在建工程分立的方式。

③对采取土地过户分立方式的,土地过户后,办理新设公司的立项、国土、规划、施工等相关证照的变更手续或重新办理上述相关证照的手续。

④对采取物业过户分立方式的,在物业确权后办理将分立物业登记至新设公司名下的手续。

4. 公司分立过程中各部门的工作职责

(1)统筹协调部门

公司分立时,由总经理牵头,组成专门的工作小组,工作小组主要由公司的财务、开发、法务、结算等相关部门组成,分别负责公司分立过程中所涉及的相关工作;公司营销、工程等其他部门,在其职责范围内对公司分立工作应予以通力支持和配合。

(2)财务部门的工作职责

①办理公司分立过程中涉及的与当地财务、税务等部门的沟通、对接和协调;

②清理分立公司各项合同的价款履行情况,拟定公司的债权债务清单;

③清理公司分立涉及的各项目成本、债权债务明细资料;

④编制项目公司资产负债表及财产清单;

⑤完成公司分立涉及的项目公司账务和税务处理;

⑥协调会计师事务所进场审计,并出具正式的审计报告,确定资产分配及债权债务承担方案;

⑦负责股权转让过程中涉及的对股权转让价款的评估,取得相关评估报告;

⑧办理税务的备案手续;

⑨办理公司分立过程中涉及的验资报告手续;

⑩协调税务机关开具契税、土地增值税及其他税费的免税证明,争取对公司最有利的税务优惠政策。

(3)法务部门的工作职责

①分立过程中相关法律、行政法规及政策问题的咨询与解答,避免法律风险;

②分立协议、章程、董事会决议、债权通知书、公告等文件的起草;

③配合公司财务、开发等部门共同制订公司完整的分立方案;

④配合地区财务部门与相关债权人进行沟通协商,争取债权人的同意;

⑤负责分立过程中涉及的其他法律问题的处理。
(4) 开发部门的工作职责
①负责分立过程中与当地发改、商务、国土等政府部门的沟通协调和对接；
②负责当地政府内部涉及分立相关的政策和流程的咨询和了解；
③负责公司分立市场监督变更登记等手续的办理，取得新设公司的营业执照、组织机构代码，办理新设公司印章的刻制等手续；
④负责物业或土地分立过程中涉及的对相关物业或土地的评估，取得评估报告；
⑤负责分立物业或土地过户至新设公司名下的相关手续办理；
⑥负责分立物业或土地过户后，立项、国土、规划、施工等相关开发证照手续的变更或重新办理；
⑦负责公司分立过程中涉及的其他开发手续的办理。
(5) 其他部门的工作职责
公司其他部门在其职责范围内，对公司分立过程中涉及的相关事务予以支持和配合，确保工作的及时和顺利推进。

5. 公司分立的法律文件
(1) 新设公司法律文件
①设立新公司的有关申请；
②分立公告(剪报)；
③原公司股东会分立决议；
④分立协议(附会计师事务所审计报告)；
⑤分立后存续公司章程；
⑥分立后新设公司章程；
⑦新设公司股东资格证明；
⑧指定代表或共同委托代理人的证明；
⑨会计师事务所提供的验资报告。
(2) 存续公司法律文件
①公司变更登记申请书；
②分立公告(剪报)；
③股东会分立决议；
④分立方案；
⑤分立后存续公司章程；
⑥债务担保情况说明；
⑦分立协议(附会计师事务所审计报告)；
⑧公司股东(发起人)出资情况表；
⑨指定代表或共同委托代理人的证明；
⑩分立财产和债权、债务分割清单；
⑪原公司、公司股东营业执照复印件。

6. 公司分立登记的注意事项
(1) 公司分立涉及注销登记的，提交分立协议中载明的有关公司财产处置方案的债权、债务承继方案,视为注销登记所需提交的清算报告;如分立协议中载明有关注销方需先行办理清算事宜的,应进行清算。

(2)公司分立涉及注销登记的,应办理有关的注销登记手续。

(3)公司因分立而新设公司的经营范围涉及需要专项许可的,应取得相关审批。

(4)公司分立后,原有分支机构(含外商投资的办事机构)办理变更或注销登记。

(5)自分立公告45日后,登记机关方受理公司分立的申请(包括注销登记)。

(6)建议在登记过程中不要更换被委托人。如被委托人发生变化,须重新提交《指定(委托)书》。

(三)争取政府的优惠政策

地方政府为招商引资,会出台很多优惠政策,包括税收减免、规费减免、简化审批程序等,这些优惠政策受让方都可以向政府争取。比如,受让正在审批的项目,受让方可请求当地政府加快审批程序或者加快项目变更手续,希望政府部门支持;如果存在拆迁问题,请当地政府部门予以协调;在项目实施过程中与当地居民发生纠纷,政府部门应出面协调;如果政府部门一级开发未做完,应尽快完成"七通一平",保证项目顺利进行;后期及时验收,及时发放预售许可证等。还可以要求政府尽量减免各项费用,包括市政费、水电费、手续费等。还可以请求享受税收优惠与减免。开发企业也可在需要资金的时候,请求政府与银行协商在信贷方面给予支持。在项目财产安全方面,如受让方遭遇侵权事件,可请求政府的支持,制止侵权行为发生。

(四)收购合同中应约定的基本条款

1.转让方声明和保证

(1)主体及履约能力。转让方是具有完全民事权利能力和行为能力的自然人或法人组织。转让方拥有订立和签署本协议所需的全部授权、权利和行为能力,包括自其主管部门、权力机构或债权人正式获得与签署本协议或完成本协议项下之交易有关的,一切必需的同意、批准或授权,本协议经转让方正式签署,即对转让方构成有效的和具有法律约束力的义务。转让方的转让行为和公司的章程、股东协议无冲突。

(2)公司的法律地位。公司依据相关法律正式组建有限责任公司并有效存续。除已向受让方披露的事项外,公司一直根据其经营范围和适用法律的规定开展其业务,没有受到过其他任何国家机构的处罚。

(3)注册资本。公司的注册资本已按照适用法律规定获得有效、全额的出资,转让方注册资本已足额出资到位,并经过法定的验资机构核验并出具了验资报告。章程中的注册资本金额如与本协议不一致,则以本协议及目标公司营业执照记载的数额为准。

(4)所有权。转让方合法有效拥有目标公司注册资本中100%的股权;转让方对标的股权拥有合法有效的所有权,在标的股权上未设置任何权利障碍;在完成日,对标的股权的合法有效的所有权应转移至受让方,且不得附带任何权利障碍。

(5)税负。公司到期应付的所有税款均已及时并全额缴纳给税务行政主管部门,目标公司不欠负任何税款或罚息。在协议签署之日,目标公司不存在未全额缴清的任何税负。目标公司未就任何税负支付滞纳金、罚金、附加费或罚息。目标公司未与任何税务行政主管部门订立将来在股权转让完成后对受让方产生影响的任何协议或安排。除已经向受让方披露的外,目标公司未以其资产向任何第三方提供任何保证或担保,或在其资产之上设置任何权利障碍,或对外借款。

(6) 资产所有权。除已经向受让方披露的外,目标公司对所有资产或随后购买的资产拥有无瑕疵的、有效的且可转让的所有权,对转让的股权拥有完全处分权,并且该等资产均不存在任何权利障碍。

(7) 不动产(附清单)。

(8) 合同。在本协议签订之前,目标公司没有与其他方签订或履行施工总承包合同、分包合同或其他类型的合同,目标公司已签订的合同均已履行完毕,目标公司不存在其他任何尚未履行、正在履行的合同。

(9) 劳动关系。声明是否与职工存在劳动争议、是否继续聘用原职工。明确社会保险的处理、拖欠工资的处理以及职工持有各类证书的处理。还应声明除受让方书面同意外,在本协议签署日至完成日期间,除附件所列员工以外,目标公司不会聘用任何其他员工。

(10) 诉讼与仲裁。明确诉讼的案件、进程及结果等。除已经向受让方披露的情形外,目标公司没有收到任何发生诉讼或仲裁的书面通知。目标公司没有受到任何国家机构的调查、审查或强制执行,也未收到任何国家机构的调查、审查或强制执行的书面通知。

(11) 无遗漏。转让方已向受让方提供了其为受让标的股权所合理要求的重要信息,无遗漏。

2. 受让方的声明和保证

(1) 主体及履约能力。受让方系具有完全民事权利能力和民事行为能力的自然人或法人组织,受让方具有订立和签署本协议的全部授权、权利和行为能力。本协议在经受让方正式签署后,即对受让方构成有效的和具有法律约束力的义务。

(2) 无违约或无冲突。签署本协议和完成本协议项下之交易将不违反受让方股东之间约定的股权比例等协议的规定,也不与双方约定的其他各项规定发生冲突。

(3) 支付转让价款的保证。受让方应保证按照本协议按时、足额向转让方支付转让价款,并就受让方的违约行为承担相应的赔偿责任。受让方保证其转让价款来源合法。

(4) 连带责任。如果受让方在经营过程中导致转让方承担连带责任,则转让方有权要求受让方赔偿,并在赔偿数额的基础上加倍承担责任。

(5) 受让方承诺3年内不再以股权转让的方式将其股权转让给其他任何第三方。

(6) 受让方保证维护目标公司的信誉,不得给转让方造成任何声誉上的不良影响。

(7) 受让方已知悉转让方目标公司所有的信息,已明确知悉转让方对目标公司的信息无任何隐瞒,因此,受让方在本协议的履行过程中不提出撤销转让合同或合同无效。

3. 目标公司的声明和保证

转让方股东在公司设立时已全部履行了出资义务,公司成立后,转让方股东没有将注册资本从验资账户转让,没有虚构债权债务关系将注册资本转出,没有虚增利润将注册资本分配,没有利用关联交易将注册资本转出,也没有通过非法程序抽回出资的行为。转让方股东在增资时出资已全部到位,因此,目标公司无论在股权转让之前、过渡期还是在股权转让之后,均不要求转让方股东履行出资义务,在任何情况下均不要求转让方股东承担连带责任。

(五) 收购上市公司应注意的问题

某公司为房地产企业,拟收购一上市公司35%的股份并成为其第一大股东,此后该房地产企业拟将控股的房地产项目公司置入。在此过程中,由于拟收购股份超过30%,触发了要约收购义务,公司应如何处理?

如果合并持有上市公司股份超过30%,将触发《证券法》《上市公司收购管理办法》规定的要约收购义务。实践中,通常采用的解决方式是申请要约收购豁免。根据《上市公司收购管理办法》的规定,有下列情形之一的,收购人可以向中国证券监督管理委员会提出免于以要约方式增持股份的申请:

(1)收购人与出让人能够证明本次转让未导致上市公司的实际控制人发生变化;

(2)上市公司面临严重财务困难,收购人提出的挽救公司的重组方案取得该公司股东大会批准,且收购人承诺3年内不转让其在该公司中所拥有的权益;

(3)中国证监会为适应证券市场发展变化和保护投资者合法权益的需要而认定的其他情形。

成为上市公司控股股东后,若拟重组,建议正式的重组行动放在成为控股股东1年之后。在实务中也存在部分公司重组后,控股股东控股时间未满1年,却由于重组满足反向收购的条件,也按照合并日在被合并方的账面价值计量,而未按评估后的公允价值入账的情况。

第十节 商业地产开发的风险及防范

商业地产是伴随整个房地产行业的迅速发展而逐渐发展起来的,在20世纪90年代,受国家政策、市场环境等因素影响,商业房地产发展较为缓慢。进入21世纪,商业地产进入迅速发展时期,尤其是近几年对住宅进行限购后,部分投资住宅地产的资金进入商业地产,因此商业地产快速增长。房地产按用途可划分为住宅地产、工业地产和商业地产等,商业地产主要用于商业经营,包括宾馆、零售、批发、休闲、餐饮、娱乐等经营用途。商业地产的形式多样,主要包括购物中心、商业广场、商业街、商铺、酒店旅馆、批发市场、娱乐性商业地产和住宅的底层商铺等。商业地产集房地产、商业与投资三重特性于一身,它既不是单纯的投资和商业,也不是传统意义上的房地产行业。商业地产迅速发展的同时,其投资风险及经营风险不断显现,因此,投资商业地产的企业在投资中进行风险防范尤为重要。

一、缺少专业人才的风险

商业地产缺乏专业人才将带来决策、运营管理等一系列风险。商业地产投资运营应具备与之相对应的经营模式和管理人才,否则会因经营不善而存在风险。商业地产在策划、选址、功能要求方面均需要专业人才,而且是对房地产与商业都比较精通的复合型人才,人才的短缺导致开发商业地产的风险加大。

二、规划失误的风险

规划设计失误或者与市场脱节,也会导致商业地产租售困难,或者造成商铺贬值。开发企业不能固守住宅设计的思维模式,而应先确定经营模式、招商对象和业态需求,进行建筑规划设计,符合经营的要求,尽量减少日后改造费用的成本,从而降低风险。

三、资金不足导致项目烂尾的风险

商业地产相对于住宅地产前期投入高,而且资金回收周期长。如果前期资金量少,后期资金不能按计划回笼,则有烂尾的风险。

四、商业地产运营模式及管理的风险

1. 只售不租

采用这种方式,开发企业可以快速收回投资,操作模式是开发企业将开发的商业地产分割成不同面积单位,获得预售许可证后出售,并承诺小业主购买商铺后,在每年获取一定收益率的前提下,要求小业主(投资者)与开发企业或指定的经营公司签订租期一致的承包经营合同或租赁合同,这种方式就是人们常说的"售后包租"。采取售后包租的方式涉及两种法律关系:一是小业主与开发企业之间的房屋或商铺买卖关系;二是小业主与第三方之间的委托租赁关系。开发企业应采取委托经营合同方式,小业主除了和开发企业签订购房合同外,还要与开发企业或开发企业指定的管理公司签订一份委托经营合同。开发企业应特别重视委托经营合同,因为这是保障投资收益的法律文书。这种模式的风险在于,如果开发企业承诺了一定年限的固定回报,那么一旦管理不善,开发企业就要承担责任。另外,这种方式还有不动产权属变更的风险及延期办证的风险,开发企业有可能因此要承担责任。

2. 只租不售

只租不售对开发企业来说需要承担巨大的资金压力,有资金链断裂的风险。

3. 租售并举

开发企业将开发的商业地产一部分出租,一部分出售,这样可缓解资金压力。这种模式如果运营不好,那么会影响后续的销售。

4. 地产商与商家合作

开发企业先按照商家的要求建设,约定将来建好后的建筑由商家使用。这种模式适用于大型地产商,中小型地产商没有太多合作的机会。

无论采取上述哪种模式,在商业地产运营管理中都存在风险。运营管理是商业地产运营的核心,如果运营管理不好,整个商业项目的运营就变成了物业管理,品牌的价值就会降低。商业地产的开发包括以下环节,即策划、选址、建设、招商、运营,而重点是运营环节。统一的运营管理是商业地产成功的关键。统一运营一般包含统一招商、营销、服务监督和物业管理四方面的内容,如果做不好就存在风险。

如果开发企业开发的商业地产对外销售,那么就存在众多小业主。小业主多,则产权分散,产权分散,则难于管理,这也是商业地产的风险因素。解决的办法是提前成立业主委员会,由业主委员会解决产权分散带来的租赁权及经营权不统一的问题。业主委员会可通过自行管理或委托专业商业机构代管、代租等形式实现商场的统一经营,这可以有效避免返租期满后发生纠纷。

五、政策变化的风险

国家会根据市场及经济环境的变化,利用行政或经济手段对市场进行干预,比如,目前的手段有外资进入房地产行业的限制和限购措施,提高贷款利率的经济手段等。为防范政策变化对商业地产的影响,开发企业对宏观调控的走向要有一定预判,对资金成本作出预测。

六、建设工程的风险

建设工程的风险来自是否能按期竣工,工程质量是否合格。如果不能按期竣工,各工程质量存在问题,那么会引起小业主或承租人的不满。

七、租赁经营及回报率纠纷风险

租赁经营纠纷可能发生在开发企业与承租人之间(如一商家承租了整个开发项目),也可能是开发企业与管理公司之间的纠纷,或者是开发企业与小业主之间的纠纷、管理公司与小业主之间的纠纷,还有可能是承租人与转租人之间的纠纷。纠纷的类型可能是房屋租赁或管理纠纷,比如,开发企业委托的一手承租人或委托的管理公司经营管理不善,无法继续经营,无力支付租金给开发企业,将导致开发企业不能支付固定回报率给小业主。要避免此类风险,开发企业必须事先厘清各方的法律关系,定立一份保护自己的合同,并按照市场规律确定商铺销售价格和回报率,不能一味提高售价和回报率。

八、商业地产物业管理中的风险

商用物业,尤其是产权式商铺,物业管理的内容繁杂,包括水、电、暖、通信、维修、费用收取分摊、物业使用和各种行政及经营场所秩序的管理。如果管理不好,或者成本过高,导致物业后期经营成本过大,那么经营者与物业的开发、管理者及小业主或承租人的矛盾就会出现。另外,商铺的公摊面积、相邻权、管理费用高低、市场变化、商圈变化等问题都使开发企业在商业地产运营中面临风险,因此,开发企业需要专业的法律人员来帮助规避风险。

九、商业地产改住宅的政策

2016年5月17日公布的《国务院办公厅关于加快培育和发展住房租赁市场的若干意见》,鼓励房地产开发企业开展住房租赁业务,支持房地产开发企业拓展业务范围,利用已建成住房或新建住房开展租赁业务;鼓励房地产开发企业出租库存商品住房;引导房地产开发企业与住房租赁企业合作,发展租赁地产,支持租赁住房建设,并允许改建房屋用于租赁。允许将商业用房等按规定改建为租赁住房,土地使用年限和容积率不变,土地用途调整为居住用地,调整后用水、用电、用气价格应当按照居民标准执行。允许将现有住房按照国家和地方的住宅设计规范改造后出租,改造中不得改变原有防火分区、安全疏散和防火分隔设施,必须确保消防设施完好有效。允许"商改住"之后,该意见还规定在经营方面加大政策支持力度,给予各经营主体税收优惠,并提供金融支持。鼓励金融机构按照依法合规、风险可控、商业可持续的原则,向住房租赁企业提供金融支持。支持符合条件的住房租赁企业发行债券、不动产证券化产品。稳步推进房地产投资信托基金(REITs)试点。

另外,该意见还规定要完善供地方式,鼓励地方政府盘活城区存量土地,采用多种方式增加租赁住房用地有效供应。新建租赁住房项目用地以招标、拍卖、挂牌方式出让的,出让方案和合同中应明确规定持有出租的年限。

该意见明确允许开发企业或商业地产所有权人将商业用房等按规定改建为租赁住房,这意味着商铺、办公楼等后续可以按规定进行属性更改,通过结构改造等变为租赁住房。

以上政策为商业地产提供了另一条经营路径,以后无论开发企业在拿地、融资、商业改住宅的施工、土地用途变化手续的办理,以及公用事业性收费的变化等诸多方面,都需要进行研究,并判断各个方面的法律风险,业务存在很大的拓展空间,也为开发不成功的商业地产转型找到了另一条渠道。

第十一节　旅游地产开发的风险及防范

一、旅游地产概述

一般认为,旅游地产开发是以旅游度假为目的的房地产开发、经营,其本质仍为房地产开发,与传统住宅地产一样具有房地产的属性,只是功能与服务对象发生了变化,不再是满足日常定居生活、工作的需要,而是着眼于满足游客旅游的需求。旅游地产是以旅游或度假为目的,或通过旅游设施带动房地产发展,通过整合规划设计、开发建设、专业策划、市场营销、经营管理等各个环节,把旅游业和房地产业相结合的一种产业模式。

旅游地产的主要类型包括酒店、度假村、度假别墅、度假公寓、分时度假房产、主题公园、旅游商店、旅游小镇、会议中心、高尔夫度假村、汽车营地等。较之一般的住宅,其特点和优势在于旅游业和房地产业的有机融合,具有更好的自然景观、建筑景观,同时拥有完善的配套功能和极高的投资价值。

从其定义可以看出,旅游地产侧重于度假旅游,或以旅游发展为主延伸地产,或以地产为主体但赋予其旅游功能,从而扩展地产行业的内容,吸引更多的消费群体。旅游地产中,旅游和地产因素所占的比重各不相同,有的项目地产功能只是旅游功能的一部分;有的项目旅游功能只是地产功能的一部分;还有的项目只是地产和旅游两者的集合。

旅游地产市场基本呈现"一线城市靠地产,二、三、四线城市靠资源"的现状。北京市、上海市等一线城市的旅游房地产基本上走"地产"路线,以人造景区、景点来配套于住宅、酒店、社区等的开发,而二、三、四线城市的旅游房地产则主要走"旅游"路线,依托区域旅游资源进行项目配置。旅游与地产的结合不仅是互补关系,更是一种互惠关系。旅游带动了地产项目的人气,促进了地产项目的价值上升,地产项目弥补了旅游的资金缺口,实现了短期盈利同时又借助了旅游的自然资源。旅游地产开发是房地产开发中对于资源整合和产业整合应用的最有成效的一种模式。

二、旅游地产的开发模式

旅游地产的开发模式,从不同的角度,有不同的划分标准。从产业功能划分,旅游地产可分为四种模式,一是作为城市功能区模式,二是旅游产业经济区模式,三是旅游小城镇的模式,四是乡村旅游综合体模式。从开发模式来划分,旅游地产可分为以下四种模式,一是卖地滚动发展模式,二是旅游先行带动房地产发展模式,三是房地产先行带动度假地模式,四是开发企业整体操盘模式。从盈利模式来划分,旅游地产可以分为以下五种模式,一是销售地产项目盈利模式,二是经营旅游项目盈利模式,三是树立项目品牌盈利模式,四是升值项目价值盈利模式,五是进入资本市场盈利模式。而本节旅游地产的开发模式,主要是从土地取得方式的角度来介绍开发企业以不同的方式取得旅游地产的土地使用权并进行开发。

(一)划拨

以划拨方式取得土地使用权的,应当遵守法律、行政法规关于土地用途的规定。关于以划拨方式取得土地使用权的具体内容参见本章第二节的内容。采取划拨方式进行旅游地产开发建设的情况极为罕见,采取整体项目划拨方式进行旅游地产开发尚未有先例,但在整个项目区域内,在利用某处自然环境且不进行任何建设的前提下,划拨某一局部土地仍有可以探讨的空间。

(二)出让

1. 招标、拍卖、挂牌出让

根据《民法典》第三百四十七条的规定,工业、商业、旅游、娱乐和商品住宅等经营性用地以及同一土地有两个以上意向用地者的,应当采取招标、拍卖等公开竞价的方式出让,严格限制以划拨方式设立建设用地使用权。

2. 协议出让

协议出让国有土地使用权,是指国家以协议方式将国有土地使用权在一定年限内出让给土地使用者,由土地使用者向国家支付土地使用权出让金的行为。协议出让方式是招标、拍卖、挂牌方式的补充,只有在不属于应当采用招标、拍卖、挂牌方式的情况下才可采用协议方式。采用协议方式供地必须做到在地价评估基础上,集体审核确定协议价格,其价格不得低于基准地价的70%。一些三、四线城市,旅游用地多为低价协议出让。由于主题旅游公园项目能为当地带来大量税收和就业,成为地方政府招商引资的重点,主题公园的开发土地一般采用协议方式出让,成本较低,住宅项目利润较大,这也是使房地产企业进入旅游地产的一大诱因。

对于旅游业涉及的土地使用权年限的划分还是比较详细的。传统的星级宾馆、酒店项目立项,土地使用权年限为40年;国家或省级旅游度假区内旅游商业用地,土地使用权年限为40或50年;国家级或省级旅游度假区内的综合类用地,一般适合于度假酒店、度假公寓等旅游房产建设,土地使用权年限为50年;商业用地性质的旅游房产项目,一般适合建设旅游星级宾馆、商务酒店、经济型酒店、度假酒店等以酒店经营为主要目的投资行为,土地使用权年限为40年;商业城市中的综合类用地性质,一般适合商务酒店、全套房酒店、旅游星级宾馆、服务式公寓、经济型酒店等旅游房产建设,土地使用权年限为50年;服务式公寓、纯住宅类酒店式公寓、度假公寓、度假别墅等旅游房产项目的建设,本身属于房地产开发性质,土地使用权年限为70年。

对于旅游产业来说,土地用途的分类并不像住宅和商业那样界限分明,很多土地都是在原有用地基础上进行发展,或者土地出让合同上对于土地开发利用的描述并不细化,也不是很明确。对于有利于当地经济发展的旅游项目,当地政府一般都予以支持,包括在获得土地使用权的政策上会有一定的优惠政策,不少地块的一级和二级开发都可以由一个开发企业来做。

(三)合作

合作的内容参见本章第二节的内容。作价入股和合建转让也可视为合作的一种方式,两者都属于一方出地、一方出钱的合作形式。以合作建房为目的而设立独立法人的,土地使用权转让的对价是股权;不设立独立法人,而采取加名的方式,或甚至不加名,仅以合建合同约定合作各方产权分配的,土地使用权的对价是房屋建成以后的产权。因合建而分配产权以后,原土地使用人虽然拥有部分房屋产权及该房屋占用范围和公用面积的土地使用权,却不再拥有原本意义上的土地使用权。

(四)转让

参见本章第二节的内容。

(五) 土地使用权流转

土地使用权流转是指拥有农村集体经济组织或土地承包经营权的农户将土地经营权(使用权)转让给其他组织,即保留所有权和经营权,转让使用权。2004年公布的《国务院关于深化改革严格土地管理的决定》,强调"在符合规划的前提下,村庄、集镇、建制镇中的农民集体所有建设用地使用权可以依法流转"。

农业用地在土地承包期限内,可以通过转包、转让、入股、合作、租赁、互换等方式出让承包权,鼓励农民将承包的土地进行流转。集体建设用地可通过土地使用权的合作、入股、联营、转换等方式进行流转,鼓励集体建设用地向城镇和工业园区集中。土地流转的要点是在不改变农村集体土地所有权性质及家庭承包经营基本制度的基础上,把股份合作制引入土地制度建设,建立以土地为主要内容的农村股份合作制,把农村集体土地或农民承包的土地从实物形态变为价值形态,以便于农村集体经济组织、农民与投资人共赢。

(六) 旅游地产的土地使用权流转

在经济发展及农村现代化过程中,农村集体土地流转是一个重要环节。农村土地流转涉及两个层面:一是建设用地流转,二是农林用地(耕地、林地)流转。

1. 建设用地流转

在农村集体的建设用地中,分为村集体建设用地(乡镇企业、公共设施、公益事业和其他用地)和农民宅基地(闲置宅基地和其他宅基地)。通过对闲置的村集体建设用地和闲置的宅基地(清理和回购)实施清理,成立农村土地股份合作社,介入城市建设开发,获取土地增值收益。对于其他宅基地农民以宅基地换得城镇内住房,地上附着物按价补偿。

2. 农林用地流转

农林用地的流转可保持土地性质不变,只改变农业生产方式。可以开发农业产业园、特色农业基地、特种经济林地等,农民以土地入股成立专业合作社或股份合作制企业,引入企业投入资金。农林用地流转可采用区域内置换,功能流转,占补平衡的方式,将零散的农户耕地和林地集中起来,以获取建设用地用于旅游用地的开发建设。对于纳入规划区的农用地,可成立农民土地股份合作社,农民以土地经营权折价入股,直接介入土地经营,获取土地增值收益。

(七) 农村集体土地使用权流转的方式

(1) 集体建设用地作价出资(入股)、联营。集体建设用地作价出资(入股)、联营是指集体土地所有者或使用者将一定年限的集体建设用地使用权作价,以出资或者入股等形式投入与集体建设用地使用者共同举办的联营企业,形成的股权属集体建设用地所有者享有。农村集体经济组织使用农民集体所有的土地兴办乡(镇)村企业,或者与其他单位、个人以农民集体所有土地使用权入股、联营等方式共同兴办乡(镇)村企业的,应当在土地利用总体规划确定的工业用地区或者中心村范围内进行,并按建设用地的有关规定办理用地审批手续。以农民集体所有土地使用权入股的股份不得转让,但因乡(镇)村企业破产、兼并等情形致使股份依法发生转移的除外。在土地入股过程中,实行农村土地经营的双向选择(农民将土地入股给公司后,既可继续参与土地经营,也可不参与土地经营),农民凭借土地承包权可拥有公司股份,并可按股分红。

该方式的最大优点在于产权清晰、利益直接,以价值形态形式把农村集体经济组织的土地所有权、使用权和农户的土地承包经营权长期确定下来,农村集体经济组织和农民既是公司经营的参与者,也是利益的所有者。

联营式合作具体操作方式是:集体企业与投资商完全通过协议的方式来约定权利义务,所有申报、审批均由集体企业实施,集体企业可通过占地的方式以集体的名义建设。土地的性质不变,经审批可用于旅游地产建设,竣工后可用于经营。

入股合作的具体操作方式是:由农村集体经济组织或村民与投资商共同成立公司,以新公司的名义申报、立项、审批、建设。入股合作的法律依据是《土地管理法》第六十条。入股合作的申请条件是:①符合国家法律法规和产业政策;②符合土地利用总体规划;③符合农用地转用年度计划;④符合占用耕地"先补后占"的要求。目前北京市关于非集体性质的企业入股参与商业开发的规定尚不明确,对于非集体性质的投资商能否入股、入股比例有无特殊规定、酒店建设经营是否属于开发等问题,都有待核实。但是非集体企业与集体企业共同出资,按照《公司法》的规定设立有限责任公司,在法律、行政法规允许的前提下参与建设,这些都是合法的。

(2)转包。转包是指承包方将部分或全部土地承包经营权以一定期限转给其他农户或其他组织从事生产经营。转包后原土地承包关系不变,原承包方继续履行原土地承包合同约定的权利和义务。但转包用地旅游地产的用地目前存在诸多限制,原则上不允许开发建设旅游地产,但可利用转包的土地作为旅游地产的配套景观。

(3)互换或置换。集体建设用地置换,是指集体建设用地使用者将原权属合法的集体存量建设用地复垦成为水田、旱地、蔬菜地等耕地并经验收合格后,在工业园区、相关规划功能区置换使用规定面积的集体土地。这种方式是促进农村规模化、产业化、集约化经营的必由之路。

(4)出租。出租是指承包方将部分或全部土地承包经营权以一定期限租赁给他人(包括个人、集体、企业或其他组织)从事农业生产经营,出租人向承租人收取租金。

(5)抵押。抵押是指抵押人(原承包方)在通过农村土地承包方式取得土地承包经营权的前提下,不转移农村土地之占有,将物权性质土地承包经营权作为债权担保的行为。在抵押人不履行债务时,债权人(即抵押权人)依照法律规定拍卖、变卖物权性质土地承包经营权的价款中优先受偿或以物权性质土地承包经营权折价受偿。

(6)股份合作制。农户以土地经营权为股份共同组建合作社。村内按照"群众自愿、土地入股、集约经营、收益分红、利益保障"的原则,引导农户以土地承包经营权入股。合作社按照民主原则对土地统一管理,不再由农民分散经营。合作社挂靠龙头企业进行生产经营。合作社实行按土地保底和按效益分红的方式,年度分配时,首先支付社员土地保底收益,留足公积公益金、风险金,然后再按股进行二次分红。

(7)宅基地换住房。宅基地换住房方式是指用集中兴建新型农村社区或城镇住房替换农村宅基地的方案。按照土地集中、城市建设用地增加与农村建设用地减少相挂钩的思路,农户将土地承包经营权通过入股、联营、出租或租赁、转包、转让等方式实现集中,农户获得租金、薪金、股金三重收入,同时,农户可以退出其宅基地,进入新型农村社区集中居住或进入城镇购买经济适用房或商品房,政府给予旧房拆迁补偿,并将增加的农村宅基地指标置换为城市建设用地,用土地出让金等收益对农民购房进行补贴。

(8)承包地换社保。承包地换社保是指用社会保障代替土地保障。农民年老后进入小城镇定居,拥有稳定的非农收入来源,又自愿出让其原先承包经营的土地和宅基地使用权,可以申报为城镇居民户口,与城镇居民享有同等的社会保障和子女入学政策,并对其购买养老保险、医疗保险等给予适当补助。对于该种模式的土地流转,各区县政府要统一实施征地,统一补偿政策,统一办理失地农民"农转非"和养老保险,并对不同年龄阶段的农民实施不同的补贴和社保政策。

采用集体土地的合作模式,必须以集体企业名义申报立项、审批,集体土地性质不变,集体企业以产业用地的名义占用,由开发企业与集体企业完全通过协议的方式取得权利。比如,北京市朝阳区的红星美凯龙、华侨城的欢乐谷、小红门汽车配件城等项目,基本上都是由集体企业与投资商签订协议,由乡集体组织一方提供土地,政府统一规划及建设方案,由开发企业提供资金建设、运营,但是开发企业或投资企业不能取得土地使用权及建筑物所有权。

(八)集体性质的主体对合作开发的影响

(1)以集体土地出资对股权转让的限制。按照公司股东财产权理论的规定,公司的股东有相互转让或向股东以外的人转让出资的权利。作为公司制农村集体企业的股东,同样应当可以转让其对公司的出资。但是,以农村集体土地使用权出资的股东转让出资,在实践中存在两种情形,一是以农村土地使用权出资的股东(农村集体经济组织)部分转让出资,农村集体经济组织和农民的出资仍然占控股地位或起实际支配作用;二是以农村土地使用权出资的股东(农村集体经济组织)部分或全部转让出资额,致使农村集体经济组织和农民的出资不占控股地位或继续起着实际支配作用,达不到乡镇企业的标准,引起有限公司的集体经济组织企业性质的变化。如果通过股权转让的形式将集体建设用地使用权受让对象扩大到非本村村民或城市居民及城市企业,则有悖于《土地管理法》的立法宗旨,也不利于保护农民和农村集体组织的利益。因此,我国法律规范禁止非法的土地出让和集体土地使用权转让行为,对于前述两种股东转让出资的行为在实践中加以限制,即农村集体组织以土地使用权出资后应限制转让其公司股权,以集体土地使用权入股的股份不得转让,如果确实需要转让,或者依法被强制转让的,应先将公司使用的集体土地征购为国有土地,由国家给予集体土地所有权人以土地补偿或土地整治补偿,再进行出让、转让。因此,投资人通过股权转让的方式无法完全取得项目的所有权。但在我国的有些地方对此有所突破,具体参见本节海南省某项目的案例。

(2)以现金或实物出资对股权转让的影响。如果投资人与村集体企业以现金或实物共同出资成立有限责任公司,一方的持股人为集体企业时,股权转让应当满足三个前提条件,一是经过公司的股东会同意;二是通过资产评估对股权转让进行定价,并报集体企业主管部门确认和批准,一般须经当地区级以上政府批准;三是要经过持股人的内部表决,即最重要的环节转让事宜须经代表村民的村民会议或村民代表会议同意。

(九)旅游地产合作的模式

(1)房地产开发模式。房地产开发建设模式是指开发企业与村集体签订意向用地协议,以投资人自己的名义办理项目立项、征地、取得土地使用权后开发建设。

(2)集体经营性建设用地直接入市模式。具体参见本章第七节的内容。

(3)土地租赁模式。投资人可与当地村或镇政府签订土地租赁协议,明确双方的权利和义务,以及租赁的期限等。租赁后的土地租金可用于建设旅游地产,但受到诸多限制。

(4)合作模式。合作模式可细分为以下三种。

①农工商独资成立项目公司模式。农工商独资成立项目公司,该项目公司必须按照《公司法》的规定,成立一人有限责任公司,即股东是集体企业一个主体,注册一个法人股东的有限责任公司。只有这样,开发企业今后才能通过股权转让的方式介入该公司。项目公司取得土地使用

权后,以项目公司为开发主体立项报批。在项目进行到一定阶段时,开发企业收购部分或全部股权。股权转让价款应于项目公司取得《国有土地使用证》或《施工许可证》后支付一部分,竣工后再支付一部分。

②合资成立有限责任公司模式。双方共同以现金或实物出资先成立有限责任公司,集体企业不能以土地使用权入股,否则股权无法转让。由双方新成立的公司作为开发主体,以新公司名义取得土地使用权,并以新公司的名义立项、报批,在条件具备时进行股权转让。

③协议合作模式。由集体企业立项、报批,由集体企业全部或部分投资、建设,开发企业不投资建设,或者仅投入部分建设费用,房屋建成后由开发企业负责经营、管理,开发企业以土地或建筑物租赁的方式支付集体企业租金,经营风险由双方按照事先约定共同负担,利润按照双方事先的约定分配。协议合作的模式有很多,可以根据具体情形由双方协商确定。

(十) 不同合作模式的利弊分析

(1) 开发建设模式的利弊分析。开发建设模式是指国家征地后将土地出让给开发企业,开发企业取得完全合法的土地使用权,房屋建成后可申请登记,取得房屋所有权,开发企业拥有完全的所有权,可将房屋不受限制地转让或使用。如果通过出让方式取得土地使用权,对开发企业有利之处主要有两点,一是土地及建筑物权利明晰,符合现行法律规定,对投资人有法律保障;二是可通过在建工程抵押、股权融资、合作、施工单位垫资等方式融资。不利之处主要有三点,一是土地使用权取得的不确定性高导致手续复杂,效率低;二是土地出让方式的选择存在变数;三是开发企业支付的成本高。

(2) 集体经营性建设用地直接入市的利弊分析。集体经营性建设用地直接入市,除不能直接进行房地产开发经营,即分割销售之外,其他的诸如所有权、经营权几乎不受影响,但与租赁、合作等方式相比,拿地成本较高。

(3) 租赁集体土地建设模式的利弊分析。租赁土地对开发企业来说财务成本较低,前期压力较小,手续简便,只要与土地权利人签订协议即可。但租赁集体土地后的用途受严格限制,一般不允许进行建设,除非以村集体的名义报批,对开发企业没有太多法律上的保护。

(4) 集体土地协议合作模式的利弊分析。以集体土地协议合作的模式对开发企业有利之处在于手续简便快捷、土地成本较低。不利之处有很多,主要如下。

①只能以集体企业名义报建,不动产权属证书登记在集体企业名下,因为是集体建设用地,目前集体土地不能任意转让,所以地上建筑物也不能任意转让。

②集体土地的抵押受到限制,因此融资存在困难。

③开发企业只能通过合同取得项目权利,若再次将项目转让或与他人合作则在权利上存在限制,不能任意转让,只能附条件转让。

④投资商依据合作协议取得的是债权,而非物权,债权不能对抗物权,物权主体仍为村集体。

⑤集体企业违约后从法律角度比较难控制。

⑥集体土地转让及地上建筑物转让等限制性规定,直接影响投资项目的市场价格。

⑦双方发生纠纷一旦形成诉讼,现有法律规定对投资商不利。

案例:加拿大某公司已经制订了在中国发展的商业计划,准备在未来用5—10年的时间,在中国挑选风景优美的风景旅游目的地,建造500家左右的小型酒店,每个酒店设立20—50间客房,建筑面积为1000—2000平方米。这些酒店面向中、高端城市白领,采用会员制服务。初始阶段准备仅在北京周边设立几个样板酒店,后期将采用连锁加盟的方式扩张。

酒店的选址将有山地、海边、森林、高原等各种类型。某公司希望利用乡村集体建设用地或旅游用地建设酒店并经营，希望律师就相关土地法律问题提供法律意见。

针对某外资公司要求及中国法律的规定，律师从投资项目的土地性质、用途及商业合作模式等方面的实际情况，向某公司提出建议如下。

因建设酒店用地的土地可能具有不同的性质，且未具体实施不确定项目土地性质，因此假设地块属于集体建设用地，依据此假设论述在集体土地前提下的合作。集体建设用地土地使用权可以采取合作、入股、联营、置换等流转方式，参与兴办除商品房开发以外的工业、商业、旅游、娱乐、金融、服务业等经营性项目的建设。如果在集体土地上进行酒店建设，那么应按照《城市房地产管理法》的规定，依法在取得国有土地使用权的土地上进行开发建设。国家禁止以"工业开发区"或者"设施农业"等为名，利用集体建设用地变相从事房地产开发。具体建议如下。

（1）为使合作的项目产权明晰，可以考虑由政府将该项目的土地直接征收，直接收储，政府通过"招拍挂"方式出让该土地，通过政策支持，由公司直接摘牌。这样既能解决融资的问题，也明晰了建筑物的所有权。但考虑到成本，公司可采用征地与租赁相结合的方式启动酒店建设项目，即对酒店范围内的用地采用征收，对酒店建设范围外的土地，如停车场、公共道路、绿化等采用租赁的方式，这样可极大节约开发成本，同时解决了房屋的所有权问题。

（2）与村集体组织或当地政府合作。合作的条件可具体商谈，但如果由集体企业投资建设，公司不投资建设，只负责运营，那么土地性质对开发企业影响不大，可以不考虑土地的性质及取得方式等问题，直接与集体企业商谈商业合作模式。开发企业在合作条件中不能同意农工商公司以土地使用权出资入股，而必须以货币出资或实物出资，设立内资有限责任公司，采用此种方式与农工商公司合作，才能解决股权转让的限制问题。

（3）寻求旅游项目集体产业用地政策支持。目前集体产业用地政策对该项目的益处尚不明朗，因此应寻找政策支持。有政策支持，就解决了融资、转让、出租的问题，开发企业就能取得建筑物的土地使用权及建筑物所有权，在权利上没有障碍。

（4）外商投资房地产有许多限制，从准入、外汇管制、土地等方面均有不同限制，根据《外商投资商业领域管理办法》（已失效）第十五条规定，外商投资商业企业所用土地，应当按照国家有关土地管理的法律、行政法规的规定，以公开招标、拍卖、挂牌等方式取得商业用地。

三、旅游地产开发的风险防范

旅游地产，是房地产企业业务新的增长点，旅游地产不等于旅游加地产，目前旅游地产仍处于起步阶段，目前还没有成熟的盈利模式可以借鉴，市场不成熟，盈利模式尚不明朗，存在风险隐患，开发企业需谨慎。旅游地产开发的防范措施如下。

（1）开发企业在拿地时向当地政府提出附加条件。一般政府受到土地出让指标的限制，很难一次出让成片土地，开发企业不能获得成片土地，将使其旅游地产缺少吸引力。旅游地产的主体功能是旅游，前期投资大，投资回报周期特别长，开发企业可要求地方政府配套部分住宅、商业，以快速回笼资金，来弥补纯粹旅游地产的亏损。

（2）防止项目烂尾和项目不能启动。开发企业投资旅游地产要理性，不能急功近利，为圈地而开发。对于投资商来说，在投资旅游地产之前，一定要对自身的能力有清楚的认识，不能盲目跟风。

案例：李某自称"唐朝皇室后代"，于2012年10月25日和某省某县文物管理局签订《某县某帝陵景区委托经营开发协议书》（以下简称"协议书"）。协议书约定，某县文物管理局同意将由其管理的国家AAA级景区某帝陵的经营开发权委托给李某。同时，某县政府也同意将某帝陵景区及周边占地面积近3000亩的土地交由李某进行开发建设。李某计划在5年内向某帝陵景区投资8000万元以改善景区现状，并计划在10年内投资10亿元对景区周边进行开发建设，预建大型停车场、李氏祠堂、人工湖、影视城、大型游乐场等，项目实施后将会进一步提升景区档次。

某县文物局于2012年12月25日将景区经营管理权交给李某，李某组建团队经营某帝陵，负责该陵的日常维护、支付文物局职工及景区员工的工资等，并陆续投入约800万元现金用于改造景区的环境及新闻媒体的宣传、景区开发计划的设计及办理各种手续等。因景区名气小、交通不便，游客较少，景区月收入仅万元左右，但景区每月固定支出20万元左右。李某自有资金不足，无力进行大规模开发，希望通过融资的方式取得开发建设资金，但李某并未与县政府签订任何关于房地产开发的协议，仅与当地县领导口头约定每亩土地价格7万元，但就如何获得合法的土地使用权、每亩7万元的土地价格是挂牌价格还是不包含征地拆迁价格等问题都没有书面协议。李某甚至在当地都没有注册成立一家房地产公司，但李某急于取得开发资金，在签订景区承包经营合同后便开始招商引资，结果一批批考察的队伍如走马灯一般，在2年时间内，李某光招待费就花了1000多万元，但投资始终没有下文。

针对李某融资的问题，律师提出以下意见。

（1）李某应立即与某县政府及相关部门签订有关某帝陵景区及周边土地开发项目的《框架协议书》，主要应明确以下事项。

①明确表示县政府及相关部门允许李某对某帝陵景区及周边土地进行开发建设；

②明确县政府及国土局在一定期限内将3000亩土地交付给李某，以及每亩土地的价格、支付方式及期限；

③县政府要负责拆迁并明确具体时间。

（2）李某应尽快注册房地产公司，并以该公司的名义办理项目立项、环评、可研报告等手续，推动项目进展，这样才有可能拿到土地，顺利融资，否则，以目前的状态是无法获得投资的。

李某接受了律师的建议，并要求就该项目的融资问题出具法律咨询意见。律师结合具体案情从金融机构贷款、民间借贷、股权融资三种融资方式出具咨询意见。

（1）金融机构贷款。金融机构发放贷款，会对借款人的资质、偿贷能力等进行严格审查，同时还要求借款人以项目申请贷款或者提供担保，主要包括提供抵押物、质押物或者保证人保证。如抵押物或质押物不足值或审批、登记手续有问题，或者保证人无法保证或保证人违反法律禁止性规定予以保证，都会出现贷款不能的问题。目前，李某在某帝陵景区及周边开发建设的项目尚未获得批准，以项目通过银行进行贷款是不可行的。如再无合适的抵押物、质押物以供担保，亦无保证人保证，那么银行贷款这一融资方式的可行性不大。

（2）民间借贷。如以此种方式进行某帝陵景区及周边开发建设项目的融资，则存在以下风险。

①利率较高，可能形成利息比本金高的情形。某帝陵景区及周边开发建设项目持续时间较长，需要资金数额巨大，如向朋友借款，必然面临"高利贷"的问题，民间借贷的年利率一般在20%以上，如此高的成本是无法承受的，对某帝陵景区及周边建设项目的持续开发

也是不利的。

②提供担保的问题。即使是民间借贷,一般也需要提供担保,借款人如果无法提供担保或找到合适的保证人,那么贷款方很有可能不会向借款方提供资金。

③稍有不慎,容易触犯刑法。民间借贷与非法吸收公众存款或者变相吸收公众存款行为的界限极为模糊。

如采用民间借贷方式进行融资,要特别注意四点。A.融资对象。必须严格控制范围和人数。B.融资用途。应用于借款人本人或者企业发展生产和扩大经营活动,不能用于诸如向其他企业或个人转贷等。C.融资利率。应约定在一个合理的范围之内。但如果民营企业内部集资的利率过高,不仅会增大企业的还贷风险,而且一旦把握不当,就有可能导致社会公众资金进入,演变为吸收社会公众存款。D.还款期限。明确还款期限,不要设置存取自由的条款,以避免将借款混同于存款。

鉴于某帝陵景区及周边的开发建设项目所需资金数额较大,如通过民间借贷方式融资10亿元,其可行性较小,风险较大。

(3)股权融资。李某可与投资者协商,共同投资设立房地产公司,投资方都作为股东,或者在李某设立房地产公司之后,其他投资者可通过增资或股权受让的方式成为房地产公司的股东,共同开发建设景区。除此之外,也可考虑私募股权融资,但同时作为融资方,也需要注意风险:一是选择投资者的风险;二是引入投资者人数的风险;三是泄露商业秘密的风险。

总之,根据某帝陵景区及周边的开发建设项目的实际情况,并结合对金融机构贷款、民间借贷及私募股权融资方式的利弊及风险的分析,律师认为三种融资方式都有难度,但通过股权融资方式与投资方共同设立房地产公司或者成立私募股权投资有限合伙企业及设立私募基金管理公司的方式进行融资尚有一定的可操作性。

在股权投资的融资方式中,有投资者对该项目有意向,希望成为控股股东,李某参股,负责协调与当地政府的关系,但李某坚持由自己控股,因此该项目没有成功。2018年,某县文物局提起诉讼,解除了帝陵景区委托经营开发协议书,并要求李某限期腾退。

(3)重视后期运营。物业持有和深度运营将成为旅游地产的新诉求,这也为房企和旅行社的合作提供了契机。旅游地产是复合型的系统工程,需要金融机构、开发机构、运营机构、零售机构的协同合作,共同完成从开发到销售、从销售到运作的全过程。如果依靠旅游资源销售传统住宅,进行常规的住宅开发,那么仍然属于传统的住宅销售。

以旅游地产名义拿地,地块面积大,拿地成本较低,开发企业在土地增值部分获利。而以旅游地产名义拿地,既和政府需求合拍,又和国家旅游政策合拍,开发企业还能增加土地储备。而以发展旅游业为理由,地方政府大规模出让土地,也可获得较多的土地财政收入,至于土地实际利用情况如何,在后续开发过程中并无严格督察。

(4)创新拿地模式,以村企合作的方式共同投资建设,降低旅游地产前期拿地的成本。目前全国对旅游地产的用地监管仍然比较严格,利用集体土地进行旅游地产开发建设总体上还是必须按照征地出让的模式或者按照新的集体经营性建设用地直接出让的规定来进行。下面以《土地管理法实施条例》出台之前海南省的某项目为例,介绍村企合作拿地的可行性及应考虑的风险。

案例:某实业集团是专业进行旅游地产投资开发的公司,擅长将荒地、荒山、荒坡进行投资改造,用于旅游经营,拉动当地经济发展,增加当地农民就业和收入以及增加当地政府的财政税收。2013年,该集团计划在海南省某村的海滨投资建设"农家乐"项目,并对项目进行投资开发建设,经多方认证后,该集团选择以村企合作模式作为本项目的优选方案,依据有关法律法规、规章及海南省的规定,以及与地方有关部门的初步沟通,现对该方案详细说明如下。

一、合作模式的选择

该集团与村集体(村委会或村集体经济组织)共同设立股份合作制企业,然后以乡镇企业作为项目报建的申请主体,双方签订合作协议,协议约定双方的权利义务及利益分配,双方以合作成立的企业申请集体建设用地的使用权,进行开发建设。

二、双方成立的股份合作制企业合法性及可行性

(1) 双方成立的股份合作制企业属于乡镇企业,虽然法律对乡镇企业的含义有明确的定义,但因《乡镇企业法》距今时间较长(自1997年1月1日起施行),实践中并未严格按照法律规定执行。经咨询,某市工商局系统并没有"乡镇企业"这个概念,通常意义上的乡镇企业按普通的企业法人处理,更不会在工商信息中写明乡镇企业。另咨询海南省乡镇企业管理局,被告知现在对于乡镇企业的定性并不严格,其管理范围内的乡镇企业,有很多并不能达到"农村集体经济组织或者农民投资为主"这一标准或者根本就没有备案,但仍然被归为乡镇企业。因此,从法律规定及实践来看,双方成立的股份合作制企业可以被认定为乡镇企业。

(2) 农村集体经济组织与其他组织能否合作的问题。《海南省集体建设用地管理办法(试行)》(已失效)第二十条规定"农村集体经济组织可以自行兴办或者与其他单位、个人以土地使用权入股、联营等形式共同举办乡镇企业"。《海南经济特区土地管理条例》(已失效)第二条规定,集体所有土地使用权可以依法出让、转让,也可以依法由农村集体经济组织兴办企业,或者与他人联合举办企业,用于非农业建设。其他组织是指自然人、公司、企业等法律主体,上述规定是允许农村集体经济组织与其他各种类型的法律主体进行合作的,符合法律规定。

(3) 乡镇企业能否作为项目申请的主体的问题。《海南省集体建设用地管理办法(试行)》(已失效)第二条规定:"本办法所称集体建设用地,是指乡镇企业、乡(镇)村公共基础设施和公益事业、农村村民住宅等乡(镇)村建设经批准使用的农民集体所有土地,以有其他经依法批准用于非农业建设或者可以依法确认为建设用地的集体所有土地。"第二十二条第一款规定:"乡镇企业、乡(镇)村公共设施和公益事业需要使用集体建设用地的,由农村集体经济组织向乡镇政府提出申请。"与他人联合举办乡镇企业的,由乡镇企业提出申请。《海南经济特区土地管理条例》(已失效)第六十二条第一款规定:"集体所有土地使用权出让或者与他人联合举办企业用于农业开发的,由农村集体经济组织向市、县、自治县土地行政主管部门提出书面申请,经市、县、自治县土地行政主管部门审查后,报市、县、自治县人民政府批准。"经咨询某市国土局,可以以双方成立的企业作为申请主体,申请集体建设用地,必须符合土地总体利用规划和村镇规划,到目前为止还没有企业提出过申请,上级单位未提供正式文件或实施细则,至于怎么操作,国土局表示也不太清楚,但双方合作的企业原则上可以作为集体用地的申请人。从目前了解的情况来看,双方成立的合作企业可以作为项目申请的主体。

(4) 规划审批是否存在障碍的问题。经向某市建设局咨询,其答复不能以股份合作制

企业作为规划审批的主体，除非有成文的、明确的规划方面的法律依据或政策依据，但建设局表示如果国土局批准集体建设用地使用权，符合规划法规的前提条件下，建设局可以审批。

(5) 双方能否以合作成立的股份合作制企业取得集体建设用地的使用权的问题。《海南省集体建设用地管理办法（试行）》（已失效）第二十条第一款规定："农村集体经济组织可以使用本村集体建设用地兴办乡镇企业、进行乡（镇）村公共设施和公益事业建设。"从此规定来看，双方合作的企业可以取得集体建设用地的使用权。

(6) 双方能否以合作成立的股份合作制企业对建设的房屋进行不动产权属登记的问题。《海南省集体建设用地管理办法（试行）》（已失效）第二十三条规定："乡镇企业、乡（镇）村公共设施、公益事业建设依法取得的集体建设用地使用权，应当以农村集体经济组织名义进行登记，不得以个人名义进行登记。"

(7) 集体建设用地使用权能否流转的问题。《国土资源部贯彻落实〈国务院关于推进海南国际旅游岛建设发展的若干意见〉有关措施的函》第七项明确要推进农村集体建设用地流转，并将海南省作为土地权利立法试点，在海口、三亚、陵水等市县开展全国农村集体土地产权制度改革试点，细化土地权利种类，明晰集体土地产权，保护权益，丰富权能，逐步实现集体土地权益。对土地利用总体规划确定的城市建设规模范围外，符合各类规划的集体建设用地使用权，制订改革方案并按规定报经批准后，可由农村集体经济组织和村民采取出让、转让、租赁、承包、联营合作、作价出资（入股）等方式开发经营。《海南省集体建设用地管理办法（试行）》（已失效）第二十五条规定，依法取得的集体建设用地使用权，按照规定报请批准后，可由农村集体经济组织或者村民自主开发经营，或者由农村集体经济组织以转让、租赁、联营合作、作价入股等方式进行流转用于收益稳定，有利于促进农民就业的经营性项目，但不得用于住宅建设。《海南经济特区土地管理条例》（已失效）第六十二条规定："在符合乡镇土地利用总体规划、村庄集镇规划和国家及本省有关产业政策的前提下，依法取得的集体所有建设用地使用权，可以联营、作价入股以及其他方式进行流转，具体办法由省人民政府制定。"

(8) 禁止性规定。双方合作成立的企业申请集体建设用地后，不能用于住宅建设，也不能建"小产权房"。企业通过联营合作、作价入股等方式变相建设、出售"小产权房"的，按照非法占地等有关规定处理。

虽然上述案例是在集体经营性建设用地政策出台之前开发企业关心的问题，但是目前有些问题仍然没有解决，因此对于风险决策仍有参考价值。

第十二节 房地产开发的行政法律风险及防范

自20世纪90年代起，房地产业成为一个新兴的行业，在住房体制改革时期，国家鼓励支持房地产开发企业进行住宅建设，对商业地产等项目的限制也不严格，因此各路资金以各种方式投资房地产，引发了一系列社会、经济问题。鉴于房地产行业的乱象，国家及时出台了一系列的法律法规、规章，地方政府根据国家的法律法规及政策也出台了一系列地方规章等具体的行政措施及办事程序规定，不断加强对房地产开发领域的监管。政府对房地产行业进行监管的依据包括

《行政诉讼法》《行政复议法》《行政处罚法》《建筑法》《城市房地产管理法》《招标投标法》《建设工程质量管理条例》《城市房地产开发经营管理条例》《城市商品房预售管理办法》《商品房销售管理办法》等。上述法律法规和规章的实施,对于加强对房地产开发经营活动的监督管理、规范房地产开发经营行为、促进和保障房地产业的健康发展,具有重要意义。但是对于开发企业来说,因其监管的对象主要是开发企业,如果开发企业不依据上述法律法规及规章行事,在开发经营过程中违法违规经营,可能就会受到行政处罚,而行政处罚不仅只有罚款,还包括一系列的措施,因此开发企业在房地产开发过程中会遇到各种各样的行政法律风险,必须对这些风险进行防范。

一、房地产开发的行政法律风险

(一)设立阶段的行政法律风险

设立阶段的风险主要涉及设立条件及主体资格、资质等。房地产开发企业主体资格不合格,将受到责令停业、罚款或吊销营业执照的行政处罚。

(1)不具备法定设立条件。我国法律法规对房地产开发企业设立的条件有严格的规定,《城市房地产开发经营管理条例》第五条明确规定了设立房地产企业的具体条件,第三十三条规定未取得营业执照,擅自从事房地产开发经营的,由县级以上人民政府市场监督管理部门责令停止房地产开发经营活动,没收违法所得,可以并处违法所得5倍以下的罚款。

(2)未取得资质等级证书或者超越资质等级从事房地产经营。《城市房地产开发经营管理条例》第三十四条规定:"违反本条例规定,未取得资质等级证书或者超越资质等级从事房地产开发经营的,由县级以上人民政府房地产开发主管部门责令限期改正,处5万元以上10万元以下的罚款;逾期不改正的,由工商行政管理部门吊销营业执照。"

(二)办理前期手续阶段的行政法律风险

(1)无规划手续或未按规划进行建设的风险。按照《城乡规划法》规定,在城市规划区内新建、扩建和改建建筑物、构筑物、道路、管线和其他工程设施,必须持有关批准文件向城市规划行政主管部门提出申请,由城市规划行政主管部门根据城市规划提出的规划设计要求,核发建设工程规划许可证件。在城市规划区内,未取得建设工程规划许可证件或者违反建设工程规划许可证件的规定进行建设,严重影响城市规划的,由县级以上地方人民政府城市规划行政主管部门责令停止建设,限期拆除或者没收违法建筑物、构筑物或者其他设施;影响城市规划,尚可采取改正措施的,由县级以上地方人民政府城市规划行政主管部门责令限期改正,并处罚款。如果规划违法行为被法院依法撤销,那么房地产开发企业可能面临停止建设,甚至建筑物被拆除的行政风险。

(2)不符合规划用地的风险。《土地管理法》规定"国家实行土地用途管制制度"。依法改变土地权属和用途的,应当办理土地变更登记手续。买卖或者以其他形式非法转让土地的,由县级以上人民政府自然资源主管部门没收违法所得;对不符合土地利用总体规划的,没收在非法转让的土地上新建的建筑物和其他设施,可以并处罚款。

(三)工程施工阶段的行政法律风险

(1)违规招投标的行政处罚。《招标投标法》第四十九条规定,必须进行招标而不招标的项目,将必须进行招标的项目化整为零或者以其他任何方式规避招标的,责令限期改正,可以处项目合同金额5‰以上10‰以下的罚款;对全部或者部分使用国有资金的项目,可以暂停项目执行或者暂停资金拨付;对单位直接负责的主管人员和其他直接责任人员依法给予处分。第五十一条规定,招标人以不合理的条件限制或者排斥潜在投标人的,对潜在投标人实行歧视待遇的,强制要求投标人组成联合体共同投标的,或者限制投标人之间竞争的,责令改正,可以处1万元以上5万元以下的罚款。第五十二条规定,依法必须进行招标的项目的招标人向他人透露已获取招标文件的潜在投标人的名称、数量或者可能影响公平竞争的有关招标投标的其他情况的,或者泄露标底的,给予警告,可以并处1万元以上10万元以下的罚款;对单位直接负责的主管人员和其他直接责任人员依法给予处分。第五十五条规定,依法必须进行招标的项目,招标人违反规定,与投标人就投标价格、投标方案等实质性内容进行谈判的,给予警告,对单位直接负责的主管人员和其他直接责任人员依法给予处分。第五十九条规定,招标人与中标人不按照招标文件和中标人的投标文件订立合同的,或者招标人、中标人订立背离合同实质性内容的协议的,责令改正;可以处中标项目金额5‰以上10‰以下的罚款。

(2)违法发包的行政处罚。《民法典》《建筑法》《建设工程质量管理条例》均规定,发包单位将工程发包给不具有相应资质条件的或不具有相应资质等级的勘察、设计、施工单位或者委托给不具有相应资质等级的工程监理单位的,或者将建筑工程肢解发包的,责令改正,处以罚款。

(3)违规开工的行政处罚。《建筑法》《建设工程质量管理条例》规定,未取得施工许可证或者开工报告未经批准擅自施工的,责令停止施工、改正,对不符合开工条件的责令停止施工,可处以罚款。

(4)施工过程中违反文物管理规定的行政处罚。破坏文物,或者发现文物隐匿不报,不上交国家的,或者在文物保护单位的保护范围内进行建设工程的,或者在文物保护单位周围的建设控制地带修建建筑物、构筑物的,将受到责令停工、拆除违法建筑物、罚款的行政处罚。

(5)违反质量规定的行政处罚。建设单位不得要求建筑设计单位或者建筑施工单位在工程设计或者施工作业中,违反法律、行政法规和建筑工程质量、安全标准,降低工程质量。建设单位在领取施工许可证或者开工报告前,应当按照国家有关规定办理工程质量监督手续。建设单位违反上述规定的,责令改正,可以处以罚款。

(四)销售阶段的行政法律风险

(1)销售广告违法的行政处罚。开发企业违法发布虚假广告,或者未经广告审查机关审查批准发布广告的,根据《广告法》《商品房销售管理办法》等规定,将受到停止发布广告、公开更正、罚款、没收违法所得的行政处罚。

(2)违法进行房地产预售的行政处罚。《城市房地产管理法》规定违规预售商品房的,由县级以上人民政府房产管理部门责令停止预售活动,没收违法所得,可以并处罚款。收取预付款的,可以并处已收取的预付款1%以下的罚款。另外,在北京市违法预售商品房的,将进入企业信誉警示系统,而且网上签约也受到影响。

(3)无销售资格销售的行政处罚。《城市房地产开发经营管理条例》规定,未取得营业执照,擅自从事房地产开发经营的,由县级以上人民政府市场监督管理部门责令停止房地产开发经营活动,没收违法所得,可以并处违法所得5倍以下的罚款。《商品房销售管理办法》规定,未取得房地产开发企业资质证书,擅自销售商品房的,责令停止销售活动,处5万元以上10万元以下的罚款。

（4）违规销售的行政处罚。《商品房销售管理办法》第三十九条规定，在解除商品房买卖合同前，将作为合同标的物的商品房再行销售给他人的，处以警告，责令限期改正，并处2万元以上3万元以下罚款。第四十二条规定，房地产开发企业在销售商品房中有下列行为之一的，处以警告，责令限期改正，并可处以1万元以上3万元以下罚款：①未按照规定的现售条件现售商品房的；②未按照规定在商品房现售前将房地产开发项目手册及符合商品房现售条件的有关证明文件报送房地产开发主管部门备案的；③返本销售或者变相返本销售商品房的；④采取售后包租或者变相售后包租方式销售未竣工商品房的；⑤分割拆零销售商品住宅的；⑥不符合商品房销售条件，向买受人收取预订款性质费用的；⑦未按照规定向买受人明示《商品房销售管理办法》《商品房买卖合同示范文本》《城市商品房预售管理办法》的；⑧委托没有资格的机构代理销售商品房的。

（五）竣工验收阶段的行政法律风险

（1）违反竣工验收规定的行政法律风险。《建设工程质量管理条例》第十六条规定，建设单位收到建设工程竣工报告后，应当组织设计、施工、工程监理等有关单位进行竣工验收。第五十八条规定，建设单位有下列行为之一的，责令改正，处工程合同价款2%以上4%以下的罚款：①未组织竣工验收，擅自交付使用的；②验收不合格，擅自交付使用的；③对不合格的建设工程按照合格工程验收的。

（2）不移交建设项目档案的行政法律风险。《建设工程质量管理条例》第十七条规定，建设单位应当严格按照国家有关档案管理的规定，及时收集、整理建设项目各环节的文件资料，建立、健全建设项目档案，并在建设工程竣工验收后，及时向建设行政主管部门或者其他有关部门移交建设项目档案。第五十九条规定，建设工程竣工验收后，建设单位未向建设行政主管部门或者其他有关部门移交建设项目档案的，责令改正，处1万元以上10万元以下的罚款。

二、房地产行政法律风险的防范

（1）依法开发。国家通过十几年对房地产市场的规范管理，已经积累了一些管理房地产市场的经验，出台了一系列的法律法规、规章等，这些规定体系复杂、专业性强，而且处罚措施严厉，稍不小心可能就会违法，因此房地产开发企业在开发过程中，要做到依法开发。

（2）聘请专业人才。对于一个房地产开发企业的组织结构来说，至少要配备谙熟房地产前期开发的专业人员及专业的房地产律师。

三、行政法律风险与成本利益的比较

虽然行政违法应受行政处罚，但与开发企业所得利益相比较，如果违法成本远远低于开发企业所获利润，那么有些开发企业仍会去做，如违反预售制度，未取得预售许可证即销售。比如，20年前因违反规划，在施工时加层，如果按照处罚的标准，每平方米只罚几百元，但销售价格远远高于成本与罚款的价格，开发企业因多建会获得更大的利益，即使接受处罚交了罚款，仍然获利重大。如果对加层的处罚不仅是罚款，而是无论如何都不给开发企业办理竣工验收，那么开发企业就会因无法交付使用或无法入住，而导致项目无限期延期交房，那么业主会大量起诉开发企业，开发企业会支付巨额的赔偿，损失巨大。另外，如果行政部门不给办理房地产权属证书，则开发企业也会面临购买方的索赔，因此开发企业也不敢明知故犯。所以，开发企业是否构成行政违法在于政府执法是否严格。如果行政处罚的目的是罚款,那么开发企业永远会在成本与利益之间衡量,就永远解决不了房地产行政管理及行政执法的问题。

第十三节 房地产开发的刑事法律风险及防范

在房地产开发中,对于企业及法定代表人或工作人员而言,最大的风险来自触犯刑事法律,如果触犯刑事法律,轻则失去一段时间人身自由,重则失去生命。房地产开发中大多涉及的是单位犯罪,也有公司法人或实际控制者的个人犯罪。单位犯罪,是指企业、事业单位、机关、团体为本单位谋取非法利益,经单位集体决策或者由单位负责人决定而以单位名义实施的触犯刑事法律的行为。《刑法》中规定的单位犯罪大多都与企业生产、经营密切相关,其中涉及房地产公司的单位犯罪最常见的有以下罪名:虚报注册资本罪、非法吸收公众存款罪、贷款诈骗罪、偷税罪、单位行贿罪、合同诈骗罪、非法占用农用地罪、工程重大安全事故罪等。涉及房地产公司法定代表人或雇员个人犯罪的主要罪名有故意杀人罪、职务侵占罪等。据不完全统计,按照《刑法》的罪名计算,房地产公司及法人、实际控制人及公司管理人员至少涉及 100 个刑事犯罪的法律风险。

一、房地产开发的刑事法律风险

(一)与投资、融资有关的经济类犯罪

相关的经济类犯罪行为有:①虚报注册资金、虚假出资、抽逃出资等;②会计财务方面提供虚假财会报告等;③偷税漏税等;④非法吸收公众存款、非法集资、贷款诈骗等;⑤公关时的单位行贿;⑥资本市场的犯罪行为,如欺诈发行、提供虚假证明文件、套取现金;⑦合同诈骗。

案例一:欧亚农场的杨某在公司注册时没有足够的资金,先虚报注册资本成立公司,然后以"高新农业示范区建筑用地"取得划拨用地并租赁部分土地,改变土地用途,将农用地用于房地产项目开发。因不符合土地管理等相关法律法规,杨某通过行贿修改政府土地批复文件,然后以此获取银行贷款,伪造金融票据,编造虚假财务报告,以虚假的信息骗取公司上市。最后法院以虚假注册资本罪、非法占有农用地罪、伪造金融票证罪、合同诈骗罪、单位行贿罪等 6 项罪名数罪并罚,判处有期徒刑 18 年,并判决其控股的两家公司构成单位犯罪并判处罚金。

案例二:2000 年 12 月至 2002 年 6 月,由邹某担任法人代表的北京市某房地产开发公司以森豪公寓贷款的名义,采取"假按揭"的方式,从中国银行北京市分行申请按揭贷款 199 笔,涉及公寓 273 套。在该案中,邹某让公司职员虚构该公司开发的森豪公寓商品房销售事实,采取与购房人签订虚假商品房买卖合同,为购房人伪造收入证明、首付款证明等贷款材料,并以购房人名义与中国银行北京市分行签订个人按揭贷款合同申请按揭贷款的手段,骗得上述巨额贷款。法院对邹某等 6 人涉嫌信用证诈骗、合同诈骗等罪名判处邹某无期徒刑。

(二)土地类犯罪

开发企业在项目取得的过程中可能涉及的犯罪有毁坏耕地罪、非法转让、倒卖土地使用权罪及有关招投标的犯罪。

案例：2002年8月，RJ市人民政府通过招商引资，协议将RJ市某地块出让给A公司，用于投资兴建双语学校。出让的土地面积为34.635亩。A公司支付出让金80万元，欠缴出让金120万元。2003年11月，张某、陈某与A公司董事长李某签订一份转让土地使用权协议，将该用于建双语学校的土地以340万元的价格协议转让给张某、陈某。张某、陈某共同支付给A公司定金100万元，约定由A公司负责办理过户手续并承担税费。后因过户手续难以办理，双方续订6次补充合同条款。2005年，张某、陈某以每亩15万元的价格将该地转让给熊某，但后因办不了过户被起诉，张某等人赔偿了损失。

2005年年底，为了解决土地使用权过户问题，被告人张某与陈某吸纳被告人钟某参股。提出涨价，土地面积也增加至38亩，后经数次协商总价款增至570万元。2006年年初，RJ市人民政府按政策决定收回该土地，重新进行"招拍挂"。2006年9月26日，由张某、陈某各出资150万元，钟某等出资170万元，一并付给了A公司。2006年10月，三人买下该地后想尽早再次转让，被告人钟某等在得知政府将要收回该土地进行"招拍挂"，于是三人联系好买主某置业有限公司，商定以1320万元买下该地并包办过户。为获取更大利益，钟某、陈某挤出大股东张某的股份，隐瞒真相，与江西某置业公司的介绍人赖某联系，由赖某出面以888万元的虚假价格买下，从而挤出张某的股份，被告人张某在不知内情的情况下，非法获利112.8万元后退出股份，剩下陈某、钟某各一股。

2006年年底，RJ市人民政府从A公司收回该宗土地，重新进行"招拍挂"。A公司与RJ市人民政府约定，政府收回该地进行"招拍挂"，A公司可参与竞拍，若成功，政府允许A公司用已建成的双语学校教学大楼及16亩土地顶抵成交的价款。2006年12月，被告人钟某与陈某等人为保证该地能顺利倒卖给事先联系好的买主某置业公司，在挂牌出让时，被告人通过国土局某副局长的私下动作，使某置业公司以总价1217万元的价格摘牌。后置业公司直接将1312万元的购地款支付给被告人钟某等人，未进财政账户。钱款被被告人钟某、陈某及国土局某副局长三人算账后平分。这次算账每人分得利润112.91万元，致使国有资产出让溢价223.32万元流失，无法收回。最后江西省某县人民法院认为，被告人钟某、张某以牟利为目的，违反土地管理法规，在未经国家自然资源主管部门批准、未取得土地使用权及缴纳土地出让金的情况下，私自将国有土地倒卖给他人进行牟利，其行为侵犯了国家对土地管理的秩序和土地使用权，均构成非法倒卖土地使用权罪。根据《最高人民法院关于审理破坏土地资源刑事案件具体应用法律若干问题的解释》第二条的规定，非法获利100万元以上的，属于"情节特别严重"，本案两被告人非法获取的利益均超过100万元，遂判决被告人钟某犯非法倒卖土地使用权罪，判处有期徒刑3年，并处罚金人民币63万元；被告人张某犯非法倒卖土地使用权罪，判处有期徒刑2年，并处罚金人民币47万元。

（三）侵犯公民人身权利类犯罪

有些开发企业以为暴力能解决一切问题，在遇到纠纷时使用暴力手段解决问题，导致被判处刑罚，甚至有的管理人员被判处死刑。

案例：2001年12月，黑龙江A集团有限公司（以下简称"A公司"）因拖欠黑龙江B建筑工程有限公司（以下简称"B公司"）工程款被起诉，法院判决A公司败诉并给付B公司1000余万元工程款。A公司的法定代表人王某某遂与B公司法定代表人钟某结怨，此后两人互相举报偷税犯罪,积怨日深。2008年12月,B公司再次起诉A公司,王某某对此更加怨恨,找到秘书白某,让白某再找一人将钟某杀死。2009年5月18日,白某与其纠集的于某驾车潜入被害人钟某住所的地下停车场内将钟某勒死并运走焚尸。后王某某、白某、于某被警方捕获。2009年12月18日,黑龙江省哈尔滨市中级人民法院公开宣判了王某某等人故意杀人一案,被告人王某某犯故意杀人罪,判处死刑,白某判处死刑,于某判处死刑缓期执行。

除此案以外,还发生过一起案件。北京某集团董事长袁某憬雇佣汪某谋杀商业上的竞争对手未成功,但把柄落在汪某手里,不断受到汪某的敲诈威胁,最终与其兄袁某琦合谋,雇佣堂兄弟袁某森、袁某福杀了汪兴,结果事发,三兄弟于2005年均被判死刑。

(四)企业管理类犯罪

此类犯罪大多因为房地产公司管理不善,或者在施工中偷工减料,或者没有按照施工规范施工,导致重大质量事故或安全责任事故。

案例:2009年6月23日,位于上海市闵行区淀浦河南岸的在建主体结构已封顶的楼盘"莲花河畔景苑"7号楼向南侧突然整体倾倒。事故发生后,公安机关介入调查,7名责任人被检方以涉嫌重大责任事故罪刑事拘留,其中包括上海某房地产开发有限公司法定代表人张某,及工作人员秦某,上海某建筑有限公司法人代表、董事长张某及工作人员夏某、陆某,无业人员张某和上海某建设监理有限公司总工程师兼"莲花河畔景苑"总监理乔某。

二、房地产开发的刑事法律风险防范

如果房地产公司或管理者想要避免产生刑事法律风险,那么事先就应该有坚定的信念,绝对不做违法或风险大的事情。有了这个想法,可以聘请擅长刑事法律专业的律师来为其提供咨询服务,律师能够指出对各种类型的刑事法律风险的防范措施,从而避免风险的发生。但企业及管理者所做的每一件事情必须保证向专业律师通报。

从近些年房地产行业披露的案件来看,房地产企业通过行贿政府官员以谋取不正当利益的案件时有发生。因此,房地产企业在处理与政府关系时,要与其保持适当的距离。从世界各国的企业与政府的关系来看,任何国家企业如果想发展,与政府保持良好的关系是必要的,但企业与政府的关系必须维持在法律规范的范围之内,企业可通过慈善等各种方式保持与政府的良好关系。目前中国的房地产企业在获得政府支持的同时也应与政府官员保持适当的距离,不能完全将政府或政府的某个实权官员作为企业发展的重点,而应依靠企业自身的经营管理在市场中发展。

房地产企业或管理者切勿树敌。有些房地产公司管理者因为成功,内心欲望膨胀,误以为钱是万能的。这种思想对其个人和企业都极其危险。中国古代经商之道讲究"和气生财",这个商业理念放在现在的中国社会仍然适用,因此,房地产企业应处理好与外部及与内部的关系。外部的关系包括与政府、竞争对手、各利益主体(如施工单位、材料设备供应商)等的关系,内部关系包括股东与高级管理人员或普通员工的关系。

很多房地产公司案发,有的是因为受到竞争对手的打击;有的是因为与政府的关系没有处理好,政府通过合法的渠道追究责任;还有的是因为企业高级管理人员或雇员被举报。所以,企业只有处理好与政府、竞争者与合作单位及员工的关系,才能更好地防范法律风险。

第十四节　国有房地产企业合规管理及风险防范

"合规"这个概念最早是在 2006 年从金融领域引进的,当时合规的意思是指,商业银行的经营活动应与法律、规则和准则相一致。如今,合规风险是指商业银行因没有遵循法律法规、规则和准则可能遭受法律制裁、监管处罚、重大财务损失和声誉损失的风险。自 2014 年起开始合规向其他领域拓展,目前集中于国有企业合规、证券市场企业合规、行政合规及企业刑事合规的领域。合规建设、合规管理及风险防范正处于发展中,目前还没有针对所有企业的合规管理的成文规定或系统的制度性规定,也没有专门针对国有房地产企业的合规管理规定,但是针对国有企业的合规管理及风险防范,从央企合规指引开始,已经拓展到了所有国有企业,各省市基本上也制定了国有企业合规相关的制度或指引,这些制度和指引也涵盖了国有房地产企业,国有房地产企业应当按照国有企业合规的要求进行合规体系的建设、运营和管理。

一、国有企业合规发展历程

2006 年 6 月,国务院国有资产监督管理委员会(以下简称"国资委")发布《关于印发〈中央企业全面风险管理指引〉的通知》。

2006 年 10 月,中国银行业监督管理委员会(以下简称"银监会")发布《关于印发〈商业银行合规风险管理指引〉的通知》,首次提出"合规"概念。

2007 年 9 月,中国保险监督管理委员会(以下简称"保监会")发布《关于印发〈保险公司合规管理指引〉的通知》(已失效)。

2015 年 12 月,国资委发布《关于印发〈全面推进法治央企建设的意见〉的通知》,着力强化依法合规经营。

2016 年 3 月,国资委启动中央企业合规管理试点建设工作研讨会,以中国石油、中国移动、中国中铁、招商局集团、东方电气 5 家央企为试点,进行为期一年的合规管理体系或专项制度试验建设。[1]

2017 年 5 月,中央全面深化改革领导小组发布《关于规范企业海外经营行为的若干意见》,要求加强企业海外经营行为合规制度建设,对有海外业务的企业,特别是大中型企业,提出企业合规建设要求。[2]

2018 年,最高人民检察院发布 11 项具体检察政策,要求对企业负责人涉经营类犯罪,依法能不捕的不捕、能不诉的不诉、能不判实刑的提出适用缓刑建议。[3]

---

[1] 参见 21 世纪经济报道:《国资委将起草中央企业合规管理工作指引五央企试点》,载凤凰财经网(网址:https://finance.ifeng.com/a/20170720/15540414_0.shtml),访问日期:2023 年 11 月 12 日。

[2] 参见中央全面深化改革领导小组:《关于规范企业海外经营行为的若干意见》,载搜狗网(网址:https://baike.sogou.com/v164855147.htm?ch=frombaikevr&fromTitle=%E5%85%B3%E4%BA%8E%E8%A7%84%E8%8C%83%E4%BC%81%E4%B8%9A%E6%B5%B7%E5%A4%96%E7%BB%8F%E8%90%A5%E8%A1%8C%E4%B8%BA%E7%9A%84%E8%8B%A5%E5%B9%B2%E6%84%8F%E8%A7%81para1),访问日期:2023 年 11 月 12 日。

[3] 参见高波:《涉案企业合规改革的检察探索》,载民主与法制网(网址:http://www.mzyfz.com/html/1996/2023-08-01/content-1599429.html),访问日期:2023 年 11 月 12 日。

2018年12月,发改委、商务部、外交部等7部门联合印发《企业境外经营合规管理指引》,2018年被业内称为"合规元年"。

2020年3月,最高人民检察院在上海市浦东新区、金山区,江苏省张家港市,山东省临沂市郯城县,广东省深圳市南山区、宝安区的六家基层人民检察院开启涉案企业合规不起诉改革第一期试点工作。①

2021年4月,最高人民检察院启动第二期企业合规改革试点工作。第二期改革试点范围涉及北京市、上海市、辽宁省、江苏省、浙江省、福建省、山东省、湖北省、湖南省、广东省等10个省份(直辖市)。试点工作方案规定依法可不捕、不诉的,责成涉案企业作出合规承诺、切实整改,因此,2020年被业内称为"刑事合规元年"。②

2021年6月,最高人民检察院、司法部、财政部、生态环境部、国务院国有资产监督管理委员会、国家税务总局、国家市场监督管理总局、中华全国工商业联合会、中国国际贸易促进委员会九部门联合印发了《关于建立涉案企业合规第三方监督评估机制的指导意见(试行)》。

2021年10月,国资委发布《关于印发〈关于进一步深化法治央企建设的意见〉的通知》。

2022年1月,国资委办公厅发布《关于开展中央企业"合规管理强化年"工作的通知》,通知中涉及6个方面、20项重点任务。③

2022年2月,国资委召开专题推进会,提出7个专项治理之首,"五个一"重点工作。④

2022年4月,国资委发布《中央企业合规管理办法(公开征求意见稿)》,正式面向全社会征求意见。⑤

2022年8月,国务院国有资产监督管理委员会公布《中央企业合规管理办法》,自2022年10月1日起施行。

二、国企合规

国企合规是指企业经营管理行为和员工履职行为符合法律法规、监管规定、行业准则和国际条约、规则,以及企业章程、规章制度等要求。

(1)法律、行政法规,如《刑法》《土地管理法》《城市房地产管理法》《建筑法》《招标投标法》《产品质量法》《行政处罚法》《建设工程质量管理条例》等。

(2)行政主管部门的规章、办法、行政措施、指导意见、流程、清单等具体监管要求。

(3)上级公司或公司的章程、公司内部规章制度。

(4)国际条约、经营所涉其他国家、地区或组织的法律和规范,如欧盟的法律规范,《美国反海外腐败法》及出口管制方面的法律等。

(5)商业惯例。

---

① 参见周斌:《最高检:企业合规改革试点扩大至十个省份》,载人民政协网(网址:http://www.rmzxb.com.cn/c/2021-04-09/2824825.shtml),访问日期:2023年11月12日。

② 参见谢博韬:《最高检启动第二期企业合规改革试点》,载央视网(网址:https://news.cctv.com/2021/04/09/ARTINxh2UItBbj009Ofb4Ijr210409.shtml),访问日期:2023年11月12日。

③ 参见刘丽靓:《国资委在央企开展"合规管理强化年"专项工作》,载中证网(网址:https://www.cs.com.cn/xwzx/hg/202112/t20211206_6225766.html),访问日期:2023年11月12日。

④ 参见新华网:《全力以赴稳增长 2022年央企改革发展划定重点》,载国务院国有资产监督管理网(网址:http://www.sasac.gov.cn/n2588025/n2588139/c22665278/content.html),访问日期:2023年11月12日。

⑤ 参见杜雨萌:《国资委就〈中央企业合规管理办法〉公开征求意见》,载证券日报网(网址:http://www.zqrb.cn/finance/hongguanjingji/2022-04-01/A1648820185569.html),访问日期:2023年11月12日。

国有企业合规管理是"大合规",其特点之一是把企业经营管理过程中所有可能遇到的合规风险,都纳入合规建设之中;二是将企业所有员工及组织机构的行为都纳入合规管控范围,明确国资委、党委(党组)的作用,董事会职责,经理层职责,第一责任人职责,合规委员会职责,首席合规官职责,业务部门职责,牵头部门职责,监督部门职责及全员合规责任;三是合规与监察、审计、法律、内控、风险管理等相关部门形成协同联动机制。

三、合规管理及法律风险防范

合规风险是指企业及其员工在经营管理过程中因不合规行为而承担法律责任,造成经济或者声誉损失及其他负面影响的风险。

合规管理,是指企业以有效防控合规风险为目的,以提升依法合规经营管理水平为导向,以企业经营管理行为和员工履职行为为对象,开展的包括建立合规制度、完善运行机制、培育合规文化、强化监督问责等有组织、有计划的管理活动。全面合规风险管理,即围绕企业总体经营目标,通过在企业管理的各个环节和经营过程中执行合规风险管理的基本流程,培育良好的合规风险管理文化,建立健全全面合规风险管理体系。

法律风险防控是全面风险管理中的一部分,主要针对企业的外部法律风险,且多为违反法律法规、规章等强制性规定或因违反合同约定所应承担的法律责任等问题。合规不仅是针对企业的外部法律风险,还针对企业的内部管理法律风险,不仅包括违反法律法规、规章等强制性规定或因违反合同约定所应承担的法律责任等问题,还包括违反党内法规、监管规定、行业准则和国际条约、规则、标准,以及公司章程、规章制度等要求。很明显,合规与法律风险防控相比范围更广,但二者方法论是一致的。

从以上定义来看,合规管理与法务管理是有区别的,合规管理和法务管理并不是同等概念,合规管理属于公司的战略层面,由公司最高决策层负责。民商法专业背景的法律专业人员可以从事法务管理,但合规管理需要具备刑法、民法、行政法、国际法和管理专业背景的复合型法务人员,合规管理对法务人员的要求更高。

实践中,存在有些国有企业合规管理与企业经营发展之间相互矛盾的现象,例如,有些企业过分强调风险,而忽视了企业发展的其他综合因素。企业合规管理的目标不是束缚企业的手脚,不是预见风险之后就停滞不前,而是在预见风险之后尽量避免风险或者规避风险,或者在权衡整体的利弊之后对预见的风险进行相应处置。

四、合规目的和意义

合规的目的是引导国有企业提升依法合规经营管理水平。合规实际上对企业的合规建设提出了更高的要求,不仅要有效防控风险,更要保障深化改革,使企业实现高质量发展。企业合规能给企业创造价值,建立合规制度不仅可以降低企业被行政处罚的风险,还可以降低行政处罚的力度,此外,合规还可以使企业或企业的负责人、管理人员避免刑事制裁或减轻刑事制裁,避免企业因违规导致商誉减损和商业机会丧失。

企业建立合规体系的动力来自以下方面,一是来自监管部门的强烈要求;二是响应"一带一路"倡议,进行海外投资应对经营所在国的监管要求;三是企业发生危机,为防止风险爆发,建立合规管理体系;四是沿海地区有些民营企业,特别是涉外企业为了增强竞争优势而建立合规体系。自发建立合规体系的民营企业认为合规创造价值,将合规作为企业管理规范化及国际化的名片,吸引优秀的合作伙伴,扩大经营。

五、合规的本质

合规的本质是企业为强化风险管理、风险控制的一项核心管理工作,合规管理是企业管理体系的一种,企业合规的本质就是企业管理的升级,是以风险为导向的公司治理结构,合规是公司四大战略支柱之一。公司的第一大风险是决策风险,由公司的董事会负责;第二大风险是经营风险,由公司的首席执行官(CEO)负责;第三大风险是财务风险,由公司的首席财务官(CFO)负责;第四大风险是合规风险。合规的本质可以概括为"一个中心和三个激励机制",一个中心就是合规是以风险管控为导向的公司治理结构,三个激励机制分别是刑事激励机制、行政监管激励机制和国际组织制裁激励机制。

六、合规业务的分类

企业合规业务分为两类:第一类是日常性合规管理,是指企业危机没有爆发,进行合规管理是为了解决企业潜在的合规风险;第二类是企业危机发生后的合规整改业务,分为行政合规、国际制裁合规和刑事合规。

(一)行政合规

行政合规就是企业被行政监管部门调查之后,被调查企业以合规换取宽大处理。被调查企业最担心的就是某种特定的资格或资质被剥夺,这对于企业而言是灾难性的后果。通常,为了避免特定资格或资质被剥夺,企业愿意被罚款或者承诺整改,以换取宽大处理。企业被政府行政部门调查时,根据行政部门相关规定或程序,一般行政监管程序中有行政和解制度和执法承诺制度,这样企业就可暂缓直接被剥夺特定资格或资质,而是被给予一定的宽限期或达到整改的条件,这对企业来说,是一个缓冲期,可以避免企业造成灾难性的后果。企业如果不进行行政合规,则行政主管部门可直接对企业进行行政处罚,行政处罚包括罚款、停止经营、取消或剥夺特定资格或资质,这对于企业来说是致命的,尤其是取消或剥夺特定资格或资质。目前,行政合规业务比较成熟的有反垄断业务、反不正当竞争业务、进出口合规和数据合规业务,除此以外,还有税收和环保合规业务。

行政合规业务分为两个板块,事先合规和事后合规,事先合规是指在违法行为发生前已经建立合规管理体系,在违法行为发生后,企业与行政监管部门斡旋谈判,把其作为免责或者宽大处理的依据。事后合规是指违法行为发生后,与执法部门达成协议,承诺在一定时间内建立合规管理体系,验收合格后予以宽大处理。

(二)国际组织制裁合规

国际组织制裁合规是指企业被世界银行或其他国际或区域性组织因为违法违规被制裁,在规定限期内进行合规整改以换取免除制裁。以世界银行为代表的金融机构,经常对企业开展附条件的制裁,企业是否进行合规整改也成为解除制裁的重要依据。

案例:2018年7月18日,世界银行对一家总部位于上海的中国建筑公司发出了2年禁令,这家建筑公司参与价值3亿美金的某节能工程项目,世界银行在此项目中调拨了1.5亿美元资金。这家公司为了更多得到世界银行的预付款而伪造文件,作出虚假陈述,以期证明分包给第三方的项目工程已完工并达到质量标准。这种行为违反世界银行的招标指南(Procurement Guidelines)中的"舞弊行为"规定,故世界银行予以惩处,发出禁令。由于世界银行的禁令是具有联合制裁的性质,导致这家公司不但无法在禁令时效内参与世界银行的项目,而且也无法参与亚洲发展银行、欧洲复兴开发银行、美洲开发银行和非洲开发银行的项目。

(三)刑事合规

1. 刑事合规的概念

刑事合规是一个新的概念,属于一种新生事物,目前处于试点阶段。刑事合规的目的是更好地预防企业犯罪,提升企业发展质量,进而增强其经济竞争力。刑事合规实际上是一种刑事犯罪风险在企业内部的防控机制。企业通过刑事合规,以刑事法律法规的标准来识别、评估企业在经营管理活动中可能存在的刑事法律风险,增强企业刑事犯罪风险预防及控制能力,同时也有利于刑事法律预防犯罪功能的实现。刑事合规是为了更好地预防企业在经营管理活动中因不懂或忽视法律法规的规定或过于依赖经验而涉嫌刑事犯罪;预防员工个人行为触犯刑事法律牵连公司承担刑事犯罪责任;预防公司因上、下游企业的违法行为而被动承担刑事责任。刑事合规不仅属于公司治理的一种方式,更属于刑法激励机制,一个企业构成犯罪,只要做了合规整改就可能换取宽大处理。即使单位不构成犯罪,但是单位在管理上存在漏洞导致负责人或管理人员构成犯罪的,单位也可以进行合规整改,以换取对单位负责人或管理人员的宽大处理。如果负责人或管理人员构成犯罪,对单位进行合规整改,则可以建立并形成企业的合规文化,预防犯罪的发生,当然就可以换取对自然人的宽大处理。根据最高人民检察院公布的合规案例,多数情况是自然人构成犯罪,其企业可以做合规整改。总之,企业及其负责人或管理人员,在特定刑事案件中,可以按照监管机构的要求建立合规体系,从而减轻刑事责任。如果企业构成犯罪,可能会产生严重的后果,例如,企业的上市资格被剥夺、不能参加海外投资并购、无法获得银行贷款、招投标资格被剥夺、金融牌照被收回、特定资质被收回、无法参加特定交易等。但是侦查机关启动刑事合规之后,由涉案企业或被列为犯罪嫌疑人的企业管理人员个人提出申请,如检察机关决定对企业进行合规整改,并在特定考察期内达到第三方监督机制的考核要求,检察机关可以对涉案企业或作为管理人员的个人作出不起诉、不批捕、减轻量刑建议等决定,从而减轻或免除企业或管理人员个人的刑事责任,这无论对企业而言还是对企业负责人、管理人员而言,都是有益的。

企业刑事合规,在世界范围内也有先例可借鉴。1991年,美国联邦量刑委员会修改《联邦量刑指南》,首次引入合规激励机制,将企业事先合规作为宽大量刑的情节,并确立了有效合规计划七大要素。后来美国检察机关扩大适用了暂缓起诉协议制度(DPA)和不起诉协议制度(NPA)。

2. 刑事合规的模式

刑事合规有两种模式:第一种是检察建议模式,检察建议模式是企业涉嫌刑事犯罪时进行刑事合规的首选模式。检察建议模式是指对轻微的单位犯罪或者自然人犯罪,检察机关直接作出相对不起诉决定,但是检察机关要发出限期合规整改的检察建议。在改革试点的案例中有一半都采用了检察建议模式。在面对涉案企业时,要优先选择检察建议模式,争取使企业可以迅速得到不起诉的处理。

第二种是附条件不起诉模式。针对涉案企业,由检察机关设定考察期,考察期满后决定是否起诉。设置考察期意味着是否起诉处于不确定的状态,在考察期要对企业进行刑事合规监管。企业刑事合规监管是指检察机关针对涉嫌犯罪的企业采取一定的强制整改和监管措施,促使企业完善公司治理结构,降低经营行为的社会危害性和潜在社会危险性。

3. 刑事合规监管人

刑事合规监管应设立企业合规监管人,企业合规监管人是合规计划设计和运行的监督者、指导者,也是合规整改验收的评估者。企业合规监管人主要做以下四项工作。

(1)组织独立的内部调查,了解企业违法违规犯罪的原因,评估合规整改方案。

(2)定期进行考察,提交合规进展报告并列明下一步整改重点,一份交给涉嫌犯罪的企业,一份交给检察机关。

(3)提交合规整改总结报告,为检察机关组织的听证会提供重要的依据。

(4)涉嫌犯罪的企业在合规考察期整改不合格或再涉嫌犯罪,企业合规监管人应当立即报告检察机关结束整改,转为起诉。

4. 制订刑事合规计划或合规整改方案

在受到具体的犯罪指控时,企业要制订合规计划,制订合规整改方案,企业要向检察机关提交合规承诺书,合规承诺书应当满足有效、可行和有针对性几个特点,合规计划书或承诺书中的方案由合规监管人进行评估并监管,合规计划书或合规整改方案至少要包括如下内容。

(1)由公司最高管理层作出承诺,因为合规是公司的最高管理层责任人需要承担的责任,应当由公司的最高管理层向人民检察院作出承诺。

(2)承诺书要有合规政策、标准和程序。如果企业涉嫌税收方面的犯罪,那么税收合规计划书就要把所有与税收相关的法律法规吸纳进来,形成两个文件,一个是合规政策,对外约束交易的商业伙伴;另一个是合规员工手册,对内约束员工。

(3)建立合规培训制度,对企业进行全员重点和定点培训。

(4)建立完备的合规组织体系。合规部门要具有独立性,不能参与公司具体的经营业务,更不能与经营业绩挂钩。

(5)建立合规部门的"一票否决制",即合规部门对违规业务或项目有一票否决权。这样才能树立合规部门的权威,能有效制止违反合规的行为,也能使合规部门不被边缘化。要确立合规权威性,建立"如果没有法律合规意见,则领导不签字、议题不上会、单位不用印、上级不受理、财务不付款"的制度。

(6)建立风险评估机制,有效识别企业风险并定期修订和完善。

(7)建立合规的举报制度和合规奖惩制度。

5. 合规验收评估

合规验收评估是合规成果的重中之重,是作为是否起诉的依据。如果企业验收不合格,那么合规只能作为量刑情节,不能作为无罪的情形。

6. 律师在刑事合规中的作用

刑事合规可以按照针对企业的刑事程序启动节点,分为事前刑事合规建设、事中合规识别,以及事后刑事风险应对。

律师可以事前帮助企业制定合规防范体系。律师可以事中帮助企业识别特定法律风险或保障合规体系的运行,可以协助企业梳理各环节适用法律法规、标准及其他合规要求,并编制重要合规义务清单及合规性检查清单。建立合规义务识别机制,全面系统地梳理经营管理活动中存在的合规风险,指导各部门进行识别评估,并制定风险管控措施,包括公司治理结构、投资、市场交易、建设工程、安全环保、合同管理、资本运作、财务税收、知识产权、反腐败等。律师事后可以帮助企业进行合规整改以及应诉。当企业面临重大合规风险时,律师可以作为企业的合规顾问,采取恰当的控制和处置措施,例如,协助企业配合监管部门的调查工作,指导企业根据监管部门的要求进行整改,帮助企业起草或完善合规计划书或内部自查报告,通过报告查清犯罪事实和犯罪产生的制度原因,排查企业制度是否有漏洞、管理是否有隐患。通过报告明确责任人,为案件准确处理责任人创造条件,通过报告提供填补漏洞的方法和途径。通过合规计划书和报告监督企业刑事合规整改的情况,并向检察机关提出合规不起诉的申请,为企业或者单位的负责人、管理人员提供刑事辩护。

如果企业或者工作人员涉及刑事犯罪,那么企业应外聘律师担任企业的合规顾问。合规顾问就是企业委托的辩护人,律师要抓住企业合规的最佳时机,第一时间向公安机关提出合规整改,应在侦查阶段就承诺建立合规体系,此时企业承诺建立合规体系可以产生三种有利后果,一是对具体的管理人员或法定代表人不采取刑事强制措施;二是不采取查封、扣押、冻结措施;三是可及早通知检察机关介入。此时律师要选择合规整改的正确模式,如果案件不严重,建议选择检察建议模式,让企业尽快获得无罪处理。此时律师要准备如下书面材料,材料清单如下:

(1)合规不起诉申请书。

(2)盖有企业公章的企业认罪认罚承诺书。适用合规的逻辑前提是认罪认罚,如果作无罪辩护,则不适用企业合规不起诉。

(3)提供能够证明停止犯罪活动的材料,证明企业不再有社会危害性。比如,涉嫌污染环境罪,要证明停止了污水、有害气体排放,关停了制造污染的机器。停止犯罪活动包括停止某种涉罪的商业行为或商业模式,停止有犯罪嫌疑的交易活动。

(4)提供采取补救措施或挽回损失的证明材料,包括但不限于缴纳罚款、补缴税款、补缴违法所得、赔偿被害人或者被害单位、恢复原状等。

(5)提供企业有社会贡献的证明材料,包括企业获得的奖励、纳税情况、解决就业情况、社会慈善情况等。

七、企业合规管理重点领域

(1)公司治理。全面落实"三重一大"决策制度,强化制度文件的合规审查,提升决策有效性,保障党委会、董事会、监事会、经理层等依据法律规定正确履职,实现党的领导与公司治理有效融合。国际上公认的企业四级合规管理结构,一级结构是在董事会下面设合规管理委员会;二级结构是首席合规官(CCO);三级结构是企业合规部;四级结构是子公司、分公司部门中的合规专员。

(2)市场交易。完善交易管理制度,严格履行决策批准程序,建立健全自律诚信体系,突出反欺诈、反垄断、反不正当竞争,规范资产交易、招投标等活动。

(3)投资管理。严格执行省属企业投资监管相关规章制度,建立健全事前、事中、事后管理工作体系和违规投资行为防控体系,防止违规投资行为,强化违规投资责任追究。

(4)采购管理。严格执行企业采购管理办法,坚持集中采购为主、分散采购为辅,健全采购管理体系和采购信息系统,加强供应商管理、采购价格管理、采购过程控制、采购绩效管理。

(5)合同管理。严格遵守审慎签约、诚信履约原则,加强对合同签订内容合法性、程序正确性等方面的合规审查,关注商业条款及商业条件不对等的商业合同。落实合同承办部门主体合规责任,落实合同签订主体的适格性、合同授权的合规性,建立健全合同执行评价制度。

(6)资本运作。严格遵守证券监管相关法律法规,规范所持上市公司股权变动行为。依法依规做好公众公司在证券交易所,以及全国中小企业股份转让系统、发债企业在债券市场的信息披露工作,保证披露信息的真实、准确、完整、及时。

(7)财务税收。健全完善财务内部控制体系,严格执行财务事项操作和审批流程,严守财经纪律,强化依法纳税意识,严格遵守税收法律政策。

(8)债务管理。全面落实加强国有企业资产负债约束、维护资金安全、提高资本回报等有关要求,规范资金拆借和担保管理,加大债务监督检查力度,严肃问题责任追究。

(9)数据及信息安全。强化信息安全保护的有效性与执行性,采取全面可行的保护措施,防止重大商业信息与内幕信息泄露。尊重业务伙伴和客户的隐私信息。依法合规规范采集、处理、保存和使用个人信息。

(10)工程建设。建立健全工程建设项目合规管理工作体系,强化对招投标和工程项目质量、进度、安全、建设资金等环节全过程合规管控,规范履行施工、监理、设计合同,保障建设项目在依法合规的基础上顺利实施。

(11)知识产权。及时申请注册知识产权成果,规范实施许可和转让,加强对商业秘密和商标的保护,依法规范使用他人知识产权,避免发生侵权行为。

(12)资产租赁。建立健全资产租赁管理制度,优化业务管理流程,完善租赁合同管理,加强对租赁性资产运行的审计和监督。

(13)出口管制。严格执行国家出口管制法律法规,防止出口产品及服务因违规受到处罚。严格遵守其他国家和国际组织的出口管制法律法规,避免受到相关制裁。

(14)商业伙伴。对重要商业伙伴开展合规调查,通过签订合规协议、要求作出合规承诺等方式促进商业伙伴行为合规,依法合规采集、处理、保存和使用商业伙伴保密信息,保护商业伙伴的隐私信息。

(15)安全环保。严格执行国家安全生产、环境保护法律法规,完善企业生产规范和安全环保制度,加强监督检查,加强对发包商、供应商、承包商等实施相同的安全环保合规要求,及时发现并整改违规问题。

(16)产品质量。完善质量体系,加强过程控制,严把各环节质量关,提供优质产品和服务。

(17)劳动用工。严格遵守劳动法律法规,健全完善劳动合同管理制度,规范劳动合同签订、履行、变更和解除,切实维护劳动者合法权益。

(18)选聘招聘。建立完善经营管理人员内部选聘、市场化选聘、竞争上岗、末等调整和不胜任退出的制度规定,规范专业技术职称管理、专业技术人员聘用,全面实行员工公开招聘,营造风清气正的选人、用人环境。

(19)履职待遇、业务支出。坚持依法依规、廉洁节俭、规范透明的原则,规范企业公务用车、办公用房的使用及培训、业务招待、国内差旅、因公临时出国(境)、通信等方面的支出。

(20)社会捐赠与赞助。严格审批程序,防止因不当捐赠与赞助导致的社会负面评价与不良效果。

(21)反商业贿赂。建立企业内部反腐败机制,与交易对象签订廉洁协议,禁止行贿受贿等现象发生。

(22)刑事合规。推进刑事合规制度、体系建设,针对可能发生刑事风险的领域建立有效、可执行的合规计划,实现对刑事合规风险的事前预防和事中管控。

(23)其他需要重点关注的领域。

八、企业合规体系的建立

建立完整有效的国有企业合规管理体系,按照《中央企业合规管理办法》及地方国资委发布的有关国有企业合规管理规定的要求,开展合规管理体系化建设。在组织架构方面,不仅需要公司董事会、监事会等常设机关与经理层分别负责合规体系建设的决策、监督与具体实行,而且应特别注意合规管理委员会及合规管理负责人的设立,以及审计、监察等全面参与监督、执行。

企业合规管理体系建设总体思路主要分为五个环节。

(1) 开展合规体检。主要是通过前期收集基础材料,开展调研分析,确定企业的相关需求,识别企业内外部的情况与问题,依据相关合规要求与原则,开展调研分析。合规体检环节可通过发放调查问卷、开展访谈、实地走访、公开途径检索调研等方式进行,找出合规风险点及发现问题。例如,在合规体检中发现企业风险无法被全面有效识别、重大事项审批流程职责不清、业务人员合规意识不强且内部管理缺失、风险应对方式趋于形式、各职能部门在管理风险时不能有效沟通、信息相互隔离且没有得到有效整合、缺乏风险监管部门、合规体系建设不全面、风控整体不能形成合力等。

(2) 搭建合规管理基础模块。一个完整的合规管理基础模块应包括合规风险识别、预警,合规风险应对,合规审查,违规问责,合规管理评估等机制。管理基础模块应制定全员合规行为规范,构建重点领域专项合规管理制度,并将外部有关合规要求转化为内部规章制度。

在搭建合规管理基础模块环节,梳理合规体系材料,明确合规管理重点内容,可结合前期体检的分析结果与企业确定合规管理重点领域、重点环节、重点人员,如确定市场交易、合同管理、产品质量、安全环保等重点领域。梳理企业及下属企业(根据服务内容确定)的组织架构与部门职责等,搭建合规管理组织体系,明晰各合规管理主体的职责与分工,以突出重点领域、重点环节、重点人员等的合规管理。在合规管理组织体系搭建中,主要从决策层、管理层、执行层三个层面搭建合规管理组织架构,并最大程度融入企业现有组织架构。

(3) 搭建合规管理运行模块。在搭建合规管理运行模块阶段,企业应搭建合规管理制度体系,明确合规行为准则,落实合规制度、合规风险识别预警机制、合规风险应对、合规审查机制、违规问责或容错免责、合规评估与改进等方面的管理规范,促进合规管理有效运行。合规管理运行模块应配合相关管理制度执行,完善合规风险防范体系和监控体系,如合规审查机制建议配套相应的合规审查制度,合规风险识别与预警机制可以结合相应的风险清单等表单,协助企业及时识别、更新内外部合规工作。

(4) 搭建合规管理保障模块。在合规管理基础模块成功构建并运行后,可以将合规考核的结果纳入对员工或管理人员整体的考核标准,对合规团队开展定期培训,帮助团队理解并有效执行合规的各项规定,定期报告企业内外部重要合规事项等措施保障合规管理制度顺利施行。

在搭建合规管理保障模块阶段,主要应从考核评价、激励约束机制、信息化建设建议、合规队伍、合规培训、合规文化、合规报告等方面,有效应对合规风险,建设完善合规保障模块。

(5) 合规管理实施运行。在合规管理实施运行阶段,主要就已建设的合规管理体系对企业全体管理人员进行培训讲解,对合规理念进行宣贯,培育合规文化、发展合规管理队伍,并在必要时对已有合规管理体系进行适当调整。

九、企业合规管理体系

(1) 合规行为准则体系。即合规制度建设,为企业所有员工合规履行职责提供制度规范。

（2）合规管理组织体系。建立独立而有权威的合规部门或团队，为企业合规管理提供组织保障。

（3）合规风险防范体系。对可能的合规风险采取针对预防性措施。

（4）合规风险监控体系。对企业可能出现的合规风险采取实时监督、识别和控制。

（5）合规风险应对体系。在违规行为发生后，对相关责任人进行必要惩戒，并对发现的制度漏洞和管理缺陷进行修补和完善。

合规针对企业所有员工，要求与岗位职责相关联，建立重点岗位合规职责清单；合规要求落实到岗、到人，要厘定岗位职责，要加强重点人员合规管理。

十、建立合规体系的流程

建立合规流程管理体系的关键在于对重要环节可能出现的合规风险、合规要求与管控措施嵌入流程和关键节点，实现合规管理、经营管理的全面融合，主要包括：①捋清业务全流程；②提供业务全规范；③编制合规义务清单；④编制合规风险识别清单；⑤健全流程管控清单；⑥合规义务入岗入责，进行制度建设。

合规制度建设包括制定如下专项合规指引：公司治理制度、投资管理制度、市场交易制度、资产（产权）处置制度、招投标制度、物资采购制度、财务税收制度、安全生产制度、质量环保制度、知识产权制度、劳动用工制度、信息安全制度、境外经营制度、商业伙伴合作制度等，同时也要考虑强化重大决策法律合规审核的关键地位，涉及"三重一大"的经营事项应法律审核前置。

十一、以建设工程领域造价控制为例谈房地产企业合规管理与风险防范

建设工程领域是合规的重点内容，而造价控制是建设工程领域的合规重点，现代企业经营的主要目标就是在获取利润的同时规避合规风险。只有造价控制达到合规管理的要求，才能实现获取利润的经营目标，否则将会产生巨额亏损以及诸多法律风险。造价控制的合规管理和法律风险控制涉及工程管理、风险等级管理、招投标管理、授权管理、印章管理、合同管理、财务付款管理等多方面。现从工程造价的角度对企业合规管理体系建设进行梳理。工程造价防控主要涉及风险识别、关键节点、流程管理、业务指引、业务制度、岗位职责清单、各专业部门的配合、重要环节可能出现的合规风险等方面。此处以工程造价控制为例，主要目的是帮助企业找到合规要求与管控措施嵌入流程和关键节点，实现合规管理、经营管理的全面融合。

工程造价"三超"现象比较常见，即概算超估算、预算超概算、结算（决算）超预算。那么，应如何从合规管理的角度进行风险防范呢？

首先，应列出风险识别清单，对风险进行识别，可以从不同的角度划分，如果从风险来源（参与主体）角度划分，那么工程造价失控的原因分别来自建设单位、设计单位、勘察单位、监理单位、施工单位、行政部门。如果从风险原因角度划分，可以将原因划分为市场价格波动、融资及产业政策的变化、法律纠纷、外部压力等。

其次，应建立流程管控清单，即风险控制措施的清单。流程管控清单可以按照流程，即按项目开发阶段（业务流程）梳理，重要环节可能出现的合规风险，具体可按照设计阶段、勘察阶段、招标阶段、施工阶段、竣工验收阶段、结算（决算）阶段、维保阶段来划分。

最后，流程管控清单也可以按照块状分类，即按照专业类别进行分类，例如，可从合同管理、印章管理、财务管理、法律法规与司法解释、造价管理、工程管理、质量安全管理、风险等级管理、权责管理等方面构建企业合规管理体系。例如,制定造价控制管理办法等公司管理制度;从加强建设单位项目基础管理能力的角度防范造价失控;从加强建设单位工程技术人员管理的角度防范造价失控,建立工程签证管理制度;从加强对甲供材料的管理的角度防范造价失控;从严格控制工程费用的角度防范造价失控;建立风险等级分类管理制度、业务流程管控制度、不同部门之间的分工协作制度、岗位职责制度等。并与以风险为导向的公司治理结构结合在一起,构建企业合规管理体系与防控造价失控风险制度,实现企业合规管理与经营管理的全面融合。

第四章

房地产开发企业融资合规管理及法律风险防范

第一节 房地产融资市场的现状

一、中国房地产融资的历史

20 世纪 90 年代,我国开始推进住房制度改革,出台并实施了一系列政策及法律法规和部门规章,因此,房地产业兴起并逐渐成为国民经济的支柱产业之一。那时国家对房地产业实施扶持的政策,尤其是在 1998 年至 2003 年,国家在金融方面对房地产行业进行政策扶持,比如,出台了一系列相关法律法规和部门规章、开展个人住房贷款业务、建立商品房预售制度等,这些做法促进了房地产行业的发展。2003 年之后,随着房地产行业的发展暴露出种种问题,国家对房地产进行一系列的规范,其中当然包括对房地产金融市场的规范,国家试图通过更多的金融手段来规范和调控房地产市场,尤其是在 2007 年、2009 年、2010 年房价上涨过快,房价过高的市场背景下,国家对房地产金融市场的限制颇多,2010 年的宏观调控政策使开发贷款的发放条件更加严格,也可以说是将开发贷款的"闸门"收紧,对个人住房贷款的限制也越来越多,因此,开发企业传统的融资渠道已基本走到了尽头。近几年来,金融监管机构仍然在持续落实收紧房地产企业融资的政策,与此同时,多个部门释放收紧房地产企业融资"阀门"的政策信号,目标是去杠杆、降负债、预防系统性金融风险,确保房地产市场平稳健康发展。住房和城乡建设部及中国人民银行两部门于 2020 年 8 月 20 日在北京召开重点房地产企业座谈会,会议指出,为进一步落实房地产长效机制,实施好房地产金融审慎管理制度,增强房地产企业融资的市场化、规则化和透明度,中国人民银行、住房和城乡建设部会同相关部门在前期广泛征求意见的基础上,形成了重点房地产企业资金监测和融资管理规则。监管部门为房地产企业财务指标划定"三道红线",严格落实"房住不炒",意在通过管控房企有息负债增长情况,管控房地产行业杠杆水平,筑牢房企安全底线。

二、中国房地产企业融资的现状

目前房地产开发企业传统且常见的资金来源有房地产开发企业自有资金、预售房款、银行抵押贷款、施工单位垫资等。但传统的融资渠道(如银行贷款的融资模式)正受到政策的严格限制。国务院和监管部门相继出台的宏观政策都传达了一个重要信息:房地产企业单纯依靠银行贷款融资的做法已经不再可行,原有融资模式和融资渠道将受到极大限制。这些规定包括:2003年6月5日公布的《中国人民银行关于进一步加强房地产信贷业务管理的通知》;2003年8月12日公布的《国务院关于促进房地产市场持续健康发展的通知》;2004年8月30日公布的《中国银行业监督管理委员会关于印发〈商业银行房地产贷款风险管理指引〉的通知》;2020年9月11日公布的《银保监会关于保险资金运用违规问题和风险自查有关情况的通报》;2020年9月7日公布的《中国银保监会办公厅关于加强小额贷款公司监督管理的通知》;2020年9月11日中国人民银行公布的《金融控股公司监督管理试行办法》;2020年12月28日公布的《中国人民银行、中国银行保险监督管理委员会关于建立银行业金融机构房地产贷款集中度管理制度的通知》等。

就中国房地产市场的金融发展历史来看,房地产企业融资主要依靠银行贷款,包括开发贷款和个人住房贷款,其他融资渠道的作用有限。目前房地产企业根据资金实力可以分为两种,一种是有资金实力的大型房地产企业,大多为上市公司,另一种是中小型房地产企业。无论是大型房地产企业还是中小型房地产企业,目前普遍存在融资困难的问题。大型房地产企业可以采用IPO、并购、重组或借壳上市的方式融资,中小型房地产企业的融资渠道更为狭窄。中小型房地产企业大多是成长型公司,如果是项目公司,企业成立时间更短,缺少经营业绩,银行信用没有建立,固定资产少,没有有形的资产作为抵押,因此,对中小型企业来说,获取银行的开发贷款更是难上加难。采取商业银行贷款以外的融资模式(如上市融资和债券融资)的难度也非常大,上市融资对中小型房地产企业来说根本不可能,中小型房地产企业也不具备债券等直接融资的条件。

无论是大型房地产企业还是中小型房地产企业,其依靠进入资本市场的其他融资方式来获得融资的难度也在加大。但是,资金是企业的血液,房地产企业为了生存或发展,必须通过融资解决问题,因此房地产企业的融资方式开始显现多样化,如信托业的快速扩张等,但发展多渠道融资的障碍是存在的,这严重制约了多渠道融资市场,一方面是因为制度的不完善,另一方面也存在着房地产企业内部治理不完善及监管经验不足等问题。

总之,长期以来我国房地产融资市场参与主体主要是商业银行,缺少专业信贷机构,房地产债券、房产信托和基金等其他融资渠道的发育并不完全,加之近期国家对房地产金融宏观调控的紧缩政策,使房地产企业面临巨大的资金压力。虽然有关部门颁布了一系列金融方面的法律法规,但是仍不健全,规定得不够具体,且大多数是针对整体的金融市场的,并非全部针对房地产金融市场,即使是专门针对房地产金融市场的,也只有限制性的规定。从整体上看,目前融资的法律法规及政策滞后于房地产市场的发展,新出现的融资渠道没有相应的制度进行规范,对新型融资工具的组织形式、资产组合、流通转让、收益来源和分配等都没有严格规范。有人将中小型房地产企业融资困难的根本原因归结于受到银行信贷或资本市场歧视,实际上真实原因并不在于此,而在于我国中小型房地产企业的整体发展水平不高,缺少足够的抵押资产,寻求担保非常困难,大多不符合银行的贷款条件,金融机构的信贷风险过高。

三、房地产融资存在的问题

(一)房地产金融体系不完善

完整的房地产金融体系应包括专业和非专业的住房金融机构和向住房融资提供担保或保险

的机构,但目前我国金融体系的主体主要是商业银行,而且商业银行的长期抵押贷款无法通过二级市场出售,流动性差,完全没有住房抵押贷款二级市场,没有适合房地产企业或个人的多样化的金融新品种,缺乏金融产品的创新能力和制度设计。因此可以说,目前我国尚未建立完整的房地产金融体系,主要原因可能在于管理层趋向于规避金融风险和调控房地产市场以防止过热。

(二)缺乏完善的配套法律法规及政策支持

目前限制开发贷款及个人信贷的政策的目的是规避国家金融的风险,但是如果政策支持允许其他金融产品的创新,鼓励融资渠道多样化,反而会降低国家的金融风险,政策制定者要做的就是在进行有效监管的前提下放开其他安全融资的渠道。

(三)房地产金融中介服务滞后

金融中介机构在融资中的作用毋庸置疑,因此,应发展金融中介机构,使其在房地产融资领域发挥专业的作用。但是频发的金融中介机构诈骗事件对这个行业的影响是巨大的,甚至几乎摧毁了金融中介行业。在国内还没有对这个行业有充分认识的前提下,金融中介诈骗案件的频发使融资者不敢再与金融中介打交道,严重阻碍了金融中介行业的生存与发展。

四、拓宽房地产融资渠道的建议

我国房地产企业融资因历史较短,相关配套的法律法规不完善,导致市场发育不完全,融资渠道过于集中在传统的银行金融机构;宏观调控突显房地产融资渠道单一,银行风险加大;信息不对称,房地产企业没有达到一定的经济规模,且房地产企业信用差现象严重、房地产企业间接融资比例过高等原因,导致房地产企业过分依赖于商业银行贷款;对房地产企业来说还存在高负债经营的财务风险;房地产金融市场结构不健全,房地产企业融资水平差异较大;随着外部环境的变化,国际融资难度也在不断增加。对此,可以采取下列措施拓宽融资渠道。

(1)建立多层次的房地产融资体系,满足不同层次企业对资金的需求,为不同类型企业提供不同的融资平台,减少房地产企业对银行贷款的依赖,建立多元化的房地产融资渠道,开发服务不同房地产企业的金融产品,包括尝试推出房地产投资开发贷款,在银行信贷正逐步退出房地产后,建立地产基金、地产投资机构、地产专业投资银行,包括地产信托和地产信托基金。

(2)完善房地产金融的法律法规。目前金融产品和融资方式匮乏的主要原因就在于金融方面的法律法规还不够完善,缺少房地产金融产品的创新,融资只能过分依赖银行信贷。

(3)发展金融中介组织。金融中介组织是融资的专业机构,应在严格监管的前提下扶植并大力发展。

第二节 房地产融资的法律风险及防范

一、房地产企业融资的特点

(一)高风险性

无论是投资者还是金融机构,或者是开发企业,都对房地产融资高度谨慎,投资者或金融机构在谈判或签订合同中通常会对融资机构附加多项义务,以保证自己的资金安全。而开发企业则高度关注融资的合法性问题,因为非法融资可能演变为非法集资,严重者将承担刑事责任。另外,对开发企业来说,签订股权融资协议后可能会失去对公司的控制权,最后的结果就是"为他人作嫁衣"。

(二)融资数额较大

房地产开发的特点是资金密集,尤其在"招拍挂"政策实施之后,土地成本不断升高,少则几个亿,多则几十亿。土地成本、建安成本、税费等费用,使房地产开发的成本不断增加,因此需要较大数额资金的支持。

(三)可供担保的财产少

对于项目公司而言,其几乎没有任何财产可提供担保。目前项目公司仅有的土地使用权证也不能通过抵押担保的方式从银行融资,"四证齐全"是银行发放贷款的必要条件,而非充分条件。

(四)政策变化快且干预强

房价的过快上涨引发了一系列问题,中央政府为遏制房地产价格过快上涨,采取一系列手段来控制房价,其中一个办法就是控制资金的源头,通过一系列金融政策控制来减少流向房地产市场的资金,尤其是通过控制国有银行向房地产企业发放贷款,以达到降低房价的目的。

(五)期限紧迫

房地产企业缺少资金可能面临严重的后果,开发企业的资金链一旦断裂或无资金启动,项目就可能被收回或者烂尾。因此,对缺少资金的开发企业来说,融资期限十分紧迫。时间不足与开发企业管理能力差有很大关系,可能是因为开发企业缺少前瞻性或管理混乱,至少说明其管理能力存在不足之处。

二、房地产融资的法律风险防范

(1)加强房地产公司的内部建设与管理,建立完善的法律风险防范体系,建立以企业内部法务人员与外聘律师相结合的法律风险防范体系。有些房地产企业只聘用内部法务人员,有些房地产企业只有在诉讼时才委托律师处理诉讼事宜,这两种做法都比较极端。一般来说,公司内部法务人员能处理企业日常经营管理中遇到的法律事务,比如,合同的起草、审查、修改等,法务人员接触的法律事务类型单一,缺乏重大诉讼经验及对外部关系的协调能力,企业可以通过外聘律师与法务人员相互配合。外部律师可凭借丰富的经验,通过案例对房地产公司的决策人或股东进行专项的法律风险培训,提高房地产公司决策层、执行层(工程、技术、采购、财务、法务)的法律风险防范意识,重点进行投融资法律法规及法律知识的培训,强化防范融资的法律风险意识,减少企业经营的风险。

(2)从制度和流程角度规范企业融资行为。企业融资面临着许多法律风险,房地产公司对财产风险尤其要重视,要判断投资方企业的资质、信用与风险评级,需要专业律师对融资贷款的项目进行专项调查;了解融资项目权属关系是否清晰,开发程序及手续是否完备;了解投资方债务和资信状况;了解有无重大诉讼案件或潜在的债务风险等。以完整的信息为房地产融资提供决策依据。房地产公司应从制度设计、融资流程等方面规范企业的融资行为,任何对融资风险的忽视,都可能使企业受到重创。

(3)在企业不同发展阶段采用不同的融资方式。一般可将房地产企业分为初创阶段、发展阶段、快速扩张阶段,对这三个不同的阶段应采用不同的融资方式。

(4)利用合法的金融中介机构。寻求融资中介机构的帮助是必要的,不能因害怕发生金融中介诈骗事件就因噎废食。金融中介的作用不能忽视,应当被开发企业合理利用。

(5)控制融资风险。通过股权融资,公司可能被别人控制,丧失经营权。通过上市融资涉及按照《公司法》及《证券法》的规定运行公司,在融资协议中应重点谈判股权结构重构、公司治理结构调整、财务管理制度、资本退出机制。此外,还应注意股权变动是否违反《反垄断法》及外资准入规定。在银行贷款方面,应注意担保方式的选择、期限、续展等。

(6)合法融资。融资应在法律的框架内进行,规范融资行为的法律法规有很多,既有金融法律法规的直接规范,也有《刑法》《民法典》《公司法》等一系列的间接规范,融资必须在上述的法律规范之内进行,否则将受到法律制裁。

(7)程序合法。按照《公司法》的规定,股东会决定公司的经营方针和投资计划,董事会对股东会负责,执行股东会的决议,决定公司的经营计划和投资方案。另外,公司章程对融资等重要事项可能也有特别的约定,因此,房地产公司的融资应当按照《公司法》及公司章程的规定,履行必要的手续,如股东会决议或董事会决议等。

(8)作出陈述与保证。陈述与保证是放贷的前提,应涉及主体资格、关联交易、劳动合同与保险、履约能力、财务、对外担保、诉讼等内容。

(9)约定缔约不能费用承担的问题。在融资过程中,如果双方最终不能签订融资协议,那么在某些情形下会产生融资的前期费用,如评估费等,双方应该事先约定该费用的承担方式。

(10)出现问题事后补救。可通过谈判和解、第三方调解、仲裁及诉讼等手段,追究违约方经济责任。

三、投资融资中诈骗的预防

(一)融资诈骗的方式

1. 以外资贷款的形式诈骗

这类金融诈骗方式的大多数诈骗者在北京市、上海市等大城市租用高档写字楼作为办公场所,写字楼面积往往不大,但是公司的名称看似非常高端,往往以某某跨国金融集团公司驻中国代表处、某某国际银行等命名,也有以风险投资公司和基金的面目出现。这类诈骗者通常先多方寻找急于获得投资的项目持有人,然后对项目给予肯定,同意给项目贷款,或者称能够提供一系列境外融资业务,与融资方签订意向书或框架协议,并在意向书或框架协议中约定项目评估、可行性分析、财务顾问费、律师费及公证费等费用,这些费用由项目融资方承担。一旦项目融资方支付了上述费用,诈骗者以项目还存在某些问题、外国总部并未批准为由推脱,但最终结果是不会得到总部的批准,融资失败。这些所谓外资或其代表机构诈骗的手段其实非常低劣,因为在有些国家或地区,比如,在美国或英属维尔京群岛注册公司相当容易,目前在国内实施诈骗的不少外资投资集团其实是由中国人在国外注册成立,然后在北京市、上海市等大城市设立代表处。因为外资代表处在中国无法开展业务,外资在中国设立代表处,在市场监督手续办理及程序方面并不复杂,因此,国内的市场监督管理部门对外资代表处设立手续等方面的监管并不严格,目前并不需要经商务部门审批,只需到市场监督管理部门登记。因此,这些诈骗公司是没有任何业务实力的公司,完全是利用国内企业不熟悉国际金融市场或融资的正规渠道又急于融资的心理实施诈骗。

2. 以投资的形式诈骗

以某国际集团北京代表处针对急需资金的民营企业推出一项"明投暗贷"业务为例,该代表处解释,表面上外商给中方企业投资,但实际上相当于贷款或借款,借款的最高额度是2500万美元,但项目融资方每年须向外商支付利息,第一年为12%,以后每年为8%左右。这个借款利率与国内短期借款的年利率30%以上相比非常低,对国内资金短缺的中小型房地产开发企业非常有诱惑力。但该融资方式的前提是,融资方必须先提供项目可行性分析报告和商业计划书,且要聘请境外机构撰写,撰写这些商业文件需要先收费,即使企业不能融资成功,费用也需要预先支付且不退。除此之外,诈骗者还要求融资方支付考察费、立项费及保证金等名目不一的费用,而且这些费用是收取后不予退还的。实际上,真正的投资者大多会自己支付差旅费、管理费。至于聘请律师事务所、会计师事务所或审计事务所出具审计报告或资产评估报告的一方,可能是投资方,也可能是被投资方,并非必然由被投资者承担,费用的承担者也视情况而定。实际情况是,如果投资方对投资项目意愿更迫切,则投资方通常会聘请相关机构承担费用,反之,则由被投资方承担。此外,如果一方为国有企业,因受到国资委审批或备案的要求,必须提供相关项目的验资证明,所以国有企业往往会主动寻找相关机构进行验资或调查。这些费用是公司正常经营管理中应支出的成本,而诈骗的公司几乎如出一辙地巧立名目收费。一般来说,凡是指定机构制作文件或出具文书的,都是融资诈骗。实际上,所谓明投暗贷的融资,逃避了国家监管,在政策上是绝对不可能的,还有投资方承诺的其他金融业务,有些属于跨境融资,必须经过国家外汇管理局的批准。

3. 金融中介机构诈骗

这种诈骗方式是中介机构自己或者勾结第三方机构进行诈骗,即中介公司称本身并不收取任何费用,但是为了将项目推介给投资者,需要委托评估事务所和律师事务所出具评估报告和法律意见书,并且指定某家评估机构或律师事务所,由评估机构和律师事务所收费。但事实上是金融中介机构与评估事务所和律师事务所相勾结,收取相应费用,然后中介公司以种种理由推诿,使融资事项无疾而终。

金融中介机构还有一种诈骗的方式,就是以收取融资中介的代理费为名,称融资不成功不收取任何费用,然后与银行勾结或利用银行结算程序或支付转移的金融规定,将融资款项打入融资方的账户,但融资方不能使用。等中介方收取中介费之后,银行又将融资款转回,因此,融资方仍被骗,而且融资的中介费一般都在融资总额的1%~2%,融资方损失惨重。

另外,中介公司还会利用国家金融政策,以提供大额存款、有价证券抵押、银行保函等帮助企业贷款的方式来诈骗。诈骗者与项目融资方签订协议,协议约定先交付保证金,约定银行保函开出后由项目方银行两周之内核保完毕,否则不放贷,中介方不负任何责任,保证金不退。实际上中介公司给融资方大额存单、有价证券抵押贷款的核保时间内,银行上级部门的核准手续根本办不下来,中介方利用时间差就可以从协议的角度不退还融资方先期交付的保证金。

4. 法律服务中介机构诈骗

2008年1月29日,北京市律师协会纪律委员会发布《北京市律师协会纪律委员会规范执业指引(第5号)》,向北京市的执业律师发出执业风险警告,并通报了此类案件的基本特征:所谓的国外投资公司设在中国境内的代表机构(通常会租赁高档写字楼)物色急需资金投入的内资企业,通常是民营企业以及持有技术的个人,并表明投资意向。条件是这些急需资金的企业和个人必须委托一家该代表处指定的律师事务所为其合法性等事项实施尽职调查或出具法律意见书,律师费必须由这些企业或个人支付,通常为十几万至几十万元人民币不等。律师出具的法律意见书必须涉及这些企业法律地位、主体或者个人所持技术的法律瑕疵和权属争议等表述,待该代表处拿到律师出具的法律意见书后通常会表示拒绝投资。这些企业或个人感到受骗并联系该代表处时,该代表处早已人去楼空。

对符合上述特征的所谓融资行为,执业律师为避免卷入诈骗等违法犯罪,应该按照下列要求处理。

(1)涉及律师介入投融资业务对投资对象进行法律尽职调查或者出具法律意见书。律师的工作成果主要用于投资人的投资决策,所以律师必须确认委托人为投资人,并由投资人支付律师费,除非融资方在可自由选择律师和事务所的前提下主动表明自愿委托律师并支付律师服务费。

(2)有委托人以第三方指定为由前来洽谈委托事宜的,律师必须告知委托人有权自由选择律师和律师事务所。

(3)涉及类似投融资业务时,如果融资方自愿委托律师并支付律师费,律师必须进行充分的风险提示,要求投资人出具有效的主体资格和资质的文书,并将其通报给融资人,履行保护委托人合法权益的义务。

(4)严格禁止律师和律师事务所向案件介绍人、中间人、指定人支付律师费回扣、分成、分账等一切形式的非法交易。

(二)融资诈骗的防范

目前市场的融资环境混乱,以融资或融资中介诈骗的情况很普遍,经常有房地产公司被骗,但对于专业人士来说,融资诈骗并不难预防。

1. 要对融资渠道、程序有大致的了解

一般来说,房地产公司正常的融资渠道有银行、信托公司、担保公司、定向发行企业债券或资产证券化的证券公司、财务公司、产业投资基金、私募投资基金(包括PE基金、VC资金)等。按照正常的融资程序,进行前期调查是必要的,当然涉及前期的费用(包括律师出具的法律意见书等法律文件、会计师事务所或审计事务所出具的审计报告或资产评估报告等),但正常的融资程序投资者不会指定律师事务所或会计师事务所等相关机构制作相关的文件,而是由融资的公司自行提出后由投资方自行组织律师、会计等人员进行专业调查、评估,费用根据融资市场的供求关系,可能由投资方承担,也可能由被投资方承担。

2. 查看投资方或中介公司的网站

无论是正规公司还是诈骗公司都有自己的网站,如果投资方或中介公司的英文版网站制作粗糙,内容简陋,风格与国内网站近似,联系邮箱地址是免费邮箱域名,没有自己的企业邮箱域名,那么这种公司基本上都属于诈骗公司。

3. 投资公司或中介公司对融资方的态度

真正的投资公司从商业利益及谈判策略的角度考虑,即使有投资意向,也不会表现得过于在意,反而可能表现得很冷淡,不会对项目作出很高的评价,而是尽量说出项目的不足之处。而诈骗公司对项目很热情,对项目中明显的缺点并不在乎。

4. 是否收中介费

前面已经提过，以各种名义收取律师费、评估费、考察费、保证金等的公司基本是诈骗公司。融资中介收取中介费很正常，但几乎都是在项目成功融资后才收取。但是作为投资主体的投资人不可能向项目人收取任何费用。

5. 核实投资者或中介机构有无成功案例

如果是正规的投资公司或融资中介机构，在业内肯定有过融资成功的案例，融资者可以通过各种方式来查询。如果没有成功融资记录的投资公司或融资中介机构基本上可以肯定是诈骗公司。

在融资方面不要轻易相信可疑的公司和个人，尤其是自称有背景的人，更加需要谨慎对待。融资者在融资之前一定要亲自进行详细的市场调研和市场分析，不能轻易相信对方承诺，应该事先咨询行业专家和法律人士，不要轻易支付所谓的评估报告费、可行性计划书费、律师费等。

案例：A 房地产公司取得某项目的土地使用权，但缺少 8000 万元的启动资金，无法办理在建工程抵押贷款。A 公司经人介绍认识了 B 公司，B 公司称熟悉海外融资市场，有外国银行可以向 A 公司贷款，但需 B 公司担保作为回报，A 公司要向 B 公司支付费用，其中所有的贷款手续都由 B 公司办理，A 公司需全力配合，包括寻找一家接受备用信用证的国内银行。B 公司与海外银行进行一系列运作，最终 A 公司将得到一笔 1000 万美元的贷款，A 公司将贷款额的 5% 作为对 B 公司的回报。达成一致后，A 公司预先支付了 10 万元活动经费，并向 B 公司提供了企业资质证明、项目计划书等一系列文件。后 A 公司多次向 B 公司询问贷款的结果，B 公司均称正在办理，贷款很快就会到账。两个月后，A 公司到国内开户银行查询，发现没有收到国外银行开出的任何信用证。经 A 公司向银行核实，B 公司所称的贷款流程根本不符合国际银行间合作的惯例，于是 A 公司以涉嫌诈骗为由向当地公安机关举报 B 公司。公安机关接报后，立即进行侦查，但发现 B 公司负责人已不见踪影。

四、签订融资中介服务协议的风险防范

（1）初步判断。初步判断融资中介是否有疑点、是否了解行业规律及常识、是否要求先收费等，如果排除合理的怀疑可进行下一步商谈。

（2）协议应包含的内容。开发企业项目的内容，对融资数额、期限、方式的要求，中介方的服务内容、履行期限、双方责任等。

（3）从协议约定内容来防范风险。

①如果是股权融资，应明确投资方是否控股及控股比例。如果是固定回报（或贷款）融资方式，应约定融资方愿意支付的年回报利率最高比例。

②在融资过程中，若投资商提出了与融资方要求相违背的事项，则中介公司不能擅作主张。

③约定中介方的主要工作：成立项目专项融资机构，指派机构负责人全程负责该项目的融资；到项目方实地考察并进行审慎调查，根据审慎调查情况，制订该项目的融资策略与融资实施进度计划；制作项目商业计划书；精心挑选合格的投资商，尽快获得投资方的认可；与投资商进行初步沟通和答疑；组织重点投资商到项目方实地考察；协助甲方与投资商等谈判；负责起草相关的投资协议（草案）、公司章程（草案）、股东会决议（草案）、董事会决议（草案）；对新公司的组织安排提供建议；保证对所有知晓的涉及甲方自身商业机密的文件、资料、数据、计划、商业意向等不向第三方公开。

④协议解除或终止的条件。投资商与融资方签订正式投资合同(协议),直至投资商资金到位,协议项下中介机构的责任完成。在融资方委托中介方协助融资的同时,融资方也通过其他渠道进行融资洽谈。在此情况下,融资方有权选择更合适的投资方进行融资。在协议履行期限内,融资方选择非中介方推荐的投资商融资,融资方即在与他人订立融资协议后一定期限内通知中介方终止协议,双方互不承担其他任何责任。

⑤费用支付及条件。融资服务费用总额按实际融资额的一定比例收取,由融资方向中介方支付。

⑥费用支付方式。融资服务费用在融资成功后支付,以投资方与融资方签订正式合资(合作)借贷合同、投资方资金到融资方指定账户且能支配为前提。

⑦违约条款。融资不成功,融资方不支付任何费用,融资方产生的费用由其自己承担。融资成功后支付费用。

⑧融资方认为融资不可能有任何进展的,可以终止协议,并以书面的方式通知中介方,协议提前终止。

第三节 不同融资模式的风险及防范

一、国内银行开发贷款融资的风险及防范

房地产开发贷款是指贷款人向借款人发放的用于开发、建造向市场销售、出租等用于房地产项目的贷款。开发企业可将其以合法方式取得的土地使用权或连同在建工程的投入资产,以不转移占有的方式向金融机构提供抵押担保,取得项目开发贷款或者流动资金贷款,房屋销售(预售)后,销售款用于偿还贷款本息。《民法典》第三百九十五条规定了正在建造的建筑物可以抵押。这种方式被房地产开发企业熟知并广泛运用,开发企业以已经获得的土地权或在建工程作为融资的手段,可以很快地周转资金,如果房屋销售业绩良好,那么对房地产公司来说就能够以少量资金加之银行的支持,使项目进入良性运转的轨道。但目前对开发企业来说,房地产开发贷款十分困难。

(一)开发贷款的政策性限制及执行

1. 法规、规章及政策性规定

关于开发贷款问题,2003年6月5日公布的《中国人民银行关于进一步加强房地产信贷业务管理的通知》、2003年8月12日公布的《国务院关于促进房地产市场持续健康发展的通知》、中国银行业监督管理委员会印发的《商业银行房地产贷款风险管理指引》《商业银行集团客户授信业务风险管理指引》《商业银行授信工作尽职指引》等一系列规定制约了商业银行的放贷行为。对上述文件关于开发贷款的限制性规定总结如下。

(1)房地产开发贷款对象应为具备房地产开发资质、信用等级较高、没有拖欠工程款的房地产开发企业。

(2)贷款应重点支持符合中低收入家庭购买能力的住宅项目,对大户型、大面积、高档商品房、别墅等项目应适当限制。对商品房空置量大、负债率高的房地产开发企业,要严格审批新增

房地产开发贷款并重点监控。

（3）商业银行对未取得国有土地使用证、建设用地规划许可证、建设工程规划许可证、建筑工程施工许可证的项目不得发放任何形式的贷款。

（4）商业银行对房地产开发企业申请的贷款，只能通过房地产开发贷款科目发放，严禁以房地产开发流动资金贷款及其他形式贷款科目发放。

（5）房地产开发企业申请银行贷款，其自有资金（指所有者权益）应不低于开发项目总投资的35%，且自有资金必须落实才能放贷。

（6）商业银行发放的房地产贷款，只能用于本地区的房地产项目，严禁跨地区使用。

（7）严格控制土地储备贷款的发放，对土地储备机构发放的贷款为抵押贷款，贷款额度不得超过所收购土地评估价值的70%，贷款期限最长不得超过2年。

（8）商业银行不得向房地产开发企业发放用于缴纳土地出让金的贷款。

（9）商业银行放贷必须落实房地产开发企业贷款的担保，并确保担保真实、合法、有效，否则不予放贷。

（10）商业银行放贷后对开发企业的资金使用情况进行监控，防止贷款挪作他用，而且贷款发放是根据项目的进度和进展状况，分期发放贷款，未必一次性转账。在资金使用过程中，银行对项目开发过程中出现的项目自身的变化、房地产开发企业的变化、建筑施工单位的变化等，应及时发现并制止违规使用贷款情况。

（11）商业银行应对有逾期未还款或有欠息现象的房地产开发企业销售款进行监控，在收回贷款本息之前，防止将销售款挪作他用。

（12）商业银行应密切关注建筑工程款优于抵押权受偿等潜在的法律风险。

（13）不符合"345"监管红线规定的条件将不予发放贷款。

2. 商业银行的具体限制措施

（1）对于集团公司，在客户准许入围中，虽然集团公司可以入围，但在具体操作时银行只考虑对具体项目贷款，而不针对集团公司，目的是防止开发企业将贷款用于其他项目（业内常说的"三个杯子、两个杯盖"或"杯盖少于杯子"，开发企业在不同项目之间腾挪）或挪作他用，担心资金管不住，防止贷款不能收回的风险。

（2）银行为控制风险严管开发贷款。以前在房地产公司的公关下，出现过银行违规发放贷款的情况，违规表现在三方面：一是"五证不齐"发放贷款；二是"假按揭"；三是转换贷款名目，挪用流动资金做项目开发贷款。银监会要求各银行在关注房地产开发企业资金链趋紧的情况下，警惕部分过度扩张的企业可能采取的违法或违规贷款行为而给银行造成的风险。比如，开发企业通过虚增注册资本套取银行贷款，采用"假按揭、假首付"等手段套取银行贷款等。开发企业的主要资金来源即银行融资越收越紧，贷款也就越来越难申请，特别是土地抵押形式的贷款。

（3）商业银行应对申请贷款的房地产开发企业进行深入调查审核，包括企业的性质、股东构成、资质信用、近3年的经营管理和财务状况、以往的开发经验和开发项目情况，以及与关联企业的业务往来等。对资质较差或以往开发经验较欠缺的房地产开发企业，审慎发放贷款；对经营管理存在问题、不具备相应资金实力或有不良经营记录的，严格限制贷款发放；对于依据项目而成立的房地产开发项目公司，应根据其自身特点对其业务范围、经营管理和财务状况、股东及关联公司的上述情况，以及彼此间的法律关系等进行深入调查审核。

(二)开发贷款申请条件及放贷银行办理流程

1. 开发贷款的申请条件

根据《中国银行房地产开发贷款管理办法(试行)》第七条规定,申请开发贷款的开发企业应具备下列条件。

(1)经国家房地产主管部门批准设立,在工商行政管理部门注册登记,并取得企业法人营业执照及由行业主管部门核发的房地产开发企业资质证书。

(2)具有健全的经营管理机构和合格的领导班子,以及严格的经营管理制度。

(3)企业信用和财务状况良好,确有偿还贷款本息的能力。

(4)在中国银行开立基本结算账户或一般存款账户,并在中国银行办理结算业务。

(5)已取得贷款项目的土地使用权,且土地使用权终止时间长于贷款终止时间。

(6)已取得贷款项目规划投资许可证、建设许可证、开工许可证、内外销房屋许可证,并完成各项立项手续,且全部立项文件完整、真实、有效。

(7)贷款项目申报用途与其功能相符,并能够有效地满足当地房地产市场的需求。

(8)贷款项目工程预算、施工计划符合国家和当地政府的有关规定。工程预算投资总额能满足项目完工前由于通货膨胀及不可预见等因素追加预算的需要。

(9)具有一定比例的自有资金(一般应达到项目预算投资总额的30%),并能够在银行贷款之前投入项目建设。

(10)将财产抵(质)押给中国银行或落实中国银行可接受的还本付息连带责任保证。

(11)落实中国银行规定的其他贷款条件。

2. 开发贷款的流程

(1)开发企业申请。

(2)调查。调查主要是核实开发企业资格并核实项目的情况,包括项目建设条件评价、市场评估、投资估算和筹资评估、偿债能力评估、贷款风险评价,银行通过上述调查,评出开发企业相应的信用等级并测定综合风险度,在调查基础上形成书面调查报告。

(3)审查与审批。银行审查的内容主要包括形式审查及实质审查。形式审查包括审查调查部门提供的数据、资料是否完整;实质审查包括贷款用途是否与申请一致、贷款是否符合产业政策及投向、评估报告的审查、贷款期限的审查、担保是否合法合规、贷款风险度、审查贷款发放后企业贷款总余额是否超过该企业贷款最高限额、授信额是否超过单个企业贷款占全行贷款总额最高比例的10%等。房地产开发贷款的审批要根据贷款审批权限及项目评估权限办理。凡是要上报上级银行审批的,均由行长签署上报。

(4)放贷。审核批准后,开发企业(借款人)、银行与担保人正式签订贷款合同、保证合同或抵押(质押)合同,并按规定办理有关公证(见证)、抵押登记、保险等手续。合同等法律文件核实无误后,由信贷员填写贷款划拨凭证,并逐级审批签发后,交由会计部门,根据工程进度或合同约定条款,分期、分批将款项直接转入开发企业在贷款银行开立的专用账户。

(5)贷后管理。跟踪管理及贷款归还。

(三)开发贷款的风险

(1)贷款不能的风险。对于开发贷款,各商业银行比原来更谨慎,更从信贷风险的角度来判断开发企业能否按期归还贷款,因此对开发企业资格的要求也更高。

(2)贷款后违约的风险。如果开发贷款不能按期归还,银行会起诉开发企业,要求拍卖抵押物偿债。如果法律程序走到拍卖抵押物一步,对开发企业来说损失会相当大,因为拍卖的价格一般只有市场价格的70%,甚至更低。

(四)开发贷款的风险防范

(1)不做假资料、不骗贷。在银行监管越来越严格且法律法规越来越健全的条件下,开发企业企图依靠假资料欺骗银行取得开发贷款是行不通的,因此,开发企业应在法律及政策的框架内办理开发贷款,切不可以赌徒的心态面对企业的经营。

(2)加快项目的审批手续。加快项目的审批手续应从两方面实施:一是提高企业自身的办事效率,按照银行的要求提供资料及办理相关手续;二是与金融机构建立起良性的互动关系,避免银行方面具体的审批环节迟滞。

(3)按照银行的要求办理建筑工程保险。一般在开发企业取得贷款之前,贷款银行都要求为项目办理有效的建筑工程保险、房屋意外灾害保险,且投保期至少要长于借款期半年。保险合同中要明确贷款人为保险的第一受益人,保险单正本由贷款银行保管。若属质押方式,开发企业应将质押物及其有关登记证明文件、保险单等交由贷款人保管。开发企业需使用质押的证明文件或资料办理相关的初始不动产权属登记手续或预售、现房出售的手续,待手续办理完毕即退还贷款人。

(4)抵押物的处置与出租。开发企业将房地产抵押后,从银行获得开发贷款后,能否将已抵押的财产再次出租?按照《民法典》第四百零五条的规定,抵押权设立前,抵押财产已出租并转移占有的,原租赁关系不受该抵押权的影响。抵押权设立后抵押财产出租的,该租赁关系不得对抗已登记的抵押权。这规定了抵押权人的抵押权对抵押物出租的法律效力,因租赁关系产生于抵押权设定之前还是设定之后而有所不同。第一,如果租赁在先,抵押在后,则"抵押不破租赁"。当租赁在先,抵押在后时,租赁权优先于抵押权,也就是原租赁关系不受抵押权的影响。正常情形下,银行在抵押前都会了解抵押物的租赁情况,如果抵押物有租赁在先,则银行可能会要求开发企业解除或终止租赁合同,否则在实现抵押权时,由于"买卖不破租赁"的原因,银行很难处置抵押物,因此,银行在放贷时会考虑租赁对于抵押权实现的风险,慎重放贷。第二,如果抵押在先,租赁在后,则抵押权的实现不受租赁的影响。《最高人民法院关于适用〈中华人民共和国民法典〉有关担保制度的解释》第五十四条规定:"动产抵押合同订立后未办理抵押登记,动产抵押权的效力按照下列情形分别处理……(二)抵押人将抵押财产出租给他人并移转占有,抵押权人行使抵押权的,租赁关系不受影响,但是抵押权人能够举证证明承租人知道或者应当知道已经订立抵押合同的除外……"因此,抵押物设定之后产生的租赁关系,抵押权应优先于租赁权,在抵押权实现时租赁权不受优先保护。

(5)平衡贷款银行、开发企业、承包商与购房人之间的关系,使银行的利益得到保证,这样会更容易取得贷款。开发贷款对银行来说存在以下风险。

①工程承包人行使优先受偿权产生的风险。《最高人民法院关于审理建设工程施工合同纠纷案件适用法律问题的解释(一)》第三十五条、第三十六条规定,承包人依照《民法典》第八百零七条的规定,请求其承建工程的价款就工程折价或者拍卖的价款优先受偿的,人民法院应予支持。承包人根据《民法典》第八百零七条规定享有的建设工程价款优先受偿权优于抵押权和其他债权。法院认定建筑工程的承包人的优先受偿权优于抵押权和其他债权。如果银行在商品房

销售前解除抵押,则银行的债权变为普通债权。必须使银行没有顾虑,消除了这些风险才会向开发企业贷款。

②在开发贷款中,开发企业的风险包括:建造风险、按期完工风险、财务风险和销售风险、股东不配合及不能按期还贷的风险等。

案例:2013年5月16日,A公司、B公司、C公司、D公司四个法人股东共同投资成立一家房地产公司,四股东约定开发旅游地产项目,公司成立后因前期投资与预算相比增加,且该旅游地产项目未来的市场预期不乐观,公司流动资金也出现困难,公司拟通过银行贷款进行融资,但是股东之一的B公司对未来项目盈利前景预期比较悲观,不再打算增加投入,提出不再参加此次筹资工作,即不再进行资金投入,待公司有经营收入后,每年按照已经投入资金的5%计算利息,不按股东所持股份比例计算,且与房地产公司利润分红无关。其他三个股东同意了B公司的请求,但要求B公司在办理抵押贷款时予以协助,但B公司作为股东之一,在房地产公司办理商业贷款时不在股东会决议上盖章、签字,B公司的法定代表人对于到贷款银行亲自办理签字及录像也不配合,最终导致银行拒绝向公司发放贷款。

③贷款银行风险控制的方式。A.在建工程抵押。B.商品房买卖合同项下的资金质押于银行监管账户,由银行监管,支付的前提条件有两个:一是具备工程完工所必需的工程费用;二是银行的债权得到完全清偿。C.借款人(开发企业)主要股东的个人担保等。D.开发贷款存于银行的监管专用账户,主要用于支付工程价款,且按工程进度直接从监管专用账户向承包方支付。这样可以保证项目能按期竣工,即使项目销售情况不好,银行债权也能得到充分保障。只有在银行有充分保证的前提下,开发企业才能顺利获得开发贷款。

④开发企业风险控制的方式。A.要求承包人向开发企业出具放弃或者限制工程优先受偿权的书面承诺。B.开发企业与银行协商,要求购房人在按揭贷款时,银行向买受人承诺,因未能解除在建工程抵押,导致买受人商品房买卖合同项下的商品房不能转移登记至买受人的,在买受人已交付的购买商品房的款项的限度内,银行与开发企业承担连带责任。

(6)质押担保贷款。在商业银行开发贷款过程中,银行都会要求企业对贷款提供担保。根据《民法典》,担保方式以抵押、质押、保证为主。虽然有这三种主要的担保方式,但目前银行一般只接受抵押担保,不接受质押和保证。保证担保的保证人不易寻找,即使有人或机构愿意提供担保,银行也不一定愿意接受。即使银行接受保证担保,但当担保人或专业担保机构向贷款银行提供保证担保时,一般会要求借款人反过来向保证人自己提供反担保,这样会增加企业提供担保的压力。企业应当根据具体情况,尽量争取质押的担保方式,特别是权利质押。《民法典》第四百四十条明确规定可以用于质押的权利包括汇票、支票、本票、债券、存款单、仓单、提单,可以转让的基金份额、股权,可以转让的注册商标专用权、专利权、著作权等知识产权中的财产权,应收账款等。虽然银行未必接受,但开发企业可以向这个方向努力。

(7)开发企业审查各类融资法律文件应注意的问题。开发企业应审查银行提供的抵押借款合同是否有显失公平的条款,特别是逾期还款时,开发企业承担的违约责任、银行的资产处置权利。商业银行在办理在建工程抵押贷款中,往往要求施工单位放弃或者限制优先受偿权,所以律师审查开发企业与施工单位签订建筑工程施工合同时,应当考虑写入此条款,但是不能损害建筑工人的利益。

(8)在土地抵押方式中,律师应该提请开发企业注意防范成本超支、市场需求发生变化、货币利率波动、税收政策的调整等导致的风险。

二、施工单位垫资的风险及防范

因施工单位长期处于卖方市场,为获得承建的机会往往会作出一定的垫资承诺,很多建筑工程施工单位都带资承包,开发企业可以延期支付工程费用,垫资实际上起到了为开发企业融资的作用。《最高人民法院关于审理建设工程施工合同纠纷案件适用法律问题的解释(一)》第二十五条实质上已经认可了垫资的合法有效性,在实践中,开发企业将建设工程发包时,可以要求施工单位带资承包,明确建筑工程施工到某个工程节点时,开发企业才开始支付工程款,以缓解资金压力。开发企业让施工单位垫资施工,在前些年几乎是行业内通行的做法,但近些年因政府的治理整顿及施工单位被骗或严重拖欠工程款让施工单位感觉到"切肤之痛",很多施工单位已不愿意垫资,而且政府监管也不愿意让施工单位垫资,因为建筑工程款被严重拖欠会引发一系列的后续问题。建筑施工单位垫资有三种途径,一是施工单位自有资金垫资;二是施工单位向银行申请流动资金贷款;三是施工单位拖欠分包单位工程款及拖欠材料设备供应商的货款。

(一)施工单位向银行申请流动资金贷款后用于垫资施工的风险

银行为防止建筑施工单位使用银行贷款垫资房地产开发项目,会采取各种措施限制施工单位。根据《中国人民建设银行流动资金贷款办法(试行)》第九条的规定,流动资金贷款不得用于固定资产投资,股本权益性投资,炒买炒卖有价证券、期货和房地产,相互借贷牟取非法收入,以及其他不符合流动资金贷款用途的活动。企业将贷款挪作他用的,经办银行应限期追回挪用资金,并向当地其他的商业银行通报该企业违规行为,各商业银行不应再对该企业提供相应的信贷支持。对自有资金低、应收账款多的承建房地产建设项目的施工单位,商业银行应限制对其发放贷款。

施工单位垫资在一定程度上减轻了开发企业的资金压力,但会加重施工单位的资金负担,因此施工单位不愿意垫资。但仍有一些企业为承揽到工程还是同意垫资施工,一般会提出一些条件,比如,开发企业在不能支付工程款时,施工单位将获得开发企业的股权,或销售一部分已建成的房屋抵垫资款,或以施工单位向开发企业提供借款的形式垫资。

(二)开发企业要求施工单位垫资的风险

(1)承担延期付款的违约责任。按照《最高人民法院关于审理建设工程施工合同纠纷案件适用法律问题的解释(一)》第二十五条的规定,当事人对垫资没有约定的,按照工程欠款处理。如果当事人对垫资和垫资利息有约定,承包人可以请求按照约定返还垫资及其利息,但是约定的利息计算标准高于垫资时的同类贷款利率或者同期贷款市场报价利率的部分,法院不予支持。当事人对垫资利息没有约定,承包人请求支付利息的,法院不予支持。

(2)施工单位中途撤场。有些承包商为了承接工程,在自有资金不足的前提下承诺垫资施工,但承接后因无后续资金导致工程停滞,在工期违约的前提下,承包商可能会中途撤场,给开发企业造成非常被动的局面。

(3)民工讨薪。施工单位垫资后无力承担农民工工资而拖欠农民工工资,可能会引发不良后果,给开发企业造成不利的影响。

(4)施工质量不达标。施工单位垫资,从某种角度来说,是牺牲工程质量来弥补其资金利润的损失,因此可能会降低工程质量方面的标准。

(5)施工单位占据施工现场既不撤场也不开工。施工单位与开发企业因垫资的问题而矛盾激化,可能会导致施工单位占据施工现场但不开工的情形,给开发企业按期竣工造成阻碍。

(6)施工单位自行出售房屋。在开发企业不能按照约定偿付垫资款的情形下,施工单位可能会自行销售所建成的房屋,以弥补其损失。如发生这种情形,开发企业将失去对项目的控制权。

(7)政府行政介入及处罚。从政府监管的角度看,目前政府对垫资的问题非常重视,希望开发企业自有资金充足,不要让施工单位垫资,进而影响农民工工资的支付。因此对垫资的问题,政府可能会介入,届时可能影响开发企业的利益。

(8)签订垫资黑白合同的法律风险。具体参见本书第七章内容。

(三)施工单位垫资的风险防范

(1)审查建设工程施工合同条款,应注意合同中的垫资条款约定的垫资利息是否合理。对垫资有约定而对垫资利息没有约定对开发企业是有利的。还应审核后期工程进度款、签证索赔款、竣工结算款的支付期限是否能达到融资目的。

(2)商业银行应严密监控施工单位流动资金贷款使用情况,防止用流动资金贷款为房地产开发项目垫资。

(3)开发企业与施工单位可建立战略伙伴关系,以获取更多垫资。

(4)可要求施工单位放弃或者限制《民法典》第八百零七条规定的建设工程价款优先受偿权。因为有的金融机构在贷款时,要求施工单位放弃工程价款优先受偿权,否则,金融机构的抵押权不得对抗工程款的优先受偿权,导致其利益无法得到保障,因此,要求开发企业向施工单位施加影响,要求施工单位放弃建设工程价款的优先受偿权。这样约定有利于开发企业融资。

案例:2005年某民办大学就建设一栋行政办公楼事宜在北京市建筑市场公开招标,经过专家组按照规定的程序公开评审,江苏某建设工程集团有限公司(以下简称"建设公司")取得中标资格,并签订了工程施工合同。工程竣工后,该民办大学无力支付建设公司工程款,而李某有资金,于是三方达成一致,李某与建设公司通过债权转让的形式获得某大学行政办公楼工程乙方应收工程款的债权。该大学同意由李某经营行政办公楼,经营权期限为工程竣工之日起50年。经营收入偿还李某债权,同时约定了大学不按期交付办公楼、将办公楼抵押、中途解除合同等应承担的违约责任等内容。

在签署三方协议的同时,建设公司与李某签订了债权转让协议书,约定将工程款的债权转让给李某,并约定了债权转让的范围,工程款的数额等内容。签订债权转让协议后,建设公司向该大学发出了债权转让通知书。

三、使用购房人的按揭贷款融资的风险及防范

从法律关系角度来看,购房人的按揭贷款是银行与购房人之间的资金借贷法律关系,与开发企业无关。但是从实际结果来看,购房人从银行所借资金用于支付开发企业的房款,实际上是对开发企业的间接融资。商品房预售阶段的按揭贷款对开发企业,特别是对自有资金不足的开发企业项目按期完工起着关键的作用。但随着2003年《中国人民银行关于进一步加强房地产信贷业务管理的通知》的施行及宏观调控政策的相继出台,银行对个人按揭贷款的要求提高,导致按揭贷款数额相对减少,已经造成大面积的中小型开发企业资金链条断裂,可见该融资手段对开发企业的重要性。

(一)开发企业按揭贷款融资的条件及限制

(1)购房人的条件及限制。2010年4月17日公布的《国务院关于坚决遏制部分城市房价过快上涨的通知》及2011年1月26日公布的《国务院办公厅关于进一步做好房地产市场调控工作有关问题的通知》,对购买住房的贷款条件进行了限制。① ①对贷款购买第二套住房的家庭,首付款比例不低于60%,贷款利率不低于基准利率的1.1倍。各直辖市、计划单列市、省会城市和房价过高、上涨过快的城市,在一定时期内,要从严制定和执行住房限购措施。原则上对已拥有1套住房的当地户籍居民家庭、能够提供当地一定年限纳税证明或社会保险缴纳证明的非当地户籍居民家庭,限购1套住房(含新建商品住房和二手住房);对已拥有2套及以上住房的当地户籍居民家庭、拥有1套及以上住房的非当地户籍居民家庭、无法提供一定年限当地纳税证明或社会保险缴纳证明的非当地户籍居民家庭,要暂停在本行政区域内向其售房。②对借款人申请个人住房贷款购买房改房或第一套自住房的(高档商品房、别墅除外)。③商业银行应将发放的个人住房贷款情况登记在当地人民银行的信贷登记咨询系统,详细记载借款人的借款金额、贷款期限、借款人及其配偶的身份证号码。商业银行在发放个人住房贷款前,应到信贷登记咨询系统进行查询,有欠贷记录者会被拒贷。④借款人申请个人商业用房贷款的抵借比不得超过60%,贷款期限最长不得超过10年,所购商业用房为竣工验收的房屋。对借款人以"商住两用房"名义申请银行贷款的,商业银行一律按照个人商业用房贷款管理规定执行。

(2)按揭贷款对开发企业的要求。①商业银行只能对购买主体结构已封顶住房的个人发放个人住房贷款。②开发企业需要提供担保。在开发企业普遍为个人贷款提供阶段性担保的情况下,在担保责任没有解除前也会干扰开发企业。如果贷款人未能及时偿还银行贷款,则开发企业会根据担保合同的规定承担担保责任。

(二)开发企业按揭融资风险的防范

1. 禁止"假按揭"

"假按揭"是指开发企业将暂时未销售的房屋以非真实买受人(通常为开发企业的内部职工或开发企业股东的近亲属)的名义购买,然后向银行申请办理按揭贷款,利用这种虚构的按揭方式,开发企业从按揭银行处取得资金。开发企业一般会给名义上的买受人一定数额的报酬,或者无偿使用名义买受人的身份证,并由身份证持有人或者冒充的人在按揭贷款合同上签字,签字完成,银行即根据合同向开发企业放款。有的开发企业为防范风险,会与名义买受人之间签订一个协议,包含开发企业承诺不需要买受人承担任何债务以及保密条款等内容。"假按揭"是一种违法行为,情节严重的甚至会构成刑事犯罪,应当严格禁止。

案例:2000年9月,北京某房地产开发企业的实际控制人谢某以合作的方式取得"东华金座"项目开发权。因没有后续开发建设启动资金,谢某召开高管会议,想以"假按揭"骗取贷款,要求员工发动亲戚朋友内部认购,与公司签订房地产预售合同,申请以贷款的形式支付房款,首付款由公司承担。开发企业与银行共签订了600多份假按揭合同,共骗取中国建设银行北京某支行贷款4亿多元。2002年年底至2003年年初,该行发现该项目"假按

---

① 其他限购措施参见本书第八章第一节关于限购政策部分的规定,此处所列为最初的限购政策,后续中央及地方政府均出台了诸多限购措施,请查询当地具体的限购政策。

揭",谢某又以盘活"东华金座"项目为名,指使他人编造虚假合同、财务报表等,通过其控制的多家空壳公司申请办理企业流动资金贷款5000万元及开具银行承兑汇票4.5亿余元。谢某骗贷的钱多用于个人挥霍,装修宾馆花了2000万元,招待费花了约4000万元;在某高级宾馆花了3000万元租房费和3000多万元招待费;给各地费助约1000万元;购买古玩花了1亿多元;在澳门赌博输了近2000万港币。贷款并未用于开发"东华金座"项目,使该项目成为了北京"著名"烂尾楼。为其发放贷款的中国建设银行北京某支行原行长与原副行长,分别获刑20年与19年,该行3名业务人员也分别获刑。

2. 开发企业阶段性担保风险问题

开发企业为购房人提供阶段性担保,如果购房人在不动产权属证书办理完毕之前或办理完毕但在抵押登记之前,欠付银行的贷款,则开发企业应承担保证责任。开发企业阶段性担保的具体风险防范措施详见本书第八章第一节的内容。

3. 配合购房人取得贷款

在办理贷款的过程中,开发企业应积极配合购房人、银行,同意提供阶段性担保,在各种贷款的手续上盖章、签字,为购房人提供咨询,准备必要的手续,让购房人尽快办理完贷款手续,以便购房款能尽快划入开发企业账户。

4. 开发企业与银行签订按揭贷款合同时应注意的问题

开发企业在与银行签订银行为该项目的购房人提供的按揭协议时,应注意以下问题:一是最好选择两家以上的银行为项目的购房人放贷,这样做对开发企业和购房人都比较有利;二是开发企业交给银行保证金的比例要尽可能低;三是约定保证金返还的时间及条件;四是在履行过程中开发企业应尽快办理不动产权属证书及抵押登记手续,对不急于办理不动产权属证书的购房人应在买卖合同中约定购房人承担违约责任,迫使购房人尽快办理抵押登记手续,以解除开发企业的阶段性担保责任。

四、企业间借贷融资的法律风险及防范

房地产公司向企业借贷被现行法律法规所禁止,但实践中,当房地产公司缺乏资金需要融资时,仍然会向其他法人组织或非法人组织借款,因此企业间借贷现象在目前的经济活动中大量存在。

(一)企业间借贷的法律规制

企业之间的货币借贷是一种金融业务,金融业务应该由国家指定的银行等金融机构专营或在政策允许的范围内由各种基金会开展,从国家管理的角度来看,企业之间不能进行借贷。我国法律法规中对于企业间借贷的禁止性规定主要如下。

(1)国务院2021年1月26日公布的《防范和处置非法集资条例》第二条规定,非法集资是指未经国务院金融管理部门依法许可或者违反国家金融管理规定,以许诺还本付息或者给予其他投资回报等方式,向不特定对象吸收资金的行为。第四条规定,国家禁止任何形式的非法集资。第三十九条规定,未经依法许可或者违反国家金融管理规定,擅自从事发放贷款、支付结算、票据贴现等金融业务活动的,由国务院金融管理部门或者地方金融管理部门按照监督管理职责分工进行处置。从上述规定可以得出,个人或企业间进行借贷的行为可能涉嫌非法集资。

(2)中国人民银行1996年6月28日公布的《贷款通则》第二十一条规定,贷款人必须经中国人民银行批准经营贷款业务,持有中国人民银行颁发的《金融机构法人许可证》或《金融机构营业许可证》,并经市场监督管理部门核准登记。第六十一条规定,企业之间不得违反国家规定办理借贷或者变相借贷融资业务。第七十三条规定,行政部门、企事业单位、股份合作经济组织、供销合作社、农村合作基金会和其他基金会擅自发放贷款的,企业之间擅自办理借贷或者变相借贷的,由中国人民银行对出借方按违规收入处以 1 倍以上至 5 倍以下的罚款,并由中国人民银行予以取缔。

(3) 1996 年 9 月 23 日公布的《最高人民法院关于对企业借贷合同借款方逾期不归还借款的应如何处理的批复》(2008 年有调整)规定,企业借贷合同违反有关金融法规,属无效合同。对于合同期限届满后,借款方逾期不归还本金,当事人起诉到人民法院的,人民法院除应按照《关于审理联营合同纠纷案件若干问题的解答》(已失效)第四条第二项的有关规定判决外,对自双方当事人约定的还款期限届满之日起,至法院判决确定借款人返还本金期满期间内的利息,应当收缴,该利息按借贷双方原约定的利率计算。如果双方当事人对借款利息未约定,则按同期银行贷款利率计算。

案例:A 房地产公司与 B 集团公司就借款一事达成协议,双方签订了《资金使用协议》。协议约定,A 房地产公司向 B 集团公司借款 1 亿元,借款期为 1 年,从 2008 年 1 月 1 日至 2008 年 12 月 31 日,按中国人民银行规定的同期贷款利率 4 倍计算收取资金占用费。B 集团公司向 A 房地产公司实际支付了 1 亿元,并按约定收取每月的资金占用费。借款到期后,A 房地产公司仅偿还 3000 万元,其余 7000 万元不能按约定期限还款,也不再支付每月的资金使用费用。B 集团公司在多次向 A 房地产公司催要无果的情况下,向法院提起诉讼,要求 A 房地产公司偿还借款本金及赔偿损失(按约定资金占用费计算)。在法院受理案件后的开庭审理过程中,A 房地产公司认为双方签署的《资金使用协议》虽然名为资金使用,但实质内容却是企业间的借贷行为;B 集团公司收取的资金占用费实际就是收取利息,但 B 集团公司没有经营金融业务的许可,无权发放贷款,《资金使用协议》是无效合同,双方的借款关系不受法律保护。B 集团公司无权发放贷款,也无权收取利息,所以,其收取的全部资金占用费应当作为本金偿还。法院最后支持了 A 房地产公司的答辩理由,根据《合同法》(现《民法典》合同编)的规定,合同虽然无效但借款人应当返还本金,其约定收取的资金占用费也无效。但公平起见,在司法实践中,因借款人实际占用了资金,一般会给贷款人一定的补偿,补偿的标准一般参照银行同期贷款利率。

(二)企业间资金借贷的法律风险防范

从目前的法律规定来看,企业间的部分借贷行为是违法的,是要承担一定的法律风险和法律责任的。虽然企业直接借贷可以将企业的闲置资金有效地利用起来,开发企业也可以有效地获得开发资金,但是在某些情形下法律禁止企业之间的借贷行为。按照相关法律规定,企业之间的借贷行为在某些情形下无效,双方签订的合同不受法律保护,房地产公司借贷取得的资金应该返还。

虽然企业间的借贷对开发企业来说风险不大,但对贷款人来说风险是极大的,因为除了本金存在不能收回的风险外,还存在约定的贷款利息开发企业以合同无效为借口不按约定支付的风险,因此,企业间的借贷成功的概率很低,不是开发企业融资的主要模式。如果开发企业想以企业间借贷的方式融资,关键问题在于如何让贷款人相信开发企业是诚心诚意想履行合同的,说服工作比较困难。除了双方之间的信任之外,企业间借贷合同的安排是非常关键的,开发企业必须从合同的角度让贷款方有绝对的信任。开发企业应主动解决借入资金的担保问题。开发企业可以与出借方签订合同,如果不能按期还款则以将来的房屋折价还款,或者贷款转房产购买等。开发企业还要考虑销售房屋与折抵房屋的关系问题,否则会涉及一房两售的问题。另外,在房屋折价时也要事先考虑折价的价格标准。

实践中,开发企业可以股权质押和不动产(包括在建工程、土地使用权或者房屋)抵押相结合的方式,确保投资人融入资金的安全。对开发企业来说,股权质押并不必然导致股权变更,也不必然导致项目或房屋的所有权转移,只有在房地产开发企业到期不能偿还资金的情况下,投资商才能行使质押权或抵押权。而且,开发企业提供的股权质押和抵押的担保方式,能保障投资方利益,投资方愿意将资金交予房地产企业使用。

(三) 企业间资金借贷的其他问题

(1) 借款合同的效力。民间借贷并不是法律概念,对"民间借贷"这一概念的范围,司法部门与行政监管部门的理解并不一致。根据 2020 年第二次修正的《最高人民法院关于审理民间借贷案件适用法律若干问题的规定》,民间借贷,是指自然人、法人和非法人组织之间进行资金融通的行为。即自然人之间的借贷纠纷、自然人与法人之间的借贷纠纷,以及自然人与其他组织之间的借贷纠纷。而金融监管部门的标准是,凡商业银行金融借贷以外的借款合同纠纷均属于民间借贷。其中,既包括自然人之间的生活消费性借贷,也包括企业之间的生产经营性借贷。就企业间的借贷而言,既包括具备金融从业资质的小贷公司、典当公司等非银行机构与企业间的借贷,也包括不具备金融从业资质的企业之间的资金拆借行为。在商事案件审判中,对于企业间借贷,应当区别认定不同借贷行为的性质与效力。对不具备从事金融业务资质,但实际经营放贷业务、以放贷收益作为企业主要利润来源的,应当认定借款合同无效。在无效后果的处理上,因借贷双方对此均有过错,借款人不应当据此获得额外收益。根据公平原则,借款人在返还借款本金的同时,应当参照当地的同期同类贷款平均利率的标准,同时返还资金占用期间的利息。对不具备从事金融业务资质的企业之间,为生产经营需要所进行的临时性资金拆借行为,如提供资金的一方并非以资金融通为常业,不属于违反国家金融管制的强制性规定的情形,不应当认定借款合同无效。关于借款合同效力问题的具体规定如下。

2020 年第二次修正的《最高人民法院关于审理民间借贷案件适用法律若干问题的规定》第十条规定,法人之间、非法人组织之间以及它们相互之间为生产、经营需要订立的民间借贷合同,除存在《民法典》第一百四十六条、第一百五十三条、第一百五十四条以及该规定第十三条规定的情形外,当事人主张民间借贷合同有效的,人民法院应予支持。《民法典》第一百四十六条规定,行为人与相对人以虚假的意思表示实施的民事法律行为无效。《民法典》第一百五十三条规定,违反法律、行政法规的强制性规定的民事法律行为无效。但是,该强制性规定不导致该民事法律行为无效的除外。违背公序良俗的民事法律行为无效。《民法典》第一百五十四条规定,行为人与相对人恶意串通,损害他人合法权益的民事法律行为无效。

2020 年第二次修正的《最高人民法院关于审理民间借贷案件适用法律若干问题的规定》第十三条规定,具有下列情形之一的,人民法院应当认定民间借贷合同无效:①套取金融机构贷款转贷的;②以向其他营利法人借贷、向本单位职工集资,或者以向公众非法吸收存款等方式取得的资金转贷的;③未依法取得放贷资格的出借人,以营利为目的向社会不特定对象提供借款的;④出借人事先知道或者应当知道借款人借款用于违法犯罪活动仍然提供借款的;⑤违反法律、行政法规强制性规定的;⑥违背公序良俗的。

(2)利息保护的标准及偿还顺序。借贷双方对借款期限内的利率有约定的,从其约定,但约定的利率不得超过中国人民银行授权全国银行间同业拆借中心自2019年8月20日起每月发布的一年期贷款市场报价利率(LPR)的四倍。借贷双方对支付利息的约定不明的,可以根据当事人之间的交易习惯、参照一年期贷款市场报价利率(LPR)的标准或者当地同期民间借贷的平均利率水平确定。借贷双方对本金与利息的偿还顺序有约定的,从其约定。没有约定的,按照先息后本的顺序计算。借贷双方既约定了逾期还款的违约金,又约定了逾期利率的,借款人可以同时主张逾期利息和违约金,但总额以合同成立时一年期贷款市场报价利率(LPR)的四倍为限。借款人向小额贷款公司、典当公司借款,在合同约定的利息之外,同时约定了其他合理费用的,应予保护,但总额一般也应以不超过合同成立时一年期贷款市场报价利率(LPR)的四倍。①

(3)贷款市场报价利率(LPR)四倍上限的规定对企业间借贷款或融资的影响。因目前中小型房地产企业的前期融资成本基本在综合年化率15%以上,因此贷款市场报价利率(LPR)四倍上限新规将对中小型房地产企业前期融资业务造成影响。因为贷款市场报价利率(LPR)的四倍约为年利率15.4%,如果融资成本高于15.4%,则投资者的回报率从法律上得不到保护,那么就会影响投资者投资的决策。中小型房地产企业为了快速获得资金,可以满足投资方的要求,例如,除签订借贷合同之外,还可以签订融资顾问合同、投资后委托管理合同等方式保证投资方的利益,这样才有可能让私募、国企央企金控平台、外资及其他民间机构为主的机构减少对法律规定上限不足以弥补其投资风险的顾虑。

五、民间集资的风险及防范

(一)民间集资的法律规制

民间集资行为在江浙一带已相当普遍,在福建省、广东省等地也比较常见,但目前民间集资行为并没有相应的民事法律法规规范,完全由《刑法》调整,民间集资行为被认定为刑事犯罪行为。《刑法》的两个条款涉及民间集资的问题,规定分别如下。

1. 非法吸收公众存款罪

《刑法》第一百七十六条规定,非法吸收公众存款或者变相吸收公众存款,扰乱金融秩序的,处3年以下有期徒刑或者拘役,并处或者单处罚金;数额巨大或者有其他严重情节的,处3年以上10年以下有期徒刑,并处罚金;数额特别巨大或者有其他特别严重情节的,处10年以上有期徒刑,并处罚金。单位犯前款罪的,对单位判处罚金,并对其直接负责的主管人员和其他直接责任人员,依照前款的规定处罚。有前两款行为,在提起公诉前积极退赃退赔,减少损害结果发生的,可以从轻或者减轻处罚。

2. 集资诈骗罪

《刑法》第一百九十二条规定,以非法占有为目的,使用诈骗方法非法集资,数额较大的,处3年以上7年以下有期徒刑,并处罚金;数额巨大或者有其他严重情节的,处7年以上有期徒刑或

---

① 2020年8月19日公布的《最高人民法院关于修改〈关于审理民间借贷案件适用法律若干问题的规定〉的决定》明确以中国人民银行授权全国银行间同业拆借中心自2019年8月20日起每月发布的一年期贷款市场报价利率(LPR)的四倍为标准确定民间借贷利率的司法保护上限,取代"以24%和36%为基准的两线三区"的规定,且民间借贷所涉的利息、违约金、其他费用之和也不得高于前述上限规定,大幅度降低了民间借贷利率的司法保护上限。

者无期徒刑,并处罚金或者没收财产。单位犯前款罪的,对单位判处罚金,并对其直接负责的主管人员和其他直接责任人员,依照前款的规定处罚。

1999年公布的《中国人民银行关于取缔非法金融机构和非法金融业务活动中有关问题的通知》指出,非法集资是指单位或个人未依照法定程序经有关部门批准,以发行股票、债券、彩票、投资基金证券或其他债权凭证的方式向社会公众筹集资金,并承诺在一定期限内以货币、实物及其他方式向出资人还本付息或给予回报的行为。

案例:吴英集资诈骗案

1981年出生在浙江省东阳市的吴英,2005年在东阳市区经管理发休闲屋、美容美体中心。在此期间,吴英以投资回报方式集资,从宁波市吸收存款数千万元。到2006年4月,吴英已成立某控股集团有限公司等8家公司,行业涉及酒店、商贸、建材、物流、网络等。

2005年5月至2007年2月,吴英以投资、借款、资金周转等为名,许诺以高额利息回报,先后从林某、杨某等11人处非法集资77339.5万元,用于偿还本金,支付高额利息,购买房产、汽车及个人生活花销等,实际集资诈骗38426.5万元。吴英在负债且无经济实力的情况下,投资房地产,造成巨大损失;将非法集资款用于个人消费,比如,花2300多万元购买珠宝送人或用于抵押,花费近2000万元购置大量汽车,其中为本人配置购价375万元的法拉利跑车,花400万元购买名衣、名表、化妆品,同时进行高档娱乐消费等花费达600万元。为吸引更多的资金,树立企业的形象,用集资款捐赠达230万元;为拉关系随意给付他人钱财130万元。吴英巨额非法集资款本人竟无记录,公司账目的管理也非常混乱。

2009年4月,吴英被金华市人民检察院以集资诈骗罪提起公诉。法院认为,吴英的行为不仅侵犯了他人的财产所有权,而且破坏了国家的金融管理秩序,已构成集资诈骗罪。吴英及其辩护人提出,吴英的行为属于正常的民间借贷,不构成集资诈骗罪。法院依照《刑法》的规定,于2009年12月18日下午以集资诈骗罪判处被告人吴英死刑,剥夺政治权利终身,并处没收其个人全部财产。

吴英不服一审判决,提出上诉。2012年1月18日下午,浙江省高级人民法院对被告人吴英集资诈骗一案进行二审宣判,裁定驳回被告人吴英的上诉,维持对被告人吴英的死刑判决,依法报请最高人民法院复核。

最高人民法院经复核认为,一审判决、二审裁定认定被告人吴英犯集资诈骗罪的事实清楚,证据确实、充分,定性准确,审判程序合法,综合全案考虑,对吴英判处死刑,可不立即执行,裁定发回浙江省高级人民法院重新审判。

浙江省高级人民法院经重新审理后认为,被告人吴英集资诈骗数额特别巨大,给受害人造成重大损失,且其行为严重破坏了国家金融管理秩序,危害特别严重,应依法惩处。鉴于吴英归案后如实供述所犯罪行,并主动供述了其贿赂多名公务人员的事实,其中已查证属实并追究刑事责任的3人,综合考虑,对吴英判处死刑,缓期2年执行。

(二)民间集资的风险防范

笔者一向主张对经济类犯罪逐渐废除死刑,但是目前的法律对民间集资行为持否定的态度,且近三十年来一直处于高压的态势。虽然我国民间资本已积累到一个相当大的规模,但因缺少投资渠道,几乎都存入银行,导致储蓄率居高不下。银行对中小型企业的贷款又有诸多限制,投资创业者融资渠道单一,因此,非法集资已不仅是一个刑事法律的问题,而是一个社会问题。虽然民间集资有其一定的合理性,客观上也促进了经济的发展,但从当前法律环境考虑,民间借贷并未放开,在法律上没有受到认可,因此,建议开发企业避免采取这种方式融资,因为其风险巨大。

案例:广东省某开发企业于2010年3月通过挂牌取得某地块的土地使用权,挂牌价格近6000万元,但由于国家加大调控力度,开发企业无法像以前那样挪用其他银行贷款支付地价。如果不缴纳土地款,开发企业就拿不到"四证",也无法向银行申请开发贷款,而且时间越久,对开发企业越不利。因为2010年4月地方政府已向其发出限期支付土地价款的通知书,并明确提出将按照出让合同支付延期付款的违约金,甚至直接收回土地。开发企业没有其他的融资渠道,于是求助于李某。李某原是广东省某地区一家地下钱庄的操盘手,但最近成为一家民间地产基金的合伙人。该公司的主要业务就是为房地产企业融资,房地产调控政策出台后,很多房地产企业资金链断裂,因此最近找李某的房地产项目很多。李某现在的资金主要都投放在房地产上,包括"长期融资、短期过桥"等。李某了解到开发企业的情况后,同年4月底借给开发企业4500万元。开发企业用在李某处借的钱缴清了全部土地出让款后,迅速办理了"四证",用最快的速度从银行取得开发贷款。李某看到开发企业缴清土地款并且从银行取得开发贷款后,项目已经启动并正在施工,认为该项目的风险已经降到可承受范围,于是将全部借款中的3000万元的短期借款转为长期借款,剩余1500万元及利息收回。得益于第一次成功的合作,开发企业与李某经协商合伙成立一家投资公司,李某负责寻找投资人,募集的资金主要投入开发企业在建的其他项目,采用直接投资于项目股权的方式,开发完毕后以分红的形式退出。

民间资本一直较为活跃,资金的持有者或运作者认为,政府严控房地产市场价格不会导致房价大幅下降,所以民间资本投资房地产领域的风险并没有想象中的那么大。仅以2008年的经验推断,只要经济不出现全面的危机,项目正常销售后回报率很高。现在有些地区地下金融的利率非常高,上千万元的借贷年利率大部分在30%左右,其中很大原因是被地产商的短期借款"托"起来的。

六、股权融资的风险及防范

股权融资是指房地产公司的股东愿意让出部分公司股权,通过定向增资的方式引进新股东的融资方式。股权融资所获得的资金,公司无须还本付息,可作为充实公司的营运资金,新股东将与老股东共同分享房地产公司的盈利与增长。股权融资主要是因为一方拿地后缺少资金开发,或者项目在开发过程中资金链断裂,或者对外债务过重,到期不能偿付,无力进行开发,通过银行等传统的融资渠道和方式不能获得资金。

(一)股权融资的方式

实践中,依据融资时间的长短,可将股权融资分为两种主要方式:一是长期性的股权融资,可通过增资扩股的方式实现融资;二是短期性的股权融资,以股权回购的方式实现融资。长期性股权融资是通过增资扩股的方式,扩大资金需求。比如,由原股东优先购买扩资的股本,也可以由新股东以私募方式购买扩资的股本,如果是上市公司,则可以通过增发新股从而从证券市场中获得融资。通过股权回购的方式融资是阶段性的,是指在房地产项目完成前,公司通过增资扩股方式取得融资款,而在销售商品房后溢价回购增股部分股权。

1. 通过增资扩股的方式融资

增资扩股一般是由新增股东(个别情形下是原股东之间进行)购买房地产企业所增扩的股本,这种股权融资方式是目前房地产融资的传统模式,在房地产融资中占据主导地位。增资扩股的融资方式一般都有新股东增加,原股东的股权被稀释,总体上股权持有的比例缩小,但扩大了公司的实收资本比例。

(1)增资扩股对开发企业有利的方面:扩大了公司的实收资本金,较为方便地获得了所需资金。

(2)增资扩股对开发企业不利的方面:①如果不熟悉房地产行业的投资者投入房地产行业后,对房地产开发的专业性认识不够、期望过高,那么可能会发生"外行"领导"内行"的行为,使新老股东在观念及操作方法上产生分歧,进而产生矛盾,不利于合作;②增资扩股导致股东的人数增加,如果因公司在权益分配方面不当,或者其他原因,可能发生争夺公司控制权的事件,进而导致股东之间的矛盾,影响合作;③股权融资是成本较高的融资方式,因为如无特殊约定,新股东享有和老股东同比例的利润分配权,如果项目有利润,那么新股东享受同等的利润,利润越高,对于老股东来说融资的成本越高,因此原股东最不愿意通过这种方式融资;④增资扩股的融资效果不明显,因为房地产企业资金需求量巨大,只有机构投资者才会介入数额较大的投资,大量的社会闲散资金被排除在外。虽然股权出让的对象包括大型企业、外商企业、产业基金、风险投资、个人等,但是增资扩股自身存在的缺陷,导致其不能成为房地产融资的主要形式。

2. 通过股权回购的方式融资

这种融资方式也是先增资扩股,然后以股权回购的方式归还融资款。具体的操作方式是,投资方与融资方签订协议,约定投资方以增资扩股的形式成为融资方的股东,在融资协议中约定待具备一定条件(约定期限或条件)后融资方以股权溢价的方式回购股权,投资方拿到溢价款后撤出融资方。在股权回购融资中,投资方的收益就是融资方股权回购价款与入股时原实际出资额,其差额就是投资收益。一般房地产开发企业的资金缺口期约在6个月左右,度过危险期就可以实现销售回款,可以归还融资款。股权回购融资就是在这种情况下的融资策略安排。

(1)股权回购融资对开发企业有利的方面:由于阶段性股权融资期限短,只要时机选择恰当,就不会增大资产负债率,不会因为负债期限长出现负债率过高而导致后期贷款难度加大。由于原股东将回购所增股权,如果项目开发及销售顺利,原股东的地位和利益将不受影响。相对于增资扩股的股权融资方式而言,房地产企业更愿意选择股权回购的方式融资。

(2)股权回购融资对开发企业不利的方面:溢价款的确定容易引起纠纷。

(二)股权融资的风险

股权融资必然会稀释原股东的份额,降低原股东对项目公司的控制权和管理权。股权融资的风险如下。

(1)股权转让无效的风险。股权受让方式必须得到法律的认可,必须符合《公司法》的规定。如果股权转让行为未经股权转让方股东的同意,或是违背相关法律法规的规定,那么可能导致协议无效。如果项目公司是外商投资企业的,那么转让手续必须经过商务部门批准,通常先由各地的商务委员会对股权转让的相关文件进行审查,其中对股权转让合同等必备文件的形式审查非常严格。通过商委会的审查后,才可以到市场监督行政部门办理股权转让登记。如果股权转让行为没有通过上述部门批准则为无效,那么对股权受让方及转让方风险都较大。

(2)如股权转让涉及国有股权的变动,无论国有股权的一方为受让方还是转让方,都必须经过国资委或其授权部门的审批、核准或备案。通常此过程所耗时间较长,若开发企业急于筹集资金,则很可能"远水难解近渴"。

(三)股权融资的风险防范

(1)防止稀释股权或争夺公司的管理权。由于股权融资的模式将稀释原股东的股权或控制人可能失去对公司的控制权,很多中小型房地产公司的控股人对投资人参与公司治理均抱有怀疑甚至抵制的态度,担心失去对公司的控制权。实践证明,中小型房地产企业的这种担心不是多余的,经常发生新股东取得公司控制权而排挤原股东的情形,因此,融资方在融资过程中必须考虑公司控制权的问题。实际上,按照目前《公司法》的相关规定,在专业律师的帮助下,中小型房地产企业可以通过股权融资获得资金,同时不失去对公司的控制权。具体操作方法及依据如下。

《公司法》提高了股东自治的权利。《公司法》(2023年修订)第六十五条规定:"股东会会议由股东按照出资比例行使表决权;但是,公司章程另有规定的除外。"也就是说,股东会会议可以不按照出资比例行使表决权,因此投资方与融资方完全可以通过协议来约定,在融资资金以股权投资的方式投入开发项目后,新股东的权利,最核心的是新股东的表决权不按出资比例来行使,新股东股权由修改后的公司章程加以限制,使投资人(即新股东)失去表决权、管理权,这样就避免了公司管理权的分散,新股东不会干预项目的经营和管理,避免了原股东失去公司的控制权,这就解决了股权融资中风险和管理权的矛盾。另外,《公司法》(2023年修订)第二百二十七条规定,有限责任公司增加注册资本时,股东在同等条件下有权优先按照实缴的出资比例认缴出资。但是,全体股东约定不按照出资比例优先认缴出资的除外。股份有限公司为增加注册资本发行新股时,股东不享有优先认购权,公司章程另有规定或者股东会决议决定股东享有优先认购权的除外。开发企业股东可以根据上述法律规定,在增加注册资本时,排除融资股东按照已有股权比例的优先认缴权利,这样可以保证今后如果再次通过股权融资,再次有新股东加入,可以根据上述特别约定,在协议及章程中约定原股东的股权在融资时不被稀释。

(2)投资方不退股的解决办法。如果出现投资者(新股东)拒不退股的情形,那么可以在股权融资协议中事先约定到期退股,或者约定融资期满后取消提供资金一方的分红权,以此迫使提供资金方在能够收回资金及收益的情形下按照约定退股。

(3)股权融资涉及多部法律,包括《公司法》《城市房地产管理法》等,需要有具备房地产专业综合知识、丰富实践经验的专业人员。只有这样,才可以防范其中的法律风险。应在交易中充分了解双方的交易目的,考虑双方的利益,从法律的角度平衡利益冲突,构建理性的法律实施框架,确保法律与经济上的低成本。还应与金融、房地产专业人士进行沟通,从法律角度协助房地产企业进行长远战略研究,同时解决投资开发、经营合作等法律问题。开发企业应策划股权融资的方案,考虑股权融资需求与项目公司控制权之间的平衡。开发企业在修改公司章程时,应根据《公司法》的规定,拟定相应议事方式和表决程序,有利于开发企业对项目公司掌握较大的控制权。

(4)股权融资离岸架构的法律风险防范。很多外商投资人或企业,为了避税及投资的方便,利用离岸公司的独立性、成立和运作的便捷性,倾向于以离岸公司作为交易的主体。但离岸公司的架构也面临法律风险,而且因为各国关于公司的法律规定并不一致,投资人未必能规避高额的所得税。如果某国公司法或相关法律规定纳税采用属人原则,那么即使离岸操作,公司也可能需要缴税。

（5）公司的控制权与管理权分离。在股权融资活动中，需要解决控制权和管理权的问题，有时双方争执不下，可以采取一种替代的方法来解决，就是将公司的控制权与管理权相分离。新股东入股后，公司可委托专业的房地产管理团队来经营公司，因为作为投资人的新股东，不一定是房地产专业人士，而由房地产专业人士组成的管理团队对项目进行管理，可以避免和减少矛盾，投资人只需计算投资回报。专业的管理公司由金融专家与地产专家组成团队，一般收取管理资产总额的1.5%～2%固定管理费，另加20%利润提成。实践证明，由第三方专业公司代表投资人进行项目运行，尽管成本略高，但的确有效。因此可以在增资扩股协议书中明确约定企业管理权问题。

（四）股权融资活动的种类及内容

股权融资活动并不仅仅只签订一个协议，而是一系列的文件，包括股权购买协议等核心文件和基础文件。在实践中，也存在只有一个股权购买协议，其他的内容均作为协议附件，包括章程修改的内容均作为附件的情况。

股权融资合同应具备的内容：①基本情况；②合作方式；③投资方案；④经营团队的设置及职权；⑤股权激励方案，必须明确股权激励是按名义价转让还是现金激励，包括激励对象、股权激励承诺兑现的时间、股权激励的具体分配方案、股权激励方案由谁主导和决定、投资方是否介入、投资方介入程度如何；⑥减持或退股约定；⑦购买价格；⑧共同出售权；⑨投票权；⑩利润分配；⑪优先购买权；⑫登记权；⑬股权交割日期与条件；⑭尽职调查；⑮合作过程中的保密义务，一定要签保密协议，而且应该在投资人表露投资意向后签署，目的是防止对方在与竞争对手合作时或者在其他情况下披露公司的商业秘密；⑯创始人股东、管理层和主要员工对投资商的承诺，包括签订一定期限的雇佣合同、保密协议和非竞争协议；⑰陈述和保证，投资商最初的决定是基于企业投资商提供的信息，如果发现这些信息是不真实的，或保证人所承诺的事情发生重大变化的，企业必须向投资商进行赔偿，投资商通常要求增加企业的股票作为赔偿；⑱办理市场监督变更登记属于转让人和受让人双方共同的责任，任何一方拒绝配合或消极履行都不能办理市场监督登记变更；⑲在股权回购的增资扩股协议书中，必须明确约定以下主要内容：原股东回购新股东（即资金提供方）所持股权的时间安排、回购价格及支付方式、担保方式（原股东股权质押担保或/和不动产抵押担保）、管理权限安排、不按期溢价回购股权的违约责任等。

实践中，经常发生股权融资协议签订后，涉及的股权转让条款因一方违约或反悔无法履行，无法到市场监督管理部门办理股东变更登记，可能会给开发企业的利益造成损失。因此，股权融资协议中涉及股权变更的部分或条款一定要约定清楚生效的条件，比如，约定股权转让方收到受让方支付的股权转让价款后生效，也可以约定双方办理完毕市场主体变更登记手续后生效。为了避免在合同履行中发生争议，在股权融资合同中对办理市场主体变更登记手续应提交的法律文件、应承担的法律责任及生效条件作出明确约定，比如，约定开发企业与融资方应该根据《市场主体登记管理条例》的规定，向公司登记机关提交申请股东变更登记的文件，如果违反约定应承担明确的违约责任。比如，股权融资合同生效的时间在办理登记后，一方拒不办理登记，可在合同中约定每日按照融资总额的3‰追究不登记一方的违约责任。

七、合作开发融资模式

合作开发模式有很多，有投资入股的模式，也就是上文所提的股权融资，但本部分所涉及的合作开发专指双方一方出钱、一方出地,约定将来以分配利润或以实物分配的形式约定收益的融资方式。一方出钱、一方出地的融资方式在本书第三章第二节中已涉及,请参阅相关章节。

八、国内上市融资的风险及防范

上市融资对于房地产企业而言是非常好的融资渠道,但并非所有的房地产企业都能通过上市融资。因为上市融资的门槛非常高,很多企业达不到上市的要求。对于直接上市融资的具体要求是负债率不能高于 70%,我国房地产企业一般负债率都在 75% 以上,因此大多数企业不符合上市融资的条件。通过"买壳"间接上市也需要大量现金,"买壳"上市的目的是通过增发、配股再融资筹集资金,但前提是企业必须有良好的项目和资产进行置换。而拥有大量资金、良好的开发项目与优质的资产,中小型开发企业是很难同时满足的。因此,中小型房地产企业走上市融资的路是行不通的。上市融资在房地产业总资金来源中的比重较小,限制较多,如 2010 年国务院发布《关于坚决遏制部分城市房价过快上涨的通知》,2016 年中国人民银行营业管理部、中国银行业务监督管理委员会北京监管局、北京市住房和城乡建设委员会、北京住房公积金管理中心发布《关于加强北京地区住房信贷业务风险管理的通知》,2022 年中国人民银行、中国银行保险监督管理委员会发布《关于做好当前金融支持房地产市场平稳健康发展工作的通知》。

(一)上市融资的风险

(1)融资不能的风险。如果开发企业不符合上市的条件或开发企业不按照上市融资的要求做将不能通过上市融资。

(2)上市融资的限制性措施。中国证监会 1995 年发布《关于一九九五年下半年上市公司申请配股有关事项的通知》(已失效),规定如果开发企业将募集资金用于别墅性质的高档住宅及度假村,单位面积建筑设计造价高于当地一般民用住宅、办公楼一倍以上的公寓、写字楼项目,建筑标准在四星级以上的宾馆、饭店,那么建设的配股申请不予审批。1996 年开始暂不受理金融、房地产行业企业新股发行,房地产企业上市暂停 5 年。

(二)上市融资的风险防范

上市融资应按照《中国证券监督管理委员会公开发行证券公司信息披露编报规则(第 10 号)——从事房地产开发业务的公司招股说明书内容与格式特别规定》和《中国证券监督管理委员会公开发行证券公司信息披露编报规则(第 11 号)——从事房地产开发业务的公司财务报表附注特别规定》的要求进行信息披露。

(1)应披露项目开发风险、筹资风险、销售风险、土地风险、合作和合资项目的控制风险、工程质量风险和其他风险,如项目开发中存在停工、烂尾、空置的情况,应作特别风险提示。

(2)应披露公司资质等级取得情况和相关证书。

(3)应披露公司的主要经营策略及市场推广模式。

(4)应披露公司经营管理体制及内控制度。

(5)应披露房地产行业概况及业务特点。

(6)应披露在开发过程中涉及的各项具体业务的运行情况。

(7)应披露公司所开发的主要房地产业务项目的情况。

(8)应按要求披露募股资金拟投资项目,及募股资金占项目总投资的比例、缺口资金的解决方式。

（9）发行人应专节披露公司的土地资源，包括但不限于项目名称、所处地理位置、占地面积、规划建筑面积、土地用途、相关法律手续是否完备等。

九、房地产债券融资的风险及防范

房地产债券融资是房地产企业资金筹集的一条重要渠道。在国外，企业债券是企业外部融资优先考虑的方式，债券融资额远远大于股票融资额。而我国目前房地产债券融资的问题是发行规模小，债券流通市场不健全，债券发行程序不规范，债券评级的准确性、可信性差。2023年10月，中国证券监督管理委员会最新修订的《公司债券发行与交易管理办法》对公司债券发行进行了规范。

（一）发行公司债券的条件

根据《公司债券发行与交易管理办法》第十四条的规定，公开发行公司债券，应符合下列条件。

（1）具备健全且运行良好的组织机构。
（2）最近3年平均可分配利润足以支付公司债券1年的利息。
（3）具有合理的资产负债结构和正常的现金流量。
（4）国务院规定的其他条件。

其他条件一般包括：①公司的生产经营符合法律法规和公司章程的规定，符合国家产业政策；②公司内部控制制度健全，内部控制制度的完整性、合理性、有效性不存在重大缺陷；③经资信评级机构评级，债券信用级别良好；④公司最近一期未经审计的净资产额应符合法律、行政法规和中国证监会的有关规定。

（二）发行公司债券的禁止性规定

公司存在下列行为之一的，不得再次发行公司债券。
（1）对已发行的公司债券或者其他债务有违约或者迟延支付本息的事实，仍处于继续状态。
（2）违反《证券法》规定，改变公开发行公司债券所募资金用途。

（三）发行公司债券的利弊

（1）发行公司债券之利。从短期来看，发行公司债券不如银行贷款直接，还要涉及公司审计及公司信用评级等。但相比银行贷款，因为其周期长，利率固定，在通胀持续的情况下，成本更低，使用更灵活，而且在股权融资存在阻力的情况下，发行公司债券无疑是很好的选择。房地产债券对投资者来说一般收益相对较高，与股票相比又可以按期收回本金和利息，因而有较高的安全性和一定的流动性。

（2）发行公司债券之弊。发行公司债券会增加公司财务负担，提高公司的负债率。公司债券融资规模相对有限，而且融资成本依然较高。发行债券必须通过国务院审批，因此，中小型企业目前尚不具备通过此种方式融资的条件。

（四）发行公司债券的风险及防范

房地产债券融资的风险主要来自开发企业本身的经营风险和偿付风险，市场及项目好的房地产商通过债券融资，风险相对较小，投资人愿意投资，相应的融资成本较低，反之则成本很高。

发行债券可与购房相结合。购房人购买证券可以不还本付息,到期转为购房的预付款,补差价后以实物形式还给债权人住房,或采取债权人享有一定购房优惠的形式发行债券。

十、房地产信托融资的风险及防范

信托是委托人在信任的基础上,将其财产权委托给受托人,由受托人按委托人的意愿以自己的名义,为受益人的利益或者特定目的进行管理或者处分的行为。房地产信托是指房地产开发企业借助信托公司的平台优势,通过发行集合资金信托计划,募集社会资金或寻找特殊信托财产后,将其以贷款或以股权投资等方式运用于房地产开发项目。"信托融资"这个概念并不准确,因为投资与融资是两个相对的概念,相对于资金需求方即房地产开发企业来说是"融资",而对于投资者和信托公司而言却是"投资"。另外,信托公司确有部分信托业务是真正的投资业务,称"信托投融资"更为准确。信托融资的优点是房地产公司可以在不提高资产负债率的情况下实现融资,优化了公司资产负债结构,另外是在其他金融机构不能提供融资的情况下仍然可以进行信托融资。信托融资未贷款时,企业自有资金不得低于开发项目总投资的30%,可弥补预售条件具备之前按揭贷款资金的空当。另外,信托可与银行互补或互动,规避政策的限制,某些烂尾楼的资金也可通过信托解决。但在信托融资方式中,因国家对信托融资在法律规范上有所限制,导致开发企业在设计产品时会遇到法律障碍,比如,关于保底承诺的问题、信托产品的流通问题等,因此,开发企业需要在信托的各个环节规避国家的禁止性规定,解决法律层面的问题。

房地产信托通常划分为资金信托和财产信托,如房地产投资信托基金(以下简称"REITs"),其基本操作模式是房地产开发企业将其部分或全部商业物业资产打包上市,以其收益作为标的,均分为若干份出售给投资者,然后定期派发红利。目前我国的信托与债务融资基本没有区别。REITs 在我国尚缺乏明确的法律根据,政策环境亟待完善。目前国内这样的金融业务,与之比较接近的是信托公司推出信托集合理财计划,只在银行间发行,不上市流通,只能以项目接力的方式募集资金。REITs 主要针对有稳定租金收入的商场、写字楼、酒店等成熟的商业地产项目,因此,只有少数项目才适用 REITs。具有良好持有性的商业地产需要大量资金,资金占用的时间较长。近几年一些商业银行推出经营型物业抵押管理办法,可以把未来的租金收入的预期进行担保,在信托发行和贷款的时候作出考量。在宏观调控时,应该对住宅与商业加以区分,分别调控。

(一)信托融资的背景与现状

目前我国对金融业实行分业监管,银行、证券、保险等金融行业的同质性日益增强。但是,随着社会经济的不断发展,企业对金融服务的需求日趋多样化,投资者对金融工具也呈现出差异化需求。信托与实体经济联系紧密,涉及领域广泛,操作方式灵活,因此,信托业走在金融创新的前沿,是核心的金融工具,可以对接银行、证券公司、保险公司、基金公司等金融机构,并且业务范围涉足贷款、证券投资、资产管理、证券投资基金、房地产、股权投资等领域,远远超过银行、证券公司、保险公司。现在信托融资正在发展,信托产品创新,涉及领域也不断扩大,从房地产、能源、基础设施再到其他行业,信托资金的投向覆盖了资本市场、货币市场、实体经济和其他各个领域,很多信托公司正在积极尝试不断创新。但是,随着房地产的宏观调控政策的实施,之前信托产品集中于房地产领域不符合房地产市场调控及监管要求,从 2011 年银监会下发的《关于逐月上报房地产信托业务风险监测表的通知》,以及 2019 年银保监会公布的《关于开展"巩固治乱象成果促进合规建设"工作的通知》来看,监管部门将信托纳入全口径监管范围,要求控制地产信托业务规模,要求压降融资类业务规模,禁止信托公司向"四证"不全、不符合房地产开发资质、资本金未足额到位的房地产开发项目直接提供融资,不得通过"股权投资+股东借款""股权投资+债权认购劣后",以及应收账款、特定资产收益权等方式变相提供融资,不得直接或变相为房地产企业缴交土地出让价款提供融资,不得直接或变相为房地产企业发放流动资金贷款。

基于上述限制性的规定,各信托机构收紧了房地产项目的直接融资类业务,房地产信托被严格监管导致传统信托业务的增长空间越来越受到制约,空间越来越小。在"三道红线"政策的约束下及一系列监管政策出台后,投向房地产行业的新增信托规模持续下降。

信托机构出于风险考虑,更倾向于向国有房地产开发企业或上市的房地产开发企业提供资金,因为国企在政策、信用评级、拿地、运营等方面拥有比较优势,而非上市民营房地产企业,因市场波动更容易引发违约风险,不愿意向非上市的民营房地产开发企业提供信托资金,因此,对非上市的民营房地产企业来说,目前通过信托方式获得资金的难度非常大。在房地产信托项目要素方面,信托机构一般只向住宅类项目提供信托业务,向商业地产提供的情况也存在,但只是个别情况。从期限来看,项目存续期大体上都是1至3年,以18个月和24个月为主。信托资金进入的方式主要有贷款、股权和特定资产收益权投资、合伙权益份额投资等。还款来源主要是项目销售回款,并辅以股东回购或差额补足、融资方营业收入等。信托业务类型方面,包括固定收益和权益类两种,权益类的占比超过70%。

目前信贷紧缩性的宏观政策使一些对银行信贷依赖性很强的房地产开发企业的资金非常紧张,这些企业在从银行得不到融资的前提下,将融资的方向转向房地产信托,这使房地产企业对银行以外的融资渠道的资金需求增加,房地产信托业务获得空间。但如前文介绍的情况,目前房地产信托还存在一些制度性的限制,比如,法律法规及政策严格监管的制约,房地产公司普遍存在治理结构上的缺陷,造成了内部与外部的约束都缺乏有效性,使信托业务的发展受到很大影响。另外,对于信托产品的流通性问题,比如,REITs基金的流转问题,是在银行间流转还是在交易所上市,目前均无法律规范。还有信托计划的异地发行、资金异地运用的管理与审批比较严格等,这些都制约着房地产信托的发展。但从长远来看,信托资金是一个能为房地产企业提供长期稳定资金的渠道,是对房地产业融资渠道的一个很好的补充,这种模式将会发展成为中国房地产企业的主流融资模式。

（二）信托公司作为受托人的权利与义务

除了法定的权利和义务,可在合同中特别约定信托公司的权利与义务。为了履行作为受托人的义务,如何保障信托财产的安全以及实现信托收益,无疑是信托公司重点关注的问题。实践中,信托公司往往会与交易对手签署一些协议,如《联合管理协议》《账户监管合同》等,用以约定资金及项目公司的监督、管理等事宜。对于股权类信托业务,信托公司往往通过行使股东权利的方式实现对项目公司的监管,如修改公司章程,重新选举董事会成员并设定董事会职权等。对于债权类、特定资产收益权类信托业务,信托公司往往采用账户监管的方式对资金运用进行监管,如保管印鉴、开立共管账户等。

（三）信托公司的业务范围

信托公司是唯一联动货币市场、资本市场、产业市场的金融机构。信托业务的范围包括资金信托、财产信托、公益信托、投资基金、融资租赁、财务顾问、公司理财、国债和企业债券承销、同业拆放、担保、信用见证、资信调查、经济咨询及代保管业务等。在货币市场,信托公司可以与金融机构之间进行金融往来、同业拆借;在资本市场,信托公司可以发起基金管理公司、证券公司,可以投资银行、并购重组业务。另外,信托公司最重要的优势,就是可以直接对企业投资。信托公司的这种优势,有利于资源整合,能发挥其他金融机构所不能发挥的重要作用。

(四)信托融资的规范性法律文件

(1)法律。2001年4月28日公布的《信托法》。

(2)部门规章。中国银行业监督管理委员会(以下简称"银监会")2007年1月23日公布的《信托公司管理办法》;银监会2009年2月4日修订的《信托公司集合资金信托计划管理办法》;银监会2010年8月24日公布的《信托公司净资本管理办法》。

除部门规章外,根据不同的具体项目还涉及大量地方性法规与地方政府规章,而且各地方对于实务操作的具体规定往往不同。

(3)部门规范性文件。银监会以"通知"的方式发布了很多关于信托公司及信托业务的部门规范性文件,尤其针对房地产信托业务、证券信托业务、银信合作等监管层主要关注的领域发布了一系列规范性文件,具体如下。

2007年3月12日银监会、国家外汇管理局公布的《关于印发〈信托公司受托境外理财业务管理暂行办法〉的通知》。

2008年12月4日银监会公布的《关于印发〈银行与信托公司业务合作指引〉的通知》。该指引规定银行和信托可进行理财合作,银行将理财计划项下的资金交付信托,由信托公司担任受托人并按照信托文件的约定进行管理、运用和处分,银行和信托公司开展信贷资产证券化合作业务。

2010年2月5日银监会公布的《关于加强信托公司结构化信托业务监管有关问题的通知》。

2010年2月11日银监会办公厅公布的《关于加强信托公司房地产信托业务监管有关问题的通知》。

2011年1月13日银监会公布的《关于进一步规范银信理财合作业务的通知》。

(4)除信托层面的法律规定之外,信托融资业务更多涉及与其他领域法律的交叉与结合,如《民法典》《公司法》等。

对于项目公司,涉及《城市房地产管理法》《城市房地产开发经营管理条例》《房地产开发企业资质管理规定》等房地产类法律法规、部门规章;对于项目的开发建设,除以上规定外,还涉及《建筑法》《城镇国有土地使用权出让和转让暂行条例》《建筑工程施工许可管理办法》等工程建设类法律法规、部门规章;对于项目的销售,涉及《商品房销售管理办法》《城市商品房预售管理办法》《城市房地产转让管理规定》等法律法规、部门规章。以证券投资信托为例,除《证券法》《信托公司证券投资信托业务操作指引》之外,还涉及中国证监会、上海及深圳证券交易所对证券交易的诸多具体规定。

(五)房地产信托模式

房地产信托主要有四种模式,即债权型、股权型、"股权+债权"型及夹层融资。目前信托投资公司的信托产品很多,如财产权信托、信托股权融资或其多元组合信托等。股权融资是针对自有资金不足35%的房地产企业,信托投资公司以注入股本金的方式与房地产公司组建有限责任公司,使其自有资金达到35%的要求,信托投资公司作为股东获得投资回报。债权融资是针对自有资金符合要求但短期资金困难的开发企业,信托投资公司筹集一定资金定向地贷给房地产开发企业以弥补资金缺口。债权融资与银行贷款在操作上基本上一致,资金的来源主要是银行的理财产品。

信托模式有三大核心功能,即信托的财产隔离功能、信托的避税功能、信托的政策规避功能。随着国务院宏观调控政策、货币政策、税收政策的逐步深化,其作为国民经济核心产业的中国金融业与外资金融机构一起不断推陈出新,实现企业和金融业的优化双赢。

(1)债权型信托主要表现为贷款,竞争对手是商业银行。债权型信托的优势是决策层级少、能够快速灵活地作出反应、政策限制较少、"四证"齐全即可取得信托资金;劣势是资金少,且需要时才能筹集,成本相对较高,退出方式、期限安排等比较死板。

(2)股权型信托是信托公司直接持有项目公司股权,这种模式的优势是融资渠道多样,有资金规模优势;劣势是信托公司控股项目公司后,缺乏成熟的开发经验,尚未形成优秀的房地产专业团队。

(3)"股权+债权"的融资模式内容如下。①信托公司设立结构化集合资金信托计划,信托计划项下分为优先和劣后信托单位,以资金形式认购优先信托单位的社会合格投资者成为优先受益人。②信托公司以部分信托资金投资项目公司股权,项目公司原股东或关联方以其对项目公司的债权作价认购信托计划项下劣后信托单位,成为劣后受益人。③信托公司以标的股权对应的股息红利或处分收入以及标的债权的本金与利息收入作为信托利益来源。④信托计划终止时,先保障优先受益人的预期收益,标的股权与标的债权可向劣后受益人原状分配。⑤长期真实股权投资+期限债权融资。《中国银监会办公厅关于加强信托公司房地产信托业务监管有关问题的通知》规定,信托公司以结构化方式设计房地产集合资金信托计划的,其优先和劣后受益权配比比例不得高于3∶1。

(4)夹层融资是介于债权和股权之间的一种投资形式,特点是收益比债权融资高,比股权融资收益低。信托公司回报的优先程度在债权之后、股权之前,收益模式可灵活安排,如固定利息或加分成收益。夹层融资的安排方式有下列三种。①股权回购。②贷款+股权信托+受益权质押,当项目公司无法偿还贷款时,信托公司的债权转变为项目公司的股权。③贷款及认股期权。信托公司在提供贷款的同时,取得以较低价格认购项目公司股权的期权,分享项目公司收益。

(六)房地产项目信托融资的流程

房地产企业信托融资的大致流程如下:企业表达融资要求、尽职调查与商务谈判、形成融资方案、设计信托产品、拟定信托投资法律文件、信托融资项目审批、发行信托计划、资金投入与监督管理、受益人大会、信托收益分配、信托清算。

(七)信托业务的尽职调查

房地产项目要想获得信托资金,须接受信托公司的尽职调查,信托公司认为符合条件后,才会签订正式的各类协议。以房地产信托融资项目为例,项目尽职调查包括权属及现状、财务、公司状况等,比如,权属状况调查内容包括项目的立项、土地使用权、前期报备及审核、项目的他项权利与法律瑕疵等项目现状。项目现状调查内容包括项目的动拆迁、建设施工、竣工验收、已支付的税费、预售情况等。信托公司对信托交易对手的尽职调查首先要对方提供资料清单,然后根据资料清单由不同的机构出具调查报告,以供信托公司参考。对于信托公司来说,尽职调查的难点在于对潜在财务风险的调查。潜在财务风险调查的现实障碍,主要有财务资料可信度较低、项目外部环境的多变、企业管理的不规范等。比如,有些开发企业在银行融资收缩、项目销售不畅的前提下,通过民间高利贷维持信用,并以融资款来虚拟营造销售回款。

1. 房地产信托项目资料清单

信托公司要求房地产公司提供的资料清单一般有四大类,第一类是房地产项目文件;第二类是项目公司文件及担保公司文件;第三类是财务资料;第四类是其他资料。

2. 尽职调查报告的起草与出具

《信托公司集合资金信托计划管理办法》第九条规定:"信托公司设立信托计划,事前应进行尽职调查,就可行性分析、合法性、风险评估、有无关联方交易等事项出具尽职调查报告。"因此,尽职调查报告是信托公司设立信托计划的必备文件,信托公司应当依法进行尽职调查,出具尽职调查报告。实践中,不同信托公司往往将尽职调查报告冠以不同名称,如《申请报告》《上会报告》《可行性报告》等。调查的方法有现场尽职调查与书面尽职调查、详式调查与要式调查。下面以法律尽职调查报告为例,介绍其内容与制作。

法律尽职调查报告并不等于信托公司的尽职调查报告,信托公司仍然需要履行受托人应尽的义务,不能回避尽职调查责任。法律尽职调查报告由律师根据尽职调查的结果起草,报告内容与尽职调查清单和调查情况对应。法律尽职调查报告的基本内容:项目公司调查情况、项目调查情况、重点关注的问题、结论、文件清单、尽职调查报告的说明与提醒。法律尽职调查报告中"重点关注的问题"与"结论"是法律尽职调查报告的核心内容。律师将通过尽职调查所发现的项目本身及交易对手存在的问题,并对其予以充分表述和论证,提出相应的解决方法与建议。无论是信托公司还是开发企业,借助法律尽职调查报告的这两点内容即可充分了解并评估信托项目的风险,并以此作为判断决策的参考。

(八)法律意见书及其他律师意见的制作

律师主要针对信托计划成立的法律问题发表意见,出具法律意见书。法律意见书的出具时间在信托项目的信托公司会上,经审批同意之后,信托计划发行之前。有些信托公司往往还要求律师在出具法律意见书之前,就项目材料、项目结构的合法合规性及可行性等问题发表律师意见,如《律师审查意见》《律师专项意见》《法律风险提示备忘录》等。这种操作方式可以让律师较早介入信托项目中,及时就项目方案发表法律意见,以事先预防的方式避免项目设计与实践运作中的法律风险,使得信托项目的操作更高效,也能使律师发挥较大的作用。有些信托公司为了引用律师意见,要求律师制作法律意见书摘要,以便于披露。

(九)信托融资的相关文件

根据前文讲述的房地产项目的信托融资运作流程,一个完整的信托融资项目需要以下文件。

(1)意向性及框架性安排协议。包括合作框架协议、投资或合作意向书备忘录等。框架性安排协议一般有如下内容:信托计划(信托融资方案)的基本情况、信托计划的成立条件、信托项目的操作方式(资金投入、信托退出等)、各方权利与义务、收益分配的时间与方式、违约责任等。

(2)交易文件。合作协议、增资协议或股权转让协议、贷款合同或债权转让协议、抵押合同、保证合同等。交易文件具体约定了项目的具体操作方案,以及项目各方之间的权利义务,是项目运作以及各方行为的依据。交易文件一般以框架性安排协议为纲,根据具体信托融资项目的不同由不同子协议组成,如特定收益权转让或回购协议、增资协议或股权转让协议、贷款合同或债权转让协议、抵押合同、保证合同等。各信托公司常用的操作模式有所区别,有些信托公司没有框架性安排协议,而直接由各个具体协议组成交易文件。采用这种方式的,交易文件中一般以一个协议作为主协议,通常是将资金投入或信托退出的协议作为主协议。各信托公司有自己的文件格式和名词术语表述习惯,除非是重组的信托公司,合规部门一般不愿由外部律师或开发企业对信托公司的格式文本进行大幅度调整。由于职责不同,各信托公司的业务操作等前台部门和后台部门对项目的理解可能存在一定分歧。

特定资产收益权转让或回购协议内容包括转让或回购标的、转让或回购价款、付款条件、时间、方式,各方权利与义务,陈述与保证,保密,违约责任等。

(3)公司文件。公司文件一般是指信托融资项目所涉各方的内部授权、批准等程序性文件,例如,股东会决议、股东决定、董事会决议、董事决定、章程修正案等。公司文件还应包括信托融资项目的各方签署、履行的交易文件、信托文件,且应当已经按照法律法规、公司章程及其他内部规章的规定获得相应授权或批准。根据公司类型、章程及组织结构的不同,公司文件也不同。因此,起草公司文件必须注意哪些事项是董事会的职权,哪些事项必须由股东(大)会决定,涉及上市公司的公司文件的法律文件还有特别的要求。

(4)按照《信托公司集合资金信托计划管理办法》第11—14条的规定,需要认购风险申明书、信托计划说明书、信托合同。

(5)其他文件。包括财务顾问协议、资金保管协议、资金代理收付协议等。

(十)信托资金的退出方式

信托资金的退出方式是信托项目中非常关键的问题,也是监管者非常关注的问题,退出方式往往决定信托项目的定性,因此,信托融资方案的设计及交易文件的起草尤其要注意信托资金的退出方式。信托资金退出主要有下列三种方式。

(1)协议转让信托基金持有的股权投资基金份额。

(2)从股权投资基金退伙。

(3)逐级退出,即股权投资基金先转让其持有项目公司的股权,或从项目公司减资、清算,然后信托基金从股权投资基金退伙或清算。

(十一)房地产信托的风险及防范

对房地产开发企业来说,利用房地产信托资金的风险,目前主要来自政府的严格监管,信托公司要严格执行房地产信托贷款监管政策,不能向不满足"四三二"原则("四证"齐全、项目资本金比例达到30%、开发商或其控股股东具备二级资质)的房地产开发项目提供贷款;不能直接或变相为房地产企业提供土地储备贷款或流动资金贷款;不能以向开发商上下游企业、关联方或施工方发放贷款等名义将资金实际用于房地产开发。以上规定直接影响房地产开发企业通过信托顺利地实现融资。

对于信托机构来说,为了符合政策的监管及规避自身的业务风险,信托机构采用的风控措施主要有以下几种:以工程进度或销售进度等时间条件来进行项目对赌;信托机构向项目公司派驻董事,信托公司以董事的身份参与项目公司的管理;土地或在建工程或其他不动产抵押、关联方或第三方不动产抵押、股权质押;股东差额补足担保;股东连带责任保证;股东连带回购。

(1)不能取得信托资金的风险。信托公司对融资方的要求涉及很多方面,包括企业规模、企业实力、项目情况、有无抵押物、抵押物价值、还款计划、有无完整的财务制度等,目的是保证资金能按期收回。有些房地产公司，尤其是中小型开发企业，管理比较混乱，因此，信托公司在了解企业情况后可能会终止与其合作。开发企业为了能最大限度地获得信托资金，应该落实抵押、第三方保证、质押等担保措施，并提供可信的还款计划，这样才能提升成功的可能性。

（2）信托公司会对资金进行严格监管，防止资金被挪用。如果开发企业挪用信托资金至其他项目，开发企业资金链条断裂，那么可能会造成烂尾工程，信托资金可能无法按期收回。因此，为防止挪用信托资金，信托公司一般通过银行监管、根据项目进程划拨资金、向项目公司派驻财务人员、控制项目公司的财务用章等方式进行风险控制，限制开发企业对信托资金的随意使用。

（3）不能按期归还的风险及防范。房地产信托的信托财产多以土地使用权、房屋所有权、股权等形态表现，担保措施主要为土地使用权、房屋所有权等固定资产抵押。如果融资方未能按期偿还本息，那么信托公司或行使抵押权拍卖抵押物，或取得房地产公司的控股权，以控制房地产公司，房地产公司将失去对项目的控制权。

（4）开发企业财产抵押后的抵押物出租问题。一般信托公司要求抵押物不能出租，如果必须出租，也需要经信托公司同意，而且租金收入优先保证信托公司的利益。在办理完毕抵押登记后，抵押权人在行使抵押权时，该抵押物是可以拍卖的，承租人无优先购买权。

（5）信托公司以投资附加回购承诺方式对房地产开发项目的间接融资模式。这种模式在2010年2月11日被银监会发文叫停，银监会办公厅在《关于加强信托公司房地产信托业务监管有关问题的通知》第三条中明确规定，停止执行银监会《关于支持信托公司创新发展有关问题的通知》第十条中对监管评级2C级（含）以上、经营稳健、风险管理水平良好的信托公司发放房地产开发项目贷款的例外规定，信托公司发放贷款的房地产开发项目必须满足"四证"齐全、开发商或其控股股东具备二级资质、项目资本金比例达到国家最低要求等条件。

（6）银监会《关于信托公司开展项目融资业务涉及项目资本金有关问题的通知》规定，不得将债务性集合信托计划资金用于补充项目资本金，以达到国家规定的最低项目资本金要求；债务性集合信托计划资金包括以股权投资附加回购承诺（含投资附加关联方受让或投资附加其他第三方受让的情形）等方式运用的信托资金；股东借款原则上属于债务资金，但股东承诺在项目公司偿还银行或信托公司贷款前放弃对该股东借款受偿权的情形除外。对此，可选择如下合规方案。

①在信托合同中约定回购以不确定价格（如资产评估值）进行。

②在信托合同中约定回购选择权。信托公司按照《信托公司私人股权投资信托业务操作指引》开展私人股权投资信托业务时，约定股权投资附加回购选择权的情形不适用上述通知。

③信托资金不直接投资项目公司，而是通过增资扩股、股东借款的方式投资于项目公司股东。

（7）注意对信托融资的限制。2010年11月12日银监会办公厅公布的《关于信托公司房地产信托业务风险提示的通知》规定，"变相提供贷款的情况，要按照实质重于形式的原则予以甄别"。因此，信托公司以附带回购条款的受让债权或入股形式为房地产开发企业发放的信托计划，都将被认定为信托贷款。银监会办公厅《关于加强信托公司房地产信托业务监管有关问题的通知》中规定"信托公司发放贷款的房地产开发项目必须满足'四证'齐全、开发企业或其控股股东具备二级资质、项目资本金比例达到国家最低要求等条件"。信托资金投向有限合伙企业，并以有限合伙的形式投资于证券市场或房地产市场，绕过证监会开户、基金管理公司设立和其他政府部门的规定，是否属于违规行为？在法律、行政法规没有规定的情况下，从法理上来说，金融规章的法律效力不能对抗法律的规定。但在金融领域,为了有效解决房地产信托贷款限制,实践中,房地产信托业务常采用的方式是特定股权远期购买或特定债权远期购买,即给予购买方提前购买选择权,如果买方在一定期限内不行使这一权利,则进入投资兑现期,从而与单纯的回购相区分。

十一、资产证券化

资产证券化是发达国家普遍使用的一种金融手段,目的是解决流动性差、长贷短存的问题,规避市场风险,引导资本市场流向资金市场。目前,国内的资产证券化还没有水到渠成的内因,就中国的按揭贷款来说,其属于优良资产,没有必要将其证券化销售,而且即使出售,也会因我国的固定利率政策而没有转卖的空间。国内有些房地产企业在资产证券化方面进行过尝试,与国外的房地产基金有过成功的合作,但只是刚刚起步,受制于国家宏观政策的出台,在进行过部分探索后已经停止了。

十二、国际商业银行贷款

国际商业银行贷款(也称"国际商业贷款")是指国际金融市场上由各种商业银行或银团发放的贷款。国际商业贷款一般有两种形式:一是由一家或两家国外金融机构提供贷款;二是由一家金融机构牵头,多家国外金融机构组成国际银团贷款。

能提供国外商业贷款的外资银行一般会关注房地产企业规模、开发项目体量、有无品牌的高端项目等问题,如果是商业项目,则一般会关注有无稳定的租金回报。

(一)外资银行经营的原则

外资银行经营的原则是风险和收益平衡。在利息可以平衡的范围内才会提供贷款,否则收益再高也不会提供贷款。外资银行会考察项目的财务、市场、经营状况等,据此判断风险是否可控。外资银行有非常复杂的风险控制程序,国内的开发企业想从外资银行贷款必须忍受其烦琐的风险控制制度及流程,否则不可能取得贷款。

(二)外资银行贷款的获取

如果企业的财务不公开、不透明,那么就无法取得贷款。因此,企业应与银行充分沟通,将企业的财务、股权结构、运营情况等告知外资银行,让外资银行充分相信企业的实力及偿付能力。

十三、境外上市融资的风险及防范

国家鼓励具备条件的企业到境外上市融资。目前中国公司可以通过购买由美国某些投资集团控制的在美国已上市且没有任何负债的壳公司进行融资。比如,公司在净利润达到一定标准后,可直接在美国的证券市场公开发行股票,美国的投资银行参与承销,上市和融资同时完成。另外,外资投资机构可提供过桥贷款,以合法现金收购中国公司的股东股份,引进外国董事,完成重组,规避法律风险。

(一)境外上市融资的相关规范性法律文件

(1)1999年9月21日中国证监会公布的《关于发布〈境内企业申请到香港创业板上市审批与监管指引〉的通知》。

(2) 2014年7月4日国家外汇管理局公布的《关于境内居民通过特殊目的公司境外投融资及返程投资外汇管理有关问题的通知》。

(二) 符合境外上市的中国公司的要求

因各国法律规定及要求不同,对中国公司境外上市的要求也不同。下面以美国为例,美国最主要的证券交易市场有三个,分别为纳斯达克证券交易所(NASDAQ)、纽约证券交易所(NYSE)和美国证券交易所(AMEX)。公司只有在满足各市场对公司的要求后其股票或者是证券才能在市场上发行、交易。中国公司申请在美国上市,具体对中国的公司要求见下表。

表4-1 美国股票市场上市条件对比①

	纽约 证券交易所	美国 证券交易所	纳斯达克 全国板股市	纳斯达克 小板股市
净资产	4000万美元	400万美元	600万美元	500万美元
市值(总股本乘以股票价格)	1亿美元	3000万美元		3000万美元
最低净收入				75万美元
税前收入	1亿美元(最近2年每年不少于2500万美元)	75万美元	100万美元	
股本		400万美元		
最少公众流通股数	250万股	100万或50万股	110万股	100万股
流通股市值	1亿美元	300万美元	800万美元	500万美元
申请时最低股票价格		3美元	5美元	4美元
公众持股人数(每人100股以上)	5000人	400人	400人	300人
经营年限	连续3年盈利	2年经营历史		1年或市值5000万美元

(三) 境外上市融资的法律风险防范

每个交易所的交易程序及上市条件均不一致,应按照境外交易所的要求提供文件并符合境外交易所的上市条件。为防止诈骗,如果由外资银行或代理机构完全申报,那么境外上市企业可在美国证券交易委员会官方网站查询,以核实外资银行或代理机构是否每个季度都向美国证券交易委员会申报。如果能在美国证券交易委员会官方网站查询到公司股东名单、资产及负债、交易等情况,则说明不存在诈骗;如果查询不到公司股东名单、资产及负债、交易等情况,则应保持警惕。

---

① 参见省地方金融监管局:《A股、新三板、香港、美国上市条件对比》,载贵州省地方金融监督管理局官网(网址:https://jr.guizhou.gov.cn/ztzl/gzsqyssgzzl/201812/t20181218_68869202.html),访问日期:2023年12月27日。

十四、买壳上市融资的风险及防范

买壳上市融资,是指非上市公司在境内外资本市场通过收购控股上市公司来取得合法的上市地位,然后进行资产和业务重组进行发行配股的一种融资模式。

(一)买壳上市融资的运作流程

①买壳方的自身评估与准备;②寻找合适的壳公司目标;③聘请中介机构进行规范运作;④对买壳进行可行性分析与效益评估;⑤签订买壳收购意向书;⑥对壳公司进行审查、审计、评估;⑦签订收购壳公司协议并上报国家证券主管部门;⑧办理股权过户并发布收购公告;⑨对已收购的壳公司调整公司结构、梳理公司资产、重组公司业务;⑩提高公司业绩、推动股价上涨、进行配股融资。

(二)买壳上市融资的风险防范

买壳上市融资的风险可以通过两种主要手段进行防范。一是剥离壳公司不良资产。剥离壳公司不良资产的通常做法是由壳公司将全部资产、负债和业务出售给第三方,第三方一般是壳公司目前的控股股东,并由第三方安置全部人员。二是注入收购方的资产。一般由壳公司向收购方定向发行股票,收购方以其拥有的相关资产为对价购买该部分定向发行的股票,同时收购方把相关资产注入壳公司,收购方注入资产采用以资抵债、发行新股吸收合并、换股吸收合并、发行新股购买房地产企业股权等。此外,买壳上市融资还可以从四个方面进行风险防范。

1. 查清壳公司的债务

在购买之前,收购方应了解清楚壳公司是否为"净壳",了解壳公司的财务会计信息披露是否真实,以及了解目标公司是否隐藏了债务。如果未能有效剥离原有债权债务,那么收购方可能会陷入壳公司的债权债务关系。防范的办法就是在交易前,收购方委托律师、会计师等专业人员对壳公司进行详尽的尽职调查,并将相应的债权债务转让给有实力的接收方。除此之外,还应设立未披露债务的担保,以确保债务未真正剥离时的救济手段。

2. 审批风险

收购壳公司一般为协议收购,所以需要获得政府部门审批。买壳上市融资的关键在于审批环节,审批不通过,上市借壳融资不可能实现。审批的具体政府部门为中国证监会,涉及重大资产出售和收购的,须经上市公司并购重组审核委员会审核。如果壳公司股权中有国有股权,那么须经国资管理部门审批。如果收购股权中有外资股权,那么还须经商务部门审批。因此,应严格履行审批手续。

3. 防范内幕信息提前泄露

重大资产重组后一般会使壳公司的资产质量有明显提高,如果提前泄露信息会导致壳公司股价异常波动,也会影响收购方的利益。因此,收购壳公司的商业行为应严格保密。

4. 收购之后的风险防范

成功收购壳公司并不等于收购方今后的经营就会一帆风顺,关键是收购后的公司整合。如果收购方不能获得控制权,不能对壳公司进行有效管理,则收购的结果必然是失败。因此,收购之后收购方应建立自己的经营团队,对壳公司的资源进行有效整合,这样才可能成功。

十五、海外房地产基金融资的风险及防范

海外房地产基金进入中国可以缓解国内房地产金融业对银行信贷的过度依赖,有助于改善融资渠道单一的现状,使融资方式多样化。进入我国的海外基金,其中包括海外国际房地产基金。但海外房地产基金一般会选择有实力的开发企业合作。有些基金是作为"热钱"违规进入房地产市场的,这些基金往往通过贸易、外资、银行、个人等多种渠道进入,既有企业行为,也有个人行为。有的是集团公司内部关联企业套汇运作。比如,某公司直接或间接控股境内多家房地产企业,由国内子公司以人民币资金垫付土地拍卖保证金,母公司通过设立房地产项目公司方式,将外汇资本金结汇后偿还代垫款。上述做法涉嫌违反资本金支付结汇制度,属于非法套汇、擅自对外放款和擅自经营金融业务,性质严重。也有个别银行向境外个人发放了中长期房屋抵押外汇贷款,而房贷结汇后用于购买国内房产。

房地产海外基金投融资的主要方式有如下三种:一是海外投资者通过资产收购的方式投资国内房地产项目;二是海外投资者通过股权收购的方式投资海内房地产项目;三是返程投资,多见于海外上市,在税收方面存在优势。

目前因我国相关法律法规的不完善,再加之一些房地产企业内部管理不规范,以及海外资金在政策上得不到支持,因此,海外房产基金在中国的投资还存在一些障碍,目前政策对外资进入房地产有一些特殊规定。2006 年 7 月 11 日建设部、商务部、国家发展和改革委员会等部门公布的《关于规范房地产市场外资准入和管理的意见》对外商投资房地产市场准入进行了规范,并加强了外商投资企业房地产开发企业的经营管理。2009 年商务部修改的《关于外国投资者并购境内企业的规定》和 2015 年商务部、国家外汇管理局修正的《关于进一步加强、规范外商直接投资房地产业审批和监管的通知》对外资准许进入均进行了规范。

海外地产基金融资对于中小型房地产企业来说可能是望尘莫及。虽然有流入中国的海外基金,但受到国内政策,以及国内企业运作不规范和房地产市场的不透明性的影响,海外地产基金在选择合作伙伴时的考量因素是公司的管理团队、土地储备、政府关系、发展前景等,而这些却是中小型房地产企业相对弱势的项目。国内已有房地产公司成功发起和募集了外资房地产投资基金,但海外地产基金可能会受到严格控制。

利用海外房地产基金,外资银行或投资机构会要求申请企业(项目)提供如下资料清单。

(1)企业基本状况,包括公司基本信息、企业(项目)的简单发展历史、目前的股权结构、是否已经建立了海外离岸公司并成立了国内独资企业,以及向海外离岸公司转移企业主营业务的进度。

(2)企业开发的基本情况,包括经营的基本模式、房地产开发行业的周期性、波动性或者季节性变化及未来的发展趋势;目前企业存在的问题,特别是阻碍企业进一步发展、扩大规模的瓶颈问题。

(3)市场竞争状况,包括企业或者项目在行业中的地位;是否在一定的区域或行业市场处于主导或者垄断地位;公司所在行业和市场的核心竞争因素;企业主要的竞争对手;主要竞争对手与企业在市场核心竞争因素方面的比较;开发成本在过去三年来价格的变化情况,以及未来发展变化趋势。

(4)资源和战略,包括支持客户战略发展和形成竞争优势的资源,如地理位置、品牌及客户关系;公司的长期发展战略和支持其战略的核心竞争力;管理层对公司发展战略和商业模式可靠性以及特点的评价。

(5)财务状况,包括过去 3 年经过审计的主要财务指标(销售收入、毛利率、净利润、税息折摊前利润、注册资本、净有形资产、净资产、现金及价格);未来3年财务预测(销售收入、净利润);主要财务指标和财务状况发展变化趋势(流动比率、总资产周转率、资产负债率、财务杠杆比例、毛利率、税后利润率、总资产回报率、净资产回报率);目前的税收优惠政策,以及未来企业重组后可能带来的税收政策的变化。

(6)管理团队和职工,包括高管层的基本状况;企业重组并购后的股权安排计划;企业重组后是否存在职工身份转换,以及下岗安置问题。

(7)融资计划,包括企业希望从战略投资者处融资的数额,以及企业对自身的估价、企业海外上市的意向和时间安排。

(8)其他事项,如近3年来的重大资产重组和股权变更活动;重大或者潜在的诉讼、担保等情况,以及任何潜在的负债或者法律责任(包括没有计入财务账册的任何潜在负债,如欠缴养老金、未计提税款,任何形式的重大担保以及法律承诺等);国家及地方政府对企业经营的支持或限制性政策及其他法律法规;其他对企业未来发展有影响的重大活动。

海外房地产基金的法律规制、准入、限制等其他问题,参见本书第五章的内容。

十六、设立房地产投资基金公司的风险及防范

近年来,除了海外房地产基金,国内房地产基金也开始出现,但这些基金带有很深厚的房地产商背景。现在大部分房地产开发基金都是由房地产商成立的,而募集的资金主要用于该房地产商开发的项目。有些信托产品也带有房地产基金的形式。个别信托基金的投资并不局限于开发企业所投资的项目,开发企业在其中只是履行其专业管理职能,收取管理费用和业绩奖励。海外的房地产基金的管理人有很大的自主选择权,他们只需要选择好项目、控制风险。投资国内部分基金的投资者更像是该房地产商的股东。

按照目前的法律规定,房地产投资基金不属于证监会的管辖范围,因此,不需要通过证监会的审核。另外,房地产投资基金也无禁止性的法律规定。采取封闭式成立股份有限公司形式的投资公司,专业从事房产投资业务,是完全合法的。

(一)房地产投资基金公司的组织形式架构

以合伙企业为例,股权投资基金合伙企业的架构如下。

(1)合伙人大会。合伙人大会是基金的最高权力机构,基金的重大事项由全体合伙人协商决定。

(2)投资风险控制委员会。项目投资风险控制委员会由基金的4名以上普通合伙人和项目组成员组成。

(3)投资决策委员会。投资决策委员会是基金的最高投资决策机构。投资决策委员会对全体合伙人负责。项目须经投资决策委员会2/3以上成员同意方为通过。

(4)咨询委员会。咨询委员会由各方面的专家、学者和行业内人士(项目行业相关、投行、风控、法律、财务等方面的资深人士)组成。

(5)有限合伙人(以下简称"LP")。

(6)普通合伙人(以下简称"GP")。

(二)房地产投资基金公司投资决策的流程

(1)评估阶段:寻找项目、项目筛选、项目评估、项目建议。

(2)决策阶段:项目论证、尽职调查、合同谈判、项目审批。
(3)管理阶段:董事任命、监督管理、补充调查、支付价款。
(4)退出阶段:整合管理、企业增值、实施退出、实现回报。

(三)基金管理章程的主要内容

(1)基金类型为封闭式有限合伙制。
(2)基金持有人大会为基金最高权力机构。自基金成立之日起,每年召开一次全体投资人大会。
(3)基金管理公司及其管理团队负责具体基金的运营和具体投资工作。GP和执行管理团队负责具体投资工作事务(包括但不限于投资项目选择、尽职调查、内部财务审计、投资谈判、投资决策和投资协议签订、投资后项目管理、日常财务管理),LP不参与具体营运事务。
(4)基金管理公司由GP组成。
(5)LP全部用货币方式购买基金份额。LP按照委托协议约定购买方式、数额和缴付期限,履行出资义务。
(6)如果LP同本基金管理公司进行交易,如希望基金投资LP项目,须经LP合计过2/3基金份额同意,并通过基金管理公司投资决策委员会表决方可实行。
(7)基金管理人及其管理团队为本基金的基金会计责任方。
(8)基金管理人在每半年结束后的2个月内提交中期财务报告,经基金托管人复核、注册会计师审核后向基金管理公司董事会、基金持有人大会和管理机构报告。
(9)GP和执行管理团队投资的内部作业程序:筛选投资项目、初评估、与被投企业签订投资合作意向书及保密协议、投行部人员到企业进场作详尽的尽职调查与财务相关内部审计、技术与管理专家咨询委员会再评估、投资决策委员会终审、与被投企业签订投资协议。
(10)基金的认购份额达到一定数额或比例时为基金成立日期,资金开始进入存续期,封闭型投资开始,对GP的年度考核也从此日开始。

(四)房地产基金投资公司的运作模式

(1)投资者依据《公司法》成立投资公司,公司的组织形式是有限责任,该公司具有基金的特征;
(2)可以资产入资,也可以现金入资;
(3)以不动产信托方式委托经营管理;
(4)有权与管理权分离;
(5)退出机制,未来蜕变为REITs、投资基金(公司)。

(五)投资基金的风险防范

发起成立投资公司,是资产的集合和资金的集合。设立投资公司,要对投资公司决策权进行约定,由股东决策发展为管理公司决策。另外,股权要尽可能分散。设立基金的风险控制可按下列方式操作:
(1)基金投资占项目公司控股权;
(2)剩余股权全部质押给基金;
(3)股东会、董事会承诺、投资框架协议及正式投资合同保证基金回报不低于一定的比例;

(4) 一定期限后原股东或第三方承诺溢价按约定比例回购;
(5) 普通合伙人连带责任担保;
(6) 有限合伙人承担无限责任担保;
(7) 有限合伙人投入基金总额的一定比例;
(8) 第三方机构或担保公司担保;
(9) 实物资产抵押。

十七、利用商业信用融资的风险及防范

使用商业信用融资也可称为利用市场优势地位融资,开发企业利用回购、预收定金、预付款等方式从购房人处融资。

(一) 使用商业信用融资的风险

1. 预收定金或预付款的风险

开发企业在办理完预售许可证之前,不允许收取定金、预付款,或以任何名义收取房款。如果开发企业利用市场优势地位收取了定金、预付款等,会被目前的法律认定为无效的民事行为,双方签订的合同无效。另外,开发企业可能还会受到行政处罚。如果开发企业项目还在前期操作阶段,比如,还没有取得土地使用权就收到了预付款等,一旦不能取得土地使用权又无法及时归还预付款,那么可能被认定为集资诈骗,被追究刑事责任。

2. 回购的风险

目前从行政管理的角度上,禁止开发企业回购。

3. 返本销售的风险

返本销售,是指房地产开发企业以定期向买受人返还购房款的方式销售商品房的行为。房地产开发企业不得采取返本销售或者变相返本销售的方式销售商品房。

(二) 商业信用融资的风险防范

商业信用融资最大的风险是演变为非法集资,因此,应把握非法集资与商业信用融资的界限,如应明确何时收取预付款、了解回购的法律风险等。

十八、售后包租

售后包租,是指房地产开发企业以在一定期限内承租或者代为出租买受人所购该企业商品房的方式销售商品房的行为。售后包租也叫售后回租,是融资租赁的一种形式。按照《商品房销售管理办法》第十一条的规定,房地产开发企业不得采取售后包租或者变相售后包租的方式销售未竣工商品房。但销售竣工的商品房是不受限制的,因此,现在很多商业地产的模式都采用售后包租的模式。

十九、委托贷款

委托贷款是储户基于对银行的信任,委托银行进行资产管理。就委托方而言,委托贷款获得的利润比银行存款高;就资金使用方而言,贷款利率比银行低,两方都合适。委托贷款存在的问题是,如果项目好,银行为何自己不向项目直接发放贷款,而推行委托贷款?委托贷款的受托人

银行不承担经营风险,即不管出现什么问题,银行对委托贷款是不负任何责任的。目前委托贷款业务在房地产融资中极为罕见,所以本书不进行重点介绍。

二十、过桥贷款融资

根据1998年5月21日公布的《中国银行房地产开发贷款管理办法(试行)》第七条的规定,房地产开发贷款必须满足"五证"齐全、具备二级以上开发资质、资本金比例不得低于30%等硬性条件(保障性住房和普通商品住房项目的最低资本金比例可放宽为20%)。很多房地产开发企业不具备上述条件。很多开发企业采取股权投资附加回购条件的方式,规避上述政策,这种形式俗称"过桥贷款"。银监会办公厅《关于加强信托公司房地产、证券业务监管有关问题的通知》及银监会《关于信托公司开展项目融资业务涉及项目资本金有关问题的通知》规定,严禁向未取得"五证"的房地产项目发放贷款,严禁以投资附加回购承诺、商品房预售回购等方式间接发放房地产贷款。信托公司不得将债务性集合信托计划资金用于补充项目资本金,以达到国家规定的最低项目资本金要求,包括以股权投资附加回购承诺等方式。虽然上述规定不允许开发企业以股权投资附加回购条件进行融资,但是房地产市场上股权投资加回购承诺的模式仍然存在,目前在监管上无明确的行政处罚措施。

房地产公司采用过桥贷款的方式,以投资附加回购承诺模式与信托公司签订协议时,不要设置过于明显的固定收益退出条款,以免被监管机构认定为贷款。为了避免行政监管及民事行为无效的风险,开发企业可将信托贷款、股权投资等方式组合搭配运用,在信托计划期满后,信托公司代为持有股权。另外,除约定固定收益外,信托公司可部分参与收益分配。

二十一、典当融资

典当是房地产融资的一种方式,但开发企业一般不具备采用此种融资的条件,因为典当的前提是房地产开发企业将其动产、财产权利质押或者将其房地产抵押给典当行,以获得资金。但问题在于,房地产开发企业,尤其是项目公司,几乎不可能有动产,即使有动产,其价值也较小,不可能拿到高额的当金。况且,典当行的规模较小,典当的期限较短,利息加上综合费相对银行的贷款利息较高,而典物的估价一般都偏低。正因为如此,典当作为一种房地产开发融资渠道几乎是不可行的,建议开发企业不考虑此融资途径。此种融资模式适合投资房地产的小业主或与拥有自有不动产的小开发企业,但不具有普遍性,因此,本书在此不作进一步的介绍。

第四节 签订各类融资合同(协议)的要点

融资合同种类繁多,融资模式的不同会导致融资合同的种类也不相同,具体可分为借贷合同、企业间借款合同、信托合同、担保合同、抵押合同、委托融资合同、融资租赁合同、典当合同、股权融资合同、债权融资合同、垫资合同、物业股权抵押合同等,在此无法一一列举。签订各种融资合同时,应根据融资模式及业务规律来明确具体条款。比如,在签订物业股权抵押合同时,可以约定房地产开发企业同意将建筑物(包含在建造期间)及其所属的一切设施、营业收入及一切收益和权利抵押给银行,银行对一切资产享有优先抵押权和优先留置权,公司股东同意将一切资产的股东所有权及股东对公司的一切权益抵押给银行。建成开业后,公司同意将其所拥有的一切资产,无论是固定资产还是流动资产,无论是现时还是将来存放在任何银行的任何种类的,到期的或未到期的全部存款,均抵押给银行。未经银行同意,公司不得出售、转让、抵押或以其他任何方式处置全部或部分资产,但正常经营范围内的补充、代替、向出租人出租、管理协议,以及正常经营范围之内的其他业务除外,当任何一个股东将部分或全部股份转让,受让人必须是被银行认可的。这样,既能保证融资方顺利获得贷款,又不影响开发企业正常经营。

一、签订股权增资协议的要点

在股权增资的融资模式下,投资方通过股权转让的方式入股融资方(标的公司),受让股权后,投资方持有股权,成为新股东。投资方有权自行或者指定其他公司、机构代为完成协议项下的受让股权事宜。

(1)处理好原股东与新股东之间的关系。标的公司全体原股东同意标的公司本次新增注册资本,新股东明确认购数额,增资完成后,标的公司注册资本增加。标的公司全体原股东均放弃对本次增资的优先认购权。

(2)约定增资协议的先决条件。新股权与原股东各方同意,协议生效取决于以下先决条件。

①标的公司的全体原股东依照公司章程已经形成合法、有效的决议,内部决策机构同意新股东对标的公司进行增资。

②标的公司向新股东提供了标的公司董事会及股东大会同意本次增资的合法有效的文件。

③协议各方已签署协议。

④截至交割之日,标的公司不存在任何阻碍其在境内上市的重大法律、知识产权、财务或其他障碍。

⑤协议各方的承诺均为真实、完整、准确的,不存在虚假陈述、重大遗漏。

⑥标的公司的高级管理人员及核心技术人员(应制作人员名单作为附件)已经与标的公司签署竞业禁止和保密协议。

⑦已完成相关的尽职调查。在签订正式协议之前,投资方与融资方先签订框架协议,约定投资方要进行尽职调查。融资方承诺允许并且全力配合投资方(或其代表)查阅融资方的文件、记录等相关资料,并接触融资方有关人员,以便于投资方资产对融资方及其经营状况等相关情况进行尽职调查。

(3)约定入股比例、价格及增资事项。比如,明确标的公司在协议签署日前注册资本及实收注册资本的数额;经标的公司股东大会或股东会决议,标的公司拟以增资扩股方式募集资金并明确数额;明确增资后标的公司估值数额;明确新股东作为标的公司增资扩股的投资者,向标的公司投资数额及认购的股份,占增资完成后标的公司股本总额的百分比;明确出资方式;明确计入注册资本的数额及计入资本公积的数额等。

(4)约定公司的法人治理结构调整。比如,明确标的公司应根据有关规范性法律文件的规定建立董事会、监事会,聘请高级管理人员,标的公司应保证所有董事同等的知情权;标的公司实际控制人承诺将督促管理层完善公司治理,重视合同管理。合同中还应保证投资方在董事会、监事会的席位。

对于增资方来说,则希望在股东大会特别决议事项上享有否决权,比如,对公司年度财务预算方案及其调整、利润分配方案和弥补亏损方案行使否决权,对增加或者减少注册资本行使否决权,对公司合并、分立、解散、清算或者变更公司形式行使否决权,对修改公司章程或股权激励计划行使否决权,对聘用、解聘会计师事务所行使否决权,对公司对外贷款超过标的公司最近一期总资产的一定比例行使否决权,这样可能会阻止增资一方利益受损。但对融资方来说,则希望投资方的干预越少越好。融资方希望在公司主营业务之外开展的其他业务不受监督,在交易金额一定范围之内的任何收购、出售、租赁或其他形式的资产或财产处置不受增资方控制,在年度财务预算之外的单独或累计金额超过一定数额的任何资金借入行为或任何资金借出行为不受增资方控制,任何对外担保事项和年度财务预算之外的关联交易事项不受控制,公司对外投资事项不受控制,公司重大法律事项的解决方案不受控制。实际上,融资方与增资方在公司治理结构上存在矛盾,至于治理结构如何,还要根据双方的实力、市场供及其他因素综合确定,届时可由律师可根据双方谈判的结果起草相应条款,或者由律师起草对委托人有利的条款进行谈判。

(5)声明、保证及承诺。原股东和新股东保证,新股东的投资款只能用于发展标的公司的主营业务,包括但不限于房地产开发、补充流动资金等,未经增资方书面同意,不得用于其他用途。

①标的公司及其原股东承诺,在本协议签署日,标的公司不存在尚未行权的认股权或具有相同效力的书面或口头约定。

②协议签署后,标的公司在实施股权激励计划时,或对尚未实施的激励计划进行行权时,由激励对象认购的标的公司的股份,或受让其他股东所持有的股份的价格,不得低于增资方本次增资的价格;标的公司现有股东对标的公司进行增资、通过增资和(或)股权转让引进新股东的价格,不得低于增资方本次增资的价格;标的公司以其他形式引进新股东或增加注册资本的,亦不得对标的公司的净利润构成不利影响,不得减损标的公司当期的净利润。

③标的公司原股东不以任何方式挪用、占有标的公司的资金或其他资产,未经股东大会同意不得与标的公司发生资金往来。

④标的公司应于每个月度结束后15日内向新股东提供该月度的财务报表;每个季度结束后20日内向新股东提供标的公司季度运行分析报告或标的公司季度经济运行简报;在上一会计年度结束后90日内向新股东提供该年度的合并、母公司财务简报,并在每一会计年度结束后3个月内向新股东提供由增资方认可的会计师事务所出具的审计报告、经审计的会计报表及其附注;在上一年度结束后2个月内,向新股东提交本会计年度的年度预算及公司运营计划。

⑤在标的公司股票公开发行并上市前,标的公司新增发行股份时,在同等条件下,增资方享有优先认购权。

⑥标的公司承诺,对交易情况已充分披露,标的公司在过去、现在、将来均依法经营。

⑦标的公司及实际控制人承诺,标的公司将于某年某月某日前,依法为全部依法应为其缴纳社会保险、住房公积金的员工足额缴纳社会保险及住房公积金,对历史上存在的未为全部员工足额缴纳社会保险或住房公积金的情形,若被有关主管机关要求或人民法院、仲裁机构裁决需要补缴的,补缴费用由实际控制人承担,标的公司及增资方对此不承担任何不利的责任。

⑧未经增资方书面同意,标的公司及实际控制人在市场监督登记变更期间不得进行以下行为:A.向任何第三方转让标的公司及其附属公司的经营性资产;B.以标的公司及其附属公司的名义对外提供担保;C.宣告或进行利润分配;D.对税项或会计政策作出重大变更,但是基于会计准则或适用法律变更要求的例外;E.主动申请破产或解散公司;F.作出或签订违反本协议约定或与本协议约定不一致的行为或协议。

⑨标的公司及实际控制人承诺,标的公司的股东不存在代持、委托持股或信托持股的情形。

⑩增资方承诺,已经为增资准备了足够的资金或作了充分的资金安排,在本协议所述先决条件得到满足的前提下,增资方将按照本协议的约定及时出资;增资方拟用于本次增资的资金,为增资方合法拥有的资金。

⑪增资方应积极协助标的公司的上市工作,对公司上市所需的各项相关事务及上市服务中介机构的合理要求予以积极配合;增资方努力协助标的公司开拓市场,引进人才,改善管理。

(6)业绩承诺。一般增资人会要求标的公司或公司的实际控制人承诺经营年度的税后净利润,且净利润数据应获得增资人认可并以标的公司股东大会决议聘请的会计师事务所的审计结果为准。如果标的公司在经营年度未能实现业绩承诺的目标,则标的公司实际控制人应给予增资方现金补偿,并约定增资人现金补偿的金额的计算公式,比如,补偿额按照(某年承诺净利润-某年实际净利润)÷某年承诺净利润×增资人本次投资总额来计算。此公式可根据双方的谈判灵活改变,比如,业绩若未达到承诺的净利润值但未低于承诺的净利润值的一定百分比,则增资方可放弃向标的公司实际控制人追索补偿的权利。

(7)利润分配。利润分配可根据谈判情况确定,比如,可约定标的公司的资本公积金、盈余公积金和未分配利润(包括累积未分配利润)由增资完成后的所有在册股东按各自的股份比例共同享有,在协议签署日之后至本次增资的市场监督登记变更手续完成前,标的公司不得以任何方式进行以前年度的利润分配。标的公司每年以不低于可分配利润的20%用于现金分红。

(8)回购条款。回购条款的核心内容是回购请求权的条件和回购的期限及价格,具体包括以下内容。

①回购请求权的条件。回购请求权的条件由双方根据具体情况商定,比如,约定标的公司在一定年限内未能实现公开发行股票并上市;标的公司实际控制人持有的股份降至约定的比例以下;标的公司的高级管理人员或核心技术人员发生变动超过一定比例;标的公司的主营业务发生重大变化;标的公司与关联方进行有损于增资方或标的公司的交易或担保行为;标的公司被托管或进入破产程序;标的公司出现大量的增资方不知情的账外现金收入;标的公司出现重大诉讼或仲裁;因标的公司存在重大违法行为而受到重大行政处罚;标的公司及实际控制人严重违反协议中的有关约定;增资完成后标的公司连续2年经营活动净现金流为负;增资完成后标的公司任一年度的净利润低于约定的数额等,当上述任一条件满足或任一情况出现时,增资方均有权要求标的公司实际控制人回购其持有的全部或部分标的公司的股份。

②回购期限及价格。在回购条件成立后,增资人有权向标的公司实际的控制人发出要求回购的书面通知,标的公司实际控制人应在收到增资人发出的书面通知之日起一定期限内完成购买增资方所持标的公司股权的所有事宜,并支付全部回购款项,包括但不限于办理市场监督登记变更等行政机关要求的所有手续。

回购价格可以约定为增资人投资总额加上每年一定百分比的年回报率(不计复利),但应扣除行使回购请求权前累计从标的公司获得的分红。若增资方从标的公司取得的分配利润高于约定的年收益率,则超出的部分增资方不再退回,也不得在回购价款中抵扣。

增资方可向标的公司实际控制人要求以其所持有的标的公司的全部股份,对需向增资方支付的股份回购款提供股份质押担保。

至于回购条件,各方可以在法律的框架内自由约定,比如,约定在标的公司改制为股份有限公司后,投资方同意免除公司实际控制人的收购义务,转由标的公司承担股份回购义务,但公司实际控制人为公司的回购义务承担连带保证责任。

(9)反摊薄条款。反摊薄条款可这样约定:在增资方对标的公司的本次增资完成后,若标的公司再次增资,则再次增资价格不得低于增资方的本次增资价格。投资方有权在同等条件下,按照其当时的持股比例优先认购增资。未经增资方书面同意,标的公司实际控制人不得出售所持有的标的公司的股份。若增资方同意标的公司实际控制人转让标的公司的股份,则增资方有权以相同价格向受让方出让全部或部分股份,标的公司实际控制人必须优先保证受让方收购增资方拟出售的股份。

(10)或有负债的承诺。或有负债包括的内容很多,比如,对于交割日前标的公司此前未披露的标的公司的负债,或者未全额为员工缴纳社会保险、税务机关的税款及罚款等问题,标的公司实际控制人承诺,如若需要补缴相应款项,或因此而受到有关政府主管部门的处罚,则由标的公司实际控制人承担相应全部费用及法律后果,且不就此事项要求标的公司和增资方承担任何费用。如果实际需由标的公司先支付相关费用,标的公司实际控制人应在标的公司支付后,按相同额度以现金支付给标的公司。

(11)关联关系与关联交易。标的公司的实际控制人承诺,标的公司向增资方提供的法律尽调报告已全面、真实、准确地披露了关联方及关系,如有未披露的关联方,则视为标的公司实际控制人存在违约行为并应承担违约责任,向增资方支付投资金额的一定比例的违约金。

(12)知情权。标的公司应确保增资方及时获得标的公司的相关资料,包括但不限于在每个月度、季度结束后一定合理期限内提供该月度的财务报表;季度运行分析报告或标的公司季度经济运行简报;年度结束后合理期限内提供该会计年度的合并;母公司财务报表以及自每一会计年度结束后3个月内经会计师事务所出具的审计报告;经审计的会计报表及其附注。

(13)保密条款。保密条款应约定,未经本协议各方事先的书面同意,任何一方及其雇员、顾问、中介机构或代理、其他参与或知晓增资的相关人员应对本协议的内容及其已获得但尚未公布或以其他形式公开的,与增资相关的所有资料和文件(无论是财务、技术或其他方面的资料和文件)予以保密,也不得以任何方式向第三方[不包括本协议各方聘请的专业顾问和中介机构和(或)各方的母公司、关联公司及增资方]和公众透露任何与增资有关的信息。

(14)税款与费用。履行本协议义务所需缴纳的税款由各纳税主体承担。约定聘请中介机构的费用由其中一方承担。

(15)排他性要求。如果签订框架协议,应在框架协议中约定,自框架协议签署之日起至最终协议签订之日,标的公司及实际控制人不会直接或间接诱使、启动、考虑、鼓励、促使或参与任何除投资人之外的个人或机构向其提出任何与融资方股权认购、并购或转让有关的提议、询价或报价;不会向任何第三方提供有关融资方股权认购、并购或转让的任何信息;不会就融资方股权认购、并购或转让事宜与任何第三方进行磋商、谈判或作出安排;不会以其他任何方式与任何第三方就融资方股权的认购、并购或转让进行交易。

二、签订设立基金管理有限公司发起人协议的要点

(1)明确公司设立的形式、名称、注册地址、法定代表人、经营范围、经营期限。

(2)约定注册资本及出资比例、出资额。出资的风险在于出资不到位,因此,出资人应该约定,出资人应在共同确定的出资日前缴足全部出资。逾期未缴纳或未缴足的,以一定比例按未缴纳部分处以迟延罚金;逾期超过一定期限未缴纳或未足额缴纳出资的,经其他出资人决议,该出资人的出资人资格丧失,并由其他出资人选定的人士替代。因逾期未缴纳或未足额缴纳出资而给其他出资人造成经济损失的,该出资人承担赔偿损失义务。

(3)利润分配和亏损分担的比例。出资人缴付出资,公司成立后,获得公司的股权;股东按照其各自的出资(股权)比例分享利润、分担风险和损失。

(4)股东股权转让。股东转让股权应遵守以下规定:自公司成立之日起一定年限内,任何股东均不得转让公司股权,但不改变实质控制人的股东与其关联方之间的转让除外。

(5) 约定股东会的权限、股东会会议制度、股东会议事规则、董事会权限、董事长、董事提名、董事任期、董事会会议、董事会法定人数、监事、经营管理机构(应包括总经理及职责、投资决策委员会及其任命、议事规则)。

(6) 约定公司的利润分配。

(7) 约定公司的会计及会计准则。

(8) 约定公司的劳动合同管理。

(9) 约定公司的解散和清算事宜。

(10) 筹备组组成。一般股东各自委派代表组成公司筹备组。筹备组的职责是,全体股东一致同意授权公司筹备组作为公司的筹备机构,负责设立公司的各项具体筹备工作,其职责于公司正式设立之日终止。筹备组的职责包括但不限于与有关政府机构、股东等进行联系沟通;公司设立过程中的组织协调和综合管理工作;聘请有关中介机构;申请设立文件和材料的起草与报批;相关政策的争取和协调等。各股东按出资比例承担总额不超过约定数额的筹备费用;公司成立前以借款预支的方式由股东承担,公司成立后经会计师审计列入公司开办费。

(11) 股东承诺。股东承诺保证投入公司的资金,为其所拥有的合法财产;在公司设立过程中,由于股东的过错致使公司利益受到损害的,应对公司承担赔偿责任;公司不能成立时,按出资比例承担已发生筹备费用。任何股东发生违反承诺事项,其他股东有权共同决议该股东丧失入股资格,由其他股东共同继续完成公司设立工作。

例如,公司成立后将作为普通合伙人发起设立××房地产投资基金,股东承诺将作为股东向××基金管理有限公司出资,其各自出资承诺函作为本协议附件附后。

示例:

出资承诺函

本公司同意出资设立××基金管理有限公司,并根据《中华人民共和国公司法》规定确认/承诺如下:

1. 同意出资人民币【   】万元,作为××基金管理有限公司的股东出资。

2. 同意在本公司收到缴款通知后3日内将人民币现金【   】万元,一次性汇××基金管理有限公司的银行账户。

特此承诺!

公司名称(盖章):

三、签订房地产投资基金(有限合伙)委托投资管理协议的要点

在房地产投资基金委托投资管理协议中,一般受托人是普通合伙人,委托人是有限合伙人,有限合伙人委托普通合伙人进行房地产投资基金的运作与管理。

(一) 普通合伙人具体应当完成的受托事项

(1) 投资业务。包括选择合适的投资项目进入项目池;对进入项目池的投资项目进行尽职调查;投资项目的评审决策;确立投资方案;制订投资的退出方案;确定投资退出方案的实施等。

(2) 风险控制。包括检查项目立项、确保被投资项目用地权利及抵押实现权利;与投资有关

的重大风险揭示与控制;审查投资相关法律文件;检查投资决议的执行情况等。

(3)资金财务管理。包括银行账户管理,日常账务处理,成本费用核算及定期的财务报表编制,编制费用预算及投资支出预算,按规范要求对投资资金进行拨备、使用和收回,并按规范的资金账户管理制度进行管理,对甲方的各类资产定期进行统计、核实和分析,并提出合理的建议等。

(4)日常维护管理。包括市场监督年检,甲方报税,文件档案管理,法律事务处理,甲方财务会计年审,各种优惠政策申请,办理甲方变更、报批等手续,按要求向政府有关机构或行业管理机构报送统计资料,投资项目到行业管理机构备案,聘请第三方专业机构向甲方提供财务顾问和投资咨询服务等。

(5)档案管理。包括负责投资项目的档案管理,保证投资项目的档案资料的完整。

(二)委托投资金额及期限

协议应明确委托投资管理的资金总额,并存放于受托人指定的账户内,按照约定的流程或要求进行支付。投资期限应明确投资款到位的时间及投资完毕的时间。

(三)投资范围及投资区域

投资范围为房地产金融业务及其延伸行业等。投资区域可根据城市类型、房地产项目类型进行划分。

(四)投资及管理方式

委托资金应以股权及债权形式或其他委托人认可的其他形式投入被投资项目(企业)。受托人视委托投资金额占投资项目(企业)的股权比例向被投资企业派遣董事、监事或其他管理人员,具体人选由受托人决定。

(五)受托人投资的决策机构

受托人设立决策委员会,对受委托管理的投资项目有最终决策权。决策委员会委员由受托人董事会聘任或解聘。决策委员会由三名委员组成,决策采取一人一票制。决策委员会委员任期与委托年限一致。投资决策委员会的投资决策实行全票通过制,任何项目投资必须经过投资决策委员会三名成员一致通过方为有效。决策委员会对所议事项作出的决定应具备会议记录,出席会议的委员应当在会议记录上签名。决策委员会设主任委员一名,负责召集决策委员会会议。

(六)投资程序

(1)收集房地产投资项目的信息和资料,发现、挖掘投资机会。
(2)召开初审会对拟投资项目进行初审立项。
(3)进行尽职调查。包括实地调查、数据收集、数据分析、财务核算、调研报告,若有需要,可聘请专业第三方机构提供评估、法律和财务服务。
(4)设计投资结构,将投资结构、投资尽调报告和法律文件提交投资决策委员会进行评审。
(5)跟踪管理已投项目,确保妥善退出。
(6)实施投资项目退出,收回本金和收益。

(7)投资结束。

(七)变现及分配

变现是指将房地产项目零售、整售或转让,项目公司出售或转让,以及通过法律法规允许的其他方式实现资金的回收。投资项目的变现必须由受托人依据最佳商业价值原则制订方案计划并组织实施。

委托人的投资收益指从项目投资取得的收入,包括但不限于利息、股息、红利、项目转让所得、股权转让所得、股票出售所得。受托人应将每一个项目变现的资金向委托的合伙人派发。委托人的投资收益扣除费用及法定税费及提取以后的可分配利润即为投资净收益,投资年度净收益率可用公式约定。当投资年度净收益率低于约定的百分比,投资净收益按照认缴出资比例分配给普通合伙人和有限合伙人,受托人无业绩奖励。如年度投资净收益率等于或高于约定的百分比,该部分投资净收益按一定比例,根据认缴出资比例分配给普通合伙人和有限合伙人,该部分投资净收益的剩余部分分配给受托人作为业绩奖励。受托人取得的其他非因项目投资而产生的收入,不进行分配,该收入及其收益均可按照本协议约定继续进行项目投资。

(八)受托人的承诺与保证

(1)受托人对受托管理的项目中的资金使用情况,以及被投资项目的发展情况进行全面了解和有效监督;受托人承诺不将委托人的委托资金用于协议规定的投资范围之外,并监督和防止该项目(公司)将受托人投资用于与受托人投资目的无关用途。

(2)受托人应在其高级管理人员发生职位变动、公司的股东和股权变动、公司章程修改、业务管理变动、各种突发性事件等重大事件发生后的3个工作日内,书面通知委托人。

(3)在受托人负责管理的被投资项目及其高级管理人员卷入对公司(项目)商业活动有不利影响的诉讼程序、仲裁程序,被执法机关执行查封、扣押或类似程序发生后,在受托人知悉或者理应知悉之日起的3个工作日内,书面通知委托人并详细列明对投资可能产生的影响,以及已采取或计划采取的补救措施。

(4)受托人保证向委托人提供的一切申报材料和文件具有真实性、合法性、规范性、完整性和及时性。

(九)基本管理费

管理费率一般定为年率2%,由委托人向受托人支付。

(十)协议终止

协议终止的条件各方可依据《民法典》《公司法》的规定约定。另外,也可进行特殊约定,比如,约定委托人依据《有限合伙协议》更换或除名执行事务合伙人,自委托方合伙人决议达成之日起委托协议自动终止。另外,可约定协议终止后受托人已收取的管理费的退还问题。

四、签订房地产投资基金有限合伙协议的要点

(一)合伙的目的

合伙企业应把握合适的市场机会,向具有投资前景的房地产项目进行投资,以期所投资的房

地产项目通过销售、转让等方式实现投资退出,获得投资增值收益。合伙企业不得从事下列行为:

(1)以任何方式公开募集和发行基金;

(2)吸收或变相吸收存款,发放贷款;

(3)法律法规禁止从事的其他业务。

(二)合伙企业的经营范围和期限

合伙企业的经营范围包括基金募集、基金管理等活动(经营范围最终以市场监督核准为准)。合伙企业自营业执照签发之日起成立,经营期限一般为4年,因为房地产的投资周期一般为4年。合伙企业成立后,自认缴资金到账日起前3年为投资期。在投资期结束的前1个月内,合伙企业应召开合伙人会议,经普通股合伙人及出席合伙人会议的有限合伙人拥有的超过1/2的表决权通过,合伙企业可进入延长期。合伙企业延长期最长不超过1年。

(三)合伙人的出资期限及不能按期出资的约定

(1)各合伙人应于其签署协议后一定时限内,将其全部认缴资金足额支付至普通合伙人指定的银行账户。

(2)普通合伙人有权决定是否终止募集行为。如果普通合伙人决定终止募集行为的,其应将有限合伙人已支付至指定监管账户的认缴资金及相应的同期银行活期存款利息全额返还给有限合伙人。除前述返还义务外,普通合伙人对合伙企业未募足认缴资金不承担责任或义务。

(3)若合伙企业成立,合伙人的认缴资金在募集期(即认缴资金汇入银行监管账户之日至合伙企业正式成立之日)产生的利息,不计入合伙人的认缴资金。

(4)合伙人不能按期出资的特别约定。

①除普通合伙人全部或部分豁免外,如果任何有限合伙人未按协议规定按时缴付全部认缴资金,则该有限合伙人应自付款截止日之次日起,就逾期缴付的金额按照每日1‰的比例向合伙企业支付逾期出资利息,直至其将应缴金额缴齐。如该有限合伙人逾期10日仍未缴清全部认缴资金及逾期利息,则普通合伙人有权(但非必须)强制该有限合伙人退伙。为避免产生歧义,有限合伙人被强制退伙并不免除其应缴纳已产生的逾期出资利息的义务和责任。在有限合伙人被强制退伙的情形下,该有限合伙人应向合伙企业支付违约金。合伙企业有权扣留其已经支付的出资中相应的款项作为逾期利息和违约金,如果有剩余部分应退还给该有限合伙人。在有限合伙人被强制退伙的情形下,普通合伙人有权将该违约合伙人的认缴出资额额度在其他守约合伙人之间按其当时的实缴出资额比例分配,或引入新的有限合伙人,或相应减少合伙企业的总认缴出资额。

②如果普通合伙人未按协议规定按时缴付全部认缴资金,可参照有限合伙人违约责任执行。

③如果因合伙人未按期缴付出资给合伙企业造成损失,违约合伙人支付的逾期利息、违约金不足以弥补合伙企业全部损失的,违约合伙人还应对前述未弥补损失负全部赔偿责任,该等损失包括但不限于合伙企业因未能按期履行投资义务、支付费用或偿还债务而对第三方承担赔偿责任所受到的损失,以及合伙企业向违约合伙人追索赔偿金等所发生的诉讼等司法程序费用及合理的律师费用等。

(四)合伙人的权利与义务

1. 普通合伙人的权利

(1)主持合伙企业的经营管理工作,执行合伙企业的合伙事务,包括不限于以下各项。①制定合伙企业的基本管理制度和具体规章制度。②管理、维持和处分合伙企业的资产,包括不限于投资性资产、非投资性资产、知识产权等。③开立、维持和撤销合伙企业的银行账户,开具支票和其他付款凭证。④决定承办合伙企业审计业务的会计师事务所或聘用专业人士、中介及评估机构对合伙企业提供服务。⑤根据法律规定处理合伙企业的涉税事项。⑥为合伙企业的利益决定提起诉讼或应诉,进行仲裁,妥协、和解等,以解决合伙企业与第三方的争议。⑦代表合伙企业对外签署文件。⑧聘任或解聘合伙企业的业务人员。⑨采取为实现合伙目的、维护或争取合伙企业合法权益所必需的其他行动。

(2)依法召集、主持、参加或委派代理人参加合伙人会议,并行使相应的表决权。

(3)订立和修改合伙企业经营所需签订的相关协议。

(4)参与决定有限合伙人入伙、退伙。

(5)单方决定改变合伙企业的名称。

(6)单方决定改变合伙企业的主要经营场所的地点。

(7)对合伙协议进行不减损有限合伙人利益的修改。

(8)在投资期结束的前1个月,通过合伙人会议表决方式决定合伙企业在投资期结束后,是否进入延长期。

(9)变更其委派至合伙企业的代表。

(10)按照本协议的约定,获得执行合伙事务的报酬,并享有合伙利益的分配权。

(11)合伙企业清算时,按其出资额参与合伙企业剩余财产的分配。

(12)法律、行政法规及协议规定的其他权利。

2. 普通合伙人的义务

(1)按照协议的约定按期缴付出资款。

(2)按照合伙协议的约定维护合伙企业财产。

(3)每季度向有限合伙人报告合伙事务的执行情况及合伙企业的经营和财务状况。

(4)除经合伙人会议同意外,不得与合伙企业进行交易。

(5)对合伙企业的债务承担无限连带责任。

(6)对合伙企业中的合伙事务和投资组合等相关事务予以保密。

(7)法律、行政法规及协议规定的其他义务。

3. 有限合伙人的权利

(1)参与决定普通合伙人入伙、退伙。

(2)对执行事务合伙人执行合伙事务情况进行监督。

(3)对合伙企业的经营管理提出建议。

(4)有权了解合伙企业的经营状况和财务状况,查阅合伙企业会计账簿等财务资料。

(5)有权参与选择承办合伙企业审计业务的会计师事务所。

(6)获取经审计的合伙企业财务会计报告。

(7)除协议另有约定外,针对涉及自身利益的情况,查阅合伙企业财务会计账簿等财务资料。

(8)依协议约定提请召开、参加或委派代理人参加合伙人会议,并行使相应的表决权。

(9)依照法律、行政法规及本协议的约定转让其在合伙企业中的财产份额。

(10)有权与合伙企业进行交易。

(11)在合伙企业中的利益受到侵害时,有权向应承担责任的合伙人主张权利或提起诉讼。

(12)在执行事务合伙人怠于行使权利时,有权为了合伙企业的利益以自己的名义提起诉讼。

(13)按照协议的约定,享有合伙企业收益的分配权。

(14)在投资期结束的前1个月,通过合伙人会议表决方式决定合伙企业在投资期结束后,是否进入延长期。

(15)合伙企业解散清算时,按其认缴出资额参与合伙企业剩余财产的分配。

(16)法律、行政法规及协议规定的其他权利。

4. 有限合伙人的义务

(1)按照协议的约定足额按时缴付认缴资金。

(2)按照协议的约定维护合伙企业财产。

(3)不得从事可能损害合伙企业利益的投资活动。

(4)对合伙企业的债务以其出资额为限承担有限责任。

(5)对合伙企业中的合伙事务和投资组合等相关事宜予以保密。

(6)法律、行政法规及协议规定的其他义务。

(五)有限合伙人的陈述及保证

此条款可从有限合伙人履行主体的合法性、履行能力、资金来源、风险知悉、信息充分披露、违反保证接受违约责任的承诺等内容约定。

(六)关于执行事务合伙人的约定

合伙企业的普通合伙人为合伙企业执行事务合伙人,对外代表合伙企业。对执行事务合伙人应约定如下:由至少2名具备5年以上房地产及相关行业投资及其相关业务经验的高级管理人员承担投资管理职责。

(七)合伙企业的组织机构及决策机制

合伙人会议是合伙企业的议事机构,依照合伙协议的规定行使职权。合伙企业合伙人会议由全体合伙人组成。此条款应约定合伙人会议的机构、决策机制和议事规则。

(八)合伙事务的执行内容

执行内容主要包括投资业务、风险控制、资金财务管理、日常维护管理和档案管理。

(九)投资业务的规定

明确投资业务流程;投资决策机制;投资实施(包括投资合同签订、资金拨付手续及相关法律手续变更等);投资后管理(包括在投资期限内设置施工进展或销售业绩等指标的阶段性目标,要求融资方按期完成,以便及时发现项目运行中的潜在问题);投资退出(包括退出方案、退出方式是房地产项目零售、整售或转让,项目公司出售或转让以及法律法规允许的其他方式)等内容。

另外,临时投资也应约定,为了实现合伙企业的利益最大化,执行事务合伙人可以将合伙企业持有的、尚未用作投资项目的、尚未分配的或尚未用于支付合伙企业费用的现金用于临时投资。临时投资限于银行存款、债券、货币型基金、央行票据、短期债券类投资等同风险的固定收益率类项目。

(十)资金账户的管理

合伙企业以自己的名义在银行开立账户,合伙企业的资金存放于该账户。合伙企业银行账户的管理由执行事务合伙人与托管银行另行签署托管协议。银行账户进行封闭管理,即从合伙企业账户支付的投资款项,在投资退出时,回收资金必须回到合伙企业账户。从托管账户对外支付投资款项必须同时满足两个条件:执行事务合伙人同意投资的决议,以及已签署了相关合同、协议等法律文件。

(十一)执行合伙事务的报酬

全体合伙人应当向执行事务合伙人支付执行合伙事务的报酬,该报酬指合伙企业向执行事务合伙人支付的固定的基本管理。基本管理费包括但不限于成本费用开支、人员工资、房租、差旅费,以及其他费用。一般基本管理费率为每年2%,合伙人可以约定基本管理费的计算方式。

(十二)合伙企业的费用、收益分配及亏损分担方式

合伙企业的费用包括但不限于管理费、银行托管费、与合伙企业有关的审计费、律师费、公司宣传费用、交易费用、诉讼费用(仲裁费用)、市场监督管理部门登记注册费用、税费、合伙人会议费用、年检等其他政府收费、合伙企业自身的费用开支。

合伙企业的投资收益指合伙企业从项目投资取得的收入,包括但不限于利息、股息、红利、项目转让所得、股权转让所得、股票出售所得等。合伙企业的投资收益扣除合伙企业费用、法定税费、可分配利润,即为投资净收益,投资年度净收益率可以用公式表示。

投资收益分配。合伙企业原则上在投资后每年的第三个月的月末进行分红,但执行事务合伙人按实际情况可以决定是否提前或延后分红。合伙企业取得的其他非因项目投资而产生的收入,不进行分配,该收入及其收益均可按照协议约定继续进行项目投资。

(十三)合伙企业的亏损和债务承担

合伙企业的亏损和债务按如下方式分担。合伙企业的亏损,由合伙人按照实缴出资的比例共同分担。合伙企业的债务,有限合伙人以其认缴的出资额为限对合伙企业债务承担责任,普通合伙人对合伙企业的债务承担无限连带责任。除故意或重大过失行为,普通合伙人及其管理人员不应对因其作为或不作为所导致的合伙企业或任何有限合伙人的损失负责。普通合伙人不应被要求返还任何合伙人的出资资金,也不对有限合伙人的投资收益保底,合伙企业的所有投资回报均应源于合伙企业的可用资产。

除由普通合伙人的故意或重大过失行为引起的以外,普通合伙人、管理团队及普通合伙人聘请的顾问等人士为履行其对合伙企业的各项职责、处理合伙企业的各项事务而产生的责任或义务均及于合伙企业。如果普通合伙人及上述人士因履行职责或办理受托事项而遭受任何调查、追索、诉讼或其他法律程序,合伙企业应赔偿该等人士因此产生的所有损失。

除由普通合伙人的故意或重大过失行为引起的以外,普通合伙人可以向由其选择的顾问、律师、评估师、鉴定人、分析师、经纪人、工程人员、会计师及其他专业人员进行咨询,且对于该等人员在其各自专业领域所给出的意见,普通合伙人可以善意地依赖而无须对由此而发生的任何作为或不作为对合伙企业和有限合伙人承担责任。

(十四)出资的转让

(1)普通合伙人出资的转让。经合伙人会议同意,普通合伙人可以向第三方转让其在合伙企业中的出资。在同等条件下,其他合伙人有优先受让权。

(2)有限合伙人出资的转让。经普通合伙人同意,并且经出席合伙人会议的有限合伙人拥有的超过 2/3 的表决权通过,有限合伙人可以向第三方转让其在合伙企业中的出资。在同等条件下,其他合伙人有优先受让权。

合伙人以外的第三方经同意受让合伙企业出资的,经修改合伙协议即成为合伙企业的有限合伙人。

(十五)执行事务合伙人的更换和除名条件及程序

协议中可约定执行事务合伙人的更换或除名条件,比如,约定执行事务合伙人未履行出资义务;因执行事务合伙人故意或重大失误而给合伙企业造成重大损失的,可更换或除名。执行事务合伙人更换或除名可约定程序。

(十六)有限合伙人和普通合伙人的转换程序

普通合伙人同意,并且经出席合伙人会议的有限合伙人拥有的超过 2/3 的表决权通过,有限合伙人可以转变为普通合伙人。有限合伙人转变为普通合伙人的,对其作为有限合伙人期间有限合伙企业发生的债务承担无限连带责任。

普通合伙人同意,并且经出席合伙人会议的有限合伙人拥有的超过 2/3 的表决权通过,普通合伙人可以转变为有限合伙人。普通合伙人转变为有限合伙人的,对其作为普通合伙人期间合伙企业发生的债务承担无限连带责任。

合伙企业普通合伙人与有限合伙人相互变化时,如果合伙企业仅剩有限合伙人的,则合伙企业解散;合伙企业仅剩普通合伙人的,可以转为普通合伙企业。

(十七)入伙、退伙、除名与继承

(1)入伙。新合伙人入伙,须经普通合伙人同意,并且经出席合伙人会议的有限合伙人拥有的超过 2/3 的表决权通过,并依法订立书面入伙协议。订立入伙协议时,原合伙人应当向新合伙人如实告知原合伙企业的经营状况和财务状况。

入伙的新合伙人与原合伙人享有同等权利,承担同等责任。新普通合伙人对入伙前合伙企业的债务承担无限连带责任;新入伙的有限合伙人对入伙前合伙企业的债务,以其认缴的出资额为限承担责任。

(2)退伙。有下列情形之一的,合伙人可以退伙:①合伙协议约定的退伙事由出现;②经合伙人会议同意。普通合伙人退伙后,对基于其退伙前发生的合伙企业债务,承担无限连带责任;退伙时,合伙企业财产少于合伙企业债务的,该退伙人应当依照协议约定分担亏损。有限合伙人退伙后,对基于其退伙前发生的合伙企业债务,以其退伙时从合伙企业中取回的财产承担责任。

合伙人因上述情形退伙时,应当提前30日通知其他合伙人。合伙人违反规定退伙的,应当赔偿由此给合伙企业造成的损失。

普通合伙人有下列情形之一的,当然退伙:①依法被吊销营业执照、责令关闭、撤销,或者被宣告破产;②合伙人在合伙企业中的全部财产份额被人民法院强制执行。

有限合伙人有下列情形之一的,当然退伙:①作为合伙人的自然人死亡或者被依法宣告死亡;②个人丧失偿债能力;③作为合伙人的法人或者其他组织依法被吊销营业执照、责令关闭、撤销,或者被宣告破产;④合伙人在合伙企业中的全部财产份额被人民法院强制执行。

(3)除名。有限合伙人有下列情形之一的,可以决议将其除名:①未履行出资义务;②因故意或者重大过失给合伙企业造成损失;③执行合伙企业事务时有不正当行为;④合伙协议约定的其他事由。对合伙人的除名决议应当书面通知被除名人。被除名人接到除名通知之日,除名生效,被除名人退伙。被除名人对除名决议有异议的,可以自接到除名通知之日起30日内,向合伙企业注册地人民法院起诉。

(4)继承。作为有限合伙人的自然人死亡、被依法宣告死亡或者作为有限合伙人的法人及其他组织终止时,其继承人或者权利承受人可以依法取得该有限合伙人在有限合伙企业中的资格。有下列情形之一,合伙企业应当向有限合伙人的继承人退还被继承合伙人的财产份额:①继承人不愿意成为合伙人;②法律规定或者合伙协议约定合伙人必须具有相关资格,而该继承人未取得该资格;③合伙协议约定的不能成为合伙人的其他情形。

(十八)合伙企业的解散与清算

(1)解散。合伙企业有下列情形之一的,应当解散:①合伙企业经营期限届满,执行事务合伙人决定不再经营;②合伙协议约定的解散事由出现;③全体合伙人一致决定解散;④合伙人已不具备法定人数满30天;⑤合伙企业依法被吊销营业执照、责令关闭或者被撤销;⑥法律、行政法规规定的其他原因。

(2)清算。合伙企业应当按《合伙企业法》的相关规定进行清算。清算人由全体合伙人担任;经全体合伙人过半数同意,可以自合伙企业解散事由出现后15日内指定一个或数个合伙人,或者委托第三人,担任清算人。清算期间,合伙企业存续,但不得开展与清算无关的经营活动。合伙企业财产在支付清算费用和职工工资、社会保险费用、法定补偿金,以及缴纳所欠税款、清偿债务后的剩余财产,依照《合伙企业法》第三十三条第一款的规定进行分配。清算结束后,清算人应当编制清算报告,经全体合伙人签名、盖章后,在15日内向企业登记机关报送清算报告,申请办理合伙企业注销登记。

(十九)违约责任

违约责任可根据具体情况约定,但不得违反法律的强制性规定。

(二十)协议的解除

双方可视情况具体约定解除的条件及不能解除的情形。

五、签订股东协议的要点

签订股东协议之前应先签订合作协议,目的在于各方拟共同出资设立房地产开发有限公司,但股东协议应该就股东的行动、公司章程等达成一致。

(一) 股东行动

(1) 双方股东在公司股东大会上批准公司章程。

(2) 对于对方根据公司章程提名的董事候选人,投赞成票以使该等被提名的董事候选人获任为公司董事;对于对方根据公司章程提议免除其所提名之董事的,投赞成票以免除该董事的职务;对于提议免除其提名的董事一方推荐的新董事候选人,投赞成票以使新董事候选人获任为公司董事。

(3) 促使各自提名的董事在董事会会议上投赞成票,以使对方根据公司章程推荐的高级管理人员人选得以被任命;对于对方根据公司章程提议解聘其所推荐之高级管理人员的,促使各自提名的董事在董事会上投赞成票以解聘该高级管理人员的职务;对于提议解聘其推荐的高级管理人员的一方推荐的新高级管理人员人选,促使各自提名的董事在董事会上投赞成票,以使该新人选被聘任为公司高级管理人员。

(4) 撤换不按照协议约定执行股东决定的董事成员。

(5) 促使董事会撤换不按照协议规定采取行动的高级管理人员。

(二) 公司证照的管理

双方同意公司的营业执照、土地使用权证、公章、财务章、合同章等公司全部印章、执照和证书由双方推荐的人员共同管理。

(三) 僵局解决

双方合作成立公司的目的是保障公司按照公司章程的条款正常运营。如果股东之间在股东会上就董事的选举产生分歧,那么会导致董事会无法依据章程的约定组成;如果股东之间在董事会上产生分歧,那么会导致公司高级管理层无法获得任命;如果股东之间(包括股东层面、董事会层面或二者皆有)就公司运营中的事项无法按照章程约定获得通过,那么会使得对公司业务至关重要的事项无法解决;如果公司管理层未按照股东在协议中的约定聘用证照保管人,或未按照股东的指令聘用替换的证照保管人,公司董事会也未得以撤换拒绝执行股东此项约定的公司高级管理人员的,那么都会形成僵局。

僵局条款应约定,在出现僵局时,双方应首先通过友好协商予以解决。如在一定期限内无法协商解决,则双方可以协商对公司进行清算。如双方就是否清算公司无法达成一致,则可约定甲方或乙方依据协议约定退出公司,另一方按照协议约定收购甲方或乙方持有的公司股权。

(四) 约定一方持有公司股权转让的条件

当出现约定的条件时,投资方有权选择退出公司,融资方同意投资方通过公开程序转让其持有的股权,这些条件可约定如下。

(1) 公司未能依据合作协议的约定取得项目的土地使用权。

(2) 自公司成立之日(以营业执照日期为准)起满3年。

(3) 项目费用支出超过合作协议约定的预算总额的5%。

(4) 项目开发进程重要进度节点延误。

(5) 出现股东僵局,且双方未决定清算公司的。

对于投资方来说,要保护其权利,可约定投资方的股权转让系其单方选择权,投资方有权自主选择是否启动该程序。一旦投资方选择启动股权转让程序,融资方应根据协议履行其收购义务。

在投资方出售股权时,应以价高者得为原则。融资方在回购时,可以按照投资方对公司出资总额加上一定比率的年收益率或者按照投资方确定的评估价值回购。如果有除融资方股东之外的第三方出价高于融资方的报价,那么投资方有权将股权出售给出价更高的第三方。在此情况下,融资方承诺放弃对公司股权的优先购买权。

如果融资方须收购投资方持有的公司股权,那么融资方应在收到投资方的收购通知之日起一定时限内,向投资方支付股权转让价款,双方配合公司办理股东变更登记手续。

(五)违约责任

违约责任可根据具体情况约定。

(六)《股东协议》与《合作协议》的关系

《合作协议》一般约定的是整体的问题,而《股东协议》仅约定股东之间的权利和义务关系,因此双方有必要约定,《合作协议》没有约定或与《股东协议》约定不一致的,以《股东协议》约定内容为准。《合作协议》的条款在《股东协议》中未作修改或未作不同约定的,仍然有效。各方进一步确认,《股东协议》系为落实双方基于公司合作而签署的协议,双方就公司章程达成一致,以及公司的成立均不使《股东协议》的约定失效或终止,除非双方另行达成书面协议。

六、签订资金监管协议的要点

资金监管协议应至少有投资方、融资方和监管银行三方,但也有四方或四方以上的,包括贷款银行、基金方、信托公司等。签订资金监管协议的目的是保障募集资金或贷款用于合同指定用途、保障贷款收回或保障信托计划优先级信托资金的退出,以及保障银行的房地产开发贷款的安全收回。为保证借款资金的安全及融资人将信托贷款专项用于其项目的开发,融资人应在银行开立"借款资金使用账户",信托按借款合同的规定将借款资金划付至融资人开立的借款资金使用账户,并委托银行对融资人使用借款资金情况进行监管,融资人应当同意接受银行的监管。借款资金划入借款资金使用账户后,应专项用于信托合同约定的用途,否则信托资金不予发放。

(一)保证金账户的担保

对存在优先受益权的信托基金来说,保证金监管账户中的资金为优先级受益权转让价款、信托费用及相关款项的债权、开发贷款提供担保。未按时足额支付优先级受益权人或开发企业贷款转让价款及信托费用的,相关方有权要求监管银行对保证金监管账户的资金进行冻结,并划转应支付优先级受益权转让价款、信托费用及其他应付款项。在任何时候,代表信托计划全体优先级受益人为保证金监管账户中资金的第一顺位的担保权人,有权优先于房地产公司的任何债权人从保证金监管账户中的资金获得清偿。

在监管期限内,要求融资人以售房款为担保,房地产开发公司开始收取销售收入之日起,保证金监管账户余额在任一时点均不得低于其销售收入的一定百分比。自开始进行房地产预售之日起,投资方会对房屋销售进行各种形式的监督,融资方应协助了解销售进度、销售收入进入资金监管账户的情况。但对融资方来说,应约定每月或某个时间点可从资金监管账户中提取的资金比例,当资金监管账户中的资金总额达到一定数额或条件后,监管账户中的资金可不受限制提取。

(二) 监管银行的职责和义务

对于监管资金,各方要求监管银行在监管期间,应当按照约定,忠实、全面地履行义务,对监管账户中的款项进行监管,监管银行根据融资方和受托人共同指定的被授权人出具的划款指令书划拨监管账户项下的资金,以维护受托人和(或)融资方的利益。银行作为受托人不能根据任何一方的请求提取、划付(包括使用网上银行等方式)监管资金。支付时银行按照约定的支付条件支付(如预留银行印鉴相符),支付的金额不得大于监管账户余额,也不得大于项目工程款项划拨计划书或用款申请书中已明确约定的相应具体支付限额。

监管银行执行划款指令的责任。监管银行因故意或过失导致未正确执行融资方的划款指令或未按协议的约定对划款指令进行表面一致性审查,而使监管财产的利益受到损害的,监管银行应承担赔偿责任。监管银行不得在划款指令确定的授权范围外从事相关资金划转活动。如果监管银行超越授权划款指令确定的范围对保管资金进行了处分,由此造成的损失由监管银行承担,由此产生的收益归入监管财产。

(三) 监管期限

监管期限从监管账户开立之日起,直至债权全部偿还之日止。监管期限届满后,受托人应当及时通知监管银行终止监管。终止监管后,监管银行应当根据受托人的指示,及时将监管账户中的余额,以及终止监管后进入监管账户的资金转入受托人指定的账户。

(四) 监管费用

监管费用应在监管协议中约定由谁支付及支付的标准、条件等。

七、签订长期信托贷款合同的要点

(1) 一般的信托贷款合同都约定信托贷款仅限于借款人用于日常经营资金周转及非法律法规禁止或限制的项目投资,不得挪作他用。而且只有满足信托公司的条件,信托公司才会发放贷款。这些条件包括融资方已办理完毕信托贷款有关的批准、登记、交付及其他手续,保证担保已设立并生效,融资方没有发生合同所约定的任一违约事项,只有满足了上述条件或约定的其他条件,投资方才可能向融资方发放借款;而且信托公司都会要求借款人提供债权担保,债权担保的范围包括信托贷款本金、利息和可能发生的违约金、实现债权的费用等,这些要求贷款人会在与借款人、担保方的《保证合同》中约定,保证人为借款人履行合同项下的义务提供无限连带责任保证。

(2) 关于违约责任的约定。长期信托贷款合同贷款人对借款人的违约责任承担都比较严格,一般包括如下内容。

① 借款人未能按时偿还或支付合同项下的全部或部分到期应付本金、利息及相关费用的,或者借款人不履行或违反陈述与保证或所作的陈述与保证不真实、不准确或不完整的,或者借款人的投资者抽逃资金、转移资产的,视为借款人违约。有些由贷款方起草的合同,只约定了贷款人的违约责任,但未约定贷款人的责任。从公平的角度考虑,也应该约定贷款人的责任,比如,贷款人未按约定向借款人提供信托贷款的,构成违约。

② 违约处理。融资方违约的,贷款人可停止发放信托贷款,宣布信托贷款立即到期,要求乙

方立即偿还本合同项下所有到期及未到期债务的本金、利息、费用。有些信托合同还要求加收罚息、加收复利等，承担比较重的违约责任，并要求借款人另行提供经贷款人认可的其他担保。贷款人有违约行为的，也应承担借款人在银行业金融机构取得替代贷款的实际损失。

(3)合同的转让。在合同履行期间，未经贷款人书面同意，借款人不得将其在合同项下的任何权利、义务转让给第三人。贷款人有权将其在合同项下的部分或全部债权转让给第三人，债权转让后借款人在合同项下的权利和义务不受任何影响，并在合同规定的范围内继续承担债务责任。借款人有义务配合完成债权及其担保权利的转让事宜。

(4)交易权限。合同成立时，借款人有义务根据贷款人的要求将标的股权转托管至贷款人指定的证券公司，贷款人与证券公司另行签署《证券交易服务协议》。办理标的股权转托管时，借款人在证券公司开户时获得的交易密码如果交由贷款人保管，但贷款人在借款人履行完毕合同项下的义务后将交易密码返还借款人。贷款人保证遵守股票交易的法律法规。贷款人应承诺仅在双方约定的情形发生的情况下，对质押股票实施卖出交易，否则交易无效。

八、签订股权质押合同的要点

签订股权质押合同的前提是投资方与融资方签订信托贷款合同，为保证贷款方的利益，融资方以其持有的股份公司限售流通股为信托贷款合同所产生的债权提供质押担保。质押担保法律关系成立后，当担保的主债权不能得到及时清偿，贷款人有权依照法律的规定和合同的约定对质押物折价或者拍卖、变卖质押物的价款享有优先受偿的权利。

(一)质押合同对出质人的要求

在合同有效期内，未经贷款人书面同意，出质人将合同下的质押物转让给第三人的，其转让行为无效，或者将合同项下的质押物再设立任何形式质押的，其质押行为无效，贷款方仍可对质押物行使权利。

(二)质押担保的范围

主债权及利息（含复利和罚息），贷款服务费以及信托合同项下发生的违约金，损害赔偿金，实现主债权、质押权的费用（包括但不限于律师费、差旅费、公告费、评估费）。

质押物如遇增发、送股、配股等情况，则质押物的数量相应变动，增发或配送的股票将自动转为合同项下的质押物。如任一交易日质押物的市值低于补仓线，借款人应主动选择追加保证金或质押其他股票作为主债权的质押担保。委托存续期间，若质押财产发生送股、公积金转增、配股、拆分股权等情况造成股份数量、补仓线、平仓线发生变化，则借款方同意贷款方直接对补仓线、平仓线的金额作相应调整，如质押股份停牌时间较长，贷款方有权宣布主债权提前到期并选择全部或部分直接行使质押物处置权的权利。

(三)质押物的处分

出现下列情况之一的，质押权人有权行使质押权。
(1)借款方在合同有效期内可能被宣布解散、破产。
(2)借款合同约定的履行还款义务的期限已到，借款人未依约履行借款合同项下支付信托贷款本息的义务。
(3)借款人与第三人发生诉讼，法院判决借款人败诉，导致借款人无力向质押权人支付信托贷款本息。

（4）出现合同及双方签署的其他合同所约定之情况，但借款人未能按质押权人要求重新设定或追加保证金，或质押权人要求主债权提前到期借款人未能及时清偿的。

贷款方在行使质押权时，有权采取向法院申请强制执行、对质押物进行拍卖或以其他形式取得价款优先受偿、将质押物通过二级市场出售变现以偿还质押担保范围内的债务方式行使处分权，并从处分后的价款中优先受偿。

贷款方负有保管质押物所有权或使用权凭证、有效证明文件的义务，不得丢失、破损。在合同担保范围内的所有应付款项按期清偿后，贷款方应协助借款方到质押登记部门注销质押登记，退还质押物所有权或使用权凭证、有效证明文件等。

（四）违约责任的约定

若贷款方违约下达指令在二级市场抛售质押物造成借款方损失，则借款方有权要求贷款方承担回购抛售部分股权的差额款项（差额款项可从信托贷款本息中抵扣）。

（五）关于签订证券交易服务协议

为履行质押协议，需签订证券交易服务协议，出质方和质押方同意将出质方开立资金账户托管于证券交易机构的交易席位上，出质方应对交易机构进行交易授权。只有在发生贷款合同与质押协议约定质押方有权处置标的股权用以实现其权利的情况下，质押方才可使用出质方提供给质押方的交易密码和资金密码，进行标的股权的交易和资金处置，出质方证券账户中超过标的股权的股份，质押方不得卖出。

出质方的禁止行为，包括未经质押方书面同意，不得办理销户、撤销指定交易或转托管，不得擅自撤销、变更交易授权，不得擅自清空交易密码或资金密码或银行取款密码，不得擅自更改、撤销存管银行账户，不得擅自撤销和变更乙方资金账户、存管银行账户及上述账户的相关共管预留印鉴（如有），不得擅自从乙方资金账户、存管银行账户划出资金，不得擅自进行标的股份及乙方补充的股份的证券交易。

（六）对证券公司费用的约定

证券公司除证券交易佣金和代收的规费以外，不收取其他额外服务费用。

第五节　中小型房地产企业融资的方案

有房地产业内人士形容房地产融资市场为"小公司搞私募，大公司搞基金"。在房地产金融市场中，只有少数大型房地产企业才能通过公司上市和发行企业债券融资，而数量占绝大多数的中小型房地产企业不可能通过上市或发行公司债券来获得资金。在宏观调控政策下，银行贷款依然持续收紧，中小型房地产企业必须采用多元化的融资方式。中小型房地产企业最现实的融资方案是既考虑传统的银行贷款融资模式，也考虑通过股权融资的方式吸引私募投资，或者寻求民间融资，或者向信托公司融资，或者寻找合作伙伴合作开发既有项目。房地产开发对资金的需求巨大，如果不解决目前融资渠道的多元化问题，那么将会极大地制约房地产行业的发展。现阶段采取何种融资策略或组合方案,才能为房地产企业规避风险,是房地产企业应优先考虑的问题。总体看来,开发企业自有资金是匮乏的,主要问题在于资金供需缺少顺畅的通道,这里有法律的问题、政策的限制,还有投资行业不发达等原因。针对目前房地产融资市场的现状,设计房地产企业融资的方案必不可少,下面笔者结合工作中的一些粗浅经验介绍中小型房地产企业融资的方案。

一、设计房地产融资组合方案应考虑的问题

影响房地产企业融资组合的因素很多,因此,在进行房地产企业的融资组合具体方案设计时,应考虑房地产开发阶段不同、规模不同,以及开发项目不同的融资组合的利弊。

(一)开发阶段不同项目的融资方案

在项目建设初期,由于项目建设尚未有明显的形象进度,各类建筑设计处于调整过程中,尚未具备项目价值评估的充分条件,因此,在这个阶段应以项目投资方的债务性融资为主;在项目建设的中、后期,建设资金的需求量较大,可采用增资扩股、引进基金等方式开展股权融资;在项目的经营期,如果项目具有稳定的经营收益回报,可将持有的项目份额在房地产信托投资基金市场上市融资套现或者协同引入的战略投资者,将整个项目公司资产在证券市场整体上市。另外,还可以根据不同的开发环节测算并设计不同的融资期限,以降低融资成本。

(二)规模不同的房地产企业融资方案

大型房地产企业可采用债券、上市等融资方式,中小型房地产企业可采用股权融资等方式。一般情形下,中小型房地产企业在股权融资时应始终享有融资公司的实际控制权。

(三)开发项目不同的融资方案

有的房地产项目不大,不需要太多的融资,盲目扩大融资只会加重企业的负担,因此,融资规模应与企业的项目大小和质量相适应。对于优质的项目,可采用房地产投资信托的方式进行融资。

二、融资组合的具体方案

(1)自有资金和银行贷款相结合。
(2)自有资金和房地产预售款相结合。
(3)自有资金和地方政府协助融资相结合。

案例： 某项目位于内蒙古自治区西部某市,该项目总占地面积约2000亩,其中出让建设用地面积约900亩。2009年,地方政府与某开发企业签订框架协议,约定开发企业对该项目进行分期开发建设,政府负责组织购房人对开发企业提供借款并提供担保。开发企业与购房人签订内部认购协议,购房人与开发企业在签订内部认购协议后将借款一次性直接交付给开发企业,借款年利率为15%,借款期限为从开发企业实际收到贷款之日起至开发企业所建多层住宅房屋二层主体结构完工日。销售许可证办理完毕当日,该借款转为购房人应支付的购房款,转为购房款部分的房款从购房人应交购房款之日起不再计算利息,未转为购房款且开发企业未归还的借款继续计算利息。利息的支付方式为:在签订商品房预售合同时,应支付给购房人的利息抵扣购房款。在销售许可证办理完毕前开发企业对购房人的借款,根据开发企业的资金情况可随时提前归还。政府负责开发企业所开发住宅80%的包销工作,并以政府文件的形式发文,要求所辖区域的公务人员购买该项目的住宅房屋,对于在其他项目购买的房屋政府不予政策性的住房补贴。政府承诺在开发企业施工工程形象进度到二层主体结构完工时办理完毕销售许可证,允许开发企业外公开销售。开发企业负责协调相关部门,当购房人支付20%购房款之后可办理公积金贷款或商业贷款业务。

(4) 自有资金和信托相结合。
(5) 股权融资和银行贷款相结合。
(6) 自有资金和机构投资相结合。
(7) 自有资金和类基金相结合。
(8) 混合型联手接力,例如,类基金、信托、银行的接力。

案例: 南方某市准备在繁华商业区建一组标志性建筑群,命名为某国际金融中心,项目占地面积约3万平方米,总建筑面积约45万平方米,由100层的主楼和38层的副楼组成,包括超豪华五星级酒店7万平方米,全智能化写字楼18万平方米,国际会议中心、酒店式公寓5万平方米,以及高档商场、高级餐厅、地下停车库等。项目建成后将成为该地区标志性的综合性商业物业。该项目投资概算60亿元,采取市场化运作,当地市政府策划引导并监管建设的模式。2005年9月,由A、B、C三家公司联合中标,三家公司中标后组建了D国际金融中心有限公司建设经营。三家公司的自有资金只有20亿元,但该项目的资金缺口为40亿元,当地政府为避免项目中标人将项目转让给没有能力的开发企业及禁止"炒地皮"造成项目烂尾,规定不允许变更项目公司股东。

政府在招标文件中规定,项目的自有资金不低于项目总投资的60%(即36亿元),项目剩余资金的40%,即24亿元可通过银行贷款融资。其中A公司要求在D项目公司中的股权比例不能低于项目资本金的51%,即18.3亿元,保证A公司对整个项目的相对控股经营管理权。

为满足上述政府及联合体A公司的要求,可采用以下三种融资方案。

方案一:以项目公司作为融资主体扩股增资。项目公司的注册资本为20亿元,增资部分可直接扩股,注册资本扩大到36亿元以上,D公司仍保留20亿元的投资,再引入16亿元以上的外来投资,外来投资方占项目公司49%以下的股权。投资机构将资金借给D项目公司的投资方A、B、C三家公司,与三家公司分别签署协议,三家公司将其对项目公司的股份权益或者自身公司的股权抵押给投资人,待公司股权增值且达到投资人与三方约定的条件后,投资人可将债权转换为股权,或者投资人将权利转让给第三方。因为投资人追求的是投资回报,而不是项目的控制权,所以投资者认为在符合其经济预期时随时可变现先行退出,这种融资方式可保证对项目的控制权。采用这种方式优点是在没有"四证"的前提下就可以引进投资者,而且不影响以项目公司的名义向银行申请抵押贷款。这个方案虽然操作方式简便、费用低廉,但与招标文件相冲突,除非获得政府的特别许可,否则上述股权融资方案不可行。

方案二:按照项目建筑物的功能分区成立项目子公司的方式进行股权融资。因项目的功能用途包括酒店、写字楼、餐厅、商场等,所以项目公司可按照各功能产权面积成立相应的经营管理公司,将各功能产权面积作为D项目公司对子公司的投入,转移到各子公司中成为该公司资产,在子公司层面实施股权融资。成立各子公司后,子公司可与权益型房地产基金或者信托投资公司以股权合作方式共同开发项目,前提是必须确定整个项目和各个功能部分的工程造价预算,然后 A 公司与投资机构可按照股权溢价和投资方实际投资确定的股权比例分配实物面积,也可以在项目完工时将溢价的股权部分或者全部转让给基金进行套现,或者利用权益型房地产基金的国际资本市场渠道或者信托将合资公司的物业实现信托上市。

方案三:利用 D 项目公司为项目子公司"代建"的方式规避政策限制。确定 D 项目公司作为"代建"单位,投资者可以将资金注入与各功能产权面积相对应的项目子公司,通过项目子公司拨付建设资金给项目公司实施开发建设。项目完工后,D 项目公司以物业投资的方式向各经营管理公司交付物业,物业作价投资,不作为买卖,可避免产生巨额的增值税。这样既规避了项目公司直接变更股东的政策限制,同时利用项目公司进行 D 项目的开发管理,利用项目子公司进行资本运作。

三、融资中应注意的问题

项目融资中的风险可以分为两大类。一类是商业风险,主要包括市场价格变动风险、经营管理风险、竣工风险、法律风险、市场风险、诚信风险、评级风险和包括通货膨胀在内的其他风险;另一类是政策风险。开发企业在融资时必须考虑以上风险。为规避上述风险,开发企业必须不断学习相关政策,了解并理解融资的法律法规及规则,保证交易公平合理,完善公司治理结构,提高经营管理水平,加强企业信用管理,取得金融机构的支持,严密设计融资流程,识别真假融资机构,善用外部专业知识,防范各类融资骗局。除此以外,开发企业还应考虑项目延期竣工导致的融资成本增加或失控的问题,比如,某项目规划已获审批,但项目附近 78 户居民起诉规划行政部门,认为项目影响到其房屋采光,规划审批违法,导致项目无限期停工。在融资过程中,必须保持诚信,不隐瞒企业的相关情况,即使融资不成功,融资过程也会帮助企业提高经营管理水平,获取融资经验。

有些开发企业在融资过程中使用虚假文件融资,或者盲目扩大投资导致资金链断裂,这些做法对企业的危害极大,应极力避免。另外,因货币政策、信贷政策发生变化,融资也会受到影响。

四、开发企业与投资机构合作可采用的股权合作方式

(1)阶段性持股。投资机构对项目进行增资扩股成为项目公司股东后,在项目运营一段时间后,可将股权转让给第三方。

(2)优先股。投资机构对项目公司增资扩股,并在公司章程中约定只享受固定回报,超额部分归其他股东所有,在公司清算时优先级高于其他股东,这样可以降低投资机构的风险。

(3)阶段性优先股。投资机构对项目进行增资扩股,成为优先股东,通过阶段性持有优先股,只要求资金在阶段时间内取得一个合理回报,不介入项目开发,投资机构不分享最终利润成果。这种方式既满足融资的要求,开发企业也不丧失对项目的实际控制权。这种方式要求双方必须能够找到愿意收购其持有的本项目股权的第三方,以避免投资机构退出项目时可能难以收回投入的资本金的风险。如果没有第三方接手,那么投资机构可要求开发企业收购其所持的股份或者寻求第三方提供担保,如果开发企业没有能力依靠分红回购对方所持有的溢价股权,则需要第三方负责回购。

五、融资计划书

一份合格的融资计划书应至少应包括三个部分:摘要、综述和附录。

（1）摘要。对整个融资计划进行概括，文字数量控制在 2—3 页，主要内容应该包括对公司的简单描述、目前的股权结构、已投入的资金及用途、主要项目的情况、市场概况和营销策略、主要的业务部门及业绩简介、核心经营团队、公司优势说明、增资需求（原因、数量、方式、用途、偿还期限）、融资方案（资金筹措、投资方式、还款方案及退出方案）、财务分析等。

（2）综述。综述部分应该分章节详细展开。比如，第一章为公司介绍，写清楚公司的宗旨、公司简介、各部门的职能和经营目标、公司的管理情况（包括董事会、经营团队、外聘财务、法律、工程技术等专业人士）。第二章为公司的项目情况，重点介绍项目的基本情况，项目取得的合法性、开发阶段等。第三章为项目的市场分析，内容包括目标市场的设定、产品的消费群体、消费方式、消费习惯及影响市场的主要因素分析，市场趋势预测和市场机会。第四章为竞争分析，主要内容是项目的竞争优势与劣势。第五章为市场营销，内容是营销计划的确定，销售政策的制定，销售的渠道、方式、环节和售后服务，销售代理商情况，销售量，回款期限，付款方式，折扣政策，促销和市场渗透（包括促销的方式及安排、预算、广告、公关策略、媒体评估），产品价格方案（包括定价依据和价格结构、影响价格变化的因素和对策），销售资料统计和销售记录方式，销售周期的计算，市场开发规划（包括近期、中期销售目标、销售额预估）。第六章为投资说明，内容包括资金数额及期限的需求说明、资金使用计划及进度、投资形式、资本结构、回报或偿还计划、资本原负债结构说明（每笔债务的时间、条件、抵押、利息等）、投资抵押、投资担保、吸纳投资后的股权结构、股权成本、投资者介入公司管理之程度说明、报告（定期向投资者提供的报告和资金支出预算）、杂费支付（是否支付中介人手续费）。第七章为投资报酬与退出，内容包括股票上市、股权转让、股权回购、股利等。第八章为风险分析，内容包括市场不确定性风险、成本控制风险、政策风险、财务风险、管理风险。第九章为管理，内容包括公司组织结构、管理制度及劳动合同、薪资、福利方案、股权分配和认股计划。第十章为经营预测，包括增资后一定期限内公司销售数量、销售额、毛利率、投资报酬率预估及计算依据。第十一章为财务分析，内容包括财务分析说明、财务资料预测（销售收入明细表、成本费用明细表、薪金水平明细表、固定资产明细表、资产负债表、利润及利润分配明细表、现金流量表、财务指针分析）。

（3）附录。包括附件与附表。附件包括营业执照复印件、董事会名单及简历、主要经营团队名单及简历、企业形象设计或宣传资料（标志设计、说明书、出版物、包装说明等）、演示文稿及报道等。附表应包括市场调查表、预估分析表和各种财务报表及财务预估表。

第六节　律师在房地产开发企业融资中的工作

房地产企业融资业务不仅涉及《公司法》《证券法》，而且还涉及《城市房地产管理法》《土地管理法》等。除法律法规之外，也涉及相关的政策，融资政策是根据房地产市场的情况而随时变化的，因此房地产企业融资需要处理的法律问题十分庞杂。律师除要掌握上述法律知识外，还要有丰富的实务操作经验。企业在融资的过程中绝对不能没有律师的参与，尤其是在进入相关法律程序后，律师扮演着极其重要的角色。作为专业人士，律师在融资的过程中的工作主要是提供法律的支持和服务，这些工作包括法律文件的起草、修改，法律构架的设计，提交融资决策方面的法律咨询和融资法律服务等。

一、律师在房地产开发企业融资工作中的内容和作用

(1)提供融资的法律咨询及法律辅导。
(2)代理或协助选择适格的投资人。
(3)提供项目的融资立项建议,协助确定融资方式。
(4)对融资项目进行可行性分析与研究,并提供法律意见书。
(5)开展法律尽职调查,并出具尽职调查报告。
(6)协助融资方参加与项目投资方的磋商、谈判。
(7)为融资方提供政策法律可行性分析,根据项目情况,通过项目转让或股权转让等多种方式为融资方提供融资方案。
(8)投融资全程法律风险提示,预防融资中出现违法犯罪行为。
(9)投融资全程法律风险防范设计,提出法律实施框架方案。
(10)拟定或审查投融资有关协议等法律文书。
(11)参与投融资有关协议的谈判及参与合约签订。
(12)协调、处理融资纠纷与诉讼。

二、融资中律师的尽职调查

(一)尽职调查的内容

尽职调查,需要对企业的历史数据和文档、管理人员的背景、市场风险、管理风险、技术风险和资金风险等进行全面深入的审核。尽职调查主要包括业务尽职调查、财务尽职调查和法律尽职调查。律师介入后主要是进行法律尽职调查。法律尽职调查主要应调查企业以下方面的情况。

(1)公司设立和存续情况。
(2)公司股东的构成及公司的法理结构。
(3)公司的资产状况。
(4)项目开发手续及证件的合法性问题。
(5)企业合同,包括企业的经营性合同、房屋租赁合同等,凡涉及生产经营的合同都要进行调查。
(6)企业的人员状况,包括是否签订劳动合同,是否给企业的职工上保险等。
(7)企业的税务状况,包括企业应缴纳的税款和个人应缴纳的税款。
(8)企业的开发资质及证照是否齐全。
(9)其他与投资融资有关的必要事项。

(二)尽职调查应注意的问题

在股权融资过程中,尽职调查是很重要的一环,其结果决定了投资人是否对该企业进行投资。一般国外的投资机构会投入大量的人力物力进行尽职调查,但国内的融资企业在应对投资人的尽职调查时,往往采取两种截然相反的做法,要么把企业的全部信息提供给对方,包括经营秘密等;要么不配合投资方的调查。第一种做法的风险在于,一旦融资不成功,有些资料的泄露对融资企业将构成很大的威胁。第二种做法则可能导致因缺少足够的投资决策信息,投资人作

出不投资的决策或延缓投资的速度。正确的做法是在决定融资之前,由融资方委托的律师先进行一个内部的尽职调查,让律师了解企业全面的情况后,决定哪些资料是可以提供的,哪些是附条件提供的,哪些是不能提供的,不能提供的资料可以由律师给投资人出具律师意见,或在融资协议中予以承诺,或者有其他的安排以保证融资企业的合法权益。

三、律师在融资过程中介入

融资的法律过程大致分为两个阶段,一是法律尽职调查阶段;二是起草法律文件阶段。律师介入的最好时机是委托人刚产生融资意向时。律师可以接受融资中不同主体的委托,既可接受融资方的委托,也可接受投资方的委托。比如,有时是国外投资人委托律师办理投资前的尽职调查,或者参与投资协议的起草及完善,以及投资后的相关法律服务;有时是国内企业委托律师参与投资谈判,或者在投资前的尽职调查过程中,委托律师指导企业相关人员配合尽职调查,修改投资人提交的投资协议并提出相应的建议,以及委托律师提供外商投资后企业日常管理中的相关法律服务。

四、律师在融资谈判中的技巧问题

如果在谈判时遇到当事人不配合,对于律师设计的某些条款存在抵触情绪的情形,律师此时应该先协调各方关系,把各方关系理顺后再开展具体工作。律师在谈判前,应该先与委托人沟通,告诉委托人哪些是重要的条款,不能让步,必须争取;哪些是可以附条件让步的条款,以便委托人能够在谈判中占据有利地位。投资方一般不会因为在尽职调查的过程中发现细节问题而取消投资。但是在尽职调查过程中如果投资人发现了无法承受的法律风险,那么就有可能终止投资,比如,企业面临被吊销执照的危险或是严重偷、漏税,是有可能导致投资方终止投资的。有些企业,尤其是民营企业在协议谈判时非常重视律师的意见,担心不征询律师的意见会造成经济损失,但有些企业不重视律师的意见。这与企业对律师的认识有关,也与律师展现的专业素养有关,因为有些律师无法提出有针对性的问题,对企业而言,没有参考价值。

第五章

外商投资及对外投资房地产合规管理及法律风险防范[①]

第一节 外商投资房地产的历史及现状

一、外商投资中国房地产的历史

我国改革开放的经济目标之一就是引入外资。在改革开放进程中，中国引入外资非常成功，外资助力了中国经济增长。尤其是在改革开放初期，外资的引入缓解了中国自有建设资金的不足，提高了中国企业的管理水平。对于房地产行业来说，因改革开放初期外资在观望中国的市场环境、投资环境、法治环境等诸多因素，加之当时中国并未形成房地产市场，所以，外资投资房地产市场较少，当时外资多投向加工业、制造业等行业，自1994年开始才有外商投资房地产的统计数据。20世纪90年代，外资陆续进入中国房地产市场，最初多以海外华人或其控制的公司投资为主。从2002年开始，房地产投资业成为高回报率的行业，据业内人士估计，当时外资持有商业物业的回报率在10%左右，而参股则将其内部收益率提高到25%～30%。基于如此高的回报率，欧美及东南亚等国家和地区的资本也加速进入，且各地外资投资房地产一直保持着较高的增长率，一直到2007年上半年，达到历史高峰。据不完全统计，摩根士丹利、淡马锡、ING、麦格理、渣打银行、高盛、瑞银、美林、华平投资、软银亚洲、凯雷投资、凯德置地、黑石、鹰君等众多外资集团和公司均以不同形式进入境内房地产市场。据商务部统计，当时房地产业已经成为仅次于通信设备、计算机及其他电子设备制造行业的第二大外商投资行业。[②]

[①] 《外商投资法》实施之前关于《中外合资经营企业法》《外资企业法》《中外合作经营企业法》（均已失效，以下统称"三资企业法"）的相关配套规章、规定、管理措施等并未明文废止，仍处于现行有效的状态，且在《外商投资法》实施之后，全国各地仍有部分地区执行"三资企业法"的具体规定，因此，本章的内容涉及《外商投资法》与"三资企业法"未废止的配套规范可能存在矛盾。另外，行政主管部门的实际做法可能出现变化，还有可能为落实《外商投资法》的实施，原有的成文规定会随时修订，故提醒读者特别注意，相关的规章、规定、管理措施等内容的时效性，尤其对于办理程序、条件或禁止性等内容，本部分内容仅供参考。

[②] 参见钟伟:《外资投资中国房地产报告》，载搜狐财经网（网址：https://business.sohu.com/20050927/n240467097.shtml），访问日期：2023年11月12日。

二、外商投资房地产的现状

大量外资投入房地产行业,其积极影响不言自明,但消极影响同样存在。外资目前在我国房地产开发资金中所占的比例不高,不可能超越内资成为投资主体。在某些房地产的细分市场,外资的操作空间较大。2006年7月11日中央六部委联合发布了《建设部、商务部、国家发展和改革委员会等关于规范房地产市场外资准入和管理的意见》(本章简称《规范房地产外资准入管理意见》),2006年8月14日商务部办公厅发布了《商务部办公厅关于贯彻落实〈关于规范房地产市场外资准入和管理的意见〉有关问题的通知》,2007年5月23日《商务部、国家外汇管理局关于进一步加强、规范外商直接投资房地产业审批和监管的通知》正式公布,要求境外投资者必须依法设立外资企业进行房地产投资活动,外资企业的设立、股权变更、增资、合并或项目出售等相关活动必须获得商务部及其他相关部门的核准。以上一系列文件被业内解读为"限外令"。业内人士表示,建设部等六部委的"限外令"及2006年9月公布的《国家外汇管理局、建设部关于规范房地产市场外汇管理有关问题的通知》(本章简称《规范房地产外汇管理问题通知》),只是限制外资投资现成物业,但在房地产开发领域,文件只是取消了外资投资房地产开发的优惠条件,并没有其他限制。2020年1月1日施行的《外商投资法》规定,国家对外商投资实行准入前国民待遇加负面清单管理制度。

目前在我国房地产行业中,对我国境内的投资主要来自我国港澳台地区[①],欧美国家和地区及东南亚国家和地区比例较低。不同地域的外资房地产公司进行开发的细分市场略有不同。我国港澳台地区投资的公司涉足房地产开发、房地产金融和房地产服务等高端房地产领域。欧美国家和地区的投资者目前已经全面参与房地产开发投资、房地产经营管理、房地产不良资产处置和基础设施改造等各个环节,从初期常采用的后期股权介入转变为从土地阶段就介入项目的运作,境外投资机构对我国房地产市场的介入越来越深,也向我国房地产的流通领域有所拓展。东南亚国家和地区的投资者更多选择房地产开发投资和经营管理,同时也采取基金运作和与本地开发企业合作的方式。这些外资进入后的投资重点是长三角地区和京、沪等一线城市,投资方向更趋向于商业和产业地产。随着一线城市地价的快速上升,更多的海外投资者将转到二、三线城市以寻找机会,二线城市的大型超市、连锁店等逐渐成为跨国企业投资的热点。

根据国家统计局公布的数据,2019年房地产企业的数量为99544家,港澳台投资企业、外商投资企业相对较少,其中港澳台投资企业占比约2.7%,约2688家,外商投资企业占比约1.2%,约1194家。2004年以前,外资进入中国以自主开发为主,投资方向大多偏向于风险较小的住宅物业,通过尽量减少开发周期获取利润。2004年以后,外资投资房地产行业的范围有所扩大,开始与内资房企合作开发高档住宅、别墅等物业。2007年以后,在外资基金不能直接投资的情况下,外资通过合作开发或合资成立公司等方式"曲线入市"。

三、中央政府对外商投资房地产开发市场准入的规制

虽然《外商投资法》于2020年1月1日起施行,对外商投资实行准入前国民待遇加负面清单管理制度,但是《外商投资法》实施之前的关于外商投资房地产的一些成文管理规定并未全部被

---

① 港资、澳资及台资企业不属于外资企业,但根据《外商投资法实施条例》第四十八条的规定,香港特别行政区、澳门特别行政区投资者在内地投资,参照《外商投资法》和《外商投资法实施条例》执行;台湾地区投资者在大陆投资,适用《台湾同胞投资保护法》及其实施细则的规定,《台湾同胞投资保护法》及其实施细则未规定的事项,参照《外商投资法》和《外商投资法实施条例》执行。因此,本书将我国香港、澳门及台湾地区的企业参照外资企业论述。

明文废止,因此,事实上很多地方仍在执行原规定。对外商投资房地产最明确的文件是2006年公布的《规范房地产外资准入管理意见》。该意见在坚持对外开放原则的基础上,规范和完善了外资进入房地产市场的有关政策,明确了外商投资房地产市场准入、开发经营管理、境外机构和个人购房管理等方面的具体措施,包括四个方面:一是规范外商投资房地产企业的市场准入,提高了部分外商投资房地产企业注册资本金在投资总额中的比重,明确了外商投资房地产企业的设立、股权和项目转让等程序;二是加强外商投资企业房地产开发经营管理,规范外商投资房地产企业在贷款、结汇等方面的行为;三是严格对境外机构和个人购房的管理;四是规划和落实监管责任,要求加强对外资进入房地产市场的管理和引导,并提出了完善外资进入房地产市场监测分析工作机制的要求。

第二节 外商投资境内房地产的开发模式

一、外商进入境内房地产市场的渠道

房地产新政实施之前,外资进入境内房地产市场的途径多种多样,包括外商直接购买商业用房和住宅、直接投资设立外商投资房地产企业自主开发、直接收购房地产项目公司资产并运营、直接收购房地产项目公司股东股权以实质控制房地产项目、外商境内再投资等。外商投资房地产业主要有新设、并购和转投资三种方式。

(1)直接投资设立房地产公司。外商在境外通过自有资本金或者以借用境外金融机构和股东贷款的方式筹集资金,按照中国的法律直接在境内设立房地产公司,用于开发房地产项目。

(2)并购。

①股权并购。股权并购是外资通过股权投资,收购境内房地产公司的股份。参与股权是外商绕过管制,曲线投资境内市场的渠道。目前对基金的限制比较多,因此合作方进行参股容易进入。外资与开发企业联手成立基金公司占市场主流,其中最典型的是控股开发,即外资通过收购境内房地产企业股份(多是项目公司)的方式,直接参股房地产公司。一般情况下,在合作开发方式中,境外房地产基金一般是与境内房地产开发企业合资成立项目公司,或者境内企业股份作价之后出售给境外个人或机构。

②资产并购。资产并购是外资直接通过项目转让的方式取得项目的所有权并自己开发。

(3)外商投资企业在境内通过新设或并购再投资房地产业。

(4)外商投资房地产进入的其他渠道。除以上三种基本的方式外,还有其他变通的进入渠道。

①内资房地产公司通过境外上市,引入境外资本,还有一些由境外注册内资企业控股的外商投资企业。

②自我收购。将自身改制为境内居民完全控股的外商独资企业,以境外壳公司在境外择机上市筹资。具体操作程序是,内资房地产企业以股东个人名义在境外设立壳公司,将我国房地产企业的资产和权益注入境外的壳公司,并通过壳公司实现境外间接上市和吸引境外风险投资者等方式,再返程并购境内的企业,将内资企业变更为外资企业。这种方式不仅使企业建立了国际融资渠道,还将内资企业变更为外资房地产企业,享受了优于内资企业的政策待遇。

③境外机构和个人投资。非居民机构以自购和包销方式买入房产的两种方式为主,进行房

地产流通领域的投资。其又可以细分为两类:第一类是非居民机构以包销方式购入房产;第二类是非居民机构加速在境内设立外资房地产中介机构,通过包销或者代理方式持有和经营物业收租或者进行转售,此类机构通常以境外收付汇的方法来逃避外汇管制和税收。自2003年以来,境外的房产中介及大型的金融投资中介开始进入房地产市场,在提供基础房产中介服务的基础上,以包销方式批量买入楼盘房地产,再进行商业性销售,从中赚取利润,其融资渠道包括私募基金、短期拆借等。非居民个人投资是指以个人名义以境外汇款方式结汇购房,或者外资企业购买在建项目或者成熟物业,包括中高档写字楼、商务公寓和住宅,投资方向主要是商业地产。

二、外商投资房地产行业的开发模式

外商投资房地产业主要有新设、并购和转投资三种基本模式,但在基本模式之下衍生出很多具体的开发模式,主要有如下四种。

(一)外商独立开发

外商以自己的名义取得出让的国有土地使用权,独立开发。

(二)合作开发

外商在境内寻找合作方,双方以联合名义参加国有建设用地使用权的竞买,取得国有土地使用权后,双方成立项目公司,项目公司的形式应为按照《外商投资法》的规定成立的公司,或者双方以协议的形式联合进行房地产开发。

(三)外商并购境内房地产开发企业

外国投资者并购境内企业,是指外国投资者购买境内非外商房地产企业股东的股权,使该境内公司变更为外商投资企业。并购分为股权并购与项目资产并购。

1. 股权并购

采取房地产项目公司股权并购方式的,由境外投资者通过股权收购模式将内资的房地产开发企业变更为外商投资房地产企业。具体分为直接股权并购、间接股权并购两种方式。股权并购既可以在境内完成,也可在境外完成,但审批的手续不同。

2. 项目资产并购

房地产项目资产并购,是指已经取得政府立项批文,并已完成了初步开发的项目权利人将其所拥有的项目依照政府规定的条件、程序通过签订项目转让协议的方式予以有偿出让,受让人在此基础上投资完成开发建设的行为。采取房地产项目资产并购方式的,境外投资者在收购前必须在境内投资设立一家房地产企业,以该外商投资企业为收购方完成房地产项目的转让。外商可以并购工程已经立项且已取得土地使用权证和施工许可证、设计方案已获规划部门批准的项目,或者并购建设工程已经开始基础施工,但尚不具备法律规定的预售条件,未领取预售许可证的项目。

(四)外商投资企业境内再投资

在境内已设立的外商投资企业,可以自己的名义拿地再进行开发建设。

第三节　外商投资房地产的准入条件及限制

外国投资者拟在我国投资设立房地产项目公司，须遵守我国对外商投资房地产的市场准入及外商投资企业房地产开发经营管理的特殊规定。《外商投资法》规定国家对外商投资实行准入前国民待遇加负面清单管理制度。国家发展和改革委员会、商务部联合印发的《市场准入负面清单（2022年版）》将房地产业列为项目号68，是许可准入类，即未获得许可，不得从事房地产开发、预售等相关业务，进入房地产领域，需要办理房地产开发企业资质核定；销售商品房，需要办理商品房预售许可。

2006年7月11日公布的《规范房地产外资准入管理意见》对外商投资房地产的市场准入及外商投资企业房地产开发经营管理均作出了特殊规定，2015年8月19日公布的《住房城乡建设部、商务部、国家发展改革委、人民银行、工商总局、外汇局关于调整房地产市场外资准入和管理有关政策的通知》对《规范房地产外资准入管理意见》进行了调整。

一、外商投资房地产设立的限制

（一）房地产限外政策新规的限制

《规范房地产外资准入管理意见》规定，外商投资从事房地产开发、经营，应遵循商业存在的原则，必须先设立外商投资房地产企业，外商申请设立房地产公司的前提条件是先取得土地使用权、房地产建筑物所有权，或已与自然资源主管部门、土地开发企业、房地产建筑物所有人签订土地使用权或房产权的预约出让、购买协议。《外商投资法》和《外商投资法实施条例》实施后，对于负面清单内的外资企业的设立不再审批，对于负面清单外的外资企业设立也无须备案，也就是说，外资企业的新设或变更，无须再通过审批或备案。2020年1月1日起，商务部不再颁发《外商投资企业批准证书》，海关也不再核验《外商投资企业批准证书》。

（二）中方投资主体的限制

《外商投资法》和《外商投资法实施条例》实施后，境内自然人可以设立外商投资企业，《外商投资法》允许外国自然人、企业或其他组织单独或与其他投资者在中国设立外商投资企业，《外商投资法实施条例》进一步明确了其他投资者包括中国的自然人。也就是说，境内自然人可以与外国投资者共同设立外资企业。

（三）其他限制条件

外商投资房地产设立公司的条件还应当符合《城市房地产管理法》及其相关配套法规中规定的条件。

二、外商投资房地产组织形式的限制

根据2020年1月1日实施的《外商投资法》的规定，外商投资准入负面清单以外的领域，按照内外资一致的原则实施管理。外商投资需要办理投资项目核准、备案的，按照国家有关规定执行。外国投资者在依法需要取得许可的行业、领域进行投资的,应当依法办理相关许可手续。有关主管部门应当按照与内资一致的条件和程序,审核外国投资者的许可申请,法律、行政法规另有规定的除外。外商投资企业的组织形式、组织机构及其活动准则,适用《公司法》《合伙企业法》等法律的规定。《外商投资法》实施后为外商投资企业安排了5年的过渡期,即在5年内外商投资企业可以继续保留原公司的治理结构。在原来三种类型的外资企业中,外商独资企业的公司治理结构几乎不受影响,因为2006年国家工商行政管理总局等部门印发的《关于外商投资的公司审批登记管理法律适用若干问题的执行意见》(已失效)规定了外商独资企业的公司治理应当符合《公司法》的规定。中外合资企业和中外合作企业的公司治理结构有比较大的变化,因为中外合资企业、中外合作企业法律规定的公司治理规则与《公司法》的规定差异较大。

三、外商投资房地产程序限制

(一)项目核准的限制

根据《外商投资项目核准和备案管理办法》[①]的规定,外商投资项目管理分为核准和备案两种方式。外商投资项目核准条件如下:

(1)符合国家有关法律法规和《外商投资产业指导目录》《中西部地区外商投资优势产业目录》的规定;
(2)符合发展规划、产业政策及准入标准;
(3)合理开发并有效利用了资源;
(4)不影响国家安全和生态安全;
(5)对公众利益不产生重大不利影响;
(6)符合国家资本项目管理、外债管理的有关规定。

(二)备案管理的规定

拟申请备案的外商投资项目须由项目申报单位提交项目和投资方基本情况等信息,并附中外投资各方的企业注册证明材料、投资意向书及增资、并购项目的公司董事会决议等其他相关材料。外商投资项目备案须符合国家有关法律法规、发展规划、产业政策及准入标准,符合《外商投资产业指导目录》《中西部地区外商投资优势产业目录》。

四、外商投资房地产出资的限制

外商投资房地产在出资方面与境内企业不同,主要体现在出资方式、资本金的限制、出资比例及出资额、资本认缴及期限、注册资本等方面。

(一)外商投资设立房地产企业注册资本与投资总额的限制

投资总额是外商投资企业设立审批及运行过程中一项重要的标准,外商投资企业的注册资本、外汇贷款的额度,以及设立审批权限的划分,都是以投资总额为标准的。《国家工商行政管理局关于中外合资经营企业注册资本与投资总额比例的暂行规定》[②]对中外合资经营企业的注册资本与投资总额的比例规定如下:

---

① 此文件因与《外商投资法》冲突,后续可能被废止,请读者在阅读时注意文件的变化。
② 同上。

(1)中外合资经营企业的投资总额在300万美元以下(含300万美元)的,其注册资本至少应占投资总额的7/10。

(2)中外合资经营企业的投资总额在300万美元至1000万美元(含1000万美元)的,其注册资本至少应占投资总额的1/2,其中投资总额在420万美元以下的,注册资本不得低于210万美元。

(3)中外合资经营企业的投资总额在1000万美元至3000万美元(含3000万美元)的,其注册资本至少应占投资总额的2/5,其中投资总额在1250万美元以下的,注册资本不得低于500万美元。

(4)中外合资经营企业的投资总额在3000万美元以上的,其注册资本至少应占投资总额的1/3,其中投资总额在3600万美元以下的,注册资本不得低于1200万美元。

但是根据《规范房地产外资准入管理意见》《商务部办公厅关于贯彻落实〈关于规范房地产市场外资准入和管理的意见〉有关问题的通知》《商务部、国家外汇管理局关于进一步加强、规范外商直接投资房地产业审批和监管的通知》三个文件的规定,投资总额超过1000万美元(含1000万美元)的,注册资本不得低于投资总额的50%;投资总额在300万美元至1000万美元的,其注册资本应不低于投资总额的50%;投资总额在300万美元以下(含300万美元)的,其注册资本应不低于投资总额的70%。外商投资房地产企业注册资本金未全部缴付的,未取得《国有土地使用证》的,或开发项目资本金未达到项目投资总额的35%的,不得办理境内、境外贷款,外汇管理部门不予批准该企业的外汇借款结汇。上述规定与《国家工商行政管理局关于中外合资经营企业注册资本与投资总额比例的暂行规定》冲突,应该按照新的规定执行。

(二)《外商投资法》实施之前关于出资方式的限制

(1)外国投资者也可以用其从中国境内开办的其他外商投资企业获得的人民币利润出资。以利润投资是指以外资企业的净利润投资,它不同于有关外资企业法中规定的外国投资者用分得的利润在中国再投资。外国投资者如果用其从中国境内开办的其他外商投资企业获得的人民币利润出资必须经过审批机关批准。

(2)外国投资者以工业产权、专有技术作价出资的,该工业产权、专有技术应当为外国投资者所有。该工业产权、专有技术的作价应当与国际上通常的作价原则相一致,其作价金额不得超过外资企业注册资本的20%。对作价出资的工业产权、专有技术,应当备有详细资料,包括所有权证书的复制件,有效状况及其技术性能、实用价值,作价的计算根据和标准等,作为设立外资企业申请书的附件一并报送审批机关。

(3)中国合营者的投资可包括合营企业经营期间提供的场地使用权。如果场地使用权未作为中国合营者投资的一部分,合营企业应向中国政府缴纳使用费。

五、外商投资房地产投资回报的限制

根据《规范房地产外资准入管理意见》和《规范房地产外汇管理问题通知》的规定,投资房地产企业的各方,不得以任何形式在合同、章程、股权转让协议以及其他文件中,订立保证任何一方固定回报或变相固定回报的条款。订立保证任何一方固定回报或变相固定回报条款的,外汇局不予办理外商投资企业外汇登记或登记变更。

固定回报比较好界定,变相固定回报不好界定,因此实践中可以采用一些方式来合理规避变相固定回报的规定,如在合同或协议中约定优先受益权。优先受益权属于信托中的概念,但优先受益权现在已被普遍应用于房地产基金运作之中。外商投资实践中,在合同或协议中约定外方的优先受益权,因为优先受益权仍存在投资风险,理论上仍有亏损的可能,所以优先受益权约定并不违背"共享利益,共担风险"的投资原则,因此,不能把优先受益权认定为变相的固定回报。采用优先受益权的约定方式在实践中虽然可行,但仍然存在审批的风险,投资者应予以重视。

关于外资企业在合同、章程、股权转让协议中不得保证固定回报与公司法股东可以不按照出资额分红之间的关系问题,《公司法》(2023年修订)第二百二十七条规定,有限责任公司增加注册资本时,股东在同等条件下有权优先按照实缴的出资比例认缴出资。但是,全体股东约定不按照出资比例优先认缴出资的除外。股份有限公司为增加注册资本发行新股时,股东不享有优先认购权,公司章程另有规定或者股东会决议决定股东享有优先认购权的除外。按照上述规定,外商投资房地产企业的投资各方可以约定不按照出资比例认缴出资。但是,不得约定保证任何一方收取固定回报或者变相固定回报的条款,如果有这样的条款,审批机关会要求修改,拒不修改的,审批机关不予批准,登记机关不予核准登记,外汇管理机关也不予办理外汇登记及变更登记。因此,外商投资房地产企业应当把握上述法律规定的内涵及实践操作技巧。

六、外资并购境内房地产企业的特殊限制

(一)禁止并购的主体及并购条件①

(1)对有不良记录的境外投资者,不允许其在境内进行上述股权并购和资产并购活动。

(2)境外公司应合法设立,并且其注册地具有完善的公司法律制度,且公司及其管理层最近3年未受到监管机构的处罚。

(3)外国投资者以股权并购境内公司所涉及的境内外公司的股权,应符合以下条件:
①股东合法持有并依法可以转让;
②股权无所有权争议且没有设定质押及任何其他权利限制;
③境外公司的股权应在境外公开合法证券交易市场(柜台交易市场除外)挂牌交易;
④境外公司的股权最近1年交易价格稳定。

(二)股权并购的限制

本章所称外国投资者以股权作为支付手段并购境内公司,系指境外公司的股东以其持有的境外公司股权,或者境外公司以其增发的股份作为支付手段,购买境内公司股东的股权或者境内公司增发股份的行为;或者外国投资者购买境内非外商投资企业股东的股权或认购境内公司增资,使该境内公司变更设立为外商投资企业。

《外商投资法》生效后,公司股东之间转让股权将无须征得其他股东同意;股东对外转让的,须经其他股东过半数同意,其他股东半数以上不同意转让(不同意的股东应当购买该转让的股权),并且拒绝购买拟转让股权的,视为同意转让。原中外合营企业如涉及股权转让、利润分配等也将统一适用《公司法》的规定。

根据《商务部关于外国投资者并购境内企业的规定》,境外投资者通过股权转让其他方式并购境内房地产企业,收购合资企业中方股权的,需妥善安置职工,处理银行债务,并自外商投资企

---

① 建议读者参考《商务部关于外国投资者并购境内企业的规定》及《规范房地产外资准入管理意见》。

业营业执照颁发之日起3个月内以自有资金一次性支付全部转让金。外商以并购方式投资房地产企业中方股权的,自股权转让协议生效之日起3个月内以自有资金一次性支付全部转让对价。外国投资者并购境内企业设立外商投资企业,应自外商投资企业营业执照颁发之日起3个月内向转让股权的股东,或出售资产的境内企业支付全部对价。对特殊情况需要延长者,经审批机关批准后,应自外商投资企业营业执照颁发之日起6个月内支付全部对价的60%以上,1年内付清全部对价,并按实际缴付的出资比例分配收益。

严格控制以返程投资方式(包括同一实际控制人)并购或投资境内房地产企业。境外投资者不得以变更境内房地产企业实际控制人的方式,规避外商投资房地产审批。

(三)资产并购(项目转让)的限制

资产并购即外国投资者设立外商投资企业,并通过该企业协议购买境内企业资产且运营该资产,或外国投资者协议购买境内企业资产,并以该资产投资设立外商投资企业运营该资产。外商投资房地产企业的股权和项目转让,以及境外投资者并购境内房地产企业,由商务部门严格按照有关法律法规和政策规定进行审批。投资者应提交履行《国有土地使用权出让合同》《建设用地规划许可证》《建设工程规划许可证》等的保证函、《国有土地使用证》、建设(房地产)主管部门的变更备案证明,以及税务机关出具的相关纳税证明材料。

《商务部关于外国投资者并购境内企业的规定》第十九条规定,外国投资者股权并购的,除国家另有规定外,对并购后所设外商投资企业应按照以下比例确定投资总额的上限:

(1)注册资本在210万美元以下的,投资总额不得超过注册资本的10/7;

(2)注册资本在210万美元至500万美元的,投资总额不得超过注册资本的2倍;

(3)注册资本在500万美元至1200万美元的,投资总额不得超过注册资本的2.5倍;

(4)注册资本在1200万美元以上的,投资总额不得超过注册资本的3倍。

除上述规定之外,还应遵守《城市房地产管理法》第三十八条和第三十九条对房地产转让的限制性规定。

七、外商购买自用或自住房地产使用的限制

自2006年7月11日六部委发布《规范房地产外资准入管理意见》以来,国家开始严格境外机构和个人购房的管理。

(1)境外机构在境内设立的分支、代表机构(经批准从事经营房地产业的企业除外)和在境内工作、学习时间超过1年的境外个人可以购买符合实际需要的自用、自住商品房,不得购买非自用、非自住商品房。在境内没有设立分支、代表机构的境外机构和在境内工作、学习时间1年以下的境外个人,不得购买商品房。中国港澳台地区居民和华侨因生活需要,可在境内限购一定面积的自住商品房。《北京市住房和城乡建设委员会关于境外机构和境外个人购买商品房有关问题的通知》规定,境外个人购买自住商品房的,一人只能购买一套住宅。境外机构和境外个人购买自用、自住商品房的,在办理预售登记和权属登记时,须提交所购商品房符合实际需要自用、自住原则的书面承诺;购买后不得随意出租、转让,但境外机构在北京设立的分支、代表机构注销的,可以按规定办理商品房的转移登记手续。境外机构和境外个人投资非自用、非自住商品房,应当遵循商业存在的原则,按照外商投资房地产的有关规定,申请设立外商投资企业,在办理预售登记和权属登记时,除须提交房屋交易权属管理部门有关登记规范规定的文件外,还须提交商务管理部门核发的《外商投资企业批准证书》和市场监督管理部门核发的营业执照。原自用、自住商品房进行出租、转让的,按上述原则办理。

2015年对外商购买自用或自住房地产使用政策进行了调整,2015年8月19日公布的《住房和城乡建设部等部门关于调整房地产市场外资准入和管理有关政策的通知》第三条规定,境外机构在境内设立的分支、代表机构(经批准从事经营房地产的企业除外)和在境内工作、学习的境外个人可以购买符合实际需要的自用、自住商品房。对于实施住房限购政策的城市,境外个人购房应当符合当地政策规定。

(2)《规范房地产外资准入管理意见》规定,符合规定的境外机构和个人购买自用、自住商品房必须采取实名制,并持有效证明(境外机构应持政府有关部门批准设立驻境内机构的证明,境外个人应持其来境内工作、学习且经批准的证明)到土地和房地产主管部门办理相应的土地使用权及房屋不动产权属登记手续。房地产不动产权属登记部门必须严格按照自用、自住原则办理境外机构和个人的不动产权属登记,对不符合条件的不予登记。

(3)《规范房地产外资准入管理意见》规定,外汇管理部门要严格按照有关规定和意见的要求审核外商投资企业、境外机构和个人购房的资金汇入和结汇,符合条件的允许汇入并结汇;相关房产转让所得人民币资金经合规性审核并确认按规定办理纳税等手续后,方允许购汇汇出。

(4)有些外国投资者想通过自建的方式投资房地产,然后再出售或出租,以达到进行房地产开发的目的,以此规避外商投资房地产的限制。如果以自用报批,建筑物建成后出售或出租,属于经营性质,应当按照房地产开发对待。实际上,外商可以自建建筑物自用,比如,自建厂房设立生产性工厂,或自建商业设施经营,但仍然应当按照新的限制政策,遵循商业存在原则,按照新的政策审批。因此开发企业欲通过自建来规避房地产开发经营是行不通的。

八、外商投资企业转投资房地产的特殊限制

转投资是指已取得中国法人资格的外商投资企业,再投资境内房地产,从事房地产开发经营。根据2015年修正的《商务部、国家工商行政管理局关于外商投资企业境内投资的暂行规定》的规定,外商投资企业境内再投资房地产业,在鼓励类、允许类范围内的,直接向被投资公司所在地的市场监督管理部门申请;在限制类范围内的,应按照前述限制性规定,先通过商务部门的审批,待审批机关作出同意批复后,凭批复文件到市场监督管理部门申请设立登记。

九、外商投资房地产经营范围的限制

《外商投资法》实施之后,国家对外商投资实行准入前国民待遇加负面清单管理制度。国家发展和改革委员会、商务部联合印发的《市场准入负面清单(2022年版)》并没有规定外商投资房地产业具体的限制范围,只是规定外商进入房地产领域,需要办理房地产开发企业资质核定,销售商品房需要办理商品房预售许可。

十、外商投资房地产融资的限制

目前的限制政策严格控制以返程投资方式(包括同一实际控制人)并购或投资境内房地产企业。境外投资者不得以变更境内房地产企业实际控制人的方式,规避外商投资房地产审批。外汇管理部门一经发现以蓄意规避、虚假陈述等手段违规设立的外商投资房地产企业,将对其擅自汇出资本及附生收益的行为追究逃骗汇责任。境内民营企业为了再融资,在境外上市,往往利用"红筹"通道,比如,在开曼群岛、英属维尔京群岛等地设立空壳公司,然后将境内资产通过返程投资方式注入其中,从而将境内资产转为境外公司的资产,为下一步的上市工作铺路。根据

《商务部、国家外汇管理局关于进一步加强、规范外商直接投资房地产业审批和监管的通知》的规定及外资并购新规，返程投资方式将受到中国证监会、商务部及国家外汇管理局等多个部门的审批，时间成本大大增加，融资将变得更加困难。

十一、外商投资房地产外汇的限制

根据《规范房地产外资准入管理意见》，外商投资房地产企业注册资本未全部缴付的，或未取得《国有土地使用证》的，或开发项目资本金未达到项目投资总额的35%的，不得办理境内、境外贷款，不得向境外借用外债，外汇管理部门不予批准该企业的外汇借款结汇，外汇局不予办理外债登记和外债结汇核准，总投资额中超出注册资本金的部分外资无法引入境内。

自2006年9月1日起，境外机构和个人通过股权转让及其他方式并购境内房地产企业，或收购合资企业中方股权，未能以自有资金一次性支付全部转让款的，外汇局不予办理转股收汇外资外汇登记。外商投资房地产企业的中外投资各方，在合同、章程、股权转让协议及其他文件中，订立保证任何一方固定回报或变相固定回报条款的，外汇局不予办理外商投资企业外汇登记或登记变更。境外机构和个人在境内银行开立的外国投资者专用外汇账户内的资金，不得用于房地产开发和经营。对于外商投资企业、境外机构和个人购房的资金汇入和结汇，符合条件的允许汇入并结汇；相关房地产转让所得人民币资金经合规性审核并确认符合规定办理纳税等手续后，方允许汇出。以采取蓄意规避、虚假陈述等手段违规设立的外商投资房地产企业，对于此种返程式投资方式并购的，一经发现，外汇管理部门将对其擅自汇出资本及附生收益的行为追究其逃骗汇责任。

外汇管理部门、外汇指定银行对未完成商务部备案手续或未通过外商投资企业联合年检的外商投资房地产企业，不予办理资本项目结售汇手续。外汇管理部门对违规设立的外商投资房地产企业不予办理外汇登记等手续。

十二、外商投资房地产税收的限制

在改革开放初期，为了吸引外资，国家及地方出台了针对外资企业的税收优惠政策，但经过近30年的发展，政策弊端越来越多，最主要的是内资企业与外资企业不在一个公平环境下竞争，新的税收政策要逐步将内资与外资的税收接轨，内外资5年内并轨，使内外税负一致。因此，最新的规定是各地不得擅自出台对外商投资房地产企业的优惠政策，已经出台的需要清理整理并予以纠正。

十三、反垄断审查

依据《反垄断法》及《商务部关于外国投资者并购境内企业的规定》的规定，外国投资者并购境内企业达到《国务院关于经营者集中申报标准的规定》规定的申报标准的，应当事先向商务部申报，未申报不得实施交易。

综上所述，通过对房地产业的限外政策的简单列举，可以发现对外资进入房地产业的限制范围越来越广泛，从主体、程序、出资、并购、外汇、经营范围、税收、投资回报、转投资等方面，尤其是对经营范围的限制在扩大。目前外商投资我国房地产市场面临的最大问题是政策风险，以及《外商投资法》实施之后新旧规定冲突与衔接等问题，但总的趋势应该是内外资一致，放松外商投资的限制。

第四节 外商投资房地产的法律风险及防范

一、外资准入的风险防范

《规范房地产外资准入管理意见》对外商投资房地产的准入条件和经营管理提出了高于国内企业的要求,包括市场准入的条件、资本金、临时证书与营业执照、并购保证函、转让金一次支付、开发管理中的商业存在、对外举债等。防范准入的风险就必须了解外资进入的限制性措施,根据限制的要求达到准入的条件,比如,对资本金的限制就要确定最低境外新增注册资本额。另外,境外投资者通过股权转让及其他方式并购境内房地产企业的,变更登记为外商投资企业之前,须以自有资金一次性支付全部转让金。因此,在并购前还要考虑是否有一次性支付的能力。

二、外商取得土地使用权的风险防范

(一)外商取得国有土地使用权的方式

外商取得土地使用权主要有以下五种方式:出让、转让、划拨、租赁、国家出资入股。对于外资企业来说,经过批准,外商缴纳土地使用费也可取得国有土地使用权。以出让方式取得国有土地使用权有四种形式,即招标、拍卖、挂牌、协议。虽然理论上通过上述几种方式都可取得土地使用权,但根据我国现行的规范性法律文件及具体项目的要求,一般外商取得项目的土地使用权有三种主要方式:一是以"招拍挂"出让的方式取得土地使用权;二是以转让的方式取得土地使用权;三是以租赁的方式取得土地使用权,但以租赁的方式取得土地使用权只能自建自用,不能用于开发经营。对于经营性房地产开发用地,原则上实行出让,不实行租赁。外商通过划拨取得土地使用权只能用于图书馆、博物馆等非营利性公益的投资产业,或者限于政府重点扶持的能源、交通、水利等基础设施用地项目。这些项目对外商来说,投资成本太高,且没有盈利的空间,外商对此并没有兴趣,因此,其通过划拨取得土地使用权的可能性极小,即使外商以划拨方式取得土地使用权,仍须缴纳场地开发费(补偿、安置等费用)和土地使用费。在某些特殊的情况下,外商可与中方合作,以中方公司或项目公司的名义取得土地使用权,但该使用权登记在中方名下,外商只能通过协议的方式约定双方的权利义务。

(二)外商通过股权转让或项目转让取得房地产项目开发权的风险防范

(1)如果外商采用股权并购的方式,则股权并购中的目标企业只限于境内非外商投资的股权式结构的公司;如果目标企业是合伙企业、独资企业,或没有进行公司制改制的国有企业和集体企业,外资则不能进行股权并购。只有在上述企业进行公司制改制后,外国投资者才能进行股权并购。

(2)外国投资者并购有限责任公司部分股权或者增资时必须与所有股东进行谈判并取得所有股东同意。但如果并购的是股份有限公司,则无须征得所有股东的同意。

(3)资产并购和外商投资企业的设立要同步进行。按照《商务部关于外国投资者并购境内企业的规定》,外国投资者申请设立企业与并购资产必须同步进行。如果外国投资者先设立一个壳公司,再通过该壳公司购买目标企业的资产在目前是被不允许的,因为没有项目直接设立企业

不会通过审批。资产并购中的资产可以包括全民所有制企业、集体所有制企业、合伙企业等形式企业的资产，这与股权并购略有不同。

（4）资产并购中需要注意资产的抵押权问题。外资采用资产并购的，不需要承担与资产有关的债务，但是资产并购不能免除资产上抵押权等负担，因此，在资产并购时一定要查清资产上的抵押权。

(三) 外商投资土地一级开发

《外商投资法》实施之前的《外商投资产业指导目录》（2017 年修订）中并未有土地一级开发的内容，因此外商投资土地一级开发虽然不受鼓励，但也不受限制，更不被禁止，因此，外商投资土地一级开发不存在法律上的障碍。1990 年 5 月 19 日实施的《外商投资开发经营成片土地暂行管理办法》（已失效）允许外商成片开发。成片开发是外商在取得国有土地使用权后，依照规划对土地进行综合性的开发建设，平整场地，建设供排水、供电、供热、道路交通、通信等公用设施，形成工业用地和其他建设用地条件，然后转让土地使用权、经营公用事业，或者进而建设通用工业厂房以及相配套的生产和生活服务设施等地面建筑物，并对这些地面建筑物从事转让或出租的经营活动。因此，有人认为该文件的废止实际上意在禁止外商投资土地一级开发。笔者不认同这个观点。首先，"土地成片开发"与"土地一级开发"是两个不同的概念，外商进行"土地成片开发"必须取得土地使用权，否则无权开发；而"土地一级开发"是政府委托一级开发实施单位，按照一级开发的程序，使"生地"变为"熟地"，然后由政府出让土地使用权。其次，土地一级开发并未出现在《外商投资产业指导目录》中，因此，外商投资土地一级开发不属于禁止事项，外商投资土地一级开发不存在法律上的障碍。《外商投资法》实施之后，外商投资土地一级开发也不存在法律上的障碍。

(四) 外商使用集体所有土地的特殊规定

根据《土地管理法》及其相关配套规范性文件的规定，外商使用集体所有土地仅限于公益事业和基础设施项目建设，在不改变集体土地性质的条件下，由农村集体经济组织以土地使用权入股、联营的方式与外商共同举办的外商投资企业，才可以使用集体土地，但外商投资房地产开发项目用地仅限于使用国有土地。

外商投资房地产，首先应该弄清楚土地使用权的性质、来源及法律效力。尤其是地方政府为招商引资，直接违反法律规定提供土地给外商使用。遇到此类项目，外商应查清土地的性质是国有土地还是集体土地，如果是国有土地应弄清楚是划拨还是出让。外商应在投资合同中明确约定中方负责办理土地出让手续的期限，若是集体土地则应在合同中约定中方负责办理由当地政府签署的集体土地征收批文的期限，以避免承担不必要的投资风险。《土地管理法》和《土地管理法实施条例》中涉及的集体经营性建设用地入市也应当适用于外商投资的主体。

三、合作或联合开发的风险及防范

(一) 合作开发中的提前购入

案例：1999 年中国某房地产公司与日本某株式会社签订合作合同，约定由中方出地，日方出钱合作开发北京市朝阳区某房地产项目，建成的房屋按照建筑面积由双方四六分成。合同签订后，日方不想与中方合作，想单独开发，于是双方签订提前购入合同，由中方将其所应分得的面积卖给日方,日方向中方支付转让款,这样,该项目实质上就变成外商单独开发。

上述案例发生在限制政策之前,在当时的环境下还存在现实履行的可能性。但对于合作中的提前购入,当时也存在争议。主要争议在于提前购入合同是否有效。一方认为,中方根据该合同将其在合作合同的权利义务转让给了外方,且在转让后不承担合作公司的任何风险,合作公司在实际操作上由两家合作经营变成一家独资经营。提前购入合同在程序上不合法,因该合同对合作合同的内容和合作形式作了重大变更,而该变更应当经原审批机关批准,未批准则不具有任何法律效力。提前购入属于房屋预售行为,项目未取得预售许可证提前销售违法。购入合同在履行过程中有逃汇、避税行为等,因此合同无效。另一方认为,该提前购入合同在本质上属于买卖协议,不属于股权变更协议或对合同的修改协议,因此合同有效。在限外政策实施之前,提前购入有争议,但勉强可以认定提前购入合同有效;限外政策实施之后,因涉及外商购买的限制,因此必须经过审批,否则无法履行。

(二)合作开发中房屋预售款的冲抵问题

合作开发中房屋预售款不得冲抵投资,不得参与分配。《最高人民法院关于审理涉及国有土地使用权合同纠纷案件适用法律问题的解释》第二十条规定:"合作开发房地产合同的当事人要求将房屋预售款充抵投资参与利润分配的,不予支持。"如果合作一方出资不到位,能否以房屋预售款冲抵投资?我国现行的房屋预售制度为出资方在未按照合同约定全额出资前以预售款冲抵出资提供了可能,有些合作房地产开发的一方以此种方式来融资,但房地产合作开发中以房屋预售款冲抵投资且参与分配的行为实质是违约行为,因为预售款是双方合作开发项目利润的一部分,而如果以预售款冲抵出资一方的出资,实质上是对合同守约方利益的侵害,违反了民法的公平原则,也与合作开发据以确定的利润分配比例相矛盾。

(三)合作开发中决策权冲突的风险

案例:北京市朝阳区某农工商公司、塑料电器厂与日本某株式会社于1993年11月成立中外合作的房地产公司,日方出资55%,中方农工商公司以土地使用权作价出资25%,塑料电器厂出资20%。合营公司设董事会,为公司的权力机构,其中中方委派2名董事,日方委派3名董事。合作协议中约定出席董事会会议的法定人数为全体董事的2/3,不够2/3人数的,决议无效。董事长由日方董事担任,中方委派董事担任总经理。合作协议签订后,双方共同组建房地产公司,开发了某小区,其中住宅楼一栋,商业写字楼一栋。在经营过程中,住宅楼销售了一栋,商业及其他两栋住宅出租。2010年,因房屋价格上涨,日方想将剩余房屋全部卖掉,将公司清算。中方认为,公司尚有100多名中方员工,必须解决中方员工的就业问题,认为公司开发的项目应该继续出租经营,并打算投资对剩余的房屋进行装修,以提高租金,增加公司的收入。因意见不一,中日经营双方产生分歧。日方不采取理性的方式解决经营中的分歧,而是采用暴力手段,纠集社会闲散人员,将中方经理赶出办公室,并在经理办公桌上插上尖刀进行威胁,抢走公司的财务章、公章等。中方经理报警后,日方却直接向外交部及驻华大使馆告状,且约见国际媒体,谎称中方侵犯其财产权,企图将合作纠纷政治化、国际化,向中方施压。

对于合作开发中的中外双方的纠纷应该在法律的框架内解决,但面对外方某些无理的要求也不能软弱,必须坚持底线和原则。

四、外资股权并购的风险防范

外资股权并购主要是指外国投资者购买境内房地产开发企业股东的股权或认购境内房地产开发企业增资,使该境内房地产开发企业变更设立为外商投资企业。外资房地产企业股权并购实质上是外资取得被并购企业的开发项目,即土地使用权或在建工程所有权。

(一)外资股权并购应符合我国规定的外商投资方向和产业指导政策

按照规定,我国禁止外资企业在禁止类领域进行境内投资;对外资企业在限制类领域的境内投资,则由被投资企业所在地的省级商务主管部门或商务部审批。因此,在投资房地产之前,应该了解投资的房地产属于禁止类、限制类还是其他类别,否则无法实现投资目的。

(二)外资并购应注意的其他问题

外资房地产股权并购除了应关注房地产项目状况、项目公司劳动人事、项目公司股东出资、转让股权本身属性、项目公司财务、项目公司重大合同、项目公司债务状况、重大诉讼仲裁状况等,还应重点关注以下问题:①项目公司的性质对并购的影响(国有、外资、上市公司);②并购合同的有效性;③项目公司并购中是否存在国有股权;④土地使用权出让合同中是否存在限制并购条款。

五、外资资产并购的风险防范

外资资产并购是指外国投资者设立外商投资企业,并通过该企业协议购买境内企业土地使用权且运营该土地,或外国投资者协议购买境内企业土地使用权,并以该土地使用权投资设立外商投资企业运营该资产。在房地产新政实施之前,有些外商以转让土地使用权或包销的形式规避项目转让。这种行为表面上是转让土地使用权,但转让土地使用权的结果是转让了整个建设项目,因此转让行为应经审批部门批准。以包销形式规避项目转让的风险在房地产新政实施后已无实现的可能,因为这种形式属于房地产项目买卖,现行的政策对此限制严格。

(一)资产并购的优缺点

以资产并购的方式转让项目,因项目产生的债权债务由出售资产的境内企业承担,对外商投资企业有利,无须为被收购方承担债务,但资产交易双方税负比股权收购重,收购成本较大。另外,根据《商务部关于外国投资者并购境内企业的规定》,出售资产的境内企业应当在投资者向审批机关报送申请文件之前至少15日向债权人发出通知书,并在全国发行的省级以上报纸发布公告。这样的规定强化了对债权人的保护,增设了资产并购时的通知债权人义务的前置程序,使资产收购增加了不确定性风险。

(二)资产并购应注意的其他问题

①卖方对相关资产是否享有处分权;②相关资产是否有法律纠纷或诉讼;③企业或资产控制关系的改变是否影响重要协议的签订或履行;④协议中有无不当竞争条款或对目标公司运营能力的其他限制;⑤主要协议中有无禁止转让的条款;⑥有无其他法律障碍。

六、对外合同关系的风险防范

外国投资者在并购后需要开发经营并购的项目,无论是股权并购还是资产并购,都涉及原目标企业在开发经营项目时对外签订的合同。如果是股权并购,则所有的合同都应承受;如果是资产并购,也应承受部分合同。收购企业在收购后,如何零风险或以极少的成本平稳地由外国投资者概括承受原目标企业对外签订的合同,又避免承担目标企业签订对外合同产生的法律责任,是外资企业应重点考虑的问题。比如,在股权并购中,并购方在合同签订后正式成为股东之前,被并购方的公司情况可能发生变化,出资一方的股东并不能真正控制被并购的公司,解决的办法,一是并购方在签订协议后立即派驻高级管理人员进驻被并购的公司,控制被并购公司的经营情况变化,比如,签订重大影响双方合同的协议,尤其是处理公司财产的协议,或是对公司利润分配、劳动关系的约定等;二是在合同中要求将对披露信息的真实性保证作为签署合同的前提条件或注资的前提条件之一;三是根据分别分析对外已经签订的合同的不同情况,或继续履行或选择解除。

七、运营资产交割的风险防范

无论是股权并购还是资产并购,并购方并购实际上都是希望得到目标公司可持续经营的业务,包括可经营的设备、知识产权、人力资源、客户及营销网络、供应商、商业信誉等。为保证并购后的正常运营,运营资产的交割非常重要,这直接影响公司的利润及后续发展,因此,并购方要能够判断并且量化并购交易的潜在风险。并购的关键点是交割完成之时,而交割的先决条件又有诸多构成要素,例如,要真实、全面、准确地披露交割标的的实际状况,确认某种状况是否存在,正常的运营要求(如不能裁员、不能对外提供担保),并购的业务要有持续经营性,确定在尽职调查中发现的问题已经妥善解决,有关的政府手续均已办结。另外,还要关注交割的后续承诺,例如,关注并购方持续经营的保障性承诺,确保被并购方不泄密、不竞争、不违反同业竞争限制,尤其是要注意被并购方违反交割承诺之后的赔偿条款的规定。除此之外,还要掌控相关法律文件的签署及交割的过程,注意交割义务的顺序等细节问题。

八、税收的风险防范

根据我国税收法律制度的规定,外商投资房地产,无论通过股权并购还是资产并购,都会产生税费,应当依法缴纳各种税费。比如,资产并购时,涉及土地使用权的转让,产生的税费有土地增值税、增值税、所得税、印花税、契税等,其中,资产并购方应当承担的税负有印花税和契税,资产出让方应承担的税负有增值税、企业所得税、印花税。由于巨大税负的存在,必然会加大收购方收购成本。外商在投资房地产时,必定会考虑投资产生的税费,因此投资者必须将税费列为投资的成本之一进行考虑。

九、外汇管理的风险防范

(1)外汇管制的不确定性和汇率变动会对交易价格产生影响。目前我国仍然采取外汇管制的政策,政策的不确定性及汇率的变化直接影响到交易的价格,从而影响交易双方的利益,因此,在确定交易价格时必须考虑交易的币种及汇率的变化、外汇管理政策的变化等因素。

(2)目前以境外投资者的名义开立临时性的专用外汇账户已不可能,不能以外汇账户内的外汇办理验资手续。

十、外商融资的风险

目前境内房企获取贷款的难度加大,再融资政策全面收紧,只能加速构建多元化的融资渠道,发行海外债券、股东境外借款等成为融资选择,很多境内开发企业到海外融资,外资"曲线"进入中国楼市。

(一)股东借款的风险防范

(1)《外债管理暂行办法》及房地产新政对房地产企业股东借款有特别要求。境内中资企业等机构举借中长期国际商业贷款,须经批准。国家对境内中资机构举借短期国际商业贷款实行余额管理,余额由国家外汇管理局核定。国家对境内外资金融机构举借外债实行总量控制,具体办法另行制定。外商投资企业举借的中长期外债累计发生额和短期外债余额之和应当控制在审批部门批准的项目总投资和注册资本之间的差额以内。在差额范围内,外商投资企业可自行举借外债。超出差额的,须经原审批部门重新核定项目总投资。

房地产限外新政规定,外商投资房地产企业注册资本金未全部缴付的、未取得《国有土地使用证》的,或开发项目资本金未达到项目投资总额35%的,不得办理境内、境外借款,外汇管理部门不予批准该企业的外汇借款结汇。

(2)外商可采用对外担保的方式防范对内资股东借款的风险。境内机构对外担保应当遵守国家法律法规和外汇管理部门的有关规定。境内机构不得为非经营性质的境外机构提供担保。未经国务院批准,任何政府机关、社会团体、事业单位不得对外担保。境内机构对外签订借款合同或担保合同后,应当依据有关规定到外汇管理部门办理登记手续。国际商业贷款借款合同或担保合同须经登记方能生效。在对外担保的形式上,目前中国法律明确禁止采用留置和定金的形式,但允许附条件对外保证、对外抵押和对外质押的担保形式。

基于上述担保的限制性规定,在股东对外借款中,可采取三种方式提供对外担保:一是其他的股东作为保证人向并购方作出保证,二是以股权作为质押担保,三是以国有土地使用权抵押作为担保。上述三种担保方式并非全部适用,而是附带条件的。只有对外抵押在法律上是没有障碍的。法律允许抵押人以自己有处分权的国有土地使用权、房屋和其他地上定着物办理对外抵押,不需要外汇管理局的事前批准,但须到外汇局办理对外担保登记手续并应当到相应部门办理抵押物登记手续。

(二)外资 PE 投资国内房地产业的风险防范

外资 PE 投资国内房地产业主要通过设立 SPV(Special Purpose Vehicle,特定交易机构)公司的模式进行。SPV 模式受到《商务部、国家外汇管理局关于进一步加强、规范外商直接投资房地产业审批和监管的通知》的严格限制。为了规避这种限制,又产生了 SPV 模式的变型,即期权 SPV 模式。SPV 是指处于发起人和投资者之间,具有单一目的购买应收款和发行这些应收款抵押债务,从而为购买融资的交易机构,其优势在于避税、免收股权收益金。SPV 模式有利于税收规制,也有利于基金公司在境外快速退出。SPV 允许应收款与发起人破产的风险分离。

(三)房地产投资基金的风险防范

海外房地产基金最初都是以房地产开发企业的身份参与到房地产市场中。2002 年以后,许多海外房地产基金选择投资成熟的物业或与国内房地产开发公司成立私募投资基金的投资方式。在2006年《规范房地产外资准入管理意见》公布之后,海外房地产基金呈现加速的态势进入中国,国内相对落后的房地产金融市场给了海外房地产基金进入中国的机会。海外房地产基金的投资对象一般是有着相对成熟的物业、明晰产权的地产。另外,海外房地产基金一般只与有规模的大型企业合作,最需要资金的中小型房地产企业没有条件和机会与海外房地产基金合作。目前国内企业对境外房地产基金相对生疏,对交易架构缺乏了解,在交易中处于被动。

1. 海外房地产基金在国内的投资方式

海外房地产基金在国内的投资方式可以归结为以下五种。

(1)项目直接开发方式。直接参与项目投资是海外开发基金投资的一种方式,但这种方式并不是地产基金最擅长的,因此,直接开发的方式在逐渐转型,近些年已较少见。

(2)资产收购方式。资产收购方式是海外房地产基金直接收购在建项目或建成的房屋,然后通过专业管理团队经营,取得长期稳定的现金流回报。

(3)项目贷款方式。项目贷款和国内的信托资金类似,归还贷款时不一定以货币资金的形式归还,可以采用其他方式归还贷款,如占有物业股份或者部分占有股份。

(4)基金委托投资管理方式。基金委托投资管理是指海外房地产基金在国内寻找一个合作伙伴,由合作伙伴来负责项目的寻求、投资和运营等一系列程序,海外房地产基金专注于融资。

(5)合作房地产开发方式。海外房地产基金通过与国内开发企业成立房地产基金或项目公司,直接投资房地产,依靠房地产金融来获利。

2. 海外房地产基金的风险防范

海外房地产基金存在投资项目风险、市场风险、信用风险和管理风险。防范这些风险需要建立规避风险的机制,从源头控制项目风险,在尽职调查时过滤风险过高的项目。进行多元化、多区域、多类型项目投资,建立风险分散机制。对于股权投资的,要安排管理人员和财会人员控制公司的运营或进行监控,同时防范风险。

十一、清算的风险防范

(一)清算所适用的规范性法律文件

清算适用《公司法》《外商投资法》及相关规范性法律文件。

(二)清算的分类

清算可分为主动清算与指定清算。主动清算是公司依法组成清算组,提出指定清算的主体是债权人、股东。指定清算是债权人或股东申请人民法院指定清算组进行清算。适用指定清算的情形有:逾期不成立清算组进行清算(债权人);虽然成立清算组但仍拖延清算(债权人或股东);违法清算可能影响债权人或股东利益(债权人)。

(三)清算的法律后果

企业清算的法律后果是终结财产与法律关系、了结债权债务关系以及消灭公司的法人资格。

(四)清算的法律风险防范

清算要对公司的员工进行经济补偿,而且要提前偿还公司的债务。清算还涉及税务清缴及海关手册的问题。清算企业应当在审批机关批准进行财产清算的15日内或在法院裁定准予企业破产生效之日起的 15 日内,持审批机关的批准文件复印件、进口征免税物资清单、海关核发的《征免税证明》《登记手册》等,向主管海关申请办理减免税进口物资的销案手续。清算企业应当交回《报关注册登记证明书》《报关员证》等有关证件。税务清缴手续完成后,税务部门出具企业清算后的完税证明。

根据《外汇管理条例》和相关规定,依法终止的外商投资企业的中方投资者在清算后分得的所有外汇净资产,应当根据银行结汇制度的规定,全部卖给外汇指定银行,不得保留现汇。其分得的人民币则可以自行在境内使用。

企业清算后外方投资者分得的人民币净资产可以向外汇管理局申请购汇汇出或携带出境。对于其所拥有或分得的外汇资产净值,可以向外汇管理局申请从原企业的外汇账户中支付汇出或携带出境。

(五)清算的注意事项

(1)清算组应按照《公司法》的规定组成,即有限责任公司的清算组由股东组成,股份有限公司的清算组由董事或股东大会确定的人员组成。有特殊规定的,按照特殊规定执行。

(2)应处置在清算时未到期的债权。

十二、境外投资者退出机制的风险防范

投资退出机制是指投资机构在其所投资的企业发展到一定的阶段或特定时期,将所投的资金由股权形态转化为资金形态的机制,即变现的机制及相关的配套制度安排。一些投资者,特别是外国机构投资者,会根据国际市场的变化、投资环境的变化和机构本身的发展战略随时调整其投资计划,因此,境外投资者(特别是一些跨国公司和投资基金)决定在中国投资的同时肯定会考虑退出的问题。目前外商在境内直接投资的退出机制主要有境外股份上市、国内股份上市、离岸股权交易、国内股权交易、管理层收购、股份回购和公司清算等多种形式,但在法律上受到一些限制,因此,外商投资时需考虑退出机制对投资的影响。下面简单介绍几种退出机制的风险及防范措施。

(一)境外控股公司上市退出

对于境外投资者而言,通过境外控股公司上市而退出境内投资是最理想的退出方式之一。境外控股公司上市退出的前提条件是投资者在投资之前先设立离岸公司,对该公司进行控股,由控股公司对境内投资,投资者实际上间接控制在境内的项目公司。境外的公司想退出时,可通过控股公司上市,经过禁售期后出售其持有的公司股份从而从境内的投资退出。

(二)境外上市退出

外商投资企业可通过重组在境内设立股份有限公司,经国务院证券监管部门批准,直接申请发行境外上市外资股并在境外证券交易所上市。外商境外上市的依据是中国证监会 1999 年公布的《境内企业申请到香港创业板上市审批与监管指引》的通知,即外商投资企业经过重组后以外商投资的股份有限公司形式申请到境外主板或创业板上市并不存在法律障碍。外商投资的股份有限公司申请境外上市时,可通过发售一部分现有股份退出在股份公司的投资,也可以在公司上市后向其他投资者转让所持有的公司股份退出投资。

(三) 境内上市退出

外商投资者可通过在境内发行 A 股和 B 股,在上交所和深交所上市后退出。境内外商投资企业发行上市 A 股的依据是对外经济贸易合作部和中国证券监督管理委员会于 2001 年印发的《关于上市公司涉及外商投资有关问题的若干意见》(已失效),即符合产业政策及上市要求的外商投资股份有限公司可以在境内发行 A 股,但外企上市后,其外资股占总股本的比例不低于 10%。

(四) 离岸股权交易退出

这种退出方式的前提条件仍然是外国投资者设立离岸公司,通过在境外的股权交易将股权出售给其他投资者退出。因此在境外股权交易时,无须出让在境内的外商投资企业的股权和取得有关主管部门的批准。

(五) 国内股权交易退出

境外投资者可以通过向所投资的外商投资企业的其他股东或第三方转让所持有的股权而退出原有的投资。股权的受让方既可以是其他境外投资者,也可以是境内的投资者。

(六) 管理层收购(MBO)退出

管理层收购这种退出方式在市场经济发达的国家比较常见,目前不限制境内的自然人直接收购外商投资企业的一部分股权。一般由公司的管理层先设立一家投资性公司(壳公司)来受让外商投资企业的股权。

(七) 股权回购退出

目前国内的现行法律禁止股份有限公司收购本公司的股票,因此,如果是上市公司的股权,境外投资者通过外商投资企业对投资者进行股权回购将违反现行的法律规定。

十三、律师在外商并购中的作用

律师在并购中的作用非常重要,律师在并购中可以提供法律咨询、接受委托进行尽职调查、设计并购框架方案、起草并购协议、对并购风险进行防范等。

(一) 外资股权并购房地产企业律师尽职调查的主要内容

外商并购的风险防范是复杂的工程,具体风险包括法律风险、财务风险、环境风险等,并购成功是多种因素共同作用的结果。境外投资者以并购方式进入中国房地产市场,需要聘请专业律师对相关情况进行尽职调查,了解被并购房地产开发公司的股东、项目、债权债务、资产等情况,根据调查结论分析并购中的法律风险,进而设计交易的框架,然后根据框架协议起草一系列法律文件。通常,法律尽职调查包括以下方面内容。

(1) 主体资格。在对主体资格进行调查时,应当主要审查如下文件和资料。

①企业法人营业执照正本和副本。主要审查营业执照上记载的主要内容,包括名称、住所、法定代表人、注册资本、企业类型、经营范围、营业期限和成立日期、年检信息等,核对以上内容与房地产企业开发资质、公司章程、合资合同等其他主体资格的内容是否相符,记载的情况(即在市

场监督登记主管机关登记的情况)与现状是否相符,通过上述审核,判断企业是否具有合法的主体资格。另外,注册资本涉及境外投资者入股金额和入股后所占比例,而组织形式和股东数量及其性质是决定并购方式和交易框架协议的关键因素之一,因此必须调查清楚。

②相关政府审批文件或材料。比如,房地产开发资质、开发项目相关的审批手续,包括项目立项、规划审批,交通、环保、园林、绿化、人防、消防等审批,用地审批,房屋拆迁许可证,施工许可证,商品房预售许可证及其他与项目开发建设相关的其他资料。

③出资协议或合同。通过审查出资协议或合同了解各方股东之间约定的权利义务及交易对象是否已经按照协议或合同的约定享有权利、履行义务,以帮助律师判断交易目的能否实现以及交易成本和风险等问题。

④企业章程。审查章程了解股权转让是否合法,了解章程中规定的内容是否存在与法律规定不一致的情况,并应将章程中的有关内容与审批文件、出资协议等进行核对,确认是否一致。

⑤出资情况。审查出资人是否按照法定或约定的出资期限履行了出资义务、非货币资产出资是否已经完成所有权的转移、出资方式等情况。

⑥目标公司的组织结构。审查的具体内容包括公司的管理架构,公司高管的聘任文件,公司的各管理人员及其职责、权限,公司高管在其他企业任职情况等。

⑦项目合法性。境外投资者应当委派律师审核项目公司持有的关于房地产项目合法审批及项目信息的相关证照,包括但不限于《国有土地使用证》《建设用地规划许可证》《建设工程规划许可证》《建设工程施工许可证》等,以确定项目公司拥有经批准的合法开发权及项目的商业价值。

⑧其他主体资格相关的文件和资料。

(2)分支机构。在对分支机构进行尽职调查时,应当审查该分公司的营业执照及其他能够明确反映该分公司有关经营及财务情况的合同、账簿、凭证等文件和资料。如果分公司的营业执照记载的登记事项曾发生变更,应当要求对方提供自分公司设立至今的所有营业执照。

(3)资产。调查资产、负债和所有者权益。资产调查的主要内容如下。

①房屋及在建房屋。对房屋调查,重点应放在房屋的权属状况。具体调查内容如下:审核企业的不动产权属证书、房屋共有权证、房屋他项权证,核对房屋面积、坐落、所有权人、原值、已使用年限、累计折旧、净值、抵押状况、查封等情况。在审查房屋权属证书的同时,还应审核房屋取得的方式,是自建取得,还是通过所有权转移取得,根据取得方式,查看取得过程的法律文件是否合法。对在建房屋的核查重点应放在土地使用权及在建工程项目是否已经取得批准文件及批准文件的合法性。

通过权属的初步审查,发现存在需进一步了解且应进行后续的审查。比如,如果房屋上设定了抵押权(或其他第三人权利),需审查与该抵押相关的主债务合同、抵押合同、抵押登记文件,并要求其说明主债务的履行情况,因为房屋是否设定了抵押权等第三人权利,以及是否办理了抵押登记也是房屋权属情况审查的重点。应审查抵押对收购方的影响、价值及能否实现所有权转移。

②土地使用权(国有土地使用权调查)。具体调查内容如下:查看土地使用权证,了解土地面积、坐落、使用权人、性质(划拨、出让、转让、租赁)、使用年限、抵押状况,调查土地取得方式、土地出让金支付情况(提供有关收款部门出具的出让金发票)及相关权证等。

③固定资产及存货、机器设备等。

④知识产权等无形资产,如商标、专利、著作权及其他无形资产。房地产公司涉及的无形资

产不多,但有些公司对建筑图纸享有著作权或对建筑外观申请过专利权。

(4)债权债务。要求被调查者提供债权债务清单,包括债权债务数额、债权人债务人名称、账龄、是否展期(主要为银行借款合同)、是否有担保,以及发生债权和曾经向债务人行使债权的文件依据。债权债务的形成原因是否合法有效,是否有保证、抵押、质押等担保,主张该债权的诉讼时效期间是否届满,债务人是否具有实际偿还能力。

(5)实收资本、资本公积金及盈余。应当核对公司资产负债表中记录的实收资本数额与其营业执照、章程中记载的注册资本数额是否一致,同时应当核查确认公司的股东是否存在抽逃资本的情况。应当核查公积金的计提和账目是否正确,以确认其账面体现的净资产价值与实际情况相符。境外投资者必须调查清楚原境内股东已经实际缴足了其认购的全部出资,这是控制股权并购法律风险和决定股权收购对价的重要前提之一。如果原股东没有实际缴足出资,境外投资者可以原股东实际已支付的出资额作为此次股权收购的对价。另外,如果原股东存在虚假出资、抽逃资金等行为,境外投资者一旦入股成为项目公司股东之一后,则有可能被追究补足出资的连带责任。因此,律师应会同会计师通过审核验资报告、项目公司财务报告等文件,向境外投资者提供真实有效的信息,以便境外投资者在决定是否并购及价格时有充足的法律依据,并有效避免法律风险。

(6)税务。调查房地产公司是否办理税务登记并领取税务登记证、是否享有税收优惠政策,以及是否存在拖欠税款或受到税务机关处罚的情况。

(7)对外担保。依据《公司法》、公司章程,审查公司的对外担保情况,是否提供了反担保,按照担保的主要三类,即保证、抵押与质押来审核对外担保。

①保证。调查保证的金额、债务人(被保证人)名称、债权人名称、债务人(被保证人)履行债务情况。审查主债务合同、保证合同、协议或者其他保证文件,并审查其保证行为和保证合同是否存在可能被认定无效的情况。应当审查确认公司保证的方式和责任范围。审查确认公司提供的保证期限是否已经届满,保证责任是否已经解除或终止,是否有其他保证人。

②抵押。调查内容如下:抵押的财产、抵押权人名称、债务人名称、债务金额、抵押权行使的条件和期限。要求提供主债务合同、抵押合同、协议或者其他抵押文件;审查其是否已经在抵押登记机关办理了抵押登记。对于法律规定应当办理抵押登记的抵押合同,在登记后才生效。应当通过对有关文件的审查,确认抵押权的期限是否已经届满,抵押权是否已经消灭。

③质押。调查内容如下:质押的动产和权利、质权人名称、债务人名称、债务金额、质押权行使的条件和期限。要求提供主债务合同、质押合同、协议或者其他质押文件;审查其是否已经在质押登记机关办理了质押登记。对于法律规定应当办理质押登记的质押合同,在登记后才生效。应当通过对有关文件的审查,确认质押权的期限是否已经届满,质押权是否已经消灭。

(8)重大合同。对合同的审查应贯穿对公司各方面情况的调查过程,包括下列各类合同:借贷,委托,动产与不动产的买卖、租赁,各类担保合同,以及可能对公司的资产、负债、权益和经营成果产生重大影响的合同。调查内容包括合同金额、合同性质、合同履行情况等。

(9)行政处罚情况。应审查有关行政处罚的情况说明,包括行使行政处罚权的机关、处罚理由、处罚结果、对处罚结果的执行情况等,并应要求其提供与此相关的文件和资料,判断处罚对收购方的影响,如对违法使用土地的处罚等。

(10)重大诉讼。了解存在诉讼(或仲裁)的情况,包括所有正在进行的诉讼和判决(或裁决)后未执行完毕的诉讼的当事人、争议金额、争议事由、裁判结果、执行情况;财产是否被有关机关采取查封、冻结、扣押等强制措施的情况,可能存在潜在的诉讼。

(11)劳动合同。审查劳动合同的签订情况、工资福利待遇情况、是否与员工存在劳动纠纷等,还应审查管理层是否持股或期权安排、管理层合同能否解除等情况。

(12)调查项目公司和其关联企业之间的关联交易。

(13)项目公司购买商业保险和社会保险缴纳的情况。

(二)外资并购律师法律意见书

(1)出具法律意见书的依据。主要说明律师出具法律意见书所依据的相关规范性法律文件及资料。

(2)出具法律意见书的范围。主要说明律师出具的法律意见书所要解决的问题。

(3)律师的声明事项。这部分内容是律师对一些重要事项的单方强调,主要是表明其所承担的法律责任的范围。

(4)法律意见。这是法律意见书的核心部分,是律师对所要确认的法律问题给出的最终结论。

示例:某某律师事务所出具的法律意见书模板(节选)

X公司:

某某律师事务所接受X公司委托,担任专项法律顾问,根据本法律意见书出具日前已经发生或存在的事实,以及我国现行规范性法律文件的规定,就X公司收购Y公司股权(或资产)的有关事宜,出具本法律意见书。

本所出具法律意见书的范围如下。

(1)根据某某律师事务所与X公司签订的《律师专项法律服务协议》,某某律师事务所审核以下(但不限于)事项后给出相应的法律意见,并给出最终法律意见。

①X公司收购Y公司股权(或资产)的主体资格。

②Y公司出让股权(或资产)的主体资格。

③本次收购协议是否符合相关法律规定。

④律师认为需要审查的其他事项。

(2)某某律师事务所仅就与X公司收购Y公司(或企业)股权(或资产)有关事宜发表法律意见,不对有关会计、审计、资产评估等专业事项发表意见。

本所就以下事项发表声明。

(1)某某律师事务所出具本法律意见书,是基于X公司已向某某律师事务所承诺,某某律师事务所审核的所有原始书面材料、副本材料均为真实可靠,没有虚假、伪造或重大遗漏。对于某某律师事务所审核的文件原件的真实性,某某律师事务所没有再作进一步的核实。

(2)某某律师事务所经过认真审核,证实所有副本材料、复印件和原件一致。

(3)对于本法律意见书至关重要而又无法得到独立证据支持的事实,某某律师事务所依托有关政府部门、会计师、评估师、X公司、Y公司或其他单位出具的文件发表法律意见。

(4)本法律意见书仅作为X公司收购Y公司股权(或资产)之目的使用,不得作任何其他目的。

(5)某某律师事务所同意将本法律意见书作为必备法律文件,随同其他材料一同上报,并愿意承担相应的法律责任。

(6)某某律师事务所未授权任何单位或个人对本法律意见作出任何解释或说明。

(7)某某律师事务所已严格履行法定职责,遵循了勤勉尽责和诚实信用原则,对 X 公司收购 Y 公司股权(或资产)相关事宜进行核查验证,保证法律意见书不存在虚假记载、误导性陈述及重大遗漏。

有鉴于此,按照律师行业公认的业务标准、道德规范和勤勉尽责精神,某某律师事务所对相关文件和有关事实进行了核查和验证,现出具法律意见如下。

(1)X 公司具有受让 Y 公司股权(或资产)的主体资格(此处应阐述理由)。

(2)Y 公司具有出让 Y 公司股权(或资产)的主体资格(此处应阐述理由)。

(3)本次收购协议符合相关法律的规定(此处应阐述理由)。

(4)综上所述,某某律师事务所认为:X 公司收购 Y 公司股权(或资产)的收购双方都具有相应的主体资格,本次收购协议内容符合相关法律规定,不存在影响 X 公司收购 Y 公司股权(或资产)的重大法律障碍。

(三)律师在股权并购中需起草的文件

律师应该根据尽职调查的具体情况,为并购方或被收购方设计交易架构,起草法律文件,包括但不限于合作框架协议、增资协议、章程、资金监管协议、借款协议、对外抵押协议等。

总之,外资企业兼并收购境内企业存在诸多法律风险,如股权转让协议的起草与签订的法律风险、运营资产过程中与中方员工的产生劳动合同纠纷的法律风险、与目标企业原股东就原有债权债务的内部承担的法律风险、运营资产交割的法律风险、资产的隐性责任风险等,无论是收购企业还是被收购企业都应慎重对待,避免这些风险给房地产开发项目带来损失。

第五节 外商投资房地产的税费问题

一、外商投资缴纳的税费种类

外商投资房地产根据具体情况不同,可能缴纳下列税费:契税、土地增值税、增值税、房产税(城市房地产税)、消费税、印花税、企业所得税、耕地占用税、城镇土地使用税、城市维护建设税和教育费附加税等。

二、外商投资的税收筹划

(1)股权转让中应注意转让方未缴纳的隐含土地增值税。在股权转让中,如果外商通过受让股权的方式取得项目的开发权,在受让过程中,转让方的土地增值,以股权溢价的形式转让,转让方股东只需要缴纳所得税,无须缴纳土地增值税,但受让方股东在开发项目的过程中,将来进行土地增值税清算时,这笔费用肯定由受让公司承担,因此,外商通过股权方式取得项目开发权时一定要在谈判中考虑土地增值税的问题。

(2)考虑设立离岸公司。

(3)其他通用的税务筹划参见本书第九章。

第六节　对外投资房地产的法律风险及防范

改革开放之前,除在中国香港地区接收企业之外,中国基本没有对外直接投资活动,1979年之后才有对外的直接投资活动。中国企业对外投资可以分为三个阶段:初始试验阶段、发展阶段、加速发展阶段。据2021年统计数据,中国在全球范围内的对外直接投资金额达1451.9亿美元。① 从近些年的政府工作报告可以看出,国家目前支持有条件的企业开展海外并购,落实企业境外投资自主权。对于房地产行业来说,海外投资的风险较大,主要问题在于企业或投资者个人对投资国房地产方面的法规、政策、投资环境,以及市场、历史文化背景、语言等缺乏了解,缺少具有相关国际经验的专业人员,因此,对外投资房地产必须特别慎重。目前对中国企业或个人来说,海外投资房地产缺少的并不是资金,而是运作资金的经验、技能,也缺乏对投资国全面深入的了解,以及对全球及投资国经济走势的敏锐度和准确研判。

一、中国资本投资海外房地产的现状

目前中国对外直接投资的企业整体规模和行业分布还是相当有限。从行业构成来看,中国企业海外投资集中于运输、建筑、石油、钢铁、矿产、电信等行业,这些行业的总体特点是属于劳动或资源密集型的行业,而对于金融、房地产等资本密集型行业的投资,则属于中国企业对外投资的弱项。

中国资本直接投资开发或进行项目收购的比例较低,但随着中国房地产企业规模、品牌影响力和开发实力的增强,房地产企业也开始利用自身的资源进行海外拓展,近几年国内大型房地产企业投资海外房地产增长迅速,据《新京报》记者整理统计,2012年1月海航集团出资1.26亿美元购入位于纽约曼哈顿中心地带的Cassa Hotel and Residence四星级酒店。上海锦江国际酒店(集团)股份有限公司与美国房地产投资公司德尔集团(Thayer Lodging Group)成立股权对分的合资企业(酒店收购有限责任公司)。2012年12月碧桂园集团在马来西亚新山以人民币21亿元取得住宅项目。2013年4月万科集团通过全资子公司出资1.355亿新元收购新加坡丹那美拉某公寓项目30%股权。2013年6月SOHO中国和巴西财团联手以7亿美元收购美国纽约通用大楼40%的股权。2013年6月万达集团投资近7亿英镑在伦敦核心区建超五星级万达酒店。2013年7月绿地集团收购美国洛杉矶中心区大都会项目,项目总投资达10亿美元。2013年10月绿地集团与森林城公司(Forest City Ratner Companies)共同收购开发后者持有的布鲁克林大西洋广场地产项目的70%股权,总投资预计将超过50亿美元,这是中国房企迄今为止在美最大投资,为20年来纽约最大房地产项目。绿地海外房地产项目经营业务已先后落地亚洲、欧洲、大洋洲。②

---

① 参见国家发展和改革委员会政策研究室:《中国经济深度看｜境外投资发展取得新成效 实现"十四五"良好开局》,载中华人民共和国国家发展和改革委员会官方网站(网址:https://www.ndrc.gov.cn/fzggw/jgsj/zys/sjdt/202202/t20220207_1314366.html),访问日期:2023年12月27日。

② 参见新京报:《证监会:依法审批阿里控股天弘基金》,载新京报官网(网址:https://www.bjnews.com.cn/finance/2013/10/12/287052.html),访问日期:2023年12月27日。

二、投资海外房地产的风险防范

(一) 市场风险

投资者应全面深入地了解投资国或地区的市场,在事前进行大量数据分析工作,包括战略上的评估和业务上的调查。这需要足够的时间和经验,而中国投资者本身的经验和能力可能存在不足,有可能未能对所有的备选方案全面分析便匆匆投标,使得并购成本大大高于实际收益。目前国内一般的投融资咨询大多是进行常识性的分析,但专业人士表示,中国需要与国际接轨,就要进行数据分析,也就是以数据作为最终判断的依据。

(二) 政策及法律风险

政策风险包括国家关系的变化、被投资国工会的态度、政策的变化等,投资者研究国外政策的人力成本的增加会导致总投资成本的增加。投资者还需要研究知识产权的保护和利润的分配机制,因为有些国家对此有法规保障。除此之外,还存在土地权利、房屋权利不明确等法律风险。

(三) 经营管理风险

并购后的企业重组和整合的目的是提高企业的经营效率,主要通过扩大规模经济获得。并购后的整合工作在很大程度上决定投资的成败,对此企业应将整合的重点放在技术和资金的管理方面。

(四) 不确定风险

比如,投资所在国出现政治动荡、军事冲突等,投资者还可能面临文化障碍。跨国并购通常会面临文化的障碍,甚至会出现文化冲突。通过和不同国家的外资企业打交道,对其经济文化背景有较深刻的了解,可以减少对外投资的文化障碍。

投资海外房地产,必须抛弃投资"零风险"的想法,应在可控风险范围内采取风险转移、分担和补偿等方法。

三、对不同地区的投资分述

(一) 对市场经济成熟发达国家和地区的投资

目前境内直接对境外的投资方向有三个:一是中国香港等地区;二是以德国、美国和新加坡为代表的国家和地区;三是东南亚及非洲等发展中国家和地区。德国、美国和新加坡是境内企业重要的投资方向,因为这些国家的企业多年来在境内的投资使双方建立了良好的经济合作关系,在长期的交流过程中,境内企业对这些国家的社会、经济、文化、法律情况比较了解。

美国对境内企业的招商引资工作在各州开展。美国各州一方面对外国投资者的市场准入实行监管;另一方面出于促进经济增长和创造就业的考虑,出台了鼓励外商直接投资的一系列措施,其中包括税收优惠、银行贷款补贴、工资税扣除、现金补助和基础设施配套等。截至2010年,美国已有30多个州在中国注册成立了海外贸易办事处,目的是吸引中国境内企业投资。具体措施有通过提供根据特定业务需求而量身定制的基础设施投资项目、发放州和联邦补助和贷款,以及组织投资者前往各州免费进行正式访问等形式,鼓励境内投资者赴美投资。

但是,联邦项目和在联邦政府调控产业中的投资项目仍随美中关系的变化而变化,受近几年中美贸易争端的影响,房地产境外投资市场的波动较大。

(二)对发展中国家和地区的投资

随着近几年中国劳动力成本及其他成本的增加,以劳动密集型企业为代表的很多企业将生产基地迁往比中国劳动力成本更低的国家和地区。总体上,境内对发展中国家的投资还相当有限,但是这些国家更为低廉的劳动力成本,促使中国将境内市场中供过于求产品的生产移师海外,拓展至非洲、亚洲、拉丁美洲的市场。但这也面临很多问题,如国有化及征收问题、本土化问题、社会治安问题、政局动荡问题。规避上述风险,必须对投资国的政治局势、法律环境及市场变化进行充分评估。

四、海外并购的风险防范

(一)海外并购的基本流程

(1)确立并购目标。
(2)初步接触与谈判。
(3)签订并购意向书。
(4)尽职调查。
(5)资产评估。
(6)确定交易方式。
(7)签订收购合同。
(8)交接公司控制权。
(9)公司并购后的整合,包括公司组织结构的整合、财务整合和人力资源整合。

(二)尽职调查

参见本章第四节律师尽职调查的内容。

(三)海外并购应特别注意的问题

(1)目标公司的劳动关系。大多数国家非常注重对劳动者的保护,劳动者的工资福利待遇直接影响企业的发展,甚至可以说劳动关系直接关系海外并购的成败。因此,在海外并购时,必须重点考虑劳资关系及劳动者的劳动报酬问题。

(2)目标公司的环保事宜。环境保护问题也是海外并购的重点。

(3)目标公司的知识产权事宜。海外并购时,对于知识产权保护的问题,不能认为其可有可无或者不重要,如果轻视对知识产权的保护,那么可能引来严重的法律后果,甚至可能承担刑事责任。

(4)目标公司的垄断事宜。

(5)注意隐性负债的问题。隐性负债是指法律或合同没有规定,但由于公众期望或政治压力,政府必须承担的道义责任或预期责任。一般指资产负债表内没有记录,但是随着时间的推移或者某种因素的改变而显性化的债务。这种债务的显性化可能会造成长时间内企业盈利能力逐步下降,也可能在短期内带来企业资产的突然损失。境内企业投资境外企业时,在交易过程中必须注意隐性负债的风险,忽视隐性负债可能会使并购方交易失败。

案例:1989年11月,某跨国集团决定以16亿美元的价格收购美国燃烧工程公司(Combustion Engineering)。该公司于20世纪70年代生产以石棉作为隔热材料的工业锅炉,后经研究发现石棉是致癌物质,公司的员工陆续以身体健康受损害为由,要求该公司赔偿损失。该跨国集团在收购时没有看到问题的严重性,结果"石棉案"带给该跨国集团总计近12亿美元的损失,该跨国集团因此宣布破产保护。

第六章

建设工程勘察设计监理合规管理及法律风险防范

第一节 建设工程勘察的风险及防范

建设工程勘察,是指勘察人根据发包人的委托,收集已有资料、踏勘、制作勘察纲要,进行测绘、勘探、取样、试验、测试、检测、监测等勘察作业,以及编制工程勘察文件和岩土工程设计文件等。

一、建设工程勘察的风险

(一)勘察单位不具备相应资质或资质不符

工程勘察资质分为工程勘察综合资质、工程勘察专业资质、工程勘察劳务资质三种。工程勘察综合资质只设甲级;工程勘察专业资质设甲级、乙级。北京市于2021年7月1日起取消了丙级资质;工程勘察劳务资质不设等级。取得工程勘察综合资质的企业,可以承接各专业(海洋工程勘察除外)、各等级工程勘察业务;取得工程勘察专业资质的企业,可以承接相应等级相应专业的工程勘察业务;取得工程勘察劳务资质的企业,可以承接岩土工程治理、工程钻探、凿井等工程勘察劳务业务。但有些勘察企业不具备资质,或者具备资质但与所承担的勘察业务资质不符,导致勘察合同无效或者勘察质量低劣,影响下一步的设计或延误工期。

(二)勘察质量低劣

目前开发企业在勘察阶段的主要风险是勘察质量低劣或勘察数据错误导致设计错误,进而引发项目质量问题或安全问题,给开发企业造成经济损失、引发经济纠纷。

案例: 某房地产开发公司(以下简称"开发公司")于2007年年初在某开发区投资开发"国际商贸城"项目,在工程设计施工前,于2007年5月21日与某勘察公司签订《建筑工程勘察合同》,合同约定:开发公司将"国际商贸城"的地质工程勘察项目发包给勘察公司,开发公司支付勘察公司勘察费6万元,勘察公司应于2007年5月28日开工,6月18日按照当时的技术标准提交勘察成果资料给开发公司。2007年6月18日,勘察公司向开发公司提交《岩土工程勘察报告》,后开发公司将勘察公司勘察的地质承载力数值交付某设计工程有限公司(以下简称"设计公司"),设计公司以黏土层为基础持力层作出基础设计。在建筑工程基础开挖后浇筑基础前,某区建设局建筑材料检测站对地基承载力进行轻便触探检测,该检测站经检测于2007年8月24日出具《地基承载力试验报告单》,检测结果为各触探检测点承载力标准值均不符合设计要求。2007年8月26日,工程监理单位以该地基耐力不能满足设计要求,勘察单位提供的详细勘探报告对地基土层(主要是淤泥土)的分布、定名、允许载力、压缩模量的建议值发生失误为由发出《工程暂停指令》,工程停工。某勘察院接到开发公司要求在一周内重新出具正确的地勘报告的函件后,即指派高级工程技术人员赶赴现场,并于8月28日、8月30日前完成了对承载力存在差异的3号楼和6号楼所在地的重新勘察、勘验工作,并向开发公司提交了《地基验槽报告》及相应附图三份。验槽报告的部分结论内容为:6、7、9号楼地基原有一些钻孔因场地原因不能施工,控制程度达不到设计施工要求,应当进行加密完善勘察。勘察院补充完善勘察报告后,开发公司将三份报告即刻传真给了设计公司。2007年9月2日开发公司致函设计公司,要求其根据新地勘报告数据对原设计图纸予以调整或修改。9月3日某工程建设监理有限公司向开发公司发出复工指令。同月8日,设计公司应开发公司要求,根据开发公司提供的建筑勘察设计院勘探队地质报告以圆砾层作基础持力层做出基础修改图。同月17日、22日某市第一建筑工程公司向开发公司,要求补偿因地质原因未满足设计要求而造成误工费损失6万元,开发公司补偿了施工单位。同月13日,设计公司致函开发公司要求因地质报告结果与实际检测不符,而根据建筑勘探队地勘报告全面修改基础施工图请求基础修改费3万元。开发公司随后支付设计工程有限公司增加设计费2万元。2008年5月16日,开发公司要求勘察公司解决因提供的勘测承载力标准值与某建筑工程质量检测站出具的地基承载力试验报告单数值不符而造成的损失问题。

(三) 乱收费

勘察人欺骗发包人或者与发包人的工作人员互相串通,以增加工程勘察的工作量或者提高工程的设计标准等方式,多收工程勘察费或者工程设计费。工程勘察收费基准价不包括以下费用:办理工程勘察相关许可以及购买有关资料费;拆除障碍物,开挖、修复地下管线费;修通至作业现场道路,接通电源、水源以及平整场地费;勘察材料及加工费;水上作业用船、排、平台及水监费;勘察作业大型机具搬运费;青苗、树木及水域养殖物赔偿费有争议等。发生以上费用的,由发包人另行支付。

(四) 延误工期

延误工期一般是因为勘察单位没有相应的专业技术人员或没有相应的工程设备,不具备承接勘察工程的能力,或者勘察单位在某一时间段承接的工程太多,没有精力完成全部工程而造成损失。

二、建设工程勘察的风险防范

(一) 审查资质

建设工程勘察实行资质管理制度,没有资质或超越资质等级而签订的勘察合同可能被认定为无效进而影响工期、项目质量等,因此,开发企业在选定勘察单位之前应首先审查勘察单位的资质。

(二)确定费用

因勘察费用引起的纠纷较多,常见的纠纷是不按时支付勘察费用或对费用的支付条件、时间、工程质量、工程范围有争议等。要避免勘察费用的纠纷应事先确定交易的费用。

(三)建立合同管理机制

通过建立合同管理机制,加强建设工程勘察合同管理。由于建设工程勘察合同严格的要求与自身特点,合同双方当事人在签订合同之前应互相了解对方的资格、资信和履约能力,再就合同的主要条款进行磋商、谈判。

1. 建设工程勘察合同的内容

目前适用的《建设工程勘察合同(示范文本)》(GF—2016—0203)是住房和城乡建设部、国家工商行政管理总局在2016年9月发布的,自2016年12月1日起执行。适用于岩土工程勘察、岩土工程设计、岩土工程物探、测试、检测、监测、水文地质勘察及工程测量等工程勘察活动,岩土工程设计也可适用《建设工程设计合同示范文本(专业建设工程)》(GF—2015—0210)。

2. 勘察合同应补充的内容

目前适用的勘察合同示范文本仍不够细化,开发企业在使用过程当中应补充或细化。笔者认为,开发企业在使用勘察设计合同时应补充或细化以下内容:

(1)因勘察人勘察质量不符合要求,致使发包人工程停工,工程设计单位重新修改设计图纸,要求发包人增加设计费,如果发包人已向设计单位承担了民事责任,则勘察人应向发包人承担民事责任,赔偿由此造成的发包人损失。

(2)如果勘察人提供的勘察成果资料质量不合格,在发包人指定的期限内未开始新的勘察,或者在指定的期间内未出新的勘探报告,发包人有权解除合同另行委托其他勘察单位进行重新勘探。

(3)勘察人在勘察工作范围内因部分地基勘察数值有误,只要在一个立项规划或施工现场内,也应承担全部工程停工的责任。只要监理人责令停工,勘察人应对因该工程停工而致发包人遭受的损失承担民事责任。

(4)误工、窝工的费用,在勘察合同中可约定利息损失也由勘察人承担。即使勘察人重新进行了勘察、勘验工作,最终结果合格,重新提交了新的地勘报告,纠正了误差,但并不能免除勘察人延期的违约责任。将房屋出售或出租的,由于勘察失误,造成出售或出租的房屋不能按时交付,对此,勘察单位应当承担该责任。

(5)合格的标准。勘察工作的内容是整个勘察范围内的地质情况,包括场地岩土工程条件、分析评价与基础方案及其基础施工建设等大量内容,而不仅是承载力这一单项指标数值。即使是地基承载力存在误差,据此也可推定整个地质工程勘察成果报告不合格。勘察人给设计施工单位提供的作为主要技术依据的数据不完整、不准确,比如,勘察人在勘察报告中关于地基土质评价中指出了淤泥质土,但其对该土层的定名不准、厚度、分布范围的描述明显偏小,特别是给出的建议值数据不准确、不完整等。

(6)付款方式的约定。在合同中约定由发包人于合同生效后一定时间段内,比如,7天之内支付勘察单位50%的费用,在勘察单位提交勘察成果资料后7天内付清全部费用。

(7)在合同中可约定分两期出勘察报告。

(8)在合同中约定勘察合同履行过程中,如果存在混合过错,则各自承担相应责任。

(9)在合同中约定勘察的具体要求,包括地基的地质勘察,了解建筑物地层内的土层分布和性质;了解建筑场地范围内有无软弱层及不良地质现象;对建筑地的稳定性质及承载能力提供依据等。开发企业应对勘察人提出如下具体要求:提供勘察范围内的地层分布、土层物理力学性质、地基土持力层层位及其承载能力,并提出基础类型;检测地下水的埋藏条件及侵蚀性;对场地的稳定性及工程地质作出评价,有无不良工程地质现象存在;钻探深度应在持力层基础下一定的深度;提供勘察报告的份数,其中应有勘察钻探点平面图、工程钻探剖面图、土工试验成果(普通分析及有代表性的特殊分析);在持力层应作孔中原位测试;对场地地基作出工程地质评价和建议。

(四)分析勘察报告

对勘察报告应仔细分析,不明确的地方应引起高度注意,并与勘察单位沟通。发现问题应及时通报,采取后续的措施。对于模糊的地方,开发企业应高度重视,不能机械地采用原勘察报告结论和建议的基础埋深,应通知勘察单位补充资料,进一步研究地基处理。除开发企业本身高度注意外,还应在合同中约定勘察人交底的详细规定,必要时可要求勘察人进行风险提示。

第二节 建设工程设计的风险及防范

建设工程设计是指根据建设单位的要求,对建设工程所需要的技术、经济、资源、环境等条件进行综合分析、论证,编制建设工程设计文件的活动。设计单位的合同义务主要包括按约定的时间交付用于施工的设计文件,设计文件施工交底,根据工程进度完成现场施工技术配合(包括对施工中出现工程安全和质量的问题,参与技术分析和提出相关的技术解决方案),参加隐蔽工程,单项、单位工程验收和项目竣工验收。

一、建设工程设计的风险

设计单位的工作内容主要包括制作施工设计文件、设计文件的技术交底、现场施工技术配合、参加工程质量验收等。设计单位的上述工作对于开发企业来说是有风险的,比如,因设计单位原因导致的造价失控、设计错误、设计缺陷、延期交图、图纸未能通过审查,设计单位不具备相应的设计资质导致设计合同无效,设计单位设计不合理或工艺流程不合理导致施工费用增加等问题。因此,开发企业对建设工程设计的风险进行防范是十分必要的。

(一)设计单位未采用限额设计导致工程造价增加

有些设计单位或设计人员重技术、轻经济,随意提高安全系数。设计单位未良好运用限额设计,导致成本失控。比如,在设计高层住宅时,剪力墙过多过厚,由于刚度过大,导致相对侧移值过小,远远小于规范的规定值,这样反而不利于建筑物的抗震,也不经济,增加了开发企业的建安成本。另外,设计精度与深度不够、设计缺陷、错误或遗漏等都能导致工程造价增加。

(二) 设计单位违反法律的强制性规定

根据《建筑法》的相关规定，以下行为可能导致设计合同无效：设计单位承接超越国家规定资质等级许可范围的建设工程设计业务，设计单位被吊销建设工程设计资质证书，设计人员被吊销、收回资质证书期间承接工程设计业务，设计人员私自承接建设工程设计业务，设计单位将全部或部分设计工作转包给了没有相应设计资质的其他单位或个人完成。

(三) 迟延交付设计文件

延期交付设计文件会影响开发企业的施工，进而对开发企业的工期、资金成本等均造成影响。延期交付设计文件的原因很多，如不具备专业技术能力或某一时间设计人同时承接多个设计任务等。

案例： 地处某市繁华地区的某工程，在基础基坑开挖后，由于设计单位的基础施工图延迟交付，造成基坑暴露时间过长，恰逢雨季，基坑灌水，施工单位为了保证施工安全工程本身的地基安全，不得不增加支出采取排水及临时保护措施，防止护坡滑坡。除经济损失外，还造成工期延误，银行贷款利息增加，施工单位向设计单位提出索赔。

(四) 设计错误

设计错误具体表现为未根据勘察成果文件或其他基础性技术文件进行工程设计、计算错误、标示错误，或设计单位屈从于建设单位，违法降低工程质量要求，导致设计不符合工程质量的强制性标准等。

案例： 2009年3月22日11时58分，西部某市某单位锅炉房增容改造项目建设工地，现场施工人员在进行烟道支撑模板拆除作业时，该烟道突然整体坍塌，造成7名现场施工人员伤亡，其中2人死亡、2人重伤、3人轻伤。

经调查，2007年11月15日，某单位与西北某勘测设计研究院签订《建设工程设计合同》，合同约定由西北某勘测设计研究院承担某单位锅炉房增容改造项目的总体设计。发生坍塌的烟道于2008年3月由西北某勘测设计研究院完成结构图纸设计，同年12月烟道开始施工，后应某单位的要求，西北某勘测设计研究院对烟道结构设计进行了部分修改，新增预留接口。

图纸变更后，设计单位未对新增预留接口处是否采用钢筋混凝土拱框、钢筋混凝土过梁等加固措施及采取其他的临时安全措施作出具体说明。在烟道基础施工期间，某单位施工现场负责人段某向西北勘测设计研究院烟道结构设计负责人王某提出，应在烟道设计方案中采取增加圈梁等安全防护措施。王某表示，该烟道结构设计满足安全需要，不需要增加。随后，某单位向西北某勘测设计研究院提出在烟道西侧墙体处增设一处与旧烟道相连的预留接口。王某在没有对烟道结构设计方案变更后相关承载力数据进行重新计算的情况下，向某单位下发了《关于部分设备基础修改的通知》，同意在烟道西侧墙体距烟囱20米处增设一处与旧烟道相连的预留接口，同时将烟道长约20米的4米高度段改为4.5米高。收到该通知后，某单位施工现场负责人段某再次向西北某勘测设计研究院烟道设计负责人王某提出在烟道设计中增加圈梁，但仍未引起设计人员高度重视。烟道施工期间，设计负责人王某曾多次到过烟道施工现场，但未对烟道整体砌筑施工方法、工艺作出指导说明，也没有对施工质量提出异议。

2009年3月22日11时58分,当施工人员在烟道内清理支护模板拆除后留下的扣件和丝杠时,烟道突然发生整体坍塌,将正在烟道内施工的工人李某等4人及1名下班途经烟道施工现场的工人吕某掩埋。

事故鉴定结论表明:西北某勘测设计研究院作为该烟道的结构设计单位,在事故发生后提供的对烟道结构强度复核计算书在计算烟道拱顶受弯承载力时,370墙与240墙拱顶受弯承载安全储备较小,且未考虑烟道北段弧形侧墙及烟道西侧墙体增设的预留接口对烟道结构受力的不利影响。同时,在设计时未考虑在烟道拱底处采取设置钢筋混凝土圈梁及构造柱等构造措施,也未按规范要求设置伸缩缝,导致烟道整体安全性较差。

经对坍塌烟道拱座截面压弯组合应力验算结果表明,烟道拱座截面外墙面受拉边缘均出现了弯曲受拉应力,验算结果与事故现场烟道拱座处外墙面产生了水平裂缝的情况相符。

经分析鉴定,以上是导致烟道整体坍塌的重要原因。根据鉴定结果,认定导致此次事故发生的原因如下:西北某勘测设计研究院设计人员在对烟道结构设计图纸进行变更时,未能对烟道结构强度进行重新计算,没有充分考虑烟道弧形转弯结构段和结构图纸变更后在烟道西侧墙体增设预留接口及变更后需将烟道4米高段垂直侧墙增高0.5米对烟道墙体承载力及烟道整体结构安全产生的不利影响;未采取防范加固的安全措施;未按规范要求设置伸缩缝,导致烟道结构设计方案安全储备较低。同时,该院设计人员违反国家建设工程安全生产的相关规定。在烟道设计过程中,没有考虑施工安全操作和防护的需要,在设计文件中未注明涉及烟道施工安全的重点部位和环节,并未提出防范生产安全事故的指导意见。

(五)设计文件不符合国家规定的设计深度要求

为了保证工程设计文件符合编制深度要求,国家公布了有关设计文件内容和深度要求的一系列强制性规范。目前执行的是2017年1月1日起实施的《建筑工程设计文件编制深度规定(2016)》。根据建筑工程项目在审批、施工等方面对设计文件深度要求的变化,对原规定中部分条文作了修改,使之更加适用于目前的工程项目设计,尤其是民用建筑工程项目设计。《建筑工程设计文件编制深度规定(2016)》与《建筑工程设计文件编制深度规定(2008)》相比主要变化如下:新增绿色建筑技术应用的内容、新增装配式建筑设计内容、新增建筑设备控制相关规定、新增建筑节能设计要求(包括各相关专业的设计文件和计算书深度要求)、新增结构工程超限设计可行性论证报告内容、新增建筑幕墙、基坑支护及建筑智能化专项设计内容。

民用建筑工程设计一般分为方案设计、初步设计和施工图设计三个阶段。对于相对简单的民用建筑工程,经主管部门批准且合同中没有约定初步设计的,可从方案设计直接进行施工图设计。实践中,经常出现设计文件没有错误,但不符合编制深度要求的情况,比如,对设计意图表达模糊或者不明确。设计文件不符合设计深度的要求,既会影响各专业图纸的相互协调,又会影响后续施工准备工作,严重的可能会因施工图标示不明或相互矛盾,导致施工单位的技术人员对施工图纸产生错误理解,又加之设计单位与施工单位交底不清,可能会发生建筑工程质量事故或者安全事故。

(六)设计单位对施工图交底不清

设计单位的义务除按建设单位的要求完成施工图且审查合格外,还应该对施工单位进行技术交底。设计交底就是设计单位就设计文件中的结构、设备等各专业在施工中的难点、疑点,以及设计单位的意图、对特殊的工艺要求,向施工单位作详细说明、解释或答疑,让施工人员正确理解并贯彻设计意图,以确保工程质量和安全。如果设计人员在施工图交底时,尤其是对于在施工中需要特别说明的问题交底不清,可能导致工程质量事故或安全事故。

(七)设计单位违反强制性条款或规范

设计单位在工程设计中违反强制性条款或规范的现象时有发生,有时违反的条款或规范属于常识性的问题,是每个设计者都必须掌握的基本规范。出现这种现象的原因是设计者的经验不足或者责任心不强,造成设计者的疏漏,从而出现违反强制性条款和规范的现象。另外,设计单位在方案设计阶段容易受到建设单位影响,比如,建设单位不知道某些做法违反规范,或者明知道违反规范,但为了降低成本或者出于满足购房者、使用房屋人的要求而故意要求设计单位那么做。这种现象在二、三线城市发生的概率更大。

(八)设计人员缺乏专业知识或经验

设计人员的专业技术知识不扎实,各专业之间配合不到位。有些设计人员专业技术不熟练,缺少实践经验,有的对施工工艺及流程不太了解,未考虑施工的地质条件,未考虑操作安全性,导致设计内容不全、遗漏、缺陷,设计的施工图纸出现问题后又不知如何应对,给施工带来很多麻烦。

案例:A房地产开发公司(以下简称"A公司")和B建筑设计公司(以下简称"B公司")于2008年5月9日签订一份建筑设计合同,约定B公司于2008年7月25日交付A公司设计图(包括结构图、建筑图、水电图、管线图等),但未具体约定图纸交付的条件和标准,也未约定迟延交图多长时间解除合同,只约定了每迟延一天按总设计费的2‰承担违约责任。双方签订合同后,由于B公司股东发生纠纷,导致设计工作几乎停滞,图纸一拖再拖,而且其中有的图纸出现了明显的计算错误,经A公司多次严正交涉,情况并未改观。2008年8月,B公司一部分股东另行成立了一家设计公司,将业务骨干全部带走,B公司只剩下行政管理、财务人员、实习人员及少量经验不足的设计人员。在A公司的一再催促下,B公司于2008年9月提交了图审图纸。A公司拿到B公司提交的图纸后立即委托图审,但因设计图纸多处违反强制规范,历时2个月A公司也未通过图审。

(九)方案设计或图纸未通过审批

建设行政主管部门应对方案设计进行审查,审查包括规划、消防等内容。方案设计审查通过后,初步设计也要报审,包括规划、消防和人防。初步设计完成后,应报建设行政主管部门审批。办理建设工程初步设计审批的手续流程如下:建设单位领取办理建设工程初步设计审批手续须提供的申报资料表;持申报资料(初步设计文本、规划、消防审定的红线图、初步设计范围或工程方案审查纪要、立项计划、资信证明、地质勘察报告等)进行审报;规划部门组织初步设计审查会议;根据会议审查意见设计单位修改初步设计内容行文,起草建设工程初步设计审查批复;领取建设工程初步设计批复。如果设计单位初步设计未获得通过,开发企业拿不到批复就不能开工建设,工期必定延误。

案例:2004年7月8日,某房地产公司取得某居住小区项目的开发权,与某设计院签订住宅工程设计合同,委托某设计院进行总图和单体设计工作。合同约定设计方案包括方案设计、施工图设计两个阶段。某房地产公司向设计院提供方案设计所需的设计资料后,设计院在7天内向某房地产公司提交设计方案,某房地产公司在收到初步设计文件后应尽快报有关部门审批,及时将有关部门的正式批准文件送达设计院,设计院根据有关部门对初步设计的审批意见,作必要的修改和调整,双方在完成上述工作后,设计院在15天内向某房地产公司提交平面、立面、剖面施工图,30天内提交全套施工图。双方设计费约定如下:单价为每平方米18元,某房地产公司向设计院先支付20%的定金,初步设计文件完成时,再支付设计费50%,另外双方还约定设计院对其完成的设计文件作技术交底、施工配合、参加各阶段验收。合同签订后,某房地产公司按约定支付了20%定金,然后向设计院提交了设计所需资料,设计院进行了方案设计,某房地产公司同意此方案,但该方案未通过规划部门的审批,而设计院仍进行施工图设计,并将该图纸通过邮寄送达给某房地产公司。但某房地产公司内部情况发生变化,委托设计院设计的项目被撤销,对设计院设计的施工图已不再需要,双方为设计费支付发生纠纷并诉至法院。

(十) 工程设计变更

设计变更在施工过程中比较常见,发生变更的原因较多,有些是因为设计单位的设计发生变更。在施工合同履行过程中发生工程设计变更往往会影响承包人的局部甚至整个施工计划的安排,造成承包人重复采购、人力及施工机械重新调整、等待修改设计图纸、对已完工程进行拆除等,必然造成施工成本比原计划增加,工期比原计划延长,导致施工单位遭受损失,施工单位会向建设单位主张赔偿。建设单位应在设计合同中约定,如果因设计单位的设计变更引起的施工索赔由设计单位承担责任。

(十一) 设计费纠纷风险

设计费纠纷主要是由于开发企业拖欠设计费或因为设计单位设计深度不够、迟延交付图纸、图审未通过、设计错误和设计工程量的变更等导致开发企业不支付设计费。

案例:2000年11月24日,A房地产公司作为发包方(甲方)与设计人B设计公司(乙方)就某市某花园住宅工程设计签订了建设工程设计合同,该合同第四条约定,设计人应向发包人交付的设计资料及文件包括总体规划设计方案、总图及市政管线、竖向设计图、施工图纸。第五条约定,本合同设计收费估算为760万元。设计费支付进度按双方商定的设计费用支付程序执行。甲方给付乙方设计费按照以下程序执行:总图及室外管线工程方案至施工图设计费用76万元,自签订合同五日内预付38万元;总图及室外管线工程方案至施工图设计图纸全部完成后,支付剩余设计费用38万元;一期工程费用为7.5万平方米×18元每平方米=135万元;二期工程设计费用为二期建筑面积15万平方米×18元每平方米,共计设计费270万元,甲方在二期工程设计任务书下达乙方后5日内须支付乙方二期设计费的20%,即54万元;以上各期建筑面积,暂按上述面积计算,但各期工程结束后,分别按实际完成建筑面积结清相应的设计费;乙方应按甲方要求时间及时提供所需图纸。第七条约定了违约责任,在合同履行期间,发包人要求终止或解除合同,设计人未开始设计工作的,不退还发包人已支付的定金;已开始设计工作的,发包人应根据设计人已进行的实际工作量,不足一半时,按该阶段设计费的一半支付;超过一半时,按该阶段设计费的全部支付;发包人应按合同第五条规定的金额和时间向设计人支付设计费,每逾期支付一天,应承担支付金额2‰的逾期违约金。逾期30天以上时,设计人有权暂停履行下一阶段的工作,并书面通知发包人等。

2001年1月26日，A房地产公司向B设计公司下达了某花园住宅施工图设计指导书，项目名称为：某市某花园住宅一期（北区A、B、C、D，南区1、2、3、4）。2001年3月2日，B设计公司制作了某花园住宅一期的工程图纸目录，并提交给A房地产公司，该图纸目录共包括113份图纸名称，包含设计说明、北区总平面图、南区平面图、北11号—20号楼、35—37号楼、南38—44号、47号、49号、51号楼及南北地下车库，A、B、C、D、E、F、G、J、K、L单元大样，别墅、幼儿园、会馆等建设工程设计图，总建筑面积155340平方米。A房地产公司认可收到了上述图纸，并认可该图纸目录明确了一期工程的范围。

截至2001年4月30日，B设计公司向A房地产公司交付了某花园住宅一期北11—14号楼，南38—44号、47号、49号、51号楼及地下车库的建设工程施工设计图，除外线图外的设计面积为90143.75平方米。2001年7月18日，B设计公司向A房地产公司交付了某花园住宅一期外观图。

2001年8月31日，A房地产公司传真给B设计公司，要求终止合同。2001年9月18日，B设计公司传真给A房地产公司，表示不同意终止合同。双方发生争议后，B设计公司起诉到法院，认为按期完成了下述工作：全部项目的方案设计、总图竖向方案设计和初步设计文件；一期9万余平方米的总图竖向全套施工图设计文件；一期建筑全部施工图设计；二期塔楼、学校、合作实施方案设计。按合同约定，比照设计人完成的设计工作，A房地产公司应向B设计公司支付一期住宅设计费162.26万元，图纸加晒费2.568万元，总图及外管线方案费76万元，二期设计费54万元，合计2948280元。截至2001年6月21日，A房地产公司实际仅支付202万元，尚欠928280元。A房地产公司同时应向B设计公司支付逾期付款违约金，并应承担在B设计公司无违约的情况下随意终止双方合同所引起的价款赔偿责任。

A房地产公司认可一期方案及施工图的设计，但由于合同暂停履行，二期设计未做，A房地产公司仅向B设计公司提出了某些单体工程的某些方面的设计要求，B设计公司没有完成全部工作量，只能按实际工作量取费。B设计公司多次不履行对工程进行验收评定的义务，使A房地产公司的相关工作难以完成。

法院认为，根据该合同约定，B设计公司为A房地产公司设计某花园住宅工程，A房地产公司应向B设计公司支付设计费，包括两部分：总图及室外管线工程方案至施工图设计费用共76万元；第一、二、三期工程设计费用，按每平方米设计费18元计算。本案由于A房地产公司提出终止履行合同，故A房地产公司向B设计公司支付的设计费应按照该合同第七条约定的方法计算，即B设计公司未开始设计工作的，不退还A房地产公司已支付的定金；已开始设计工作的，应根据B设计公司已进行的实际工作量；不足一半时，按该阶段设计费的一半支付；超过一半时，按该阶段设计费的全部支付。

该合同约定，合同签订5日内预付总图及室外管线工程方案至施工图设计费用的一半即38万元，总图及室外管线工程方案至施工图设计图纸全部完成后，支付余款38万元。B设计公司主张其除交付一期工程的外线设计外，还完成了全部项目的总图竖向方案设计和初步设计，设计量超过一半，故A房地产公司应支付全部76万元的总图及外管线方案设计费。解决这一问题的关键是计算B设计公司完成的相关设计量。对此，法院认为，根据本案查明的事实，截至2001年7月18日，B设计公司向A房地产公司交付了某花园住宅一期外线图，对此双方没有争议。而B设计公司主张其完成全部项目的总图竖向方案设计和初步设计，除2002年7月18日向本院提交了某市某花园住宅总平面设计竖向及道路初步设计说明书外，并未提交证据证明其已于2001年8月31日前向A房地产公司交付了上述设计图纸,并且上述图纸未标明设计人、设计时间等内容,故法院对 B 设计公司关于其完成全部项目的总图竖向方案设计和初步设计的主张,不予采信。由于 B 设计公司完成的一期外线设计的设计工作不足一半,故 B 设计公司只能收取总图及外管线方案设计费的一半,即 38 万元。对 B 设计公司请求 A 房地产公司支付总图及外管线方案设计费 76 万元的请求,法院不予全额支持。

关于 B 设计公司请求的二期工程设计费 54 万元,合同约定二期工程设计任务书下达后 5 日内,支付二期工程设计费用的 20%,即 54 万元,交付二期工程第一次设计文件时,支付设计费 40%,即 108 万元,交付二期工程全部施工图纸时,支付余款 40%,即 108 万元。故解决一期、二期工程的划分是本问题的关键。B 设计公司无法证明学校属于二期工程,因此,法院对其 54 万的请求不予支持。法院将以 B 设计公司进行学校设计的设计工作量计算 A 房地产公司应向其支付的设计费。最后法院判决被告 A 房地产公司于本判决生效之日起 10 日内,向原告 B 设计公司支付设计费 91858.68 元(自 2002 年 5 月 21 日起,按照同期银行活期储蓄利率支付滞纳金,至给付时止);被告 A 房地产公司于本判决生效之日起 10 日内,向原告 B 设计公司支付逾期付款违约金 48133.95 元。

(十二)设计单位在施工过程中不进行技术配合

设计单位在施工过程中不进行技术配合常见的表现形式是:不参加建设工程质量事故的分析,或对于因设计造成的质量事故未提出相应的技术处理方案。在施工过程中,如果发生工程质量事故,那么设计单位必须参加质量事故分析,以明确责任方。如果是因设计造成的质量事故,那么设计单位有义务提出相应的技术处理方案。设计单位在施工过程中不给予技术配合,有可能造成工程质量事故危害和损失的扩大。

(十三)建设单位造成的风险

在初步设计阶段,由于建设单位的原因,未向设计单位提供相应的文件或信息;或提供给设计单位的委托书过于简单,而且违反设计规律,要求设计单位在不可能的时间内完成设计;或者设计单位与建设单位就设计任务未进行细致反复沟通;或者建设单位不顾规范及强制性条款的规定,强行按照自己的想法要求设计单位进行设计;或者建设单位内部各部门未能积极参与设计审图,设计单位不能交图等,都会导致设计出现问题。另外,有的建设单位为赶工期,采取边设计边施工的方式,设计的进度过于缓慢,造成施工进度受阻,延误工期,最终造成经济损失。

(十四)与设计单位后续配合困难

建设单位选择设计单位应科学决策,从经验、能力、费用、服务等各个方面择优确定设计单位,否则在后续的工作中会出现配合困难等问题。

(十五)设计合同内容简略,发生纠纷后无解决依据

有些建设单位对合同的作用不够重视,认为合同可有可无,或者签订了合同,但出于各方面的考虑对合同内容约定得不够细致;或者不约定违约责任,都会导致出现问题时找不到解决争议的依据,对建设单位非常不利。

二、建设工程设计的风险防范

建设单位应妥善协调与设计公司的关系,全面掌控规划设计阶段的核心要素,加强规划设计

阶段对项目全过程的成本控制能力,提高自身抗风险能力与盈利的能力。通过上述对工程设计阶段风险的列举分析,理解设计阶段风险的特点,熟悉设计阶段风险的风险点,增强对设计阶段风险的认识,在萌芽阶段防范风险。

(一)在设计阶段控制成本

设计阶段是建设项目成本控制的关键和重点阶段。尽管设计费在建设工程全过程费用中一般只占建安成本的1.5%～3%,但对工程造价的影响力可达75%以上,特别是扩初设计阶段对项目的经济影响可达98%。由此可见,设计阶段是控制工程造价的关键阶段,设计阶段的投资管理对整个工程的成本控制是非常重要的。设计质量的优劣直接影响建设费用和建设工期,直接决定人力、物力和财力的投入量。然而,在项目操作实践中,各开发公司大都将规划设计直接交给设计院,设计合同也大都是格式性的条款,并不能切实有效预防规划设计阶段潜在的法律风险。

在工程设计中,不少设计人员重技术、轻经济,随意提高安全系数,造成浪费。所以开发企业应充分发挥和利用自己的技术优势,认真审核设计方案,及时发现问题,以免扩初设计批复后,存在难以解决的技术经济问题。

针对当前普遍存在的因设计不精、设计深度不够而增加工程造价的情况,可积极推行限额设计,以有效控制造价,即先按项目投资估算控制方案和初步设计概算,再用初步设计概算控制施工图设计和概算,使各专业在保证建筑功能及技术指标的前提下,合理分解限额,把技术和经济有效结合起来。严格控制设计变更使限额不轻易突破。开发企业应积极配合设计单位,并利用同类建筑工程的技术指标进行科学分析、比较,优化设计以降低工程造价。

(二)加强设计阶段的技术协调

技术协调是建设项目管理的一项重要内容,包括资源供求与信息交换协调。从工程管理的角度出发,建设项目管理中的技术协调的重点,主要是技术信息协调。

技术协调是目前建设项目管理相对较薄弱的环节。对于项目建设程序的各个阶段而言,规划、设计、施工阶段自身有较完善的质保体系和较为严密的标准、规范,但各阶段之间需要衔接,必然存在技术信息的相互流动。例如,施工单位对于设计使用功能的理解及对变更的掌握、设计单位对于现场和施工动态情况的了解等,都依赖于技术信息交流。项目管理的对象,即工程实体本身,是一个由众多的环节构成的系统,项目管理实践证明,技术信息协调失败引发的问题在项目缺陷中占了相当大的比例。

开发企业的技术协调应从项目的组织结构、制约机制、协调程序等方面来采取以下措施:一方面,开发企业的项目必须适度分包,避免不合理肢解工程;另一方面,项目管理的结构合理与否,应充分考虑开发企业自身的协调能力。例如,对于工程的材料、设备是由施工总包,还是自行采购,开发企业应根据工程具体情况、自身管理能力及经济方面综合考虑。有时单从价格上节省了成本,却增加了大量的技术协调工作,客观上违背了集约化原则。

(三)选择有资质的设计单位,避免签订无效合同

我国目前实行建设工程设计企业资质管理制度,对设计单位的资质进行分类和分级管理。工程设计资质分为工程设计综合资质、工程设计行业资质、工程设计专业资质和工程设计专项资质。工程设计综合资质只设甲级;工程设计行业资质、工程设计专业资质、工程设计专项资质设

甲级、乙级。根据《国务院关于深化"证照分离"改革进一步激发市场主体发展活力的通知》及《中央层面设定的涉企经营许可事项改革清单(2021)》中"直接取消审批"事项目录清单,北京市关于建设工程设计企业资质认定(丙级、丁级)已于2021年7月1日取消审批。取得工程设计综合资质的企业,可以承接各行业、各等级的建设工程设计业务;取得工程设计行业资质的企业,可以承接相应行业相应等级的工程设计业务及本行业范围内同级别的相应专业、专项(设计施工一体化资质除外)工程设计业务;取得工程设计专业资质的企业,可以承接本专业相应等级的专业工程设计业务及同级别的相应专项工程设计业务(设计施工一体化资质除外);取得工程设计专项资质的企业,可以承接本专项相应等级的专项工程设计业务。设计单位取得资质必须进行申请与批准,接受主管部门的监督管理。如果设计单位进行与资质不符合的设计工作可能导致设计合同无效。除对设计单位进行管理外,对建设工程设计从业人员的资格管理也非常严格,对注册建筑师、注册结构工程师也进行严格管理。为了规避设计合同资质方面的风险,在合同中可以约定,未经开发企业书面同意,设计单位不得擅自转包、分包设计任务。

  案例一: 2005年1月6日,A公司、B公司签订《工程设计咨询合同书》,约定A公司委托B公司承担某市新区A3地块的规划方案、设计咨询、一期建筑方案及扩初设计咨询,设计费估算为355万元。一期建筑方案及扩初设计合同约定,B公司应分三个阶段向A公司交付以下设计文件:①地块建筑设计方案阶段的设计草案;②地块建筑设计方案阶段的全套图纸;③地块扩大初步设计建筑专业成果及全套图纸。未经A公司书面同意,B公司不得擅自转包、分包他人设计。合同签订后,A公司先后向B公司支付108万元。2005年6月2日,B公司致函A公司,提出退出项目的设计工作,并将已完成的工作成果加盖C建筑设计有限公司方案设计专用章的修建性详细规划提交给A公司。A公司同意解除双方签订的合同,但要求B公司根据合同中的规定承担违约责任。因双方对违约责任承担协商不成,故A公司诉至法院,要求判令B公司双倍返还一期建筑方案及扩初设计费216万元。

  法院审理查明,B公司注册资本为100万元,经营范围包括建筑(除设计、施工外)领域内的服务、物业管理、室内布置(不含装潢)。B公司不具有国务院建设行政主管部门颁发的建设工程设计资质证书。我国对从事建设工程设计活动的单位实行资质管理制度,由国务院建设行政主管部门统一制作建设工程设计单位资质证书。发包方不得将建设工程设计业务发包给不具有相应设计资质等级的设计单位,建设工程设计单位应当在其资质等级许可的范围内承揽建设工程设计业务。A公司、B公司签订的《工程设计咨询合同书》(一期建筑方案及扩初设计)虽名为设计咨询合同,但从合同约定B公司应当提交的三个阶段的文件内容来看,B公司要完成的是设计图纸的编制工作,而非提供设计咨询意见。另外,从双方的付款情况来看,A公司支付的也是设计费,而非咨询费。因此,该合同的性质应认定为建设工程设计合同。因B公司不具有建设工程设计资质,《工程设计咨询合同书》(一期建筑方案及扩初设计)违反了行政法规的强制性规定,应视为无效合同,B公司应返还设计费108万元。

  案例二: 张某某是某设计公司的设计人员,2014年7月经人介绍与某房地产公司的总经理相识,该房地产公司正计划开发某项目,张某某称可以个人的名义进行建设工程设计并提供设计服务,希望与房地产公司洽谈设计工程合作。出于信任,房地产公司在未与张某某签订合同的情况下,便让张某某投入设计工作。但因张某某经验及能力不足,也不了解项目所在地规划行政主管部门的具体规定,其所出具的设计方案经过多次修改后仍不能获得规划部门的认可,房地产公司遂将设计工作交给另一家设计公司并与该设计公司签订了设计合同,不再要求张某某进行设计工作,并支付了张某某30万元费用。2016年年底,张某某以电子邮件向房地产公司发送的电子版单方设计合同记载的设计费数额为依据,对房地产公司提起诉讼,请求房地产公司向张某某支付建设工程设计款150万元及利息并赔偿其他损失。

房地产公司答辩如下:

(1)张某某主体不适格。按照《建筑法》(2011年修正)第十二条、第十三条的规定,张某某个人无资质,无权以个人名义提供设计服务并申报规划许可。张某某是自然人,不符合从事建筑设计的法定资质,也不具备从事建筑设计的人力、物力条件,因此,张某某依法不得从事建筑设计活动,不得以自己的名义向被告提供设计服务。

(2)张某某没有证据证明其诉讼请求金额的计算依据。

①双方没有签署张某某提交的合同,被告也未对张某某就合同内容作出承诺,双方对合同任何条款没有达成一致。因此,该合同对被告没有约束力。

②从张某某提供的公证书来看,设计合同的总价款300万元的组价方式是:方案设计200万元,初步设计100万元。但张某某根本没有实施任何初步设计,没有形成或提交任何初步设计的成果,因此,张某某无权索要初步设计的费用,无权以包括初步设计款项在内的300万的总价款作为基数计算设计款项。

③张某某也没有完成全部方案设计的工作内容,仅完成了总平面图、竖向图、管线图初稿,方案设计中的各单体建筑的各层平面图、立面图、剖面图等未通过规划局方案批复。即使根据张某某的单方合同所列的方案设计,也没有完成用地分析图、设计构思图、效果图、建筑及景观概念示意图、各层平面图、立面图、剖面图、交通分析图。因此,张某某无权索要全部方案设计的款项,更无权以全部方案设计款项200万元作为计算基数索要设计款项。

④张某某已完成的成果,也是不合格的成果。第一,其深度无法达到向规划局报批规划方案的要求,存在诸多违反当地控制性规划条件的地方,张某某无力修改。第二,为了符合报规的要求,被告委托另外一家设计院对张某某提交的成果进行了大量的修改。第三,鉴于报规划批复时需提交设计单位的资质证书,张某某当时是自然人,不具备以自己名义实施建筑设计活动的资格,无法在图纸上盖章,导致被告无法以其成果文件报提规划局。鉴于此,张某某完成的工作仅局限于规划方案设计总图阶段,完成的只有总平面图、竖向图、管线图,而且不合格,不满足提报规划的条件。因此,张某某请求支付方案设计的全部款项或以全部方案设计款项200万元作为计算设计款的基数没有事实依据。

(3)被告申报规划许可所使用的方案图并非张某某的工作成果,张某某提交的证据不能证明张某某已完成的设计工作量。即使张某某确实向被告提交部分设计成果,该成果也无法满足报规的要求,就张某某的前期投入,被告已经支付30万元,付清相关款项。

一审法院于2018年6月26日判决房地产公司再支付张某某30万元,房地产公司及张某某均不服该判决提出上诉。北京市第一中级人民法院于2018年11月7日作出裁定,裁定撤销一审法院的判决,发回一审法院重审。

重审后一审法院依据张某某申请,委托鉴定机关对张某某向房地产公司提供的设计图纸的工作内容、成果及工作量是否符合公证书中双方的往来邮件所体现的双方约定的工作量及工作内容的范围进行鉴定。2020年2月17日,鉴定机关出具意见,综合评定为依照公证书中第16页至第23页《某产业园项目服务内容及报价》中的双方约定,该项目分为三个设计阶段:方案阶段、初步设计阶段和施工图阶段。结合公证书及国家、某市地方相关法规要求,本鉴定内容属于第一阶段:设计方案阶段,综合完成率为70%。张某某认可该鉴定意见。被告对该鉴定意见不予认可,就张某某提交给房地产公司向某市规划局提报规划方案审查的设计说明书、总平面图、竖向平面图、管线图四项工作成果在2014年的市场价值向一审法院申请鉴定。一审法院委托咨询公司就上述事项进行鉴定。2020年9月29日,咨询公司出具退回函,显示本案张某某与被告并未签订有效的设计合同,缺少设计范围或设计内容对应的合同价款,鉴定机关提供的上述鉴定意见只是反映了张某某设计工作量的完成率,因无有效的设计合同,该完成率无法与张某某主张的合同价款相对应;另外,目前也没有关于规划方案设计成果文件的收费标准,缺少必要依据,无法计算出2014年的市场价值,故将上述鉴定退回。

一审法院认为,房地产公司与张某某之间虽然没有签订书面合同,但根据查明事实来看,张某某已经向房地产公司发送了部分工作成果,房地产公司亦在双方往来邮件当中表明收到,只是对张某某的工作成果表示不认可,一审法院认为房地产公司与张某某已经形成了合同关系,且不违反相关法律法规等强制性规定,应属有效。关于价款的确定,由于综合完成率对应的价款未能通过鉴定程序予以确定,故对该价款的确定,一审法院只能结合张某某所完成工作所处的阶段、综合完成率以及被告已经支付价款的情形酌情判定。至于张某某主张的利息损失、公证费及追偿费,无事实依据和法律依据,一审法院不予支持。法院最终判定被告房地产公司给付张某某40万元,驳回张某某其他诉讼请求。

(四)引入设计保险

实践中,建设工程设计保险的应用很少,大多设计单位并没有投保建设工程设计险。建设工程设计险对建设单位、设计单位及设计单位的设计人员来说,都是规避风险的一种较好方式。设计单位或设计人员由于设计过失而引发工程质量事故,造成建设工程本身的物质损失或者第三者的人身伤亡或财产损失的,应该由设计单位或设计人员承担经济赔偿责任。实践中,投保设计险的不多,一旦出现设计错误或造成重大损失,即使设计单位想赔偿开发企业的损失,因数额巨大,设计单位也无力赔偿,最终还要由开发企业来承担损失。如果投保建设工程设计险,那么就可以由保险公司负责赔偿。投保建设工程设计险后,一旦因为设计的问题导致建设工程发生质量事故,应由政府建设行政主管部门按照国家有关建设工程质量事故调查处理的规定出具事故证明或事故鉴定书,设计单位或设计人员就可向保险公司申请索赔。设计保险是分散建设工程领域风险的一种非常好的方式。

设计保险在实践中常见的问题就是由谁来承担保险费用,尤其是设计保险并非法律规定的强制性保险。如果由设计单位承担保险费用,那么设计单位会认为降低了利润不划算;而如果由开发企业来出,开发企业也不会认可,保险主要是针对设计单位的责任而引起的赔偿,因此该费用由开发企业出肯定不合理。针对实践当中的问题,在签订委托设计合同之前,双方应该就保险费用由谁来承担达成一致,以避免纠纷。

(五)加强设计合同管理,完善合同条款

开发企业作为自主经营、自负盈亏的独立经济实体,防范经营风险、切实加强合同管理,是提高其经济效益的有效途径。目前在建筑设计合同管理中存在很多问题,比如,合同签订行为不规范、合同条款不完备、约定不明确、权利义务表述不清、合同目的难以实现,甚至有些设计单位要求设计费用给付时只是通过电话进行口头约定,双方没有签订书面合同。一旦发生纠纷,开发企业难以维护自身合法权益。

(1)现行设计合同不足。住房和城乡建设部和国家工商行政管理总局于2015年制定了《建设工程设计合同示范文本(房屋建筑工程)》(GF—2015—0209)和《建设工程设计合同示范文本(专业建设工程)》(GF—2015—0210)两个示范文本,自2015年7月1日起执行。但这两个范本从开发企业的角度来说,对甲方的保护不足。有些地区根据上述范本并结合实践制定了自己的范本。

(2)完善设计合同,防范风险。开发企业在与设计单位签订设计合同时,应从如下方面防范设计合同的风险:

①分期支付设计费,设计费与设计成果、质量相挂钩。开发企业在签订设计合同中可这样约定:A.合同生效后7日内支付×万元作为预付款(合同履行后,预付款抵设计费);B.设计单位提交方案设计文件后7天内支付×万元;C.设计单位提交初步设计后7天内支付×万元;D.通过当地主管部门方案评审后7天内支付×万元;E.设计单位与其他相关专业进行专业协调,对设计进行深化,正式设计文件通过当地主管部门扩初评审后7天内支付×万元;F.设计单位提交施工图并与施工方设计交底后7天内支付×万元;G.其余×%设计费×万元作为质量保证金,于建设工程竣工备案后7天内付清。参加验收是支付设计费的前提条件,设计单位未参加工程验收,属于违约行为。上述付款均应设置前置条件,比如,设计通过认可或审查之后,再付款。如果上一步没有完成,则下一步可停止支付相关费用。

开发企业在与设计单位签订设计合同的原则是,由设计单位全程代表开发企业经办设计项目直至该方案通过,设计单位的方案必须在满足开发企业提出条件的前提下,于限定的时间内经有关部门审查通过后,方可付款。如果设计单位设计的方案既未经开发企业认可,也没有在限定时间内取得相关部门的认可,则开发企业可不支付任何费用。

②明确约定工程设计收费。工程设计收费是指设计人根据发包人的委托,提供编制建设项目初步设计文件、施工图设计文件、非标准设备设计文件、施工图预算文件、竣工图文件等服务所收取的费用。一般设计收费包括两部分,一是基本设计费;二是其他设计费。基本设计费是指在工程设计中,对所编制的初步设计文件和施工图设计文件收取的费用,并提供相应的设计技术交底、解决施工中的设计技术问题、参加施工中的技术配合和竣工验收等服务。其他设计收费是指根据工程设计实际需要或发包人的要求提供相关服务收取的费用,包括总体设计费、主体设计协调费、采用标准设计和复用设计费、非标准设备设计文件编制费、施工图预算编制费、竣工图编制费等。

案例:LS县对县城进行改造,县计划委员会(以下简称"县计委")分别于1999年10月22日、2000年4月14日、2000年4月20日与某市设计院签订了县城道路及排水系统设计委托书,约定由市设计院对县城改造道路及排水工程进行设计,但双方对设计费没有明确的书面约定。1999年12月28日和2000年6月14日,LS县所在的自治区计划委员会对该项目的概算批复中载明:道路工程概算设计费为789400元,排水工程概算设计费为79600元,合计869000元。某市设计院在完成设计任务后,县计委分别于2000年6月16日、2000年10月17日、2001年1月17日分三次支付设计院设计费共40万元,尚欠设计费469000元,设计院提起诉讼,要求支付剩余的设计费及违约金。县计委辩称,合同中没有约定委托费标准及金额,因双方当时口头约定按实际设计工程量的1.5%计取设计费。设计院实际设计工程量总造价为3205.57万元,县计委应支付给设计院的设计费为48万元。另外,县计委委托设计院设计之前,曾经委托其他设计单位对相同内容进行设计,且在实际设计时大量引用前一设计单位的设计资料,所以双方口头约定减少设计费 5 万元,故县计委实际只欠设计院 3 万设计费。

二审法院审理后认为,因双方对设计费没有明确书面约定,设计院提交的自治区计划委员会的概算批复,是按国家统一行业规定的价格计算的,依照《民法通则》(现《民法典》),价格约定不明确,按照国家规定的价格履行的规定,原告请求的事实成立,应予支持。二审法院改判设计费参照自治区计划委员会《关于 LS 县城市道路工程初步设计及概算的批复》《关于 LS 县城道路调整排水工程初步设计及概算的批复》执行,扣除前一设计院前期资料引用费 5 万元和已经支付的 40 万元,LS 县计委还应向某设计院实际支付 419000 元。

建设单位与设计单位在确定设计费时,应明确设计费的构成、计算方法、明确标准,通过平等协商确定工作范本与费用标准或总价。如果双方约定不明,只能根据《工程勘察设计收费管理规定》确定设计费。因此,应在合同中作出如下约定:A.如采用限额设计,则最终限额设计指标确定权为开发企业。B.设计费结算单价除甲方委托的设计内容、标准发生变化外,其他情况均不得调整。合同约定的设计收费包括设计单位派员出席相关的设计会议、施工会议或工地施工指导及视察所花费用。C.若因设计单位设计缺陷造成需要对图纸重新设计或调整,则开发企业不支付任何费用,工期不予顺延,同时,设计单位应赔偿开发单位经济损失。D.在合同履行过程中,由于建设方变更委托设计项目、规模、条件,或因提交的资料错误,或所提交资料修改较大而要求设计方对已经过委托人确认的施工图重新进行设计工作,当施工图纸发生重大变更即重新设计工作量占全部设计工作量的 20% 以上时(不含 20%),建设方须增加设计方的设计费用,届时增加设计费的具体数额可由双方参照设计方实际发生的工作量另行友好协商确定。但仅作方案设计调整时费用一律不予调增。

③明确约定建设单位的权利和设计单位的义务及违约责任。在工程设计合同中,设计单位的义务主要包括按约定的时间交付施工图,设计文件施工交底,根据工程进度完成现场施工技术配合(包括对施工中出现工程安全和质量的问题,参与技术分析和提出相关的技术解决方案),参加隐蔽工程、单项工程、单位工程验收和项目竣工验收。除此之外,设计单位应遵守设计工作的程序,设计成果应符合国家法律法规、规章、技术标准及规范的要求。

建设单位有权对方案提出修改意见,设计单位须根据建设单位的意见对方案进行相应修改直至建设单位满意。方案经建设单位认可后,设计单位才进行施工图设计。设计范围内所有设计成果的知识产权均归建设单位所有。

合同中应约定设计单位的责任:A.设计单位必须对其交付的设计文件的质量负责,设计文件应当符合有关法律、行政法规的规定和建筑工程质量安全标准以及合同的约定。设计文件选用的建筑材料、建筑配件和设备,应根据承造商(供应商)提供的样板、施工做法,经双方共同确认,并注明规格、型号、性能等技术指标,其质量要求必须符合建设的要求及国家规定的标准。B.设计单位设计质量标准:设计方案合理,满足功能要求,设计标准恰当,符合当地建筑法规条例,设计符合甲方要求。C.设计施工图完成后,须向建设单位提供完整的施工图电子文件。

④在合同中约定设计单位必须参加事故分析会。建设工程发生质量事故或发生安全事故后,设计单位有义务参与事故分析,且分析具有权威性。设计单位应参加建设工程质量事故或安全事故的分析,或对于因设计造成的质量事故或安全事故提出相应的技术处理方案。设计单位未参加建设工程质量事故分析的,或对于因设计造成的质量事故未提出相应的技术处理方案,可能会使事故的责任无法认定或认定错误,有可能导致工程质量事故损失扩大或者某些施工主体逃避责任。

案例:开发企业开发某住宅工程,在房屋交付后,某业主对房屋进行了装修,但该房屋位于顶层西北角,存在结露问题并发霉。业主起诉开发企业要求赔偿,开发企业又起诉施工单位要求赔偿。开发企业要求设计单位出具结露产生的原因及分析责任方,但设计单位拒绝配合。在这两起案件中,法院审理查明造成房屋质量缺陷原因在于工程设计不合格。施工单位在工程施工过程中,严格按照工程设计图纸施工,但设计单位提供的工程设计是按建筑节能50%的标准进行设计的,外墙保温为内保温,本身存在着诸多不可避免的热桥部位。飘窗、阳台落地窗等的窗墙比均大于相关规范的规定,未按照相关标准的要求考虑窗墙比超标时需调整外墙和屋顶等围护结构传热系数,也未采取任何保证其内表面温度不低于室内空气露点温度的保温措施。正是因为设计单位在设计上存在上述问题,才导致了本案中房屋结露、发霉等问题的发生。另外,本案涉及房屋的业主在装修中存在过失,房屋位于西北角,冬季温差较大,本身就容易结露,而该房屋的业主在装修过程中,将房屋北墙设计为满墙衣柜,致使室内通风不畅,当室内外温度差大且室内温度较高时必然会造成结露,因此,房屋的业主在装修中存在过失。法院驳回了开发企业起诉施工单位的请求,部分支持了业主的请求。后开发企业又起诉设计单位要求赔偿。

⑤明确设计合同的服务内容、工作程序及设计五个阶段的标准及内容。

开发企业应在设计合同中约定设计单位的义务,包括:A.基本咨询;B.总体规划及布置;C.建筑方案设计;D.建筑扩初设计;E.单体建筑物全套施工图设计;F.机电设计;G.社区入口大门、围墙设计;H.施工现场配合、材料选型。其中交付的设计文件包括:A.建筑设计方案设计阶段草案;B.建筑设计方案阶段中间成果汇报;C.建筑设计方案阶段全套图纸;D.扩大初步设计建筑专业成果;E.扩大初步设计全套图纸;F.施工图阶段全部图纸。

明确项目设计工作程序:A.方案设计任务书;B.方案设计讨论及意见征求(规划、消防);C.设计委托书;D.初步设计;E.扩初设计;F.报审(规划、消防、人防);G.施工图初步设计;H.施工图设计;I.设计监督及现场服务。

明确设计活动的五个阶段。第一阶段为方案设计阶段,此阶段分两个部分:第一部分,设计单位向建设单位提供两个以上规划及建筑设计概念供开发企业选择;第二部分,在经建设单位确认其中一个方案的设计概念后,设计单位就此开展方案设计。本阶段的主要目的是获取专案开发的概要,利用这些资讯,设计单位依照既定标准制订设计计划。此阶段双方的工作内容如下。建设单位:向设计单位提供明确的设计任务书;确定用地"四至";确定水平标高;规划行政部门对建筑要求等相关设计资料作为设计单位设计依据。设计单位:按建设单位要求进行方案设计,并与设计单位委托的国内设计单位商议定位及设计方案;完成总体规划书草图、面积计算、初步设计构想,经会议解说设计概念,听取开发企业的意见,直至符合双方同意的设计主题大方向;按已定的方向进行方案设计,完成建筑设计、绿化、机电、基本要求配合、结构雏形、交通道路安排、外形设计、建筑说明等;将完成的设计方案图交开发企业审阅,并于会议上解说其设计概念,让建设单位能充分了解设计内容并明确该设计是否达到要求;当设计方案经开发企业确认后,整理报批图纸,交开发企业报批,并参与审批会议;当建设单位发出图纸审批通过的通知后,设计单位按照规划行政部门审批的各项要求进行下一阶段的设计。设计单位进行方案设计时,应向建设单位提供设计说明,包括透视图及建筑物主要部分的彩色效果图(也可提供工作模型),当建设单位接受设计单位所提交的初步设计构想后,此阶段结束,设计单位开展第二阶段的工作。此阶段第一部分的设计成果应在合同订立40个日历天之内提交。

第二阶段为初步设计阶段。具体包括:设计单位根据建设单位进一步的设计要求及审批条文进行初步设计;设计单位将完成的建筑设计图、绿化设计图、结构设计图、机电设计图、成本概算及设计说明书、透视图、鸟瞰图及建筑模型等送交建设单位审阅,同时做设计交底,建设单位同意设计后作报建安排,如需部分修改应当完成修改后再申请规划许可;设计单位参加初步设计审批会议,详细记录会议要求,以便安排下一步工作。以上两个阶段,设计单位向建设单位提供全套图纸,同时提供完整的电子文件。

第三阶段为扩初设计阶段。此阶段分两个部分:设计单位按照《建筑工程设计文件编制深度的规定》进行建筑物的扩初设计;设计单位向建设单位说明设计构思、提供人性化使用模拟说明、房间设备设施家具摆放位置图,并对未来装修预留说明。

第四阶段为施工图设计阶段。具体包括:建设单位提出施工图设计要求及时间安排,设计单位按照建设单位要求按时完成不同类别的施工图设计工作,如建设单位没有特别要求,设计单位将按正常施工图设计程序安排施工图的设计计划;设计单位安排及完成地基施工图、建筑施工图、结构施工图,同时进行机电施工图的安排;设计单位完成机电施工图,并配合建设单位指定的供应商技术要求等,根据设计审核的一审、二审意见对施工图及时进行修改;配合建设单位聘请的各项专业顾问或设计师,提供前两项的图纸并解说施工要求供顾问参考(建设单位聘请),包括室内设计、园林设计、音响设计、拟招标单位等;提供建材选择方案及意见供建设单位参考或定案;参与讨论招标文件内容,提供意见作参考作用,协助审阅招标文件的合理性,供建设单位考虑;以上图纸各提供10份,如超出此数量,双方协商就此增加的费用;设计单位和建设单位一同努力实现既定的预算,根据建设单位要求,设计单位协助重审其中或全部标价和投标,配合更改有关材料以实现预算(此阶段设计单位应同时提供凡涉及二次设计阶段的全部施工图纸及电子文件)。

第五阶段为监督和检查及施工配合。具体包括:设计单位根据建设单位要求定期到工地视察,以确保工程按照图纸、规范和设计构想进行;设计单位根据采购代理商提供的所有装置、设备的现场安装计划,在专案最佳安装时进行检查,以确保所有设备装置均按图纸安装;设计单位参与建设单位施工材料选型,负责审批各类需二次设计的图纸;设计单位定期(至少应每月一次)参加施工和技术会议,施工期不超过15个月,如施工期超过15个月,双方另行商定费用;设计单位提供竣工图。此阶段的目的是确保工程设计根据所提供的工程图纸和文件资料正确进行,设计单位不提供合约管理服务,但要检查工地、跟进安装,并向建设单位提供一份《缺损及错漏表》,供建设单位执行后,此阶段结束。

总之,设计文件成果的交付标准,应在上阶段汇报成果的基础上根据双方共同意见进行修改深化,成果阶段内容与深度应符合《建筑工程设计文件编制深度的规定》的相关要求。设计单位在收到规划部门正式审批意见后,才能进行施工图设计,不能以方案设计代替初步设计,只有小型和技术要求简单的建筑工程,可以方案设计代替初步设计。另外,建设单位应对设计单位提出明确的设计要求,比如,设计单位须保证该设计方案按建设单位指定的容积率数值设计。

⑥合同中应明确图纸交付的时间。如果合同中未明确约定图纸的交付时间,那么根据《民法典》的相关规定,设计单位可以随时交付,建设单位亦可以随时要求交付,但应当给设计公司必要的准备时间。设计单位完成施工图设计后,应将图纸交付给建设单位,如果在规定的时间内未交付图纸,那么建设单位有权解除合同,或要求设计单位按日承担违约责任。

⑦确定设计合理使用年限。建设工程的设计合理使用年限,主要指建筑主体结构的设计使用年限。根据《建筑结构可靠性设计统一标准》(GB 50068—2018)和《民用建筑设计统一标准》(GB 50352—2019)的规定,建设工程的设计合理使用年限分为四类:对于临时性建筑,设计使用

年限为5年;对于易于替换结构构件的建筑,设计使用年限为25年;对于普通房屋和构筑物,设计使用年限为50年;对于纪念性建筑和特别重要的建筑,设计使用年限为100年。建设单位设计合理使用年限应根据工程项目的建筑品质、建筑等级及土地使用年限来确定。如果想建质量好的房屋,可以将设计的合理使用年限定在100年,并将其作为宣传的卖点。

⑧定金和赔偿金的确定。住房和城乡建设部及国家工商行政管理总局制定的两部示范文本规定了定金条款,该定金兼有成约定金和解约定金的性质,按照《民法典》第五百八十六条的规定,当事人可以约定一方向对方给付定金作为债权的担保。定金合同自实际交付定金时成立。定金的数额由当事人约定;但是,不得超过主合同标的额的20%,超过部分不产生定金的效力。实际交付的定金数额多于或者少于约定数额的,视为变更约定的定金数额。

在住房和城乡建设部及国家工商行政管理总局制定的两部示范文本中需要由当事人自行确定赔偿金金额,但实践中很多合同对应该约定的部分不填、划去,或直接删去赔偿金的规定。有些合同约定了按照建设单位实际损失的一定比例且总数不超过设计费的赔偿。笔者认为,这种约定计算损害赔偿的方法有失公平,应当以《民法典》的规定为准,约定实际损失赔偿。《民法典》第八百条规定,勘察、设计的质量不符合要求或者未按照期限提交勘察、设计文件拖延工期,造成发包人损失的,勘察人、设计人应当继续完善勘察、设计,减收或者免收勘察、设计费并赔偿损失。在当事人未对损害赔偿约定计算方法时,应当适用法律的规定。关于损害赔偿的范围,应包括建设单位的实际损失,包括工期延误,给施工单位等造成的损失。

⑨违约责任的约定。因建设单位原因要求中途停止设计工作的,已付定金不退还;当设计工作进行相应设计阶段不足一半时,建设单位应支付该阶段设计费的一半;设计工作进行到超过该设计阶段的一半时,建设单位应支付该阶段的全部设计费。上述约定在设计工作量大、设计费高的情形下,对建设单位不利。笔者认为,在合同履行期间,建设单位要求终止或解除合同,设计单位未开始设计工作的,不退还建设单位已付的定金,已开始设计工作的,建设单位应根据设计人已进行的实际工作量,按阶段支付设计费。

关于违约责任还应作如下约定:A.因设计单位违反设计规范或设计不当,造成建设单位或第三方损失的,设计单位应按实际发生费用赔偿。B.设计单位保证其交付的设计文件和成果未侵犯任何第三方的合法权益,否则设计单位承担全部责任,并赔偿建设单位因此而受的损失。C.如果设计单位建筑师(工程师)未按开发企业要求的时间到场(此时间应为双方同意的时间,但协商的时间不得延误工期),每延迟一天建设单位按照一定标准从设计费中扣款。另外,可约定项目总设计师及总设计师必须参加的会议,不参加应承担违约责任。D.由于设计单位原因导致设计单位未能按合同约定时间交付相应设计图纸,每延期一日,该阶段设计费按5‰逐日递减,延期30日以上,建设单位有权解除合同,设计单位应负违约责任及相应赔偿责任。E.设计单位未在本合同约定的时间内完成设计洽商的,每延误一天,建设单位按日从设计单位设计费中扣除一定费用。F.设计单位及设计单位委托的设计院不得以经济费用纠纷(指因临时增加费用、修改图纸或增补服务等事项未达成一致意见的情况)为由,拒绝在验收时加盖设计验收章(四方验收),或以其他不成立的技术施工问题(得到相关专家或日后证明)拒绝验收,但属于建设单位的供应商或施工单位的问题除外。否则,每拖延一天,建设单位有权按本合同标的额的日5‰扣除设计单位违约金。此条规定设计单位向建设单位负责,如设计单位委托的设计院发生上述情况,设计单位直接向建设单位承担本条规定的违约责任。

⑩关于合同的解除权。设计单位有下列行为之一的,建设单位有权解除合同:A.将承揽的工程设计业务转包或违法分包的;B.注册执业人员未按照规定在设计文件上签字的;C.违反国家工

程建设强制性标准的;D.因设计原因造成过重大生产安全事故的;E.设计单位未根据勘察成果文件进行工程设计的;F.设计单位违反规定指定建筑材料、建筑构配件的生产厂、供应商的;G.设计成果未通过任何一个阶段审批的;H.超过规定期限未提交设计成果的;I.不进行技术交底的;J.不参加验收或不提交资料给城市建设档案馆的。

⑪对初步设计未通过审批的处理。初步设计阶段设计质量合格的标准被初设方案建设单位认可,经有关部门审查后,通过该规划设计方案(规划行政部门方案通过批文)。

设计单位交付初步设计成果后,会面临以下情形:第一,建设单位同意初步设计成果,进行下一步的申报工作;建设单位不同意初步设计成果,建设单位可选择解除合同,或者要求其完善、修改初步设计,如果设计单位不同意修改或完善则建设单位可解除合同。第二,建设单位同意初步设计成果,上报行政主管部门且提出设计应作改进的意见后,设计单位应按要求修改。如不修改,建设单位可解除合同,另行委托他人。即使设计单位的初步设计文件可以作为编制施工图的依据,建设单位也有权解除合同,可不付款。对初步设计文件的评价,主要依据建设行政主管对初步设计审查所作的批文。如果初步设计问题较多或文件编制质量低劣,则会被要求部分补充、修改,严重的还会被退回重做。只在批文中提出问题的,可在编制施工图时修改、补充。但申报审批未通过或者要求修改的,建设单位可先不支付设计费,待设计通过审批后再支付。建设单位应要求设计单位修改,直至符合要求为止,另应支付延期的费用。如果设计单位不同意修改,那么建设单位可拒绝支付费用或解除合同。

⑫合同中应约定设计修改、技术交底、施工配合等工作,且必须实施。设计合同中应明确免费修改的情况,如果实际没有实施及设计过程中未严格按照设计规范程序办理、方案设计成品不完整、深度不够等,设计单位应承担一定的责任。

⑬关于设计单位的竣工验收。目前国家没有明文规定设计部门必须参加建设工程竣工验收,但实际上工程验收由建设方组织进行,质量监督部门对验收结果进行备案。如果设计部门不参加验收,则验收工作不能完成、不能备案,同时也不能办理不动产权属证书。实践中,容易发生的设计费纠纷是开发企业欠设计单位的设计费,在竣工验收之前仍未按照合同约定付清,在竣工验收时设计单位不盖章。这样房屋无法交付,导致建设单位对购房人承担违约责任,有时延期交房还会导致购房人不满。因此,有必要在设计合同中约定,如果设计单位不参加竣工验收,不在四方联合验收单上签字,导致延期交房,那么建设单位需要对小业主承担的违约责任带来的损失由设计单位承担。

(六)建设单位应积极作为

建设单位应统筹规划,提交准备给设计单位的各项资料,包括但不限于以下各项:①工程批准文件以及用地(附红线范围)、施工、勘察许可等文件;②工程勘察任务委托书、技术要求和工作范围的地形图、建筑总平面布置图;③勘察工作范围已有的技术资料及工程所需的坐标与标高资料;④勘察工作范围地下已有埋藏物的资料(如电力、通信电缆、各种管道、人防设施、洞室等)及具体位置分布图。开发企业不能提供上述资料,由勘察人收集的,开发企业须向勘察人支付相应费用,并应明确费用负担。将上述文件提前备好交予设计单位,这样可提高效率。另外,在建设单位与政府协商后能增加建设面积的,需更改设计时,建设单位应与设计单位主动协商因工作量增加而产生的设计费问题。建设单位经规划部门同意后,如需增加原设计方案中的建设规模面积、增加设计面积、产生大量的设计返工,建设单位应予增加设计费。

(七)建设单位各部门参与设计工作

建设单位工程部门、预算部门、销售部门、售后服务部门、物业管理部门都应参与规划设计工作,从各自的角度对设计提出要求,才会使设计更加符合市场需要,也有效地控制了成本,对建设单位来说,既提高了管理水平,又增加了利润。

三、使用国外设计单位设计成果的风险防范

目前国外的设计单位参与国内的建筑设计较多,但根据我国的法律规定,国外单位不能直接以自己的名义参与设计活动。因为根据我国相关建设工程设计的相关规范,国外设计单位不具备独立实施建筑物施工图设计工作的资质,因此,国外设计单位采用的规避方式就是与国内有资质的设计单位合作,由国外设计单位承担设计任务,国内设计单位实施设计咨询及设计管理工作,设计单位向建设单位交付的报建、报审图纸等设计文件均由该设计单位盖章,确保设计图纸的合法性。

为了防范使用国外设计单位成果的风险,建议建设单位与国外设计单位和国内挂名的设计单位分别签署设计合同,以明确国外和国内设计单位的责任,一旦出现问题可分别追究国外和国内设计单位的责任。

第三节 建设工程监理的风险及防范

建设单位与监理单位是委托的法律关系,建设单位委托监理单位对施工单位的工程建筑活动进行监督。按照《建筑法》第三十一条的规定,建设单位与其委托的工程监理单位应当订立书面委托监理合同,而不是建设工程施工合同。工程建设监理实际上介于两个矛盾的利益主体之间,因为发包人与承包人的目标是不一致的。发包人的目标是用最少的资金投入,在最短的工期内建造质量好的建筑,而承包人的目标是施工成本小于合同金额,这样才能盈利。发包人与承包人实际上存在利益冲突。

一、建设工程监理的风险

(一)监理单位违反强制性规定的风险

(1)我国实行建设工程强制监理的工程范围如下:①国家重点建设工程;②大中型公用事业工程;③成片开发建设的住宅小区工程;④利用外国政府或者国际组织贷款、援助资金的工程;⑤国家规定必须实行监理的其他工程。

(2)建设工程监理合同招投标的风险。监理招标的程序与施工招标的程序及做法几乎一致,具体可参见本书第七章关于建设工程招投标的风险防范。

(3)监理报建的风险。监理报建是在完成监理免招标或招标手续后,制定监理规划和监理细则,交由建设行政主管部门审核,建设行政主管部门发出监理审查意见,此审查意见是办理施工许可证的前提条件之一。

(4)监理资质的风险。我国实行工程监理单位的资质许可制度和监理工程师的资格许可制

度,监理单位必须在资质等级和业务范围许可的范围内从事监理业务。北京市规划和自然资源委员会于2021年7月1日取消工程监理企业丙级资质,将工程监理企业资质由三级调整为两级,相应调整乙级资质的许可条件,不再核发丙级资质等级证书。

(二)监理单位在质量控制方面的风险

监理单位的主要合同义务就是对工程的施工质量进行控制和监督,具体如下:

(1)对施工主体的选择提出建议。

(2)对工程建设有关事项,包括工程规模、设计标准、规划设计、生产工艺设计和使用功能要求提出建议。

(3)对工程设计中的技术问题向设计人提出建议。当监理发现工程设计不符合国家公布的建设工程质量标准或设计合同约定的质量标准时,监理人应当书面告知发包人并要求设计人更正。

(4)审批工程施工组织设计和技术方案。

(5)组织协调工程建设有关协作单位。

(6)下达开工令、停工令、复工令。

(7)对工程上使用的材料和施工质量进行检验,对于不符合设计要求和合同约定及国家质量标准的材料、构配件、设备,通知承包人停止使用;对于不符合规范和质量标准的工序、分部分项工程和不安全施工作业,通知承包人停工整改、返工。

(8)对施工场地进行质检验收。

(9)检查工程所需原材料、半成品的质量。

(10)对施工机械进行质量控制。

(11)施工工序质量控制。

(12)隐蔽工程检查验收。

(13)分析质量事故原因,审查批准处理质量事故的技术措施或方案,检查处理效果。

(14)质量、技术签证。

(15)单项、单位工程验收。

(16)项目竣工验收。

根据监理单位的上述合同义务,监理单位的下列行为可能导致发包人在工程质量方面存在风险:

(1)不履行建议职责。

(2)对应当进行质量检查的项目不检查或者不按照规定检查。不检查是指监理单位对监理合同中规定应当监督检查的项目不履行检查义务,导致工程出现质量问题。不按照规定检查是指监理单位不按照法律、行政法规、有关的技术标准、设计文件和建筑工程承包合同规定的要求和检查办法进行检查,监理单位不按照强制性实施的《建设工程监理规范》(GB/T 50319—2013)履行义务。

(3)不履行质量监督的职责。监理单位在检查时发现工程质量隐患或已经出现的工程质量问题后,由于过失或故意,不履行质量监督的职责,如迟延处理或未下达停工、整改指令,可能导致工程出现质量问题。

(4)监理单位或监理人员与施工单位串通,损害建设单位利益。实践中,经常存在监理单位或工作人员与施工单位串通;施工单位向监理单位或监理人员行贿;施工单位不按施工规范或程序施工,偷工减料、降低质量标准;监理单位或工作人员接受贿赂后隐瞒监理应该报告的事实,欺骗建设单位,以谋取非法利益等情形。监理单位或监理人员这种行为的结果将严重影响建筑工程的质量和安全。

(5)不协助建设单位办理竣工验收手续。

(6)监理资料不全,在发生质量纠纷时导致建设单位无法举证。

(7)不履行监理义务,监理人员不到位。

案例:某公司在2008年投资建设工业厂房,委托一家工程监理公司对厂房项目进行全程监理、监督。监理合同约定如下:①监理内容和范围:对设计图纸范围内的全部内容进行全过程旁站监理。②监理期限和金额:从工程正式开工起,监理工期为220天,监理费为17万元。③监理费支付方式:桩基工程完工后一星期内支付5万元,主体工程完工后一星期内支付8万元,余款在工程竣工验收合格后一次性付清,双方的其他权利与义务按建设部和工商总局制定的规范执行。

合同签订后,监理公司并未履行合同约定的义务,监理人员经常不到位,并未进行全程监理,有时经某公司多次催促监理人员仍不到位,导致工程出现质量问题。

2008年4月8日,项目所在地的建筑工程质量监督站向某公司下达了《建筑工程质量整改通知书》,整改通知书的内容如下:我站于某日对某公司工程进行了质量监督检查,发现监理公司有以下几个问题:监理单位人员不到位;平行检测未按制度执行;旁站记录不完整;无见证取样制度。

鉴于监理公司在工程监理中存在的问题,某公司拒绝支付剩余4万元监理费,理由是监理公司派出的监理员未按合同约定进行全程旁站监理,监理公司应每月执行考勤制度,而且每月的考勤单要经本公司派出的工地现场代表签字有效,某公司只为监理方签了3个月(3张)考勤单。

因某公司拒绝支付剩余监理费,监理公司也就拒绝为《工程竣工验收报告》盖章,导致某公司办理竣工验收备案手续受到影响,进而影响不动产权属证书办理,需要承担延期交房的违约责任。

(三)监理单位在安全生产管理方面的风险

建设工程的安全生产管理,是一项专业性强、涉及面广的工作。根据《建筑法》第四十四条、第四十五条对安全生产管理责任的规定,监理单位没有直接安全生产管理的权利和责任,但是这并不表明监理与安全生产管理没有任何关系。监理单位对安全生产的管理是间接管理,是通过审查施工单位的资质、人员资格、规章制度、施工组织设计和施工方案,以及监控安全生产管理制度运行的实施情况来发现安全生产问题,进而实现对安全生产的间接管理。如果监理单位没有发现上述问题,没有警告,没有依法制止,那么都属于失职。监理单位在安全生产管理中应做如下工作:

(1)审查施工单位的安全生产管理程序是否完整,如应经过安全员、工地主管、公司安全科、分管经理的监督,安全生产责任程序应当完整。

(2)督促施工单位在安全生产管理形式上有效,应当采用书面形式,且履行签字和盖章手续。

(3)审查施工单位在安全生产管理内容上的完整性,即安全生产管理有可能涉及的各方都要有所交代,内容上不能有缺漏。

监理单位是监督施工单位管理安全生产,施工单位如果管理失当,监理单位应当发现而未能发现,发现了未能在职权范围内采取警告措施,责令其整改或制止,就是失职,应负相应责任。施工单位如果没有做到按规范应当做到的以及合同中约定的事项,监理单位必须指出。如果施工单位层层转包,根本不具备基本的安全生产能力,监理单位要提出整改或更换的意见。监理单位在工作过程中,应当对重要的临时设施,如大型或特种脚手架、支撑、大型临时建筑等进行检查,除施工单位自己内部应当经过设计、施工、验收等程序外,监理单位还应在审查其施工方案和批准工程开工时,审查其程序的合法性和形式的有效性及内容的完整性。如果施工方对大型临时设施未经内部验收,监理单位应不同意投入使用。

(四)监理单位在工期控制方面的风险

监理单位有工程施工进度的检查、监督权,以及工程实际竣工日期提前或超过工程施工合同规定的竣工期限的签认权。如果监理工作不顺利,可能导致工程延期。

(五)监理单位在造价控制方面的风险

监理单位在工程施工合同约定的工程价格范围内,有工程款支付的审核和签认权,以及工程结算的复核确认权与否决权。未经总监理工程师签字确认,委托人不支付工程款。如果监理不履行职责,建设单位没有经验,那么在工程造价的控制及价款支付方面就存在风险。

(六)监理单位不配合办理竣工验收备案手续的风险

工程竣工后,如果监理单位不在竣工验收备案表或四方联合验收单上签字盖章,建设单位则无法通过竣工验收,即使工程所有的施工工作都已完成,按照现行的建设工程质量管理等法规,该工程也不能交付使用,这样就导致建设单位工程延期交付。尤其是对已签订预售合同的住宅项目来说,建设单位对购房人构成违约,承担延期交房的违约责任。

案例:A 房地产公司(以下简称"A 公司")与 B 建设工程监理公司(以下简称"B 公司")于 2005 年 11 月 15 日签订《建设工程委托监理合同》,约定由 B 公司为 A 公司开发建设的某项目 2 号楼的施工过程进行监理(1 号楼属于烂尾楼,由 A 公司从其他开发企业受让),监理费 12 万元,监理期间为 2005 年 11 月 1 日至 2006 年 5 月 30 日。由于工程未按期竣工,双方于 2006 年 7 月 3 日签订《某项目监理补充合同》一份,约定:由于非监理原因造成工期延误,致监理服务期延长,经双方协商,A 公司于 2006 年 7 月一次性补偿 B 公司 5 万元。补充协议中还约定:监理方承诺,帮助委托人完善前期 1 号楼工程在受让之前已完工程中须由监理签章的资料工作(仅就已形成的资料面上的部分),并不再另行收费。1 号楼竣工后,B 公司并未在竣工验收备案表上盖章,因此,A 公司委托 1 号楼的总承包商对受让前已完工的主体工程在验收时,以自己名义组织竣工验收和竣工资料备案工作。A 公司认为 B 公司未履行补充协议的约定,未在备案表上盖章,导致竣工交付的时间延误,因此拒绝支付 5 万元监理费,且自己也受损失。B 公司将 A 公司起诉到法院,要求支付延期的监理费,A 公司反诉 B 公司,要求 B 公司赔偿其另行委托他人办理竣工验收而多支出的 5 万元。

法院审理后认为,A 公司应予支付 5 万元监理费,从双方签订的补充协议来看,条款的内容为 B 公司帮助 A 公司完善前期 1 号楼工程在受让前已完工程中须由监理签章的资料工作,并不再另行收费,该条款中未约定违约责任。备案表上确实没有 B 公司盖章,但 A 公司无证据证明 B 公司有在该备案表上盖章的义务。因此,驳回 A 公司的反诉。

二、建设工程监理的风险防范

监理工作的重点分为四部分,即工程质量控制、工程进度控制、安全施工控制、工程造价控制。建设单位对监理过程中风险的防范可从以下方面来入手:

(一)选择有实力的监理公司

有实力的监理公司的特征如下:

(1)有完善的监理工作制度和工程质量事故处理制度。在工程建设过程中,由于设计或施工原因,可能造成工程质量不符合规范或设计要求,需返工处理的质量事故。工程质量事故发生后,建设单位必须立即书面报告监理公司。监理人员应与施工人员共同分析判断并采取必要的应急措施。对无害缺陷,监理人员可先分析验证,再决定是否修补,严禁施工人员擅自掩饰。修补后应进行技术校验。对技术规范所不允许的断层、裂缝、倾斜、强度不足及危害公共安全的质量事故,驻地监理人员应立即报告总监并与业主联系,指令承包商暂停该项工程的施工,并采取有效的安全措施。重大事故应立即报告上级有关部门进行联合调查处理。在总监理工程师的支持下,有关专业监理工程师应会同有关各方对质量事故现场进行审查、取证、诊断、测试、验算,提出处理方案或对承包商提出的处理方案予以审查、批准。事故处理方案应体现安全可靠、不留隐患、满足建筑物的功能和使用要求、技术可行、经济合理等原则。涉及设计变更的必须由原设计人员签证。经批准后的事故处理方案,必须报业主、设计、质监部门备案,并且由监理工程师监督实施。

(2)有详细的监理日记。为了给工程进度、工程质量、造价控制、工程变更和索赔处理、工程的竣工验收等各项工作提供可靠的资料和依据,监理单位应建立现场监理工作人员日志。监理日记是一项非常重要的监理资料,项目监理人员必须认真、详细、如实、及时地予以记录。记录前应对当天的施工情况、监理工作情况进行汇总、整理,监理日记应当书写清楚、版面整齐、条理分明、内容全面。监理日记的记录应包括施工活动情况、监理活动情况、存在的问题及处理方法、值班记录及其他问题等内容。其中施工活动情况应当记录施工部位、内容,现场钢筋工、木工、泥工、架子工等作业人员数量,项目经理、施工员、质量员、安全员等工作人员的到位情况,当天主要材料(包括构配件)的进退场情况,施工现场主要机械设备的数量、运行情况及主要机械设备的进退场情况。监理活动情况应记录监理巡视时间或次数,根据实际情况有选择地记录巡视中重要情况;记录监理验收的部位、内容、结果及验收人;记录监理见证的内容、时间及见证人;记录旁站内容、部位、旁站人及旁站记录的编号;记录平行检验部位、内容、检验人及平行检验记录编号;记录完成工程量的计量工作;记录审核、审批情况的有关方案、检验批次(分项、工序等)、原材料、进度计划等的审核、审批情况。在一天的监理活动中,对工程的质量、进度、投资等方面发现的问题及处理方案、结果应做好详细的记录。对一些重大的质量、安全事故的处理,应按规定的程序进行,并按规定记录、保存、整理有关资料。其他的问题包括,记录监理指令(监理通知、备忘录、整改通知、变更通知等)、会议及会议纪要情况、往来函件情况、安全工作情况、合理化建议情况、建设各方领导部门或建设行政主管部门的检查情况,值班记录由当天值班的监理人员签名,各类监理记录必须及时进行整理、编号和妥善存储。

(3)有监理月报。监理公司的监理月报包括下列内容:①本月实际完成情况与计划进度对比分析,对出现的进度差异说明原因,并列出将采取的措施;②对进度完成情况及采取措施效果的分析。

(二) 锁定监理合同价格

通过事先约定监理单位的工作报酬、附加工作报酬和额外工作报酬的计算方法,可以预防合同签订后可能发生的监理业务需要延长时间、暂停或终止,监理工作量增加应该给付监理费用的问题。发生监理附加工作有两种原因:一是由于建设单位委托监理范围和工作内容以外的工作;二是由于建设单位或承包人的原因,使监理工作受阻或延误而导致增加工作量或持续时间。具体的附加工作可能包含监理范围扩大、监理工作内容增加、工程造价提高等方面。监理额外工作是指正常工作和附加工作以外,因非监理原因造成暂停或停止执行监理业务,其善后工作及恢复执行监理业务的工作。如果在合同中约定了附加工作或额外工作的报酬、计算标准及支付时间等条款,对于建设单位来说,合同的价格变成了不确定的价格,而且存在重复收费的可能。比如,监理单位收取了相应增加监理费后,对于延长的工期,再按附加工作酬金的标准收取费用,则属于重复收费,况且工程暂停或终止并非全部是建设单位的原因或责任。因此,建议建设单位采取"总价包死"的计价方式,即无论监理业务延长多长时间、工程暂停或终止,监理的总费用不变。公平起见,在工程暂停期间监理可以不用到施工现场。总之,在约定了监理单位工作范围之后,监理的各种报酬都在约定的总价款内,不再调整。如果因为施工单位的原因导致监理工作量增加,施工单位应承担监理时间延长的费用,以减少风险。

(三) 合法选择监理单位

建设单位必须选择有资质的监理单位,而且要求监理单位保证安排有资质的监理人员进驻现场。监理单位应当按照核准的经营范围承接工程建设监理业务。《建设工程监理规范》(GB/T 50319—2013)对各类监理人员都作了相应的资质要求,作为合同一方的监理单位派出的监理人员,要符合《建设工程监理规范》的要求。建设单位也不得将应当采取招标方式委托的建筑工程监理工作委托给未中标人或中标无效的投标人。

(四) 从监理合同角度维护开发企业的利益

建设工程委托监理合同简称"监理合同",是指工程建设单位聘请监理单位代其对工程项目进行管理,明确双方权利、义务的协议。建设单位称为委托人,监理单位称为受托人。目前的监理合同主要使用《建设工程监理合同(示范文本)》(GF—2012—0202)。工程监理合同的内容主要应包括:监理的范围和内容、监理人的权限范围、监理期限、双方的权利和义务、监理费的计取标准和支付方式、合同提前终止解除的条件、确认和处理程序、违约责任、争议解决,以及双方认为需要约定的其他事项。建设工程委托监理合同是一种专业性很强的合同,范本不能解决在实践中发生的所有问题。因此,建设单位在与监理人签订监理合同时,不能机械地套用范本,而应对范本进行补充、修改,才能保证监理合同的顺利履行,维护建设单位的利益。在起草或审查工程监理合同时一般应注意以下具体问题,对下列具体问题进行补充或修改或予以明确:

(1) 开发企业应审查监理合同的相对方监理单位是否具有民事权利能力和民事行为能力、是否取得法人资格、是否具有资质,并且所承担的工程监理业务是否与监理单位的资质相符合。

(2) 监理合同的订立必须符合工程项目建设的程序。建设工程实施监理的,开发企业应当与监理单位采用书面形式订立委托监理合同。

(3) 监理合同的架构。建设工程委托监理合同应由合同、标准条件和专用条件三部分组成。除合同之外还应包括以下文件:①监理投标书或中标通知书;②监理委托合同标准条件;③监理委托合同专用条件;④在实施过程中双方共同签署的补充与修正文件。监理合同是当事人双方的行为准则,内容应全面、用词要严谨。合同条款的组成结构包括以下方面:①合同内所涉及的词语定义和遵循的法规;②监理单位的义务;③委托人的义务;④监理人的权利;⑤委托人的权利;⑥监理单位的责任;⑦委托人的责任;⑧合同生效、变更与终止;⑨监理报酬;⑩其他;⑪争议的解决。

(4)对监理单位的总监理工程师人选、具体工作人员,以及驻场工作时间提出要求。如果监理单位有变动必须书面告知开发企业,且应将监理人员变动通知的回函送交开发企业,否则,因监理的决定等引起的纠纷导致法院或仲裁机构没有采纳引起开发企业损失的,由监理公司承担该损失。必须对监理人员的权利进行限定,监理人员的指令如涉及工期延长、费用增加需要开发企业事先同意,以防止监理单位管理混乱,乱盖章、乱签字或倒签日期,对开发企业的利益造成损害。监理单位调换总监理工程师需要事先经开发企业同意,否则监理单位应承担违约责任,这一点在违约责任中应明确约定。

(5)合同中增加并明确监理单位的义务。监理合同示范文本应予补充监理单位的义务,补充内容如下:

①监理单位应在其资质等级许可范围内承揽建设工程监理任务。

②监理单位不得:指定建筑材料、设备、构配件的生产商、供应商;将工程监理合同全部转包给其他人,或者将工程监理工作内容肢解成若干部分以分包的名义委托给其他人;在工程监理合同未约定且未经发包人认可的情况下,将工程监理合同中的监理工作内容分包给其他人;与被监理的施工人、材料设备供应商和其他被监理单位存在任何利益关联。

③在监理合同范本专用条件部分有关监理范围和监理工作的内容的条款中,开发企业往往只要求监理人对工程质量进行监控。监理合同应明确监理单位对建设工程质量、造价、进度进行全面控制和管理的条款,对施工单位进行协调,对信息进行管理。

④明确监理单位有审核竣工结算报告的义务。由于审核竣工结算是竣工后的监理服务内容,因此,工程竣工结算所需的时间应包括在监理服务期限内。由此可见监理合同的完成时间,应以竣工后2个月为宜。

⑤监理单位应仔细研读施工合同,合同中约定的所有与监理有关的工作都由监理单位完成。

⑥在监理合同中应明确监理单位安全管理责任。

⑦遵守《工程监理廉政责任书》的约定。

(6)监理工作范围及内容的约定。监理范围指的是委托监理的工程范围,在监理合同中应详细明确和约定。监理工作的范围非常广泛,从工程建设各阶段来说包括项目前期立项咨询到设计阶段、实施阶段、保修阶段的监理。在每一阶段内,又可以进行投资、质量、工期的三大控制及信息合同两项管理。因此,监理合同应该包括监理单位对建设工程质量、造价、进度进行全面控制和管理的条款。在监理合同范本专用条件部分有关监理范围和监理工作的内容的条款中,建设单位往往只要求监理单位对工程的质量进行监控,为保护自身利益,在补充协议中建设单位应约定监理单位对工程造价、进度和协调等进行控制。另外,在监理工作范围减少的情况下,应签订补充协议约定费用的支付办法。工程监理的正常工作范围和内容,大致包括以下内容:

①工程技术咨询服务,如进行可行性研究、各种方案的成本效益分析、建筑设计标准、准备技术规范、提出质量保证措施等。

②协助委托人选择承包人,组织设计、施工、设备采购招标等。

③技术监督和检查。检查工程设计,材料和设备质量;对操作或施工质量的监理和检查等。

④施工管理。包括质量控制、成本控制、计划和进度控制等。例如,监理范围包括几个单位工程,应列出单位工程表,每个单位工程的面积、层数、结构、装修、各种机电安装的系列情况;是否包括室外工程,室外工程含有的内容,并详细说明工程的部位及专业范围。有的工程项目监理服务自施工前期阶段就已开始,但在签订监理合同时连工程的具体范围还难以界定,在取得初步设计文件审批后,以签订监理补充协议的方式加以明确。有个别监理合同对监理范围的约定是"红线以内所有工程",这样的表述显然没有真正界定工程监理范围,如果监理费是一笔固定数额,则工作量增加而无须支付更多的费用,对开发企业有利。

有的委托人只委托部分工作内容,因此,监理工作内容应明确约定,最好在附加协议条款中就每项工作的具体内容进行详细表述,避免因双方对每项工作内容认定不一致而产生纠纷。个别监理合同约定的工作内容为"全过程、全方位服务",这样双方容易产生纠纷。

(7)监理工作的期限。对开发企业有利的约定应该是工程竣工通过验收且保修期满后监理工作结束。

案例一:某房地产开发公司投资建设某住宅小区,与某监理公司签订委托监理合同。在监理职责条款中,约定监理公司负责住宅小区工程设计阶段、施工和保修阶段的监理业务。房地产开发公司应于监理业务结束之日起7日内支付最后10%的监理费用。小区工程竣工一周后,监理公司要求房地产开发公司支付剩余10%的监理费,房地产开发公司以监理公司监理职责应履行至工程保修期满为由,拒绝支付。监理公司诉至法院,要求支付全部监理费用。法院判决双方在合同中约定的监理职责至保修期满,至起诉时委托监理合同约定的保修期未到,房地产开发公司不应承担违约责任,待保修期满后再支付监理费用,驳回了监理公司的起诉,待保修期满后再行要求。

案例二:2001年2月16日,某监理公司与某局签订了一份《工程建设监理合同》(以下简称"合同"),约定某局办公综合楼建设工程委托监理公司完成施工准备、施工及保修阶段的监理,监理费按竣工决算总造价的2%计取;监理期限从合同签订日至建筑安装工程施工承包合同规定的完工日;由于业主或第三方的原因使监理工作量增加或持续时间由此增加的附加工作和额外工作应支付额外酬金。同时,合同还约定了附加工作和额外工作酬金的计算方式及违约赔偿责任等。合同签订后,监理公司即按约定对某局建设工程进行监理,但因某局原因,施工延长1年左右才竣工通过验收,延长了监理时间。监理公司向某局书面提出了要求支付延期监理酬金及赔偿额外工作酬金的书函,要求支付依据合同拖欠监理费50余万元。某局不同意,监理公司起诉到法院。

某局在法院答辩时声称,其在与施工单位合同履行过程中对原定工期作了变更,根据监理公司与某局签订的监理合同约定,施工、保修期的监理期限以"建筑安装施工承包合同规定的完工、保修期限"为准。因此,监理期限也应相应变更,不再执行原定的工期,应以某局与施工方新定的工期为准,不存在监理期限延长的问题。另外,监理公司要求支付监理酬金与赔偿已超过了索赔期限。不仅如此,监理公司计算的附加工作酬金与工期延误赔偿金不是一个概念。根据《建设部、国家工商行政管理局关于印发〈工程建设监理合同〉示范文本的通知》附件2"使用说明"中的规定,"附加工作酬金"指的是"业主未按原约定提供职员或服务员,或设施,业主应当按照监理实际用于这方面的费用给予完全补偿"及"由于业主或第三方的阻碍或延误而使监理单位发生附加工作"时应支付的酬金。但在双方的纠纷中,因某局与施工方变更了工期,延长的监理期不应被视为"附加工作",无权以此要求支付"附加工作酬金"。

某局认为,建设单位与监理公司在合同文本中约定按照工程结算的一定百分比确定监理酬金,在工期增加及工程造价增加的前提下,监理费也应按照约定比例增加。但监理公司在收取了增加的监理费后,对于延长的工期,要求既按工程总造价的2%计取标准收取监理酬金,又将因工程投资增加而导致工期顺延部分全部作为"附加工作酬金"再计一次费用,属于重复收费。最后,法院按照工程总造价的2%判决支付监理费用。

在实际工作中,由于建设单位对工程项目的计划工期计算不准,或建设资金短缺,或者由于施工队伍的专业素质差等多种原因,致使工程不能在监理合同约定的时间内完成。据统计,70%以上的工程项目都不能在监理合同约定的时间内竣工,有的延期长达1年,监理公司也不能撤出工地。遇到这种情况,监理单位要求增加监理费,如果不增加监理费,监理单位停止监理工作如何应对?如何才能避免开发企业陷入被动?解决这些可能发生问题的最好办法就是在合同中事先约定,如果工程延期监理费增加,由造成工程延期的责任方来支付,即如果施工单位造成延期,则由施工单位承担延期的监理费用。

除此之外,还应在监理合同中明确监理的责任期。有些监理合同对合同有效期约定"从签订合同至工程竣工"或者"以总承包合同为准",实质上没有对合同有效期进行约定。有的项目由于没有签订总承包合同,竣工日期确定不下来,若按上述意思约定,在总承包合同签订后应及时签订补充协议,明确具体的责任期。

(8)监理工程量的确认。对于监理工作是否按照规定完成、已经完成的监理工作量如何确认等问题,可以从以下方面确认监理的工程量:一是约定通过考勤确认监理工作量,开发企业了解监理单位实际到工地的签到表、监理月报等,没有这些则视为未尽到监理职责或未监理;二是通过查看监理单位的工作日志及各种处理决定,比如,停工令、复工令等确认其工作量。

(9)约定监理单位对工期的控制。监理单位的进度控制可为建设单位提供承包人工程延期具体准确时间结点的证据,例如,监理单位可确定每一里程碑结点延期的准确时间,如果延期的时间符合总承包合同约定的解除条件,则建设单位可以依据监理单位提供的准确延期时间段,提前解除总承包合同。

(10)监理报酬的计算及支付方式。正常情况下监理的报酬计算方式比较明确,双方可事先约定,但在工程量有变化的情况下就需约定监理报酬的计算及支付方式,对此可以事先约定工程投资额增加的处理以及监理期限延长的处理。有些监理单位以投资额增加为由提出增加监理费。在建设工程中,投资额增加的原因较多,投资发生变化实属正常,工程内容的增减、建筑材料价格的变化、建筑面积的增减、劳动力价格等,都会导致投资额的变化。但投资额增加监理人员的工作量未必随之增大,比如,劳动力价格变动、建筑材料价格变化等就不会导致监理人员工作量增加。示范文本规定了监理单位正常工作报酬、附加工作报酬和额外工作报酬的计算方法,有利于监理单位考虑到合同签订后实际情况可能发生变化,导致监理业务需要延长时间、暂停或终止。这样的约定实质上要建设单位单独承担将来可能出现的风险。因此,应采取总包价的方式,多不退,少不补,不论监理工作是否需要延长时间、暂停或终止,总之,监理人的各种报酬不变。另外,还应约定工程延期监理费用调整计算的方式和调整程序。建设单位在监理合同中还应约定,工程烂尾或停工后监理费用的支付方式与处理方式,这样可避免产生工程监理费用的纠纷。

(11)拖欠监理费的处理。监理费用相对于整个开发项目投资来说,可谓九牛一毛,及时足额支付监理费会使与监理单位的合作顺利,至少其不会因为费用的问题与建设单位产生纠纷而影响工程监理工作。因此,笔者认为,除非有特殊情况或因监理人员严重违约,应及时足额支付监理费用,不要拖欠,否则很难发挥监理单位的作用。拖欠监理费大致有下列原因:一是开发企业以工程正在进行建设之中,资金投入大,支付确有困难为由;二是工程未通过竣工验收,开发企业担心监理不配合验收或不配合准备监理资料,因此,需工程竣工验收并整理移交全部资料后才支付监理费用;三是在监理过程中,开发企业认为监理单位或工作人员严重不负责任或不合格,想解除委托合同,故不支付监理费;四是开发企业有意拖欠。

案例:2006年7月13日,A房地产公司(以下简称"A公司")与B监理公司(以下简称"B公司")签订《建设工程监理合同》一份,约定A公司将其在某大厦施工工程中的给排水、暖通、电力照明及设备安装、室内装饰工程委托给B公司实行监理,监理期限为12个月(2006年6月30日至2007年6月30日),监理费为18万元。若合同中任一方严重不按合同履行责任和义务,则另一方应提前28日以书面形式,明确通知对方合同终止日期。倘若合同终止是B公司以外的原因所导致的,A公司对B公司至终止日期前提供的服务应付给酬金。此后,该工程非因B公司的原因而停工,2008年该工程被拍卖。于是B公司诉至法院,要求A公司支付监理费18万元。B公司在诉讼中提交了监理合同及监理日记,有工地例会纪要、工作会议纪要、工作联系单、监理备忘录、监理日记等材料为证,法院认为其不能提供证据证明其提供了服务,驳回其起诉。因某大厦于2008年停工后未再复工,此后B公司未再实施监理行为,双方签订的《建设工程监理合同》约定的监理工作至今未完成。

(12)监理单位对于监理工作中所形成的技术资料的提交义务。监理单位对施工过程的资料控制必须到位,对工期延误、质量问题必须以书面的形式向开发企业说明,并由责任人员签字。

(13)合同解除权的约定。监理合同是委托合同,按照《民法典》的相关规定,委托人有权随时单方解除合同。如果监理单位提供的服务不符合需要或是损害开发企业的利益时,那么建设单位有权随时单方面解除合同。建设单位应该在补充协议中增加一个条款,即约定监理单位有下列行为情形之一的,建设单位可单方解除合同,且要求监理单位承担违约责任:

①监理单位及其派出的监理人员不具备相应资质条件的。
②监理单位与承包人恶意串通、接受施工单位贿赂损害委托人利益的。
③监理单位转包或分包本合同项下的监理服务。
④监理人员连续3天或累计1周不履行监理职责、不到施工现场的。
⑤监理人员业务能力不称职、不合格,监理拒绝更换或更换后仍不称职、不合格的。
⑥监理单位在监理过程中没有按照监理规范形成监理资料的或不符合监理规范要求的。
⑦监理单位单方停工,委托人可解除合同,另行委托其他监理单位,监理单位必须移交监理过程中形成的资料。
⑧违反《工程监理廉政责任书》中的规定。

(14)商业秘密保密条款。监理合同中应约定监理单位保守商业秘密的条款及其违反约定的责任。

(15)工程质量发生问题时监理单位的责任。监理合同中应约定在发生工程质量问题时监理单位的责任及处理办法。

(16)监理单位承担违约或侵权责任的法律依据、赔偿范围和赔偿数额的计算方式。监理单位承担建筑质量损害赔偿责任的法律依据是《民法典》《建筑法》《建设工程质量管理条例》和

《建设工程勘察设计管理条例》。《建筑法》第三十五条规定,工程监理单位与承包单位串通,为承包单位谋取非法利益,给建设单位造成损失的,应当与承包单位承担连带赔偿责任。第六十九条规定,工程监理单位与建设单位串通,弄虚作假,造成工程质量损害的,应当与建设单位承担连带赔偿责任。

监理单位损害赔偿的责任范围。监理合同的示范文本中对于监理单位的损害赔偿并没有赔偿损失的明确规定。《民法典》和《建筑法》对设计单位、监理单位的违约责任的规定均包括赔偿损失。从法理上讲,损害赔偿的责任范围应当以实际损失为限,损失多少,赔偿多少。损失范围应包括直接损失和间接损失。直接损失是指监理单位因违反合同而给建设单位实际上已经造成的财物的减少、灭失、损毁或者支出的增加;间接损失是指监理单位因违反合同而使建设单位减少的可得利益。因此,无论监理单位是过失还是故意,都应对建设单位按照实际损失进行赔偿,而对于监理单位没有监理资质、与承包人串通、接受施工单位贿赂而损害委托人利益或拒绝履行监理义务等故意违反合同义务的行为,除要求其承担全部赔偿责任外,还应该承担监理报酬总额一定比例的违约金。开发企业在与监理单位签约时一定要对这一条款进行补充明确约定。

对于损害赔偿数额的计算方法,可以在合同中约定,合同没有约定的,按照通常的计算方法计算。对于开发企业来说,在监理合同中如果双方无法就赔偿限额达成一致,那么意味着在损失额巨大、监理单位无力赔偿的前提下,建设单位只能放弃损害赔偿。对此可通过引入投保监理师职业责任险等方式解决。

实务中,工程中的质量问题往往由多个主体的过错行为共同引起,属于混合过错。出现这种情形,应由责任方来共同承担。比如,建设方、施工方、监理方或设计方共同造成了损害后果,应由责任方共同承担。

(17)监理单位在监理过程中因第三方侵权造成损失赔偿的问题。监理单位处理委托业务时,因非监理人原因受到损失的,可以向开发企业要求补偿损失。比如,监理单位在施工现场时,因施工单位的原因造成监理人员人身损害的,这种情况下,如果因第三人侵权导致监理单位遭受损失,应该约定直接由侵权人直接赔偿,开发企业予以协助。如果非要约定由开发企业赔偿,那也要约定在委托人补偿监理单位后,有权代替监理单位向第三人追偿,在签约时也应对开发企业的代位求偿权作出明确约定。

(18)约定索赔的期限。为防止监理单位在监理工作结束后仍然主张赔偿,可在合同中约定索赔的期限。例如,在工期延误的情况下,监理单位应在有关索赔事件发生之日起28日内提出索赔,否则视为放弃。

(19)监理单位在验收时拒绝盖章的处理。对于监理公司在竣工验收时可能拒绝盖章的问题,开发企业在监理合同中应明确约定,监理公司不能以在监理费用上存在争议不履行配合竣工验收的义务,如果监理单位认为开发企业没有支付监理费或欠付监理费,应该通过法院解决,而不应该以在竣工验收文件上盖章作为前提条件,否则应承担违约责任,因竣工延误造成的购房人的损失也应由监理单位赔偿。

(20)签署《工程监理廉政责任书》。为了规范工程建设监理委托合同双方的各项活动,防止发生各种谋取不正当利益的违法违纪行为,监理单位应严格遵守国家关于市场准入、项目招标投标、工程建设、工程监理和市场活动等有关法律法规及相关政策;为了防止出现监理单位违法及建设单位工作人员违法的行为,双方应签订廉政建设的责任书,以避免监理单位及其工作人员或建设单位工作人员获取不正当的利益,损害国家、集体和对方的利益,确保按照工程建设管理、建设监理的规章制度执行。当委托人发现监理人员不按监理合同履行监理职责,或与承包人串通给委托人或工程造成损失的,委托人有权要求监理人更换监理人员,直到解除合同并要求监理人承担相应的赔偿责任或连带赔偿责任。

　　监理单位的责任如下:①不准以任何理由向委托人和相关单位及其工作人员索要、接受或赠送礼金、有价证券、贵重物品及回扣、好处费、感谢费等。②不准以任何理由为委托人和相关单位报销应由对方或个人支付的费用。③不准接受或暗示为委托人、相关单位或个人装修住房、婚丧嫁娶、配偶子女的工作安排以及出国(境)、旅游等提供方便。④不准违反合同约定而使用委托人、相关单位提供的通信、交通工具和高档办公用品。⑤不准以任何理由为委托人、相关单位或个人组织有可能影响公正执行公务的宴请、健身、娱乐等活动。

第七章
房地产开发企业工程建设合规管理及法律风险防范

在房地产项目开发中,工程施工阶段最容易出现问题,因此,建设工程施工阶段的规范化管理与风险防范对于开发企业而言尤为重要。但是很多开发企业对此未给予充分重视。由于开发企业对建设工程施工阶段的关键管控缺失,通常等到出现了工程质量不合格、工期延误、成本失控、施工工人闹事等问题,甚至纠纷已经进入诉讼程序才想起工程的基础管理。事实上,工程法律风险通常源于工程施工阶段的管理不到位,因此,加强工程施工管理、规范施工管理流程,将房地产项目开发中存在的潜在法律风险在施工管理过程加以预防,才是解决问题的根本途径。对建设工程施工阶段发生的问题可总结如下:一是选择施工单位不谨慎,导致后续纠纷不断;二是房地产合作开发纠纷,导致失去项目的开发权或控制权;三是招投标不合法,导致合同无效影响工程结算;四是建设工程施工合同条款不完备,导致在管理或诉讼过程中处于被动状态;五是建设工程施工合同无效、解除权行使不当,不利于保护合法权益;六是没有妥善处理在建工程抵押与预售的关系引起大量诉讼;七是工期延误且无法控制施工单位;八是工程质量确有问题,但索赔时取证困难、举证困难;九是施工现场出现安全事故;十是变更洽商手续不完备,签证管理混乱,导致现场甲方代表或监理人员乱签证,造价失控;十一是因甲供材料出现质量问题或者工程延期问题引起赔偿责任问题;十二是合同计价方式不合理,导致开发企业增加工程成本;十三是竣工验收时施工单位不配合,导致开发企业对业主违约;十四是施工工人闹事使得开发企业疲于应对;十五是开发企业面对建筑商的优先受偿权陷入被动。本章试图对上述问题提出解决方案。

第一节 招标投标的风险及防范

建立招标投标制度的目的在于规范建筑市场,促进合格市场主体的形成,真实反映建筑市场供求状况和企业的实际消耗、工作效率,让有竞争力的企业中标,从而实现资源的优化配置,使承包商不断提高企业管理水平等。招标投标因具有平等性、竞争性、开放性的特征,目前已逐渐成为建筑市场的主要交易方式。

一、招标投标的风险

招标投标的风险来自两方面：一是招标方带来的风险。如招标方违法招标，采用"化整为零"的方式规避招标、招标文件有排他性内容、擅自改变招标方式、招标主体或项目违反法律规定或者评标不规范等。二是投标方带来的风险。如标书内容不真实，投标方主体资质不够，施工能力、设备和人员的配备及主要业绩和社会信誉不足，标书形式和程序上的不合法，或者存在违法违规投标。

建设项目招标的基本法律要求是禁止规避招标，遵循公开、公平和诚实信用的原则，国家依法对招标投标活动实施监督。有关招标投标的法律禁止性规定较多，如禁止串通投标、投标人不得以行贿的手段中标、投标人不得以低于成本的报价竞标、投标人不得以非法手段骗取中标。

（一）委托招标代理机构的风险防范

按照目前法律法规及规章的规定，房地产公司的很多工程项目都需要进行公开招标才能确定中标单位，如施工总承包单位和专业分包单位的选择。而建设单位对招投标的流程等不一定非常精通，这就需要与招标代理机构合作，委托招标代理机构处理招标事宜。招标代理机构和招标人是委托代理关系，招标人是委托人，招标代理机构是被委托人。

建设单位招标的目的是以合理的价格选择建设项目的承包商，而工程建设项目招标代理机构的目的是通过招标来赚取招标代理费，有些招标代理机构更注重招标能否顺利完成、是否要重新招标等问题，并不注重招标结果是否符合建设单位的利益，招标代理机构并不十分关注中标单位的优劣，因为这对其利益没有直接影响。

1. 招标代理机构存在的问题

有些招标代理机构出于自身利益需要，会参与或幕后策划围标、串标，或者发现后也不制止。更有甚者，在接受招标项目的同时，暗地里接受某些投标单位的业务咨询。还有些招标代理机构为非法谋取私利，利用招投标过程中交易双方掌握信息的不对称，与部分投标人联合起来围标串标，损害招标人的合法权益，完全丧失了独立性和公正性。另外，由于招标代理机构代理招标，每天面对大量招标工作，并非所有招标代理机构的工作人员都能对所有项目或所有项目的全部过程十分重视，因此，就可能发生错误。一旦发生错误，对建设单位来说，损失就可能是巨大的。招标代理机构的主要问题如下。

（1）招标文件编制水平差。招标代理机构编制的招标文件质量低劣，完全格式化照搬照抄，有些招标代理机构从网上下载所谓的格式合同，有些用以前的项目的招标文件，还有些用软件生成招标文件。用这些方式编制出来的招标文件漏洞百出，比如，工程名称还是上一个工程的名称，技术要求与招标项目不一致，不能反映招标人的真实意图，招标文件偏离真实意图而引起民事法律风险，为纠纷埋下隐患。

案例： 北京某招标代理公司作为某项目的招标代理，在编制施工监理招标资格预审文件时，部分内容如下。

9.2　附加合格条件证明材料

企业近三年（2009年1月1日至2011年12月31日）在诉讼或仲裁中的败诉、不良记录及恶意投诉记录。本资格预审文件中所提到的败诉是指与履行施工总承包合同、专业和劳务分包合同以及与工程材料设备采购合同相关的法律败诉。

此部分内容是套用施工招标的模板,而实际项目为施工监理招标,监理单位是无法提供所谓的施工总承包合同、专业和劳务分包合同以及工程材料设备采购合同的。

(2)招标从业人员专业水平较低。编制标书的人员实践经验少,完成的工作成果文件无人把关审核,出现许多不应有的错误。从业人员不但应懂得专业技术知识,还要懂得项目管理和法律知识,具备综合协调能力,因此,从业人员的水平对招标代理来说十分重要。实际上,为招标人提供合法、有价值的专业咨询服务,是招标代理机构的工作宗旨和价值所在。但在招标代理中,现实情况是有些招标代理机构的服务只限于事务性的工作,而忽略了招标代理的咨询服务属性。有些招标代理机构的从业人员根本不了解建设工程的基本知识,甚至连招标程序都不熟悉,代理过程中出现许多常识性错误,或存在明显瑕疵和漏洞。实践中,经常会遇到由于招标文件编制存在缺陷或错误而导致招标投标过程不顺利的现象,或发生歧义,或产生投诉,甚至导致招标失败。

案例:北京某招标代理公司担任某项目的招标代理,招标代理公司在编制施工招标资格预审文件时,后文中引用前文的条款要么错误,要么根本不存在,要么指向不明,不知道是指向申请人须知中的正文条款还是指向申请人须知前附表中的条款。另外,该资格预审文件明确表示不接受联合体投标,但文件中无论是目录还是正文都出现大量关于联合体投标的内容。

笔者在参与一次评标的过程中,招标文件资格预审要求投标人有3个月内的评估报告或银行资信证明,但投标人找了一份其他项目且与本投标无关的银行资信证明,银行资信证明写明:某某招标代理公司(该公司并非本次招标代理机构),该资信证明仅限于某某项目投标使用(该项目与评标的项目无关)。该次招标明显是由招标代理机构操作的陪标,结果可想而知,按照废标处理,没有通过资格预审。

(3)招标走过场。有些项目的中标单位在招标前就基本确定了,招标只不过是走形式。有些是业主定的,有些是招标代理机构参与内定的,起不到招投标的作用。

2. 招标代理机构的违法行为

招标代理机构与招标人串通虚假招标,损害国家利益和投标人利益,与投标人串通损害招标人利益;招标代理机构泄密行为,超越资质和无资质承揽业务;承揽业务转给其他代理机构等行为,均可能对招标人产生不利的法律后果。

3. 如何选择招标代理机构

(1)关注代理机构的资金及资质。在2018年以前,一般招标代理资格等级分为甲级、乙级和暂定级。暂定级只能承担6000万元以下的项目,乙级只能承担1亿元以下的项目,甲级可以承担各类工程招标代理业务。2017年12月28日,《住房城乡建设部办公厅关于取消工程建设项目招标代理机构资格认定加强事中事后监管的通知》规定,自2017年12月28日起,各级住房城乡建设主管部门不再受理招标代理机构资格认定申请,停止招标代理机构资格审批。2018年3月8日,《工程建设项目招标代理机构资格认定办法》被废止。

(2)关注招标代理机构的业绩。

(3)从合同的角度防范招标代理的风险。

4. 签订招标代理合同应注意的问题

签订招标代理合同是为了维护招标人和招标代理机构的合法权益。但目前招标人与招标代理机构签订的招标代理合同一般是建设部和国家工商行政管理总局联合制定的《建设工程招标代理合同(示范文本)》(GF—2005—0215)或各地方建设行政主管部门和行业协会拟定的招标代理合同示范文本,均采用格式条款,很不完善。从招标方的角度来看,在签订招标代理合同时应重点补充以下内容。

(1)确定招标代理服务的范围和内容。招标代理服务的内容很多,在实际招标代理合同中往往没有进行详细约定。招标代理合同中委托范围不明确,会导致招标代理范围不确定。比如,在建设工程施工招标中,可能另行招标的项目有:电梯安装工程、空调系统工程、消防系统工程、人防门安装及服务工程等。以上项目是否包含在招标代理范围中,应在签订招标代理合同时予以明确。现行招标代理合同通常的做法是在合同中有关工作内容的条款处约定,本工程招标代理内容为施工总承包或监理的招标。但具体包括的招标代理内容显得非常含糊,给招标人的招标工作埋下了隐患。同时,在实际招标过程中,招标人不一定将上述工作内容全部委托给招标代理机构做,如编制招标工程的工程量清单和标底、对投标人进行资格预审等,这些工作可能由招标人自行完成,也可能由招标人委托其他咨询单位完成或采用资格后审由评标委员会负责。委托范围与工作量和招标代理费用直接相关,因此应明确范围,以避免造成纠纷。

(2)补充明确合同双方的权利、义务和责任。在合同双方的权利约定中,较易忽视的内容如下。①招标人有权确定资格预审文件或招标文件中的主要条款。②招标人有权要求招标代理机构及时提供代理工作每一阶段的进展情况。③招标人有权要求招标代理机构更换不称职的人员或应回避的人员等。④招标人对招标的某些条件和要求不符合现行的法律法规或程序时,招标代理机构可以建议委托人进行修改。有些招标人为了让内定单位中标,会让招标代理机构修改资格预审文件和招标文件,以满足这一单位的中标条件。⑤由于招标代理机构的原因,致使招标失败或重新招标的,应由招标代理机构承担相应责任,并赔偿损失。招标代理机构在责任期内,应当履行工程招标代理合同中约定的义务,因招标代理机构单方过失造成的经济损失,应当向招标人进行赔偿。赔偿额按照招标人的实际损失计算。⑥招标代理机构对招标人或第三方所提出的问题不能按时核对或答复,导致合同不能全部或部分履行的,应由招标代理机构承担责任。

(二)招标投标行为违法的法律风险

1. 刑事法律风险

按照《刑法》第二百二十三条的规定,投标人相互串通投标报价,损害招标人或者其他投标人利益,情节严重的,处 3 年以下有期徒刑或者拘役,并处或者单处罚金。投标人与招标人串通投标,损害国家、集体、公民的合法利益的,依照前款的规定处罚。这是《刑法》关于串通投标罪的规定。

2. 行政法律风险

招投标各主体违反行政法律规定的行为如下。①必须进行招标的项目而未招标,或者将必须进行招标的项目"化整为零"或者以其他任何方式规避招标。②招标代理机构泄露应当保密的与招标投标活动有关的情况和资料的,或者与招标人、投标人串通损害国家利益、社会公共利益或者他人合法权益,可能影响公平竞争或泄露标底。③招标人以不合理的条件限制或者排斥潜在投标人、对潜在投标人实行歧视待遇、强制要求投标人组成联合体共同投标,或者限制投标人之间竞争。④依法必须进行招标项目的招标人向他人透露已获取招标文件的潜在投标人的名称、数量或者可能影响公平竞争的有关招标投标的其他情况,或者泄露标底。⑤投标人相互串通投标或者与招标人串通投标,投标人以向招标人或者评标委员会成员行贿的手段谋取中标。⑥投标人以他人名义投标或者以其他方式弄虚作假,骗取中标。⑦依法必须进行招标的项目,招标人违反规定,与投标人就投标价格、投标方案等实质性内容进行谈判。⑧中标人将中标项目转让给他人的,将中标项目肢解后分别转让给他人的,将中标项目的部分主体、关键性工作分包给他人的,或者分包人再次分包的,转让、分包无效。⑨招标人与中标人不按照招标文件和中标人的投标文件订立合同,或者招标人、中标人订立背离合同实质性内容的协议。⑩中标人不履行与招标人订立的合同,给招标人造成的损失超过履约保证金数额。⑪未提交施工招标情况书面报告。⑫擅自终止招标。⑬违法评标。⑭其他违反行政法律规定的行为。上述行为将面临罚款、暂停违法行为、吊销资质或执照、对相关人员进行处分、违法行为无效、责令改正、警告、没收违法所得、行业准入限制等行政法律风险。

3. 导致招投标无效的民事法律风险

按照《招标投标法》第三十二条的规定,投标人不得相互串通投标报价,不得排挤其他投标人的公平竞争,损害招标人或者其他投标人的合法权益。投标人不得与招标人串通投标,损害国家利益、社会公共利益或者他人的合法权益。第五十三条规定,投标人相互串通投标或者与招标人串通投标的,投标人以向招标人或者评标委员会成员行贿的手段谋取中标的,中标无效。

案例:2002年7月,在某项目招标时,M公司在未取得施工许可证的前提下,与Z公司签订了基础工程的施工合同。在施工许可证办理完毕后,M公司又同时与北京J集团公司和Z公司商谈,在两方不知情的情况下互相压价,承诺让J集团公司和Z公司各投两标,M公司让J集团公司与Z公司各中一标。J集团公司本来投标2.7亿元,因为其中2.5亿元是保本,但M公司说Z公司已将价款压到2.05亿元,于是J集团公司就将投标价改成了2.05亿元。后来J集团公司与Z公司两公司知道M公司的行为后,两公司互通信息,将投标价都改为2.7亿元。

《招标投标法》多处提到"不得""禁止""必须""应当"等,是否未按照法律规定做,就必然导致建设工程施工合同无效或中标无效呢？实际情况并非这样,《招标投标法》规定了以下几种行为中标无效。

(1)招标代理机构泄露应当保密的与招标投标活动有关的情况和资料,或者与招标人、投标人串通损害国家利益、社会公共利益或者他人合法权益,且上述行为影响中标结果的,中标无效。

(2)依法必须进行招标项目的招标人向他人透露已获取招标文件的潜在投标人的名称、数量或者可能影响公平竞争的有关招标投标的其他情况的,或者泄露标底的,且上述行为影响中标结果的,中标无效。招标人设有标底的,开标前标底是保密的,任何人不得透露标底。标底有一定的浮动范围,招标人一般将标底作为衡量投标报价的基准,过分高于或者低于标底的报价将被拒绝,因此投标人会想方设法打探标底以便于中标。

(3)投标人相互串通投标或者与招标人串通投标的,投标人以向招标人或者评标委员会成员行贿的手段谋取中标的,中标无效。在现有的市场环境下,尤其是在国有资金的建设项目中,因为招标人往往就是项目业主,可能发生招标人和投标人串通的情况。串通的方式主要表现为以下几种:招标者在公开开标前撤换标书、更改报价、泄露标底;招投标双方串通抬、压价,中标后吃回扣;招标人与投标人接触,并向投标人透露招标文件以外的必须保密的信息如标底,或者招标人向某些投标人透露其他投标人的信息等。

(4)投标人以他人名义投标或者以其他方式弄虚作假,骗取中标的,中标无效。

(5)依法必须进行招标的项目,招标人违反规定,与投标人就投标价格、投标方案等实质性内容进行谈判,且上述行为影响中标结果的,中标无效。

案例:目标公司 A 是一家三级资质的建筑公司,正在承建某住宅楼项目,A 公司由 B 和 C 两个股东投资设立,A 公司原股东 B 和 C 通过股权转让将 A 公司转让给新股东 D 和 E,新股东控制 A 公司后继续履行 A 公司对外签订的施工合同。在工程快结束时,A 公司施工承包合同的甲方向 A 公司索赔,要求 A 公司承担违约金 500 万元。A 公司了解情况后,发现的确存在违约行为,而且违约责任约定得比较明确,但原股东对此未披露,新股东收购时未作尽职调查,对或有债务承担的责任主体没有约定,也未要求原股东对未披露的债务承担保证责任。

律师接手此案后,从合同效力的角度处理此案。经调查发现,此项目在招标之前,招标人与投标人就合同的价格、工期等进行了实质性谈判,且已经先行进场施工,双方签订的合同属于无效合同。无效合同不存在支付违约金的问题,最后法院确认合同无效,无须支付违约金,此案律师巧妙利用双方进行实质性谈判而合同无效的规定打赢了官司。

(6)招标人在评标委员会依法推荐的中标候选人以外确定中标人的,依法必须进行招标的项目在所有投标被评标委员会否决后自行确定中标人的,中标无效。

按照《最高人民法院关于审理建设工程施工合同纠纷案件适用法律问题的解释(一)》第一条第一款第三项的规定,建设工程必须进行招标而未招标或者中标无效的,建设工程施工合同认定为无效。因此上述几种行为招投标都是无效的,签订的施工合同也是无效的。但在司法实践中,也不排除对于违反《招标投标法》"不得""禁止""必须""应当"等字眼但不属于上述几种中标无效的行为,法院也认定建设工程施工合同无效,但该司法解释公布后,如果违反了限制性或禁止性规定,一般来说,法院会严格按照该司法解释规定的内容来执行,中标无效会被认定为建设工程施工合同无效,而不是只要违反了《招标投标法》的任何规定就认定为建设工程施工合同无效。当然,法律及司法解释的规定不能涵盖司法实践中的全部情况,比如,必须招标的项目,总包方进行了招标,但总包以外的项目是直接发包,如装修工程没有进行招标,这种没有进行招标的行为是否有效? 在实践中,总包需要招标,将总包以外的项目不经招标而直接发包的行为也是无效行为。

招标人和投标人有上述几种违法行为的,除应当承担合同无效的民事责任之外,还可能承担行政责任,甚至承担刑事责任。行政责任包括对涉及串通投标的单位给予警告、罚款、取消资格等处罚。

4. 中标无效的法律后果

中标无效后存在两种情况,一是招标人尚未与中标人签订书面的施工合同,招标人仅发出了中标通知书,在这种情形下,招标人发出的中标通知书对双方没有法律约束力,招标人没有与中标人签订合同的义务,中标人失去了与招标人签订合同的权利。二是招标人与中标人已经签订了书面的施工合同,所签施工合同属于无效的民事合同,产生以下后果:

(1)恢复原状;

(2)重新确定中标人或者重新招标;

（3）中标人向招标人赔偿损失。

中标无效但已经签订施工合同又分为以下三种不同的情形：

（1）建设工程施工合同在订立后尚未履行前被确认无效；

（2）建设工程施工合同已开始履行但尚未履行完毕被确认无效；

（3）建设工程施工合同履行完毕后被确认无效。

上述三种情形处理方式也不一样，第一种情形因合同尚未履行，招标人可直接扣除投标保证金，如果还有其他损失，投标保证金不足以弥补损失，招标人可向中标人主张实际损失补偿。第二种和第三种情形处理起来比较复杂，涉及工程量的确定及工程质量是否合格，可能还涉及工程造价的鉴定等问题。

（三）招标未达到目的

招标的目的是通过合理的价格选择最优的施工单位。但有些招投标中工程范围界定不清，导致工程造价失控，未获得合理的价格，而且也未选中综合实力最优的施工单位。

未获得合理的价格的原因有以下几个方面。

（1）招标人或投标人违法或违规，如行贿、串标等。

（2）招标方不专业或工作失误。如招标方错误理解总价，认为总价低的投标人就可以中标，但低价中标的承包人报价的工程范围却与其他投标人不一致，工程承包范围小，招标人未发现，导致工程量增加，承包人索赔，结果反而比其他投标人的报价还高。单价、工程量与总价的关系没有锁定，因此导致没有达到招投标的目的。

（3）投标人从技术上设置报价的陷阱。

为了防范招标未获得合理的价格及未选中综合实力最优的施工单位，建设单位在招标时必须考虑投标单位的技术实力、经济实力、管理经验、效率、价格是否合理及信誉是否良好等方面。建设单位应该综合考虑技术先进、质量最佳、工期最短、造价最低等诸多因素，并从众多的投标者中择优选择，这样才能对自身有利。

（四）中标后不签订施工合同

案例：某市某区水务局的污水处理项目公开招标，投标人为A、B、C、D、E、F六家公司。最后经过评标专家评审，确定D公司为中标人，水务局向D公司发出了中标通知书。但过了一个月，D公司仍然不与水务局签订施工合同，要求在中标价格的基础上上浮10%的工程价款，理由是D公司已于投标前先行入场施工，中标的价格与进场前私下商定的价格相比太低，肯定"越干越赔"。

如果中标人没有施工，按照《民法典》的规定，必须签订书面合同，不签订施工合同的中标人应承担缔约过失责任。如果中标人已经施工，不签订施工合同的中标人应承担违约责任。

对此，可在投标之前设立投标保证金，要求投标人提供投标保证金，如果在中标后投标人不签订施工合同，则不退还投标保证金。

（五）低价中标后在合同履行过程中恶意违约

有些投标人在投标时采取低价策略中标，在中标后通过增加工程量、签证、调整概算等方式增加工程价款，在达不到目的后恶意违约，以要挟发包方就范。对于低于成本价签订的施工合同，施工单位中途停工，发包方可在合同中约定"本合同价款承包人承诺不低于其成本价"。

(六) 招标文件准备的法律风险

1. 招标文件缺少内容

招标文件至少应当包括投标须知、标书格式要求、合同主要条款、图纸、工程量清单、技术规范、招标文件附件等。合同书包括通用条款、专用条款、协议书。一定要把招标人的意图反映到合同中,招标人通过合同书控制工程造价、工期和质量。

2. 没有招标图纸或图纸不全

在招标过程中经常遇到招标时没有招标图纸,或者有图纸但图纸不全;还有在招标时有图纸,但在中标后换图纸的情况。有确定的施工图纸才能确定造价。如果有图纸或改动图纸,在施工过程中建筑市场价格没有变化的情形下,可确定工程造价,因此有确定的图纸可在一定范围内锁定工程造价;但没有图纸或图纸不全,工程造价无法确定,而且可能为工程质量、工期、工程造价结算纠纷埋下伏笔。因为没有图纸或图纸不全,会影响工程工期,施工组织方案编列的工期不能实现,施工组织会有所调整,不仅影响材料设备机械进场,增加施工成本,而且也影响承包商人员调配、资金调配等,引起承包商索赔的可能性极大。

3. 工程量清单编制中的法律风险

建设工程领域中工程计价方法从定额到工程量清单发生过几次变化。目前政府采购、国际援助等关系公共安全的工程必须采用工程量清单方式计价。国际投资资本进入市场,也习惯使用工程量清单方式计算,但在经济不发达地区仍然使用定额方式,因为这些地区缺乏使用清单方式的人才。

使用工程量清单方式招标,工程量清单必须作为招标文件的组成部分,准确性和完整性由招标人负责,否则会发生工程量不准或漏项的风险。

开发企业在使用工程量清单计价时应注意下列细节:工程量清单中的量要准确、清单格式要符合要求、工程各子分项不能过粗、招标控制价准确、合同条款与清单条款匹配、图纸准备齐全、编制招标时清单分解的工程子单位和图纸上工程子单位尽量没有交叉、工程没有发生量的调整、工程合同条款和清单匹配。

(1) 清单子目录过粗。清单子目录过粗会使得承包商报价过低,需要细化。对于人工、费用等应有计价标准。如果没有约定标准而采用国家标准,会导致开发企业利益受损。

(2) 特征描述不清晰,需要明确工艺流程。清单子目录特征的描述要详细,子目录不清晰会导致在施工期间投入过多成本。投标人无法准确理解清单内容,导致评标时难以合理评定中标价,工程竣工后引起结算纠纷。

(3) 文件编制单位资质。2021年7月1日之后,取消了工程造价咨询企业甲级资质和乙级资质的认定。但有的外资咨询机构没有在中国注册或备案,按照《工程造价咨询企业管理办法》的规定,没有注册或备案的造价咨询机构在中国境内从事造价咨询业务,其报告可能无效。

4. 招标文件准备的其他风险

(1) 采用无限风险等内容的风险。采用工程量清单计价工程应在招标文件或合同中明确风险范围,不得采用无限风险,否则合同无效。

(2) 招标控制价上浮或下调的风险。招标人在招标中应如实公布招标控制价,不得上浮或下调,并向工程所在地工程造价管理机构备查。若公布招标控制价后上浮或下调,将会引发投标人投诉,被有关造价管理部门确认无效。

(3)招标人按照招标书承诺的评审方法公开标底后,符合条件的投标人应该中标。如果招标人此时修改标底,让其他投标人中标,属于违约行为,违反《招标投标法》第二十三条的规定。不遵守该条规定,擅自修改或者澄清是无效的。开发企业在公布标底之后,又以标底错误为由中止招标程序,并修改招标文件和标底的行为,属于违约行为。

二、招标投标的风险防范

(一)确定开发项目是否属于招标的范围

建设工程必须进行招标而未进行招标的,签订的建设工程施工合同无效,因此应先明确开发项目是否属于应当招标的项目。

按照《国务院关于〈必须招标的工程项目规定〉的批复》,国家发展计划委员会2000年5月1日公布的《工程建设项目招标范围和规模标准规定》废止。国家发展和改革委员会公布的《必须招标的工程项目规定》自2018年6月1日起施行。在中华人民共和国境内进行下列工程建设,包括项目的勘察、设计、施工、监理以及与工程建设有关的重要设备、材料等的采购,必须进行招标:(1)大型基础设施、公用事业等关系社会公共利益、公众安全的项目;(2)全部或者部分使用国有资金投资或者国家融资的项目;(3)使用国际组织或外国政府贷款、援助资金的项目。全部或者部分使用国有资金投资或者国家融资的项目包括:使用预算资金200万元人民币以上,并且该资金占投资额10%以上的项目;使用国有企业事业单位资金,并且该资金占控股或者主导地位的项目。

在上述规定范围内的各类工程建设范围内的项目,其勘察、设计、施工、监理以及与工程建设有关的重要设备、材料等的采购达到下列标准之一的,必须招标:(1)施工单项合同估算价在400万元人民币以上;(2)重要设备、材料等货物的采购,单项合同估算价在200万元人民币以上;(3)勘察、设计、监理等服务的采购,单项合同估算价在100万元人民币以上。同一项目中可以合并进行的勘察、设计、施工、监理以及与工程建设有关的重要设备、材料等的采购,合同估算价合计达到以上规定标准的,必须招标。

从招标的主体来说,如果开发企业是国有企业或国有控股企业,依法必须进行招标的项目,全部使用国有资金投资或者国有资金投资占控股或者主导地位的,符合上述规定必须招标的项目,应当公开招标。

依照规定必须进行招标的项目具备下列情况之一的,经项目审批部门批准,可以不进行招标:(1)建设项目的勘察、设计,采用特定专利或者专有技术的,或者其建筑艺术造型有特殊要求的,经项目主管部门批准,可以不进行招标;(2)承包商、供应商或者服务提供者少于3家,不能形成有效竞争的。

开发企业如果不想通过招投标方式确定承包商、分包商、材料设备供应商,则应向项目的主管部门提出申请,证明所开发的项目采用了特定专利或者专有技术,或者证明其建筑艺术造型有特殊要求,得到主管部门批准后,就可以不进行招标。按照《招标投标法》的规定,投标人不能少于3家,在某些项目中因各种情况可能导致少于3家承包商、材料商参与竞争,这样即使开发企业想招标都无法实现,比如,2004年笔者在内蒙古自治区提供法律服务的某电厂建设项目,因该地区经济不发达且位于高寒地带,对材料设备商来说成本极高,因此没有形成市场竞争,无法进行招标。

如果开发企业不想招标,采用"化整为零"的方法规避招标,按照《招标投标法》的规定,属于违法行为。因此,"化整为零"风险比较大。

按照现行的《招标投标法》,无国有经济成分的民营房地产公司开发非住宅、公寓等不在政府规定招标范围内的项目,不需要进行建筑施工招标,可以直接发包。但在某些大城市,无论何种开发项目,都必须进行施工招标。在多数中小城市,民营企业只要前往市场监督管理部门打印一张股东结构证明,证明自己的非国有地位,就无须办理政府规定项目外的施工招标手续。

案例:2003年3月1日,A公司向B、C、D三家建筑公司发出了"某金融商贸中心(一期)工程施工招标条件",同年3月15日,B、C、D三家公司向A公司发出了"某金融商贸中心(一期)工程投标书"。3月15日之后,A公司委托工程所在地城市的招标办公室处理招标事宜,该办公室委派五位专家评委参与对三家投标单位的标书进行议标。专家在与A公司的专业技术人员商议后得出如下结论:综合考虑各种因素,B公司为评标第一名,但A公司并未当场定标,也未在三个单位中确定中标者。同年4月3日,A公司向C公司发出了"中标通知书",确定工程由C公司中标。A公司依据其发出的"中标通知书",与C公司于4月5日签订了《某金融商贸中心(一期)施工承包合同》。合同签订后,A公司依据合同向C公司支付了2000万元工程预付款。2004年9月18日,A公司向C公司发出解除合同的通知,要求正式终止施工总承包合同,C公司退回工程预付款,撤出工地。C公司未理睬A公司,为此,A公司将C公司诉至法院。A公司认为,C公司未参与工程的投标,直接通过协商中标,其取得"中标通知书"直接违反了《招标投标法》的规定,故中标无效,由此订立的承包合同也无效。A公司诉请法院确认A、C之间的承包合同无效,并请求退还预付款2000万元。C公司辩称:A公司为外商独资公司,本工程项目不属于《招标投标法》及国家发展计划委员会公布的《工程建设项目招标范围和规模标准规定》(已失效)中强制进行招标的项目,即使C公司不是通过投标取得中标书,但双方已经签订了施工合同,一切以合同约定为准,合同是有效的,不同意A公司的诉讼请求。

法院经审理认为,A公司所建设的工程建设项目不属国家法律和法规规定的必须进行招标的范围,因此本案不适用《招标投标法》,A公司以此作为合同无效的理由不成立,双方签订的合同不违反法律规定,A公司的请求法院不予支持。

建设单位在招标投标中普遍涉及的一个问题是,在招标中应该如何做,才能避免在出现纠纷时对自己不利情况的发生。有些项目的开发企业希望通过招标的方式确定总承包单位、专业承包和分包单位、合格的设备和材料供应商,但有些项目(笔者粗略估计多数项目)的开发企业并不希望通过招标的方式确定承包商或材料设备供应商,而是希望按照自己的意志,不受任何约束地确定承包商或材料设备供应商。开发企业不愿意公开招标的根本原因,是政府行政管理部门对招投标项目管理较为严格,比如,规定不许垫资、合同的价格必须按照预算定额标准确定等,否则不给中标的合同备案,而开发企业则希望以最经济、对自己最有利的方式确定施工单位,这与政府的管理相冲突,开发企业为了规避监管,会想出各种理由将开发的项目排除在政府规定的必须招标的范围之外,这样做是存在风险的。

(二)理解招标工程的范围及施工单位的报价方法

开发企业要正确理解招标工程的范围及施工单位的报价方法,特别是对于总价包死项目,更应该引起高度重视。总价包死项目工程量清单及单价中标后固定不变,施工过程除变更以外不能调整,因此准确理解并确定招标范围,是控制总价的前提。开发企业必须明确区分总包项目和专业分包项目的范围,区分装修和二次装饰项目的范围,区分室内和室外项目的范围,区分建筑功能系统和生产工艺系统的范围,区分预留和预埋的范围等。在总价合同的招标中,建设单位应自行计算工程量,要求工程量准确,在招标文件中应明确工程范围,避免缺项漏项,也避免在评标时漏评。施工单位在投标时,通常会运用一些投标的技巧,以达到提高工程总价款的目的。对施工单位的报价技巧,开发企业的工程及预算人员应引起高度注意和警觉,以免工程总造价失控。施工单位通常采用如下报价的方式以达到最终提高总价或资金使用率的目的。

(1)估计施工中可能变更或增加工程量的项目,适当提高单价;反之,降低其单价。

(2)针对设计图不明确或有误的项目,估计其完善后该项工程的增减,决定提高或降低其单价。

(3)针对清单中合价包干的措施项目,对照施工方案,有目的地提高或降低其单价。

(4)零星用工、机械台班不计入总报价,而相对提高单价。

(5)总报价不变,而对早期计量的工程项目提高单价。

开发企业对施工单位的报价策略应保持谨慎,实现利益最大化。为达到此目标,开发企业在招标时应以工程量清单计价模式确定工程总价。以定额计价模式来计价,其中的弊端较多,定额计价中消耗量是定额给定的,不能准确反映各个企业的实际消耗量,不能全面体现企业技术装备水平、管理水平和劳动生产率水平。间接费用也都是在给定的标准费率基础上进行微量调整而得出的,不能反映施工单位的综合能力。而工程量清单计价模式中,分部分项工程量清单所给出的工程量都是完成实体工程的净工程量。完成此工程量所需的消耗量都是由企业根据自己的现场管理水平及施工队伍的优劣决定的,项目清单综合单价是由人工费、材料费、机械费、管理费、利润及风险组成的,风险是由企业根据市场变化及工程难易程度结合企业自身抗风险能力等综合因素确定的,措施项目清单中的内容反映企业的盈利能力,措施项目中如模板、脚手架、挖土方、临时设施、施工排水等详细内容应根据企业的施工组织设计视具体情况自行报价,这最能充分体现企业的经济实力、技术力量及管理水平。因此,通过工程量清单的计价模式确定工程总价可以选定比较优良的施工单位。

(三)理解和分清材料设备采购范围及方式

材料设备费占工程造价的比重最大,因此准确确定材料价格至关重要。目前国内工程项目招标中材料设备采购大多采用以下几种方式。

(1)甲方供应材料及设备。采用这种方式,甲方供应的材料设备从价格的角度衡量占工程中的比重大,但规格品种相对较少。

(2)甲方选定,乙方购买材料。采用这种方式,从价格的角度衡量占工程中的比重相对较小,但规格品种相对较多。

(3)乙方购买材料。除上述第(1)种及第(2)种材料以外的材料外,工程中所占比重相对最小,但规格品种相对最多。

对于上述三种材料设备的采购范围及方式,开发企业应明确采购的方式,在明确范围及方式的基础上,应准确界定双方采购的范围,这样才能实现控制成本与工程质量的目的。

(四)选择有资质、有能力且符合条件的施工单位

为响应国务院关于行政审批制度改革的要求,住房和城乡建设部2014年11月6日下发《建筑业企业资质标准》(以下简称"新标准"),自2015年1月1日起施行,建设部印发的《建筑业企业资质等级标准》(以下简称"旧标准")同时废止。

新标准基本维持了原有的资质分类总体框架,仍为施工总承包、专业承包、施工劳务资质3个序列。其中施工总承包序列设有12个类别,一般分为4个等级(特级、一级、二级、三级);专业承包序列设有36个类别,一般分为3个等级(一级、二级、三级);施工劳务序列不分类别和等级。新标准的评价标准依然是资信状况(注册资金等)、专业技术人员(企业主要人员)、工程业绩和技术装备。与旧标准相比,新标准有以下几个方面的变化。

(1)施工总承包资质类别数量保持不变,但部分名称改变。施工总承包资质的类别数量未变,仍为12个,但部分类别的名称发生变化,4个类别的施工总承包资质名称发生了变化,与房地产相关的变化是旧标准中的"房屋建筑工程"变为"建筑工程","机电安装工程"变为"机电工程"。

(2)专业承包序列变化。新标准对于专业承包资质的修订较大,专业承包资质类别由旧标准60个减少为36个,取消了19个专业承包资质,合并了若干专业承包资质类别,部分类别名称发生变化。与建筑工程领域相关的土石方工程、混凝土预制构件、高耸构筑物、电梯安装工程、金属门窗工程专业承包等专业承包企业资质被取消,将旧标准中"12.建筑防水工程专业承包"和"13.防腐保温工程专业承包"合并为新标准中的"18.防水防腐保温工程专业承包"。部分类别名称发生变化,例如旧标准"1.地基与基础工程专业承包"变为新标准中的"13.地基基础工程专业承包",旧标准"5.预拌商品混凝土专业承包"变为新标准中的"15.预拌混凝土专业承包",旧标准中的"18.机电设备安装工程专业承包"变为新标准"24.建筑机电安装工程专业承包"。此外,"附着升降脚手架专业承包"资质类别已扩大为"模板脚手架专业承包"。

新标准调整了9类专业承包资质的等级划分。新标准中除"预拌混凝土专业承包"较为特殊,变化为不分等级外,"消防设施工程专业承包""防水防腐保温工程专业承包""建筑装修装饰工程专业承包"和"建筑幕墙工程专业承包"均取消了"三级"资质。专业承包资质的等级划分总体变化趋势是减少层级。

需要特别强调的是,工程实践中关于具有施工总承包资质的承包商能否承揽由业主单独发包的专业工程的问题,新标准明确规定:"设有专业承包资质的专业工程单独发包时,应由取得相应专业承包资质的企业承担。"因此,新标准实施后,设有专业承包资质的36类专业工程单独发包时,如钢结构工程、建筑幕墙工程、建筑机电安装工程等专业工程,应由取得相应专业承包资质的企业承担,而未取得该项专业承包资质的施工总承包企业则不能承揽该类专业工程。

(3)劳务资质变化。旧标准在劳务资质类别和等级划分方面对劳务分包资质共划分了13个类别,分别为木工作业、砌筑作业、抹灰作业、石制作业、油漆作业、钢筋作业、混凝土作业、脚手架作业、模板作业、焊接作业、水暖电安装作业、钣金作业、架线作业,且部分类别还划分为一级、二级两个等级。旧标准中的划分方法可能导致工程领域内的大量劳务分包合同因违反法律的强制性规定无效,不利于保护发包方和分包方的合法权益,因为根据《最高人民法院关于审理建设工程施工合同纠纷案件适用法律问题的解释(一)》第一条第一款第一项规定,承包人未取得建筑施工单位资质的,应当根据《民法典》第一百五十三条第一款的规定,认定施工合同无效。第五条规定,具有劳务作业法定资质的承包人与总承包人、分包人签订的劳务分包合同,当事人以转包建设工程违反法律规定为由请求确认无效的,人民法院不予支持。上述13个劳务分包资质类别划分无法涵盖所有的工程领域,可能会导致其他工程领域内的劳务分包违法,基于此原因,新标准取消了施工劳务企业的承包业务范围限制,规定施工劳务序列不分类别和等级,取得施工劳务资质的企业可承担各类施工劳务作业。

新标准取消了劳务资质类别和等级划分以及承包业务范围限制的同时,提高了施工劳务企业的资质标准要求。具体如下。

①新标准取消了旧标准对劳务承包企业注册资金10万元至50万元不等的规定,增加了企业净资产200万元以上的规定。

②新标准要求施工劳务企业必须具有固定的经营场所,以避免劳务企业出借资质,疏于管理,不能保证工程质量及维护农民工的合法权益。

③新标准要求技术负责人应具有工程序列中级以上职称或高级以上资格。

④新标准提高了对持证上岗人员和考核或培训合格人员的要求。新标准规定,持有岗位证书的施工现场管理人员不少于5人,且施工员、质量员、安全员、劳务员等人员齐全;经考核或培训合格的技术工人不少于50人。

⑤新标准取消了对工程业绩、近3年最高年完成劳务分包合同额和与作业分包范围相适应的机具这三项指标的具体要求。

(4)新旧标准在具体考核指标上的变化。建筑业企业资质评价标准分别是资信状况、专业技术人员、工程业绩和技术装备四项,但这四项标准有所调整,具体如下。

①取消了对企业注册资本金的要求。为与《公司法》中关于取消最低注册资本限制的规定相一致,新标准取消了旧标准中对工程施工总承包一级资质以及其他资质企业的注册资本金要求,对注册资金、结算收入不作为考核指标,但对企业净资产的要求提高。

②明确了对注册建造师等级、数量及专业的要求。对于一级资质,新标准大部分注册建造师专业保持不变(对应原项目经理),个别有所减少;对于二级企业来说,新标准对注册建造师数量及专业要求有变化,各类别的二级企业资质对一级建造师数量要求明显增加,对企业主要技术人员的要求更强调专业匹配,取消非专业方向要求。具体变化如下:A.减少了对高级职称人员的要求,取消了对企业经理、总会计师、总经济师具有高级职称的要求,强调技术负责人具有从事工程施工技术管理工作的经历,且具有与工程类别相关的专业高级职称;B.强调了中级职称人员专业必须与资质专业相关,强调了对中级职称人员专业性的要求,对中级职称人员数量要求明显减少,新标准将中级以上职称人员数量要求从100人减少为60人;C.增加了对持证上岗人员(五大员等)的要求。新标准强调持有岗位证书(五大员等)的施工现场管理人员不少于50人,且经考核或培训合格的中级工以上技术工人不少于150人。

③减少了工程业绩中的施工类型,但适当提高了规模标准。新标准明确规定了"本标准要求的工程业绩是指申请资质企业依法承担并独立完成的工程业绩"。

④取消了对"近3年最高年工程结算收入"和"施工机械和质量检测设备"这两项指标的具体要求。

⑤表述工程规模时,更多采用的是建设规模,较少使用工程造价规模,在工程造价规模与承包范围关系方面,取消了与企业注册资金相关倍数的规定。

新标准并未对施工总承包企业特级资质标准进行修订,施工总承包特级资质标准将另行制定,目前仍按《施工总承包企业特级资质标准》规定执行,但新标准明确规定施工总承包企业可以从事相应工程的项目管理业务,扩大了施工总承包企业的业务范围。

目前,住房和城乡建设部办公厅公布了关于《建筑业企业资质标准(征求意见稿)》等4项资质标准公开征求意见的通知,最新的资质规定正在酝酿修改、征求意见阶段,但截至2023年6月,还没有出台最新的资质规定。

目前在建筑施工领域,挂靠现象仍比较常见,工程层层转包,如果管理不到位则很难保证工程质量。如果不能保证建筑的施工质量,则开发企业会面对一系列的纠纷,尤其是业主的维权,会让开发企业疲于应对。所以,选择施工单位对开发企业来说尤为重要,施工单位选择不好,在施工过程中会给开发企业带来一系列的法律风险,比如,中标后的施工单位采取恶意停工、不按照约定垫资、恶意围堵、恶意诉讼和恶意保全等措施向开发企业提出超过合同约定范围的要求,迫使开发企业让步。另外,一旦选择了错误的施工单位,在施工过程中,施工单位还可能会采取不正当的手段向开发企业施加压力。

案例:开发企业将某智能大厦发包给某建设集团,2010年12月底主体结构封顶,但在2011年春节前15天,该开发企业的办公场所被讨薪工人围得水泄不通,而且讨薪工人的情绪都很激动,称某建设集团拖欠工资,原因在于该开发企业欠付工程款,所以他们无法拿到钱,不能回家过年。但实际上该开发企业并不欠付任何工程款,全部都按合同约定支付,可为什么有这么多人来讨薪?工作人员无奈之下报了警。民警调查发现,讨薪工人是某劳务公司招聘来的。民警调查核实,该开发企业已经将工程进度款按照约定支付给了某建设集团,但该建设集团未将此款全额发放给劳务公司,劳务公司也未按时发放工人工资。工人找到劳务公司后,劳务公司将矛盾引到该建设集团,该建设集团谎称该开发企业未付工程款,让工人到该开发企业办公场所闹事,给该开发企业施加压力。当地政府了解情况后开始进行协调,要求该建设集团春节前必须发放工人工资,工人知道情况后渐渐散去。但过了三天又来了200多名"工人"继续围堵该开发企业办公场所,很多白发苍苍的老年人也在人群当中。该开发企业无奈,再次报警,民警通过调查,了解到这些人都是被该建设集团花钱雇来的"演员",一人一天200元,甚至有些是从外地雇来的,让这些人通过聚众讨薪的方式来给该开发企业施加压力,目的是让该开发企业提前支付工程款。

施工单位在进入施工现场前后心态是不同的,在中标前,施工单位为争取中标,会轻易承诺很多条件,而且态度非常好;一旦中标,其心态便随之发生变化,为了获得更多利润,会采取很多办法。正规的大型施工单位通过正当手段加强管理获得合理利润,但有些施工单位会采取前文所述的不正当手段获得利润。因此施工单位的选择成为决定项目成败的关键。施工单位的选择包括很多内容,其中重要的一项就是施工单位有相应的能力。投标施工单位必须符合建设行政主管部门的要求,具有一定数量的专业技术人员且将其备案到管理部门,一般包括技术、经济、管理等人员。另外,在投标时施工单位应提供专业技术人员的材料,根据项目的大小配备人员。如果施工单位想投标,必须保证有符合要求的工程技术人员,否则没有投标资格。现在所有备案人员都已联网,不可能像以前一样把一个人的职称证借给几个单位用来凑数,临时增加人员已不太可能。通常,招标文件会对投标资质与合格条件提出如下要求。

①参加投标的单位必须具有独立法人资格和相应的施工承包资质。

②投标单位应提供令招标单位满意的资格文件,以证明其符合投标合格条件和具有履行合同的能力。为此,所提交的投标文件应包括下列资料:A.有关确立投标单位法律地位的原始文件副本(包括营业执照、资质等级证书、安全资格证书等);B.投标单位在过去3年中完成的与本合同内容相类似的工程情况和现在正在履行的施工合同情况;C.按规定的格式提供项目经理简历及拟在施工现场或不在施工现场的主要管理和施工人员情况;D.按规定格式提供完成本合同拟采用的主要施工机械设备情况;E.按规定格式提供拟分包的工程项目及拟承担分包工程项目的施工单位情况;F.投标单位提供近2年度经过审计的财务报表及审计报告;G.有关投标单位目前和过去2年参与或涉及诉讼案件的资料,隐瞒者视为废标;H.企业业绩。

③中标单位不得更换项目经理,中标后项目经理证由建设行政主管部门实行押证管理。

④中标单位不得将中标工程转包给其他施工单位,一经发现将终止施工合同。

有些开发企业希望选择国有建筑企业施工,认为在合同履行过程中,与国企的施工纠纷会较少,因为大型国有建筑企业垫资能力强,企业人员素质和管理水平相对较高。但是近年来,有些房地产开发企业已经不愿意选择这样的施工单位,原因是有些国有建筑企业不再垫资,且索赔能力极强,这样的施工单位过于强势,难以控制。

(五)招标时应注意的其他问题

(1)招标文件中的工程量清单必须校核清楚,以工程量清单为基础,确定底价。

(2)要求投标人的投标报价遵循同条款所列的全部招标工程范围及设计图纸和工期,投标人不得以任何理由予以重复作为投标人报价的依据。投标报价文件由投标人自行编制的,应当由注册在本企业的造价工程师签字并加盖注册造价工程师执业专用章;投标人委托他人编制投标报价文件的,应当委托工程造价咨询机构编制并在投标文件中附有委托合同,其投标报价文件应当注明委托人和被委托人并加盖各自公章,同时由被委托人的注册造价工程师签字并加盖注册造价工程师执业专用章,签字盖章的注册造价工程师的注册单位应当与被委托人一致。未按规定提供的投标报价文件无效。

(3)在招标文件中确定价格的构成。招标文件可以这样编写:除非合同中另有规定,投标人的报价中所报单价和合价,以及投标报价汇总表中的价格均包括完成该工程项目的成本、利润、税金、开办费、技术措施费(含施工方案变更导致技术措施费变化)、安全施工措施费、大型机械设备进出场费、风险费、规费(包含基本养老保险费)、工程安全防护和文明施工措施费、深化设计费、建设工程交易费以及招标代理费等完成工程所需的一切费用。中标人为完成本工程所需土建、弱电、强电、空调、消防、给排水等其他承包人的配合或协调等工作所需的一切费用均包含在投标报价中。

(4)在招标文件中明确合同价款及调整的原则、方式。对于固定总价的合同,可约定如下内容。

①本工程为固定合同总价,在合同实施期间不因人工、材料和设备等市场变化因素而变动。承包人在计算投标报价时应已考虑风险系数和固定合同总价包括的范围。风险系数是指施工期间的政策性调整(包括定额、人工、机械费及其他取费等)、施工期间的材料价格上涨因素、错算或漏算的工程造价、施工期间发生的人身及财产安全事故、气象条件、供电供水网的停电停水等一切相关风险费用。无发包人有效签证不得调整合同价款。招标人提供的工程量清单须请投标人仔细核对,投标人应根据设计图纸、勘察现场后自行计算出工程量清单的工程数量并比对招标人发出的工程量清单中的工程数量。比对后如果投标人发现招标人提供的工程量数量有误差应在招标答疑会时以书面方式提出,以便招标人以答疑文件的方式修正工程量清单中的工程数量。

答疑时,如果投标人没有提出工程量数量的偏差,则视为认同招标人发出的工程量清单及数量,实际施工过程中工程量数量偏差在±5%以内的招标人视同投标人在其相应和相关的子目的报价中已充分考虑并包含此费用,结算时不再调整工程数量。如果招标人提供的工程量清单有漏项,则应在招标答疑会时以书面方式提出,以便招标人以答疑文件的方式修正工程量清单。

②合同价款的调整。约定工程量的变更应按下列方法调整。A.由于设计变更引起的工程量清单项目或工程量的变更且经建设单位签字确认后由发包人或承包人提出,经双方确认后调整。B.没有设计变更但实际完成的单项工程量与招标时建设单位提供工程量清单中的单项工程量误差在±5%以内的,结算时招标人不调整单项工程量。误差在±5%之外的,结算时按实际完成的单项工程量进行调整。C.对招标人提供的工程量清单如中标人在投标时有漏项或投标时工程量数量与招标人提供的工程量数量不符,视同包括在投标总报价内,不另计价,承包人不得有任何异议。约定工程量变更后的综合单价应按下列方法确定:投标时已明确的分部分项工程量的综合单价结算时不再调整,只调整清单工程量,清单单价不变;若工程量清单中没有对应的项目,经发包人确认后,可按定额计价或双方协调定价进行调整,优惠按承包人投标总报价的优惠率执行。

③主要材料价格的确定。第一,所有主要材料必须经过招标人认可品牌、档次、价格,中标人方可进行采购。工程量清单提供了暂定价的材料,投标人投标报价必须按工程量清单中确定的暂定价统一报价,不能调整。招标人所定材料实际价格无论是高于原暂定价还是低于原暂定价,一律按实际定价给予调整结算,但只调整主费以及支付因调整主材费而支付的税金,与主材费有关取费(含措施费)均不予调整。第二,招标人在招标时明确的暂定品牌、档次在合同实施过程中如无变化,开标后无论市场价格变化多大,均按投标时的价格,不再进行调整。招标人对材料的品牌、档次和标准如有调整,合同价格按招标人认可的材料品牌、档次和标准进行调整。

④要求投标人所填报的单价在合同实施期间不因市场因素变化而变动,投标人在报价时应考虑一定的风险系数,投标报价不能低于其企业成本价。

⑤投标书中只能有一个投标报价。除非招标人对招标文件予以修改,否则投标人应按招标人提供的工程量清单中列出的工程项目和工程量填报单价和合价。每一项目只允许有一个报价,不接受任何有选择的报价。投标人必须按工程量清单投标报价的相应格式、内容填写清楚;投标人不得对工程量清单进行修改,如果中标人在投标时有漏项或投标时工程量数量与招标人提供的工程量数量不符,视同包括在投标总报价内,不另计价,承包人不得有任何异议。

⑥招标人不保证最低报价中标。

案例: 某开发企业对某项目配电箱、配电柜等电力设备供货进行招标,招标文件上载明投标截止时间为2011年8月17日24时。但是在截止日期前3天,各投标单位普遍反映时间紧迫。为便于投标单位有充足的时间准备投标文件,开发企业前后两次延长了投标截止时间,第一次延长至2011年8月29日14时,第二次在第一次延长的基础上又延长至2011年9月7日,开发企业两次延长投标截止时间均告知了投标单位,但仅是口头通知,未发送正式文件,投标单位也没有签收回函。但投标单位仍然按照开发企业的延长时间投标,某物资公司在延期内签收了答疑回函。答疑回函系就各投标单位制作投标文件过程中产生的疑问进行答疑。该物资公司于2011年9月1日提交投标保证金10万元,2011年9月21日向开发企业发出《说明函》,表示愿意将投标总价下浮三个百分点。经评审,该物资公司中标,开发企业向该物资公司发出了中标通知书,但开发企业并未与该物资公司签订购货合同,双方发生争议。争议的焦点是物资公司认为招标价格偏低,要求调整招标价格,不但要调整单价，还要调整总价。而开发企业认为，招标的项目采取的是工程量清单综合单价招标，而不是固定总价招标，招标文件第三章《商务标编制要求》第 5 条 5.1 款载明"经招标人审定后的中标综合单价结算时不再调整"，因此物资公司中标后不再调整单价，但数量是可以增加或减少的，增加或减少的数量根据中标的单价计价，总价可能会发生变化。清单综合单价招标本身就表明，工程的单价是确定不变的，而工程量在招标时并不是完全确定的，仅仅是一个临时的估计数，在合同履行过程中，双方可以根据工程需要对工程量调整，既然工程量可以调整，说明总价在招投标及签订合同阶段本身就不是完全确定的，也正因为工程量与总价不是完全确定的，招标人才选择采用清单综合单价方式而不是固定总价方式招标。既然是单价招标，因此被告作为招标人，只需要对原告投标的综合单价进行承诺，只要双方就单价达成了一致意见，双方合同就告成立。但物资公司坚持自己的意见，于 2011 年 11 月向法院提起诉讼，要求开发企业返还 10 万元保证金。

（5）事先确定总包单位的利润比例，给施工单位一定的利润空间，以保证工程质量。

（6）要求投标单位提供担保。除担保的履约保证金之外，有些发包方还收取"提留金"。提留金是质量保证金的另外一种叫法，或者说是另外一种表现形式，就是招标方在招标文件中声明要按工程总价款的一定比例提取提留金，或者在合同中对提留金的比例加以规定，以作为工程质量或者工程意外情况的保证。提留金的法律依据是《建筑法》《建设工程质量管理条例》《建设工程质量保证金管理办法》《建设工程价款结算暂行办法》和《基本建设财务管理规定》（部分失效）。根据上述规定，很多政府部门也制定了相关的规定，比如，《公路建设监督管理办法》第二十九条规定了对按照规定比例预留工程质量保证金，《农村公路建设资金使用监督管理办法》第二十二条规定了对提留工程质量保证金的监督。建设方可利用市场优势地位收取除质量保证金以外的提留金，用于特殊情况或意外情况的保障，在工程质量保修期满后或在没有意外情况时退还提留金。但收取提留金应该在合同中约定，没有约定就属于违约。还有建筑工程项目已经进行了质量担保或者投保工程质量险，建设方还收取提留金或保证金，这种行为就是违法行为。

案例：在某区西海路污水管道及横穿道路路灯套管工程答疑纪要内容中写明：请在工程量清单中增加一个"提留金"项目，提留金金额为 25 万元。本提留金在投标报价时不得优惠。本提留金用于现场地质变化及不可预见因素引起的费用。

（7）编制招标文件时要求编制人员必须严守机密。如有泄密行为，按公司员工管理制度追究责任，严重者交由司法部门处理。

（8）在招标文件的施工总承包合同中，将所有合同条件约定清楚，包括对发包方有利的补充协议约定清楚，将合同细节及补充协议做好，尽量不要在中标之后的签约阶段再谈合同的一些细节，尤其不要在中标之后就工程内容和范围、技术要求、技术规范和施工技术方案、合同价格条款、合同价款支付方式的条款、合同工期和维修期等内容进行谈判，上述内容在招标文件中应予全部明确。招标人在制定招标文件时必须允许外部律师或法务人员提前介入，共同研究施工合同的条款，并作为招标文件的一部分。如果等中标之后，签订合同之前再由外部律师或法务人员介入，则作用并不明显，优势尽失。

（9）预防招标纠纷。为避免招标纠纷，应要求投标人交纳投标保证金，擅自撤回投标书的，招标人可将保证金作为违约金，不予返还。投标人不交纳保证金而要求中标的，无法律依据，将无权中标。并且约定投标保证金的定金性质，如果未约定定金性质的，当事人主张定金权利的，法院不一定支持。如未约定定金性质，投资保证金是不适用定金罚则的。向招标时投标人提交履约保证金,用于工程建设应返还,否则招标人应承担违约责任。招标人在招标文件中可就保证金作出规定,如果投标人有下列情况之一,将被没收投标保证金:①投标人在投标有效期内撤回其投标文件;②投标人拒绝按本须知修正报价;③中标人未能在规定期限内提交履约保证金或签署合同协议;④投保人弄虚作假提供虚假投标文件;⑤投标人具有违反法律法规、规章行为的。另外,如果投标人文件含糊,拒绝改正,则不能中标。如果投标报价低于标底,招标人澄清时,投标人拒绝澄清,则视为废标。

(10)资格性审查与符合性审查应注意的问题。资格性审查是评标委员会根据法律法规和招标文件的规定,对投标文件的证明文件、资格文件、投标保证金进行检查和评价。在资格性审查中,有下列情形之一的,评标委员会认定其为不合格投标人:①评标委员会发现投标人以他人的名义投标的,串通投标的,以行贿手段谋取中标或者不如实提供有关情况、文件、证明等资料及以其他弄虚作假方式投标的;②投标人拒不按照要求对投标文件进行澄清、说明或者补正的;③投标文件无企业法人公章的,无企业法定代表人(或法定代表人授权的代理人)签字或盖章的;④投标文件未按规定的格式填写的,内容不全或关键字迹模糊、无法辨认的;⑤投标人递交2份或多份内容不同的投标文件的,在一份投标文件中对招标项目有2个或多个投标报价,且未在投标文件中声明哪一个是有效的(按招标文件规定提交备选投标方案的除外);⑥投标人名称或组织结构(包括拟任项目经理)与资格预审申请文件不一致的,投标人及其拟任项目经理与资格预审时不一致的;⑦联合体投标未附有效的联合体各方共同投标协议的;⑧没有按照招标文件的规定提供投标担保或者所提供的投标担保有瑕疵的,投标人不能提供合法、真实的材料证明其投标文件的真实性或证明其为合格投标人的;⑨投标人资格条件不符合国家有关规定或者招标文件要求的,其他不符合法律法规资格规定的。

符合性检查是评标委员会根据招标文件的规定,对投标文件的完整性、响应性进行检查和评价。有下列情况之一的,评标委员会认定其为不合格投标人:①投标报价高于招标人公布的上限控制报价的,或工资低于规定标准,或规费未按规定计取,或工程安全防护、文明施工措施费未按规定计取,或未按工程量清单中招标人规定的材料暂定价和暂定品牌统一报价的;②投标文件载明的投标范围小于招标文件规定的招标范围的;③投标文件载明的质量等级低于招标文件规定的;④投标文件载明的工期超过招标文件规定的;⑤投标文件没有投标人法定代表人签字(或盖章)或者加盖公章的;⑥投标文件附有招标人不能接受的条件的;⑦投标报价及商务标未经注册造价工程师签字并加盖执业专用章的;⑧其他未能实质响应招标文件条件和要求的。

(11)约定招标代理费的支付主体。按照行业惯例,工程招标代理费约定由中标人向招标代理人支付。

(12)中标后开发企业与承包商在签订合同阶段应注意的问题。尽管招标文件已经对合同内容作了明确规定,而且承包商在投标时也表示愿意遵守,但是通常在签订正式合同之前,开发企业通过评审标书,可能会发现报价中仍有某些不合理之处,此时通过协商可进一步压低合同价格。另外,在标书评审中,有可能会发现其他投标单位标书中提出的某些建议,如技术或商务上的建议,对开发企业是有利而且可接受的。但其他单位没有中标,开发企业希望中标的承包商也能接受,因此可以在中标后签订合同之前与承包商协商,将这些内容写入合同中或压低价格。再有,因为没有签订正式的承包合同,开发企业仍可与承包商讨论某些局部变更,包括设计的局部变更、技术条件的变更,在达成一致意见后,某些局部变更仍可修改。作为开发企业,详细了解合同形式以及合同条款,对编制招标文件中的合同条件及协商签订合同的具体条件都是非常有利的。

(13)关于集团公司中标由下级子公司施工的问题。有些投标单位中标后在自己下属子公司或关联公司体系内指定或选定施工单位施工。如果开发企业提出异议,中标人会以合同没有要求为由认为具体由谁施工在本质上没有区别,不属于非法转包和违法分包。为防范这个问题,开发企业在招标时在招标书中应明确,禁止由下属的公司或项目公司或关联公司具体承建,否则属于违约。

(14)对于中标后更换施工单位项目管理层的问题。中标后频繁更换施工管理领导层或管理人员无疑会影响工期、质量等,还有的承包商在中标后通过股权转让的方式将公司转让,更换所有管理人员,这样对开发企业影响更大。因此在招标时开发企业应提出要求,施工中不能更换管理人员,也不能通过股权变更的方式转让公司。

(15)明确要求施工单位现场勘察,约定如不勘察,招标人不能保证提供资料的准确性。因为投标单位编制的投标资料是初勘报告,最终勘察报告尚未获得,即便获得最终的勘察报告,也不代表勘察单位勘察结果准确,准确性依赖于施工单位以自己的专业技能在合适时间和合适手段获得项目的资料,开发企业不负责任。

(16)合理分配招标投标中的风险机制。工程中风险点主要是工程进度、工程造价和质量,分配合理有利于控制工程进度、造价和质量,分配不合理会导致严重纠纷。工程最核心的控制内容就是工程造价,关于工程造价风险分配的原则,FIDIC条款规定,如果订立合同时工程未来的风险是当时有经验的承包商无法合理预见的,那么风险应该归业主,否则归承包商。在国内的工程承包合同签订时,一般开发企业都会通过补充协议把所有风险都转嫁给承包人,除非开发企业没有经验,只会用施工合同范本。在履行开发企业转嫁风险的合同时,如果材料设备和人工等其他价格剧烈波动,承包人在自己的范围内无法承担,工程会有很多风险,例如承包商单方停工撤场,或者提出诉讼,这样对开发企业也未必是好结果。有的开发企业与承包商约定浮动风险范围,全国建筑市场风险管控的风险范围是3%~10%。

(17)招标文件内容之间相互矛盾的处理办法。招标文件内容庞杂,文件之间经常有矛盾发生,但应约定文件之间相互矛盾的解决方法,否则会产生争议。

(18)联合体投标的风险。联合体投标对招标人的风险是联合体并不参与预算文件编制,不负责组织设计施工。一旦工程实施主体出现决策失误,或者层层分包,施工合同履行情况很难保证,建筑物的质量、工期和维修保养服务也很难保证。联合体通过资格预审后,如果资质或其他条件有变化,如资质降低、招标人不符合招标书中的要求,招标人有权拒绝。

(19)需要妥善保留招投标文件,作为合同履行的依据,也避免发生纠纷时缺少法律依据。

(20)健全完善招投标管理制度与文件范本。招标人在招标前应制定招投标管理制度范本、制定招投标合同范本、制定招投标流程图汇总,以及准备好主体总包招标文件及附件、分包招标文件及附件、精装修工程招标文件及附件、园林总包招标文件及附件等文件,并制定招投标预案,以防止招标漏项。

第二节 施工中的法律风险及防范

一、施工手续办理的风险及防范

在施工手续办理过程中经常遇到的问题就是开发企业没有在预期的时间内办理完各种施工

手续；还有就是开发企业想提前获得施工许可证或者延后办理，但难以把握合法的底线。

（一）提前获得施工许可证

对于开发企业来说，应当统筹规划全局，熟悉整个开发的过程，不能等到需要某一项许可时才考虑该项许可证如何办理。比如，房地产前期开发的各项手续有些是可以交叉办理的，如果严格按照施工许可程序的规定，把所有材料准备齐全再办理施工许可证则效率太低，能先办的需先行办理。另外，为了争取提前开工，可以了解当地政府的规定，因为有些地方政府允许部分施工工作提前施工。除一些管理相对规范和严格的大城市外，很多城市都可以在未领取施工许可证的情况下进行土方工程等施工。即使是管理相对规范的大城市，也可以把一个项目分割成很多部分发证，比如基坑支护可以先发一个单独的施工许可证，再发地下室部分的施工许可证，最后发地上部分的施工许可证。

（二）提前放线、验线

按照正常的开发程序，领取了施工许可证才能放线，放线之后才能施工。如果提前施工，则需要让测绘院提前放线，放线一般由规划部门下属的测绘院或类似的测绘机构完成。放线后，测绘院会发出一份放线册。放线完毕，施工单位按照放线册确定的坐标点施工，然后由测绘院验线。验线时，当验收人员看到建筑是按图纸施工建设的，没有超出边线，测绘院就发出验线册。如果验线顺利，工程竣工验收时也会比较顺利。

二、施工中突发事件的风险防范

施工中的突发事件包括施工扰民、安全事故等，这些事故轻则影响工期、工程质量，重则影响整个项目的成败以及项目各方的人身自由等。

（一）施工扰民与遭遇民扰

（1）随着生活质量的提高，居民对施工中的噪声越来越敏感，经常因为施工噪声巨大而产生不满。因此，主管部门也加强了这方面的管理，要求企业办理噪声排放许可证，只能在规定的时间、规定的噪声允许值内以较轻的方式施工，如禁止使用锤击桩等。但有些小城市或远郊区县及非居民区的施工，对噪声的管理不太严格。大规模成片开发的新建小区施工扰民的现象较少见，但市区内的工程，几乎每一个开发企业都面临施工扰民与遭遇民扰的风险。有些开发企业忽视或轻视对施工噪声问题的管理，一旦周边居民的忍受程度达到极限，施工现场附近受噪声之害的民众就会自发地组织自救，采取封锁施工现场出入口等方式干扰施工，导致工期延误，这是开发过程中最常遇到的问题。

很多开发企业认为施工扰民的问题不大，并不重视这个问题，但在因扰民之后遭遇民扰才意识到问题的严重性，此时为时已晚，失去了解决问题的最佳时机，即使通过金钱补偿的方式也很难解决问题。因为居民的目的并不是索要补偿，而是要求消除噪声污染，金钱补偿对他们来说没有任何实际影响和意义。一般周边居民对施工扰民问题的解决都是非常理性的，他们大多先找施工单位提出不满和抗议，如果施工单位不理睬，他们会向主管部门举报，如果主管部门也不理睬或采取推诿的态度，事情得不到任何解决，他们才会采取极端的手段阻止施工，严重的施工扰民产生的后果是居民连续几个月阻止工程施工，使施工成本大大增加，可能导致不能按期竣工交付房屋，存在延期交房违约赔偿的风险。

解决施工扰民与遭遇民扰通常的做法是给予周边居民补偿,但一定要提前做这项工作,也就是说在施工扰民之前,就应该与周边居民沟通、协商。如果居民的要求是不一样的或者居住比较分散,建议开发企业与施工地的居委会或村民委员会联系,请求施工地附近的居委会或村委会出面协调,开发企业或施工单位与居委会或村委会统一定立施工扰民补偿协议,确定双方权利义务,施工扰民补偿费一次性交给居委会或村委会,由居委会或村委会分发给每位居民或村民。开发企业不直接与居民或村民接触,避免居民或村民提出不合理要求或因认为补偿标准过低而多次闹事。对于施工扰民的问题,开发企业应未雨绸缪,做好预防工作,这样处理效果就会更好,反之,风险就会更大。

防范噪声扰民风险的另外一个方式是必须取得合法的施工手续,如夜间施工必须取得夜间建筑施工许可,这样才能在解决施工扰民的过程中占得先机。另外,签订施工合同时,应当在施工合同中约定施工单位的噪声扰民,由施工单位自行解决。

(2)施工遗撒管理。在管理规范的城市,对于施工车辆运输泥土或建筑垃圾等管理较为严格,必须按照规定进行苫盖,将泥土等运到指定场所,目的是保证城市道路的干净整洁。运输施工材料、垃圾等车辆,只能在规定时间、规定道路上行驶。但在很多时候,尤其是工程赶进度的时候,日夜都需要运输,特别是挖槽阶段,泥土在运输过程中很容易污染路面。如果施工单位管理不到位,就会受到管理部门的严厉惩罚,影响施工进度,因此,开发企业或施工单位对此问题也应重视。开发企业在与施工单位签订的施工合同中应约定,施工中建筑垃圾等运输车辆的遗撒由施工单位自行解决,与发包人无关。

(二)工地安全管理风险及安全事故的防范

工地安全事故表现形式不一,既有刑事案件,也有治安案件,但发生的原因均可归结为工地安全管理存在隐患,紧急处理措施不当,施工安全措施不够。

(1)加强建设单位自身的管理及对施工单位的管理。建设单位不能向施工、工程监理等单位提出不符合建设工程安全生产法律法规和强制性标准规定的要求,不能压缩合同约定工期,违反建筑行业的规律。当建设工程施工影响相邻建筑物、构筑物及公众安全时,要求施工单位必须采取安全防护措施,由施工单位编制防护措施方案,送交建设单位确认,否则不允许施工。施工单位应采取保证施工安全的措施,包括设立安全生产管理机构,配备专职安全生产管理人员等。

(2)以保险的方式分散风险。工程保险是指业主和承包商为了工程项目的顺利实施,向保险人(公司)支付保险费,保险人根据合同约定对在工程建设中可能产生的财产和人身伤害承担赔偿保险金责任。目前我国工程保险工作开展得并不理想,与工业发达国家有非常大的差距。而且我国还没有强制性的工程保险,发达国家目前强制性的保险险种有建筑或安装工程一切险、人身意外险、雇主责任险等,这些保险涵盖了施工期间工程本身、工程设备和施工机具以及其他物质所遭受的损失赔偿,也包括因施工而给第三者造成的人身伤亡和物质损失承担赔偿责任。为避免施工中的安全事故,除了加强管理,就是通过各种形式的保险化解施工中的安全事故风险。

开发企业可以在施工合同中要求承包商购买保险,对工地工人的保险费用,开发企业可先行替建筑企业缴纳,工程结算时再从工程款中扣减。根据我国目前的实际情况,可要求承包商为农民工购买人身伤害意外保险,以化解施工过程中的人身意外伤害。除此之外,开发企业也可要求承包商购买工程质量保险。

(3)开发企业在与施工单位签订施工合同之前要求施工单位签署安全生产责任承诺书。承诺书的内容应包括:施工单位保证合法用工,进行安全生产培训、安全教育,承包的项目不得转包,施工现场管理符合法规要求,保证安全用电,冬季防火,工作居住区防煤气中毒,高空作业安全等内容,并承诺出现问题时的解决办法及罚则。

(4)工地安全风险防范建议。对于工地安全管理风险和事故的防范,建议从以下两个方面入手:一是加强管理、监督,建立安全控制体系,采取安全技术措施,进行安全教育实施安全技术交底,进行安全检查。二是明确安全事故处理程序,包括报告安全事故、迅速抢救伤员并保护好现场、组织调查组进行安全事故调查、分析事故原因并明确责任者、制定预防措施、提出处理意见并写出调查报告、事故的审定和结案及员工伤亡事故登记记录。

(三)施工中侵权的处理

施工中侵权类纠纷比较多,有些人认为建筑行业合同各方的责任仅限于合同文本,而且仅限于违约,这是一种误解。建筑合同的责任远远超过合同文本,侵权责任是建筑合同当事人除合同违约责任以外承担的一种非常广泛的责任。另外,合同各方的责任不仅限于合同各方的当事人,对于根本没有合同关系的第三人有时也要承担责任,而且第三人还具有不确定性。有时侵权责任与违约责任存在竞合的问题,按照《民法典》第一百八十六条的规定,在竞合的情况下,可以选择请求其承担违约责任或者侵权责任。

案例一:2005年9月5日晚10时,由某建设公司施工的北京某项目,在进行高大厅堂顶盖模板支架预应力混凝土空心板现场浇筑施工时,模板支架施工设计方案未经审批,项目部经理仍要求劳务队施工,导致模板支撑体系坍塌,造成8名工人死亡、21人受伤。此事影响巨大,检察机关以涉嫌重大责任事故罪批捕了5人,最终法院判处施工单位项目土建总工有期徒刑4年,判处项目经理有期徒刑3年6个月。

案例二:2006年5月17日凌晨3时许,北京通州某公寓某号楼某单元某室因燃气泄漏发生爆炸,两堵墙被炸塌,两套房子被炸毁,楼内两部电梯被炸毁,超过10个房间的防盗门严重变形,爆炸区域共10层的玻璃全部破碎。距离爆炸点近200米的门脸房的落地玻璃被爆炸的气浪冲碎。7人在事故中受伤,其中2人烧伤严重。爆炸时产生的强大冲击波使小区多户人家受到了不同程度的损坏,水、电、燃气等供应一度中断。事故初步判定为天然气泄漏造成,但是,究竟是什么原因导致了天然气泄漏?如果是施工质量问题或材料质量问题,那么开发企业应对此负责,然后再向相关责任方追偿,如向施工单位或材料供应商追偿。如果是业主自行装修改动导致的泄漏爆炸,那么开发企业或施工单位就无须承担责任。

案例三:某施工单位承建某公司办公楼,但该楼的电梯安装质量存在问题,发生坠落,但未造成损害。建设单位起诉施工单位,建设单位认为,《建筑法》及《房屋建筑工程质量保修办法》规定,在建筑物的合理使用寿命内,因建筑工程质量不合格受到损害的,有权向责任者要求赔偿。在保修期限内,因房屋建筑工程质量缺陷造成房屋所有人、使用人或者第三方人身、财产损害的,房屋所有人、使用人或者第三方可以向建设单位提出赔偿要求。建设单位据此要求侵权损害赔偿。法院认为,对建筑工程的缺陷未发生实际损害的不能赔偿,建设单位应以合同违约为由起诉施工单位,因此驳回了建设单位的诉讼请求。

案例四:2009年9月1日凌晨1时许,李某驾驶两轮摩托车正常行驶在县道上,此时施工单位正在道路上施工,且未设置警示标识。李某未看清道路上堆放的施工材料,导致车辆翻倒,造成李某受伤抢救无效死亡。事发后,李某家属与公路局协商未果,遂起诉要求公路局赔偿经济损失221627元。最后,法院判决支持了李某家属的部分请求。

案例五:某房地产公司于2000年与A建筑公司签订施工合同,建设某花园小区。A建筑公司施工至地上8层后,建筑公司与房地产公司发生纠纷,A建筑公司撤出该项目。2003年8月,C建筑公司与房地产公司建立了施工合同关系,双方就现场已施工情况进行了盘点,确定了已施工工程量及办理了交接手续,C建筑公司开始施工。2004年9月,C建筑公司与房地产公司因支付工程款等问题发生纠纷,双方通过协商解除了施工合同,但仅在解除合同书上签了字,双方并未办理清点及交接手续。签订解除合同后,因房地产公司未支付工程款,C建筑公司不退场,于是房地产公司将施工现场的出入口封闭。双方不能通过协商解决纠纷,于是C建筑公司将房地产公司起诉到法院,请求法院依法判令房地产公司返还C建筑公司全部机械设备、建筑材料(财产清单标明有212万元),房地产公司按每天3000元支付设备占用费,并支付工程款563万元。

房地产公司辩称,自己未侵占原告的机械设备、建筑材料等财产,是C建筑公司自己不将设备材料搬走,房地产公司怕设备材料丢失才封闭了施工现场的出入口。房地产公司称,解除合同的过错在C建筑公司,因为C建筑公司在甲乙双方的协调会上保证过,如果2004年9月底不完成计划,其无条件退场。C建筑公司在2003年9月30日退场时,将机械设备留在工地无条件退场,是履行当时协调会议上的承诺,且施工机械材料等房地产公司已支付了对价,因此房地产公司未侵占C建筑公司的财产。房地产公司同时还提起反诉,称C建筑公司未将工程竣工就自行撤离工地,其行为构成违约,无权要求支付全部工程款。且C建筑公司由于管理不善,严重延误工期,并出现质量问题,给房地产公司造成一定经济损失。已施工工程质量不合格,无法验收,因此要求C建筑公司提供有关工程的完整资料并配合房地产公司对工程进行验收,修复不合格工程,承担保修责任,赔偿因延误工期及违约所造成的损失10万元。

法院认定事实及判决结果:被告于本判决生效之日起7日内,返还原告机械设备、建筑材料(具体明细附后),如被告拒不返还或无法返还的,按市场价折价赔偿。驳回原告关于赔偿机械设备、建筑材料被占用造成的损失请求。被告于本判决生效之日起7日内,给付原告工程欠款421万元。驳回被告的反诉请求。

下面对上述案例五的纠纷成因进行分析并提出避免纠纷的办法。从表面看,该案例体现为建设单位与施工单位的工程款结算纠纷及侵权纠纷,但究其根源,可以发现更为深刻的问题。建设单位与施工单位建立建设工程施工合同关系后,施工单位即对施工现场享有管理权和占有权,任何单位包括建设单位、监理单位未经施工单位同意不得对施工现场非法侵占,否则即构成侵权。但是,施工单位一旦违约、解除合同,或停止施工、协商停止施工,就应搬出施工现场,否则会对建设单位非常不利。如果将来建设单位想与其他施工方签订合同,新的施工方无法进驻施工现场继续施工,让原施工单位搬出是一件非常麻烦的事情。如果采取诉讼的办法,拖延几年是非常普遍的现象,这样建设单位会损失惨重。通过非法的方式强制占据施工现场,可能会面临刑事法律的风险,更是得不偿失。所以,严格审查施工单位的资信情况以及各种手续,签订完备的施工合同,做好各种防范工作,建立健全合同管理和现场管理制度,是减少开发企业损失的最佳途径。如果发生了开发企业无法控制的突发情况,要及时寻求法律帮助,由国家机关制止违法行为的继续进行并对相应的财产采取保全措施,用法律的武器保护自身的合法权益。

(四)与消防、人防和管线专业公司的关系

全国各地的消防、人防和管线的施工在此之前几乎都由相对垄断的专业施工单位承担,因此这些单位利用自己相对垄断的地位,在施工过程当中占据非常有利的地位,近些年情况有所改善。如果发包人或总包方不配合他们进行专业施工,或者拖欠工程款,那么整个工程将受到延期影响。因此,发包人应积极配合这些专业的分包单位完成专业施工。

(五)施工中劳动纠纷的风险防范

施工中的劳动纠纷主要是由施工总包单位或分包单位拖欠农民工的工资引起的,表面上看与发包人没有直接关系,但是这类劳动纠纷往往会引发群体性事件,直接影响项目的工期、质量等,因此发包人必须引起重视。对于施工中的劳动纠纷风险防范参见本章第九节的内容。

第三节 工程建设合同担保的风险及防范

工程担保,是指在工程建设活动中,由保证人向合同一方当事人(受益人)提供的,保证合同另一方当事人(被保证人)履行合同义务的担保行为,在被保证人不履行合同义务时,由保证人代为履行或承担代偿责任。推行工程担保制度的目的是规范建筑市场秩序,规范工程承发包行为,解决拖欠工程款和工人工资,保证承包人履约,保证工期、工程质量和安全。基于此目的,建设部于2004年8月6日印发《关于在房地产开发项目中推行工程建设合同担保的若干规定(试行)》,规定中要求工程建设合同造价在1000万元以上的房地产开发项目(包括新建、改建、扩建的项目)要进行担保。经过政府行政主管部门的推动,目前在实践中,建设工程施工合同几乎都有担保的约定。目前主要有业主工程款支付保证担保、投标保证担保、承包商履约保证担保和承包方付款保证担保四种常见的工程担保种类。除此之外,还有以下几种:分包担保、劳务工资支付担保、监理履约保证担保、工程保修保证担保、设计(地质勘查)履约保证担保、房屋质量保修担保、反担保。

工程担保是工程风险转移措施的又一重要手段,它能有效地保障工程建设的顺利进行。从目前的实践来看,实施工程担保制度对开发企业来说利大于弊,可以帮助开发企业选择有实力且符合条件的承包商。因为银行或担保公司从自身利益的角度考虑会为开发企业把关,选择履约能力强且有信誉的承包商,否则出现问题时担保人也会承担责任,这样就把一些没有实力或信誉不好的承包商排除在外。承包商实际履约能力强是房地产项目开发成功的关键,否则,将面临一系列的纠纷。工程担保制度对开发企业的不利影响表现在会在一定程度上提高成本,但综合考虑开发企业通过增加招投标的透明度而节约的成本,以及减少风险损失的综合效益,是利大于弊的。另外,由于开发企业在付款担保中银行或担保机构提供保函时往往需要设定反担保,因此会提高房地产开发的准入门槛,影响开发企业的资金周转。

一、业主工程款支付担保

业主工程款支付担保,是指为保证业主履行工程合同约定的工程款支付义务,由担保人为业主向承包商提供的,保证业主支付工程款的担保。业主在签订工程建设合同时,应当向承包商提

交业主的工程款支付担保。未提交业主工程款支付担保的建设工程视作建设资金未落实。这一规定对于开发建设资金不足的开发企业影响非常大，尤其是不能提供担保或难以开出保函的开发企业会因此无法继续开发。即使取得了土地使用权，也面临着今后因土地闲置而被收回的可能，从而最终被挤出房地产开发市场，而有实力的开发企业将获得竞争优势。

二、投标担保

投标担保，是指由担保人为投标人向招标人提供的，保证投标人按照招标文件的规定参加招标活动的担保。投标人在投标有效期内撤回投标文件，或中标后不签署工程建设合同，须担保人按照约定履行担保责任。

三、承包商履约担保

承包商履约担保，是指承包商向业主保证，当承包商未按照主合同的约定履行主合同义务给业主造成损失时，由担保方按照本合同约定承担保证责任的行为。担保方保证的范围是承包方未履行主合同约定的义务给业主造成的实际损失。保证的金额可以是主合同约定的合同总价款一定比例的违约金，也可以是与业主工程款相等的支付金额。保证的方式为连带责任保证。保证的期间为开工日期至主合同约定的工程竣工日期后若干日内。如果承包方与业主变更工程竣工日期，须由担保方书面同意，保证期间按照变更后的竣工日期相应调整。

开发企业应要求承包方与担保方商谈，担保方根据业主要求以下列方式承担保证责任。

（1）由担保方提供资金及技术援助，承包方继续履行工程交付义务。

（2）由担保方在本合同规定的保证金额内赔偿业主的损失。

（3）由担保方直接接管该工程或另觅经开发企业同意的其他有资质的承包商，以便于继续履行合同。

担保费由承包方根据担保金额、担保期限、担保风险等因素确定，向担保方支付。承包方支付担保费用后向开发企业出具《承包商履约保函》。开发企业向担保方提出索赔请求，必须提交索赔通知书，同时提供项目总监理工程师及其监理单位出具的承包方违约的确认书。如果开发企业索赔的理由是建筑工程质量问题，还需同时提供建筑工程质量检测部门出具的检测报告。

一般履约保证担保数额为合同价的5%～10%。比如，一个合同价为1000万元的工程，其履约保证金为50万至100万元。目前履约保证金并没有形成文件的明确数额标准、方式及退还时间，没有明确履约保证金的测算依据和交纳办法，因此属于业主与承包商自行协商约定的范畴，只要约定不违反法律法规的强制性规定，均为有效。在目前的市场供求状况下，对开发企业来说，是否采用履约保证金或其他形式的履约担保，均可自行决定。因此，可以这样约定：承包商按照工程中标价的5%～10%的自有资金先行交纳履约保证金，如果不能交纳可以用工程款抵扣，工程结算时履约保证金可转换成质量保证金。还可以约定承包商提供银行的保函，不能随意撤保，如果撤销银行的保函，应承担违约责任。

对开发企业来说，在约定履约保证金条款时，履约保证金最好约定为定金性质，这样的约定对开发企业最为有利。如果履约保证金约定为定金或定金性质时，根据《民法典》第五百八十七条的规定："债务人履行债务的，定金应当抵作价款或者收回。给付定金的一方不履行债务或者履行债务不符合约定，致使不能实现合同目的的，无权请求返还定金；收受定金的一方不履行债务或者履行债务不符合约定，致使不能实现合同目的的，应当双倍返还定金。"否则，可能需要退还所谓的留置金、担保金、保证金、定约金、押金或定金等。另外，约定了履约保证金却又没有交纳的,关于履约保证金的约定成立,但不发生法律效力,所以开发企业一定要求保证金到位。

四、承包商付款担保

承包商付款担保,是指担保人为承包商向分包商、材料设备供应商、建筑工人提供的,保证承包商履行工程建设合同的约定向分包商、材料设备供应商、建设工人支付各项费用和价款,以及工资等款项的担保。而付款担保所保障的是承包商对分包商、供货商和建筑工人的付款责任,以确保承包商不会向下层层拖欠工程款、材料款和工人工资。

五、担保存在的问题

我国建筑市场尚未发育成熟,因此,与工程担保相关的利益各方主体实行工程担保的积极性不高。对于业主和承包商,他们认为实行工程担保增加工程建设成本,尤其是国家投资的有些市政工程等业主,不愿执行与"承包商履约担保"相对应的"业主工程款支付担保"。目前在担保种类的推行上,投标担保推行的面比较广,而业主工程款支付担保、承包商履约担保、承包商付款担保推行的难度大。

六、工程担保的风险防范

(1)开发企业应选择有资金实力的担保公司出具保函或与银行建立长期稳定的业务关系。另外,在选择担保公司时一定要警惕收取保费过低的担保公司。如果担保公司收取低于成本的保费,那么肯定存在恶性竞争,将来一旦需要担保公司承担保证责任,担保公司可能没有能力承担责任。因此,在选择担保公司时,应确保所接受的保函中开发企业作为受益人的权利得到充分保障。开发企业在申请保函时应尽早与银行或担保公司协商并提前达成承保协议,以避免延误开发的后续各项手续。因为银行或担保公司在出具保函前会对开发企业进行各种调查,多数会设立反担保,需要一定的时间。

(2)设立反担保的防范措施。所谓反担保,就是担保公司或银行为了规避自己代为履约可能承担的风险,预先与开发企业或承包商签订一个反担保协议,要求开发企业或承包商提供一定的资产作为抵押、质押或引入第三方的担保,保证在担保公司或银行代为履约后所取得的代位追偿权不会落空,从而从反担保中得到补偿。反担保对开发企业和承包商都是不利的,但如果不提供反担保,开发企业就得不到保函。对于开发企业来说,可以提供自有资金、动产、不动产作为抵押或质押,在保证人同意的前提下,开发企业的银行也可以出具保函,但是都会占用开发企业的资金或资产的流动性。因此,除非迫不得已,开发企业尽量不采用上述方式反担保。在实践中,开发企业可以与保证人协商,以在建工程抵押作为反担保,可以考虑以预售款作为给保证人的反担保金。

(3)开发企业对保函的索赔。在施工合同履行过程中,一旦发生索赔,开发企业要清楚知道索赔的条件、程序。对于承包人的违约行为,开发企业需要收集充分的证据,还需获得监理工程师或有关质量监督部门所出具的证明材料,确保一切均以证据说话。

(4)争取以最小的数额获得最大的收益。在与银行或担保公司签订协议时,可以在合同中约定滚动式支付工程款,当一个阶段的付款完成后自动转为下一阶段付款担保,直至工程结算款全部付清,这样可以节省资金。

(5)以保险的方式转移风险。保险作为一种风险的转移方式,越来越多地被应用于工程建设领域。目前我国的建筑行业保险还是一个新兴的行业,针对建筑工程的险种很有限,订立保险合同主要依照《保险法》和保险业的行业规程,很少考虑工程的实际情况。但作为一种风险转移的方式,开发企业可以考虑采用这种方式来规避风险。

第四节　建设工程施工合同无效的法律风险及防范

《最高人民法院关于审理建设工程施工合同纠纷案件适用法律问题的解释(一)》[本章以下简称《审理建设工程施工合同案件解释(一)》]于2021年1月1日起实施。根据《审理建设工程施工合同案件解释(一)》,建设工程合同存在以下情形之一的,认定为无效:一是承包人未取得建筑施工单位资质或者超越资质等级且在建设工程竣工前仍未取得相应资质等级的;二是没有资质等级的实际施工人借用有资质的建筑施工单位名义的;三是建设工程必须进行招标而未招标或中标无效的;四是转包建设工程与他人签订建设工程施工合同的;五是违法分包建设工程与他人签订施工合同的;六是招标人和中标人在中标合同之外就明显高于市场价格购买承建房产、无偿建设住房配套设施、让利、向建设单位捐赠财物等另行签订合同,变相降低工程价款,该合同背离中标合同实质性内容的;七是在起诉前发包人未取得建设工程规划许可证等规划审批手续的。除上述情形及法律规定之外的无效情形及《民法典》规定的无效情形之外,都应当尽量认定合同有效。现在法院对建设工程合同效力问题的处理,首先是应当尽量维护合同的效力。法院认为,建设工程合同受到不同部门的法律、行政法规和规章的调整,特别是法律、行政法规和规章中的强制性规范较多,如果违反这些规范都以违反法律强制性规定为由,认定合同无效,不符合《民法典》的立法精神,不利于维护交易的稳定性,也不利于保护各方当事人的合法权益,同时也会阻碍建筑市场的健康发展。法律和行政法规中的强制性规定,有些属于行政管理规范,当事人违反了这些规范应当受到行政处罚,但是不会影响合同的效力。

一、工程挂靠的风险及防范

案例: 某建筑公司在2000年是一家房屋建筑工程一级施工总承包资质的施工单位,由一家大型的国有施工单位改制而来,有正式职工600人左右。虽然名义上进行改制,但公司管理层经营观念仍然没有发生变化,导致改制后的市场越来越小。于是公司决定寻找没有施工资质或资质低的个人或企业挂靠在该单位名下,收取管理费,依靠管理费维持公司的运营。该公司下面已经有33个分公司,分公司又下辖若干项目部。该公司频繁收到法院传票或判决书,基本是拖欠供应商材料款的,也有发包人起诉工程质量问题及延期施工赔偿的。供应商凭借挂靠单位负责人签收的材料款的收条起诉建筑公司,法院判决建筑公司承担付款义务。法院传票还在陆续寄来,最严重的一个案子是挂靠人没有相应的施工能力,施工组织混乱,工程质量不合格且施工进度严重滞后,因此,发包人起诉请求解除合同,赔偿损失。

上述案例揭示了建筑领域一种普遍的问题,即挂靠问题。挂靠不是法律概念,其基本含义是指没有相应建筑资质或者有较低相应资质的企业、其他经济组织、自然人借用具有相应资质或较高资质的建筑施工单位名义承揽工程施工的行为。《建筑工程施工发包与承包违法行为认定查处管理办法》为挂靠进行了定义,该办法所称挂靠,是指单位或个人以其他有资质的施工单位的名义承揽工程的行为。承揽工程,包括参与投标、订立合同、办理有关施工手续、从事施工等活动。"挂靠"是行业内约定俗成的通行名词,与"挂靠"概念相近的对应法律概念是"借用资质"。

只要是有关单位或个人以其他有资质的施工单位的名义"承揽工程",即构成挂靠行为,至于有关单位或个人是否实际承接到工程,以及是否实际施工,都不予排除。

(一)挂靠的原因及特征

挂靠现象主要是由市场准入行为导致的。在司法实践中,建设领域里因挂靠产生的合同纠纷屡屡出现,司法实践处理当中,对此问题存在较大分歧。挂靠具有如下特征。

(1)挂靠人不具有建筑工程承包资质,或者虽然具有资质但等级低,其主体资格存在缺陷。由没有资质或资质低的主体挂靠有资质的企业承揽工程。

(2)被挂靠人是具有承揽工程所需要达到的相应资质等级的建筑施工单位,其主体资格合法。

(3)挂靠的目的是谋取经济利益。被挂靠人是为了收取一定数额的管理费或者称为承包费;挂靠人是为了参与建设市场利润分配,谋求利润。

(4)挂靠的手段是借用被挂靠人的企业名称、资质证书、营业执照,从而使挂靠人能够承揽工程。

(5)挂靠人通常以被挂靠人的分支机构、项目部、分公司、施工队、项目经理部等形式对外开展活动。

(6)挂靠人自行组织施工队伍机械设备,自行筹集资金,自主经营,自负盈亏。被挂靠人一般不参与工程施工,只管收取管理费,不承担工程施工管理,不承担技术、质量、经济责任。

(二)挂靠的形式

(1)没有资质的单位或个人借用其他施工单位的资质承揽工程。

(2)有资质的施工单位相互借用资质承揽工程的,包括资质等级低的借用资质等级高的、资质等级高的借用资质等级低的、相同资质等级相互借用。对资质等级低的施工单位,其以资质等级高的施工单位的名义承揽工程;资质等级高的施工单位出于某些因素的考虑,如进入某个领域或地方承接工程,其以资质等级低的施工单位的名义承揽工程;相同资质等级的施工单位之间相互借用资质参与投标承揽工程,均构成挂靠行为。

(3)专业分包的发包单位不是该工程的施工总承包或专业承包单位的,但建设单位依约作为发包单位的除外。正常情况下,施工单位与其承包范围内专业分包工程的发包单位应当是相同的。如果不是,则很可能存在挂靠行为。需要说明的是,在此种情形下,如果相关单位不能进行合理解释和提供材料证明,则应认定为挂靠。但需要注意三个问题:①该种挂靠情形要求施工单位与其承包范围内专业分包工程的发包单位分别为两个独立法人单位,如果二者不是两个独立法人单位,如专业分包工程的发包单位系施工单位下属的不具有独立法人资格,但取得营业执照的分公司的,则不能认定为挂靠;如专业分包工程的发包单位系施工单位下属的没有取得营业执照的分支机构或项目管理机构的,还应当调查其他履行文件以确定是否认定为挂靠,但即使不存在挂靠也可能存在违法分包。②该种挂靠情形应排除建设单位依约作为发包单位的情况,即建设单位依据施工合同约定发包部分专业工程,不能认定为挂靠。而且,即便建设单位没有在合同约定的情况下发包部分专业工程,也不能认定为挂靠,而是构成违法发包行为。③出现此种情形时,应当允许相关单位或个人进行解释和提供材料证明,如相关单位或个人能够进行合理解释或提供材料证明其不构成挂靠行为或构成其他违法行为,则不应认定为挂靠。

(4)劳务分包的发包单位不是该工程的施工总承包、专业承包单位或专业分包单位。通常,施工单位与其承包范围内劳务作业的发包单位应当是相同的。如果不是,则很有可能存在挂靠行为或存在转包行为。出现这种情形,要进一步核查相关单位或个人,确定是转包行为还是挂靠行为。

(5)施工单位在施工现场派驻的项目负责人、技术负责人、质量管理负责人、安全管理负责人中一人以上与施工单位没有订立劳动合同,或没有建立劳动工资或社会养老保险关系。在正常、合法的施工承包关系中,施工单位在施工现场派驻的项目负责人、技术负责人、质量管理负责人、安全管理负责人应当是施工单位的正式员工,即应当与施工单位订立劳动合同、建立劳动关系及社会养老保险关系(三者应同时满足,且应在整个工程合同履行期内这些管理人员进驻现场起就应具备)。这些实际管理人员(尤其是项目负责人即项目经理)中只要有一人与施工单位之间没有订立劳动合同,或者没有建立劳动关系或社会养老保险关系,则可能存在挂靠行为,如果相关单位或个人不能进行合理解释和提供材料证明,则应认定为挂靠。需要注意的是,出现此种情形,除了可能存在挂靠行为,亦可能是存在其他违法行为(如转包),但也可能是聘用了退休人员而无须再缴纳社保的情况。因此,出现此种情形时,应当允许相关单位或个人进行解释和提供材料证明,如相关单位或个人能够进行合理解释或提供材料证明其不构成挂靠行为或构成其他违法行为(如转包)的,则不认定为挂靠行为。

(6)实际施工总承包单位或专业承包单位与建设单位之间没有工程款收付关系,或者工程款支付凭证上载明的单位与施工合同中载明的承包单位不一致,又不能进行合理解释和提供材料证明。在正常、合法的施工承包关系中,施工单位在承接工程之后,工程款应当由建设单位支付给施工单位,两者之间应当存在直接的工程款收付关系,工程款支付凭证上载明的单位应当与施工合同中载明的承包单位相一致。如果工程款支付上不是这种情况,且相关单位或个人不能进行合理解释和提供材料证明的,则应认定为挂靠。法律法规并不禁止施工合同当事人对工程款支付作出特别安排,如果有建设单位委托第三方支付工程款、承包单位委托第三方收取工程款等情形,关键要施工合同当事人能够证明双方对工程款支付作出特别安排(如施工合同中约定),同时施工合同中约定的承包人有在现场履行施工管理义务的证明,则不应认定为挂靠。

(7)合同约定由施工总承包单位或专业承包单位负责采购或租赁的主要建筑材料、构配件及工程设备或租赁的施工机械设备,由其他单位或个人采购、租赁,或者施工单位不能提供有关采购、租赁合同及发票等证明,又不能进行合理解释和提供材料证明。出现此种情形,除了可能存在挂靠行为,还可能存在施工单位委托其他单位或个人采购、租赁材料设备及施工单位有关采购、租赁合同及发票已遗失损毁等情况。法律并不禁止施工单位委托其他单位或个人采购、租赁材料设备,如果施工单位能够提供材料证明其他单位或个人采购、租赁材料设备系受其委托,且其他单位或个人除受托采购、租赁材料设备之外,并不负责具体施工事宜,则不应认定为挂靠。另外,出现此种情形时,还可能是存在挂靠之外的其他违法行为(如转包)。因此,应允许相关单位或个人进行解释和提供材料证明。

(三)挂靠的法律关系

因建设工程施工中涉及的各方人员比较多,因此由挂靠所产生的各方当事人法律关系比较复杂。具体来说,其涉及的各方当事人主要有建设单位(发包人)、承包单位(被挂靠人)、挂靠人、材料设备供应商及雇佣人员等,这些当事人相互之间形成多种法律关系。

1. 挂靠人和被挂靠人的法律关系

《审理建设工程施工合同案件解释(一)》否定了挂靠的合法性。因此,挂靠双方当事人签订的挂靠协议,无论是以什么形式表现,都是无效的。

对于被挂靠人拖欠挂靠人工程价款的问题,应区分为两种情况来处理:一是工程竣工验收合格,可以参照合同关于工程价款的约定折价补偿承包人。二是工程竣工验收未合格,挂靠人要求被挂靠人支付工程价款的,按照以下情形处理:①修复后的建设工程经验收合格,发包人可以请求承包人承担修复费用;②修复后的建设工程经验收不合格,承包人无权请求参照合同关于工程价款的约定折价补偿。

对于挂靠人以被挂靠人名义施工,挂靠人和被挂靠人的诉讼主体地位问题,可参考《审理建设工程施工合同案件解释(一)》第四十三条、第四十四条的规定确定。即实际施工人以转包人、违法分包人为被告起诉的,人民法院应当依法受理。实际施工人以发包人为被告主张权利的,人民法院应当追加转包人或者违法分包人为本案第三人,在查明发包人欠付转包人或者违法分包人建设工程价款的数额后,判决发包人在欠付建设工程价款范围内对实际施工人承担责任。实际施工人依据《民法典》第五百三十五条规定,以转包人或者违法分包人怠于向发包人行使到期债权或者与该债权有关的从权利,影响其到期债权实现,提起代位权诉讼的,人民法院应予支持。

2. 发包人与被挂靠人的法律关系

从表面上看,发包人与被挂靠人签订的承包施工合同中,被挂靠人具有符合建设活动要求的相应资质条件,其合同主体符合法律规定,合同效力似乎有效。但实际上,被挂靠人并不是实际的施工人,而是将其企业名称、公章、资质证明借给挂靠人,并由挂靠人实际施工,其行为违反了《建筑法》第二十六条第二款和《民法典》有关条款的强制性规定,因此双方签订的承包施工合同无效。但是,合同的无效并不意味着双方权利义务丧失。根据《建设工程质量管理条例》第二十六条规定,施工人对建设工程的施工质量负责,因此被挂靠人仍应承担工程质量的法律责任。依据《审理建设工程施工合同案件解释(一)》第七条的规定,缺乏资质的单位或者个人借用有资质的建筑施工单位名义签订建设工程施工合同,发包人请求出借方与借用方对建设工程质量不合格等因出借资质造成的损失承担连带赔偿责任的,人民法院应予支持。《审理建设工程施工合同案件解释(一)》第十五条规定,因建设工程质量发生争议的,发包人可以以总承包人、分包人和实际施工人为共同被告提起诉讼。也就是说,如果工程质量不合格,发包人可同时起诉被挂靠的主体和实际施工的主体。

3. 发包人与挂靠人的法律关系

根据合同相对性原理,合同的权利义务只在合同当事人之间,而不涉及其他人。发包人与挂靠人之间不存在合同关系,不是合同当事人,两者似乎没有法律关系。根据《审理建设工程施工合同案件解释(一)》四十三条的规定,发包人拖欠工程价款的,挂靠人向发包人主张权利的,发包人应在其欠付建设工程价款范围内承担付款责任。《审理建设工程施工合同案件解释(一)》四十三条实际上突破了合同相对性原理。

4. 材料或设备供应商与有关各方的法律关系

供应商与有关各方的法律关系有以下几种:一是发包人与供应商的关系;二是挂靠人与供应商的关系;三是被挂靠人与供应商的关系。实践中,以上第一种发包人与供应商的关系比较简单,法律关系比较清晰,所以容易处理解决。后两种关系有时会重合在一起,法律关系复杂,处理难度相对较大。

(1)关于第一种发包人与供应商的关系,是指发包人自行采购材料而与供应商建立的关系。由于发包人作为业主,其身份很清晰,不像承包人、转包人、分包人、实际施工人一样人数较多,所以发包人与供应商发生的买卖合同所涉及的当事人非常明确,法律关系相对简单,应按照买卖合同关系来处理。如果发包人欠付货款,则由发包人向供应商承担民事责任,与其他各方无关。

(2)关于第二种挂靠人与供应商的关系,如果被挂靠人严格把自己排除在材料采购过程中,既不以自己名义向供应商购买材料,也不为挂靠人购买的材料支付货款,与供应商没有发生任何的经济关系,那么,挂靠人为实际施工人,在施工过程中势必向供应商采购材料,从而与供应商发生买卖合同关系。如果由此发生货款拖欠纠纷,根据合同相对性原理,供应商只能要求挂靠人支付欠款,而不能向被挂靠人要求支付欠款。

(3)关于第三种被挂靠人与供应商的关系,如果被挂靠人以自己名义与供应商签订材料买卖合同,自行付款,由此产生催款纠纷,应按买卖合同关系来处理。但是,有些工程采购管理混乱,被挂靠人或者挂靠人,都同时向一个供应商采购材料,如果发生欠款纠纷,这时就会难以区分到底哪一方才是真正的债务人。如果被挂靠人委托挂靠人向供应商采购,委托终止后被挂靠人没有通知供应商委托终止事项,挂靠人继续向同一供应商采购的,而后引起欠付货款纠纷,被挂靠人主张挂靠人所采购的材料不是用于本工程,而是用到另外项目的,应由挂靠人自己承担责任。还有挂靠人实际自己向供应商采购,也就是自己付款,但却以被挂靠人的名义采购及付款,这就涉及《民法典》规定的表见代理。如果供应商具有充分的理由并善意认为挂靠人具有代理权,被挂靠人应向供应商承担付款责任。

案例: 某房地产开发有限公司与某市某区某镇政府合作开发建设某危改项目,立项的主体是某镇政府,投资人是某房地产开发公司。但镇政府不参与该项目的任何经营,房地产公司只是以镇政府的名义来搞开发。房地产公司与一廖姓包工头口头约定,由廖某挂靠在河北某市建筑公司名下承建该小区的3、4号楼工程。房地产公司以自己的名义与河北某市建筑公司签订了建设工程施工合同,约定每建筑平方米的价格是735元,建筑公司与房地产公司签署合同的同时,建筑公司又与镇政府签订了一份每建筑平方米单价是805元的建设工程施工合同,这份合同到工程所在地的建设行政主管部门进行了备案。工程竣工后,包工头廖某觉得自己反而赔了钱,于是起诉到法院,要求房地产公司、建筑公司共同赔偿其"大小"合同的差价约129万元的工程款。

在庭审中,建筑公司不认可其与原告廖某之间是挂靠关系,并举证证明廖某是该建筑工程公司下属第二工程处的项目经理。因为如果廖某以建筑公司的名义个人承建3、4号楼,那么施工合同无效。房地产公司也认为,其与原告廖某之间不存在事实上的个人承建3、4号楼,廖某只是建筑公司的代理人,并出示了委托书,证明廖某与建筑公司之间是合法的代理关系,不存在挂靠的问题。3、4号楼项目是房地产公司与建筑公司签订的建设工程施工合同,并未与原告廖某签订任何书面合同,也没有口头约定由廖某承建。如果廖某是挂靠建筑公司的,建筑公司将所承建的项目非法转包给没有施工资质的个人,那么按照2004年公布的《最高人民法院关于审理建设工程施工合同纠纷案件适用法律问题的解释》(已失效)第四条的规定,承包人非法转包建设工程或者没有资质的实际施工人借用有资质的建筑施工单位名义与他人签订建设工程施工合同的行为无效。人民法院可以根据《民法通则》第一百三十四条(现《民法典》第一百七十九条,取消了"收缴进行非法活动的财物和非法所得")的规定,收缴当事人已经取得的非法所得。

应该从以下四个问题入手分析这个案子:一是原告廖某是否具备诉讼主体资格,二是廖某与建筑公司之间是否存在挂靠关系,三是房地产公司与建筑公司工程款是否已经结清,四是"大小"合同(即黑白合同)是否存在,能否认定建筑公司分别与镇政府、房地产公司签订的两份合同是"大小"合同。

对于第一个问题,如果原告廖某不具备诉讼主体资格,法院会驳回起诉。

对于第二个问题,如果廖某与建筑公司之间存在挂靠关系,那么施工合同无效,本案应按无效合同的规定处理。

对于第三个问题,如果房地产公司与建筑公司已经结清了工程款,不存在债权债务关系,那么即使认定廖某是实际施工人,其也不能向房地产公司主张工程款。按照《最高人民法院关于审理建设工程施工合同纠纷案件适用法律问题的解释》(已失效)第二十六条的规定,实际施工人以发包人为被告主张权利的,人民法院可以追加转包人或者违法分包人为本案当事人。发包人只在欠付工程价款范围内对实际施工人承担责任。如果房地产公司还欠建筑公司的工程款,那么廖某若确定是实际施工人,可以要求房地产公司在欠款的范围内承担责任。

对于第四个问题,本案当中是否存在"大小"合同问题。一种观点认为本案存在"大小"合同的问题,但责任的承担主体应该是镇政府。镇政府虽然只签订了一份备案合同,但房地产公司与建筑公司签订的施工合同应认定为镇政府委托房地产公司签订的施工合同,是存在"大小"合同的。另一种观点认为本案不存在"大小"合同的问题,因为"大小"合同是指两个主体针对同一工程签订的两份合同,而本案却出现了三个主体,因此不属于"大小"合同。

最后,法院以裁定的形式(而不是以判决的形式)驳回了廖某的起诉,理由是廖某证据不足,不能证明廖某与建筑公司之间是否存在挂靠关系。

挂靠是法律所禁止的行为,但是发包人在与承包人签订施工合同时,未必能知晓实际的施工人是有挂靠行为还是真正的承包人,因此发包人一旦发现承包人并非实际的施工人,而是挂靠的,应有权提出确认合同无效或提出解除合同,应在承包人违约条款中增加解除合同的条件。即如果承包人有挂靠行为,发包人有权解除合同,解除合同后承包人应承担违约责任。违约条款中增加解除的条款涉及合同无效及合同有效违约解除的法律问题,实务中比较复杂,此处不展开讨论,仅作为一个实务中保护开发企业的合同条款提出。

二、签订"黑白合同"的法律风险及防范

建设工程中的"黑白合同"(或称"阴阳合同"),是指建设工程施工合同的当事人就同一建设工程签订的两份或两份以上实质性内容相异的合同,通常把经过招投标并经政府有关部门备案的合同称为"白合同",把实际履行的对"白合同"中实质性内容进行了重大变更的合同称为"黑合同"。签订"黑白合同"的现象在我国建设工程领域由来已久,目前建筑市场是卖方市场,建筑施工单位承揽工程的竞争十分激烈。市场供需关系决定了在招标文件确定的标底之下还有降价空间,有许多建筑企业愿意以低于标底的价格承揽工程,同时,招标人也希望最大限度节省开支,愿意将工程发包给报价最低的施工单位。最低价可能低于合理价格甚至低于成本价,但因双方共同的意愿及政府的管理要求就产生了"黑白合同"。建筑规模稍大一点的项目几乎都存在这种现象,这一现象的形成及存在具有深刻而复杂的社会背景,既有建筑市场原因,也有法律规定的原因,最主要的原因是行政监管对建筑市场的介入。这种介入从某种角度来说是把"双刃剑",既可能保护建筑行业各方的利益,也可能因对市场规律的不了解导致干预建筑市场。法院对于"黑白合同"的把握标准不一,裁判尺度各异,如果把握标准过严,那么大量的施工合同将被认定为无效,这样的结果不符合建筑市场现实,不利于建筑市场的健康发展;如果把握标准过宽,实质上是默认违法行为的发生。宽严适中当然是法院希望的,但是在审判实践中尺度难以掌握。签订"黑白合同"发生纠纷后,对建设方不利,尤其是在工程价款结算纠纷案件中,建设方主张按照"黑合同"结算,承包方则主张按照"白合同"结算。虽然"黑合同"可能是当事人真实意思表示,但由于合同形式不合法,不产生变更"白合同"的法律效力。

案例: 某工程招标时分三个标段,即写字楼地下一期工程、公寓和酒店地下二期工程及一二期地上工程。对应上述三个标段,发包方某公司与北京某施工单位于2002年11月至2003年4月先后签订了五份施工合同,其中三份"白合同"用于备案,两份"黑合同"用于真正履行。"黑白合同"在工程范围、价款、工程质量方面的约定基本一致,最大的区别在于合同工期、付款方式和违约处置。"白合同"基本按照国家和北京市定额计算工程价款,且工期比较合理,地下一期工期为365天,二期为345天,能保证施工质量和安全。工程款分为预付款、进度款和结算款三部分,由发包方某公司依工程进度支付,承包方无须垫资。而"黑合同"地下一期工期为122天,二期为107天。承包方需垫付工程款2亿元左右。备案合同双方确定地上工程总价款为4.5亿元,工期总天数504天,竣工日为2004年8月4日。此后的一份补充合同,将竣工日提前到2004年7月18日。

(一)"黑白合同"的认定标准

建筑市场上签订"黑白合同"现象比较普遍,发包方和承包方为逃避监管采取的方式通常更加隐蔽,有的发包人为房地产开发企业,但施工人以买房人身份以明显高于市场平均价的价格购买发包人(开发企业)开发的房产;施工单位免费为发包人承建小区公共配套设施;中标后,承包人作出大额让利的承诺声明;承包人"自愿"作出为业主捐资助学的承诺等。据不完全统计,在法院审理的施工合同纠纷案件中,有一半以上存在"黑白合同"。一般认为,中标通知书是具有法律效力的文件,招标人和中标人不得另行订立背离合同实质性内容的其他协议,否则,招标人与中标人订立的合同就属于"黑合同"。"合同实质性内容"应当是中标通知书记载的内容,因为当事人签订的施工合同必须包括中标通知书记载的实质性内容;从逻辑关系上讲,施工合同与中标通知书为从属关系,施工合同可以涵盖中标通知书。施工合同的主要条款应当包括:工程价款、工期、质量标准、违约责任等施工合同必备条款。"黑白合同"有两个认定标准,一是两份合同共同指向同一工程项目且施工内容相同,二是"黑合同"与"白合同"在工程价款、工期和工程质量方面存在实质性的违反或背离。在建设工程施工领域,工程价款、工程质量和工程期限三个方面对当事人之间的利益影响甚大,对这三个方面的变更视为对合同的实质性变更。当事人经过协商在上述三个方面以外对合同内容进行修改、变更的行为,如不涉及合同利益的重大调整,则不会对合同的性质产生影响,而"黑合同"与"白合同"签署的时间先后则不作为认定的标准。在实践中,"黑合同"签订时间在"白合同"之前,或在"白合同"之后,或者是同一时间,如内容均是对"白合同"内容的实质性改变或背离,则都有可能被认定为"黑白合同"。总之,签订多份施工合同行为的本质都是将中标后签订的施工合同价款数额降低,都是背离中标通知书记载的实质性合同条件而另行订立合同的行为。在实务中,"黑合同"的价款多数表现为低于中标价,有时也表现为高于中标价,其目的在于逃避法定税收。

(1)"黑合同"签订在中标之前或同时签订,如果违反《招标投标法》第四十三条、第五十五条的规定,在中标之前进行了违法谈判,影响了中标结果,使不合格的投标人中标,或者使合格的投标人未能中标,则"黑白合同"均无效。原因是"黑合同"一方成为中标人,违反了必须经过招投标的规定,属于典型的虚假招投标,因此签订的"黑白合同"均无效。如果招标人与中标人在招标程序开始之前虽然签订了合同,但在后续的招标过程中程序合法,招标人与中标人不存在"围标""串标""以低于成本的报价竞标"等违反《招标投标法》规定行为的,不能认定"黑白合同"均无效,也不能简单地认定"白合同"肯定有效。

(2)中标之后签订的"黑合同"对"白合同"的实质性内容进行变更的,违反《招标投标法》第四十六条的规定,变更的内容无效,即"黑合同"无效,"白合同"有效。如果是合法变更,"黑合同"未构成对"白合同"的实质性内容的违反或背离,则应该认定为是对"白合同"的合理变更及补充,其行为有效。为了避免变更后的合同无效,在施工合同履行过程中出现新情况需要作补充约定时,凡涉及工程价款、质量、工期等合同实质性内容变更的,双方应将补充协议到建设行政主管部门备案。

(3)在工程未通过招标的情况下,"黑白合同"的效力认定应该以现行的法律规定作为认定的标准,《招标投标法》及《审理建设工程施工合同案件解释(一)》的规定不适用于未通过招投标的情形。

(二)"黑白合同"的法律效力

《审理建设工程施工合同案件解释(一)》第二十四条规定,当事人就同一建设工程订立的数份建设工程施工合同均无效,但建设工程质量合格,一方当事人请求参照实际履行的合同关于工程价款的约定折价补偿承包人的,人民法院应予支持。实际履行的合同难以确定,当事人请求参照最后签订的合同关于工程价款的约定折价补偿承包人的,人民法院应予支持。有时,发包方与承包方在签订"白合同"时通过补充协议的方式另行约定:"关于招投标签订的合同只作为办理备案领取施工许可证之用,双方应实际履行补充合同。"该约定的效力应如何认定?如果备案合同与补充协议内容有实质性不同,则仍应以备案合同为准;如果备案合同仅约定了暂定价并约定价款确定方式详见补充协议,但补充协议并未备案,这种情况下,实际上备案合同与补充协议构成了一个完整的合同,即使补充协议没有备案,也可按照补充协议确定结算方式进行结算,但前提是该补充协议确定的结算方式不能与招投标文件确定的结算方式相背离,如果背离,则仍属于无效的约定。

虽然将备案的中标合同作为结算工程价款的依据,但中标、"备案"不是认定"黑白合同"的法定依据,而是参考因素之一。备案与中标合同的实质性内容相悖的,应当以中标合同记载的实质性内容为准。备案为招投标活动的管理措施之一,不具有物权公示的法律效力,是法官认定"黑白合同"的参考因素之一。

招标文件、中标通知书、备案合同不一致的情况下,认定"白合同"的标准也是一个存在争议的问题。

(三)"黑白合同"的法律后果

案例:甲、乙双方签订了一份建设工程施工合同,但双方在招标前就进行了实质性谈判,并签订书面协议,约定由乙方施工,然后才进行招标,乙方中标。中标后双方签订了一份"白合同"进行备案,但之后双方又补签一份协议,约定备案合同无效,即另行签订了一份"黑合同"。"黑合同"中约定双方未尽事宜适用相关地方性法规及规章,双方实际履行的也是"黑合同"。工程竣工后,甲方没有及时支付工程款,也没有及时结算。乙方依据"黑合同"起诉,认为其送审的竣工结算文件,甲方未在约定期限内提出异议,应当视为对送审价的认可,遂依据其送审的价格要求支付工程价款。

笔者认为,上述案例中的"黑白合同"均无效,"黑合同"中关于适用相关规章的约定也无效,乙方不能依据规章主张甲方对送审价视为认可。有些施工合同在履行当中,双方在中标合同签订后再签订一份补充协议,明确约定当事人双方不以"白合同"作为实际履行合同,因此这种情形不应将"白合同"作为结算工程款的依据。

关于合同无效的民事制裁问题,2004年公布的《最高人民法院关于审理建设工程施工合同纠纷案件适用法律问题的解释》(已失效)第四条规定施工合同无效,而《民法通则》(已失效)第六十一条第二款、第一百三十四条第三款,《合同法》(已失效)第五十九条有收缴当事人已经取得的非法所得的相关规定。但当时在实践中,施工合同无效一般不会导致法院对当事人进行民事制裁。最高人民法院认为,应当慎用民事制裁措施,必须进行制裁时,收缴额度不宜过大,法院审理民商事案件的主要职能是居中公正裁判,而不是对当事人进行处罚。对履行施工合同中的民事违法行为,是否进行民事制裁,主要视案件情节而定。因为建筑行业属于微利行业,处罚额度过大,会导致当事人难以承受。另外,收缴的只能是民事违法行为人已经取得的违法所得,对约定取得但尚未取得的不宜实施民事制裁措施。另外,行政机关已经对违法行为人采取了行政处罚措施的,法院不宜再采取民事制裁措施。总之,法院对民事制裁措施采取慎用态度,只有在当事人民事违法行为情节严重或者因一方民事违法行为导致双方利益明显失衡时,才宜采取民事制裁措施,制裁民事违法行为平衡当事人利益。当事人各方在签约时均存在过错,难以区分过错大小,一般不予制裁。民事制裁措施本身也是平衡当事人利益的手段之一,不能因为适用惩罚措施而导致当事人利益严重失衡。因此,在实践中几乎很少遇到施工合同被确认无效的同时还收缴非法所得的判决。之后的《民法总则》(已失效)删除了对违法所得进行制裁的相关内容。《民法典》删除了《民法通则》和《合同法》中关于无效民事行为的民事制裁的措施,因此《民法典》实施之后,民事案件中法院对无效合同的收益进行收缴或没收不再有法律上的依据,合同所涉及的违法所得应由行政机关依法没收违法所得或者罚款等行政措施进行处理。

(四)"黑白合同"的风险防范

因较大项目均存在"黑白合同"的问题,有些施工单位在与发包方产生矛盾后,以备案合同约定的条件为由要挟发包人,或以备案合同起诉,因备案合同约定的条件一般对施工单位有利,因此发包方往往处于被动的地位。

(1)应依法进行招投标活动。招投标活动应当公开、公正、公平,因此应严格遵守中标合同的约定。这无论是对招投标人,还是其他参与竞标活动的主体,都是一个公平的过程,有利于发包方选择综合性价比最高的施工单位。

(2)正确把握签订"黑白合同"和合同正常变更界线。《招标投标法》第四十六条规定,招标人和中标人应当自中标通知书发出之日起30日内,按照招标文件和中标人投标文件订立书面协议。招标人和中标人不得再行订立背离协议实质性内容的其他协议。所谓合同实质性内容,是指影响或者决定当事人基本权利义务的条款,一般指合同约定的工程价款、工程质量和工程期限。认定"实质性内容"的标准,属于法官自由裁量权的组成部分。有人认为,"实质性内容"的认定标准不宜过严。"实质性内容"是与个案的具体情况相关联的,像工艺复杂的工程工期必然长于一般工程工期,不能以一般工程的工期衡量异型工程的工期标准;在施工过程中适度延长异型工程的工期是合理的,但不能因此认定当事人变更了中标合同的实质性内容。通过经济洽商记录减少后的工程价款不能低于工程成本,缩短后的工期不能违反建设工程施工行业的工艺流程所必需的周期,不能违反建筑施工应当遵循的自然规律。违反国家标准甚至国家强制性标准,法院应当认定当事人另行签订了"黑白合同"。另外,招投标确定的合同价款与备案合同价款不一致的,就属于实质性内容有影响。但是,有实质性影响并不会导致双方的权利义务失衡,因此应正确把握"黑白合同"的签订和正常合同变更情况的界线。双方合同的正常变更是法律所允许的,如果这种变更导致双方当事人利益失衡,则与法律规定相悖。由于履约过程中客观条件变化等因素,当事人协商变更合同既常见也应当被允许,这体现了契约自由原则。因此,根据《民法典》第五百四十三条的规定,在合同履行过程中,为了遵守《招标投标法》第四十六条的强制性规定,双方要变更影响结算价格的合同实质性内容,应当在补充协议中清楚表述因为情势变更等原因影响到合同履行的客观条件而需要变更原中标合同,并办理补充协议备案手续,以便根据变更后的合同条款顺利办理工程结算。另外,当事人签订中标合同后,如果出现了变更合同的法定事由,双方协商一致后可以变更合同。但是合同变更的内容,应当及时到有关部门备案,如果未到有关部门备案,就不能成为结算的依据。

这里需要澄清一个问题,就是在施工合同的履行过程当中,是否对中标合同的工程价款、工期、工程质量进行变更都是无效的?答案是否定的。施工合同的特性决定了所有的施工合同都需要经过细化和变更后才能履行,通过招投标形式签订的施工合同也不例外。不能理解为通过招投标签订的合同,在签约后不能补充、修订、细化,只能将一份合同履行到底。通过招投标签订的施工合同与通过其他形式签订的施工合同一样,都需要通过经济洽商记录等形式不间断地对主合同补充、细化后,才能够全面实际履行,不能因此认定当事人签订了"黑合同"。施工合同在履行过程当中任何内容均可变更,只要这种变更是符合法律规定的。如在合同的履行过程当中,客观情况发生根本性变化,在双方当事人协商一致的前提下,经过招投标形成的建设工程合同当然也可以进行实质性变更,否则当事人双方修改、变更合同的权利将被剥夺。在实践中,在中标合同签订后,任何一方当事人都有权依法通过协商变更合同部分条款,但依据现有的法律规定,变更后的合同要向建设行政主管部门备案。

(五)"黑白合同"中垫资的处理

实践中经常出现"黑合同"中是垫资,"白合同"中是按照进度付款,双方要求不一致的情况,对此如何解决?对垫资条款不作无效处理。在《审理建设工程施工合同案件解释(一)》实施前,法院认为建设工程合同中的垫资、带资条款或者当事人另行签订的垫资合同的性质为企业法人间违规拆借资金,有些法院认定垫资条款无效,也有法院认为不能作无效处理。《审理建设工程施工合同案件解释(一)》实施后,明确了垫资合同或垫资条款有效。最高人民法院在出台该解释前,进行了充分的调研及征求意见,认为如果认定垫资无效,既违反国际惯例,也不利于保护承包人的利益,因为垫资承包是国际上已经存在并被认可的承包方式,且国内市场垫资的情况也比较普遍。

三、违法发包的风险及防范

违法发包,是指建设单位将工程发包给不具有相应资质条件的单位或个人,或者肢解发包等违反法律法规规定的行为。

(一)违法发包的依据

《建筑法》第二十二条规定:"建筑工程实行招标发包的,发包单位应当将建筑工程发包给依法中标的承包单位。建筑工程实行直接发包的,发包单位应当将建筑工程发包给具有相应资质条件的承包单位。"第二十四条规定:"提倡对建筑工程实行总承包,禁止将建筑工程肢解发包。

建筑工程的发包单位可以将建筑工程的勘察、设计、施工、设备采购一并发包给一个工程总承包单位,也可以将建筑工程勘察、设计、施工、设备采购的一项或者多项发包给一个工程总承包单位;但是,不得将应当由一个承包单位完成的建筑工程肢解成若干部分发包给几个承包单位。"由于个人不符合企业资质的主体条件,现行法律规定要将工程发包或分包给承包单位,因此,发包人把工程发包给个人或承包人将工程分包给个人的做法属于违法行为。

(二)违法发包的形式

(1)建设单位将工程发包给个人。

(2)建设单位将工程发包给不具有相应资质或安全生产许可的施工单位。

(3)未履行法定发包程序,包括应当依法进行招标未招标,应当申请直接发包未申请或申请未核准。

(4)建设单位设置不合理的招投标条件,限制、排斥潜在投标人或者投标人。

(5)建设单位将一个单位工程的施工分解成若干部分发包给不同的施工总承包或专业承包单位。按照《建设工程分类标准》(GB/T 50841—2013)的规定,单位工程是指具备独立施工条件并能形成独立使用功能的建筑物或构筑物。除单独立项的专业工程外,建设单位不得将一个单位工程的分部工程施工发包给专业承包单位。

(6)建设单位将施工合同范围内的单位工程或分部分项工程又另行发包。

(7)建设单位违反施工合同约定,通过各种形式要求承包单位选择其指定分包单位。

(8)违反《城乡规划法》的其他违法行为。《城乡规划法》第四十条第一款规定,在城市、镇规划区内进行建筑物、构筑物、道路、管线和其他工程建设的,建设单位或者个人应当向城市、县人民政府城乡规划主管部门或者省、自治区、直辖市人民政府确定的镇人民政府申请办理建设工程规划许可证。因此,若建设单位违反该规定,未办理建设工程规划许可证就进行工程施工发包的,也应属于违法发包行为。

四、承包人非法转包的合同无效

转包是指承包单位承包工程后,不履行合同约定的责任和义务,将其承包的全部建设工程转给他人,或将其承包的全部建设工程肢解后,以分包的名义分别转给其他单位承包的行为。

案例: 2003年12月1日,A建设集团公司与B公司签订建设工程施工合同,约定由A建设集团承包建设B公司开发建设的国际会展中心工程。工程总建筑面积约5万平方米,框架结构。承包范围为建筑安装工程、室外工程、管网、挡土墙、污水处理等工程,不包括精装修及B公司认定的专业分包工程,如电梯、玻璃幕墙、消防工程等。合同总价款为1亿元。2004年3月2日,C建筑集团有限公司(以下简称"C公司")与A建设集团公司下属的国际会展中心项目部签订建设工程劳务施工合同,该合同包括建设工程施工合同协议书、建设工程施工合同通用条款和会展中心专用条款三部分。合同中的协议书约定,C公司承包建设国际会展中心工程。工程内容为建筑面积约5万平方米,框架结构。承包范围为建筑安装工程,含主体、室内外粗装修。承包方式为包工包部分材料(定额范围内)。合同价款暂定为5000万元。合同签订后,C公司因施工措施费增加与A建设集团公司产生争议,C公司将A建设集团公司起诉到某省高级人民法院,双方均未提及合同效力问题,某省高级人民法院也没有明确合同的效力,只是说合同是双方真实的意思表示,实际上认为该合同有效。一审判决后C公司不服,上诉到最高人民法院,最高人民法院认定双方签订的合同无效。理由是：A建设集团公司国际会展中心项目部与C公司签订的建设工程劳务施工合同属于转包合同，因其违反法律的强制性规定而无效。B公司与A建设集团公司签订的建设工程合同，A建设集团公司国际会展中心项目部与C公司签订的建设工程劳务施工合同，两份合同在承包范围、工期、质量标准、承发包双方权利义务、违约责任、不可抗力等诸多方面约定的内容基本相同，只是合同价款由1亿元调整为5000万元。依据相关法律规定，本案中A建设集团公司国际会展中心项目部与C公司签订建设工程劳务施工合同的行为并不是将A建设集团公司承包的讼争工程中的劳务作业部分分包给C公司，而是将承包的全部工程转包给C公司，从中谋取暴利。依据上述法律法规规定及事实，A建设集团公司国际会展中心项目部与C公司签订的建设工程劳务施工合同的性质为转包合同而非劳务分包合同，依据《合同法》第五十二条（现《民法典》第一百五十三条）的规定，因违反法律、行政法规的强制性规定而无效。

上述案例在实践当中比较常见，一些实为工程转包的合同被人为包装成劳务分包合同，合同当事人意图通过这种方式规避合同无效的法律后果，但实际上不可能达到这个目的，因为签订合同的当事人误解了《审理建设工程施工合同案件解释（一）》第五条的规定。《审理建设工程施工合同案件解释（一）》第五条规定，具有劳务作业法定资质的承包人与总承包人、分包人签订的劳务分包合同，当事人请求确认无效的，人民法院依法不予支持。也就是说，劳务分包人具有法定资质，即使总承包人、分包人与发包人签订的合同是无效合同，也不影响劳务分包人与各方签订的劳务分包合同的效力，此规定是专门针对劳务分包的。如分包人取得电梯工程的分包合同，然后再与劳务公司签订劳务分包合同，这是合法有效的，不能据此认定合同无效。但是将全部工程肢解或以分包的名义全部转包是违反法律规定的，是无效的民事行为。

（一）转包违法的依据

（1）《民法典》第七百九十一条第二款第三句规定："承包人不得将其承包的全部建设工程转包给第三人或者将其承包的全部建设工程支解以后以分包的名义分别转包给第三人。"第七百九十一条第三款第三句规定："建设工程主体结构的施工必须由承包人自行完成。"

（2）《建筑法》第二十八条规定："禁止承包单位将其承包的全部建筑工程转包给他人，禁止承包单位将其承包的全部建筑工程肢解以后以分包的名义分别转包给他人。"第二十九条第一款第二句规定："施工总承包的，建筑工程主体结构的施工必须由总承包单位自行完成。"

（3）《建设工程质量管理条例》第二十五条第三款规定："施工单位不得转包或者违法分包工程。"第七十八条第三款规定："本条例所称转包，是指承包单位承包建设工程后，不履行合同约定的责任和义务，将其承包的全部建设工程转给他人或者将其承包的全部建设工程肢解以后以分包的名义分别转给其他单位承包的行为。"

（4）《房屋建筑和市政基础设施工程施工分包管理办法》第五条第三款规定："本办法所称劳务作业分包，是指施工总承包企业或者专业承包企业（以下简称劳务作业发包人）将其承包工程中的劳务作业发包给劳务分包企业（以下简称劳务作业承包人）完成的活动。"

（5）《住房和城乡建设部关于印发建筑工程施工发包与承包违法行为认定查处管理办法的通知》。

（二）建设工程转包的形式

建设工程存在下列情形之一的，应当认定为转包，但有证据证明属于挂靠或者其他违法行为的除外。

(1) 承包单位将其承包的全部工程转给其他单位(包括母公司承接建筑工程后将所承接工程交由具有独立法人资格的子公司施工的情形)或个人施工的。

(2) 承包单位将其承包的全部工程肢解以后,以分包的名义分别转给其他单位或个人施工的。转包人与转承包人必须是两个独立法人或其他组织或个人,若承包人承包工程后,以内部承包方式授予自己的分公司或内部机构(不包括子公司)施工,则不构成转包。承包人必须是将其承包的全部建设工程肢解以后,以分包的名义分别转让给其他单位或个人才构成转包,若承包人只是将其承包工程中的分部分项或某一部分分包给其他单位或个人,应构成分包或违法分包而不是转包。

(3) 施工总承包单位或专业承包单位未派驻项目负责人、技术负责人、质量管理负责人、安全管理负责人等主要管理人员,或派驻的项目负责人、技术负责人、质量管理负责人、安全管理负责人中一人及以上与施工单位没有订立劳动合同且没有建立劳动关系和社会养老保险关系,或派驻的项目负责人未对该工程的施工活动进行组织管理,又不能进行合理解释并提供相应证明的。在正常、合法的施工承包关系中,施工单位在承接工程之后,应当在施工现场设立项目管理机构并派驻实际管理人员,履行合同约定的责任和义务,对工程的施工活动进行组织管理。如果施工单位未在施工现场设立项目管理机构或未派驻相应的项目负责人、技术负责人、质量管理负责人、安全管理负责人等主要管理人员,却在现场进行施工,视为不履行合同约定的责任和义务,未对该工程的施工活动进行组织管理,可认定为转包。如果施工单位虽以自身名义在现场设立了项目管理机构,但项目管理机构的主要管理人员(包括项目负责人、技术负责人、质量管理负责人、安全管理负责人等)同施工单位间没有合法的劳动合同、劳动关系和社会保险关系的,对施工单位的行为可认定为转包,对实际施工人可认定为挂靠。

(4) 合同约定由承包单位负责采购主要建筑材料、构配件及工程设备或租赁的施工机械设备,由其他单位或个人采购、租赁,或施工单位不能提供有关采购、租赁合同及发票等证明,又不能进行合理解释并提供相应证明的;在正常、合法的施工承包关系中,主要建筑材料、构配件及工程设备的采购应由施工单位负责采购。但法律法规并不禁止施工单位委托其他单位或个人采购材料设备,尤其是进口材料设备的委托采购,如果施工单位能够提供材料证明其他单位或个人采购材料设备系受其委托,有委托代理的证据且其他单位或个人除受委托采购材料设备之外,并不负责具体施工事宜;同时施工单位能够证明自己履行了合同约定的责任和施工管理义务,则不认定为转包。

(5) 专业作业承包人承包的范围是承包单位承包的全部工程,专业作业承包人计取的是除上缴给承包单位"管理费"之外的全部工程价款的。劳务作业分包是合法的,但劳务分包单位收取的费用应仅限定在劳务报酬及必要的辅材费用。如果建筑主材、构配件、设备等都是由劳务分包单位购买,施工设备、周转材料租赁也是由劳务分包单位租赁的,劳务分包单位的承包范围与施工总承包或专业承包单位的范围相同,对施工总承包或专业承包单位可认定存在转包行为。

(6) 承包单位通过采取合作、联营、个人承包等形式或名义,直接或变相将其承包的全部工程转给其他单位或个人施工的。此种形式名为合作或联营,实为转包。承包人将其承包的全部工程以分包的名义肢解后转包给他人,是一种变相转包行为。合作、联营、内部个人承包等形式本身并不被法律所禁止,均是施工单位生产经营过程中提升竞争力和企业效益的有效措施。但近些年来却产生了大量以合作、联营、内部个人承包等形式或名义,直接或变相地将其承包的全部工程转给他人施工的违法情形。认定转包行为的关键在于:①承包人是否实际参与工程的组织施工与管理及合作、联营人是否以自身身份或联合体身份参与施工;②合作、联营人是否具有实施该工程的资质。两者必须全部满足才能被认定为合作、联营施工,而不是转包或挂靠。如果合作、联营方没有资质,或者是在项目上不是以其自身身份或联合体身份出现,仍然是以承包人名义对外的,对合作、联营方应认定为存在挂靠行为,对承包人应认定为转包。内部承包关键要看是否组成项目管理机构以及现场主要管理人员与施工单位之间有没有劳动关系、社保关系,有没有统一的资产、财务关系等,如果没有这些关系,对施工单位可认定为转包。

(7)专业工程的发包单位不是该工程的施工总承包或专业承包单位的,但建设单位依约作为发包单位的除外。

(8)专业作业的发包单位不是该工程承包单位的。

(9)施工合同主体之间没有工程款收付关系,或者承包单位收到款项后又将款项转拨给其他单位或个人,又不能进行合理解释并提供材料证明的。

两个以上的单位组成联合体承包工程,在联合体分工协议中约定或者在项目实际实施过程中,联合体一方不进行施工也未对施工活动进行组织管理的,并且向联合体其他方收取管理费或者其他类似费用的,视为联合体一方将承包的工程转包给联合体其他方。

施工单位为了规避合同无效的风险,一般采取如下措施避免合同无效。一是与实际施工人签订劳动合同,将其变为内部承包关系。转包人在签订劳动合同时会要求劳动者一方必须有项目经理证书并且其资质等级与项目要求相符。二是在财务管理方面,转包人规定上缴固定利润的同时,将剩余部分的利润由双方约定处理方式,如可以以承包奖励的形式给付项目承包人。三是在劳务管理方面,承包人督促项目承包人为其各自招聘的建筑工人购买保险,达到减少风险的目的。四是设置履约担保金,甚至还可以增设担保条款,由转包人考察并筛选合格且有经济能力的施工人实际施工,将来一旦给建设方造成损失,实际施工人也有能力承担连带责任。五是在正常情况下,转包人也会注意选择业绩良好、有经济技术实力和资信可靠的单位发包。六是转包人在承包合同中约定承包奖励金、风险控制金来监督项目负责人的拖延行为。

(三)正确区分建设工程违法转包合同与合法分包合同

(1)承包人将全部工程或工程的主要部分发包给第三人,发包后对工程没有进行任何管理的,是违法转包行为。如果承包人在征得发包人同意后,将工程非主体结构等次要部分发包给第三人,并对整个建设工程进行管理的,是合法分包行为。

(2)违法转包与合法分包的法律后果不同。建筑工程转包是法律禁止的行为,符合法律规定条件的分包是合法的行为。分包的合法条件如下:①分包必须征得建设单位的同意;②分包商应具备符合所分包工程要求的资格条件;③分包商不得将工程再次分包;④分包工程是总工程的次要部位或附属部分;⑤分包商应和总包单位对建设单位负责。

(四)转包的法律后果

承包单位将承包的工程转包的,或者违反《建筑法》规定进行分包的,责令改正,没收违法所得,并处罚款。其中罚款视其情节可以处以转让、分包项目金额的5%~10%。建设行政主管部门可以责令停业整顿,降低资质等级;情节严重的,吊销资质证书。承包单位有前款规定的违法行为的,对因转包工程或者违法分包工程不符合规定的质量标准造成的损失,与接受转包或者分包的单位承担连带赔偿责任。

五、承包人违法分包的合同无效

分包指经与发包人签订了建设工程合同的总承包人与第三人签订合同,将其承包的工程建设任务的部分非主体工作交给第三人完成。违法分包,是指承包单位承包工程后违反法律法规规定,把单位工程或分部分项工程分包给其他单位或个人施工的行为。存在下列情形之一的,属于违法分包。

(1)承包单位将其承包的工程分包给个人。因为个人不具有承揽工程的主体资格,所以施工单位将工程分包给个人属于违法分包行为。

(2)施工总承包单位或专业承包单位将工程分包给不具备相应资质的单位。

(3)施工总承包单位将施工总承包合同范围内工程主体结构的施工分包给其他单位,钢结构工程除外。此种情形是依据《建筑法》第二十九条和《建设工程质量管理条例》第七十八条的规定,施工总承包单位将主体结构的施工分包给其他单位的为违法分包。同时,考虑到工程结构的实际情况及专业承包资质情况,明确了若主体结构是钢结构工程可以进行专业分包。

(4)专业分包单位将其承包的专业工程中非劳务作业部分再分包。此种情形是依据《房屋建筑和市政基础设施工程施工分包管理办法》第九条规定"专业分包工程承包人必须自行完成所承包的工程",对专业分包单位将其承包的专业工程中非劳务作业部分再分包的,应认定为违法分包行为。

(5)专业作业承包人将其承包的劳务再分包。此种情形是依据《房屋建筑和市政基础设施工程施工分包管理办法》第九条规定,"劳务作业承包人必须自行完成所承包的任务",对劳务分包单位将其承包的劳务再分包的,或与其他单位、班组、个人签订劳务合同的,应认定为违法分包行为。

(6)专业作业承包人除计取劳务作业费用外,还应计取主要建筑材料款和大中型施工机械设备、主要周转材料费用。劳务分包单位收取的费用应仅限定在分包工程的劳务报酬及必要的辅材费用。如果劳务分包单位还计取分包工程主要建筑材料款、周转材料款和大中型施工机械设备费用中的一项,则属于以劳务分包为名,超越资质范围承接工程,也就是常说的扩大劳务分包,因而应当认定为违法分包。

无论是合法的建设工程分包,还是违法的建设工程分包,都存在风险。合法的建设工程分包存在着工程质量、工期、安全、工程款结算与支付以及政策法律、不可抗力、业主等方面的风险,而违法分包、转包的风险更大。

(一)分包人主体资格不合法的风险

分包人主体资格不合法将导致合同无效。分包人未取得建筑施工单位资质、超越资质等级的(包括无营业执照的组织或个人),或者没有资质的实际施工人借用有资质的建筑施工单位名义的,都会导致分包合同无效。合同无效的民事责任如下。

(1)如果发生分包工程质量、安全问题或者造成总包合同工期延误等,建设单位可直接向总包单位要求承担违约及赔偿的连带责任。至于总包单位能否向分包人追偿,建设单位无须关心,因为这属于另外的法律关系。

(2)建设单位有权依法单方面解除总包合同,并据此追究总包单位的违约和赔偿责任。

(3)建设单位可能面临实际施工人的索赔。根据《审理建设工程施工合同案件解释(一)》第四十三条规定,实际施工人以转包人、违法分包人为被告起诉的,人民法院应依法受理,但发包人只在欠付工程价款范围内对实际施工人承担责任。违法分包或转包会给建设单位带来不必要的诉讼风险。

施工单位违法分包除面临民事风险之外,还面临以下风险。

(1)行政处罚的风险。根据《建设工程质量管理条例》第六十二条规定,承包单位将承包的工程转包或者违法分包的,责令改正,没收违法所得;对勘察、设计单位处合同约定的勘察费、设计费25%~50%的罚款;对施工单位处工程合同价款0.5%~1%的罚款;可以责令停业整顿,降低资质等级;情节严重的,吊销资质证书。

(2)工伤责任。如分包人不具有用工资格的,根据《劳动和社会保障部关于确立劳动关系有关事项的通知》的规定,作为工程发包方的总包单位还将承担该分包人招用的民工的工伤责任。

(二)总包单位违法分包对建设单位构成违约的风险

按照有关规定,主体结构的施工必须由总承包人完成。除总承包合同约定的分包外,未经发包人同意不得分包。专业工程分包除在施工总承包合同中有约定外,必须经建设单位认可,且建设单位不得直接指定分包工程承包人,否则,从合同角度来讲,施工单位构成重大违约,发包人可能会被动卷入违约的诉争。

(三)转包及肢解后分包或分包人再次分包的风险

层层转包及肢解后分包或分包人再次分包,将难以保证合同工期、质量及安全。

(四)建设工程分包合同的风险防范

(1)发包人要求承包人选择合法分包商,选择的分包商须经发包人同意,而且发包人须要求分包商分包的只能是部分工作,而且是非主体结构的施工,主体施工必须由总包单位完成,且分包人必须具有相应的资质条件。禁止施工单位向无资质或不具备相应资质的企业分包工程。

(2)发包人与总包方约定,总包方应尽量避免与分包方产生纠纷,如果产生纠纷,首先由总包单位承担全部分包方的责任,总包方应立即组织力量继续施工,不得因总包方与分包方的纠纷而延误工期或降低工程质量。如果发包人一方的合同水平和法律意识较强,应专门指导承包方与分包方签订合法、公平的分包合同,避免双方因订立合同的资质、履约范围不清、转包、配合与协调、付款、合同内容不完备或约定不清、权利义务不平衡等原因产生纠纷。在订立分包合同时,应保证总包方与分包方严格按照分包合同示范文本的条款并根据实际情况签订合同。

六、劳务分包的风险及防范

劳务分包,又称劳务作业分包,指施工总承包企业或专业承包企业(即劳务作业发包人)将其承包工程的劳务作业发包给劳务承包企业(即劳务作业承包人)完成的活动。工程的劳务作业分包,无须经过发包人或总承包人的同意。发包人不能指定劳务作业承包人,劳务分包人也不得将该合同项下的劳务作业转包或再分包给他人。

(一)劳务分包的特征

在劳务分包中,分包方仅提供劳务,而材料、机具及技术管理等工作仍由总包方负责,仅仅是将建设工程中的劳务部分转由第三人完成。劳务分包纯粹属于劳动力的使用,其他一切施工技术、物资等完全由总包单位负责,劳务分包是通过工日的单价和工日的总数量进行费用结算的,属于纯粹的工费。按照《2005年北京市来京建筑业企业管理工作要点》(已失效)的规定,劳务分包合同不得包括大型机械租赁和主要材料采购内容,劳务分包合同可规定低值易耗材料由劳务企业采购,并由劳务企业凭采购凭证另加一定的管理费向总包企业报销。劳务分包不发生材料、机械等费用,更不会有管理费。劳务分包的发包人和承包人对工程劳务作业部分向总承包人及建设单位承担连带责任。

(二)建设工程劳务分包合同的风险防范

1. 避免签订无效的劳务分包合同

总承包企业或专业施工单位与不具备相应资质的企业签订的劳务分包合同是无效的。另外,工程分包企业以劳务分包合同的名义与劳务分包企业签订的实质上的工程再分包合同也将被认定为无效。如果合同无效,劳务分包企业提供的劳务工程合格,其有权请求支付劳务费。如果劳务分包企业提供的劳务质量不合格导致工程不合格,劳务分包企业请求支付劳务分包合同约定的劳务价款的,将得不到法律支持,并且还应承担相应的损失。因此,应避免总包企业或专业施工单位与无资质的劳务分包企业签订劳务分包合同。发包方在与总包方或专业分包方签订合同时,应该对总包方或专业分包方进行约束。如果出现合同无效的情形,总包单位或专业承包人应对发包方承担违约责任。

根据《建筑业劳务分包企业资质标准》(已失效)的规定,劳务作业分包包括木工作业、砌筑作业、抹灰作业、砌石制作、油漆作业、钢筋作业、混凝土作业、脚手架作业、模板作业、焊接作业、水暖电安装作业、钣金作业和架线作业,共13种,每种作业的承包人都分别应具备相应的资质等级标准及作业的具体范围,但是新的资质标准取消了施工劳务企业的承包业务范围限制,规定施工劳务序列不分类别和等级,取得施工劳务资质的企业可承担各类施工劳务作业。从劳务分包企业资质防范的角度来讲,发包方要求总包方在对外签订劳务分包合同时,一定要严格审查劳务分包企业的市场监督登记、注册资本、经营范围及企业劳务作业的资质等情况,以免签订无效的劳务分包合同,产生不必要的劳务分包纠纷。

有些工程转包合同被包装成劳务分包合同。将转包合同写成劳务分包合同,这是许多转包合同当事人意图使违法的转包行为合法化所广泛采取的一种应对策略,合同当事人意图通过这种方式规避合同无效的后果。在实践中,如果施工合同中的专业分包人为劳务工程的发包人,比如施工总承包人将电梯工程、人防工程、消防工程等专业工程分包给专业分包人,专业分包人将承包的专业工程中的劳务工程又分包给具有劳务作业法定资质的劳务分包企业,这种行为是否是二次分包?《建筑法》规定建筑工程只能分包,如果认定专业分包单位签订的劳务分包合同是二次分包,则此行为因违反法律的强制性规定而无效。《审理建设工程施工合同案件解释(一)》第五条认为具有劳务作业法定资质的承包人与其发包人(总承包人、分包人)签订的劳务分包合同的性质是施工合同,不是劳务合同或者劳动合同,劳务分包合同不是转包,也不是第二次分包,是符合国际和国内建筑市场惯例的合法经营行为,是将施工层与工程管理层分离的经营模式,不应认定合同无效。

2. 发包人从项目管理的角度对劳务分包单位进行管理

发包人可通过总包方要求劳务企业不得以低于成本价和垫资为条件承包劳务作业。如果是以最低价中标,在公布中标结果前,劳务工程发包人要组织专业人员进行人工成本测算分析,防止低于人工成本的恶意竞争。包工头不具有承包工程资质和用工资格的,劳务分包合同必须由具有相应资质的企业法人签订。劳务费支付必须在承发包企业之间进行。劳务企业领取劳务费时要由两名以上人员负责,有关人员的信息应在劳务分包合同中明确注明。禁止企业间的现金支付行为。劳务工程合同规定劳务费相邻两次支付时间最长间隔不得超过60天,当月完成的工程量应在次月15个工作日内结算完成。合同完全结束后56天内完成全部结算手续。实行劳务分包的总承包企业要按照规定配备管理机构和人员。项目部的劳动力管理员,必须建立分包队伍及人员履约情况检查记录,定期对履约能力进行评估,及时指导劳务工程分包人改进管理,保证完成合同规定的内容。对确实不能完成的,按照《民法典》等有关规定和具体合同的约定解除合同。

七、其他涉及合同效力的法律风险

（1）开发企业的施工图纸未经审查或没有施工图纸签订施工合同的法律风险。根据《房屋建筑和市政基础设施工程施工图设计文件审查管理办法》第三条的规定,施工图未经审查合格的,不得使用。根据《建设工程质量管理条例》第五十六条第四款的规定,建设单位施工图设计文件未经审查或者审查不合格,擅自施工的,责令改正并处20万元以上50万元以下的罚款。虽然行政法规规定图纸必须通过审查,但没有图纸或有图纸未通过审查签订的施工合同是否就无效呢？综合相关法律规定,施工图纸审查不合格而签订的建筑工程施工合同应属于效力待定的合同。

（2）未取得土地使用权证签订的施工合同的效力问题。作为合格的发包人即招标人,应当符合《招标投标法》第八条和第九条规定的条件,即招标人应当先履行批准的审批手续。因此根据此规定,发包人在发包工程时应持有土地使用权证。但法律并未对无土地使用权证的发包人签订建设工程合同的行为作出禁止性规定,因此,即使发包人不持有土地使用权证进行发包,签订的建设工程合同也应认定有效。

（3）未取得建设用地规划许可证和建设工程规划许可证而签订的施工合同效力问题。建设单位没有取得建设用地规划许可证或建设工程规划许可证,建设单位与承包人签订的工程施工合同是否有效呢？一种观点认为,这种情形下所签订的施工合同无效,理由是违反了《城乡规划法》,依照《民法典》第一百五十三条的规定,属于无效合同。另外一种观点则认为,没有取得建设工程用地规划和建设工程规划许可手续的施工合同,并不必然无效。从《城乡规划法》第三十七条、第三十八条、第四十条、第六十四条的规定来看,这些规定应该属于行政管理性规定,没有取得用地和规划许可手续的,建设单位应当承担相应的行政责任,并非必然导致施工合同无效。根据《最高人民法院关于适用〈中华人民共和国合同法〉若干问题的解释（二）》（已失效）第十四条的规定,违反《城乡规划法》的行为并不符合《合同法》（已失效）第五十二条第五项规定的效力性强制性规定,因此按照原规定,无规划许可证签订的合同是有效的,《民法典》第一百五十三条及《最高人民法院关于适用〈中华人民共和国民法典〉物权编的解释（一）》并未给出明确规定,但是《审理建设工程施工合同案件解释（一）》第三条规定,当事人以发包人未取得建设工程规划许可证等规划审批手续为由,请求确认建设工程施工合同无效的,人民法院应予支持,但发包人在起诉前取得建设工程规划许可证等规划审批手续的除外。也就是说,未取得建设用地规划许可证或建设工程规划许可证而签订的施工合同无效。

（4）没有施工许可证签订施工合同的效力问题。《建筑法》第七条规定,建筑工程开工前,建设单位应当按照国家有关规定向工程所在地县级以上人民政府建设行政主管部门申请领取施工许可证。第六十四条规定,未取得施工许可证或者开工报告未经批准擅自施工的,责令改正,对不符合开工条件的责令停止施工,可以处以罚款。没有施工许可证签订施工合同的效力问题,目前仍然有两种观点。一种观点认为违反了《建筑法》的规定，属于无效行为；另一种观点认为违反《建筑法》仅仅是行政管理的规定，并非效力性的规定，况且施工许可证不是发包人在发包时必须持有的许可，是开工前的许可。如发包人无施工许可证发包，但签订施工合同，此时合同效力应有效。但如果在建设工程合同履行过程中，开工前没有获得施工许可证，建设单位和承包单位则应当承担相应的行政处罚。但实践当中，法院的判决不同，例如笔者在2011年12月江苏省某中级人民法院代理的一个案件，其施工合同因没有用地规划许可证、工程规划许可证及施工许可证而被认定为无效。《审理建设工程施工合同案件解释（一）》第三条规定，发包人能够办理审批手续而未办理，并以未办理审批手续为由请求确认建设工程施工合同无效的，人民法院不予支持。从本条的规定理解，发包人如果没有办理施工许可证，自己请求施工合同无效，人民法院不予支持，但是如果是承包人请求确认施工合同无效，人民法院应予支持。

（5）关于工程承包合同概括转让的效力问题。①发包人能否进行概括转让的问题。《民法典》第五百四十五条规定，除根据合同性质、当事人约定、法律规定不得转让外，债权人可以将合同的权利全部或者部分转让给第三人。根据《城市房地产管理法》第三十九条的规定，以出让方式取得土地使用权的可以转让房地产，但是应当符合相应条件。依据上述规定，尽管发包人将工程合同进行概括转让后将直接影响发包人履约能力、承包人履约目的的实现等方面，但《民法典》《城市房地产管理法》《招标投标法》并未直接规定禁止发包人转让其建设发包权，因此，工程合同的发包人可以转让其建设发包权。但是按照《民法典》的规定，概括转让须征得对方同意。因此发包人概括转让权利义务还应当征得承包人同意。如果承包人不同意概括转让，发包人又无法继续履行工程合同，发包人和承包人均可以主张终止合同，此时承包商可依据合同进行结算和主张损失。②承包人能否进行概括转让的问题。按照《招标投标法》第四十八条的规定，中标人应当按照合同约定履行义务，完成中标项目。中标人不得向他人转让中标项目，也不得将中标项目肢解后分别向他人转让。第五十八条规定，中标人将中标项目转让给他人的，将中标项目肢解后分别转让给他人的，违反该法规定将中标项目的部分主体、关键性工作分包给他人的，或者分包人再次分包的，转让、分包无效。根据上述规定，承包人不能进行工程合同的概括转让，否则就破坏了招标投标法规范的市场竞争秩序，且该法律的规定为效力性强制规范。2009年最高人民法院印发的《关于当前形势下审理民商事合同纠纷案件若干问题的指导意见》规定，如果强制性规范规制的是合同行为本身，即只要该合同行为发生即绝对地损害国家利益或者社会公共利益，人民法院应当认定合同无效；如果强制性规范规制的是当事人的"市场准入"资格而非某种类型的合同行为，或者规制的是某种合同的履行行为而非某种合同行为，人民法院对于此类合同效力的认定，应当慎重把握。承包人的概括转让违反了法律的效力性强制规范，因此属于无效合同。

《招标投标法》强制招标范围内的所有中标合同，如施工、设计、勘察、监理等，承包人均不得将合同权利进行概括转让。但是，如果承包人破产、重组、并购后，按照法定程序由权利义务承继人或受让人承继工程合同中承包人的权利义务是属于合法的概括转让。

（6）主体瑕疵合同的效力问题。施工合同主体瑕疵并不必然导致合同无效，有些情况主体瑕疵导致合同无效，有些情况下主体瑕疵合同属于效力待定。

八、建设工程合同无效的结算

建筑工程施工合同无效但建设工程合格的，也可参照合同约定结算工程价款。按照合同无效的一般处理规则，因该合同取得的财产应当予以返还，不能返还或没有必要返还的，应当折价补偿。建设工程合同具有特殊性，合同履行的过程，就是将劳动和建筑材料物化在建筑产品的过程，已经履行的部分，不能通过返还恢复到合同签订前的状态，只能折价补偿。通过折价补偿的方式处理，不仅符合当事人签约时的真实意思，还可以避免通过鉴定确定工程价值，提高诉讼效率。因此《审理建设工程施工合同案件解释（一）》第二十四条确立了参照合同约定结算工程款的折价补偿原则，但其适用的前提是建设工程质量必须合格，包括两种情况：一是建设工程经竣工验收合格；二是虽经验收不合格，但经承包人修复后再验收合格。

九、如何避免签订无效施工合同

目前人民法院处理涉及建设工程合同的效力问题的案件时，通常先尽量维持合同的效力。人民法院认为，建设工程合同受到不同部门的法律、行政法规和规章的调整，特别是法律、行政法规和规章中的强制性规范较多，如果都以违反法律强制性规定为由认定合同无效，不符合《民法典》的立法精神，不利于维护交易的稳定性，也不利于保护各方当事人的合法权益，同时也会阻碍建筑市场的健康发展。法律和行政法规中的强制性规定，有的属于行政管理规范，如果当事人违反了这些规范应当受到行政处罚，但是不应当影响合同的效力。人民法院认为，除了《审理建设工程施工合同案件解释（一）》中列明的几种情形会导致施工合同无效外，应当尽量认定合同有效。但人民法院对合同性质和效力的认定不以诉讼请求为限，即使当事人均认同合同有效，人民法院也可认定合同无效。因为人民法院可对案件的性质和效力依职权进行审查，不受当事人诉讼请求的限制。审判实践中，有不少案件当事人各方均主张合同有效，但因合同内容违反强制性规定，人民法院应当依职权认定合同无效，不受当事人请求的限制。为了避免签订无效的施工合同，可以做如下工作。

（1）审查施工单位的资质。按照《审理建设工程施工合同案件解释（一）》第一条第一款第一项的规定，承包人未取得建筑施工单位资质或者超越资质等级的，所签订的施工合同无效。因此在签订合同之前，发包人必须审查承包人的资质。审查资质从两个方面审查：一是有无资质，没有资质签订的施工合同肯定无效；二是审查是否超越了资质等级。按照目前的相关规定，仍分为施工总承包、专业承包、施工劳务资质3个序列，施工总承包序列设有12个类别，分为4个等级（特级、一级、二级、三级），专业承包序列设有36个类别，分为3个等级（一级、二级、三级），施工劳务序列不分类别和等级。以房屋建筑工程施工总承包企业资质等级标准为例，房屋建筑工程施工总承包企业资质分为特级、一级、二级、三级。每一级资质等级的标准要求也不一致，评价标准涉及施工单位的业绩、施工能力、企业工程技术、经济管理人员的能力、企业注册资本、收入、企业的施工机械和质量检测设备等，施工单位只能在其能力范围内承接工程。以二级资质标准为例，仅仅从业绩一项来说，施工单位近5年承担过下列4类中的2类工程的施工总承包或主体工程承包，工程质量合格，才能承接下列标准的工程：①12层以上的房屋建筑工程或8—11层的两项；②高度50米以上的构筑物或建筑物或35—50米（不含）建筑物两项；③单体建筑面积1万平方米以上或0.6万—1万平方米以上两项的房屋建筑工程；④单跨跨度21米以上的房屋建筑工程或其他条件两项。如某项目的建筑高度是40层，高度是108米，那么二级施工资质的施工单位不能承包此项目。如果与之签订施工合同就是无效的施工合同，只能与一级资质或特级资质的施工单位签订施工合同。因此，发包人需根据自己项目的实际情况，先确定项目的高度、层数、跨度、单体建筑面积、项目的总建筑面积及单项建安合同额，从而确定选择哪一级资质的施工单位，否则与没有资质或低于资质标准的企业签订的合同是无效的。除施工总承包之外，专业承包与劳务分包也应符合资质要求。

(2)避免挂靠。按照《审理建设工程施工合同案件解释(一)》第一条第一款第二项的规定,没有资质的实际施工人借用有资质的建筑施工单位名义的,所签订的施工合同无效。这里所说的没有资质借用有资质的施工单位名义施工,就是通常所说的挂靠。有两个认定标准:一是借用总包的资质,总包企业并没有派驻项目管理人员,没有因项目组建项目施工的管理机构,没有对项目实施管理。项目管理机构应当具有与承包工程的规模、技术复杂程度相适应的技术、经济管理人员。其中,项目负责人、技术负责人、项目核算负责人、质量管理人员、安全管理人员必须是本单位的人员。本单位人员是指与本单位有合法的人事或者劳动关系及社会保险关系的人员。二是《房屋建筑和市政基础设施工程施工分包管理办法》规定,禁止转让、出借企业资质证书或者以其他方式允许他人以本企业名义承揽工程。分包工程发包人没有将其承包的工程进行分包,在施工现场所设项目管理机构的项目负责人、技术负责人、项目核算负责人、质量管理人员、安全管理人员不是工程承包人本单位人员的,视同允许他人以本企业名义承揽工程。以上两种行为都是认定挂靠的标准,发包人在上述两种情况下签订的施工合同都是无效的。

(3)在合同中声明不得违法转包、分包。正确理解转包及分包的概念。如某住宅项目开发企业指定分包,没有总包方参与,开发企业直接与分包方签订合同,没有进行招投标,直接发包弱电工程。具体可参照本节关于转包、专业分包及劳务分包的内容。

(4)避免签订"黑白合同"。签订"黑白合同"一旦发生纠纷对开发企业都非常不利,除非"黑合同"约定的条件优于"白合同"。具体参照本节"黑白合同"的内容。

(5)从行政管理方的角度来讲,应当加强监管,不要过多干预市场,平衡发包方与承包方的关系。实践中,施工单位跨地区施工需要开介绍信,有些地方还设立外管办,统一管理外出施工的企业。有些当地政府也要求外地施工单位提供资信证明、纳税证明,办理工程承包许可证,办理审批手续,这样做的目的是加强监管。对于如果未办上述手续是否导致施工合同无效的问题,笔者认为,行政管理的规定不得对抗法律的规定,未办理上述手续不必然导致合同无效。

第五节　工程造价的风险及防范

一、工程造价失控的原因

从目前我国的工程管理现状来看,工程造价管理已经从过去的单纯编制定额发展为按照市场经济规律,以工程量清单计价为基础,并以招投标及合同管理为辅,但是仍有许多工程出现造价失控、概算超估算等问题。工程造价失控的原因多种多样,其中最主要的原因有以下几点。

(1)建设单位与设计单位、监理单位缺少沟通。建设单位与设计单位签订委托设计合同时,如果没有把自己的造价控制目标明确地传达给设计单位,一般情况下设计单位为了安全,可能设计较为保守,如提高安全标准等,导致投资超过预算。一般设计单位在设计阶段作工程概算,有些甚至细化到预算,但如果不与建设单位沟通,建设单位不对设计方案造价指标进行控制约束,就不能达到控制成本的目标。在施工阶段,工程监理单位将重点放在施工质量与进度的监管上,不介入造价的控制,如果不与监理单位沟通,可能会导致监理单位在造价控制方面没有作为。

(2)建设单位不了解建筑行业的市场价格。建设单位的决策者或工程及预算人员对市场价格缺少了解,没有实践经验,长期不在一线工作,仅依据书本上的定额作为投资估算的依据,不了解市场价格的变化,不能处理工程技术方面的专业问题,造价控制能力差,大多停留在事后处理阶段。在招投标阶段,标底和标价估计不准,使得工程在实施阶段与施工单位纠纷不断,导致造价管理失控。

(3)建设单位工程管理经验不足,对具体工作人员管理失控。工程管理经验包括两个方面:一是对工程技术经济的掌控,不合格的工程技术人员对工程定额、施工图纸和工程结算办法一知半解,对预决算审核不到位、把关不严,给施工单位可乘之机,致使工程造价偏高;二是对施工合同的掌控,缺乏经济和法律方面的知识。另外,施工单位与建设单位具体负责的工作人员相互勾结或施工单位采用行贿的手段,损害建设单位的利益。如工程造价人员,在编制工程预决算中将项目重复计算,或加大工程量、高套定额、提高材料价差等,有权签证人员乱签证、恶意签证等,人为地加大了工程造价,导致造价失控。

(4)预算部门没有发挥主要职能。预算部门主要承担两大任务,一是投资分析,二是合同管理。投资分析包括工程预决算及招标标底制定,合同管理包括合同拟定、签订、跟踪、反馈等,如果预算人员水平不高,导致招投标标底计算误差大,或者预算人员对项目进展中工程量审核不细致,导致工程款虚增,或者预算人员与施工单位关系过于密切,对进度款支付和结算把关不严格,导致后续被施工单位"卡脖子",或者进度款支付过程没有注意让利的相关表述,导致让利条款无法实现,这些因素都会导致预算部门无法发挥职能,从而造成造价失控。

(5)施工单位不诚信,采取多种手段多结算工程款。

案例:2006年,某施工单位与某房地产公司签订了《工程施工承包合同》,双方在合同中约定:工程为新建九栋厂房,承包范围为施工总承包,包括土建工程、装饰工程、排水、钢结构安装、设备及配套设施等工程,合同承包价暂估为2400万元,以工程的形象进度作为进度款拨款依据,工程实际造价以工程决算为准。工程造价的计算方法为:以施工图纸、设计文件、经济签证为依据,以江苏省规定的现行工程定额和有关工程造价的政策性文件确定工程预决算;工程量按设计图纸的设计文件计算确定,非图纸设计范围内的施工项目工程量经甲方现场代表签证按实结算;工程材料价格按江苏省工程定额管理部门颁发的文件和同期《工程造价信息》指导价的平均值为标准,定额及文件以外的材料、设备由乙方采购,甲方认可后按市场价进行决算。

因建设单位有主要股东在投资厂房之前是从事医疗器械行业销售的,所以对工程方面并不了解,又没有聘请到合格的专业人员,委托的监理公司又与施工单位相互勾结,所以施工过程中发生了大量的工程变更,双方签署了大量的技术核定单、工程联系单和经济签证。截至工程竣工,房地产公司已支付给施工单位3500万元,比合同暂估价多付了1100万元,但施工单位编制的工程决算价为3890万元,故其以房地产公司拖欠工程款390万元为由,拒绝办理工程竣工验收备案手续,也拒绝办理工程交付手续。

房地产公司咨询律师后,请审价单位出具了一份初步结果为工程结算造价为2600万元的审价报告。双方对最终结算的数额产生严重争议,主要争议在于工程的某些签证从不同的角度会得出不同的结论。从司法实践的角度来看,有些签证可以作为工程款结算的依据;但是,从工程的角度来看,这些签证却存在很大的问题。

上述案例涉及签证导致工程造价失控的问题。施工单位往往采用以下方式进行工程签证,以达到提高造价、多结工程款的目的。

(1)通过签证约定的开办费用是工程造价的一定比例,比如2%,这样折算后每建筑平方米的价格就非常高，可能高于每建筑平方米 30 元，而按市场的合理价格开办费用一般为每建筑平方米 10 元，这个签证形成的原因归结为建设单位对行情不了解，如案例中的建设单位就属于异地投资。

(2) 把外墙涂料的市场价错误地签证为外墙涂料直接费。"市场价"与"直接费"是两个不同的概念，这样签证建设单位便会要多支付工程款。施工单位经验丰富，如此签证是有意为之，先给建设单位作了报告，说双方主管人员通过现场比对两种涂料的实验效果后，建设单位主管人员决定选用立邦外墙漆，直接费单价为每平方米 53 元，经双方协商，直接费价格变为每平方米 50 元。实际上建设单位主管人员与施工单位协商的时候 50 元是外墙漆的市场价格，而施工单位作报告时将市场价改为直接费。直接费到市场价要增加一些费率，但签证人员与主管人员没有沟通，导致过失签证。

(3) 将门窗市场价格错误地签证为工程直接费。与上述情况一样，施工单位在报价说明时写明本报价为工程直接费，不包括管理费、间接费、税金，而实际上双方领导协商时说明门窗价格就是市场价。

(4) 将费用已经包含在其他直接费内的临时施工道路、临时施工排水另行签证。类似这样的签证很多，在此不一一列举。这些签证有一个共同的特点，就是建设单位的工作人员或出于疏忽，或对专业问题不甚了解，或接受施工单位的贿赂。此外，有些建设单位有权签证的人员大多是主管人员的亲属、老乡或经人介绍的人，这些人没有预算员、造价工程师类似的专业知识，对工程造价不熟悉，定额不熟悉、行情不了解，最终造成过失签证的结果。

(5) 建设单位与施工单位产生纠纷导致造价失控。建设单位与施工单位产生纠纷会使建设单位的成本增加，如资金成本、会计成本、销售成本、施工成本及违约金等支出增加，最终导致造价失控。

(6) 建设单位管理混乱，导致工程造价失控。

(7) 建设单位法律意识薄弱，签订的合同存在缺陷，或者不重视法律的基础作用，整个项目没有法务人员或律师参与风险防范。

二、工程造价失控的风险防范

(一) 加强建设单位项目基础管理的能力

其实这是一个老生常谈的问题，缺乏基础管理不仅仅会引发造价失控的问题，也会引发其他问题。防范工程造价失控应从两个方面入手，一是工程管理，二是合同管理。工程及合同管理的目标是质量合格、按期竣工、造价合理。

(二) 加强工程设计阶段的造价控制

建设单位在设计阶段与设计单位沟通，要求设计人员以单位工程概算的建设标准、投资和工程质量作为施工图设计的限额控制标准。工程设计阶段是控制工程造价的关键环节，因此，建设单位要重视与设计单位的沟通，使建设单位与设计单位的工程造价控制的目标一致，在技术方案合理的基础上还要达到经济合理，并把这个目标落实在设计图纸上。另外，还要在招投标文件中明确工程内容、设计范围、设计深度和工程进度，明确设计标准和设计质量要求。

采用限额设计可以有效控制工程造价。即先按项目投资估算控制方案和初步设计概算，再用初步设计概算控制施工图设计和概算，使各专业在保证建筑功能及技术指标的前提下，合理分解限额,把技术和经济有效结合起来。建设单位应积极配合设计单位,并利用同类建筑工程的技术指标进行科学分析和比较,使设计优化以降低工程造价。

(三) 重视并提升监理单位在造价控制方面的作用

监理单位在工程施工合同约定的工程价格范围内,享有工程款支付的审核权和签认权,以及工程结算的复核确认权与否决权。未经总监理工程师签字确认,委托人不支付工程款。如果监理不履行职责,建设单位没有经验,那么在工程造价的控制及价款支付方面就存在风险。现在的监理合同范本专用条件部分有关监理范围和监理工作内容的条款中,委托人往往只要求监理人对工程质量进行监控。为防范造价失控的风险,监理合同中应明确监理单位应对建设工程质量、造价、进度进行全面控制和管理,对施工单位进行协调,对信息进行管理。

另外,还可以利用监理机构控制工程费用。监理机构可通过施工合同中约定的义务,对工程付款及新增工程费进行控制,预防并处理好费用索赔,使实际发生的费用不超过投资计划。监理工程师可做以下工作:制订资金使用计划,严格按照计划付款,严格控制工程变更,力求减少变更费用;预防费用索赔措施,及时处理费用索赔并协助开发企业进行反索赔;做好工程计量工作;审核施工单位提交的工程结算书。

(四) 对建设单位工程技术人员的要求

建设单位的工程技术及经济管理人员,在招标前应该对整个工程的规模、范围、经济及技术标准心中有数,严格审查概算套用的定额、指标是否正确,工程量计算是否准确,杜绝概预算编制的误差,做到不漏项、不增项、不重复计算工程量,建设单位要对预算编制依据和计算基础严格审查,防止出现错误。

(五) 防范预决算管理风险

(1) 选择适合的计价方式和计价标准。计价标准又称计价方法,根据《建筑工程施工发包与承包计价管理办法》的规定,我国目前有两种计价标准,第一种为工料单价法,也称定额计价法。根据《建筑工程施工发包与承包计价管理办法》的规定,分部分项工程量的单价为直接费。直接费以人工、材料、机械的消耗量及其相应价格确定,间接费、利润、税金按照有关规定另行计算。在实践中,它是指按照在一定的生产条件下,生产出一定计量单位的质量合格的产品所需要消耗的人工、材料、机械台班的数量标准计算出工程总价额的一种方法。第二种为综合单价法,也称工程量清单计价法。根据《建筑工程施工发包与承包计价管理办法》的规定,分部分项工程量的单价为全费用单价。全费用单价综合计算完成分部分项工程所发生的直接费、间接费、利润、税金。工程量清单报价包括以下两种方式:一是单价闭口,工程量据实调整;二是工程量和单价均闭口,也称全闭口价或一口价。

(2) 预算人员要掌握工程款拨付技巧与支付手续。工程预付款或者工程进度款拨付比例应少于实际工程量对应的工程款,否则无法控制施工单位采取停工等极端措施。为了不超付工程款,应该对进度款支付程序进行约定,一般程序是:承包人向监理或甲方提交已完工程量的报告,监理或甲方审核后编制和签发月进度付款证书,然后发包人办理支付手续。监理或甲方核查月进度付款申请的内容如下。

① 各项目当月完成量(计量标准是否符合合同规定)或累计完成量是否与联合验收方或经双方讨论的相一致,否则将进行改正。

②付款申请列项是否正确,与工程量清单中承包人投标时所报单价是否相一致。

③额外工程和附加工作、计日工是否经过发包人和监理的批准,批准手续和文件是否完善、齐全。

④合同变更和索赔项目是否经发包人和监理批准,手续和文件是否完善、齐全,并重新核实承包人的同期纪录。

⑤核查各项费用计算是否正确。

⑥依据各项目的实际工程质量状况,作出评定。

⑦工程款表格中必须注明已付工程款包含人工费,且人工费已付清。

⑧让利在付款中已执行。

(3)对于隐蔽工程预算人员要现场核实。隐蔽工程的工程款支付有其特殊性,即一旦工程施工完毕,除非用破坏性的手段,否则有些方面无法核实工程量,这就给工程量的核实带来了困难,因为有些施工单位会多报隐蔽工程的工程量,如果预算人员不去现场核实,那么就可能超付工程款。

(4)注意"以送审价为准"的应用。

(5)完善预算人员签章管理制度。

(6)注意工程款结算中的几个特殊问题。严格按工程量清单的项目、费率和价格结算,调价的问题和可变动支付和最终支付的关系问题。

(六)对甲供材料加强管理

对甲供材料,建设单位应要求施工单位降低材料消耗,在加强工程质量管理的同时,建设单位对施工单位按施工图预算材料量拨料,采取按定额标准限额领料,严格控制建筑材料在施工、运输、操作过程中丢失浪费的现象。

(七)重视施工过程中的变更洽商和签证

1. 工程签证的重要性及签证风险

目前法律法规及教科书中都没有签证的概念,这个概念是从实践当中衍生出来的,但工程人员或者房地产领域的律师都知道签证的概念。签证可以理解为工程承发包双方的法人或授权代表等在施工过程中及结算过程中对确认工程量、变更技术措施、增减合同价款、支付各种费用、顺延竣工日期、承担违约责任、赔偿损失等内容方面所达成的一致的补充协议。一般认为,工程签证的构成要件包括四个方面:一是主体适格,即签证主体必须是建设单位和施工单位双方当事人;二是内容适格,即必须涉及费用变化、工程量变化和(或)工期顺延等内容;三是权利适格,即双方当事人必须对行使签证权利的人员进行必要的授权;四是主观适格,即双方必须就签证的内容协商一致同意或批准。以项目控制目标来分,签证大致分为三种,即工期签证、费用签证、工期+费用签证。从签证载明的价款确定方式是否完善的角度来分,工程签证可以分为工程量签证和价款签证。签证的表现形式很多,不是文件名称叫作工程签证的文件才是工程签证,实践当中工程签证名称的形式很多,如工作联系单、工程联系单、会议纪要、预算书、备忘录、请示、报告等均可能成为工程签证。变更或技术洽商、经济洽商的单子经过对方确认就是签证。具备签证法律特征的均为工程签证,受其约束。如果认为这些不是签证,就可能导致过失签证。

对施工单位来说,签证意味着可增加工程价款,或者顺延工期且不承担违约责任。对建设单位来说,签证意味着具体的经济利益变化。但如果是乱签证、恶意签证或过失签证,对建设单位来说,就是巨大的损失。如果发生乱签证、恶意签证或过失签证,就会导致建设项目成本增加,结算款增加,本来盈利的变成亏损,本来多赚的变成少赚,因此,签证对控制造价起重要作用。

此处写到工程造价失控的风险防范,原因在于有人认为工程造价防范是工程技术人员和预算人员的事情,和法律没有关系,这个认识是错误的。工程技术人员、预算人员一般不精通法律,只精通自己领域的专业知识,不知道自己某些行为的法律后果。只有工程技术人员、预算人员与律师相互配合,才能对工程造价进行完美的控制。一般建设单位对法律不敏感,而对涉及经济方面的问题很敏感,因此,有必要讲一下工程造价的控制。

常见的变更洽商及签证管理风险类型如下。

(1)甲方或监理对施工合同不熟悉,对哪些是变价范围内的洽商不了解。

(2)甲方或监理忽视变更洽商单的回复时间,导致变更的价款被直接认定。

(3)变更洽商文件不规范,甚至使用口头形式,导致后续产生纠纷。

(4)甲方或监理的认可权缺乏严格授权。

(5)甲方或监理不负责任,虚报工程量,重复计取。

(6)现场计价签证人员素质较低,造价管理控制意识淡薄。

(7)现场签证管理不规范,导致补签、乱签现象比较普遍。常见的问题有签证的格式多种多样,不统一,随意性很大;甲方或监理权责不清,缺少相应的可以签字的签字人签名或盖章;签证缺乏统一管理,也没有统一的编号;同一工程内容存在重复签证;现场签证日期与实际日期不符。

2. 建设单位过失签证与恶意签证的后果

签证具有合同性质,也就是说,双方受签证内容的约束。如果建设单位给施工单位提供一个过失签证,虽然从理论上说,过失签证是可撤销、可变更的,但司法实践中往往作为有效行为处理。理由是可变更、可撤销的合同,必须基于重大误解(例如,将市场价签证为直接费)或显失公平。市场价与直接费仅从字面上来看,区别十分清楚,建设单位不能因此说自己有重大误解。以对方利用优势地位或经验为由,往往也撤销不了过失签证。作为房地产公司,如果说自己没有专业经验,法院未必会采信。即使能撤销签证,但纠纷有时大多超过1年,而撤销权的行使期限是1年,重大误解的撤销权行使期限是90日,法定期限内没有行使撤销权,则撤销权消灭。当事人自民事法律行为发生之日起5年内没有行使撤销权的,撤销权消灭。

恶意签证理论上属于无效行为,但司法实践中会被当作有效行为处理。除非在诉讼中有重新鉴定的机会,还要考虑合同有关结算的约定等其他条件,这样部分恶意签证才能被推翻。

3. 过失签证及恶意签证的防范

案例:A公司承租了一座6层大楼,准备改建后用于经营豪华洗浴中心,建筑面积2万平方米。A公司承租后与施工单位签订了《工程施工合同》,工程范围为加层(加二层)、水电、设备管道安装和外装饰维修工程,工程造价暂定1200万元,合同双方还约定工程造价按93定额进行计算,材料价格按当月工程造价信息价格确定。合同签订后,A公司委派张某为该项目总负责人,张某向公司领导层推荐由他的老乡周某管理该工程,公司领导层表示同意。张某向周某出具了委托书,委托周某进行工程施工现场管理,周某有项目经理资格,还具有预算员资格。委托书上载明:除重大项目、设计改变、购置大型设备必须请示外,其他事务周某均有权处理。施工单位在履约过程中共收到工程款1500万元。竣工后,施工单位向A公司提交了工程决算书,并由周某签收。A公司对决算数额提出异议,施工单位主动向审价单位提出审价,结果为1790万元。A公司拒绝承认和付款,施工单位遂起诉A公司。审理过程中，A 公司表示不认可施工单位提交的审价报告，法院委托审价单位进行审价，审价结果为 1719 万元，法院据此判决 A 公司支付剩余工程款。

A 公司不服法院判决，提出上诉。A 公司认为大量签证系周某恶意签证，恶意签证的价格比实际按照合同约定的方法计算的价格高出 303 万元，该费用应该予以扣除。但二审法院审理后认为 A 公司没有能够举证证明周某与施工单位具有恶意串通的行为，故对 A 公司的上诉不予采信，驳回上诉，维持原判。

实际上该案中确实存在很多恶意签证行为。比如，洗浴中心一层大厅的一面艺术墙，依据施工合同约定的 93 定额计算方法，该项目造价是 16 万元，而签证的造价则高达 52 万元。另外，经查，施工单位原报价仅 20 万元，施工单位竣工决算书中按合同约定结算该项目单价与签证单价也不一样，决算单也比签证低。问题是既然合同有约定了，为什么还需要签证？这个签证本不应该办理，而且签证显然脱离了合同约定的计价原则。

又如，垃圾外运签证，垃圾外运单价每吨高达 38 元。三环内与三环外的价格不一致，该项目在三环外，却按三环内的标准签证，而且只签了质量，无法核实是不是的确有这么多垃圾外运，也没有通过草图表示大致的垃圾量。以质量来计量而不用立方米，目的是掩盖过高的单价。

再如，不按合同约定的计价方式，而是将多个分项工程合并为一个分部工程，并以很高的价格进行签证。

经查，周某亲自办理了这些签证。周某是专业人员，他对工程造价的计价方式非常熟悉，上述签证属于故意办理的签证，所以是恶意签证。当然，如果不能证明周某恶意办理签证的行为，A 公司仍要承担不利的法律后果。

从实践的角度来看，我们可以将一些工程签证归结为恶意签证和过失签证，而这些签证一般从工程的角度来讲都不应当被认可。但在诉讼过程中恰恰相反，这两类签证通常都会被法院认定为有效，原因就是建设单位无法证明它是恶意串通损害第三人利益的，也无法证明为重大误解或显失公平，所以防范就显得尤为重要。预防工程恶意签证或过失签证要从下面几个角度着手。

（1）采用各种措施控制甲方有签字权工作人员的范围。在实践当中，甲方工作人员随意签字的现象比较严重，一旦发生纠纷对发包方将极为不利。因为这些签字可能涉及工程量增加、设计变更、工期变更，签字可能对发包方产生不利影响，将来在诉讼中都可以作为对方的证据。如果发包方的工作人员无权签字但实际上给承包方签了字，那么一般法院或仲裁机构会认为签字代表了公司，属于公司行为，至于签字人员有无对外签字的权利，属于公司内部管理的问题。因此，为了防范这种风险，必须对有权签字的人员范围进行限制。解决办法是在合同的附件中明确谁能代表公司在各种往来文件上签字，双方事先列一个名单，名单列出各方派出管理人员的名单，明确各管理人员的职责和权限，特别是将具有变更、签证、价格确认等签证认可权限的人员及其签证范围程序、生效条件等作出清楚的规定，对派出代表权利进行明确约束，并将名单列名作为附件。附件同时约定，除清单以外的任何人签证都不具备合同效力，也不具备法律效力，即使签证人员是建设单位的员工，其也无权代表建设单位签证，双方不能根据无权签证人员的签字而进行结算或进行索赔。

（2）对甲方有权签证人员的签证权利进行必要的限制。确定有签字权人员的范围后，建设单位还应对有权签字人员的签字权利范围进行限制。甲方应对签证实施分级管理制度，对小额工程量、小额工程款（如 1 万元以内的）、3 天内的短工期等小额变更事项，由甲方驻工地代表签证；对 3 天以上的工期、一定标准以上的工程量、工程质量、工程价款、设计等对工程价款影响较大的事项变更,则应先由乙方申报变更事由,由甲方驻工地代表审核后,再履行合同约定的审核程序审批。对签证的分级管理机制,规范了签证管理权限,同时也为日后可能发生的纠纷提供了证据,便于日后诉讼中提供对自己有利的证据。

(3)设置签证前置程序。总经理、经理或工程部经理如果不懂工程造价,在签字之前应由预算员或造价工程师先进行审核。

(4)约定只有造价工程师资格的员工才能担任签证代表,否则签证无效。

(5)选择人品可靠的人员担任甲方代表。

(6)签证必须遵守下列原则:①通过草图、示意图形式而避免单纯文字的形式进行签证原则;②签事实而不直接签结果的原则;③签事实而不直接签工程量原则;④签工程量而不直接签单价原则;⑤签单价而不签总价原则;⑥以前述原则为优先原则。

(7)建立甲方代表每月汇报制度,这样有利于发现签证中存在的问题。甲方代表除要汇报每个月的工程进度以外,还要汇报实际签发了多少签证,涉及多少费用的变化或工期的顺延,以便发包人管理层及时发现签证可能存在的问题,如签证量过大等。

(8)通过合同条款来防范补签证的发生。比如,在合同中约定要求施工单位每月要提交合同价款调整账单,每个月签收的签证都必须在这个调整账单中反映。如果没有反映,说明没有签收签证或说明施工单位放弃了这项权利。另外,在结算过程中,施工单位补签证时把日期写成施工阶段的日期,即使这样也视为放弃了权利,从而避免补签证的发生。

(9)对于费用签证必须经过索赔程序进行。这样可以避免直接进行费用签证,有利于防止恶意签证、过失签证的发生,更好地控制工程造价及工期。因为索赔有索赔通知、索赔报告、审核确认等程序,这样的过程比发包人、承包人在一张纸上签字规范,更有利于过程控制。建设工程施工合同示范文本及 FIDIC 文本中,没有签证的概念,只有索赔,索赔是一个过程,签证才是结果。索赔是有程序的,只有程序正规化以后,最后形成的费用签证才能避免因恶意签证和过失签证而造成损失。

(10)有针对性地进行专业培训,加强现场管理人员的素质教育,建立完整的签证流转程序,加强工程签证审核,坚持实地验收,控制工程量。恶意签证涉嫌刑事犯罪,因此应对建设单位的职工进行有针对性的培训,除提高其业务能力之外,还应强化其遵纪守法的意识,尤其应告知根据《刑法》第一百六十三条的规定,公司、企业或者其他单位的工作人员,利用职务上的便利,索取他人财物或者非法收受他人财物,为他人谋取利益,数额较大的,处三年以下有期徒刑或者拘役,并处罚金;数额巨大或者有其他严重情节的,处 3 年以上 10 年以下有期徒刑,并处罚金;数额特别巨大或者有其他特别严重情节的,处 10 年以上有期徒刑或者无期徒刑,并处罚金。公司、企业或者其他单位的工作人员在经济往来中,利用职务上的便利,违反国家规定,收受各种名义的回扣、手续费,归个人所有的,依照前款的规定处罚。在北京,如果公司企业人员受贿,数额超过 1 万元的,企业举报后公安机关就有权介入侦查;受贿数额 10 万元以上属于数额巨大,处 5 年以上有期徒刑。与之相关的还有另外一个罪名,即职务侵占罪,《刑法》第二百七十一条第一款规定,公司、企业或者其他单位的工作人员,利用职务上的便利,将本单位财物非法占为己有,数额较大的,处 3 年以下有期徒刑或者拘役,并处罚金;数额巨大的,处 3 年以上 10 年以下有期徒刑,并处罚金;数额特别巨大的,处 10 年以上有期徒刑或者无期徒刑,并处罚金。

笔者曾在 2004 年为某项目提供法律顾问服务,笔者介入时该项目主体结构已封顶,是一个独栋别墅项目。经了解,该工程先后由两个承包人承包,开发企业的项目负责人乱签证,与施工单位恶意串通坑害开发企业,到主体结构完工时工程造价已经达到每建筑平方米 7000 元。如果开发企业在管理中不可避免会发生这种情况,或者开发企业无法控制其雇员,那么工程造价失控对开发企业来说是极为危险的。而且从诉讼的角度来讲,只要有形式上合法的签证,开发企业必须得按照签证进行结算并支付工程款,除非开发企业证明项目有权签证人员与施工单位恶意串通,存在商业贿赂行为,到公安机关报案,由公安机关侦查,否则是不能揭穿其幕后交易的。

(11)双方签订设计变更、洽商及现场签证的协议。

示例:关于设计变更、洽商及现场签证的协议(节选)

2.关于变更、洽商及签证办理的约定

2.1 乙方出具的变更、洽商及签证单,如果没有甲方授权的现场负责人签字并盖章,甲方将不予认可。

2.2 合同执行的过程中,甲、乙双方填制的变更、洽商及签证通知单都应使用本协议后附的标准表格,否则甲方可以不予计取相关费用,乙方可以不予接受。

3.关于变更、洽商及签证计价的约定

3.1 双方核对变更、洽商及签证的价款时,乙方负责事先就每份变更、洽商及签证通知单做一份完整预(结)算书,提交甲方;甲方不接受乙方以汇总方式编制的多项变更、洽商及签证事项的预(结)算书。

3.2 对于隐蔽工程的签证,必须在覆盖前完成验收手续、工程量的确认和报送,否则甲方可以不计价款。

3.3 变更、洽商及签证预算的计价原则:工程量计算按照合同约定执行。工程变更及签证中如出现与合同清单相同的项目时,按合同清单中的综合单价执行;如出现相似的项目时,则参照原投标报价单价,按甲方确定的主材价格调整主材单价,其他不变;工程变更及签证与合同清单无相同或相似的项目,人工工日、材料消耗量、机械消耗量按当地现行定额计算,人工单价按确定的投标报价中的人工单价执行,主材价格按照双方认可的市场价格执行,机械费、辅材费按当地现行定额中的标准,取费标准为:计取4%的管理费、利润及3.4%的税金。措施费不因设计变更及洽商签证增加而调整。

3.4 因设计变更或现场签证涉及可重复利用的材料时,应在拆除前与甲方谈定材料的可重复利用率,否则视为乙方100%回收利用。

3.5 合同结算时,乙方须将完整的变更签证资料装订成册作为结算书的一部分,变更签证资料应包括:①双方确认的造价审定单;②变更签证通知单、变更/工程洽商实施情况记录表;③申报的变更签证预算书;④原合同相同工作内容的综合单价;⑤套用定额编号的直接费计价表,其他直接费、间接费等的取费表;⑥综合调差系数和主材调差依据;⑦变更签证单原件及所有相关的往来函件以及其他需要说明的与造价有关的问题。

3.6 对甲方的变更、洽商及签证要求,乙方不得拒绝实施。

3.7 现场签证单统一使用甲方制定的变更、洽商及签证单格式并统一编号,此单由施工单位填写,甲方及监理审核除签名以外,还须注明详细的审核意见并加盖乙方、监理的公章,违反本要求的签证单无效。

(12)制定签证管理办法,作为施工合同的附件。

(13)加强签章管理,完善签证管理制度和流程。签章包括具有管理职能的职务人员签字、项目部印章和公章管理。职务人员签字管理要做到对工作人员入职时岗位职责清晰,岗位职责有书面的文件并由工作人员签字确认,入职时要有承诺书,工作人员承诺如因其签字给公司造成损失,要负赔偿责任。总承包合同中或补充协议中要约定发包方、承包方、设计方、监理方、分包方各方人员签章的权限,对各方签章人员的权限进行明确。项目部印章和公章管理要制定行政管理制度,对印章管理进行明确规定,包括使用、外带等作出明确规定,从公章启用到结束,配备完备的工具表格和附有日期的完备审批文件。

（14）加强现场签证技术管理。签证的技术管理包括限额优化设计、工程延误和隐蔽工程环节。①限额优化设计环节。技术联系单是施工图设计或施工组织设计的补充,因其有时涉及的价格数额较大,故绝对不可忽视。对一些重大的设计或施工设计的修改要限额优化,应首先征求业主单位的同意,必要时组织论证,寻求通过完善设计,并从施工、材料、设备、管理等多方挖潜以节约工程费用。②工程延误环节。对在工程实施过程中主要分部分项工程的实际施工进度,工程主要材料、设备进退场时间及业主原因造成的延期开工、暂停开工造成工期延误的签证,在建设工程结算中,同一工程在不同时期完成的工作量,其材料价格也不同,工程量的增加是否对工期产生顺延要明确,以免在结算时发生"扯皮"现象。③隐蔽工程环节。在实施施工组织设计和施工方案投资控制过程中,尤其要把握好隐蔽工程量签认。隐蔽工程签证是指施工完成以后即将被覆盖的工程部分签证,此类签证资料一旦缺少将难以完成结算,因此,应特别注意做好以下几方面记录:一是基础换土、回填,对深度、宽度要有明确记录;二是桩入土深度及有关出槽量记录;三是基坑开挖验槽记录,只有对隐蔽工程详细记录,才能保证隐蔽工程签证及时和真实。

（15）严格控制签证范围和内容。对已完成工程计量、支付款复核,要进行投资计划与实际值比较、造价控制分析和预测,排除投资风险,力求使工程实际投资不超过计划投资。①延误赔偿和索赔处理相关签证。按索赔程序原则审核索赔的成立条件,分清责任,认可合理索赔,监理签证和业主审定。②材料单价的签证是影响工程造价的重要因素之一,在办理材料单价签证时,应注意弄清哪些材料需要办理签证以及如何办理;对于所签证的材料单价是否包括采购保管费、运输费的应注明,避免结算时重复计算。对于需要办签证的材料单价,最好双方一起进行市场调查,如实查明材料名称、规格、厂家、单价、时间等。

（16）严格按照合同办理现场签证。①按合同条款支付时,要防止过早过量签证;对合同变更补充协议签证要严谨,工程技术单签证要依合同相关条款来衡量,相互制约,预防无限扩大。②遇有设计变更或施工图纸有错误,而承包商已经开工、下料或购料时,此类签证只需签变更项目或修正项目,原图纸不变的,不要重复签证;已下料或购料的,要签写清楚材料名称、半成品或成品、规格、型号、数量、变更日期、运输情况、到场情况、有无回收或代用情况等。③停工损失。包括由非承包商责任造成的停工、停水或停电超过规定的时间范围;造成的窝工、材料租赁、机械租赁等停工的损失;对于由业主资金不到位,致使长时间停工造成的损失,双方应在合同规定的时间内以书面形式签证停工的起始日期,现场实际停工工日数与工日单价,现场停工机械的型号、数量、规格、单价等,租赁内容、数量、单价等,并列出明细表;对于间接费定额已明确规定的,不再另行签证;对于定额没有规定的,如何界定和补偿,应根据不同工程的实际情况或参考相同类定额和有关规定进行补偿。

（17）上述方法都失效的补救办法。这时,还有一个补救办法,就是对工程进行造价鉴定,但对于当事人约定按照固定价结算工程价款或者起诉前已经结算完价款的合同一般是不予进行鉴定的。基于此规定应在合同中约定,如果开发企业认为签证经结算后超过工程总承包价格20%,双方均应同意由鉴定部门重新鉴定,原价格不再作为双方结算依据,应以鉴定价格为准,双方的结算以鉴定价格下浮10%作为结算的依据。这样的补救机会,可以使开发企业不至于损失惨重。

（18）将签证管理与企业的合规管理、业务流程管控相结合，将管控措施嵌入业务流程的关键节点，实现合规管理、经营管理与法律风险管理的全面融合。

4. 变更洽商及签证管理风险防范的建议

（1）甲方或监理要熟知合同对变更洽商的约定，有效控制工程变更价。

（2）对工程量的核实需要建设单位两个以上的部门和监理公司共同核实办理。

（3）对施工单位有意增加工程造价的做法，要在合同中进行严格限制。

（4）对增减账的办理要十分清楚，使其具有可复查性。

（5）制定完善的变更洽商管理制度及流程。

（6）加强签章管理。

（7）完善签证管理制度和流程。

（8）加强现场签证技术管理。

（9）严格控制签证范围和内容。

（10）严格按照合同办理现场签证。

（八）严格控制工程费用

降低工程费用意味着增加开发企业的利润，因此开发企业必须在工程费用的控制上高度重视并进行有效管理。房地产开发项目工程费用控制的主要方法是根据工程进度编制费用计划。费用计划可分为五种，即材料设备费用计划、施工机械费用计划、人工费费用计划、临时工程费用计划和管理费用计划。开发企业根据上述成本计划，在工程实施中严格按照费用计划实施，对于计划外的一切支出应严格控制。如果某一方面突破费用计划，应及时警示并采取措施控制该项费用。

另外，开发企业可利用监理机构控制工程费用。监理机构可通过施工合同中约定的义务，对工程付款及新增工程费进行控制，预防并处理好费用索赔，使实际发生的费用不超过投资计划。监理工程师可做以下工作：制订资金使用计划，严格按照计划付款，严格控制工程变更，力求减少变更费用；预防费用索赔措施，及时处理费用索赔并协助开发企业进行反索赔；做好工程计量工作；审核施工单位提交的工程结算书。

三、烂尾工程量及造价的确定

有些工程因无法解决的原因长期停工，导致最终烂尾。烂尾楼工程量及造价的确定比较复杂，如果处理不当，会对开发企业造成损失，如多计算工程量导致多付款等。对于工程量来说，烂尾工程已完成的工程量通过工程量鉴定可以确定，但合同约定的某些计价方式可能导致无法确定工程造价。比如很多工程的合同价款是固定总价，一次性包死，如果按照定额计算的工程总量肯定与一次性包死的价格不一致，而烂尾工程没有做完，这之间的差距应如何计算？按工程量的比例计算是否合理？如果双方按照约定对工程造价进行审价，进行司法鉴定可能也有争议。发生上述争议，一次性包死的价格低于定额计算的造价，而工程没有做完，鉴定工程量应按照定额计算还是按照比较计算？实践当中可以在合同中约定这样处理：如果烂尾，对工程量及造价有争议的，可委托鉴定机构鉴定以定额为依据，但需在定额的基础上下浮动10%。现在各地在审理类似案件中，对于烂尾工程合格的部分，如果双方对已完成工程价款达不成一致意见，即使双方约定了固定总价的计价方式，仍然可以通过司法鉴定解决已完成工程量的问题。

一次性包死价与委托鉴定价格之中肯定存在利润空间或亏损空间的问题，通常是利润空间居多。比如,承包人包死价为 200 万元,烂尾楼工程(假设承包人实际完成工程量为 150 万元),而后续工程量只需 30 万元,那么其中的 20 万元即为合同得以继续履行情况下的承包人的利润。又比如,同样是承包人包死价为 200 万元,承包人已实际完成工程量为 150 万元,未完成工程量为 70 万元,那么该工程就要产生 20 万元的亏损。

第六节　建设工程承包合同履行的风险及防范

一、工程款纠纷的风险防范

(一)造成工程款纠纷的原因

造成工程款纠纷的原因主要有两大类,一类是发包方故意拖欠工程款或无力支付工程款,另一类是双方在履行合同中存在纠纷,比如,因承包人未取得建筑施工单位资质或者超越资质等级的、没有资质的实际施工人借用有资质的建筑施工单位的名义引发的建设工程施工合同无效纠纷;因建材或设备质量引起的纠纷或因建筑质量引起的纠纷;因工期引起的纠纷等。还有些建设工程合同,当事人对建设工程的计价标准或计价方法不作约定或约定不明确,也会给工程价款的结算带来麻烦。产生工程款纠纷的原因有很多,常见的有:①承包商之间因激烈竞争,导致互相压价,低价中标;②发包方管理混乱导致工程造价失控;③发包方或承包方法律意识薄弱,签订的合同存在缺陷。

示例:甲乙双方签订了《工程施工合同》,合同摘录如下:
第 3 条　工程承包范围为一次性包干。
第 4 条　工程价款
4.1　工程合同造价为 3000 万元。
4.2　工程付款按规定办理。
4.3　合同价款调整方法为施工过程中发生的变更、增减项目要经甲乙双方签证,以及材料调价和收费标准的调整、人力不可抗拒的灾害等,可以对本合同工程价款随时进行调整,并按调整后的价款收取进度款。
第 5 条　工程结算　双方应在竣工验收后 15 日内办完全部结算手续。
第 6 条　付款方式
6.1　合同签订后,预付工程造价的 50%。
6.2　结构完成后,预付工程造价的 30%。
6.3　工程完工后,经甲方验收后一次性付清。

合同签订后在履约过程中,施工单位按时进场施工,并按时竣工。在此期间,甲方按照合同约定及时支付了工程进度款 3000 万元。但是,施工单位却未按照约定办理竣工结算。施工单位认为是总价包干,不需要结算。而甲方经咨询,单方委托审价单位进行工程结算造价鉴定,结果为 1800 万元,认为施工单位多收了 1200 万元。双方遂产生纠纷。

对于建设单位来说,上述约定存在诸多会给建设单位带来不利后果的问题,主要有以下三个。

(1) 合同价款的确定存在两种不同的方式。第 3 条的约定应为总价包干、一次性包死的合同,4.1 条款也约定固定价格 3000 万元,而 4.3 条款却约定价款调整。根据此约定,增减项可以调整工程价款,而且材料调价和收费标准均可调整,这就意味着这不是一个总价包干合同,甚至不属于单价合同,这个约定是矛盾的。实际上在一个合同中存在两个约定,一个是固定总价,一个是可调价格。这种约定存在的原因可能是建设单位本意是合同价格一次性包死,是固定总价的合同,但对于施工过程当中发生超出合同约定范围的工程量增减项还是要计算的,总价虽然固定了,但是单项还是要增减。如果是这样,约定就会产生歧义,变成了可调价格合同。如果建设单位的意思是固定价格包死,那么超出合同约定的部分另行结算,需要明确两个问题:一是明确固定价对应的工程量及范围,二是将总价对应的每一分部工程造价在合同附件中明确,否则,上述约定就是可调价格的合同。

(2) 承包范围与合同价款确定方式混为一谈。第 3 条应改为"工程承包范围为工程图纸里面涉及的内容"或者"工程价款的确定方式为总价包死方式"。

(3) 工程付款约定了两种完全不同的付款方式。

(二) 工程款纠纷风险的防范

(1) 选择有实力的施工单位,避免挂靠、层层转包、违法分包。选择施工单位是非常重要的事情,施工单位的资信、专业能力对建设单位的权利保障是至关重要的,故必须对施工单位的情况进行全面了解,主要包括施工单位的所有制性质、股东构成、企业信誉、项目经验、施工管理能力等。

(2) 重视施工合同。合同是发包方主张权利最重要的凭证,合同约定的内容对发包人来讲十分关键。有的发包方认为使用格式合同就可以了,其实格式合同远远解决不了施工中可能存在的各种风险与问题。

(3) 无力支付工程款的解决方案。对无力支付工程款的发包人,双方可协商将建成的房屋抵债或把工程项目折成工程款后,通过项目转让的方式由承包人开发,或者发包人引入投资者,由投资者与债权人达成协议。根据《审理建设工程施工合同案件解释(一)》第三十六条的规定,法院在审理房地产纠纷案件和办理执行案件中,承包人根据《民法典》第八百零七条规定享有的建设工程价款优先受偿权优于抵押权和其他债权,因此法院应当认定建筑工程的承包人的优先受偿权优于抵押权和其他债权。因此发包人应尽力避免项目被折价、拍卖或优先受偿。

(4) 充分利用合同约定的竣工结算规定在合理时间内付款。工程竣工结算分为单位工程竣工结算、单项工程竣工结算和建设项目竣工总结算。在项目竣工后,承包方会编制项目结算报告,交给发包方。在实践中,发包方对承包方提交的项目决算报告有几种处理方式:一是收到决算书后因没有资金而采取拖延的方式不予任何答复;二是收到决算书后进行审核,指出承包方提出的竣工决算的问题,进行核减;三是通过非授权职员收取决算报告,事后发生争议不予认可收到决算报告。上述做法可能会产生不同的结果,对格式合同约定的内容进行修改,才能得到对开发企业有利的结果,比如,在建设工程施工合同示范文本中,对于结算的问题约定承包人提出决算报告交给发包人之后,对发包人来说存在一个期限,即发包方收到承包方决算报告后必须在 10 天内提出意见,逾期无答复视为同意。如果存在这样的条款,那么对发包方来说就非常不利,如果发包方不予回应,则应按决算书的数额支付工程款。如果没有"逾期无答复视为同意"的内容,则对发包方不产生法律约束力。另外,对于《建设工程价款结算暂行办法》中规定的审查时间应在合同中予以排除。另外可约定,单项工程竣工后,承包人应在提交竣工验收报告的同时,向发包人递交竣工结算报告及完整的结算资料,如果不提交完整的资料,则不计算审查的时间。

(5)质量保证金纠纷的处理。按照《建设工程质量管理条例》的规定,建设工程竣工移交后,承包人有保修的义务,保修期限根据不同的部位从几个月到2年直至某些部位永久保修。为了保证承包方履行保修义务,发包方一般在合同中约定竣工后支付97%的工程款,余下3%的工程款作为质保金在1年或2年保修期满后再支付。如果2年之内承包方完成了保修义务,质量保证金应该退还。有些质量问题比较多的项目,质量保证金可能不够,或者超过2年后仍有小业主索赔,造成发包方的损失,针对此风险,可采取下列应对措施。

一是承包方不履行维修义务,应收集自行维修或委托他人维修的证据,扣留其保证金,同时在合同中约定质量保证金的处理方式,如果由第三人维修,3%的质保金不退。二是如果预测质量保修不超过3%,可自行维修,与施工单位协商,给施工方返还一部分,比如,返还1%或2%,其余退回,维修由建设单位自行承担。

案例:2004年,黑龙江省哈尔滨市的B公司将某金融商贸区总建筑面积约26.7万平方米的工程项目发包给北京市的C公司。2004年8月13日,B公司与C公司签订《某商贸区工程施工进场协议书》。2005年4月28日,B、C双方签订了《某金融商贸区A区1、2、3号楼工程施工合同书》和《某金融商贸区B区5、6号楼工程施工合同书》,约定B公司将该工程发包给C公司。B公司与C公司在施工合同中主要约定如下。①承包方式是包工包料,结算方式及合同价款按照建筑面积每平方米造价包干,调找材料价差、设计变更、工程承包范围外现场签证另外计算的方法确定结算方式,合同价款最终以结算为准。②付款方式为乙方对其承包范围内的工程施工至地下室顶板完成通过验收后按实际完成工程造价50%付款;地下室顶板以上主体结构工程款按每月完成的形象进度70%付进度款;乙方承包范围内工程全部完成并验收合格后,付地下室顶板以下工程总造价的50%,余款扣除税金、劳保统筹、5%的质量保证金,并且在完整的竣工备案资料交到甲方后支付;5%的质量保证金在工程竣工1年后若无质量问题即可付清。进度款拨付日期,每月23日乙方按完成的形象进度向甲方提供进度结算书,在7个工作日内甲方审定工程量,在确认结果后7个工作日内,甲方向乙方支付工程进度款。2005年5月26日,B公司与C公司签订《某金融商贸区A区1、2、3号楼,B区5、6号楼工程补充合同(一)》,将付款方式进行调整,将地下室顶板以上主体工程每月按实际完成的形象进度的70%拨付工程款。③质量问题。因乙方原因达不到约定标准,乙方除承担全部的经济责任外,甲方有权对乙方按有关规定进行质量处罚,如果性质严重时,有权责令乙方退场。④工期的约定。双方约定本工程于2005年5月1日开工,2005年完成主体封顶,2006年10月31日工程整体竣工验收,合同工期总日历天数549天。若乙方不能按本合同条款约定的工期竣工,因乙方原因,每拖延一天,乙方向甲方支付乙方承包范围内工程总造价的3‰的违约金,实际工期以建设单位及监理确认签字为准。由乙方责任造成的工期延误,工期不顺延。由甲方责任造成的工期延误,经甲方确认,工期相应顺延。合同签订后,C公司正式开始施工,但B公司未及时支付工程款,C公司以此为由停止了施工。2005年10月12日,B公司与C公司签订《补充协议书》,双方预估截至2005年10月1日已完成产值约6500万元,甲方应给付乙方工程款3500万元。双方约定2005年10月30日前甲方应付乙方工程款500万元,2005年11月30日前甲方应付乙方工程款500万元,2005年12月30日前甲方应付乙方工程款1000万元,剩余欠款在2006年3月15日前还清。如能在上述时间付款,则乙方不计取甲方欠款利息。如果甲方不能按上述时间付款,则乙方按年息15%向甲方计取利息。如果甲方在2006年3月15日前不能付清欠款,则乙方今后将拒绝与甲方合作,在甲方付清全部工程款后撤出现场,并由甲方承担一切损失。但B公司并未按照这份补充协议支付工程款,而是于2005年11月16日支付300万元,2006年7月1日支付300万元,2007年9月30日支付1000万元,2007年10月30日支付1000万元,2007年12月27日支付150万元,2008年1月31日支付130万元,目前整个工程加上已付的50万元定金共支付了2930万元。按照补充协议书先支付3500万元的约定尚欠570万元,按照双方预估的产值6500万元计算尚欠3570万元。2007年9月29日,B公司与C公司签订《某金融商贸区A区1、2、3号楼复工协议书》,约定在给付部分款项后复工。C公司保证必须在2007年10月1日前全面恢复A区1、2、3号楼施工并确保恢复施工部分的结构形象进度达到每月完成5层以上,且1、2号楼本年度内结构封顶,3号楼力争封顶,如果乙方不能完成上述进度则需赔偿由此给甲方造成的损失;复工后的进度款支付根据双方合同及补充协议执行。停工期间的损失和欠款利息被搁置,停工前的已完工程量参照监理和业主签订的工程量计价单,整个工程造价和结算按原合同办理,竣工后双方正式办理整个工程的结算。

2007年10月5日复工后,C公司承建的1、2号楼使用的一批ϕ22螺纹钢屈服强度、抗拉强度均不符合标准,监理公司于2007年11月24日下达了工程暂停令。B公司对C公司进行了处罚,但如何处理工程质量问题双方未达成一致,监理公司也未签发重新开工令,但随后C公司停止施工,至2008年4月,C公司以B公司拖欠工程款为由仍未复工,而按照双方合同的约定B公司的确没有按时以约定的额度给付C公司工程款。2007年7月31日,B公司与C公司就复工前的工程进行了初步结算,总金额约为5680万元。2007年10月1日复工之后C公司报送900万元左右的形象进度款,经B公司审核约为800万元,但复工之后的形象进度款双方未达成一致。

2008年5月27日,C公司向B公司发函,要求6月5日前确认技措费、停工损失费和欠款利息数额,并对欠款数额进行明确答复,付款数额必须保证能够偿还C公司在此项工程上的个人借款、银行贷款和外欠款。如能满足上述要求可以继续合作,但需重新签订施工合同,否则从6月6日起将拆除所有施工设备,提起诉讼。2008年7月24日、8月11日B公司与C公司进行了谈判,B公司要求进行现场施工部位的界定、办理工程质量的鉴定、工程资料的移交,1个月内确定工程结算金额,6个月内付清工程款,但C公司要求工程款全部付清后移交资料和撤场,双方未达成一致意见,C公司实际控制施工现场。C公司要求除已经支付的工程款2930万元外,再给付工程款、利息、技措费、停工损失费,总计约8402万元。

(6)充分利用《民法典》和《审理建设工程施工合同案件解释(一)》关于优先受偿权的规定。《民法典》第八百零七条规定,发包人未按照约定支付价款的,承包人可以催告发包人在合理期限内支付价款。发包人逾期不支付的,除按照建设工程的性质不宜折价、拍卖的以外,承包人可以与发包人协议将该工程折价,也可以申请人民法院将该工程依法拍卖。建设工程的价款就该工程折价或者拍卖的价款优先受偿。但承包人实现优先受偿权需要通过催告程序及协议折价或申请拍卖程序实现。催告程序是承包人行使建设工程价款优先受偿权的首要程序,也是必要程序。参考《民法典》第四百五十三条关于留置权人给债务人履行债务的期限的规定,2个月应是一个相对合理的期限,延迟2个月不会对承包人产生实质性不利影响,也不会影响承包人行使其优先权,发包人支付该建设工程价款也需要必要的准备时间。协议折价或申请拍卖程序是承包人通过催告程序后,发包人仍不支付价款的,除按照建设工程的性质不宜折价、拍卖的以外,承包人可以与发包人协议将该工程折价,也可以直接申请人民法院将该工程依法拍卖,就该工程折价或者拍卖的价款优先受偿。

《民法典》第八百零七条对优先受偿权作了明确规定,据此规定,承包人的优先受偿权因其法定性而不经登记即能发生物权效力;而购房人的商品房交付请求权依法则应在登记后才能发生物权效力,未经登记不能对抗承包人的优先受偿权和经过登记的抵押权。

依据《审理建设工程施工合同案件解释(一)》第四十一条的规定,承包人应当在合理期限内行使建设工程价款优先受偿权,但最长不得超过 18 个月,自发包人应当给付建设工程价款之日起算。

承包人建设工程价款优先受偿的范围依照国务院有关行政主管部门关于建设工程价款范围的规定确定。建设工程价款优先受偿的范围不包括逾期支付建设工程价款的利息、违约金、损害赔偿金等。

在签订施工总承包合同中发包方一定要总承包方放弃或者限制建设工程价款优先受偿权,在不损害建筑工人利益的前提下,承包方的优先受偿权不成立,就变成了普通的债权。如果放弃或限制建设工程价款优先受偿权的约定损害了建筑工人利益,发包人根据该约定主张承包人不享有建设工程价款优先受偿权的,人民法院不予支持。

二、工期控制与工期违约的风险及防范

(一)工期延误的风险防范

开发企业所选定的承包人是否能按时完成工程,并且保质保量,对开发企业的物业销售起着十分重要的作用。但事实是,有些工程不能按期完成,有的拖延几个月,甚至几年。工程不能按期完成,是开发企业在开发中承担的一个重要风险,造成这种风险的原因多种多样,有来自开发企业自身的问题,如资金、设计图纸的改变、合作伙伴的更换、利益分配产生分歧等,或者是来自承包商方面的原因,如承包商实力、经验、工程技术问题、转包问题等。除此之外,还有许多难以预料的问题也会成为工程施工方面的风险。工期延误可归结为三大类别,一是发包人原因,二是承包人原因,三是其他原因。

防范工期风险的难度较大,以笔者的经验,风险防范工作在选定施工单位、监理单位时就应该开始。比如,选择技术过硬的工程监理公司、选择实力强的承包人和装修公司。在建筑材料的选择与购买方面要认真、谨慎,最重要的就是保证合作伙伴之间的关系和资金来源的渠道。

发达国家几乎所有房地产项目和其他工程项目初期都要请法律专家和律师介入,制作大量法律文件、合同以确定复杂的法律关系,明确各方的权利义务,各类条款极为细致。只有将法治观念引入工程施工阶段,使所有工程项目的各方具有严格履约的法律意识,工程按期完成才会得到法律保障。

从工程管理的角度来看,要防范工期的风险必须对工程进度与工期进行控制。工程进度控制包括:对项目建设总周期目标进行具体的论证与分析,编制项目的进度计划,编制其他配套进度计划;监督建设项目进度计划的执行,施工现场的调研与分析。

(1)工程进度计划的编制。在工程实施之前应严格编制进度计划。首先,应将全部工程内容分解和归纳为工程单项或工序;其次,统计计算每项工程内容的工作量,计算每个单项工程工作量所需时间;再次,按正常施工的各个单项工程内容的逻辑顺序和制约关系,排列施工先后次序;最后,根据上述内容,绘制一份保证竣工日期的工程进度计划。

（2）进度管理及计划调整。进度计划管理通常采用横道图和网络图法。

（3）其他配套进度计划。除工程进度计划外，还有材料供应计划、设备周转计划、临时工程计划等其他与之相关的进度计划，这些进度计划的实施情况影响着整个工程的进度。

（4）进度控制中应重点关注材料设备供应情况、设计变更对进度的影响、劳动力的安排对进度的影响和气候条件四个因素。

（5）利用监理单位的专业优势进行工程进度与工期的控制。监理单位可完善项目控制进度计划并进行施工阶段的进度控制；监理单位可审查施工单位的施工进度计划，确认其可行性并满足项目控制性进度计划要求；监理单位可制订开发企业材料和设备供应进度计划并进行控制，审查施工单位的进度控制报告，督促施工单位做好进度控制；监理单位可对人力、材料、机具、设备等的投入进行控制；监理单位可及时协调有关各方关系，保障工程顺利进行。

（6）工期延误的法律后果以及开发企业的应对措施。如果因发包人原因导致工期延误，那么法律后果是发包人赔偿承包人窝工、停工、倒运、机械设备调迁、材料和构件积压等损失和实际费用，合同有违约金条款的，承担违约金责任，甚至会导致承包人解除合同，向发包人索赔的法律后果。如果是承包人原因导致工期延误的，法律后果是承包人可能会承担延期交付的违约责任，包括发包人解除承包合同，赔偿发包人损失，按照合同约定承担违约金等法律责任。其他原因导致工期延误的，包括设计方或其他方引起的，则鉴定或设计变更导致工期延误一般可相应顺延工期，双方互不负担赔偿责任；因不可抗力导致工期延误的，承包人和施工人一般互不负担赔偿责任；第三人导致工期延误的，一般应由承包方先向发包方承担违约责任，然后承包方向第三方追偿。

（7）工期延误索赔处理原则。如果工期延误是由于承包人施工组织不力，施工效率低下、设备材料供应不及时等原因造成的，那么发包人将不延长工期，不向承包人补偿经济损失，承包人应向发包人支付误期损失赔偿费，承包人无权索赔。如果工期延误是因为发包人修改设计，施工条件变化或发包人自身原因造成工期延误，发包人可给予承包人工期延长，补偿经济损失，承包人可依据工期加经济补偿申请索赔。如果因不可抗力等原因导致工期延误，发包人可给予承包人工期延长，但无须给予经济补偿。

（二）工期延误导致的工程款纠纷

工期延误的工程款纠纷产生的原因比较复杂，有些是发包方原因，比如，未能提供合格的施工进场条件、未办理合法的开工手续、设计变更、未按工程进度支付进度款、甲供设备材料不能及时供应造成停工、发包方与分包方履行合同存在纠纷，或者分包方不配合导致承包方无法进行下一道工序等。因承包方原因导致工期延误的情形也比较多，如不具备管理能力、层层转包、擅自停工、工程质量不合格导致返工、专业分包或劳务分包不配合导致工期延误，承包方擅自停工等，尤其是在烂尾楼工程纠纷中，几乎绝大部分工程都存在工期延误的情况，而在每一个烂尾楼工程纠纷案件中，发包人都不应放弃追究承包人因工期延误而产生的违约责任的机会。开发企业要求承包商承担工期延误的责任时，承包商都会以发包方的原因导致的工程延误自己不承担责任来抗辩，但工期延误的举证责任在承包方。

（1）工期顺延的举证问题。施工单位主张工期顺延须具备三个事实：①具有导致工期延误的事项的证据；②举证证明实际延误的天数；③导致工期延误的事项与天数之间具有因果关系。不能证明这三个事实，发包方就不予顺延工期。

（2）工程延期的索赔。开发企业应对承包商起诉延期支付工程款的最好方法，就是反诉工程延期竣工的赔偿。有可能在反诉工期延误赔偿时,已超过诉讼时效,对此,开发企业可考虑约定延期竣工赔偿的诉讼时效与延期付款的时效一致,如以接到起诉书为准等。

案例:2007年1月31日,HY房地产公司与XF钢结构公司签订了《建设工程施工合同》,约定XF钢结构公司承包HY房地产公司发包的4#厂房钢结构工程,合同第一部分第3条约定的开工日期是2007年2月1日,竣工日期是2007年4月20日,总工期日历天数是50天。在合同第三部分专用条款第24条工程款预付条款中约定,发包人向承包人预付工程款的时间和金额或占合同价款总额的比例:合同签订后,发包人支付工程总价的30%。第26条工程款(进度款)支付中约定:双方约定的工程款(进度款)支付的方式和时间:钢结构主构件进场施工后付工程总价的30%;彩钢板材料进场安装后付工程总价的20%;竣工验收合格后付工程总价的15%;留5%作为质保金,12个月内付清。在合同第三部分专用条款第11条第4款中约定:为保证工程进度和质量,经友好协商,双方同意若发包人延期支付工程款,按每天1000元处罚;若承包人不按工程进度进行施工,发包人可根据承包人延期的时间推迟支付工程款,并按每天1000元处罚。签订合同后,HY房地产公司按照合同约定于2007年2月2日即付给XF钢结构公司预付款400000元。但XF钢结构公司因为没有组织好施工人员,无法按时入场进行施工,XF钢结构公司延迟至2007年4月23日才提交开工报告,4月25日提交工程开工报审表,但仍然没有组织施工用的大型机械设备,首道工序的分项施工方案、施工测量工作也没有做,因此监理公司未在工程开工报审表上签字。在HY房地产公司的多次催促下,XF钢结构公司于2007年4月28日才开始派来三人,4月29日在施工现场开始测量、抄水平,5月8日XF钢结构公司将第一批钢结构运到施工现场,才开始用吊车进行钢结构吊装,开始正式施工,比合同约定的工期延迟开工96天。但在施工过程中,XF钢结构公司施工管理组织混乱,施工进程缓慢,人员分配不到位,遇农忙时则无人施工,安装人员及技术人员严重不足,导致工程经常停工、工期延误及工程质量问题不断。XF钢结构公司从5月8日正式开工起,到6月18日钢结构安装才基本到位。2007年6月4日,在XF钢结构公司还没有按照合同约定将钢结构安装到位后,HY房地产公司向XF钢结构公司支付了第二笔工程款460000元。因XF钢结构公司一再延期,为证实其施工能力,XF钢结构公司的项目负责人于2007年6月4日向HY房地产公司出具承诺书,承诺6月20日完成屋面板安装、墙面板安装,6月22日结束整体工程量,否则按每天2000元计算违约金。但XF钢结构公司没有履行此承诺,到9月22日屋面板才基本安装完毕,至此,整体工程量才基本完成。在2007年6月28日,HY房地产公司提前向XF钢结构公司付第三笔工程款273600元。至此,HY房地产公司已按合同约定支付了全部工程款80%的,完全按照合同约定履行了自己的付款义务。但工程仍然延误,且存在质量问题,2008年3月15日至20日仍在整改且部分工程未完工,无法通过验收。在整改也无法达到工程质量合格的情况下,XF钢结构公司索性单方撤场,整个工期历时312个日历天数,除去合同约定的工期50天,被拆迁人在施工后共延误工期262天,加上延期开工的96天,XF钢结构公司总共延误工期358天。时隔一年之后,XF钢结构公司起诉HY房地产公司,要求支付15%的工程款393000元及延期支付工程款的违约金400000元,HY房地产公司接到诉状后遂提起反诉,要求支付逾期竣工的违约金480000元并要求继续履行合同,对未施工完毕部分继续施工。一审法院判决HY房地产公司支付XF钢结构公司工程款78000元,继续履行未做的工程项目,驳回了双方其他的诉讼请求。

为防范产生工程款纠纷,开发企业应加强工期签证管理,因为工期签证是承包人主张权利的最有效的证据。根据有关举证责任分配的规定,发包人如果提起工期延误赔偿诉讼,需要提供三个主要的证据:第一个是双方签订的施工合同,第二个是承包人实际的开工日期,第三个则是四方盖章的联合验收单,载有竣工验收的日期。实际施工的日期超过了合同约定工期,在没有其他情况时,承包人就构成违约。承包人若想减轻责任,则必须提供延误工期自己没有责任的证据,比如基于发包方的原因,或发包方认可工期顺延,也就是工期签证,承包人才能证明自己并没有延误工期。如果承包人没有工期签证,则需要提供大量证据证明自己对工期延误没有责任,包括:双方约定的可以顺延工期的合同条款;实际发生的可以顺延工期的事实证据,如技术核定单、设计变更通知单、发包人和监理指令、双方函件、会议纪要;工期顺延计算依据等。以上这些证据如果是承包人单方制作,未得到发包人的认可,也不具备证据的效力,一旦发生诉讼,采纳的可能性不大。因此发包人在合同的履行过程中,应慎重进行工期签证。

(3)建设工程工期违约索赔证据的收集与固定。工期违约金索赔是指施工单位逾期竣工,建设单位要求施工单位支付逾期竣工违约金,这是反索赔的一种。另外还有质量违约金索赔及其他质量索赔、对外承担损害赔偿责任后的追偿权索赔。工期违约索赔从下列六个方面进行:①收集工期违约发生的证据;②工期违约的索赔是否符合索赔程序的约定;③工期违约索赔是否存在可顺延工期的情况;④顺延工期是否有证据;⑤工期违约索赔的计算标准;⑥工期违约索赔的时效是否已超过3年,如超过3年,是否存在时效中断的情形。

注意,开发企业要防止履行合同过程中放弃工期违约金反索赔的行为发生。比如,可以在会议纪要中约定同意竣工日期调整为某年某月某日,这样,建设单位再主张施工单位逾期竣工,那么施工单位就会拿出会议纪要,说建设单位已经同意调整竣工日期,如果施工单位在调整后的日期前完工,就不能再追究逾期竣工了。事实上这种情况大量存在,导致法院认定双方同意调整了竣工日期,对竣工日期进行了变更,但当时建设单位的本意并非想放弃工期违约索赔。

另外,要重视工期违约索赔的程序。如果合同中约定了不按程序索赔视为放弃的条款,工期索赔也不能成功。

(4)通过施工合同的约定来防范工期违约。施工合同的补充协议可作以下约定。

①承包人逾期交付工程的,承包人应以工程总价款为基数,按日向发包人支付5‰的违约金。承包人还应同时赔偿因其逾期交付工程给发包人造成的损失,这些损失包括:A.承包人逾期交付期间市场价格发生变化给发包人带来的损失;B.因承包人逾期交付工程使发包人无法履行其预售、销售商品房合同的损失;C.因承包人逾期交付工程使发包人对其他人承担的违约责任;D.其他因承包人逾期交付工程给发包人造成的其他损失。

②承包人逾期交付工程达30日,影响发包人订立合同目的的实现,承包人应依本协议向发包人承担违约责任,发包人有权解除合同,另行选聘承包人。双方应按协议中约定的合同解除的规定解决争议。

③施工期间,如果发生非因发包人严重违约或不可抗力因素,承包人停工达10日且拒绝复工的,发包人有权解除合同,承包人无权要求发包人支付任何款项,且应在收到发包人书面解除通知后7日内将全部人员及设备撤离施工现场,将所有工程资料交还发包人。

④因开工和进度计划引起的法律风险和防范。实践中,承包人不按期开工问题比较普遍,或者象征性开工,然后再停工。可在施工合同中约定,承包人提出开工或工期顺延时,甲方必须在48小时之内予以答复,否则视为同意,工期顺延。如果甲方没有相应的记录,那么将来延期竣工甲方将无法索赔。遇到这种情况,甲方发现进度与计划不符要区分原因,对于承包方的原因,承

包人无权就改进措施提出追加合同价格的要求,也无权要求顺延工期。

⑤因暂停施工和工期延误造成的法律风险防范。如果工期拖延,导致发包方错过最佳销售时机,则承包人应承担延期交房的违约责任。另外,在施工合同补充协议中应约定工期延长会增加投入资金利息支出,增加管理成本,此成本应由承包方承担,并约定一定比率的费率。

(5)建设工程施工合同无效情况下工期延误的处理。建设工程施工合同无效,工期延误的违约金也将得不到支持,如想获得相应赔偿,必须有因工期延误造成实际损失的证据。这些证据包括:分包方索赔依据、业主索赔依据、因窝工而抢工时的支出依据等。无效合同延期竣工的追究比较困难,但也有解决办法,除准备相应的实际损失证据外,施工合同要约定延期造成的业主索赔、分包方索赔等承包方要承担赔偿责任的内容。

案例:发包人与承包人签订施工总承包合同,约定工期每延误1天,承包人支付延期违约金1万元,但该工程属于必须招标的项目而未招标,总承包合同也没有备案。该工程延期10个月竣工,发包方向承包方提出延期索赔,承包方以合同无效为由抗辩,法院不予支持300万元的违约金。因迟延交房,开发企业已经赔付给业主500万元,这部分属于实际损失,法院支持了延期交房给业主赔付的这部分损失。

发包人因承包人延误工期提出索赔,应准备因为承包人延误工期而给发包人造成的损失的证据,例如因承包人延误工期,分包单位提出索赔的证据,业主索赔的证据,因为延误工期抢工费用的证据,因为延误工期的管理费证据等。

三、工程质量的风险及防范

建设工程质量关系公共安全,为确保建设工程质量,《民法典》《建筑法》《建设工程质量管理条例》等都作出了许多具体规定。建设工程质量也直接关系工程价款的支付和修复费用的承担。工程质量存在问题对建设单位的利益影响较大,有时甚至会导致其破产。就开发企业开发建设房屋出售这一行为而言,开发企业与购房人之间存在房屋买卖的民事法律关系。根据2001年6月1日起施行的《商品房销售管理办法》规定,商品房交付使用后,主体结构质量不合格的,买受人有权退房。2020年修正的《最高人民法院关于审理商品房买卖合同纠纷案件适用法律若干问题的解释》除规定主体结构质量不合格可以退房外,还规定因房屋质量问题严重影响正常居住使用,买受人请求解除合同和赔偿损失的,应予支持。另外,上述司法解释对于不退房时质量问题的处理也作出了更为具体的规定。从合同的角度来看,建设工程项目存在质量问题首先由建设单位,而不是施工单位来负责。施工单位承建的建设工程有质量缺陷,购房人不会直接面对施工单位,而是直接找建设单位。一旦质量问题是普遍存在的,那么房屋交付时对建设单位是一个严峻的考验。

另外,因建设单位自己的原因也可能导致工程质量问题,比如提供的设计有缺陷,提供或指定购买的建筑材料、建筑构配件、设备不符合强制性标准,直接指定分包人分包专业工程的,按照《审理建设工程施工合同案件解释(一)》第十三条的规定,建设单位应当对工程质量缺陷承担责任。

(一)工程质量风险的表现形式

常见的建设工程质量问题如下:建材质量低劣或实际施工方偷工减料导致工程质量不合格;隐蔽工程验收有缺陷;主体结构施工质量不合格;地基下陷楼体断裂;承包方施工技术力量不足导致瑕疵工程;抢进度导致工程质量不合格;施工不符合设计要求,质量存在缺陷。

(1)严重的质量问题。严重的质量问题是指如基础、主体结构等发生质量问题,不能修复,必须拆除。

案例:M公司(甲方)与J公司(乙方)签订两份建设工程施工合同,一份是备案合同,一份是实际履行的合同。在合同履行过程中,双方因工程质量问题发生争议。M公司认为,未备案合同到期之日,地下工程A座写字楼只完成了地下五层的地板铺设,J公司有意拖延工期。而J公司认为,前一施工单位撤出后的工地不具备合同约定的施工条件,工地发生大规模的坍塌事故,影响了工期。2003年5月20日,双方在建设规划行政主管部门的协调下,J公司同意调动一切施工队伍在2004年12月底前完成全部工程。随后的5、6月,J公司用23天完成了按备案合同约定需1年才能完成的工程,2003年8月8日,经过M公司、J公司、监理方和设计方签字,地下二期验收完毕。但抢工期带来的后果是出现了质量问题,项目一期A座写字楼68根钢柱中67根发生位移、偏转等问题,严重不符合国家和该地区的现行标准规范。

(2)一般的质量问题。一般的质量问题是指修复后合格的,如蜂窝、麻面、散水下沉、裂缝、漏水、外墙砖或涂料脱落、褪色、装修材料伪劣等。

(二)质量问题的管理

(1)行政主管部门的监督管理。县级以上人民政府建设行政主管部门和其他有关部门对建设工程质量进行监督管理。监督管理主要包括质量监督和安全监督,质量监督站和安全监督站都是建设行政主管部门下属机构,凡涉及检测的,就由质量监督站管理,比如未按规定程序打桩,导致桩荷载不达标,这属于质量问题,由质量监督站管理。而不需要检测,一般用肉眼就能发现问题的,属于安全监督站的职责。有些安全问题的确跟建筑质量关系不大,如工人不戴安全帽、不系安全带,安全网不合格,物料不按规定堆放等由安全监督站管理。由于质量监督站负责检测,比如桩荷载检测、水泥检测等都是收费项目。现在有些城市,质量检测的功能已经市场化了,有资质的检测单位都能做检测了。但是有些经济不发达地区的小城市,该功能由质量监督站承担。

(2)建设单位的质量管理。由于建筑工程的复杂性及多样性,房屋的质量取决于多方面的因素,设计、材料、施工、管理等每个因素都可能影响房屋的质量。想要化解房屋质量风险,需要对质量进行控制。对此,需要做到以下几点。

①加强施工工程质量标准,严格遵守工程合同中约定的质量标准,根据实际情况,设计方案,选择优秀的管理人员和劳务人员,确保工程的质量。

②将质量责任落实到各个分包商,实行责任制。工程施工全过程中,整个工程质量的优劣取决于各个分项的质量。因此,在与分包商的合同中需明确各自的质量标准。

③可以根据实际工程情况,建立奖罚制度,将工程款的支付与工程质量评选标准挂钩,如果工程质量超优等,可以考虑给予奖励,这样的激励机制可以调动施工人员的积极性。

④重视对原材料的检验。材料质量直接影响工程的质量,因此应要求承包商在订货阶段就向供货商提供检验的技术标准,并将这些标准列入订购合同。有些重要材料要进行专门的化验或试验,未经检验或不合格的材料禁止使用。

⑤对设备进行检验。在设备安装之前均应进行检验和测试,检验或测试不合格的设备不得使用。

⑥确立施工中控制质量的具体措施,主要包括以下方面:对各项施工设备、仪器进行检查,控制混凝土质量,对砌筑工程、装饰工程和水电安装工程等制定具体有效的质量检查和评定办法,以保证质量符合合同中规定的技术要求。

⑦建立有关质量文件的档案制度,汇集所有质量检查和检验证明文件、试验报告,包括分包商在工程质量方面应提交的文件。

⑧在质量控制中充分发挥监理机构的作用。监理单位可协助建设单位做好质量管理工作,确认施工单位资质,审查确认施工分包单位,做好材料和设备检查工作,检查施工机械和机具,审查施工组织设计,进行质量监督,认真做好质量签证工作,行使质量否决权,组织质量协调会,做好中间质量验收准备工作等。

(三)质量缺陷的索赔

《审理建设工程施工合同案件解释(一)》第十二条规定,因承包人的过错造成建设工程质量不符合约定,承包人拒绝修理、返工或者改建,发包人请求减少支付工程价款的,应予支持。这实质上赋予了发包人变更合同的请求权。第十四条规定,建设工程未经竣工验收,发包人擅自使用的,承包人应当在合理使用寿命内对地基基础工程和主体结构质量承担责任。另外,无论建设工程合同有效还是无效,如果建设工程经修复最终仍被确认质量不合格,承包人请求支付工程款的,不应支持。发包人可依据上述司法解释及相关法律的规定向承包人提出索赔。

案例:2001年3月12日,M公司与J公司签订两份施工合同,一份是实际履行的合同,一份是备案合同。合同中约定J公司承建M公司开发的某中心项目。后双方在合同履行过程当中发生争议。2004年3月25日,M公司到北京仲裁委员会申请仲裁,称J公司"多次要求修改施工合同""故意采取低价进场、拖延工期、单方面停工要挟价款等手段,为了自身利益,不惜给城市形象抹黑"。M公司请求确认两者的地上建设施工合同有效,并要求其立即履行。4月8日,J公司在"答辩书"中称,因M公司不支付已完成工程的工程款,从而导致停工,其依据是,"J公司被迫向银行借贷巨额资金垫资施工,直到银行已无法再提供新的贷款"。随后J公司提交"反请求",提出解除双方地上工程合同。5月13日,J公司又提出请求,称"M公司存在欺诈嫌疑,没有诚意和支付实力",要求索赔各种费用超过6亿元。在所提请求中,J公司否认双方未备案的合同,只承认备案的合同,认为这是在没有正式招投标的情况下签订的,并对"阳合同"进行了实质性修改,违反《招标投标法》第五十九条和《北京市招标投标条例》第三十七条(修订前)。从2004年10月开始,经北京市仲裁委员会委托,并由双方认可的两个权威机构,即国家建筑工程质量监督检验中心、北京××工程咨询有限公司,就工程质量和工程造价进行独立第三方鉴定。2005年年底,作出鉴定结论,前者的鉴定报告结论分三部分:第一部分称地下部分钢结构出现垂直偏差,未达到《钢结构工程施工质量验收规范》;第二部分称已完成96.8%的钢柱焊缝达到BII标准,不会影响结构安全;第三部分则称,在考虑已完工结构施工偏差和上部结构采取纠错措施后,可满足现行设计规范的要求。某工程咨询有限公司作出的造价鉴定显示,已完工的工程总造价约为3.5亿元。

鉴定结论作出后,M公司向J公司提出了20亿元赔偿,主要是根据2005年年底北京市仲裁委员会所委托的国家建筑工程质量监督检验中心对项目工程出具的质量不合格鉴定结论得出的。索赔请求中包含了质量违约金、由于工程质量原因所导致的降低使用度损失、工期违约金以及鉴定检测费用等。

在建筑工程质量缺陷的索赔中,作为发包人一方的开发企业要进行调查,对缺陷原因进行判断、评估,确定维修方案及维修费用。缺陷发生的原因是多种多样的,可能是设计问题,可能是施工质量问题,可能是材料或设备问题,也可能是使用维护的问题,或者是上述几个原因共同导致的。开发企业只有区分是何种因素导致的质量问题,才能确定索赔主体,是向承包商索赔,还是向材料设备商索赔,或者对业主不予赔偿。开发企业除了应确定引起质量问题的责任主体,还应确定损失的数额。如果通过维修解决质量缺陷,维修费用是一个焦点问题。通常不可能更换或重建缺陷工程所有的部分,比如,实际只有15%的工程缺陷,就不能因此废弃85%的完好工程。维修应当恢复到竣工的条件或建筑规范规定的条件,还是维修开始时的条件,这也是常常引起争论的问题。因为出现质量争议可能是在交付时,也可能是完工以后,工程已经被使用很长时间才发现的。实践当中,法院的判决一般是要求承包商维修到竣工的条件或各种建筑规范规定的条件,而不是维修时点前的状况。

在建筑缺陷索赔中,证据材料的固定尤其重要,因为判断是否存在缺陷责任往往要看承包人或材料设备供应商是否达到了国家或行业标准,从而判断承包商、分包商和供应商是否有过失,是否要对违反合同承担责任。因此,项目施工的书面记录和文件不仅能描述项目的实际施工过程,也成为确定实际履行情况的唯一根据。如果没有完整的项目完成记录,开发企业可能无法得出完整和正确的结论。完整的记录包括每日报告,照片,日记,备忘录,工作会议记录,设计变更,洽商,分包商、设计人和业主之间的来往记录,进度付款请求,施工进度计划。除此之外,收集证据材料时,还要收集承包商、分包商或供应商已经做出的担保,在信函、备忘录、会议记录或电话记录中可能作出的有关合同履行和质量方面的陈述。因此,合同、其他书面记录的陈述,以及产品宣传资料应当包括在证据材料中。另外,工程缺陷索赔的证据材料还应注意下列材料:不动产的租赁、转移、维修记录,有关房主对房屋缺陷的投诉记录。房屋所有权变更的文件往往涉及列举缺陷情况,这对于后来的购买者诉讼很重要。维修记录往往能显示由于维修保养不适当,或疏于维修使得缺陷变得更加严重。

(四)通过施工合同的约定防范工程质量的风险

可以在施工合同中事先作出如下约定:工程质量经验收达不到合格,能够修理或者返工的,按以下方式处理。

(1)承包人应负责在发包人限定的期限内(以发包人或监理人的书面通知为准)修理或返工,并由承包人自行负担全部返修费用。

(2)承包人不能在发包人限定的期限内返修完毕,逾期不超过15日的,应向发包人支付逾期违约金,赔偿发包人损失;工程验收达到约定质量要求的,发包人按约定的标准结算工程价款;达不到约定质量要求的,承担违约责任。

(3)承包人返修逾期超过15日,发包人有权解除合同,另行选聘承包人。

(4)工程验收达不到合格且不适于修理或返工,发包人有权解除合同,承包人应承担拆除不合格建筑物的全部费用。

(五)质量保证金

在保修期内,出现维修事项时,承包人不履行维修义务,发包人可直接委托其他单位维修,但承包人认为没有发生维修事项,对维修的事实不予认可,发包方可以承包方未尽保修义务为由拒付工程款,或者将自行维修或委托他人维修的费用扣除。另外,建设工程保修期未满,最好不要返还承包方要求返还的质量保证金,否则质保金不足以弥补维修损失的,将很难再向承包方要求支付维修费用。

(六)工程质量保修

保修是指建设工程竣工验收合格后,建筑商(承包人)根据国家法律法规及规章与合同对保修期限的规定或约定,在保修期限内对建设工程质量缺陷和瑕疵进行维修。狭义上的保修人指的是建设工程施工合同中的建筑商,广义上还包括非法转包、违法分包、挂靠的实际施工人。保修义务就是保修责任,也就是指在保修期限内建筑商要承担的保修义务。负有保修义务的保修人未及时履行保修义务应承担责任。

1. 保修人未及时履行保修义务应承担责任

建设部2000年公布的《房屋建筑工程质量保修办法》第九条规定:"房屋建筑工程在保修期限内出现质量缺陷,建设单位或者房屋建筑所有人应当向施工单位发出保修通知。施工单位接到保修通知后,应当到现场核查情况,在保修书约定的时间内予以保修。发生涉及结构安全或者严重影响使用功能的紧急抢修事故,施工单位接到保修通知后,应当立即到现场抢修。"《审理建设工程施工合同案件解释(一)》第十八条规定:"因保修人未及时履行保修义务,导致建筑物毁损或者造成人身、财产损失的,保修人应当承担赔偿责任。保修人与建筑物所有人或者发包人对建筑物毁损均有过错的,各自承担相应的责任。"

2. 保修的要求

(1)通知责任必须由发包人承担;如果发包人未履行通知义务,则责任应当由发包人承担,建筑商不承担该保修责任。

(2)"未及时履行"应当依据发包人在保修通知书中对质量缺陷的描述来判断,如果是一般的质量缺陷,发包人一般在保修通知书中写明要求建筑商在几天内予以保修,该日期的要求就是及时履行的期限;如果质量缺陷已经是涉及结构安全或者严重影响使用功能的紧急抢修事故,建筑商应当立即到达现场抢修。"未及时履行"应当根据具体情况按照公平合理的原则予以确定。从证据的角度来讲,证明未及时履行保修义务比较困难,如果发包人管理能力一般或者管理能力较差,没有留下质量纠纷过程的证据,就难以形成有效的证据链,难以追究建筑商质量责任。

(3)造成人身、财产损坏的,保修人应当承担赔偿责任;没有造成人身、财产损坏的,保修人不承担赔偿责任。

(4)保修人、建筑物所有人或者发包人对建筑物毁损都有过错的,各自承担相应的责任。

3. 工程过保修期后出现质量问题的处理

建筑工程交付后质量责任分为不同的阶段,主要是保修期之内还是保修期之外,在保修期内如发现有瑕疵,不管有无损害,承包商均有义务修复,不修复将承担一定的责任。在保修期后的损害赔偿责任期内,出现的质量问题要有损害才可主张赔偿,而且并不是所有的损害都可以获得赔偿。

4. 工程质量索赔

发包人对承包人的质量索赔产生的原因主要有两个:一是房屋质量出现问题后,业主对开发企业进行质量索赔;二是建设工程质量确有问题,发包人未全额支付工程款,在承包人起诉主张工程款时发包人提出反诉,提出质量索赔。

5. 在签订总承包合同的同时另行签订关于维修的补充协议

关于维修的补充协议可约定以下内容。

(1) 维修质量合格的标准明确到符合各种施工规范,最好列明规范,不符合规范的属于维修不合格,不验收,不予支付费用,不予返还保证金,或者由第三方施工。

(2) 保修期之内出现维修的情况,保修期重新计算,不受合同约定总体保修期的影响。对于工程质量出现的永久性缺陷或在保修期内即已存在但尚未发现的质量问题,承包人承担责任不受保修期限制。返修项目返修部位的质量保修期从该保修部位验收合格之日起按上述质量保修期重新计算,该部位质保金的退还时间顺延到重新计算的质量保修期到期后。

(3) 明确通知维修之后到达的时间,如不按期到达,承包人承担责任。承包人应派出足够的维修和管理人员常驻现场负责维修工作,认真履行保修责任,做到服务周到,随叫随到,此后应在发包人通知12小时内赶到现场进行维修,履行保修义务,保证维修的质量及效果达到设计规范要求。承包人接到通知后,不到现场维修或在处理时限内仍未修好,未达到使用功能,则每迟延一日,按照质保金数额的 5‰ 承担违约责任。发生紧急抢修事故的,承包人在接到事故通知后,应当立即组织人员到达事故现场进行抢修。因承包人施工质量原因导致业主索赔等全部责任均由承包人承担。承包人委派人员同发包人委派人员联合与相关业主进行谈判,若承包人同业主就赔偿意见无法达成一致时,发包人有权作出裁决,承包人应无条件执行。如小业主(开发项目购房人)因房屋质量或保修问题向发包人提起诉讼或申请仲裁,如法院判决或仲裁机构裁决发包人承担房屋质量责任并承担赔偿责任的,则判决书、调解书或裁决书中判决、调解或裁决应由发包人承担的全部损失最终都应由承包人负担,这些损失包括但不限于解除房屋买卖合同后返还的全部购房款、违约金,或者房屋价格贬损费用、给第三方造成的损害赔偿、不能居住期间的房租损失等,除此之外,发包人为处理诉讼而支出的律师费、诉讼费、鉴定费等一切与诉讼有关的费用均应由承包人承担。上述费用从质保金中扣除,质保金不足的,承包人需要另行支付。保修责任鉴定可采用拍照、摄像、取样、记录(如发包人委托的施工单位或住户签字资料等),任选一种均视为有效。责任鉴定由承包人、发包人共同进行,承包人如不到现场,发包人进行的鉴定结果有效;若有第三方损失方,则由承包人、发包人及第三方损失方共同进行责任鉴定,承包人如不到场核实,发包人及第三方损失方共同进行的鉴定结果同样有效。由发包人专业分包单位施工的项目,承包人应认真履行总包责任,督促检查分包方分包工程项目工程质量,统一向发包人验收交付,承包人承担总保修责任。因承包人原因造成发包人或第三方生命财产损失的,由承包人承担并全额赔偿损失。承包人保修维修应达到合同约定的验收标准,维修材料应使用原有品牌及型号,确实需要使用其他材料代替的,需要征得发包人同意。承包人每次维修完毕,应负责将施工现场清理干净并取得业主和发包人的签字验收。对于出现复杂(重大)的维修项目,可与发包人共同到现场查看,承包人须在24小时内提出书面处理方案,经发包人审批同意后实施。对于涉及结构安全的质量问题,应当按照《房屋建筑工程质量保修办法》的规定,立即向当地建设行政主管部门报告,采取安全防范措施;由原设计单位或者具有相应资质等级的设计单位提出保修方案,承包人负责进行保修。质量保修完成后,由发包人组织验收并取得业主认可。

(4) 维修通知方式。①承包人应在竣工验收完成后7日内向发包人提供有效的联络方式(包括固定办公场所电话、传真号码、电子邮件地址、详细联系地址等),发包人或物业可采取下列任何快捷的通知方式通知承包人维修事项:电话(以发包人电话记录为准)、传真(以发包人传真记录为准)、电子邮件(以发包人电子邮件发送记录为准)、书面信件、微信、短信,等等。②以上联络方式可同时采用,采用其中任意一项均为有效。③若承包人改变通信地址或联系电话,或保修主要人员更换或撤出时,应及时书面通知发包人及物业,否则承包人承担未能让发包人及时知晓其有效联络方式而造成的各项损失。

(5)保修违约处理。①有下列情形之一的,则构成承包人违约,视为承包人自愿放弃质保金,发包人将有权直接委托第三方进场维修。承包人除应按合同违约条款支付发包人违约金外,还应承担因承包人原因造成的发包人及第三方利益损失,发包人依法保留追偿的权利,具体违约情形如下:A.发包人向承包人发出维修通知后,承包人拒绝到现场进行检查和安排维修,拒绝履行保修责任的;B.发包人就同一维修事项向承包人发出两次书面维修通知,承包人仍不按约定到现场进行检查和安排维修,不履行维修责任的;C.承包人未按合同要求提供有效的联系方式,造成发包人无法通知承包人履行保修责任,时间超过一周的。②有下列情形之一的,发包人有权安排其他施工单位进行处理,所发生的一切费用(按实际发生费用加收15%的管理费)由承包人承担,且本工程的整体保修责任继续由承包人承担,直至保修期结束。费用的认定可不经承包人认可,以发包人与第三方签订的维修合同中载明的数额为准,由发包人发送书面通知给承包人,同时提供相关责任及费用认定资料,所发生费用由发包人直接从质保金中扣除,具体违约情形如下:A.承包人未在约定的时间内到现场检查,或未按约定的时限提出处理方案,或未按约定的时间进场施工,或未按维修时限完成维修项目并达到验收标准,且无发包人签字认可的延期原因的;B.对同一维修事项,承包人经过两次维修仍未能达到设计及合同要求的;C.承包人的维修方案不满足发包人要求,经两次修改仍不能满足要求的。③承包人在按约定的时限内到场维修、未按约定的时限提出处理方案、或未按维修时限完成维修项目并达到验收标准,且无发包人(或发包人指定的物业管理公司)签字认可的延期原因的,每延期一天扣罚承包人500元违约金。④如对同一维修事项,承包人在维修时限内进行第一次维修后,若仍未能解决该事项,承包人可按维修时限约定进行第二次维修,同时承包人还需要支付发包人每次1000元的质量违约金。

(6)质保金的支付。①合同保修期或规定的维修项目的质保期顺延的到期之日,且发包人对工程质量无异议,承包人可办理保修款结算手续,保修款结算手续完毕后14天内与承包人办理质保金支付手续,支付承包人未使用的质保金(扣除承包人未履约的违约金),质保金不计利息。②质保金返还时间:从质保期开始之日起,除扣除本保修书约定应扣除的费用外,满两年支付质保金总额60%;剩余部分满5年后全部支付完毕。如质保期到期后,除主体结构外,仍有项目需要保修,发包人可扣留相应部分质保金。

(7)发包人及承包人在责任认定方面产生争议,如承包人认为是非承包人原因造成的维修时,则均由承包人提供证据(设计要求、核定单、其他书面依据)证明其无过错,否则为承包人过错,应按本条款约定履行维修责任。承包人所留质保金不足以赔偿该因承包人质量原因造成的相关损失时,发包人将保留继续追偿的权利。发包人指定分包项目的保修事项,由发包人或物业公司协调和督促分包单位进行保修,承包人承担总包管理责任,分包单位不按本条款约定进行保修时,发包人有权要求总包单位代为履行保修责任,并追究分包人的保修违约责任。

四、施工合同解除的风险

施工合同因牵涉面广且对各方经济利益影响巨大,签订后除非导致无法继续履行,一般不宜轻易解除。但如果在影响发包方的利益必须解除时,则应解除。但在对发包方不利,因法律规定或合同约定不完善,导致发包方想解除而无法解除时,就需要在施工合同的补充协议中约定清楚发包方解除合同的条件或程序,以便发包方选择其他施工单位继续施工。从发包方的角度来看,解决合同解除权问题的基本思路是限制承包方的合同解除权,增加发包方解除合同的条件。

比如可约定限制承包方不当行使解除权的情况。

可在合同中约定承包方有下列行为之一的,不能解除施工合同:
(1)法定或约定条件不具备,擅自提出解除的;
(2)承包方未通知发包方解除合同的;
(3)承包方未在法定期限内行使解除权的;
(4)法律、行政法规规定,解除合同应办理批准登记手续的,未依法办理批准登记手续。

为方便发包方解除合同,发包方可在补充协议中约定,除法定解除及主合同约定的解除条件外,承包方有下列行为之一的,发包方可解除施工合同:
(1)承包方指使、怂恿或利用其他手段让民工讨要工资导致政府介入的;
(2)擅自停工达到一定天数的;
(3)不配合发包方办理竣工验收手续的。

发包方可根据实际情况,约定上述解除合同的条件。

五、施工过程中设计变更的风险

施工过程中的设计变更会影响工期和合同价款,可能会导致工期延期或缩短,合同价款增加或减少,还可能涉及规划行政主管部门审批的问题,也有可能涉及工程质量的问题。

发包方防范设计变更的风险,应以书面形式记载设计变更,防止责任不清的情况发生。如果承包人擅自设计变更,无论是工程量的增加或减少,发包人均不承担责任,而由此导致的不利后果全部由承包人承担。《审理建设工程施工合同案件解释(一)》第十九条第二款规定,因设计变更导致建设工程的工程量或者质量标准发生变化,当事人对该部分工程价款不能协商一致的,可以参照签订建设工程施工合同时当地建设行政主管部门发布的计价方法或者计价标准结算工程价款。

发包方可在施工合同补充协议中作以下约定。
(1)承包人在双方工程变更后14天内不向发包方及监理提出变更工程价款报告时,视为该项变更不涉及合同价款的变更。
(2)如果存在设计变更导致工程价款变更,那么在一定数额范围内(如工程款增加或减少10万元之内)不予调整。
(3)设计变更价款的增加必须经过签证的程序才能支付,否则不予支付。
(4)设计变更必须经过发包方的同意,承包方对设计变更只有建议权,无权自行决定设计变更,也无权擅自施工,无论该变更是增加还是减少了工程价款。
(5)设计变更导致的工期增加或减少在一定天数之内(如3日或7日之内)工期不予调整。
(6)设计变更导致的工期价款增加或减少与工作进度款支付不挂钩,变更的款项在工程竣工结算时一并结算,并按施工合同及补充协议的其他约定支付。

第七节　竣工验收和建筑物交付的风险及防范

房地产开发项目经过施工和设备安装以及配套设施建设,达到设计要求的质量和使用功能,就要进行竣工验收。通过竣工验收之后,才能交付使用;未经验收或验收不合格的,不得交付使用。

一、竣工验收的依据、条件、方式、程序及标准

(一) 竣工验收的法律依据

《建设工程质量管理条例》第四十九条规定,建设单位应当自建设工程竣工验收合格之日起15日内,将建设工程竣工验收报告和规划、公安消防、环保等部门出具的认可文件或者准许使用文件报建设行政主管部门或者其他有关部门备案。建设行政主管部门或者其他有关部门发现建设单位在竣工验收过程中有违反国家有关建设工程质量管理规定行为的,责令停止使用,重新组织竣工验收。《房屋建筑和市政基础设施工程竣工验收备案管理办法》第四条规定,建设单位应当自工程竣工验收合格之日起15日内,依照该办法规定,向工程所在地的县级以上地方人民政府建设行政主管部门备案。

(二) 竣工验收的条件

《房屋建筑和市政基础设施工程竣工验收规定》第五条规定,工程符合下列要求方可进行竣工验收。

(1)完成工程设计和合同约定的各项内容。

(2)施工单位在工程完工后对工程质量进行了检查,确认工程质量符合有关法律、法规和工程建设强制性标准,符合设计文件及合同要求,并提出工程竣工报告。工程竣工报告应经项目经理和施工单位有关责任人审核签字。

(3)对于委托监理的工程项目,监理单位对工程进行了质量评估,具有完整的监理资料,并提出工程质量评估报告。工程质量评估报告应经总监理工程师和监理单位有关负责人审核签字。

(4)勘察、设计单位对勘察、设计文件及施工过程中由设计单位签署的设计变更通知书进行了检查,并提出质量检查报告。质量检查报告应经该项目勘察、设计负责人和勘察、设计单位有关负责人审核签字。

(5)有完整的技术档案和施工管理资料。

(6)有工程使用的主要建筑材料、建筑构配件和设备的进场试验报告,以及工程质量检测和功能性试验资料。

(7)建设单位已按合同约定支付工程款。

(8)有施工单位签署的工程质量保修书。

(9)对于住宅工程,进行分户验收并验收合格,建设单位按户出具《住宅工程质量分户验收表》。

(10)建设主管部门及工程质量监督机构责令整改的问题全部整改完毕。

(11)法律、法规规定的其他条件。

(三) 竣工验收的方式

工程竣工验收,是指承包人完成合同中规定的工程项目后进行移交时,在发包人接收前的交工验收。

(1)分项工程验收。分项工程验收,是指在全部工程完工前,承包人完成合同中所列单项工程后,当工程具备使用条件时,发包人接受此单项工程前的验收。分项工程验收应具备的条件和

准备的工程资料以及验收的内容和程序,与工程竣工验收相同。分项工程的验收成果和结论可作为工程竣工验收申请报告的附件,验收后应由发包人签发该分项工程的接收证书。如果已验收的分项工程需要在施工期间投入运行,也应对其工程承受运行荷载的安全性进行复核,在证明其能确保安全时才能投入施工期间的运行。如果该项工程需要提前验收或被发包人提前占用,由此施工期运行增加的承包人后续工程施工难度及增加的修复缺陷和损坏工作的困难,而导致费用增加时,发包人应对承包人给予补偿。分项验收以最后一项的验收时间为竣工验收时间。

(2)分部工程验收。分部工程验收是指在全部工程尚未完工前,发包人根据合同进度计划的安排,需要提前使用尚未全部完工的某项工程时,提前对已具备使用条件的该分部工程进行的验收。分部工程验收应具备的条件和准备的工程资料,以及验收的内容和程序,与工程竣工验收相同。验收成果及其验收记录和证件作为全部工程竣工验收资料的组成部分,但验收资料应列明已验收的该分部工程的项目或部位。承包人应继续完成余下的未完工程,同时还需要列出由承包人负责修复的缺陷项目清单。验收后应由发包人签发临时接收证书。如果已验收的分部工程需要在施工期投入运行,也应对其工程承受运行荷载的安全性进行复核,证明其能确保安全时才能投入施工期运行。如果该项工程是提前验收或被发包人提前占用,由此施工期运行增加的承包人后续工程施工难度及增加的修复缺陷和损坏工作的困难,而导致费用增加时,发包人应对承包人给予补偿。

(3)隐蔽工程验收。当工程具备覆盖、掩盖条件时,承包人应当先进行自检;自检合格后,在隐蔽工程进行隐蔽前及时通知发包人或发包人派驻的工地代表对隐蔽工程的条件进行检查并参加隐蔽工程的作业。通知包括承包人的自检记录、隐蔽的内容、检查时间和地点。发包人或其派驻的工地代表接到通知后,应当在要求的时间内到达隐蔽工程现场,对隐蔽工程的条件进行检查,检查合格的,发包人或者其派驻的工地代表在检查记录上签字,承包人检查合格后方可进行隐蔽施工。发包人检查发现隐蔽工程条件不合格的,有权要求承包人在一定期限内完善工程条件。发包人在接到通知后,没有按期对隐蔽工程条件进行检查的,承包人应当催告发包人在合理期限内进行检查,因此,承包人通知发包人检查而发包人未能及时进行检查的,承包人有权暂停施工。如果承包人未通知发包人检查而自行进行隐蔽工程的,事后发包人有权要求对已隐蔽的工程进行检查,承包人应当按照要求进行剥露,并在检查或者修复后隐蔽。在这种情况下,检查隐蔽工程所发生的费用,如检查费用、返工费用、材料费用等由承包人负担,承包人还应承担工期延误的违约责任。

当开发项目完工时,由承包商提供竣工报告并提出竣工验收申请,由建设单位负责组织现场检查、测试、资料收集与整理等工作,设计单位和承包商应协助提供资料以及竣工图纸,监理单位协助验收。在正式办理竣工验收之前,建设单位一般需要进行初步检查,包括工程质量情况、隐蔽工程验收资料、关键部位施工记录、按图施工情况及有无漏项等。建设单位根据初步检查情况,由工程监理人员列出需要完善的工程缺陷清单。承包商根据初查的结果修复缺陷,以便最终正式验收。开发项目正式竣工验收时,应依据下列文件进行验收:经过审批的项目建议书、年度开工计划、施工图纸和说明文件、施工过程中的设计变更文件、现行施工技术规程、施工验收规范、质量检验评定标准以及合同中有关竣工验收的条款。

按照现行的规定,建设单位应当自工程竣工验收合格之日起15日内,依照《房屋建筑和市政基础设施工程竣工验收备案管理办法》的规定,向工程所在地的县级以上地方人民政府建设主管部门备案。

(四)竣工验收的程序

开发项目的竣工验收工作程序一般分为两个阶段:一是单项工程竣工验收,二是综合验收。综合验收由建设单位组织勘察、设计、施工、监理及质量监督部门进行初验,然后正式验收。工程竣工验收应当按以下程序进行。

(1)工程完工后,施工单位向建设单位提交工程竣工报告,申请工程竣工验收。实行监理的工程,工程竣工报告须经总监理工程师签署意见。

(2)建设单位收到工程竣工报告后,对符合竣工验收要求的工程,组织勘察、设计、施工、监理等单位组成验收组,制订验收方案。对于重大工程和技术复杂工程,根据需要可邀请有关专家参加验收组。

(3)建设单位应当在工程竣工验收7个工作日前将验收的时间、地点及验收组名单书面通知负责监督该工程的工程质量监督机构。

(4)建设单位组织工程竣工验收。①建设、勘察、设计、施工、监理单位分别汇报工程合同履约情况和在工程建设各个环节执行法律法规和工程建设强制性标准的情况。②审阅建设、勘察、设计、施工、监理单位的工程档案资料。③实地查验工程质量。④对工程勘察、设计、施工、设备安装质量和各管理环节等方面作出全面评价,形成经验收组人员签署的工程竣工验收意见。参与工程竣工验收的建设、勘察、设计、施工、监理等各方不能达成一致时,应当协商提出解决的方法,待意见一致后,重新组织工程竣工验收。

工程竣工验收合格后,建设单位应当及时提出工程竣工验收报告。工程竣工验收报告主要包括工程概况,建设单位执行基本建设程序情况,对工程勘察、设计、施工、监理等方面的评价,工程竣工验收时间、程序、内容和组织形式,工程竣工验收意见等内容。

(五)竣工验收备案

1. 工程竣工验收备案及其与竣工验收的关系

(1)建设工程竣工验收合格是建筑工程交付使用的前提条件,根据《建筑法》第六十一条的规定,建筑工程竣工经验收合格后,方可交付使用;未经验收或者验收不合格的,不得交付使用。《建设工程质量管理条例》第十六条规定,建设工程经验收合格的,方可交付使用。由此可见,建设工程交付使用的条件是建设工程验收合格而不是通过竣工验收备案。但是有些地方性法规明确规定通过竣工验收备案是建筑工程交付使用的条件,房屋建筑建设工程未取得《建设工程竣工验收备案证书》的,房屋所有权登记机关不得办理房屋所有权登记手续。

(2)住宅工程经竣工验收备案后方可办理不动产权属证书。根据《建设部关于加强住宅工程质量管理的若干意见》第三条第四项的规定,各地建设行政主管部门要加强对住宅工程竣工验收备案工作的管理,将竣工验收备案情况及时向社会公布。单体住宅工程未经竣工验收备案的,不得进行住宅小区的综合验收。住宅工程经竣工验收备案后,方可办理不动产权属证书。

2. 竣工验收备案应提交的资料

根据《建设工程质量管理条例》和《房屋建筑和市政基础设施工程竣工验收备案管理办法》的规定,建设单位办理竣工验收备案应提交下列文件:

(1)《工程竣工验收备案表》;

(2)《工程竣工验收报告》,应当包括工程报建日期,施工许可证号,施工图设计文件审查意见、勘察、设计、施工、工程监理等单位分别签署的质量合格文件及验收人员签署的竣工验收原始文件,市政基础设施的有关质量检测和功能性试验资料以及备案机关认为需要提供的有关资料;

(3)法律规定应当由规划、环保等部门出具的认可文件或准许使用文件;

(4)法律规定应当由公安消防部门出具的对大型人员密集场所和其他特殊建设工程验收合格的证明文件;

(5)施工单位签署的工程质量保修书;

(6)法规、规章规定必须提供的其他文件。

此外,住宅工程还应当提交《住宅质量保证书》和《住宅使用说明书》。

(六)竣工验收的标准

建设工程的竣工验收工作由建设单位自行进行,或由组织设计、施工、工程监理等有关单位进行。如果承包人存在工程延期的情况,为了不被追究违约责任,而自己认为完成施工任务并向发包人提交了竣工验收报告后,发包人不予组织验收的,双方必然会产生争议。《审理建设工程施工合同案件解释(一)》第九条规定,当事人对建设工程实际竣工日期有争议的,按照以下情形分别处理:建设工程经竣工验收合格的,以竣工验收合格之日为竣工日期;承包人已经提交竣工验收报告,发包人拖延验收的,以承包人提交验收报告之日为竣工日期;建设工程未经竣工验收,发包人擅自使用的,以转移占有建设工程之日为竣工日期。上述规定对施工单位有利,因此,建设单位应在签订施工合同及日常管理中注意防范竣工标准争议导致的竣工日期拖延问题。建设单位在施工合同中可约定竣工验收的条件,达不到竣工验收条件的,不办理竣工验收手续。要求工程竣工验收时,如何判断施工单位所做工程是否已经具备竣工验收条件?一般认为,符合以下条件的,可以交付竣工验收。

(1)工程项目按照工程合同规定和设计图纸要求已全部施工完毕,且已达到国家有关规定的质量标准,能满足使用要求。施工单位在工程完工后对工程质量进行了检查,确认工程质量符合有关法律法规和工程建设强制性标准,符合设计文件及合同要求,并提交工程竣工报告和竣工图纸。

(2)交工工程达到窗明、地净、水通、灯明,有采暖通风设备的项目,设备应能正常运转。

(3)设备调试、试运转达到设计要求。

(4)建筑物四周2米以内场地整洁。

(5)技术档案资料齐全。

(6)有完整的竣工验收报告。工程竣工报告应经项目经理和施工单位有关负责人审核签字。

(7)所有零星收尾工作均已完成。

(8)对于委托监理的工程项目,监理单位对工程进行了质量评估,具有完整的监理资料,并提出工程质量评估报告。工程质量评估报告应经总监理工程师和监理单位有关负责人审核签字。

建设单位在收到施工单位的竣工报告后,如果尚有零星工程未完工,应提出清单并要求施工单位继续完成,并明确工程尚不具备竣工验收条件,要求施工单位确认。否则当竣工验收存在争议,导致工程不能交付使用时,依据最高人民法院的相关司法解释,对建设单位是不利的。

总之,在建设工程施工合同纠纷中,因为竣工验收产生的争议也具有多样性,比如,甩项工程验收争议、分包方拖延工期造成整个工程不能验收争议、资料不完整争议、监理单位不配合争议等。所以,建设单位应根据工程施工的经验,结合经常出现的一些案例,制定完备、实用的建设工程施工合同,充分利用法律手段保护自己的合法权益。

案例:2006年8月6日,某开发公司与某施工单位签订《建设工程施工合同》,约定开发公司将其开发的某小区5、6号住宅楼工程发包给该施工单位,合同工期为180天,合同签订后以实际开工报告时间作为开工日期。合同中约定承包人必须按照合同约定的竣工日期或甲方或监理方同意顺延的工期竣工。

2006年8月10日,施工单位开始施工,按照合同中约定的工期,工程应于2007年2月6日竣工。2007年2月1日,施工单位向开发公司发函称该工程已全部达到竣工验收条件,请开发公司在2007年2月6日进行竣工验收。2007年2月3日,开发公司回函称项目工程尚未全部按约完工,以环境尚需清理、未按国家工程验收有关规定提供完整的竣工资料和验收报告等为由拒绝竣工验收。

因双方对工程是否竣工存在较大争议,至2007年6月,工程仍未进行竣工验收,开发公司遂提起诉讼,要求施工单位继续履行合同,立即完成合同约定的剩余建设工程,并支付逾期竣工的违约金。施工单位辩称,讼争工程早已经施工完成,且施工单位已向开发公司发出了竣工验收通知,工程至今未能验收的原因在于开发公司故意拖延。法院认为双方签订的《建设工程施工合同》合法有效,施工单位向开发公司发出验收通知时,工程已基本符合验收条件,开发公司应按照诚实信用的原则组织验收,但开发公司未组织验收,责任在开发公司,遂驳回开发公司的起诉。

二、竣工验收的行政管理风险及防范

工程竣工验收包括很多方面,目前法律法规及规章的规定也比较完备。竣工验收之前,规划、消防、人防、管线、质量等经过专项验收,然后再进行竣工验收备案,工程项目才能交付使用。

规划验收可以在主体结构封顶之后,竣工之前做。规划验收主要是验收层数等各项规划指标是否超标,是否与验线册一致。规划验收的前提是验线,如果验线能通过,那么规划验收基本也能通过。

消防、人防和管线施工,因历史原因形成的一般由特定专业施工单位施工,因此开发企业在与这几个专业的分包单位合作时,应避免与这三大专业的施工单位对抗或发生纠纷,尤其是涉及消防和用电的单位。某业内人士曾举过一个例子,开发企业在电力设施报装的时候约定装3台变电箱,因开发企业施工过程中资金压力比较大,延迟支付了电力施工单位的工程款,结果到了验收的时候,供电公司不肯供电,说3台的变电箱设计不合理,要变成4台。开发企业非常被动,因为业主马上要入住,不可能不供电,如果供电公司拒绝供电,开发企业将会面临延期交房及业主索赔的严重后果,所以开发企业被迫之下,支付了电力施工款和高额的违约金。

竣工验收现在实行备案制。竣工之后,由建设单位组织施工、监理、设计、勘察单位联合验收,然后到建设行政主管部门备案。

北京市规定从2007年11月1日起,凡2005年9月1日后申领建筑工程施工许可证的民用建筑工程在竣工验收前,均应进行建筑节能专项验收并备案。民用建筑工程竣工验收前,建设单位应组织设计、施工、监理单位对节能工程进行专项验收,并对验收结果负责。建设单位负责撰写《节能工程专项验收报告》并填写《北京市民用建筑节能专项验收备案登记表》。《节能工程专项验收报告》内容应包括:工程概况,墙体、幕墙、门窗、屋面、地面、采暖、通风与空调、空调与采暖系统冷热源及管网、配电与照明、监测与控制节能工程,建筑节能工程现场检验,采用新能源、新材料、新技术情况，以及其他需要说明的问题。

三、施工单位不配合办理竣工验收备案及交付施工资料的处理方式

有些施工单位与开发企业存在施工款等方面的纠纷，在工程竣工后，施工单位不向开发企业交付施工资料，不配合办理竣工验收手续，不移交已竣工工程，以此要挟开发企业。另外还有一些烂尾工程，施工合同解除后，承包人也存在向开发企业交付施工资料的义务。

（1）施工单位不办理竣工验收的处理方式。配合发包人办理工程竣工验收手续是承包人的法定义务，发包人有权要求其配合。如果承包人不配合，发包人可起诉。笔者曾在北京市某区代理过一起案件，某施工单位不配合办理竣工验收手续，开发企业将其起诉到该区法院，法院判决承包人配合工作，但承包商仍拒绝配合。最后，开发企业持法院的协助执行通知书及建设行政主管部门要求的其他材料，在承包商不配合的情况下，办理了竣工验收手续，避免了延期交房对业主的损失赔偿。配合竣工验收过程在实务中可能会产生的一个问题是，在法院判令承包人交付施工资料并配合办理竣工验收手续，案件进入执行程序后，如承包人拒不履行或借故不予履行该义务，发包人为了能顺利办理已完工程的竣工验收手续并办理不动产权属证书，往往会另行请人补充施工资料。从执行的角度来看，在执行过程中确实容易给承包人提供可乘之机，如承包人可能会提出应交付的施工资料范围数量不明确，资料有遗失，配合的工作范围、程度不详尽等，执行法官囿于对建设工程专业知识的知之不多、知之不深，也很难判断该判决内容怎样才算履行完毕。为避免承包人刻意规避法律、逃避执行，在承包合同中应该约定承包商移交资料的范围，最好列明材料清单。

（2）施工单位不交付竣工验收资料的处理方式。交付竣工验收资料是法律法规规定的承包人的义务，其依据是《建筑法》第六十一条第一款："交付竣工验收的建筑工程，必须符合规定的建筑工程质量标准，有完整的工程技术经济资料和经签署的工程保修书，并具备国家规定的其他竣工条件。"国务院公布的《建设工程质量管理条例》第十六条规定，建设单位收到建设工程竣工报告后，应当组织设计、施工、工程监理等有关单位进行竣工验收。建设工程竣工验收应当具备下列条件：①有完整的技术档案和施工管理资料；②有工程使用的主要建筑材料、建筑物配件和设备的进场试验报告。

另外，从建筑活动本身的特性看，建筑施工必须以国家规范为依据，与建筑施工有关的一系列资料记录了施工的全过程，保留并交付与建设工程相关的一系列技术资料，对工程质量的判定，且确保其施工完成的工程在竣工验收后，使发包人在安全、合理、方便使用方面不可缺少。

防范施工方不交付施工资料最直接的办法就是发包人在施工合同中约定，在支付工程款尾款时，发包人有权要求承包人先行或同时交付施工资料，否则可以拒付工程尾款。承包人在依约完成施工任务的同时，负有交付相关施工资料的附随义务。目前在司法实践方面，法院对发包人提出的要求承包人履行交付相关技术资料的请求一般均予支持，判决办理竣工验收手续。

（3）可寻求政府职能部门给予协调。

（4）探讨以第三方认定的鉴定结论作为竣工验收的文件。如果总承包单位不配合竣工验收，是否可考虑由鉴定部门出具的鉴定报告来替代总承包单位竣工验收时应盖的公章？目前政府部门并不认可这种做法，但可考虑从建立部门规章或具体行政措施的角度规定鉴定报告可替代竣工验收的公章。

四、建设单位利用竣工验收迟付工程款的问题

有些建设单位在达到竣工验收条件时不组织竣工验收,或者故意拖延竣工验收,使竣工验收无法顺利进行。工程竣工验收是进行结算的基础,部分建设单位通过拖延竣工验收来达到拖延支付工程款的目的。现行法律对于工程已具备竣工验收条件的工程建设单位无故不组织竣工验收应该如何进行处理尚无明确的规定,因此,部分工程发包人由于资金原因或者出于拖延工程款目的而迟迟不组织竣工验收。建筑工程施工完成后,及时进行竣工验收对于承包人来说非常重要。如果承包人用合同的约定来弥补法律规定的空白,则对作为建设单位的开发企业不利。承包人如果在合同谈判时提出这样的要求,开发企业可不同意承包人提出的约束其组织验收的条款。

另外,在工程竣工验收进程中,建设单位、监理单位及其工作人员均可以质量不符合约定或者强制性规定为由,拖延竣工验收的进程,或者要求施工单位承担质量责任。还有部分建设单位在工程竣工验收合格并交付使用后,又以工程质量不合格为由,要求对工程质量进行鉴定,以达到拒付工程款的目的。

建设单位利用竣工验收迟付工程款很容易引起承包方索赔。为了避免被索赔,建设单位在工程竣工验收过程中应做好各分项工程的质量验收记录,对于发包人来说,质量检验记录越详尽越好,并要求承包人、监理单位及其他相关单位负责人在各分项工程质量验收记录上签字确认。这样做的目的在于一旦承包方起诉建设方迟延支付工程款,并要求承担责任时,建设单位就可以拿出这些验收记录作为证据,以证明并非建设单位迟延付款,而是由于工程质量不合格,正在验收整改阶段,不符合工程款支付的条件。如果承包人提供的工程竣工验收记录对验收过程中各分项验收的记录情况不详尽,会给发包人更多的证据来证实工程质量不符合要求,以达到迟延支付工程款而不用承担违约责任的目的。

工程由于甩项竣工或者发包人单独发包的工程未完工,而不能进行竣工验收,发包人又要求先行使用的,发包人应当与承包人办理书面的工程移交手续,将工程移交发包人使用和管理,但应约定不免除其质量瑕疵的责任,不免除保修的责任。

在出现工程质量瑕疵时,许多发包人不允许承包人对存在质量缺陷的工程无偿修复、返工、改建,而是另行指定施工队伍修复存在质量缺陷的工程,将修复费用从应当支付给承包人的工程尾款中扣除,有些甚至故意增加修复费用,以达到不付或者少付承包人工程尾款的目的。

五、施工合同的承包人对承建工程不享有留置权

虽然承揽合同中承揽人对完成的工作成果享有留置权,但施工合同的承包人不享有留置权。因为《民法典》第八百零七条对发包人欠付承包人工程价款的救济方式、途径作出了明确规定,即发包人有权就该工程折价或者拍卖的价款优先受偿,因此不能行使留置权。如果承包人违反合同约定拒不向发包人移交工程或施工资料,原则上应认定为违约,应当根据具体案情确定承包人承担违约责任的方式和内容。如果工程竣工后,承包人拒不交付工程,则发包人可以起诉,要求其交付工程并承担违约责任。

六、工程竣工验收报告中对工程竣工验收时间的确认

工程竣工验收日期对建筑工程施工合同发包方、承包方都具有非常重要的意义。对于发包人来说,这是确定承包人是否拖延工期的重要依据,也是优先权的开始计算日期。在实践中,竣

工验收的时间实际上滞后于办理竣工验收备案手续的时间,如果在竣工验收记录上签署的是备案日期,而不是实际竣工日期,对开发企业是有利的。

对于实际竣工时间的确定,总承包合同中有约定的按照约定确定,没有约定的,根据实际情况作相应的处理,应对提交了验收报告但因发包人拖延而未验收的及工程未验收但发包人已实际使用的情况作不同的处理。

七、工程未经竣工验收擅自使用的法律风险防范

发包人使用未经验收的工程,除地基基础和主体工程外,承包人的质量瑕疵责任得以免除。因为未经竣工验收合格的工程可能存在质量瑕疵,影响工程的使用并可能存在安全危险,对他人人身财产安全造成损害。因此《建筑法》第六十一条第二款明确规定,建筑工程经竣工验收合格后,方可交付使用;未经验收或者验收不合格的,不得交付使用。《民法典》第七百九十九条第二款和《建设工程质量管理条例》第十六条第二款第三项也都作了类似规定。《建设工程质量管理条例》第四十九条进一步确立了建设工程通过竣工验收后的备案制度,目的是使政府工程质量监督管理部门通过竣工验收备案制度来加强对工程质量的监督。《建筑法》第五十八条、第六十二条要求建筑施工单位对工程的施工质量负责的同时,也确立了工程质量的保修制度,对一定时期内的质量缺陷,建筑施工单位应当予以维修。上述规定是承包人应对其承建的工程负有瑕疵担保责任和安全注意义务,但发包方擅自使用则免予承担责任。

有些建设单位因种种原因,在工程没有经过竣工验收时,就提前使用建设工程。这样做的结果是,一旦发生质量问题,往往难以分清责任,容易产生纠纷。《审理建设工程施工合同案件解释(一)》第十四条明确了上述质量责任的具体处理原则,即建设工程未经竣工验收,发包人擅自使用后,又以使用部分质量不符合约定为由主张权利的,人民法院不予支持;但是承包人应当在建设工程的合理使用寿命内对地基基础工程和主体结构质量承担民事责任。总之,建设工程未经验收擅自使用的处理有下列四个基本原则:一是上述司法解释第十四条的规定;二是发包人擅自使用未经验收的建设工程,出现质量问题的,应自行承担责任;三是发包人未使用部分,其质量责任仍然由施工单位承担;四是承包人在建设工程的合理使用寿命内对地基工程和主体结构质量承担民事责任。这样规定显然对建筑承包商有利而对开发企业不利。之所以这样规定,从法理上讲主要是因为发包人擅自使用未经竣工验收的工程,这表明发包人已接受工程并放弃了要求承包人承担物的瑕疵担保责任,但其擅自使用未经竣工验收的工程,违反了法律法规中的安全注意义务,故其应承担工程修复责任和损害赔偿责任。因此,建议开发企业在与建筑承包商签订合同时,对提前使用作出约定。比如,约定在承包商延期竣工的前提下,或者开发企业对购房人来说构成了延期交房的情形时,或者承包商、监理单位、勘察设计单位不配合竣工验收等导致的竣工延误的情况下,开发企业有权提前使用,但承包商不能免除其质量瑕疵的责任。这样约定可以避免开发企业陷入未经验收擅自使用导致对开发企业不利的后果。

另外,发包方收到竣工验收报告后应及时组织有关单位验收,并对承包人在《竣工验收证明书》上事先填写的内容仔细审查。如果有不同意见,应在该证明书上表明不同意见,以免造成"默认"通过验收的不利后果。

八、重视编制竣工档案资料

开发建设项目的技术资料和竣工图是开发项目的重要技术管理成果,也是物业服务单位进行维修管理的重要依据。技术资料齐全,竣工图准确、完整,符合归档条件是工程竣工验收的条

件之一。开发项目竣工后,要组织技术资料的整理和竣工图的绘制工作,编制完整的竣工档案移交城市建设档案馆,移交的资料包括技术资料和绘制的竣工图。开发项目的竣工图是真实地记录各种地下、地上建筑物、构筑物等详细情况的技术文件,是对工程进行验收、维护、改建、扩建的依据。开发企业应组织、协助和督促承包商、设计单位编制好竣工图。如果发现竣工图绘制不准确或遗漏时,应采取措施修改和补齐。施工单位或设计单位在竣工验收之前不能完成的,应在验收后双方协定期限内补齐,否则应承担合同约定的违约责任。

九、竣工验收的不同法律后果及有关法律问题

1. 竣工验收的不同法律后果

(1)建设工程竣工验收合格,建设单位应当接受并按照合同支付工程款;竣工验收不合格,修复后仍然验收不合格,承包人请求支付工程价款的,不予支持。

(2)竣工验收时,屋顶、墙面有渗漏、开裂等质量缺陷的,施工单位应当按照整改意见无偿修复,直至符合质量要求。

(3)未经竣工验收合格,建设单位擅自使用的,视为认可工程质量,但施工单位对地基和主体在合理使用期限内承担责任。

(4)建设单位接到竣工验收报告后,拖延验收的,提交竣工报告之日是竣工日期;不提出整改意见的,视为认可竣工验收报告。

2. 与竣工验收有关的法律问题

建设工程施工合同有效,但建设工程竣工验收不合格的,应当让承包人履行修复义务,然后根据承包人修复情况作如下处理。

(1)建设工程经修复后竣工验收合格的,承包人可请求按合同约定支付工程款,但同时承包人应自行承担修复费用。

(2)建设工程经修复后竣工验收仍不合格的,承包人不能请求支付工程款,承包人自行承担修复费用,同时要承担因此给发包人造成的损失。如果发包人对建设工程竣工验收不合格有过错的,也应承担相应的过错责任。

第八节 建设工程价款支付和结算的风险及防范

一、工程价款支付和结算的常见问题

(1)付款比例确定的问题。在施工总承包合同中,一般都是按照工程进度确定付款比例。但在实践当中,双方容易在付款的节点上发生纠纷,承包方认为已到付款节点,而发包人认为未到付款节点,双方争执不下,发生纠纷。如何准确地确定付款节点?如果在双方存在争议的情形下,施工单位认为延期付款或认为发包方达不到付款比例时,施工单位有无权利停止施工?施工单位是否享有不安抗辩权?发包方拖欠工程款到何种程度可行使不安抗辩权?承包方能否以不交付工程或停止施工来抗辩?如果发包方拖欠承包方工程进度款一分钱,承包方能行使优先抗辩权?这能否成为拒绝施工或拒绝交工的理由?承包方经常采用让施工工人出面闹事的方式,以达到提前或多结算工程款的目的,因此在合同履行过程中,发包方经常超过付款进度付

款,如何解决这个问题?这需要发包方在施工合同中对此类问题约定解决办法。

以笔者的经验,首先,应约定工程款支付的进度及具体数额由承包方提出后,经发包方审核,由监理签字后才能支付,否则不予支付。其次,应约定双方发生争议后付款比例的误差范围,比如,约定误差不超过总承包价款的5%或10%的不属于延期支付。再次,应约定工程付款进度争议的解决程序。最后,应约定只有延期付款超过总工程价款的10%,承包方才有权解除合同或停工,否则无权停工,导致工期延误的需承担延期交工的违约责任。

付款环节应注意的其他问题,主要包括以下两方面。①对于发包方未付清的工程进度款,在合同中应对未付部分的违约金进行约定,比如,约定未付部分的违约金不能超过1%,这样可有效控制长时间不付款导致的过高违约成本。②发包人付款时,一定要写上"收款单位",必要时还要在支票上写"不得背书转让",并要求收款人员出具授权文件。发包人所有的付款应付款至承包人在合同中约定的账户中,承包人变更账户的,应提前7天以书面形式(应加盖承包人公章并由法定代表人签字)通知发包人,发包人收到通知后应将款项付至新账户,以免出现发包人将款项支付至合同约定账户或承包人另行书面变更的账户而视为发包人未付款的情况。

(2)建设工程价款结算,是指对建设工程的发包承包合同价款进行约定和依据合同约定进行工程预付款、工程进度款、工程竣工价款结算的活动。建设工程价款结算时最易发生的纠纷就是结算报告争议,承包方制作结算文件递交发包方,发包方因设计变更、工期、质量、预付款扣除等原因不认可而引发工程款结算纠纷。有些发包人恶意拖欠工程款,主要表现为在工程竣工后发包人拖延验收,恶意阻止结算条件成立;施工人提交竣工结算文件后,发包人拖延不审价。这些行为极易引发工程价款结算的纠纷。

二、逾期不结算视为认可结算的问题

财政部、建设部于2004年10月20日公布的《建设工程价款结算暂行办法》第十六条规定,发包人收到竣工结算报告及完整的结算资料后,在该办法规定或合同约定期限内,对结算报告及资料没有提出意见,则视为认可。在政府相关职能部门制定的关于施工总承包合同的示范文本中也提到,发包人收到竣工结算报告及完整的竣工结算资料后,在合同文件约定的期限内对结算报告及资料未提出意见的,则视为认可。《审理建设工程施工合同案件解释(一)》第二十一条规定,当事人约定,发包人收到竣工结算文件后,在约定期限内不予答复,视为认可竣工结算文件的,按照约定处理。承包人请求按照竣工结算文件结算工程价款的,人民法院应予支持。也就是说,在上述司法解释实施之后,只要在合同中约定了结算答复期限及约定逾期不答复视为认可结算,那么发包人在约定的期限内不答复即视为认可结算。这样的约定对作为发包人的开发企业是非常不利的,理由是承包人提交的结算报告一般水分较大,经过发包人的审核一定能核减非常大的数额。有时因为发包人的管理漏洞,如没有书面的文件证明在约定的期限内已答复,如果按承包人提出的数额结算对开发企业来说非常不公平。很多施工单位也认为,只要发包人在收到承包人的竣工结算文件后,没有在约定期限内答复,就视为认可竣工结算文件。重庆市高级人民法院向最高人民法院发出《关于如何理解和适用最高人民法院〈关于审理建设工程施工合同纠纷案件适用法律问题的解释〉第二十条的请示》,最高人民法院于2006年4月25日以《关于发包人收到承包人竣工结算文件后,在约定期限内不予答复,是否视为认可竣工结算文件的复函》进行了回复。复函明确指出,适用"逾期不结算视为认可结算"规定的前提条件是当事人之间约定了"发包人收到竣工结算文件后,在约定期限内不予答复,则视为认可竣工结算文件"。根据上述复函的解释,如果当事人仅约定了答复期限,而没有约定"在约定期限内不予答复,则视为认可竣工结算文件"的内容,则不能适用"逾期不结算视为认可结算"之规定。开发企业如果要规避"不答复即视为认可"的风险,应在签订施工合同时通过补充协议将此条款排除,另行约定竣工结算的程序。

另外,上述司法解释颁布后,如果施工合同中没有特殊的约定,仅仅按照格式合同的约定,开发企业是不能要求审价或司法鉴定的。在此之前,即使有这样的约定,法院一般也不认可,需重新委托审价或司法鉴定。但上述司法解释颁布之后,法院不再委托审价或司法鉴定,因此对开发企业来说可能要承担巨大的损失。因为承包人可以随意撤换或更改其发出的通知书中结算报告的数额,从举证的角度来说,发包人需证明承包人更换了结算报告,否则,对于承包人提出的结算报告法院均有可能认可,除非法院认为承包人提出的结算数额偏差太大,违反了公平公正的原则,才有可能进行纠正。为避免出现这种不利的后果,如果合同或者格式合同中有这样的条款,可以约定承包方提交竣工结算报告后发包方应予答复,但"则视为认可"应删除或通过补充协议的方式修改。另外,为防范逾期不结算则视为认可结算的规定,可在合同中约定将发包人接到竣工资料后审查期限或答复期限延期,还应将竣工验收的标准或资料列明,要求承包人一起提交这些资料,未提交这些资料或没有证据证明提交了这些资料,说明承包人未提出竣工结算报告,发包人就无须承担逾期答复视为认可的责任。另外,防范上述风险还可以采取以下措施。

(1) 在施工合同补充协议中明确约定,竣工结算时承包人递交完整齐全的竣工结算资料,并列出应递交材料的清单。如果递交的材料与清单不符,或者清单与实际递交的材料不符,则发包人有权拒收,视为承包人未提交竣工结算资料。另外,承包人递交竣工结算详细清单应作为双方合同的附件。

(2) 发包方谨慎签收承包方的竣工资料。在施工合同补充协议中约定有权签收竣工结算报告的人员,只有合同中指定的人员才有权签收,门卫或其他工作人员等无权签收,无权签收人即便签收也视为承包方未提出结算申请。

(3) 发包方在签收时,应作出书面答复,并对竣工结算申请存在的问题提出异议。

(4) 发包方对答复期限尽量约定较宽时限。

(5) 对超出承包总价款10%以上的竣工结算申请,发包方可申请工程造价鉴定。

案例:以送审价为准确认造价的函件

2008年11月19日,A公司与B公司签订了一份关于承建某工程的合同。A公司按照合同约定,于2009年3月3日开工,于2010年10月17日竣工。竣工后,A公司在合同约定期限内,向B公司提交了竣工结算文件,工程总造价为24568.1234万元。合同约定审价期限为2个月,B公司至今已超过审价期限,而未予答复。根据合同约定和建设行政主管部门及法律的有关规定,本工程的造价应以A公司送审的24568.1234万元为准。

B公司至今未支付A公司工程款24568.1234万元,根据合同相关条款的约定,B公司至今尚欠A公司工程款24568.1234万元,请接函后立即支付。

开发企业收到类似函件一定要引起高度警惕,切不可置之不理,应请专业法律人员处理,以避免产生严重的法律后果。

三、合同价款调整及设计变更导致价款调整的问题

《建设工程价款结算暂行办法》第九条规定,承包人应当在合同规定的调整情况发生后14天内,将调整原因、金额以书面形式通知发包人,发包人确认调整金额后将其作为追加合同价款,与

工程进度款同期支付。发包人收到承包人通知后14天内不予确认也不提出修改意见,视为已经同意该项调整。此条规定同样对作为发包人的开发企业不利。为避免出现此种情况,一是要加强合同管理,二是通过补充协议修改上述规章规定的内容。比如约定合同价格不予调整,或哪些属于调整的范围,哪些不能调整。《建设工程价款结算暂行办法》第十条第三项关于工程设计变更价款调整的规定同样也涉及这样的问题。此项规定工程设计变更确定后14天内,如果承包人未提出变更工程价款报告,则发包人可根据所掌握的资料决定是否调整合同价款和调整的具体金额。重大工程涉及工程价款变更报告和确认的时限由发承包双方协商确定。收到变更工程价款报告一方,应在收到之日起14天内予以确认或提出协商意见。自变更工程价款报告送达之日起14天内,对方未确认也未提出协商意见,视为变更工程价款报告已被确认。解决的方案仍是加强施工管理与合同管理,同时在合同中约定设计变更涉及价款的调整范围。如1万元以下的不论价款增加与减少,总价款均不予调整;超过1万元的才予调整,但应按照双方约定的程序处理;与程序不符,则不认可设计变更引起价款变动,也不予调整。

四、竣工结算应注意的问题

从开发企业的角度来说,如果没有资金的压力,也应尽快办理竣工结算。但是由于开发企业的工程管理能力欠缺、承包方的要求过高等原因,竣工结算需要一定的时间。

案例:2006年8月,某集团公司经过招投标程序与某施工单位签订了一份《某大厦工程施工总承包合同》,合同约定的工程暂定价款为9350万元。2007年11月,工程竣工验收后,施工单位在同年12月向集团公司提交结算资料。由于工程施工过程中存在漏项和质量问题,集团公司未进行工程结算,以书面形式向施工单位提出异议,提出待施工单位整改完毕后再行结算。2008年1月,施工单位依据2004年公布的《最高人民法院关于审理建设工程施工合同纠纷案件适用法律问题的解释》(已失效)第二十条的规定,直接向某市中级人民法院提起诉讼,以其单方结算文件和结算价款确定工程价款为准,要求集团公司支付剩余工程款5673万元及同期银行贷款利息。某市中级人民法院认为,依据建设部制定的建设工程施工合同格式文本中的通用条款第三十三条第三款,不能简单地推论出,双方当事人具有发包人收到竣工结算文件一定期限内不予答复则视为认可承包人提交的竣工结算文件的一致意思表示,承包人提交的竣工结算文件不能作为工程款结算的依据,遂驳回施工单位的起诉。

五、多付工程款的问题

有些开发企业缺少开发经验,项目管理混乱,没有按照合同约定的付款条件支付工程款,迫于承包单位的压力或因自己的工作失误,提前支付或者多支付工程款,给企业造成损失。开发企业要重视工程款的支付管理,严格按规定的程序办理工程款项支付手续,要依据工程部门、合同管理部门、预算部门提出工程进度拨款意见,经财务部门核实是否要扣除已付的工程预计款、代垫材料款等款项后,再由项目经理审批后才能支付。只有对工程进度款按规定进行支付,才能从源头控制超付工程款现象的发生。

案例:2013年9月22日,原告(合同甲方)与被告(合同乙方)签署了《某酒店景观绿化工程施工合同》,由被告承包某酒店景观工程A-04地块,主要施工内容为酒店硬质景观和绿化栽植工程。合同约定总工期为212日历天,开工日期为2013年9月30日,2014年4月

30日全部工程竣工并验收合格。工程价款为固定综合单价,签约时暂定合同价款为51180000元。绿化部分工程款支付至结算总价的90%,余款10%作为质保金和养护的费用,硬质景观及安装部分支付至结算价款的95%,余款5%作为工程质量保修金。

合同第十三条第七款约定,乙方未履行或未完全履行合同约定义务的,甲方有权解除合同,乙方应按合同暂定总价的10%支付违约金。

合同第四条第三款结算的审核第六项约定:工程审计费用基本费由甲方承担;核减追加费按核减超过送审造价5%的幅度以外的核减额为基数计取5%的费用,核增追加费按照核增额的5%计算费用,核增额与核减额不作抵扣,核减、核增追加费由乙方承担,即核增减追加费计算公式:核增减追加费=(核减额-送审造价×5%)×5%+核增额×5%。无论是否委托中介审计,由甲方从应付工程款中直接扣缴。

合同第十条第一款约定,乙方迟延交付工程的,每迟延交付一天扣除结算造价的5‰违约金,并承担由此给甲方带来的一切损失。合同约定工期212日历天,被告2013年9月30日开工,应该在2014年4月30日之前竣工,但至2014年9月仍未竣工。即使按照被告提供的竣工图纸,竣工日期认定为6月,被告迟延交付工程最少为30天(4月30日至5月30日)。按照合同约定,结算造价×5‰×30天=36329504元×5‰×30天=5449425.6元。

合同签订后,被告没有按照施工图纸施工,且工程质量低劣,大量种植苗木死亡或不符合合同约定质量标准,死亡或不符合合同约定苗木金额高达5965998元。该工程迟延竣工且未通过验收,延误了酒店正常营业并影响了世界级大会活动的举办。被告在没有竣工的前提下提前离场,没有按照合同约定对工程进行保修和养护。

该工程最终合同价款经第三方北京某工程管理有限公司审计得出结论为36329504元,扣除死亡苗木金额5965998元后,应付30363506元,扣除质保金和养护费用2821790元,应付27541716元。原告从2013年10月8日起已经分六次向被告支付工程款38454344元,原告多支付了被告工程款10912628元。

原告提出以下7项诉讼请求:

①请求判令解除原被告双方签订的《某酒店景观绿化工程施工合同》;
②请求判令被告支付原告解除合同的违约金5118000元;
③请求判令被告赔偿原告苗木损失费5965998元;
④请求判令被告赔偿原告绿化和硬质景观部分工程质量保修金和养护费用2821790元;
⑤请求判令被告返还原告多支付的工程款10912628元;
⑥请求判令被告支付工程审计审核费用919172元;
⑦请求判令被告支付延期竣工的违约金5449425.6元。

六、工程价款鉴定的问题

在正常的情况下,发包人和承包人双方在建设工程经竣工验收合格后办理结算。但在结算过程中,双方可能会发生争议导致无法结算,或者无法确定结算的价格,这就需要鉴定。比如,因设计变更导致建设工程的工程量或质量标准发生变化,当事人对该部分工程价款不能协商一致的,可能就涉及鉴定。另外,如果双方签订了"黑白合同",以备案的中标合同还是私下签订的合同作为结算价款的标准存在争议,双方无法结算,也可能涉及鉴定。建设工程计价方法一般分为固定价格计价、可调价格计价和工程成本加酬金计价方式。当事人采用可调价格计价方式,常常因约定不明确、不具体而发生纠纷,引起造价鉴定问题。根据司法解释的规定,当事人约定按照固定价结算价款,一方当事人请求对建设工程造价鉴定的,不予支持。当事人对部分案件事实有争议的,仅对有争议的事实进行鉴定,但争议事实范围不能确定,或者双方当事人请求对全部事实鉴定的除外。当事人申请鉴定一般应当在举证期限内提出。对有缺陷的鉴定结论,一般不予重新鉴定。

对于鉴定费用和审价费用由谁来承担的争议,开发企业可在施工合同中约定鉴定费用和审价费从施工单位工程款中扣除。

七、多份无效"黑合同"结算纠纷的问题

如果一个建设工程施工合同存在多份"黑合同",应当以哪一份"黑合同"作为工程结算的参考依据？在实践中存在两份以上的价款、工期、质量标准不一致的"黑合同",如果建设工程经竣工验收合格,法院应当参照哪份"黑合同"约定结算工程价款？有的法院根据当事人导致合同无效的过错,分配两份以上"黑合同"差价;有的法院按照当事人对工程建设质量、无效合同过错、平衡当事人利益、与市场平均造价是否相符等综合因素决定多份"黑合同"之间差价的分配。

八、工程款让利的问题

在实践当中,有的承包方为保证中标,承诺在中标后,按照中标价格的一定比例返还发包方,进行一定比例的让利。具体的操作方式为:(1)进度款支付中表明让利。进度款支付后让利部分以工人工资形式返还。承包方支付应付工程时,从工人工资中提取约定比例让利款,再返还给发包方。(2)在施工单位每次获得进度款的时候,工程款支付单一定要写上两个内容,让利比例已经扣除,工人工资已经支付完毕,总承包单位领款时签字确认。按照《审理建设工程施工合同案件解释(一)》第二条第二款的规定,招标人和中标人在中标合同之外就明显高于市场价格购买承建房产、无偿建设住房配套设施、让利、向建设单位捐赠财物等另行签订合同,变相降低工程价款,一方当事人以该合同背离中标合同实质性内容为由请求确认无效的,人民法院应予支持。

九、质保金结算的问题

项目工程质保金是指为落实项目工程在缺陷责任期内的维修责任,建设单位(业主)与施工单位在项目工程建设承包合同中约定,从应付的工程款中预留,用以保证施工单位在缺陷责任期内对已通过竣(交)工验收的项目工程出现的缺陷(即项目工程建设质量不符合工程建设强制性标准、设计文件,以及承包合同的约定)进行维修的资金。

项目工程质保金按项目工程价款结算总额×合同约定的比例(一般为3%)由建设单位(业主)从施工单位工程拨款中直接扣留,且一般不计算利息。施工单位应在项目工程竣(交)工验收合格后的缺陷责任期(一般为12个月,也有约定24个月)内,认真履行合同约定的责任,缺陷责任期满后,及时向建设单位(业主)申请返还工程质保金,建设单位(业主)应及时向施工单位退还工程质保金。若缺陷责任期内出现缺陷,则扣除相应的缺陷维修费用。质保金结算时经常发生的争议是维修费用是否合理以及如何确定费用标准,从开发企业角度来说,防范此类风险应该在承包合同补充协议中作详细约定,尤其在涉及维修通知程序方面,开发企业要引起足够重视。

十、工程结算中拖欠工程款利息的起算时间与计算标准

《审理建设工程施工合同案件解释（一）》第二十六条规定，当事人对欠付工程价款利息计付标准有约定的，按照约定处理；没有约定的，按照同期同类贷款利率或者同期贷款市场报价利率计息。虽然司法解释对约定利息进行了明确规定，但还是对约定利息进行了限制，至少约定的利息计付标准应符合公平公正的原则。发包人拖欠工程款应该承担违约责任，但责任范围需受合理限制，因此，合同双方在约定利息时也应该参考相关利息计付的法律法规，否则计算标准约定过高也得不到法院的支持。根据2020年公布的《最高人民法院关于修改〈关于审理民间借贷案件适用法律若干问题的规定〉的决定》（已被修改），该文件明确以中国人民银行授权全国银行间同业拆借中心每月20日发布的一年期贷款市场报价利率（LPR）的4倍为标准确定民间借贷利率的司法保护上限，取代原规定中"以24%和36%为基准的两线三区"的规定，且民间借贷所涉的利息、违约金、其他费用之和也不得高于前述上限规定，大幅度降低民间借贷利率的司法保护上限。

拖欠工程款利息的起算时间。《审理建设工程施工合同案件解释（一）》第二十七条规定，利息从应付工程价款之日计付。当事人对付款时间没有约定或者约定不明的，下列时间视为应付款时间：①建设工程已实际交付的，为交付之日；②建设工程没有交付的，为提交竣工结算文件之日；③建设工程未交付，工程价款也未结算的，为当事人起诉之日。也就是说，拖欠工程款利息起算的时间根据实际情况有三个标准，一是工程交付之日，二是竣工结算文件提交之日，三是起诉之日。

第九节 建设工程索赔的防范及反索赔

一、应对承包人的施工索赔

施工索赔是指在建设工程施工合同履行过程中，因非自身因素，或者因发包人不履行合同或未能正确履行合同，给承包人造成经济损失，承包人根据法律、合同的规定，向发包人提出经济补偿或工期延长的要求。

（一）承包人常见的索赔

承包人索赔一般是因为工程变更或工程地质条件变化、施工条件变化、发包人违约、建筑市场价格出现波动、发包方或其工程管理不当、第三方干扰、发包人终止工程、法规和技术标准变化、货币及汇率变化等因素。常见的索赔包括工程量增减、工程质量变更、价格调整、延期支付工程款索赔，不常见的索赔包括关于合同文件有效性引起的索赔、因图纸或工程量表中的错误索赔、地质条件变化引起的索赔、工程中人为障碍引起的索赔、各种额外的试验和检查费用偿付、关于变更命令有效期引起的索赔或拒绝、指定分包人违约或延误造成的索赔、关于货币贬值和严重经济失调导致的索赔、关于延期的索赔、由于延误产生损失的索赔、赶工费用的索赔、人力不可抗拒灾害损失的索赔、特殊风险的索赔、工程暂停与中止的索赔、综合索赔、财务费用补偿的索赔等。

(二) 预防承包人的施工索赔

为避免承包人的施工索赔,发包人应做以下工作。

(1) 按合同约定的时间和要求向承包人提供"三通一平"施工场地,办好施工所需各种证件、批件及有关申报批准手续。

(2) 在施工合同履行过程中,尽量不变更设计。如果发生设计变更,可能会造成承包人重复采购、人力及施工机械重新调整、修改设计图纸、对已完工程进行拆除,必然造成施工成本比原计划增加,工期比原计划延长,进而引起承包人索赔。

(3) 应按照合同约定向承包人支付工程预付款或进度款。发包人应充分考虑工期的安排,对工程进度有十足的把握,并严格按照合同约定支付相关款项。如果不按期支付,工程可能延期,发包人也会面临承担违约责任,导致承包人索赔。

(4) 按合同约定向承包人供应材料、设备。如果发包人没有按合同约定的时间向承包人供应材料、设备,或者供应的材料、设备的种类、规格、数量、价格、质量等级与合同不符,导致工期延误,给承包人造成损失。

(5) 应在合同中约束监理工程师,不能随意中断施工。停工指令必须有依据,否则可能会引起承包人索赔。

(6) 在合同中约定不利的自然条件不能成为承包人索赔的依据,如在施工合同中约定,如遇恶劣的气候条件不顺延工期。

(7) 对已经产生的工期延长,可采用两种解决办法:一是不采取加速措施,工程仍按原方案和计划实施,但将工期顺延;二是指示承包人采取加速措施,以全部或部分弥补已经损失的工期。承包人工期索赔的主要依据是合同规定的总工期计划、进度计划,以及双方共同认可的对工期的修改文件、调整计划和受干扰后实际工程的进度记录,如施工日记、工程进度表等。如果承包人拿不到上述各种书面材料则不能有效索赔。

(8) 承包人提出费用索赔时,发包人应清楚索赔费用的组成。一般费用索赔包括人工费、材料费、施工机械使用费、分包费、管理费、利息、利润等,应审核承包单位是否存在重复计算,以及计算是否有依据。

(9) 索赔程序的问题。建设工程施工合同的示范文本对索赔程序和时限作了严格的规定,如果索赔超过了规定时限,或者未按照索赔程序进行,那么发包人可不予认可。在承包人索赔时,发包人应发现索赔程序的问题,并与施工合同及补充协议仔细对照,对于不符合索赔程序的内容不予赔偿。比如,索赔意向书递交监理工程师后应经主管监理工程师签字确认,对于未签字的不予认可。有关工程费用和工期索赔没有附有现场监理工程师认可的记录和计算资料及相关的证明材料的,也不予认可。

(10) 索赔时效。索赔事件发生后,承包人未在合同约定的时间内提出索赔的,发包人可不予认可。承包人必须按照合同约定的程序进行,否则会损失索赔应获得的利益。

(11) 利用施工方管理漏洞避免被索赔。索赔证据是关系索赔成败的关键,只有在确保原始资料完整性的前提下,才能将每一项索赔项目分初步设计图纸、施工图或设计变更的图纸、业主的书面指令、洽商记录和信函文件或每周例会纪要的记录、增加或支出费用的原始合同、计价单位以及实物照片等整理成证据,来证明索赔的成立。如果施工方不能提出有效的施工索赔证据,则对其提出的索赔不予认可。

(12) 逾期支付工程款利息的索赔问题。发包人拖欠工程价款存在利息支付方面的风险。

建设工程是一种特殊的商品,建设工程的交付也是一种交易行为,一方交付商品,对方就应当付款,该款项就产生利息。从法理上讲,利息属于法定孳息。发包方逾期支付工程款利息的,按照《审理建设工程施工合同案件解释(一)》第二十六条规定,当事人对欠付工程价款利息计付标准有约定的,按照约定处理。没有约定的,按照同期同类贷款利率或者同期贷款市场报价利率计息。第二十七条规定,利息应从应付工程款之日计付。当事人对付款时间没有约定或者约定不明的,以下列时间视为应付款时间:①建设工程已经实际交付的,从交付之日起;②建设工程没有交付的,从提交竣工结算文件之日起;③建设工程未交付、工程价款也未结算的,从当事人起诉之日起。在《审理建设工程施工合同案件解释(一)》实施之前,建筑施工单位垫资一般是不计算利息的,但按照《审理建设工程施工合同案件解释(一)》的要求,如果在合同中不约定或约定不明,开发企业必须支付利息,因此建议在签订施工合同时,即将利率约定清楚或者约定不支付利息,以保护自己的利益。开发企业也可以将逾期支付工程款的利息约定为银行同期活期存款的利率,或者约定为定期存款的利率。如果一定要约定为贷款利率,也要对累计的总额进行限制,不能超过一定的限度。

(13)关于料具损失赔偿的问题。如果承包方未向发包方提交料具受损失要求索赔的报告,则不予赔偿。即使有报告,也要对其真实性等情况进行严格核实。

(14)关于承包方主张窝工损失赔偿的问题。承包方主张窝工损失,必须在窝工事实发生后一定天数内向发包方发出要求索赔的通知,不符合《标准施工招标资格预审文件》第四章文件格式和《标准施工招标文件》第23.2条款关于承包人索赔处理程序的约定,一律不予赔偿。

(15)关于承包方主张发包方欠付施工技术措施费问题。施工的技术措施费应通过签证解决。

(16)利用承包人的施工质量问题防止索赔。交付符合约定的工程是发包人支付工程款的前提,质量状况直接决定工程价款的支付。如果因施工人原因致使工程质量不符合规定,发包人有权要求施工人进行修理、返工或改建,如果承包人拒绝,发包人可以减少工程价款。

(17)重视索赔证据。工程款的索赔必须有足以认定的有效证据,如现场签证必须是书面形式,项目要清楚、内容要明确、数量要准确、单价要合理。如果手续不齐全,或未作详细记录,一般不予以确认。

(18)在施工合同中不约定垫资利息。《审理建设工程施工合同案件解释(一)》第二十五条规定,当事人对垫资和垫资利息有约定,承包人请求按照约定返还垫资及其利息的,应予支持,但是约定的利息计算标准高于垫资时的同类贷款利率或者同期贷款市场报价利率的部分除外。当事人对垫资没有约定的,按照工程欠款处理。当事人对垫资利息没有约定,承包人请求支付利息的,人民法院不予支持。因此,发包方应充分利用这一条款给双方自由约定的权利,并充分行使该权利。

(三)建设工程款的优先受偿权问题

《审理建设工程施工合同案件解释(一)》第三十五条规定,与发包人订立建设工程施工合同的承包人,依据《民法典》第八百零七条的规定请求其承建工程的价款就工程折价或者拍卖的价款优先受偿的,人民法院应予支持。第三十六条规定,承包人根据《民法典》第八百零七条规定享有的建设工程价款优先受偿权优于抵押权和其他债权。因此,在诉讼中人民法院会认定建筑工程的承包人的优先受偿权优于抵押权和其他债权。通常认为,承包人优先受偿权的性质在理论上为法定抵押权,而且不需要登记。只要发包人未按约定支付价款,经催告逾期仍不支付的,这种法定抵押权就会产生,但优先受偿权仍受到一些限制。

案例:北京市朝阳区有一个房地产开发项目,该项目以公寓的名义立项。开发企业将该项目抵押给银行贷款,但该贷款并没有用在该工程上,而是被挪到外地使用。该工程由建筑承包商垫资,在取得预售许可证之后,开发企业将该项目出售给买受人,但该楼因为资金的问题,最终没有建成,因开发企业拖欠承包商工程款,承包商无力再继续垫资施工建设,该楼便成为烂尾楼。现在银行起诉开发企业,要求开发企业归还贷款并准备拍卖该项目以偿还银行的贷款;建筑承包方也起诉开发企业要求偿还工程款,且按《民法典》第八百零七条主张优先受偿权;与此同时,业主也起诉开发企业,要求退回购房款,但有的业主不同意退房,要求开发企业继续履行合同,交付房屋。

这个案子的三方权利存在冲突。即在建工程抵押权与工程款请求权的权利冲突、在建工程抵押权与买受人债权的冲突、工程款请求权与买受人债权的冲突。

开发企业为防范优先受偿权的风险,可充分利用《审理建设工程施工合同案件解释(一)》的规定,因为解释中明确了建筑工程价款不包括承包人因发包人违约、利息及损害赔偿金所造成的损失。因此,开发企业在与承包人发生争议,承包商主张优先受偿时,可以就承包商提出的优先范围提出抗辩。另外,开发企业一定要注意承包商的优先权行使期限,如果建设工程承包人行使优先权的期限自发包人应当给付建设工程价款之日起算超过18个月,则开发企业可以从行使期限上抗辩。

(四)应对委托代建合同的索赔

房地产开发建设项目有两种开发模式,即自建和代建。自建就是房地产开发企业自行设计、招标、投资建设的项目。代建是指房地产开发企业接受委托,由对方出资建设的项目,项目建成后移交给委托方,建筑物的所有权人为委托人,发包人为代建人,他们之间的法律关系为委托代建关系。建筑物权利人将拟承建的建筑物通过委托代建合同约定,委托代建人按照建筑物所有人的要求代为建设建筑物。交房期限、户型、建房费用、违约责任、代建费用等内容由委托人和代建人依照委托代建合同进行约定。这种委托代建合同的法律性质为房地产开发经营合同,不属于建设工程合同范畴。例如,银行委托房地产公司为其建设营业楼,房地产公司为发包人,施工单位为承包人,银行与房地产公司构成委托代建合同关系。代建必须符合以下三个条件:一是委托建房方必须能够提供土地使用权证书和有关部门的建设项目审批书以及有关立项的计划、建议书、规划图纸等;二是房地产企业不得垫付房屋建设资金;三是必须将建筑安装企业开具的建筑安装发票原票转交给委托方,只向委托方收取代建费。

北京市发展和改革委员会2004年公布了《北京市政府投资建设项目代建制管理办法(试行)》(已失效),其他许多城市也颁布了类似规定。根据该规定,此类合同的主要内容包括:委托人(市政府主管部门)、项目代建人(施工单位)、项目使用人(实际使用项目的单位)、项目概况、项目管理范围和内容、管理目标和投资控制、代建管理费等。对于此类合同的性质,多数人倾向于将其认定为施工合同。

委托代建合同与施工合同是两个不同的合同,法院在审理建设工程施工合同纠纷案件中,一般不追加委托人为当事人,也不判决委托人对发包人偿还工程欠款承担连带责任。委托人也无权以承包人为被告向法院提起诉讼,主张承包人对工程质量缺陷承担责任。委托人与代建人就委托代建合同发生的纠纷,一般也不追加承包人为案件当事人。

二、应对实际施工人的索赔

(一) 实际施工人的概念

实际施工人是《审理建设工程施工合同案件解释(一)》创设的一个概念,是基于保护工人利益、维护社会稳定提出的,目的是解决拖欠工人工资的问题。实际施工人包括:(1)非法转包的转承包人(肢解分包)实际施工人;(2)违法分包的承包人;(3)没有资质借用有资质的建筑施工单位的名义与他人签订建设工程施工合同的承包人,包括挂靠、内部承包、合作经营等形式。

(二) 实际施工人索赔给开发企业带来的风险

《审理建设工程施工合同案件解释(一)》公布后,实际施工人经常直接对开发企业提起诉讼。该司法解释第四十三条突破合同相对性的原则,规定了实际施工人以发包人为被告主张权利的,人民法院应当追加转包人或者违法分包人为本案第三人,发包人只在欠付工程价款的范围内对实际施工人承担责任。也就是说,实际施工人(包括施工队、工人)可以向作为发包人的开发企业主张权利,不仅可以向与他们签订合同的包工头要求支付工程款,还可以直接向发包商、建设单位要求支付工程款。如果承包人将工程转包收取一定的管理费用后,没有与发包方进行工程结算或者对工程结算不主张权利,转包方拿到部分工程款后不向工人支付工资、挪作他用,或卷款逃跑,这样导致实际施工人没有办法取得工程款,可能直接影响社会的稳定。根据《审理建设工程施工合同案件解释(一)》的规定,承包方的转包行为会给开发企业带来非常严重的法律风险。如果承包人将开发企业支付的工程款挪作他用,而不及时支付工人工资,则开发企业可能面临被工人起诉并赔偿损失的法律后果。

案例: 某公司与该市某建筑公司签订了一份办公楼的建筑施工合同,该公司为发包人,建筑公司为承包人。合同订立后,该公司按照约定履行了其阶段性付款等义务,建筑公司经理将工程分配给自己的老乡进行施工,并以劳务分包的形式与其老乡签订了合同,合同内容与发包方签订的合同基本一致,并规定建筑公司收取管理费。施工队开始进场施工后,该公司发现施工人员技术水平低,且施工组织混乱、施工质量低劣,于是找到建筑公司,要求其说明情况。建筑公司称因是新雇来的工人,技术水平相对较低,经过一段时间培训便可好转。但过了一个月,施工质量依然不见好转,该公司了解到建筑公司转包工程后,遂要求施工队立即撤出施工现场,并要求建筑公司履行相应的合同义务。建筑公司坚称是自己在履行合同,该公司无奈,在收集充分证据后到法院起诉,要求判决建筑公司实际履行合同,并承担迟延交工的责任。

(三) 对实际施工人索赔的限制

有些实际施工人利用《审理建设工程施工合同案件解释(一)》第四十三条第二款的规定起诉发包方。在实际施工人存在救济渠道的情况下,其合同相对人也具备支付工程款的能力,而实际施工人与和其有合同关系的相对人串通,或者合谋借机向发包人或者总承包人提起诉讼,以达到索要超过合同约定数额的工程款的目的,在达到目的后分赃。由于发包人与实际施工人之间并不存在合同关系,有的工程经层层转包,发包人对工程的实际施工情况毫不知情,对工程支出的实际费用更是无法核实。在此种情况下,以实际施工人名义提起诉讼的原告虚构事实,伪造证据,虚假做大工程量,提高工程费用,向发包人恶意主张高额工程款,企图通过恶意诉讼索取不正当利益,甚至有些主体并未参与施工也来主张权利。由于发包人对转包、违法分包合同的履行情况并不知情,无法抗辩,诉讼结果极有可能损害发包人利益。为避免这种情况的发生,该司法解释第四十三条第二款对突破合同相对性这一原理在适用时进行了严格限制。首先,原则上不准许实际施工人提起以不具备合同关系的发包人、总承包人为被告的诉讼,除非在实际施工人的合同相对方破产、下落不明等情形下且实际施工人没有其他救济渠道的前提下,才准许实际施工人提起以发包人或总承包人等没有合同关系的当事人为被告的诉讼。其次,在适用该司法解释第四十三条第二款规定时,原则上第一手承包合同与下手的所有转包合同均应当无效。最后,不准许借用实际施工人名义提起以发包人或总承包人为被告的诉讼,恶意损害其合法权益。借用实际施工人名义的诉讼不属于该司法解释第四十三条规定的案件受理条件和范围。对于总承包人欠付材料供应商的建筑材料款、借款等形成的债权债务关系,不属于该司法解释第四十三条第二款规定的适用范围。施工人的债权人不是实际施工人,也无权适用该司法解释第四十三条第二款规定,应以发包人或者总承包人为被告向人民法院提起诉讼。总之,不能扩大此条文的适用范围和适用条件,也不准许实际施工人利用此条款损害发包人或总承包人合法权益。

案例: 2009年5月4日,某开发企业与某总包单位签订施工总承包合同。2010年1月,包工头于某找到总包单位负责人,要求承包该项目强弱电部分的工程。总包单位称,于某必须以劳务分包的形式才能合法接活。于是,于某找到安徽省某劳务有限责任公司,由劳务公司和总包单位签订劳务合同,约定由劳务公司承接《某危改小区二期(南区)项目—3号5号住宅楼、地下室设备及电气工程施工合同》。合同签订后,于某找来23名工人施工,总包单位陆续给安徽省某劳务有限责任公司支付该项目的工程款,截至2011年1月19日已经全部付清合同内施工进度款,劳务公司在扣除管理费后将款项拨付给于某。但对于合同外增加的工程量,总包单位与于某存在纠纷,尚未结算。于某给23人打了欠条,承认欠23名工人约58万元工资。2011年10月,23名工人将于某、劳务公司、总包单位和开发企业起诉到法院,要求于某支付工资,劳务公司、总包单位和开发企业承担连带责任。

开发企业和总包单位答辩认为,开发企业和总包单位与23名工人不存在劳动合同关系,也无劳务合同关系,其错列了被告,诉讼主体错误。总包单位与安徽某劳务有限责任公司签订了劳务分包合同,双方约定安徽省某劳务有限责任公司分包总包单位发包的工程。开发企业和总包单位根本不认识该23人,更不可能与该23人存在劳动合同关系,也无劳务合同关系。至于本案中23人是否为安徽省某劳务有限责任公司员工,他们之间是否具有劳动关系等,开发企业和总包单位并不知情,开发企业和总包单位也不知于某为何人,更不存在为于某指定安徽省某劳务有限责任公司为其挂靠单位的行为。

开发企业和总包单位举证证明,开发企业已经将工程进度款拨付完毕,总包单位也举证证明分包款项已按照分包合同约定拨付至劳务公司,至于安徽省某劳务有限责任公司是否按照承诺书将该项目工程款用于足额支付给该工程所属的所有施工人员的全部应付工资,总包单位不得而知。即使该23人与安徽省某劳务有限责任公司存在劳动关系,鉴于开发企业、总包单位已经将该23人工作的项目发包给安徽省某劳务有限责任公司且按进度结清该项目工程款,因此,依据2004年公布的《最高人民法院关于审理建设工程施工合同纠纷案件适用法律问题的解释》(已失效)第二十六条的规定,实际施工人以发包人为被告主张权利的,人民法院可以追加转包人或者违法分包人为本案当事人。发包人只在欠付工程价款范围内对实际施工人承担责任。因开发企业与总包单位已支付了全部工程款,因此,无须对该23人承担责任。如果存在拖欠工资的问题,安徽省某劳务有限责任公司应承担拖欠该

23 人工资的责任,而不应由开发企业和总包单位承担连带责任。

法院一审判决,由于某承担该 23 人工资,安徽省某劳务有限责任公司承担连带责任,开发企业与总包单位无责任。

(四)实际施工人索赔的风险防范

(1)事先排除不符合实际施工人的主体。按照司法解释的规定,实际施工人可以发包人为被告主张权利,人民法院应当追加转包人或者违法分包人为本案第三人。如果实际施工人向发包人主张权利,实际施工人须提供足够的证据证明其身份,否则发包人将以其不符合实际施工人主体资格为由予以排除,不予支付欠付的工程款。实际施工人的主体资格可通过下列证据证明:①合同(承包合同、挂靠合同、内部承包合同、合作协议等);②施工资料;③工程增减变更签证单;④工作证;⑤工程款支取凭条;⑥施工现场照片、录像;⑦工程竣工结算报告送交回执;⑧施工会议纪要、备忘录、书面答复;⑨各种施工通知;⑩来往信件(书信、邮件、传真);⑪施工进度、计划记录;⑫工程延期签证(气象、灾害报告);⑬工地的交接记录;⑭建筑材料和设备的采购、订货、运输、进场、使用方面的记录、凭证和报表等。

案例:2006 年 11 月 6 日,HS 公司法定代表人郑某以某建筑公司的名义,和某煤矿公司签订了一份《工程施工合同》,承建矿山引水工程。合同约定工程造价以施工图预算加增减变更预算进行结算。合同签订后,HS 公司即组织进行施工。但是,由于施工签证不断变更及工程进度款持续拖欠,工程无法在合同约定的期限内竣工。

2008 年 6 月,HS 公司施工建设的引水工程等都已竣工,并交付使用。此后,HS 公司向煤矿公司报送了工程结算资料要求结算工程款,但煤矿公司以各种理由拖延,结算无法进行。在此期间,建筑公司被其上级主管部门注销。2009 年,煤矿公司支付了 HS 公司工程预付款、进度款 400 万元,其余工程款煤矿公司拒绝支付。HS 公司提起诉讼,要求煤矿公司以报送结算确定的工程款额度支付所欠工程款及利息合计 800 多万元。案件经一审、二审,均支持了 HS 公司提出的诉讼请求。

本案的争议焦点是 HS 公司是否为实际施工人。煤矿公司答辩称,与其签订合同的是某建筑公司,而非 HS 公司,其不是实际施工人,HS 公司无权以煤矿公司为被告提起诉讼,因为煤矿公司不是合同相对人。为了证明实际施工人的身份,HS 公司收集了施工合同、建筑公司资质证书、建筑公司对郑某的任职书、建筑公司上级单位出具的关于 HS 公司是实际施工人而建筑公司已被注销的证明、煤矿公司员工的证言、施工资料、报送结算的签收单证和付款凭证等。

(2)对于工人非正常讨薪风险规避建议。工人讨薪既有发包方拖欠总承包人或劳务分包人工程款的原因,也有承包人拖欠工人工资的原因,也有工人寻衅滋事,非正常讨薪,或者承包人以工人为借口恶意向发包人施加压力,以达到多结工程款或其他非法目的的原因。工人非正常讨薪的常用手段包括停工、围攻开发企业、承包商,以自杀威胁,以及通过新闻舆论或其他方式讨薪。

工人讨薪既有正常的,也有非正常的。正常的讨薪是指无论出于何种原因,工人的确没有拿到工资或者没有足额拿到工资,而非正常的讨薪则是指工人已经拿到足额工资,但是出于其他目的,或是意图非法占有,或者增加合同条件等,讨薪仅仅是表象,幕后的主使者多数是建筑企业或劳务分包企业。建筑企业或劳务分包企业恶意追索工程欠款的惯用手段包括:在非诉讼阶段,如果工程在建,建筑企业或劳务分包企业采取停工、断水断电、工人闹事等手段;在工程完工阶段,采取工人围堵施工现场或政府部门,制造社会影响,以迫使发包人就范。在诉讼阶段,建筑企业或劳务分包企业采用超过事实大额诉讼的方式,并按照起诉数额恶意查封发包人银行账户或房产、在建工程,以迫使房地产开发企业让步,答应其条件,或者滥用工程款优先受偿权的法律规定。

开发企业对工人非正常讨薪要从四个方面来防范,一是开发企业要资金到位、管理到位、风险防范意识到位。二是对承包人来说,开发企业要选择有实力且信誉好的承包人,并在总包合同中约定出现工人非正常讨薪事件时,总承包人要承担违约责任,并将违约责任具体化。具体的违约责任如何约定参见本书其他章节内容。三是在发生工人讨薪事件时与政府部门密切沟通和配合,争取在法律的框架内解决问题。四是对工人的讨薪要求进行甄别,合理合法的要求需要尽快满足,平息事态。对于甲方直接分包工程的包工头、总承包单位的分包单位、劳务公司的包工头卷款失踪的事件,工人工资应该重复发放,发放后要追究包工头个人法律责任,包括刑事责任或民事责任。对防止包工头卷款逃跑这类问题的最好防范措施就是总包方将工人工资单列,直接由总包方转入工人个人账户,如果做不到这点,可以要求总包方或劳务分包方每个月报工人领工资单,以备核查,防止长时间、大面积拖欠工人工资事件发生。

如果工人非正常讨薪涉嫌刑事犯罪的,或者涉及国有企业内部人员违法犯罪的,可介入公安、检察、纪检机关的力量,但前提必须是的确存在违法犯罪行为,不能以公权力介入而陷害他人。

案例:2011年,某建筑公司与某房地产公司签订了工程建设合同,合同约定由建筑公司承建某住宅项目。2012年9月10日,因建筑公司工人集体讨薪及工伤赔偿问题,县劳动部门要求房地产公司先行垫付,将相关款项转入劳动部门账户,由工人直接到劳动局领取。2012年9月13日下午,建筑公司的部门经理赵某,要求谭某伪造虚假的工人工资表,到劳动部门领取工资。9月14日,赵某让谭某找来40人,并负责40人的吃、住、往返车费并给每人每天发放300元报酬,两人伪造了一份43人共2039426元的工人工资花名册,实际上只有3名真实的工人。当天赵某从劳动局领取现金1390944元,后被劳动局工作人员发现,拒绝继续发放开发企业垫付的工资及工伤赔偿款。赵某与谭某商量,向劳动局施加压力,将剩余的款项从劳动局全部领走。赵某让谭某制作6幅横幅,并组织召集部分工人和社会闲杂人员60余人,从2012年9月17日15时20分开始从工地出发,举着横幅上街游行,到市中心繁华地区后占马路,并在中间静坐,堵塞交通,不听劝阻并向民警扔矿泉水瓶。

后赵某和谭某被公安机关刑事拘留,最后赵某被法院以诈骗罪、聚众扰乱公共场所秩序、交通秩序罪分别判处有期徒刑15年2个月和4年,数罪并罚,决定执行有期徒刑19年。谭某以诈骗罪、聚众扰乱公共场所秩序、交通秩序罪分别判处有期徒刑11年和4年,数罪并罚,决定执行有期徒刑14年。

(3)**明确发包人承担责任的条件和范围**。发包人只在欠付工程价款范围内对实际施工人承担责任。只有在发包人和承包人的工程款尚未结清的情况下,实际施工人才能向发包人请求支付,否则发包人无权支付。

案例:张某等30人以某工程公司的名义承接某开发公司的脚手架搭建工程。工程竣工验收后,张某与工程公司结算工程款,该工程公司欠付张某工程款30多万元。此后,张某多次催促该工程公司支付工程款,该工程公司以开发公司尚未结清工程款为由拒绝支付工程款。在多次催收无果后，张某以该开发公司和工程公司为被告向法院提起诉讼，要求两被告共同偿还所欠的工程款。庭审中，该开发公司向法院提交证据，称其已向该工程公司付清了全部工程款，该工程公司承认该开发公司已付清了工程款。法院依据本案查清的事实，认为开发公司只在欠付工程公司的范围内承担付款的责任，现开发公司已付清了全部工程款，因此，张某无权再向该开发公司主张支付欠付的工程款，该工程款应该由该工程公司承担。

（五）对政府相关部门强制要求支付工人工资的处理办法

案例：2014年5月18日，A公司与四川省B建筑工程有限公司（以下简称"B建筑公司"，项目二标段总包单位）签订了《建设工程施工合同》，合同约定开工时间为2014年5月18日，竣工日期为2018年1月16日。

四川省C商品混凝土有限公司（以下简称"C公司"）为B建筑公司材料供应单位，双方因买卖合同发生纠纷。C公司于2016年5月26日向某市某区人民法院提出财产保全申请，称B建筑公司购买其公司的混凝土，欠付货款，要求执行B建筑公司对A公司的债权，请求法院冻结A公司所属某分公司应付B建筑公司的工程款900万元。

2016年6月22日，法院向A公司送达《民事裁定书》及《协助执行通知书》，要求A公司协助执行，冻结B建筑公司在A公司应收工程款900万元。A公司收到该协助执行通知书时，应付而未付B建筑公司的工程款金额为62万元。

2016年6月22日，A公司收到法院协助执行通知书以后，基本上无可以扣押的应付工程款。在施工班组正常施工的情况下，如果A公司不支付每月进度款，将导致项目停工烂尾，也不会产生可供扣押的应付工程款，更不可能扣押900万元工程进度款。为保障项目建设施工正常进行和买房人的合法权利，并努力做好协助法院执行冻结900万元工程款的指令，A公司采取压缩支付进度款、逐步预留冻结款的方式执行协助执行工作，并确保了项目施工正常进行，直至2017年5月8日，A公司账户中预留的金额一直是高于1000万元的，完全能够保障法院对案件的执行。

2018年1月，法院再次向A公司送达了《协助执行通知书》，要求A公司将应付给B建筑公司的工程应付款900万元予以冻结。此时A公司银行账户所预留的资金仍然充裕，能够满足协助执行要求。但随后，在2018年春节前，因B建筑公司不支付工人工资，引发了大规模工人维权活动，某区人民政府、人力资源和社会保障局、检察及公安部门先后与A公司取得了联系，要求A公司配合有关部门积极解决这一问题，切实保障工人权益，否则将对A公司及其法定代表人采取罚款、拘留等措施；在与上述部门沟通后，A公司迫于压力以及配合维护社会稳定的原因，在区人民政府、区人民检察院、人力资源和社会保障局和公安部门的指令下，于2018年1月23日向工人直接支付了1200万元，解决了工人工资问题，但这也导致A公司银行账户中余留金额不足法院要求的900万元，法院以A公司拒不协助冻结和提取款项为由对A公司罚款80万元，冻结账户并查封了A公司项目2号楼及4号楼部分房屋。

2019年11月15日，法院下达了《决定书》，以拒不协助冻结和提取款项为由，决定对A公司罚款80万元。

2018年，因延期竣工、工程质量问题及维保问题，A公司起诉B建筑公司，要求B建筑公司返还A公司多支付的工程款，在协助执行期间一审法院对施工合同纠纷的案件作出判决，双方均上诉，二审正在审理中。

对于协助执行及罚款问题，A公司与区法院执行庭进行及时沟通，澄清了案件事实及经过，提供相关证明材料，申明A公司的态度和意见，并申请解除对A公司账户、资产的查封，撤销或减少对A公司的处罚。沟通内容如下：

（1）A公司没有妨碍法院执行的故意，坚决配合法院的执行工作，在法院的指导下，A公司已进行了如下工作。

①A公司收到法院发出的《执行通知书》（含报告财产令），要求A公司向法院报告当前以及收到执行通知之日起前一年的财产情况，A公司已将公司基本银行账户情况及持有的不动产情况进行了详细汇报，详见A公司提交的《财产情况报告》。

②A公司收到法院发出的《责令责任人追回财产通知书》，要求A公司追回向B建筑公司支付的900万元工程款，A公司已向B建筑公司发函，要求B建筑公司返还A公司向其支付的900万元工程款，并向法院提起诉讼，要求B建筑公司返还不当得利。

③为更好地协助法院执行，A公司还请求中共某市委政法委员会在区人民政府、人力资源和社会保障局、检察院及公安部门之间进行协调，确定A公司协助执行的方式。

④为证明A公司是在政府机关的指导下向B建筑公司付款的，不存在妨碍法院执行的故意，A公司向法院提交了下列证据：A公司支付给社保局款项的付款凭证、银行转账记录、签收记录；公安机关的出警记录；区政府、人力资源和社会保障局和检察院与A公司沟通工人工资问题的相关文件等。

（2）法院查封的A公司房屋价值高达1800万元，属于超标的额查封，请法院对部分房屋予以解封。

法院在裁定书中，裁定查封了A公司项目9套营业用房，上述查封房屋总价值已高达1800万元，法院要求A公司协助执行的金额仅为900万元，根据《最高人民法院关于在执行工作中进一步强化善意文明执行理念的意见》第四条的规定，严禁超标的查封，请法院对A公司部分房屋进行解封。

且法院查封了A公司上述房屋，致使A公司无法对上述查封房屋进行销售，如果A公司无法通过出售房屋进行回款，就没有足够的金额用于保障法院对案件的执行，如此一来就形成了恶性循环，不仅影响了A公司的正常运营，也不利于法院对案件的执行。

（3）请法院免除对A公司80万元的罚款。

2016年，A公司收到法院送达的《民事裁定书》《协助执行通知书》后高度重视，但当时无可以扣押的应付工程款，在施工组正常施工的情况下，如果A公司不支付每月进度款，则将导致项目停工烂尾，也不会产生可供扣押的应付工程款。为保障项目建设施工正常进行，且努力做好协助法院执行冻结900万元工程款的指令，A公司采取压缩支付进度款、逐步预留冻结款的方式履行协助执行义务，A公司账户中预留的金额一直是高于1000万元的，完全能够保障法院对案件的执行。

2018年，A公司第二次收到法院的《执行裁定书》，此时A公司银行账户所预留的资金仍然充裕，能够满足协助执行要求。但随后为保障工人权益，A公司在区政府、人力资源和社会保障局、检察院和公安部门的指导下，于2018年1月23日向工人支付了1200万元，导致A公司账户中余留的金额不足900万元。

虽然A公司的行为在客观上确实对法院的执行造成了影响，但A公司不存在妨碍法院执行的主观故意，而是出于正当理由，着眼于大局，为了维护社会稳定和农民工权益，让工人能够安心过年，在政府部门的指导下向B建筑公司付款的，且法院、人民政府、人力资源和社会保障局、检察院、公安部门均属于国家部门，A公司作为企业应当配合各部门的工作，但在上述几个部门的指令发生冲突时，A公司听从一方指令，必定违反另一方指令，这是无法避免的，并非A公司过错，因而对A公司进行罚款有失公允，请法院综合考虑上述情况，免除对A公司的罚款。

（4）B建筑公司对A公司的债权是不确定的，执行条件尚未成就，法院查封A公司房屋已经能够保障案件的执行。

根据《民法典》第五百三十五条及《最高人民法院关于人民法院执行工作若干问题的规定（试行）》第四十五条的规定，法院要求A公司协助执行的前提是B建筑公司对A公司有到期的、确定的债权，但实际上B建筑公司是否对A公司存在债权是不确定的，A公司与B建筑公司因建设工程施工合同纠纷一案在法院作出判决后，A公司与B建筑公司均上诉，现该案正在审理过程中，只有案件审理结束后，才能确定B建筑公司是否对A公司存在到期债权。如果二审判决认定A公司应向B建筑公司支付的工程款低于900万元，或者B建筑公司因违约在抵扣工程款后反而应向A公司支付违约金，那就涉及执行回转问题，极大地浪费了司法资源，也加大了本案的执行难度。

（5）A公司向法院出具了承诺书，承诺在市中级人民法院作出二审判决，确定了A公司应向B建筑公司支付的工程款后，A公司将按照区人民法院的指示，将应付工程款支付至指定账户，协助法院保障案件的执行。

三、发包人的反索赔

发包人反索赔，即发包人向承包人索赔，是指由于承包人不履行或不完全履行约定的义务，或由于承包人的行为使发包人受到损失，发包人为了维护自己的利益，向承包人索赔。广义的发包人反索赔包括施工索赔的预防和发包人向承包人索赔。狭义的发包人反索赔仅指发包人向承包人索赔。此处只讨论发包人向承包人的索赔，属于狭义的反索赔范畴。

（一）反索赔的依据

反索赔的依据分两个层面，一是法律规定的索赔依据，二是合同约定的反索赔依据。几乎所有的施工合同中都会约定，如果承包方不能按合同工期竣工、施工质量达不到设计和施工规范的要求，或作出其他使合同无法履行的行为，发包方均可以向承包方提出要求，按协议条款约定支付违约金，赔偿因其违约给发包方造成的损失。在签订合同时，发包人往往处于主动地位，约定违约金可从应付工程款中扣除，甚至可以用留置承包人材料设备的方法作为抵押。

（二）反索赔的类型

根据相关法律规定或合同约定，因承包人原因不能按照协议书约定的竣工日期或监理工程师同意顺延的工期竣工，或因承包人原因工程质量达不到协议书约定的质量标准，或承包人不履行、不完全履行合同其他义务，承包人均应承担违约责任，赔偿因其违约给发包人造成的损失。

（1）工程质量缺陷反索赔。在质量反索赔中，发包人可要求承包人对有缺陷的产品进行修补、要求承包人对不能通过验收的产品进行返工、要求承包人在规定的时间内修复存在质量问题的工程等。

（2）工期延误反索赔。承包人延误工期时，发包人可要求承包人支付延期竣工违约金，违约金一般按照合同事先约定的标准承担。在没有约定延期竣工违约金的情况下,发包人在确定违约金时,一般应考虑以下因素:发包人利润损失、由于工期延长而引起的贷款利息增加、工程延期增加的附加监理费、延期竣工不能使用致使发包人租用其他建筑时的租赁费等增大工程管理费的开支。在工期延误反索赔中,应收集工期进度延误的证据,以划清施工进度拖延的责任。如果是双方的责任,则应该分清各自的责任。

(3)工程保修反索赔。在保修期未满时尚未完成应该负责补修的工程时,发包人有权向承包人追究责任。如果承包人未在规定的期限内完成修补工作,发包人有权雇佣他人来完成工作,发生的费用由承包人承担。

(4)质保金的反索赔。

(5)解除合同反索赔。如果发包人合理地终止承包人的承包,或者承包人不合理地放弃工程或终止合同,则发包人有权从承包人手中收回由新的施工单位完成全部工程所需的工程款与原合同未付部分的差额。

(6)对指定分包人的付款反索赔。承包人未能提供已向指定分包人付款的合理证明时,发包人可以直接按照监理工程师的证明书,将承包人未付给指定分包人的所有款项(扣除质保金)付给这个分包人,并从应付给承包人的任一款项中如数扣回。

(7)经济担保反索赔。

(8)发包人方多支付工程款索赔。

(9)诉讼或仲裁成本的索赔。包括保全损失索赔、诉讼费、仲裁费、律师代理费支出索赔、诉讼交通费、差旅费等索赔。

(10)管理成本增加索赔。

(11)建筑商少投入索赔。如合同约定承包工程应获得结构长城杯或鲁班奖等奖项,但因承包商投入少,未按照评奖标准建设,最终未获得奖项。

(12)对购房业主的企业信誉、商业信誉造成损失的索赔。

(13)住宅项目购房业主遭受损失索赔。

(14)购房业主的合作伙伴或关联企业遭受损失索赔。

(15)工程建设失误索赔。

(16)发包人盈利和收入损失索赔。

(17)承包人未履行的保险费用索赔。

(18)对承包人超额利润的索赔。

(19)人身或财产损失的索赔以及行政管理或市政公用部门的索赔等。

发包人对于索赔额较小的请求,可以通过冲账、扣拨工程款、扣保证金等方式实施,这些处理方式也更为方便。

(三)索赔证据的收集

由于建设工程周期长,履行过程中的情况千变万化,因此必须注意收集证据,以防止将来诉讼或协商时没有证据支持。证据应具有三个特性,即客观性、关联性、合法性。建设工程索赔证据的收集必须符合以上三个特性,才能成为有效的证据。索赔证据包括下列内容。

(1)发包人要保存好招标文件、投标书、中标通知书、工程预算书、工程量清单、施工合同及附件、工程图纸、技术规范、设计文件及有关技术资料、发包人认可的施工组织设计文件、开工报告、工程竣工质量验收报告等签约文件。签约文件是明确双方权利义务的文本,是最重要的文件,因此需要妥善保管。如果双方签订了补充协议、备忘录、会议纪要等,也要妥善保存并随时备查,在重要的文件上请对方签字予以认可。

(2)工程各项有关设计交底记录、变更图纸、变更施工指令。

(3)工程各项经发包人、监理工程师签字的签证。

(4)工程各项会议纪要、协议、往来信件、指令、信函、通知、答复。

(5)施工计划及现场实施情况记录、施工日报及工长施工日志、备忘录。

(6)工程送电、送水及道路开通、封闭的日期记录。

(7)工程预付款、进度款拨付的日期及数额记录。

(8)工程有关施工部位的照片及录像。

(9)每天的天气记录,工程会计核算资料。

(10)工程材料采购、订购、运输、进场、验收、使用等方面的凭据。

(11)工程质量行政处罚的文件或工程质量鉴定的结论。

(12)有关影响工程造价、工期的文件。

(13)来往信件、电话记录、短信、微信等电子证据。

(四)施工索赔的预防

发包人应防范和减少承包人索赔事件的发生,在工程管理中要签署严密的合同条款,认真履行合同,避免违约。当发包方发现自己的行为构成违约时应及时补救,减少损失。施工索赔预防管理实践中,应着重加强以下工作。

1. 强化管理,降低索赔风险

(1)提高设计质量,杜绝边施工边设计,不让承包人因为工程变更而获得大量的索赔机会。

(2)对项目的投资、工期和质量要有符合实际的计划,推行限额设计,严格控制工程造价,减少结算和付款风险。

(3)认真研究合同条款,签订内容全面、切实可行的合同,要充分考虑工程在未来建设和结算中可能存在的各种风险,对索赔费用的结算原则作出明确的规定。

(4)明确监理的职责范围,对工程材料质量、施工质量、工期进行全面监督。

(5)对施工过程中的签证材料进行严格的审查,分清责任,对于承包人造成的一切损失,一律不予签证;应该签证的要及时核实和签证,而对于无法核实、超过时限的不予签证;承包人擅自变更的不予签证。如果合同履行过程中,发生了工期延误、价款调整或造成损失等情形,应及时提请签证。签证要及时,以书面形式向签字权人提出,内容明确具体。实践中,书面签证包括签证单、会议记录、往来信函传真等,要由专人长期保存。

(6)在施工过程中,如果发生了突发或非正常情况,发生情况的一方应及时将情况反馈给另一方,并取得另一方的书面认可。这种书面证据是为了防止日后被指责未按约定履行。总体来说,应建立严格的文档记录、资料保管制度,专人专管,以便于有效收集证据。

(7)在招标文件中明确,投标人可先到工地踏勘以充分了解工地位置、情况、道路、储存空间、装卸限制及任何其他足以影响承包价的情况,任何因忽视或误解工地情况而导致的索赔或工期延长申请将不被接受。

2. 对承包人提出的索赔要求进行评审和修正

(1)凡是工程项目合同文件中明文规定的索赔事项,承包人均有索赔权,如未作明文规定,可以拒绝索赔。

(2)审定索赔报告中引用的索赔证据是否真实全面,是否有法律效力。

(3)审定索赔事项的发生是否为承包人的责任。属于双方都有一定责任的情况,要确定责任的比例。

(4)在索赔事项初发时,如果承包人没有采取任何措施防止事态扩大,可以拒绝对损失扩大部分的补偿。

(5)考察索赔是否属于承包人的风险范畴。属于承包人合同风险的内容,如一般性多雨、物价上涨等,一般不接受因此产生的索赔要求。

(6)确认承包人是否在合同规定的时限内向发包人和监理报送索赔意向通知。

3. 认真核定索赔款额

(1)索赔费用的审查。主要审查索赔费计算的范围;索赔费计价水平;停工中的人工和机械不能按正常的人工费和机械台班计算;分清总部管理费和利润计算的条件。

(2)索赔工期的审查。工期的索赔值不一定是某项工序实际延误的时间,如果是承包人施工组织不当、工效不高、设备材料供应不及时等,则不予补偿。

(五)施工单位控制占据施工现场的索赔及预防

有些施工单位在与发包方发生纠纷后,采取不理智的做法,控制并占据施工现场,致使后续的施工无法进行,导致发包人工期延误,成本增加。

案例: 某开发公司于2000年与A建筑公司签订施工合同,建设某花园小区。A建筑公司施工至"正负零"之后,在2001年与开发公司发生纠纷,A建筑公司将施工现场所有的设备材料据为己有。开发公司无奈与A建筑公司解除了合同,又与B建筑公司签订了施工合同。在B建筑公司准备入场施工时,A建筑公司威胁、阻止B建筑公司进入施工现场。双方僵持1年,其后发生严重的暴力冲突。

承包人拒绝撤场主要有如下原因:一是承包人不同意在工程竣工之前发包人提出的解除合同要求,认为自己没有违约或者没有构成根本违约,不符合解除合同的条件,双方对于是否解除承包合同存在完全相反的理解。二是在工程竣工之前或竣工之后结算之前,承包人不同意发包人主张的合同无效并撤场的要求,认为承包合同合法有效,合同是否有效,不是由发包人单方认定的,应由法院认定,发包人无权让承包人撤场。三是发包人未按约支付工程价款、未结算或者未支付违约金、未赔偿承包人的损失,因此承包人不同意撤场。

只要承包人不退场,无论是在竣工之前还是在竣工之后,都会给发包人造成严重的损失。在竣工之前,如果承包人不撤场,则工程无法继续施工,必定导致延期竣工;在竣工之后,如果承包人不撤场,则工程无法交付,发包人构成逾期交房的违约责任。

避免纠纷的方法是,建设单位在与施工单位建立建设工程施工合同关系后,施工单位即对施工现场享有管理权和占有权,但是发包人不能对施工现场失去控制,否则将会使自身陷入僵局。所以,严格审查施工单位的资信情况,签订完备的施工合同,做好各种防范工作,建立健全合同管理和现场管理制度,是减少发包方损失的最佳途径。如果发生了无法控制的突发情况,要及时寻求法律帮助,由司法机关制止违法行为的继续进行,并对相应的财产采取保全措施,用法律的武器保护自身的合法权益。另外,应就施工单位在发生纠纷时撤场的条件、程序等作出约定,无论什么原因,一旦合同解除或发包人要求施工单位撤场时,施工单位仍占据施工现场,导致后续工程无法继续,则施工单位应承担较重的违约责任,而且要在总承包合同中约定发包人有强制接收施工现场或占有施工现场的权利。

除上述规避方法之外,开发企业对工程欠款案件的防范及应对也可采取如下措施。

(1)严格按照招标投标的法律规定执行,严格履行招投标手续,至少做到形式上完全符合规定。

(2)签订严格、严谨、规范、完备的《建设工程施工合同》。

(3)在合同履行及管理过程中严格执行授权、会议纪要、收发文等制度,并将其作为证据收集并存档。

(4)强化预算、采购、财务、审计监督、工程现场管理、监理等制度和流程。

(5)将合同管理贯穿于建设施工阶段的全过程。

第十节 建设工程施工合同管理及风险防范

一、建设工程施工合同管理

(一)建设工程施工合同的特征

(1)文本复杂。合同文本包括协议书、通用条款、专用条款三部分,条文繁多,内容庞杂。除上述合同文本外,建设工程施工合同必须经过细化、补充才能够实际履行。建设工程施工合同补充和细化的表现形式包括:签证、补充协议、往来函件、会谈纪要及其他经济洽商记录。另外,还有一些特有的必备条文,如索赔条款、支付工程价款的时间、欠付工程款应当支付的利息垫资条款、通过保修合同约定转移保修义务等。

(2)专业性强。施工合同当事人争议的工程量、工程质量等主要争议点多涉及专业技术问题。

(3)交易习惯和行业惯例多,管理模式有自己的特点。比如,签证是建筑业特有的行业惯例。

(4)合同利润低。

(二)建设工程施工合同的重要性

建设工程施工合同是指承包方按照发包方的要求,依据勘察、设计的有关资料和要求进行施工建设,由发包方支付价款的合同。建设工程施工合同是发包方和承包方为实现建设工程目标,明确相互权利义务关系的协议,是控制工程项目质量、进度、投资,进而保证工程建设活动顺利进行的重要文件。签订完备的建设工程施工合同是促进参与工程建设各方全面履行合同约定的义务、确保实现建设目标的重要手段。因此,建设工程施工合同对于承包方、业主乃至整个建筑市场的建设都具有十分重要的意义。重视建设工程施工合同是建筑市场发展的必然要求,也是规范参与工程建设各方行为的现实需要。

在房地产项目开发的过程中会涉及不同方面、不同类型的合同,不同类型的合同中不同的付款方式、结算方式、计量方式,甚至仅一字之差都会为企业带来不同的利益后果和法律后果,因此,房地产企业合同直接关乎企业生存与发展,房地产企业合同管理也必然是企业管理的重中之重,而如何完善合同管理制度、控制合同签订与履行中的各类风险是企业在合同管理中需要特别注意的问题。

(1)建设工程施工合同是建设项目管理的核心。任何一个建设项目的实施,都是通过签订一系列的承包发包合同来实现的。通过对承包内容、范围、价款、工期和质量标准等合同条款的制定和履行,发包方和承包方可以在合同环境下调控建设项目的运行状态。通过对合同管理目标责任的分解,可以规范项目管理机构的内部职能,紧密围绕合同条款开展项目管理工作。因此,无论是对于承包方的管理,还是对于项目本身的管理,合同始终是建设项目管理的核心。

(2)建设工程施工合同是发包方和承包方双方履行义务、享有权利的基础。为保证建设项目的顺利实施,通过明确双方的职责、权利和义务,可以合理分摊双方的责任风险,建设工程施工合同界定了发包方和承包方的基本权利义务关系。例如,发包方必须按时支付工程进度款,及时参加隐蔽工程验收和中间验收,及时组织工程竣工验收和办理竣工结算等;承包方则必须按施工图纸和批准的施工组织设计组织施工,向业主提供符合约定质量标准的建筑产品等。合同中明确约定的各项权利和义务是双方履约的行为准则,也是双方履行义务、享有权利的法律基础。

(3)建设工程施工合同是处理建设项目实施过程中各种争执和纠纷的法律依据。由于项目的建设周期长、合同金额大、参建单位之间关系复杂等特点,在合同履行的过程中,发包方与承包方之间、不同承包方之间、承包方与分包方之间,以及发包方与材料供应商之间不可避免会产生各种争执和纠纷。调处这些争执和纠纷的主要尺度和依据应是发包方和承包方在合同中事先作出的各种约定,如合同的索赔与反索赔条款、不可抗力条款、合同价款调整变更条款等。作为合同的一种特定类型,建设工程施工合同同样具有一经签订即具有法律效力的属性,所以,建设工程施工合同是处理建设项目实施过程中各种争执和纠纷的法律依据。

(三)建设工程施工合同的管理

1. 建设工程施工合同的形式

建设工程施工合同按照合同价款确定方式的不同,可分为固定总价合同、固定单价合同、成本加酬金合同和可调价格合同;按照合同所包括的工程范围及承包关系划分,又可分为总包合同、分包合同、独立承包合同及混合的承包方式,如承包方式为总包+指定分包+直接发包(总包范围是住宅项目土建、安装、装饰工程,指定分包范围是弱电、消防工程等,直接发包范围是电梯工程、专业配套工程等);按照是否包工包料的标准,可划分为包工包料合同、包工部分包料合同、包工不包料合同。

(1)按合同价款确定方式划分。

①固定总价合同。固定总价合同就是按照商定的总价签订的承包合同。固定总价合同以图纸和工程说明书为依据,明确承包内容和计算标价,除非发包人变更承包内容或者改变设计图纸,否则承包价款不变。固定总价合同的发包方式对发包人有利,因此目前市场上一般采用固定总价的承包方式。固定总价合同常见的争议类型主要包括以下三类,一是价格争议,包括材料涨价引起的价格争议、设计变更引起的价格争议;二是工程量争议,包括施工单位报价漏项、工程量错算较多等;三是施工承包范围争议,包括合同条款过于简单、资料不全、管理不善等。

②固定单价合同。当工程没有施工详图,不能精确地计算工程量,或某些条件不具备而急于开工建设,在这种情况下可采用固定单价合同方式。在实践中,可以采用的形式有以下几种。A.按分部分项工程单价承包。这种方式由发包人列出分部分项工程名称、计量单位和单价,如土方每立方米的单价、混凝土每立方米的单价,经双方协商后确定承包单价,签订合同,最后按实

际完成的工程数量,按合同单价结算工程价款。B. 按最终产品单价承包。这种方式按每平方米建筑物的单价确定承包单价,最终按照实际的测量面积计算最终的价款。C. 按总价决标,按单价结算工程价款。采用固定单价合同方式的,事先应确定额外工作付款费率表、日工价表和施工机具台班费率表等,这样可以避免由额外工作或工程变动引起的付款争议。单价合同中所用单位既包括人工费、材料费、施工安装费,也包括按一定百分比分摊的管理费和利润。

③成本加酬金合同。这种承发包方式按工程实际发生的成本加上双方协商确定的总管理费和利润来确定总包价。成本加酬金承包方式有成本加固定百分数酬金、成本加固定酬金和成本加浮动酬金三种具体的方式。这类合同在实践中很少采用。

④可调价格合同。目前几乎没有发包人使用此类合同,因此不再赘述。

(2)按照合同包括的工程范围以及承包关系划分。

①总包合同。总包合同是指一个建设项目的全部工程或某个阶段的全部工程由一个承包商承建,由总承包商将若干专业工作分包给专业承包单位,并进行统一协调和监督管理,发包人只与总承包商直接联系而不与各分包商直接联系。有时,发包人将项目发包给一个总承包方,然后将机电安装、弱电、装修等专业工程再分别发包给专业承包商。

②分包合同。这种模式是在同一开发项目上,发包人直接把工程分包给各承包商,与各承包商直接联系,但现场协调工作难度较大。

③独立承包合同。当开发项目规模较小、技术要求简单时,可采用这种发包模式。

除上述发包模式之外,开发企业根据项目的具体情况及管理模式,也可以采用业主方管理+监理管理质量的模式,或者业主方管理+监理管理质量+审价所审价的模式。

(3)按照是否包工包料划分。

①包工包料合同。包工包料是指由承包商负责施工所用的全部人工、材料和设备。

②包工部分包料合同。这种方式由发包人提供主材,承包商只负责主材之外的一部分材料。

③包工不包料合同。承包商仅提供劳务而不提供任何建筑材料,所有建筑材料均由发包人提供,即所谓的包清工。

2. 建设工程施工合同管理的风险

建设工程施工合同管理中的风险主要有:(1)开发企业没有制定固定的合同范本,时间成本高,效率低,合同内容不完备,抗风险能力弱;(2)没有对一些重大风险条款进行归纳总结,后续风险高;(3)合同中条款设计不注意量化,可执行性不强,如仅约定合同履行中某行为构成违约,但对如何承担违约责任没有约定;(4)合同签订后期跟踪管理不到位,发生纠纷不知道依据对自己有利的合同条款来主张权利;(5)合同管理不注重证据的收集与保存,导致索赔时处于被动地位;(6)合同管理制度不健全、管理部门不规范,导致人管合同而非制度管合同。对于上述风险,可采取以下措施应对。

(1)制定统一且完备的合同范本,使风险防范具有针对性。完备的合同范本应对关键条款的风险点予以规避和设置预案,要对合同履行的行为进行分解,使其具有可操作性,而且条款的设定要有连贯性,合同简单明了,没有歧义,而且合同要经过比较分析,取各类合同的长处。

(2)要有专门的合同管理部门,形成合同管理系统。对于开发企业来说,应有专门的合同管理部门,专门负责所有工程合同的总体管理工作,形成合同管理系统。对于大型的开发项目,设立项目的合同管理部门,专门负责与该项目有关的合同管理工作。对于一般的项目或较小的开发工程,可只设合同管理员。对于合同关系复杂、风险大、争议多的项目,可聘请专业律师或合同管理方面的专业机构管理,由专业律师或专业合同管理机构制定房地产企业合同管理办法,内容至少包括合同策划、合同签订、分析、交底、跟踪、诊断、评价等内容,并包括考察结果审批表、合同(协议)审批表、工程廉政协议、工程保修协议、合同摘要说明书、工程付款审批明细表、工程付款情况统计表、合同执行情况评估书等附件。

3.建设工程施工合同的管理

(1)合同的订立应遵循下列原则。①签订合同书原则。对于开发企业来说,在日常的经营中应该规定金额在一定数额以上的业务均须签订合同书。②标准文本基础上修改原则。开发企业应根据某一类业务事先制定统一的合同范本,在订立合同时应当采用统一制定的合同标准文本;尚未制定标准文本的,参照已经制定的最类似的合同标准文本。如果政府有关部门要求使用其统一制定的格式合同文件,可不制定标准合同的范本,但需要根据具体的情况对合同范本加以修改,制定补充协议,对范本的漏洞以及对开发企业不利的条款或未尽事宜进行补充。③事前签订原则。开发企业在交易之前应先签订合同,对于涉及付款的业务,需先签订合同再开始履行,不应未签合同即先履行。特殊情况下,有正当理由的,经单位有权决策的负责人签字批准,存在例外情况,但应尽快按双方商定的条件签订合同、补全手续。④合同审核原则。合同需经法务部、财务部等有关部门审核,按公司制度或根据公司制度制定的实施办法、实施细则或者合同审批表规定的程序报批;不得在合同内容未经审核的情况下擅自签订或者直接报签。采用合同标准文本或者政府有关部门制定的格式合同文本,如当事人对合同条款没有提出增加或删减的房屋买卖合同,可以直接报签。

(2)制定合同标准文本。合同标准文本是指公司为重复使用而就某类业务预先拟定的合同文本,包括标准条款和补充条款两部分内容。标准条款是合同标准文本的主要条款,系公司根据每种业务的性质和内容事先拟定的条款;补充条款包括开发企业另行补充的对自己有利的条款以及在标准文本中的空白部分,由具体业务的合同双方当事人协商加入。合同标准文本(主要是标准条款)由相关业务部门起草,报法务人员或外聘律师会同相关部门共同讨论修改,由法务人员综合各部门意见确定最终文本后报公司决策层通过后执行,技术性较强的合同(如设计合同等)可由相应技术部门确定最终文本。合同标准条款的确定应本着保护公司利益的原则,从公司角度充分考虑各种风险。对不宜推行标准文本的业务,应制订合同示范文本。在客观条件发生重大变化、原有标准文本不再适用时,由业务部门及时提出,按照规定的程序进行修改。在起草补充协议时应注意,不是补充条款的内容越多越细就越好,如果条款内容过多,对相对方约束过多,可能增加交易的成本,导致延迟交易或使交易失败。

(3)合同内容。合同内容按照《民法典》规定的必要条款拟定。合同中一般应约定争议的解决方式,是选择仲裁还是诉讼。如果选择诉讼,应考虑管辖问题,尽量选择对公司有利的管辖地。公司与对方当事人不在同一城市的,应尽可能选择公司所在地为诉讼管辖地。根据合同性质与客观需要,合同内容还可以有保修、知识产权保护、权利归属等条款。工程合同、房屋买卖合同等,应有保修条款。涉及知识产权(包括商业机密)的合同,应有保密条款和权利归属条款。涉及标的转让(所有权、使用权或占有权转让)或成果移交的合同,应有验收条款和风险承担或转移条款。

(4)合同的草拟。开发企业在与对方签订合同时,对于合同的起草权问题应主动争取,不能为了工作方便或省事,让对方起草合同。开发企业应争取起草合同,即使这增加了工作量或人员费用,但从维护开发企业利益的角度来看,这是值得的。因为起草合同的一方能更好地考虑和保护己方的利益,在合同中更全面准确地贯彻签约目的,在起草合同时可以避免增大开发企业的法律义务和责任。争取到起草权后,合同由经办人负责草拟,有合同标准文本的,应采用标准文本。

采用合同标准文本的,经双方协商,可以对标准条款进行修改,也可增加补充条款。政府有关部门有强制性规定的,可采用规定的格式合同文本;公司尚未制定或不宜采用合同标准文本的,应参照以往的合同或最类似的合同标准文本或合同示范文本另行拟定合同。起草合同是可以有效规避风险的措施,可给对方设置合法有效的履行障碍,以取得抗辩权。

(5)合同的报批。经办人员按照合同审批表的要求,将草拟好的合同分别报部门经理、法务人员等部门审核,各审批部门应在各自的职权范围内对合同提出书面审核意见,经办人员根据审核意见整理出最终的合同文本。不同性质、类别和内容的合同,审批程序存在差异,但所有合同均需要经法务人员审核,所有涉及款项收付的合同均需要经财务人员审核。公司规定的合同审核原则的例外,可作为报批审核程序的例外,但任何合同均应有部门经理签字同意方能报签。

(6)合同的签署。合同由经办人员负责办理报签手续,须在公司法定代表人或者法定代表人委托的代理人签字后加盖公司公章。合同内容在一页以上的,应在每页加盖骑缝章,并由经办人员及审批人员在每一页签字。法律法规规定合同应当办理批准、登记手续方能生效的,或者需要登记备案的,经办人员应当及时办理有关手续。

(7)合同的履行。①合同订立之后,经办部门与经办人员负责对合同的履行进行跟踪;财务部负责对合同的收、付款内容进行监督;法务部等其他部门应对合同的履行给予必要的协助。②经办人员应密切关注合同的履行情况,按照合同规定及时行使公司的权利,全面履行公司的义务,特别是对应收、应付款须及时报批结算,不得擅自延期履行。③合同的变更和补充。合同订立后,因客观条件发生变化需要变更合同内容的,或者对方提出变更要求的,经办人员应及时向部门经理请示报告,部门经理同意变更的,经办人员在与对方协商一致后起草变更后的条款,按照合同订立的有关程序办理,严禁擅自变更合同。工程类合同签订后在施工过程中因需要而调增或调减时,应先对原合同进行变更或补充且经审批后才可执行,不应只以工地签证为变更依据。法律法规规定变更合同应当办理批准、登记手续的,经办人员应当及时办理有关手续。

(8)合同履约阶段的法律风险。履行阶段的风险如下:①未及时变更合同。由于许多负责履约的项目负责人缺乏这种及时变更的意识,导致出现不应有的损失。因此,在出现合同变更情形时,一定要及时进行合同变更。②应当发出的函件(会议纪要)没有发出。在履约过程中,应及时地发出必要的函件,这既是合同动态管理的需要,也是维护开发企业利益的需要,因此项目或合同管理人员一定要引起足够的重视。③应签证确认的没有办理签证确认。④应当追究延期交工或赔偿的超出诉讼时效。⑤应当行使的权利没有行使。例如,《民法典》赋予了合同当事人不安抗辩权,但大多数的签约方都不会行使该权利。⑥应当重视证据(资料)法律效力的却没有足够重视。

(9)违约事项与争议报告。在合同当事人发生或可能发生违约时,或者发生与合同有关的争议时,经办人员须及时向部门经理报告并通知法务人员,由法务人员请示主管人员决定依法采取何种措施,也可由经办部门直接向主管人员请示决定。

(10)合同的保管。合同的保管应遵循及时归档、完整保存原件和便于查找的原则。合同保管的范围包括合同及附件、合同审批表、合同订立与履行过程中的所有书面材料。一般公司应设合约部或法律事务部,统一负责管理公司业务部门以本公司名义签订的合同,包括合同的编号和原件的备份工作,但因履行合同进行的款项结算而发生的单据由财务部门负责保管。各部门以本公司名义对外签订合同时应当一式三份以上(含一式三份),各部门保留一份合同原件或复印件存档,合同管理部门备份一份合同原件,其他由合同其他当事人或政府部门持有,具体份数根据合同当事人和需要报批部门的数目确定。

①合同的归档。档案管理员对本公司业务部门报送的和综合管理部拟归档保存的合同进行分类、编号、登记,在进行形式审查后加盖公司公章或者合同专用章,保证存档的合同内容完整。具体审查以下内容:A.合同各方当事人须签字盖章;B.合同规定的附件应齐全;C.属于合同保管范围的其他材料。档案管理员负责对归档合同按照《合同归档登记表》的要求做好登记和归档工作。经办人员对合同履行过程中的各项材料,除因款项结算与收、付款等原因而必须提交给其他当事人或者公司其他部门的材料外,其他材料应在合同履行过程中作为合同附件交付档案管理员及时归档,业务部门可将复印件留档,并在发生纠纷需要法务人员协助解决时,按要求将有关材料提交法务人员或代理律师。与履行合同有关的材料必须提交给其他当事人且公司没有备份的,经办人员应保留影印件。各部门应按要求对合同进行合理分类和编号。

②合同的保管形式。合同档案保存形式为文本原件。为研究和借鉴需要,实现资源共享,对绝密级以外的合同应在保存文本原件的同时,由合同管理部门负责以电子文档形式存放,各职员根据所授权限访问。

③合同的保管年限。合同文本原件保管期限一般最短为合同终止履行后3年,但下列情形除外:A.房地产项目基本合同与项目主体工程的设计、施工合同应永久保存;B.房屋买卖合同以及其他不动产有关的重大合同,保管期限最短为土地使用权期满后2年;C.其他合同标的金额在一定数额以上的合同,保管期限最短为履行期满后5年;D.与诉讼或仲裁案件有关的合同,应在诉讼或仲裁处理完毕(包括执行、申诉、抗诉期满后)后随案卷一起保存。

(11)合同的使用登记。合同在归档之后,凡需要调阅、复印的,应在档案管理员处办理登记手续;绝密级合同的调阅,须经合同管理部门与调阅者所在的部门经理签字批准。归还被调阅的合同时,档案管理员应当场检查合同是否有损坏、涂改或缺失,并予登记,由调阅者签字确认;如果合同有被损坏、涂改、缺失的情况,档案管理员应及时登记并向综合管理部作出书面汇报。

(12)合同的保密。各部门应根据合同的重要性,将不同性质和内容的合同划分为适当的密级。合同密级一般分为绝密、机密和保密三级。绝密级合同仅限公司高层领导和为正常经营管理而必须知悉合同内容的人员知悉;机密合同仅限公司中层领导以上人员和为正常经营管理而必须知悉合同内容的人员知悉;其他合同为保密级,除为正常开展业务所需外,不得对外传播。凡含有公司商业机密的合同应划为机密级或绝密级;房地产项目基本合同与土地、工程、采购等方面的标书应划为绝密级。合同经办人员、档案管理员对合同的保密负责;所有有条件知悉合同内容的人员都应按密级要求对合同内容予以保密。经办部门须在报送合同管理部门的合同上加扉页注明合同的密级。

(13)合同的销毁。合同保管期限届满后,档案管理员负责办理合同的销毁报批手续。不同性质、内容的合同,按不同程序办理销毁报批手续:①一般合同由档案管理员列示清单,报综合管理部及合同经办部门领导签字批准销毁;②标的金额在公司规定一定数额以上的合同,须由法律事务员、经办部门、财务部、合同管理部门会签同意后始得销毁。档案管理员负责落实合同销毁工作,保证未解密合同不在销毁过程中泄密。

(14)合同的分类。公司存档的所有书面合同均应由综合管理部档案管理员按统一标准进行分类。公司建设工程合同分类如下:主体工程合同(包括勘察设计合同和施工合同)、监理合同、安装合同、装修合同、主体配套施工合同、室外环境合同。

如果按照房地产项目开发阶段对合同进行分类,主要可分为如下几类:①投资决策阶段的合同;②土地取得阶段的合同;③规划设计阶段的合同;④建筑施工阶段的合同;⑤销售阶段的合同;⑥物业管理及维修保养阶段的合同。详细各阶段的合同如下表格所示。

表 7-1　房地产项目开发各阶段合同目录

开发阶段	分类	合同范本名称
投资决策阶段		律师法律服务合同
		会计师审计合同
		土地评估机构服务合同
		资产评估机构服务合同
		市场分析机构服务合同
		委托环评合同
		委托可研合同
土地取得阶段	土地一级开发类	企业与政府投资开发协议或框架协议
		土地一级开发协议
		土地一级开发委托协议
		拆迁委托协议
		土地整治合同
		土地置换合同
		拆迁补偿协议
	项目收购、转让	股权转让协议
		合作开发协议书
		项目转让合同
	土地类	国有建设用地使用权出让合同
		政府招商引资投资协议书(土地)
规划设计阶段		概念设计合同
		方案设计合同(若概念、方案为同一合同,归入方案合同)
		初步设计合同
		施工图设计合同(若初设、施工图为同一合同,归入施工图合同)
		建设工程设计合同一(民用建设工程)
		建设工程设计合同二(专业建设工程)
		(境外)建筑、景观工程设计合同
		装饰工程设计合同
		限额设计合同

（续表）

开发阶段	分类	合同范本名称
规划设计阶段	专项设计类	售楼处样板房建安设计合同
		人防设计合同
		水土保持合同
		小区导示系统设计合同
		商业导示系统设计合同
		灯饰设计合同
		钢结构设计合同
		污水处理设计合同
		供电设计合同
		其他设计合同（研发）
		其他设计合同（工程）
		设计审查合同
	地勘测绘类	地勘测绘合同
		地质勘察合同
		竣工勘测合同
		房屋、土地测绘合同
	三通一平工程类	平场土石方工程合同
		挡土墙（边坡支护）工程合同
		施工道路工程合同
		施工用水工程合同
		施工配电房土建工程合同
		施工配电房设备安装合同
		施工用电线路架设合同
		场区旧有管网改造合同
	临时施工类	临时供电供水合同
		临时用地用房租赁合同
		临时办公用房施工合同
		临时围墙工程合同
	其他工程类	监理合同
		供电工程监理合同
		建设工程质量监督协议
		白蚁预防合同
		工程技术咨询合同

（续表）

开发阶段	分类	合同范本名称
规划设计阶段	其他工程类	工程专项检验合同
		相关支持合同
		工程审计合同
		投资预算编制合同
建筑施工阶段	建筑施工类	建设工程施工合同
		绿化工程施工合同
		园建工程施工合同
		交通设施施工总合同
		交通设施施工分合同
		室内装修工程合同
		白蚁防治施工工程合同
		直饮水施工工程合同
		自来水管道安装工程合同
		煤气工程施工总合同
		煤气工程施工分合同
		永久用电施工工程合同
	设备设施安装类	电梯安装分合同
		柴油发电机组安装分合同
		小区智能化系统安装分合同
		冷却塔安装分合同
		橱柜制作和安装分合同
		游泳池设备安装分合同
		锅炉安装分合同
		冷水机组安装分合同
		柴油发电机环保工程分合同
		人防设备安装分合同
	配套设施合作类	幼儿园合作合同（自建非义务）
		学校合作合同（自建非义务）
		公共配套合作协议
	供电工程类	配电房土建工程合同
		配电房设备安装合同
		电缆管沟桥架施工合同

（续表）

开发阶段	分类	合同范本名称
建筑施工阶段	开闭所工程类	开闭所土建工程合同
		开闭所设备安装合同
	供水工程类	供水管道合同
	天然气工程类	天然气管道工程合同
	智能化工程类	电话系统接入合同
		数据通信系统接入合同
		有线电视系统工程合同
		数据通信网络施工合同
		安防对讲系统工程合同
		设备监控系统工程合同
		周界安防工程合同
		车管系统工程合同
		背景音乐工程合同
	排水工程类	雨水排放及处理工程合同
		污水管道工程合同
		生化池土建工程合同
		生化池工艺安装合同
		油污分离系统工程合同
	区内道路工程类	砼道路工程合同
		沥青路面工程合同
		桥梁工程合同
	环境景观工程类	堡坎工程合同
		小品制作合同
		人行道工程合同
		绿化种植工程合同
		水景工程合同
		路灯、庭院灯工程合同
		灯饰工程合同
		绿化用水管道合同
		信报箱制作合同
		小区（商业）导视系统制作安装合同
		小区零星环境设施合同

（续表）

开发阶段	分类	合同范本名称
建筑施工阶段	区外配套（含BT模式）类	区外高压供电工程合同
		区外水工程合同
		区外气工程合同
		区外干道工程合同
		电讯管道工程合同
	教育配套设施工程类	学校、幼儿园基础设施合同
		学校、幼儿园建筑安装工程合同
	会所工程类	会所建筑安装工程合同
		会所装饰工程合同
	体育设施类	游泳池土建工程合同
		游泳池装饰工程合同
		游泳池安装工程合同
		网球场土建工程合同
		网球场安装工程合同
		篮球场工程合同
		羽毛球场工程合同
		儿童游乐场工程合同
	生活配套设施类	车库划线合同
		农贸市场工程合同
		垃圾站工程合同
		公共交通工程合同
	周界栏杆工程类	围墙工程合同
		栏杆工程合同
		围墙照明工程合同
	技术服务类	沉降观测技术服务合同
		地质勘探技术服务合同
		桩基检测技术服务合同
	采购类	钢材采购合同
		水泥、商品砼采购合同
		门窗/铝合金采购合同
		外墙饰材采购合同
		屋面瓦采购合同
		装饰石材采购合同

（续表）

开发阶段	分类	合同范本名称
建筑施工阶段	采购类	地砖采购合同
		墙砖采购合同
		烟道及其他配件合同
		电梯采购合同
		水泵采购合同
		风阀采购合同
		热水器/热水炉采购合同
		水表采购合同
		阀门采购合同
		灯具采购合同
		电缆桥架采购合同
		电缆采购合同
		配电箱柜采购合同
		家用中央空调采购合同
		大型空调采购合同
		苗木供应合同
		冷却塔采购合同
		木材采购合同
		聚苯板采购合同
		中央吸尘器采购合同
		消防产品采购合同
		私家游泳池材料/施工合同
		洁具厨具采购合同
		康体园建设施采购
		境外采购合同
		其他材料设备采购
		会所、大堂家具、饰品购买合同
		售楼处、样板房物品购买合同
		售楼处、样板房花草购买合同
		集团采购合同

（续表）

开发阶段	分类	合同范本名称
销售阶段	售楼处建筑安装及装修类	售楼处建筑安装工程合同、
		售楼处装修工程合同
		样板房建筑安装工程合同
		样板房装修工程合同
		样板环境施工合同
		已建售楼处样板房样板区整改合同
	销售类	商品房销售定金协议
		商品房销售意向协议
		商品房预购协议
		商品房买卖合同
		商品房买卖合同补充协议
	营销推广类	广告代理合同
		电视广告年度发布合同
		报纸广告年度发布合同
		电视广告年度代理合同
		销售代理合同
		广告设计合同
		电视广告代理合同
		电台广告代理合同
		户外广告发布合同
		电视广告制作合同
		广告宣传单派送合同
		车身广告发布合同
		电视广告监测合同
		展销现场布置合同
物业管理及维修保养阶段	房屋租赁管理类	居间合同
		场地租赁合同(出租方)
		场地租赁合同(承租方)
		中介合作协议书
		房地产租赁合同(包括住宅租赁补充合同和商铺、商场、写字楼租赁补充合同)
	设施维护类	可视系统等维修保养承包合同
		消防报警设备维修保养承包合同

(续表)

开发阶段	分类	合同范本名称
物业管理及维修保养阶段	设施维护类	清洁合同（楼宇交付前的全面清洁）
		日常清洁合同
		外墙清洁合同
		储水池清理、消毒合同
		化粪池、沙井清理合同
		灭虫合同
		绿化保养承包合同
		室内绿化布置合同
	物业合作类	物业管理委托合同
	融资类	贷款合同
		信托合同
		其他融资合同
		资产抵押合同
		担保合同
		协议存款利率合同
		资产评估合同
	咨询服务类	财务审计合同
		税务顾问合同
		验资合同
		资金监管协议
		项目资本金监管协议
		股权转让协议（资产营运管理）
		委托理财合同
	其他类	员工劳动合同与保密协议书
		员工劳动合同补充协议
		定作合同
		制作及安装合同
		印刷合同
		雕塑制作安装合同
		股东协议

二、建设工程施工合同的风险防范

有关建设工程施工合同的示范文本，主要由两个行政部门主导制定，一个是国家发展和改革委员会牵头联合其他部委(局)制定,另一个是建设行政主管部门与市场监督管理部门制定。2007年11月1日,国家发展和改革委员会、财政部、建设部、铁道部、交通部、信息产业部、水利部、民用航空总局、广播电影电视总局九部委(局)联合公布了《〈标准施工招标资格预审文件〉和〈标准施工招标文件〉试行规定》(以下简称《试行规定》)及相关附件,自2008年5月1日起施行。2013年3月11日,九部委(局)发布《〈标准施工招标资格预审文件〉和〈标准施工招标文件〉暂行规定》,对《试行规定》作出修正,自2013年5月1日起施行。除此之外,在招标投标领域,各有关部门先后出台《简明标准施工招标文件》《标准设计施工总承包招标文件》《标准设备采购招标文件》《标准材料采购招标文件》《标准勘察招标文件》《标准设计招标文件》《标准监理招标文件》等一系列标准文件。

2011年12月20日,国家发展和改革委员会、工业和信息化部、财政部、住房和城乡建设部、交通运输部、铁道部、水利部、广电总局、中国民用航空局发布《关于印发简明标准施工招标文件和标准设计施工总承包招标文件的通知》,规定依法必须进行招标的工程建设项目,工期不超过12个月、技术相对简单、设计和施工不是由同一承包人承担的小型项目,其施工招标文件应当根据《简明标准施工招标文件》编制;设计施工一体化的总承包项目,其招标文件应当根据《标准设计施工总承包招标文件》编制。《简明标准施工招标文件》和《标准设计施工总承包招标文件》两标准文件自2012年5月1日起实施。

发改委牵头制定的关于标准施工招标等一系列文件,侧重于规范招标投标,而建设工程施工合同的范本仅作为招标文件的一部分。

建设行政主管部门曾先后制定过四个关于建设工程施工合同的示范文本,最早的示范文本是1991年国家工商行政管理局、建设部制定的《建设工程施工合同(示范文本)》(GF—91—0201)(以下简称《1991年版示范文本》)。1999年,又在《1991年版示范文本》的基础上进行了修订,并于1999年12月24日发布了《建设工程施工合同(示范文本)》(GF—1999—0201)(以下简称《1999年版示范文本》)。

2013年4月3日,住房和城乡建设部、国家工商行政管理总局公布《关于印发建设工程施工合同(示范文本)的通知》,对《1999年版示范文本》进行了修订,制定了《建设工程施工合同(示范文本)》(GF—2013—0201)(以下简称《2013年版示范文本》),该范本自2013年7月1日起执行,《1999年版示范文本》同时废止。

2017年9月22日,住房和城乡建设部、国家工商行政管理总局公布《关于印发建设工程施工合同(示范文本)的通知》,对《2013年版示范文本》进行了修订,新的《建设工程施工合同(示范文本)》(GF—2017—0201)(以下简称《2017年版示范文本》)自2013年10月1日起执行,《2013年版示范文本》同时废止。

(一)示范文本的修改

《2017年版示范文本》与《2013年版示范文本》相比,改动不大,在结构方面没有变化,《2017年版示范文本》依然由合同协议书、通用合同条款和专用合同条款三部分组成,文本目录也与《2013年版示范文本》完全一致。《2017年版示范文本》主要对缺陷责任期、质量保证金条款进行了修改。此次修改的主要原因在于住房和城乡建设部、财政部于2017年6月20日公布了《住房和城乡建设部、财政部关于印发建设工程质量保证金管理办法的通知》,对《建设工程质量保证金管理办法》进行了修订。《2017年版示范文本》的修改主要是根据前述办法在质量保证金比例(3%)、预留、抵扣、缺陷责任期的起算及责任期内不履行修复义务的处理等方面作了与前述管理办法相一致的调整。从发包人(甲方)的角度来看,现举例说明《2017年版示范文本》应补充的内容。

(1)应细化违约责任,尤其是承担违约责任的具体方式。范本合同很多条款规定了哪些行为是违约,但是缺少对承担违约责任的具体规定,如果承包方发生违约行为,则难以追究违约责任。以范本合同1.8条款严禁贿赂的规定举例,此条款仅仅规定了不得以贿赂或变相贿赂的方式,谋取非法利益或损害对方权益。因一方合同当事人的贿赂造成对方损失的,应赔偿损失,并承担相应的法律责任。承包人不得与监理人或发包人聘请的第三方串通损害发包人利益。未经发包人书面同意,承包人不得为监理人提供合同约定以外的通信设备、交通工具及其他任何形式的利益,不得向监理人支付报酬。但是如果承包方发生了以上行为,如何赔偿损失,如何承担违约责任,没有量化的标准,因此类似这样的条款应明确约定承担违约责任的具体方式。仅举以上一例,示范文件中存在大量的类似条款,甲方都应在补充协议中予以明确。

(2)对发包人代表权限进行限制。范本合同中对发包人代表的权限范围没有明确规定,例如没有对发包人代表关于工期变更天数、价款变更数额等签字权进行限制,这样可能会造成因为发包人代表权限过大,没有经过各专业部门或公司各层级的把关,导致工程造价失控。

(3)对承包人项目经理驻场时间及各专业人员更换进行限制,如果与事先的名单不符或承包方用A人员代替B人员,则承包方应承担具体的违约责任。

(4)应对竣工结算审核条款进行修订。范本第14.2条款内容如下:除专用合同条款另有约定外,监理人应在收到竣工结算申请单后14天内完成核查并报送发包人。发包人应在收到监理人提交的经审核的竣工结算申请单后14天内完成审批,并由监理人向承包人签发经发包人签认的竣工付款证书。监理人或发包人对竣工结算申请单有异议的,有权要求承包人进行修正和提供补充资料,承包人应提交修正后的竣工结算申请单。发包人在收到承包人提交竣工结算申请书后28天内未完成审批且未提出异议的,视为发包人认可承包人提交的竣工结算申请单,并自发包人收到承包人提交的竣工结算申请单后第29天起视为已签发竣工付款证书。这样的约定对发包方非常不利,实践中发包方很少能在28天之内完成审批,如果发包人因工作失误没有注意到这项条款,在28天之内没有提出书面异议,那么无论承包方结算金额报多高,都要认可,这样会给发包方造成极大的损失,因此必须对这项条款进行修改。

(5)如果发包方提供的图纸仅仅有一部分迟延,但是不影响工期,此时可以在补充协议中明确,发包方虽延迟提供图纸,但是如果影响工期则双方通过签证解决,如果没有签证,视同未影响工期。

(6)关于施工扰民与遭遇民扰,范本合同里应增加以下内容:承包人应采取适当的措施对施工现场周围的居民和公众进行安抚并协调关系,并在必要时支付补偿金,以避免施工所产生的噪声、震动和光线等扰民因素导致遭遇民扰,对工程进展造成影响。

(7)范本合同中关于监理人的条款,应增加在甲乙双方发生争议时,监理人应提供证据以证明案件事实的条款。

(8)发包人供应设备材料的条款。如果涉及甲供材料设备的,则涉及甲供材料设备的供应时间是否延误,质量、材料使用过程中是否存在浪费、材料回收等问题,这些细节都应在补充协议中约定清楚。

(9)应对范本合同中关于现场签证的内容进行详细的约定。现场签证直接关系工程造价与竣工结算,但范本合同中只在1.1.5.5条款中出现了现场签证的概念,对签证的程序、签证单格式、签证与进度工程款支付关系、签证与结算、签证的效力等未作出详细的约定,因此建议开发企业制定签证管理办法,将其列为总包合同的附件,由双方遵照执行。

（10）范本合同中应约定关于竣工结算应提交的详细资料,并列明资料清单,资料清单不全,则不接收竣工验收资料,视同承包方未提出竣工结算申请。另外,还需要约定竣工结算办法、审减率、结算与审计的关系等内容。

（二）建设工程施工合同风险防范的具体措施

根据现有法律规定及建筑施工领域的管理制度,发包人在施工活动中要承担的责任非常广泛且风险极大。发包方应在施工合同履行过程中从合同管理、质量管理、工期控制等方面采取措施防范风险。

（1）注意审查施工主体的资格。对施工主体资格进行审查是合同签订前的必备工作。开发企业应严格审查承包人主体真实性、资质等级及履约信用,必要时可进行资信调查。

（2）仔细阅读施工合同文本。开发企业要仔细阅读和理解通用条款,不仅要明确合同用语的确切含义,还应明确在专用条款未作特别约定时,通用条款会自动成为合同双方一致同意的合同约定。专用条款是合同双方针对特定项目所作的特别约定,如果开发企业希望能增加某些特定内容,可以在这部分添加。开发企业可以针对项目具体情况,约定对自身有利的工期、质量、造价、材料设备采购、检验、违约责任、合同解除等条款。工程质量条款应约定工程质量需要符合的标准,以及双方对工程质量有异议时的鉴定机构和程序。支付价款条款应对如何申请拨款、需要报何种文件、如何审核确认拨款数额,以及双方对进度款额认识不一致时如何处理作详细规定。取得工程合同价款是施工单位签订建设工程合同的目的,因此,应该对验收和结算程序进行明确约定,以便顺利达成合同目的。

（3）对工程进度拨款和竣工结算程序作出对发包方有利的详细规定。

（4）总包合同中应具体规定发包方、总包方和分包方各自的责任和相互关系。

（5）明确规定监理工程师及双方管理人员的职责和权限。

（6）运用担保条件,降低风险系数。

（7）利用有利条件,选择最有利的争议解决方式及诉讼管辖地。

（8）及时发出商讨函、索赔函,避免送达纠纷。开发企业应当在合同中明确约定送达的方式及收件人,在送达方式上要采用专递的方式。同时,一定要在专递的封面上注明送达的主要内容。在合同中没有明确约定关于通知的送达方式的情况下,可采用公证送达的方式。因为整个送达过程中,公证是最具有公信力的,一般情况下,不需要其他证据佐证即可被法院认定为有效。

（9）加强相关证据的收集和保管。发包人要注意履行合同过程中证据的收集,包括一些往来信函、传真、会议纪要及电子邮件等,并及时进行登记保管。同时,应加强合同的履行管理,一旦发现合同关键条款约定不明确或没有约定,双方可以协议补充,这样可以减少合同履行过程中的纠纷。在实践中,对于一些规模稍大项目的施工合同,一般都是由总公司的开发部门与发包方签订的,而合同履行一般是由项目部或实际施工人进行的。因此,发包人应注意在合同履行的过程中,如何与施工项目部主要负责人及合同管理人员沟通、协调,认真研究合同的每一项条款,避免在合同履行过程中存在歧义或发生争议,不能脱离合同履行。从管理的角度来看,开发企业应对项目主要负责人、合同承办人员和合同管理人员进行必要的法律法规知识、企业管理知识和相关知识的培训,提高这些人员在合同管理及合同履行方面的能力和水平,以避免产生不必要的纠纷和损失。

（10）在签订合同时要求承包人确认,其已对施工现场进行了实地勘察,发包人已按照合同约定的时间和要求向承包人提供"三通一平"的施工场地,即水通、电通、施工道路通,并已办好施工所需各种证件、批件及有关申报批准手续,已准备好向承包人提供施工场地地下管网线路资料。这样可避免承包人在延期交工时将责任推给发包人。

(11)施工过程中的罚款问题。很多发包方为了约束承包方,都与承包方签订协议,要求承包方出具承诺书,违反相关规定就对承包方进行罚款。从法律的角度来说,发包方并无罚款权,因为双方是平等的民事主体,并非行政管理关系。实际上发包方完全可以换一种表述方式,即要求承担违约责任,承担违约责任的具体方式就是支付违约金。

(三)有条件使用 FIDIC 合同条件

FIDIC 是国际咨询工程师联合会的法文全称缩写。FIDIC 下设的多个专业委员会制定了许多建设项目管理规范与合同文本,土木工程施工行业现行 FIDIC 条款是其中之一。FIDIC 合同条件共计 72 条 195 款,先后经过四次修改,被广泛用于国际性招标的工程施工。

1. FIDIC 合同条件的优点

(1)脉络清晰,逻辑性强,承包人和业主之间的风险分担公平合理,没有模糊空间,任何一方都无机可乘。

(2)对承包人和业主的权利义务和工程师职责权限规定明确,使合同双方的权利义务界限分明,工程师职责权限清楚,避免合同执行中发生过多的纠纷和索赔事件,并起到互相制约的作用,有利于确定工程价款和调整范围。

(3)被大多数国家采用,为世界大多数承包人所熟悉,有利于实行国际竞争性招标。

(4)便于合同管理,对保证工程质量,合理地控制工程费用和工期起到良好作用。

2. FIDIC 合同条件与我国法律法规的不同

FIDIC 合同条件中有些规定与我国现行法律法规的规定不完全一致。例如,我国由设计院负责设计,且设计方案须得到政府有关主管部门的批准,而 FIDIC 条件是工程师批准设计;又如,我国规定工程质量交付前要评定等级,至少是合格才能交付使用,竣工验收由业主方负责,政府备案,而 FIDIC 合同条件未规定质量等级,工程质量核验权在工程师,只要获得工程师满意即算质量合格;再如,业主指定分包商与我国现行法律规定也略有不同,仲裁程序及机构的选择与我国的规定也不一致。若双方当事人选择使用该合同文本,总体上并没有违反我国现行建筑法规的禁止性规定,是合法有效的民事行为,但要注意与我国法律法规的衔接,避免出现合同条件与我国的法律法规冲突而导致合同全部条款或者部分条款无效的情形。

3. 国内项目使用 FIDIC 合同条件时应注意的问题

国内工程直接采用 FIDIC 合同条件时,需根据我国的法律法规以及项目的具体情况,对合同条件的适用作出说明和限制。

(1)应将 FIDIC 合同条件中的"州法令"解释为工程所在地的法规或规章。

(2)为了使工程质量符合分优良、合格、不合格等级及质量验收的国内规定,要对工程质量等级和竣工交付作特别约定。可以这样约定:工程竣工是指图纸范围内的建筑安装工程全部结束,调试合格,并通过业主、工程师和政府有关主管部门的验收,可以投入使用,这样就避免了 FIDIC 合同条款与国内法规相冲突。

(3)一般国内的工程造价确定,如果没有特别说明,是指合格工程的造价。使用 FIDIC 条款应当约定当工程达到优良或不合格时如何处理。

（4）争议管辖及法律适用的问题。FIDIC合同条件规定，发生任何争议，雇主和承包商均应首先以书面形式提交工程师，工程师在收到文件后的84天内作出决定。雇主和承包商对作出的决定有任何不满意，应在收到工程师决定后70天内由工程师通知另一方将争端提交仲裁管辖的意向。否则，不应将这一争端提交仲裁管辖。如果不能达成一致，可在仲裁意向通知发出后第56天或在此之后开始仲裁。上述规定将争端提交工程师作出决定是仲裁开始的必经程序，而根据《仲裁法》和《民事诉讼法》的规定，这一规定对当事人没有约束力，当事人双方发生争议后可直接向法律规定或约定的仲裁机构起诉。另外，FIDIC合同条件中明确规定了根据国际商会的调解与仲裁章程，处理国内施工工程争议时只能选择国外的仲裁机构，如果选择国外的仲裁机构，则与我国现行仲裁方面的法律规定相冲突。因此，建议选择我国的仲裁机构仲裁或有管辖权的法院管辖。

（5）在国内工程中使用FIDIC合同条件时，业主或承包商应听取专业律师对合同的条款，以及合同履行中争端的咨询意见，避免合同条款与现行法律法规相冲突。

第十一节　开发企业材料设备采购的风险及防范

根据项目情况的不同及开发企业具体做法的不同，在建筑施工过程中所用的材料有的由甲方提供，有的由乙方提供，施工机具等有些由劳务分包方提供。由于建筑施工存在多个主体，因此材料设备商的供应主体也不一致。按照《审理建设工程施工合同案件解释（一）》第十三条规定，发包方提供或者指定购买的建筑材料、建筑构配件、设备不符合强制性标准，造成建设工程质量缺陷的，应当承担过错责任。

一、开发企业采购材料设备的风险

材料采购风险表现为固有风险、采购围标串标风险、内控风险、道德素质风险、采购合同履约风险、采购计划风险等。下面从采购合同履约风险的角度介绍采购材料设备的风险。

（一）货款纠纷的风险

主要表现形式是开发企业欠付材料设备供应商货款，超过付款期限仍不支付。欠付的原因多种多样，可能是开发企业资金紧张，也可能是双方在质量、数量方面存在争议。

（二）质量纠纷的风险

在购买材料设备时，可能存在质量不合格或瑕疵等情况，给开发企业造成的损失，或者给第三方造成的损失由开发企业偿付。

案例：某商务会馆投资公司于2005年9月与某混凝土公司口头商定：混凝土公司为商务会馆投资公司装修的某商务会馆提供商品混凝土。2005年9月30日，混凝土公司提供的混凝土浇筑某商务会馆八层水池、二层地面中央共享空间部位、九层圆形餐包地面及楼梯等其他部位。当晚混凝土公司到施工现场浇筑，10月1日中午现浇完毕，10月5日发现商务会馆投资公司提供的混凝土没有按常规凝固。后双方确认已浇筑混凝土不能达到C30强度。经混凝土公司技术分析后确认，不能正常凝固的原因是混凝土公司提供的C30混凝土里是碎石而不是豆石,且强度不够,达不到 C30 标准,与事先约定不符。10 月 10 日,混凝土公司决定拆除已浇筑的混凝土返工,并同意赔偿包括房屋租金、营业额、职工工资等损失,但具体数额未定。

后双方因赔偿数额发生争议,商务会馆投资公司起诉到法院,要求混凝土公司赔偿因拆除现浇部位而导致的工程施工及材料等损失 361868 元、租用汽车泵的租金损失 3500 元、电梯运输费损失 10000 元、因承担第三人的赔偿责任造成的损失 28274 元、耽误营业时间内的营业场所租金损失 767123 元。最后,法院经过一审、二审,判决混凝土公司赔偿商务会馆投资公司约 60 万元。

有些施工单位在建设工程招投标时对工程主要建筑材料的品质、设备有所要求,但由于建筑材料市场供求关系的影响,或者出于利润最大化的考虑,承包方未按招投标时对材料设备的承诺使用特定材料设备,而采用合同之外的其他材料设备,这也会引起纠纷。

(三) 数量纠纷的风险

数量纠纷的主要表现形式是开发企业提错了计划或设计变更引起的数量变化,以及开发企业在验收时多签单。验收时多签单的原因有可能是工作失误,但多数是因为出售方与开发企业材料验收人员相互勾结,虚构数量多签收,或者验收人员收取商业贿赂、材料设备供应商多结算合同价款,损害开发企业的利益。

解决办法是在购销合同中约定,应当由开发企业向卖方出具授权书,在授权书中明确收货人员的名单,只有名单上的人员才有权签字,这样就限制了签字人员的范围。有权签字人以外的任何人在收货单上签字均不视为开发企业收到了货物,开发企业将不予认可。另外,在合同履行中如果变更收货人要及时出具变更手续,无变更手续的不能作为收货人。

(四) 被骗的风险

有些诈骗者看中有实力的开发企业,以低价手段欺骗开发企业支付定金或首付款,收到定金或首付款后消失。

二、开发企业采购材料设备的风险防范

(一) 资信调查

首先,应当对对方的资信情况进行必要的调查。开发企业应在签约之前对建筑材料及设备供应商的经营状况、市场主体注册登记及年检情况、商业信誉、供货渠道等情况进行必要的调查,同时还要对供应商负责联系业务的人员、负责在合同上签字的人员有无授权等情况进行必要的调查。总之,应调查清楚再签合同,不草率签约。

(二) 完善合同条款

(1) 必须采用书面形式签订合同,且应形式完备,既要有签字,又要有盖章,或者至少有盖章。在合同中明确合同标的物的规格、型号、材质、价款、交货地点及管辖问题,应对管辖问题引起重视,要尽量约定由对自己有利的法院管辖。《民事诉讼法》规定,合同的双方当事人可以在书面合同中选择被告住所地、合同履行地、合同签订地、原告住所地、标的物所在地等与争议有实际联系的地点的人民法院管辖。签订建材设备买卖合同时,开发企业最好明确约定管辖条款,一般应选择由合同履行地(建筑工程所在地)或合同签订地法院管辖。应明确交货地点为合同履行地。

(2)约定损害赔偿。除管辖之外,在签订材料设备购销合同时经常忽略的一点就是对材料设备质量问题导致的损害赔偿没有约定,或者约定不明,导致赔偿的标准、范围无法确定,给开发企业造成损失。因此,对质量问题造成的开发企业损失应详细约定范围及赔偿标准。

案例:2012年9月10日,甲方因建设光伏电站与乙方签订了《某省50兆瓦光伏电站35kV箱式变压器采购合同》(以下简称《采购合同》),由甲方向乙方购买50台光伏专用35kV箱式变压器及其附属设备,合同总价款为1047.5万元,并按照10%、50%、30%、10%的比例分期支付。

《采购合同》和《补充协议》签订后,甲方按照约定向乙方支付了10%的货款,乙方按时供货。电站在2013年5月15日启动投运,5月18日发现模组有异响,之后在6月18日和21日,均出现了光伏组件设备被烧毁的情况。为解决模组异响、光伏组件设备损坏频发等问题,甲方组织工程监理单位、光伏设备供应商、设计单位及相关设备厂家共同讨论协商,先后排查了模组的电流电压、逆变器的频率及谐波值、箱式变压器等。经过一个多月的排查,最终确定为乙方提供的箱变小干变未按设计要求,私自把隔离变改为自耦变,而自耦变不具有过滤谐波的能力,导致模组串响,并最终造成发电设备被烧毁及电站无法正常发电的严重后果。乙方认可最终事故认定结论,并更换了设备,于2013年8月28日更换完毕,设备更换后电站恢复了正常运行。

电站于同年的11月15日正式投入商业运行,但因上述设备供货赔偿问题未解决,甲方拒绝支付剩余货款,乙方向某市中级人民法院提起诉讼,要求支付剩余货款,并要求甲方承担延期付款的违约责任。甲方在接到诉状后,提出反诉,要求乙方赔偿甲方发电损失7521170元及承担违约金。甲方认为,乙方未按设计文件要求提供符合双方约定的设备,私自把隔离变改为自耦变,应当认定为设备存在严重缺陷,最终造成电站设备损坏及电站不能正常发电的严重后果,给甲方造成了巨大的损失。且乙方在发现设备缺陷后,怠于履行合同义务,未能在《采购合同》约定的7日内完成对缺陷设备的更换,应向甲方支付违约金。根据《采购合同》的约定以及《产品质量法》《侵权责任法》(已失效)等有关法律法规,乙方作为设备生产者对于因设备缺陷造成的损失应当承担赔偿责任。因此,乙方应赔偿给甲方造成的直接经济损失7521170元,并向甲方支付违约金1414125元。

乙方针对甲方的反诉请求答辩称,乙方制造的设备没有质量问题,且甲方所称发电损失没有事实依据,所说的损失是在试运行期间发生的,还没有投入商业运营,甲方在没有投入商业运营期间所称的售电是非法的,不应赔偿,且赔偿数额没有法律依据。甲方为证明自己的损失,向法院提出鉴定申请,要求:(1)申请法院委托专业鉴定机构对电站在并网运行中出现的模组异响及模组烧坏事故的原因进行鉴定;(2)申请法院委托专业鉴定机构对电站事故原因与乙方提供的光伏专用35kV箱式变压器及其附属设备是否造成发电损失的因果关系进行鉴定;(3)如事故原因与发电损失存在因果关系,申请法院对造成的50兆瓦并网光伏发电站不能正常运营期间的发电损失量委托专门的鉴定机构进行鉴定。

针对甲方提出的鉴定申请,一审法院不同意对损失的数额进行鉴定,只同意对设备损坏的原因进行鉴定,并委托了鉴定机构,要求甲方交费,甲方不同意按照法院确定的范围进行鉴定,多次与法院交涉,但法院坚决不同意甲方提出的鉴定范围,坚持自己的意见。在甲方与法院交涉的过程中,法院在没有鉴定的前提下,作出了一审判决。

一审法院判决认为,甲方就造成相关设备毁损原因、价值和发电量的损失,申请进行司法技术鉴定,但因未足额支付司法鉴定费,鉴定被退回,因此甲方主张的相关设备毁损原因、因果关系及发电损失数额证据不足,发电损失只有在投入商业运营时才能构成真正的损失,因此驳回了甲方全部反诉请求,判决甲方向乙方支付剩余货款,但没有判决甲方支付违约金。

一审判决后,双方均不服,向某省高级人民法院提起上诉。甲方认为,一审法院擅自终止鉴定程序属于程序违法,法院应判决乙方赔偿甲方发电损失。首先,甲方已经提供了充足的证据证明了甲方的发电损失,法院应该认定。其次,即使法院对损失数额无法确定,那么甲方已经提出了鉴定申请,且法院已经启动了鉴定程序,甲方已经支付了鉴定费用,是法院单方终止了鉴定程序,导致鉴定机构无法出具鉴定结论,而法院却在判决书中认定甲方无法提供相关证据,以证据不足为由不认定设备损坏的原因及价格,显然是法院不依法判案导致的直接后果。最后,一审法院认定对于发电损失只有在投入商业运营时才能算损失且盈利的结论属于常识性错误,自2013年5月电站投产运营至2013年11月取得《电力业务许可证》期间,电站的发电及售电行为均是合法行为且收入均属于电站的合法收入,不能因为电站未被确认为商业运营而否定电站收入的合法性,也不能据此认定电站没有发电损失。

某省高级人民法院经审理后,裁定撤销一审判决,发回重审。

(3)签订采购合同要明确质量要求且与价格挂钩。供应商供应的材料设备可能存在一些问题。采购方可根据质量不合格的情况分别处理:材料部分不合格,退还不合格部分,或者扣减相应的费用;材料整体合格,不影响使用,但质量等级下降,则应按降级价格结算。

(4)在合同中约定交货期与货款价格挂钩的条款。不论供应商因何原因造成供应不及时或交货不齐,供应商都应承担交货期延误的责任:①一般情况下,整批材料设备到货期延误一天按总货款扣减1%;当该扣款不足以补偿停产损失时,则按每停产一天总费用计算;当延误超过5天时,应约定取消这批货或通知备选供应商供货。②批量供货中,部分延误但没有影响生产进度的,按总货款的0.5%每天扣减总货款。③因交货不齐又存在质量问题的,应累加处理承担违约责任。另外,还应规定付款期限因迟延交货原因相应顺延的条款。

(5)约定材料设备的知识产权侵权的责任承担主体。有些建筑材料或设备受《专利法》或《商标法》的保护。如果供应商提供了侵权产品,那么应约定供应商承担侵权责任,给采购人造成的损失应该据实赔偿。

(6)在合同中约定材料设备的运输、装卸货及进仓由供货方负责,运费及与卸货、进仓有关的费用由供货方承担。

(7)风险转移。约定合同项下材料设备所有权自材料设备运抵至甲方指定的交货地点并交付给甲方后转移给甲方,设备在运输途中所产生的风险及装卸货、进仓时发生的损坏由乙方承担。所有权转移之后,设备毁损、灭失的风险由甲方承担。

(8)关于验收的约定。明确约定质量检验标准和验收的规范依据,并约定甲方接收货物并不代表乙方提供的设备材料完全合格,如果在安装过程中发现乙方提供的材料设备不合格,乙方仍应承担相应的延期交货、退换等违约责任。

(9)乙方应对材料设备质量进行承诺:乙方保证所提供的产品具备国际、国内安全产品认证书和质量合格证书,并符合甲方要求的使用功能,所售产品是合同约定品牌的生产厂家原厂生产的产品。该产品的制造符合国家公布的制造安全规范、技术条件。如果双方对质量问题的认定有争议,由材料使用地或设备安装地技术监督局或者质量监督站等权威机构检验。

（10）设备保修期满后，乙方保证仍对所供设备持续提供维修必需的备品、备件。在保修期内，若乙方收到通知后未在约定时间内派员维修或未在约定时间内维修完毕，甲方、物业公司可另请人员修理，费用在本合同约定的质保金中扣除。如果质保金不足以支付的，甲方有权向乙方追偿。在质保期内如果卖方提供的产品因产品本身质量对买方业主及买方造成伤害和不利影响，则买方有权索赔，并由卖方按照买方的实际损失向买方进行赔偿。质保期届满，若因设备本身的固有缺陷，给他人人身、财产造成损害，卖方仍有义务根据法律进行赔偿。因乙方未及时履行保修、维修义务，导致设备毁损或者造成人身、财产损害的，乙方应当承担赔偿责任。

（11）在设备竣工验收交付后正常运行期间，无论任何原因乙方都不得采用技术手段对设备正常运行设置障碍，由此造成设备不能正常运行的，甲方有权责令乙方在收到消除人为技术障碍通知后3小时内无条件使设备正常进行。若乙方收到通知后未在约定时间内派员开通并使设备正常运行，乙方应承担相应的违约责任，每逾期1日，乙方按合同总价款的1%向甲方支付违约金。

（12）乙方延期交货造成整个建设工程不能按照合同约定的期限如期竣工验收交付的，乙方除支付相应违约金外，还应承担甲方因延期交付房屋造成的全部损失（包括但不限于甲方向业主、施工单位等承担的延期交房违约责任、损害赔偿责任等）。

（13）甲供材料制作清单，作为合同附件。甲指甲供、甲指乙供及代付材料款对工程决算的影响及法律后果是不同的。因甲指甲供材料出现质量问题或者工程延期问题，由甲方承担赔偿责任。因甲指乙供指材料出现质量问题，由甲方承担赔偿责任。甲方代付材料款需由总承包方签字，否则出现纠纷时无法认定。

（14）材料到现场后由承包人清点确认，发包人与承包人办理交接手续。

（15）发包人与承包人应约定甲供材料设备的使用权，甲供材料首先由承包方负责检验或试验，不合格的不使用。如果未经检验或试验在工程建设中使用，导致工程质量不合格的，承包方承担责任。

(三)加强企业管理

开发企业应建立建材及设备采购的管理制度。公司各部门采购材料及设备应按以下管理制度及操作规范办理。

（1）由部门根据采购材料及设备名称、规格、品牌及数量需求作出书面申请报告报请公司有关领导批准。

（2）财务部依据有关批准报告进行市场询价，5个工作日内将询价报告报给有关各方。

（3）材料及设备采购部门依据询价结果与乙方签订购买合同，将所签合同报财务部、档案室备案。

（4）需支付定金的，凭用款申请单办理定金支付。

（5）货到后经收料、收设备的部门验收人验收并签字，凭发票经领导批示按合同付款。

（6）需支付滞留保修金的按比例留足，保修期过后如无问题凭用款申请单支付。

（7）采购材料及设备所有技术资料及说明书交档案室归档。

(四)建筑市场材料设备纠纷的处理

建筑材料设备采购是买方市场，因此开发企业可充分利用这一点，通过先送货、验收后再付款的方式避免被骗。另外一旦发生纠纷，在没有付款的前提下，开发企业也处于有利的地位。除此之外，开发企业也可通过材料设备采购中货款的支付等方式将风险转到材料设备供应商。

第十二节 房地产企业印章管理的法律风险及防范

企业的印章在我国商业活动中被普遍使用且为包括自然人、法人、机关、非法人组织等在内的各类法律主体接受。我国各主体一般都认可公章的效力，这与多数西方发达国家只认签字不认公章形成鲜明对比。形成这一认知与我国的经济发展程度及历史传统和司法实践等因素均有较大关系，印章在我国被赋予了特殊的法律性质，且印章风险历来是企业法律风险防控的重点，因此，本书特别将房地产企业印章管理的法律风险防范单独列为一节，以避免因房地产企业印章管理不善导致房地产企业发生诉讼或给房地产企业造成损失。

一、房地产企业印章的种类

（1）公司的公章。公章与企业市场监督登记注册的名称一致，房地产企业签订重要的合同一般都使用该公章，合同上盖有该公章即代表是企业行为。

（2）公司的合同章。合同章一般是房地产企业在对外签订销售合同时使用的，有时因项目不同，房地产企业会使用多枚合同章。

（3）公司项目部的印章。在房地产企业同时开发两个以上项目，或者存在挂靠的情形下，项目部或被挂靠单位为对外签订合同方便，会刻制项目部的印章。

（4）分公司的印章。公司成立分公司，需要在市场监督管理部门登记，分公司取得市场监督管理部门的营业执照后，可以刻制分公司的印章并代表分公司在对外进行商业活动时使用。

（5）公司机关部门印章。部门章是法人内部职能部门的印章，如预算部、工程部、销售部、法务部等。

（6）财务专用印章。财务专用章在办理公司财务业务时的特定范围内使用，如企业单对账、报税、银行资金划转、出具收款收据或发票等。

（7）公司法定代表人的个人名章。因法定代表人身份特殊，在银行资金存取、合同签订、诉讼授权委托时，需要同时使用法定代表人印章、公司公章和其他印章。

二、使用不同印章的法律后果

上述不同类别的印章在房地产企业的内部作用或效力虽然不同，但对外效力可能会是相同的，用印后，房地产企业都要承担相应的法律后果，都会给房地产企业利益带来不同程度的影响。因此，房地产企业应注意防范印章管理中可能出现的风险。

公章和合同章可以对外使用代表公司的行为，其法律后果由公司承担，但项目部印章、分公司印章、机关部门印章和财务印章对外使用可能仅代表该部门或分公司的意思表示，不能代表公司，如代表公司则须经公司授权。如果项目部章、分公司章或部门章未经公司授权即对外使用，在多数情况下会构成表见代理，进而可能会对公司利益造成影响。《民法典》第一百七十二条规定："行为人没有代理权、超越代理权或者代理权终止后，仍然实施代理行为，相对人有理由相信行为人有代理权的，代理行为有效。"此条款为表见代理的法律依据，一旦表见代理成立，其法律后果如下。

（1）表见代理成立，项目部或分公司对外订立的合同有效，表见代理中的相对人即房地产企业不享有《民法典》第一百七十一条规定的撤销权。

（2）被代理人（房地产企业）对相对人（善意第三人）承担民事责任。虽然代理人（项目部、分公司或内部机构）超越了代理权限，签订了一份与被代理人真实意思不相符的合同，但是，在表见代理成立的情况下，被代理人也只能接受这一事实，承担合同中约定的权利义务。

（3）企业法人的分支机构、办事处超越授权以企业名义进行的民事活动。企业法人的分支机构和办事处未领取法人营业执照，不具有法人资格。在代表本企业进行民事活动时，企业内部一般赋予其一定的权限。但如果企业内部管理混乱，办事处和分支机构有时会为了自身利益，超越内部的授权或规定行事。如果这些内部的授权或规定未公示，不为善意第三人所知晓，善意第三人有理由相信办事处和分支机构有代理权。

（4）企业的法定代表人、雇员的越权代理行为。一般情况下，企业的法定代表人有在企业的营业执照规定的经营范围内代表企业从事经营活动的通常权限；雇员有其所在岗位的通常权限，如物资部门经理具有订购物资的权限和工程师对施工单位具有验工计价的权限等。如果企业对他们的通常权限有所限制，应予以公示。如果仅为内部指示或规定，不为善意相对人所知悉，则企业应对法定代表人的越权行为承担表见代理的责任。

（5）被代理人将具有代理权证明意义的文件和印鉴交给他人，使他人得以凭借此以代理人身份实施民事活动。企业将公章、合同章、单位的空白证明信、空白委托书、空白合同文本等交给代理人去办理某项业务，如果代理人办理的业务并非企业实际要求他办理的业务，或是虽为授权业务，但在交易条件的实质内容等方面超出了企业的实际授权，善意相对人并不知道，在这种情况下所为的民事行为，构成表见代理。企业不能以"实际未交代代理人为某项法律行为"为由，拒绝承担表见代理的责任。许多单位对此管理不严，本单位人员出差随意携带，临时填写，有的甚至交给单位外人员携带使用，当这些人员签订合同后，如认为对自己不利，就以未授权为由进行推诿，不承担代理产生的结果。由于这些文件和印鉴在一般情况下与特定的主体相联系，具有专用性，行为人持有具有代理权证明意义的文件和印鉴这一事实本身，客观上极易使相对人误认为其具有代理权，尽管其中有的无权代理人只是利用被代理人的名义为自己谋利益，但对被代理人来说，仍不能完全排除表见代理的适用。

（6）挂靠经营中超出挂靠协议约定范围的经营活动属于超越代理权的表见代理。挂靠单位在经营过程中，如果不承担责任或难以承担责任，或者在未授权的领域仍以被挂靠单位的名义进行经营活动，必然由被挂靠单位承担。被挂靠单位以未授权或挂靠单位违反协议为由，拒绝向相对方承担责任的理由不能成立，被挂靠单位应承担这种表见代理的后果。

三、当前房地产企业印章管理中存在的主要问题

（1）项目部或部门印章刻制管理不规范，按照项目部或领导的意愿刻制，或者对挂靠的项目部失去控制，印章刻制没有经过审批程序，刻制后没有下发启用文件，没有明确印章使用范围和使用时间。

（2）没有印章管理方面的规章制度。没有印章管理制度，没有统一的印章使用台账，没有专人保管印章，可能会由于擅自使用公章、滥用公章，导致公章丢失、被盗，造成严重后果。

（3）有些房地产企业允许挂靠单位使用项目部印章，或者允许挂靠企业专门成立分公司而刻制印章，一旦挂靠单位独立承担的项目出现债务问题，房地产企业就要承担相应责任。这些房地产企业意识不到项目部或分公司印章对企业的重要性，项目部或分公司印章管理不规范，没有

限定项目部或分公司印章的使用范围和审批程序,没有设立项目部或分公司印章使用台账,造成了项目部或分公司印章管理的空白,可能给房地产企业带来巨额经济损失。

(4)个别企业在下属单位、部门、项目部被撤销或关闭后,没有及时收回和销毁这些单位的印章,造成印章丢失,形成潜在的法律风险。

(5)未在公安机关指定单位刻制印章,没有备案,在发生企业印章被仿冒要鉴定印章真伪时没有比对的依据。

四、房地产企业应对印章管理法律风险的措施

(1)决策者树立印章管理意识,并建立法律防控体系。

(2)制定印章管理规定并严格按照规定执行。

①印章要由专人保管,并对印章保管人进行法律风险防范教育,并以岗位承诺书的形式加强对保管人员的管理。

②房地产企业应当建立印章使用台账及制定印章使用申请表。使用印章前应先填写申请表并履行审批程序,经过有权部门和企业领导批准后才能用印。

③印章保管人员未经企业主要领导批准,不得将印章携带外出,特殊情况下需携带外出时,必须指定一人随同。如遇到印章遗失必须在第一时间向公安机关报案,并取得报案证明,同时在当地或项目所在地报纸上刊登遗失声明。

④新注册设立的单位在领取营业执照后,应在公安机关指定单位刻制印章并备案。

⑤如需刻制项目部或部门印章,必须经过法律部门、专业部门审查,报公司主要领导审批。印章刻制完成后交付使用前,应下发印章启用文件,未经启用的印章不能使用。

项目部或专业部门发生变更或被撤销后,企业必须收缴部门印章并销毁,用印记录应存档;所属分公司注销后,在市场主体注销手续完成后,必须收缴分公司包括行政印章、合同专用章、财务专用章、负责人名章等在内的全部印章并销毁,用印记录应存档。

(3)加强对项目部印章、部门印章的使用管理,限定其用途和使用审批程序,严格按公司行政公章的使用程序要求各级印章保管和使用单位。项目部印章和部门印章要严格限定使用范围,不能用于对外签订合同,不能在对外承诺、证明等材料上使用,必要时要将使用权限通知业主、原材料供应商等利益或业务相关方。项目部和企业的部门要指定印章用印和保管人,建立使用台账,绝不允许分包方使用项目部印章。

第八章 房地产开发企业交易合规管理及法律风险防范

开发企业在交易中的风险,是指在交易过程中可能使开发企业利益受损的事件。这些事件可能使房地产开发与交易的过程更加复杂、交易速度变慢、交易成本增加,也可能导致交易失败,利润减少,或影响开发企业的预期利益,甚至会使开发企业破产。目前,行政主管部门对开发企业在销售方面的管理越来越严格,这也使开发企业的销售成本增加,但这种管理客观上减少了开发企业与购房者之间的纠纷,与十几年前的销售市场相比,如今开发企业的销售管理已较为规范。此外,购房者法律意识不断增强,如果没有房价上涨的市场因素影响,那么开发企业在销售方面将面临更多的风险。因为房地产交易的周期较长,从签订预售合同到房屋交付再到不动产权属证书的办理,需要2年左右的时间,有些项目的周期会更长。如果在合同履行期间,购房人延期付款,开发企业会面临延期交房、房屋质量及规划设计变更或延期办理不动产权属证书等问题,那么就可能引发商品房交易中的法律风险,尤其可能引发购房者集体维权或诉讼的法律风险。因此,防范交易过程中的风险就显得尤为重要。

第一节 销售中的法律风险及防范

一、办理预售许可证的注意事项

(一)办理预售许可证的依据及条件

现在对商品房预售条件的管理比较严格,各地基本都要求开发企业先在网上办理预售许可证并全程公示。开发企业只要符合预售条件,按照行政主管部门的要求,便可顺利办理预售许可证。以北京市为例,涉及预售许可的规范性法律文件如下。

《城市房地产管理法》《城市商品房预售管理办法》《北京市城市房地产转让管理办法》《北京市住房和城乡建设委员会关于商品房预售许可转由区县受理、初审的通知》《北京市建设委员会关于办理预售许可延期有关问题的通知》《北京市住房和城乡建设委员会关于进一步加强本市商品房预售许可管理有关问题的通知》《北京市住房和城乡建设委员会关于进一步优化商品住房销售管理的通知》和《北京市住房和城乡建设委员会关于启用商品房预售许可电子证书的通知》，这些规范性法律文件对预售许可的条件规定得较为明确，具体内容读者可自行查阅。

（二）办理商品房预售许可证及变更与延期许可的流程

以北京市为例，开发企业办理预售许可证、变更及延期许可，可登录北京市住房和城乡建设委员会门户网站（zjw.beijing.gov.cn）进行查询相关流程。

（三）北京市关于办理销售许可证的最新规定

于2022年8月12日公布并实施的《北京市住房和城乡建设委员会关于进一步优化商品住房销售管理的通知》，规定商品住房项目（含共有产权住房，下同）可按栋申请办理预售许可，最低规模不得小于栋，不得分层、分单元、分套（间）申请。地下可售仓储、车位等可单独申请办理预售许可。按预售许可范围进行预售资金监管，对已纳入监管范围的预售资金不重复监管。开发企业在取得土地使用权时已承诺商品住房销售价格的，申请预售许可应按照承诺价格填报"一房一价"；未承诺价格的，同一施工许可证批准范围内的楼栋，后期申报预售价格不得超过前期同品质产品申报预售价格。商品住房项目预售许可截止日期为预售方案中确定的房屋交付日期，预售合同中约定的房屋交付日期应与预售方案中确定的交付日期一致。预售许可确需延期的，房地产开发企业可依法向项目所在区房屋行政主管部门书面提出延期申请，延期期限每次不超过6个月，截止日期为不动产首次登记日期。开发企业申请预售许可延期时，如项目尚未交付，应提交预售许可延期申请及确保项目交付的书面承诺、措施等，确保预售资金专项用于工程建设。商品住房项目按规定办理现房销售备案手续后，确因司法查封或行政限制解除、预售合同解除等原因，符合销售条件但未纳入备案范围的房屋，可再次申请办理现房销售备案手续。商品住房现房销售备案原则上由项目所在区房屋行政主管部门办理，遇有重大复杂等特殊情形的，也可向市住房城乡建设委申请办理。

（四）公示价格对开发企业的约束效力

办理预售许可都需要进行价格公示。交易价格必须明确到套，单价必须清晰，在交易现场禁止出现"×元/平方米起"的字样。虽然目前对房地产进行宏观调控，政府要求公示价格，且公示后的价格不能再提高，但是从民事权利的角度来看，对于政府能否对房地产交易价格进行定价，仍有争议。

（五）预售测绘及现房测绘

房屋测量单位根据开发企业提供的图纸测绘面积，并以此作为销售面积的依据，这个根据图纸测算出来的房屋面积叫作预售测绘面积。在竣工之后，到实地测量的面积，就是实测面积。开发企业与购房人之间经常因为面积问题发生争议，最关键的就是预测面积与实测面积之间的面积差异。造成这种差异的原因有很多，如施工不规范造成的面积误差，或者之前在图纸计算上对公用部分的统计存在误差，也有可能是开发企业故意造成的。为了避免这种纠纷，各大开发企业都花费大量精力在与房屋测量机构的沟通上。开发企业希望房屋测量机构出具的结果与当初的预测面积报告出入不要太大，尽量避免发生纠纷。

二、预售管理的风险防范

目前商品房预售管理比较严格，除《商品房销售管理办法》《城市商品房预售管理办法》及地方政府制定的商品房预售合同之外,还有根据市场变化出台的一系列政策,包括限购政策、资金监管政策等,对商品房销售的各个方面予以规范。比如,要求公示销售管理办法,出示"五证"(建设用地规划许可证、建筑工程规划许可证、建筑工程施工许可证、国有土地使用证和商品房预售许可证)、买卖合同示范文本等。但有些开发企业达不到这些要求,因此,有必要在合同中予以明确。如果开发企业在销售商品房时不进行网上认购、向消费者公布与交易管理网公示楼盘状态不符的销售信息、未按规定进行网上签约且擅自销售法院查封的房屋、未按照退房协议的约定退还房价款,那么建设行政主管部门可责令开发企业停止违规行为进行整改,并将整改方案在售楼场所公示3个月,可暂停该项目的预销售手续,同时在交易管理网公示其违规行为。

(一)有关预售行政规章的风险防范

(1)应在合同中说明,出卖人在订立该合同之前已向买受人出示《商品房销售管理办法》《城市商品房预售管理办法》和《商品房预售合同》。

(2)明确说明出卖人在订立合同之前已向买受人出示《商品房预售许可证》《不动产权证书》《建设工程规划许可证》及其附件及经规划行政主管部门审批的建设规划设计图,《建设用地规划许可证》及其附件及经规划行政主管部门审批的建设规划设计图、《建设工程施工许可证》。

(3)明确说明出卖人在订立合同之前已向买受人出示了建设行政主管部门及市场监督管理部门制定的《商品房预售合同示范文本》及补充协议,买受人对格式合同及补充协议的内容已充分理解并完全同意协议的全部内容。

(二)限购的风险防范

从2007年开始,房价上涨引发了一系列问题。中央人民政府为控制房价,出台了一系列调控措施,其中之一就是限购的政策。

1.限购的政策

2010年4月17日,国务院公布并实施的《国务院关于坚决遏制部分城市房价过快上涨的通知》规定,坚决抑制不合理住房需求,实行更为严格的差别化住房信贷政策。对购买首套自住房且套型建筑面积在90平方米以上的家庭(包括借款人、配偶及未成年子女,下同),贷款首付款比例不得低于30%;对贷款购买第二套住房的家庭,贷款首付款比例不得低于50%,贷款利率不得低于基准利率的1.1倍;对贷款购买第三套及以上住房的,贷款首付款比例和贷款利率应大幅度提高,具体由商业银行根据风险管理原则自主确定。人民银行、银监会要指导和监督商业银行严格住房消费贷款管理。住房和城乡建设部要会同人民银行、银监会抓紧制定第二套住房的认定标准。要严格限制各种名目的炒房和投机性购房。商品住房价格过高、上涨过快、供应紧张的地区,商业银行可根据风险状况,暂停发放购买第三套及以上住房贷款;对不能提供1年以上当地纳税证明或社会保险缴纳证明的非本地居民暂停发放购买住房贷款。地方人民政府可根据实际情况,采取临时性措施,在一定时期内限定购房套数。

北京市人民政府公布了《北京市人民政府贯彻落实国务院关于坚决遏制部分城市房价过快上涨文件的通知》,除重申了上述限购政策外,直接规定暂停发放购买第三套及以上住房贷款,对不能提供1年以上本市纳税证明或社会保险缴纳证明的非本市居民,暂停发放购买住房贷款。根据国务院的通知,北京市规定的限购条件是从通知发布之日起,暂定同一购房家庭只能在本市新购买1套商品住房。

2010年上述通知执行后,重点城市的房价并未下降,而且涨势依然,三、四线城市房价反而逆势高涨。为遏制房价上涨,2011年1月26日国务院办公厅公布实施《国务院办公厅关于进一步做好房地产市场调控工作有关问题的通知》,要求合理引导住房需求。各直辖市、计划单列市、省会城市和房价过高、上涨过快的城市,在一定时期内,要从严制定和执行住房限购措施。原则上对已拥有1套住房的当地户籍居民家庭、能够提供当地一定年限纳税证明或社会保险缴纳证明的非当地户籍居民家庭,限购1套住房(含新建商品住房和二手住房);对已拥有2套及以上住房的当地户籍居民家庭、拥有1套及以上住房的非当地户籍居民家庭、无法提供一定年限当地纳税证明或社会保险缴纳证明的非当地户籍居民家庭,要暂停在本行政区域内向其售房。北京市人民政府办公厅于2011年2月15日公布实施《北京市人民政府办公厅关于贯彻落实国务院办公厅文件精神进一步加强本市房地产市场调控工作的通知》,通知要求各金融机构和北京住房公积金管理中心对贷款购买第二套住房的家庭,要切实执行"首付款比例不低于60%,贷款利率不低于基准利率的1.1倍"的政策,继续巩固限购政策成果。自本通知公布次日起,对已拥有1套住房的本市户籍居民家庭(含驻京部队现役军人和现役武警家庭、持有有效《北京市工作居住证》的家庭,下同)、持有本市有效暂住证在本市没有住房且连续5年(含)以上在本市缴纳社会保险或个人所得税的非本市户籍居民家庭,限购1套住房(含新建商品住房和二手住房);对已拥有2套及以上住房的本市户籍居民家庭、拥有1套及以上住房的非本市户籍居民家庭、无法提供本市有效暂住证和连续5年(含)以上在本市缴纳社会保险或个人所得税缴纳证明的非本市户籍居民家庭,暂停在本市向其售房。

2011年2月16日,北京市住房和城乡建设委员会公布《北京市住房和城乡建设委员会关于落实本市住房限购政策有关问题的通知》,对落实住房限购政策作了明确规定。

2013年3月30日,北京市人民政府办公厅印发《贯彻落实〈国务院办公厅关于继续做好房地产市场调控工作的通知〉精神进一步做好本市房地产市场调控工作的通知》,规定"本市户籍成年单身人士在本市未拥有住房的,限购1套住房,对已拥有1套及以上住房的,暂停在本市向其出售住房",即禁止京籍单身人士购买第二套房。

2017年3月22日,个税审核标准由5年改为60个月,即连续5年的审核标准由每年1次改为自申请月的上一个月开始往前推算60个月连续缴纳,未缴或断缴的,在3个月内补缴有效。

2017年3月26日,北京市商业办公类项目全面限购,新建商业办公类项目只能出售给企事业单位、社会组织,存量商业办公类项目再次销售可出售给自然人,但自然人购买者需满足以下条件,即:(1)在京无住房和商业办公类房产;(2)在京已连续5年缴纳社保或个税;(3)仅能全款购买。

2017年4月3日,住宅平房纳入限购范围,购买住宅平房须具备和购买商品住宅同等的购买资格,自4月3日起,新购的住宅平房计入家庭名下住房套数。

2017年4月27日,法拍房纳入限购范围,住建部门对竞拍人购房资格先行审查纳入了司法竞拍的条件。竞拍方为自然人的(个体工商户、个人独资企业视同自然人),要求竞拍的家庭或个人符合北京市的限购政策,竞拍人无购房资格将无法办理产权登记。

2021年8月4日,北京市住房和城乡建设委员会公布《北京市住房和城乡建设委员会关于进一步完善商品住房限购政策的公告》,规定自8月5日起,夫妻离异的,原家庭在离异前拥有住房套数不符合本市商品住房限购政策规定的,自离异之日起3年内,任何一方均不得在本市购买商品住房。

2023年12月14日,北京市住房和城乡建设委员会、国家税务总局北京市税务局、中国人民银行北京市分行、国家金融监督管理总局北京监管局、北京住房公积金管理中心公布《关于调整优化本市普通住房标准和个人住房贷款政策的通知》,对限购政策进行了微调,调整内容主要涉及两方面。一是自 2024 年 1 月 1 日起调整普通住房标准,即同时满足住宅小区建筑容积率在 1.0(含)以上、单套住房建筑面积在 144 平方米(含)以下、5 环内住房成交价格在 85000 元每平方米(含)以下、5—6 环住房成交价格在 65000 元每平方米(含)以下、6 环外住房成交价格在 45000 元每平方米(含)以下的住房享受税收优惠政策。二是优化个人住房贷款政策,加大购房信贷支持力度,更好满足居民家庭刚性和改善性住房需求。主要调整内容是降低首付款比例和延长贷款年限。对于贷款购买首套住房的居民家庭,最低首付款比例不低于 30%。对于贷款购买第二套住房的居民家庭,所购住房位于城六区(东城、西城、朝阳、海淀、丰台、石景山区)的,最低首付款比例不低于 50%;所购住房位于城六区以外的,最低首付款比例不低于 40%。个人住房贷款年限最长为 30 年。

自国务院公布《国务院关于坚决遏制部分城市房价过快上涨的通知》,近十年内全国各地陆续出台细节上有所不同的限购政策和措施。

随着经济环境及市场的变化,不排除上述政策有随时调整的可能性,请读者随时关注限购政策的变化。

2. 限购的风险及防范

限购对开发企业的风险主要有以下三方面:一是增加了销售的难度,影响资金回笼,有资金链断裂的风险;二是购房人不符合限购的条件但签订了合同进而引发纠纷,主要表现形式是购房人已有 2 套以上住房或规定套数以上住房,或者不符合贷款的条件导致银行不能放贷;三是开发企业违反限购政策被行政处罚的风险。为防范这些风险,开发企业应从多个方面积极应对,既要考虑资金链持续的问题,安排好资金计划,解决后续的资金渠道,又要从销售合同的角度要求购房人对购房主体资格及银行贷款资格进行声明,如果不具备购买资格或不能办理银行贷款则需要承担违约责任,还要对销售人员进行培训,让销售人员知道借名买房的风险等。除此之外,由于限购或贷款条件的变化导致不能继续履行合同的,开发企业应事先在买卖合同中约定处理办法,比如,首先由买受人声明本人符合购买条件,若签订买卖合同之后因买受人不符合购买条件而无法履行合同,应约定扣除相应的销售费用或一定数额的款项,其余款项无息退还给购买人。

限购问题的争议非常大,除限购政策是否具备合法性之外,开发企业与购房人存在疑问的是限购政策能否禁止开发企业销售与购房人购买。比如,有的开发企业提出虽然限购导致不能备案、不能办理贷款、无法办理不动产权属证书,但有些一次性付款的购房人不急于办理不动产权属证书,只要交了钱把房子交给购房人就可以了,购房人愿意冒这个风险,这种情形与"小产权房"销售类似,那么开发企业能否销售?按照目前的限购政策肯定不允许销售,如果开发企业销售了会承担何种责任?行政监管方面如何处罚?开发企业将如何承担民事责任?不动产权属证书将来能否补正?以上这些问题都值得进一步研究。

3. 限贷限购政策引起房地产纠纷问题

房地产限贷限购政策出台后,导致很多开发企业与买受人签订的合同不能履行,原因主要有两个:一是限贷政策导致买受人不能取得银行贷款,不能支付剩余房款;二是买受人没有购房指标,不能办理过户。在限贷政策实施之前,买受人付款的条件是首付 30%,个别的可支付至 20%,限贷政策实施后第二套房至少要支付 50%、60%,甚至 70% 的首付款,很多购房人不符合银行的贷款条件,又不能通过变更付款方式一次性支付剩余房款,所以主张不履行合同或提出解除合同,返还首付款。从我国的法律体系看,由于限贷限购政策导致不能继续履行合同的,法律没有赋予买受人解除合同的权利。因为关于合同方面的法律体系规定的是严格合同责任,不能因为政府政策的调整,导致合同不能履行或者暂时不能履行,就轻易解除合同。但如果不解除合同,又会产生与国家房地产宏观调控政策不相适应的问题,即如果法院判决买受人一方承担违约责任,买受人会难以理解且认为不公平,而且开发企业可能会将大量的纠纷起诉到法院,法院也担心案件受理量激增,使国家房地产调控政策在实践当中产生负面影响。

对此问题,各方有不同观点。有人认为限贷限购政策是不可抗力。有人认为限贷限购政策是情势变更,应该赋予当事人解约权。也有人认为限贷限购政策不是情势变更,因为有些买卖合同具备条件后可以履行,只不过是履行时间问题。因为限贷限购政策限的是第二套房,把第一套卖了之后就具备了履行条件。比如签订买卖合同之后,可以先办理房屋交付手续,实际占有使用该房屋,例如,有些二手房过了5年符合条件就可以过户。法院的观点是应尽量维护法律关系的稳定状态:《民法典》的目标是促进交易,应尽量使交易维持确定性状态,如果签订买卖合同5年之后再过户,违反物权公平公正原则,且物权变动附加了条件,使当事人重大利益的物权长期处于不稳定的状态,不符合经济生活的常态。基于此种考虑,法院在实践当中作如下处理:如果当事人在合同当中约定以银行按揭作为付款条件,若非当事人原因,导致银行按揭没有发放,当事人请求解除合同,返还购房款或者返还定金的,人民法院予以支持。也就是说,如果因为国家房地产限贷或者限购政策,导致商品房买卖合同不能履行的,一方当事人请求解除合同,返还购房款或者定金,人民法院予以支持。这里必须强调一点,解除权的行使必须是房地产调控政策导致买卖合同不能履行。

对于法院在实践中的做法,很多买受人单方违约,但为达到解除合同的目的又不承担违约责任,经常以限贷限购政策为理由提出解除合同,此时开发企业应予以关注,在商品房买卖格式合同中规避这类行为。

(三)预售资金监管的风险防范

北京市住房和城乡建设委员会、中国人民银行营业管理部、中国银行业监督管理委员会、北京监管局于2013年共同制定《北京市商品房预售资金监督管理办法》并印发通知,该办法于2013年7月1日起施行。其中规定,在商品房预售时,购房人不再将购房款直接交给开发企业,而是必须将预售资金(定金、首付款、购房贷款及其他形式的全部购房款)存入专用账户中,禁止开发企业直接收取,每个预售的房地产开发项目都必须选择确定的监管银行,全部存入专用账户,以此保证楼盘预售款优先用于工程建设。开发企业应按照一个预售许可申请对应一个账户的原则,签订预售资金的监管协议。没有确定监管银行或设立专用账户的,市住建委不发放预售许可证。如果开发企业私自收取售房款,则建设行政主管部门暂停其在北京所有开发项目的商品房预售,并计入企业信用信息系统。

开发企业如果要动用账户中的资金,需要根据项目的建设方案和施工进度,编制该项目的用款计划,报住建委等部门审批。开发企业在四个节点上可动用资金,分别为地下结构完成、结构封顶、竣工验收、购房人可单方办理不动产权属证书时。如果开发企业挪用预售资金,或者项目有烂尾的可能性,建设行政主管部门就会通知监管银行,暂停拨付专用账户中的资金,并启动应急措施,监督开发企业用这些资金完成项目建设,把房屋交到购房人手中。预售资金监管的防范措施如下。

(1)开发企业应编制合理的用款计划,如果编制的计划不合理,主管部门不予批准。

(2)开发企业应尽快付清税费、办理不动产权属登记手续以便提取预售监管资金。按照办法规定,在完成初始登记并达到购房人可单方办理转移登记的条件前,专用账户内的资金不得低于重点监管额度的5%。也就是说,只有在购房人可以单方办理不动产权属证书时,开发企业才能取完专用账户中所有的资金。

(3)开发企业不能盲目过度开发,不能采用挪用预售资金的方式开发其他项目,房屋预售款也不得充抵投资。

(四)酒店类项目销售管理的风险防范

2010年5月14日公布的《北京市住房和城乡建设委员会、北京市发展和改革委员会、北京市规划委员会、北京市国土资源局关于加强酒店类项目销售管理有关问题的通知》自2010年6月1日起施行。该通知规范了北京市酒店类项目(含宾馆、度假村等)的开发经营行为,要求必须严格按照酒店类规划用途组织设计、开发建设,不得擅自改变项目用地性质和规划用途经营使用,未经批准不得擅自分割转让。

(1)规划设计单位应当严格按照酒店项目的设计规范要求进行设计,施工图审查机构应当依法进行施工图审查,经审查合格的施工图不得擅自修改;确需修改的应根据有关规定要求将修改后的施工图送原审查机构审查。未经施工图审查机构审查合格的,建设主管部门不得颁发施工许可证。

(2)2010年5月31日后通过出让方式取得国有土地使用权的酒店类项目一律不得分层、分套(间)办理酒店类项目的测绘成果备案、预售许可和现房销售确认手续。

(3)规划行政主管部门应加大对酒店类项目的监管力度,加强对施工图审查机构的监管,加大对酒店类项目的规划审查力度,对未经允许擅自变更规划许可内容的,依法不予规划验收。

(4)对目前在售或可进行分层、分套(间)转让的酒店类项目,各房地产开发企业应在房屋预售、销售时向购房人明示房屋使用年限、契税、物业服务费、水电费以及配套建设指标等情况,明确告知购房人不得擅自改变规划用途经营使用,并将此情况在认购书和购房合同中与购房人予以约定。

(五)商业、办公类项目改住宅的风险防范

北京市住房和城乡建设委员会等五部门联合出台《北京市住房城乡建设委、市发展改革委、市规划委、市商务委、市国土局关于加强部门联动完善商业、办公类项目管理的通知》(部分失效),严禁"商改住"等违规行为。目前除特殊情况外,LOFT项目已停止审批。

(1)在设计时按照规划,商业、办公类项目应采取公共走廊、公共卫生间式布局,不得采用单元式或住宅套型式设计,不得每户单独设卫生间。开发企业分成多个房屋当作住宅出售,不能办理不动产权属证书。

(2)主管部门根据已备案的测绘成果办理预售许可或现售备案手续。商业、办公类项目要以界限固定、可独立使用,并有明确唯一编号的房屋作为登记基本单元,禁止以虚拟、画线分割的形式对房屋单元进行分割和登记。

(3)擅自分割不予办理预售证。在房屋登记时界限要固定,必须有实体墙,否则不予办理不动产权属证书。

(六)预售的行政法律风险

开发企业违法预售、没有预售许可证销售可能面临被罚款、停止预售的行政风险。根据《城市商品房预售管理办法》第十三条的规定,开发企业未取得《商品房预售许可证》预售商品房的,依照《城市房地产开发经营管理条例》第三十九条的规定处罚。该条例于2020年经第二次修订,修订之后原第三十九条变更为第三十六条。根据该条规定,违反本条例规定,擅自预售商品房的,由县级以上人民政府房地产开发主管部门责令停止违法行为,没收违法所得,可以并处已收取的预付款1%以下的罚款。根据《城市商品房预售管理办法》第十五条的规定,开发企业隐瞒有关情况、提供虚假材料,或者采用欺骗、贿赂等不正当手段取得商品房预售许可的,由房地产管理部门责令停止预售,撤销商品房预售许可,并处3万元罚款。

案例:北京某置业发展有限公司未按时开盘,无理拒绝消费者的购房要求。市建委责令该公司停止违规行为,并进行整改,并将整改方案在售楼场所公示3个月,同时在交易管理网公示其违规行为。

(七) 返本销售的风险防范

按照现行规定,房地产开发企业不得采取返本销售或变相返本销售的方式销售商品房。

三、开发企业委托销售的法律风险及防范

房地产销售代理是一个新兴行业,一般开发企业将楼盘的销售工作委托给销售代理公司(也称销售公司),由销售公司来完成,也有开发企业自己组建销售队伍,但这并不多见。开发企业自行组建销售队伍,有利之处在于可以直接控制销售人员,销售部门是其下属的职能部门,不存在公司与销售部门的协调问题,公司直接管理销售部门;不利之处在于,如果销售部门不够专业,则会影响销售,这种影响可能是多方面的,如项目的定位、策划、市场营销、广告、销售进度等。开发企业将楼盘销售工作委托给销售公司,有利之处在于销售公司相对来说比较专业,不利之处在于开发企业需要与销售公司协调,而且是通过合同约定的方式进行协调,无法直接提出要求。另外,还存在因销售公司违约导致发生纠纷的情形。

上文提到了销售的两种模式,实际上可将商品房销售模式归纳为四种:一是开发企业自行销售模式,二是开发企业委托代理商独家销售模式,三是开发企业委托多家代理商联合销售模式,四是开发企业与代理商共同销售模式。这四种模式各有利弊,下面分别对四种不同商品房销售模式利弊进行简单比较分析。

(1) 开发企业自行销售模式。此模式的特点是开发企业同时负责楼盘的开发建设和销售,这种销售模式出现在20世纪90年代。选择这种销售模式的原因:一是在房地产市场建立的初期,房地产销售代理市场没有形成;二是开发企业还没有形成销售代理的意识;三是开发企业并不想将此部分利润让给销售代理公司,认为自己销售会节省成本。自行销售的优点是销售团队由开发企业自己掌握,便于管理和控制,节约销售成本,保持利润。缺点是开发企业获得的市场信息少,缺乏一定广度和深度的市场信息积累和市场推介能力,可能造成定价不准,导致利润下降或资金无法尽快回流,且销售人才易流失。

(2) 开发企业委托代理商独家销售模式。此模式的特点是由一家销售代理公司代理整个楼盘的销售。这种销售模式是现在房地产销售的一种主要模式,也是市场发展的结果。据不完全统计,在国内的一线和二线城市,独家代理销售的楼盘占在售楼盘总量的一半以上。委托独家销售代理的优点是开发企业与销售代理商分工明确,各自发挥自己的优势,因为成熟的代理商长期直接面对市场,有经营中积累的丰富经验,对代理楼盘销售的各个环节都比较熟悉,对市场把握、

营销策划和推广有专业和充分的判断,能弥补开发企业的不足。另外,代理商通过其营销网络收集信息并开展市场研究,可以较准确地向开发企业提供当地市场走势、客户需求和购房群体的支付能力等一些对项目成败至关重要的要素,使开发企业规避市场风险。代理商和开发企业合作可以形成互补的关系,开发企业专注于项目的整体投资、规划和建设,代理商则及时提供市场信息,专注于楼盘的推介和销售。这种代理销售模式的缺点是代理商独家销售后,代理商的介入客观上增加了销售环节,造成管理费用和财务成本的短期增加,因此,代理销售无疑会提高开发企业运行项目的成本。另外,如果代理商没有销售网络则起不到专业作用,而且在独家代理的情况下,代理商在代理权到手后由于缺乏竞争的压力,不思进取,在市场变化中可能处于被动地位。有些代理商甚至可能对开发企业隐瞒重要信息,或者侵害开发企业的利益。比如,遇到市场变化时,有些不讲诚信的代理商就会出于对自身利益的考虑,以各种理由怂恿或误导开发企业作出一些错误的决策,比如房价的不实调整、代理费用的不合理增加等,或者在楼盘广告宣传和人员安排上刻意压缩开支,影响楼盘整体的销售进度。而此时开发企业无法对销售程序进行有效调控,实际上受制于代理商,最终形成自身利益受损,但代理商获益的局面。

一般来说,下列情况较宜采用代理商独家销售模式:①缺乏后续操作项目的临时性项目公司;②多家企业联合开发的项目;③成立时间不长,或由其他行业新进入房地产开发领域的企业;④大规模运作,所运作项目需要树立品牌形象的开发企业;⑤进入新的地理区域,需要专业代理商拓展市场、树立品牌形象的开发企业;⑥不以房地产开发为主业的企业。

(3)开发企业委托多家代理商联合销售模式。此模式的特点是开发企业委托2家或2家以上的销售公司代理整个楼盘的销售。这种销售代理模式最早出现在我国港澳地区,此后逐渐被部分内地开发企业所接受,但目前在房地产代理销售市场中仍比较少见。这种销售代理模式的优点是各代理商之间能充分竞争,推动销售,但缺点是各代理商之间可能会形成恶性竞争,不利于开发企业的管理。

(4)开发企业与代理商共同销售模式。此模式的特点是开发企业自行组建团队销售,同时也委托销售公司进行销售。这种销售模式同样比较少见,优点是开发企业可利用自己的特殊地位选择易于销售的房产销售,缺点是可能存在开发企业与代理商之间的恶性竞争。

开发企业委托销售公司销售,应签订委托销售合同。开发企业如何与销售公司签订委托代理合同,规范双方的权利义务,将直接影响开发企业的利益。不同的代理方式,开发企业承担的风险责任也不同,开发企业应根据自身的情况,并结合销售公司的资信状况,选择相应的代理方式。开发企业在拟定合同的时候,要将销售代理可能涉及的问题以书面的形式表述,避免在履行中产生歧义。开发企业与销售公司签订的销售合同实质上是委托合同。按照《民法典》的规定,委托合同是委托人和受托人约定,由受托人处理委托人事务的合同。也就是说,开发企业和销售代理公司约定,由销售代理公司代表开发企业处理销售事宜,为开发企业销售房产。

销售代理合同对开发企业来说存在风险,这种风险来自利益的分配、权利义务关系、销售公司造成损害的赔偿、未完成销售任务及市场宣传定位失误等因素。那么,应如何防范销售公司在合同中存在的潜在风险呢?

开发企业与销售代理公司签订合同,在委托销售代理公司销售项目时,要签订委托合同。房地产公司与销售代理公司签订销售代理合同后,即建立直接代理法律关系,按照规定,代理是指代理人在代理权限范围内,以被代理人的名义同第三人独立实施民事法律行为,由此产生的法律效果直接归属于被代理人的一种法律制度,即代理人必须以被代理人的名义实施代理行为。也就是说,销售代理公司代表开发企业,以开发企业的名义与买受人签订买卖合同,合同权利义务由开发企业承担,代理人的行为在法律规定的权限范围内由被代理人即开发企业承担。开发企业在委托房地产销售代理后,并不意味着合同就能顺利履行,开发企业还应密切关注委托代理合同的履行情况,及时发现并纠正代理商违反合同的行为或合同约定不明确或未涉及的问题。因此,开发企业委托销售的风险及防范如下。

1. 妥善解除销售代理合同

在开发企业与销售公司签订销售代理合同后,销售公司违约或开发企业对销售公司不满意的,开发企业应妥善解除销售代理合同。按照《民法典》的规定,委托人或者受托人可以随时解除委托合同,因解除合同给对方造成损失的,除不可归责于该当事人的事由以外,应当赔偿损失。也就是说,开发企业可随时解除合同,销售公司也可随时解除合同,但是因此给对方造成的损失应予赔偿。开发企业如何单方解除销售合同而不承担违约责任?这需要开发企业动用自身的经验与智慧,尤其是开发企业聘请的律师的实践经验。开发企业终止或解除合同,要先进行如下约定。发生下列情形之一的,双方可提前解除或终止合同:

(1)甲、乙双方(通常,在销售代理合同中,开发企业为合同甲方,销售公司为合同乙方)达成一致,同意提前解除或终止合同;

(2)由于有关法律、行政法规的修改,调整项目将会造成不可弥补的影响,致使项目无法按预期情况运作,甲方提前15天告知乙方相关情况并支付前期相关服务费用后,可提前解除或终止合同;

(3)若乙方在全程销售服务过程中出现水准严重下降或不能贯彻及配合甲方合理的意图(创意部分除外),甲方多次提出整改要求而无效时,甲方可终止合同;

(4)发生台风、地震、战争等不可抗力事件导致合同无法继续履行。

此外,开发企业在委托销售合同中应约定销售公司存在违约时,开发企业有权解除合同。比如,开发企业可约定,乙方有下列行为之一的,甲方有权单方解除合同,不给予乙方任何赔偿:

(1)未完成销售计划的(任何一个阶段计划未完成均视为未完成销售计划、未完成销售进度指标);

(2)乙方或乙方工作人员私自截留销售款、定金等;

(3)擅自停止销售工作及本合同约定的其他工作(此条件可进一步约定乙方擅自停止销售7天,则甲方可另行委托其他公司销售);

(4)擅自定价,自行确定销售价格及折扣的;

(5)未经允许私自修改经甲方核准的《商品房预售(买卖)合同》《认购协议书》及其他协议;

(6)乙方因乱承诺、虚假宣传等导致发生群体性事件;

(7)销售中发生严重错误,比如一房两售给甲方造成损失的;

(8)乙方将项目委托他人销售的。

案例:2005年1月5日,某房地产开发公司(以下简称"A公司")与某房地产营销公司(以下简称"B公司")签订了《销售代理合同》,约定由B公司代理A公司负责住宅小区楼盘的销售工作。B公司开展售楼业务2个月后,单方撤场,同时将部分售楼款、与客户签订的认购书及合同带走。A公司向法院提起诉讼,请求:(1)解除A公司与B公司签订的《销售代理合同》;(2)由B公司向A公司返还售楼款及其利息,支付违约金;(3)由B公司向A公司交付其代理A公司与客户签订的所有售楼合同正、副本及认购协议等相关资料。法院审理后,作出判决如下:(1)解除B公司与A公司签订的《销售代理合同》;(2)B公司归还A

公司售楼款并交付代理 A 公司与客户签订的全部售楼合同正、副本。

2. 销售价格的确定

销售公司要获得销售佣金，楼盘定位、销售价格、开盘时间、结算方式是其所关注的重要问题。在销售代理合同中一定要明确这些问题，不能出现歧义。销售价格直接影响开发企业的利益，因此，定价权应该牢牢掌握在开发企业手中，销售公司只有定价的建议权。销售价格的调整应该由开发企业书面授权，销售公司自行对外声称的价格对开发企业来说没有约束力。如果销售公司自行定价并销售，给开发企业造成损失的，那么销售公司应赔偿其价格差的损失。

3. 溢价的处理

一般销售公司都与开发企业约定溢价分成，在开发企业与销售公司之间，有的约定 8∶2 分成，有的约定 7∶3 分成，有的约定 5∶5 分成，比例不一，由双方根据市场情况确定。开发企业与代理公司约定溢价分成，总体上来说也不违反公平公正的原则。但在房地产市场价格剧烈变动，尤其是快速上涨的前提下，如果销售公司获得高溢价，则对开发企业来说并不公平，因为溢价部分是市场变化的结果，而不是销售公司努力的结果，开发企业将建成房屋的利润拱手让与销售公司明显对开发企业不利。如果要控制溢价的分成，从技术角度解决溢价的问题，有两种处理方式：一是销售公司只按销售额获得固定的比例提成，溢价与销售公司无关；二是约定溢价分成，且在市场剧烈变动的情形下，约定溢价的公式，即"溢价＝预售合同价格－销售底价"。销售底价由甲方确认，甲方有权根据市场价格的变动随时调整销售底价，销售底价调整之后溢价也随之发生变化，这样就可以控制溢价的无限上升。

4. 销售代理费用的结算

要将销售时间、销售指标和销售佣金相挂钩，截止日期前销售指标完成得越好，销售佣金就越高；销售指标完成得较差，销售佣金就较低。未达成销售指标，开发企业有权解除合同。按月结算销售代理费用对双方来说都比较有利。以获得预售许可证的下月第一天为开始日期。

案例：2005 年 8 月 30 日，销售公司与开发企业签订了一份《××商场项目策划及销售代理合同》，约定开发企业的××商场全部委托销售公司独家代理销售。同时合同的第四条和第五条还约定了款项的收取/代理费用及结算等相关事宜，其中对销售代理费采用"阶梯费率"计算，并确定销售率在 80% 以上的，代理费率为 2%。销售代理费在每月 5 日前结算一次，结算范围为上月开发企业签订《购房认购书》的所有客户，客户签订认购书后悔约，已收取的定金或房款将作为违约金被开发企业没收，销售公司有权获得该违约金的 50% 作为服务费；如遇客户在签订正式的《房地产买卖合同》之后悔约，销售公司将不再退还销售代理费给开发企业。以上应付款开发企业须在销售公司每次提供费用结算清单后 10 日内准时支付代理费用，如有拖欠，按所欠代理费总额的 5‰ 计付滞纳金给销售公司。另外，合同第三条在开发企业权责部分还约定，在合同有效期内，开发企业不再自行销售或委托第三方代理销售本项目，在代理期限和代理物业范围内，所有成交的单元均计入销售公司业绩并予以结算代理费。合同签订后，申请人认为××商场的销售率达到 80% 以上，销售公司代理销售总金额为 80639430 元，按 2% 计代理费，开发企业应向销售公司支付 1612788.6 元，开发企业自行销售总金额为 7184787.3 元，销售公司应收取代理费 143696 元。开发企业拖欠代理费，根据合同第五条约定，应按 5‰ 计付滞纳金。经销售公司多次要求开发企业支付上述款项，被申请人均未履行约定，至今仍欠 1488368.6 元，申请人向仲裁委员会申请仲裁，仲裁请求被申请人支付××商场的销售代理费 1453484.6 元和逾期结算的滞纳金 34884 元。

开发企业答辩认为,销售公司销售量不足80%,应按1.8%计算销售代理费。根据双方签订的《××商场项目策划及销售代理合同》第五条的约定,销售率在70%~80%,代理费率为1.8%。本案销售公司销售面积为6362.01平方米,销售率仅为73%。根据合同约定,应付款为1068022.26元。根据合同第五条费用结算条款的约定,上述应付款应扣除5.5%的税收,实际应支付销售公司款项为1009281.03元。

双方争议的主要焦点是销售公司共代理销售商铺的总面积、销售总金额、开发企业应支付的销售代理费。仲裁庭审理后,采纳了开发企业的部分答辩意见,最终裁决开发企业10天内向销售公司付清销售代理费1198942.34元。

5. 销售代理税费的处理

销售代理的税费应由乙方自行缴纳,并向甲方出具发票。对于溢价分成的部分,应由各自按照规定纳税。

6. 销售费用的确定

应在合同中约定清楚销售费用,否则容易引起纠纷。比如,某合同中约定甲方承担:(1)销售现场甲方人员的工资、奖金;(2)现场售楼处及装修费、空调机、音响、电话机、传真机、复印机、饮水机、办公桌椅、合同文本等,以及样板房装修、装饰等一切硬件费用;(3)模型、效果图、家具配置图、三维动画等对外宣传所用的制作费用和各类宣传资料(包括项目VI应用、楼书、海报、单片、房型册等)的制作印刷等费用;(4)礼品制作及各类公关活动、促销活动以及广告媒介宣传费用等相关费用。上述约定的缺点是甲方的广告费等费用可能失控,而且没有实现预期的宣传效果。

7. 委托权限的确定

房地产代理合同属于委托合同的范畴,委托的权限必须在委托代理合同中明确表述。比如,对销售价格的限制、配套设施及物业管理的承诺及用于吸引购房者的其他优惠措施等,这些内容均需在合同中明确表述,防止出现销售公司为了促销楼盘,在未经开发企业同意的情况下,擅自对购买者作出一些根本无法实现的承诺,特别是对于期房销售更应引起重视。在授权的范围内,开发企业可以只委托销售公司代理销售房屋一事,也可以将广告策划等其他事务委托给销售公司,这就需要双方事先协商确定,如果是销售公司负责广告,慎重起见,开发企业对广告也应明确不得超越授权的范围。比如,开发企业可将项目的前期市场定位、地块规划顾问、营销策划、销售代理、广告策划、公关活动与宣传策划顾问等都委托给销售公司,由销售公司在前期阶段、预开盘阶段、开盘阶段、强销阶段、持续阶段进行全程营销策划及销售代理顾问服务。委托服务的内容与费用相关,因此,确定费用必须明确服务的范围。

8. 尾盘销售

进入尾盘销售阶段,销售公司的利润急剧下降,甚至可能会亏本,因此有些销售公司在尾盘销售阶段会变得消极,也可能会中途撤场。为防范这种情况的发生,在结算的条款中应约定预留一定比例的代理费,以促使销售公司尽快完成销售,尽快清盘,否则也会增加开发企业的成本。

9. 权利义务内容的确定

为防范销售公司违约的风险,在销售合同中,其作为乙方的义务至少应包括以下内容。

(1)代理项目的全程营销策划和销售代理工作,应于销售各阶段开盘前1个月提交该部分开盘方案给甲方;负责组建、培训专业的项目销售队伍;制订项目销售方案;项目销售现场采用乙方业务模式,负责项目的销售进度和编制项目的销控表;负责项目的客户资料统计工作,并负责项目的商品房销(预)售合同的签订。乙方每阶段工作的报告、计划、设计方案、销售计划内容须经甲方审核,并按双方认同的审核意见进行修改,最终以甲方签字认可后付诸实施。

(2)有义务为甲方所提供的有关项目的准确销售额数据及其他相关资料和文件保守秘密。

(3)应根据甲方宣传、销售、工程进度及宣传进度的实际情况,及时向甲方提供相应的策划方案,否则甲方有权利要求乙方改进服务或更换人员。

(4)应每周定期向甲方通报现场销售状况,遇到特殊情况应及时与甲方沟通。

(5)承担乙方现场销售人员的工资、奖金及现场销售的办公文具耗材、计算机、现场水电费、电话费以及甲方提供的销售现场设备的日常维修费用。

(6)负责本项目的广告创意、设计,协助甲方做好宣传资料的制作工作。

(7)应积极加入甲方产品规划设计工作过程,力求保证产品设计方案的创新性和市场结合性。

(8)在合同期内,应委派专人负责本项目的营销代理与甲方沟通的相关工作。

(9)在各期销售过程中,须在提交签约客户合同的同时,提交签约客户的基本资料给甲方。

(10)本合同签订后,在甲方初步确定项目设计规划方案的10个工作日内,乙方应向甲方提供关于本项目策划宣传包装的方案。

(11)销售价格和开盘时间由甲方确定,乙方无权确定。

10. 解除合同后销售佣金的处理

实践中,经常发生客户签订认购协议支付定金后,或者签订正式买卖合同、已交付了全部或部分房款而悔约的情况,出现这种情况时,销售佣金应如何处理?有的合同这样约定:客户和乙方必须写出书面文字报告,经甲方同意后方可退房。收取客户的定金或违约金,甲、乙双方按5∶5的比例分成。所退房屋的代理费如果已经提取过,则从当月销售代理费中扣回,但因甲方工程质量问题、甲方违反购房合同条款造成客户退房、甲方单方面同意退房的除外。若甲方不同意退房,乙方应积极做好客户工作。关于客户的违约金或定金按照5∶5比例分成,可能会导致销售公司与客户之间矛盾激化,因为销售公司有自己的利益,所以不会轻易退定金,这样可能会影响全盘的销售。因此,建议定金或违约金的处理由开发企业来负责,其数额与销售公司无关,尤其是定金更与销售公司无关,因为销售公司并未成功销售。此外,5∶5比例分成违约金还有一个问题,即如果未执行到违约金的,应如何体现乙方的补偿?双方可在合同中约定,如果未执行到违约金,乙方不能得到任何补偿。

案例: 2004年4月23日,某开发企业与某销售公司签订了《独家代理销售合同》,合同约定由销售公司独家代理开发企业开发房产的销售工作,期限为1年,房产销售价以建筑面积每平方米3250元计算,实行包干结算,超出部分由销售公司作为代理佣金提取。合同还约定项目的广告费用由开发企业根据实际情况制订计划,负责支付。此外,合同还就销售公司的提成方式、违约责任、合同终止及变更等进行了规定。2004年11月3日,双方经协商将销售公司代为销售的房产包干价变更为每平方米3500元。在合同履行过程中,销售公司向开发企业共计提取代理佣金7142560元,另外,销售公司还以需要广告宣传费用为由从开发企业处提取款项共计1940000元。2005年6月中旬,开发企业发现销售公司私自收取购房客户的购房款,并且其从开发企业处提取的佣金数额已超出实际应提数额。当开发企业向销售公司提出进行结算的主张时,销售公司单方撤离销售点,不与开发企业进行结算。后经开发企业调查发现,销售公司销售的房屋平均销售价为每平方米 3900 元。按双方约定的销售包干价每平方米 3500 元计算,销售公司可提取佣金 4450837 元,而销售公司已从开发企业处共计提取 9082560 元,两项相减,实际从开发企业处多提取了代理佣金和广告费。开发企业遂起诉到法院,要求销售公司返还不应当收取的款项 4631723 元及利息。法院经审理后,判决销售公司返还部分不当得利 470024 元。

11. 完成单套销售及项目全部销售完成的界定

购房者签署预售合同并支付全部房价款(包括首付或银行转账),且预售合同办理了网上签约,在房地产交易中心办理了登记备案手续后,即视为乙方成功销售。全部项目销售完成是指所有合同内约定的可售房屋均已达到单套销售完成的标准。对销售完成进行界定的目的在于确定代理费支付的起始点及支付条件。销售公司的代理不可能是无期限地售完为止,因此,在销售代理合同中一定要确定销售时间,并且设定销售指标。

12. 修改买卖合同及定金认购协议的权限

销售公司如果在实际操作中遇到超出开发企业所提供的《商品房预售(买卖)合同》的标准文本及修改文本的状况,比如客户提出补充协议等,销售公司则必须书面告知开发企业,由开发企业来决定是否进行修改。如果将合同的修改权交给销售公司,那么销售公司的承诺或修改的内容将来可能会对开发企业造成巨额的损失,严重者可能导致开发企业破产。

13. 能否委托多家销售公司或自行销售

有些分期开发或组团的项目,开发企业可能会委托多家销售公司销售,对此应该在合同中予以明确。也有些开发企业想自行销售,但在同一区域既委托销售又自行销售在管理上会引起混乱,不建议采取这种混合的方式。因为委托销售范围和开发企业自行销售范围不好确定和区分,即使销售范围能确定,但就具体的整体营销费用公共交叉的部分也难以区分,很容易引起纠纷。若采取混合的销售方式,在销售公司介入之后,开发企业还是应派员在售楼部现场,否则双方配合会有难度。有些开发企业认为,委托多家代理机构销售会有利于加快物业销售速度,但事实往往并非如此。因为如果委托很多代理机构负责销售,可能会给购买人造成一种不好的印象,认为项目不好,存在质量或其他问题,所以才找多家代理机构来销售。因此,建议开发企业只委托一家销售公司销售一个项目或一个分期项目。

14. 销售公司销售错误的处理

销售公司在销售中可能会出现错误,如重复销售、错号、虚假宣传、越权承诺等,由此给开发企业造成损失的,销售公司必须给予赔偿。

15. 不得转委托

开发企业委托销售公司销售,是对销售公司经验、能力的认可,因此具有专属性,如果销售公司再将项目委托他人销售,则不能保证开发企业的目的可以顺利实现。

16. 销售合同终止后的退场

在双方发生纠纷时,对于开发企业来说,应迅速控制销售现场,控制必备的空间场所,由自己自行销售或由其他公司来销售。但实践当中,双方发生纠纷后,销售公司往往不退场,并以此要挟开发企业,使开发企业非常被动。因此,在销售合同中应约定销售公司退场的条件、程序、时间及违约责任。

17. 开发企业销售手续不全的风险

开发企业不能提供销售许可证,或者"四证"不全,则将面临合同无效以及退还定金、购房款的风险。

案例:2005年3月22日,某开发企业与某销售公司签订了《房产代理协议》,约定由销售公司代理销售开发企业指定的房产。销售公司依约向开发企业交付了保证金80万元。在销售过程中,开发企业没有提供房产权属证明等相关手续,后经调查发现,开发企业并不具备该房产权利人的签约主体资格,销售公司通知开发企业终止协议履行并要求返还保证金。后来销售公司诉至法院,请求判令解除双方签订的《房产代理协议》,开发企业返还保证金80万元,判令开发企业支付逾期付款的银行利息。

法院认为,双方签订的房产代理协议书系双方真实意思表示,该协议为有效协议。该协议未能取得双方预期的履行成效不能完全归责于一方。现销售公司诉求终止合同的履行既符合代理合同的法律属性,也符合协议中的约定。但销售公司未能将终止合同的意思及时向开发企业有效表达,故其要求开发企业承担保证金利息的请求不能成立。法院判决双方签订的房产代理销售协议终止履行,开发企业返还销售公司保证金80万元。

18. 代理费及销售率

在合同中确定阶梯代理费及准确界定销售率。

19. 保密约定

销售过程中的销售数据等属于开发企业的商业秘密,不能外泄,因此,在合同中要明确销售公司泄露开发企业商业秘密的违约责任。

20. 销售公司的资质

销售公司没有资质未必会导致销售代理合同无效,但在签订合同之前,开发企业一定要了解销售公司的资质情况、有无房地产销售代理资质等。

案例:2006年3月,某营销策划公司与某房地产开发公司签订了《项目销售代理合同书》,约定由营销策划公司独家代理某项目的销售工作,包括公司开发项目的广告宣传和策划推广工作,该房地产开发公司支付相应的佣金。在合同履行过程中,因房地产开发公司对营销策划公司工作不满意,单方解除合同,双方发生纠纷。后协商不成,营销策划公司起诉要求房地产开发公司承担违约责任,并赔偿损失。房地产开发公司根据《城市房地产中介服务管理规定》(已失效)第八条、第十二条的规定,认为营销策划公司不具有中介资质,该合同属于无效合同,因此房地产开发公司不应承担违约责任。人民法院根据《城市房地产中介服务管理规定》(已失效)的规定认定营销策划公司未取得房地产中介资质,判决双方签订的合同无效。

21. 违约责任

开发企业应该在《内部认购书》及定金收据上加盖自己的印章,以自己的名义与客户签订认购合同并收取定金。在《销售代理合同》中应约定由开发企业的财务人员负责统一收取购房客户的全部房款。销售公司私自收取售楼款及定金属于违约行为,应支付违约金及资金利息。销售公司应交付其与客户签订的合同、订单、收款收据等资料。另外,销售公司自行销售的楼盘价格达不到综合基价时,须向开发企业补偿差额部分。

在销售委托协议的履行过程中,开发企业应注意销控环节。例如,不同的销售人员无意间将同一套房屋卖给了不同的客户,出现这种情况开发企业应要求代理公司解决并承担造成的损失。

如果采用包销方式,开发企业要注意:一是包销款项应当及时支付给开发企业;二是要充分保障包销公司的主导权,公司不能自行销售已经属于包销范围的房屋,否则包销人可以向公司索赔。

案例: 建仁公司(甲方)与宏那公司(乙方)签订了《华某某苑车位及商铺销售协议书》,第一条约定乙方销售华某苑车位及商铺项目,在本协议有效期内,乙方须完成该项目的销售任务。第二条约定车位及商铺项目的数量、价格及溢价分成。还约定销售履约保证金总金额为332万元,如乙方在合作期限内没有完成销售任务,则甲方有权要求乙方将上述履约保证金作为剩余车位或商铺的认购款项,按合同约定的基价结算。第三条约定合作期限为18个月,自协议签订之日起生效,销售期限为12个月,自确权完成之日起计算;甲方承诺自本协议签订之日起180天内本项目达到可销售条件,并取得相关的预售许可证等证件;如未达到可销售条件或因权属有争议等原因未能如期销售的,乙方有权单方面选择继续执行合同或无条件解除合同。如乙方选择无条件解除合同,甲方须于合同解除后的3个工作日内无条件退还全额销售履约保证金332万元给乙方。第四条约定销售价。第五条约定费用负担。本项目的营销推广费用包括媒体广告、宣传材料、策划费用由甲乙双方共同支付,其中甲方支出总额度为196万元,甲方须于本协议签订后30天内向乙方预付前述款项,如有超出该营销推广费用额度的,由乙方负责支付。如乙方在合作期限内没有完成销售任务,则乙方须按照未完成销售任务的占比来退还营销推广费给甲方。第六条约定款项支付。双方同意按下列方式支付代理费、溢价款和销售履约保证金。(1)本协议签订后30天内,乙方向甲方支付上述履约保证金到甲方指定账户。(2)客户全款到达甲方账户并完成网签时即视为乙方完成销售任务,计入乙方的销售份额。甲方于两个工作日内核对好溢价金额(溢价金额=销售额-销售基价-税费),乙方开具相应溢价金额50%的增值税发票给甲方,甲方收到发票后5个工作日内支付该笔款项给乙方。(3)销售代理费按实际销售价总额的1%计提,甲方于每月15日前核对完毕。乙方按该金额开具相应的增值税发票给甲方,甲方收到发票后5个工作日内支付该笔销售代理费给乙方。(4)甲乙双方在本项目合作期限结束时进行费用清算,如有因客户违约而没收的定金、违约金在扣除税费后一并支付给乙方。(5)乙方的收款指定账户信息以乙方发送给甲方的公函为准。(6)如涉及合同各方须提供发票的付款项,收款方必须在付款期限前5个工作日内提供发票给付款方。第七条约定甲方权利及义务。第八条约定乙方权利及义务。第九条约定违约和终止。因任一方违约,守约方为实现债权及守约方为行使解除权而产生的一切费用(包括但不限于诉讼费、律师费、财产保全费、评估鉴定费、执行费、拍卖费、差旅费等)均由违约方承担。

在合同履行过程中,建仁公司向宏那公司发出解约通知,宏那公司要求赔偿,双方发生争议,宏那公司起诉到法院。宏那公司向一审法院起诉请求:(1)确认建仁公司单方解除《华某某苑车位及商铺销售协议书》的行为违约;(2)建仁公司赔偿宏那公司损失10179907.84元;(3)建仁公司赔偿宏那公司律师费13万元,财产保全担保费2万元。

一审法院认为,本案系商品房委托代理销售合同纠纷。宏那公司、建仁公司签订的《华某某苑车位及商铺销售协议书》系双方真实意思表示,且不违反法律法规的强制性规定,应认定合法有效,宏那公司、建仁公司均应依约履行。根据该合同约定,宏那公司的主要合同义务为营销策划和销售代理。营销策划虽然具有一定的服务合同特征,但其系围绕销售代理这个合同核心义务内容展开的，宏那公司的合同义务均是基于建仁公司的委托销售而产生的，其最终目的是按照完成的销售工作成果获得合同约定的代理销售佣金，因此本案宏那公司、建仁公司签订的《华某某苑车位及商铺销售协议书》实为委托合同。

一、关于合同解除。本案宏那公司、建仁公司签订的《华某某苑车位及商铺销售协议书》并未对委托人或受托人的任意解除权作出限制，根据《合同法》第四百一十条（现《民法典》第九百三十三条）的规定，委托人或者受托人可以随时解除合同。根据《合同法》第九十六条（现《民法典》第五百六十五条）的规定，宏那公司、建仁公司之间签订的《华某某苑车位及商铺销售协议书》于建仁公司的《解约函》送达宏那公司之日，也即2018年3月1日解除。当事人应当按照约定履行自己的义务，不得擅自变更或者解除合同，宏那公司、建仁公司签订的《华某某苑车位及商铺销售协议书》虽已于2018年3月1日解除，但建仁公司单方解除合同的行为仍然构成违约，应承担违约责任。

二、关于宏那公司主张的各项损失。根据《合同法》第四百一十条（现《民法典》第九百三十三条）的规定，委托人行使任意解除权后，因解除合同给受托人造成损失的，除不可归责于委托人的事由外，应当赔偿损失。该损失应该包括两个部分，其一是受托人也即宏那公司为代理销售涉案商铺及车位已经实际支出的、可归责于建仁公司的事由所产生的损失；其二是受托人也即宏那公司代理销售涉案商铺及车位的可得利益损失。

关于可得利益损失。本案中，宏那公司、建仁公司之间的委托代理销售合同解除时，宏那公司尚未与认购方签订有关车位或商铺的认购书，宏那公司是否可以取得销售溢价及实际能售出的房屋数量尚不确定，故宏那公司主张的履行合同后应得总收入缺乏证据佐证，一审法院不予支持。

至于宏那公司主张的人财物力等成本费用，因未有证据证明相关费用系宏那公司代理销售涉案商铺及车位后产生或增加的费用，且宏那公司作为一个企业法人，租金、水电费、员工工资等人财物力成本费用应属其企业运营成本，故宏那公司主张相关费用由建仁公司负担缺乏依据，一审法院不予支持。

关于宏那公司主张的因与认购方签订认购合同而需双方返还的定金及租金补贴。首先，根据宏那公司、建仁公司签订的《华某某苑车位及商铺销售协议书》第七条的约定，收取认购金和所有购买款的权利主体应为建仁公司，宏那公司未经建仁公司同意擅自收取认购款项，已然违反合同约定。其次，本案中，宏那公司与其所主张的认购方签订《华某某苑认购书》时，宏那公司、建仁公司之间的合同关系已然解除，也即此时宏那公司已经无代理销售相关商铺及车位的权限，宏那公司在此情况下继续与认购方签订认购书并自行收取认购方支出的相关费用，由此产生的损失属于其自行扩大的损失，不可归责于建仁公司，相关损失应由宏那公司自行负担。

关于宏那公司主张的应付某公司的费用。首先，根据《合同法》第四百条（现《民法典》第九百二十三条）的规定，受托人应当亲自处理委托事务，未经委托人同意，受托人不得转委托。本案中，宏那公司、建仁公司签订的销售协议书并未约定宏那公司在接受建仁公司的委托后可以转委托，宏那公司亦确认其将代理销售涉案商铺及车位事项转委托给案外人某公司且未经建仁公司同意，因此，宏那公司擅自转委托而产生的相应损失应归属于非可归责于建仁公司的事由，应由宏那公司自行负担相关损失。其次，就宏那公司主张的应付某公司的各项费用，一审法院分析如下。

（1）根据宏那公司与某公司签订的协议约定，已销售车位、商铺分成的支付条件为"客户全款到达开发商账户并完成网签时",因宏那公司未举证证明某公司已经完成销售任务,故宏那公司主张应向某公司支付的该项费用没有依据,一审法院不予支持。

(2)关于工资及补贴、招待费用。因无法看出与本案代理销售事项有关,且未有证据证明相关费用系某公司代理销售涉案商铺及车位后产生或增加的费用,即便相关费用已经实际发生,亦属于企业运营成本,宏那公司要求建仁公司负担,依据不足,一审法院不予采纳。

(3)关于违约金。如前文所述,转委托行为是宏那公司未经建仁公司同意而为,因转委托而需对某公司承担的违约责任理应由宏那公司自行负担。宏那公司主张建仁公司负担该笔费用,没有事实和法律依据,一审法院不予支持。

(4)关于装修费。宏那公司主张为装修样板房的费用,但宏那公司仅仅提供装修合同,合同未约定工程价款及施工的具体商铺位置,且宏那公司亦未提供证据证明其已向装修公司支付相关装修费用,故一审法院对宏那公司主张的装修费25万元不予支持。考虑到建仁公司亦确认宏那公司在接受委托后确实对其中一个商铺进行了简单装修,可见宏那公司为代理销售涉案商铺而对样板商铺进行装修并支出装修费用属实,因宏那公司未能提供装修费用的支付凭证及结算依据,一审法院酌定装修费为6万元,宏那公司主张的超出部分,一审法院不予支持。

(5)关于营销推广费。本案合同实际包含两个部分:前期策划和实际销售。宏那公司、建仁公司签订的销售协议书虽然在宏那公司与认购方签订了认购书之前解除,但宏那公司在签约后为推广涉案商铺及车位必然需要对项目定位、策划推广等投入资金。根据宏那公司、建仁公司签订的销售协议书约定的建仁公司应付营销推广费总额196万元,结合双方的合作期限18个月,分摊到每月的营销推广费约10万元。涉案合同解除之前,宏那公司、建仁公司销售协议书的履行约3个月,宏那公司主张的营销推广费为20万元,未超出合同约定,一审法院予以支持。

(6)关于宏那公司主张的律师费。建仁公司作为委托人行使任意解除权,宏那公司作为受托人为主张合同解除后的相关损失而聘请律师代理诉讼,由此支出律师费,律师费的产生应属于可归责于委托人,也即建仁公司的事由。本案中,宏那公司主张的律师费包含两部分,其一是诉前产生的律师费7万元;其二是诉讼中产生的律师费13万元。一审法院经审查后认为,宏那公司主张的诉前律师费无法证实与本案有关联,且非必要支出费用,一审法院不予支持。至于本案诉讼中产生的律师费13万元,宏那公司虽提供合同及发票予以证实,但没有相应的支付凭证,根据一审法院经审查后支持宏那公司的诉讼标的情况,一审法院酌定应由建仁公司负担的律师费为8万元,宏那公司主张的超出部分,一审法院不予支持。

(7)关于财产保全担保费2万元。建仁公司作为委托人行使任意解除权,宏那公司作为受托人为保障其权益经诉讼后得以执行,向一审法院申请财产保全,由此产生财产保全担保费,该费用的产生应属于可归责于委托人,也即建仁公司的事由。本案中,宏那公司主张的财产保全担保费为2万元,并提供合同及发票予以证实,但没有相应的支付凭证,根据一审法院经审查后支持宏那公司的诉讼标的情况,一审法院酌定应由建仁公司负担的财产保全担保费为1万元,宏那公司主张的超出部分,一审法院不予支持。

综上,一审法院依据《合同法》(现《民法典》合同编)和《民事诉讼法》的规定,判决:一、建仁公司于判决生效之日起10日内,向宏那公司支付装修费6万元;二、建仁公司于判决生效之日起10日内,向宏那公司支付营销推广费20万元;三、建仁公司于判决生效之日起10

日内,向宏那公司支付律师费 8 万元;四、建仁公司于判决生效之日起 10 日内,向宏那公司支付财产保全担保费 1 万元;五、驳回宏那公司的其他诉讼请求。

宏那公司不服一审判决,上诉请求撤销一审判决,依法改判建仁公司向宏那公司支付实际损失费用 200 万元。建仁公司也不服一审判决,建仁公司上诉请求撤销一审判决第一、二、三、四项,改判驳回宏那公司的全部诉讼请求。二审法院驳回了双方的上诉,维持原判。

22. 选择合适的代理商

对开发企业来说,选择代理商至关重要。选择能力不强的代理商,无论代理合同多么完善,制定多少制约代理商的条款,也弥补不了代理商在销售上的失败给开发企业造成的损失。比如,与购房人签订协议和收取款项环节的把握非常重要,应就此约束代理公司的销售人员不得为了销售业绩对客户作出虚假承诺,因为代理公司和房地产公司构成了委托代理关系,代理人办理代理事项的后果要由被代理人承担,即最终还是由房地产公司承担。因此,在选择销售代理公司时,应首先考察代理商的综合能力。综合能力包括代理商的经验、业绩、销售人员素质等,还包括代理商能否维护开发企业的利益。其次,开发企业应考虑代理商的专业能力及投入本项目的资源。有些大型综合性销售代理同时代理很多项目,导致人员数量及素质均不够投入其他项目,这样某一项目销售就会受影响。再次,某些大型代理商代理同一地域内同性质的项目,导致销售公司根据代理费的高低来决定优先销售哪一个项目,这样就会严重侵害开发企业的利益。最后,根据销售代理公司以往的业绩及项目类型选择代理公司也很重要。

总之,合同中约定的内容不同、代理方式不同,开发企业承担的风险及责任也不同,开发企业应根据自身的情况,并结合代理商的资信、经验及履约能力等情况,选择相应的代理方式。此外,开发企业在委托房地产销售代理后,即使合同的内容签订得再完备、条件再详细,也并不意味着不会发生纠纷,开发企业应严格监督销售公司履行合同,并且一定要注意销控环节,发现异常情形及时纠正,尤其是应防止销售公司私自收取售楼款的行为、密切注意销售公司放弃项目撤走的迹象,以免给开发企业造成损失。

四、销售中的法律风险防范

(一) 广告宣传的风险防范

房地产广告对房地产项目的销售无疑有举足轻重的作用。据统计,90% 以上的商品房是通过宣传广告促销的,因此开发企业对房地产广告极为重视。开发企业的广告形式多种多样,既有通过电视、广播等传播的广告,也有通过报纸、杂志等平面媒体,以及网络媒体传播的广告。从广告的具体表现形式上来分类,有直接宣传的广告,如沙盘、模型、楼书、宣传册、形象代言等,还有采取气球、横幅等形式宣传的广告,可谓五花八门,各显神通。

1. 房地产广告的禁止或限制性条件

现在对房地产广告的管理比较严格,《广告法》及《房地产广告发布规定》对于房地产的销售、制作、发布内容等方面作出很多限制性规定。对房地产广告的限制、禁止性规定如下:

(1)在未经依法取得国有土地使用权的土地上开发建设的,不得发布房地产广告。

(2)在未经国家征收的集体所有的土地上建设的,不得发布房地产广告。

(3)司法机关和行政机关依法规定、决定查封或者以其他形式限制房地产权利的,不得发布房地产广告。

(4) 预售房地产,但未取得该项目预售许可证的,不得发布房地产广告。

(5) 权属有争议的,不得发布房地产广告。

(6) 违反国家有关规定建设的,不得发布房地产广告。

(7) 不符合工程质量标准,经验收不合格的,不得发布房地产广告。

(8) 房地产广告不得含有风水、占卜等封建迷信内容,对项目情况进行的说明、渲染,不得有悖社会良好风尚。

(9) 房地产广告中对价格有表示的,应当清楚表示为实际的销售价格,明示价格的有效期限。

(10) 房地产广告中的项目位置示意图,应当准确、清楚,比例恰当。房地产中表现项目位置,应以从该项目到达某一具体参照物的现有交通干道的实际距离表示,不得以所需时间来表示距离。

(11) 房地产广告中涉及的交通、商业、文化教育设施及其他市政条件等,如在规划或者建设中,应当在广告中注明。

(12) 房地产广告中涉及面积的,应当表明是建筑面积还是使用面积。

(13) 房地产广告涉及内部结构、装修装饰的,应当真实、准确。预售、预租商品房广告,不得涉及装修装饰内容。

(14) 房地产广告中不得利用其他项目的形象、环境作为本项目的效果。房地产广告中使用建筑设计效果图或者模型照片的,应当在广告中注明。

(15) 房地产广告中不得出现融资或者变相融资的内容,不得含有升值或者投资回报的承诺。房地产广告中涉及贷款服务的,应当载明提供贷款的银行名称及贷款额度、年期。

(16) 房地产广告中不得含有广告主能够为入住者办理户口、就业、升学等事项的承诺。

(17) 房地产广告中涉及物业管理内容的,应当符合国家有关规定;涉及尚未实现的物业管理内容,应当在广告中注明。

(18) 法律、行政法规规定禁止的其他情形。

2. 虚假商品房广告应承担的法律责任

根据《房地产广告发布规定》的规定,房地产广告必须真实、合法、科学、准确,不得欺骗和误导消费者。违反该规定发布广告的,依照《广告法》有关条款处罚,《广告法》无具体处罚条款的,由广告监督管理机关责令停止发布,视其情节予以通报批评,处以违法所得额3倍以下的罚款,但最高不超过3万元,没有违法所得的,处以1万元以下的罚款。

3. 房地产广告宣传的风险防范

虽然《广告法》《房地产广告发布规定》等对房地产广告进行了严格的限制,但很多开发企业还是违反上述规定,这种做法存在风险,但这些风险是可识别且可控制的。

房地产公司的广告是否会使开发企业的利益受损,主要的判断标准是广告是否构成商品房销售合同的一部分,开发企业是否兑现了广告的承诺。如果广告构成了合同的一部分且开发企业未兑现承诺,则开发企业应承担违约责任。开发企业承诺或宣传无法兑现是引起购房者心理落差的重要因素,也是引起开发企业与购房者纠纷或冲突的重要原因。客观地说,绝大多数开发企业在销售策划时都会出于商业目的的考虑而在销售广告中对楼盘的优势及功能进行一定程度的夸大,而客观事实并非如此,或者开发企业广告的描述与购房者心目中的期望存在差距。如果广告中的承诺成为合同的内容,显然对开发企业是不利的,尤其是在交房时,可能会使开发企业面临巨额的损失赔偿或无休止的诉讼。《最高人民法院关于审理商品房买卖合同纠纷案件适用法律若干问题的解释》(本章简称《审理商品房买卖合同案件解释》)第三条规定:"商品房的销售广告和宣传资料为要约邀请,但是出卖人就商品房开发规划范围内的房屋及相关设施所作的说明和允诺具体确定,并对商品房买卖合同的订立以及房屋价格的确定有重大影响的,构成要约。该说明和允诺即使未载入商品房买卖合同,亦应当为合同内容,当事人违反的,应当承担违约责任。"这意味着开发企业在合同条款以外对有关房屋、居住环境、公共分摊部分、与生活相关的设施等交易条件所作的陈述、承诺、说明等与合同条款内容构成一个完整的交易条件,不能够因为没有写入合同条款就没有约束力。但什么是"对商品房买卖合同的订立以及房屋价格的确定有重大影响",实践中很难把握。可以人为地将售楼广告分为四类:一是具有法律效力的广告内容,如房屋的层高、户型、结构类型、付款方式等;二是只有在买卖合同中明确细化后才具有法律效力的内容,如开发企业承诺的"进口电梯、外墙进口瓷砖"等,这些内容需在合同中写明产地、型号、品牌、价格区间等;三是不属于开发企业具体确定的要约邀请内容,如广告中常见的"交通便利、环境优美"等;四是违法的广告,如赠送花园等。

根据上述司法解释的规定,开发企业的销售广告成为合同内容的前提条件有三。一是开发企业就商品房开发规划范围内的房屋及相关设施所作的说明,开发企业的广告内容涉及开发范围外的承诺不能成为合同的一部分。二是允诺具体确定,比如某小区在广告中宣传"北京'××园'是开发企业兴建的纯高级欧式私家别墅区,位于北京中轴线、龙脉之地,占地315亩,215栋别墅,国际一流的规划设计水平和建筑装饰水准,满足高品位、高层次的现代人需求。有超市、购物中心、游泳中心、桑拿浴、健身房、美容厅、洗衣房、急救诊所、银行、邮局、商务中心及各种餐饮和娱乐设施",以及"顶级建材精美装修,社区配套完善,一流物业管理",但实际情况是开发企业变更规划,改变了最初承诺的公共设施及配套设施、绿地,取消了游泳中心、桑拿浴、健身房、美容厅、洗衣房、急救诊所、银行、邮局、商务中心及各种餐饮和娱乐设施。实践中,上述说明的设施不是具体确定的说明,而且开发企业也未在销售广告上对上述设施作出任何具体的承诺。因此,开发企业在销售广告中关于上述设施的承诺并不符合上述司法解释第三条关于具备明确的条件,因此开发企业无须承担赔偿责任。三是对商品房买卖合同的订立以及房屋价格的确定有重大影响。其实第三个条件对开发企业来说比较有利,因为如果符合第三个条件,购房人就需证明广告与购买行为、购买价格之间存在因果关系,广告确实影响了购房人的行为且影响了价格,这在司法实践中几乎是不太可能证明的,因此这条规定对开发企业来说基本上没有太大的影响。只要广告不过于夸张,法院一般都不会因为广告的问题判定开发企业承担责任。一般来讲,法院都会认定购房人是理性的,不会因为广告中不具体明确的承诺而影响购房价格,虽然笔者没有相关的数据,但是从上述司法解释实施后,相关的案例应该寥寥无几,至少笔者本人或同事没有办理过相关的案件,也没有听说过法院根据此条判开发企业承担责任的。但这不意味着法院不会因为广告的问题判定开发企业承担违约责任或赔偿损失。因此,开发企业应收集楼盘定价与广告无关的证据。从预防的角度来看,开发企业在制定商品房买卖合同及补充协议时,应在补充协议中明确约定"相关广告宣传与本合同不一致的,以本合同为准"或"本项目的任何广告仅是要约邀请,具体权利义务以本合同为准",再或者约定"出卖人任何宣传资料、广告、楼书、沙盘及样板间均属于要约邀请,如果实际交付的房屋及小区现状与宣传资料、广告、楼书、沙盘及样板间不符,则一律以主合同及本补充协议为准"等内容。

另外,开发企业或代理机构制作的各类广告上如果写上"本广告仅作参考"等内容不能作为免责的理由,一定要在补充协议中明确广告的性质、作用及法律定位。

防范销售广告与宣传资料的法律风险,需要向房地产销售人员传播正确的法律知识,清楚销售广告和宣传资料的法律性质以及法律后果,在介绍楼盘、引导消费者购房时不要随便作口头承诺,开"空头支票"。除了要清楚在售楼广告上哪些内容能写、哪些内容不能写,房地产开发企业在售楼广告宣传的最后一定要加入"本广告内容并不当然构成要约""本广告内容仅供参考"之类的用语,以防止广告内容被纳入合同,对开发企业产生法律上的约束力。

4. 样板间问题

出卖人在售房期间所搭建的样板间装修质量非常好,有些购房人误以为交付的房屋就是样板间的标准,达不到标准则会与开发企业产生纠纷。为解决这一问题,开发企业在商品房预售合同中约定样板间系对建造房屋的简单示意,不完全代表实际交付房屋的全部细节。样板间所使用的所有家具、电器、装饰、布艺以及特别标明为"非随楼赠品"的内容均不包含在房价和交付范围之内。买受人所购房屋的具体交付标准及房屋的布局、类型以《商品房买卖合同》附件的约定为准。

5. 施工号与行政号的问题

开发企业可在补充协议中这样约定:双方签订的合同标的物房屋的号码为立项审批时的施工号,在房屋竣工验收后,政府相关部门需确定房屋行政号。因此,合同中的楼号可能与最终的行政号不符,买受人同意以政府有关部门最终审核确定的房号为准,但买受人购买房屋的具体位置不变。

6. 沙盘模型制作合同的风险防范

开发企业(甲方)委托沙盘制作模型时,应重点考虑委托制作的范围、制作的材料及工艺、计价方式、质量标准、验收标准、保修、双方的权利义务等内容。具体的风险防范要点如下。

(1)计价方式采取制作方(乙方)包工、包料、包质量、包工期、包安全生产、包税费、包运输、包安装等大包干的形式,包括但不限于:材料、保险、税收、企业经营管理费、利润、在限定的货期内完成供货的所有费用以及可能发生的退换费用;从乙方供应点至甲方指定地的水平运距及垂直运距,包括货物的包装费、保险费、二次装卸费,现场安装就位并符合使用要求所发生的各种费用。

(2)质量标准的确定。乙方保证设备质量标准必须符合国家行业规定的优等产品的质量标准及质量等级,其中设备原材料的质量必须达到相应的国家质量要求。

(3)质量验收的风险及防范。开发企业有权审查乙方制作过程中的主要及关键零件的生产工艺设备、操作规程和相关生产人员的上岗资格,并对设备制造和装配场所的环境进行检查。可对设备制造过程进行监督和检查,对主要及关键零部件的制造工序进行抽检或检验。甲方认为必要时可审查设备制造的原材料、外购配套件、标准件以及坯料的质量证明文件及检验报告,检查乙方单位外购器件、外协作的加工件和材料的质量验收。货物到现场后双方共同对货物的质量进行验收。

(4)质量的保修与服务。产品合理使用的寿命期内,质量保修期为一年,从货物到现场、安装完毕并经双方人员书面签署《供货验收记录单》确认之日起计。质量保修期内乙方须于每月15日前派专人对模型进行清洁维护(包括但不限于吸尘、修复被损坏的园林绿化等)。

(5)制作方义务。制作方应确保正常使用;必须确保交货质量,乙方所交付产品规格、质量不符合合同规定的,甲方可以拒绝接收,乙方需自费将其运离施工现场,由此引起的责任均由乙方承担。确保按时供货。

(二)媒体负面报道的风险防范

开发企业要处理好与媒体的关系。媒体对开发企业来说是一把"双刃剑",开发企业与媒体关系处理得好,能使开发企业顺利销售,提高楼盘品质与知名度,给公众及购房者留下良好印象;如果处理得不好,可能把开发企业及楼盘的缺点无限放大,置于媒体及公众的审判之下,使开发企业利益严重受损,甚至有些媒体因开发企业不在其处投放广告而恶意报道,尤其是在自媒体越来越发达的背景下,对开发企业来说面临更大的挑战。开发企业应该与媒体建立共赢关系,互相受益。当开发企业遭遇媒体危机时,不应与媒体为敌,而应通过沟通、协商及其他渠道化解矛盾,从而避免因媒体的介入导致楼盘销售等受到严重影响。当然,对于涉嫌敲诈勒索的媒体,也要敢于维权。

(三)按揭的风险及防范

在目前我国房地产开发经营中,开发企业通过购房者申请按揭贷款来支付购房款的情况极为普遍。银行按揭通常涉及开发企业、购房者、按揭银行和保险公司四方,办理按揭的程序较为复杂,开发企业有必要熟悉银行按揭内容。按揭是实践当中约定俗成的一种称谓,通常,按揭是指不能或不愿一次性支付房款的购房者(即商品房买受人)向提供贷款的银行(即按揭银行)提出申请,由购房者将其与开发企业(即商品房出卖人)通过所签订的商品房买卖合同而取得的商品房抵押于按揭银行(买受人未取得不动产权属证书之前开发企业提供阶段性担保),按揭银行将一定数额的借款贷给购房者并以购房者名义将借款交由开发企业用于支付房款的行为。一般认为,"按揭"一词是由香港传至内地的,它是英语中"mortgage"的意译与音译的混合体。在现房交易时,购房者在签订商品房买卖合同后即可取得房屋,同时可以办理房屋所有权转移手续,此时购房者将房屋抵押给按揭银行,按揭银行可以办理抵押权登记后取得房屋他项权证,按揭银行取得完整的抵押权。对于期房交易,在购房者与开发企业签订商品房预售合同并支付全部购房款后,即便开发企业已经向买受人交付了房屋,买受人也不能立即取得不动产权属证书,银行无法办理抵押登记。在此阶段,银行要求开发企业提供阶段性担保。

1. 银行按揭的基本流程

(1)按揭银行与开发企业签订按揭贷款合作协议书,按揭银行承诺针对开发企业某一特定房地产开发项目的购房者,向符合特定条件的购房者提供贷款,由购房者将所购房产抵押给银行,开发企业向银行提供阶段性担保,保证在购房者未能按期偿还银行贷款时,由开发企业代购房者向银行偿还借款。

(2)开发企业与购房者签订商品房买卖合同,购房者付清首付款,并取得支付购房款的凭证,办理商品房预售合同备案登记。

(3)申请按揭贷款的购房者向按揭银行提出申请,递交各类证明文件。

(4)按揭银行对申请者进行资信审查,对合格的购房者予以批准,发放同意贷款书或按揭贷款承诺书。

(5)按揭银行与购房者、开发企业签订按揭贷款三方合同,按揭贷款合同包括购房借款、抵押和阶段性担保三部分内容,部分银行是与购房者签订贷款合同,同时与购房者、开发企业三方订立抵押和阶段性担保合同。

(6)合同签订后,按揭银行向购房者放款,并将此款拨入开发企业在按揭银行开立的账户,开发企业收到此笔款后,视为购房者已支付房款,给购房者开具房款发票。

(7)购房者在按揭银行同时开立还款账户,根据按揭贷款合同约定的方式,按期向该账户还本付息,直至还清全部贷款,再与银行办理解除抵押手续。

(8)开发企业与购房者办理房屋所有权转移登记,购房者取得不动产权属证书后,购房者与按揭银行办理房屋抵押登记,按揭银行取得房屋他项权证,银行的抵押权成立,开发企业的阶段性保证责任解除。

2.按揭贷款合作协议书的内容

按揭贷款合作协议书是开发企业与按揭银行就按揭银行向开发企业的潜在购房者提供按揭贷款服务的约定。有些开发企业与银行签订的协议书内容是意向性的,对当事人双方的拘束力并不强,但有些协议书对开发企业的约束非常严格,尤其是对其中有关开发企业担保的内容,银行要求开发企业先向银行支付项目预估贷款总额一定比例的保证金,否则不予该项目放款,且按揭银行在与特定的购房者订立按揭贷款合同时,还会要求开发企业另行出具相关的法律文书,由开发企业对各特定购房者的债务提供担保。一旦购房者不按时归还贷款,银行可以不通知开发企业,无条件划扣开发企业存入银行的保证金。签订按揭贷款合作协议书时,并不要求开发企业具备商品房预售的条件,即在开发企业取得商品房预售许可证之前,双方就可以签订合作协议书。但是,按揭银行发放按揭贷款,必须在开发企业取得商品房预售许可证之后进行。有些银行为防范风险,对非住房按揭贷款发放的时间规定较为苛刻,如要求开发企业取得竣工验收备案后或取得商品房的不动产权属证书后才发放按揭贷款,这种放贷条件实质上已经限制了开发企业对期房的预售,严重影响了资金回笼。按揭贷款合作协议书主要包括以下内容。

(1)商品房抵押贷款额度。商品房抵押贷款额度是按揭银行对开发企业某一特定房地产开发项目可以提供按揭贷款的授信额度,即向符合该项目全部条件的购房者发放贷款的总额。抵押贷款额度的约定对按揭银行并无绝对的拘束力,因为银行不是向开发企业发放贷款,而是向各个单一的项目购房者发放贷款,购房者必须经银行审查,银行如要减少授信规模,可以通过加严审查标准等方法即可达到其目的,开发企业无法控制或要求银行必须达到该额度。

(2)购房者的首付比例和借款期限。首付比例指购房者先行支付给开发企业的自有资金。对于开发企业来说,不考虑资金回笼期间差及担保可能承担的责任,首付款比例越低越好,借款期限越长越好,因为这有利于资金能力不足的购房者成交,有利于项目的销售和资金回笼。但首付比例由银行授信额度和中央银行信贷政策所决定,即使在银行与开发企业的合同中约定了首付比例下限,但在合作协议的履行过程中出现中央银行金融政策调整时,按揭银行仍必须严格遵守中央银行的金融政策而调整首付比例,银行无须承担违约责任,但对开发企业的销售会产生重大影响。

(3)开发企业的保证和担保。银行要求开发企业对购房者的按揭贷款合同提供阶段性连带责任保证。阶段性连带责任保证指开发企业仅对自按揭贷款合同生效之日起到购房者取得不动产权属证书、办妥抵押权登记并将房屋他项权证及其他相关资料凭证交银行保管之日止的购房者应还借款本息提供的保证。个别银行可能要求开发企业提供全程性保证,要求开发企业对自按揭贷款合同生效之日起到购房者全部还清借款本息时止的购房者全部债务提供保证,但这种保证形式近年很少见。

案例:2001年11月13日,原被告双方签订了一份《商品房买卖合同》(以下简称"购房合同")。购房合同约定:被告购买原告开发的位于北京市丰台区某立交桥附近的××家园房屋一套,房屋总价款636520元。双方在购房合同中约定的付款方式为:被告在2001年11月

15日向原告支付首付款136520元,余款以银行按揭贷款方式支付。

签订购房合同后,被告依约支付了首付款。2001年11月23日,原告作为保证人、被告作为借款人、华夏银行北京×支行(以下简称"华夏银行")作为贷款人,签订了《个人住房贷款借款合同》(以下简称"借款合同")及其附表。该合同住房贷款明细表中约定了贷款金额为500000元,贷款月利率为4.65‰,还款期限为2001年11月29日至2021年11月28日。合同第六章第一条约定:贷款人向借款人发放的个人住房贷款,由保证人提供第三方保证;第二条约定:保证期限自本合同生效之日起至抵押登记完成之日止;第五条约定:在贷款人发出《提前还款通知书》30日内,保证人代借款人清偿所有欠款,否则贷款人有权从保证人存款账户上扣收。

在履行借款合同过程中,因被告未按时全额偿还贷款,华夏银行于2003年11月至2007年7月从原告账户上划扣被告所欠贷款共计556016.08元,原告承担了代为偿还银行贷款本息的保证责任,被告对原告构成违约。原告诉至法院,请求法院依法判令被告偿还原告代偿的银行贷款556016.08元,支付利息126104元(从代偿之日起至实际偿还之日止,按照人民银行同期贷款利率标准计算),两项合计682120.08元。最终法院以原告诉请判决被告承担责任。

(4)开发企业回购责任和竞拍责任。回购是指按揭银行在购房者不能按约归还借款本息时,由开发企业以不低于借款人(即购房者)未清偿债务总额的价格回购抵押物,并将回购款打入银行指定账户或由银行直接在开发企业银行账户中划扣。竞拍是指在银行以公开拍卖方式处分抵押物时,开发企业必须无条件参加竞拍,竞拍时应提供不低于借款人未清偿债务总额的报价,否则当拍卖因低于保留价而致流拍时,由开发企业承担回购责任。这两种责任是在按揭银行处分抵押物时开发企业应承担的责任,其实质仍为开发企业的担保责任。

(5)银行监管。按揭银行要求开发企业在该银行开立专用存款账户,开发企业应将其向购房者收取的定金、购房款、费用等款项通过该账户结算,银行有权对该账户的资金使用进行监督。这种做法可以有效防止开发企业挪用资金,保证未完成工程顺利竣工交付,实现抵押权,保障按揭银行自身的利益。

(6)在建工程保险。在合作的房地产未竣工验收前,银行要求开发企业办理在建工程建筑保险,保险金额不低于开发企业的售楼总价,若上述房产未竣工验收就遭损毁,开发企业可以向保险公司理赔,从而保证银行可以收回预售房屋借款。

3. 开发企业与银行签订按揭贷款合作协议书的风险

(1)银行不能按合作协议书发放按揭贷款的风险。即使开发企业与银行签订按揭贷款合作协议书,合作协议书的该项内容也不能约束银行,无法要求银行承担违约责任,属于"君子协议"。因此开发企业在选择合作银行时,应从银行的信誉、存贷规模、服务质量以及按揭内容、经验等因素进行考量。

(2)购房者不能按时归还按揭贷款本息时开发企业的担保风险。尤其是对于全程的担保,开发企业在购房者还清全部按揭贷款本息之前需要一直承担保证责任,而购房者还款期间跨度往往相当长,这对开发企业是极其不利的,因此开发企业应尽量不接受按揭银行的这种要求。对于阶段性保证,由于办理抵押登记需银行和购买人配合,任何一方在房屋具备办理抵押手续时迟延配合办理,开发企业担保的债务就会增加,这对开发企业是不利的,也是不公平的。开发企业应注意此类风险,并采取一定的防范措施,例如,在与按揭银行的合作协议书中约定,银行应在购房者办妥不动产权属证书和国有土地使用证后的一定期限内配合办理房屋抵押手续;在购房者具备办理上述两证条件时,积极配合购房者取得两证,并及时通知按揭银行办理抵押手续。

(3)回购责任和竞拍责任。如果开发企业需要承担回购责任和竞拍责任,应约定开发企业这两类责任产生于开发企业阶段性保证期间。在银行取得房屋抵押权后继续要求开发企业承担回购责任和竞拍责任的,无异于要求开发企业承担全程性保证责任,这对开发企业来说风险极大,应尽量避免。

4. 开发企业与银行签订按揭贷款合作协议书法律风险的防范

对按揭银行的尽职调查。开发企业与按揭银行签订按揭贷款合作协议书之前,应调查银行的整体实力(如存贷款规模、营业网点数量、审批权限等),银行信誉和服务质量,银行在按揭内容方面的历史和经验,银行对按揭贷款申请者审批的宽严尺度,银行在提供按揭服务时的利率上浮或下浮幅度、按揭额度、按揭期限、审批放款期限、按揭条件等。

5. 防范购房人违约导致开发企业承担的风险

很多购房人是通过银行贷款来支付购房款的,如果项目不能办理贷款则会大大影响开发企业的销售速度,失去很多潜在购买者,影响开发企业回款。一般在开发项目开盘之前,购房人想通过贷款的方式支付部分购房款的前提是开发企业要与银行签订按揭(抵押)贷款合作协议书,约定在买受人办理房地产权属证书前,要由开发企业向银行提供不可撤销担保。

在银行与买受人签订借款合同时,银行要与开发企业签订保证合同。在开发企业与银行签订上述保证合同后至买受人取得不动产权属证书和办理完毕抵押登记手续前,开发企业依据保证合同向银行承担保证责任。开发企业为购房人承担保证责任后,购房人一旦不能按时归还银行贷款,开发企业首先需要承担连带的保证责任,因此对开发企业来说,存在很大的风险。除开发企业承担保证责任的风险外,购房人不能办理贷款对开发企业来说也是风险。开发项目不能办理贷款的因素有很多,主要原因有三:一是开发企业的原因,比如不符合银行放款的条件、主体结构未封顶,或者银行不同意对开发项目提供贷款;二是政策原因,比如,在签订买卖合同后,贷款政策调整,提高了贷款比例,出台限制性条件等;三是购房人自身原因引起的法律风险。与购房人有关的法律风险,其中的风险隐患主要表现在购房人的骗贷行为、购房人逾期还款和拖延办理不动产权属证书。买受人不能办理贷款的原因包括但不限于以下几点:买受人收入不符合银行的审核条件或不符合按揭贷款的对象和条件;买受人欲通过少开收入证明达到解除合同的悔约目的;财产共有人不按银行的要求签署抵押文件等相关文件;买受人不交纳贷款及房屋保险费用;买受人不提供身份证明或暂住证明;买受人不提供收入证明单位经过年检的营业执照复印件;买受人弄虚作假的行为。

防范购房人违约导致开发企业承担风险的主要应对措施如下。

(1)对购房者进行尽职调查。该工作发生在开发企业与购房者签订商品房预售合同或商品房买卖合同之前,主要包括:购房者的身份证明审核;购房者家庭收入证明材料审核;购房者的个人信用证明材料审核,必要时对此进行调查;购房者的其他房地产产权状况的调查。

(2)购房者未取得按揭贷款时的处理。如果购房者对未能取得按揭贷款且不存在过错的,购房者可以要求解除与开发企业订立的商品房买卖合同。开发企业可以采取以下措施:①同意购房者解除商品房买卖合同;②不同意解除合同,与购房者协商,对原合同约定的付款方式进行变更,通过一次性付款、分期付款或延期付款的方式付款;③不同意解除合同,与购房者协商,仍通过贷款的方式支付房款,但变更付款银行,比如外资银行或其他金融机构。

因开发企业原因，导致购房者未取得按揭贷款的，可以要求解除商品房买卖合同，此时解除商品房买卖（或预售）合同对开发企业存在风险。合同解除后，开发企业若先前收取了首付款，则应退还购房者。

（3）购房者取得贷款但未按约还贷时的处理。购房者若未及时还贷，按揭银行可以根据按揭贷款合同的约定，要求购房者提前还贷，如果购房者未取得不动产权属证书且未办理抵押登记手续的，按揭银行可以起诉作为担保人的开发企业，要求开发企业承担相应的责任。开发企业应先协调购房者与按揭银行的关系，尽量避免按揭银行将开发企业列为被告，如果银行将开发企业列为被告，开发企业应了解购房者是否能通过保险公司承担还款责任解决，或者开发企业回购方式解决，以尽量避免开发企业受到损失。

（4）按揭贷款合同被确认无效或者被撤销、解除后开发企业应当将收受的购房贷款和购房款的本金及利息分别返还担保权人和买受人。商品房买卖合同与担保贷款合同是两个不同的法律关系，按揭贷款合同与商品房买卖合同（或商品房预售合同）之间的关系，有人认为是主从合同关系，即商品房买卖合同为主合同，按揭贷款合同为从合同。也有人认为两个合同之间并非主合同与从合同的关系，但这两个合同紧密联系但又相互独立。无论是解除按揭贷款合同还是解除商品房买卖合同，无疑都涉及另一个合同解除或继续履行的问题。《审理商品房买卖合同案件解释》第二十条规定："因商品房买卖合同被确认无效或者被撤销、解除，致使商品房担保贷款合同的目的无法实现，当事人请求解除商品房担保贷款合同的，应予支持。"依据上述规定，一旦商品房买卖合同被认定为无效，开发企业应及时解除相应的按揭贷款合同，免除其向银行承担的保证责任。同时，还应将收受的购房贷款和购房款的本金及利息分别返还给银行和买受人。

（5）在房屋交付前如果小业主贷款不放贷或不付全款，开发企业应不交房。在买卖合同的补充协议中还要约定小业主连续两次不还款，开发企业可以解除合同。合同还要进一步明确，如果小业主还1个月贷款停1个月，再还1个月再停1个月，则也要明确约定次数，比如，约定连续2次或累计3次逾期付款的，开发企业均有权解除合同。

（6）关于购房人签约及提交贷款资料的时间顺序处理。如果商品房买卖合同中约定业主不提交贷款资料，开发企业不承担责任，在签订合同后如果房屋价格上涨，购房人不会追究开发企业的责任，如果开发企业在买卖合同中不约定购房人多少天内提交资料，购房人就可以拖延，这样的合同并不完备，那么就需要补充协议将这个问题约定清楚，将提交贷款资料的时间节点和办理贷款的顺序、违约责任约定清楚，否则开发企业具有解除合同的权利，这样在房屋涨价的前提下，开发企业可主动提出解除合同，不至于陷于被动。开发企业的买卖合同也可以这样约定，如果按揭贷款60至90天内没有到位，购房人须将剩余款项一次性支付给开发企业，如不能支付，开发企业有权解除合同。

因开发企业的原因未办成按揭贷款的，在司法实践中，因为政策调整原因，达不到放贷条件的，不追究买卖双方的责任。

6. 从按揭贷款合作合同的角度预防风险

银行放贷后，如果业主不按期向银行归还贷款，则开发企业应先承担保证责任，银行扣除开发企业在银行的保证金。如果购房人连续3个月或累计6个月不还款，银行会起诉购房人，开发企业须承担连带保证责任，银行首先会执行开发企业，而不会直接执行购房人。因此，按揭贷款对开发企业来说风险很大。对贷款担保的防范可采取代位求偿权、解除合同、腾退房屋、承担违约责任、代办不动产权属证书、约定不办理抵押登记的违约责任等方案。开发企业可在买卖合同中约定，在买受人向银行申请贷款的过程当中，由出卖人向买受人提供连带保证责任。开发企业应当分别从银行的角度、购房人的角度及自身的角度进行防范。

(1) 与银行相关的法律风险。在按揭中,开发企业与购房人签订买卖合同之后,银行逾期放款或未按购房人要求放款会给开发企业造成风险。银行能否如期并按购房人要求的金额及年限提供按揭贷款,需要经过银行的资料审查及内部的审批程序。这一过程主动权完全掌握在银行手中,购房人在按要求提供贷款所需文件资料的前提下,也可能因银行的原因导致放款时间延长,如果银行逾期放款,有可能影响整个项目建设进度。开发企业与银行签订协议时,可以从以下方面防范此类风险。

①开发企业与银行的协议增加约定办理抵押登记的条款,促使银行积极办理房屋抵押登记手续。开发企业在与银行的合作协议中很少涉及银行办理抵押登记的约定,这容易造成银行拖延办理抵押登记的问题。因此,开发企业有必要在与银行的按揭贷款合作协议书中增加约定,比如约定开发企业在办理完房屋不动产权属证书并提供给银行后一定期限内(如15个工作日),银行应办理完抵押登记手续;逾期办理的,银行应对由此造成开发企业额外的保证风险进行赔偿,每逾期1日向开发企业支付一定金额的违约金。或者约定逾期办理的,开发企业将不再承担保证责任。如此对于督促银行及时办理产权的抵押登记手续能起到一定的积极作用。

②约定银行逾期放款的违约责任。在购房人按银行要求提供真实文件资料后,银行应该按双方合作协议约定的期限对购房人的资信进行审查,在规定的工作日批准贷款并将贷款打入开发企业账户。无正当理由逾期的,银行应向开发企业承担违约责任,包括按逾期每日支付一定数额的违约金。这样对银行的放贷行为也有一定的约束,督促银行在合理期限内及时放款,以确保开发企业的购房款到位。但是,开发企业在与银行签订合同时处于弱势地位,能否签订上述条款要根据具体情况而定。

(2) 与购房人相关的法律风险。在购房人欠付银行贷款超过一定期限后,如果银行起诉购房人,开发企业为担保贷款合同提供保证的,银行会将开发企业列为共同被告,要求开发企业承担保证责任。如果买受人已取得房屋权属证书并与银行办理房屋抵押登记手续,则购房人拖欠银行的贷款与开发企业无关。实践当中常常遇到即使具备了办证的条件,购房人也不办理不动产权属证书,在购房人欠付银行贷款时,开发企业不得不成为被告,对开发企业的利益造成损害。为避免这种风险,开发企业在与买受人签订商品房买卖合同时,应要求买受人承诺遵守下列约定。

①买受人在银行向其发放贷款后,应按贷款银行及贷款合同的约定,按时按数额还款。如果买受人没有及时还款,导致银行直接从出卖人的账户中划扣款项,包括贷款本金、利息、罚息、违约金、赔偿金及银行为实现债权而发生的相关费用等,则买受人同意对上述费用向出卖人进行赔偿;同时,自银行扣划之日起至买受人向出卖人支付上述费用之日止,买受人按扣划总额的5‰的标准向出卖人支付违约金。

②因买受人没有及时向银行还款而致银行直接从出卖人账户中划扣款项之日起15日内,如果买受人未能向出卖人支付银行扣划款项和违约金,则买受人应同意出卖人解除双方签订的《商品房买卖合同》。出卖人提出解除《商品房买卖合同》的,买受人应按总房价款的10%向出卖人承担违约责任。买受人在收到出卖人解除合同的通知书之日起15日内完全腾退住房(解除合同的时间以甲方的书面通知为准)。如果住房已经装修的,买受人应连同装修部分一并无偿转交给出卖人,出卖人不作任何补偿,出卖人在收房后7日内,扣除违约金后应将余款返还买受人。

③买受人因自身原因或任何第三方原因而不能履行双方签订的《商品房预售合同》或买受人与银行签订的贷款合同的约定,导致出卖人承担保证责任的情形出现时,买受人支付出卖人的

"首付款"加上买受人已向银行归还的贷款本金以及对房产的其他财产权利全部转为下列性质。A.买受人以购房合同的履约保证金为出卖人承担保证责任。B.反担保。反担保的范围为甲方承担保证责任的全部金额(即借款人所欠银行的贷款本金、利息及因借款人违约或逾期还款所计收的复利和加收的利息、借款人应支付实现借款债权和抵押权的费用等)减去乙方已向银行归还的房款本金及利息。如果有任何诉讼、仲裁、司法查封、扣押发生,导致房屋买卖合同不能按合同目的履行或出卖人按保证合同约定向银行履行了清偿义务,出卖人因此而受到损失,损失部分将优先从该笔保证金中直接受偿。该笔保证金超过出卖人应受偿部分,出卖人应退还买受人。

④在办理完毕该商品房抵押登记手续前,如果贷款银行因买受人逾期还款而解除了与买受人之间的借款合同,出卖人有权选择单方面解除买卖合同,买受人应承担违约责任,并支付金额与其已付按揭房款相当的违约金。出卖人因上述原因单方面解除买卖合同时,如该商品房未交付使用的,出卖人有权将该房屋另行出售;如该商品房已经交付使用的,买受人在发出通知后15日内迁出该商品房,造成该商品房损坏的,买受人应予以赔偿。买受人不按期迁出该商品房的,每逾期1日按总房款的1‰向出卖人支付违约金,直至迁出为止。

⑤目前实施的商品房买卖合同示范文本只规定了开发企业办理初始不动产权属登记的时限及转移登记的时限,没有规定买受人办完转移登记手续并取得不动产权属证书的时限,也未约定买受人有办理不动产权属证书的义务,因此开发企业要将这个漏洞通过补充协议的方式补上,明确约定买受人办完房屋所有权登记并取得所有权证的时间。实践中,开发企业也可采取控制买受人按期办证的方式,比如贷款购房的买受人必须委托出卖人或委托出卖人指定的中介机构办理不动产权属证书,买受人无权自行办理不动产权属证书。买受人须于出卖人书面通知买受人提供办理不动产权属登记的所有资料及缴纳相关税费后10日内办理完毕所有材料及代理手续,交清所有相关费用,否则视为买受人违约,买受人应按房价款总额的日5‰向出卖人支付违约金,超过90日,买受人仍未缴清相关费用及提供完毕相关材料、办理完毕相关手续的,出卖人有权解除合同。出卖人提出解除合同的,买受人应按总房价款10%向出卖人支付违约金。如果买受人所购房屋已装修,应恢复原状,将所购房屋退还出卖人。出卖人在接收房屋后10日内将买受人已付房款扣除违约金后无息返还买受人。

⑥买受人原因导致买受人申请的银行贷款未批准,或者申请的数额与实际放款数额不一致,买受人须在收到出卖人书面通知后,按照出卖人确定的时间及方式补足差价款或者变更付款方式,逾期支付不足数额的,按照合同关于逾期付款的规定处理。

⑦如果在本合同上签字的买受人不是事实上真正的买受人,则由签字人承担并享受本合同项下一切的权利及义务,出卖人不审查真正的买受人。

⑧买受人在规定办理申请贷款的过程中向出卖人提出退房申请的,应向出卖人支付3万元的违约金(房款高于100万的支付5万元),出卖人在其已支付的购房款中扣除,买受人同时应与出卖人签订退房协议,配合出卖人办理《商品房买卖合同》的注销手续。《商品房买卖合同》的注销登记手续办理完毕后,出卖人将买受人已支付的购房款在扣除上述违约金后将剩余款项无息退还买受人。

⑨出卖人原因导致银行贷款未获批准的,或者银行未批准相应的贷款比例或者贷款期限,买受人有权在收到出卖人通知之日起7日内选择退房或者补足房款。如果买受人选择退房,应于双方签订退房协议之日起7日内配合出卖人办理《商品房买卖合同》的注销登记手续,出卖人在注销登记之日起15日内向买受人无息退还已支付的购房款。如果买受人不退房,则应于收到出卖人书面通知之日起7日内与出卖人另行确定支付购房款的方式及期限,并签订有关书面协议。

如果买受人在接到出卖人通知后,既不与出卖人签订协议,也不提出退房,则出卖人有权决定单方解除合同,不承担违约责任。

⑩开发企业在与买受人签订《商品房买卖合同》时,将其与银行签订《合作协议》的相关内容约定在《商品房买卖合同》中,比如,应约定买受人与银行签订借款合同以及借款的期限、金额等。

⑪在《商品房买卖合同》中约定在买受人取得不动产权属证书的同时与银行签订抵押合同,不按期签订抵押登记合同,将承担具体的违约责任。

⑫以反担保的方式来保护开发企业可能的利益损失。开发企业可以要求买受人由第三人提供保证或质押、抵押担保作为反担保,约定在签订保证合同至办完抵押物登记前,如果开发企业承担了民事责任,则由第三人与买受人承担连带清偿责任,或由开发企业处分质押物、质押权利凭证或抵押物以行使优先受偿权;或者其承担了民事赔偿责任后,可向买受人追偿,并要求有过错的第三人承担连带赔偿责任。也可以约定由买受人或者第三人提供质押担保,约定在签订保证合同后至办完抵押物登记前,如果开发企业承担了保证责任,或者承担了民事赔偿责任后,向买受人追偿,并要求有过错的第三人承担赔偿责任。

(3)自身的刑事责任风险。有些开发企业为尽快回笼资金或套取银行贷款,在个人住房贷款按揭中,不以购买房屋为目的,开发企业以本单位职工或其他人冒充买受人购房,签订虚假买卖合同及借款合同,来套取银行贷款。根据《刑法》第一百九十三条的规定,这种行为涉嫌贷款诈骗罪,可能要受到严厉的刑事制裁。

除上述销售合同中约定内容可防范按揭的风险之外,对于有按揭的项目,开发企业取得销售许可证之后,在预期房价上涨的前提下,可适当放慢销售进度。开发企业"捂盘"与银行办理按揭贷款的放贷条件有关。银行规定项目必须在结构封顶之后才能放贷。现在高层建筑在主体结构完成2/3时可取得预售许可证,但办不了贷款,开发企业并不急于推出新楼盘,因为开盘了只能收到三成左右的首付,但是各项交易税费却要按足成在当年予以计算。尤其是在房价预期上涨的背景下开发企业肯定会"捂盘惜售"。

7. 开发企业违约导致买卖合同解除的贷款合同的处理

如果开发企业构成根本违约,未按期交房,致使《商品房预售合同》解除,在购房人按揭贷款买房情况下,购房人与银行签署的借款合同、抵押合同应如何处理?现试举一例加以说明。

案例①:

法院观点:本院认为,根据各方当事人诉辩意见,本案再审争议焦点为,案涉《借款合同》解除后王某某等三人应否承担剩余贷款的还款责任。对此,本院评析如下。

第一,关于案涉《借款合同》解除后的贷款返还责任主体问题。2003年公布的《审理商品房买卖合同案件解释》第二十五条第二款(2020年修正之后为第二十一条第二款)规定:"商品房买卖合同被确认无效或者被撤销、解除后,商品房担保贷款合同也被解除的,出卖人应当将收受的购房贷款和购房款的本金及利息分别返还担保权人和买受人。"本案中,因月舟公司未按照约定期限交付房屋,致使案涉《商品房预售合同》解除,《借款合同》《抵押合同》因合同目的无法实现亦被解除。根据前述规定,应由出卖人月舟公司将收取的购房贷款本金及利息返还建行青海分行,王某某等三人不负有返还义务。

---

① 案例来源:(2019)最高法民再245号民事判决书。

第二,关于案涉《借款合同》中相关格式条款的适用问题。案涉《借款合同》第十九条载明:"贷款人与借款人的借贷关系解除的,借款人应当立即返还其所欠贷款的本金、利息、罚息及实现债权的费用,或委托售房人直接将上述款项归还贷款人。"该条款系建行青海分行为重复使用而提前拟定的格式条款。在2003年公布的《审理商品房买卖合同案件解释》中已经明确规定,商品房买卖合同和商品房担保贷款合同解除后,出卖人将收取的购房贷款的本金及利息直接返还给贷款人而非购房人(借款人)的情况下,建行青海分行拟定该条内容,意味着要求王某某等三人在既未取得所购房屋亦未实际占有购房贷款的情况下归还贷款,明显不合理地加重了王某某等三人的责任,根据《合同法》第四十条的规定,该条款对王某某等三人不具有拘束力。[上述《合同法》第四十条已被《民法典》取代,具体条款如下。《民法典》第四百九十七条:"有下列情形之一的,该格式条款无效:(一)具有本法第一编第六章第三节和本法第五百零六条规定的无效情形;(二)提供格式条款一方不合理地免除或者减轻其责任、加重对方责任、限制对方主要权利;(三)提供格式条款一方排除对方主要权利。"《民法典》第四百九十八条:"对格式条款的理解发生争议的,应当按照通常理解予以解释。对格式条款有两种以上解释的,应当作出不利于提供格式条款一方的解释。格式条款和非格式条款不一致的,应当采用非格式条款。"]

第三,关于商品房按揭贷款商业模式下各方当事人权利义务关系问题。本案涉及商品房买卖合同和商品房担保贷款合同双重法律关系。从合同内容来看,在商品房买卖合同中,王某某等三人支付房款,月舟公司交付房屋;在商品房担保贷款合同中,建行青海分行将王某某等三人所贷款项直接支付给月舟公司,月舟公司实际用款。王某某等三人并不支配购房贷款,但需偿付贷款本息。如果合同正常履行,王某某等三人取得房屋,各方权利义务亦可保持平衡。但本案中,因月舟公司不能交付房屋而致使合同解除,导致合同约定的各方权利义务严重失衡。具体表现为:月舟公司违约不能交房导致各方合同解除,但实际占有使用王某某等三人支付的首付款及建行青海分行按揭贷款;建行青海分行依据合同约定既享有抵押权,又同时享有对月舟公司、王某某等三人的债权;王某某等三人未取得房屋,却既支付了首付款,又需偿还按揭贷款。若按合同约定的权利义务关系处理,则在王某某等三人对合同解除无过错的情况下,仍要求其对剩余贷款承担还款责任,明显不合理地加重了其负担,各方权利义务失衡,有违公平原则。因此,审理案件时,必须充分考虑商品房按揭贷款商业模式下各合同之间的密切联系和各方权利义务关系的平衡问题,避免因强调单个合同的相对性而造成三方权利义务的失衡。

综上,建行青海分行请求王某某等三人归还剩余贷款并支付利息的请求不能成立,其为本次诉讼产生的律师费亦不应由王某某等三人承担。王某某等三人的再审请求成立,应予支持。二审判决对此认定有误,本院予以纠正。经本院审判委员会讨论决定,依据《合同法》第九十七条、第四十条(法律更改同上),2003年公布的《审理商品房买卖合同案件解释》第二十五条第二款(2020年修正之后为第二十一条第二款)之规定,判决如下:

一、撤销青海省高级人民法院(2018)青民终×号民事判决;
二、维持西宁市中级人民法院(2018)青01民初×号民事判决。
本判决为终审判决。
裁判要旨:

(1)因出卖人(开发商)未按照约定期限交付房屋,致使案涉《商品房预售合同》解除,《借款合同》《抵押合同》因合同目的无法实现亦被解除,应由出卖人将收取的购房贷款本金及利息返还担保权人(贷款银行)和买受人(购房者),而买受人不负有返还义务。

(2)案涉《借款合同》相关格式条款要求购房者在既未取得所购房屋亦未实际占有购房贷款的情况下归还贷款,明显不合理地加重了购房者的责任,该格式条款无效,对购房者不具有拘束力。

(3)本案涉及商品房买卖合同和商品房担保贷款合同双重法律关系,因开发商违约不能交房导致各方合同解除,却实际占有使用购房者支付的首付款及银行的按揭贷款;银行依据合同约定既享有抵押权,又同时享有对开发商、购房者的债权;购房者未取得房屋,却既支付了首付款,又须偿还按揭贷款。若按合同约定的权利义务关系处理,则在购房者对合同解除无过错的情况下,仍要求其对剩余贷款承担还款责任,明显不合理地加重了其负担,各方权利义务失衡,有违公平原则。

(四)商品房包销的风险防范

商品房包销是指开发企业与包销人签订商品房包销合同,约定在包销期内,开发企业将已竣工或者尚未建成但符合预售条件的房屋,确定包销基价交由包销人以开发企业的名义与买受人签订商品房买卖合同,包销期限届满,包销人应以约定的包销价格买入未出售的剩余商品房的行为。包销行为具有独占性和排他性,包销关系成立后,开发企业不得再行销售房屋,也不能委托他人代理销售。开发企业若销售,属于违约行为,应承担违约责任。

1. 商品房包销的法律特征

商品房包销,既不同于完全的代理行为,也不同于完全的中介行为,也不同于买卖行为,它具有以下法律特征。

(1)代理性。包销商虽然以开发企业的名义进行销售,但开发企业转让的只是商品房的销售权,而不是所有权。但商品房包销行为的代理性,也有其特殊的一面,即使有客户向开发企业预购已包销的商品房,开发企业也不得自行预售,应转由包销商预售,否则构成违约。

(2)风险性。包销期限届满,包销商如未将包销的商品房全部售出,则应按合同的约定付清全部包销款,剩余的商品房由包销商承购。对于这部分剩余的包销商品房,包销商与开发企业之间则由原来的包销关系转为买卖关系。商品房市场的价格随时都会发生变化,无论市场价格如何变动,包销商都要向开发企业支付既定的价款,这对开发企业与包销商来说都存在风险。

(3)时间性。包销商向开发企业履行包销义务的时间是确定的,商品房价款的给付不能逾期,必须在约定的时间段内支付完毕,逾期将承担合同约定的违约及赔偿责任。

(4)独立性。包销后由包销商独立完成销售。

(5)占有性。商品房包销的法律关系一经确定,包销商即开始承担市场风险,拥有占有权。

2. 商品房包销法律关系

在商品房包销的法律关系中存在三个主体,即开发企业、包销商和购房者,三个主体存在以下三种法律关系。

(1)开发企业与包销商之间的包销关系。这种包销关系分为两个阶段,其一是在包销期限内,开发企业将商品房让与包销商承包销售,包销商须以开发企业的名义向购房者出售商品房,包销商与开发企业对外是一种代理关系。商品房出售后的法律后果也由开发企业承担,这符合民事代理的法律特征。其二是包销期满,包销的商品房尚未全部售出,则按包销合同的约定,由包销商购入剩余的包销房,包销商与开发企业之间构成一种附条件的买卖关系。

(2)开发企业与购房者之间的买卖关系。购房者所购商品房所有权属于开发企业,开发企业享有售房主体资格,虽然商品房买卖合同的签订都是由包销商代开发企业与购房者实际完成,但实质上商品房的买卖双方为开发企业与购房者,双方存在买卖关系。

(3)包销商与购房者之间的代理买卖关系。开发企业与包销人的委托授权行为与第三人无关,仅仅在开发企业与包销人之间产生法律效力。因为委托授权与代理销售是区分开来的两个法律行为,委托授权是开发企业与包销人之间的内部法律关系,代理销售是包销人与买受人之间的外部法律关系。委托授权是代理销售行为合法化的前提,代理销售是委托授权的结果。

3. 商品房包销的风险

包销这种销售方式对开发企业的风险主要有四个方面:一是包销款项不能及时支付给开发企业;二是包销公司无力履行一次性购买包销期满后剩余房屋的款项;三是开发企业自行销售已经属于包销范围的房屋,与包销公司发生纠纷;四是包销公司在销售中侵犯了开发企业利益导致买受人向开发企业索赔。

按照相关司法解释的规定,对包销期满后的剩余房屋,当事人有约定的,按照约定处理;没有约定或约定不明的,由包销人按包销价格购买。因包销合同发生的纠纷,诉讼主体为出卖人与包销人。因包销人是以出卖人名义与买受人签订的合同,而且商品房买卖合同的主体仍是出卖人,所以规定因买卖合同发生的纠纷,诉讼主体为出卖人与买受人。但如果出卖人、买受人、包销人三方在买卖合同中约定包销人与出卖人共同承担履行义务的,包销人也应作为当事人参加诉讼。因此建议开发企业在包销合同和买卖合同中约定由包销人承担共同履行的连带责任,从而避免包销人的恶意行为给开发企业带来损失。对包销后的剩余房屋,最好明确约定由包销人按包销价格购买。另外,商品房包销应考虑纳税的问题。

案例:2007年,甲公司与乙公司签订了《房地产包销合同》,双方约定:甲公司将其开发的20万平方米楼盘全部交给乙公司包销,包销期限为自甲公司《商品房预售许可证》签发之日起24个月内,包销保证金为乙公司向甲公司支付800万元。在合同签订之日支付300万元,余下的500万元在《商品房预售许可证》颁发之日起1个月内付清。保证金在房屋销售完毕后退还。超过底价的溢价部分作为乙公司的利润全部归乙公司所有。违约责任约定甲方必须在本合同签订后3个月内办妥《商品房预售许可证》,否则逾期1个月,甲公司双倍返还乙公司已付保证金。

合同签订后,乙公司向甲公司支付了300万元保证金,乙公司开始销售了一部分房屋。但甲公司的项目土地证分为五个,而预售许可证也是分五批先后取得。第一、二批预售许可证取得时间符合合同的约定,而第三至五批预售许可证取得的时间超过合同约定的甲公司应取得许可证的时间,逾期已1个月。乙公司据此拒绝支付后续的500万元保证金,但甲公司认为乙公司拒交保证金的行为构成违约,拒绝乙公司继续销售该项目。乙公司遂提起诉讼,要求甲公司承担违约责任并赔偿损失,同时要求返还保证金300万元。人民法院判决甲公司返还乙公司保证金300万元,并支付包销溢价款。

对于上述案例,风险提示如下。

(1)若开发项目是分批开发的,在预售许可证是分批办理的前提下,以预售许可证办理作为支付保证金的条件时,合同一定要约定清楚预售许可证是分批办理的,哪一批预售许可证支付多少数额的保证金。另外,用词要准确,"办妥""办理完毕""签发""颁发"等用词一定要准确,不能产生歧义,必要时对这些词的概念进行界定,不能将支付包销保证金的时间理解为全部预售许可证办理完毕。

（2）在签订合同时不能设定办理预售许可证的最后期限，即便设立了最后期限，也不能设定违约责任。因为办理预售许可证的时间并非开发企业自己所能控制的，决定权在政府行政主管部门。一旦约定了违约责任，不能按期办理，开发企业则要承担违约责任，对开发企业非常不利。

4. 商品房包销涉及的相关法律问题

（1）包销商的主体资格对合同效力的影响。关于包销商主体资格，我国法律和行政法规尚无规定，只有建设部公布的《商品房销售管理办法》规定了受托中介服务机构应当依法设立并取得营业执照。但该规定本身属于部门规章，并非法律或行政法规，且该规定亦非强制性规定。根据《民法典》第一百五十三条的规定，违反法律、行政法规的强制性规定的民事法律行为无效。现今并无法律或行政法规对于包销人或房地产销售代理人的主体资格要求作出强制性规定，故公司和个人均可作为包销人。公司如果未取得房地产中介资质，其签署的包销合同应认定为具有法律效力，但应承担相应的行政责任。

（2）包销款项的支付对合同效力的影响。实践当中包销付款与销售没有关联，由包销商按照约定期限向开发企业支付包销房屋的价款。包销款一般是在商品房预售许可证办理完毕之后开始支付的，但预售许可证未办理完毕支付了包销款或部分包销款，包销合同效力如何认定？包销商在取得土地使用权证之后，预售许可证之前先行向开发企业支付房款，是一种名为包销实为房地产转让的行为，应当按照房地产转让合同的生效要件来认定其效力。

（3）包销合同的签订时间是否影响包销合同的效力。开发企业取得预售许可证之前，包销商开始对外发售，向购房人收取预付款，其行为是否影响包销合同的效力？不能把包销合同的效力与商品房预售合同的效力混为一谈。根据《审理商品房买卖合同案件解释》第二条规定，出卖人在起诉前取得了预售许可证，与买受人订立的商品房预售合同仍可认定为有效。但预售合同签订的时间并不影响包销合同的效力。

（4）开发企业销售已经建立包销关系的商品房是否违约。在实践中，开发企业与包销商以合同方式建立商品房风险性包销关系以后，开发企业可能会超越合同权限，将包销范围内的房屋出售，开发企业参与销售的情况主要有三种：一是帮助型自销，即开发企业为了促进投资的及时回收，利用自己的某些优势，帮助包销商扩大销售量而自销；二是急需型自销，即应购房人的要求，或因某种特殊的紧急需要开发企业自销；三是嫉妒型自销。对于包销这种特殊代理行为来说，其具有明显的排他性，包销关系一经确立，开发企业便不能再继续随意自行销售包销范围内的商品房，因某种情况需要自销时，须经双方协商同意。如果开发企业擅自销售包销范围内的商品房，依据《审理商品房买卖合同案件解释》第十七条的规定，如果开发企业与包销人没有特殊约定，开发企业就应当对包销人承担违约责任，赔偿损失。具体损失一般包括以下两种：一是包销人为销售商品房前期投入的各项费用，如广告费、接待费等，同时根据擅自销售房屋的数量和价格，按照一定的比例赔偿损失。二是包销人实际利益的损失，这里主要指的是溢价或者差价部分。如果开发企业以高于包销基价的价格销售，则应当赔偿相应的溢价部分；如果开发企业以低于包销基价的价格销售，则应参照市场同等商品房的销售价格或者包销人销售的平均售价来补足差价。但根据目前的司法实践来看，并不是所有的擅自销售行为都要赔偿损失，而是应当根据实际情况具体分析。

（5）商品房包销人转委托引起的法律责任分担问题。在实践中，包销人将包销项目转委托给其他机构代理销售，包销人或者是其他代理机构，都是以开发企业的名义对外销售商品房，开发企业都是购房合同的当事人，无论包销人的转委托行为是否经过开发企业同意，开发企业均应对购房人承担合同约定的责任,如果包销人委托的其他代理机构给开发企业造成了损失,开发企业在承担责任后可向包销人追偿。

(6)包销商的售房广告内容不实引起索赔,开发企业应否承担连带责任问题。一般包销合同会约定,包销方负责广告的策划,但开发企业有监督、审查或最终决定广告内容的权利。如果包销人策划的广告有虚假内容,夸大宣传,进行欺骗性销售,使购房者上当受骗,从而形成纠纷引起索赔。出现此种情况时,造成损失引起索赔后,包销商因制作虚假广告,应承担直接赔偿责任;开发企业因疏于审查监督,应承担连带赔偿责任。

(五)无证销售的风险及防范

无证销售有两种情形:一是开发企业开发并销售的房屋是非法的,比如"小产权房"等;二是开发企业急于销售回款,在不具备法定预售条件下销售。目前各地各级政府主管部门对预售的管理都比较严格,不具备预售条件不会让开发企业销售。如果开发企业销售非法项目或者无证销售,就会面临风险。

先说第一种情形,非法销售的风险,以"小产权房"的开发为例,有一些开发企业与农村集体组织或乡镇政府合作,在集体土地上开发建造住宅进行销售。开发企业所使用的集体土地有的是集体建设用地,有的是宅基地,有的是耕地,有的是林地或其他用途的土地,但都属于集体性质的集体所有土地。按照目前的规定,合法的开发必须将集体土地先征为国有,办理土地使用权出让手续,才可以开发建设并销售。开发企业为了自身利益开发建设并销售这些房屋,虽然以各种名义,如新农村建设、旧村改造等,但风险是非常大的,严重者所建房屋被拆除或者承担刑事责任,即使不被拆除,开发企业与购房人所签订的房屋买卖合同也是无效的。在房价上涨的背景下,买卖合同无效对开发企业来说并不会影响其经济利益,因为购房人一般不会提出退房,即使是退房,按照民事法律的规定,开发企业只需退回购房款和利息,对开发企业来说并无大碍,但其非法销售行为会受到行政主管部门的处罚,比如责令停止销售、罚款等。如果房价下跌,可能对开发"小产权房"的开发企业影响较大,如果购房人以合同无效的理由纷纷要求退房,或拒付剩余房款,对开发企业的压力就比较大,可能会爆发大批购房人的集体诉讼,一旦形成判决并进入执行阶段,开发企业将会面临支付巨额退房款和利息的风险。

再说第二种情形,开发企业开发的项目是合法的,但还不具备销售的条件即开始销售,也就是大家常常见到的内部认购。按照《城市房地产管理法》《城市房地产开发经营管理条例》和《城市商品房预售管理办法》的相关规定,开发企业取得预售许可证才能预售商品房。如果没有《商品房预售许可证》,开发企业以预订、预约、认购、订购等方式变相预售商品房的,均属于无证预售行为,按照《民法典》的规定应属于无效行为。但是如果开发企业在买受人起诉前取得商品房预售许可证,买卖合同就是有效的。除《民法典》的规定之外,《审理商品房买卖合同案件解释》明确规定,出卖人未取得商品房预售许可证明,与买受人订立的商品房预售合同无效。同时规定,在起诉前取得商品房预售许可证明的,可以认定有效。

为避免无证销售的风险,建议开发企业严格遵守法律规定,在取得预售许可证明后再对外订立商品房买卖合同。如果因为资金回笼等原因,开发企业在未取得预售许可证之前必须销售的,可以与买受人订立"商品房认购协议书""商品房定购协议书"等具有预约性质的协议或合同,双方在协议或合同中可作如下约定:本项目目前未取得销售许可证,在取得销售许可证之前,买受人提出退款的,出卖人只承担买受人已付房款同期活期利率的损失,其他损失出卖人不承担。出卖人承诺待取得销售许可证后,与买受人换签正式合同,以办理预售登记备案手续。出卖人向买受人发出换签合同的书面通知后 7 日内，如买受人不换签正式合同，由此引起的不能办理不动产权属证书等一切后果由买受人承担。

无证销售签订合同的形式一般分为两种：一种形式是开发企业直接与购房人签订商品房买卖合同，收取购房款，买卖合同使用政府行政主管部门制定的格式合同范本，但不能网上签约。另一种形式是签订上述认购协议书。认购协议书又分两种情形。一种是虽然叫认购协议书，但具备了房屋买卖合同的所有条款，有的甚至就使用格式合同的内容，称为认购协议书，明确表示待取得预售许可证之后再换签正式的买卖合同。按照《商品房销售管理办法》的规定，如果认购协议具备了买卖合同的主要条款，认购协议会被认定为买卖合同。另一种是非常简单的认购协议书，仅仅写明购房人认购某套房屋，房屋的价款是多少，其他像交房日期、不动产权属证书办理、违约责任等内容均不涉及。在签订认购协议书的形式下，开发企业收取的费用在司法实践中一般以预付款来处理，其法律后果是双方签订的认购书属于没有成立的合同，当购房人提出不买房时，预付款应退回。

在司法实践中，对于无证销售而签订认购协议的情形，一般认定认购协议无效，个别案例判决双倍或者 1 至 2 倍的赔偿，但这样的案例很少。2020 年修正的《审理商品房买卖合同案件解释》已经取消了双倍赔偿的规定，司法实践中多数是返还预付款及贷款利息，也有按照存款利息或活期利息计算的。虽然无预售许可证签订认购协议效力的问题并无明确法律规定，但一般认为其适用《审理商品房买卖合同案件解释》中关于无预售证签订买卖合同的解释。

（六）认购书及定金条款的风险及防范

目前开发企业在与买受人签订正式商品房买卖合同之前一般都通过认购、订购、预订等方式向买受人收受定金。实践中，习惯将商品房买卖合同中的定金分为"小定金"与"大定金"。"小定金"是指购房人看完房屋后如果有购买意向，开发企业给予购房人通常一周的考虑时间，因此要求购房人支付一定数额的定金；"大定金"是指购房人支付"小定金"后，在开发企业给予的考虑时间内，同意购买该商品房的，开发企业要求购房人支付的定金，因数额通常比较大，故俗称"大定金"。多数开发企业或销售代理公司不收取"小定金"。

从理论上讲，定金分为立约定金（订约定金）、成约定金、解约定金、违约定金等四种类型。上述"小定金"与"大定金"从性质上看，均应属于立约定金。立约定金的特点在于，其在主合同订立之前就已成立，法律效力与主合同是否生效没有联系。其设立目的在于，当一方违约，不准备或不签订商品房买卖合同，或导致商品房买卖合同无法签订时，对守约方按照定金罚则给予保护和救济。所谓定金罚则，在《民法典》第五百八十七条中有规定："债务人履行债务的，定金应当抵作价款或者收回。给付定金的一方不履行债务或者履行债务不符合约定，致使不能实现合同目的的，无权要求返还定金；收受定金的一方不履行债务或者履行债务不符合约定，致使不能实现合同目的的，应当双倍返还定金。"根据定金罚则，定金不仅可以起到证明合同成立的证明作用，还可作为合同的担保，以保证合同履行，此外，还具有惩罚性。

然而，当买卖双方对商品房买卖合同的主要条款不能协商一致，导致合同无法签订的，并非任何一方的违约行为。在这种情况下，显然不符合定金罚则的适用条件。对此，《审理商品房买卖合同案件解释》第四条规定："出卖人通过认购、订购、预订等方式向买受人收受定金作为订立商品房买卖合同担保的，如果因当事人一方原因未能订立商品房买卖合同，应当按照法律关于定金的规定处理；因不可归责于当事人双方的事由，导致商品房买卖合同未能订立的，出卖人应当将定金返还买受人。"

案例：2007年4月15日，顾某（原告）与北京某房地产开发有限责任公司（被告）签订《认购协议书》，约定原告购买被告开发的位于北京市某区×路×家园1座9号房屋一套，房屋的用途为商业用房。《认购协议书》第四条约定：认购人须向出卖人支付定金5万元，并于签订认购书后7日内与出卖人签订《商品房预售合同》，如未在约定期限与出卖人签订合同则定金不予返还。签订《认购协议书》时，原告向被告的销售人员讲明该房屋用于开办餐饮，被告口头承诺该房可以用作餐饮活动，并向原告承诺有偿提供两个地上停车位。此后，原告分别于4月15日、16日两次向被告支付共5万元的购房定金，被告在收据中注明"定金不退"的字样。

2005年4月26日，双方拟签订正式的《商品房预售合同》，原告要求被告将承诺提供地上停车位和所购房屋用于餐饮活动的内容作为合同条款列入《商品房预售合同》，但遭到被告拒绝，双方争执不下，致使购房合同未能签订。直至4月29日，双方仍未达成一致意见。鉴于双方就《商品房预售合同》主要条款不能协商一致，且已过合同约定的7日期限，原告遂提出要求被告退还定金，但被告以合同约定定金不退为由不予退还。2005年5月13日，原告向北京市某区人民法院提起诉讼，请求人民法院依法判令解除双方所签的《认购协议书》，由被告返还定金5万元，并承担本案诉讼费用。

庭审中，被告辩称：我公司向原告所售房屋具有国家颁发的销售许可证。原告与我公司签订认购协议、支付定金的情况属实。但我公司认为原告所交定金为缔约定金，如果当事人在签订《商品房预售合同》时提出超越认购书的非分要求，或要求我方承担其他义务，造成合同未能订立，其所支付的缔约定金不应返还。同时，我方对原告提出在卖房合同中加入"所购房屋用途为餐饮活动"的要求不能同意，请求人民法院驳回原告的诉讼请求。

人民法院认为：原告是否具有违约过错行为，是本案定金应否予以退还的关键。根据已查明的事实，原告购买商铺目的是用于餐饮经营，其要求被告在合同中注明房屋用途、提供承诺的地上停车位并无明显不当；被告在无法定义务情况下，拒绝作出书面承诺亦无不当，但其拒绝行为可能对原告实现购房经营的合同目的造成阻碍，故双方未能订立购房合同，原告并无责任与过错。现其因合同未订立要求被告返还定金5万元，符合国家相关法律规定，予以支持。据此，判决如下：

一、被告于判决生效后10日内返还原告定金5万元。

二、本案诉讼费由被告承担。

一审判决后，被告不服，提起上诉。北京市第二中级人民法院经审理后驳回上诉，维持原判。

本案中，如果系原告寻找借口，以达到故意毁约不签订商品房预售合同的目的，则无权要求返还定金；如果系被告对已作出的承诺反悔，或者不想出售该房屋，导致双方无法签订合同，则被告应双倍返还定金。购房人未在约定的时间内到开发企业处签订商品房买卖合同，但开发企业未抓住对自己有利的这一点进行答辩，而试图证明购房人提出的补充条款内容和要求不合理，最终导致败诉。

实践中，有关商品房买卖活动中定金的效力，还要注意以下问题。商品房买卖双方经常使用"订金""诚意金"等字样。对此要注意的是，"订金"与"定金"虽仅一字之差，但在法律性质上却有天壤之别，因为订金并不是一个规范的法律概念，所以如果合同中仅使用"订金"字样，而没有约定定金性质的，不适用定金罚则，在法律上仅视为一种预付款，不具有担保性质。如果合同履行，订金可抵充房款；如果合同不履行，当事人也应当将订金如数返还。同订金一样，诚意金也不是规范的法律概念。诚意金即为意向金,是从我国港台地区传来的叫法。目前,诚意金主要适用于房地产市场的"内部认购"中。实践中如果约定诚意金,一般应同时约定诚意金的处理方式,如约定"购房人事后不想认购的,诚意金应在规定的时间内退回;一旦认购,诚意金立即转为定金"等。没有如上约定的,诚意金也不具有担保性质,仅被视为预付款,应按不同情况冲抵房款或如数退回。此外,还有使用"留置金""担保金""保证金""订约金""押金"等字样的情况,其法律意义与处理方式也基本与"订金""诚意金"相同,即当事人必须明确约定如果不按约履行,给付的一方将"无权要求返还",收受的一方将"双倍返还";否则,不适用定金罚则。

此外,根据《民法典》第五百八十六条的规定,定金合同自实际交付定金时成立。即定金合同为实践合同,仅签订书面定金合同但未交付定金的,定金合同尚未生效。

开发企业对定金的问题防范如下。

(1)在签订认购书时,尽量使用"定金"字样,而不使用"订金""预付款""保证金""诚意金""押金""订约金"等字样,避免在签订预售合同时产生重要条款不能达成一致的情况。应尽量避免购房者恶意利用"订金"这种相对没有法律惩罚性的方式签订认购书,而应通过约定为定金,以定金的惩罚性来制约购房者毁约给开发企业带来损失。

(2)认购书文本使用建设行政主管部门及市场监督行政管理部门联合制定的《商品房认购书》范本,开发企业对认购书的内容进行修改。

认购书不是签订商品房买卖合同的必经程序,双方经协商一致,可以直接签订商品房买卖合同。但对开发企业来说,一定要签订认购书,让购房人支付定金,这样有利于销售,也有利于让开发企业在销售谈判中处于有利的地位。在销售过程中,影响购房人决策的因素非常多,购房人的想法也易受外界影响,想法随时在变,如果支付了定金,对购房人来说便是个约束。

可在认购书中约定,认购人签订认购书后,逾期未支付认购定金的,出卖人有权解除本认购书,并有权将该商品房另行出卖给第三方。认购人同意在支付定金之日起7日内,与出卖人协商商品房买卖合同的相关条款,认购人未在约定期限内与出卖人协商商品房买卖合同相关条款的,出卖人有权解除本认购书。出卖人解除本认购书的,认购人已支付的定金不予退还,出卖人有权将该商品房另行出卖给第三方。

另外,实践中以"因不可归责于当事人双方的事由"而要求开发企业退还定金是有一定条件的,即须证明双方曾于认购书约定的期限内协商签订合同,系因合同条款达不成一致意见而未签订,因此购房人必须提供证明在约定期限内曾进行协商的证据,如合同谈判时双方修改的记录,或双方谈话的录音等。不提供证据的,则不予退还定金。

至于"内部认购"或无销售许可证的项目,因其本身不具备销售条件,因此根据法律规定,在任何情况下都可要求退还定金,但如何约定对开发企业有利,可以减少赔偿损失,以笔者的经验来看,虽然在没有销售许可证前提下,认购书无效,但为避免认购协议无效而赔偿损失的问题,开发企业应在认购书中注明"买受人知道没有销售许可证的事实,在取得预售许可证之后换签正式合同"。

在认购时还有一个问题,即认购书中的签名人不想在买卖合同上署名,这样就存在认购人与买受人名字不一致,涉及改名的问题。开发企业可在认购书中或买卖合同补充协议中约定改名的程序、费用等,如收取1%的更名费用,因为更名可能涉及合同的解除、注销手续等问题,涉及销售费用的问题,所以要收取一定数额的费用。也可以承诺更名在不动产权属证书办理完毕之前均可进行,但更名在各阶段的费用不同,因为各阶段更名的难易程度不同。例如,在签订正式买卖合同之前更名,开发企业自己便可决定,自己调整认购定金在内部的财务处理。

(七)付款方式的风险及防范

开发企业在销售中,收取房款时常见的风险就是客户以贷款的方式支付房款,但贷款未申请成功,即使购房人可以向银行申请借款,银行也不一定批准贷款。当购房人的贷款申请被银行拒绝,如果合同对不能办理贷款的约定不清,纠纷就会随之而来。有的购房人认为这是开发企业的问题,既不积极处理也不退房,不办理预售登记注销工作,使开发企业无法销售房屋,甚至有的购房人还会提出无理要求。如果开发企业和购房者无法达成一致,就会带来一系列的问题。要想从根本上解决这类问题,最好的方式是开发企业在补充协议中把未得到银行贷款批准后的付款方式规定在合同之中,这样就可以防患于未然,减少不必要的纠纷。

因此,可以在买卖合同中这样约定:买受人在签订本合同后 7 日内(即某年某月某日前)到银行指定地点办理贷款手续,如果在上述规定的时间内未能向银行提交符合银行要求的文件,导致未办好贷款申请手续,则每延期一日按贷款额的 5‰ 向出卖人支付滞纳金。逾期 30 日,买受人仍未办妥贷款申请手续,则出卖人有权解除本合同。出卖人向买受人发出解除合同的通知后,即视为本合同已解除。合同解除后,出卖人将买受人已付房款扣除定金后退还买受人。买受人按律师的要求签订了资金借贷合同后,但在银行放款之前,贷款政策、利率调整或贷款的法规发生变化,需要买受人重新提供资料或重新签订合同的,买受人必须配合。如需重新提供资料或重新签订借贷合同,那么在出卖人或银行向买受人发出书面通知后 7 日内,买受人必须向银行提供符合要求的资料或重新签订借贷合同,否则按延期办理贷款手续条款处理。起算时间为出卖人或银行向买受人发出书面通知后 7 日内。

由于买受人的原因致使其未能获得银行的贷款批准,则买受人须于银行作出不批准贷款决定之日起 10 日内与出卖人另议其他的付款方式。如未能达成一致,则双方同意解除合同,出卖人将买受人已付房款扣除定金后退还买受人,贷款申请所发生的各项费用由买受人承担。

买受人以按揭贷款方式付款且其首付款也分期支付的,在首付款付清之前,如零首付、10%首付或更高首付,但首付款仍低于银行要求的贷款额度的,开发企业不应向银行出具首付款已经付清的证明,以避免被认定为开发企业出具虚假证明骗取银行贷款,这种情形下,不仅贷款协议无效,而且还有可能涉嫌贷款诈骗。如果开发企业为买受人垫付首付款,则不存在贷款骗取银行贷款的行为,但开发企业必须与买受人签订借款协议,以证明首付款是开发企业支付的。

如果第三人代买受人支付购房款且第三人没有出具相关说明,则第三人就有可能以不当得利为由要求开发企业返还其已经支付的款项,因此如果第三人替代履行,开发企业应与买受人、第三人签订协议,明确第三人支付首付款或购房款。如果第三人不同意或不方便签订三方协议,那么至少应当在开发企业和买受人之间约定,购房款由第三方支付。

(八)预售转让的风险及防范

根据《城市房地产管理法》第四十六条的规定,商品房预售的,商品房预购人将购买的未竣工的预售商品房再行转让的问题,由国务院规定。但国务院至今尚未对此作出规定。从法律的层面来说,预售转让是合法行为,且是有法律依据的,而实践中却恰恰相反。为避免预售转让抬高房价,2005 年 4 月 30 日,建设部等七部门联合公布《关于做好稳定住房价格工作的意见》,其中第七条规定,禁止商品房预购人将购买的未竣工的预售商品房再行转让。在预售商品房竣工交付、预购人取得房屋所有权证之前,房地产主管部门不得为其办理转让手续;房屋所有权申请人与登记备案的预售合同载明的预购人不一致的,房屋权属登记机关不得为其办理房屋权属登记手续。该规定出台后,各地纷纷制定相应政策严禁预售商品房的再转让。因此,预售商品房的再转让存在无法取得物权的法律风险。

为了规避实践中预售转让实际不能执行的问题,开发企业与预购人及第三方采用变通的方式解决这个问题,即开发企业先与原买受人解除商品房买卖合同,注销预售登记,再与第三方签订商品房买卖合同,办理预售登记。这种操作模式使开发企业处于有利的地位,即预售转让必须经过开发企业的同意才能实施,否则无法实现。购房人与开发企业签订合同之后,有些购房人想要转让或更名等,此时开发企业可以利用这一优势在合同中约定以下内容。

(1)在主合同正式签订日之后至该房屋办理初始不动产权属登记完毕之日前,买受人如要求转让、交换所购房屋,或者要求增名、减名,应征得出卖人书面同意,方可按有关规定办理转让手续。

(2)初始不动产权属登记之前,买受人坚持转让、交换、增名、减名的,可按下列方式处理:

①签订合同后未作预售登记,买受人支付合同价款0.5%的手续费;

②已进行预售登记未办贷款的,买受人支付合同价款1%的手续费;

③已进行预售登记已办贷款的,买受人支付合同价款2%的手续费,且须征得贷款银行的同意。

(3)买受人转让、交换、出租、抵押、赠与或以其他方式处置该房屋时,应及时办妥有关买受人权利义务转移的法律手续,同时书面通知物业公司,签署的有关文件应载明买受人同意无条件接受出卖人或物业公司进行统一管理的有关条款。

(4)双方在合同的履行过程中出现了解除合同的情形,只要任何一方提出解除合同,则出卖人即有权再次出售双方合同项下的房屋,无须与买受人办理解除合同的手续,作为再次出售的前提条件。

(九)公摊及面积误差的风险及防范

商品房在预售时,预测面积(合同约定面积)几乎不可能与实测面积(不动产权属登记面积)完全相同。当实测面积与预测面积存在较大误差时,开发企业与购房人便可能产生纠纷。原因在于购房人非常在意自己的房屋面积是确实变大了还是数据被伪造了,公摊是否增加、套内面积是否减少等问题,直接影响自己的居住面积。《商品房销售管理办法》对公摊约定得比较详细,目前采用的商品房买卖格式合同从合同条款的角度进行约定。但上述这些规定仍然解决不了开发企业与购房人之间关于公摊与面积误差的争议问题,比如,住宅按照套内建筑面积计价,套内建筑面积增加,购房人的使用面积也增加,套内建筑面积减少,购房人的使用面积也减少,开发企业会退还相应的房价款。但如果公摊面积变大了,套内建筑面积减少了,会涉及物业费的问题,而物业费须支付70年,也就是说业主需要为多增加的公摊面积支付70年的物业费,有些业主因此要求公摊面积增加不交物业费。再比如,按照《商品房销售管理办法》第二十条的规定,买受人不退房的,产权登记面积大于合同约定面积时,面积误差比在3%以内(含3%)部分的房价款由买受人补足;超出3%部分的房价款由房地产开发企业承担,产权归买受人。产权登记面积小于合同约定面积时,面积误差比绝对值在3%以内(含3%)部分的房价款由房地产开发企业返还买受人;绝对值超出3%部分的房价款由房地产开发企业双倍返还买受人,这些条款对开发企业来说都非常不利。一旦出现面积误差绝对值超过±3%范围的,都会对开发企业造成严重的经济损失。还有业主既不解除合同也不结算,导致合同无法继续履行。如何解决公摊及面积差造成的纠纷? 开发企业可以利用交易上的优势约定补充协议,制定对开发企业有利的条款。

（1）无论实测面积与预测面积相比，绝对值是否超过±3%范围，在买受人不退房时都据实结算。

（2）商品房交付时，如果不动产权属登记套内建筑面积与合同约定套内建筑面积误差绝对值超过3%，买受人决定退房的，应在出卖人取得实测面积数据之日起15日内将解除合同的通知书面通知出卖人，逾期将视为买受人选择不解除合同，继续履行合同，应按合同约定办理差价款结算。买受人办理完差价款结算后不得再以合同约定面积超过实测面积±3%为由提出退房。

（3）商品房交付时，实测面积与预测面积误差比绝对值超过3%，买受人不退房，也不按主合同相应款项履行的，视为买受人同意按实际面积结算。

（4）在主合同所规定的房屋实测面积与预测面积（合同约定面积）的误差绝对值在3%以内的，未达到买受人解约条件时；或者不动产权属登记套内建筑面积与合同约定套内建筑面积误差绝对值超过3%，但买受人不退房或视为不退房的，买受人应在出卖人出示房屋测绘单位实测面积之日起3日内据实结算，逾期支付或接收返回的房屋面积差价款的违约金的计算方法按主合同逾期规定违约责任的双倍处理。

（5）因设计变更造成面积误差超过3%，买受人不退房的，买受人应在收到该商品房实测面积文件之日起15日内按照该商品房的实测面积及主合同约定的房屋单价据实结算房价款。买受人逾期支付房价款的，按主合同逾期付款的约定处理。

实践中实测面积与预测面积的误差是绝对存在的，关键在于如何在合同条款中约定对开发企业有利的条款，预防面积差引起纠纷。有了上述约定，买卖双方就容易解决由于实测与预测所造成的面积差问题，就能尽量避免不应有的纠纷和争议，减少交易中的风险。

（十）规划及设计变更的风险防范

规划及设计变更是导致开发企业与业主的纠纷的原因之一。规划在报批时就已确定，房屋的结构布局在设计方案审定后业已确定，开发企业都是依据相关的审批文件印刷楼书，制作模型。如果规划方案发生变化，如楼的位置、绿化面积、配套设施，或者房屋的户型发生变化等，而开发企业却没有把这些变化告知购房人，或者事先未征得购房人的同意，也未告知规划设计的变更，就可能引起开发企业与业主之间的纠纷，可能会导致业主起诉解除合同或要求赔偿损失、减少房价款。

案例：2004年11月2日，原告与被告签订《商品房买卖合同》，约定原告以个人商业贷款方式购买由被告开发的位于北京市朝阳区神路街×号西侧商业房一套，总价款574万元，首付款345万元，余款229万元通过银行商业贷款支付。合同约定商铺正前方无下沉式车道，无障碍通行。合同签订后原告即交付首付房款并按合同约定办理了银行贷款。当原告按合同约定收房时发现被告违反合同约定在原告所购商铺的前方建有一方形建筑物，高1.2米，该建筑外侧边缘与上诉人所购商铺正前方重合2.15米，方形建筑物的一侧设有步行阶梯，台阶与商铺重合1.35米，方形建筑物的一部分及步行阶梯均位于商铺的正前方，长度达3.5米，挡在了原告所购商铺的侧前方，影响了原告的正常经营。原告认为，被告的行为违反了双方在合同中的事先约定，属于违约行为，给原告造成了巨大损失，侵害了原告的合法权益，遂请求判令被告按照双方签订的《商品房买卖合同》的约定实际履行，将商铺前的障碍物拆除。

一审法院经审理后认定被告违约，但认为对原告基本不构成影响，判决只拆除门前的步行阶梯,而方形建筑物不拆除。原告不服,上诉至北京市第二中级人民法院,请求撤销一审判决并改判被上诉人拆除商铺正前方的步行阶梯,同时拆除正前方的方形建筑物,理由是方形建筑物和步行阶梯均系被上诉人违反合同约定所建,一审法院仅仅判决被上诉人拆除步行阶梯,对于同样违反合同约定的方形建筑物没有判决。上诉人认为,当初签订"商铺正前方无下沉式车道,无障碍通行"条款并非全部是为了客流考虑,而是基于综合的因素才签订该条款。紧邻上诉人的同样面积铺位 N6-2 因台阶被全部遮挡仅售约 370 万元,与上诉人的房屋售价存在相当大的差距,该差距实为被遮挡与不被遮挡的房价的客观表现,上诉人签订合同的目的是该房屋前面无任何障碍物,这样房屋的价值才符合双方约定的合同价款,才是上诉人的真实意思表示。目前的遮挡状况使上诉人所购房屋贬值,与最初合同签订时的目的有比较大的差距。

二审法院对一审判决进行了改判,要求开发企业拆除门前全部的建筑物。

开发企业在开发过程中,由于各种原因,需要变更规划或改变房屋设计。比如某小区原规划建设三栋楼,但在拆迁时有一些居民不搬迁,开发企业与拆迁户僵持几年后变更了规划,将三栋楼在规划范围内的位置改变,结果导致交房时业主与开发企业发生纠纷。开发企业在改变规划或设计之前,应充分考虑各种风险因素,如对已出售房屋的买卖合同中关于规划及设计变更的前提条件,售楼广告宣传涉及的有关图纸如何处理等。

如果开发企业开发的项目确实发生了设计变更、规划变更、面积、房型调整时,开发企业应如实告知律师,律师应以法律意见书的形式提示开发企业将该项变更及时告知买受人,并提示开发企业擅自变更的风险,以及应对该变更的措施,协助开发企业与购房人沟通,并签署补充协议。在发生房价上涨,开发企业想主动变更(或解除)合同是无法实现的,而在房价下跌,买受人要求变更或解除合同时,律师应提醒开发企业采取应对措施以规避风险。

(十一)双倍赔偿的风险防范

根据 2003 年公布的《审理商品房买卖合同案件解释》第七条、第八条的规定,在签订房屋买卖合同后,如果开发企业未告知买受人将该房屋抵押给第三人,或者将该房屋出卖给第三人、开发企业将拆迁安置的房屋另行出售给第三人的,导致购房人商品房买卖合同目的不能实现、无法取得房屋的条件下,购房人提出解除合同的,可请求出卖人承担不超过已付购房款一倍的赔偿。而 2020 年修正并于 2021 年 1 月 1 日实施的《审理商品房买卖合同案件解释》将原第七条、第八条删除,也就是说,开发企业出现上述违约的情形时不必承担双倍赔偿的责任,但仍要承担其他的违约责任。

(十二)室内有害气体及放射性物质超标的风险防范

室内有害气体及放射性物质超标是业主主张退房或索赔的原因之一。2002 年,国家质量监督检验检疫总局与国家标准化管理委员会发布室内装饰装修材料有害物质限量 10 项国家标准,对于不符合《民用建筑工程室内环境污染控制规范》要求的房屋,购房人有权退房,这对开发企业来说损失较大。开发企业可对商品房买卖合同进行补充,在补充协议中作如下约定作为防范措施。

(1)买受人认为出卖人所售房屋有害气体及放射性物质超过国家限量标准,应在合同约定的交房日期后 10 日内以书面形式向出卖人提出,并提出书面的鉴定申请。如买受人未在 10 日内提出书面异议并进行书面鉴定申请的,视为室内有害气体及放射性物体符合国家标准。

(2)如果买受人在合同约定的交房日期后 10 日内提出异议,应征得出卖人同意,双方共同委托测试机构对有害气体及放射性物体进行检测,买受人单方委托的测试机构出卖人不予认可。如买受人在进行室内有害气体及放射性物质鉴定时,其房屋已进行了装修或存放装修材料,则出卖人对鉴定结果不予认可。

(3)该商品房经检测不符合国家标准的,买受人不退房,出卖人应采取措施清除,清除费用由出卖人承担。如果出卖人不能清除,则根据超标的数值,进行相应的赔偿:超标1倍的,按总房价款的0.1%支付违约金;超标2倍的,按总房价款的0.2%支付违约金;以此类推。

(4)出卖人承诺所售房屋的噪声标准符合国家标准,但由于室外交通噪声、装修噪声等出卖人不能控制的原因引起的噪声不在此限。出卖人所售房屋的噪声标准仅指由于建筑物本身产生的噪声源而引起的噪声,如电梯运行、水泵运行、风机运行、地下锅炉房而产生的噪声,其他噪声不在此限。如果噪声超过国家标准,则出卖人应采取补救措施,费用由出卖人承担。采取补救措施后,噪声仍不合格,则出卖人应给予买受人相应的补偿,补偿数额双方另行协商确定。出卖人所建小区的商业部分位于业主所购房屋附近,对此位置买受人在购买房屋时已知晓。该商业用房建成后将用于包括但不限于餐饮、服务、娱乐等行业的经营,上述商业用房的楼面及外墙将用于商业广告使用。对此情形出卖人已事先告知买受人,买受人对此不持异议。

(十三)房屋质量及装修引起的风险及防范

房屋质量直接影响购房人的人身及财产安全、居住舒适程度,因此,购房人对房屋的质量非常关心,政府主管部门及社会各界对建筑质量也极为重视。但有些开发企业没有开发经验,难以控制施工单位,出现延期交房或者建筑质量低劣,导致或大或小的质量问题。有些开发企业为免除延期交房的责任,在工程未竣工验收或未备案的前提下便向购房人发放入住通知书,导致的风险是有些购房人拒绝接收房屋,采取维权手段与开发企业对抗,造成开发企业与购房人之间发生纠纷。由于房屋质量问题引起的纠纷,往往使买卖双方处在一种旷日持久的对抗攻防之中,也使开发企业疲于应付,影响开发企业的信誉。

1. 质量标准

商品房质量验收的主要依据有:

(1)《建筑地基基础设计规范》(GB 50007—2011);
(2)《混凝土结构设计规范》(部分失效)(GB 50010—2010);
(3)《建筑抗震设计规范》[GB 50011—2010(2016)];
(4)《室外排水设计标准》(GB 50014—2021);
(5)《木结构工程施工质量验收规范》(GB 50206—2012);
(6)《屋面工程质量验收规范》(GB 50207—2012);
(7)《危险房屋鉴定标准》(JGJ 125—2016);
(8)《民用建筑工程室内环境污染控制标准》(GB 50325—2020);
(9)《室内空气质量标准》(GB/T 18883—2022);
(10)《住宅设计规范》(部分失效)(GB 50096—2011);
(11)《城市居住区规划设计标准》(GB 50180—2018);
(12)《建筑装饰装修工程质量验收标准》(GB 50210—2018)。

2. 房屋质量问题的表现形式

房屋质量问题是指房屋的地基基础工程、主体结构工程、屋面防水工程、其他土建工程、电气管线、给排水系统管线的安装工程、供热供冷系统工程等出现的质量问题,具体质量问题的表现形式参见本书第七章承包商施工质量部分的内容。

3. 商品房质量问题的责任承担主体

开发企业因质量问题对购房人应承担何种法律责任？按照《建设工程质量管理条例》第十六条的规定,建设单位收到建设工程竣工报告后,应当组织设计、施工、工程监理等有关单位进行竣工验收。建设工程经验收合格的,方可交付使用。《建设工程质量管理条例》第三十九条规定,建设工程实行质量保修制度。《城市房地产开发经营管理条例》第十六条规定,房地产开发企业开发建设的房地产项目,应当符合有关法律法规的规定和建筑工程质量、安全标准、建筑工程勘察、设计、施工的技术规范及合同的约定。房地产开发企业应当对其开发建设的房地产开发项目的质量承担责任。勘察、设计、施工、监理等单位应当依照有关法律法规或者合同的约定,承担相应的责任。第十七条规定,房地产开发项目竣工,依照《建设工程质量管理条例》的规定经验收合格后,方可交付使用。目前使用的商品房买卖合同示范文本中也有落实上述法规的具体内容。根据上述法规规定和格式合同约定,开发企业应当在房屋质量合格后交付购房人,在房屋交付后如果出现质量问题应当免费为购房者进行及时维修,造成损失的还应赔偿,因此购房者有权提出赔偿的要求。如果房屋出现质量,购房人能否解除合同？《审理商品房买卖合同案件解释》第九条规定:"因房屋主体结构质量不合格不能交付使用,或者房屋交付使用后,房屋主体结构经核验确属不合格,买受人请求解除合同和赔偿损失的,应予支持。"第十条第一款规定:"因房屋质量问题严重影响正常居住使用,买受人请求解除合同和赔偿损失的,应予支持。"根据上述司法解释的规定,未达到严重影响居住使用程度的一般质量问题不能解除合同,开发企业只承担维修或赔偿的责任。实践当中购房人因质量问题退房的很少,除非在房价下落的背景下,购房人想以各种理由退房,那以质量问题就是其中一个理由。但关于房屋主体质量问题的案例较少,至于一般的质量问题是否达到严重影响居住的程度,因没有统一的标准,法院一般也不判决解除合同,而是要求开发企业承担修复的义务,并赔偿损失。

防范质量问题,还要避免业主装修对房屋可能造成的损害。开发企业在制定买卖合同范本时可作如下约定。

(1) 买受人入住后,未经出卖人同意,不得擅自改变房屋外部及公共部分颜色、装饰和外观。

(2) 买受人入住后,不得封闭房屋阳台、露台、平台,不得在平台、露台上搭建其他相关房屋或构架及其他任何构筑物。

(3) 买受人装修房屋时,不得擅自改变原结构、原设计及原上下水位置,装修方案应报物业公司批准,未经批准擅自施工的,出卖人有权制止。

(4) 出卖人在该商品房开发建设过程中可以根据市场需求对主合同附件规定的装修材料、设备予以变更,出卖人承诺采用的装修材料,设备质量标准应不低于主合同附件约定的装修材料、设备标准。低于附件标准的,出卖人按主合同承担违约责任。除此之外,出卖人不承担其他任何违约责任。

4. 精装修质量问题的风险控制

关于精装修房屋在交付时与购房人的矛盾冲突问题,以及在精装修过程中如何对质量进行控制的问题,开发企业应高度重视。精装修房又称全装修住宅,是指在交付房屋钥匙前,所有功能空间的固定面全部铺装或粉刷完成,厨房和卫生间的基本设备全部安装完成。建筑装饰装修工程质量验收规范主要有《建筑装饰装修工程质量验收标准》《住宅装饰装修工程施工规范》等。

另外,各地还制定了一些地方标准,如北京市的《家庭居室装饰装修质量验收标准》。2002 年,建设部公布了《商品住宅装修一次到位实施细则》和《商品住宅装修一次到位材料、部品技术要点》,建设部已经将此标准推广到康居示范工程 3A 级住宅里面,并推荐给全行业的房地产开发、设计和施工单位参照执行。

5. 精装修质量问题的风险防范

开发企业要提高精装修的施工质量,必须提高风险控制能力。只有相当高管理水平和法律控制风险水平的公司可与购房人约定开发企业交付精装修房,否则建议不要交付精装修房。另外,笔者有一个实践的办法,可以解决精装修的纠纷,就是开发企业只与购房人签订毛坯房买卖合同,由购房人另行与精装修施工单位签订精装修施工合同,将买卖合同和精装修合同分开来签订,这样精装修出现问题可由施工单位直接负责,与开发企业无关。但开发企业要做协调工作,或者开发企业、精装修施工单位与购房人签订三方合同,约定三方的权利与义务。对于开发企业来说,在精装修的三方合同中,开发企业主要考虑毛坯房交付的手续、条件、时间、期限与精装修房屋交付的衔接问题。如果开发企业必须自己签订精装修合同,那么应制定一份完善的精装修合同,因为商品房买卖合同无法解决精装修的问题,必须另行制作一个附件,将精装修可能产生的问题全部纳入其中,包括解决办法、解决程序等,这样可防范精装修的法律风险。

案例:2009 年 9 月 17 日,某开发企业与某建筑安装工程有限公司和购房人签订《装修协议书》(以下简称"协议书"),购房人委托建筑安装工程有限公司装修涉案房屋。该协议书第二条约定,"甲方(开发企业)办理完该房屋的毛坯房验收等全部手续后,由乙方(装修公司)将该房屋交予丙方(购房人)对房屋进行装修工程施工"。第一条第二款约定,"乙、丙双方一致同意,本合同项下装修工程应在 2011 年 6 月 30 日前向丙方交付。在甲方办理完毕该房屋毛坯房全部交接手续的当日,甲方应将钥匙直接交付给乙方,由乙方为该房屋实施装修工程施工"。第六条第三款约定,"甲方承诺按照与丙方约定的时间、地点办理该房屋毛坯房的交接手续"。2011 年 1 月 30 日,建筑安装工程有限公司从甲方领取涉案房屋钥匙并进场开始装修。

因上述约定不明,导致开发企业与购房人对交房时间的理解产生歧义,购房人认为交房时间应该是毛坯房交付的时间,超过此期间应计算逾期交房的违约金;而开发企业认为交房时间应是精装修完成的时间,装修时间不应计算在逾期交房时间内。虽然没有明确约定交房时间,但开发企业将钥匙直接交给装修公司装修应视为购房人默认已接收了毛坯房,办理完毕该毛坯房的交接手续,并且实际占有该毛坯房。由此可见,开发企业已向购房人履行了交付涉案房屋的义务。

开发企业提供精装修房屋时,由于没有一个行政主管部门负责对装修工程的整体验收,因此,装修工程是否竣工、装修质量是否符合相应标准,就没有统一的依据。因此,建议开发企业和买受人在商品房买卖合同中约定装修工程竣工作为交付使用条件,如通过建设、设计、施工、监理单位组织的竣工验收即视为符合交付条件,对于室内空气质量,也可约定通过相关部门的检测后,精装修商品房即符合交付使用条件或交付条件之一。只有当合同约定了明确的交付使用条件,才不会对装修工程是否竣工及是否符合质量标准产生争议。

(1)装修范围及具体装修要求可约定以下内容:

①装修范围和装修风格应约定客厅、餐厅、主卧、次卧、书房、主卫、次卫、厨房、阳台的天花板(吊顶)、地面(地毯、大理石、实木地板)、墙面(墙纸、瓷砖、大理石)的装修材料及工艺,每一处的

装修材料是否有多项选择,如材料的品牌、产地、规格、保修期限;

②主材与辅材:内门、木饰、油漆、涂料、防水材料、木材、细木工板、石膏板、石膏线、装饰面板、多层板、轻钢龙骨等的品牌、产地、颜色、花纹和装饰的位置;

③厨房装配:整体橱柜中的柜体板材、台面、门板的品牌和颜色,厨房配件中的抽屉轨道、水槽、龙头、煤气灶、油烟机、消毒柜、拉手、米箱的品牌、产地、型号和保修期限;

④卫生间装配:洗脸盆及台面、坐便器、水龙头、花洒、浴缸(或淋浴房)、五金配件的安装位置、产地、品牌、颜色和保修期限;

⑤其他重要配置:家用中央空调系统、地暖系统、净水系统、热水器、内门锁具、开关插座的品牌、产地和保修期限。

(2)约定装饰、设备标准时不应使用诸如"高档""豪华""进口""名牌""一流"等模糊词语,如果在签订合同时,设备、材料的品牌、规格型号、产地已经确定的,应在合同中明确,确实难以确定的,可以在合同中约定最低标准。对于某些国际品牌产品,同时应约定产地。

(3)由于精装修商品房在装修工程竣工后需要定期保养维护,如房屋长期封闭,会影响装修工程质量。因此,精装修商品房应在竣工验收后短时间内交付给买受人使用,并在商品房买卖合同中约定由于买受人原因不能按期交付时,开发企业对装修工程的质量享有适度的免责权利。

(4)由于商品房买卖合同的履行期限长,特别是预售合同从合同签订到房屋交付往往需要一年以上的时间,而装饰材料、设备的市场价格是在不断变动的,不同日期的装饰、设备差价也不一样。因此,如果买卖双方约定赔偿双倍差价的,应约定确定价格的日期,即双方应约定按哪一天的价格赔偿双倍差价。

(5)根据《商品房销售管理办法》第三十一条的规定,房地产开发企业销售商品房时设置样板房的,应当说明实际交付的商品房质量、设备及装修与样板房是否一致,未作说明的,实际交付的商品房应当与样板房一致。根据上述规定,如果实际交付的商品房与样板间在质量、设备及装修标准上不一致,开发企业为规避风险,应在商品房买卖合同中约定,样板间装修标准并非精装修房屋交付标准,交付标准以合同约定为准。

(6)律师根据相关法律法规、规章的规定,起草《住宅质量保证书》或其他有关质量保修范围、保修期限和保修责任的补充条款,以防范精装修质量问题引发的开发企业风险。

(7)开发企业在审核图纸时应详细审查设计图纸是否符合各类设计规范,特别是强制性规范,否则因违反强制性规范而引起的质量问题整改难度大,影响面广,整改费用高。

(8)在商品房买卖合同中,买卖双方可以约定当双方对是否存在质量问题或者对质量问题的性质发生争议时的处理方式,如提交某质量监督部门检验。

(9)商品房买卖合同中应约定因不可抗力或者非开发企业原因引起的质量问题,开发企业不应承担责任;由于买受人没有尽到一定的维护义务而导致损失扩大的,对于扩大部分损失,开发企业不应承担责任。上述内容应尽量约定在相关条款中。

(10)出现不同程度质量问题的处理方式。房屋质量问题一般可分三个等级,地基基础和主体结构等严重质量问题,一般质量问题和轻微质量问题。对于不同程度的质量问题,处理方式也不一样。

①房屋主体结构质量经核验确属不合格,因房屋主体结构质量不合格不能交付使用,或者房屋交付使用后,房屋主体结构质量经核验确属不合格,买受人有权要求退房和赔偿损失。因质量问题严重影响买受人正常居住使用的,买受人有权要求退房和赔偿损失。

②房屋的其他质量问题。房屋质量问题,在未严重影响买受人正常居住使用的情况下,开发

企业应承担修复责任。开发企业拒绝修复或在合理期限内拖延修复的,买受人可自行或者委托他人修复。修复费用及修复期间造成的其他损失等,应由开发企业承担。

(11)除合同约定的内容外,如开发企业发布的广告楼书对商品房质量所作的说明和允诺具体确定,并对商品房买卖合同的订立及房屋价格的确定有重大影响的,应当视为合同的组成部分,对开发企业具有约束力。因此,开发企业应在合同中约定相应的免责条款。

(12)商品房买卖合同约定的有关质量标准低于国家强制性标准的,约定无效,开发企业交付使用的商品房质量不符合国家强制性标准的,仍应承担违约责任。

(十四)保修的风险及防范

房屋保修是开发企业在交付房屋之时或房屋交付之后几年内与业主发生的最常见、最容易产生纠纷的问题。其实让开发企业来负责房屋质量问题并不公平,因为开发企业不是房屋的实际施工人,而施工单位决定房屋的质量及维修。但从合同的相对性方面来说,购房人不可能直接找施工单位解决房屋质量问题,因此只能由开发企业负责,然后再找施工单位追偿。有些保修原因是施工单位的施工质量差,所以维修频繁发生,这属于施工单位的责任。有些保修原因是业主使用不当,或者在自行装修时装修的施工单位造成的问题,因此不能让所有的问题都由开发企业来保修。即使应该由开发企业保修的,也应该由施工单位承担保修责任。

保修问题应从两个方面防范:一是防范施工单位的施工问题,开发企业在与施工单位签订施工合同时应该明确保修的责任、范围、期限等。现在很多开发企业在与施工单位签订施工合同时,对保修的问题并不重视,采用格式合同或法律规定一笔带过,为房屋保修问题埋下隐患(维修问题对施工单位的防范见本书第七章)。二是防范业主使用不当导致的质量损害,或业主委托的装修单位施工引起的损害转嫁给施工单位。

为防范维修问题的纠纷,开发企业可在买卖合同补充协议中作出如下约定。

(1)自房屋交付之日起,买受人发现该房屋不符合合同约定标准的,可按《建设工程质量管理办法》和《住宅质量保证书》维修条款规定的保修责任和保修期限享受保修,但属下列情况的,不予保修:

①经买受人或用户改动的设施及因改动而损坏的项目或单元,无论是否经过甲方或甲方指定的物业服务单位的批准同意;

②因不可抗力而引起的任何损害情况;

③灯具、漏电保护装置及龙头、阀门等易损坏零部件损坏;

④其他因买受人使用、维修管理不善而造成的设备失灵、损坏或丢失的情况。

(2)《商品房买卖合同》附件所列的材料和设备,出卖人在超过保修期后不再承担维修、更换义务,买受人可委托物业公司或其他装修公司进行维修、更换,相关费用应由买受人自己承担。

(3)买受人所购房屋的相关保修项目中,凡属于买受人单独使用的项目,保修期从乙方根据《商品房买卖合同》交付日期正式办理入住手续(取得入住通知单)之日起开始计算。凡属买受人非单独使用的公共部位、公共系统、公共设备中的公共部分,保修期从出卖人取得《单位工程验收记录》之日起计算。消防系统保修期自消防设施验收合格之日起计算。

(十五)购房人单方违约的风险防范

业主单方违约的情形也较多,如买受人没有按合同约定的时间付款、没有按合同约定的时间收房、没有按合同约定办理或配合办理商品房的过户手续等。尤其是在房价剧烈变动的情况下,买受人违约的概率增加。为防范买受人违约,除商品房买卖合同示范文本约定的内容之外,开发企业可在商品房买卖合同中作如下约定。

(1)除主合同及补充协议规定的单方解约的情况外,任何一方无权单方终止主合同及合同补充条款。出卖人不卖合同项下的房屋或买受人不买合同项下的房屋,均属于严重违约行为,违约方应向守约方支付总房价款10%的违约金。

(2)买受人未按买卖合同规定的时间付款,出卖人行使解除合同的权利时,只要出卖人将解除合同通知书按合同约定的通信地址寄出或者当面送达买受人,即视为双方解除了商品房买卖合同,出卖人有权从买受人已付房价款中扣除违约金,再将剩余款项返还买受人。

(3)开发企业应当在商品房买卖合同中约定,导致买受人资金实力受影响的因素出现而使得买受人不能或可能不能按合同约定的时间付款的情况出现时的处理原则。

(4)国家有关住房按揭贷款政策发生变化,要求买受人增加首付款比例的,应当约定买受人应在接到开发企业或按揭银行通知后一定时间内增加支付首付款以满足按揭贷款申请的要求。

(5)如发生买受人未按照按揭贷款合同的约定偿还贷款本息及其他应付款项,致使贷款银行向开发企业要求承担担保责任的情况,应当约定买受人在一定期限内将开发企业因履行其担保责任所遭受的损失偿付开发企业。

(6)为防范买受人因房屋质量问题不按合同约定的时间收房,应在商品房买卖合同中约定,商品房存在质量问题的,不影响买受人按照合同规定期限履行对该商品房验收交接的义务,买受人不得以此为由拒收商品房。

(7)为防止买受人不按合同约定办理或配合办理商品房的过户手续,导致按揭银行无法办理抵押登记,最终造成开发企业对按揭银行的担保责任无法解除的问题,应约定买受人不履行办理或配合办理过户手续的违约责任,以督促买受人办理房屋所有权转移登记手续。

(十六)合同解除权的风险及防范

购房人解除与开发企业之间签订的商品房买卖合同,俗称"退房"。除开发企业的原因外,在房价短期内剧烈变动的情形下,尤其是在房价急速下降的时间段,购房人退房的可能性大增。笔者根据近十年商品房购房合同纠纷诉讼的实践,总结出如下可以退房的情况。

按照《审理商品房买卖合同案件解释》规定及范本合同的约定内容,在商品房买卖合同履行过程中,出现下列十一种情况之一的,买受人可以要求退房:

(1)商品房买卖合同订立后,出卖人又将该房屋出卖给第三人;

(2)出卖人与第三人恶意串通,另行订立商品房买卖合同并将房屋交付使用,导致购房人无法取得房屋;

(3)房屋主体结构质量不合格不能交付使用,或者房屋交付使用后,房屋主体结构质量经核验确属不合格;

(4)因房屋质量问题严重影响正常居住使用;

(5)出卖人迟延交付房屋,经催告后在3个月的合理期限内仍未履行;

(6)商品房买卖合同约定或者《城市房地产开发经营管理条例》第三十二条规定,办理不动产权属登记的期限届满后超过1年,由于出卖人的原因,导致买受人无法办理房屋所有权登记;

(7)购房人无法得到贷款且无能力变更付款方式,经催告后3个月内仍未付款的。在签订合同时,除一次性付款或分期付款外,都有对商业贷款或公积金贷款的约定。如果开发企业提供的资料显示不具备公积金贷款条件或因开发企业原因取得不了商业贷款,购房人可以要求退房;

(8)开发企业未经购房人同意变更设计或规划,发生开发企业未经购房人同意而擅自变更房屋户型、朝向、面积等有关设计的情况,购房人可以依据合同约定要求开发企业退房;

(9)购房人不符合政策规定的购房条件,签订合同后知道无购买资格,导致合同无法履行;

(10)一次性付款的购房人在支付房款的过程中,因特殊原因无力支付剩余房款;

(11)购房人因房价下降而单方悔约,不再继续履行合同,主动要求解除合同。

按照《民法典》第一百四十七条、第一百四十八条、第一百四十九条、第一百五十条、第一百五十一条的规定,下列三种情况可以退房:

(1)买受人因重大误解订立买卖合同的,可以撤销合同,即可以退房;

(2)在订立合同时显失公平的,也可以退房;

(3)出卖人以欺诈、胁迫的手段或者乘人之危,使买受人在违背真实意思的情况下订立的合同,买受人有权请求人民法院或者仲裁机构变更或者撤销。

在多数情况下,解除合同对开发企业来说是不利的,一般开发企业不愿意购房人退房,即使在房价上涨的情况下,开发企业也不轻易希望购房人退房,因为这是综合多方考虑的因素,如商业信誉、成本、办理退房手续、资金周转等。还有就是解除合同后另行销售带来的问题,如手续是否办清、预售登记是否注销、网上签约系统是否能顺利运行、能否继续销售等。为了避免解除合同的风险,开发企业在合同的补充协议中可作如下约定。

(1)买受人在行使主合同所规定的解除权时应于约定期限届满之日第2日起15日内向出卖人发出书面通知,明确要求解除合同。如果买受人未在上述期间内发出书面通知,则视为买受人同意继续履行合同并等待房屋最终交付。在此情况下逾期交房的违约期限应以主合同的期限为准,不再继续累加。

(2)出卖人在施工过程中经过合法手续的设计变更不影响买受人所购房屋的结构形式、户型、空间尺寸、朝向、供热、采暖方式的,无须经过买受人同意,出卖人无须书面或口头通知买受人,买受人对此变更认可。对此变更出卖人不承担违约责任,买受人亦不能以此为由提出解除合同。

(3)因出卖人的原因确需变更建设工程规划的,因规划变更给买受人的权益造成损失的,出卖人应当给予相应的补偿,补偿标准按买受人所遭受的实际损失计算。买受人不得以规划变更为由提出解除合同。

(4)因地基基础和主体结构质量不合格,买受人提出退房的,应在合同约定的交付日期后15日内提出。买受人在合同约定的交付日期后15日内未提出退房的,视为买受人同意继续履行合同。

(5)主合同中初始不动产权属登记或转移登记因出卖人的责任导致退房情形出现的,买受人应在符合退房条件之日起15日内以书面形式向出卖人提出,否则视为出卖人不退房,买受人继续履行合同,等待不动产权属证书继续办理。

(6)无论出于何种原因双方解除合同的,如果买受人所售房屋已办理预售登记,则买受人有义务配合出卖人到房屋行政主管部门办理预售登记的注销手续,否则买受人应向出卖人承担总房价款20%的违约责任。在未办理预售登记注销手续前,出卖人有权将该房屋另售他人而不必承担违约责任。解除合同后退款的前提条件是注销预售登记,否则不退还购房款,也不承担违约责任。

(7)无论出于什么原因,买受人提出的退房申请都不可以撤销,除非取得出卖人的书面同意。买受人提出退房申请后,无论该房屋是否已办理注销登记、双方是否签订书面解除合同的协议、出卖人是否退还了买受人房款,出卖人都有权从买受人提出退房申请之日起的第2日将该房屋另行出售他人,对此买受人不得持有异议。

(8)买受人最主要的义务是按照房屋买卖合同约定,按期支付购房款。因此当买受人未按本合同约定的时间付款,开发企业可根据违约情形行使解除权。

(9)在买受人逾期偿还银行月供贷款的情形下,如果开发企业在银行的保证金账户因买受人逾期还款原因被扣划的(可约定具体划扣次数或金额),开发企业可以解除《商品房买卖合同》,同时可约定购房人应承担的违约责任。

(10)购房人解除合同时,如果是贷款购买该房屋的,无论购房人是否支付了银行的贷款利息或是其他费用,无论开发企业是否构成违约,在任何情况下开发企业均不负责该费用,也无赔偿的义务,由买受人自行承担。

(十七)开发项目涉及物权(所有权)的法律风险及防范

《物权法》(现《民法典》物权编)出台后,如地下车位、公共配套设施等权利归属的问题,对开发企业影响较大。目前规范开发项目物权最明确的依据就是《最高人民法院关于审理建筑物区分所有权纠纷案件适用法律若干问题的解释》(以下简称《审理建筑物区分所有权案件解释》),该司法解释中明确规定,业主对建筑物内的住宅、经营性用房的专有部分享有所有权,对专有部分以外的共有部分享有共有和共同管理权。其第二条规定:"建筑区划内符合下列条件的房屋,以及车位、摊位等特定空间,应当认定为民法典第二编第六章所称的专有部分:(一)具有构造上的独立性,能够明确区分;(二)具有利用上的独立性,可以排他使用;(三)能够登记为特定业主所有权的客体。规划上专属于特定房屋,且建设单位销售时已经根据规划列入该特定房屋买卖合同中的露台等,应当认定为前款所称的专有部分的组成部分。本条第一款所称房屋,包括整栋建筑物。"建筑区划内的道路、绿地、其他公共场所、公用设施及物业服务用房、建筑物及其附属设施的维修资金、占用业主共有的道路或者其他场地用于停放汽车的车位等属于业主共有,但城镇公共道路、城镇公共绿地及明示属于个人的绿地除外。另外,根据《审理建筑物区分所有权案件解释》第三条的规定,建筑物的基础、承重结构、外墙、屋顶等基本结构部分,通道、楼梯、大堂等公共通行部分,消防、公共照明等附属设施、设备,避难层、设备层或者设备间等结构部分以及其他不属于业主专有部分,也不属于市政公用部分或者其他权利人所有的场所及设施等由业主共有。建筑区划内的土地,依法由业主共同享有建设用地使用权,但属于业主专有的整栋建筑物的规划占地或者城镇公共道路、绿地占地除外。《审理建筑物区分所有权案件解释》从法律层面上已经明确规定属于业主所有的公共空间,不允许开发企业与业主在合同中约定其权利归属。

通过对《审理建筑物区分所有权案件解释》的理解,开发企业应当知道哪些空间法定属于业主共有,哪些空间的所有权或使用权可以通过合同约定。商品房买卖合同就公共空间的约定如违反《民法典》等法律法规的效力性强制性规定,该约定无效。开发企业应依据规划文件及《审理建筑物区分所有权案件解释》的规定,确定可以通过合同约定转让权属的车库、车位范围。根据《民法典》和《审理建筑物区分所有权案件解释》等法律法规规定的方式,确定属于个人绿地的范围。开发企业在签订商品房买卖合同的约定的内容不得违反《民法典》的效力性、强制性规定,不得将法定属于全体业主共有的空间约定属于开发企业或个别业主所有。为避免争议,就建筑区划内,规划用于停放汽车的车位、车库的归属,应在与建筑区划内每一位买受人签署商品房买卖合同中作明确约定。当车位、车库向买受人出售、出租、赠与时,再另行签署相关协议。开发企业利用人防工程作为车位出租的,在出租前应办理人防工程平时使用审批手续,并向承租人告知人防工程的性质及使用时应遵守相关的人防法律法规。开发企业如将外墙面、屋顶的使用权约定给开发企业或个别业主的,应在与建筑区划内每一位买受人所签的商品房买卖合同中约定。建筑物及其附属设施的费用分摊、收益分配等事项,应在《业主公约》中约定。

建筑区划内,规划用于停放汽车的车位、车库的归属,由当事人通过出售、附赠或者出租等方式约定。上述车位、车库应当首先满足业主的需要。在没有满足业主需要之前,不得向业主以外的第三人销售、出租、赠与。如汽车库室内最小净高未达到《车库建筑设计规范》标准的,则不能以车库的名义出售、出租、赠与。

建筑区划内的绿地没有按法律规定明示的,属于全体业主共有,开发企业不得以出售、赠与等方式承诺给个别业主使用,也不得就绿地的使用向业主收取费用。

除上述开发企业应该遵守的规范外,开发企业与业主在商品房买卖合同中可以约定的主要内容是屋顶、外墙面的使用权,小区、楼宇的命名申请权等;在业主公约中可以约定的内容是建筑物及其附属设施的费用分摊、收益分配等事项。超出上述约定的内容也属于无效,但在发生争议后谈判过程中对开发企业有利。

(1)出卖人所售项目所在范围内的所有建筑物,凡未计入《北京市商品房预售合同》附件二所列共用部位与共用房屋分摊建筑面积构成部位(包括但不限于小区内外的会所、停车场、商业用房、自行车库、物业管理用房、办公用房、采暖锅炉房、各类康乐设施及其他经营性和服务性配套设施),除依法出售给买受人及按政府规定的教育、人防等划定权属之外的,其他均归出卖人所有,出卖人有权自主进行处置,买受人无权干涉。

(2)出卖人所售项目整个小区规划范围内的公共区域土地使用权归出卖人,出卖人有权或委托他人行使管理权、经营权、收益权。

(3)首层花园的所有权及管理。买受人同意出卖人将该商品房所在楼宇首层花园(或绿地)提供给购买该商品房所在楼宇首层的业主分别认领、养护,且同意不会对业主主张任何权利。该花园的维护、保养费用由认领、养护该花园的业主自行承担。该业主可使用该花园,但其使用必须遵循物业管理的规定。

(4)买受人购买顶层房屋所赠送的平台或露台不计算产权面积,买受人只有使用权,买受人不得随意更改平台或露台的相关功能,不得在平台或露台上搭建任何建筑或装置,不得封闭平台或露台,买受人对平台或露台作任何与房屋交付现状的改变必须经出卖人或物业公司的同意,否则出卖人或物业公司有权责令业主在规定时间内自行拆除。买受人在出卖人或物业公司规定的期限内没有拆除的,应向出卖人交付总房价款5%的违约金,出卖人仍有权采取必要的法律途径拆除。

(5)买卖双方的共有权益是指该商品房所在楼栋的屋面及外墙使用权归全体产权人,仅指住宅部分,其中商业及配套设施的外墙面及楼面的使用权归商业及配套设施的产权人所有,该部分可能被用于商业广告,对此出卖人已事先告知买受人,买受人对此知情无异议。

(6)无论出卖人与买受人在买卖合同中约定按套计价、按套内建筑面积计价或以建筑面积计价,物业公司均以建筑面积作为物业费收费的标准。

(7)自出卖人向买受人交付房屋或视为出卖人向买卖人交付房屋之日起(以二者较早时间为准),与该房屋有关的风险责任随之转移给乙方,若因不可抗力因素或其他非出卖人原因引起的原因致使房屋建筑物遭受损坏的,均由买受人承担。

(8)关于屋面、外墙面使用权,楼宇、小区命名权的补充约定,该商品房所在楼宇屋面使用权和外墙面使用权归全体产权人,法律法规有明确规定的或有明确规定后,从其规定。该产权的性质为共同共有产权,不可分割,该商品房所在楼宇的命名权和所在小区的命名权归出卖人所有。

(十八)基础设施、公共配套建筑承诺的风险及防范

关于基础设施延期使用或交付的违约责任约定,开发企业不应按照每延期1日承担违约责任来计算,易使违约责任的计算方式复杂化。比如按照未投入使用部分的公共设施的工程造价(经过评估的)的一定比例(如1%),然后再分摊到有影响的住户,这样可以阻止相当一大部分购房人放弃追究开发企业的违约责任。另外,在商品房买卖合同中可作如下约定。

(1)出卖人承诺商品房交付使用时,与之正常使用直接关联的基础设施、公共配套建筑达到以下使用条件:①通上下水;②通电;③供暖系统在供暖季来临之前达到供暖条件;④燃气管线及设备施工安装完毕,占房屋总数70%以上的买受人入住后开通天然气,如果在约定的期限内未达到条件,由出卖人采取其他替代措施,采取其他替代措施的费用由出卖人承担,但使用费用除外;⑤电梯安装完毕可以正常运行;⑥通往商品房的小区道路达到硬化可通行标准;⑦公共绿地及绿化在入住后的第一个绿化季(6月1日之前)做完;⑧有线电视、电话、宽带网线安装完毕,经买受人向运营服务商申请报装后,可开通使用。

(2)如因出卖人的责任,在约定期限内未达到相应使用条件的,出卖人应采取其他替代措施,保证正常使用。

(3)基础设施、公共配套建筑是否按期完成不是房屋交付的条件的,房屋交付的条件按其他约定执行。

(4)买受人购买的商品房所在的小区为分期建设项目的,出卖人不承诺该小区及各组团内其他楼宇和配套设施及环境绿化与买受人购买的商品房同期建设并同期交付使用,买受人对此知晓并不持异议。如果在买受人入住该小区时其他楼宇及小区配套设施如变电室、人防、停车库、环境绿化等未能同期完工或未能同时投入使用的,出卖人不承担违约责任,买受人对此无异议。

因基础设施、公共配套设施延期使用或交付导致的违约责任问题。在实践中可能出现上下水、电、供暖或公共绿地等各项设施或配套建筑一项或多项延期使用或交付,如果出现两项或两项以上延期如何计算违约金,对于是多项延期只计算一项,还是多项分别计算然后累加的问题,格式合同中对此并未明确规定,因此在仲裁或诉讼中有购房人将多项累加计算违约金。对此问题可作如下约定:由出卖人向买受人按逾期天数支付已收房款1‰的违约金直至达到约定条件,本合同继续履行。所列任何一项发生或几项同时发生逾期交付情况的,或出卖人未按照约定的期限和条件将该商品房交付买受人,主合同所列任何一项发生或几项同时发生逾期交付情况的,均仅计一个已收房款1‰的违约金,不作累计。

(十九)延期交房的风险及防范

整个房地产项目的进度是由开发企业把握的,因此在签订买卖合同时,开发企业应充分考虑到材料、施工、装修等各环节,将各项政策风险、施工风险计入建设工期,为自己留出足够的时间,以免发生意外事件后措手不及,从而导致延期交房。

注意交房通知方式。有些开发企业会选择在当地报纸刊物上刊登房屋交付通知，或者是电话通知买受人接受房屋，这样的方式对开发企业来说存在隐患。根据《审理商品房买卖合同案件解释》，买受人接到出卖人的书面交房通知，无正当理由拒绝接收的，房屋毁损、灭失的风险自书面交房通知确定的交付使用之日起由买受人承担。因此最好采用挂号信或邮政快递方式寄出入住通知书，这样就对开发企业非常有利。

注意开发企业迟延交付房屋的违约责任的规定。根据《审理商品房买卖合同案件解释》第十一条、《民法典》第五百六十三条的规定，出卖人迟延交付房屋或者买受人迟延支付购房款，经催告后在3个月的合理期限内仍未履行，解除权人请求解除合同的，应予支持，但当事人另有约定的除外。法律没有规定或者当事人没有约定，经对方催告后，解除权行使的合理期限为3个月。对方没有催告的，解除权人自知道或者应当知道解除事由之日起1年内行使。逾期不行使的，解除权消灭。

逾期交房的违约金数额标准的问题。对此问题开发企业应引起重视。有些开发企业填写违约责任承担的标准非常随意，不考虑工程的具体状况、影响交房的可能原因，以及公司具体的承受能力，将逾期交房的违约金定为每日4‰或更高，将解除合同一次性支付违约金的数额定为10%或更高。如此一来，一旦延期交房的时间过长，开发企业将承担巨额违约赔偿。因此逾期交房或延期办证等必须约定违约责任的最高额限制，合同中约定的交房日期要留有一定余量，开发企业内部计划的交房日期可以再向后延1至3个月，而且延期交房的违约责任也要分段，延期30日内较轻，30日后可适当加重，但要把握总的逾期交房的违约金数额，不应超过合同总价的1%，锁定上限。

另外，开发企业可以利用延期交房的免责条款。开发企业可以在补充协议中约定，因政府原因导致停工属于免责事由，无须承担任何违约责任，但应具体约定政府的哪些行为属于免责事由，比如，召开奥运会、残奥会期间，北京市发布过《北京市人民政府关于发布2008年北京奥运会残奥会期间本市空气质量保障措施的通告》(已失效)，"各施工单位要停止在施工地的土石方工程、混凝土浇筑等作业"，对此工程建设停滞两个多月均属于延期免责事由，工程建设时间顺延不承担违约责任。再如，2009年10月，在庆祝中华人民共和国成立六十周年大会期间，遵照北京市人民政府要求，四环主路黄标车限行并停止施工(根据《国庆期间施工现场安全生产管理通知》)；项目地处两会代表的驻地，在两会召开期间政府部门禁止工程施工和装修施工，因此工程延误都属于开发企业不可控制的因素。但开发企业与购房人双方必须在《商品房预售合同》补充协议中约定清楚：如遇突发性公共事件或政府法律政策变动的限制，出卖人可据实予以延期，无须承担任何违约责任，但要按照上述介绍的事由来明确何种事由可免责。另外，如果约定恶劣天气应免责，也应该约定什么样的天气属于恶劣天气，否则法院采信有难度。

关于新型冠状病毒感染疫情期间延期交房的问题。2020年年初，因受新型冠状病毒感染疫情影响，各地均采取了一系列措施，造成很多房地产开发项目停工，建筑工人暂时无法回到工作岗位，建筑材料暂时无法正常生产或运输，项目也因此无法正常进行开发建设，项目不能按期竣工，很多项目存在延期交付的可能。新型冠状病毒感染疫情导致不能按期交房，对于开发企业和购房人来说，属于不能预见、不能避免且不能克服的不可抗力，如果开发企业应对合理合法，可免除延期交房的责任，但是如果开发企业应对无序，则针对疫情导致的延期交房问题，可能要承担违约责任。为避免承担违约责任，房地产开发企业应作如下的应对工作。

(1)应向购房者发送通知文件，必须事先将不可抗力情况、受不可抗力影响的程度以及下一步采取的举措等通知购房者，否则购房者可以主张房地产开发企业承担违约责任。

(2) 应提供采取疫情防控措施涉及企业停工方面的政府文件,以证明延期且不承担责任是有法律依据的。

(3) 应提供企业迟延复工方面的文件,以证明延期的时间是合理的,在合理的延期时间内不承担违约责任。

(二十) 买卖合同中涉及物业问题的法律风险及防范

现在实践中的做法是,在签订商品房买卖合同时,前期物业合同作为商品房买卖合同的一个附件,与买卖合同一同签署。这种做法对开发企业非常有利,因为开发企业可以利用交易的优势迫使购房人同意物业合同的条款,尤其是关于物业价格的内容。但容易给将来的物业管理埋下隐患,有时也会给买卖合同的签订带来一定的麻烦。在物业管理过程中,开发企业还会遇到诸如业主装修损坏建筑物等问题,因此在买卖合同中应约定如下内容。

(1) 买受人违反主合同的约定,擅自改变商品房的建筑主体结构、承重结构、房屋外立面效果和用途的(包括但不限于封闭阳台、封闭露台、改变空调室外机位置、改变外窗、外墙颜色等),出卖人、物业公司及其他买受人均有权要求买受人停止侵害、排除妨碍、恢复原状、赔偿损失。

(2) 在业主大会成立以前,买受人同意委托出卖人为本小区选择物业公司,并与物业公司在办理房屋交付前签署相关协议,包括但不限于物业管理委托合同,小区物业管理、维护、使用公约,装修管理规定等相关协议或承诺,买受人承诺遵守与物业公司签署的协议内容。

(3) 买受人入住后,二层以上(含二层)不准安装防护栏,空调室外机按事先预留安置或按物业要求统一安置。如果买受人违反上述规定,物业公司有权责令买受人在规定的时间内拆除,买受人承担由此产生的一切责任及承担恢复原状的费用。小区住宅设计有阳台(封闭或未封闭),买受人不得将未封闭观景阳台封闭,不得拆改已封闭阳台。否则,应立即恢复原状并承担由此发生的费用。

(二十一) 房屋交付的风险及防范

房屋交付最容易导致开发企业与购房人之间发生矛盾,因为房屋的质量等一系列问题在房屋交付时容易暴露出来,如果解决不好将引发剧烈冲突,一旦找不到较好的解决方式,那么开发企业可能要承担较大风险。从解决房地产开发纠纷的方式上来说,无论什么形式的纠纷,都可以通过诉讼、仲裁、调解等法定争议解决途径得到处理。但也会有一部分购房人企图在处理纷争过程中采取上访、聚众干扰开发企业正常经营等极端手段解决问题。从某种意义上来说,尤其应多做在面对集体收房、诉讼等活动中,开发企业有时也很无奈。业主维权的原因有很多,但多数是因为延期交房、房屋质量存在问题、规划或设计变更等引起的。如北京市某房地产开发有限公司因工程施工合同纠纷导致未按购房合同约定期限交房,引发购房人集体上访,市建委责令开发企业与施工单位积极协商解决纠纷,尽快组织工程竣工验收工作,在业主入住前暂停该公司项目预售手续,同时在交易管理网公示其行为。

1. 房屋交付的条件

交房的条件分为法定的交房条件及合同约定的交房条件。合同约定的交房条件多种多样,完全取决于买卖双方当事人的约定,只要约定不违反法律强制性规定,约定即有效,就应按约定交房。北京市目前法定的交房条件是:

(1)该商品房已取得规划验收批准文件和建筑工程竣工验收备案表;
(2)有资质的房产测绘机构出具的该商品房面积实测技术报告书;
(3)该商品房为住宅的,出卖人还应当提供《住宅质量保证书》《住宅使用说明书》《住宅工程质量分户验收表》。

未提供上述文件的,应视为开发企业逾期交房,双方应依据事先在合同中约定的方式及内容处理争议。

一般交房条件约定上述(1)、(2)、(3)项就可以,但实践中若开发企业在格式合同中给自己设定六项交房条件:即竣工验收备案表、实测面积表、配套设备完善、提交两书、会所投入使用、绿化完成。以上任何一项违约的,开发企业按1‰标准向业主承担违约责任,如果开发企业上述内容违约,则法院应按照日4‰的标准判决开发企业向业主承担违约责任。

2. 房屋交付的程序

在交房的时候开发企业可按下列的程序办理入住手续:将房屋的交付委托给物业公司,业主与物业公司办理入住手续。在业主办理入住手续的时候,物业公司协助业主填表、签订物业管理规约、交物业管理费、办理房屋价款结算。业主按物业公司的要求办理完所有手续后,物业公司将钥匙交给业主,业主签完字之后拿到钥匙才能验收房屋,发现质量问题后属于保修的范围,由开发企业负责整改。这样的交付程序对开发企业较为有利。

3. 房屋交付的风险防范

购房与交房时房地产市场价格的变化对房屋交付的影响较大,尤其是在房屋价格下降时,购房人的普遍心理是房子买亏了,总是想方设法希望开发企业降价,如果不降价就采取极端维权的方式向开发企业施加压力,迫使开发企业就范。如果开发企业不答应购房人超过合同之外的要求,就会引发开发企业与购房人之间严重的矛盾冲突。因此,建议开发企业在遇到纠纷时,先与对方协商,争取以和解的方式自行解决争议;协商不成时,可以主动到建设、房地产主管部门进行调解解决;调解不成时,引导对方按照合同的约定到人民法院或仲裁机构解决纠纷,尽量避免业主聚集起来以集体维权的方式解决争议。为了维护开发企业的合法权益,根据多个项目的实践,总结出如下保护开发企业利益的条款。在与客户签订商品房买卖合同的过程当中,买卖合同中应约定如下内容。

(1)买卖合同所指的商品房交付是指出卖人在合同规定的交付期限内交付现房,买受人应在出卖人书面通知买受人办理房屋交付手续的通知书规定的时间、地点办理相关手续。买受人在出卖人规定的时间内办理完毕房屋交付手续的,以交付手续办理完毕之日为实际交付日期。

(2)有下列情形之一,出卖人有权不按主合同约定的时间向买受人交付房屋,同时,出卖人对此种行为不承担逾期交房的违约责任:①买受人采取一次性付款及分期付款方式支付房款的,在买受人未付清全部房款前;②买受人采取银行按揭贷款方式支付房款的,在买受人未付清首付款且银行贷款未足额转入出卖人指定账户前;③买受人采取公积金贷款方式支付房款的,在买受人未付清首付款或公积金贷款未足额转入出卖人指定账户前;④买受人采取银行按揭与公积金组合贷款方式支付房款的,在买受人未付清首付款或银行贷款及公积金贷款未足额转入出卖人账户前;⑤买受人采取银行贴息贷款方式支付房款的,在买受人未付清首付款或银行贴息贷款未足额转入出卖人账户前。

(3)买受人同意在办理房屋交付手续前缴纳全部购房税费及物业管理费,并签署物业管理合同。该税费由出卖人代收或由出卖人委托的物业公司、中介机构代收,上述单位收取税费包括但不限于契税、公共维修基金、产权代办费、权属登记费、印花税、物业管理费、有线电视初装费、采暖费、高压水泵运行维护费及电梯维护费等费用。如果买受人拒绝支付上述费用,出卖人有权拒绝交付该房屋且不承担逾期交房的违约责任。

(4) 发生下述情形之一的,出卖人就该商品房交付接收通知上所载明日期或期限的届满日为商品房的实际交付日:①因买受人自身原因未能在甲方书面通知规定的时间和地点办理该商品房支付、接收手续的,包括补充协议规定的交费条件;②买受人无正当理由拒绝办理该商品房接收手续的;③买受人联系地址、电话、传真发生变更且未依约通知出卖人,致使出卖人无法向买受人送达该商品房交付通知的。

(5) 自该商品房交接手续完成之日或本协议约定的该商品房的实际交付日起,该商品房有关的风险由出卖人转为买受人。房屋交付指交钥匙,即出卖人将房屋的钥匙交给买受人。

(6) 自该商品房交接手续完成交付之日起,因保修、维修、使用而发生的费用(包括但不限于物业管理费)由买受人承担。

(7) 买受人应在房屋交付前办理完毕不动产权属登记面积与合同约定面积差价款的结算,并签署面积差价款结算协议,否则出卖人有权拒绝交付房屋且不承担逾期交房的违约责任。

(8) 交付标准。出卖人所售房屋交付标准按合同约定的装饰、装修标准执行,如果广告、楼书、沙盘、样板间装修标准与实际交付的标准不一致,按合同约定的标准执行或以施工图纸为准。

(9) 买受人在办理房屋交付前,应与物业公司签署物业管理委托合同及物业公司要求签署的其他文件(其他文件包括但不限于物业管理规约、安全消防协议书、装饰装修管理规定、豢养宠物管理协议)。

(10) 买受人在验收房屋时,若出卖人已取得竣工验收备案表及实测面积技术报告书,但买受人认为存在质量问题影响其入住,应在30日内提交权威部门出具的具有法律效力的检验报告,如存在质量问题,则出卖人按合同规定承担相应的违约责任。如果买受人不能在30日内出具检验报告,则视为出卖人交付的房屋合格。在此期间,买受人不办理交接手续,出卖人不承担逾期交房的违约责任。

(11) 买受人未在出卖人通知交房的日期范围内办理房屋交付手续,应按物业管理规约及物业委托合同的规定补交自出卖人交房日起至买受人实际办理交付手续之日各项管理费用及采暖费等。

(12) 在出卖人所售房屋具备交付条件后,因买受人原因未办理交接手续,双方同意按以下方式处理:①逾期不超过180日,自本合同规定的最后交付期限的第二天起至实际交付日止,买受人按日向出卖人支付房价款2‰的违约金,合同继续履行;②逾期超过180日后,出卖人有权解除合同,出卖人解除合同的,自书面解除通知送达之日起30日内,在扣除出卖人印花税(总房款的0.05%)和总房款10%的违约金及空置期间的物业费、取暖费及相关费用后,将已收购房款无息退还给买受人。

(13) 遇有下列条件时,出卖人向买受人交付房屋的时间按实际影响天数相应顺延,免除出卖人逾期交房的违约责任:①不能预见、不能避免和不能克服的自然灾害、事故及社会紧急状态;②在合同履行期间内法律法规、规章、政府的政策管理等发生变化,出卖人为遵守此变化而导致的延误;③市政基础配套设施批准与安装的延误(市政基础配套设施指水、电、暖气、天然气等);④其他非甲方所能预见、避免和控制的事件。

(14) 出卖人在房屋交付前应向买受人出示《单位工程验收记录》或《建设工程竣工验收备案

表》《实测面积登记表》,买受人应在上述文件上签字。如果买受人不签字,但办理了入住手续,已经领取了房屋钥匙,即视为出卖人已向买受人出示了上述文件。

(15)提前交付。如果出卖人在主合同约定日期之前交房的,应当发出书面通知,房屋约定交付日期以通知的交付开始日期为准,提前交房出卖人不承担违约责任。出卖人具备提前交付条件之后向买受人发出的入住通知日期,视为对主合同交付日期的变更,买受人予以认可,不持异议。

(16)延期交房。因购买小区房屋的买受人采用过激手段维权,干扰项目的正常工作或阻止施工,导致延期交房或配套设施的批准与安装延误,出卖人不承担逾期交房的违约责任。

(17)施工过程中发现文物,按照法律规定因处理文物,交房时间顺延的,开发企业不承担违约责任。

(18)在合同中约定入住的通知程序。开发企业应该按照合同中的约定方式,向购房人送达入住通知书。如无法通知购房人,开发企业应在当地主流媒体上进行公告,公告中应催促购房人如期收房,根据竣工图和测量面积,按预售合同中的约定进行面积差结算;根据收房日期交付,如果有延迟,开发企业不承担逾期交房的违约责任。

(19)公共配套设施的移交。开发单位无偿建设部分公共设施,如社区居委会办公用房、社区警务用房、社区医院、学校或其他属于全体业主共有的公用设施等。在项目竣工验收后,开发单位应尽快按有关规定移交上述公共设施,如果不移交,则业主可以不交物业费。接收的主体至关重要,只有确定了接收的主体,公共配套设施才能顺利移交,因此开发企业在房屋交付之前,应当主导成立业主大会,并将公共部位移交。

4. 合同之外的风险防范

实际上,开发企业对于房屋交付时因质量问题引起纠纷最好的解决办法就是在施工的质量、工期上做文章,从源头上避免交付的风险。如果施工质量不过关,那么房屋交付的责任至少也应当由施工单位来承担,在施工合同中约定如果因为房屋质量问题导致开发企业损失,施工单位应承担责任。除约束施工单位之外,开发企业还应做到如下几点。

(1)对售楼人员进行合同方面的法律培训。告知售楼人员在售楼时不要轻易对购房人作出不能兑现的承诺。

(2)当遇到面积质疑时可告知业主另行委托测绘,把测绘的规定、费用告诉业主。

(3)对售后人员进行培训,要求具体负责房屋交接工作的工作人员尽量减少与业主的矛盾,不要刺激业主将矛盾激化。

案例:某公司于2007年通过土地"招拍挂"取得北京市朝阳区某地块土地使用权并进行开发建设,与业主签订了《商品房预售合同》,房屋为精装修,合同中约定2008年10月1日按预售合同约定的交付条件及期限交房。

开发企业在格式合同中约定的交房条件如下:交房时已取得商品房规划验收批准文件和建筑工程竣工验收备案表;交房时具备有资质的房产测绘机构出具的商品房面积实测技术报告书;交房时满足出卖人承诺的市政基础设施达到的条件(即上下水、电在交付时达到使用条件;供暖在入住后第一个采暖季达到使用条件、燃气在入住率达到60%按规定开通);提供住宅分户验收表。商品房为住宅的,还应当提供住宅质量保证书和住宅使用说明书。

关于延期交房责任的约定。合同约定逾期交房在60日内的,合同继续履行,出卖人从约定的交房期限届满的次日起至实际交房之日止按日计算向买受人支付已付房价款 1‰ 的违约金;逾期超过 60 日的,买受人有权退房,若退房,则出卖人退还全部房款并按买受人已付全部房款的 2% 支付违约金;若买受人选择继续履行合同,则合同继续履行,出卖人从约定的交房期限届满的次日起至实际交房之日止按日计算向买受人支付已付房价款 2‰ 的违约金。

合同还约定了商品房的质量、装修装饰、设备标准、物业服务内容,但装修装饰标准、物业服务并非合同约定的交房条件。

关于合同履行的情况。开发企业在交房前已于 2008 年 9 月 27 日取得《北京市规划和自然资源委员会建设工程规划验收合格通知书》,9 月 28 日取得《北京市房屋建筑工程和市政基础设施工程竣工验收备案表》,8 月 28 日取得《房屋土地测绘技术报告书》,9 月 4 日取得《住宅工程分户验收表》。开发企业在交房前与商品房正常使用相关的上下水基础设施已经在商品房交付时提供市政水,并取得卫生部门的水质合格检测报告,是市供水,并非临时用水。

开发企业在交房前与商品房正常使用相关的用电基础设施已经正常供电,且商品房所在楼栋的用电手续原是由其他公司向北京供电局申请并于 2002 年 5 月向北京供电局取得的合法的市政用电手续,直接是市政用电,并非临时用电。交房时市政用电已经接通,但一户一表没有安装。因无法计量,开发企业没有收取业主的电费,业主免费使用市政用电,但不影响业主的使用。

开发企业已经于 2008 年 10 月 1 日采取有效方式通知业主收房,业主也实际接收了商品房,且交付时向业主提交了住宅质量保证书和住宅使用说明书。但在交房时受市场的影响,房屋的价格普遍下降,低于购房人购买的价格,购房人心理不平衡,于是要求退房,遭到开发企业的拒绝,于是 100 名左右业主组织集体维权,到政府部门以上访、聚众等形式向开发企业施加压力,但最终仍没有与开发企业达成协议。100 名业主在入住四个月后自行检测水质,得到的检测结果不合格,于是到卫生部门投诉。接着 100 名业主又到供电局举报,说开发企业非法供电。100 名业主于 2009 年 9 月以开发企业水电不合格、不具备交房条件、装修存在问题为由将开发企业诉至法院。

一审法院在开发企业取得全部合法交付条件手续的前提下,认定水、电问题构成延期交房,判决开发企业承担逾期交房的违约责任。开发企业不服,上诉至北京市第二中级人民法院。笔者代理了此案的二审,在上诉中笔者作出如下代理意见。

(1)竣工验收备案材料证明商品房在交付时其上下水、电等市政基础设施已经竣工验收,具备使用条件,一审法院认定构成延期交房与事实不符。

(2)上下水设施验收合格之后又出现的饮用水的卫生不达标的情况属于房屋交付后的上下水设施的维护、清洁、保养的问题,而不是房屋交付条件的问题。业主提交的检测报告根本无法证明诉争房屋饮用水卫生不达标,因为供检验的样品是业主自己送检的,不是检验单位自己采样,因此,无法证明送检样品系来源于诉争房屋的供水设备。另外,业主自己采集、自己送检无法保证采集、送检过程中产生二次污染,因此送检样品卫生不达标完全有可能是在送检过程中被污染的,并不能直接证明系开发企业的供水设备不符合使用条件造成的。即使诉争房屋饮用水卫生不达标,也只能证明房屋交付后二次供水设备的维护、清洁、保养方面有欠缺,不能证明商品房交付时上下水设施不符合使用条件。法院应严格区分交房后有关设施的维护、保养问题与交房条件的问题,不能将交房后售后服务应解决的问题归为交房条件问题。因此，交房后即使出现饮用水卫生不达标的情形，应通过对二次供水设施的清洁、维护来解决。认定上下水设施是否达到使用条件应以该设施是否已经竣工验收、是否办理竣工验收备案为判断标准，不应以建设单位是否取得供水卫生许可证为判断标准。况且合同中约定的商品房交付条件是上下水基础设施达到使用条件，而非建设单位取得合法的供水资格。另外，水质管理是一个动态的过程，房屋及相关上下水设施交付之后，二次供水水质管理的责任已经转移至物业公司。物业公司依法及依约定都有保证二次供水水质符合使用条件的责任。一审法院将合同约定的交付条件与房屋交付后的日常管理、维护或完善问题相混淆，这是一审法院错误的关键所在。

（3）一审法院认定开发企业交房时电未达到合法使用条件，进而认定开发企业构成迟延交房是事实认定错误。开发企业交房时供电设施已经达到合法使用条件，业主能正常使用且不用交电费。开发项目自始至终由其他公司配电室供电，在电表安装前后一直从其他公司配电室接电使用，该供电方案合法，且完全能满足业主的用电需求，而且在安装核减表后仍然是通过其他公司供电。虽然住宅使用说明书中承诺了一户一表，但并非交房条件，因此交房时没有安装一户一表不代表不符合交房条件，电表只是计量用电量，不影响用电。安装电表后，业主与供电局有了直接的合同关系，供电公司与业主的供用电合同关系已直接建立，与开发企业没有任何直接的关系，但是该项目的用电审批、报装、安装、施工等所有的过程都与最初"招拍挂"的供电方案一致，没有任何变化，从始至终都是如此。因此不存在任何违法行为。从电表的作用看，没有一户一表完全不影响业主用电。因为电表的作用是计量用电量，没有电表只是无法计量，导致的结果是供电公司无法直接计量该上诉业主的具体用电量，显然不影响上诉业主用电，事实上电表安装之前的电费全部都是由开发企业承担的，业主不但有电可用，而且无须承担电表安装之前的电费，因此以没有安装电表为由认定电未达到使用条件是不合理的。

二审法院审理后对该案件进行了改判，但仍然认定开发企业逾期交房构成违约，只不过在一审的基础上将违约金数额进行了调整。此案终审判决后，开发企业仍然不服，认为自己不构成逾期交房的违约责任，仅仅是维修或物业管理方面出现问题，但基于一审判决的结果及改判纠正错案的难度，开发企业没有提起再审申请。

5. 应对业主群体诉讼

前文已经提及，房屋交付阶段最易引发业主的集体诉讼。因为房地产开发的复杂性、房屋作为商品的特殊属性决定了业主与开发企业之间的争议或诉讼不可避免，尤其是在房屋交付时，如果房屋价格存在巨大的市场波动或者房屋存在质量问题，又或开发企业存在严重违约行为，都可能导致群体性诉讼。面对业主的集体诉讼，开发企业应如何应对及预防呢？

（1）房屋交付阶段引发争议或诉讼的原因多种多样，从业主的角度来说，可能是房屋交付时市场价格回落，业主感觉买贵了，也可能是开发企业交付的房屋的确存在质量问题或其他违约行为，业主不满，认为受骗。从开发企业角度来说，可能存在开发企业服务不到位，或者开发企业不积极回应问题或应对不当，引发矛盾。

（2）业主集体诉讼的方式。一般业主会委托律师诉讼，但业主的组织工作一般由业主推选业主代表来完成，由业主代表组织发动业主起诉开发企业。业主决定起诉后，业主代表会考察并选择律师，由律师代理诉讼。但也有部分律师负责组织业主并直接接受委托对开发企业进行诉讼。

(3)开发企业对业主集体诉讼的应对措施。多数业主在诉讼前是比较犹豫的,因为要先支付诉讼费、律师费等费用,而且诉讼的结果未知。从经济的角度来讲,业主不容易下决心提起诉讼,因此开发企业可根据业主的矛盾心理,多做劝说工作,尤其应多做业主代表的工作。有些业主面对未知的诉讼结果,希望其他业主先提起诉讼,等有了胜诉结果再起诉开发企业。因此在诉讼前,开发企业可向业主解释合同的约定和法律的规定,明确告知业主诉讼的风险,让业主知难而退。在诉讼阶段,开发企业可合理利用诉讼技巧,延长诉讼时间,以便有更多的时间对业主做说服工作。

(二十二)出售停车位的风险防范

商品房小区停车位的产权归属引发争议较多,开发企业、物业公司和业主之间就停车位的买卖、租赁、使用、收费的纷争较多。开发企业在车位协议中可采取以下措施防范停车位的风险。

(1)约定转让期限自该合同签订生效之日起,至车库所附属土地使用权期限届满为止。

(2)车位乙方仅作为小型车辆停放功能使用,车辆应符合车位对车辆尺寸的要求,使用期间须服从相关物业管理部门的管理规定,不得以任何理由改变汽车停放使用功能,不改变车位周边配套设施、设备的结构及用途。严禁存放易燃易爆品,配合物业管理人员的监督检查。

(3)车位的各种权益随项目房屋的灭失而灭失,乙方同意服从现行及以后的法律法规、规章对人防设施的相关管理规定,使用过程中不破坏人防相关设施。

(4)乙方可将该车位有偿使用权转给第三方,收益归乙方,但第三方必须是本项目有房产权的业主,第三方须认可本协议内容。乙方与第三方有关本车位有偿使用权的转让协议须经甲方及本项目物业公司认可并由物业公司登记备案。若乙方委托物业公司出租,须遵守相关物业公司的管理规定。乙方转让房屋时,应当同时将车位转让给小区有房产权的业主。

(5)使用期间,乙方同意按政府相关部门核定的标准向物业管理部门定期支付本车位的相关管理费用。使用期间的维护、维修、保养责任及费用由乙方承担,甲方交付后停车位的损毁灭失风险由乙方承担。

(二十三)不动产权属登记及办证的风险及防范

不动产权属证书的办理分为两个阶段:一是开发企业对开发项目的初始登记,俗称"大产权";二是为买受人办理其所购房屋的产权,俗称"小产权"。"大产权"的办理过程中,在开发企业不存在过错的前提下,办理时间很大程度上取决于政府部门的效率,因此在买卖合同中对于"大产权"的办理时间,要规定得尽量充分。根据《城市房地产管理法》等法律法规的规定,办理房屋权属登记的申请人和义务人是购房人,开发企业只是协助办理。开发企业的义务是交付房屋,提供相关资料、文件,协助买受人办理权属登记。而在按揭贷款中,由于买受人的原因,开发企业也可能卷入纠纷之中,因此有必要在《商品房买卖合同》中增加约束买受人在一定期限之内办理不动产权属证书义务的条款;同时应约定在办理不动产权属证书过程中,应由买受人承担公共维修基金及契税等费用,并约定违约金条款,如买受人应在收到开发企业书面通知之日起多少个工作日内向有关部门缴纳公共维修基金及契税,逾期缴纳的,每逾期1日应按总房款一定比例向开发企业支付违约金。

不动产权属证书逾期办理是购房人与开发企业发生纠纷的原因之一,延期办证对开发企业来说仍然是一个比较大的风险。按照《审理商品房买卖合同案件解释》第十四条规定,"由于出卖人的原因,买受人在下列期限届满未能取得不动产权属证书的,除当事人有特殊约定外,出卖人应当承担违约责任:(一)商品房买卖合同约定的办理不动产登记的期限;(二)商品房买卖合同的标的物为尚未建成房屋的,自房屋交付使用之日起90日;(三)商品房买卖合同的标的物为已竣工房屋的,自合同订立之日起90日"。根据该规定,开发企业应利用"除当事人有特殊约定外"这句话。这句话实际上允许开发企业在规定以外另外约定,如果买卖双方的约定与法规规定不符,则约定有效,约定优先于法律规定,因此,开发企业应充分利用此规定,在买卖合同的条款设计中减轻开发企业的责任,降低自己的法律风险。无论是按照法规还是各地统一使用的示范文本,开发企业办理不动产权属证书的责任都是在规定的时间内将初始不动产权属登记的资料提交不动产权属登记机关备案,在备案后协助购房人办理不动产权属转移登记手续。对开发企业来说,风险防范方式是将报送不动产权属登记的时间延长,如延期1年报送。另外,可将购房人取得不动产权属证书的时间延长,在北京市一般的开发企业都定为2年。总之,开发企业应尽量利用上述司法解释"除当事人有特殊约定外"这一规则来通过约定减轻或免除自己因各种不可预见的因素造成不能及时办证的赔偿责任,通过补充协议的条款设计,就可以使开发企业在可能发生的纠纷中处于主动的地位。具体的条款设计可参考如下内容。

(1)主合同涉及不动产权属证书办理时"出卖人的责任"的含义是:因出卖人迟交土地出让金、抵押或未按期解除抵押、债权债务纠纷,其余不属于出卖人的责任。买受人迟交契税、公共维修基金等导致不能按期办理不动产权属证书,出卖人不承担责任。

(2)出卖人与买受人因房屋不动产权属变更而发生的税费由双方根据国家当时的规定各自支付,双方合同约定的房价款数额不包括税费。

(3)买受人同意委托出卖人或出卖人委托的房地产经纪机构代缴办理不动产权属变更的相关税费、办理相关登记手续并领取买受人的不动产权属证书,但买受人应向出卖人或其委托机构支付产权代办费,买受人产权代办费每件不高于××元。由于买受人迟延缴纳任何税费或迟延提供相关文件产生的后果由买受人自行承担。通过贷款方式支付房款的买受人,办理不动产权属证书完毕后,由出卖人或其委托的代办机构交给银行,由银行或代为办理抵押登记手续的机构办理抵押登记手续。待办理完毕他项权利登记后,买受人方能得到不动产权属证书,但不动产权属证书的办理时限以不动产权属证书登记机关的发证日期为准。

(4)将初始不动产权属登记与转移登记分开,并分别计算违约责任,但应约定一个总的时间,比如应在730日之内办理完毕转移登记,但是开发企业初始不动产权属登记迟延,而转移登记未迟延,就无须承担违约责任。只有超过转移登记的时间,开发企业才承担延期办证的违约责任。

案例:2007年12月1日,原被告双方签订《北京市商品房预售合同》及相关附件,合同约定,原告购买被告所开发的房屋,房屋预测面积59.64平方米,每平方米23420.72元,总价款1396811.74元;合同还约定,"出卖人应当在2008年11月30日前取得商品房所在楼栋的权属证明,如因出卖人责任未能在本款约定期限内取得商品房所在楼栋的权属证明,双方同意按下列方式处理——买受人有权退房。买受人退房的,出卖人应当自退房通知送达之日起60日内退还全部已付款,并按照买受人全部已付款的1%向买受人支付违约金"。

合同及附件签订后,原告支付了首付款并通过银行贷款支付了被告购房余款共计1396811.74元。被告于2008年12月1日才向北京市朝阳区房屋登记发证大厅提交办理诉争房屋所在楼栋权属证明的申请资料,且因第一次提交的申请资料不合格被办理机关退回,12月2日被告再次向该办理机关提交申请资料,该机关才予以受理,12月5日被告才取得该房屋所在楼栋的权属证明。在此期间,房地产市场价格剧烈变化,房价降至每平方米

18000元左右,业主想退房,于是以被告2008年12月5日才取得诉争房屋所在楼栋的权属证明为由,认为其行为属于违约,故原告根据合同约定退房,并按合同约定的期限和方式于2008年5月31日向被告发出解除合同通知书,要求解除合同并退还被告发票及办理其他相关手续。被告却拒绝退还原告任何费用,原告认为被告的违约行为使原告所享有的约定解除权已经成就,故原告有权解除合同,且合同解除是因被告原因导致的。原告诉至法院,判令解除双方签订的《北京市商品房预售合同》并返还原告购房、违约金、银行贷款利息及办理贷款的费用。

被告答辩,2007年北京市建委发布通知,要求将原属市建委办理的部分房地产开发项目的权属登记业务移交给区县建委办理,但此项政策的调整影响了被告办理诉争房屋所在楼栋的权属证明,且逾期时间只有5天,不构成根本违约,因此请求驳回原告的诉讼请求。法院经审理认为原告逾期办理初始不动产权属登记行为轻微,对原告没有构成实质性影响,因此驳回原告的诉讼请求。原告不服,提起上诉。二审法院审理后维持了一审判决。

(二十四)预售登记与预售合同解除的处理

有些地方已取消了预售登记备案这一环节,在签订网签合同时自动联机备案,但很多地方还未采用联机备案的形式。买卖双方应当依据法律法规的约定及主合同的约定,在合同签署后30日内到房屋行政主管部门办理预售登记备案手续。如果因买受人提供资料不全或未配合办理,由此导致的延期办理贷款,由买受人按合同承担责任,由此导致不动产权属证书不能按期办理,出卖人不承担违约责任。

预售合同不解除,开发企业无法销售房屋。办理商品房预售合同备案解除手续须提交下列材料:①商品房预售合同备案解除申请表(原件);②解除商品房预售合同的协议(原件),法院或仲裁机构判决或裁决的除外;③协议解除合同的,提交商品房预售合同一式四份(原件);法院或仲裁机构判决或裁决解除合同的,提交一份商品房预售合同(原件);④开发企业的授权委托书(原件)和受托人身份证明(原件、复印件);⑤预购人的身份证明(原件、复印件),预购人委托办理的,还须提交经公证的授权委托书(原件);⑥法院或仲裁机构判决或裁决解除商品房预售合同的,当事人应提交生效的法院判决书、裁定书、调解书、仲裁裁决书(原件)。

房地产开发企业与预购人协商解除合同的,如果预购房屋已办理了预购商品房贷款抵押登记(期房抵押登记),应先办理抵押登记注销手续后再办理预售合同备案解除手续。根据上述规定,开发企业应在补充协议中约定购房人配合办理解除合同的义务、时间、违约责任等。

(二十五)建筑节能的风险防范

建筑节能的问题在某些省市的合同范本中已经出现,范本中规定如果节能不合格将承担违约责任,因此对开发企业来说风险较大。开发企业可在补充协议中这样约定:如果买受人认为出卖人所售房屋未达到《居住建筑节能设计标准》,应在合同约定的交付之日起15日内提出书面异议,提出赔偿数额,否则视为买受人放弃赔偿。买受人对建筑节能提出异议的,应提交有资质的机构出具的报告,否则视为买受人未提出异议。如果出卖人所售房屋最终被认定为不符合《居住建筑节能设计标准》,则出卖人的赔偿责任范围仅以买受人的实际损失为限。

(二十六)产权式商铺销售的风险防范

产权式商铺在承租期内,可能出现无法继续经营、无力支付租金给开发企业的情形,或者因为产权分散给统一经营带来风险。因此,开发企业在出租时,应对大型商家的行业、资质、背景及其履约能力进行评估,尽量选择经营风险出现可能性小的大商家,以获得长期、有保障的租约,这样开发企业才不会对小业主违约。另外,开发企业可以组织小业主在购买商铺后提前成立业主委员会,再通过业主委员会自行运作或委托专业商业机构代管、代租等形式来实现商场的统一经营。

(二十七)销售中的其他问题

(1)在预售期间发生继承的处理。购房人与开发企业签订售房合同并支付首付款之后,在不动产权属证书未办理之前或未入住之前死亡,开发企业能否解除与购房人签订的售房合同? 其继承人能否继承该房屋? 根据相关的规定及实践,购房人在办理售房手续过程中死亡,并已按规定支付了首付款,且继承人愿意继续付款的,可由其继承人按照原付款协议继续支付房价款。房屋产权可按继承的有关规定变更为继承人所有。原购房人不动产权属证书尚未办理的,所购住房产权可直接登记在继承人名下,并按规定发放不动产权属证书。

(2)购房人在预售期间失踪及涉嫌刑事犯罪的处理。有些购房人购买房屋后,不再与开发企业联系,不来办理收房手续,房屋长期闲置,导致开发企业无法交付。出现这种情形的原因可能是购房人因意外事故死亡或丧失行为能力,而没有人知道其购买过这套房屋,因此无人来收房。还有的是因为因犯罪被关押,可能被判刑,在监狱内无法来收房,又不能委托其他人来收房,因此导致房屋具备交付条件后长期无人收房。购房人若干年后来收房,就面临着延期交房的违约责任由谁承担的问题。为避免出现这种情况,开发企业应在买卖合同中约定,如果不按期收房,开发企业有权解除合同,另行处置该房屋,售房款归开发企业所有。购房款由开发企业代为保管,且不计算利息,在购房人出现后提出主张时将购房款转交购房人。如果因为购房人是利用犯罪所得购买房屋的,当公安机关、检察机关或司法机关找到开发企业要求配合或处置房产时,开发企业应积极配合。

(3)土地使用权年限的处理。开发企业可以对预售合同中的"土地使用年限"进行补充,内容如下:起止日期期间为住宅部分的土地使用年限,本小区商业、配套设施及地下车库的土地使用年限以法律规定及政府相关部门审批的土地使用权出让合同规定的期限为准。因建设周期等原因,如果本小区土地使用年限从房屋入住时起算不足最高批准年限,对此买受人无异议。

(4)有关代理权的规定。开发企业应在买卖合同的补充协议中约定:夫妻、直系亲属或兄弟姐妹为本人签署的协议对本人有约束力,出卖人可选择本人或签字人承担违约责任。

(5)有关税费的问题。开发企业应在买卖合同的补充协议中约定:买受人与出卖人因房屋买卖而发生的税费,由双方根据相关的法律及当地政府或职能部门的规定各自支付,买受人支付的相关税费有公共维修基金、契税、物业管理费等。

(6)开发企业应在买卖合同的补充协议中约定,双方一旦签订买卖合同,购房人不能调换房屋,除非开发企业同意,或者合同中有约定且能实际执行。

(7)违约金的最高额限制。实践中,经常存在开发企业延期交房及延期办证等问题,一般合同约定按日计算违约金数额。如果购房人不解除合同,延期交房或延期办证的违约金就一直计算,极端情况下逾期办证的违约金数额会超过房价款。出现这种情况对开发企业极为不利,那么如何解决这个问题呢? 现试举一例加以说明。

案例:开发企业与购房人签订了《商品房预售合同》。第十三条关于逾期交房责任约定:"除不可抗力外,出卖人未按照约定的期限和条件将该商品房交付买受人的,按照下列方式一处理。

方式一：按照逾期时间，分别处理（①和②不作累加）。①逾期在60日之内，自约定的交付期限届满之次日起至实际交付之日止，出卖人按日计算向买受人支付已交房价款2‰的违约金，并于该商品房实际交付之日起30日内向买受人支付违约金，合同继续履行。②逾期超过60日后，买受人有权退房。买受人要求继续履行合同的，合同继续履行，自约定的交付期限届满之次日起至实际交付之日止，出卖人按日计算向买受人支付全部已付款2‰的违约金，并于该商品房实际交付之日起30日内向买受人支付违约金。方式二：违约金数额最高不超过10万元。"

在双方履行合同过程中，开发企业延期交房，按照上述方式一的标准，违约金累计已达到69万元。但按照方式二的规定，最高不能超过10万元。法院认为，双方没有选择方式二，所以直接判开发企业承担违约金69万元。

实际上，这个案例的约定条款是有争议的。《商品房预售合同》的第十三条是关于逾期交房责任的约定。由第十三条约定可知，开发企业和购房人对逾期交房责任的处理方式约定了两种：方式一约定了违约金的具体计算方法，方式二约定了违约金数额的上限，其中方式二是对方式一的补充。合同中虽然约定了方式一，但从合同的整个条款来判断，违约金的计算方法在先，违约金的总额上限约定在后，关于逾期交房的违约金数额理所应当受到方式二的限制，而"违约金数额最高不超过10万元"显然是特定指向方式一的，是对方式一的补充，在法律上产生对方式一的变更。方式一在前，方式二在后，在两者存在冲突的情况下，显然以补充的方式二为准，即双方在按照方式一计算违约金时，违约金数额在10万元之内根据方式一计算违约金，如果按照方式一计算违约金的数额超过10万元的，违约金按照10万元计算，但无论如何违约金也不能超过10万元。但是，因存在理解上的歧义，给了法院自由裁量的空间，因为合同制作上的疏漏，导致开发企业损失了59万元。这还仅仅是一个购房人起诉，如果全部购房人都起诉，那么开发企业将损失惨重。这个案例的教训可谓"一字几十万金"。解决上述案件的方式其实很简单，在补充协议中约定延期交房及延期办证的违约金最高额限制，超过最高额将不再补偿。

（8）对开发企业笔误造成的后果的处理。为防范此种问题，开发企业可以在补充协议中作技术处理，开发企业可以这样约定：对于交房时间、办理不动产权属证书时间的约定，双方如果理解有误或约定的时间不一致，前后存在矛盾冲突，以约定时间晚者为准。

（9）房屋交付所有权转移时间风险的问题。在房屋交付的期间，如果发生地震等不可抗力，导致房屋灭失，责任由谁承担？这就涉及房屋的转移占有问题。开发企业可以在补充协议中这样约定：对房屋的转移占有，视为房屋的交付使用。虽然没有办理入住手续，但购房人自行入住或经开发企业允许后入住的，均视为开发企业转移交付了房屋，购房人占有了房屋。房屋毁损、灭失的风险，在交付使用前由开发企业承担，交付使用后由买受人承担；买受人接到出卖人的书面交房通知，无正当理由拒绝接收的，房屋毁损、灭失的风险自书面交房通知确定的交付使用之日起由买受人承担。

（二十八）抵押的风险及防范

如果开发企业在签订商品房买卖合同前，已经将在建工程或房屋抵押，则开发企业必须以书面形式把抵押情况明确告知业主。如果签订买卖合同前开发企业未将在建工程或房屋抵押，那么签订买卖合同后开发企业不应将在建工程或房屋抵押。如果开发企业抵押在建工程或房屋没有告知小业主,按照2003年公布的《审理商品房买卖合同案件解释》第七条、第八条的规定,在签订房屋买卖合同后,如果开发企业未告知买受人将该房屋抵押给第三人,导致购房人商品房买卖合同目的不能实现、无法取得房屋的条件下,购房人提出解除合同的,可请求已付款双倍及利息损失的赔偿。2020年修正的《审理商品房买卖合同案件解释》将原第七条、第八条删除,开发企业出现上述违约的情形不必承担双倍赔偿的责任,但仍要承担其他的违约责任。

未经抵押权人同意转让抵押物问题的处理。开发企业在开发房地产过程当中,一般会以在建工程向银行抵押申请贷款,在办理抵押登记手续之后取得银行的贷款,开发企业在取得预售许可证之后将抵押的房屋出售给小业主。如果开发企业不能归还银行贷款,涉及开发企业、银行和小业主之间多个法律关系,遇到此类问题应如何解决?

此类问题处理比较复杂,既涉及法律问题,也涉及社会稳定的现实问题,难度较大。如果银行到法院起诉开发企业,主张行使抵押权,法院若支持银行行使抵押权,那么必然要求小业主腾房,这涉及社会稳定的问题,法院对此类案件的审理会考虑多方面的因素,虽然银行起诉要求抵押权有法律和事实依据,但实践中人民法院一般会驳回银行诉讼请求。根据《民法典》规定及银行保护自身权益的考虑,银行债权没有获得清偿前,银行不会主动同意注销抵押权,这就会导致小业主在办理不动产权属证书的时候因银行的抵押权没有注销而无法办理所有权转移登记手续,因而不能办理不动产权属证书。如果小业主起诉到法院,要求撤销银行的抵押权,那么法院会认为没有法律依据,驳回小业主的起诉。有的小业主会向法院起诉要求对购买的房屋进行确权,要求确认所购买的房屋归自己所有,法院也会因为这种情况不符合法律规定不予支持,这个问题在实践当中就形成了"死结"。

按照《民法典》第四百零六条的规定,抵押期间,抵押人可以转让抵押财产。当事人另有约定的,按照其约定。如果约定了不允许转让或者约定了必须经抵押权人同意才能转让,那么抵押人未经抵押权人同意,不得转让抵押财产。实践中,银行一般同意开发企业销售抵押的房屋,如果银行不同意转让抵押物,开发企业与业主签订了买卖合同,转让了抵押物,合同的效力如何认定?按照《民法典》的规定,转让抵押物,原则上是规范物权变动的,是权属变动的法律规范,解决的是物权变动的问题,解决物权归属、权属变更等问题,但不解决合同效力问题,也就是说物权归物权,合同归合同,不能因为物权不能发生变动而反推合同无效。在小业主不能办理不动产权属证书的情形下,未经抵押权人银行的同意,抵押权不消灭导致买卖合同履行上存在障碍,是合同不能履行的问题,不能反过来推定合同无效;合同仍然继续有效,只是物权不能发生变动。

(二十九)房价大幅度波动时合同变更的风险及防范

开发企业与买受人在签订商品房买卖合同后,如果遇到房地产市场价格发生剧烈波动,导致商品房的价格发生大幅上涨或回落,开发企业或购房人能否以情势变更为由变更合同价款或解除合同?房屋价格的剧烈波动属于市场风险,不属于合同变更或解除的理由,原则上不能解除合同或变更房屋价款。如合同对价格剧烈变动没有作出明确约定的,导致房价涨跌的事由既不属于不可抗力等情形,又不存在其他可变更或解除合同的情形,是双方的真实意思表示行为,不存在可变更或解除事由时,一经签订就确实有效,应严格按照合同约定履行,不能随意变更,如一方擅自变更,则属于违约行为。如购房人以情势变更为由要求变更合同时,可依据《民法典》第五百三十三条的规定处理,开发企业可以将房价涨跌解释为属于商业风险,而不属于情势变更范畴,并明确告知购房人如果诉讼存在结果的不确定性风险。如果购房人已经起诉到法院,则律师首先应协助开发企业收集证据,做好应诉准备,认真审查商品房买卖合同,如果合同中对此有约定,应严格依据合同约定来解决;如果合同中对此没有约定,则律师应代表开发企业与买受人进行协商,说明该项事实不属于可变更或解除合同的条件,既然双方已签订合同,就应严格按照合同约定来履行。

(三十)违约金约定过高的风险及防范

如果合同中约定的违约金过高,一方违约时应如何处理?实践中,违约方很少主动承认自己违约,也不会请求法院调整违约金,往往以对方违约、合同无效、合同可撤销、合同不成立等理由抗辩。在违约方不主动申请调整违约金的情况下,法院是否可以依职权调整?在《民法典》出台前,对此问题,不同法官存在不同的意见,有些法官认为抗辩就包含了认为违约金过高的请求,也有法官认为一方没有提出明确的调整违约金请求,法院就不进行调整,因此不同的法官有不同的理解。《民法典》实施后,按照《民法典》第五百八十五条的规定,调整违约金的时候,必须由当事人提出请求,人民法院才有可能支持。当事人要求人民法院调整违约金数额,不仅应提出抗辩,还应提出请求。

诉讼过程中,如果法官觉得违约金过高,但当事人没有主动要求根据《民法典》第五百八十五条进行调整的,一般法院要求法官以职权进行释明,要求一方申请调整违约金;如果一方明确不申请调整,那么一般情况下法院就不会主动调整违约金,而是按照约定的数额判决。实践中,有些法院,即使一方坚决不提调整违约金数额的请求,法院也会依据职权调整。

对于开发企业来说,当案件对自己明显不利,法官行使释明权后,律师应该根据案件的具体情况,同意或者不同意法官调整违约金数额。

第二节 房地产开发企业租赁业务的法律风险及防范

一、租赁合同无效的风险防范

2020年修正的《最高人民法院关于审理城镇房屋租赁合同纠纷案件具体应用法律若干问题的解释》(本节简称《审理租赁合同纠纷案件解释》)规定了租赁合同无效的范围,即违法建筑物租赁合同认定为无效。

违法建筑是指未经行政主管部门批准,未取得建设工程规划许可证或违反建设工程规划许可证的规定建设,或未领取工程建设施工许可证,擅自兴建的建筑物、构筑物等设施。《审理租赁合同纠纷案件解释》在违法建筑物范围的认定上,确定未取得建设工程规划许可证或者未按照建设工程规划许可证规定建设的房屋、未经批准或者未按照批准内容建设的临时建筑、超过批准使用期限的临时建筑为违法建筑。目前,随着房地产行业的大力发展,租赁违法建筑引发纠纷的案件数量呈现出递增的态势,违法建筑物交易引发的民事纠纷已成为我国当前亟待解决的社会问题。在《审理租赁合同纠纷案件解释》实施之前,各地司法实践对违法建筑归属与利用的实际做法大相径庭,有的认可违法建筑因其违法性不能得到国家认可,但构成的建筑材料是合法的,应予保护。有的认可违法建筑的不动产属性,但认为违法建筑是没有取得国家认可所有权的不动产,在实际处理交易违法建筑时,一般情况下法院会认定合同无效,互相返还。还有的法院认为建造人对违法建筑的占有是事实状态,受法律保护,建人可以对违法建筑占有、使用和收益。总体来说,由于违法建筑作为单一物不受法律保护,不能承载不动产所有权,故司法实践中不认可租赁违法建筑的法律效力,认为违法建筑因其违法性,所以租赁合同无效。因为违法建筑租赁合同的标的物具有违法性,因其不是合法的财产,其也不可能存在任何合法权利,故而违法建筑租赁合同应是无效合同。

案例： 某开发企业将开发的"小产权房"的商铺出租给承租人,约定商铺于2007年3月1日交付,装修期间免租期1个月,租金于每月1日交纳,逾期超过1个月,开发企业即可解除合同。后开发企业又把该商铺出租给了第三人。承租人因无法经营,遂起诉开发企业,请求法院判令开发企业承担违约责任并继续履行合同。审理过程中,开发企业声称商铺为违法建筑,无不动产权属证书,法院因此以"租赁合同无效,开发企业收回商铺并无不妥"以及"无效合同无所谓违约责任"为由,驳回承租人的诉讼请求。

《审理租赁合同纠纷案件解释》规定,即使租赁合同被认定无效,承租人仍要支付房屋占有使用费,一般参照合同约定的租金标准。因此,从开发企业收取租金的角度来讲,租赁合同无效对开发企业来说看似是没有风险的。但租赁合同无效对开发企业来说仍然存在风险,主要表现在租赁合同无效后装修损失赔偿、扩建损失承担主体方面。根据《审理租赁合同纠纷案件解释》的规定,为防范风险,开发企业对于无效的租赁合同应事先约定：

(1)承租人不同意出租人装饰装修、承租人擅自装修的,出租人不同意利用,承租人需拆除,因拆除造成房屋毁损的,承租人应当恢复原状；

(2)出租人不同意承租人在承租期间的扩建,如果承租人擅自扩建,发生的费用由承租人负担。

二、租赁合同登记备案的法律风险防范

按照行政管理的规定,平等的民事主体签订租赁合同之后,应该到房屋行政主管部门登记备案。但实践当中,很少有租赁合同的当事人去房屋行政主管部门登记备案。不登记备案的租赁合同是否无效？2020年修正的《审理租赁合同纠纷案件解释》将原第四条关于租赁合同未经备案按照有效处理的条款删除。因此,可以理解为,租赁合同不经备案也是有效的合同。所以,在实践当中,租赁合同可以不备案,对出租方来说不存在风险。

三、出租人未履行消防验收行政审批的风险防范

案例： 2002年8月25日,滨海公司(甲方)与智达公司(乙方)签订《房屋租赁协议书》,协议主要内容为：甲方出租成大广场西座地上第一、二、三层和地下一层,出租物业基本用途为餐饮、娱乐等,总计出租物业建筑面积为1450平方米；自2002年9月1日起至2003年3月31日止,乙方可以进驻现场进行局部改造和精装修,并进行设备调试及试营业；自2003年4月1日起计算租期,交纳租金；租赁期为11年,即从2003年4月1日起至2014年3月31日止；每年租金227万元,每年4月1日前和10月1日前各支付一次,每次预付金额为当年租金总额的50%；如果不能按期支付租金,拖欠期内每日加收欠交租金5‰的滞纳金；乙方在办理有关经营管理、装修改造、广告宣传等手续时,甲方应给予必要的协助,出具相关的证明和文件；甲、乙双方均不能无故解除本协议；如确有必要解除合同,必须提前90日通知对方,除按当年实际使用租赁物业情况结算租金外,违约方要以当年租金总额的两倍作为违约金赔付守约方。

2002年9月2日左右,滨海公司将租赁物交付智达公司。智达公司对其承租的成大广

场西座地上第一、二、三层和地下一层进行了装修,并于2002年11月27日,获得"北京智达三晋酒楼有限责任公司"(以下简称"三晋酒楼")的企业名称预先核准,进行了设备添置、人员培训,办理了卫生防疫等手续。在承租期间,智达公司没有取得营业执照即进行了试营业。2004年7月23日,工商宣武分局向李某(系三晋酒楼工作人员)出具行政处罚决定书。主要内容为:经查,当事人于2003年12月30日至2004年6月20日,在北京市宣武门西大街××号(成大广场)未经登记机关核准登记擅自从事餐饮经营活动,决定处罚:(1)责令立即停止非法的经营活动;(2)罚款2000元。

2005年3月,滨海公司起诉至人民法院,诉称智达公司至今仅支付了定金50万元,未支付租金,虽经多次催要,但均被拒绝,故请求解除双方签订的《房屋租赁协议书》,智达公司将其承租并已装修的房屋无偿返还我方,给付房屋租金794.5万元,滞纳金196.6万元及违约金454万元。智达公司答辩并反诉称:滨海公司未按协议约定向我公司提供相应的法律文件,使我公司拟将设立的"三晋酒楼"无法获得工商行政管理部门的核准,从而导致合同约定的试营业亦无法正常进行。滨海公司的不作为已经构成违约和对我公司权利的侵犯,我公司没有交纳租金是维护自身合法权益的行为,足以对抗滨海公司的不作为。反诉则请求:确认双方签订的《房屋租赁协议书》无效,驳回滨海公司的诉讼请求,判令滨海公司补偿我公司经济损失17404972.11元(实际投入6204972.11元,双倍租金454万元,3年预期利润666万元),由滨海公司负担诉讼费。

人民法院查明:滨海公司与智达公司签订租赁协议时,成大广场的消防验收工作尚未完成。智达公司自其按约定付给滨海公司50万元定金后,未支付租金。在诉讼中,经智达公司申请,原审法院委托北京××房地产价格评估有限责任公司,对三晋酒楼装饰装修工程的价格进行评估,结论为:2002年4月15日的市场价格为351.28万元。

人民法院经审理认为:滨海公司将房屋出租给智达公司时,没有办理消防验收手续,智达公司对房屋进行装修后,也未办理消防验收手续。根据《消防法》的规定,消防未经验收或者验收不合格的,不得使用。公众聚集场所经消防验收合格后,方可使用开业。滨海公司将大厦出租给智达公司的行为违反了《消防法》的规定。依据《合同法》(现《民法典》合同编)的规定,违反法律强制性规定的合同无效,滨海公司与智达公司签订的《房屋租赁协议书》违反了《建筑法》和《消防法》的强制性规定,应认定为无效。但智达公司已实际占有和使用了滨海公司的房屋,因此应当支付相应的费用,具体数额可按《房屋租赁协议书》中约定的租金计算方式确定。关于智达公司主张的直接损失和间接损失,本院认为房屋装修和设备安装部分的费用,可以按评估价值予以认定。判决:双方签订的《房屋租赁协议书》无效,智达公司将其承租并已经装修的房屋于判决生效后30日内腾空并移交给滨海公司,滨海公司于判决生效后10日内给付智达公司房屋装修补偿100万元,驳回双方的其他诉讼请求。

本案涉及的法律问题主要为消防验收合格证对房屋租赁合同效力的影响。1998年9月1日《消防法》正式实施,经过2008年、2019年和2021年三次修订和修正。根据《消防法》第十条的规定,对按照国家工程建设消防技术标准需要进行消防设计的建设工程,实行建设工程消防设计审查验收制度。根据《消防法》第十五条的规定,公众聚集场所未经消防救援机构许可的,不得投入使用、营业。其一,上述诸条法律规范都属于强制性规范,出租人违反此类强制性规范属于《民法典》第一百五十三条规定的"违反法律、行政法规的强制性规定"之情形,因此租赁合同应当无效。其二,从社会效果考虑,如果判定此类租赁合同有效,则会潜在地鼓励类似的出租人不办理相关的许可证和合格证而出租房屋,从而增加重大安全事故发生的可能性,因此应当判定其无效。

对此,最高人民法院于2003年在函复云南省高级人民法院时指出,"关于房屋租赁合同未经消防验收或者经消防验收不合格,是否应认定房屋租赁合同无效的问题,应根据不同情况分别对待:第一,出租《中华人民共和国消防法》(1998年公布)第十条规定的必须经过公安消防机构验收的房屋,未经验收或者验收不合格的,应当认定租赁合同无效;第二,租赁合同涉及的房屋不属于法律规定必须经过公安消防机构验收的,人民法院不应当以该房屋未经消防验收合格为由而认定合同无效;第三,租赁房屋用于开设经营宾馆、饭店、商场等公众聚集场所的,向当地公安消防机构申报消防安全检查的义务人为该企业的开办经营者,但租赁标的物经消防安全验收合格,不是认定房屋租赁合同效力的必要条件"。

本案中,讼争房屋为经营性商业用房,其消防设施是否完善、是否有重大火灾隐患等,关系公共安全和社会利益,因此消防验收问题与出租房屋能否正式投入使用直接相关,也直接影响到房屋租赁合同的效力问题。所以,按照最高人民法院的函复,讼争房屋应属于"必须经过消防设计审查验收主管部门验收的房屋",未办理消防验收手续的,应当认定租赁合同无效。

实践中,关于出租经营性商业用房的消防验收应注意以下事项。

(1)在《消防法》实施之前,通常认为消防验收不影响房屋租赁合同的效力;但《消防法》实施之后,经营性商业用房未经消防验收的,通常认为租赁合同无效。

(2)连体建筑或者整栋大楼一般情况下是全部竣工后进行整体验收。如果上述整体建筑的竣工时间较长或其他原因,而只对其中部分房屋进行出租时,可以进行局部验收。依照消防管理的相关规定,局部验收必须具备相应的附加条件,如整幢建筑物的消防水泵、管道等基础消防设施已经具备等。

(3)如果承租人对租赁物进行了局部改造或装修,依据相应的规定,也应当进行消防申报并经消防验收合格后才能进行正式营业使用。因此,租赁物的消防验收,有时是出租人和承租人双方的共同义务。

(4)承租人进行的局部改造或装修部分未通过消防验收的,不影响合同效力。

四、出租未取得不动产权属证书的建筑物的风险

案例:坐落于北京市石景山区某综合楼A(1—4)层的房屋为更新公司(原告)出资建造,至今未取得该房屋所有权证。2000年9月16日,更新公司与博华公司(被告)签订了一份《协议书》,《协议书》约定:更新公司将该综合楼A(1—4)层,建筑面积为2300平方米的房屋租借给博华公司使用,租用价格为每平方米2000元,租期自更新公司交付博华公司钥匙之日起25年;在租赁期内,博华公司有权自行决定将上述房屋转租给他人。

《协议书》签订后,博华公司先后给付更新公司房屋租金140万元。2000年12月15日,博华公司与大丰咨询公司签订了一份《房屋使用权转让协议》,博华公司将上述房屋中的第三层,建筑面积为585平方米的房屋转租给大丰咨询公司使用,转让年限自2001年1月1日起至2024年6月30日止。2006年,更新公司诉至人民法院,要求确认双方签订的《协议书》无效,判令博华公司迁出。

原告认为,原告至今未能取得上述房屋的所有权证,且约定的租赁期25年超过相关的法律规定,故要求确认该《协议书》无效。被告辩称,原告要求认定租赁协议无效没有法律依据,且违反《合同法》第五十二条(现《民法典》第一百五十三条)的规定及《最高人民法院关于适用中华人民共和国合同法若干问题的解释(一)》(已失效)第四条的规定。目前房屋已经租给案外人,因此本案不但涉及原、被告的实体利益,还牵涉其他第三人,考虑到社会和经济秩序的稳定,请驳回原告的诉讼请求。

法院经审理查明:北京市石景山区规划行政主管部门于2000年1月6日颁发了《建设工程规划许可证》,准予诉争房屋的建设。2001年1月12日,石景山区建设工程行政主管部门某监督站对诉争房屋的工程质量作了核验,结论为符合合格等级。

法院认为,《合同法》(已失效)实施以后,人民法院确认合同无效,应当以全国人大及其常委会制定的法律和国务院制定的行政法规为依据,不得以地方性法规、行政规章为依据。本案中,原告认为根据建设部《城市房屋租赁管理办法》(已失效)第六条规定"未依法取得房屋所有权证的……"不得出租的主张是以行政规章作为确认合同无效的依据,显然与最高人民法院上述司法解释的规定不符,本院不予采信。法院遂判决:驳回原告无效的诉讼请求,本案受理费由原告负担。

本案的争议焦点在于未取得不动产权属证书是否影响租赁合同的效力。司法实践中,有人认为,没有不动产权属证书的房屋不能出租,理由是"未取得不动产权属证书,就意味着无权占有、使用、收益和处分",笔者实在难以苟同。例如,在商品房预售合同中,在建房屋肯定尚未取得不动产权属证书,能否认定此类合同无效?如上,法律并没有规定,出租房屋未办理不动产权属证书的,租赁合同必然无效。但在实践中,房屋出租方没有取得不动产权属证书的具体原因有很多。一部分是土地出让金等已经缴纳,产权清晰,由于政府职能部门的原因,房屋不动产权属证书不能及时下发,另一部分是房屋属于违章建筑或未验收合格,对于后者,因房屋存在违反国家关于建筑、规划等方面法律规范的情形,行政法规或地方立法通常禁止其出租或出售。因此,认定房屋租赁合同是否无效的问题,应根据不同情况分别对待。

(1)房屋已经验收合格,不动产权属证书尚在办理中,产权清晰,没有争议,房屋租赁合同应有效。因为根据《民法典》第二百三十一条"因合法建造、拆除房屋等事实行为设立或者消灭物权的,自事实行为成就时发生效力"的规定,合法建造的房屋自建成之日建设人就对房屋享有物权,也就有处分的权利,包括出租。

(2)不违反城市规划,又不存在安全隐患的违章建筑及未正常验收的房屋,租赁合同有效。这类房屋在行政主管部门作出罚款等行政处罚措施后,可以补办规划报建手续,因而可以转化为合法建筑,从而取得合法的所有权。因此,这类房屋当然能够作为房屋租赁的标的物。

(3)验收不合格的房屋、违反城市规划或存在安全隐患的违章建筑,租赁合同无效。这类房屋既可能由于其违反了相关的法律法规,属于被没收或限期拆除的对象,也可能因存在质量和其他问题而不能取得验收合格证,对承租人的居住与使用将构成威胁,这类房屋当然不能作为房屋租赁的标的物。在司法实践中对租赁违章建筑是否有效也存在很大的争议,有的法院认为即使租赁的标的物违法,也不影响租赁合同的效力。

总之,在确认房屋租赁合同的效力时,应查清出租人没有不动产权属证书的原因,属于违章建筑或未验收合格的房屋,可能被认定为无效;不属于上述类型,仅仅还未取得不动产权属证书的,不影响租赁合同的效力。本案中的房屋,是由原告提出申请,在获得有关管理部门批准后建造的,建成后由工程质量监督管理部门核验合格,故房屋的产权并无争议,房屋的建筑质量也符合使用条件。因此,房屋未取得不动产权属证书,不影响租赁合同的效力。

司法实践中对于房屋租赁合同无效的处理,一般采取"无效合同有效处理"的方式,即人民法院如认定合同无效,承租人已占用、使用房屋的,法院会酌情判令承租人支付"使用费"(按照双方约定的租金标准）。因此，即便租赁合同无效，也不能成为拒付租赁费的理由。

五、房屋转租和承租权转让的风险防范

房屋转租是指承租人在租赁期间将其承租房屋的部分或者全部再出租的行为。转租的前提条件是房屋租赁合同约定可以转租的，承租人可以按照租赁合同的约定转租房屋。房屋租赁合同未约定可以转租的，承租人转租房屋应当征得出租人书面同意。在转租期限上，除非出租人与转租双方另有协商约定，转租合同的终止日期不得超过租赁合同规定的终止日期，房屋转租期间承租人应当继续履行租赁合同。

房屋承租权转让是指在房屋租赁期限内，承租人将其在房屋租赁合同中的权利、义务一并转移给第三人，由第三人取代原承租人的地位，继续履行房屋租赁合同的行为。房屋承租权转让的前提条件是承租人必须征得出租人的书面同意。

为了防止承租人转租和承租权转让，出租方应在租赁合同中明确约定不同意转租及承租权转让。如果承租人有转租和转让的行为，出租人有权解除合同并要求承租方赔偿。

六、租赁合同纠纷及解除的风险防范

（一）租赁合同纠纷的表现形式

（1）承租人或专业市场的承租户不履行合同，长期拖欠租金。

（2）出租人就同一房屋订立数份租赁合同导致纠纷。在数份租赁合同均有效的情况下，承租人均主张履行合同的，人民法院按照下列顺序确定履行合同的承租人：①已经合法占有租赁房屋的；②已经办理登记备案手续的；③合同成立在先的。在开发企业违约的前提下，开发企业要承担承租人未取得租赁房屋的赔偿责任。

（3）承租人擅自变动房屋建筑主体和承重结构或者扩建导致纠纷。承租人未经出租人同意，也未经行政主管部门批准，擅自改变房屋使用功能。出租人可要求承租人在合理期限内恢复原状，如不恢复，出租人可请求解除合同并要求赔偿损失。

（4）双方不签订书面合同，或合同不规范，或合同主要内容不完备，双方权利义务不明确而发生租赁纠纷。

（5）出租方为逃避管理责任和偷逃税费而变相出租房屋发生租赁纠纷。出租方为了不交租赁税费与承租人串通，以合同、联营、承包甚至借用的名义变相出租房屋导致发生纠纷。

（二）租赁合同纠纷的风险防范

（1）出租人应依法签订租赁合同，合法出租房屋。出租人应了解出租合同无效的规定，了解避税的规定，不能签订违法的租赁合同。

（2）出租人在签订合同前要调查并判断承租人的经济能力，避免将房屋出租给没有经济能力的单位或个人。

（3）出租人在出租房屋时，可要求承租人设立担保。承租人设立担保，是减少因付不起房租而发生租赁纠纷的最为有效的办法之一。对于那些租赁面积大、租金总额高、租赁时间长的租赁合同，以及不易掌握资信状况的承租人，设立担保尤为必要。出租人出租房屋前，要全面、客观地估价整体经济状况，提出合理的租金价格。

（4）聘请专业律师起草租赁合同。律师在审查租赁合同时应注意以下问题。

①审查租赁面积的计算方法、调查核实其是否和不动产权属证书上登记的面积或法定检测部门检测的面积一致。

②审查房屋交付时的状况,特别是附属设施和设备状况是否具体明确及能否拆除、改建或增设和租赁期满交还时的要求。

③审查租赁合同约定的房屋用途是否和政府批准的规划用途一致。若不一致,须由出租人或出租人委托承租人报规划部门批准。

④房屋租赁期限不得超过土地使用权出让合同、土地租赁合同约定的土地使用年限且不得超过20年,审查租赁合同有无违反此规定。

⑤审查和明确租金和有关费用的范围,租金是否包含管理费、空调水电费等;审查租赁保证金约定是否合理及租赁期满后租赁保证金的处理。

⑥若出租人同意承租人对房屋进行装修,要注意审查装修的有关约定:装修的内容和要求、承租人对装修公司及其工人的管理、装修给第三人造成损害的责任承担、装修发生的水电等费用承担与支付、装修过程中与物业公司的协调、装修期内是否免租或一定期限内免租等。

⑦维修责任。若当事人没有另外约定,出租房屋的养护、自然或第三人造成的损坏或故障,其维修责任在于出租人;若因承租人使用不当或过错造成的损坏或故障,则承租人须承担维修责任或维修费用。

⑧若是经营性房屋租赁,律师要合理提示当事人是否投保公众责任险或第三者责任险。

(三)租赁合同解除权的约定

当事人在签订房屋租赁合同时,一定要明确约定解除合同的条件。实践中,出租人为了防范风险,一般都会约定出租人单方解除合同的权利,但约定解除合同的条件一定要具体且符合《民法典》的规定,出租人要特别注意有关承租人单方解除合同的约定。出租人可约定承租人有下列情形之一,出租人可以解除合同:

(1)对房屋租赁期限没有约定,依照法律规定仍不能确定的,出租人可以随时终止租赁关系,但应当在合理期限之前书面通知承租人;

(2)承租人未征得出租人同意改变房屋用途,致使房屋损坏的;

(3)承租人逾期不支付租金累计超过6个月或约定的期限的;

(4)承租人造成房屋主体结构损坏的;

(5)房屋租赁合同未约定可以转租,承租人转租房屋,但未征得出租人同意的。

(四)出租人对承租人解除租赁合同的防范

出租人应避免租赁房屋被司法机关或者行政机关查封或发生权属争议,且不能违反法律、行政法规关于房屋使用条件强制性规定的情况。除此之外,出租人应按时交付房屋,且交付的房屋应符合租赁条件,不能危及承租人安全。

七、售后包租的法律风险防范

售后包租是指房地产开发企业以在一定期限内承租或者代为出租买受人所购该企业商品房的方式销售商品房的行为。从金融层面来讲,售后包租就是将不动产和金融相结合的一种金融衍生品,有些售后返租项目操作不当实际属于非法集资行为。售后包租包括"带租约销售""利润共享""保底分红"等形式,但共同特点都是先销售后承租,同时给予一定比例的租金作为回报。按照目前的法律规定,房地产开发企业不得对预售房屋采取售后包租,或者变相售后包租的方式销售未竣工商品房,但可以采取售后包租的形式销售已竣工商品房。即便是现房,售后包租虽不违规,也并不意味着没有风险。一般为促进销售,打消小业主的顾虑,开发企业承诺为售后包租的房屋租金支付承担担保责任,如果房屋租赁市场价格发生剧烈变动,或者开发企业与物业公司或经营公司发生纠纷,则开发企业有较大支付风险,严重者可导致开发企业破产,最终开发企业的风险被投资者承担,从而引发社会矛盾。

售后包租至少涉及两个法律关系:一是购房人与开发企业之间的房屋买卖关系,二是购房人与第三方的委托租赁关系。实践中售后包租有多种方式,有的开发企业采取委托经营合同的方式,即开发企业或开发企业指定的经营管理公司与购房者签订一份保障购房者投资收益的委托经营合同。这种方式对开发企业的风险在于,如果开发企业没有能力经营或支付承诺的投资固定收益,则购房人的租金等预期收益不能按期支付,将导致购房人与开发企业或管理公司发生纠纷。有的开发企业只负责售房,但帮助联系统一的经营管理公司,由经营管理公司与购房人签订租赁合同,合同中约定管理公司有转租权,但管理公司必须按照租赁合同的约定按期向购房人支付租金,无论管理公司是亏是盈,均应支付购房人的租金。采用后一种方式,如果不是开发企业直接控制的管理公司,在出售时应在商品房买卖合同中声明,管理公司与其无关,那么可以降低开发企业的风险。无论采用哪种方式,开发企业都应作如下防范。

(1)开发企业应在买卖合同中约定,租金支付期限从房屋交付之后开始计算,否则如果因为延期交付房屋,开发企业或管理公司将承担租金回报的责任,无论对开发企业还是管理公司而言都是较大的负担。

(2)不要将售后包租演变成非法集资行为。所定的租金回报不要高于市场上同类房屋正常出租业务所得的平均利润,且应有相应的担保,以免涉嫌非法集资。

(3)开发企业应在房屋变成现房之后再销售。在变成现房之前,开发企业可以签订合同,但应约定合同的生效日期,即在变成现房之后该合同生效,否则开发企业将面临违法销售的行政处罚。

(4)应具体明确该房屋买卖价格、包租期间的租金回报或价格折减金额、出租与转租的约定、包租年限以及售后包租有关双方的权利、义务等内容。

(5)代理出租的,包租人未经买受人的书面同意不得擅自将售后包租的该房屋再转租;包租人与承租人签订租赁合同的租赁期限不得超过包租合同约定的终止日期。

八、商品房预租的风险防范

商品房预租,是指房地产开发企业在新建商品房未办理房地产初始登记、取得不动产权属证书前,在符合地方性法规或有关政府部门规范性文件要求的情况下,与承租人签订商品房租赁预约协议,并向承租人收取一定数额预收款的行为。房地产开发企业预租商品房的基本前提条件是所出租的房屋应当符合商品房预售的条件,并依法取得市或者区、县房地产管理部门核发的商品房预售许可证明。防范商品房预租的风险可采取两方面措施。一是在签订预租合同时,除应具备一般房屋租赁合同的基本内容外,还应当载明下列内容:①预租房屋的交付使用日期应在商品房竣工验收之后;②约定预付款的金额、支付期限。二是正确处理预租与预售的冲突。房地产开发企业不得将已经预售的商品房预租。

九、商品房先租后售的法律风险防范

商品房(含存量房屋)先租后售,是指房地产开发经营企业对投资建造并已取得不动产权属证书的商品房及房屋所有权人拥有的存量产权房屋,采取先出租给承租人使用,再根据合同约定出售给该承租人的一种交易行为。先租后售的房屋应是房地产开发经营企业投资建造并已取得房地产权属证书的商品房或房屋所有权人拥有的存量产权房屋。开发企业签订先租后售合同应作如下风险防范。

(1)明确买卖该房屋的时限。

(2)明确出租人解除与承租人购房约定的条件。

(3)在租赁期间如果开发企业将房屋另行出售给他人,则应征得承租人同意,承租人未书面同意放弃购房权利,涉及优先购买权的争议。

(4)承租人要购买该物业,必须在租赁期限届满前与房屋业主签订商品房出售合同,并在出售合同中载明出售前承租人已租赁的时间、支付的租金、该房屋出租时约定的买卖价和实际成交时支付价款的计算等内容。

十、开发企业与物业公司或管理公司之间纠纷的风险防范

对于开发企业自持经营、自用的物业,如酒店、写字楼等,开发企业一般会将其委托给专业的物业公司或管理公司来经营管理。开发企业与物业公司或管理公司可能会产生纠纷,如管理费用纠纷、管理质量标准的纠纷。预防这种纠纷,首先应从管理公司的选择上把关,应选择业内有信誉有能力的公司;其次,应在双方签订的合同中约定,开发企业可随时解除与管理公司的合同,并约定服务质量的标准及服务质量与费用挂钩。

十一、租赁期限的风险防范

根据《民法典》的规定,房屋租赁期限不得超过20年。超过20年的,超过部分无效。租赁期限届满,当事人可以续订租赁合同,但约定的租赁期限自续订之日起不得超过20年。这里需要注意的是,如约定租赁期限为6个月以上但是未签订书面的租赁合同,房屋租赁只能视为不定期租赁,当事人可以随时解除合同,但出租人解除合同应当在合理期限之前通知承租人。

十二、房屋租赁中装饰装修损失的风险防范

房屋租赁合同纠纷案件中装饰装修的处理,在实践中争议颇多,判决结果各异。《审理租赁合同纠纷案件解释》根据合同有效和无效的不同法律效果,对装饰装修损失采用了现值损失和残值损失两种不同的标准,具体的处理规则如下。

(1)承租人经出租人同意装饰装修,租赁合同无效时,未形成附合的装饰装修物,出租人同意利用的,可折价归出租人所有;不同意利用的,可由承租人拆除。因拆除造成房屋毁损的,承租人应当恢复原状。已形成附和的装饰装修物,出租人同意利用的,可折价归出租人所有;不同意利用的,由双方各自按照导致合同无效的过错分担现值损失。因为在合同无效的情形下,承租人通常已经占有使用租赁房屋一段时间,其在此期间享有的装饰装修利益,不应再列入合同无效的损失范围。

(2)承租人经出租人同意装饰装修,租赁期间届满或者合同解除时,除当事人另有约定外,未形成附和的装饰装修物,可由承租人拆除。因拆除造成房屋毁损的,承租人应当恢复原状。

(3)承租人经出租人同意装饰装修,合同解除时,双方对已形成附和的装饰装修物的处理没有约定的,人民法院按照下列情形分别处理:①因出租人违约导致合同解除,承租人请求出

租人赔偿剩余租赁期内装饰装修残值损失的,应予支持;②因承租人违约导致合同解除,承租人请求出租人赔偿剩余租赁期内装饰装修残值损失的,不予支持,但出租人同意利用的,应在利用价值范围内予以适当补偿;③因双方违约导致合同解除,剩余租赁期内的装饰装修残值损失,由双方根据各自的过错承担相应的责任;④因不可归责于双方的事由导致合同解除的,剩余租赁期内的装饰装修残值损失,由双方按照公平原则分担。法律另有规定的,适用其规定。

(4)承租人经出租人同意装饰装修,租赁期限届满时,承租人请求出租人补偿附合装饰装修费用的,不予支持。但当事人另有约定的除外。

(5)承租人未经出租人同意装饰装修或者扩建发生的费用,由承租人负担。出租人请求承租人恢复原状或者赔偿损失的,人民法院应予支持。

基于上述司法解释,开发企业在出租房屋时应该重视租赁合同,尤其是残值损失如何承担的问题,双方应合理约定租赁期限,并在租赁合同中对租赁期限届满或者合同解除时装饰装修如何处理作出明确约定。

十三、租金诉讼时效的风险防范

在主张租赁费的案件中,经常遇到出租人因为诉讼时效已过而无法主张租赁费,如果承租人未能在应付租金的期限内支付租金,出租人应当及时催告或者提起诉讼,以免超过诉讼时效,无法取得租金。

十四、优先购买权的行使与限制

出租人在出售房屋时经常会遇到承租人主张优先购买权,尤其是在房价上涨的背景下,承租人主张优先购买权的纠纷时有发生。2020年《审理租赁合同纠纷案件解释》修正之后删除了优先购买权的条款,具体按照《民法典》第七百二十七条的规定执行。为避免承租人请求确认出租人与第三人签订的房屋买卖合同无效,出租人在与第三人签订买卖合同之前,应该通知承租人是否放弃优先购买权。

十五、集体土地租赁的风险防范

在实践当中,存在大量集体经济组织将本集体的土地出租给本集体以外的个人、企事业单位从事经营活动,这类租赁合同是否有效在实践中存在很大争议。目前还没有一部专门针对农村集体土地租赁的法律法规或规章,相关的规定散见于不同的法律、法规或规章之中,且考虑到农村集体土地从权属、性质、土地分类、用途等角度区分的复杂性,在司法实践中没有统一的适用标准。对于此类租赁纠纷,最高人民法院民二庭关于"集体经济组织将本集体土地出租给本集体以外的人建设商铺,租赁期限50年是否合法?"的解答中所阐述的意见认为,该等土地租赁有利于经济发展,只要不损害集体土地所有权,不损害集体利益的经营行为就是合法的,不宜以集体土地不得转让为理由加以限制或认定为无效。对此,可以参考《广东省高级人民法院关于审理农村集体土地出让、转让、出租用于非农业建设纠纷案件若干问题的指导意见》(已失效)中总的原则。虽然其已经失效,不再作为判案的依据,但仍有一定的参考价值,具体内容如下:

(1)农村集体经济组织经依法批准用集体土地使用权以入股、联营等形式,与其他单位、个人兴办企业而将集体土地使用权转让给所兴办的企业所签订的合同,应当认定有效。农村集体经济组织将其所持有的以土地折价的股份转让的,其实质是转让集体土地使用权,一般应认定转让合同无效,但经县级以上人民政府依法批准转让的除外。

(2)依法取得建设用地的企业,因破产、兼并等情形,依照《土地管理法》第六十三条的规定转让集体土地上的房屋等地上附着物及其占用范围内的土地使用权的,应当认定转让合同有效。

(3)当事人在已经县级以上人民政府批准为建设用地的集体土地上建成厂房、仓库、办公楼、商业铺位等出租,经工程质量验收和消防验收合格的,可认定租赁合同有效。当事人与他人合作在集体土地上建成房屋出售的,应认定合作合同无效。

(4)当事人将农村村民住宅建设用地转让、出租或以合建形式变相转让农村村民住宅建设用地而签订的合同,一般应认定无效。

(5)当事人将经依法批准给其使用的集体建设用地出让、转让、出租而签订的合同,即便存在无效情形,但经县级以上人民政府土地行政主管部门批准的,可认定合同有效。

(6)对于当事人将农村集体土地非法出让、转让、出租用于非农业建设的合同,除具有上述可认定为有效合同的情形外,一般应认定无效。

十六、物业出售的风险及防范

开发企业自持的物业,可能会因为各种原因出售。开发企业在出售自持房产时应注意以下问题。

(一)开发企业拟出售的物业应当合法

按照相关法律法规及政策的规定,有些房屋是不能买卖,或者不能转让的,如果出售这样的房屋,可能导致合同无效或合同无法履行。下列房地产,不得转让或买卖:

(1)司法机关和行政机关依法裁定、决定查封或者以其他方式限制房地产权利的;

(2)依法收回土地使用权的;

(3)登记为共有的房地产,未经其他共有人书面同意的;

(4)权属有争议的;

(5)未经依法登记取得房地产权属证书的(虽然没有证书不得转让,但实践当中仍认可仅缺少不动产权属证书的房屋转让有效);

(6)已被列入危房的房屋;

(7)按照房屋建筑设计为独立成套(单元)的房屋,不得分割转让;

(8)抵押的房屋未解除抵押或者未经抵押权人同意的;

(9)在农村集体土地上兴建的房屋,所持乡产权不动产权属证书的二手商品房;

(10)法律、行政法规、房改政策、地方政府规定不得转让的其他情形。

(二)在出售房屋时应当防止买方诈骗

买方可能会采用下列方式实施诈骗。

(1)以先过户后付款的方式再次出售房屋。买方与卖方洽谈买房事宜,房屋的定价比较高,卖方觉得房价卖得高很值,因此很容易成交。但买方的要求是先过户再一次性付款,买方只付一个定金。卖方觉得房价卖得高,所以在交易程序方面很可能会让步,答应买方的条件。双方办完过户手续后买方并不急于付款,而是将这套房屋再次出售并先收取下一家的购房款,收到购房款后便逃之夭夭。即使不逃,买方也拒绝向卖方支付房款,卖方到法院起诉,因买方没有可供执行的房产，卖房人的债权也得不到保障。

（2）以不支付首付款的方式贷款购房。有些购房人通过贷款买房，但说自己没有能力支付首付款，要求卖方先打一个收条，证明已经收取了首付款，从而用于办理银行贷款。银行办理贷款时确实需要首付款的证明，等贷款办下来之后，卖方只能拿到银行贷款部分，而首付款部分，买方要么拖着不给，要么拿出卖方的收条，一口咬定房款已付清。如果卖方没有其他证据证明首付款未付，只能遭受损失。

（3）先过户，后办理个人住房抵押贷款。很多买房人都通过二手房贷款来支付房款，有时贷款办理不下来，而贷款要求先办理过户，然后才能放贷，尤其是办理个人住房抵押贷款的情况下，只有取得了买方名下的不动产权属证书才能办理贷款，这种情况对卖方的风险最大。

（三）卖方在签订和履行买卖合同时的注意事项

（1）应办理过户手续。房屋不同于其他商品，房屋买卖不是简单的房屋钱款的交割，最重要的是房屋所有权的转移，而转移的标志是办理过户手续。对此卖方一定要有清楚的认识，以免在过户问题上消极对待，引起双方在产权方面产生纠纷。

（2）明确房价款。有些售房人认为所售房屋的钱款全部都应该为自己所得，没有考虑税费，一旦在合同履行过程当中知道自己要付税费，拿不到自己的预期所得，就不同意卖房，这样就很容易发生纠纷。另外，在有中介公司参与的情况下，一般是房屋交接完毕，房产登记过户后当日，房主就可拿到全部售房款。如果不能按时交房，则会暂扣部分房款，待交房时付清。

（3）最好在过户前付款，在履行时敦促买方按合同规定的时间和方式支付价款。

（4）不要轻易提前交房。在交易过程中，有些房屋买卖的情况比较特殊，如所购房屋还没有办理不动产权属证书，暂时无法办理过户，等待的时间比较长，这时购房者可能会提出要求在办理买卖双方的过户手续前入住。这也是比较合理的要求，因为不动产权属证书办理完毕时间的决定权不在售房人，而在开发企业，因此一般在买房人付清房款或付清大部分房款前都会让买房人入住。但在这段时间里也有可能产生纠纷，从而给房主带来一些不必要的损失。

（5）合同细节约定明确。对卖方影响较大的细节主要是维修基金归属、物业、水电气、有线电视费、电话费等费用的承担问题。有时买卖双方缺乏房屋交易的经验，在交易过程中往往会忽略某些细节，而这些细节问题若在签订合同前事先约定，就不会产生纠纷，或者即使产生纠纷也有相应的处理办法。

（6）卖方应收取定金。有些买房人签订合同后随意解除合同，或者又提出其他条件，如果卖方不依其条件，买方就威胁解除合同。如果卖方没有收到定金或者在合同中对解除合同没有明确约定违约责任，那么卖方可能得不到补偿，因此，在签订合同后卖方应收取定金。

（7）二手房交易中的税费是由相关的法规及政策规定的，对于交纳主体是非常明确的，但是卖方经常要求其售房价格自己净得多少万元，而不包括税费，这样税费就存在争议了。因此必须在合同中约定税费的承担方式或变更售房款的价格。另外，二手房交易税费变化比较大，有时会发生签订合同时双方都没有预料到的税费，但在过户时却已经开始征收了，这种情况导致买卖双方就税费由谁承担的问题发生争议，因此在买卖双方交易过程当中对于税费政策的调整导致买方或卖方收益减少或超过预期的情况下，买卖双方应明确税费政策变更后合同履行的问题，如双方解除合同、税费由某一方承担、税费由双方按比例共同承担等。

（四）制定对卖方有利的交易程序

在二手房的交易过程当中，对于卖方来说最大的风险是买方不付款，尤其是在房屋交付或办理完毕不动产权属证书后,买方不付款。更严重的是买方将已经取得不动产权属证书的房屋再次上市出售后卖方无法找到买方,卖方出售房屋得不到任何房款。因此,对于卖方来说,最安全的交易是买方将全部房款交给卖方,然后卖方再与买方办理房屋的交接手续及过户手续。但是,这种交易方式买方未必会同意,因为买方担心自己付完房款后能否得到所购房屋或能否办理过户手续。

(五) 出售正在出租房屋的风险防范

有些房屋在出售时,已经被出租给第三方。如果买受人只看不动产权属证书,只注重过户手续,而不注意是否存在租赁,极有可能得到一个不能及时入住或正在使用的房屋,从而可能会产生纠纷。按照《民法典》第七百二十五条的规定,租赁物在租赁期间发生所有权变动的,不影响租赁合同的效力。出租人出卖租赁房屋的,应当在出卖之前的合理期限内通知承租人,承租人享有以同等条件优先购买的权利。因为《民法典》认可"买卖不破租赁",也就是说在房屋买卖合同签订后,房屋所有权发生转移,但是租赁合同对承租人仍然有效,承租人可继续承租该房屋,买受人不能对抗在先成立的租赁合同。另外,卖方在出售该房屋时,同等条件下承租人享有优先购买权。上述内容在实践中被很多买受人及中介公司忽视,也被许多出卖人利用从而引起较多纠纷。在出售的房屋存在租赁关系的情况下,产生纠纷的原因最多的是租金问题。一般在租赁市场上是先付租金,在售房人已经提前收取租金的情况下,如果租赁期限未满,承租人会要求返还未承租期间的租金。一旦售房人不同意退租金,承租人拒不搬出承租的房屋,那么买受人将不能按期入住该房屋,而承租人又不同意另行将房屋租金支付给新的房东,售房人也不同意将已收取的房租转付给购房人,那么三方就会产生纠纷。因此,在签订二手房买卖合同时,买受人应了解房屋出租的情况,并对出租问题中的优先购买权、房屋租赁的期限、第三方搬出的期限、租赁费用的承担等问题进行约定。

(六) 提前入住装修的风险防范

如果买卖双方约定,在办理完过户手续前买方就入住,这对买卖双方来说风险都非常大,尤其是买方提前入住对房屋进行了装修。有时,买卖双方对房屋的产权及过户条件或一方存在诈骗等情形并不了解,签订合同后导致无法办理过户手续,合同无法继续履行,那么装修损失由谁来承担则会成为双方争议的焦点。对于卖方来说,房子卖不了,买方入住期间也无法收取租金,如果买方对房屋进行了装修或者装修了一部分,装修工程无法处理,只能拆除,卖方再次卖房还需对房屋进行重新处理。对于买方来说,如果合同中没有约定装修损失的问题,那么所有的装修费用可能要自己承担,即便让卖方承担,通过诉讼解决的可能性比较大,对买方来说可谓费时费力,因此,建议买卖双方最好不要提前入住,即便提前入住了,也不要装修。另外,对提前入住后合同不能继续履行的情形应约定房屋使用费问题,这样对买卖双方来说是比较公平的,即便是卖方违约,也应该向卖方支付房屋占用期间的使用费。

如果买方提前入住,并对房屋进行了装修,买卖双方可以这样约定:买卖双方办理房屋交接之日,买方可以自行决定是否对房屋进行装修。若由于卖方违约导致合同被确定无效或者解除的,卖方除承担相应违约责任之外还应当赔偿买方支付的一切装修费用。若买方违约导致合同无效或被解除的,买方除承担相应的违约责任之外,自行装修所支出的所有费用由买方自行承担。

(七)二手房买卖的风险防范

二手房买卖合同中对于房屋风险的转移可约定如下:该房屋毁损、灭失的风险自房屋正式交付之日或者权利转移之日起转移给买方。这里的风险包括自然风险和人为风险。自然风险包括地震、外来物体撞击等,人为风险包括人为拆除、爆炸等。房屋正式交付之日应为交付钥匙的时间或实际占有使用该房屋的时间。权利转移之日为取得不动产权属证书的日期。选择房屋交付之日风险转移对卖方有利,选择办理完过户手续风险转移对买方有利。

(八)出售存在抵押权房屋的风险防范

如果售房人所售房屋没有抵押,在合同中应用文字声明未抵押。如果已作抵押,购房人应当要求售房人声明已抵押,并承诺抵押解除的时间,超过承诺的期限仍未解除抵押的,售房人应承担违约责任。违约责任可以这样约定:先给售房人一个解除抵押的宽限期,在宽限期之内按照合同总价款的日3‰支付违约金,超过宽限期仍未解除抵押的,购房人有权解除合同,购房人解除合同的,售房人应赔偿购房人实际损失或约定一个违约金的比例。如果购房人不解除合同,则合同继续履行,售房人仍应按房屋总价款的日3‰承担违约责任,直至抵押解除。如果售房人隐瞒抵押的事实,导致合同无效或解除,给购房人造成损失的,购房人要求售房人承担相应的赔偿责任。具体的赔偿可由双方协商并在合同中约定。

第三节 抵押的法律风险及防范

一、抵押的风险及防范

开发企业可以用自己的土地使用权、在建工程、已竣工但未售出房屋作抵押,向金融机构申请贷款,这是业内的普遍做法。在商品房的销售过程当中,有两种情形会影响销售:一是在签订商品房买卖合同时有抵押;二是签订商品房买卖合同时无抵押,在签订合同后未取得不动产权属证书之前有抵押。抵押不能及时解除对购房人的风险就是购房人不能够及时办理产权过户手续。除不能及时办证外,如果开发企业不能归还银行贷款,理论上购房人的房屋可能会被拍卖,但实践当中因涉及各方的权利冲突问题,法院一般不会拍卖已进行预售登记的房屋,会优先保护购房人的居住权。但即使不被拍卖,至少购房人的权利受到了潜在的威胁,因此也会引发开发企业与购房人之间的纠纷。

案例:原告于2003年4月13日在北京市朝阳区某国际花园售楼处与被告(开发企业)代理人商谈购买被告开发的商品房合同的具体条款,双方口头达成一致后,被告代理人让原告在《商品房买卖合同》上先签了字,并让原告支付了20万元首付款和407元印花税,被告代理人向原告出具了收款收据。

被告代理人在收到原告的首付款后,将原告已事先签好字的合同拿到公司盖章,但被告不同意原告事先与被告代理人商谈好的协议,拒绝在合同上盖章。原告到北京市朝阳区国土资源和房屋管理局调查得知被告已将该房屋项目抵押,但对抵押这一重要事实,被告从来没有告知原告。考虑到问题的严重性,原告于2003年4月15日向被告提出解除合同并要求返还首付款,4月16日,被告表示开发企业还没有签字盖章,合同还没有成立,谈不上解除,更谈不上赔偿违约金。4月19日,开发企业表示准备签字盖章,以使合同成立,如想退房,按原告违约处理。于是原告起诉开发企业,根据2003年公布的《最高人民法院关于审理商品房买卖合同纠纷案件适用法律若干问题的解释》第九条的规定,出卖人故意隐瞒所售房屋已经抵押的事实,买受人可以请求返还已付购房款及利息,赔偿损失,并可以请求出卖人承担不超过已付购房款一倍的赔偿责任。最后法院判决只退还原告已付购房款及利息,驳回双倍赔偿的诉讼请求。原告不服,上诉至中级人民法院,中级人民法院维持了一审判决。

为防范上述风险,开发企业可采用两种方法:一是在销售之前解除抵押,在签订合同后不再抵押;二是在签订合同时告知购房人抵押的情况。

开发企业可在买卖合同中作如下约定:如果出卖人所售商品房所分摊的土地使用权及在建工程或买受人所购房屋上设定有抵押权,出卖人承诺在办理初始不动产权属登记前解除抵押。如果因为抵押登记问题影响买受人不动产权属证书办理的,出卖人按照合同的约定向买受人承担违约责任。出卖人因抵押问题未影响买受人不动产权属证书办理的,出卖人不承担违约责任。

二、对预售中土地解押的处理

大多数的开发企业在符合贷款条件时,都会将土地抵押贷款。开发企业必须在办理施工许可证之后才能办理抵押贷款,贷款额现在基本上都是根据施工许可证所载建筑规模来确定和发放的,土地抵押必须办理抵押登记,但是办理预售许可证的前提条件是该地块不能有任何抵押。开发企业办理预售许可证,必须解决抵押问题。开发企业有两种做法:一是归还贷款,解除抵押;二是更换抵押物。不还贷就不能解除抵押,不更换抵押物银行不会解押,那么开发企业就不能办理预售许可证。这对开发企业来说,是个两难的选择,因为开发企业缺乏资金才去贷款,房屋还没有销售,不太可能有资金回笼去还贷。更换抵押物也是几乎不可能的事情,开发企业不可能有另外的实物抵押,即使是有,也可能已经抵押了。如何在不更换抵押物的前提下解押办理预售许可证?目前实践当中的处理办法一般是用过桥贷款或者转贷的方式来解决。

三、办理抵押登记手续

开发企业可抵押财产范围包括建设用地使用权、建筑物和其他土地附着物、正在建造的建筑物以及法律、行政法规未禁止抵押的其他不动产。但是对于法律禁止抵押的财产不能办理不动产抵押登记。例如土地所有权,宅基地、自留地、自留山等集体所有的土地使用权(法律规定可以抵押的除外),学校、幼儿园、医疗机构、养老机构等以公益为目的成立的非营利法人的教育设施、医疗卫生设施、养老设施和其他社会公益设施(上述单位以此类设施以外的不动产为自身债务设定抵押的除外),所有权、使用权不明或者有争议的不动产,依法被查封的不动产,法律、行政法规规定不得抵押的其他不动产。

以北京市为例,开发企业办理抵押权首次登记手续,需要提交如下材料。

(1)不动产登记申请书原件。

(2)申请人身份证明。

(3)不动产权属证书原件。

(4)主债权合同原件,最高额抵押的,应当提交一定期间内将要连续发生债权的合同或者其他登记原因文件等必要材料原件。

（5）抵押合同原件，主债权合同中包含抵押条款的，可以不提交单独的抵押合同。最高额抵押的，应当提交最高额抵押合同。

（6）抵押权人为金融机构的，提交《金融机构法人许可证》或《金融机构营业许可证》；抵押权人为典当企业等特许经营机构的，提交商务部颁发的《特许经营许可证》。

（7）下列情形还应当提交以下材料：①同意将最高额抵押权设立前已经存在的债权转入最高额抵押担保的债权范围的，应当提交已存在债权的合同以及当事人同意将该债权纳入最高额抵押权担保范围的书面材料原件；②出让国有建设用地使用权抵押，属于房地产开发项目的，应提交房屋管理部门出具的房屋销售或未销售证明；③属于国家租赁国有建设用地使用权抵押的，应提交规划国土主管部门同意抵押的证明文件原件；④属于划拨土地使用权抵押的，应提交地上建筑物、其他附着物的不动产权属证书原件及抵押权实现时优先缴纳出让金的确认文件；⑤在建建筑物抵押的，应提交建设工程规划许可证、房屋管理部门出具的房屋销售或未销售证明原件及有资质不动产测绘机构出具的抵押面积证明原件；⑥限价商品住房和经济适用住房抵押借款用途非支付本套住房购房款的，应提交住房保障管理部门出具的批准意见原件；⑦在建建筑物抵押登记转建筑物抵押权登记的，提交抵押人与抵押权人关于在建建筑物抵押转为建筑物抵押的书面协议原件以及不动产登记证明原件；⑧在建建筑物最高额抵押权登记转建筑物最高额抵押权登记的，提交抵押人与抵押权人关于在建建筑物抵押转为建筑物抵押的书面协议原件以及不动产登记证明原件；⑨以集体建设用地使用权抵押的，提交集体土地所有权人同意的证明原件、本集体经济组织 2/3 以上成员或者 2/3 以上村民代表同意的材料原件及地上建筑物、其他附着物的不动产权属证书。

（8）其他必要材料。除抵押权首次登记之外，还有最高额抵押权确定登记、抵押权变更登记、抵押权转移登记、抵押权注销登记等手续，不同的抵押权登记需要向不动产登记机关提供的材料不同，具体需要咨询相关的登记机关，以登记机关届时要求提供的资料为准。

第四节　不动产登记制度对开发企业的影响

2014 年 12 月 24 日，国务院公布了《不动产登记暂行条例》，对不动产登记簿、登记程序、登记信息共享与保护、法律责任等内容作出明确规定，将土地、海域以及房屋、林木等定着物也纳入登记范围，条例自 2015 年 3 月 1 日起施行。《不动产登记暂行条例》在公布前后引起了各方不同的解读，有人认为，这为日后征收房产税提供了技术依据，有利于降低房价，有人认为有利于反腐。仅从法律角度来解读，《不动产登记暂行条例》有助于明晰和保护产权、保障交易，也为将来完善房地产税体系、个人住房信息系统、个人信用体系等一系列工作打下了基础。

一、《不动产登记暂行条例》的法律依据

《民法典》第二编物权第二章第一节中，从第二百零九条到第二百二十三条专设不动产登记一节。其中第二百零九条规定，不动产物权的设立、变更、转让和消灭，经依法登记，发生效力；未经登记，不发生效力，但法律另有规定的除外。第二百一十条第二款规定，国家对不动产实行统

一登记制度。统一登记的范围、登记机构和登记办法,由法律、行政法规规定。《不动产登记暂行条例》实际上落实了《民法典》关于不动产登记的规定。

二、《不动产登记暂行条例》的主要内容

目前我国不动产登记存在登记机构、登记依据、登记簿册和信息平台不统一的问题,造成人员和行政资源的浪费,导致国家对不动产基本情况缺乏准确了解,不能对全国资源进行有效管理,不能依据准确的数据进行宏观决策。此次条例明确规定,建立统一的不动产登记信息管理基础平台,各级不动产登记机构登记的信息应当纳入统一的不动产登记信息管理基础平台,国家、省、市、县四级登记信息可以实时共享,自然资源、公安、民政、财政、税务、市场监督、金融、审计、统计等部门应当加强对不动产登记有关信息的互通共享。该条例共六章三十五条,主要规定了以下内容。

(1) 明确不动产登记机构。条例规定,国务院自然资源主管部门负责指导、监督全国不动产登记工作。

(2) 对不动产登记簿提出了具体要求。条例规定,不动产登记簿应当采用电子介质,不动产登记簿应当载明不动产自然状况、权属状况等相关事项,依法将各类登记事项准确、完整、清晰地记载于不动产登记簿。

(3) 规范了登记程序。条例规定了因买卖、设定抵押权等申请不动产登记的,应当由当事人双方共同申请,规定了可以由当事人单方申请的情形,规定了申请人可以撤回登记申请的情形,规定了不动产登记机构办结不动产登记手续的时限。

(4) 强调了登记信息共享与保护。条例规定不动产登记机构、不动产登记信息共享单位及其工作人员应当对不动产登记信息保密,权利人、利害关系人可以依法查询、复制不动产登记资料,有关国家机关可以依照法律、行政法规的规定查询、复制与调查处理不动产登记资料有关的事项,查询不动产登记资料的单位、个人应当向不动产登记机构说明查询目的,不得将查询获得的不动产登记资料用于其他目的;未经权利人同意,不得泄露查询获得的不动产登记资料。

国土资源部在2015年推进统一登记制度的实施过渡,2016年全面实施统一登记制度,2018年前不动产登记信息管理基础平台投入运行,不动产统一登记体系基本形成。

三、《不动产登记暂行条例》对开发企业的影响

(1) 对房屋销售价格的影响。有人认为,不动产登记将会导致投资人抛售房产,房屋价格会回落。实际上不动产登记在2007年公布的《物权法》(现《民法典》物权编)中已经有规定,立法的本意是保护物权人的权利,公布实施条例是落实《物权法》(现《民法典》物权编)的规定,对房地产市场的价格没有直接影响,不动产登记和宏观调控没有必然联系。不动产登记的不仅仅是房产,还包括土地、林地、草地等,条例并非完全针对房屋的登记。如果说条例实施对销售有影响,那么其影响也有限,可能导致有购买意愿的购房人观望,购买周期会延长,在一定程度上降低市场对房价上涨的预期。

(2) 对开发企业税收方面的影响。《不动产登记暂行条例》实施后为征收房产税创造条件,但房产税是对房产的持有环节征税,如果开发企业开发后将全部房产出售,那么房产税对开发企业销售应该没有影响,因房产税未实施,尚不能确定房屋建成后多长时间段内未销售被认为是开发企业持有,因此目前无法评估。另外,对于开发企业建设完成后自持经营的物

业有影响,可能会征收房产税,即便是征收也要考虑与现行税收结构调整的问题,将来房产税是增量征收还是存量征收、免税条件及税率等核心问题不明确,无法判断房产税对开发企业的影响程度。

(3)对房地产项目并购方面的影响。《不动产登记暂行条例》实施后,不动产统一登记体系完成,土地、房屋等相关信息均在同一平台,对于收购方来说可以更清楚地根据登记信息判断收购项目关于权利主体的合法性及抵押等权利限制性条件,可以为收购方提供更真实准确的信息,帮助收购方规避风险。

(4)诉讼及执行方面的影响。不动产统一登记体系完成后,有利于债权人实现自己的债权,有利于法院采取保全措施,有利于法院办理查封,在权属清晰的前提下有利于法院处置资产,维护债权人的利益。

案例:不动产登记不能导致开发企业巨额损失

1. 基本事实:

2008年,某市某房地产开发有限公司(以下简称"开发公司")通过某市国土资源局(以下简称"国土局")土地挂牌出让的方式取得了某区两宗地块的国有土地使用权,并分别取得了两个国有土地使用证,证号分别是国用(2008出)第××001、第××002号。两宗地块出让时分别附有该市规划和自然资源委员会根据控制性详细规划提出的规划条件及附图,各地块规划条件及附图对相应地块的用地性质、用地位置、范围、总用地面积及其中的居住用地、商业金融用地、道路广场用地位置及面积、规模等均进行了详细规定。另外:两宗地块的建设项目在当时作为该市扩大内需的重点项目,该市政府为加快建设项目前期手续的办理速度,采取了绿色审批通道的方式,即由该市建委、市规划和自然资源委员会、市规划委牵头其他相关市级部门通过会议纪要的方式确认同时审批两宗地块建设的前期手续。项目取得该市规划和自然资源委员会的选址意见书后,根据规划意见书的规定,项目后期的规划审批手续由该市规划和自然资源委员会某区规划行政部门(以下简称"区规划分局")着手进行办理。

2012年,区规划分局根据开发公司的申请,对两宗地块之上各自的居住用地、商业金融用地、道路及绿化用地的范围、用途、规模等进行了调整,该调整涉及土地用地范围、规划用途、代征绿地等与已经签订的土地出让合同确定的用地范围、规划用途、代征绿地范围等不一致的情形,但综合两宗地块总的规划条件与挂牌文件确定的规划条件相比,未突破原出让合同确定的规划条件。开发公司申请调整规划,区规划分局进行规划变更后,开发公司未依法向国土局进行备案,而且为少交或不交因规划调整而补交的土地出让金,开发公司未与国土局因规划条件变化原因签订土地出让合同的补充协议,也未补缴因规划调整而增加的相应土地出让金,也没有履行备案义务,国土局对规划变更不知情。区规划分局根据规划调整后的结果向开发公司核发了用地规划许可证和建设工程规划许可证。开发公司在此基础上办理了其他开工许可证及预售许可证手续,且开发公司根据变更后的规划完成项目建设后,相关楼栋通过了规划验收及竣工验收备案。

2014年8月至2015年3月期间,某区住房和城乡建设管理委员会房屋市场交易管理中心为开发公司办理了所建房屋的初始登记手续,之后为其中约1/10的业主办理了小业主的不动产权属转移登记手续。2015年11月之后,根据国务院不动产登记的相关规定及该市的工作安排,物权登记发生较大变化,原建设行政主管部门负责的房屋登记手续转为由国土资源部门负责,并实行房屋与土地统一进行登记,不动产统一登记的机关调整为某区国土资源局办理。国土资源局在办理过程中发现所涉项目5栋楼共计800套房屋与土地证记载的相关信息不符,具体为:其中1号住宅楼建设在原规划的代征绿地范围内;2号楼部分建设在规划代征绿地范围内,部分建设在土地用途为住宅的国用(2008出)第××001号范围内;3号住宅楼建设在土地用途为商业金融的国用(2008出)第××002号范围内;4号住宅楼部分建设在规划代征绿地范围内,部分建设在土地用途为商业金融的国用(2008出)第××002号范围内;5号商业楼部分建筑在规划代征绿地范围内,部分建筑在(2008出)第××001、××002号范围内。因目前进行不动产统一登记,按照规定,房屋坐落在土地上的位置、用途、使用年限等基本信息必须登记,而因项目存在上述问题,导致土地的范围、用途和年限等信息无法登记,鉴于以上情况,某区国土资源局于2016年7月中旬停止办理上述房屋的转移登记业务,由此导致被停办手续的相关业主联名投诉、上访等,并同时向开发公司提起民事诉讼,要求开发公司承担逾期不能办理不动产登记证书的违约责任。

2. 法律分析:

上述5栋楼的土地用地范围、规划用途、代征绿地范围等情况与出让合同规定的土地范围、规划条件均不相符,在此前提下,如何完成了项目的用地规划许可、建设工程规划许可、开工许可、规划验收、竣工验收、初始不动产权属登记,进而办理了部分小业主的不动产权属转移登记手续呢?为什么原房屋登记机关某区住建委能为业主办理转移登记,而国土局却无法为其余房屋办理不动产登记?律师认为出现上述情况是多种因素导致的,以下就各种原因进行分述。

(1)区规划分局改变土地出让的原规划条件后未通报国土局,导致国土局未能知悉用地范围及规划变更的情况,因此国土局未与开发公司签署土地使用权出让合同的补充协议,进而无法对用地范围进行调整。

2008年,两宗地块出让时附该市规划和自然资源委员会提出的详细规划条件及附图,2012年区规划分局根据开发企业的申请,对两宗地块之上各自的居住用地、商业金融用地、道路及绿化用地的范围、用途、规模进行了调整,但区规划分局并未将规划调整的情况通报国土局。《城乡规划法》第四十三条规定:"建设单位应当按照规划条件进行建设;确需变更的,必须向城市、县人民政府城乡规划主管部门提出申请。变更内容不符合控制性详细规划的,城乡规划主管部门不得批准。城市、县人民政府城乡规划主管部门应当及时将依法变更后的规划条件通报同级土地主管部门并公示。"根据该规定,经建设单位申请,可以调整规划条件,但调整必须依法进行并履行相应的法定程序,区规划分局调整规划后应主动通报国土局并进行公示,区规划分局未向国土局进行通报或进行公示,导致国土局不知道两宗地块的用地范围、规划条件等已经发生了变化,仍然按"招拍挂"时土地出让的规划条件及用地范围的基础信息办理不动产统一登记,进而才会出现相关房屋建设占用土地的用途、范围等与原规划不符,导致无法办理不动产统一登记。

规划条件确定后,如果符合相关规定和程序,调整规划条件也是合法的,而且实践当中同一开发建设主体不同相邻地块的规划指标统一衡量也是规划部门常用的,但不同地块统一衡量规划指标未突破出让合同规定的规划条件不适用《城乡规划法》第四十三条的规定,不通报国土部门和进行公示,没有法律依据。因为该项目涉及两宗地块,任何一宗地块的规划条件调整或用地范围调整均须履行《城乡规划法》第四十三条的规定。而且调整之后开发公司必须与国土部门签订出让合同的补充协议,还有可能涉及补交土地价款的问题。具体依据如下。《城乡规划法》第三十八条规定:"在城市、镇规划区内以出让方式提供国有土地使用权的,在国有土地使用权出让前,城市、县人民政府城乡规划主管部门应当依据控制性详细规划,提出出让地块的位置、使用性质、开发强度等规划条件,作为国有土地使用权出让合同的组成部分。未确定规划条件的地块,不得出让国有土地使用权。以出让方式取得国有土地使用权的建设项目,建设单位在取得建设项目的批准、核准和备案文件和签订国有土地使用权出让合同后,向城市、县人民政府城乡规划主管部门领取建设用地规划许可证。城市、县人民政府城乡规划主管部门不得在建设用地规划许可证中,擅自改变作为国有土地使用权出让合同组成部分的规划条件。"《城市房地产管理法》第十八条规定:"土地使用者需要改变土地使用权出让合同约定的土地用途的,必须取得出让方和市、县人民政府城市规划行政主管部门的同意,签订土地使用权出让合同变更协议或者重新签订土地使用权出让合同,相应调整土地使用权出让金。"可见,土地出让时的规划条件是国有土地出让合同的必要内容,规划变更后应相应调整土地出让合同的有关约定,鉴于区规划分局未通报国土局,导致国土局未与开发公司签署土地出让合同的补充协议或重新签署出让合同变更相应的合同内容,进而也无法调整用地范围。

(2)开发公司未将规划变更的情况报国土局备案,未与国土局签订用地范围、规划条件变更的补充协议,也是导致不能办理不动产统一登记的原因之一。根据《城乡规划法》第四十三条的规定,建设单位变更规划条件的,必须向城市、县人民政府城乡规划主管部门提出申请。如城市、县人民政府城乡规划主管部门同意变更并履行了法定程序,建设单位应当及时将依法变更后的规划条件报有关人民政府土地主管部门备案。现有的材料不能证明开发公司就规划变更主动向某区规划和自然资源委员会备案,也不能证明开发公司与国土局签订了规划用途变更的补充协议,更不能证明开发公司向国土局补缴了土地出让金。开发公司为了节省补交的土地出让金,认为只要取得了行政部门合法的规划证、开工证、销售许可证就万事无忧,这种侥幸心理可能导致开发企业对小业主承担巨额的民事赔偿责任。

(3)《不动产登记暂行条例》的实施对某区规划和自然资源委员会为涉案房屋办理不动产登记的影响。2015年3月1日,国务院下发的《不动产登记暂行条例》施行,该规定要求对不动产进行统一登记,房屋等不动产登记职责统一整合到不动产登记机构,而且不动产登记转变为由国务院国土资源主管部门负责指导、监督。2016年6月1日,《不动产登记暂行条例实施细则》施行,该细则第二条第二款规定:"房屋等建筑物、构筑物和森林、林木等定着物应当与其所依附的土地、海域一并登记,保持权利主体一致。"《不动产登记操作规范(试行)》(已失效)第1.2.2规定,房屋等建筑物、构筑物所有权和森林、林木等定着物所有权登记应当与其所附着的土地、海域一并登记,保持权利主体一致。第1.5.2条规定,"不动产登记簿由不动产登记机构建立。不动产登记簿应当以宗地、宗海为单位编制,一宗地或者一宗海范围内的全部不动产编入一个不动产登记簿。宗地或宗海权属界线发生变化的,应当重新建簿,并实现与原不动产登记簿关联"。第9条国有建设用地使用权及房屋所有权登记第9.1款"首次登记"项下第9.1.4项关于首次登记的审查要点要求不动产登记机构在不动产登记过程中要注意审查以下要点,"不动产权籍调查成果资料是否齐全、规范,权籍调查表记载的权利人、权利类型及其性质等是否准确,宗地图和房屋平面图、界址坐标、面积等是否符合要求"。可见,不动产登记相关规范要求某区规划和自然资源委员会对房屋及所占用的土地一并进行登记。换言之,就房屋登记而言,以前的房屋登记相关规定与新的不动产登记条例所规定的登记事项与登记范围是不同的,因此导致登记机关审查的范围也不同,本案中,某区规划和自然资源委员会按不动产登记条例进行房地一体登记时,需要审查房屋的用地面积、用地范围是否与土地出让合同所附规划条件一致,又鉴于该项目规划变更后区规划分局未通报国土局,开发企业也没有进行变更备案,原土地出让合同关于规划条件的内容并未变更,因此国土局依据原规划条件进行审查时,必然会发现目前的建设状况与原规划方面的差异,进而导致无法办理不动产登记。某区建委能为涉案部分房屋办理初始登记和转移登记是因为依据之前的房屋登记的规定。某区建委已经为涉案 5 栋楼的部分房屋办理了转移登记,办理时间在 2015 年 3 月之前。2015 年 3 月 1 日之前,房屋的登记是根据建设部 2008 年 7 月 1 日下发的《房屋登记办法》(已失效)实施的,房屋登记由各地建设主管部门进行登记。其中该市的房屋登记则是根据某市住房和城乡建设委员会下发的某市房屋登记工作规范的有关规定实施,就房屋登记的登记事项、申请登记时所需提交的资料、登记机构在登记时审核的内容等事项,该规定第 3.1 条规定:"进行初始登记,所需提交的资料为以下内容:(一)登记申请书;(二)申请人身份证明;(三)国有土地使用权证明;划拨土地未登记的,可提交市或者区(县)人民政府批准使用划拨用地的文件;(四)建设工程规划许可证,2002 年 1 月 1 日后竣工的房屋还应当提交建设工程规划核验合格证明;(五)单体建筑面积 300 平方米以上或者投资额 30 万元以上的房屋,应当提交建筑工程施工许可证、工程竣工验收合格证明;(六)房产测绘成果备案表;(七)房产平面图和房屋登记表;(八)区(县)公安分局出具的门楼牌编号证明;(九)其他必要材料。"关于转移登记,该规定第 3.2.2 规定:"申请房屋所有权转移登记,应当提交下列材料:(一)登记申请书;(二)申请人身份证明;(三)不动产权属证书;(四)房屋所有权发生转移的证明文件;(五)契税完税或者减(免)税凭证;(六)房产平面图和房屋登记表;(七)其他必要材料。"从上述规定可知,该市房屋登记规范对开发企业建造的商品房进行初始登记或对业主进行转移登记时审查的材料仅限于房屋或建筑工程本身,并不涉及对用地规划许可证所记载的事项进行审核或登记。鉴于开发公司变更规划取得了某区规划行政部门的批准,因此可以取得用地规划许可证和工程规划许可证,进而可以通过变更后的规划验收,又因开发公司取得了工程规划许可证,则根据《建筑法》(2011 年修正)第八条第一款关于申领施工许可证的规定:"申请领取施工许可证,应当具备以下条件:(一)已经办理该建筑工程用地批准手续;(二)在城市规划区的建筑工程,已经取得规划许可证;(三)需要拆迁的,其拆迁进度符合施工要求;(四)已经确定建筑施工单位;(五)有满足施工需要的施工图纸及技术资料;(六)有保证工程质量和安全的具体措施;(七)建设资金已经落实;(八)法律、行政法规规定的其他条件。"只要具备前述条件,某区建委就能为开发企业颁发施工许可证,工程经过竣工验收后就能顺利办理竣工验收备案手续,即使房屋所占用土地的用地性质、宗地图、界址坐标、用地面积等事项与原出让时的规划条件不符。鉴于 2015 年 3 月之前,某区建委不需要对房屋所占用的土地是否与规划用地条件的规定一致进行审查,因此某区建委没有发现涉案 8 栋楼的建设与原规划的相关指标不符的情况,即便某区建委发现了用地范围与规划条件变化,依据之前的规定,也可以进行房屋登记,不违反当时的相关规定,因此某区建委当时能为开发企业办理初始登记,并进而为小业主办理转移登记,并且某区建委的登记行为没有违反当时有效的房屋登记方面的相关规定。

(4)市、区两级国土、规划、建委在事权方面的分工也对上述问题的发生有一定影响。本案建设项目所占用的土地最初是由该市规划和自然资源委员会办理土地挂牌手续的,出让土地时所附规划条件是由某市规划和自然资源委员会提出的,市规划行政部门提出了出让的规划条件及下发涉案地块的规划选址意见书之后,本项目转移至某区规划分局及区其他相关部门来继续办理,市、区两级职能部门的事权分工可能导致关于上下级部门之间信息沟通不畅,进而导致本项目规划变更的信息未能及时共享,这也是导致产生不动产登记问题的原因之一。

综上,律师认为由于某区规划分局未通报区规划和自然资源委员会,开发企业未依法主动向区规划和自然资源委员会备案,未签订规划条件变更的补充协议,《不动产登记暂行条例》对登记范围及审查事项的新的规定以及市、区两级不同级别的部门之间沟通不畅等多种因素导致了所述问题的发生。

3. 开发公司的应对措施:

针对上述不动产登记问题,开发公司可以采取如下应对措施。

(1) 要求国土局继续为业主办理涉案5栋楼的相关转移登记手续,但这个应对措施存在如下风险:根据现行的《不动产登记暂行条例》的相关规定,鉴于上述5栋问题楼房的建设状况与原土地出让合同约定的规划条件不符,在不对土地出让合同的相关规划条件进行变更约定的情况下,某区规划和自然资源委员会继续办理涉案房屋的登记,明显有违《不动产登记暂行条例》的相关规定,国土局如果继续登记,不记载土地相关信息,可能涉及行政违法,面临小业主的行政诉讼。如国土局不登记土地相关信息而继续发证,那么在行政诉讼中国土局败诉的可能性非常大,而且还可能引发其他一系列针对国土和规划部门的行政诉讼,因此不动产登记行政主管部门,从法律规定及风险的角度考虑,继续为业主办理转移登记没有现实可能性,因为后期行政诉讼的风险非常大,所以行政部门不可能依开发公司的请求继续发证。

(2) 开发公司应与区政府职能部门或市政府职能部门沟通协调,提出补办手续的解决方案,由开发公司与市规划和自然资源委员会补签出让合同的补充协议,补充协议确定调整后的用地范围,重新确定界址坐标,对原出让合同确定的界址坐标进行修改,对变更后的规划条件予以确认,并缴交土地出让金,待手续补办完整后再办理相关房屋的转移登记手续。鉴于本案某区规划行政部门对原规划进行了变更,根据《城乡规划法》的相关规定,该规划变更应依法提报原审批机关批准,项目规划变更属于变更市规划和自然资源委员会批准的规划条件、用途、面积等,应提报市规划和自然资源委员会进行审批。审批之后由国土局与开发企业签署国有土地出让合同补充协议,由开发企业依法补交土地出让金及相应税款。同时鉴于国有土地出让合同中土地面积、用途等变更,根据《土地管理法实施条例》(2014年修订)第六条"土地所有权、使用权的变更,自变更登记之日起生效。依法改变土地用途的,必须持批准文件,向土地所在地的县级以上人民政府土地行政主管部门提出土地变更登记申请,由原土地登记机关依法进行变更登记"的规定由开发企业持相应的批准文件申请土地变更登记申请,待手续齐全后,再由某区规划和自然资源委员会办理涉案土地的使用权变更登记。土地使用权变更登记还将相应导致开发企业已经办理的初始登记及业主已经办理的转移登记需要进行变更。《物权法》第二十一条(现《民法典》第二百二十二条)规定,"因登记错误,造成他人损害的,登记机构应当承担赔偿责任。登记机构赔偿后,可以向造成登记错误的人追偿"。根据该规定,这种补办手续的做法也面临着因不能按期办证而向业主赔偿延期办证损失的风险。

(3) 与小业主积极沟通,争取调解解决。不能办理不动产登记手续会导致开发企业面临巨额的民事赔偿,从开发企业与购房人商品房买卖合同的相对性角度来讲,本案不能办理转移登记的民事赔偿责任显然由开发公司来承担,况且,开发公司也有责任,因为在规划变更后,开发企业未依法向区规划和自然资源委员会办理备案手续,进而导致未及时签署土地出让合同补充协议,变更出让合同的相关约定,导致目前的房屋建设状况与原规划不符。因此开发企业显然对业主违约,必然要根据合同约定向业主承担违约责任。转移登记的时间拖延越久,开发公司赔偿得越多,因此,调解是最佳的解决方案。

(4)开发公司应进行反思。在办理前期手续时,对于可能存在的隐患及风险一定要有预测性或前瞻性,对于规划变更及土地范围的调整及后续手续的影响应该有预判,不能因为专业估计不足或者因为前期成本费用问题作出错误的判断。此案的教训对开发公司来说应引起足够的重视。

第九章

房地产开发企业税费合规管理及法律风险防范

房地产开发企业作为不动产开发和经营的企业,具有资金投入量大、经营周期长、流程复杂等特点,在经营过程当中,房地产涉及的税费种类繁多,纳税金额大,纳税环节众多,计税复杂。对于房地产开发企业来说,税费是影响企业利润的直接因素。因此,做好税费的合规管理及法律风险防范对企业来说至关重要。房地产开发前期几乎没有收益,收益集中在中后期,因此,纳税也集中在中后期。

第一节 房地产开发各阶段应缴纳的税费及其标准[①]

房地产开发牵涉面广,涉及建筑业、建材业、建筑设备安装业、金融业、物业管理业及政府相关部门。房地产企业涉及的税费也有很多,分布很广。房地产税费缴纳大体分为五个阶段(如果不是新成立的房地产公司,则分为四个阶段):第一阶段是设立阶段;第二阶段是投资机会选择与决策分析阶段;第三阶段是前期工作阶段;第四阶段是建设阶段;第五阶段是租售阶段。

一、房地产公司设立时应注意的税务登记问题

房地产公司设立时应注意的税务登记问题参见本书第一章。

二、投资机会选择与决策分析阶段应缴纳的费用

(1)可行性研究费或前期工作咨询费。该费用目前已经市场化,一般收费标准可用下表表示,具体数额由双方协商确定。

---

① 本节所列的税或费的标准仅为说明问题而引用,税或费的标准随时会因税收法律、行政法规或政策的修订调整或变动,也可能会被取消或者增加,涉及第三方的费用标准已经市场化,也会随着市场的变化而变化,且有些具体的内容全国各地的标准也不一致,故此处所列的税费标准仅供读者或者开发企业在投资决策计算成本时参考,以避免遗漏税收及费用方面的成本构成信息,避免投资决策失误或者出现偏差,开发企业如涉及具体应用请以届时执行的标准及税务部门或具体的收费部门的规定为准,切勿将本节所列内容作为收费的标准或依据。

表 9-1　可行性研究费或前期工作咨询费用参考表

估算投资额	编制项目建议书	编制可行性研究报告
0.3 亿—1 亿元	6 万—14 万元	12 万—28 万元
1 亿—5 亿元	14 万—37 万元	28 万—75 万元

（2）环境影响评估咨询费收费。该费用目前已经市场化，一般收费标准可用下表表示，具体数额由双方协商确定。

表 9-2　环境影响评估咨询费用参考表

估算投资额	编制环境影响报告书	编制环境影响报告表
0.3 亿—2 亿元	6 万—15 万元	2 万—4 万元
2 亿—10 亿元	15 万—35 万元	4 万—7 万元

（3）交通影响评价咨询费。
（4）固定资产投资项目节能专项咨询费。

三、前期工作阶段主要税费

前期工作阶段涉及税费较多，也比较复杂，主要税费如下。

1. 集体土地征收过程中的主要税和费

（1）土地补偿费。2019 年修正的《土地管理法》实行按照区片综合地价进行补偿，区片综合地价除了考虑土地产值，还要考虑土地区位、经济发展水平等因素综合制定。征收其他土地的补偿费用标准，由省、自治区、直辖市参照征收耕地的土地补偿费和安置补助费的标准规定。

（2）劳动力安置补助费。每一个需要安置的农业人口的安置补助费标准，按照 2019 年修正的《土地管理法》实行按照区片综合地价进行补偿，区片综合地价除了考虑土地产值，还要综合考虑区位、当地经济社会发展状况等因素。

（3）地上附着物补偿费。地上附着物包括房屋等建筑物、构筑物，补偿标准由省级行政机关规定。比如，北京市地上附着物的补偿按照重置成新价的标准补偿。重置成新价按照评估单位的评估来确定，但评估不包括土地的价格，仅仅是房屋及附属物的价格。

（4）青苗及树木补偿费。对处于生长阶段而未收获的农作物给予按照一季作物的产值予以计算。

（5）社会保障费用等。超转人员、孤寡老人和病残人员生活补助费和统筹资金，以北京市为例，在某个时间段规定，朝阳区、海淀区、丰台区、石景山区的补助标准为每亩 400 元，其他区的补助标准为每亩 300 元。

（6）耕地开垦费。《北京市耕地开垦费征收管理办法》第三条第一款规定："本市耕地开垦费的征收标准为：（一）七等耕地 20 万元/亩；（二）八等耕地 18 万元/亩；（三）九等耕地 16 万元/亩；（四）十等耕地 14 万元/亩；（五）十一等耕地 12 万元/亩。"

（7）农用地转用咨询费。项目投资或估价在 100 万元以下的，按照 1.5% 收取；100 万—500 万元的，按照 0.8% 收取；500 万—1000 万元的，按照 0.45% 收取；1000 万—5000 万元的，按照 0.25% 收取；5000 万—10000 万元的，按照 0.1% 收取。上述费用有些地方已经停止收取，没有停止的地方,收费标准已经市场化。

(8)新增建设用地有偿使用费(新农村建设项目无此项费用)。仍以北京市为例,在某个时间段规定,朝阳区、海淀区、丰台区、石景山区为每平方米60元;通州区为每平方米32元;昌平区、顺义区、大兴区为每平方米28元;房山区、门头沟区为每平方米24元;怀柔区为每平方米21元;密云区、延庆区、平谷区为每平方米17元。上述收费的依据为《财政部、国土资源部关于调整新增建设用地土地有偿使用费征收等别的通知》(部分失效)。

(9)新菜地开发建设基金。

(10)征地管理费。

(11)坟墓迁移补助费。

(12)耕地占用税。

2.拆迁安置过程中的主要费用

(1)国有土地房屋拆迁补偿费。

(2)集体土地房屋拆迁补偿费。

(3)城市房屋拆迁搬家补助费。

(4)拆迁标准租私房资助费。

(5)提前搬家奖励费。

(6)临时安置补助费或周转费。

(7)停产停业综合补助费。

(8)一次性异地安置补助费。

(9)危旧房改造区内的拆迁安置补偿费。

(10)房屋拆迁管理费。城市房屋拆迁管理费为住宅每平方米7元,非住宅每平方米3元。

(11)房屋拆迁服务费。

(12)危改小区树木移植费。

(13)园林部门所有树木补偿费。

(14)房屋拆除费。

(15)房屋拆迁评估鉴定费。

(16)房屋拆迁评估费。

根据土地性质的不同,所发生的费用也不同,并非上述费用同时发生并支付。

3.土地使用权取得过程中的主要税费

(1)土地权属调查、地籍测绘费。地籍测绘费及土地权属调查费各占50%。①党政机关、团体土地使用面积在2000平方米(含)以下,每宗地征收200元,每超过500平方米加收25元,最高不超过700元。②企业土地使用面积在1000平方米(含)以下的,每宗地征收100元,每超过500平方米加收40元,最高不超过4万元。③事业单位按照以下规定征收:A.全额预算管理事业单位用地执行党政机关、团体收费标准;B.差额预算管理事业单位土地使用面积在5000平方米(含)以下的,每宗地征收300元,每超过500平方米加收25元,最高不超过1万元。④城镇居民住房用地面积在100平方米(含)以下的,每宗地征收13元,每超过50平方米加收5元,最高不超过30元。⑤农村居民生活用地面积在200平方米(含)以下的,每宗地征收5元,200平方米以上的,每宗地征收10元。

(2)地价评估费。地价评估费一般按照下表所列标准收取,具体数额由双方协商确定,有些情况下需要通过招标投标的方式确定。

表 9-3 地价评估费用收费标准一览

土地价格（万元）	收费标准
≤100	5‰
101—1000	2.5‰
1001—2000	1.5‰
2001—5000	0.8‰
5001—8000	0.4‰
8001—10000	0.2‰
>10000	0.1‰

（3）资金占用费。土地使用者不能按规定时间交付地价款的，在延长付款期间内按月向出让方支付资金占用费。收取标准为每月支付未付地价款额的 1‰～2‰。

（4）土地闲置费。征收土地闲置的，每年征收相当于同类土地年产值 5 倍的土地闲置费；出让土地闲置的，征收相当于土地出让金 10%～20% 的土地闲置费（具体标准各地有所差别）。

（5）确定规划设计方案的规划许可费用。①工程勘察（测量）费。根据建设项目投资额的不同情况，分别实行政府指导价和市场调节价：A.建设项目总投资估算额 500 万元及以上的工程勘察收费实行政府指导价；B.建设项目总投资估算额 500 万元以下的工程勘察收费实行市场调节价。②工程设计费。根据建设项目投资额的不同情况，分别实行政府指导价和市场调节价：A.建设项目总投资估算额 500 万元及以上的工程设计收费实行政府指导价；B.建设项目总投资估算额 500 万元以下的工程设计收费实行市场调节价。③建筑市政工程设计费。

（6）城市基础设施配套建设费（四源费），以山东省青岛市为例，可用下表表示。

表 9-4 城市基础设施配套费收费标准及使用范围一览

序号	配套项目	收费标准（元/平方米）	具体配套内容
	合计	237	2006 年 11 月 22 日青岛市人民政府办公厅公布《青岛市人民政府办公厅关于调整城市基础设施配套费收费标准的通知》，从 2006 年 12 月 1 日起，市内四区取消城市基础设施配套费中的管道燃气配套费（即每平方米 18 元），城市基础设施配套费收费标准相应调整为每平方米 237 元（本标准适用范围为青岛市内四区）
1	供热	57	从热源厂、站规划红线起至单位热用户院墙外一米，至居民热用户楼前入口阀门井出口法兰止的供热管网，公用热交换站和计量站等配套设施
2	道路	60	包括路基（土石方）、基础、面层、人行道、行道树（两侧环境）、安全设施及地面附着物补偿等，标准为市政一级
3	给水	8	压力供水管线、规模大的住宅区"低压区"的压力泵站等。标准：按设计规范
4	雨水	11	雨水排放管线、暗渠、泄洪设施等

(续表)

序号	配套项目	收费标准（元/平方米）	具体配套内容
5	污水	12	污水管线、污水泵站等
6	综合布线	6	12孔砼构件。包括有线电视、智能化宽带、区内弱点（380V以下）电缆、电信电缆等穿线件
7	环卫	6	垃圾分类集散点、分类集中打包站、公厕
8	水处理	20	居住区新建污水接力泵站，连接系统主管线机水环境改造等
9	中小学	37	规划内部全部中学（初中）、小学、托幼园所的建设，产权移交给市政府行政主管部门
10	托幼园所	20	

表9-5 管道燃气入网费收费标准

类别		燃气入网费		收费方式	备注
		计量单位	收费标准		
居民用户	新建住宅	元/建筑平方米	18	由开发建设单位一次性缴纳	1. 本标准适用范围为山东省青岛市市内四区。 2. 管道燃气入网费主要用于气源厂站沿市政道路至单位用气户建筑红线和至住宅楼建筑红线的燃气管线及小区调压站等燃气设施建设。 文件名称：《青岛市物价局、青岛市市政公用局、青岛市财政局关于市内四区管道燃气入网费标准等有关问题的通知》
	已建住宅	元/户	1255	由用户自愿申请的用户一次性缴纳	
非居民用户	工业生产用户、福利院和养老院等福利机构、托幼园所、学校食堂以及其他非营业性用户	元/立方米	不高于200	按用户设计日用气量一次性缴纳；收费由燃气供需双方协商确定	
	酒店、宾馆及其他营利性用户	元/立方米	不高于400		

（7）地下水资源费。
（8）"招拍挂"出让国有建设用地使用权的文件制作费。
（9）"招拍挂"出让国有建设用地使用权前期服务费。
（10）新增建设用地土地有偿使用费。
（11）外商投资企业土地使用费。
（12）地价款滞纳金。
（13）绿化建设费。
（14）绿化补偿费。
（15）土地契税按照转让成交额的3%～5%缴纳。

四、建设阶段主要税费

建设阶段的主要税费因经济发展水平等原因,各地有所差异。此阶段主要包括下列税费。

(1)勘察设计费用,包括工程勘察费、工程设计费和建筑钉桩放线费。

(2)建设工程招投标费用,主要包括如下内容。

①工程标底编制费。标底额小于500万元,编制费为标底额×0.2‰;标底额500万—1000万元,编制费为标底额×0.15‰;标底额大于1000万元,编制费为标底额×0.1‰。

②工程招标代理服务费。

③合同预算审查工本费。此费用按照工程造价×0.5‰的标准计算。

④建设工程招投标管理费。

⑤建设工程监理招投标交易服务费。

⑥建设工程设计招投标交易服务费。

⑦建设工程勘察招标管理费(见下表,目前均可协商确定,表格仅供参考)。

表 9-6 建设工程勘察招标管理费用标准

费用种类	收费标准	费用分担	
		招标方	中标方
招投标管理费	1‰	0.6‰	0.4‰
监理招投标交易服务费	1.2%	1.2%×60%	1.2%×40%
设计招投标交易服务费	0.9%	0.9%×60%	0.9%×40%
勘察招标管理费	5%	5%×50%	5%×50%

⑧招标代理服务费(见下表,目前均可协商确定,表格仅供参考)。

表 9-7 招标代理服务费用标准

中标价格(万元)	<100	100—500	500—1000	1000—5000	5000—10000	10000—100000	>100000
货物招标	1.5%	1.0%	0.8%	0.5%	0.25%	0.05%	0.01%
服务招标	1.5%	0.8%	0.45%	0.25%	0.1%	0.05%	0.05%
工程招标	1.0%	0.7%	0.55%	0.35%	0.2%	0.05%	0.05%

(3)工程施工费用,主要包括以下方面。

①建筑、安装及市政工程费。工程费包括直接费、间接费、利润、税金,直接费包括直接工程费和措施费,间接费包括规费和企业管理费。

②新型墙体材料专项基金。

③散装水泥专项基金。

④超计划用水加价费。

⑤施工噪声扰民费。

⑥占道费。

⑦人民防空工程易地建设费。有些地方按照每平方米1640元收取;九层以下、7000平方米以下民用建筑,按照每平方米10元收取;九层以下、7000平方米以上,按总面积×每平方米1000

元收取;十层以上(含十层),未按规定修建防空地下室,按首层建筑面积×每平方米1000元收取。

⑧市政公用设施建设费。

⑨城市基础设施配套建设费。所谓城市基础设施配套建设费是指按城市总体规划要求,为筹集城市市政公用设施建设资金所收取的费用。城市基础设施配套建设费按建设项目的面积征收。现在许多地方该项费用已含于土地出让金中,主要看土地出让合同是否有说明。土地出让金的构成比例一般如下:级差地租25%,城市基础设施配套费30%,土地开发费用45%。

⑩地下热水资源费。住宅按每平方米9元收取。

⑪供电贴费。

⑫竣工档案保证金。按工程概算的1%~3%计算收取。

⑬建材发展补充基金。按工程概算的2%收取,住宅免交。

⑭开工手续办理的主要税费。固定资产投资方向调节税(免征)。

⑮"三通一平"费。以实际发生为准。

⑯质量管理监督费。按建安工程费的0.5‰收取。

⑰工程监理费。总造价百分比计取,用插入法计算,建设前期阶段按工程概预算的0.1%~0.2%计取,施工阶段(含保修阶段)的取费见下表。

表9-8　工程施工阶段监理费用标准

序号	工程概算(万元)	监理取费(%)
1	<500	>2.5
2	500—800	2.2~2.5
3	800—1000	2.0~2.2
4	1000—3000	1.7~2.0
5	3000—5000	1.4~1.7
6	5000—8000	1.28~1.4
7	8000—10000	1.2~1.28
8	10000—30000	1.0~1.2
9	30000—50000	0.8~1.0
10	50000—80000	0.68~0.8
11	80000—100000	0.6~0.68
12	100000—150000	0.52~0.6
13	>150000	<0.5

⑱超计划用水加价水费。超计划用水加价水费标准,按用水类别、用水季节和超计划用水幅度,分别定为现行公共供水水价或者地下水资源费的1—30倍。超计划加价水费计收标准见下表。

表 9-9　超计划加价水费计收标准

用水类别及加价倍数超计划用水幅度	自来水加价标准		自备井水加价标准	
	平时	6—8月	平时	6—8月
10%以下	1倍	3倍	2倍	6倍
10%~20%(不含20%)	2倍	6倍	4倍	12倍
20%~30%(不含30%)	3倍	9倍	6倍	18倍
30%~40%(不含40%)	4倍	12倍	8倍	24倍
40%以上	5倍	15倍	10倍	30倍

⑲夜间施工噪声扰民补偿费。30—60元/(户·月)。
⑳占道费和交通管理费。0.4—3元/天。
㉑工程竣工验收主要税费为竣工图费。
㉒测绘收费。

五、租售阶段主要税费

房地产买卖过程中涉及的税费主要有：契税、印花税、增值税、城市维护建设税、教育费附加、个人所得税、土地增值税、权证费、不动产权属登记费、交易手续费。房地产租赁的主体是个人的，涉及增值税、城市维护建设税、房产税、个人所得税、印花税。租赁主体是企业的，涉及增值税、城市维护建设税、房产税、印花税、企业所得税。

(1)增值税。增值税是在中华人民共和国境内销售货物或者加工、修理修配劳务，销售服务、无形资产、不动产以及进口货物的单位和个人，为增值税的纳税人，应当缴纳增值税。涉及房地产的增值税税率，建筑、不动产租赁服务，销售不动产，转让土地使用权，税率为11%。

(2)城市维护建设税。纳税人所在地在市区的，税率为7%；纳税人所在地在县城、镇的，税率为5%；纳税人所在地不在市区、县城或镇的，税率为1%。计算公式为：应纳税额=实际缴纳的增值税、消费税税额×适用税率。

(3)教育费附加。教育费附加是为发展教育事业而征收的一种专项资金。教育费附加由税务机关负责征收，其收入纳入财政预算管理，作为教育专项资金，由教育行政部门统筹安排，用于改善中小学教学设施和办学条件。教育费附加率为3%，与消费税、增值税同时缴纳。应纳税额的计算公式为：教育费附加=实际缴纳的增值税、消费税税额×附加率。

(4)印花税。印花税的税率根据不同的情形按不同的标准征收：建设工程合同税率0.03%，买卖合同税率0.03%，转让土地使用权税率0.05%，房屋出租税率0.1%，土地使用证、房屋所有证每证5元。

(5)契税。《契税法》规定契税的标准是3%~5%。(契税的具体适用税率，由省、自治区、直辖市人民政府在前款规定的税率幅度内提出，报同级人民代表大会常务委员会决定，并报全国人民代表大会常务委员会和国务院备案)有些情形房地产受让的单位或个人免征契税，但对开发企业来说，可能有以下几种情形可能会免征或减征契税：一是开发企业的土地、房屋被县级以上人民政府征收、征用后，重新承受土地、房屋权属的，是否减征或者免征契税，由省、自治区、直辖市人民政府确定；二是土地使用权交换、房屋交换，交换价格相等的，免征契税；三是因不可抗力灭失住房，重新承受住房权属可免征或减征；四是国务院对居民住房需求保障、企业改制重组、灾后重建等情形可以规定免征或者减征契税,报全国人民代表大会常务委员会备案后可免征。

(6)企业所得税。房地产开发企业所得税自2006年1月1日起一律实行查账征收方式。以北京市为例,房地产开发企业预售收入按15%的利润率征收企业所得税,不享受减免税优惠。

(7)房屋所有权登记费。每套80元。

(8)住房交易手续费。每平方米3元(很多地方已停止征收)。

(9)居住小区物业管理启动经费。建安工程费的2%(很多地方已停止征收)。

(10)住宅共用部位、共用设施设备维修基金。销售价格的2%。

(11)物业管理费。由物价行政主管部门和物业行政主管部门共同制定政府指导价。

(12)供暖费。每平方米24元。

(13)土地增值税。土地增值税按照纳税人转让房地产所取得的增值额作为计税依据。纳税人转让房地产所取得的收入减除规定扣除项目金额后的余额,为增值额。扣除项目有:①取得土地使用权所支付的金额;②开发土地的成本、费用;③新建房及配套设施的成本、费用,或者旧房及建筑物的评估价格;④与转让房地产有关的税金;⑤财政部规定的其他扣除项目。

土地增值税实行四级超额累进税率。税率具体规定为:①增值额未超过扣除项目金额50%的部分,税率为30%;②增值额超过扣除项目金额50%、未超过扣除项目金额100%的部分,税率为40%;③增值额超过扣除项目金额100%、未超过扣除项目金额200%的部分,税率为50%;④增值额超过扣除项目金额200%的部分,税率为60%。土地增值税计税方式见下表。

表9-10 土地增值税的计税标准

级数	增值额与扣除项目金额的比率(%)	税率(%)	速算扣除系数(%)
1	不超过50%的部分	30	0
2	超过50%未超过100%的部分	40	5
3	超过100%未超过200%的部分	50	15
4	超过200%的部分	60	35

国家对开发企业以下行为减免征土地增值税:①纳税人建造普通标准住宅出售,增值额未超过扣除项目金额20%的;②因国家建设需要依法征收、收回的房地产。

土地增值税的清算。开发企业对于全部竣工并销售完毕的房地产开发项目、整体转让未竣工的房地产开发项目、直接转让土地使用权的项目、纳税人申请注销税务登记的房地产开发项目,应到主管地方税务机关办理土地增值税清算手续。主管地方税务机关对符合下列条件的,可要求开发企业进行土地增值税清算:①纳税人开发的房地产开发项目已通过竣工验收,已转让的房地产建筑面积占整个项目可售建筑面积的比例在85%以上,或该比例虽未超过85%,但剩余的可售建筑面积已经出租或自用1年以上的;②取得销售(预售)许可证满3年仍未销售完毕的;③经主管地方税务机关进行纳税评估发现问题后,认为需要办理土地增值税清算的房地产开发项目。房地产开发企业建造的商品房,已自用或出租使用年限在1年以上再出售的,应按照转让旧房及建筑物的政策规定缴纳土地增值税,不再列入土地增值税清算的范围。

(14)城镇土地使用税。按照《城镇土地使用税暂行条例》第四条规定,城镇土地使用税每平方米年税额如下:大城市1.5—30元;中等城市1.2—24元;小城市0.9—18元;县城、建制镇、工矿区0.6—12元。

(15)房产税。

(16)房地产价格评估费。
(17)房屋质量缺陷损失评估。

六、房地产开发可能涉及的其他税费

房地产开发税费名目繁多,各地执行标准不一,除前述的各种税费之外,还可能存在下列税费:

(1)规划管理费。
(2)规划技术服务费。
(3)城建档案费。
(4)白蚁防治费,按每平方米0.5元收取。
(5)劳保统筹费,按照建安工程费的2.6%收取。
(6)图纸审查费,按照每平方米1.9元收取。
(7)建设工程交易服务费。
(8)市政公用设施配套费,按每平方米20元收取。
(9)人防费,即防空地下室建设费,总建筑面积7000平方米以下的按每平方米6.5元收取。
(10)排污费和建筑施工噪声超标准排污费。超标值1—12dB,征收额为每月200—1600元,13dB以上征收额为每月3200元。声源一个月内超标不足15天的(昼或夜)减半征收。
(11)防雷设施费。
(12)工程定额测定费,按照工程总造价×0.1%收取。
(13)土地使用费,按每年每平方米8—10元收取。
(14)公共消防设施配套费,按每平方米1.5—3元收取。
(15)水利建设基金,耕地每亩2000元,非耕地每亩1500元。
(16)土地登记费,按每平方米0.07万—4万元收取。
(17)土地复垦费,按每公顷0.6万—2.25万元收取。
(18)土地出让业务费,按土地出让金的2%收取。
(19)商业网点费,按每平方米17元收取。
(20)教育配套费,按每平方米18元收取。
(21)环卫开发费,按每平方米5元收取。
(22)垃圾处理费,按每平方米12元收取。
(23)抗震审查费,按每平方米1.5元收取。
(24)临时水电报装费,按工程量计算(数十万)。
(25)水电接入增容费,按工程量计算(上百万)。
(26)合同鉴证费,按合同金额2%~5%收取。
(27)土地收益金,按每平方米30元收取。
(28)质检费,按每平方米20元收取。

其中,有些根据市场经济的发展程度,明显不合时宜的税费已经停止收取,但有些地方仍在收取。另外,各种税费在不同地方、不同时间段的收费标准并不相同,上面所列收费数额可能与实际收费标准有出入,仅供读者参考,切勿作为缴费的标准或依据。

七、房地产开发各阶段税费的统计分析

据统计资料披露,从开发企业角度来看,不考虑某一时间段因宏观调控的政策变化(如契税、

土地增值税、增值税增加等),在一般情况下,房地产全部开发环节和销售环节的总税收占总成本的比例为26.06%,其中销售环节税收占总成本的比例为23.43%,即房地产开发企业大约需要将总成本的1/4(26.06%)、总支出的1/5(19.06%)、销售收入的1/7(14.21%)作为税收缴纳给政府部门。

开发环节与销售环节的税收分布可用下图表示。

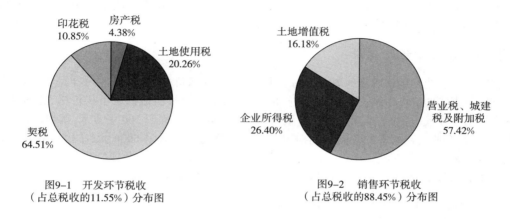

图9-1　开发环节税收（占总税收的11.55%）分布图

图9-2　销售环节税收（占总税收的88.45%）分布图

第二节　房地产开发税收规避方法揭示及法律风险

本节对房地产开发企业偷税、漏税、避税的手段进行揭示,目的在于进行风险提示,让开发企业知道哪些行为违法或违规,从而化解税务风险,避免受到行政处罚或承担刑事责任。

一、房地产开发企业常用的偷税、漏税、避税手段

(一)销售收入不申报纳税

房地产行业前期资金投入较大,为避免资金短缺,有些房地产企业选择将销售收入计入"预收账款"科目,定金计入"其他应付款"科目,以达到推迟申报、少缴税款甚至不作纳税申报的目的。有些开发企业将销售款作以下几种方式处理。

(1)开发企业以少报预缴销售款达到逃避税收的目的。目前房地产销售主要为预售制,税务部门要求开发企业按预先估算应缴税款的额度进行预缴。有些开发企业采取低估低报的方式,在随后结算时,即便购房者的按揭贷款已由银行汇入了开发企业账户,开发企业也会以风险没有完全转移为借口不将购房款作为营业收入缴税。

(2)收到预售房款不记入预收账款,而是记入其他应付款。有的开发企业收到款项不入账,而是通过对法人或关联方的借款将资金挪入账内,以达到"偷、漏、避"增值税及附加和企业所得税。

(3)费用冲抵收入或购房款。有的开发公司将收到销售款项记入预收账款,支付工程款、土地款等前期费用,违约金、诉讼费等直接冲减预收账款。有的企业将支付的费用与收到的购房款冲抵后以差额记入收入或预收账款,以达到少交增值税及附加和企业所得税的目的。

(4)应收未收房款,冲抵应付未付费用。有的开发公司采取以商品房部分价款(应收未收)支付广告服务、法律服务、中介服务(应付未付)费用的方式,进行收支冲抵,不列入收入(支出)项目进行核算,以达到少交增值税及附加和企业所得税的目的。

(5)开发企业以设立项目公司方式逃税。通常情况下,开发企业每开发一个楼盘就成立一个项目公司,当项目销售完成后,如果项目公司注销,那么税款就很难收缴。

上述几种方法均是采取隐瞒收入、不作或少作收入的方式,违反税收相关法规,构成偷税漏税行为,严重者构成刑事犯罪。

(二)签订"阴阳合同"避税

有些开发企业在销售房屋时签订两份合同,两份合同除价格之外,其他内容完全一致,其中一份合同是真实的成交价格,另一份是备案的价格,备案的价格明显低于市场价格,这样开发企业就少计销售收入。例如,某项目销售房屋每平方米10000元,面积100平方米,销售总价为100万元,而开发企业与购房人的备案合同房屋的成交价格为每平方米6000元,总价为60万元,这样就少计销售收入40万元。按照《税收征收管理法》第三十五条第一款第六项规定,纳税人申报的计税依据明显偏低,又无正当理由的,税务机关有权核定其应纳税额。

(三)增加开发项目成本费用规避所得税

(1)虚开材料设备发票。有的开发企业将购置建筑材料费用列入装修费用,有的开发企业采取关联交易的方式,将甲供材料价格提高,把利润转给上游关联公司。

(2)以预算发包价格计入工程成本。

(3)提高项目工程建安成本,虚开建安发票。房地产开发企业涉及规划设计、建筑施工安装、建材、中介服务、广告等诸多行业和部门,企业财务日常处理票据的工作量大、成本核算难度大,于是有些开发企业利用建安发票虚列成本。比如某地区某时段商品房建安造价标准为每平方米1500元,而某公司实际建安成本每平方米3000元,这样就把工程建安成本增加了,因为建安的税收在"营改增"之前为3.3%的营业税及附加,而企业所得税是25%。如果开发企业提供的建安成本扣除额明显高于造价表,又没有正当理由,税务部门将按核定办法予以扣除。

(4)虚列公共配套设施支出。一般开发企业在签订建筑安装合同时,已经将附属工程、水电工程、屋面防水工程等包括在合同总价款中,但有些开发企业在工程完工结转成本时,又另行对这些单项签订大额虚假合同,或者作为公共配套设施支出发票重复进入开发成本。

(5)公共设施的成本费用全额扣除。部分房地产企业将小区居民委员会、会所、停车场(库)、物业管理场所、居民文体娱乐场所等公共设施的成本费用一律计入扣除项目。比如有些开发企业单独建造的停车场所,本应作为成本对象单独核算。但开发企业利用地下基础设施形成的停车场所,作为公共配套设施进行处理,将整层车库列入公共配套设施,其建造成本全部列入公共配套设施进行扣除。根据《房地产开发经营业务企业所得税处理办法》(部分失效)第十七条第一款第二项规定,属于营利性的,或产权归企业所有的,或未明确产权归属的,或无偿赠与地方政府、公用事业单位以外其他单位的,应当单独核算其成本。除企业自用应按建造固定资产进行处理外,其他一律按建造开发产品进行处理。

(6)通过资产评估,将项目公司土地通过高价估值后计入开发成本。

(四)增加扣除项目避税

(1)将代收费用一律计入扣除项目加计扣除。根据《财政部、国家税务总局关于土地增值税一些具体问题规定的通知》(部分失效)第六条规定,对于县级以上人民政府要求房地产开发企业在售房时代收的各项费用,可以根据代收费用是否计入房价和是否作为转让收入,确定是否扣除。如果代收费用是计入房价中向购买方一并收取的,可作为转让房地产所取得的收入计税;相应地,在计算扣除项目金额时,代收费用可以扣除,但不允许作为加计20%扣除的基数。如果代收费用未计入房价中,而是在房价之外单独收取的,可以不作为转让房地产的收入。相应地,在计算增值额时,代收费用不允许在收入中扣除。第一,确定要求代收费用的主体是否为县级以上人民政府;第二,视情形决定是否作为扣除项目,且一律不得作为加计20%扣除计算的基数。

(2)印花税计入与转让房地产有关的税金扣除。《财政部、国家税务总局关于土地增值税一些具体问题规定的通知》(部分失效)第九条规定,"细则中规定允许扣除的印花税,是指在转让房地产时缴纳的印花税。房地产开发企业按照《施工、房地产开发企业财务制度》(已失效)的有关规定,其缴纳的印花税列入管理费用,已相应予以扣除"。印花税应列入企业的管理费用进行扣除,不应计入"与转让房地产有关的税金"中扣除。

(3)利息支出一律计入扣除项目。根据《土地增值税暂行条例实施细则》的规定,利息支出要视情况确定,分在规定范围内据实扣除和在计算金额之和的10%以内计算扣除两种情况。凡能够按转让房地产项目计算分摊并提供金融机构证明的,允许据实扣除,但最高不能超过按商业银行同类同期贷款利率计算的金额。凡不能按转让房地产项目计算分摊利息支出或不能提供金融机构证明的,利息支出不得单独计算,而应并入房地产开发费用中一并计算扣除。在这种情况下,房地产开发费用按取得土地使用权所支付的金额和房地产开发成本之和的10%以内计算扣除。有些开发企业采取项目公司高息向关联公司借贷的方式,将利息作为财务成本,转移项目公司利润。

(4)房地产公司进行资产重组,把装修等剥离出房地产项目公司,或者把精装修房分拆成毛坯房与装修两项工程,或者在债务重组时造成项目公司损失,以减少利润。

(五)房地产交换不确认收入避税

有些房地产企业设立多个关联企业,关联企业进行房地产交换时不缴纳增值税。根据《土地增值税暂行条例》的规定,纳税人转让房地产所取得的收入,包括货币收入、实物收入和其他收入。通过房地产交换,交换双方都取得房产这一实物形态的收入,应属于土地增值税的征税范围。交换双方都应作为一种实物收入,申报缴纳土地增值税。

(六)股权投资取得土地根据评估价值入账避税

当开发企业通过股权收购方式获取土地使用权时,收购人应重视收购后土地成本的计量。从账务处理来看,土地评估增值部分无法在股权交易过程中得到账面确认。交易行为属于股权投资,而非土地使用权交易。因此在账务处理上,溢价支出仅能计入相关投资成本,而不能将溢价支出计入土地成本。不能按经评估确认后的价值确定有关资产的成本,将无形资产评估增值部分计入土地成本。比如某房地产公司以股权投资方式取得一块土地根据评估价值10000万元,全部计入地价成本,而付清地价款凭证仅为5000万元,开发项目的土地成本未按照历史成本及实际发生的成本确认扣除。

(七)拖延清算时间递延纳税避税

部分房地产企业根据北京市地方税务局发布的《北京市地方税务局土地增值税清算管理规

程》(部分失效)第十二条规定的清算条件,在销售时故意留下几套尾房,迟迟不进行结算,使整个项目不能决算,逃避土地增值税的清算。第十二条规定,符合下列情况之一的,纳税人应到主管税务机关办理土地增值税清算手续:

(1)全部竣工并销售完毕的房地产开发项目;
(2)整体转让未竣工的房地产开发项目;
(3)直接转让土地使用权的项目;
(4)纳税人申请注销税务登记的房地产开发项目。

但税务部门为了防止开发企业迟迟不进行增值税清算,规定符合下列情况之一的,主管税务机关可要求纳税人进行土地增值税清算:

(1)纳税人开发的房地产开发项目已竣工,已转让的房地产建筑面积(含视同销售房地产)占项目全部可转让建筑面积在85%以上的,或该比例虽未超过85%,但剩余的可售建筑面积已经出租或自用1年以上的;
(2)取得销售(预售)许可证满3年仍未销售完毕的。

竣工是指除土地开发外,纳税人建造、开发的房地产开发项目,符合下列条件之一:①房地产开发项目竣工证明材料已报房地产管理部门备案。②房地产开发项目已开始投入使用。开发项目无论工程质量是否通过验收合格,或是否办理竣工(完工)备案手续以及会计决算手续,当纳税人开始办理开发项目交付手续(包括入住手续),或已开始实际投入使用时,为开发项目开始投入使用。③房地产开发项目已取得了初始产权证明。

(八)开发企业将房屋自营自用逃避纳税

有些开发企业将高增值率的部分房地产,如商业房、车库等,转为企业自用或用于出租等商业用途,由于产权未发生转移,无须缴纳土地增值税,在税款清算时不列收入,不扣除相应的成本和费用。如果产权未发生转移,不征收土地增值税。除此之外,开发企业在出租上述房屋时,还可能隐瞒临时出租房产收入。有的房地产开发企业将大量临时未售出的空置房屋出租给他人,取得租金收入,但采取不入账的方式或记入往来账,隐瞒应税收入。待出售时将销售房地产收入计入销售收入,申报销售不动产增值税及相关税金。

(九)开发企业在经营中逃避税收的方式

(1)将出租物业变成投资物业。如果开发项目是住宅,但有一配套写字楼,有的开发企业先建住宅,在预售后从预售款中拿出一部分建写字楼,建好后出租,把建写字楼的费用在账目上变成投资而非收入,住宅预售的账面收入变为预售收入减去建写字楼的收入,这样把纳税基数变低。
(2)提高经营成本。将关联公司的物品租赁给项目公司并收取租赁费。
(3)股权转让时股东先分红,再按股本等价转让节税,因为股东分红不用再缴纳所得税;如果不分红,股权溢价部分作为法人股东转让收益要缴纳25%的所得税。
(4)股东在内部分配或清算注销不预留和缴纳税款。如果投资人或合作双方缴足应缴税款后再进行利益分配,这样可以降低涉税风险,还可以避免合作双方不必要的经济纠纷,待税款清算结束后双方再将余额进行分配。
(5)公司性质筹划避税。《财政部、国家税务总局关于印发〈关于个人独资企业和合伙企业投资者征收个人所得税的规定〉的通知》(部分失效)中强调了对个人企业和合伙企业所得税的征收工作一律停止。因此有些投资者将目标公司设为个人独资或合伙制。

总之,房地产开发企业不能违反税法和税收政策的规定,但可以根据企业自身实际及其经营特点,利用税收优惠政策,分析税法的规定,合理选择会计处理技术,在充分理解税收政策的同时,进行必要、合理的税务筹划,尽可能把政策对企业的不利影响降低到最低。

二、违反税法的法律风险

房地产企业的纳税风险具体表现为故意性违法风险和过失性违法风险。房地产企业面临的过失性违法风险普遍存在,这主要是房地产企业及其财会人员对税收政策不了解及税收制度本身的复杂性所引起。有些房地产企业存在较严重的偷税与逃税行为,违法风险较大,房地产企业是税务机关关注的重点,违法所引发的风险正在增加。房地产业的税收制度较为复杂,也使得房地产业所面临的纳税风险比其他行业更高。

(一)行政风险

纳税人、扣缴义务人或者其他税务行政相对人以及税务机关、税务人员违反《税收征收管理法》,应当追究行政责任,给予行政处罚。追究税务行政相对人行政责任的税收违法行为可以归纳为违反税务管理和妨害税款征收两大类。

(1)违反税务管理。违反税务管理,包括不按规定办理、使用税务登记证,违反账簿、凭证、账号管理,不按规定安装、使用税控装置,违反发票管理,不按规定期限办理申报,非法印制、使用完税凭证,阻挠税务检查,以及不按规定协助税务工作。

(2)妨害税款征收。妨害税款征收,包括偷税,不缴或者少缴税款,应扣未扣、应收不收税款,编造虚假计税依据,不申报纳税,逃避追缴欠税,抗税,骗税,以及因违法行为导致他人未缴、少缴或者骗取税款。

①偷税,是指纳税人伪造、变造、隐匿、擅自销毁账簿、记账凭证,或者在账簿上多列支出或不列、少列收入,或者经税务机关通知申报而拒不申报或进行虚假的纳税申报,不缴或少缴应纳税款的。扣缴义务人采取上述手段不缴或者少缴已扣、已收税款的,亦为偷税。

②不缴或者少缴税款,是指纳税人、扣缴义务人在规定期限内不缴或者少缴应纳或应解缴的税款。

③应扣未扣、应收不收税款,是指扣缴义务人应扣而未扣、应收而不收税款。

④编造虚假计税依据,是指纳税人、扣缴义务人编造虚假计税依据。

⑤不申报纳税,是指纳税人不进行纳税申报,不缴或少缴应纳税款。

⑥逃避追缴欠税,是指纳税人欠缴应纳税款,采取转移或隐匿财产的手段,妨碍税务机关追缴其欠缴的税款。

⑦骗税,是指以假报出口或者其他欺骗手段,骗取国家出口退税款。

⑧抗税,是指以暴力、威胁方法拒不缴纳税款。

(3)行政处罚。行政处罚是追究税务行政相对人税收违法行为的行政责任,依法给予行政处罚。税务行政处罚主要分为罚款和没收违法所得。

①罚款是最主要的行政处罚措施,适用于所有的税收违法行为。根据违法行为对税收征管的损害程度,法律上设定了不同的罚款力度。违反税收管理的违法行为,情节严重的,必须处以罚款;非属情节严重的,则可以处也可以不处罚款。妨害税款征收的违法行为,较违反税收管理的违法行为性质严重,除个别情况外,法律上均要求必须处以罚款,罚款幅度基本上设定为不缴

或者少缴的税款50%以上1倍以下。

②没收违法所得适用于有违法所得的税收违法行为。主要是违反发票管理的行为,不法分子通过非法印制、使用、倒买倒卖发票,非法生产、制作发票防伪专用品等手段牟取非法利益。

(二)刑事风险

严重违反税收征管的行为构成刑事犯罪,由《刑法》来调整,行为人承担刑事责任。《刑法》第二百零一条规定,纳税人采取欺骗、隐瞒手段进行虚假纳税申报或者不申报,逃避缴纳税款数额较大并且占应纳税额10%以上的,处3年以下有期徒刑或者拘役,并处罚金;数额巨大并且占应纳税额30%以上的,处3年以上7年以下有期徒刑,并处罚金。有上述行为,经税务机关依法下达追缴通知后,补缴应纳税款,缴纳滞纳金,已受行政处罚的,不予追究刑事责任;但是,5年内因逃避缴纳税款受过刑事处罚或者被税务机关给予2次以上行政处罚的除外。

案例:2007年6月,某市地税局稽查处对某市综合开发公司自2008年1月1日至2009年12月31日期间的地方税收纳税情况进行了检查,发现该公司采取少计收入、虚列成本、使用不符合规定的票据等手段少缴地方税费约153万元,税务机关已责令其限期缴纳少缴的地方税费,对该公司少计收入、虚列成本,少缴税款的偷税行为,依法处以罚款,并对使用不符合规定的票据在开发成本中列支造成他人少缴税款的行为、未按规定取得发票的行为处以罚款。鉴于该公司偷税数额巨大,手段恶劣,已涉嫌偷税犯罪,被依法移送司法机关追究刑事责任。

第三节 房地产开发企业纳税管理制度设计及税费风险防范

设计房地产税收制度的前提是符合税法及税收政策,房地产开发企业应当详细了解国家税收法律政策,充分掌握房地产领域不同税种缴税的政策差异及标准,还必须与纳税地的税务机关沟通,了解纳税地的相关税收信息与税收政策以及该地区的具体操作方法,努力实现企业利润最大化和税务风险最小化。房地产税收中的制度设计,应充分利用税法所赋予的税收优惠或选择机会,结合房地产企业自身经营以及项目本身的情况,达到节约开发成本或转嫁纳税成本,减轻企业负担的目的。

一、企业内部税务制度设计

(一)投资及项目取得过程中的税务制度设计

1.房地产企业设立时的税收制度设计

(1)选择公司的组织形式。房地产公司开发新项目时,选择设立子公司或分公司的组织形式对税务的影响不同,因此房地产企业可以根据实际情况选择成立子公司或分公司。如设立子公司,因具有独立法人资格,子公司就是纳税义务主体,可能享受某些税收优惠。目前成立分公司的房地产公司很少,大多数房地产企业选择成立子公司,原因有二:一是项目所在地政府在挂牌时就要求必须成立一家有独立法人地位的公司,以便于独立承担责任与风险;二是房地产企业从自身利益角度考虑,为了规避税收的政策性风险,不愿给总公司带来税务方面的麻烦,因此宁愿成立子公司,即使成立分公司会带来税务利益,房地产企业也会因项目所在地税收政策不明而放弃眼前的优惠。

有些分公司在项目所在地有税收优惠或变相的优惠措施,可以返还财产或者奖励,因此,有些项目设立子公司。但是有时在外地设立分公司,当地税务机关也没有税收优惠政策或变相的优惠措施。

(2) 投资地区的选择。由于我国国情特殊,各地区发展不平衡,有些地区为发展经济,出台一些税收优惠政策以吸引投资,拉动当地的经济发展。房地产企业可根据各地的税收优惠政策,选择这些地区进行投资,以减轻企业税务负担。

(3) 内外资的选择。在改革开放初期,外资企业曾经是"金字招牌",能得到诸多优惠政策。根据《企业所得税法》的规定,我国准备在 5 年内使内外资企业所得税税率执行同一标准,因此外资企业在期满后将不能再享受优惠政策。以前有些地方在土地挂牌交易时,人为设定条件,只让外资公司进入。随着房地产宏观调控政策的出台及执行,外资进入房地产行业也有限制。另外,由于外汇管理的规定,外资房地产企业资金的进出有诸多不便,因此现在外资在中国开发房地产难度加大,尤其是新设立的外资公司想投资房地产,难度有所增加。现在设立外资房地产公司从税收方面原则上已无优惠,与内资企业相同,因此外资想进入房地产领域,应该权衡外资进入的准许条件、资金进出限制与税收优惠之间的利弊,再作出选择。

(4) 设立离岸公司。有些房地产公司在英属维尔京群岛、开曼群岛、百慕大群岛等地注册离岸公司,再通过离岸公司返回到境内设立外商投资企业或实现境外上市和海外收购。设立这些离岸公司的主要目的就是避税。目前,中国企业境外上市主要通过两种方式:一是首次公开发行上市的 IPO 模式;二是借壳上市模式,包括买壳上市和造壳上市。但中国企业境外上市存在重复征税问题。2009 年国家税务总局公布《国家税务总局关于境外注册中资控股企业依据实际管理机构标准认定为居民企业有关问题的通知》(部分失效),对于境外注册中资控股企业的居民身份、税收待遇和双重居民身份协调的问题作了规定。该文件规定,同时符合该文件第二条四个条件的境外注册中资控股企业,可以根据《企业所得税法》和《企业所得税法实施条例》的规定,判定其为实际管理机构在中国境内的居民企业。只要解决了中国居民企业身份的问题,就可能解决重复征税的问题。这四个条件包括:

①企业负责实施日常生产经营管理运作的高层管理人员及其高层管理部门履行职责的场所主要位于中国境内;

②企业的财务决策(如借款、放款、融资、财务风险管理等)和人事决策(如任命、解聘和薪酬等)由位于中国境内的机构或人员决定,或需要得到位于中国境内的机构或人员批准;

③企业的主要财产、会计账簿、公司印章、董事会和股东会议纪要档案等位于或存放于中国境内;

④企业 1/2(含)以上有投票权的董事或高层管理人员经常居住于中国境内。

中国企业为实现海外上市,在避税地设立特殊目的公司,符合上述四个条件规定。因此,这些特殊目的公司都可以依据《国家税务总局关于境外注册中资控股企业依据实际管理机构标准认定为居民企业有关问题的通知》规定被认定为中国居民企业。这些公司一旦被认定为居民公司,重复征税的问题就迎刃而解了。

案例:A 企业是国内一家国有企业,准备在我国香港地区上市。A 企业决策层考虑 IPO 成本很高,且审批程序较复杂,准备通过借壳实现在香港地区红筹上市。A 企业首先按《公司法》进行股份制改造,将国有企业变成一家有限责任公司。然后,A 企业的所有股东按现有股权结构在英属维尔京群岛设立一家离岸公司(BVI 公司),BVI 公司以支付现金或换股的方式,从境内企业股东处取得该境内企业 50% 以上的股权,将境内企业变成 BVI 公司的控股或全资子公司。最后,该境内企业以 BVI 公司为主体,实现在香港地区联交所上市融资。通过以上股权结构的安排,英属维尔京群岛的 BVI 公司成为原境内企业股东控制的全资子公司,而 BVI 公司通过现金和换股的方式从境内企业原股东处取得了境内企业的控股权,从而境内企业的原股东从直接控股变为通过 BVI 公司间接控股境内企业。但这样的股权结构安排产生了重复征税问题。

需要注意的是,在 BVI 公司被认定为境内居民企业后,BVI 公司在向其境外股东分配股息时,则需要按我国相关税法的规定,代扣境外股东 10% 的预提所得税。

案例:2006 年 2 月,罗特克斯公司在香港注册设立,高盛集团的全资子公司高盛策略投资(亚洲)有限责任公司(以下简称"高盛")持有罗特克斯公司 51% 的股权,鼎晖旗下的鼎晖 Shine 有限公司(以下简称"鼎晖")持有罗特克斯公司 49% 股权。2006 年 3 月,高盛、鼎晖在英属维尔京群岛注册设立公司 ShineBHoldingsILimited,完全控股罗特克斯公司。2006 年 4 月,罗特克斯以公司 20.1 亿元的价格,受让漯河市国资委持有的双汇集团 100% 股份。实际上罗特克斯公司是高盛、鼎晖为参与河南双汇投资发展股份有限公司(以下简称"双汇发展")股权转让项目而设立的项目公司,由此高盛与鼎晖投资通过境外合资公司的方式,实际控制了双汇发展。2006 年 5 月,罗特克斯公司又与漯河海宇投资公司(以下简称"海宇")签署了《股权转让协议》,海宇将其持有的双汇发展 25% 股权全部转让给罗特克斯,总价款为 5.6 亿元。截至 2009 年中期,罗特克斯直接持有双汇发展 21.19% 的股权,直接和间接共持有双汇发展 51.46% 股权。高盛、鼎晖通过罗特克斯公司共持有双汇发展 60.71% 的股份,罗特克斯公司成为双汇发展的实际控制人。从 2007 年 10 月开始,高盛与鼎晖在罗特克斯公司股权上通过内部重组等复杂的内部交易开始连续减持双汇发展。高盛一系列内部重组和交易的目的是避税,其避税结构由国际知名会计师事务所设计,较为复杂。但河南省漯河市税务局认为,高盛通过在香港注册成立的罗特克斯公司间接转让了河南双汇投资发展股份有限公司的股权获利,应补缴 4.2 亿元的企业所得税。

2. 房地产项目转让中的税务制度设计

开发企业在进行项目交易时应设计项目的转让方式。不同的转让方式所承担的税负不同。目前实践中采用如下三种方式进行项目转让:一是直接转让土地和建筑物;二是通过股权转让的方式转让;三是以收购兼并的形式转让。第一种转让方式要缴纳土地增值税、契税、增值税、所得税、印花税。第二种方式因为转让的是公司的股权,土地及地上物没有流转,因此不缴纳契税,仅征收与股权转让相关的税费。

(1)项目转让的税务设计。房地产企业从其他企业处直接受让土地使用权或项目所有权,涉及的税种包括增值税、契税、土地增值税等。如果土地增值额超过 50% 的,有的房地产企业采用分次交易的方式。如果上述转让由投资公司介入分为两步进行,那么出售方的土地增值税将降低。

(2)股权转让税务的设计。以股权转让的方式转让,出让方承担所得税,受让方承担土地增值税、所得税。

①企业所得税的处理。在进行项目公司转让时,因为项目公司所持有的土地等资产增值

了,转让方在转让时常常会将增值部分计算进转让股权的价值。例如,股权原注册为1000万元,土地增值了1000万元,转让方会将1000万元的股权按2000万元进行转让。当然,这只是为了计算简便举的例子,实际金额要比这个大得多。虽然资产转让变为股权转让后不需要缴纳契税、土地增值税、增值税等,但多出的1000万元股权转让款,转让方需要交股权转让部分的溢价税。按照《企业所得税法》的规定,转让财产(包括股权)需要按企业所得税纳税,修改后税率为25%,修改前为33%。有些房地产企业按有关会计准则的规定,即企业资本公积是可以转增股本的,于是把最初价值1000万元的土地,通过评估,按现在的价值计算,溢价部分为资本公积,将1000万元的资本公积转增资本,形成股权,这样项目公司的股权就成了2000万元。按会计准则的规定,由资产溢价形成的资本公积只能转增资本,不能用于分红。然后,房地产企业将2000万元的股权平价2000万元转让,这样就没有股权转让的溢价了,就不缴纳股权转让的企业所得税,但此种方式是否合法合规,仍值得商榷。

案例:A房产公司(以下简称"A公司")由B、C两家公司组建而成,注册资本为10000万元,B公司持51%份额,C公司持49%份额。2004年,A公司取得某宗地土地使用权证,该地为毛地,未拆迁,土地使用权出让金由A公司以向银行贷款和股东借款的方式支付给国土局。由于缺乏开发资金,两出资人拟将所持A公司100%的出资转让出去,D公司了解情况后,有意受让该宗地。双方经过估价,认定土地使用权转让的价格在拆迁完毕后为8亿元。收购方委托的税务专业人员对上述交易制订两种税务方案。

方案一:

①原价转让出资,即D公司以10000万元的价款受让B、C公司在A公司中的100%股权;

②A公司的对外债务由D公司按照借款协议规定分期分批偿还给债权人;

③在拆迁时尚未支付的拆迁费用由D公司作为A公司负债处理;

④8亿元减去上述所列款项后,剩余款项由D公司分期分批支付给B、C公司。

方案二:

将出资转让价款确定为8亿元,由D公司向B、C公司支付,A公司的负债由B和C公司按照股权比例分摊,尚须支付的征地拆迁费用由B公司支付51%、C公司支付49%。

收购方比较上述两个方案,认为方案一的财务安排较好,因为方案一不仅理顺了实收资本和A公司对外债务的关系,实收资本原价转让,A公司负债仍然由A公司偿还,而且对于尚未发生的拆迁费用不纳入A公司的土地价值处理,将拆迁费用排除在出资转让价款之外,减少了出资转让价款的基数,出资转让价款将大大减少,降低了应纳税基数,减少了转让人的经济负担。

②受让方土地增值税的处理。在前述的例子中有些开发企业通过资产溢价转增资本公积的方式,避免了转让方缴纳企业所得税,受让方多付出的1000万元属于土地成本,在将来销售房屋时不应该再收土地增值税。但问题在于,受让后公司的土地成本仍然是1000万元,多出的1000万元按照相关税法规定必须缴纳土地增值税,多付的1000万元没有办法计入成本,这样仍增加税负。如果扣除所有成本(土地成本、建安成本等)后增值额在120%以下不缴纳土地增值税。有些开发企业选择受让人股权取得可以进入股东公司成本的方式,将这个成本在股东公司的层面抵销所得税。这多出的1000万元,即使按30%纳税,由于股东公司可以少缴25%的所得税,实际只增加5%的税负。转让存在增值,增值需付增值税,因此受让方应要求转让方提供项

目成本的发票,以降低转让的风险。

③转让方股东所得税的处理。转让方股东如果是多个自然人持股,那么股东股权转让按照资本所得应纳个人所得税负20%,如果自然人股东设立一个有限公司,将股权转让所得分配到新公司,税负是25%。

④采用受让方兼并的方式。有些开发企业采用如下操作方式:出让方成立投资公司,土地或项目以低于出让方和受让方约定的价格转让给投资公司,投资公司以转让价格等额的资金注册资本注册公司,受让方以与出让方达成的真实交易价格整体收购投资公司,收购完成后投资公司注销。根据《国家税务总局关于企业股权投资业务若干所得税问题的通知》(已失效)的规定,如果企业整体资产转让交易的接受企业支付的交换额中,除了接受企业股权以外的现金、有价证券、其他资产不高于所支付的股权的票面价值(或股本的账面价值)20%的,经税务机关审核确认,转让企业可暂不计算确认资产转让所得或损失。上述操作方式的合法性或合规性存在疑问。

采用不同的项目转让方案,其税负结果是不同的。项目直接转让是正常纳税,股权转让对出让方有利,将其税负转嫁给受让方,造成整体税负的增加,对受让方不利。采用兼并的方式整体税负减轻,双方都受益,但是该方案操作较复杂,需要双方的协商配合。

(3)股权融资中的税务筹划。股权融资中的税负直接影响转让方与受让方的利益,股权重组方式不同,税负结果也不同。

案例:A 公司由甲、乙两自然人股东组建,注册资本为 1000 万元。A 公司名下有一价值约 2 亿元的土地,已支付土地价款 8000 万元,剩余 12000 万元由于资金不足,未交付出让方。A 公司股东乙与 B 公司协商,股东乙拟将所持 A 公司 85% 的出资转让给 B 公司,价格为 15000 万元。B 公司受让的前提条件是,A 公司负债由其自行负责,具体由 A 公司的股东向债权人偿付债务。

在上述交易中,A 公司的股东须缴纳个人所得税。上述股权转让有多种税务安排方案可供选择,每一方案的个人所得税收数额均不相同。

(4)母公司向全资子公司无偿划转土地使用权应缴纳的税费。

①母公司应缴纳的税费。A.企业所得税。按照《财政部、国家税务总局关于促进企业重组有关企业所得税处理问题的通知》第三条关于股权、资产划转的规定,对 100% 直接控制的居民企业之间,以及受同一或相同多家居民企业 100% 直接控制的居民企业之间按账面净值划转股权或资产,凡具有合理商业目的、不以减少、免除或者推迟缴纳税款为主要目的,股权或资产划转后连续 12 个月内不改变被划转股权或资产原来实质性经营活动,且划出方企业和划入方企业均未在会计上确认损益的,可以选择按以下规定进行特殊性税务处理:a.划出方企业和划入方企业均不确认所得;b.划入方企业取得被划转股权或资产的计税基础,以被划转股权或资产的原账面净值确定;c.划入方企业取得的被划转资产,应按其原账面净值计算折旧扣除。母公司将房产土地等无偿划转给 100% 控股的子公司,如果符合《财政部、国家税收总局关于促进企业重组有关企业所得税处理问题的通知》及《国家税务总局关于资产(股权)划转企业所得税征管问题的公告》的相关规定,可以选择适用特殊性税务处理,免征企业所得税。B.增值税。符合《财政部、国家税务总局关于全面推开营业税改征增值税试点的通知》(部分失效)附件 2《营业税改征增值税试点有关事项的规定》中不征收增值税的情况规定的,不征收增值税;如果仅是单纯无偿划转房产土地使用权,则不属于增值税不征税项目,按视同销售处理,应当据实缴纳增值税,与此相应,还要缴纳附加税。C.土地增值税。《土地增值税暂行条例实施细则》第二条规定,条例第二条所称的

转让国有土地使用权、地上的建筑物及其附着物并取得收入,是指以出售或者其他方式有偿转让房地产的行为。不包括以继承、赠与方式无偿转让房地产的行为。因此,母子公司之间属于无偿划转房产土地,免征土地增值税。D.印花税。按印花税产权转移书据 5‰ 税率缴纳印花税。

②全资子公司应缴纳的税费。A.契税。根据《财政部、国家税务总局关于继续支持企业事业单位改制重组有关契税政策的通知》第六条"资产划转"规定,同一投资主体内部所属企业之间土地、房屋权属的划转,包括母公司与其全资子公司之间,同一公司所属全资子公司之间,同一自然人与其设立的个人独资企业、一人有限公司之间土地、房屋权属的划转,免征契税。因此母公司以土地、房屋权属向其全资子公司增资,视同划转,免征契税。B.印花税。按印花税产权转移书据 5‰ 税率缴纳印花税。

全资子公司与母公司之间转移资产可以按照上述规定处理。

(二)建设阶段的税务筹划

1.通过建房方式的选择进行税务筹划

建房方式有三种,即自建、代建与合作建房,接下来对代建与合作的建房方式进行介绍。

(1)代建方式税筹。此种方式中开发企业收入是劳务性质,属于增值税的纳税范围,而不属于土地增值税的纳税范围,只按 11% 的税率缴纳增值税。土地增值税税率较增值税的税率高,因此有些房地产开发企业可利用这一点来进行税务筹划。通常,自营物业选择代建,销售物业选择自建可以节税。在具备代建条件或创造代建条件后,有的房地产公司将房地产开发销售变为代建行为,直接向客户收取代建费,其收取的代建费只需要缴纳增值税,若有盈余,再缴纳企业所得税。如果不是代建行为,而是直接的房地产开发和销售行为,就需要按照法律规定缴纳增值税和相关税费。

案例:某房地产公司取得土地使用权,账面价值 1000 万元,准备开发建设大型商场,总造价 4000 万元(含土地成本),建成后转让给某经营公司,转让价格 5000 万元。如采用自建开发,则需要缴纳增值税、土地增值税、契税,合计约为 500 万元。如采用代建开发,房地产公司将土地转让给某经营公司,价格是 1000 万元,某经营公司委托某房地产公司代建,代建费 1000 万元,则需缴纳增值税约为 50 万元,土地增值税是 0 元,契税为 30 万—50 万元,合计为 80 万—100 万元。

(2)合作方式税筹。《财政部、国家税务总局关于土地增值税一些具体问题规定的通知》(部分失效)中第二条关于合作建房的征免税问题明确规定,"一方出地,一方出资金,双方合作建房,建成后按比例分房自用的,暂免征收土地增值税;建成后转让的,应征收土地增值税"。有些房地产开发企业受让宗地的土地使用权准备建住宅,在签订土地使用权转让合同的同时,另外与土地使用权转让方签订合作建房协议,这样,形式上符合一方出地一方出资金的条件。这种人为的"合作开发模式"的税筹方式,被很多房地产企业采用。有些企业的确是真实的合作建房,有的房地产开发企业取得土地使用权后自行建造房屋进行销售,但故意将房地产开发混淆为合作建房,仅申报建筑安装增值税,偷逃销售不动产环节的增值税及附加和企业所得税,这种做法涉嫌违法。合作建房存在两种利润分配方式:一是房屋建成后合作双方采取风险共担、利益共享的分配方式,二是房屋建成后双方按一定比例分配房屋,不同的合作方式的税务也不同。

关于合作开发利润分配时税务问题,根据《最高人民法院关于审理涉及国有土地使用权合同纠纷案件适用法律问题的解释》第二十一条至第二十四条的规定,合作开发房地产合同约定提供土地使用权或提供资金的当事人不承担经营风险,只收取固定利益、固定数量房屋、固定数额货币或者以租赁及其他形式使用房屋的,应当认定为土地使用权转让合同、房屋买卖合同、借款合同或者房屋租赁合同。以上合作开发形式并不符合《财政部、国家税务总局关于土地增值税一些具体问题规定的通知》(部分失效)暂免土地增值税及不征增值税的相关规定。

案例:B房地产公司(以下简称"B公司")开发多个项目,由于扩张过快,造成其中一个项目资金链断裂,无法继续开发。A房地产公司(以下简称"A公司")知悉后经与B公司协商愿意出资开发资金链断裂的项目。双方约定的条件如下:B公司成立项目分公司并单独进行核算,A公司支付一定数额给B公司,作为B公司前期投入的补偿,项目开发后利润归A公司所有,B公司不参与利润分配。在A公司开发项目的过程中,全部以B公司分公司名义开发。开发完成后,销售房屋产生的各种税费以B公司的名义缴纳,实际由A公司支付。

A公司与B公司交易性质如何认定?B公司决策认为,可按两种方案来处理:一是A公司从B公司分回的项目利润按劳务处理,二是项目利润作为B公司的应纳税所得额,缴纳企业所得税。第一种处理方式不会产生纳税纠纷,第二种方式可能会产生纳税争议。

2. 开发企业以内部工程回避工程结算

按照现行税收法律的规定,单位所属独立核算的内部施工单位承担其所隶属单位的建筑安装工程,凡同本单位结算工程价款的,不论是否编制工程概(预)算,也不论工程价款中是否包括增值税税金,均应当征收增值税。

(三)房地产企业经营中的税务筹划

(1)选择有利的经营方式。有些房地产开发企业开发的项目既有对外出售的普通住宅、高档住宅或商业房屋,也有自持商业物业。有些开发企业对相关税收法律未进行详细的研究,将出售的物业与自持的物业混合开发经营,但这样做增加了企业的税负。因为这样经营普通住宅和非普通住宅不能有效划分,加大税务筹划的难度和风险,造成以高税率缴纳税款。另外,普通住宅和非普通住宅成本不能独立计算,只能按照平均分担标准决定成本,造成企业税负加重。

选择合适的经营方式有利于减轻企业的税负。比如,对于大型综合性的用于出售的项目,可以设计成多期开发,既可以设计为多期平均设计普通住宅、高等住宅、商业房屋,也可以设计为某一期全部为住宅,另一期为高档住宅,剩余期为商业房屋。设计不同,土地增值税的税负也不同,分多期开发且非混合经营的税负偏低。

如果是商业自营,开发企业可以多期平均设计普通住宅、高等住宅、商业房屋,无法将项目整体转给商业公司运作,只能投资出租。如果商业公司是全资子公司,可以按照《财政部、国家税务总局关于促进企业重组有关企业所得税处理问题的通知》第三条关于股权、资产划转的规定处理。这种方式资产所有权归属于房地产公司,资产所有权与经营实体脱节,房地产企业会承担更多的政策风险和税收风险,面临更大的资金压力,经营风险随之增加。如果多期开发,但将普通住宅、高档住宅和商业分开且分期开发,则土地增值税、企业经营所得税、房产税比综合开发费用更高。

(2)存货计价方法的选择。一般来说,当材料价格不断上涨时,采用后进先出法计价,可以使末期存货成本降低,本期销货成本提高,从而使企业计算应纳所得税额的基数相对减少,减轻企业所得税负担,增加税后利润。反之,当材料价格不断下降,可采用先进先出法计价。

(3)利用境外关联机构或个人进行增值税筹划。依据《增值税暂行条例》第一条的规定,在中华人民共和国境内销售货物或者加工、修理修配劳务,销售服务、无形资产、不动产以及进口货物的单位和个人,为增值税的纳税人,应当依照该条例缴纳增值税。

(4)将房屋出租变为对外投资。将房屋出租变为对外投资,也是房地产企业比较常用的一种纳税筹划方法。房地产开发公司自持物业经营取得租金收入要缴纳增值税。房屋所有者将房屋转成对外投资,因为以不动产对外投资免征增值税,房产并不直接参与企业经营,所以不需要缴纳房产税。但房屋产权发生转移,应由接受投资方缴纳企业房产税。

(5)营业费用筹划。按照《企业所得税法实施条例》第四十四条的规定,企业发生的符合条件的广告费和业务宣传费支出,除国务院财政、税务主管部门另有规定外,不超过当年销售(营业)收入15%的部分,准予扣除;超过部分,准予在以后纳税年度结转扣除。但有些房地产企业是集团公司,广告由集团公司统一筹划,费用由总公司统一列支,很可能出现总公司因广告费支出超出15%扣除比例不得税前扣除,而子公司不足15%准予扣除的情况。针对这一情况,可以让与子公司业务相关的总公司广告费由不足15%的子公司来承担。

(6)管理费用筹划。企业按规定缴纳的养老保险、补充养老保险、工伤保险、医疗保险和住房公积金可以税前扣除。职工因公外出的交通费、公务通信费(按销售收入一定比例税前扣除)以报销等方式,作为管理费用,也能够减轻企业的所得税负担。

(7)通过关联方转移定价。有些房地产开发公司是集团公司,既有房地产开发,也有材料公司、设备租赁公司、建筑公司,房地产开发集团可以通过关联企业之间内部交易时人为设定或高或低的价格,来达到节税的目的。比如在施工材料采购中,集团公司的材料公司向项目公司供应材料,价格定得高,则项目公司利润变低,所得税缴得少。还有关联公司之间的贷款往来,有的国家和地区对贷款利息征税而对存款利息不征税,关联房地产开发企业可以利用这一规定避税。还有集团公司相关联房地产开发企业之间提供的设计、广告、咨询等劳务活动中,可以通过控制劳务收费标准高低来增大房地产开发项目公司成本,以此减少房地产开发子公司的利润,反之亦然。

(8)按照相关规定,负债筹资支付的利息可以计入财务费用,作为税前的扣除项目,具有抵税作用。而权益筹资时,支付的股息不能作为费用的开支,只能在企业税后利润中分配。

税收制度方案的设计是根据企业的具体情况及房地产开发不同的环节,也就是纳税的环节而确定的,这就需要企业管理层首先具备宏观意识,并协调各部门做好税务制度方案的设计,需要有熟悉税法知识及实践经验的专业人才来具体实施。

(四)税务筹划中应注意的风险

上述所列税务筹划及举例是有些开发企业所采用的方式,但具体是否符合税务部门的规定还需要由税务部门最终确认,故应注意所有的税务筹划方案需要经过税务部门的认可,否则所有筹划方案及具体操作均是有风险的。还有的房地产开发企业在税务筹划中不顾成本,使得税务筹划收益远远小于税务筹划支出;有的房地产企业僵化地理解书本上的案例,结果因与企业的实际经营情况不符导致出现违法行为;有的房地产企业在税务筹划过程中没有根据税收政策的变化调整筹划方案,使得税务筹划违反法律;有的房地产企业在税务筹划过程中因为会计核算上的错误违反法律。以上都是在税务筹划中应注意的问题。

二、公司内部建立税务制度进行防范

(一)建立房地产公司财税方面的工作职责

(1)税务工作在管理体制上应实行公司统一领导,各部门分工管理,由本单位财务经理直接对第一负责人负责,重大税务问题的处理方案应事先报经单位第一负责人批准后方可实施。

(2)认真研究有关税收法律法规,加强对财会人员的培训,学习并掌握国家和地方政府有关本单位所属各项目(或业务)所涉及的各项税收法规,以使财会人员精通法律、税收政策和会计业务知识,并通晓市场监督、金融、保险、贸易等方面的知识,能够全面地履行纳税法律义务,正确地计算和缴纳税款。同时,房地产开发企业应建立健全税务管理制度和各项业务的税务操作规范。

(3)参与新项目(或业务)的税务论证。

(4)及时提供税务信息和咨询服务。

(5)负责本单位有关税务问题的研究和处理。

(6)负责本单位纳税申报和税款缴纳工作。

(7)确保税务人员或相关人员用好、用活、用足国家和地方税收政策,使其计税方法和缴税时间对本单位最为有利。

(8)建立保密制度,有关税务方面的各种公司内部文件和资料均属公司商业机密,所有职员均有保密义务,需要传阅的应注明"绝密"或"机密""不得复印、阅后退还"等字样。

(二)纳税申报

凡办有纳税登记证的核算单位,在某一纳税年度内,无论有无应税事项发生,均须在税务机关规定的申报期限内办理纳税申报,报送纳税申报表、财务会计报表及其他纳税资料。企业应每个月按时向税务机关办理纳税申报,即使没有开展业务,也要进行零申报,否则会被罚款。凡具有扣缴义务的核算单位,必须在税务机关核定的申报期限内报送代扣代缴、代收代缴税款报告表及其他有关资料。各独立纳税单位,应首先在法定截止日期前申办延期缴款手续,若经努力确实无法延期的,应按期足额地缴交各项税款。严禁既不办理延期又不缴纳税款的情况发生。

(三)发票管理

应对发票严格管理,必须设置发票领用登记簿,详细记录购入发票的使用情况,入账的发票要在登记本上注销,对于已开出而在次月尚未入账的发票应查明原因,及时处理。发票开票人不得保管发票印鉴,除零售行业外,必须坚持先开票后盖章的原则,严禁将发票专用章或财务专用章预留在空白发票上。发票使用的其他事项,严格按《发票管理办法》执行。

(四)新项目税务论证

新项目(或业务)的经济可行性报告中,必须有详细的税务论证。

三、采用税负转嫁策略

房地产企业可通过各种途径和方法将缴纳的税款转由其他主体负担。比如,压低房地产的开发成本,即可将有关税务负担向建筑企业转嫁。另外,提高开发企业产品的价格,可将税务负担向购房人或承租人转嫁。

四、用足税收优惠政策

各地有很多税收优惠政策,先不论税收优惠的合法性问题,只要是政府的文件有规定,那么开发企业就可以享受该优惠政策。比如,有些地方为盘活烂尾项目,专门针对烂尾项目有一些税收优惠政策,以《海南省地方税务局关于房地产转让有关税收问题的通知》为例,通知规定,对

1998年12月31日前停缓建的房地产项目,开发企业在续建时,经规划部门批准,对该续建项目进行调整,如增加建筑面积(楼层)、改变户型等,均可享受续建停缓建房地产项目的税收优惠,销售时免征增值税、契税。房地产开发企业续建其原自行开发的属于1998年12月31日前停缓建的±00以上的房地产项目,达到预售条件销售商品房时,暂不预征土地增值税。

对于转让方的税收征管问题,该通知规定,经法院裁定或判决取得房地产项目的,凡受让方缴清了其应缴的税款,不管转让方是否完税,税务机关均应向受让方出具房地产项目转让税收专用证明,受让方凭房地产项目转让税收专用证明和契税完税证明,到不动产登记行政部门办理房地产权属转移手续。转让方拖欠的税款由税务机关依法予以追缴。房地产经多环节转让的,凡最后一道环节的买卖双方都缴清了其应缴的税款,不管前几道环节涉及的税款是否已缴清,税务机关均应向最后一道环节的买卖双方出具完税证明用以办理房地产权属转移手续。前几道环节涉及的税款由税务机关依法予以追缴。

五、发挥税务中介的作用

目前有一些税务师事务所、会计师事务所等中介机构已经具备了专业的税收专家及税务服务团队,能及时获得税务主管部门关于税收政策及执行等方面的最新信息,房地产企业可委托这些专业机构代理涉税事项。

第四节　政府通过税费宏观调控的问题

一、地方政府擅自增加税种或税费的问题

有些地方政府征收土地使用费,但是却没有相关的法律依据,其合法性应受到质疑。目前我国只有土地使用税,没有土地使用费。如果所谓的土地使用费是另外一种税,那么按照法律的规定,税的开征或税种的设置必须有明确的法律规定,每开征一种税都应当制定相应的税种法,如果没有法律依据,那么政府部门就不能征税,开发企业也没有纳税的义务。

二、"营改增"对房地产企业的影响及应对策略

2013年12月12日,财政部、国家税务总局公布了《财政部、国家税务总局关于将铁路运输和邮政业纳入营业税改征增值税试点的通知》(部分失效),随通知同时下发了《营业税改征增值税试点实施办法》《营业税改征增值税试点有关事项的规定》《营业税改征增值税试点过渡政策的规定》和《应税服务适用增值税零税率和免税政策的规定》四个文件(均有修改)。2016年3月23日,财政部、国家税务总局公布《财政部、国家税务总局关于全面推开营业税改征增值税试点的通知》(部分失效),规定自2016年5月1日起,在全国范围内全面推开营业税改征增值税(以下简称"营改增")试点,建筑业、房地产业、金融业、生活服务业等全部营业税纳税人,纳入试点范围,由缴纳营业税改为缴纳增值税,该通知公布后,引起业内巨大反响,各方都通过各种渠道了解政策实施后对房地产开发企业的影响及应对措施。

(一)"营改增"对房地产上游建筑业的影响

"营改增"之后,房地产业的上游建筑企业的税负在区分老项目与新项目的前提下表面下降了,但在过渡期之后,按照新项目征收的增值税税率是11%,建筑企业减去抵扣的进项(能抵扣的是材料和机械费,人工费、税金、利润不能抵扣)经业内人士综合测算之后可能上升了,"营改增"之前建筑企业的税率是3.3%,营改增之后,虽然建筑企业的材料费可以抵扣,但材料供应商能否向建筑企业提供增值税专用发票仍未知,比如沙、石、砖瓦、混凝土等建材,很多时候材料商不能提供其增值税专用发票,即使能提供增值税专用发票,也可能是采用简易计税方法。经过综合测算,从中长期来看,在"营改增"之后建筑企业的税率最少增加2%~3%,建筑业的税负是上升的。建筑行业税负的上升必然影响房地产行业,建筑业因税收成本增加一定会向房地产业转移,影响房地产业的建安成本。

(二)"营改增"对房地产企业的影响

"营改增"以后,在区分新项目和老项目的前提下,房地产企业的税负率的确下降了,但是对老项目的增值税税率采用暂时性的过渡性办法,等将来过渡期结束,就采用一般计税方法,计算方法是:销项×税率(11%)-可抵扣的进项。根据目前的房地产市场情况,对于二线以上的城市来说,"营改增"以后房地产业中长期的税负应该是上升而不是下降的。对于三、四线城市来说,根据房价、地价等诸多因素,税负可能是下降的,也可能是上升的。

从中长期来说,"营改增"之后,房地产企业的税负增加仅仅是表象,其实对房地产影响最大的是土地增值税和企业所得税,因为抵扣变得困难了,增值税和企业所得税必然增加。过去开发企业经常采用让建筑商多开发票的方式以增加抵扣,但是"营改增"之后,建筑商多开发票必然导致自己的税负大幅度提高,因此不可能再像"营改增"之前那样应开发企业的要求多开发票。尤其是对房价高的城市,抵扣比例较低,如果是房价低的城市,抵扣比例还会高一些,税负更轻。

(三)"营改增"之后开发企业的应对策略

(1)开发企业可申请将项目认定为老项目,这样开发企业就有权利选择按照简易计税还是一般计税方法,然后请专业人士对老项目进行测算,算清楚按照简易计税方法对老项目有利还是一般计税方法对老项目有利,最后根据测算的结果选择。但是测算难度较大,因为有些信息或上游企业的增值税税率并不能确定。

(2)房地产开发企业应加大进项。房地产企业在与建筑承包商、材料设备供应商、服务商等上游单位签订合同时,要求其事先提供增值税专用发票,否则不予支付工程款,并要求材料供应商提供17%的增值税专用发票,建筑商提供11%增值税专用发票,服务商提供6%增值税专用发票。但开发企业提出这些要求时,上游单位未必会同意,因为这些要求也增加了他们的税负。有人提出,可在与总包签订合同时将乙供材料改成甲供材料,这样可以增加进项,这种做法非常复杂,要经过专业人员测算,影响因素较多,最终影响税负的结果反而可能使房地产企业税负增加。

(3)争取在增值税之前扣除拆迁补偿款。对于旧城改造的项目,其拆迁补偿款占销售额的比重较大。按照"招拍挂"政策及实践做法,有些城市危改项目由开发企业直接支付拆迁补偿款,如果名义上不是由开发企业直接支付拆迁补偿,而是通过政府进行支付,这样让政府把拆迁补偿变成土地价款的组成部分,只要是土地价款的组成部分,就允许作为进项抵扣增值税。另外,在开发企业办理开发手续时,政府部门收取的各项规费都是行政性的事业收据,可考虑与税务部门沟通,这些规费能否抵扣。

贷款的利息和财务顾问费对于开发企业来说也是相当大的金额,这部分费用按照规定不能抵扣,但是可以把金融机构的利息和金融机构收取的财务顾问费部分转化为允许抵扣的项目。

(四)"营改增"对商业地产的影响

案例：王某投资成立了 A 房地产开发公司(以下简称"A 公司")，然后用 A 公司开发了一个建材城商业项目，该项目部分销售、部分自持。项目竣工验收后，王某又投资成立了一个商业运营公司 B(以下简称"B 公司")对自持部分进行招商、运营和管理。

在"营改增"之前，王某可采取如下三种模式处理 A 公司和 B 公司的关系。

第一种模式，B 公司收取所有自持商业部分出租的租金归自己所有，不向 A 公司支付任何费用，A 公司自持项目的折旧、利息等都由 A 公司负责，A 公司一部分销售收入和利润将折旧和利息进行抵扣。B 公司用于运营维护的费用大约占租金收入的 20%。在"营改增"之后，这种模式对 A 公司不利，因为 A 公司在开发环节有大量的进项税留在 A 公司的账面上，如果所有收入都归 B 公司，所有的租金收入销项税都由 B 公司承担，B 公司没有太多的进项税可抵扣，只有约 20% 的日常采购、零星费用可抵扣，那么 B 公司要缴纳大量的销项税，而 A 公司尚有大量的进项税。"营改增"之后采用这种模式对开发企业不利。

第二种模式，所有的收入都由 A 公司收取，A 公司向 B 公司支付一定的管理费作为 B 公司的补偿。这种方式不能使 A 公司在开发环节增值税的进项税金与销项税金进行抵扣，所以采用这种方式对开发企业也不利。

第三种模式，B 公司与 A 公司签订租赁合同，B 公司先向 A 公司整体租赁商业物业，然后 B 公司再以自己的名义将自持物业散租出去，把大部分的租金收入留在 B 公司。"营改增"之后，商业公司的运营管理模式最符合第三种模式，对开发企业最为有利，即 B 公司支付一定的租金给 A 公司，支付租金数额正好能抵扣 A 公司的进项税金。

三、土地出让金由税务部门代收问题

2021 年 5 月 21 日公布的《财政部、自然资源部、税务总局、人民银行关于将国有土地使用权出让收入、矿产资源专项收入、海域使用金、无居民海岛使用金四项政府非税收入划转税务部门征收有关问题的通知》将由自然资源部门负责征收的国有土地使用权出让收入等四项政府非税收入，全部划转给税务部门负责征收。自 2021 年 7 月 1 日起，选择在河北省、内蒙古自治区、上海市、浙江省、安徽省、山东省青岛市、云南省以省(区、市)为单位开展征管职责划转试点，自 2022 年 1 月 1 日起全面实施征管划转工作。资金入库后需要办理退库的，应当按照财政部门有关退库管理规定办理。其中，因缴费人误缴、税务部门误收需要退库的，由缴费人向税务部门申请办理，税务部门经严格审核并商有关财政、自然资源部门复核同意后，按规定办理退付手续；其他情形需要退库的，由缴费人向财政部门和自然资源部门申请办理。人民银行国库管理部门按规定办理退付手续。自然资源部门与使用权人签订出让、划拨等合同后，应当及时向税务部门和财政部门传递相关信息，确保征管信息实时共享。四项政府非税收入的征收范围、对象、标准、减免、分成、使用、管理等政策，继续按照现行规定执行，这几个方面对开发企业来说几乎没有影响。土地征收部门划转之后，土地出让金征收管理将更加规范，开发商通过延期缴纳、欠缴、分期缴纳土地出让金以提高杠杆率的做法将受到影响，进而影响企业的资金状况。

第十章

房地产开发企业物业合规管理及法律风险防范

第一节 物业立法变化趋势对开发企业的影响

按照国务院《物业管理条例》的定义,物业管理是指业主通过选聘物业服务企业,由业主和物业服务企业按照物业服务合同约定,对房屋及配套的设施设备和相关场地进行维修、养护、管理,维护物业管理区域内的环境卫生和相关秩序的活动。《北京市物业管理条例》将物业管理定义为业主通过自行管理或者共同决定委托物业服务人的形式,对物业管理区域内的建筑物、构筑物及其配套的设施设备和相关场地进行维修、养护、管理,维护环境卫生和相关秩序的活动。

一、物业立法的背景

20世纪90年代以来,后勤服务社会化的发展趋势,使得物业管理向着物业自治管理和社会化服务的方向发展。以北京市为例,1995年北京市人民政府发布地方政府规章《北京市居住小区物业管理办法》(已失效),该办法的出台推动了物业管理向企业化、社会化发展,但是没有从根本上确立业主的权利,政府的相关部门在物业管理中仍发挥主导作用。2003年国务院公布行政法规《物业管理条例》,确立了以产权较为明晰的商品房为管理对象和发展方向,以业主产权为基础,业主大会、业主委员会以及业主共同管理物业的模式。2007年《物权法》(现《民法典》物权编)公布,这部法律进一步明确了建筑物的区分所有权,以及物业共有部分业主享有共同的管理权。2007年8月26日,国务院对《物业管理条例》进行了第一次修订,2016年2月6日进行了第二次修订,2018年3月19日进行了第三次修订。目前《民法典》和《物业管理条例》是规范物业管理的两部基本法律法规。随着《民法典》和《物业管理条例》的实施,目前的物业管理模式逐步形成以国务院《物业管理条例》规定的基本制度为模板的物业管理方式,同时也进一步拓展了物业管理当中业主大会成立、业主委员会运行、业主共同管理物业的工作机制。物业服务的形态逐渐呈现多样化,比如业主自行管理物业,还有业主委托企业进行物业管理。《北京市物业管理办法》(已失效)于2010年10月1日起施行,该办法首次提出了前期物业由建设单位负责、质价相符、业主决策平台等新概念,对业主委员会的启动、换届,物业更替交接等难题进行了规范和制约。其中,业主将可以利用新兴的网上决策平台,来实现自己投票和决策的权利。但总体来看,该办法更多的是沿用以行政管理方式解决物业管理问题的思路。2020年3月27日,北京市公布《北京市物业管理条例》,自2020年5月1日起施行。

二、物业管理中存在的主要问题

(一)开发企业、物业公司、业主之间的法律关系

开发企业和物业公司与业主之间常发生各种矛盾和纠纷,究其原因,主要在于物业公司或开发企业及业主对物业管理中的法律关系不清楚,许多业主不明确自己拥有的权利和应承担的责任。

1. 开发企业与物业公司之间的法律关系

(1)前期介入阶段。开发企业在项目竣工交付前,一般是先期委托物业公司介入新建物业的管理工作,这是开发企业临时性的安排,因为在房屋未交付之前,由于各种各样的原因,全体业主尚不具备选择物业公司的全部条件,开发企业委托物业公司进行与物业管理有关的一些工作,比如物业公司就房屋的质量、销售及将来的物业管理等问题向开发企业提供咨询意见。在物业公司的前期介入阶段,开发企业与物业公司之间的关系是委托与受托关系。

(2)前期物业阶段。开发企业将房屋交付后,要直接委托物业公司进行管理,因此开发企业与物业公司要签订前期委托合同,开发企业与物业公司之间的关系是委托管理物业的合同关系。

(3)物业管理阶段。在业主大会和业主委员会成立后,开发企业与物业公司之间的委托物业管理合同解除,由业主委员会与重新选聘或续聘的物业公司签订委托合同,因此开发企业与物业公司不存在委托管理的法律关系。

2. 物业公司与业主委员会的关系

业主大会选举出自己的代表机构业主委员会后,再由业主委员会代表全体业主与物业公司续签委托管理合同或者另行聘用其他的物业公司并与之签订物业管理委托合同。业主委员会代表业主的权益,业主委员会与物业公司之间是聘用关系,是委托与受托的法律关系,全体业主或业主委员会是所有权人,是委托方,物业公司是依据委托管理合同在新建住宅区或物业中提供物业服务的一方,是受托方。

(二)物业管理存在的主要问题

截至2010年,北京市约7亿平方米的城镇房屋建筑中,实施物业管理的已达约4亿平方米。其中3.2亿平方米、3591个住宅项目由物业服务企业实施物业管理,覆盖了住宅总量的80%。成立业主委员会的住宅项目有730个,占住宅项目总数的20%。截至2010年第一季度,全市共有物业服务企业3074家,从业人员超过20万人。[①] 从上述数据可以看出,80%的住宅项目没有成立业主委员会。截至2021年4月底,北京市业主委员会(物业管理委员会)组建率增加到90%,物业服务覆盖率增加到94%,28个《北京市物业管理条例》配套文件在2021年年底陆续向社会公开(包括《北京市物业管理委员会组建办法》《北京市住宅区管理规约》《北京市住宅区业主大会议事规则》《北京市住宅区首次业主大会会议召开方案》《北京市住宅区首次业主大会会

---

① 参见北京市司法局:《〈北京市物业管理办法〉新闻发布会举行》,载首都之窗(网址:https://sfj.beijing.gov.cn/sfj/index/506091/512205/index.html),访问日期:2023年7月1日。

议筹备组工作报告》《北京市住宅区临时管理规约制定规范》《北京市住宅区临时管理规约（示范文本）》《北京市物业服务合同》《北京市前期物业服务合同》《北京市住宅区业主大会议事规则》《北京市深化住宅专项维修资金管理改革实施方案（征求意见稿）》《北京市住房和城乡建设委员会关于禁止房地产开发企业违规收取契税和住宅专项维修资金有关问题的通知》等。

目前物业管理的问题主要表现在如下方面。第一是开发建设阶段遗留的问题影响了后期的物业管理。比如，物业的配套设施建设不健全，包括房屋质量问题等，这些问题如果在开发建设阶段一直存在，没有得到解决，将会影响到后期的物业管理。有一些业主以不交物业费的方式表达对物业管理企业的不满。第二是业主委员会的成立存在困难，有些地方虽然成立了业主委员会，但没有完全按法律规定履行职责，甚至侵害业主的权利。第三是物业服务不规范，物业服务质量缺少相应的衡量标准，物业服务与业主之间的要求差距比较大，业主和物业服务企业之间缺乏合作和信任。第四是物业公司收费难，这是目前多数物业公司所面临的窘境，也是全国很普遍的现象。近些年来，物业公司起诉业主欠交物业费的案件呈逐年上升趋势，物业收费难这一现象是多方面原因导致的，比如业主的交费意识不足、物业公司的服务质量和管理水平较低、开发企业遗留问题影响后期管理等诸多因素。第五是更换物业公司难。如果业主不满意物业公司，想更换的前提必须是成立业主大会及业主委员会，然后通过业主委员会这个主体来操作，而成立业主大会是一件非常艰难的事情。即使成立的业主大会和业主委员会选聘了新的物业公司，但如果物业公司拒绝交接也是一件非常困难的事情。第六是业主大会和业主委员会的自我管理。对于业主大会和业主委员会来说，业主委员会的成员多是兼职身份，很多成员没有精力和经验承担责任和义务，因此业主大会和业主委员会的管理问题比较多。第七是物业公司的事实物业服务的界定问题。2009年5月15日公布的《最高人民法院关于审理物业服务纠纷案件具体应用法律若干问题的解释》第十条①规定，物业公司被解聘以后，以存在事实上的物业服务关系为由，请求业主支付物业服务合同权利义务终止后的物业费的，人民法院不予支持。有些物业公司未经业主同意，在履行前期物业服务合同阶段与开发企业签订了前期物业服务委托合同，但前期物业公司经过开发企业多次更换，业主并未与更换后的物业公司签订前期物业服务委托合同，还有的物业公司在前期物业服务委托合同到期后继续提供物业服务，此种情况在实践中如何界定存在争议。

第二节　开发企业与物业管理有关的风险及防范

一、选聘物业公司的风险

在房地产市场发展之初，早期成片开发的小区的物业企业一般都是开发企业的下属企业。2003年公布的《物业管理条例》第二十四条规定了建管分离的原则，住宅物业的建设单位，应当通过招标投标的方式选聘具有相应资质的物业服务企业，投标人少于3个或者住宅规模较小的，经物业所在地的区、县人民政府房地产行政主管部门批准，可以采用协议方式选聘具有相应

---

① 该解释于2020年12月23日被最高人民法院审判委员会第1823次会议通过的《最高人民法院关于修改〈最高人民法院关于在民事审判工作中适用《中华人民共和国工会法》若干问题的解释〉等二十七件民事类司法解释的决定》修正，将第十条删除。

资质的物业管理企业。根据《前期物业管理招标投标管理暂行办法》第十九条的规定,通过招标投标方式选择物业管理企业的,新建现售商品房项目,招标人应当在现售前30日完成物业管理招标投标工作。预售商品房项目应当在取得《商品房预售许可证》之前完成物业管理招标投标工作。从上述规定来看,实质上前期物业招标投标是办理预售许可证的前提条件。《北京市物业管理办法》(已失效)实施后,因其中规定前期物业责任由开发企业承担,所以北京市办理预售许可证之前必须进行前期物业招标的工作早已停止。

(一)选聘物业公司的程序(以住宅为例)

国家提倡建设单位按照房地产开发与物业管理相分离的原则,通过招标投标的方式选聘具有相应资质的物业服务企业。

1. 招标筹备

首先应确定通过招标方式还是协议方式来选择前期物业服务企业。必须进行招标的物业项目,建设单位应当及时组织实施招标活动,确定是公开招标还是邀请招标。招标筹备工作主要包括以下内容。

(1)成立招标机构。有能力组织和实施招标活动的,也可以自行组织实施招标活动。建设单位自行组织招标的,应当成立招标小组;委托招标的,应当委托具有相应资质的招标代理机构办理招标事宜。

(2)编制招标文书。

2. 招标备案

招标人完成招标筹备工作后,在发布招标公告或者发出投标邀请书的10日前,向建设行政主管部门提交材料备案。前期物业管理招标备案需提交以下材料。

(1)招标人身份证明文件复印件。

(2)招标公告或者投标邀请书原件。

(3)招标文件原件。

(4)委托招标的,提交招标代理委托合同复印件。

3. 发布招标公告

属于公开招标的物业建设项目,由招标人在公开的网站上发布公告。属于邀请招标的物业建设项目,由招标人向3个以上具有相应资质条件的物业管理企业发出投标邀请书。

4. 投标申请人投标报名及资格预审

招标人根据招标文件的规定,对投标申请人进行资格预审(或后审)。经资格预审后,招标人应当向资格预审合格的投标申请人发出资格预审合格通知书,告知获取招标文件的时间、地点和方法,并同时告知不合格的投标申请人资格预审结果。在资格预审合格的投标申请人过多时,可以由招标人从中选择不少于5家资格预审合格的投标申请人。有些招标项目的资格预审由评标专家完成,只有通过资格预审才能投标。

5. 发放招标文件、踏勘现场、答疑会

(1)招标人发出已经备案的招标文件及其他资料。

(2)招标人根据物业管理项目的具体情况,组织潜在的投标申请人踏勘物业项目现场,并提供隐蔽工程图纸等详细资料。

(3) 对于投标人在阅读招标文件和现场踏勘中提出的疑问,招标人可以书面形式或召开答疑会的方式解答,但需将解答以书面方式通知所有招标文件收受人。

(4) 招标人要对已发出的招标文件进行必要的澄清或修改的,应当在招标文件要求提交投标文件截止时间至少15日前,以书面形式通知所有的招标文件收受人。该澄清或者修改的内容为招标文件的组成部分。

6. 投标文件的编制与发出

投标人应当按照招标文件的要求编制投标文件。投标文件应当对招标文件提出的实质性要求和条件作出响应,投标文件应包括按投标条件填写的前期物业管理委托合同和前期物业服务合同,按招标文件的要求分章编制,并按招标文件规定的截止时间将投标文件密封送达投标地点。招标人收到投标文件后,应当向投标人出具标明签收人和签收时间的凭证,并妥善保存投标文件。

7. 开标和评标

(1) 组建评标委员会。在专家库中抽取评标委员会2/3以上的专家作为评标委员会成员,与招标人代表共同组成评标委员会,通知评委在指定的时间到达评标现场进行评标。

(2) 开标。开标应当在招标文件确定的评标时间公开进行,开标地点应当为招标文件中预先确定的地点。开标由招标人主持,邀请所有投标人参加。

(3) 评标。由评标委员会进行评标。评标委员会根据标书评分、现场答辩等情况进行综合评分,将评标分值进行统计,推荐前3名为中标候选人,并对评标结果签字确认。

评标委员会经评审,认为所有投标文件都不符合招标文件要求的,可以否决所有投标。所有投标被否决的,招标人应当重新招标。

8. 定标并签发中标通知书

公开招标的,由招标人根据评标委员会评标报告中推荐的中标候选人顺次排序确定中标人后,在网上公示3日,招标人有特殊要求的,也可同时在其他合法媒体上公示。公示期间内无异议的,由招标人向中标人发出中标通知书,同时将中标结果通知所有未中标的投标人。

邀请招标的,由招标人按照中标候选人的排序确定中标人,并向中标人发出中标通知书,同时将中标结果通知所有未中标的投标人。

9. 签订合同、中标备案

中标人确定后,招标人应向中标人发出中标通知书,并在30日内与中标人签订书面合同,按照招标文件和中标人的投标文件订立书面合同。招标人不得再向中标人提出任何不合理要求作为订立合同的条件,双方不得再行订立背离合同实质性内容的其他协议。

招标人应在合同签订生效之日起15日内向行政主管部门申请备案。备案的资料包括:

(1) 评标报告;

(2) 抽取专家表;

(3) 中标企业的投标文件;

(4) 物业服务合同正本。

符合《前期物业管理招标投标管理暂行办法》的,予以备案。

(二) 选聘物业公司的风险

(1) 决策失误。决策失误包含本应该委托专业物业公司管理却自组物业公司管理,或者应该自组物业公司却委托给专业公司管理。

（2）招投标时操作失误，没有选定自己中意的物业公司，而选择了自己毫不了解且合作困难的物业公司。

（3）选聘物业公司时与物业公司的合同细节没有商定，或者开发企业没有经验，导致在物业委托合同履行过程中利益受损。

（4）因利益分歧，导致物业公司与开发企业之间产生纠纷，如业主不满意撤换物业公司、物业公司与开发企业的前期物业费用纠纷、在物业管理中物业公司将责任问题等风险推给开发企业等，导致开发企业与业主矛盾激化，影响开发企业的品牌形象。

案例：2003年，北京市某小区东区建成入住，开发企业没有自己组建物业公司，而是选择了A国际物业管理有限公司（以下简称"A物业公司"）为其进行物业管理，在此期间，该物业公司的管理相对稳定。但在2008年，A物业公司改制及更换东区的物业项目负责人，引起该小区业主的强烈反对。2008年10月13日，业委会突然对A物业公司提出提前解聘，并于当天找来另一家B物业公司对小区进行临时托管。一家物业公司内部的人事变动由此迅速演变成两家物业公司的更替。在这种状况下，物业交接工作并不顺利，双方在交接时发生冲突，原物业公司拒绝退出，出现两个物业公司的保安同时上岗的情况。因存在两个物业公司，业主不知道应该向哪个公司付物业费，再加之两个物业公司之间对前期物业费使用方发生争议，导致该小区欠付电费、供暖费，电力公司则试图强行给小区断电、断暖气供应。由于小区大部分房屋出租，在间断供电的情况下，小区房价及租金大幅度下滑。

（5）不招投标被行政处罚的风险。如果开发企业拥有自己投资的物业公司，在前期物业服务终止后，该物业公司也要通过法律规定的程序才能为自己开发建设的住宅小区提供服务。对于开发企业未通过招投标的方式选聘物业管理企业，或者未经批准擅自采用协议方式选聘物业管理企业的，县级以上地方人民政府房地产行政主管部门会责令其限期改正，给予警告，并可以处10万元以下的罚款。

（三）开发企业自组物业公司与委托专业物业公司管理的利弊分析

1. 开发企业与物业公司关系的类型

开发企业与物业公司的关系主要有四种。第一种是开发企业或开发企业的股东或与开发企业有利益关系的人（如亲属等）投资成立物业公司，由这样的物业公司来管理物业，开发企业与物业公司的关系俗称"父子关系"。第二种是开发企业和物业公司属于同一企业集团，这些企业集团既有国有企业也有民营企业。比如北京的某集团，有自己的物业公司，但开发企业与物业公司两者都是独立法人。第三种是开发企业完全以招标的形式确定物业公司，对其所开发的物业进行管理，这种形式一般是只开发一个项目的中小型开发企业所采用。第四种是挂靠，开发企业请有名气的物业公司做顾问，但实际上物业服务人员是来自开发企业的物业公司。

2. 开发企业自组物业公司与委托专业物业公司管理的利弊分析

目前新建住宅小区的前期物业几乎都是由开发企业直接控制确定的，即使前期物业通过招投标的方式确定，但通过招投标确定的前期物业公司大多也与开发企业或主管人员有某种联系，如与公司的控制人或决策人关系密切、开发企业与物业公司有股权关系，或者前期物业公司是国企的后勤或"三产"等，有的甚至是专门为管理某个小区而成立的。只有少数的住宅开发项目是开发企业通过市场方式委托专业物业公司来管理的。开发企业在项目开发完成后将物业管理交给自己组建的物业公司还是将物业全部委托给专业物业公司来管理,这是个复杂的问题,下面从财务投入和利润、品牌形象、项目验收交接、沟通协调、服务质量等方面来分析。

(1)财务投入和利润。从目前物业服务的市场来看,知名度高、规模较大、管理面积较广的物业公司总体来讲具有一定盈利能力,但是物业管理毛利极低,目前属于微利行业,没有知名度、规模较小、管理面积较小的绝大部分物业公司无法实现盈利,处于亏损状态。即便是国内知名的物业公司,以 A 股上市的某物业公司为例,尽管公司名称叫作某物业发展(集团)股份有限公司,但是公司主营业务仍然是房地产销售,占到了总收入的 75% 以上,而物业管理及租赁只占总收入的 15%。如果开发企业自己组建物业公司,除前期的投入外,在日后的经营管理中能否实现盈利也是个严峻的问题。从实践来看,开发企业组建的物业公司保持不亏损应该已经算是比较好的结果了。如果开发企业仅仅从经济利益及收支考虑,将所建项目全部委托给专业的物业公司,则投入相对较少。如果开发企业打算自建物业公司来管理开发的项目,则投入较大,尤其是在项目交付初期,特别是对于分期开发的项目,开发企业如果要保证服务质量的稳定及正常的物业服务水平,必须加大对物业服务方面的投入,这样后期管理成本必将增加。开发企业对物业管理的利润要有自己的心理预期,自己成立物业公司,目标可以定位为交楼后在保证服务品质的前提下不亏损。当然,开发企业也可以定位为必须保证服务品质,开发企业愿意承担亏损,或者定位为既要保证服务品质,又要盈利。

(2)品牌形象。开发企业自己建立物业公司可维护品牌形象,对其开发的楼盘具有保值增值作用。有报道称某上市公司每年在物业管理上的补贴达到上千万元,但带来的结果是上市公司开发的楼盘可以卖到比周边同类楼盘平均高出 10% 的价格。如果开发企业自建物业公司管理水平高,物业管理得好,那么房地产公司物业管理服务的品牌可支撑其房地产开发的快速发展。如果项目是分期开发的,为防止物业问题影响自己的后期销售,维护品牌形象,开发企业要重视物业服务水平,因此,从品牌的角度考虑开发企业自己成立物业公司是明智的选择。如果开发企业自组物业公司,但物业管理水平较差,或者项目前期开发存在的质量问题较多,业主与物业公司纠纷较多,在开发企业不想承担过多责任时,会把物业公司推到第一线,开发企业不露面,导致纠纷升级,长此以往,反而不利于维护品牌形象。另外,在品牌建设方面,如果是委托专业的物业公司,物业公司的品牌是受托物业公司的,和开发企业没关联。如果开发企业想塑造自己的品牌,那么开发企业与受托的物业公司在品牌建设方面可能有冲突,品牌冲突可表现在对项目的宣传、服务理念、企业文化建设等方面。目前市场上开发企业全部委托专业物业公司后对自己品牌建设的帮助不大,不利于后期开发的服务支持。开发企业自己组建物业公司对品牌建设有利,但前提是开发企业具有较强的支持力度以及物业管理团队具有较高的素质。物业品牌建设绝不仅仅是物业公司的事情,如果开发企业只重视开发与销售环节,轻视物业服务的环节,那么对于开发企业来说是存在风险的。

(3)项目验收交接。自组的物业公司在项目验收交接时,完全从开发企业的利益角度考虑,在办理交接手续时无须非常复杂,而委托的物业公司在与开发企业交接时首先要分清责任,将施工质量等问题严格界定,因此在验收交接时工作量大且细致。

(4)沟通协调。如果开发企业自组物业公司,则物业公司与开发企业关系特殊,两者在根本利益上一致,不牵扯第三方利益,办事程序比较简单,遇到问题方便处理、协调,这在一定程度上保障了业主的利益。特别是在开发企业开发项目完成撤场后,仍保留了业主与开发企业沟通的渠道,遇到问题时物业公司能维护开发企业利益。但业主可能对开发企业自组的物业公司缺乏信任,多数业主对房地产企业下属的物业管理企业往往抱着一种怀疑态度,特别是在业主维权意识高涨而维权方式又可能过激的状况下,这种疑虑会给开发企业自组物业公司的正常工作带来较大的困扰。如果开发企业将项目管理全部委托给其他专业的物业公司,开发企业不直接控制物业公司,那么出现问题时开发企业与物业公司沟通与协调需要成本与时间。因为涉及费用承担的问题,出现问题时物业公司首先要确定责任,然后才会去处理发生的问题,处理问题时规范也较多。即便是开发企业承担责任,物业公司也未必能按开发企业的意思处理问题,因此容易导致开发企业与物业公司之间的纠纷或者与业主之间的纠纷,不利于提升开发企业品牌形象。

(5)服务质量。开发企业委托专业的物业公司管理开发项目,虽然开发企业投入较少,但基本上能够保证服务质量,因为保证服务质量依靠的是物业公司长期积累的经验和资源,受托的物业公司由于内部管理较成熟,员工素质较高,因此服务质量会让业主满意。另外,由于专业的物业公司不仅是为单一开发企业服务,有许多其他项目的经验可以借鉴,可以运用其他项目成功的经验,推出新的服务措施,紧跟市场变化及业主需求,从项目的长远管理来说,有利于长期管理。开发企业自己组建物业公司,服务质量可能不稳定,如果前期投入大,招聘的员工素质高,培训投入大,内部管理完善,运行高效且稳定,那么服务质量可能会有保证。但开发企业自组物业的服务质量不可控因素较多,要看开发企业的整体思路、管理水平和物业管理人员的水平等。

(四)律师对选聘物业公司决策的建议

如果开发项目是分期开发建设的,则建议开发企业自己成立物业公司;如果只开发一个项目,则建议开发企业委托专业物业公司管理,最好不介入物业管理。这样做的原因有以下三点。一是保障开发企业的利益。分期开发的住宅小区项目,若全部委托专业物业公司管理,一旦受托公司与开发企业有分歧,则物业公司首先是保障自己及业主的利益,而不是先保障开发企业的利益。二是有利于销售。由于是分期开发,开发企业自行组建物业公司,可以控制物业公司提供高品质的物业服务,为后期项目的销售积累口碑。三是防止物业委托合同纠纷。如果开发企业自行组建物业公司,与物业公司不会有委托合同纠纷,如果委托给专业的物业公司,假设第一期交房后,开发企业与专业物业公司有纠纷,则无法顺利终止第一期的合同,而很多公共设施与设备是后期与第一期共用的,按照《物业管理条例》的规定,一个物业管理区域由一个物业服务企业实施物业管理。因此开发企业无法再自己成立物业公司或者交给其他物业公司实施物业管理。

从总体上来判断,开发企业无论是将项目的管理全部委托给专业的物业公司,还是自行组建物业公司,均有一定风险。是否由开发企业成立自己的物业公司,主要看开发企业对物业问题在开发过程中如何定位,是否有品牌建设的整体营销策略,如何进行战略规划与决策。自行组建物业公司,开发企业必须考虑后续开发量。如果仅做一个项目,没有后续项目或者不想在房地产行业长期发展,则不需要自己成立物业公司。如果将房地产作为公司的主业,想长期在这个行业发展,则从品牌、销售等角度考虑,开发企业需成立自己的物业公司。

(五)通过招投标方式选择合适的物业公司

《物业管理条例》第二十四条规定,国家提倡建设单位按照房地产开发与物业管理相分离的原则,通过招投标的方式选聘具有相应资质的物业服务企业。住宅物业的建设单位,应当通过招投标的方式选聘具有相应资质的物业服务企业;投标人少于3个或者住宅规模较小的,经物业所在地的区、县人民政府房地产行政主管部门批准,可以采用协议方式选聘具有相应资质的物业服务企业。基于《物业管理条例》的规定,开发企业要通过招投标选聘前期物业服务单位,开发企业不能自行私下签订前期物业协议,那么开发企业在选择前期物业单位时,如何既要选择到合适的物业服务单位,又符合法律法规的规定呢?对此,开发企业可采取如下方式。

(1)明确自己选择物业公司的需求和目标。因为开发企业和开发项目的情况不尽相同,关注或要解决问题的重点也不同,每个物业公司都有自己的优势和劣势,因此开发企业首先要明确自己对物业公司的需求,要解决的重点和难点,然后再了解不同物业公司的优势从而进行选择。如果开发企业有意打造企业品牌,就要考虑选择有一定文化内涵且擅长形象宣传的物业公司。如果项目交付后,开发企业预判物业纠纷可能较多,就要考虑选择有处理纠纷能力且有类似经验的物业公司。如果仅考虑成本,就要考虑选择收费低,性价比高一些的物业公司。开发企业选择物业公司,应该选择最适合自己企业或项目的物业公司。

(2)开发企业在选择物业公司时,要从以下几方面考虑。

①品牌。品牌是选择物业公司的重要因素,对某些开发企业或项目来说,品牌是首要因素,品牌代表着物业公司所提供的服务是经过时间检验,是被社会接受和业主认可的,也体现了企业的信誉和服务质量的知名度。

②业绩。物业公司的业绩也是重点考虑的内容。物业公司提供规模较大的物业服务,管理过多种类型的物业,必然促使其内部管理体制趋向完善、专业分工更加细致,单位成本降低,这也意味着业主能得到全面的专业化服务。物业公司提供的服务是细致到位的,这也代表着对市场和服务对象有着深入的了解与研究。

③管理经验。经验丰富的物业公司无疑是最好的选择。尤其是一些著名的物业公司,凭借多年的管理经验,对政府主管部门的有关政策和国家相关法律法规比较熟悉并运用自如,公司自身建立了一整套物业管理的规章制度,在服务上更能贴近业主的想法和需求。这类物业公司具有人才优势,有一批较高水准的专业管理人才,尤其是具备一定数量的职业经理人才,这类人才决定着物业公司管理水平的高低。但在考察人才时,不仅要考察公司的管理人才,还要重点考察物业管理团队的整体水平,包括行业资历、经验、协调能力、服务意识、人员配置是否合理稳定等因素,避免出现公司整体实力强,投标团队精锐,而派驻项目实际操作的实操团队水平低劣的情况。

④特色。市场上许多物业公司经过多年的实践,积淀了自己的企业文化,形成了自己的特点和优势。开发企业选择物业公司时,可根据自己的特点与市场需求有针对性地选择物业公司。

⑤实地考察。对候选合作公司目前正在提供服务的项目进行实地调研。主要考察的是物业公司的管理水平和团队素质。考察人员可扮成业主到候选公司正在服务的项目上了解物业公司的保安、保洁、环境、人员培训、环境维护等情况。

物业公司具备了上述要素,也就具备了接管多个物业项目的能力和条件。

(3)开发企业在招标文件中将符合自己意愿的公司优势列入招标条件中,作为加分项,这样就能增加自己满意的物业公司中标的概率。

二、物业交接的风险及防范

物业交接包含两个方面,一是开发企业与物业公司的交接,二是开发企业与业主的交接,即房屋交付。

(一)开发企业与物业公司的交接

物业纠纷最容易发生在物业交接环节。以前新房交验时,业主只验收自己屋内的设施,也就是自己购买的专有部分,对整个小区公共部位不作检查验收,业主在验收书上签字,即推定公共部分也通过验收,开发企业就与物业公司完成交接。现在验收房屋分为两个部分,业主不仅需要验收自己的专有部分,还要验收整个小区的公共部分和公共设施,只有当公共设施也通过验收,开发企业才能与物业公司完成交接,而此前的物业费用都将由开发企业承担。前期物业必须经过业主或者业主和开发企业共同委托的第三方监理机构进行查验。通过评估后,开发企业才能把前期物业责任交出,由业主大会承接。业主也可委托第三方验房。第三方监理机构是独立于物业公司和开发企业,又具有社区公共部位、设施验收专业知识的机构。第三方监管可以帮助业主在与开发企业进行前期物业交接,以及入住后更换物业时对小区设施设备进行评估;也可以协助业主在选择物业公司时测算物业费价格;帮助业主监测物业服务质量,避免发生纠纷。

(二)开发企业与业主的交接

开发企业与业主的物业交接参见本书第八章第一节中关于房屋交付的风险及防范内容。

(三)新老物业公司更换交接的风险防范

当业主对原物业公司不满意时,通过法定程序,可以更换原物业公司。原物业公司不得以业主欠付物业服务费用、对业主共同决定有异议等为由拒绝办理交接。原物业公司拒不撤出物业管理区域的,新的物业公司和业主应当与原物业公司协商解决;协商不成的,应当依法提起诉讼或者申请仲裁,不得强行接管。原物业公司拖延、拒绝办理物业交接,应处以责罚。而新的物业公司,也不得以委任合同作为依据强行接管,否则也将被处以罚款;造成损失的,依法承担赔偿责任。

1. 新老物业公司交接的问题

新老物业公司交接时矛盾较多,有时甚至会引发暴力事件,可能导致小区物业管理混乱,影响业主生活。业主大会聘用新的物业公司且业主委员会签订服务合同后,原物业公司应该退出,但如果原物业公司不退出,新的物业公司不得强行进入。新老物业公司交接难主要体现在物业用房等相关设施移交难、物业资料移交难、相关费用处理难等方面,如果原物业公司账目管理混乱,存在代收费用的差额和欠交物业费问题,都会影响新老物业公司交接的顺利开展。

新老物业公司交接难的法律原因在于法律法规或规章的规定不完善,缺少可执行可操作的细则。从《物业管理条例》规定来看,只有第三十八条涉及业主更换物业公司的规定,而且行政主管部门对物业公司交接监管,尤其在如何避免新老物业公司或与业主的冲突方面也没有详细规定。

2. 新老物业公司的交接内容

新老物业公司交接的内容包括资料交接、设备交接、费用交接、设备管理用房交接等。

(1)资料交接。原物业公司撤出前,应当向业主委员会移交下列资料:

①竣工总平面图,单体建筑、结构、设备竣工图,配套设施、地下管网工程竣工图等原竣工验收资料;

②设施设备安装、使用和维护保养等技术资料;

③物业质量保证文件和物业使用说明文件;

④业主及房屋面积清册;

⑤物业管理所必需的其他资料。

新物业公司接管物业前,业主委员会应当将以上资料移交给新物业公司。资料移交完毕后,移交和接收双方须签字认可。

(2) 设备交接。新物业公司承接物业时,应当与原物业公司共同对物业共用部位、共用设施设备进行查验。查验时,业主委员会应当制作物业查验记录。查验记录应当包括查验项目名称、查验时间、查验内容、查验结论、存在问题等,并由查验人签字。新物业公司和原物业公司对查验结果存在争议的,应当在查验记录中载明,并明确解决办法。

(3) 费用交接。原物业公司撤出时,应当在业主委员会的组织下,将交接之日后预收的物业管理服务费,代收的各种能源费、押金,以及代管的专项维修资金等移交给新物业公司。业主委员会或原物业管理企业应将依法属于业主的物业管理用房移交给新物业公司。

(4) 物业管理用房交接。业主委员会或原物业公司应将依法属于业主的物业管理用房移交给新的物业公司。

3. 新老物业公司承接验收操作程序

(1) 开发企业、业主大会或业主委员会、原物业公司和新物业公司都要做好承接验收前的准备工作,约定承接验收时间。

(2) 在约定时间内,开发企业、业主大会或业主委员会、原物业公司将物业的产权资料、工程竣工验收资料、工程技术资料、工程经济资料和其他有关资料移交给新物业公司。

(3) 资料移交完毕后,现场进行设备、物业管理用房的交接。

(四) 明确前期开发与后期管理的责任分界点

目前物业纠纷中出现的质量缺陷、配套设施不完善等热点问题,部分是在开发建设阶段由开发企业遗留下来的,据统计,前几年物业矛盾纠纷总量当中有 70% 是前期开发遗留问题引发的。但部分是物业公司管理能力不强、服务不到位引发的,物业公司为了逃避责任,将管理问题界定为前期开发遗留问题,将责任推给开发企业。为了分清投诉责任,开发企业一定要与物业公司完成严格的物业承接验收手续。各地一般把物业共用部位交接查验作为前期开发与后期管理的分界点,业主大会成立并确定物业管理方式后,建设单位应当与全体业主进行物业共用部分查验交接。除双方查验交接外,也可引入第三方机构进行承接查验,这种方式有利于规范交接查验的标准和行为。

(五) 交付时对物业公司的要求

项目交付阶段的矛盾最多。交付前开发企业应要求物业公司积极地参与物业的验收,配合开发企业与施工单位进行房屋质量、公共设施设备及所有钥匙的移交,对不能满足交付的部分,敦促施工单位限时整改。同时交房前一个月最好成立由开发企业、物业公司、售后服务中心及施工单位组成的联合交付小组,物业公司应是交付的牵头人。各个部门要密切配合,对交房的流程、程序等注意事项进行及时通报,交付时要将每天的情况及时报告开发企业,并总结和纠正交房中出现的问题。如高层住宅二次供水许可证的办理主体、时限、移交,供电的交接问题,处理业主的临时用电与市政电的关系问题等。物业公司如果想为项目进行物业服务,必须对一些开发遗留问题适当承担责任,否则开发企业可能选择能承担责任的物业公司。物业公司还应遵守以下具体要求。

(1) 要求物业公司制订管理费预算方案。物业公司要详尽了解和认识项目及详细资料,然后制订管理费预算方案,其中包括物业管理公司员工的编制和管理开支预算、开办费、管理费收费标准、超时空调费等。该预算方案确定的预算额度不能超过标书文件所确定的费用支出额度,超出部分应由物业公司自行解决,不能成为增加物业管理费的依据。该预算方案经开发企业认可后将作为今后物业管理费开支的依据。

(2)要求物业公司制订物业验收标准及接收计划,拟定工作日程,由开发企业调配工程人员与物业管理处按工程进度及质量标准逐步进行验收,验收内容包括但不限于:①对物业总体进行检查、验收;②对物业各功能区域进行检查、验收;③进行工程机电设备验收测试,核对供应商提供的数量、资料,并参与主要机电设备的安装、测试、验收及调试运行;④对物业装饰、装修进行检查、验收;⑤按照物业项目交接查验标准与施工单位交接。

(3)在工程完成及交接验收期间,开发企业、物业公司与建筑师或监理共同鉴定各类遗漏工程或未达标项目,并整理归档,待日后按遗漏工程处理程序进行处理。

(4)物业公司应监管并跟进物业建筑工程总包及其他分包遗漏及缺陷的保修工程,并在每星期提交独立的跟进报告。

(5)物业公司在物业交付使用前及交付使用后,亦须每星期提交独立工程进度监管报告。

(6)订立物业管理处工程部日后定期维修保养中长期计划,包括每周、每月、每季、每年维修保养计划,按时按岗分配工作并制作有关表格,且按需求提交维修及新改建的报告。

(7)订立物业管理处工程部所需购置的劳保用具、仪表器材、物料及各类零配件清单。

(8)订立物业日后运作的设备、设施管理保养计划及总体节能计划。

(9)在办理与业主的公共设施移交手续时,约定公共设施部分移交的条件和标准。

三、物业用房的风险防范

《物业管理条例》第三十条规定,建设单位应当按照规定在物业管理区域内配置必要的物业管理用房。各地一般都规定新建住宅物业,建设单位应当配建物业服务用房,包括客服接待、项目档案资料保存、工具物料存放、人员值班勤备、业主大会及业主委员会办公用房等,并在房屋买卖合同中明确物业服务用房的坐落位置(具体到楼栋、房号)。北京市规定物业服务用房建筑面积不得低于150平方米,其中地上房屋不得低于100平方米,业主大会及业主委员会办公用房建筑面积为30—60平方米。规划行政主管部门核发建设工程规划许可证的住宅物业项目,建设单位应当按标准配建物业服务用房。测绘单位应当现场勘测、核查物业服务用房的位置和建筑面积,并在《房屋土地测绘技术报告书》中标明物业服务用房的位置、面积等情况。房屋行政主管部门在办理房产测绘成果备案时,应当核查测绘成果是否符合规划许可及规定的标准。如果不符合上述规定,规划行政主管部门在规划许可、验收过程中,审查物业服务用房建筑面积、位置、配置等不符合规划的设计指标,不予验收。房屋行政主管部门在办理房产测绘成果备案时应当核查物业服务用房配置情况,否则不予备案。开发企业不设置物业服务用房存在不能通过竣工验收的风险。

为防范上述风险,建设单位在规划设计阶段就应考虑配建物业用房。另外,建设单位应当在销售房屋前,结合物业的共用设施设备、建筑物规模、社区建设等因素划分物业管理区域,并在房屋买卖合同中明示。如果建设单位擅自处分属于业主的物业共用部位、共用设施设备的所有权或者使用权给业主造成损失的,应承担赔偿责任。

案例:2005年8月,某开发企业开发建设10万平方米的住宅,在房屋交付时开发企业将2号楼1单元101室作为物业管理用房,交给物业公司使用。但该房屋有预售许可证,规划中并非管理用房,整个小区未规划单独的物业管理用房。2007年8月,开发企业将该物业用房出售给王某,准备另行给物业公司安排办公用房。部分业主获知该消息后,由业主委员会

(以下简称"业委会")出面向物业行政管理部门反映,物业行政管理部门认为开发企业应该将此用房作为物业管理用房。2008年1月,王某向法院提起诉讼,要求开发企业履行房屋买卖合同,交付房屋并办理不动产权属证书。双方在庭审中达成一致意见,由开发企业交付房屋并协助办理不动产权属证书。部分业主知悉开发企业与王某的调解协议后非常不满意,以业委会的名义在2008年3月起诉开发企业,要求归还101室房屋的所有权,并要求开发企业把101室房屋的房地产转移登记在业委会名下,已卖房屋恢复为物业用房。法院以讼争房屋已实际转让,受让人合法权利应受到保护为由,驳回了业主委员会的诉讼请求。2009年5月,业委会另案提起诉讼,要求开发企业提供面积不小于150平方米的物业管理用房。在答辩阶段,开发企业称无房屋可提供。经调查,开发企业所开发项目的确都已售出,业主又不能提供属于开发企业的房产,遂向业委会代理人行使释明权,但代理人拒绝变更诉讼请求,坚持要求开发企业提供物业管理用房,法院遂以事实无法履行为由再次驳回了业委会的起诉。2009年8月,业委会委托律师再次提起诉讼,诉讼要求开发企业以市场价向业委会支付150平方米同等价值的经济补偿。一审法院于2009年12月判决开发企业给付业委会物业管理用房补偿款20万元。开发企业不服判决,向中级人民法院提起上诉。开发企业认为,虽然开发企业将101室房屋出售,但已经向业委会提供了一套面积160平方米的半地下室作为物业管理用房,业委会以采光、通风不好为理由拒绝接收,责任完全在业委会,因此业委会无权再主张,要求二审法院依法改判。中级人民法院审理后认为,根据有关政策的规定,物业管理用房应按照规划中配置的标准提供;规划中未配置的,按照物业管理区域实际使用状况予以提供。开发企业称其已提供了小区物业管理用房即所谓的半地下室,但在性质上不具备符合规定的物业管理用房的条件。在案件审理中,开发企业不能提供符合相关规定的物业管理用房,故对业委会要求开发企业给付经济补偿款的诉讼请求予以支持。补偿款的数额,原审法院参照周边的市场价,对业委会的请求予以采纳,并无不妥,故驳回上诉,维持原判。

四、建设单位承担前期物业服务责任的风险

前期物业管理期限,是指从首户业主入住起至全体业主与建设单位完成物业共用部分交接止的时间。按照《北京市物业管理条例》第二十二条的规定,前期物业服务合同生效之日至出售房屋交付之日的当月发生的物业费由建设单位承担。出售房屋交付之日的次月至前期物业服务合同终止之日的当月发生的物业费由业主按照房屋买卖合同的约定承担;房屋买卖合同未约定的,由建设单位承担。也就是说,在上述期间内,业主不用交纳物业费,开发企业要支付期间的所有物业费。开发企业同时也要把设施设备管理、物业人员管理等都具体承担起来,而且所有的服务承诺事项都要落实在前期物业服务合同之中。待业主大会成立后,由业主大会和物业公司签订物业服务合同,对服务标准和物业费重新进行约定。

在购房人与开发企业签订买卖合同、前期物业服务合同时,物业合同必须作为购房合同的附件,物业合同的签字双方是业主和开发企业。开发企业可将全部物业服务委托给一个物业服务企业,也可将一些专项服务委托给专业性服务企业。业主可根据合同约定的服务标准与开发企业进行交涉,也可向房屋主管部门投诉。另外,业主们还可成立业主大会,解除前期物业服务合同,这样就大大增加了开发企业的责任,因此从业主的角度来说,应尽快成立业主大会。

开发企业支付前期物业费用,拖的时间越长,费用就会越高。根据北京市原来的相关规定,开发企业需要承担前期物业管理费用,包括建安成本2%的开办费以及未出售物业的管理费用,但不包括业主大会成立之前的小区物业管理费用。实际上很少有开发企业向物业公司支付该笔费用。开发企业为了避免承担过多的物业费,必须尽快将前期物业过渡到业主大会。

根据《北京市物业管理办法》(已失效)的规定,建设单位承担前期物业服务责任。之所以如此规定,是因为业主与开发企业的交接,以前只是将业主独立拥有的房屋交付了,但作为公共部分和共有设施的物业部分却没有移交,那么在没有移交前,公共部分和共有设施的责任主体并不是业主,而是开发企业,也没有理由让业主交纳物业费。只有在物业交接查验后,全体业主接管了物业,业主们成为物业管理的责任主体,才有交纳物业费、维护保养物业的义务。上述说法有待商榷,原因是业主接收了自己专有的部分,同时就享受了公共部分的服务,公共部位仅仅是形式上没有办理移交手续而已,而事实上的移交已完成,业主实际已经使用共有部分和设施了。这样的规定在实践中可能会导致业主们因不愿交纳物业费而迟迟不成立业主大会,这无疑会增加开发企业的负担。而这种义务是不对等的,对开发企业来说显失公平。如果这样规定的目的是促使开发企业组织成立业主大会,那么又可能会侵害业主的利益,起不到督促开发企业成立业主大会的作用。

(1)因前期物业的责任,开发企业要主动申请成立业主大会。成立业主大会的前提条件是:要么开发企业支持业主成立大会,要么开发企业主动申请成立业主大会。开发企业必须经过两道程序。第一,支持业主成立业主大会或者主动申请成立业主大会。只要召集到总人数5%以上或者专有部分占建筑物总面积5%以上的业主,便可向物业所在地街道办事处、乡镇人民政府提出书面申请成立业主大会。第二,前期物业必须经过业主或者业主和开发企业共同委托的第三方监理机构进行查验,通过评估后,开发企业才能把前期物业责任交出,由业主大会承接。

(2)避免分期分批开盘。物业管理区域内已交付业主的专有部分达到建筑物总面积50%以上的才能申请成立业主大会,如果分期分批开盘,开发企业承担的物业费会更多。

(3)前期物业服务合同关于物业服务是否收费、收费标准以及服务标准的约定应当符合相关规定。

(4)在销售物业前,应当制定临时管理规约,并在销售场所公示。对有关物业的使用、维护、管理,业主的共同利益,业主应当履行的义务,违反临时管理规约应当承担的责任等事项依法作出约定。临时管理规约不得侵害物业买受人的合法权益。

五、筹建业主大会的风险防范

成立业主大会及业主委员会对开发企业来说,有利有弊,因此不同开发企业会持不同态度。有的积极推进或配合组建业主大会和业主委员会,有的千方百计拖延或阻挠组建业主大会和业主委员会。成立业主大会和业主委员会对开发企业来说,好处是有利于树立开发企业良好的品牌形象,对物业管理有协助作用,有利于杜绝开发企业或物业公司违规操作,有利于开展对业主的工作。弊在于,开发企业或物业公司与业主大会或业主委员会形成制约,一些内部操作程序会受影响。

物业管理区域内已交付业主的专有部分达到建筑物总面积50%以上的,建设单位应当向物业所在地街道办事处、乡镇人民政府报送筹备首次业主大会会议所需资料(提交材料包括筹备组长签字的业主大会成立和业主委员会选举情况报告、业主大会决议、管理规约、议事规则、成员名单),并推荐业主代表作为临时召集人,召集占总人数5%以上或者专有部分占建筑物总面积5%以上的业主向物业所在地街道办事处、乡镇人民政府提出书面申请成立业主大会;占总人数5%以上或者专有部分占建筑物总面积5%以上的业主也可以自行向物业所在地街道办事处、乡镇人民政府提出书面申请成立业主大会。街道办事处、乡镇人民政府应当自接到申请之日起60日内，指定代表担任筹备组组长，组织成立首次业主大会会议筹备组，筹备组负责召集首次业主大会会议。筹备组中非建设单位的业主代表人数不低于筹备组中具有表决权成员人数的2/3。筹备组成员名单确定后，应当在物业管理区域内显著位置公示。建设单位应当自首次业主大会会议筹备组成立之日起7日内向筹备组提供业主名册、业主专有部分面积、建筑物总面积等资料，并承担筹备及召开首次业主大会会议所需费用。

筹备组成立公告、首次业主大会会议决议、查验通知、交接通知、物业项目查验交接报告或其摘要文本应当在物业管理区域内显著位置公示。

在原有的物业管理机制下，开发企业可以消极对待成立业主大会或业主委员会，尤其是在房屋销售率不高的情况下，开发企业可以利用自己大业主的身份，影响业主大会或业主委员会成立，可以与前期物业公司站在一起，保障前期物业公司的利益。目前业主单方也有权启动成立业主大会的程序，对于开发企业来说，就要想办法主动成立业主大会，这样就不至于在业主单方启动成立程序后处于被动状态。开发企业要积极推荐业主代表并召集业主启动成立业主大会。开发企业与业主是小区共有部分利益博弈的双方，开发企业如果积极应对，由开发企业来推荐业主代表，对开发企业也是有利的。

六、物业服务质量纠纷的风险防范

物业服务质量纠纷是业主与物业公司常见的纠纷表现形式。目前各地一般都制定了一系列的物业服务配套措施的成文规定，例如有些地方制定了住宅物业服务等级标准，标准将物业服务分为五级，涵盖300多项内容，条理明晰。如果物业公司与业主关于服务质量发生纠纷，业主可请第三方评估物业。评估机构可以对物业公司提供的服务内容与其收费标准是否相符给出评估判断。业主、物业公司、建设单位和有关部门可以委托物业服务评估监理机构，就物业服务质量、服务费用和物业共用部分管理状况等进行评估和监理。

七、维修和保修的风险防范

房地产开发项目交付后，开发企业应当按照国家规定的保修期限和保修范围，承担建筑物及附属设施设备的保修责任。也就是说，在保修期限内，开发企业应当承担保修责任，超过保修期开发企业则不承担保修责任，再出现质量问题由业主自行承担费用。在建筑物的维修及保养方面经常出现的纠纷表现形式主要有三种：一是对保修期限的起止时间的确定有争议，二是对保修的范围有争议，三是对出现质量问题的责任主体有争议。质量问题发生的原因比较复杂，有的是开发企业交付的房屋质量的确存在问题，有些是业主在装修过程中对建筑物造成了损害，有些是管理不善造成的，有些是存在相邻关系的业主侵权造成的，还有一些是混合原因造成的，因此质量问题的形成原因、责任主体的确定非常重要，开发企业必须从日常管理、合同内容、物业公司的选择及管理等几个方面来防范维修保养的风险。比如装修过程中出现问题，一定要判断是开发企业的责任还是由于业主装修造成的，或是其他的责任主体造成的。责任不清、互相推诿就会造成业主与开发企业，或者开发企业与物业公司的矛盾，因此分清责任主体很重要。保修过程中，业主、物业使用人和物业公司应当互相协助配合。

解决前期遗留的维修问题，最根本的是开发企业应与施工单位签订合同，将责任主体转为施工单位，开发企业则在施工合同中对施工单位加强约束。

八、开发企业与物业公司纠纷的风险

(1) 物业公司的服务质量达不到开发企业的要求。
(2) 物业公司不维护开发企业或业主的利益。
(3) 物业公司与开发企业存在合同纠纷。
(4) 开发企业解聘物业公司时,物业公司拒不退场。

九、开发企业与业主纠纷的风险

(1) 业主集体维权,给开发企业造成较大的压力。
(2) 业主集体诉讼。
(3) 质量问题。
(4) 共有部分的产权归属纠纷。目前业主的维权意识较强,业主对开发项目的共有产权部分主张权利的事件较多。按照规定,全体业主依法享有的物业共用部位、共用设施设备的所有权或者使用权,开发企业不得擅自处分。
(5) 共有部分的收益分配。
(6) 物业费收费标准的纠纷。

十、关于启动资金支付的风险

《北京市居住小区物业管理办法》(已失效)第十四条规定,居住小区物业管理的启动性经费由该居住小区的开发建设单位按照建安费2%的比例,一次性交付给物业管理委员会或物业管理企业。虽然当时有这样的规定,但实践当中并没有执行,几乎所有的物业公司都未得到过这笔启动资金。如果物业公司要提取启动资金,那么物业公司将不能获得该小区的管理权。虽然该规定已失效,但为规避业主或物业公司相关的要求,开发企业应在物业委托合同中予以明确,以免开发企业与物业公司或业主出现纠纷时物业公司起诉要求支付这笔费用。

十一、行政风险

开发企业违反行政管理规定的,应承担相应的行政责任。开发企业在物业方面的行政风险体现在行政机关对于开发企业的管理。具体来说,行政风险主要包含以下方面。

(1) 住宅物业的建设单位未通过招投标的方式选聘物业服务企业,或者未经批准擅自采用协议方式选聘物业服务企业,不限期改正的,可处10万元以下的罚款。
(2) 建设单位擅自处分属于业主的物业共用部位、共用设施设备的所有权或者使用权的,可处5万元以上20万元以下的罚款。
(3) 建设单位不移交有关资料又不限期改正的,处1万元以上10万元以下的罚款。
(4) 建设单位在物业管理区域内不按照规定配建必要的物业管理用房又不限期改正的,没收违法所得,并处10万元以上50万元以下的罚款。

案例: 2007年5月8日,某房地产开发公司(原告)将其开发的房产项目委托某物业管理有限公司(被告)进行为期2年的前期物业管理,并将原告拥有产权的一套房屋免费提供给被告使用。该房屋在销售时注明系物业管理用房,而被告亦将该房屋作为物业管理办公室。期满后,原告发函要求被告退还该房屋,却遭到拒绝,于是原告提起诉讼。法院认为,《物权法》(现《民法典》物权编)规定整个小区服务的物业管理用房的所有权,应属业主共有,因此,法院追加小区业主委员会作为本案第三人参加诉讼,最终依据《物权法》(现《民法典》物权编)及相关法律规定,认定建设单位应当为小区配备相应的物业管理用房,该房依法应属业主共有,驳回了原告的全部诉讼请求。

十二、质量或遗留问题投诉的风险防范

遇到业主或使用人投诉时,物业公司、开发企业或工程部的工程技术人员应对产生质量问题的原因作出初步判断。开发企业或物业公司应对投诉人陈述时,应当考虑涉及建筑缺陷的有关事实,并且考虑对缺陷作业判断的调查人和评估人的可信程度。如果证人是业主或不动产的使用人,则应当审查他们第一次发现问题存在的时间,发现时候的缺陷程度,采取了何种措施弥补这些缺陷。因为一些缺陷是缺乏适当的保养或者因滥用造成的,询问时应侧重于这方面。然后应审查业主在竣工以后所作的改造,因为很多缺陷是业主在购买以后进行改造造成的,这样可初步判断由谁来承担责任。

十三、销售房屋承诺赠送物业管理费的风险防范

有些开发企业为了顺利销售房屋,承诺售房永久免物业费或免一定时间段的物业费。但是物业管理需要持续不断的成本支出,这笔费用由谁承担?如果开发企业不能持续支付物业费,或者物业本身没有经营能力,不能维持正常的开支,那么会产生一系列的问题,导致物业管理质量下降或停止物业服务,这对开发企业来说非常不利。因此,建议开发企业在销售商品房时不承诺免物业费,至少不承诺永久免物业费,因为这样的承诺违反基本经济规律,会给自己带来麻烦。为了促销,免几年的物业费是可以考虑的,但这笔费用必须提前列支,以免影响物业管理的正常运行。

第三节 从合同角度防范与物业管理有关的风险

一、总体筹划规避物业管理风险

1. 提前让物业公司介入

开发企业可以在规划设计阶段引入物业公司,让其参与房地产开发全流程的业务。物业公司前期介入对开发企业的益处在于,物业公司专业从事物业管理服务,熟悉业主最真实的需求以及需求的变化,如果物业公司与开发企业共同参与物业的规划、设计、施工、验收等工作,就能够保证开发项目设计合理、质量良好,减少日后物业管理的纠纷,也能够促进开发项目的销售,打造优质的开发项目品牌。但从目前房地产开发的过程和物业管理行业的总体运作情况来看,几乎所有项目都是在办理预售许可证时才确定物业公司,不需招投标的物业项目几乎都是在项目建成即将交付业主使用时才确定物业公司。从房地产开发的流程及行业规律来说,由于物业公司后期仓促介入,进行物业项目交接时前期工作时间紧张、任务繁重,对于施工质量等影响与业主关系的矛盾焦点来不及清查、排除,因此在进行物业验收、入住、装修等工作时,如果任何一个环节出现失误或疏漏,都会对开发企业造成这样或那样的不利影响,甚至引发大规模的群体性事件,如业主拒绝收房,采取集体维权、上访、集体诉讼等方式与开发企业对抗,进而产生无法挽回

的损失。此外,在房地产开发过程中,由于设计不合理或者工程质量低劣、图纸资料不全等,都会直接影响物业今后的使用和管理,造成物业管理质量下降,进而影响开发企业声誉。物业公司提前介入有以下优势。

(1)物业公司提前介入可以在施工单位交付建设工程时为开发企业把好验收关,尤其是质量瑕疵问题,物业公司更能站在业主的角度验收,提出问题,让施工单位在交付之前就进行整改,这样就有可能将因质量问题引起的矛盾消灭在萌芽状态。在项目质量验收问题上,开发企业、业主与物业公司的利益是一致的。

(2)物业公司可以从专业的角度提出建议,促进销售。专业的物业公司应能提出对开发企业开发楼盘有益的建议,避免重复投资,节约开发成本。比如,采用不同的照明设备、前期成本与后期运营成本之间的关系等。物业公司会提出最佳的经济方案,供开发企业在设计时采纳。

(3)对设计失误或不合理的方案等影响业主与开发企业的矛盾进行纠偏。如地下停车位数量严重短缺,物业公司可建议开发企业调整地面与绿化的规划,调整绿化景观的规划方案。

2. 选聘物业公司时应注意的问题

开发企业首先应考虑是自行组建物业公司还是委托专业的物业公司管理物业。如果委托专业的物业公司,那么开发企业要对物业公司进行各方面的考察、咨询,寻找适合其开发项目的物业公司。在基本确定物业公司后,应委托招投标代理机构或专业的律师,配合代理公司及招投标的各单位完成招投标流程,保证自己选定的物业公司中标。

3. 协调开发企业、物业公司、业主三方关系,达到合作共赢

(1)积极推进物业建管分离。自建自管是房地产管理体制从计划经济向市场经济过渡期间的产物,在房地产市场兴起初期,为避免开发的楼盘出售后由于产权分散而无人管理,当时制定的政策是"谁开发,谁管理"。但是随着房地产市场的发展,物业纠纷不断增多,有些纠纷源于开发建设遗留问题,规划变更导致业主利益受损,房屋建筑和附属设备质量差等问题大量出现,且有些开发企业对遗留问题采取拖延做法,把问题留给物业公司。但由于"谁开发,谁管理"的政策,多数物业公司与房地产开发企业是建管不分的"父子"关系,物业公司很难有效地监督、制约开发企业,无法解决遗留问题,导致物业公司与业主的矛盾纠纷不断,况且自建自管还延缓了物业管理市场化的进程,对整个行业提高管理水平会产生不利影响。

2003年9月1日起施行的《物业管理条例》规定,国家提倡建设单位按照房地产开发与物业管理相分离的原则,通过招投标的方式选聘具有相应资质的物业管理企业。该规定明确了建管分离的基本原则。建管分离可以促进物业管理企业之间的市场竞争,将开发企业自行组建的下属物业管理企业推向市场,通过市场选择提高管理服务水平,形成市场化的合理价格体系,促使物业管理企业规范化运作,减少物业纠纷的出现。

(2)转变物业公司角色,由管理者变为服务者。管理与服务是两个不同的概念,管理最直接的含义就是管辖与治理,如果物业公司以管理者姿态提供服务,服务质量不可能提升,矛盾纠纷也不可能化解。物业公司与物业小区业主、业主委员会的关系是委托与受托关系,业主聘用物业公司的目的是为自己提供物业服务,物业公司的主要职责和工作是依据合同内容,按照业主要求,为业主提供服务,而不是管理业主。而物业公司生存的竞争力就是提高服务品质,否则会被市场淘汰,因此,物业公司要从自身生存和发展的角度,由管理者转变为服务者,才能在市场上生存。

(3)重视管理规约的制定及物业服务合同的签订。

4. 房地产公司与物业公司的矛盾及配合[①]

（1）工程整体文件、资料交接中的矛盾。物业公司在接管过程中首先需要的就是相关工程资料，所需资料的范围涵盖工程项目的可研阶段、前期规划许可报批阶段、工程施工管理和验收阶段的全部资料，这对于物业公司今后代表业主对外开展工作及对内进行工程的维修与管理是十分必要的。然而开发企业与物业公司在实际工作中经常因为交接资料的具体内容与范围发生矛盾，其原因有以下几点：①开发企业重视程度不够，不注重前期资料的移交。开发企业认为物业公司只是对工程项目进行后期的基本维修管理，因此只要有项目基本建设施工资料就可以了，索要工程的前期资料毫无意义，对物业公司没有用处。②开发企业前期手续不齐全，无法移交。部分开发企业为了抢进度，尽快开工、销售，没有严格按照开发建设程序办事，导致项目的手续不齐，无法进行正常的移交。针对以上原因，物业公司一方面应加强与开发企业的沟通，说明工程前期资料对于物业的重要性，并出示国家有关文件说服开发企业，顺利完成工程资料的移交；另一方面对于手续、资料不完整的项目，应催促开发企业尽快完善，并要根据项目的实际情况，推迟或暂停项目的接管工作，以避免自身在接管后所引起的一系列问题，保护自身利益。

（2）工程质量标准认定中的矛盾。工程质量也是在接管过程中容易发生矛盾的地方，作为开发企业认定工程质量的标准是国家有关质检部门的验收评定，而物业公司则更多地代表业主，从使用者的角度验收工程，本质上二者并无差别。但是政府部门的验收是依据有关国家建设工程规范及标准对建设项目进行检验，是从安全和使用功能角度认定工程项目符合标准，这只是一个最低标准，是能够安全、正常使用的保障标准。在工程中要站在使用者的角度，检查验收工程，每一个细节都要尽量为住户考虑。因此开发企业要重视验收过程中物业管理人员提出的意见和建议，对工程加以整改，避免业主的投诉。开发企业也要有前瞻意识，应在项目前期策划过程中充分听取物业公司的建议，让物业公司参与工程建设的全过程，以减少、避免后期的修改工作。

（3）工程保修过程中的矛盾。在实践中，由于保修合同作为施工总承包合同的一部分，一般由开发单位与施工方订立，但开发企业在保修过程中很少承担管理职责，而是由物业公司负责具体工程保修管理，协调住户与保修施工单位间的关系。由于物业公司不作为保修合同的主体，工程保修金不能支配，因此对施工方缺少约束能力，管理难度大。为解决这一问题，建议开发企业与物业公司在接管前协商一致，由开发企业委托物业公司全权进行保修管理工作，对于工程保修金的最后结算，应由物业公司予以确认后，施工方才能结算、领取。对于保修期间紧急发生的问题，当施工方不能积极配合时，物业公司有权自行修整，费用由施工方予以支付。建议给物业服务单位以更大的管理权，方便协调管理。

（4）物业公司与开发企业在各阶段的配合。①项目开发建设阶段：物业公司为开发企业在物业各个生产环节提出从规划设计、功能设置、施工建造、安装调试、建筑质量、监理验收到前期物业管理等方面的意见与建议，使物业的开发建设在满足物业规划设计要求的同时努力做到尽善尽美，以减少未来业主对物业功能与服务质量的不满。②项目的论证阶段：物业公司参与工作并就该物业的市场定位、物业管理的基本思路和框架、物业管理的运作模式发表意见。③规划设计阶段：物业公司参加论证会，就规划方案提出多项建议。④物业建设阶段：物业公司应该跟踪建设阶段的整个过程，提出整改意见。⑤销售阶段：物业公司在售楼现场设立专职的物业管理咨

[①] 参见中国物业管理协会：《物业接管过程中开发商与物业管理公司间的关系》，载中国物业管理协会官网（网址：https://www.ecpmi.org.cn/NewsInfo.aspx? NewsID=2341），访问日期：2023年12月11日。

询人员,或对销售人员进行系列物业管理培训,使他们对物业管理的基本概念和基本知识有所了解,对将来该小区的物业管理内容和模式有统一的理解,在接受购房者的咨询时,也使未来业主对物业管理有信心,增加购买欲望。

二、从合同的角度防范风险

开发企业在物业管理方面涉及三个比较重要的文件。一是在业主、业主大会选聘物业公司之前,由开发企业选聘物业公司的,应当签订书面的前期物业服务合同。二是开发企业应当在销售物业之前,制定临时管理规约,对有关物业的使用、维护、管理,业主的共同利益,业主应当履行的义务,违反临时管理规约应当承担的责任等事项依法作出约定。三是购房人与开发企业签订房屋买卖合同时,合同内容应当包括物业的内容,并且购房人应当对遵守临时管理规约予以书面承诺。开发企业应当在销售房屋前,结合物业的共用设施设备、建筑物规模、社区建设等因素划分物业管理区域,并在房屋买卖合同中明示。

开发企业在与物业公司签订前期物业委托合同之前,应清楚了解其作为开发成本的开办费、补贴费及对物业公司的服务费收支明细构成是否合理、科学,并努力降低成本。而物业公司应该积极与其沟通,不断地调整自己的方案和成本,但前提是不能影响服务管理水平和质量,最终谋求达成一致。

(一)签订物业合同前的风险防范

1. 签订商品房买卖合同时的风险防范

《物业管理条例》第二十二条规定,建设单位应当在销售物业之前,制定临时管理规约,对有关物业的使用、维护、管理,业主的共同利益,业主应当履行的义务,违反临时管理规约应当承担的责任等事项依法作出约定。建设单位制定的临时管理规约,不得侵害物业买受人的合法权益。第二十三条规定,建设单位应当在物业销售前将临时管理规约向物业买受人明示,并予以说明。物业买受人在与建设单位签订物业买卖合同时,应当对遵守临时管理规约予以书面承诺。第二十五条规定,建设单位与物业买受人签订的买卖合同应当包含前期物业服务合同约定的内容。第二十六条规定,前期物业服务合同可以约定期限;但是,期限未满,业主委员会与物业服务企业签订的物业服务合同生效的,前期物业服务合同终止。基于上述规定,在销售前,开发企业在买卖合同中应约定前期物业服务的条款,并将临时管理规约、前期物业服务合同作为附件。建设单位与物业买受人签订的买卖合同应当包含前期物业服务合同约定的内容。其间应当在《商品房买卖合同》中增加前期物业服务条款,并且制定《临时管理规约》《前期物业服务合同》。

(1)商品房买卖合同中的前期服务条款。在《商品房买卖合同》中增加前期物业服务的主要内容,做到购房人购买房屋的同时也购买了前期物业服务。《物业管理条例》规定,《商品房买卖合同》中应当包括《前期物业服务合同》的主要内容,购房人通过与开发企业订立《商品房买卖合同》对该物业的前期物业管理(包括选聘的物业公司、物业服务事项与服务质量、物业维护与管理、物业收费等)有基本了解,并以合同的方式对由开发企业提供的前期物业服务予以确认。

(2)在房屋销售前拟定《临时管理规约》,并在售房时向购房人公示,以便购房人在订立《商品房买卖合同》时对遵守《临时管理规约》作出书面承诺。如果说《业主公约》是全体业主对物业行使管理权的"宪法",那么《临时管理规约》在前期物业管理中则发挥"临时宪法"的作用。由于在前期物业管理中业主大会尚未成立，根据《物业管理条例》的规定，开发企业应当负责拟定并向购房人说明和公示《临时管理规约》，并可要求购房人对遵守《临时管理规约》作出书面承诺。承诺作出后，即具有法律约束力。建设单位制定的临时管理规约，不得侵害物业买受人的合法权益。建设单位应当在物业销售前将临时管理规约向物业买受人明示，并予以说明。

（3）与选聘的物业公司订立《前期物业服务合同》。根据《物业管理条例》规定，开发企业应当于房屋销售前选聘物业公司并与其订立《前期物业服务合同》。通常《前期物业服务合同》文本由拟聘请的物业公司提出，但由于前期物业服务主要由开发企业负责，前期物业服务的主要内容应当与《商品房买卖合同》中物业服务的相关条款保持一致，物业管理的服务与质量水平均能够满足开发企业的要求，同时保障业主的权益不受侵害，因而需要由开发企业参与拟制或审定。《前期物业服务合同》可以约定期限，但是，期限未满，业主委员会与物业公司签订的物业服务合同生效的，前期物业服务合同终止。

2. 制定规章制度

通常物业管理制度由拟聘请的物业公司提出，且作为《前期物业服务合同》的附件，是合同的重要组成部分，因此其不仅属于法律文书，且按规定开发企业还应当将物业管理规章制度连同《前期物业服务合同》一并提交政府房地产行政主管部门备案。由于大量物业管理事务是通过对规章制度的落实实施的，更为广泛地涉及业主的利益，又是《前期物业服务合同》得以实际履行的重要保障，因而同样需要由开发企业参与拟制或审定。

3. 拟制前期物业管理法律文书应当注意的问题

（1）合法性问题。目前物业管理难度较大，物业管理规章制度能否落实，主要取决于物业公司的管理措施是否到位。在管理措施方面，如何既约束、督促物业使用人履行义务、遵守制度，又不至于以违法或用侵权的手段"强制管理"，如以停水、停电方式胁迫交纳物业费，未经法定程序强制拆除搭建物等，既是难点也是重点。另外，根据物业管理纠纷的不同类型，依法、合理、明确地设置各类物业争议的解决程序，通过行政主管部门查处、提交仲裁，或用诉讼的手段保障物业管理各项措施的落实也是有必要的。

（2）前后一致，自成体系。前期物业管理关系中各方当事人的权利与义务在各法律文书中相互交织、渗透，部分内容互相叠加或涵盖；文书间又互相依存、互为条件，关联性强。因此在拟制法律文书时，一是要做到主要法律文书齐全完备，形成一个完整的合约体系；二是文书相互之间应当依次衔接，避免因遗漏或错位影响其他文书的法律效力；三是内容上相互叠加或涵盖的内容，应力求表述准确、完整并注重其同一性，避免出现遗漏、矛盾、含糊不清或歧义。

（3）争议焦点问题需事先澄清。前期物业管理中涉及的热点、焦点问题较多，如物业外立面使用权，建筑物冠名权，车库、停车场、商铺及其他配套设施设备的归属权、使用权等。对于尚在探讨和研究，法律或政策并未作出明确规定的问题，应当有预见性地作出约定，避免在日后的物业管理过程中发生较多争议。

（4）避免约定不清，将物业管理的责任推给开发企业。

案例：业主违章搭建引起的物业管理纠纷。某小区业主私建阳光房，开发企业和物业公司多次劝阻后无效，遂提起诉讼，要求业主拆除。由于开发企业在《商品房买卖合同》中未设定前期物业服务条款，也未事先拟定《临时管理规约》，开发企业与物业公司未订立规范的《前期物业服务合同》，加之物业公司的装饰装修管理办法和业主装饰装修承诺书对争议的解决约定不明（如发生违章搭建，后果自负或提交有关部门查处等），最终开发企业和物业公司败诉。

4. 开发企业与前期物业公司签订物业委托管理合同的风险防范

（1）明确物业管理范围。比如约定项目及其规划范围内的全部共用部位及共用设备设施及其他设备设施的管理，包括但不限于地下停车场、会所、幼儿园、绿化步行街等。物业公司的实际管理范围根据开发企业开发项目的工程进度而有所变化，以开发企业实际交付物业公司管理的范围为准。

（2）明确物业公司的职责。物业公司职责应包括但不限于如下几项：①物业公司应以高标准和规范化的管理方法管理开发企业开发建设的项目，使之保持高品质物业的质量，确保项目各种设施及设备正常运作；②根据项目日常运作，物业公司应建立一套完整的管理工作程序，并在实施中不断改善；③物业公司应依据《物业管理条例》及管理规约和物业委托合同，制作项目用户守则及其他必要的规章制度，并以有效形式督促业主和使用人遵规守约；④物业公司应负责物业公司内部人员的人事管理工作，定期进行专业培训，并指导和监督所招聘员工完成各项管理工作并保障各项公用设施正常运作；⑤根据项目实际情况，负责建立健全财务管理制度并编制物业管理预算，收取管理费并追讨欠款；可接受供水、供电、供气、供热、通信、有线电视等单位的委托向最终用户收取有关费用，但不得向最终用户收取手续费等额外费用；⑥处理所有对于管理项目的投诉及各项维修，并协助调解业主或使用人之间因项目管理而引起的纠纷与争执；⑦负责管理项目的安保工作，制定严格的安保制度，保持项目的正常秩序，尽力使业主或使用人免遭骚扰；⑧对上述各项管理职责在每月一次定期例会上向开发企业汇报，并对改善项目管理或增加服务项目等事宜向开发企业递交报告并提出建议；负责项目各项工程的维护保修工作，包括但不限于承包商提供的保修期内及保修期外发生的工程及设备的保修及维护。

（3）交付使用前物业管理的筹备服务。物业公司正式受聘用，并与开发企业相关部门人员进行交流后，在充分了解物业实际情况的基础上，应于接到开发企业关于开展各期管理服务书面通知的1个月内拟定并提交一个详尽的项目各期交付使用前后物业管理服务计划给开发企业，此计划在与开发企业协商明确后，经开发企业认可，最终形成正式的可开展工作的计划。该计划由物业公司派驻有资深物业管理经验的物业总经理及物业管理处的筹备人员共同执行，并作为开发企业日后对物业公司提供项目交付使用前物业管理筹备服务的监督标准。物业公司提供项目交付使用前物业管理筹备服务内容包括管理处的筹建。管理处筹建开办事宜包括但不限于下列各项：①选定物业管理处位置，以及提出内部装潢布局，购置各类家具、工具器材、文具用品，并印制各式表格、信封等；②与政府有关部门及公共企事业单位联系洽商有关物业管理事宜；③制订物业需购置的各类保险的方案（包括但不限于财产险及第三者责任险等），布置及调整物业指示牌，配合物业整体布局；④拟制管理规约，明确业主、使用人及物业管理处的权利和义务；⑤在筹备期间拟制符合物业实际需要及各项日后管理工作开展时所使用的管理文件、规章制度（包括但不限于业主或使用人守则，业主或使用人装修指南，防火、治安及环卫规则及守则，物业交付时所使用的各类文件及表格，清洁服务招标文件及表格，物业管理处各级员工岗位责任制及奖惩制度，物业紧急应变计划，有偿服务项目的收费标准）；⑥考虑物业整体设计组合后，制订物业装卸区域管理和垃圾处理方案；⑦编制物业管理处员工手册，参照物业整体设计制订物业绿化管理方案；⑧制订物业保安实施计划，并对保安系统安排及所需设备作出计划；⑨为配合开发企业在物业商业设施的经营管理，制订有效的协同物业管理方案；⑩做好员工招聘，从业人员资格、能力、服务水平应符合开发企业标准。

(4)公共部位。物业公司应负责项目及其范围内的共用部位及共用设备设施的管理,在合同签订30日内递交开发企业关于定期维护及预防性维护的详细计划,如果开发企业不批准该计划,物业公司须在开发企业指定期限内完成整改;若在指定期限内仍达不到开发企业的要求,开发企业可解除合同并要求物业公司赔偿直接经济损失。物业公司应协助及确保完成项目任何部分包括共用部位维修的工程。保持项目清洁和安全。物业公司应确保项目业主或使用人依照项目各期管理规约规定的用途及条款正确使用其所占用的项目部分,如有任何业主或使用人违反项目管理规约,物业公司应尽量使用可行的方法制止此类违约行为;在开发企业有合理需要时,替换项目的共用部位及共用设备设施涂漆、清洁、铺砌或视情况而施行其他适当工程;更换在公共场地的破烂玻璃或容易使人受伤的房屋附属设施,如外挂石材等;保持项目中密闭公共场地的通风系统良好运作并适当维修;保持项目的环境清洁、卫生及美观;阻止任何废物被弃置于项目的公共场地,负责清除项目公共场地的垃圾并安排适当时间收集垃圾;采取一切措施防止项目任何公共场地交通阻塞;确保所有公用污水渠、排水渠、水道及水管无淤塞情况;确保项目的所有共用设备设施(包括但不限于项目消防系统、保安系统、电话系统、电器系统、天然气系统、给排水系统等)性能良好和运作正常。物业公司经开发企业批准后可决定与第三者订立维修上述设备、机械或器材的合约;在可能的情况下阻止任何垃圾或其他物体从项目弃置、排出、侵蚀或抛出于街道、暗渠、污水渠、排水渠或水沟,并把已弃置、排出、侵蚀或抛出的垃圾或物体移走;项目内架设或拆除任何结构、设置、招牌、遮篷、支架、装备或对象,必须报请开发企业书面批准。项目内若有违反有关管理规约所载任何规定且未经开发企业书面批准(或此批准期限已满或已收回)的结构或对象,在发出适当警告后,物业公司有权采取适当行动移走该对象,或通过法律程序和有关政府部门依法处理;安排项目保安、维修技工及管理人员的日常工作;根据管理规约的条款,保养、维修及监督使用以下但不限于如下所列举的共用部位、共用设备设施及其他设备设施:①地上及地下停车场;②垃圾车停放处;③绿化及园林地带;④区内的共用设备设施及共用场地、公用康乐设施;⑤车辆出入口、行人路、街灯、围墙及其他共用部位;⑥装卸货区;⑦其他经开发企业批准使用的商业经营服务设施。物业公司可用业主或项目管理处名义投保。投保项目可包括火灾、其他意外及天灾、公众责任保险、劳工保险等。投保险种、额度及投保的保险公司将由开发企业及物业公司协商决定,开办期间的保险由开发企业直接投保。物业公司应保持项目各项设施正常并不断完善管理服务,以使业主和使用人享受优质服务。

(5)物业公司与开发企业的沟通。物业公司每6个月一次定期书面向住户收集有关服务质量、效率等各方面的反馈信息,并尽快作出适当改进。将业主的反馈意见及物业公司将采取的改进措施进行总结,并在月报告中书面报予开发企业。遇非因物业公司责任而无法处理的要求、投诉,物业公司应尽量予以解释,同时与相关部门联系以求配合尽快解决。

(6)财务管理。①物业公司负责与项目物业管理相关的财务管理费收支及账目处理,并依法缴纳有关税款。财务管理包括编制每年度之物业管理运作及财务预算报告,即每个新管理年度开始(每年的1月1日)前3个月提交开发企业审批。当开发企业或业主通过其预算后,使业运作控制在此预算范围内。对于开发企业已批准的预算,物业公司定期报告有关预算的进展情况并向开发企业提供项目管理地行政部门管理费收费标准的市场情况及成本变动资料,并根据上述资料向开发企业建议是否需要修改和调整有关物业管理的各类收费标准及收支预算,尽早提出修改预算的申请。②物业公司将每月定期向业主或使用人收取物业管理费、能源费或其他代付费用。如果项目业主或使用人欠交管理费或项目管理规约内规定应付的其他款项,物业公司有权警告欠款或违约业主和使用人,直至该违约行为获纠正为止。对个别严重情况的违约者,物业公司有权聘用律师采取有效法律手段追讨欠款。③物业公司负责的账务处理包括:A.向项目的业主收取物业管理费、代收代付费用和其他应付费用。B.物业公司就项目各期收取物业管理费的标准将由双方约定。物业管理费的金额以业主购买物业的建筑面积计算。未经双方同意,双方约定的收费标准不得作出任何变更;业主和使用人逾期交纳物业管理费的,从逾期之日起,按应交额每天3‰计算交纳滞纳金。C.业主或者使用人支付物业管理费后,即有权享受本合同和管理规约规定的全部服务内容而无须支付任何额外费用,物业公司应提供合同及管理规约承诺的各项服务内容,各项服务的标准不低于合同的承诺。D.各种代收代交费用根据物价局公示价格,根据实际使用量收取。E.物业公司应正确地运用物业管理费支付物业管理各项开支,定期复审银行结存以确保有足够资金维持必要的营运开支。F.物业公司应定期复审征收情况,并通过合同确定的有效催收程序及制度以确保所有业主及使用人按时履行其财务上的责任;定期与开发企业或业主复审欠款,向欠款业主或使用人发出适当警告,并先行与业主进行协商,在协商无效及在开发企业同意的情况下提起法律诉讼。G.物业公司应于每月15日之前向开发企业递交上月账户结单及财务报表,并同时解释结单期间的收支。H.物业公司按国家有关规定支付税金并完整保存有关凭证和原始单据,以上文件开发企业有权查阅。I.在年终审计后项目管理账项出现盈余,该盈余将属于全体业主所有,并应用于项目的改善项目,经开发企业或者业主委员会批准可转入下一年度物业管理预算;如有亏损,开发企业无须补贴物业公司。J.物业公司经开发企业或业主大会批准可利用物业共用部位、共用设施设备进行经营,所得收益用于补充专项维修资金,也可以按照业主大会的决定使用。④账目公布。物业公司应每6个月公告项目各期物业管理费收支账目并张贴于项目的公告栏内;物业公司应于每年的财政年度终结时聘用经开发企业认可的具备营业资格的注册会计师审计每年度的财务收支账目,并张贴于公告栏内。

(7)相关费用。①空置费。空置费是指开发企业在项目首个单元按购买合同交付于首位业主开始当日,向物业公司支付仍未出售的空置单元(包括车位及公寓)面积的物业管理费,无论该单元是否自用、出租、空置或作其他用途,以维持项目的正常运转。该费用属于开发企业履行产权人付费的责任,并享受其他产权人应有的权利。《物业管理条例》中也规定已竣工但尚未出售或者尚未交给物业买受人的物业,物业服务费用由建设单位交纳。该费用的支付可另行约定。②前期开办费用。前期开办费用指在项目(一期)物业交付使用前,由开发企业负责支付物业公司为项目物业工作的管理人员的工资、购买管理所需的固定资产和办公费用等开支。此费用由物业公司先行垫付。物业公司应按照实报实销的原则向开发企业提供上述支出的正式报销单据,经开发企业审核无误,在收到正式报销单据起10个工作日内向物业公司支付上述垫款。待管理公司正式开始运营后,并在物业管理费出现盈余时,根据盈余情况,优先偿还开发企业给物业公司支付购置管理公司固定资产的费用,返还数额依附件标书的规定办理。③后续各期物业交付前的人工费用。除项目(一期)物业外,项目后续其他各期物业交付使用前,为各期物业管理所增加的管理人员的工资由开发企业负责支付。为各期物业管理所增加人员的人数及工资待遇须事先经开发企业书面同意,此费用由物业公司先行垫付。物业公司应按照实报实销的原则向开发企业提供上述支出的正式报销单据,经开发企业审核无误,在收到正式报销单据起10个工作日内向物业公司支付上述垫款。

(8)物业开支及审批。①物业公司应确保项目各期的应收款必须存入为项目各期单独设立的专用银行账户。②按已审批的财务预算,所有管理项目支出均由项目各期对应的管理账户支付。上述所提及的支出及费用包括但不限于:A.物业公司管理项目按合同规定应得之管理酬金。B.物业公司于项目设立物业管理处的费用,包括购置器材、设备的费用及物业管理处日后的日常合理开支。超出预算部分或另立项目,报开发企业审批后方可执行,开发企业应于 14 个工作日内作出答复。C.物业公司为确保物业管理正常进行提出法律诉讼和聘请注册会计师或其他专业人员的有关费用。D.物业公司为项目管理处所聘用的管理人员其薪金、税项、住宿、膳食、交通、医疗保险,福利及其他合理费用,以不超过预算为限。E.按项目管理规约支付有关项目的管理和维修费用。F.业主委员会有关开支,经业主代表大会批准,可从物业管理费中支出。

(9)开发企业的权利与义务。①依据《物业管理条例》,代表和维护业主及使用人的合法权益,对物业公司的日常管理工作、服务态度及质量进行监督检查,并于每月一次的例会上向物业公司提出建议或意见。②审核物业公司提出的物业管理服务年度计划,大修、中修方案及财务预算、决算报告,并按国家法规成立项目的大、中维修资金,专款专用。③监督物业公司管理工作的实施及制度的执行情况。如因物业公司管理不善或管理失误,造成重大经济损失,开发企业有权终止合同,并要求物业公司赔偿直接经济损失。④负责收集、整理物业管理所需的图纸、档案、资料,在双方交接物业时应向物业公司提供,以便于物业公司开展日后管理工作。⑤当业主或使用人因产权或房屋质量问题拒绝按规定交纳物业管理费时,与物业公司协调寻找解决办法。如属遗漏工程质量问题或产权归属未明确,则由开发企业负责处理,其他问题由物业公司负责处理。⑥开发企业可对物业公司调派人员的工作表现提出意见,并有要求更换人员的权利。物业公司在接获开发企业书面通知后 5 天内应予以配合解决。⑦根据当地政府有关物业管理法规中规定应由开发企业承担的其他责任。

(10)物业公司的权利与义务。①物业公司有权聘用分包商负责项目的维修、保养、保安和保洁人员,重大分包合同(包括但不限于保安委托管理合同等)须经开发企业批准,物业公司须为全部聘用人员负有连带责任和监管工作。②以合理价格为业主或使用人提供各种正常管理外的有偿服务。物业公司应事先公布收费标准,交开发企业审批后,公布于全体业主和使用人。特约服务由业主或使用人与物业公司协商确定。③物业公司可按核准的财务预算由项目账户支付项目日常运作的开支。④物业公司应负责管理其聘用的员工,并在业主大会授权情况下代表全体业主与有关市政及政府部门讨论项目的公共配套设施。⑤物业公司有权行使项目管理规约所授予的权利。⑥物业公司须为其所聘用的雇员或分包商的过错承担责任。造成开发企业损失的,物业公司应予以全部赔偿。⑦委托合同期满或因本合同约定中止时,若双方仍未能达成续约协议,物业公司必须在接到开发企业通知之日起 1 个月内向开发企业移交管理办公用房、管理费支出形成的固定资产、财务账目以及本物业各类管理档案、图纸等,包括任何由开发企业所提供的设施。⑧《物业管理条例》和当地政府有关物业管理法规中规定应由物业公司承担的其他责任。⑨业主委员会成立后,物业公司应接受业主委员会对本项目物业管理的监督,并服从业主委员会作出的各项合法决定。⑩物业公司未能履行物业服务合同的约定,导致业主人身、财产安全受到损害的,应当依法承担相应的法律责任。⑪物业公司有权利和义务对在其管理范围内的业主或承租人的二次装修等工程进行全面管理。

(11)管理酬金。项目各期管理酬金的标准由双方另行签署补充协议予以约定。管理酬金应于每月首个工作日内,由物业公司自动从项目各期管理账户中提取。

(12)合同终止。委托合同可在发生下列情况时终止:①合同期限未满,业主委员会与物业公司签订的物业服务合同生效时,合同自然终止;②在履行合同期间,双方任何一方严重违约致使不能实现管理目标,在接到对方书面通知 1 个月内仍未能达成改善或按合同内容履行合同的,守约方有权终止合同,并有权要求违约方赔偿直接经济损失;③如出现如下任何一种情况时,开发企业有权单方面解除合同,并要求物业公司赔偿一切经济损失;A.违反国家法律、法规及规章,进行违法经营活动。B.未经正常程序擅自改变公共建筑、共用部位及共用设备设施用途。C.擅自挪用专项维修基金。D.擅自改变物业管理用房的用途,擅自利用物业公共建筑、共用部位、共用设施进行经营的。E.物业公司在限定期限内未能达到承诺的各项服务内容及质量,开发企业有权要求物业公司作出修正,物业公司自接到要求后在 60 个工作日内按照开发企业要求作出整改。如果超出时限仍未达到开发企业要求,开发企业有权终止合同,并要求物业公司赔偿相应的经济损失。F.物业公司管理人员有重大疏忽时,开发企业可要求物业公司另派合适人员参与管理,开发企业以书面形式提出后,物业公司应在 1 个月内考虑更换管理人员,否则开发企业有权通知终止合同。

开发企业要注意前期物业服务合同属于有明确期限的合同,可以约定期限,也可以不约定期限,《物业管理条例》已经明确规定了其最长有效日期为业主委员会与物业公司签订的物业服务合同生效之日。

(13)撤离现场。当委托合同自然终止、物业公司未被续约、开发企业因物业公司违约而终止委托合同,或因法律法规及政策的改变或合同有关条款所述原因而令物业管理服务终止,开发企业有权指令物业公司全部撤离现场,物业公司须在接到开发企业书面通知后 30 天之内,全部撤离现场。物业公司不能以任何理由(如物业管理服务费用结算等)拒绝或推迟撤离现场。如果物业公司不按期撤离现场,则开发企业将委托其他单位或有关部门采取必要的措施,使物业公司撤离现场,因上述原因而发生的一切费用、责任和后果将由物业公司承担。并且开发企业将按每日 1 万元违约赔偿金的金额按照逗留天数进行扣款。物业公司全部撤离现场,是指物业公司连同一切人员、机械、设备、车辆,以及其他一切属于物业公司的物料全部撤离现场,并将现场用作办公之地打扫干净,经开发企业检查后撤离。物业公司撤离现场时,应将使用业主的物业管理费购置的固定资产移交开发企业或业主委员会。根据上述条款中所述的原因撤离现场,必须由开发企业监督物业公司就移交撤离事宜的一切所需交接工作。物业公司在撤离现场之前必须向开发企业移交全部与本物业服务合同有关的一切文件档案。如果物业公司未能全部移交有关文件档案,开发企业有权追讨赔偿。对于物业公司在撤离现场时所完成的一切交接工作,若发现未尽事宜,开发企业保留追索权。

(14)更换主要员工。物业公司须于签订物业委托合同后一定时限内提交所有驻项目现场人员的履历及有关资质证书,包括物业总经理、工程经理、客户服务经理等部门经理级人员名单及履历,供开发企业审批及考核,一经开发企业认可,物业公司不能在未经开发企业书面同意下撤换这些员工。如果物业公司不遵守上述规定,在未经开发企业同意的情况下撤换上述物业总经理、工程经理、客户服务经理、财务经理等部门经理级人员,须向开发企业支付违约赔偿金每人 1 万元(上述人员因辞职或个人意外导致离职的除外),该违约赔偿金可在应支付给物业公司的款项内扣除。除扣款外,上述违约行为可构成为开发企业终止合同的原因。

(15)赔偿。物业公司对其董事、主任、雇员、代理人、外借人员、独立承包商或分包商按规定执行合同及管理规约的义务时而引起的赔款、索赔、行动、损失、法律诉讼及有关专业费用承担连带赔偿责任。

(16)资料保密。物业公司不能于委托合同期间和期满后向第三者公开开发企业的经营状况及其他商业资料,除非获得开发企业书面授权,或为履行物业公司的职权非公开不可。

(17)分包。在符合项目各期管理规约规定的情况下,物业公司应事先告知并在取得开发企业同意后分包部分项目单一性专项管理给予分包商或其他公司(如保洁、保安、停车场管理、维修工程等),但物业公司须负责监督分包工作并对其服务负连带责任。遇有分包商服务不达标准,开发企业有权随时要求物业公司更换分包商。

(18)转让。委托合同中应约定物业公司在得到开发企业书面同意之前不得转让本合同一切或部分权益或责任,开发企业可不经物业公司同意转让其一切或部分权益或责任。

(二)开发企业与物业公司签订合同的风险防范

开发企业在前期物业中选聘的物业服务企业应当具有独立的承担民事义务的资格。物业服务合同应当对双方权利义务、物业服务事项、服务标准、服务费用、项目负责人、物业服务用房的管理与使用、合同期限、服务交接、违约责任等内容进行约定。在办理物业承接验收手续时,建设单位应当向物业服务企业移交下列资料:(1)竣工总平面图,单体建筑、结构、设备竣工图,配套设施、地下管网工程竣工图等竣工验收资料;(2)设施设备的安装、使用和维护保养等技术资料;(3)物业质量保修文件和物业使用说明文件;(4)物业管理所必需的其他资料。物业服务企业应当在前期物业服务合同终止时将上述资料移交给业主委员会。

物业服务转包的问题。物业服务是包括各专项服务的综合服务。物业服务企业可以将专项服务委托给专业性服务企业,但不得将全部物业服务一并委托给其他单位或者个人。

业主转让或者出租物业时,应当将管理规约、物业服务合同、有关费用交纳情况等事项告知受让人或者承租人,并自买卖合同或者租赁合同签订之日起15日内将买卖或者出租情况告知物业服务企业。业主转让物业的,应当与物业服务企业、专业性服务企业结清相关费用。

(三)业主解除前期物业合同的风险防范

在前期物业合同履行期间,业主可以共同决定解除前期物业服务合同。业主共同决定解除前期合同的,建设单位应当与全体业主进行物业共用部分查验交接,撤出物业管理区域,并移交下列资料:

(1)物业管理区域划分资料;

(2)建设用地规划许可证和建设工程规划许可证的附件、附图;

(3)竣工验收报告及竣工总平面图,单体建筑、结构、设备竣工图,配套设施、地下管网工程竣工图,消防验收等竣工验收资料;

(4)设施设备的出厂随机资料,安装、验收、使用、维护保养和定期检验等技术资料,运行、维护保养记录;

(5)物业质量保修文件和物业使用说明文件;

(6)业主名册;

(7)物业管理必需的其他资料。

全体业主承接前应当对物业共用部分进行查验,可以委托选聘的物业服务企业进行查验。全体业主与建设单位也可以共同委托物业服务评估监理机构进行查验。

(四)物业服务企业的约定

物业服务合同终止前,物业服务企业不得停止服务。物业服务合同届满,物业服务企业决定不再续签物业服务合同的,应当于合同期限届满前履行必要的通知义务;合同未约定通知期限的,应当于合同期限届满前3个月通知业主。

物业服务企业未与业主签订书面物业服务合同,但事实上提供了物业服务并履行了告知义务的,物业服务企业有权要求业主履行相关义务。业主共同决定不再接受物业服务的,物业服务企业不得强行提供物业服务，不得以事实服务为由向业主收取物业服务费用。物业服务企业决定不再提供物业服务的，应当提前3个月告知业主。

物业服务合同终止或者业主共同决定不再接受事实服务，物业服务企业应当在60日内与全体业主完成交接。物业服务企业应当履行下列交接义务，并撤出物业管理区域：

(1)移交物业共用部分；

(2)移交《物业管理条例》或地方物业管理条例中规定的相关资料；

(3)移交物业服务期间形成的物业和设施设备使用、维护保养和定期检验等技术资料，运行、维护保养记录；

(4)结清预收、代收的有关费用；

(5)法律法规、规章规定和物业服务合同约定的其他事项。

(五)出售、出租车库、车位的风险防范

开发企业出售物业管理区域内车库、车位的，应当在出售前依法办理车库、车位预售许可或者物权登记。物业管理区域内规划用于停放车辆的车库、车位不得出售给本物业管理区域业主以外的其他人。开发企业出租物业管理区域内规划用于停放车辆的车库、车位的，应当优先出租给本物业管理区域业主。在满足本区域业主需要后，开发企业可以将车库、车位出租给本区域业主以外的其他人，租期不得超过6个月。开发企业调整租金时应当与全体业主协商。业主以外的其他车库、车位使用人应当遵守管理规约关于停车管理的约定。《物业管理条例》第二十七条规定，业主依法享有的物业共用部位、共用设施设备的所有权或者使用权，建设单位不得擅自处置。

案例：2018年12月28日，冯某某(原告)购买了某房地产开发公司(被告)房屋，系该小区业主。其于2020年6月1日至2021年5月30日使用负一层地下2号车库内车位，并向某物业公司(被告)支付停车服务费1800元。2020年12月30日，被告通过公告方式，告知人防车位以20年长租模式对外出租；对负一层2号车库自有产权车位，采取只售不租模式，不对外销售。另被告承诺，该小区负一层车库已配备了30个临时停车位。被告房地产公司为车库不动产权利人。2021年3月中旬，被告对该小区7栋地下车位加装地锁，而在其他楼栋下提供临时停车位。冯某某对人防车位只售不租的规定不服，向法院提出诉讼请求：(1)判令被告在地下就近向原告持续提供停车车位租赁服务；(2)判令被告拆除其安装在地下停车场内车位上的地锁。

被告房地产开发公司答辩称：(1)法律未规定产权人与业主必须且只能通过出租方式约定产权车位的归属。故产权人对于车位采取出租、出售或者附赠等何种方式进行交易，是业主与建设单位作为平等民事主体间的市场行为，双方均有权自主决定是否进行交易以及采取何种交易方式。本案争议车位系房地产开发公司的产权车位，原告无就房地产开发公司的产权车位强制要求缔结租赁合同关系的权利。本案中，房地产开发公司于2020年12月30日向全体业主明确公告"2号车库是我公司拥有完整产权的车位，并采用只售不租的模式"。房地产开发公司之前也多次通过各种形式向全体业主明确表示，因长期无法收回成本，产权车位现在只有出售的政策。在市场经济中，建设单位是民事主体，其合法权利也应受到法律的保护，有权以出售、附赠或者出租方式处置产权车位。究其根本，本案原告是仅想长期租赁而不愿购买，但这种要求实在强人所难，更无法律依据。建设单位已经履行了《民法典》第二百七十五条、第二百七十六条规定的义务。法律规定的配置比例是指规划确定的建筑区划内规划用于停放汽车的车位、车库与房屋套数的比例。只要业主能够按照配置比例购置或者租赁到车位、车库,就应当认为其需要已经得到了"优先满足"。显然在本案中,建设单位开放全部车位均可自由购买,已经完全履行上述《民法典》规定的义务。(2)原告要求被告拆除地锁的请求与本案不属于同一法律关系,被告房地产开发公司为车位所有权人,有自由处置所有物的权利,原告无权对此行为提出任何主张。

被告物业公司辩称:(1)被告作为业主和开发商的物业服务单位,在接到开发商的通知后,及时告知了原告;物业公司无权处置开发商的车位所有权;(2)除开发商出售自有车位外,公司提供了地下30个临时停车车位,地面机动车约80个,能够满足业主不同停车需求。

一审法院认为,本案系业主与开发商之间就车位的权属、使用产生的车位纠纷,依照《民法典》第二百七十五条的规定,建筑区划内,规划用于停放汽车的车位、车库的权属,由当事人通过出售、附赠或者出租等方式约定。占用业主共有的道路或者其他场地用于停放汽车的车位,属于业主共有。原告主张由于被告单方宣称除人防车位出租外,对其自有车位"只售不租"违反法律规定,请求判决被告不得出售,应继续向原告出租,优先满足业主的需要。法院认为,原告主张的负一层地下2号车库内纠纷车位具有独立产权登记,属非占用业主共有的道路或者其他场地用于停放汽车的车位,被告房地产开发公司系车位所有权人。因案涉纠纷车位确属被告独立产权,双方可协商使用方式,但单方要求权利人强制签订租赁合同的请求,法院不予支持。另对于冯某某主张拆除地下停车场内车位上的地锁,系权利人产权车位,加装地锁处置并无不当。且该行为是否侵犯原告民事权利,与本案非同一法律关系,故一审法院驳回冯某某诉讼请求。

冯某某不服一审判决,向中级人民法院提起上诉。二审法院认为,依据《民法典》第二百七十六条、《人民防空法》第五条之规定,开发建设单位对于建筑区划内的人防车位享有收益的权利,对登记在其名下的车位享有所有权,但该收益权与所有权在行使时应当首先满足小区业主的使用。开发建设单位进行开发建设的目的是取得收益,而非使用,小区业主的使用与开发建设单位对人防车位的收益以及自有车位的处置之间并不矛盾,并非非此即彼的关系,开发建设单位在依法处置其享有权利的规划用于停放汽车的停车位时,应当同时受到优先满足业主需要的限制,在具备满足业主需要的条件下,设定不妨碍业主使用的处置模式。本案中,冯某某作为案涉小区业主,有权依据《民法典》第二百七十六条之规定,对建筑区划内规划用于停放汽车的车位、车库要求优先满足使用。房地产开发公司确认案涉小区地下停车场中规划用于停放汽车的车位尚有接近一半的空置,对其中人防车位要求业主以20年长租模式进行租赁,自有产权车位仅对外销售,虽该开发公司称已安排地下30个临时停车位,且已在地面施工设置80个临时停车位,但地面停车位系占用公共区域面积设置,并非案涉小区建设时规划用于停放汽车的停车位,不属于《民法典》第二百七十五条规定的车位,而根据案涉小区的房屋数量、规划的地下停车位数量与目前空置的地下停车位数量,案涉小区地下停车位并非不具有对外出租的条件。故案涉小区地下停车场中未处置使用权或所有权的地下停车位应向小区业主开放租赁。因案涉地下停车位登记在该房地产开发公司名下,由该房地产开发公司实际控制,该物业公司仅系提供管理服务,故应由该房地产开发公司与冯某某协商订立租赁合同。

关于冯某某要求拆除地下停车场全部车位上地锁的请求。首先,加装地锁本身也不导致停车位不能使用,加装地锁仅是一种管理手段;其次,在本院支持冯某某第一项诉请的情况下,冯某某关于要求租赁车位的需求已经得到满足,无须再就其他车位加装地锁提出异议,故本院对其该项请求不予支持。

综上,冯某某的上诉理由部分成立,撤销一审判决,改判该房地产开发公司应按优先满足业主需求的原则就停车场内未处置所有权或使用权的停车位向冯某某开放租赁。

本案二审虽然改判,但不具有可执行性。车位租赁合同涉及的内容较多,法院无法强制双方就租赁合同的内容达成一致意见并强制房地产开发公司交付车位。

(六)签订前期物业合同应注意的问题

(1)以北京市为例,按照《住宅物业服务标准》中规定的标准约定服务等级。非住宅的物业服务标准以甲、乙双方(甲方是业主一方、乙方是物业公司一方)约定为准,但与《住宅物业服务标准》范围一致的服务事项可约定按照住宅的标准提供物业服务。

(2)交付房屋前,乙方应当向甲方发放该套房屋的"业主一卡通"。甲方入住前,甲、乙双方与银行签订前期物业服务费托收协议,甲方按协议约定的物业服务费标准在"业主一卡通"内预存12个月的物业服务费。不预存不交钥匙,不承担逾期交房责任。

(3)甲方或物业使用人在符合相关法律规定的前提下,利用住宅物业从事经营活动的,乙方可按照商业物业标准收取相应的物业服务费。

(4)物业装饰装修前,甲、乙双方签订书面装饰装修服务协议,乙方应当告知甲方相关的禁止行为和注意事项,并将装饰装修的时间、地点等情况在甲方所在楼内公示。乙方可按约定收取装修管理费、装修保证金、装修垃圾清运费。甲方造成共用部位、共用设施设备或承重结构损坏,装修保证金不退还。

(5)在前期物业管理期间,甲方转让或出租其物业时,应当将本合同、临时管理规约以及有关费用支付情况等事项告知受让人或承租人,并自买卖合同或租赁合同签订之日起15日内,将买卖或出租情况告知乙方。甲方转让物业前,应当与乙方结清相关费用。

(6)乙方的权利和义务。

①可自行或选聘物业公司提供物业服务,并承担物业服务责任。

②按合同约定的物业服务事项和标准提供物业服务。

③妥善保管和正确使用物业的档案资料,及时记载有关变更信息,不得将业主信息用于物业管理活动之外的其他用途。

④及时向全体业主和物业使用人通报本物业管理区域内有关物业服务的重大事项,及时处理甲方和物业使用人的投诉,接受甲方和物业使用人的监督。

⑤对甲方和物业使用人违反本合同和临时管理规约的行为,采取告知、劝阻和向有关主管部门报告等方式督促甲方和物业使用人改正。

⑥不得擅自占用本物业管理区域内的共用部分或擅自改变其使用用途。不得擅自将业主所有的共用部分用于经营活动。不得擅自占用、挖掘本物业管理区域内的道路、场地,确需临时占用、挖掘本物业管理区域内道路、场地的,应当按规定办理相关手续,制订施工方案,开工前要在物业管理区域内公示,施工过程中尽可能减少对业主的影响,并及时恢复原状。

⑦乙方实施锅炉、电梯、电气、制冷以及有限空间、高空等涉及人身安全的作业,应当具备相应资质或委托具备相应资质的单位实施,委托其他单位实施的,应当明确各自的安全管理责任。

(7)合同终止。业主大会成立并确定物业管理方式后,与乙方完成物业共用部分查验交接的,自完成查验交接之日起,合同终止。合同终止时,甲、乙双方应当共同做好交接事宜,包括物业服务费用的清算、对外签订的各种协议的执行、物业共用部分查验交接以及移交相关档案资料等。

(8) 违约责任。

①甲、乙双方对物业服务质量发生争议的,双方可共同委托物业服务评估监理机构就乙方的物业服务质量是否符合合同相关条款约定的服务标准进行评估;乙方服务达不到本合同相关条款约定的服务内容和标准的,应当承担采取补救措施或赔偿损失等违约责任。

②乙方违反本合同的约定,擅自提高物业服务费标准,甲方和物业使用人有权就超额部分拒绝交纳,同时乙方应当向甲方支付违约金。

③甲方违反约定,或在"业主一卡通"中预存的费用不足以支付物业服务费,经乙方书面催交后甲方仍未续交的,甲方应当向乙方支付违约金。甲方违反合同的约定,实施妨害物业服务的行为的,应当承担恢复原状、停止侵害、排除妨碍等相应的民事责任。

④乙方为维护公共利益,在不可预见情况下,如发生煤气泄漏、漏电、火灾、暖气管、水管破裂,协助公安机关执行任务等突发事件,因采取紧急避险措施造成损失的,应当按有关规定处理。

⑤乙方有确凿证据证明属于以下情况的,可不承担违约责任:A. 由于甲方或物业使用人自身的责任导致乙方的服务无法达到合同约定的;B. 因维修养护本物业管理区域内的共用部位、共用设施设备需要且事先已告知甲方或物业使用人,暂时停水、停电、停止共用设施设备使用等造成损失的;C. 非乙方责任出现供水、供电、供气、供热、有线电视及其他共用设施设备运行障碍造成损失的。

第四节 物业管理纠纷的处理方式

一、物业管理纠纷的主要类型

(1)物业公司向业主追索物业管理费及滞纳金的纠纷。从数量上衡量,追索物业费这类案件在物业管理纠纷案件中占了大多数,而且物业费案件数量的增加在某些年度甚至影响了法院年度的收案和结案数量。追索物业费案件发生的主要原因在于部分业主对开发企业前期遗留问题或物业服务质量不满意,开发企业或物业公司不积极应对导致矛盾积累,业主以拖欠物业管理费的方式表达不满,并以此作为维护自己权利的主要手段。

(2)前期物业管理纠纷。前期物业管理纠纷主要是开发企业在物业交付过程中因遗留问题导致的纠纷,比如,开发企业房屋质量存在问题,延期交房,交接时未移交图纸资料,未移交设施、设备、建筑物及其附着物资料,或者移交不全,开发企业承诺的高水平物业公司最终未签约,或者未兑现减免物业管理费等问题引发争议等。如果业主在入住后因为房屋质量等问题起诉开发企业,原则上不属于物业管理纠纷,应属于业主与开发企业之间的房屋买卖合同纠纷,但房屋质量问题往往涉及物业公司。另外,对于开发企业与物业交接过程中产生的资料交接等问题,一般物业公司很少采取诉讼的方式解决,尤其是当开发企业与物业公司是"父子关系"时,基本上解决不了这个问题,只能等业主大会成立,业主委员会备案后由业主委员会作为诉讼主体起诉开发企业移交资料或移交公共设备、设施。

(3)业主委员会、物业公司起诉业主的纠纷。有些业主或使用人不遵守法律法规、业主公约,不安全合理地使用物业,私搭乱建,或者私自拆改承重墙,或者占用公共部位,这时业主委员会、物业公司对业主的这类违反公约的行为可通过起诉方式解决,纠正业主违反公约或违法的行为。

(4)因物业公司侵占全体业主共用部分物业或使用共有部分收益引发的纠纷。有的物业公司在电梯间、大堂、屋顶、外墙等共用部位、共用设施设备上设置广告,或者在屋顶建设通信基站,这些行为未经业主同意,且所得收益全部归物业公司,或者共用场地的停车收费全部归物业公司。这类诉讼的被告为物业公司,单个业主作为原告起诉,法院并不受理,因此,只能在成立业主大会,选举业主委员会经备案后,以业主委员会作为原告起诉。

(5)因物业服务质量问题引起的纠纷。业主对物业公司的服务质量要求越来越高,如果物业公司的服务质量满足不了业主的要求,那么就会发生纠纷。

(6)业主委员会更替引起的纠纷。业主内部因不统一的意见也会产生纠纷,比如前任和现任业主委员会对各自行为合法性不予认可,矛盾激化时也会产生纠纷。

(7)业主大会或业主委员会选聘、解聘物业公司产生的纠纷。业主大会或业主委员会对物业公司不满意,要更换物业公司,但原物业公司又不撤离,这类纠纷比较常见。解聘物业公司的纠纷还包含原物业公司在撤离、新物业公司在项目接收时的纠纷,纠纷的具体表现形式是原物业公司不退出,新的物业公司进不来,原物业公司不移交相应管理资料等。

(8)业主或使用人要求物业管理者赔偿在提供特约服务,如保管服务中所造成的财产损失的纠纷。比如业主或使用人在小区公共领域内丢失机动车、电动车、自行车,或者家中被盗被抢,业主人身或财产均受到威胁或伤害,或者在小区内公共场所因设备设施原因导致业主人身伤害等,发生上述问题,业主或使用人认为物业公司未履行职责,要求赔偿,提起诉讼。

二、物业管理纠纷的成因

造成物业管理纠纷的原因很多,例如相关法律法规不健全,已制定的有关法规可操作性差,未能合理规范物业服务企业,没有明确的物业服务质量标准,缺少第三方评估,未能明确业主委员会的合法地位,政府对其派出机构(如街道办事处或居民委员会)针对物业管理的责任和权限未能准确界定,导致有些政府的派出机构在组建居民委员会时采取推诿的态度和做法,迟迟不能成立业主大会,进而导致没有合法主体维护业主的权利,业主采取更激烈的手段维权,导致矛盾进一步激化。从法律角度分析,引发物业管理纠纷的主要原因如下。

(1)现行物业管理法律制度及配套文件尚不健全。现行《物业管理条例》存在业主大会运作协调成本高、沟通过程难的缺陷,由于缺乏对业主委员会的有效制约、监督和协商,少数服从多数的原则没有得到充分体现。

(2)现行物业管理法律制度缺少实施细则及可操作性。比如物业服务缺乏权威可操作的认定标准、缺少量化标准,甚至连定性的标准也没有,导致在物业纠纷案件中业主以物业服务质量不好为由抗辩,法院因为无衡量的标准不会支持业主的诉求,直接驳回业主的起诉,而物业公司关于收取物业费及滞纳金的请求却全部支持,导致业主不满,进一步激化矛盾。虽然北京市制定了物业服务的规范标准及质量评价标准,但全国并未有统一的标准。可操作性不强还表现在《物业管理条例》中关于业主大会有关事项的决策比例的规定,例如关于业主大会会议,"应当有物业管理区域内专有部分占建筑物总面积过半数的业主且占总人数过半数的业主参加"的规定不好执行。关于筹集和使用专项维修资金及改建、重建建筑物及其附属设施,"应当经专有部分占建筑物总面积 2/3 以上的业主且占总人数 2/3 以上的业主同意"的规定也过于严格。另外,《民法典》第二百七十八条规定,业主共同决定事项,应当由专有部分面积占比2/3以上的业主且人数占比2/3以上的业主参与表决,以及筹集建筑物及其附属设施的维修资金、改建、重建建筑物及其附属设施、改变共有部分的用途或者利用共有部分从事经营活动,应当经参与表决专有部分面积3/4以上的业主且参与表决人数3/4以上的业主同意,则更为严苛。

(3)开发遗留问题造成众多物业管理纠纷。目前物业管理纠纷中,有相当一部分是由开发建设遗留问题所引起的,主要表现在房屋质量问题、规划变更问题引起居住环境的改变或预期的改变。

(4)现行物业管理的法规仍不完善。虽然,我国已经公布了《物业管理条例》及地方性法规等,对物业管理体制作出了一定的规定,但物业管理法律的制定仍然存在许多问题尚未解决。物业管理体制问题上缺乏一套系统的、操作性强的、具有强制约束力的法律法规。在我国目前的物业管理法律制度体系下,仍然存在着不少缺陷,具体如下:一是对于业主大会和业主委员会的法律地位没有明确;二是对于是否允许业主完全自治管理没有明确,很多地方立法强化行政管理,弱化自治管理;三是物业管理部门与业主之间缺乏有效的沟通机制,未能找到双方利益的平衡点;四是建设行政主管部门和地方政府属地管理的职责设置不清。小区物业管理是以建设行政主管部门为主,还是居委会为主,以及各部门的职责如何界定,权限如何划分等问题始终没有得到解决。还有的地方政府不作为,物业管理问题得不到解决,导致矛盾激化。

三、物业管理纠纷的处理

物业纠纷的特点具备民事纠纷的基本特征,具有易发性和普遍性,涉及的法律关系非常复杂,具体表现为侵权行为和违约行为的交叉。物业纠纷处理方式,概括起来有以下几种:一是当事人各方自行协商和解,二是各方当事人请求政府主管部门进行调解,三是当事人之间约定通过仲裁或诉讼解决纠纷。

依据《仲裁法》的规定,平等主体的公民、法人和其他组织之间发生的合同纠纷和其他财产权益纠纷,可以仲裁。仲裁庭管辖物业管理纠纷的依据是当事人事先签订的协议,或者发生纠纷后各方书面同意将纠纷提交仲裁机构解决的约定。物业管理纠纷的诉讼,是指各方当事人通过法院以诉讼方式解决物业各方主体的纠纷。

四、物业诉讼中应注意的问题

1. 物业公司通过诉讼方式追索物业费法院立案的限制性条件

对于业主欠交物业费,通过协商或行政调解均不能解决时,物业公司有权向法院提起民事诉讼,要求业主支付物业费。在符合《民事诉讼法》规定的立案条件时,法院应当受理物业公司的起诉。但有些地方法院因物业费案件激增,同时基于多种因素考虑,对物业公司起诉业主欠交物业费的案件作出一些限制性规定,比如,有些法院不予立案;有些法院虽然立案,但规定了严格的条件,如物业公司一次只能起诉五个业主,立五个案件,等五个案件结案后再立另五个案件;还有的法院规定立案前须对物业公司的立案条件进行严格审查,不能随意起诉业主,如某区法院某法庭对某年1—4月受理的百余件物业纠纷案提出在立案前"五审查"的要求,不具备"五审查"条件的物业公司起诉业主追索物业费案,都难以立案。某法庭"五审查"的内容包括五方面:一是立案前审查物业公司是否具备物业管理资质,对于无资质的物业公司起诉业主不予立案;二是审查双方有无物业服务合同;三是审查物业公司是否履行了起诉前对欠费业主的告知义务,对于物业公司没有尽告知义务的案件将要求物业公司先履行告知义务;四是在业主委员会没有对欠费业主进行过催交的情况下,要审查物业公司是否履行了催交的义务,物业公司没有在起诉前向欠费业主催交物业费的,法院将要求物业公司先行催交;五是审查物业公司提供的服务是否符合合同约定的标准。

从法律规定来看,法院不予立案或限制立案是违反法律规定的,剥夺了物业公司的诉权,但目前鉴于多方原因,法院不给立案或限制立案,物业公司很难解决,物业公司可以从如下三个方面进行尝试,一是向各级法院邮寄起诉状等材料,通过邮政特快专递加回执保全证据,还要在邮政快递写明邮寄材料及请求。二是向同级人民代表大会反映,也可以向当地政法委员会反映,让人大、政法委监督法院立案。三是按照法院的要求准备证据,符合法院严格限制的立案标准,准备好材料后再起诉。

2. 业主委员会起诉开发企业或物业公司的主体资格问题

(1)业主委员会的诉讼主体资格立法现状。《物业管理条例》主要从业主大会与业主委员会的关系上或者说从内部关系上来定义业主委员会的性质,《物业管理条例》第十五条仅规定业主委员会是业主大会的执行机构,而业主委员会的法律地位和性质,该条例并没有规定,定性非常模糊。2018年修订的《物业管理条例》对业主委员会的诉讼主体资格规定得更为明确。有观点认为,业主委员会是独立的社团法人,也有观点认为,业主委员会属于享有独立的诉讼主体资格的非法人组织,还有观点认为,其既不是独立法人,也不具有独立诉讼主体资格。在地方性法规或规章中,对业主委员会是否具备诉讼主体资格规定也不一致,例如山东省青岛市和浙江省的地方立法中认可业主委员会有诉讼主体资格,广东省的地方立法认可业主委员会在符合某些条件下具备诉讼主体资格,而大多数地方的地方性立法未明确规定业主委员会诉讼主体资格,回避了这一问题。

(2)司法实践中对业主委员会诉讼主体资格的处理方式。由于法律法规和多数地方性法规或规章都没有明确规定业主委员会的法律地位,因而导致不同法院在业主委员会诉讼主体资格的认定上存在较大分歧。

①最高人民法院对业主委员会诉讼主体资格的态度。最高人民法院最初先后两次以复函的形式肯定了业主委员会的诉讼主体资格,分别是2003年8月给安徽省高级人民法院的《最高人民法院关于金湖新村业主委员会是否具备民事诉讼主体资格请示一案的复函》和2005年8月同样给安徽省高级人民法院的《最高人民法院关于春雨花园业主委员会是否具有民事诉讼主体资格的复函》。但后来,最高人民法院态度有所变化,在之后的温州市银都花园业主委员会诉温州市建设房地产开发公司商品房买卖合同纠纷一案中,最高人民法院的民事裁定放弃了此前《最高人民法院关于金湖新村业主委员会是否具备民事诉讼主体资格请示一案的复函》的观点,认为业主委员会不具有民事诉讼主体资格。

在最高人民法院认为业主委员会具备诉讼主体资料的复函中,其主要观点如下:一是业主委员会符合法律规定的"其他组织"的条件,二是业主委员会可以以自己的名义提起诉讼或应诉,即业主委员会有原告和被告的资格,三是业主委员会的诉讼资格是有限制的,仅就某几类案件才能以业主委员会的主体资格起诉。

②地方各级法院对业主委员会诉讼主体资格的态度。地方各级法院在实践当中既有认可业主委员会诉讼主体资格的案例,也有不认可业主委员会诉讼主体资格的案例。

(3)在某些领域应使业主委员会具备诉讼主体资格。应当肯定业主委员会的诉讼主体资格具有必要性和合理性。业主委员会具有独立的诉讼主体资格后,在对个别业主拖欠物业管理费用、请求停止违反义务行为及其他损害赔偿相关请求、维护小区业主共有部分的合法权益等方面,拥有较为明显的便利性,即可以以自身的名义直接起诉或应诉。因此,从各个角度来分析都应当肯定业主委员会的独立的法律地位,因此在立法上应赋予业主委员会诉讼主体资格,因为业主委员会是合法成立的,是一个相对稳定的组织机构,因此将业主委员会界定为"其他组织"是符合现行程序法规定的,应由业主委员会来维护全体业主的合法权益。

从实践的角度出发,因业主委员会主体的特殊性,对以业主委员会名义提起诉讼的范围应当进行适当的限制比较合理,例如规定与物业公司发生纠纷而提起诉讼,因业主共有设施的使用、管理与侵权人发生纠纷而产生的诉讼,因业主委员会改选而所引发的诉讼等。

3. 欠交物业管理费的诉讼问题

民事诉讼的一般诉讼时效为3年,但是实践当中有些业主多年不交物业费,对3年以上未交物业的费的业主,物业公司起诉后法院能否以超过诉讼时效为由驳回起诉?

根据2009年10月1日实施的《最高人民法院关于审理物业服务纠纷案件具体应用法律若干问题的解释》第六条(该条已被删除)的规定,在物业服务企业书面催交的合理期限内,向法院请求业主交纳物业费的,人民法院应予支持。物业公司主张物业费的请求是有诉讼时效的,但并不是过了诉讼时效的物业费都无法主张。如果物业公司能够提供证据证明诉讼时效中断,如在现行3年诉讼时效内,经业主签收的催款单、经公证的催收单或其他方式行使债权的凭证,或者物业公司采取通过业主委员会催收物业费,由业主委员会出具相关证据证明等,法院不会以超过诉讼时效为由驳回物业公司起诉。物业公司在催收物业费时,一定要注意收集证据,作为主张诉讼时效中断的依据,否则法院会以超过诉讼时效为由驳回主张权利部分的诉讼费的请求。

4. 业主委员会经选举产生但尚未进行登记备案,其与物业公司签订的合同效力问题

业主委员会是非法人组织,自选举产生之日起即告成立,并非登记备案才意味着业主委员会主体资格的确立。因此业主委员会在登记备案之前与物业公司签订的合同具有法律效力,物业公司有权依据物业服务合同收取物业服务费。

第十一章 房地产诉讼与仲裁

第一节 房地产案件的特点及防范

一、房地产案件的特点

(1)相对于其他类型的案件,房地产案件的标的额较大,涉及几百万元、几亿元,甚至几十亿元的标的额均属于正常。即使标的额较小的房屋纠纷诉讼,涉及的标的额也达到几百万元。

(2)专业性强、难度大、时间跨度大。房地产案件涉及多领域的知识,并非仅仅涉及法律知识,还涉及设计、规划、监理、建筑工程、投资、金融、管理等方面的知识,因此专业性较强。另外,房地产案件受多种因素的影响,如法律法规的完善程度,房地产政策的变化,行政因素或人为因素,诉讼程序的要求,诉讼过程中鉴定、评估的技术手段,项目的开发周期长等因素,使得房地产案件时间跨度大、难度高。

(3)纠纷类型多样。最常见的有合作纠纷,股权转让纠纷,股东纠纷,土地使用权的转让纠纷,拆迁纠纷,施工合同或工程承包合同纠纷,房地产的预售、销售纠纷,租赁纠纷,中介纠纷,委托合同纠纷,物业管理纠纷等。这些纠纷既涉及民事法律关系,又涉及行政法律关系。

(4)政策对案件的影响较大。房地产行业涉及税收、金融、规划、宏观调控等问题,任何一方面的政策变化都会给房地产行业带来影响。政策最大的特点是时效性强,为了适应国家宏观调控的需要,房地产政策随时都可能发生变化。比如,买受人与开发企业签订买卖合同后,限购政策导致合同不能继续履行,如何解决双方的争议就成为一个复杂的问题。

(5)房地产案件对开发企业影响大,直接影响开发企业的利益,甚至"生死存亡"。

(6)部分房地产案件表现出群体性。近些年由于施工质量或房价剧烈波动等因素影响,业主集体维权现象较多,这种纠纷有可能会演变为集体案件,对开发企业利益影响较大。有些是因为开发企业自身的原因,如延期竣工、延期办理不动产权属证书等导致的集体维权事件。

(7)法律关系复杂。房地产开发既涉及与平等主体的民事关系,又涉及行政法律关系;既涉及双方的法律关系,又涉及担保、抵押等三方或三方以上主体的法律关系。

(8)有些案件存在案外干预因素。由于案件的结果直接关系开发企业的利益,开发企业可能会不惜一切代价干预案件,以求得一个对自己最有利的结果。案外干预的原因众多,从大的方面来说,可能由于法律法规不健全或者规定不细。从小的方面来说,主要有以下两个原因:一是房地产诉讼的当事人,尤其是开发企业,属于强势群体,社会关系广泛,拥有一定的人脉资源,因此有案外干预的条件;二是房地产诉讼的当事人经济实力较好,有案外干预的经济基础。

(9)案件结果往往双方都不满意。如上所述,房地产案件多数都存在案件干预因素,是双方力量博弈的对比,判决的结果通常会照顾双方的利益,很少有一方完胜或完败的结果,与当事人双方的预期都有差距。

(10)房地产诉讼的专属管辖。房地产诉讼由不动产所在地法院管辖。

二、建立全程法律服务保障机制

防范房地产开发案件风险最有效的方法就是在房地产项目的开发全过程中,以房地产专业律师或者房地产公司内部的法务团队为中心,律师或法务团队全程参与开发过程中所涉及的全部或约定部分的法律事务,与开发企业职能部门分工负责,整体防范开发过程中的法律风险。律师或法务团队一般在公司设立、项目立项、土地使用权取得、投资、拆迁、合作开发、项目转让、招标投标、建设工程发包分包、竣工验收、销售、租赁、物业管理等阶段参与全程法律事务工作。

第二节 办理房地产案件的技巧

一、利用管辖权规避地方保护主义

房地产案件适用法律规定的专属管辖,由房地产所在地人民法院管辖。案件可能由基层人民法院管辖,也可能由中级人民法院管辖,还有可能由高级人民法院管辖。根据争议数额的大小,每一个地方的法院对一定数额的案件由哪一级人民法院管辖都有明确的规定,但近十年关于各级人民法院诉讼标的额级别管辖调整频繁。当事人可以利用级别管辖的规定,主要通过请求的诉讼标的额来选择确定管辖的人民法院,将案件提到中级人民法院或高级人民法院管辖,或者将高级人民法院或中级人民法院管辖的案件移至下一级人民法院管辖,以避免地方保护主义。除了诉讼,双方在签订合同时还可选择仲裁机构仲裁,因仲裁机构的选择任意性比较强,所以可在一定程度上防止地方保护主义的干扰。

二、充分利用财产保全制度

起诉前最好采取财产保全措施,以避免土地或房产在诉讼期间发生变动,导致案件的客观事实发生变化无法继续审理,或者判决后无法执行。尤其是当事人诉请土地或房产继续履行的案件,一定要办理保全并查封。对于在诉讼期间财产被转移的情况,法院一般处理的原则是案件事实已发生变化,无法继续履行,要求当事人变更诉讼请求,或者另案起诉请求赔偿,如原告坚持不变更请求,则法院一般会驳回诉讼请求。出现这种局面对原告一方来说极为不利。

三、选准案件突破口

一个房地产案件可能会有多个争议点,但若想寻找突破口,应当抓住案件的要害,选择一个最有把握的角度重点准备。

四、重点关注法律以外的因素对案件的影响

房地产案件更容易受到法律之外的因素影响,很多案件会受到各方面的干预。因此房地产案件的当事人要高度关注案外因素对案件的影响,以避免给自身利益造成重大损失。

五、明确诉讼请求

很多房地产案件的当事人没有弄清楚案件的法律关系,或者没找准案件的突破口,有些当事人甚至没有弄清楚合同的效力,导致诉讼请求不当,或不明确,或未使用法律语言描述其诉讼请求。开发企业在参加诉讼前,要先确定合同是否有效,如果合同无效,则当以合同无效提起无效之诉,如果将无效合同按有效合同对待要求继续履行,办理土地证或土地使用权转移手续,事实上手续无法办理,合同也无法继续履行,法院也会驳回诉讼请求。在合同有效的前提下,按有效处理,可要求继续履行,但也应注意合同有效事实上无法履行的问题,如违反"招拍挂"的政策、所争土地事实上已转移给第三方且办理了转移登记手续,客观事实上履行已经不可能。这样只能要求违约方赔偿,此时的诉讼请求应该是解除合同并要求对方赔偿违约金。

第三节 房地产纠纷案例

一、合作纠纷案例

案例一:CH 公司诉 YL 公司案

北京 CH 投资集团有限公司在原审法院诉称:2007 年 6 月 22 日,北京 CH 投资集团有限公司(以下简称"CH 公司")与北京 YL 投资有限公司(以下简称"YL 公司")签订《合作建设合同书》,合同约定:双方共同出资设立项目公司,即本案第三人北京 YLCH 置业有限公司(以下简称"YLCH 公司"),合作开发位于某县某镇的红酒庄园项目。2007 年 9 月 3 日,双方签订《合作建设合同书补充协议一》(以下简称《补充协议一》)。2008 年 1 月 25 日,双方及第三人 YLCH 公司又签订《合作建设合同书补充协议二》(以下简称《补充协议二》),对各方权利义务作了补充规定。根据上述协议,CH 公司以自己名义向 YL 公司支付了三笔款项共计 1200 万元。同时,CH 公司通过第三人 YLCH 公司支付投资款共计 33629568 元,第三人开办费 40 万元,为第三人 YLCH 公司支付管理费用、财务费用、第三人的经营支出等。

CH 公司认为与 YL 公司签订的房地产合作开发协议,与法律法规的强制性规定不相违背,但 YL 公司违背其承诺和约定,致使双方合作目的不能实现,应当赔偿 CH 公司因此遭受的损失,主要理由如下:

(1)CH 公司与 YL 公司所签《合作建设合同书》约定"鉴于 YL 公司以协议方式取得国有土地使用权的土地面积为 337710.55 平方米(约 500 亩),宗地为一个整体,YL 公司保证该面积的土地是可以分割的,该面积根据 YL 公司指定的约 1500 亩土地范围内经规划测算的实际建筑用地确定",同时还约定 YL 公司负责办理建设项目的各项政府批准文件。YL 公司在实际履行合同过程中未兑现其承诺。

(2)在《合作建设合同书》中,YL公司承诺"保证以独栋别墅形式存在的旅游度假居住场所,可以对外销售,并能办理房屋不动产权属证书",这是双方合作开发目的所在。YL公司向CH公司出示了涉案土地的《国有土地使用权出让合同》和《国有土地使用证》,在这两份文件上记载的土地用途分别为"综合用地"和"旅游综合用地"。YL公司还特别提供了一份北京市国有土地资源局某分局给北京市规划行政部门某分局的《关于北京YL投资有限公司用地土地用途的复函》,该复函中明确"综合用地"应当包括写字楼、公寓用途。但是,在合同履行过程中,由YL公司负责办理的《规划意见(条件)》中,将涉案项目的用地性质明确界定为"旅游业用地",建筑使用性质则界定为"旅游服务设施",可兼容使用性质则限定为"配套附属用房";由YL公司负责办理的《建设工程规划许可证》则将案涉项目进一步确认为"旅游配套"。上述文件对项目性质的界定,致使双方订立合同的目的不能实现。

(3)在《合作建设合同书》中,YL公司还承诺,已就建设项目的配套用地(道路、绿化景观等)与所在地村民委员会签署相关协议书,并对村民依照协议给予了补偿、安置,YL公司保证CH公司及YLCH公司对该土地的合法使用权。但是,合同签订后,YL公司不断以支付村民补偿款为由,要求CH公司支付款项,且CH公司与YLCH公司至今仍未获得协议项下配套用地的合法使用权。

综上所述,YL公司的行为不仅违反合同约定,还导致合同目的无法实现,故要求:①解除CH公司与YL公司于2007年6月22日签署的《合作建设合同书》;②解除CH公司与YL公司于2007年9月3日签署的《补充协议一》;③解除CH公司、YL公司和第三人YLCH公司于2008年1月25日签署的《补充协议二》;④YL公司返还CH公司投资款共54204237.55元,并赔偿经济损失22672141.52元。

YL公司在原审法院辩称:CH公司所述签订《合作建设合同书》《补充协议一》和《补充协议二》的情况属实,上述合同是双方真实意思表示,系合法有效的合同,但在合同的履行过程中因CH公司的过错无法继续履行,故我公司同意解除上述合作合同,但不同意CH公司的其他诉讼请求,具体理由如下:

一、在诉争合同的履行过程中,我公司不存在违约行为

(1)关于《合作建设合同书》中我公司承诺"分割"的承诺。我公司认为该条中"分割"是指合作项目的分期开发,以及实际建成建筑物的小产权拆分,并不是CH公司所述的"分成小块放在周边土地"。

(2)对于办理政府批准文件这一义务,我公司在合同履行过程中严格如实履行,不存在任何违约行为。但是我公司办理项目批准文件的前提是CH公司提供各项资料。在合同履行过程中,CH公司总是迟延提供材料,因此,即使存在项目手续实际办理时间没有符合合同约定的事实,也是CH公司违约所致。

(3)关于项目土地用途。我公司提供的土地的性质是"综合用地",但规划部门并无此分类。规划文件对土地的记载与《国有土地使用证》上的"综合用地"并不矛盾,截至今天CH公司仍没有提供证据证明合作项目不可以用于销售。所以CH公司所谓不能实现合同目的的说法,只是解约的说辞。

(4)关于配套用地的使用权。合同约定的配套用地使用权已经取得,施工场地已经完成"七通一平",拆迁补偿工作也已完成,CH公司关于此项的指责不符合事实。

(5)关于项目过户问题。双方约定合作项目过户的时间是在取得《施工许可证》后,而

根据约定《施工许可证》应当在2008年5月1日前办理完毕,但CH公司在2008年9月26日才向我公司提供了部分用于办理《施工许可证》的文件,所以我公司在项目不能过户问题上没有违约之处。

二、CH公司履行合同不及时、不适当,导致合作项目处于停滞状态

(1)依据合同约定,我公司负责合作项目的设计,但合同履行过程中,CH公司不能及时提供设计文件,导致项目停滞。

(2)依据合同约定,我公司负责投入建设资金,但CH公司至今也未提供开工所需的建设资金,导致办理《施工许可证》所需文件不齐。

(3)依据合同约定,CH公司应当在《规划许可证》颁发之日起15日内支付部分土地使用权转让费用,但CH公司只支付了600万元,尚欠645万元。

三、共同投资开发房地产项目是有风险的,CH公司可以选择终止合同,但其要求返还投资款的要求没有事实和法律依据

(1)CH公司要求返还的全部款项54204237.55元包含了设立YLCH公司的注册资本金1000万元。目前,YLCH公司未解散,是独立的法人。即使双方合作终止后YLCH公司也确实没有存在必要,应当先由两个股东进行清算,CH公司要求将注册资本金直接返还也没有法律依据。

(2)YLCH公司对第三方支付的款项应当在双方对YLCH公司进行清算时处理,不应在本案中返还给CH公司。

(3)履行合同时双方款项往来是基于合作开发房地产,且我公司不具有过错,CH公司要求支付利息的请求,没有法律依据。

综上所述,我公司同意解除《合作建设合同书》《补充协议一》和《补充协议二》,不同意CH公司的其他诉讼请求。

第三人YLCH公司在原审述称,同意CH公司的诉讼请求。

原审法院判决认为:YL公司在缔约过程中与CH公司协商后作出的关于"鉴于YL公司经(以)协议出让方式取得的国有土地使用权的土地面积为337710.55平方米(约500亩),该宗地为一个整体,YL公司保证该面积的土地是可以分割的,该面积根据YL公司指定的约1500亩土地范围内经规划测算的实际建筑用地确定"的承诺应当理解为具有《国有土地使用证》的500亩土地可分割为小块土地,分割后的小块土地可以根据实际设计要求分散在1500亩土地范围内进行建设。

建设单位使用国有土地的,应当按照土地使用权出让合同的约定使用土地。违反法律、行政法规的强制性规定的合同无效。合同无效后,因该合同取得的财产应当予以返还。有过错的一方应当赔偿对方因此所受到的损失,双方都有过错的,应当各自承担相应责任。

YL公司与某县国土资源和房屋管理局签订的《国有土地使用权出让合同》对出让土地的"四至"有明确约定,双方合作开发建设的房地产项目应当在《国有土地使用权出让合同》约定的范围内进行。但双方在《合作建设合同书》中关于将500亩土地分割成小块土地后,依据实际建设设计分散建设在1500亩土地范围内的约定违反法律规定,不具有法律效力,故CH公司、YL公司签订的《合作建设合同书》及在此基础上签订的《补充协议一》和《补充协议二》无效。YL公司因《合作建设合同书》《补充协议一》和《补充协议二》取得的资金应当予以返还,故CH公司要求返还投资款的请求,法院予以支持。

在《合作建设合同书》中,YL公司已经承诺向土地出让部门付清了土地出让金,但在

《补充协议一》和《补充协议二》中双方就土地出让金事宜进行了协商并达成一致，由此可以认定，在缔约过程中，YL公司刻意隐瞒了未付清土地出让金的事实，对上述无效合同的缔结应当承担主要责任，对CH公司因此受到的资金利息损失应当按责予以赔偿。CH公司在缔约过程中，对缔约的基础条件未进行认真审查，且对YL公司关于分散式建设的承诺中有不妥之处，对缔结上述无效合同亦应当承担一定责任。

YLCH公司是CH公司、YL公司为合作项目的建设而合资设立的，且YLCH公司为合作项目的建设与第三方签订了一些服务合同，在《合作建设合同书》《补充协议一》和《补充协议二》无效后，双方应当就YLCH公司的股权归属、YLCH公司与第三方签订的服务合同产生的债权债务处理、固定资产分配等事宜先行进行协商或通过法律途径予以解决，故双方的股金1000万元及YLCH公司管理费用、购置固定资产费用、开办费、招标服务费和支付给第三方的合同款项，本案不予涉及。

综上所述，依据《合同法》第五十二条（现《民法典》第一百五十三条）、《土地管理法》（2004年修正）第五十六条之规定，判决：(1)北京CH投资集团有限公司、北京YL投资有限公司于2007年6月22日签订的《合作建设合同书》无效。(2)北京CH投资集团有限公司、北京YL投资有限公司于2007年9月3日签订的《补充协议一》无效。(3)北京CH投资集团有限公司、北京YL投资有限公司及第三人北京YLCH置业有限公司于2008年1月25日签订的《补充协议二》无效。(4)本判决生效后十日内，北京YL投资有限公司返还北京CH投资集团有限公司投资款4514万元及利息损失1535万元，共计6049万元。(5)驳回北京CH投资集团有限公司的其他诉讼请求。

CH公司不服原审法院判决，向二审法院提起上诉。上诉请求：撤销原审判决(1)、(2)、(3)，改判CH公司与YL公司间签署的《合作建设合同书》《补充协议一》、CH公司与YL公司及YLCH公司签署的《补充协议二》有效。撤销原审判决(4)、(5)，并依法改判YL公司返还CH公司投资款共计54204237.55元，并赔偿损失共计22672141.52元。上诉理由：CH公司与YL公司签署的《合作建设合同书》《补充协议一》，以及CH公司、YL公司、YLCH公司签署的《补充协议二》与法律、行政法规的强制性规定并不违背，合法有效。原审确认上述协议无效，适用法律不当。YL公司在合同书中所作承诺，系双方订立合同之基础，即双方订立合同之目的，同时该系列承诺事项是YL公司合同义务之所在。YL公司应当因违反承诺或其承诺内容的不能实现，对CH公司承担违约责任。CH公司享有合同的解除权，原审确认合同无效，显属不当。本案三份合同包含了CH公司与YL公司间的房地产合作开发合同关系，同时也包含了双方与第三人之间的土地使用权转让合同关系，原审对三份协议的效力进行确认的同时，否认了YL公司与CH公司、YLCH公司间土地使用权转让合同的效力。但双方与原审第三人之间的使用权转让合同关系，与法律、行政法规的强制性规定不相违背，应当认定合法有效。合同确认无效或解除后，应确认损失和责任，若无过错方损失不能得到弥补，而过错方反而因其过错获得利益，显然与法律精神相悖。原审判决认定事实不清，适用法律错误，请二审法院支持CH公司的上诉请求。我方同意YL公司关于解除合作建设合同书，以及两份补充协议的上诉意见，三份合同均有效。不同意YL公司的其他上诉请求。

YL公司不服原审法院判决，向二审法院提起上诉。上诉请求：撤销原审判决(1)、(2)、(3)，改判解除CH公司与YL公司间签署的《合作建设合同书》《补充协议一》，CH公司与YL公司及YLCH公司签署的《补充协议二》。撤销原审判决(4)中YL公司向CH公司支付利息损失的内容,改判驳回 CH 公司对利息损失的诉讼请求,返还投资款的判决内容同意。上诉理由:CH 公司在原审主张的是要求解除合作建设合同书以及之后的两份补充协议书,CH 公司未就合同效力问题进行质疑,现原审判决直接认定诉争合同无效的依据是错误的。原审对合作建设合同书中第一条约定的内容理解错误,基于这一错误认定,原审错误地将诉争合同的效力认定为无效。由于原审对事实错误的认定,支持 CH 公司关于利息损失的主张,属于法律适用不当。由于涉案合同有效,在履行合同过程中影响因素多,风险大,才会导致双方的合同目的不能实现。现双方均同意解除合同,理应公平合理地共担合作失败的风险。原审基于错误的事实认定,错误地适用《合同法》(现《民法典》合同编)中关于无效法律后果的相关规定,错误地增加了 YL 公司的法律责任。双方款项往来完全是基于合作开发房地产这一事实,且合作不成功的原因并不在 YL 公司,YL 公司同意将投资款本金部分予以返还,已体现 YL 公司处理合作失败后善后工作的诚意,原审支持 CH 公司利息损失的要求不公平。原审认定事实有误,法律适用不当,应予撤销。原审未支持 CH 公司部分诉讼请求的处理,符合实际情况。由于 CH 公司在履行合同过程中的过错更严重,原审按 80% 比例确定我公司承担过错责任不妥。即便有过错,双方均应按 50% 的份额承担责任。同意 CH 公司关于三份合同有效的意见,对 CH 公司的其他上诉请求不同意。

YLCH 公司同意 CH 公司的上诉意见。

二审法院经审理查明,CH 公司、YL 公司、YLCH 公司对原审法院认定的事实无争议,且二审法院查明的事实与原审法院认定的事实相同,故二审法院对原审法院认定的事实予以确认。二审法院认为,根据 CH 公司与 YL 公司关于约 500 亩土地使用建筑的约定,原审关于具有《国有土地使用证》的 500 亩土地可分割为小块土地,分割后的小块土地可以根据实际设计要求分散在 1500 亩土地范围内进行建设的理解,符合双方协议内容的真实本意。上述协议内容规避了现行法律法规对于土地使用审批的相关管理规定,原审法院依职权审查合同效力,并确认合同无效的认定正确。合同无效后,因无效合同所取得的资金应予返还,YL 公司同意返还投资款,二审法院不持异议。原审认定 YL 公司在缔结合同过程中承担主要责任,并酌情确定 CH 公司与 YL 公司承担损失的比例并无不当。关于 YLCH 公司的股金、管理费用、开办费、招标服务费等款项的处理,与本案所审查的合同无关,应另行解决。CH 公司与 YL 公司的上诉意见,均狭隘地理解了法院对于涉案合同全面审查的职权,二审法院对此不予采纳。CH 公司要求增加投资款利息损失的上诉意见,没有法律依据,二审法院不予支持。综上所述,原审法院判决认定事实清楚,适用法律正确,应予维持。依照《民事诉讼法》的规定,判决如下:驳回上诉,维持原判。

CH 投资公司与 YL 公司的二审判决生效后,YL 公司按法院判决数额将执行款主动交付到法院,法院已经执行完毕。

双方的无效合同判决执行完毕后,2016 年 YLCH 公司另案起诉两股东,即诉 CH 投资公司和 YL 公司,认为双方签订的合同无效,损害了项目公司的利益,两股东应承担缔约过失责任。

YLCH 向某中级人民法院提出诉讼请求:(1)请求依法判决 YL 公司向 YLCH 公司返还已支付的土地出让金和土地使用权转让定金共计 3064 万元,并向 YLCH 公司支付自 YLCH 公司实际付款之日起至 YL 公司实际向 YLCH 公司返还之日止的利息 16811244.43 元(按同期银行贷款利率计算,暂算截至 2016 年 9 月 30 日,应计算至 YL 公司实际向 YLCH 公司清偿日)。(2)请求依法判决 YL 公司赔偿 YLCH 公司,由 YL 公司收取的 YLCH 公司开办费

40万元,并向YLCH公司支付自YLCH公司实际付款之日起至YL公司实际向YLCH公司返还之日止的利息212949.61元(按同期银行贷款利率计算,暂算截至2016年9月30日,应计算至YL公司实际向YLCH公司清偿日)。(3)请求依法判决YL公司赔偿YLCH公司代缴的招标服务费89568元,并向YLCH公司支付自YLCH公司实际付款之日起至YL公司实际向YLCH返还之日止的利息44520.10元(按同期银行贷款利率计算,暂算截至2016年9月30日,应计算至YL公司实际向YLCH公司清偿日)。(4)请求依法判决YL公司赔偿YLCH公司已支付给第三人的合同款项5628200元,并向YLCH公司支付自YLCH公司实际付款之日起至YL公司实际向YLCH公司返还之日止的利息2920850.42元(按同期银行贷款利率计算,暂算截至2016年9月30日,应计算至YL公司实际向YLCH公司清偿日),以及对因该等合同不能继续履行YLCH公司可能对第三人承担的违约金承担赔偿责任。(5)请求依法判决YL公司赔偿YLCH公司的固定资产支出2124625.97元,并向YLCH公司支付自YLCH公司实际支出之日起至YL公司实际向YLCH公司返还之日止的利息1138898.97元(按同期银行贷款利率计算,详见利息计算表,暂算截至2016年9月30日,应计算至YL公司实际向YLCH公司清偿日)。(6)请求依法判决YL公司赔偿YLCH公司的职工工资等管理费用1189678.8元(截至2010年12月31日发生842379.58元,2011年1月1日至2016年9月30日发生347299元,应计算至YL公司实际向YLCH公司清偿之日)。(7)请求依法判决YL公司向YLCH公司赔偿土地增值收益损失2.4亿元。(8)请求依法判决CH公司对YL公司应赔偿数额中的20%承担连带责任。(9)请求依法判决本案诉讼费、财产保全费均由YL公司承担。

事实和理由:2014年10月14日,北京市第×中级人民法院作出(2014)×中民终字第1033×号终审判决,认定YL公司、CH公司之间签订的《合作建设合同书》无效,并进而认定YLCH公司与YL公司、CH公司签订的《补充协议二》也无效。导致YLCH公司丧失了依据《补充协议二》取得国有土地使用证所示337710.55平方米土地的权利。由此,YLCH公司所有投入和准备全部自费,给YLCH公司造成了巨大的损失。同时,生效判决亦认为原审法院关于"YLCH公司是CH公司、YL公司为合作项目的建设而合资设立的,且YLCH公司为合作项目的建设与第三方签订了一些服务合同,在《合作建设合同书》《补充协议一》和《补充协议二》无效后,双方应当就YLCH公司的股权归属、YLCH公司与第三方签订的服务合同产生的债权债务处理、固定资产分配等事宜先行进行协商或通过法律途径解决,故双方的股金1000万元及YLCH公司管理费用、购置固定资产费用、开办费、招标服务费和支付给第三方的合同款项,本案不予涉及"的认定无误,明确"关于YLCH公司的股金、管理费用、开办费、招标服务费等款项的处理,与本案所审查的合同无关,应另行解决"。另外,生效判决确定YL公司在缔结无效合同的过程中承担主要责任,并酌情确定YL公司与CH公司承担损失的比例为8:2。虽然YLCH公司系YL公司与CH公司合资成立的项目公司,但YLCH公司作为独立的法人,享有独立的民事权利。YLCH公司对于YL公司、CH公司之间合同被认定无效没有任何过错,而YL公司、CH公司合同的无效却导致YLCH不能依据合同享有对本案337710.55平方米土地的使用权。如没有YLCH公司与YL公司、CH公司之间的无效合同,也就没有YLCH公司依据无效合同为YL公司代缴土地出让金的行为,YL公司名下的项目用地早被国土部门收回。而在YLCH公司依据无效合同履行代YL公司缴纳土地出让金的义务后,合同被确认无效,仍由过错方YL公司享有该项目用地的土地使用权,并享受因无效合同的履行而获得的巨大增值收益,明显违背了《合同法》(现《民法典》合同编)规定的公平原则,不符合由过错方承担责任的立法精神。现因 YL 公司欠付工程款等原因,YL 公司名下的国有土地使用证所示 337710.55 平方米土地已被人民法院依法查封,面临拍卖,经某区人民法院委托评估机构进行评估,该地块价值已高达 69912 万元。

就 YLCH 公司 2008 年 4 月 30 日最后一次支付土地出让金起,至 2014 年 10 月 14 日北京市第×中级人民法院作出(2014)×中民终字第 1033×号终审判决止的六年零六个月的期间,是 YLCH 公司按无效合同履行义务的期间。在此期间,YL 公司作为 YLCH 公司的股东,因与 YLCH 公司之间无效合同的履行,已经获得的土地增值收益达到了 656973786 元。该期间的土地增值收益本不应由 YL 公司享有,YLCH 公司理应从 YL 公司获得补偿。

如果 YLCH 公司可以获得该地块并继续开发建设,即便按房地产开发最低利润率计算,YLCH 公司也可以获得巨大的收益。但根据《合同法》(现《民法典》合同编)对于合同无效的处理原则,YLCH 公司仅要求依据公平原则自 YL 公司已获得的土地增值收益中,得到部分补偿。

根据某中级人民法院作出的终审判决,CH 公司亦对《合作建设合同书》无效承担次要责任,故要求 CH 公司对 YL 公司应承担的损失赔偿部分承担 20% 的连带责任。

YL 公司辩称:

一、YLCH 公司并非本案适格原告,无诉讼主体资格

(1)从股东与项目公司关系的角度。YL 公司、CH 公司合作投资成立 YLCH 公司,YL 公司、CH 公司是投资人、股东,YLCH 公司是 YL 公司、CH 公司为实现其投资目的而设立的平台,项目公司仅仅是双方合作的内容和载体,是投资与被投资的有关系,并不直接存在合作开发房地产合同的法律关系,即在本案中,YLCH 公司与 YL 公司、CH 公司不存在平等主体之间的缔约关系,YLCH 公司无诉讼的主体资格。项目公司(子公司)的行为仅仅是母公司股东决议意志的体现,子公司为执行股东会决议而对第三人的经营成本应该自己负责。母公司作为股东,只有承担约定的出资义务的有限责任,如无关联交易其他概不负责。

(2)从项目公司内部决策的角度。公司章程约定股东有决策权、知情权,而本次诉讼既未召开股东会,也未召开董事会,其决策程序违法,违反公司章程。

(3)从控股股东滥用股东权利的角度。CH 公司是控股股东,对 YLCH 公司享有决策权和管理权及对 YLCH 公司的实际控制权,此次诉讼系 CH 公司滥用控股股东的权利,侵害小股东 YL 公司合法权益的又一体现。

(4)从合作协议无效的角度。已生效的原判决被法院已经认定为 YL 公司、CH 公司的合作协议无效,则依据合作协议成立的公司行为也应属无效,因此项目公司没有合法存在的前提条件,其成立的前提是依据无效的协议成立的,因此项目公司自始无效无主体权利。

(5)从缔约过失责任的主体角度。YL 公司、CH 公司共签订了三份协议,其中前两个协议的缔约主体是 YL 公司与 CH 公司,而只有第三个协议的缔约主体才涉及本案 YLCH 公司,前两个协议 YLCH 公司并未参与缔约,根本不是缔约主体,因此不可能存在缔约过失责任。第三个协议的内容虽然涉及 YLCH 公司,但均是对主合同内容的延续和重复,并没有新的内容,是 CH 公司和 YL 公司为履行双方的权利义务而需要项目公司协助而已。YL 公司与 YLCH 公司并没有实质的权利与义务关系,YL 公司与 YLCH 公司之间并不存在合资合作开发房地产的法律关系,不存在土地使用权转让的法律关系,更不存在土地使用权转让的对价,即 YLCH 公司不存在向 YL 公司支付土地使用权转让价款的约定,且 YLCH 公司与股东之间并不存在公司法出资与被出资层面以外的关联交易等平等主体之间的契约关系,因

此，YLCH公司无权以自己的名义作为主体起诉YL公司、CH公司。

（6）从已经生效的判决的角度。YLCH公司始终处于第三人的地位。YLCH公司在YL公司、CH公司合作建设合同纠纷案件中，始终作为第三人参与诉讼。而本案的基础关系仍然是YL公司、CH公司的合作建设合同产生，而YLCH公司无视本案基础法律关系，仅以参与签署了《补充协议二》，就断章取义、片面地改变第三人身份，缺乏依据。

（7）从《公司法》规定股东应对公司承担赔偿责任几种法定情况反证的角度。YL公司不具备《公司法》规定的股东应对公司承担赔偿责任的法定情况。《公司法》也没有规定股东合作协议无效导致被投资主体的利润不能实现的情形股东需对项目公司承担责任。因此，在《公司法》无规定的情况下，YLCH公司作为项目公司无索赔的法律依据。

二、假设YLCH公司有诉讼的主体资格，则其主张的缔约过失责任也不成立

（1）双方并未存在实质性合同。认定缔约过失责任的前提是YLCH公司与YL公司之间有契约存在。YLCH公司与YL公司在《补充协议二》中并未约定新的权利义务关系，是对主合同内容的重复确认。本案中，YLCH公司所依据《补充协议二》中第二条第二款约定，与YL公司、CH公司签署的主合同中第二条第二款的约定内容相同，依然是对YL公司、CH公司权利义务的补充，是对主合同重复和确认，YL公司与YLCH公司并没有形成新的契约，即《补充协议二》中并没有YL公司与YLCH公司为相对人的新的权利义务契约条款，二者不存在契约，不存在缔约过失责任。

（2）补充协议作为从合同应依附于主合同。本案中，任何补充协议均是依附于主合同，且不能独立存在的。主合同与补充协议的区别是主合同成立时间在前，补充合同成立时间在后，这是补充合同产生的时间顺序。补充合同是主合同的从属合同，补充合同依附于主合同而成立，没有主合同，就不会产生补充合同，这是主合同与补充合同基本关系。只有主合同成立有效，补充合同才能成立有效。补充合同的性质是主合同的从属合同，那么补充合同就只能起到"补充"作用。YLCH公司不能以形式上参与了签署《补充协议二》就自我认定成为合同主体。

《补充协议二》明确约定，鉴于《合作建设合同书》和《补充协议一》之约定，考虑到合作方已建立起来的良好合作关系，就合作中有关事宜作进一步的完善补充如下……可见，第二份补充协议书内容并非独立于主合同内容之外，也并非有新的关联交易和合作内容的产生。恰恰YLCH公司所依据的第二份补充协议条款与主合同条款内容是重复的，是对原有主合同及第一份补充协议内容的延续和确认。故而，虽然YLCH公司参与了《补充协议二》的签署，但是因为其是项目公司的身份，便于对合同内容进行描述，仅起到一个形式上的作用，没有任何新的实质权利义务关系产生。

（3）不具备缔约过失责任合法构成要件。根据《合同法》第四十二条（现《民法典》第五百条），当事人在订立合同过程中有下列情形之一，造成对方损失的，应当承担赔偿责任：①假借订立合同，恶意进行磋商；②故意隐瞒与订立合同有关的重要事实或者提供虚假情况；③有其他违背诚实信用原则的行为。缔约过失责任的成立须具备以下条件：缔约人在缔约过错中违反了以诚实信用原则为基础的先合同义务；违反先合同义务的行为给缔约相对方造成了损害；违反先合同义务的行为与损害之间有因果关系；违反先合同义务方存在过失。

本案中，YL公司签署的《补充协议二》不存在上述任何法定情形，也不具备缔约过失责任成立的四个前提条件。YLCH公司、CH公司合作之初，YL公司提交的所有文件均是客观

真实有效的,并未做任何的隐瞒、欺骗,YL公司没有主观故意,也不存在过错。YL公司在履行合同,而且已经实际履行,YLCH公司、CH公司均不认为合同是无效的,均认为是有效的。YL公司自始至终没有违背诚实信用原则,项目公司所主张的损失与YL公司没有任何因果关系。

（4）项目公司与第三方的履约行为系公司法调整范畴。根据YL公司、CH公司合作约定,如果项目公司是执行股东决议内容对第三人的履约行为,那么项目公司即不存在独立于股东的意志,其对第三人履约的行为是股东意志对外体现。此种情形下,应当适用公司法的规定,与合同法缔约过失责任无关。鉴于YL公司不参与项目公司运营管理,也不是控股股东,不存在利用其关联关系损害项目公司利益。故而在公司法的语境下,YL公司作为股东无义务向项目公司承担赔偿责任。

三、假设第一、二点都成立,YLCH公司提出的损失范围也不应属于缔约过失责任赔偿范围

合同无效,缔约过失的损害赔偿范围仅限于信赖利益,缔约过失赔偿责任的范围,应以对方的缔约过失造成的实际损失为标准。而YLCH公司的主张却远远超出此范畴。

①YLCH公司诉讼请求第1项属于重复主张,YL公司已经按照生效判决的认定向CH公司执行完毕。YLCH公司混淆了是项目公司的损失还是CH公司的损失,进行了重复计算。②YLCH公司诉讼请求第2—4项,YL公司对此是否真实客观发生或完全发生无法确定,即使实际有发生,也不应属于缔约过失责任应赔偿的范围。③YLCH公司诉讼请求第5项固定资产部分,YL公司对此是否真实发生无法确定,即使实际有发生,也不应属于缔约过失责任应赔偿的范围。应由YLCH公司自行进行清算处理。④YLCH公司诉讼请求第6项员工管理费用等,YL公司对此是否真实发生无法确定,即使实际有发生,也不应属于缔约过失责任应赔偿的范围。且YLCH公司应对实际发生的和损失扩大部分自行负责。⑤YLCH公司诉讼请求第7项土地增值收益损失,土地增值收益属于自然增值,不是因合作合同而取得,是不可预期的,不应属于缔约过失责任应赔偿的范围。

四、同一案件事实和法律关系,YL公司已向CH公司承担了相应的法律责任,无重复承担法律责任的义务

在以往YL公司、CH公司的诉讼之中,起初是YLCH公司与CH公司分别作为原告起诉YL公司,后经庭审,YLCH公司撤诉变更为案件的第三人参加诉讼,二者的诉讼请求进行了合并,且在庭审中YLCH公司对CH公司的诉讼请求均给予认可。如今YLCH公司再次向YL公司提起诉讼,并重复诉讼主张,不应得到支持。

五、本案应通过公司解散或清算的方式另案解决项目公司债权债务问题

YL公司、CH公司的合作合同被确认为无效,合作目的无法实现,无效的合同自始没有法律约束力。专为房地产项目成立的YLCH公司失去了存在的基础和必要,且YLCH公司成立至今未从事任何经营活动,也未取得房地产开发经营资质,于2007年至今公司全年销售(营业)收入为零,多年来未召开过股东会,内部管理有严重障碍,公司经营管理严重困难,YL公司、CH公司投资设立YLCH公司的合作目的无法实现,依法解散或清算项目公司已成为必然,项目公司的债权债务问题才能得到彻底解决。

综上,YLCH公司无权对YL公司提起本案诉讼,不具备提起本案的主体资格。本案案由不能成立,YL公司作为股东、投资人不具有为项目公司承担缔约过失责任的义务。YLCH公司的全部诉请均缺乏事实和法律依据。请求贵院依法给予驳回。

CH公司辩称,YLCH公司及YL公司是否有赔偿关系,由法院确定。YLCH公司起诉主张的各项金额,CH公司不同意承担20%的连带赔偿责任。CH公司认为,YLCH公司所主张的各项赔偿中,其中有一部分是YLCH公司直接支付给YL公司或者替YL公司支付的,而不是YLCH公司支付给CH公司的;因此,CH公司认为,对于YLCH公司该部分支出,CH公司不同意承担20%的连带赔偿责任,请法院在判决时进行扣减。同时,因为土地一直由YL公司控制,YLCH公司所主张的土地增值收益和CH公司也没有任何关系,所以CH公司也不同意就部分金额承担20%的连带赔偿责任。关于YLCH公司与其他单位签订合同产生的费用、管理费用等,因有公司对缔约过失承担主要责任,因此,CH公司认为该部分费用也应该由YL公司承担,CH公司不应该为此承担连带赔偿责任。综上所述,CH公司认为YLCH公司确实有损失,但CH公司认为,CH公司作为YLCH公司的股东没有对YLCH公司作出过任何损害行为,也没有给YLCH公司造成过任何损害,因此CH公司不应该承担任何连带赔偿责任。但YL公司作为YLCH公司的股东,同时还是合作建设合同的相对方,该中院的判决认定其在合作建设合同被认定无效中,承担主要的缔约过失责任,因此YLCH公司的损失应全部由YL公司承担。

一审中级人民法院认为,本案争议焦点在于YLCH公司是否为本案适格的原告。本案系因合同被确认无效而引发的缔约过失责任纠纷。判决书所确认无效的合同是指CH公司与YL公司于2007年6月22日签订的《合作建设合同书》、CH公司与YL公司于2007年9月3日签订的《补充协议一》,以及CH公司与YL公司、YLCH公司于2008年1月25日签订的《补充协议二》。YLCH公司依据其系2008年1月25日签订的《补充协议二》的一方当事人提起本案之诉。通过上述三份合同的内容,以及CH公司、YL公司、YLCH公司在(2014)×中民终字第1033×号案件中的陈述和主体地位关系等,可以认定该三份合同密切相关,应整体对待,无法分割,其所指向的合同关系系合资、合作开发房地产合同关系,该合同关系的主体双方系CH公司与YL公司。YLCH公司是CH公司、YL公司为履行双方之间合资、合作开发房地产合同关系而成立。鉴于YLCH公司并非合资、合作开发房地产合同关系的一方主体,且YLCH公司主张的第一项诉讼请求中的3064万元已包含于判决书认定的4514万元之中,所以YLCH公司依据合资、合作开发房地产合同关系被确认无效提起缔约过失责任之诉依据不足。如果CH公司认为其因合资、合作开发房地产合同关系被确认无效尚有判决书未支持的其他损失,其可在相关损失确定后另行主张。

综上,YLCH公司并非本案适格的原告。依照《民事诉讼法》《最高人民法院关于适用〈中华人民共和国民事诉讼法〉的解释》的相关规定,裁定驳回YLCH公司的起诉。

中级人民法院裁定后,YLCH公司不服一审法院裁定,仍持原起诉理由在2018年向高级人民法院提起上诉,请求高级人民法院对本案进行实体审理。

高级人民法院认为:本案系YLCH公司基于其与YL公司、CH公司签订《补充协议二》被人民法院生效判决确定无效后,提起的缔约过失责任纠纷诉讼。但判决书所确认无效的合同包括了CH公司与YL公司于2007年6月22日签订的《合作建设合同书》、CH公司与YL公司于2007年9月3日签订的《补充协议一》以及CH公司与YL公司、YLCH公司于2008年1月25日签订的《补充协议二》三份合同,上述三份合同所指向的合同关系均为CH公司、YL公司之间合资、合作开发房地产合同关系,故应整体把握当事人之间合作关系。YLCH公司与CH公司、YL公司签订的《补充协议二》并非独立于其他两份合同而存在,而是CH公司、YL公司为履行双方之间合资、合作开发房地产合同关系而成立YLCH公司后,就进一步履行双方之间合作而签订的补充合同。故 YLCH 公司就《补充协议二》向 CH 公司、YL 公司主张因合资、合作开发房地产合同关系无效而导致的缔约过失,因 YLCH 公司并非合资、合作开发房地产合同关系的一方主体,其诉讼请求不具有诉的利益,其起诉法院不应予以支持。综上,一审法院驳回 YLCH 公司的起诉符合法律规定,高级人民法院对于一审法院所作裁定予以维持,依照《民事诉讼法》的规定,裁定如下:驳回上诉,维持原裁定。

YLCH 公司不服高级人民法院裁定,向最高人民法院申请再审。2019 年 12 月最高人民法院再审认为,YLCH 公司的再审申请符合《民事诉讼法》的规定的情形,裁定由最高人民法院提审。

2021 年 7 月,最高人民法院再审认为,人民法院在立案受理阶段判断原告是否符合《民事诉讼法》规定的"与本案有直接利害关系"时,只需审查原告是否提交了证明其与相对人因民事法律关系引发争议的相关事实依据。本案中,YLCH 公司是三方《补充协议二》的签约人,依约履行合同义务,故其在该三方《补充协议二》已被人民法院生效判决确定无效的情形下,提起本案缔约过失责任诉讼,与本案具有直接利害关系,符合《民事诉讼法》规定的原告起诉条件。虽然 YLCH 公司是 CH 公司与 YL 公司为履行双方间合资、合作开发房地产合同关系而设立,《合作建设合同书》包含有关设立 YLCH 公司的内容,但设立协议并不是我国《公司法》规定的公司成立的必要条件,只要公司符合法定条件且依法成立,设立协议就不再对公司产生约束力。YLCH 公司在签订三方《补充协议二》时已依法成立,不受《合作建设合同书》及《补充协议一》的影响而独立享有民事权利和承担民事义务,其就《补充协议二》被确认无效而遭受的损失理应享有诉讼权利。至于 YLCH 公司诉讼请求是否具有事实及法律依据、能否得到全部或部分支持,均属于实体审查的范畴,有待于实体审理后依法作出裁判。原审裁定认定 YLCH 公司不具备原告主体资格、不具有诉的利益,适用法律错误,最高人民法院予以纠正。

经原审法院查明,YLCH 公司主张的第一项关于返还土地出让金和土地使用权转让定金 3064 万元的诉讼请求已包含于判决认定的 4514 万元之中,该生效判决已对 3064 万元土地出让金和土地使用权转让定金的归属进行了实质审查,并判令由 YL 公司返还 CH 公司该笔款项。故 YLCH 公司基于同一事实和相同法律关系提出的第一项诉请,实质上否定了前诉的裁判结果,应认定为重复诉讼,原审裁定驳回 YLCH 公司该项诉请,处理结果正确。

综上,最高人民法院裁定如下:第一,撤销某市高级人民法院民事裁定及中级人民法院民事裁定。第二,驳回 YLCH 公司第一项诉讼请求的起诉;指令某某市中级人民法院对本案其他起诉进行审理。

在再审程序中,YLCH 公司变更诉讼请求,将原第一项请求返还土地出让金和土地使用权转让定金 3064 万元的诉讼请求撤销,其他请求不变。

在中级人民法院进行再审时,YL 公司根据庭审中法院的问题答辩如下:

(1)《补充协议二》第二条第一款虽然约定 YLCH 公司要将涉案土地使用权转让至 YLCH 公司名下,但 YLCH 公司与 YL 公司之间没有独立的土地使用权转让法律关系,YLCH 公司是代 CH 公司接受 YL 公司转让土地使用权,YLCH 公司在《补充协议二》中没有独立的请求转让土地使用权的权利。YLCH 公司依据《补充协议二》支付的所有土地出让金法律效果都归于 CH 公司,原某区法院在该判决中判决 YL 公司返还给 CH 公司的 4514 万元就包含 YLCH 公司 YLCH 支付的土地出让金,而且在整个诉讼过程中,YLCH 公司也认可其以自己的名义支付给YL公司的出让金均是CH公司履行投资合作义务的方式,YLCH公司支付土地出让金的效果归CH公司,既然YLCH公司支付土地出让金给YL公司其实是代CH公司支付出让金的行为,那么YL公司收到出让金后将土地使用权转让到YLCH公司名下实际上是YL公司在对CH公司履行义务,YL公司履行义务的对象是CH公司,YLCH公司仅仅是代为接受土地使用权转让,其不是真正的权利人。另外,《补充协议二》第一条各款所列的不论是CH公司自己支付的费用,还是YLCH公司以自己名义支付的费用,都是作为CH公司支付的合作费用,行为的法律效果作用于CH公司,YLCH公司只是代为履行。综上,YLCH公司在《补充协议二》中没有独立的请求转让土地使用权的权利。

(2)法官问YLCH公司《补充协议二》约定的YLCH公司的其他权利是什么,YLCH公司回答,其享有的其他权利是《补充协议二》第三条"违约责任"第二项的约定。YL公司代理人认为,首先,YLCH公司将权利与违约责任混为一谈。YLCH公司的回答表明其是依据《补充协议二》第三条"违约责任"第二项来主张权利,YLCH公司的回答已经将权利与违约责任混为一谈,很显然,违约责任是合同当事人违反合同义务应承担的责任,其与当事人按约定享有的权利完全是两码事,不能混为一谈。其次,YLCH公司将缔约过失责任与违约责任混为一谈。本案的案由是缔约过失责任,即YLCH公司是追究YL公司和CH公司的缔约过失责任,不是追究违约责任,缔约过失责任的赔偿范围不是约定的,而是法定的,只有违约责任的赔偿范围是约定。缔约过失责任的适用的前提是合同不成立或者无效,违约责任成立的前提是合同有效并违反了合同约定的义务。YLCH公司依据违约责任约定的内容及赔偿范围请求被告承担缔约过失责任,很显然逻辑混乱,法律关系混乱,YLCH公司将缔约过失责任与违约责任混为一谈。最后,《补充协议二》已经被认定无效,YLCH公司依据无效合同所约定的违约责任内容来主张权利的基础已经不存在。依据违约责任条款主张权利的前提是合同有效,但本案《补充协议二》已经被民事判决认定无效了,YLCH公司依据违约责任的约定来主张权利的基础已经丧失,即使违约责任约定了对YLCH公司的赔偿事宜,YLCH公司也无法据此请求赔偿。

(3)法官问YLCH公司其诉讼请求有无对应的合同条款,以及其诉讼请求对应《补充协议二》第几条,YLCH公司回答,开办费及招标服务费对应合同第一条第四项审批各项手续及费用计836万;其诉讼请求第3项5628200元中的300万对应《补充协议二》第一条第四项约定的300万元,剩余部分对应《补充协议二》第三条违约责任第二项的约定;固定资产支出费用及职工工资等管理费用没有合同对应条款;土地增值收益对应《补充协议二》第三条违约责任第二项的约定。

YL公司代理人认为,YLCH公司诉讼请求所列各项费用均没有合同依据,双方之间的纠纷已经解决,本案YLCH公司再次以自己的名义将CH公司支付的土地使用权转让费转换成第三方合同费用的名目,并另行以自己的名义向YL公司提出请求,明显是重复诉讼,足够说明YLCH公司对法官的回答既与合同约定矛盾,也与已经生效判决的结果矛盾。YLCH公司的回答混淆了缔约过失责任与违约责任的区别。

(4)如果YLCH公司在《补充协议二》中具有独立的主体地位,那么《补充协议二》被确认无效,YLCH公司也存在重大过错。

仅从《补充协议二》的内容来看,YLCH公司完全是CH公司授意来代CH公司支付土地使用权转让费的和第三方合同费用的,YLCH公司完全沦为实现CH公司合作开发利益的工具,这是CH公司作为大股东损害YLCH公司利益的表现,YLCH公司虽形式上具有独立主体地位,但却没有坚持自己独立主体的作用,在合作期间,其没有建立健全的投资风险评估与管理机制,其经营管理人员完全与 CH 公司混同,内部权力机构形同虚设,丧失独立的财产权和经营权,正因为 YLCH 公司未坚守自己独立的意思表示能力和责任主体地位,才导致 YLCH 公司代 CH 公司履行合作开发资金投入的损失,因此,YLCH 公司具有放任自己损失的重大过错。

(5) YLCH 公司一方面认为自己具有独立的主体地位;另一方面又要求 YL 公司赔偿其设立之日起至 2016 年 8 月底发生的所有固定资产费和人员工资管理费,YLCH 公司并无证据证明发生的固定资产费和人员工资费是专为本项目合作而发生的费用,事实上,YLCH 公司作为一个企业法人,只要主体正常存续,就必不可少地发生固定资产费和人员工资费,否则,YLCH 公司将丧失作为主体存在的物质基础,YLCH 公司并未区分为本项目合作发生的费用和正常存续而发生的费用,其向 YL 公司主张赔偿发生的全部固定资产费和人员工资正是其否定自身独立主体地位的证据。

(6) YLCH 公司以《补充协议二》所约定的违约责任条款作为其主张第三方合同费用以及土地增值收益的赔偿依据,这表明 YLCH 公司是依据违约责任条款约定的赔偿范围主张缔约过失的赔偿责任,YLCH 公司完全混淆了违约责任和缔约过失责任的区别。

(7) 2019 年 11 月 8 日最高人民法院印发的《全国法院民商事审判工作会议纪要》(以下简称"九民纪要")第三十二条明确"合同不成立、无效或者被撤销情况下,当事人所承担的缔约过失责任不应超过合同履行利益"。

YLCH 公司请求的土地增值收益属于合同继续履行情况下的可得利益,而且实践中计算可得利益时,还需要扣除 YLCH 公司投入房地产开发的全部成本,比如土地使用权取得成本、工资及管理费成本、固定资产成本、工程设计及建造成本、营销成本、融资成本、各项税金、规费等全部成本及费用,在扣除全部成本、费用及税收后才能计算出土地增值收益,即合同继续履行情况下,土地增值收益是扣除全部成本、费用投入之后的所得,但是本案 YLCH 公司却在请求 YL 公司赔偿了其开办费、招标代理费、第三方合同费用(即 YLCH 公司支付的设计、审图等费用)、工资管理费用、固定资产费用等全部成本及费用后,还要求另行赔偿土地增值收益,如果 YLCH 公司的请求得到支持,则意味着 YLCH 公司完全不需要任何成本投入即可获得高额的土地增值收益,这远远超出合同继续履行情况下 YLCH 公司的可得利益,很显然与法律规定的缔约过失责任的赔偿范围相背离,也与现实情况背离。何况,YL 公司已经根据民事判决将 YLCH 公司代 CH 公司支出的全部土地使用权取得成本本金返还给了 CH 公司,不仅如此,YL 公司还支付了高达 1535 万元的利息,该利息金额已经足以弥补 YLCH 公司及 CH 公司支出的土地成本损失。

法院认为,YLCH 公司在签订《补充协议二》时已经依法成立,其就《补充协议二》项下的争议享有相应的诉讼权利。但根据《合作建设合同书》《补充协议一》《补充协议二》约定的内容以及 CH 公司、YL 公司、YLCH 公司在案件中的陈述和主体地位关系等,本案所涉三份协议密切相关,应整体对待,无法分割,其所指向的合同关系系合资、合作开发房地产合同关系,该合同关系的主体双方是 CH 公司与 YL 公司。YLCH 公司仅是为实现 CH 公司、YL 公司之间的合资、合作开发房地产合同关系而成立,《补充协议二》仅是为规制 CH 公司、YL 公司之间的具体履行事项而订立。《补充协议二》无效系因 CH 公司、YL 公司签订的《合作建设合同书》无效所致,CH 公司、YL 公司系在缔结《合作建设合同书》中存在过错,而并非直接在《补充协议二》项下存在过错,因此 YLCH 公司以 CH 公司、YL

公司在《补充协议二》项下存在缔约过失为由请求 CH 公司、YL 公司赔偿，依据不足，本院不予支持。

本案中，CH 公司、YL 公司已分别实缴注册资本，根据 YLCH 公司的诉讼请求所涉事项，YLCH 公司所主张的开办费、代缴招标服务费、支付给第三人的合同款、固定资产支出、职工工资等管理费用均发生于 YLCH 公司成立之后，系因 YLCH 公司经营而产生的费用，YLCH 公司的两股东 CH 公司、YL 公司如对 YLCH 公司所主张的上述款项存有争议，应当根据 YLCH 公司的章程、两股东的出资、两股东的相关约定予以解决，YLCH 公司直接请求两股东承担责任缺乏事实和法律依据。关于 YLCH 公司所主张的土地增值的收益损失，生效法律文书经查明事实及认定，已对土地出让金和土地使用权转让金的归属进行了实质审查，并判令 YL 公司返还 CH 公司该笔款项及利息，故 YLCH 公司就涉案土地并不享有权益，其诉求的土地增值的收益损失依据不足，本院难以支持。鉴于 YLCH 公司的以上诉讼请求均缺乏依据，本院对其有关要求 CH 公司承担 20% 连带责任，要求 YL 公司承担财产保全费的请求一并予以驳回。

综上所述，YLCH 公司的诉讼请求理由不当，依据不足，本院不予支持，驳回 YLCH 公司的全部诉讼请求。案件受理费 570651 元，由 YLCH 公司负担。

案例二：常诚公司诉某工会和佳仁公司案

案情简述：

1993 年某工会（以下简称"工会"）、常诚公司（原为军队直属企业，改制后属国有独资企业）与某镇政府（以下简称"镇政府"）三方签订协议书，约定由镇政府提供 20 万平方米土地，按每平方米 80 元的价格付给镇政府 1600 万元作为海滩地补偿费，常诚公司和工会负责施工，进行项目开发建设。合同签订后，常诚公司向镇政府支付了 800 万元土地补偿费，1993 年 6 月，该笔款项转为挂靠在工会名下的企业度假村公司对常诚公司的借款。之后常诚公司认为该项目风险较大，不同意继续投资，因此常诚公司从未参与该项目的开发建设及经营管理工作。常诚公司退出后，本项目继续由挂靠在工会名下的度假村公司（集体性质的企业，主管单位为工会）开发，1995 年，度假村公司通过各级政府主管部门合法的审批程序，缴纳了土地出让金及各项规费及税费，取得土地使用权证。2002 年，度假村公司因开发项目烂尾，引发一系列的纠纷，工会为避免给自己带来麻烦，强行要求项目的负责人将度假村公司改制，由负责人自行承担项目的债务，度假村公司遂改制为有限责任公司，即佳仁公司，继续对本项目进行开发建设，改制后土地使用权证始终登记在佳仁公司名下。常诚公司向镇政府支付的 800 万转为佳仁公司的借款，由佳仁公司前法定代表人王某某向常诚公司出具了欠条，并于 2003 年前后将该笔借款归还了常诚公司，但因 2009 年王某某去世，就还款问题常诚公司在案件审理过程中予以了否认。

2012 年，常诚公司向惠州市中级人民法院（以下简称"惠州中院"）起诉佳仁公司、工会、镇政府，请求法院判令确认其对登记在佳仁公司名下的土地享有 100% 使用权，并在诉讼过程中申请查封土地。2014 年 7 月惠州中院一审驳回了常诚公司要求确认土地使用权的诉讼请求，认定土地使用权归佳仁公司所有。后常诚公司上诉，广东省高级人民法院（以下简称"广东高院"）经过两次开庭审理后于 2016 年 10 月裁定撤销原判决，发回惠州中院重审。在惠州中院重审过程中，常诚公司变更了诉讼请求，要求确认享有涉案地块土地使用权相关权益，并将涉案地块土地使用权相关权益归于常诚公司。2017 年 12 月 14 日，惠州中院再次判决驳回了常诚公司的请求,在诉讼过程中,通过惠州中院的协调,佳仁公司向惠州中院出具了附条件承诺书,承诺如常诚公司不上诉,佳仁公司同意支付800万元及利息。在附条件承诺下,惠州中院增加了返还常诚公司前期投资款800万元及利息的判决内容,但随后常诚公司仍上诉至广东高院,2019年4月底广东高院改判,判决确认常诚公司按实际投资金额比例对涉案土地享有开发经营权益。佳仁公司向最高人民法院(以下简称"最高院")第一巡回法庭提出了再审申请,再审申请的裁定被驳回。

2019年5月16日,常诚公司依据广东高院作出的二审判决,在广州市中级人民法院(以下简称"广州中院")另案起诉要求确认按实际投资金额比例对涉案土地享有100%开发经营权益并再次申请查封了涉案土地,佳仁公司提出管辖权异议,广州中院裁定移送惠州中院,常诚公司上诉,广东高院裁定维持广州中院的裁定,2020年该案移送惠州中院审理。该案在2020年5月15日开庭审理,在2020年9月份,佳仁公司得到确切消息,知道常诚公司该笔债权早已在2012年就转让给了一个民营企业华庭公司,华庭公司与常诚公司签订了《转让或有投资权益协议书》及补充协议,约定将常诚公司对涉案土地的或有权益全部转让给华庭公司,由华庭公司对外以常诚公司的名义提起诉讼,由此产生的诉讼费、保全费、律师费等一切费用均由华庭公司承担,常诚公司将其所有的原件提供给华庭公司,并配合华庭公司以常诚公司的名义出具授权文件等,最终所得权益归华庭公司所有。华庭公司作为本案的实质操控者,委托律师以常诚公司的名义向佳仁公司主张涉案土地的相关权益,常诚公司并不是本案的适格主体。

佳仁公司将新获取的证据提交惠州中院后,华庭公司向惠州中院提出申请,以其与常诚公司由某仲裁委确认的或有债权转让协议书确认的607号判决的债权转让为由,要求将本案原告由常诚公司直接变更为华庭公司,惠州中院经过审理后,认为常诚公司在2012年起诉佳仁公司之前就知道权益转让给了华庭公司,常诚公司没有诉讼主体资格,惠州中院驳回了常诚公司的起诉,但常诚公司不服上诉至广东高院,广东高院裁定撤销惠州中院的一审裁定,发回惠州中院重审。

案件发回后,惠州中院组成合议庭,常诚公司无法律上的理由提出申请法官回避,惠州中院同意了常诚公司的申请,又另行组成合议庭,7月29日、8月19日,另行组成的合议庭就华庭公司能否直接取代常诚公司的原告主体地位及身份在惠州中院进行了听证及开庭审理。2023年7月25日,惠州中院再次裁定驳回常诚公司、华庭公司要求直接变更诉讼主体的请求。

本案详细情况:

2012年12月4日,常诚公司向惠州中院提起诉讼。原告常诚公司起诉工会(第一被告)、佳仁公司(第二被告),请求:(1)确认原告享有目标地块的土地使用权份额为100%;(2)两被告共同协助办理《国有土地使用证》《建设工程规划许可证》《建设用地许可证》的变更登记手续,并承担相关的政府规费及税费。

原告认为,原告挂靠第一被告,双方共同进行投资开发,共担风险。原告按照合作协议共投资了目标地块836万元。镇政府根据第一被告的要求,把目标地块的用地手续和规划许可证、土地使用权都办到了第二被告公司名下。第一被告从始至今都未支付过征地款给当地政府,第一被告无权享有目标地块上的土地使用权。两被告至今从未支付过征地款给当地政府,镇政府收到的800余万元土地费用是原告支付的,所以根据《物权法》(现《民法典》物权编)的相关规定目标地块的土地使用权应归属原告,两被告无权享有目标地块上的土地使用权。

被告工会答辩及反诉称：协议订立后，答辩人即委派一名副主席王某某负责该项目的实施，并审批成立了度假村公司，专门负责运营该项目。答辩人除投入人力外，还积极筹措项目资金，于1993年6月25日支付该项目土地补偿费360万元、征用土地费240万元，合计直接投入600万元，并直接办理了开发建设手续，该项目用地的实际权利人是答辩人，项目公司（度假村公司）名下的一切资产也是答辩人的工会集体所有。常诚公司自投入836万元后，再无其他投入，未尽其在合作协议书中的义务，导致无法实现合同目的；同年6月19日，答辩人及所属公司向其出具836万元欠条，投资款转为债权，该行为表明其已同意放弃合作，双方合作协议已予以解除并已得到清算，即常诚公司836万元投资款转为债权，因此其不再享有该项目的任何利益。

2002年5月27日答辩人作出的该度假村实业公司产权界定、改制、脱钩的决定，因未经合法程序，改变了财产所有权性质，将集体财产确认为王某某个人所有，是违法的，该决定应确认无效。王某某将度假村公司改变其集体性质成为私营有限责任公司，如公司控制人或股权持有人拒绝返还相关财产和股权，答辩人将保留依法追究有关责任人损害集体利益、侵害集体资产的一切责任的权利；并要求按先刑后民的原则依法中止本案审理。2014年6月12日，工会向惠州中院提交《中止诉讼申请书》，以其出具的复审意见函中认定之前出具的产权界定、改制、脱钩的决定违法为由，请求中止本案诉讼。

综上所述，工会反诉请求：(1)驳回常诚公司的一切诉讼请求，确认答辩人享有《国有土地使用证》项下20万平方米土地使用权。(2)确认答辩人2002年5月27日出具的《关于对惠东某度假村实业公司产权界定、改制、脱钩的决定》非法无效。(3)确认王某某之继承人谭某某、王某持有原度假村公司即现佳仁公司股权的行为非法无效，并分别判令谭某某、王某将现持有佳仁公司的股权返还答辩人，并直接判令变更登记至答辩人名下。

惠州中院在开庭中口头告知工会，其反诉请求的部分内容属于改制及股权争议等问题，与本确权之诉属于另一法律关系，不属于本案审理范围，应由其另寻法律途径解决。

被告佳仁公司答辩称：(1)原告起诉违反法定程序，应中止诉讼。(2)原告诉请没有事实和法律依据。根据物权法定原则，涉案土地来源是土地征收，根据土地管理法规定，应经有批准权的政府批准才能取得土地使用权，原告没有提交相关证据可以证明其有权取得涉案土地的物权。(3)原告以债权来主张物权，与《物权法》（现《民法典》物权编）规定的物权变动的原因与物权变动的效果相符合的原则，这是不成立的，原告提供的债权文书有瑕疵，可以说首先是违法的协议，本身是征地协议，应当由有批准权的人民政府与征地单位签订，镇政府不具有批准权，我司并不是当事人，原告就此向我司主张权利不成立。

对于工会的反诉，佳仁公司答辩：反诉不成立，不应受理。反诉只能针对本诉，涉案土地登记在我司名下，实际上其反诉是针对我司，我司与反诉人在本诉中均是被告，诉讼地位相同。

第三人谭某某、王某对常诚公司本诉意见：(1)原告提出的确权之诉实际是主张债权，因为其所依据的是合作开发合同，本身是对确权之诉的滥用，涉案土地登记在佳仁公司名下，原告主张属其所有没有法律上的依据。(2)原告主张没有物权上的依据且已超过诉讼时效。对工会反诉意见：反诉人主张物权是依据土地使用权所有的原公司是其下属公司，也没有法律上的依据。本诉和反诉请求都是主张涉案土地的物权，土地使用权以登记为准，而他们均未对政府的登记提出异议，涉案土地就是佳仁公司的，认为登记在佳仁公司名下侵犯了其物权,应在 1995 年 3 月 30 日登记时起计算诉讼时效,现起诉已超过诉讼时效,请求驳回本诉及反诉的诉讼请求。

第三人镇政府述称:答辩人与原告及第一被告签订《关于合作兴建古城某度假村协议书》(以下简称《合作兴建协议》)后,因原、被告(乙方)根本性违约,未按照协议缴纳土地补偿费,且超过两年未使用土地,该合同早已失效,根据协议约定,诉争的土地使用权仍然归属于答辩人,原告或被告都已丧失份额权利或无权主张土地权属。本案的土地按法律应当由答辩人以政府名义收回。

2013 年 12 月 25 日,镇政府又提交有独立请求权的第三人参加诉讼申请书,请求:(1)确认原告、第一被告在与其所签订的《合作兴建协议》中构成根本性违约,导致双方的协议失效并终止。(2)确认涉案土地使用权属于其享有。惠州中院经审查对其请求以口头形式告知该请求属于合同纠纷,与本案是不同的法律关系,应另行起诉,不予合并审理。镇政府已于 2014 年 1 月向惠东县人民法院另行提起诉讼,并据此为由于 2014 年 2 月 14 日向惠州中院提交了中止审理申请书,申请中止对本案的审理。

惠州中院认为:本案是土地使用权确认纠纷。根据各方当事人的起诉、反诉及答辩和陈述的意见,本案争议焦点问题是:常诚公司、工会各自主张登记在度假村公司名下的 20 万平方米土地使用权全部属其享有应否支持。

关于常诚公司、工会各自主张登记在度假村公司名下的 20 万平方米土地使用权全部属其享有应否支持的问题,常诚公司起诉主张其已按合作协议约定支付征地款给该镇政府,参照产权界定应遵循谁投资、谁拥有产权的原则,涉案土地使用权应归属其拥有 100% 份额,工会、佳仁公司均无权享有涉案土地使用权。惠州中院认为,根据《物权法》(2007 年公布)第六条、第九条、第十七条、第十九条的规定,常诚公司虽依约支付了涉案土地补偿费 1600 万元中的 800 万元给镇政府,但该合作协议是否有效及各方是否应继续履行等,各方当事人均无此项诉讼请求;以及履行该合作协议发生的纠纷应属于合作合同纠纷,在诉讼过程中,经惠州中院释明,常诚公司也不变更诉讼请求,依据不告不理的民事诉讼原则,本案对此不予审理,各方当事人可另寻法律途径予以解决。

本案的事实表明,涉案 20 万平方米土地使用权是由工会申请,经广东省国土厅批准同意以出让方式出让给工会,并由惠东县国土局与镇政府签订了《国家建设(划拨)土地协议书》,由惠东县国土局代表惠东县人民政府与度假村公司签订《国有土地使用权出让合同》,由惠东县国土局将涉案土地使用权出让给度假村公司,并办理了度假村公司名下的《国有土地使用证》,依据上述有关法律规定,度假村公司才是涉案土地的合法权利人。常诚公司既未按合作协议全额支付清土地补偿费给镇政府,其也未实际占有使用涉案土地,其既不是涉案土地的用地申请人,也不是土地主管部门批准的土地使用人,也不是《国有土地使用权出让合同》的一方当事人,又不是《国有土地使用权证》项下登记的土地使用人,涉案土地使用权登记在度假村公司名下后也未向登记机构提出登记异议,其已按合作协议支付了土地补偿费 836 万元为由起诉请求确认其享有登记在度假村公司名下的涉案 20 万平方米土地使用权份额的 100%,工会、佳仁公司协助办理《国有土地使用证》《建设工程规划许可证》《建设用地许可证》的变更登记手续,并承担相关的政府规费及税费、缺乏充分的事实和法律依据,惠州中院不予支持。

工会反诉主张涉案的土地使用权不属于常诚公司,也不属于佳仁公司,请求驳回常诚公司的诉讼请求,确认其享有涉案的土地使用权。因此,惠州中院将其反诉与本案合并审理,符合法律有关规定,本案的事实表明,工会虽然与常诚公司、镇政府签订合作协议,并作为用地申请人申请涉案土地,得到有关土地主管部门的批准,度假村公司还以工会名义签订国有土地使用权出让合同并加盖了工会公章,但其向土地主管部门书面申请将涉案土地使用权登记在度假村公司名下,而度假村公司以工会名义向广东省总工会借款600万元则属于借款的债权债务关系,不属于工会的投资;特别是度假村公司在改制工会作出《关于对惠东县古城某度假村实业公司产权界定、改制、脱钩的决定》明确称度假村公司是其属下企业注册兴办的集体所有制企业,度假村公司属挂靠工会的集体所有制企业,工会与工贸公司对该公司均无投资,该公司实行自主经营、自负盈亏,自担风险,其运作中投入的所有资金系法人代表王某某自行筹措,同意该公司改制,该公司的全部投入资金是法人代表王某某自行筹措,该公司全部资产(20万平方米土地)为王某某所有,全部债务(包括借款)由王某某承担并负责处理该公司所有遗留问题;说明工会对涉案土地并未投资并已改制的事实;且工会在度假村公司取得涉案土地的《国有土地使用证》后一直也未提出登记异议,而佳仁公司的内部股权问题,也已有生效的民事判决确认仍属于王某某所有。因此,工会主张其有向涉案土地及度假村公司投资,涉案土地使用权及度假村公司的经营财产应属于其工会财产的理由,缺乏充分的事实和法律依据,其反诉请求惠州市中级人民法院不予支持。涉案土地登记在度假村公司名下,惠州中院执行局在执行另案生效判决时虽已对涉案土地使用权进行了查封,但涉案土地已领取了国土证,产权明晰,也未作出处置,故并不影响本案的审理,佳仁公司主张应中止审理的理由不成立,惠州中院不予采纳。镇政府以其已另行提起了诉讼,要求中止本案的审理依法无据,惠州中院也不予支持。工会请求中止诉讼的理由也缺乏依据,惠州中院不予采纳。

综上所述,常诚公司的起诉请求以及工会的反诉请求均缺乏事实和法律依据,对其请求,惠州中院均予以驳回。案经惠州中院审判委员会讨论决定,惠州中院判决驳回常诚公司的诉讼请求;驳回工会的反诉请求。

常诚公司与工会均不服一审判决,双方均上诉。广东高院认为,原审判决认定事实不清,可能影响案件的正确处理,依照《民事诉讼法》(2017年修正)第一百七十条第一款第三项规定,裁定撤销惠州中院的民事判决,发回惠州中院重审。

发回重审后常诚公司变更诉讼请求,不再坚持确权,常诚公司变更起诉请求如下:(1)判决确认原告与被告一1993年1月25日签订的《合作兴建协议》合法有效。(2)判决确认原告与被告一、被告二1993年2月13日签订的《合作兴建协议》合法有效。(3)判决被告一、被告二继续履行《合作兴建协议》。(4)判决被告一、被告三(镇政府)将案涉地块土地使用权相关权益归还原告。(5)判决确认原告享有案涉地块土地使用权相关权益。(6)判决被告一、被告二、被告三将上述案涉地块《国有土地使用证》《建设工程规划许可证》《建设用地许可证》变更登记到原告名下并协助办理变更登记手续和承担相关的政府规费及税费。

被告工会答辩及反诉与原一审基本一致,不再重复。

常诚公司对工会的反诉答辩称:对于工会的反诉,我认为工会的第(2)、(3)、(4)项的请求跟本诉的诉讼请求不是相同的法律关系,应该裁定不予受理。关于工会的第(1)项诉讼请求,我方认为涉案购买土地的800万元都是我方出资,工会没有任何出资,其对涉案土地没有任何的权益,要求确认涉案土地归其所有并过户到其名下没有任何的事实和法律依据,依法要驳回。

被告佳仁公司针对常诚公司的本诉答辩称:自从被答辩人1993年7月将投资转债权

后,被答辩人就讼争土地与答辩人没有任何联系,其诉状中所谓自1994年起一直与答辩人交涉履行协议及变更讼争土地权利人,没有任何证据支持;被答辩人自1993年6月19日将其投资款转为债权19年后,才提起诉讼的唯一原因和目的是讼争土地大幅升值。

(1)对于被答辩人与工会、镇政府之间签署的合作兴建古城某度假村协议,答辩人不是协议当事人,也没有事后签字或盖章追认,根本不存在其与答辩人交涉履行该协议的可能或事实。该投资计划书或合作协议书对答辩人没有任何约束力;合作协议书事实上已经终止,答辩人已经取得国有土地使用证,事实上或法律上都不可能恢复履行或继续履行。上述合作协议书所指向的标的物是答辩人合法持证享有的土地使用权;若此,恢复履行或继续履行上述合作协议书,必然构成对答辩人合法土地使用权的侵犯。所以,上述合作协议书在法律上也不能恢复履行或继续履行。

(2)1993年6月之后,被答辩人基于其投资策略,与工会、镇政府协商一致,将其投资款转为债权,由时任项目负责人王某某1993年6月19日给被答辩人出具了欠条,而项目公司成立于1993年7月9日。自此以后,被答辩人与答辩人就讼争土地没有任何联系。

(3)被答辩人第(1)至(3)项诉讼请求已经超过法定诉讼时效,依法应予驳回。

(4)针对被答辩人第(4)至(6)项诉讼请求,答辩人基于《国有土地使用权出让合同》后登记取得国有土地使用证,合法拥有讼争土地使用权,来源清晰,手续齐全,不容侵犯。被答辩人原本只享有合作协议书项下的权利,但肯定不是土地使用权,在将投资转债权后,其在该合作协议书项下的权利也已消灭,更不用说原本不存在的土地使用权,故其诉讼请求应当驳回。被答辩人只享有《合同法》(现《民法典》合同编)上的权利,尚未取得讼争土地使用权因而不享所谓的物权。被答辩人与工会、镇政府签署的合作协议书,就其内容及性质而言,只是一份代征地协议,即被答辩人与工会委托镇政府代为征收项目用地。在出让项目用地前的用地审批过程中,向惠东县国土局、惠州市国土局、广东省国土厅报送的有关文件中,只有工会的名称却没有被答辩人名称。答辩人与被答辩人之间不存在挂靠协议或借名登记协议或其他协议,约定或默示讼争土地使用权属于被答辩人,也不存在错误登记的情形,被答辩人没有任何证据证明其是讼争土地的真实权利人。基于上述事实和有关法规,被答辩人在将其投资转债权前,只根据《合同法》(现《民法典》合同编)规定享有合作协议书项下的权利(如合同履行期待权、违约索赔权等),但肯定不会享有物权;在将投资转为债权后,被答辩人则既不享有合作协议书项下的权利也肯定不享有物权,仅享有债权;答辩人依法取得了讼争土地使用权后,被答辩人更不可能享有讼争土地的物权。综上,被答辩人请求确认其享有讼争土地使用权及请求答辩人协助将讼争土地的《建设用地规划许可证》《建设工程规划许可证》和《国有土地使用证》变更登记至其名下,缺乏起码的事实根据和法律依据,依法应当驳回。

被告佳仁公司针对工会的反诉答辩如下:

(1)自从答辩人2002年改制成有限责任公司到2012年被答辩人提起反诉索要讼争土地十余年间,被答辩人从未向答辩人提出过任何权利请求。①答辩人原名惠东县古城某度假村实业公司,于1993年7月9日登记成立并领取企业法人营业执照,答辩人的前身度假村公司是被答辩人工会名义上的公司。②2002年,经被答辩人批准,经过法定程序,答辩人的前身度假村公司改制成功,并于当年12月6日变更登记为惠东县海藤实业有限公司(以下简称"海藤公司")。③被答辩人自度假村公司改制并先后变更登记为海藤公司、佳仁公司10年后,才提起诉讼的唯一原因和目的,在于讼争土地已经大幅升值,就见利忘(协)议起诉索地。

(2) 答辩人基于《国有土地使用权出让合同》登记取得《国有土地使用证》，合法拥有讼争土地使用权，在度假村公司改制并变更登记为海藤公司后，其与答辩人或答辩人享有的讼争土地使用权没有任何法律关系，故其第一项诉讼请求应当驳回。

(3) 诉争土地并不是工会的集体资产。被答辩人所谓度假村公司名下的一切资产都属于被答辩人的工会集体所有，完全违背事实和相关法规。首先，度假村公司的注册资金全部系公司员工自筹，并不是被答辩人拨款；其次，度假村公司是能够独立承担民事责任的企业法人，持有企业法人营业执照，依法独立拥有企业法人财产；最后，讼争土地使用权登记在度假村公司名下，当然是度假村公司的财产，并不是工会集体财产。在度假村公司依法改制成海藤公司后，根据被答辩人的有关批复和有关改制文件，度假村公司（海藤公司、佳仁公司）及其名下的财产与被答辩人毫无关系。被答辩人第二项撤销其作出的关于度假村公司改制脱钩的决定的诉讼请求，缺乏事实根据和法律依据，应予驳回。①在答辩人的前身度假村公司按法定程序进行改制过程中，被答辩人基于其是度假村公司的审批主管机关而单方出具的改制脱钩决定，如有差错遗漏，也是被答辩人自己犯的差错，也应自问为什么会出现这样的差错，也必须由被答辩人自己担责，与度假村公司或答辩人无关。②被答辩人的改制脱钩决定虽然没有披露度假村公司的土地资产等情况，但改制文件中还有资产审计报告、资产评估报告等配套文件，并绝不会因此导致度假村公司的资产以显失公平的价值被贱卖，也绝不会导致该公司改制违法无效。③从度假村公司当时改制的起因及被答辩人的第(2)、(4)、(5)项内容来看，被答辩人当时是急于甩掉度假村公司这个包袱。④被答辩人诉请撤销其单方作出的决定，既缺乏事实根据，又没有法律依据。

(4) 度假村公司改制事出有因，但完全合法有效；有关度假村公司改制的合同文件已经履行完毕，依法不容推翻。①度假村公司改制事出有因，是被答辩人主导推动改制脱钩。据了解，当时之所以改制，主要是由于1993年6月国家被告宏观调控后，古城某度假村项目没有资金投入而成了"烂尾楼"；且项目工程承包方——海南金鑫实业开发总公司（以下简称"金鑫公司"）垫资承建项目工程但无资金继续垫资，遂于2002年起诉度假村公司，要求后者偿付工程款本息2572.2173万元。被答辩人要求度假村公司及其时任法定代表人王某某改制，以摆脱包袱。②2002年4月16日，度假村公司向被答辩人提交企业改制报告，被答辩人第二天就迅速"同意由个人全额赎买公司的产权后重新组建有限责任公司"。③根据当时有关规定的程序，度假村公司登报发布改制公告、委托会计师事务所进行财产账目审计、资产评估等工作并取得审计报告、评估报告；被答辩人基于审计报告、评估报告并综合考虑各种因素于2002年5月27日作出度假村公司产权界定、改制、脱钩的决定。当年12月6日，度假村公司重新登记为惠东县海藤实业有限公司。至此，度假村公司改制的合同文件已经履行完毕。④度假村公司改制结束并重新登记为海藤公司，后又更名为现佳仁公司，都履行答辩人自主经营行为。同理，答辩人将股权转让给第三人长银公司也好，转让给陈某华也罢，都与被答辩人完全无关。⑤从2002年改制结束到2012年被答辩人提起反诉过去10年了，已超过法定诉讼时效期间。

综上，度假村公司经被答辩人批准，按规定程序进行了清产核资、资产评估，书面签署了有关合同文件，没有违反任何法律法规，完全合法合规。被答辩人请求确认第三人谭某某、王某持股无效，实质上就是要求确认度假村公司改制无效，明显缺乏事实根据和法律依据，且早已超过法定诉讼时效期间。所以，被答辩人第(3)、(4)项诉讼请求也应依法驳回。

第三人谭某某、王某陈述意见与一审一致,不再重复。第三人镇政府与原一审一致,不再重复。

发回重审后,惠州中院与原一审查明的基本一致。另查明如下事实。

惠州中院于2017年6月收到常诚公司请求对涉案土地及地上建筑物、构筑物进行评估的申请。惠州中院于2017年9月11日走访调查了广东省广州市工商行政管理局、广东省人民政府国有资产监督管理委员会、广东广成置业有限公司,就常诚公司改制情况及投资款836万元的财务记载等进行了了解。常诚公司的上级管理部门均表示以上情况需查阅历史档案,现无法作出明确的回复。

惠州中院于2017年9月29日发函通知原告常诚公司,将有关举证事项通知如下:①根据现有证据可知,该笔款项系你下属分公司海南常诚公司通过银行转账到镇政府,该笔款项何时计入你公司账簿作为你方的836万投资款及相关证据;②你公司由军队企业改制为地方企业时,对该笔投资款是否一并进行移交及相关证据;③改制完成后你公司的资产负债表及记录该836万元投资款的历年财务明细。惠州中院于2017年10月30日收到常诚公司的复函及证据。证据中仅有1995—1998年间开发成本明细汇总账中显示了该笔投资款,无其他惠州中院要求的资料。

2017年11月7日,常诚公司提交了汇款凭证、会计账簿、开发成本科目余额表、企业移交地方管理文件依据,拟证明836万元投资款在改制后移交给了原告常诚公司。惠州中院将上述证据发送给了其他各方当事人,由其对以上证据充分发表了质证意见。经查,2000年至2003年期间本案所涉836万元投资款在开发成本科目余额表中记录为"借836万元",2004年开发成本科目余额表中记录为"平",月显示为"0",此后的记账情况常诚公司未提交。常诚公司未对2004年该笔836万款项如何平账的具体原因,常诚公司以涉密为由,拒绝作出说明。

惠州中院认为:本案是合作开发协议未能履行从而引起的土地使用权确认纠纷。根据各方当事人的起诉、反诉及答辩和陈述的意见,本案争议焦点问题是:①《投资计划书》与《合作兴建协议》的效力及《合作兴建协议》能否继续履行;②常诚公司、工会各自主张登记在度假村公司名下的20万平方米土地使用权全部属其享有应否支持及是否应对涉案土地进行评估;③常诚公司支付的征地款和工程用款金额及如何处理。对以上问题,惠州中院观点如下:

(1)《投资计划书》与《合作兴建协议》合法有效,但是该合同尽管合法有效,综合本案基本案情认定各方以实际行动表明该合同已经解除并无履行的可能。理由如下:

第一,对涉案土地的开发利用系工会的行为。在各方签订了《合作兴建协议》后,工会便成立项目公司度假村公司,对涉案土地进行开发投资,而常诚公司在项目公司中未占有任何股份。

第二,在办理土地使用权证过程中,与惠东县国土局签订《国有土地使用权出让合同》的相对方也只有度假村公司;与此相对应的是,该总工会办证申请中明确记载涉案土地的权属证应办理至其下属企业度假村公司名下。此后,涉案土地的规划报建单位亦是度假村公司,从未涉及常诚公司,常诚公司亦未作为土地的受让方或者开发合作方出现过。

第三,无证据证明在本案诉讼发生前,常诚公司对涉案的项目或者土地履行过任何义务、主张过任何权利。常诚公司未提交证据证明,自1993年支付了836万元,到2013年本案提起诉讼,在长达20年的时间内对涉案土地及地上建筑物未主张过任何权利。现有证据可以证明,度假村公司曾经投入资金实际开发涉案土地,如将项目发包给金鑫公司进行工程施工并发生过诉讼。在处理并解决该拖欠工程款产生纠纷的过程中,常诚公司从未就其仍是涉案土地的权益主体或者合作方应承担相应的义务进行过表态,反而度假村公司承担了全部的债务,并寻求其他合作方解决以上纠纷。直到 2012 年,常诚公司才就《合作兴建协议》内容和涉案土地与三被告进行交涉。

第四,在本案的审理过程中,常诚公司亦无法提交支付 836 万土地款的收据,仅仅凭借两份银行转账单主张其投资权益。再结合佳仁公司所主张的王某某生前已多次表示常诚公司所享有的投资款权利已经结算处理完毕,以及在本案诉讼中工会和佳仁公司所提交的证据证明该投资款已转化为借款。

综合以上分析,惠州中院至少可以认定常诚公司已以实际行为表示了退出了涉案合同的履行,《合作兴建协议》最迟已于 1995 年 3 月 30 日涉案土地办证至度假村公司名下之日解除。故常诚公司在事隔 20 年后,在合同签署时所依据的客观条件已经发生重大变更的情况下,请求继续履行《合作兴建协议》,该项诉讼请求无法得到惠州中院的支持。

(2) 关于常诚公司、工会各自主张登记在度假村公司名下的 20 万平方米土地使用权全部属其享有应否支持及是否应对涉案土地进行评估的问题。

惠州中院认为,根据《物权法》(2007 年公布)第六条、第九条、第十七条、第十九条的规定,本案中,常诚公司、工会与镇政府签订合作协议,由镇政府将涉案土地划给常诚公司、工会使用,由常诚公司、工会支付土地补偿费 1600 万元给镇政府等。常诚公司虽依约支付了涉案土地补偿费 1600 万元其中的 800 万元给镇政府,但余款 800 万元一直未支付,此后其以实际行动表明了退出了涉案合同的履行,现常诚公司据此要求确认涉案土地使用权由其享有无相应的法律依据,惠州中院不予支持。在此基础上,常诚公司所主张的对涉案土地进行评估无法得到惠州中院的支持,对该评估申请依法予以驳回。

本案的事实表明,涉案 20 万平方米土地使用权是由工会申请,经广东省国土厅批准同意以出让方式出让给工会,并由惠东县国土局与镇政府签订了《国家建设(划拨)土地协议书》,由惠东县国土局代表惠东县人民政府与度假村公司签订《国有土地使用权出让合同》,由惠东县国土局将涉案土地使用权出让给度假村公司,并办理了度假村公司名下的《国有土地使用证》,依据上述有关法律规定,度假村公司才是涉案土地的合法权利人。常诚公司既未按合作协议全额支付清土地补偿费给镇政府,也未实际占有使用涉案土地,其既不是涉案土地的用地申请人、土地主管部门批准的土地使用人、《国有土地使用权出让合同》的一方当事人,也不是《国有土地使用证》项下登记的土地使用人,涉案土地使用权登记在度假村公司名下后也未向登记机构提出登记异议,其以其已按合作协议支付了土地补偿费 836 万元为由起诉请求确认其享有登记在度假村公司名下的涉案 20 万平方米土地使用权份额的 100%,工会、佳仁公司协助办理《国有土地使用证》《建设工程规划许可证》《建设用地许可证》的变更登记手续,并承担相关的政府规费及税费,缺乏充分的事实和法律依据,惠州中院不予支持。

因工会反诉主张涉案的土地使用权不属于常诚公司,也不属于佳仁公司,请求驳回常诚公司的诉讼请求,确认其享有涉案的土地使用权,惠州中院将其反诉与本案合并审理,符合法律有关规定。本案的事实表明,工会虽然与常诚公司、镇政府签订合作协议,作为用地申请人申请涉案土地,并得到有关土地主管部门的批准,度假村公司还以工会名义签订《国有土地使用权出让合同》并加盖了工会公章,但其向土地主管部门书面申请将涉案土地使用权登记在度假村公司名下,而度假村公司以工会名义向广东省总工会借款600万元则属于借款的债权债务关系,不属于工会的投资;特别是度假村公司在改制时,工会作出《关于对惠东县古城某度假村实业公司产权界定、改制、脱钩的决定》明确称度假村公司是其属下企业惠州粤海联工贸公司(以下简称"工贸公司")注册兴办的集体所有制企业,度假村公司属挂靠本会的集体所有制企业,本会与工贸公司对该公司均无投资,该公司实行自主经营、自负盈亏,自担风险,其运作中投入的所有资金系法人代表王某某自行筹措,同意该公司改制,该公司的全部投入资金是法人代表王某某自行筹措,该公司全部资产(20万平方米土地)为王某某所有,全部债务(包括借款)由王某某承担并负责处理该公司所有遗留问题,说明工会对涉案土地并未投资并已改制的事实;且工会在度假村公司取得涉案土地的《国有土地使用证》后一直也未提出登记异议,而佳仁公司的内部股权问题,也已有生效的民事判决确认仍属于王某某所有。因此,工会主张其有向涉案土地及度假村公司投资,涉案土地使用权及度假村公司的经营财产应属于其工会财产的理由,缺乏充分的事实和法律依据,其反诉请求惠州中院不予支持。工会请求中止诉讼的理由也缺乏依据,惠州中院不予采纳。

(3)关于常诚公司支付的征地款和工程用款金额及如何处理的问题。

常诚公司主张《合作兴建协议》签订后,其于1993年2月21日、3月11日及1994年1月10日合计支付了836万元的征地款和工程用款,其后再未对《合作兴建协议》主张权利,或继续履行相应的合同义务,直到2012年才就《合作兴建协议》内容和涉案土地与三被告进行交涉。而佳仁公司主张常诚公司共支付了836万元的款项,以上款项已经三方(常诚公司、工会、度假村公司)达成合意转为借款,有某度假村公司出具的欠条及度假村公司改制时审计报告记载予以佐证,即常诚公司对涉案土地的投入已经得到清算。某工会对佳仁公司的以上主张无异议。综合分析本案各方提交的证据和庭审笔录,惠州中院认为,常诚公司支付的征地款800万元各方均不持异议,惠州中院予以确认。关于该笔款项的定性问题,虽然本案诉讼过程中,各方均未能提交836万元投资款已转为借款的欠条原件,但基于各方未发生争议时,度假村公司改制时的审计报告中明确记载了该笔款项系投资款转为借款,工会亦证明常诚公司自投入836万元后,再无其他投入;工会及所属公司向其出具836万元欠条后,该笔款项已转为债权。结合本案实际情况,常诚公司自1993年支付了836万元后至2013年本案提起诉讼中长达20年的时间对涉案土地及地上建筑物未主张任何权利,并且度假村公司投入资金实际开发涉案土地,发包给金鑫公司进行工程施工,因拖欠工程款产生纠纷的过程中,常诚公司从未就其仍是涉案土地的权益主体及合作方应承担相应的义务进行过表态。

综合以上的案情分析,惠州中院有理由相信常诚公司支付的836万元投资款已经转为借款。佳仁公司在本案的诉讼中主张其已经将该笔借款偿还完毕,但未提交任何证据予以证实,依据"谁主张谁举证"的证据规则,佳仁公司应承担举证不能的法律后果。基于佳仁公司愿意就尽快解决争议的角度出发,同意承担归还该笔借款及利息(按同期同类存款利率计算)的承诺,虽然常诚公司未在本案的诉讼中明确提出请求佳仁公司应偿还该笔借款,但常诚公司的全部诉讼请求均是基于其支付了836万元的征地款和工程款,要求维护自身合法权益。故惠州中院认定以上款项已经转换为借款后,为减少当事人的诉累和节省司法资源,惠州中院对此一并予以处理,佳仁公司应偿还836万元借款本金及利息给常诚公司。

综上所述,常诚公司的起诉请求以及工会的反诉请求,有理部分惠州中院予以支持,无理部分惠州中院予以驳回。案经惠州中院审判委员会讨论决定,判决如下。

(1)确认常诚公司与该工会1993年1月25日签订的《投资计划书》有效。

(2)确认镇政府、常诚公司与工会1993年2月13日签订的《合作兴建协议》有效,并已经于1995年3月30日解除。

(3)佳仁公司应于判决生效之日起30日内偿还836万元本金及利息给常诚公司(利息自1993年6月20日起计至实际付清之日止,按同期同类银行贷款利率计付)。

(4)驳回常诚公司的其他诉讼请求。

(5)驳回工会的全部反诉请求。

常诚公司不服惠州中院的一审判决,上诉到广东高院。

常诚公司上诉请求:(1)维持原审关于常诚公司与工会1993年1月25日签订的《投资计划书》有效的判决内容;(2)维持原审判决第二项"确认镇政府、常诚公司与工会1993年2月13日签订的《合作兴建协议》有效"的内容;(3)撤销原审判决第二项《合作兴建协议》已经于1995年3月30日解除的内容;(4)撤销原审判决第三项;(5)撤销原审判决第四项;(6)判决工会、镇政府继续履行《合作兴建协议》;(7)判决工会、佳仁公司将案涉地块土地使用权的相关权益归还常诚公司;(8)判决确认常诚公司享有案涉地块土地使用权相关权益;(9)判决工会、佳仁公司、镇政府将案涉地块《国有土地使用证》《建设工程规划许可证》《建设用地许可证》变更登记到常诚公司名下并协助办理变更登记手续和承担相关的政府规费及税费。

工会答辩称:(1)《投资计划书》《合作兴建协议》已依法终止。常诚公司在案涉项目中唯一的投资款836万元已转化为借款,证明各方已达成一致终止《投资计划书》《合作兴建协议》。常诚公司自1993年投入836万元后,便不再履行任何义务、投入任何资金、参与任何工作,也印证《投资计划书》《合作兴建协议》终止的事实。(2)《投资计划书》《合作兴建协议》客观上也不存在继续履行的可能性。(3)工会在本案中不应承担责任。根据原审判决,工会未对案涉土地享有权益,常诚公司要求工会返还土地权益缺乏依据。同时,常诚公司投入的836万元已由各方达成一致转化为债权,由佳仁公司按照其承诺偿还给常诚公司。(4)佳仁公司不是常诚公司的项目公司。常诚公司既然未在佳仁公司中占有股份,也未介入过佳仁公司的经营,且佳仁公司的诞生与常诚公司无关,所以常诚公司关于佳仁公司是项目公司的说法无法成立。据此,请求维持原审判决。

佳仁公司答辩称:(1)《合作兴建协议》已经解除,常诚公司已经退出合作。(2)案涉土地使用权属佳仁公司所有。(3)案涉项目由佳仁公司开发,与常诚公司没有关系。(4)度假村公司的经营和管理与常诚公司没有关系。(5)《投资计划书》《合作兴建协议》均没有约定成立项目公司。

镇政府答辩称,案涉《合作兴建协议》已经失效,土地权益应该属于镇政府。

谭某某、王某述称,佳仁公司是案涉土地唯一合法权属人,常诚公司已退出《合作兴建协议》,其在《合作兴建协议》上的前期投资权益已作结算并转为债权。请求维持一审判决。

广东高院除查明常诚公司支付36万元给度假村公司的工程款依据不足不予认定之外,还纠正一处数额的笔误。其他查明事实属实,与一审一致。

二审期间,常诚公司于2018年5月21日向广东高院提交《鉴定申请书》,请求对案涉土地使用权及地上建筑物、构筑物的现有价值分别进行评估。2018年12月19日,广东省高级人民法院依职权分别到惠东县国土资源局提取案涉土地的档案资料,到惠东县工商局提取佳仁公司自1999年1月25日以来的企业变更登记资料,并组织当事人进行了证据交换和质证。经质证,各方当事人对这些档案资料的真实性、合法性均无异议,可以作为本案的证据使用。

广东高院认为:从案涉《投资计划书》《合作兴建协议》约定的内容和常诚公司起诉、工会反诉请求的内容看,既有合资合作开发房地产的约定和主张,也有关于确认土地使用权的约定和主张,鉴于确认土地使用权的约定和主张均基于共同开发案涉建设项目而起,本案基础法律关系确定为合资合作开发房地产合同纠纷更妥,因此,广东高院将案由变更为合资、合作开发房地产合同纠纷。根据常诚公司的上诉请求和工会、佳仁公司、镇政府、谭某某、王某的答辩意见,本案争议焦点为:①《投资计划书》《合作兴建协议》的效力;②《合作兴建协议》是否已经解除;③《合作兴建协议》能否继续履行、常诚公司是否享有案涉土地使用权及案涉土地权属证件能否变更登记至常诚公司名下;④常诚公司应否享有案涉土地的相关权益。

(1)关于《投资计划书》《合作兴建协议》的效力问题,广东高院予以维持。

(2)关于《合作兴建协议》是否已经解除的问题。原审法院认定《合作兴建协议》已经解除,主要基于常诚公司除支付836万元款项外,未参与案涉土地的开发利用,不是案涉土地《国有土地使用权出让合同》的相对方,未对案涉土地和项目履行义务、主张权利,836万元付款已转化为借款。对此,关键要从有无充分证据证明常诚公司投入的836万元款项已经相关各方当事人合意转化为借款,对常诚公司的前期投入作出了结算,方能认定《合作兴建协议》是否已经当事人合意解除。原审法院认定常诚公司的836万元投资款已转化借款的证据包括:①1993年6月19日王某某出具内容为"兹欠常诚公司人民币836万元整,等土地使用权转让后归还"的欠条复印件;②2002年度假村公司改制时审计报告记载836万元为借款;③常诚公司对其"借836万元"在2004年开发成本科目余额表中记录为"平"。广东高院对上述证据分析如下:首先,工会向原审法院提供的1993年6月19日王某某出具内容为"兹欠常诚公司人民币836万元整,等土地使用权转让后归还"的欠条为复印件,且由王某某单方出具,常诚公司对此不予认可,其真实性不能认定。其次,度假村公司改制时审计报告记载该笔款项系投资款转为借款,但该审计报告说明度假村公司未按规定建立会计账册,仅根据度假村公司提供的相关会计资料和涉及经济活动的数据在清查基础上出具,仅供办理企业转制相关手续使用,因此该审计报告的记载不能用作本案证据使用。最后,常诚公司对其"借836万元"在2004年开发成本科目余额表中记录为"平",却未能说明该笔款项平账的具体原因,不能证明该笔款项已转化为借款。因此,原审法院认定836万元已经转化为借款,判令佳仁公司偿还本金及利息,缺乏充分证据证明,广东高院予以纠正。原审法院一方面认定《投资计划书》《合作兴建协议》有效;另一方面又认定《合作兴建协议》已经最迟于1995年3月30日解除,因缺乏充分证据证明836万元投资款已经各方当事人合意结算转化为借款而解除合同,广东高院予以纠正。

(3)关于《合作兴建协议》能否继续履行、常诚公司是否享有案涉土地使用权及权属证件能否变更登记至常诚公司名下的问题。虽然广东高院不予认定《合作兴建协议》已经解除,但能否继续履行,要从几个方面看:首先,《合作兴建协议》主要约定的是镇政府有偿提供土地给常诚公司和工会使用,没有对常诚公司与工会内部的权利义务进行明确,而常诚公司在签订《投资计划书》《合作兴建协议》和履行836万元出资义务后,仍然没有与工会进一步明确双方权利义务,也未对案涉土地分割作出约定,其要求继续履行《合作兴建协议》

享有案涉土地使用权缺乏合同明确依据。其次，经有权主管部门批准，案涉土地已由合同当事人以外的佳仁公司前身度假村公司与国土部门签订《国有土地使用权出让合同》，土地使用权证也已办在度假村公司名下。常诚公司与度假村公司没有合同关系，《投资计划书》《合作兴建协议》没有约定常诚公司与工会共同成立项目公司，也没有其他证据证明常诚公司与工会协议约定成立项目公司。而且，公司法人与股东财产相互独立。度假村公司原为工会为开发案涉项目批复同意其属下企业成立的集体企业，后又改制为有限责任公司，名称、企业性质、股东、法定代表人几经变更，常诚公司没有参与度假村公司的组建，也未成为度假村公司的股东，截至2018年12月19日，更名为现佳仁公司的度假村公司持股股东为四个自然人。从合同的相对性来看，常诚公司对案涉土地使用权的请求无法律依据。最后，常诚公司对案涉地块投入仅836万元，其后未再投入土地有关费用和参与开发建设。综上，原审法院驳回常诚公司享有案涉土地使用权并将案涉土地《国有土地使用证》《建设工程规划许可证》《建设用地许可证》变更登记至常诚公司名下的诉讼请求，并无不当，广东高院予以维持。

（4）关于常诚公司应否享有案涉土地相关权益的问题。常诚公司要求继续履行《合作兴建协议》，确认其享有案涉土地使用权并将土地权属等证件变更登记至其名下的诉讼请求广东省高级人民法院不予支持，但对于案涉土地使用权的相关权益，常诚公司既有与工会签订的《投资计划书》，又有与工会共同作为乙方与镇政府签订的《合作兴建协议》的合同依据，且实际投入了836万元，由此产生对案涉土地的开发经营权益，依法应受到保护。工会单方将案涉土地办理至非合同一方的度假村公司名下，不影响常诚公司对案涉土地使用权享有相关权益，广东高院确认常诚公司在实际投资金额比例内享有对案涉土地的开发经营权益。但由于当事人之间关于合同权利义务和项目开发经营权益缺乏明确具体约定，在本案诉讼中均未能举证证明获得案涉土地的实际总投入和开发建设投入情况，因此，常诚公司对案涉土地开发经营权益的具体处理，由常诚公司另寻法律途径解决。常诚公司于2018年5月11日提交《鉴定申请书》，请求对涉案土地使用权以及地上建筑物、构筑物的现有价值进行鉴定，广东高院予以驳回。

此外，广东高院依职权审查认为，工会反诉请求确认享有案涉土地使用权，确认度假村公司改制无效，判决谭某某、王某、陈某华等人返还股权，除第一项诉讼请求外，确认度假村公司改制无效的诉讼请求不属人民法院民事审判审理范围，原审法院予以审理不当；其余诉讼请求与本诉不是相同的法律关系，且与本诉是不同的诉讼主体，原审法院将其作为反诉合并审理不当，广东高院予以撤销，另行裁定予以驳回。

综上所述，常诚公司的上诉请求部分成立。案经广东高院审判委员会讨论，判决如下：

（1）维持惠州中院作出的民事判决第（1）项；

（2）撤销惠州中院作出的民事判决书第（3）、（4）、（5）项；

（3）变更惠州中院作出的民事判决第（2）项为：确认惠东县镇政府、常诚公司与工会1993年2月13日签订的《合作兴建协议》有效；

（4）确认常诚公司按实际投资金额比例对涉案土地享有开发经营权益；

（5）驳回常诚公司的其他诉讼请求；

（6）驳回工会关于确认享有涉案土地使用权的反诉请求。

广东高院终审判决后，佳仁公司不服，向最高院提出再审申请，具体请求及理由如下：①请求裁定对本案再审；②请求改判撤销广东高院作出的民事判决书第（2）、（3）、（4）项；

③请求改判驳回被申请人的全部上诉请求,维持惠州中院作出的民事判决书第(1)、(2)、(4)、(5)项。

事实和理由如下:

一、《合作兴建协议》已经解除,二审判决推翻一审判决对《合作兴建协议》解除的认定,显然属于事实认定错误

1.二审判决认定投资款未转化为借款所依据的事实错误

(1)二审判决认定王某某出具的欠条因只有复印件而不予认可,与事实不符。按通常逻辑,欠条原件应由王某某提供给常诚公司而由常诚公司持有,其他主体自然无法提供原件。另外,欠条出具日期距今超过20年,复印件由会计师事务所在2002年存档而成为历史档案,并且欠条与档案中王某某向常诚公司出具的其他欠条在形式与内容上相当统一,能够互相印证。王某某已于2009年逝世,不可能为本案单独或预先伪造欠条。因此,欠条具有极强的客观性和高于一般书证的证明力。

(2)二审判决认定审计报告仅供企业转制使用,故不能用作证据,与事实不符。该份审计报告系无利害关系的第三方出具,明确记载836万元为度假村公司的借款,完全可以真实反映当时的客观情况,不应仅以所谓用途局限而随意否定。

(3)二审判决认定常诚公司未能说明"借836万元"的平账原因而不予认可该款项已转为借款,与事实不符。一审法院向常诚公司发出《通知书》,要求常诚公司对2004年科目余额表中836万元的平账原因进行举证,常诚公司未完成证明责任,应依法承担不利后果,即836万元已经转为借款,并由佳仁公司归还完毕。

2.二审判决仅以投资款未转为借款为由认定《合作兴建协议》未解除,忽视了一审判决中对《合作兴建协议》已经解除并无法履行的其他三个重要理由

(1)案涉土地开发利用系工会的单方行为;

(2)案涉土地出让、办证、报建过程中从未涉及常诚公司;

(3)常诚公司在本案诉讼发生前未对案涉土地履行任何义务、未主张任何权利。

该三方面与836万元投资款转化为借款相互印证、不可遗漏,充分证明了《合作兴建协议》已经解除。

3.现有新证据证明,镇政府曾在2007年6月12日向惠东县国土资源局出具《申请报告》,其中载明常诚公司于签订《合作兴建协议》的同年5月便退出本项目

该份证据能够证明常诚公司已经于1993年5月退出《合作兴建协议》的履行,不再参与案涉土地的投资建设,工会和镇政府对该事实均明知且同意。

该份证据与上列证据所证明的事实相同,足以推翻二审判决对于投资款未转化为借款和《合作兴建协议》未解除的错误认定。

综上,《合作兴建协议》已经解除,二审判决推翻一审判决对《合作兴建协议》解除的认定,显然属于事实认定错误。

二、即使《合作兴建协议》未解除,二审判决确认常诚公司享有"土地开发经营权益"也不能成立,二审判决认定事实和适用法律明显错误,并且判决内容超出常诚公司在本案的诉讼请求范围

1.二审判决内容严重矛盾和适用法律错误

(1)二审判决认定《合作兴建协议》约定不明,常诚公司要求继续履行《合作兴建协议》进而享有案涉土地使用权的诉讼请求缺乏合同明确依据,但二审判决之后却认定常诚公司

基于《合作兴建协议》等对案涉土地享有开发经营权益,这等于认定协议约定明确,常诚公司主张土地权益有具体的合同依据。

(2)二审判决认定佳仁公司并非《合作兴建协议》的当事人,佳仁公司独立通过合法的土地出让手续获得案涉土地使用权,从合同相对性来看常诚公司无权向佳仁公司主张案涉土地使用权,但二审判决之后却认定案涉土地办理至非合同一方的佳仁公司名下,不影响常诚公司对案涉土地使用权享有相关权益,这等于认定常诚公司可以突破合同相对性原则,向非合同一方的佳仁公司主张土地权益。

(3)二审判决认定常诚公司投入仅836万元,其后约20年时间内未再投入土地有关费用和参与开发建设,并将此作为不支持常诚公司继续履行《合作兴建协议》和确认享有土地使用权诉讼请求的理由之一,但二审判决之后却又认定常诚公司在实际投资金额比例内对案涉土地享有开发经营权益并且可以另案主张,这等于否定了本案诉讼时效早已届满的事实。

以上各项说明,二审判决在本案涉及的几个重要事实方面,存在对同一事实的认定前后自相矛盾的严重错误。

需要特别说明的是,二审判决的上述错误认定直接导致判决事项不具有可履行性。具体体现在,一方面,二审判决认定佳仁公司享有案涉土地使用权,该完整的物权排除了常诚公司对案涉土地某一部分享有开发经营权益的空间;另一方面,案涉土地开发包括《国有土地使用证》《建设工程规划许可证》《建设用地许可证》等在内的相关证照手续均办理在佳仁公司名下,且二审判决也没有支持常诚公司土地开发手续变更登记的诉讼请求,常诚公司也没有依法合规实际开发土地的可能。

2.根据二审判决的判决事项,所谓"土地开发经营权益"显然不属于物权或股权,只能是债权性质,但将所谓"土地开发经营权益"认定为债权并判决支持,显然缺乏事实和法律依据

(1)根据《城镇国有土地使用权出让和转让暂行条例》第八条和《广东省高级人民法院关于审理农村集体土地出让、转让、出租用于非农业建设纠纷案件若干问题的指导意见》(已失效)第十六条的规定,土地使用权由国家完成土地征用后出让其使用的一方取得,出让应当签订出让合同,未完成征用手续时签订的合同最多视为征地补偿协议。因此,《投资计划书》和《合作兴建协议》只是对投资计划和土地补偿所达成的协议,而不能视作常诚公司取得案涉土地使用权所必需的《土地使用权出让合同》。相应地,所谓"土地开发经营权益",则完全不能对抗佳仁公司与国土部门签订的《土地使用权出让合同》和据此获得的案涉土地的国有土地使用权。

(2)二审判决既然已经认定《合作兴建协议》不能履行,根据《合同法》第一百一十二条(现《民法典》第五百八十三条)的规定,不能继续履行应当承担赔偿损失的责任,常诚公司最多只能向合同相对方主张赔偿合同不能继续履行所造成的损失,而不应享有相当于合同继续履行带来的"土地开发经营权益"。对此,二审法院应向常诚公司释明可以变更诉讼请求,如常诚公司不同意变更则应当判决驳回诉讼请求。

二审法院判决常诚公司享有"土地开发经营权益",在常诚公司主张合同继续履行的情况下,对常诚公司诉讼请求主张的权利未作明确,也未予驳回,显系漏审。同时,二审法院又判决对具体事项另案起诉,将一案人为分割为两案,违反诉讼程序。

(3)在度假村公司改制前,度假村公司运作投入的资金系佳仁公司前股东王某某自行筹

措,案涉土地为王某某本人所有,度假村公司与工会不存在任何承继关系。在度假村公司改制时,度假村公司履行了债务公告与清算程序,最后王某某、王某以土地实物出资的方式取得佳仁公司的股权,尽管公司改制形式上为变更登记,但实质上相当于注销新设,亦不存在任何承接关系。佳仁公司只是同意代为清偿常诚公司836万元的借款,从未同意承接或加入工会与常诚公司合同关系的意思表示。因此,常诚公司与佳仁公司没有任何合同关系,二审判决不能突破合同相对性原则,而认定常诚公司对佳仁公司享有所谓"土地开发经营权益"。

综上,即使《合作兴建协议》未解除,二审判决确认常诚公司享有"土地开发经营权益"也不能成立,二审判决认定事实和适用法律明显错误,并且判决内容超出常诚公司的诉讼请求范围。

三、即使《合作兴建协议》未解除,二审判决确认常诚公司按照所谓"实际投资金额比例"享有开发经营权益,存在适用法律错误和判决事项不明确问题,应当予以纠正

1.二审判决确认常诚公司在实际投资金额比例内享有开发经营权益,实质上是依据或参考《最高人民法院关于审理涉及国有土地使用权合同纠纷案件适用法律问题的解释》第二十二条(2020年修正之后第十九条)的规定

实际上,佳仁公司与常诚公司之间从未建立合作开发房地产合同关系,且该司法解释中与"实际投资比例"相对应的是分配利润的收益权,而非所谓的"土地开发经营权益",二审判决对此显然适用法律错误。

2.即使不考虑前述法律适用错误的问题,二审判决从实际投资比例的角度分配权益的认定内容也不够明确

(1)二审判决仅说明由于当事人之间合同权利义务和项目开发经营权益缺乏明确具体约定,未能举证证明获得案涉土地的实际总投入和开发建设投入情况,因此,需另寻法律途径解决。然而,佳仁公司可以提供充分证据证明,已经对案涉土地投入了大量开发建设费用。

(2)根据二审判决既有的内容,所谓"实际投资比例"应当是在案涉土地开发完成之后,各方届时最终确定的实际投入与总投入成本之间的比例。首先,二审判决既然认定《合作兴建协议》不再继续履行,土地使用权归属于佳仁公司,即意味着常诚公司无权继续投资,其投入应当锁定为836万元。其次,二审判决既然认定案涉土地的实际总投入和开发建设投入另案解决,驳回常诚公司对土地使用权及地上建筑现有价值的鉴定申请,即意味着在佳仁公司对土地开发完成并最终确定开发建设投入之前,常诚公司的权益范围难以界定。最后,即使《合作兴建协议》未解除,二审判决确认常诚公司按照所谓实际投资金额比例享有开发经营权益,存在适用法律错误和判决事项不明确问题。由此,必然将本案诉讼争议事项,留给未来新的诉讼处理,严重影响案涉土地的正常开发进度,对此在再审程序中应当予以纠正。

四、本案以另案的审理结果为依据,二审法院径行对本案作出判决,存在严重的程序错误

镇政府曾依据本案事实向常诚公司、工会、佳仁公司提起诉讼(以下简称"另案"),要求确认《合作兴建协议》已经终止并解除、确认镇政府有权收回案涉土地等。常诚公司在本案中要求判决《合作兴建协议》继续履行、确认常诚公司享有案涉土地使用权的诉讼请求,应当以《合作兴建协议》在另案中认定为未终止或未解除为前提。如果另案争议经过审理后,仍存在本案争议,那么原审法院才有可能审理本案。

现另案尚未审结,先前的相关争议尚未处理,二审法院就对本案进行审理和作出裁判,存在违反诉讼程序的严重错误。

五、常诚公司诉讼请求不明确,二审法院第四项判决判非所请,超出常诚公司的起诉请求范围

原告常诚公司的诉请为确认常诚公司享有案涉地块土地使用权相关权益,该诉请实质上是物权请求权,且该诉讼请求不明确、不具体,常诚公司始终未明确土地使用权相关权益具体是哪些权利,常诚公司未明确其请求权基础是基于物权还是基于债权。法院应释明,释明后根据常诚公司的请求权基础决定是驳回起诉,还是常诚公司变更诉讼请求后继续审理,但法院没有向常诚公司释明。二审法院在常诚公司未明确诉讼请求且法院也未释明的前提下,却在驳回其物权请求权的同时主动判给了常诚公司一项债权,二审法院判决第四项判决给原告开发经营权益不是物权,而是债权,从原告诉请和判决、判理看,原告请求土地相关权益本质上是在主张物权请求权,但判决主文确认的却是一项债权性权利。对此,判理部分的表述可以证明,法院判决超出了常诚公司的起诉请求范围。

六、即使认为常诚公司享有债权,其诉请也早已过了诉讼时效

二审法院判决常诚公司享有开发经营权益,该项权益属于债权,对此常诚公司在广州市中级人民法院另案起诉佳仁公司的答辩状中明确承认开发经营权益属于债权性质的权利,因此,其请求权应受诉讼时效的法院规定约束。从1993年7月设立度假村公司,1995年3月土地使用权登记,2002年改制,2003年至2009年的诉讼、股权转让等一系列事实,常诚公司均未提出权利请求,直到18年之后才向法院提出所谓的权利主张,其诉请超过了诉讼时效,应依照民事诉讼法的相关规定,驳回其诉讼请求。

七、佳仁公司不应向常诚公司支付836万元及利息

佳仁公司给一审法院出具的"承诺书"是附条件承诺,现常诚公司已破坏了佳仁公司的承诺条件,该承诺不能约束佳仁公司。

常诚公司答辩:常诚公司称二审判决认定事实清楚,适用法律正确。

工会提交意见称:(1)常诚公司投资款836万元已经转化为债权,原审法院未予认定存在错误。(2)常诚公司投入836万元后,再未履行任何义务,已构成严重违约,无权再主张对土地享有权益,且《合作兴建协议》也没有约定常诚公司按实际投资额享有土地使用权益,二审判决明显错误。(3)佳仁公司的前身度假村公司是工会批准成立,专门建设度假村。改制时,案涉土地是唯一资产,且度假村公司改制时已明确对常诚公司的836万元债务。工会将案涉土地的权利义务均归于度假村公司,因此,常诚公司应向佳仁公司主张其基于836万元投资的权益,佳仁公司认为常诚公司应向工会主张合同责任,理由不成立。

镇政府提交意见称:本案一、二审程序违法。镇政府已就本案事实另案提起诉讼,本案应与该案合并审理。《合作兴建协议》签订后,常诚公司、工会根本违约,镇政府按照协议约定,有权收回土地使用权。

谭某某、王某提交意见称,同意佳仁公司的意见。

最高院经审查认为,根据佳仁公司的再审请求,以及事实和理由,本案审查重点是:(1)常诚公司作为本案原告,佳仁公司作为本案被告,诉讼主体是否适格;(2)常诚公司投入836万元是否已转化为借款,二审法院未判决确认《合作兴建协议》已经于1995年3月30日解除是否错误;(3)二审法院判决确认常诚公司按实际投资金额比例对案涉土地享有开发经营权益是否确有错误,本案是否应予再审。

(1) 最高院认定常诚公司和佳仁公司的诉讼主体适格。对于佳仁公司当庭口头提出的常诚公司并非本案适格主体,常诚公司已将债权转让给一个民营企业的事实,常诚公司代理人称不知道这个情况,最高院也未予核实。

(2) 关于常诚公司投入 836 万元是否转化为借款,二审法院未判决确认《合作兴建协议》已经于 1995 年 3 月 30 日解除是否错误的问题,最高院的观点如下:

首先,佳仁公司主张常诚公司投入 836 万元已转化为借款依据不充分。本案中常诚公司已提供证据证明其按照各方合同约定投入 836 万元,佳仁公司主张常诚公司的投入已转化为借款应提供证据予以证明。从佳仁公司提交的证据看,欠条系复印件,且系三某某单方出具,不能证明当时工会或者度假村公司与常诚公司达成了将投资款转化为借款的合意;度假村公司改制时,惠州市安信会计师事务所有限公司出具的《审计报告》虽记载该笔债务,但该《审计报告》已载明:度假村公司未按规定建立会计账册,仅根据该公司提供相关会计资料和涉及经济活动的数据,在清查基础上出具审计报告,佳仁公司申请再审还提供了惠州市安信会计师事务所有限公司出具的《复印报告清单说明书》,从该《复印报告清单说明书》及所附材料看,也仅能体现度假村公司在其改制文件中声称对广东常诚建设总公司负债 836 万元,不能体现度假村公司与广东常诚建设总公司达成了将投资款转化为借款的合意;常诚公司提交的财务资料亦不能证实相应投资款转化为借款;佳仁公司提交镇政府 2007 年 6 月 12 日出具的《申请报告》复印件一份,载明"1993 年 2 月 13 日,本府(甲方)与工会和广东常诚建设总公司(乙方,广东常诚建设总公司于同年 5 月退出本项目)签订了《合作兴建协议》……"对此工会质证称无法核实真实性,镇政府质证称无法核实真实性,如属实也是应佳仁公司申请出具。因该报告是复印件,现镇政府不认可该证据的真实性,佳仁公司亦未提供证据佐证《申请报告》的真实性,因此最高院对该证据不予采信。综上,佳仁公司在本案中提供的证据不足以证实常诚公司投入的 836 万元已转化为借款。

其次,双方当事人在本案中均未请求确认《合作兴建协议》已经解除。一审法院基于对常诚公司投资款已转化为借款的事实认定,以及佳仁公司愿意承担归还常诚公司投入的 836 万元本息的承诺,从减少当事人诉累和节省司法资源的角度出发,判决确认《合作兴建协议》已经于 1995 年 3 月 30 日解除,同时判决佳仁公司向常诚公司偿还 836 万元本息。常诚公司不服一审判决提起上诉,认为一审判决解除《合作兴建协议》超出了当事人请求范围,判决常诚公司的投资收益转化为借款属错判。二审法院经审理认定佳仁公司主张常诚公司 836 万元投资款转化为借款的证据不足,同时撤销一审法院关于合同已经解除、佳仁公司向常诚公司偿还 836 万元本息的请求,结果并无错误。

(3) 关于二审判决"确认常诚公司按实际投资金额比例对案涉土地享有开发经营权益"是否错误的问题,最高院观点如下:

本案一审法院认定《投资计划书》《合作兴建协议》合法有效,但《合作兴建协议》已无履行可能,常诚公司请求继续履行《合作兴建协议》的诉讼请求不应支持,同时依照《物权法》(现《民法典》物权编)的规定,认定度假村公司才是案涉土地的合法权利人,常诚公司请求确认其享有案涉土地使用权 100% 份额,并要求某工会、佳仁公司协助办理《国有土地使用证》《建设工程规划许可证》《建设用地许可证》的变更登记手续没有事实和法律依据。二审法院亦认定常诚公司要求继续履行《合作兴建协议》缺乏依据,并认定一审法院驳回常诚公司享有土地使用权并将案涉土地《国有土地使用证》《建设工程规划许可证》《建设用地许可证》变更登记至常诚公司名下的诉讼请求并无不当,应予维持。即二审法院对常诚公司要求继续履行《合作兴建协议》,并确认其对案涉土地享有土地使用权的诉讼请求不予支持,明确具体,并无歧义,各方亦未对此申请再审。

本案中常诚公司请求确认其享有案涉"土地使用权相关权益",该请求并不明确,二审判决"确认常诚公司按实际投资金额比例对案涉土地享有开发经营权益"内容亦不明确,人民法院也无法强制执行。但结合二审法院判决理由中"由于当事人之间关于合同权利义务和项目开发经营权益缺乏明确具体约定,在本案诉讼中均未能举证证明获得案涉土地的实际总投入和开发建设投入情况,因此,常诚公司对案涉土地开发经营权益的具体处理,由常诚公司另寻法律途径解决"的表述,二审判决实际是在否定常诚公司对案涉土地享有土地使用权的基础上,对常诚公司与工会、镇政府之间基于《投资计划书》《合作兴建协议》,以及常诚公司836万投资款产生的权利义务关系,允许当事人另诉解决,该处理并无明显不妥。根据常诚公司提交的证据,常诚公司已于2019年5月9日以佳仁公司、工会、镇政府为被告,向广东省广州中院提起诉讼,请求确认常诚公司对位于惠州市惠东县某镇南门海地段20万平方米的土地享有100%份额开发经营权益,广州中院已于2019年5月9日作出受理案件通知书,决定立案受理。佳仁公司针对常诚公司相关权益的抗辩可在该案中主张,相应证据亦应在该案中一并审查。

此外,佳仁公司还主张镇政府已另案起诉要求收回土地,该案尚未审结,本案予以判决属程序错误。因本案二审判决驳回常诚公司请求继续履行《合作兴建协议》和确认其对案涉土地享有土地使用权的诉讼请求,该结论无须以镇政府另案提起的诉讼案件处理结果为前提,佳仁公司主张原审法院未中止审理属程序违法的再审理由不能成立。

综上,佳仁公司的再审申请不符合《民事诉讼法》规定的情形。最高院依照《民事诉讼法》(2017年修正)第二百零四条第一款、《最高人民法院关于适用〈中华人民共和国民事诉讼法〉的解释》(2015年公布)第三百九十五条第二款规定,于2020年4月裁定驳回佳仁公司的再审申请。

最高院对于本案在听证中争论的焦点,即本案常诚公司发回重审之后变更的请求是基于物权还是基于债权的请求未予回应,因此,诉讼时效问题在裁定书中也未予回应。

2019年,常诚公司依据判决在广州中院另案起诉佳仁公司、工会与镇政府,要求确认其享有100%份额开发经营权益。佳仁公司提出管辖异议,广州中院裁定管辖成立,移送惠州中院。常诚公司不服裁定上诉到广东高院,被广东高院驳回,维持原裁定,案件于2020年移送惠州中院。

2020年5月,在惠州中院的确认100%权益案中,佳仁公司答辩如下:

一、答辩人是案涉土地使用权的唯一合法权利人,其权益受法律保护。这已被原一、二审判决所明确认定。被答辩人不享有土地使用权,也为一、二审判决明确认定,被答辩人无权对答辩人的土地使用权主张任何权利

(1)答辩人与国土部门签订了《国有土地使用权出让合同》,并支付了案涉土地的全部费用,包括土地补偿费和土地出让金,取得了土地使用权证书。签订土地使用权出让合同并取得土地使用权证书是享有土地使用权的法定条件,答辩人通过合法程序成为案涉土地的合法权利人,其权益受法律保护;而被答辩人既不是《国有土地使用权出让合同》的一方当事人,也没有案涉土地的土地使用权证书,不享有案涉土地的土地使用权,这一点前案的一审、二审判决均有明确认定,因此,对案涉土地不享有土地使用权的被答辩人,无权向案涉土地的合法权利人(即答辩人)主张任何权利。

（2）被答辩人没有向国土部门缴纳土地出让金及其配套费用，不享有案涉土地的开发经营权益。

二、答辩人不是本案的适格主体，被答辩人不能突破合同相对性向答辩人主张任何权利

常诚公司在管辖权异议上诉状和民事答辩状中均称，本案属于合资合作开发房地产合同纠纷，根据《合同法》第八条（现《民法典》第四百六十五条）关于依法成立的合同，对当事人具有法律约束力的规定，合同约定的权利义务关系具有相对性，不能对合同当事人以外的第三方产生义务，合同当事人一方仅能向合同相对方主张权利。而答辩人与被答辩人没有就合作开发案涉土地达成合意，也没有签订任何合同，与被答辩人签订《投资计划书》《合作兴建协议》（以下合称"两份协议"）的合同相对方是工会和镇政府，而非答辩人，前案607号判决（以下简称"607号判决"）也已认定答辩人与被答辩人不存在合同关系，因此，被答辩人不能突破合同相对性向答辩人主张合同债权，答辩人不是本案适格主体。

三、答辩人并非《合作兴建协议》《投资计划书》中所约定的项目公司，而是一个独立的企业法人。答辩人依法取得的案涉土地使用权受法律保护

其一，度假村公司的注册资金全部系公司员工自筹，工会无任何投入；其二，度假村公司属于独立承担民事责任的企业法人，持有企业法人营业执照，依法独立拥有企业法人财产。度假村公司并非《合作兴建协议》《投资计划书》中所约定的项目公司。其设立过程、成立的宗旨、注册资金的来源、公司经营范围、经营方式等可以充分证明，度假村公司是一个独立的公司。

同样，佳仁公司与度假村公司也是既无合同关系，也无继承关系。二者均为依法成立的独立公司。度假村公司依法改制后变更登记为（实际上是公司新设）惠东县海藤实业有限公司，与度假村公司也无继承关系。根据工会的有关批复和有关改制文件、协议等，海藤公司名下的财产与工会也无任何关系。

根据《物权法》（现《民法典》物权编）的规定，佳仁公司对自己依法取得的土地使用权具有独立的、完整的、排他的权利。

四、一二审法院均认定《投资计划书》《合作兴建协议》合法有效，但《合作兴建协议》已无履行可能

被答辩人无权依据已无履行可能的协议主张所谓"土地使用权相关权益"。本案一审法院认定《投资计划书》《合作兴建协议》合法有效，但《合作兴建协议》已无履行可能，常诚公司请求继续履行《合作兴建协议》的诉讼请求不应支持，同时依照《物权法》（现《民法典》物权编）的规定，认定度假村公司才是案涉土地的合法权利人，常诚公司请求确认其享有案涉土地使用权100%份额，并要求工会、佳仁公司协助办理《国有土地使用证》《建设工程规划许可证》《建设用地许可证》的变更登记手续没有事实和法律依据。二审法院亦认定常诚公司要求继续履行《合作兴建协议》缺乏依据，并认定一审法院驳回常诚公司有土地使用权并将案涉土地《国有土地使用证》《建设工程规划许可证》《建设用地许可证》变更登记至常诚公司名下的诉讼请求并无不当，应予维持，即二审法院对常诚公司要求继续履行《合作兴建协议》，并确认其对案涉土地享有土地使用权的诉讼请求不予支持，明确具体，并无歧义，各方对此并无异议。

五、被答辩人确认其享有案涉"土地使用权相关权益"，该请求并不明确，缺乏起诉的实质性要件，不符合民事诉讼法起诉条件的规定，应依法驳回

（1）被答辩人未明确其诉求中开发经营权益是物权还是债权。被答辩人在管辖权异议

的民事答辩中主张本案为合同纠纷,那么其诉讼请求中的开发经营权就应该是基于合同而产生的债权,但被答辩人又于财产保全时主张案涉土地为标的物,将土地视为标的物,实际上是在主张案涉土地权属份额,即其又认为开发经营权益是物权。也就是说,被答辩人对于自己的诉讼请求不确定,其始终未明确开发经营权是何种性质,也未明确其请求权基础是基于物权还是基于债权。但根据物权法定原则,无论是被答辩人还是前案的二审法院均不可能也无权创设物权,因而开发经营权益不可能是物权,只能是债权。

(2) 被答辩人未明确开发经营权益是何种债权,即没有明确其在起诉状中主张的是土地使用权的份额还是进行投资的权益,或是案涉土地开发完成之后取得利润的分配权。能够确定的是,开发经营权益是土地使用权份额这一可能性已经被607号判决否定了,607号判决明确认定被答辩人不享有案涉土地的土地使用权,因而其不可能享有土地使用权份额;而开发经营权益是投资开发权益这一可能性也被否定了,607号判决明确认定答辩人享有案涉土地的土地使用权,该完整的物权排除了被答辩人对案涉土地或者其某一部分享有继续投资开发的空间,被答辩人无权也不可能继续对土地进行投资。

(3) 二审院判决理由中"由于当事人之间关于合同权利义务和项目开发经营权益缺乏明确具体约定,在本案诉讼中均未能举证证明获得案涉土地的实际总投入和开发建设投入情况,因此,常诚公司对案涉土地开发经营权益的具体处理,由常诚公司另寻法律途径解决"的表述,实际是在否定被答辩人常诚公司对案涉土地享有土地使用权的基础上,对常诚公司与工会、镇政府之间基于《投资计划书》《合作兴建协议》,以及常诚公司836万元投资款产生的权利义务关系,允许当事人另诉解决。该判项并非被答辩人享有所谓"土地使用权相关权益"的实体判项。被答辩人与工会、镇政府之间基于《投资计划书》《合作兴建协议》,以及836万元投资款产生何种权利义务关系,有待法院查明。

六、本案已过诉讼时效

正如答辩人前述所称,被答辩人在管辖权异议的民事答辩中主张本案为合同纠纷,明确承认开发经营权益属于债权性质的权利,那么该项请求权就应受诉讼时效的约束。两份协议均签订于1993年,答辩人于1995年取得了案涉土地的土地使用权,于2002年进行企业改制,并履行了公告和清算程序,在此期间被答辩人均未提出任何权利请求,直到2012年才提起前案诉讼。从1993年上述两份协议签订起至2012年被答辩人提起前置诉讼之日已经长达20年时间,从1995年答辩人取得案涉土地使用权之日起至被答辩人提起前置诉讼之日也已经过18年的时间,在这段时间内被答辩人理应知道其权益受到了侵害,但其仍未提出任何权利请求。根据《民法总则》第一百八十八条第一款(现《民法典》第一百八十八条第一款)的规定,向人民法院请求保护民事权利的诉讼时效期间为3年。法律另有规定的,依照其规定。本案已超过诉讼时效,其权益不再受人民法院保护。值得一提的是,在前案被发回重审后,被答辩人将起诉状第三页"原告自1994年起一直与被告一、被告二、被告三就案涉地块有关手续和……进行交涉……"中的"1994年"手动改成了"2012年",即被答辩人也自认了其于2012年才开始主张权利,根据《民法总则》(现《民法典》第一百八十八条)的规定,被答辩人的诉请超过了诉讼时效,贵院应驳回其诉讼请求。

综上所述,鉴于答辩人不是本案的适格主体;被答辩人不享有案涉土地使用权,自然也不享有建立在土地使用权之上的土地开发经营权益;《投资计划书》《合作兴建协议》已无履行可能,且已约定自然解除;被答辩人要求继续履行《合作兴建协议》缺乏依据;被答辩人的诉讼请求不明确不具体,缺乏起诉的实质性要件;本案已过诉讼时效等理由,贵院应依法驳回其诉讼请求。

在2020年5月15日证据交换之后，答辩人的进一步答辩说明如下。

一、开发经营权益的比例是项目开发完成之后常诚公司已投资数额与最终开发完成之后总投资数额之比

（1）开发经营权益只能是利润分配的收益权。开发经营权益是土地使用权份额已经被607号判决否定了，而开发经营权益是投资开发经营权也被否定，佳仁公司拥有完整的物权排除了常诚公司对案涉土地或者其某一部分享有继续投资开发的空间，常诚公司无权也不可能继续对土地进行投资，因此，开发经营权益只能是项目开发完成之后的利润分配权。

（2）开发经营权益的比例是800万元与项目投资总额相比。从607号判决书中"在本案诉讼中均未能举证证明获得案涉土地的实际总投入和开发建设投入情况"及最终的判项第四项"按实际投资金额比例对涉案土地享有开发经营权益"，可以看出广东高院认为开发经营权益应计算为800万元与涉案土地开发总投入之比，广东高院明确了项目的投入由两部分构成，一是土地的投入，二是开发建设的投入，并非常诚公司所述仅仅是对土地的投入。

二、常诚公司享有案涉土地的开发经营权益不足100%

（1）取得土地使用权的费用全部由工会代佳仁公司支付，常诚公司的800万元支付给了镇政府，未支付国土局，常诚公司认为其支付800万元就取得土地使用权的说法不成立（举证时从各方资金的来源和去向可证明这一点）。

（2）常诚公司不可能享有100%的开发经营权益，其比例也只能是800万元与案涉土地最终开发完成后总投入的比例。

①常诚公司的800万元应锁定。607号判决认定《合作兴建协议》不再继续履行，佳仁公司享有案涉土地使用权，常诚公司无权继续投资，也无实际开发土地的可能性，因此，其投入应当锁定于800万元。

②开发经营权益的计算公式。开发经营权益比例=800万元/案涉土地开发总投入，总投入包括"案涉土地的实际总投入和开发建设投入"，具体包括土地出让金及各项基金费用、规划设计及各类咨询费用、建筑安装费用、市政配套费用、绿化装修费用、财务费用、人工成本、销售费用、各项税费、不可预见费用等。现已确定的是常诚公司800万元的投入，而案涉土地开发总投入尚未确定，佳仁公司在案涉土地投入了大量开发建设费用，截至目前投入共计约1.8亿元。因而即使常诚公司享有开发经营权益，其比例只会随着对案涉土地的开发而越来越小，不可能达到100%，只能是800万元与案涉土地最终开发完成后总投入约40亿元的比例。

（3）实际投资金额只能在投资开发完成之后才能确定。在佳仁公司对案涉土地开发完成并最终开发建设竣工决算之前，常诚公司的权益范围难以界定。后续开发建设仍然需要投入资金，这个数额是在变化的，而常诚公司投入的800万元数额则不会发生变化。因案涉土地已被查封，佳仁公司后续有效的开发受到影响，而如果不对案涉土地进行开发，则无法确定开发建设总投入，继而无法确定常诚公司开发经营权益（如有）的比例，常诚公司的请求属于未到期的债权。

2020年9月，在本案诉讼期间，佳仁公司得知常诚公司并非本案真实的诉讼主体，早在2012年4月前，常诚公司就将债权转让给华庭公司。佳仁公司将新获得的债权转让的证据交法院。对于常诚公司将其债权于2012年起诉之前即转让给华庭公司的事实，佳仁公司再

次补充答辩意见如下。

（1）常诚公司不是本案的适格主体，广东高院607号二审判决对主体认定错误。常诚公司在2012年起诉前就将对涉案土地的或有权益全部转让给了华庭公司，其不再享有涉案土地的任何权益，无权以自身名义提起诉讼主张涉案土地的相关权益，但常诚公司与华庭公司恶意串通，在庭审过程中隐瞒了这一重要事实，导致二审法院在被欺瞒的情况下对主体认定错误，从而作出了错误的判决。

（2）常诚公司与华庭公司进行虚假诉讼，在庭审过程中做虚假陈述，导致二审法院对本案重要事实认定错误。常诚公司未通过产权交易机构将国有资产以400万元的价格转让给华庭公司，其行为造成了国有资产流失。在案件审理过程中，华庭公司与常诚公司指使代理律师在庭审过程中多次作出虚假陈述，称涉案土地属于国有资产，要求惠州中院及广东高院支持常诚公司的全部诉讼请求，以防国有资产流失，通过上述言论向法院及承办法官施加压力，并对承办法官进行误导，导致承办法官对重要事实认定错误，最终作出了错误的判决。

针对佳仁公司的答辩，常诚公司回应如下，认为其债权转让是合法的，有某仲裁委2020年的裁决书确认债权转让合法。对于某仲裁委的裁决书，佳仁公司致函某仲裁委并亲自找到本案的仲裁秘书，佳仁公司认为某仲裁委于2020年10月12日作出了（2020）穗仲案字第619×号裁决书（以下简称"619×号裁决"），是在我司完全不知情的情况下作出的，仲裁过程中未通知案涉土地的合法权利人，某仲裁委就对案涉土地开发经营权益的处置，仲裁结果严重侵害了我司的合法权益。请求撤销619×号裁决，对错误裁决进行纠正。本案系常诚公司与华庭公司恶意串通提起的虚假诉讼，华庭公司得知我司获得了《转让或有投资权益协议书》及补充协议这一证据，并据此向多部门通过多种途径反映二者进行虚假诉讼这一违法行为，为了逃避法律责任，华庭公司与常诚公司恶意串通提起本案仲裁申请，意在利用某仲裁委的为二者的违法行为背书，妄图以合法仲裁程序掩盖其非法的手段和目的，将其违法行为表面合法化。

某仲裁委员会接待的秘书认为本案没有问题，佳仁公司要求其出具书面说明，某仲裁委未予回复，口头答复去法院起诉，但实际情况是，按照仲裁的法律规定及相关的司法解释，对于没有执行内容的仲裁裁决，佳仁公司无法律上的救济渠道，无法通过法院诉讼撤销常诚公司与华庭公司的仲裁裁决内容，虽然他们双方的行为侵犯了佳仁公司的利益，在仲裁委不纠正的前提下，佳仁公司的利益无程序上的保证，这是目前仲裁与法院诉讼衔接方面的一个明显漏洞。

在本案审理期间，华庭公司向惠州中院提交申请，要求直接将本案的原告常诚公司变更为华庭公司，佳仁公司不同意变更诉讼主体，佳仁公司提出以下理由：

一、本案是基于607号判决第四判决项所提起的诉讼，该判项所指向的主张权利的主体是常诚公司，华庭公司无权变更生效判决

（1）华庭公司利用常诚公司国有企业的身份影响了广东高院的公正审理，导致广东高院作出了607号判决，再根据判决提起本案诉讼，申请变更原告，借助常诚公司国有企业的身份作为跳板谋取非法利益。

我司与常诚公司合资合作开发房地产合同纠纷一案（以下简称"前案"）于2019年4月由广东高院作出了607号判决，在前案审理过程中，常诚公司与华庭公司恶意串通，指使代理律师在庭审过程中多次做虚假陈述，称涉案土地属于国有资产，要求惠州中院及广东高院支持常诚公司的全部诉讼请求，以防国有资产流失，通过上述言论向法院及承办法官施加压

力,并对承办法官进行误导,导致承办法官对诉讼主体这个重要事实认定错误,最终作出了607号判决。也就是说,正是因为常诚公司国有企业的身份,广东高院才有可能出于保护国有资产的目的作出了607号判决;如果最初是华庭公司作为前案的原告主张涉案土地的相关权益,华庭公司作为民营企业,不涉及国有资产流失,法院不一定会作出确认华庭公司对涉案土地享有开发经营权益这一判决,那么本案诉讼也不会发生。华庭公司利用常诚公司国有企业的身份,从而获得了对其有利的607号判决;随后华庭公司又指使常诚公司提起本案诉讼,并申请变更原告,从而达到以自身名义享受利益的结果,利用了常诚公司国有企业的身份作为跳板来谋取非法利益。

(2)607号判决所指向的主张涉案土地开发经营权益的主体是常诚公司,只有常诚公司才能依据该判决提起本案诉讼。

607号判决第四判决项的内容是:"确认广东常诚建设集团有限公司按实际投资金额比例对涉案土地享有开发经营权益。"该判项指向的主张权利的主体是常诚公司,而非华庭公司,华庭公司主张变更本案原告,实际上是对607号判决第四判决项的变更,607号判决是已生效的判决,华庭公司无权变更,如果华庭公司认为其对涉案土地享有开发经营权益,应另案提起诉讼主张,而不是在本案中提出变更原告申请,依据607号判决主张涉案土地的开发经营权益。

(3)607号判决中的开发经营权益并不是一个明确的债权,判决赋予常诚公司的是针对涉案土地开发经营权益的诉讼资格,而不是开发经营权益本身,即便华庭公司从常诚公司处受让了该权益,其受让的也仅是开发经营权益本身,而非本案的诉讼资格,而常诚公司享有的涉案土地的开发经营权益需要经过本案审理后方可确定。

在607号判决的最高人民法院认为部分载明:"但由于当事人之间关于合同权利义务和项目开发经营权益缺乏明确具体约定,在本案诉讼中均未能举证证明获得案涉土地的实际总投入和开发建设投入情况,因此,常诚公司对案涉土地开发经营权益的具体处理,由常诚公司另寻法律途径解决。"涉案土地的开发经营权益不是一个明确的债权,需要常诚公司另案解决;也就是说,607号判决实际上赋予常诚公司是针对涉案土地开发经营权益的诉讼资格,而非是开发经营权益本身,对于涉案土地的开发经营权益,常诚公司需要在本案中解决;即便华庭公司从常诚公司处受让了该权益,其受让的也仅是开发经营权益本身,而非本案的诉讼资格,华庭公司无权变更为本案的原告。

二、华庭公司与常诚公司恶意串通,在前案审理过程涉嫌违法犯罪,法院不能将涉嫌犯罪的主体变更为本案原告,使其通过违法行为获得利益

两公司在案件审理过程中隐瞒重要事实,作出虚假陈述,使得法院的判决出现严重错误,严重妨害了司法秩序,涉嫌构成虚假诉讼罪。常诚公司、华庭公司及主要负责人、相关人员涉嫌构成徇私舞弊低价折股、出售国有资产罪,国有公司企业人员失职罪,国有公司企业人员滥用职权罪。

三、本案原告的变更需要经过常诚公司同意,且必须经法院查实是常诚公司的真实意思表示

本案原告的变更不仅要经过我司的同意,也要经过常诚公司的同意。正如我司在上文中陈述的,华庭公司与常诚公司恶意串通,由华庭公司实际操控,以常诚公司的名义对外提起诉讼,本案常诚公司的代理律师真正的委托人是华庭公司,代表实质上是华庭公司的利益,而非常诚公司的真实意思表示。原告这一行为存在主观恶意,妄图用非法手段,利用常

诚公司的国企身份,通过看似合法的程序来为自身的违法行为背书,从而谋取非法利益,法院应驳回其申请,告知其另案起诉。

惠州中院经审查认为:据 2012 年 4 月 13 日常诚公司与华庭公司签订的《转让或有投资权益协议书》、2013 年 10 月 30 日常诚公司与华庭公司签订的《补充协议书》、2016 年常诚公司与华庭公司签订的《补充协议书》、2018 年 9 月 30 日常诚公司与华庭公司签订的《补充协议书(二)》,在本案立案前早于 2012 年 4 月 13 日,原告常诚公司已与案外人华庭公司签订《转让或有投资权益协议书》,将甲方《合作兴建协议书》投入 800 多万元的所有权益,转让给案外人华庭公司,双方随后签订了三份补充协议,并确认华庭公司至少在 2018 年 9 月 30 日以前已经支付了全部转让价款。由于本案原告常诚集团在本案诉讼前,已经将案涉合同权利义务转移给案外人华庭公司,且也有已生效的广州市仲裁委员会作出的《裁决书》载明:"(一)确认广东省高级人民法院于 2019 年 4 月 18 日作出的民事判决书判决确认的被申请人(常诚公司)按实际投资比例对广东省惠州市惠东县某镇南门海地段享有的开发经营管理权益全部归申请人(华庭公司)所有。"故被告佳仁公司对常诚集团的本案原告诉讼主体资格异议成立,惠州中院予以支持。因案涉民事权利义务在本案诉讼前已经发生转移,对案外人华庭公司要求变更本案原告的申请不予准许,华庭公司可以依法另行主张权利。综上,惠州中院裁定驳回广东常诚建设集团有限公司的起诉。

常诚公司不服惠州中院一审裁定,向广东高院提起上诉,请求撤销广东省惠州中院作出的《民事裁定书》,裁定由惠州中院继续审理该案,依法作出判决。事实和理由为:常诚公司是本案适格主体,有权以自己名义提起本案诉讼。虽然常诚公司与华庭公司签订了转让协议,将案涉某度假村的或有权益转让给华庭公司,但常诚公司在本案原告主体资格和地位不受影响,即使法院最终不同意将本案原告变更为华庭公司,常诚公司仍可继续以原告的身份参加本案的诉讼。

广东高院经审查认为:常诚公司依据广东高院作出的民事判决中关于确认常诚公司按实际投资金额比例对涉案土地享有开发经营权益的判项,提起本案诉讼,请求确认其对涉案土地享有 100% 份额开发经营权益。本案一审诉讼中,某仲裁委员会就案外人华庭公司与常诚公司之间因双方签订的《转让或有投资权益协议书》《补充协议书》《补充协议书(二)》产生的纠纷作出裁决书,裁决确认广东高院于 2019 年 4 月 18 日作出的民事判决书判决确认的常诚公司按实际投资金额比例对广东省惠州市惠东县某镇南门海地段享有的开发经营权益全部归华庭公司所有。华庭公司依据该仲裁裁决,向一审法院申请将本案原告变更为华庭公司。根据《最高人民法院关于适用〈中华人民共和国民事诉讼法〉的解释》第二百四十九条第二款规定:"受让人申请以无独立请求权的第三人身份参加诉讼的,人民法院可予准许。受让人申请替代当事人承担诉讼的,人民法院可以根据案件的具体情况决定是否准许;不予准许的,可以追加其为无独立请求权的第三人。"一审法院认定案涉民事权利义务在本案诉讼前已经发生转移,并裁定驳回常诚公司起诉,认定事实有误,程序违法。依照《民事诉讼法》的规定,裁定撤销惠州中院的民事裁定;发回惠州中院重审。

案件再次发回到惠州中院后,针对华庭公司要求变更诉讼主体的请求,佳仁公司补充说明如下:

一、广东高院民事裁定书并没有确定直接变更原告,本案华庭公司最多也只能以无独立请求权第三人的身份参加诉讼

广东高院的依据为《最高人民法院关于适用〈中华人民共和国民事诉讼法〉的解释》第

二百四十九条的规定:"受让人申请以无独立请求权的第三人身份参加诉讼的,人民法院可予准许。受让人申请替代当事人承担诉讼的,人民法院可以根据案件的具体情况决定是否准许;不予准许的,可以追加其为无独立请求权的第三人。"

第一,在广东高院的裁定中,并没有直接认定华庭公司可以直接变更为本案的原告,常诚公司可以直接退出,而是引用了法条的内容。广东高院引用的该法条包含下列三层意思:一是华庭公司可以申请以无独立请求权的第三人身份参加诉讼;二是华庭公司申请替代常诚公司承担诉讼的,惠州中院可根据案件的具体情况来决定是否准许,决定权在惠州中院;三是惠州中院不准许变更原告,但应追加华庭公司为无独立请求权的第三人。本案的事实是华庭公司并未申请以有独立请求权的第三人身份参加诉讼,因此该法条的第一层意思不适用本案。对于第二层意思,华庭公司能否直接变更为本案原告是由惠州中院根据案件的具体决定的,而本案的具体情况不可能将常诚公司直接变更为华庭公司。既然常诚公司不能直接变更为华庭公司,那么按照该法条的第三层意思,惠州中院只能依据这个条款,将华庭公司以无独立请求权的第三人追加进来参与本案的诉讼。

第二,适用该法条的大前提是"在诉讼中",在案件诉讼过程中民事权利义务转移不影响当事人的诉讼主体资格,这是因为在案件审理过程中,即便权利主体发生了变化,只要对案件立案时的基本事实没有产生影响,就不会妨碍法院对事实的认定。但是在本案中,常诚公司早在 2012 年 4 月 13 日就与称华庭公司签订了《转让或有投资权益协议书》,约定将常诚公司对涉案土地的或有权益全部转让,而常诚公司提起诉讼的时间是 2012 年 11 月 16 日,即权益转让行为发生在本案起诉之前,也就是说常诚公司在起诉时就已经不是适格主体,主体不适格起诉的基础就不存在,当然不能适用该法条规定的发生主体变更,因此不能将常诚公司直接变更为华庭公司。而且常诚公司明知这一事实,隐瞒主体不适格这一重要真相提起诉讼,严重妨碍了法院对事实的认定。

二、华庭公司申请变更诉讼主体目的是将其利用国有企业身份获得的特殊利益合法化、固定化

佳仁公司与常诚公司合资合作开发房地产合同纠纷一案在审理过程中,华庭公司明知权益已经转移,但仍然以常诚公司的名义提起诉讼,称涉案土地属于国有资产,要求惠州中院及广东高院支持常诚公司的全部诉讼请求,以防国有资产流失,对承办法官进行误导,导致承办法官对诉讼主体的事实认定错误,最终作出了前案判决。如果最初是华庭公司作为前案的原告主张涉案土地的相关权益,华庭公司作为民营企业,法院不一定作出确认常诚公司对涉案土地享有开发经营权益这一判决,那么本案诉讼也不会发生。常诚公司及华庭公司在诉讼中故意隐瞒权益主体变更的事实,利用常诚公司国有企业的身份获得非法利益,然后再提出申请变更原告,华庭公司从自己隐瞒事实、虚假陈述中获益,法院不能允许这种故意虚假陈述的行为导致一个不公平的审判结果,任何主体都不能从自己的错误中受益,因此从这一点上惠州中院也应驳回华庭公司申请变更主体的请求。

综上所述,华庭公司不能在本案中直接变更为原告,华庭公司想主张权利,应另案提起诉讼,或者作为无独立请求权的第三人参与本案的诉讼。

工会答辩称,工商查询显示,常诚公司有大额诉讼处于被执行阶段,变更主体可能存在逃避债务的嫌疑。

法院经审理后认为,原告常诚集团在本案诉讼前,已经将案涉合同权利义务转移给华庭公司,常诚集团在本案重审期间也明确表示相关权益已经转让给华庭公司,常诚集团应退出

本案诉讼。常诚集团与本案不再有直接利害关系,故被告佳仁公司对常诚集团的本案原告诉讼主体资格异议成立,本院予以支持。原告常诚集团起诉前已与本案没有直接利害关系,其原告诉讼主体不适格,不符合起诉条件,对原告的起诉应裁定驳回。因案涉民事权利义务在本案诉讼前已经发生转移,常诚集团起诉缺乏诉权基础,也就不能将错误起诉的该诉权转移,对华庭公司要求变更本案原告的申请不予准许。华庭公司可以基于自身权利依法另行主张权利,而不能基于常诚集团本无权行使的诉权主张变更原告诉讼主体,裁定驳回常诚公司的起诉。

二、施工总承包纠纷案例

案例:2014年4月,A房地产公司与化昌公司签订《某花园项目二标段工程建设工程施工合同》,约定由化昌公司承包"某花园"项目二标段的施工项目。根据双方签订的合同中关于开工竣工的日期约定及保修等的约定,工程竣工交付后,A房地产公司认为化昌公司延期交工,且工程质量存在诸多问题,化昌公司应对A房地产公司承担违约责任。基于上述问题,A房地产公司向某区法院提出诉讼请求:(1)判令被告化昌公司承担质保期维修费共计×元;(2)判令被告化昌公司赔偿原告A房地产公司迟延交房损失×元;(3)判令被告化昌公司向原告A房地产公司支付逾期竣工违约金19023434元;(4)判令被告化昌公司承担因其迟延退场给原告A房地产公司造成的损失共计×元;(5)判令被告化昌公司就法院生效判决所判决原告A房地产公司还应付的工程款向原告开具发票。

化昌公司辩称:(1)不同意A房地产公司请求支付工程维修费,我公司已承担维修责任,A房地产公司根本没有另行维修。(2)不同意A房地产公司请求赔偿迟延交房损失,因为商品房交付是A房地产公司与业主之间的关系,与化昌公司没有关系。竣工验收备案是工程项目经竣工验收合格后的行政管理行为,办理进度及办理时间非化昌公司单方能够确定。(3)不同意A房地产公司请求支付逾期竣工违约金19023434元,因为化昌公司承建的(4、5、6、7号住宅楼)均在合同工期690天内完成,4号住宅楼造成工期延迟开竣工均是A房地产公司造成,不仅化昌公司不应当承担违约金,相反A房地产公司应向化昌公司承担违约金并支付误工、资金利息等损失费用。(4)不同意A房地产公司请求支付延期退场损失。因为A房地产公司至今尚欠化昌公司巨额工程款,化昌公司有理由在A房地产公司支付完工程款后再退场。(5)不同意A房地产公司请求开具发票。因为开具税务发票是行政法律关系,不是民事法律关系,开具税务发票属于行政法律管理范畴。

化昌公司向某区法院提出反诉请求:判令A房地产公司向化昌公司支付工程款合计15096876元及资金利息。反诉事实及理由:2014年签订两份合同后,化昌公司即按照施工图及相关施工标准进场施工。在施工过程中出现施工现场所处地段山体滑坡等不可抗力,同时,由于A房地产公司原因导致窝工、延误工期等情形屡次发生。化昌公司实际履行了合同义务,所承建工程项目经竣工验收后交付A房地产公司。经双方审计确认,合同内工程价款83793446元,减去A房地产公司已付工程款78349691元,A房地产公司尚欠工程款5443755元。除此之外,A房地产公司还有合同外金额及窝工损失10791640元未支付,总计还应付16235395元。

A房地产公司对化昌公司的反诉答辩如下。(1)化昌公司提出的针对土石方、基坑支护及高压旋喷桩地基处理协议的反诉与本诉不是基于同一法律关系,不符合法律规定,应依法裁定驳回其起诉。化昌公司在反诉中向A房地产公司主张工程款的依据是《某花园项目二标段工程建设工程施工合同》(以下简称《二标段合同》)及《某花园项目土石方、基坑支护及高压旋喷桩地基处理标段施工协议书》(以下简称《土石方、基坑支护及高压旋喷桩地基处理协议》)两份合同,而在本诉中 A 房地产公司在起诉状中主张维修费、工程延期竣工赔偿的依据是《二标段合同》,根本不涉及《土石方、基坑支护及高压旋喷桩地基处理协议》,也就是说,A 房地产公司提出的本诉与化昌公司提起的针对《土石方、基坑支护及高压旋喷桩地基处理协议》的反诉不是基于同一法律关系,诉讼请求所依据的事实也无关联。《二标段合同》与《土石方、基坑支护及高压旋喷桩地基处理协议》是两个不同的法律文件,主要体现在:二者合同名称不同、签订日期不同、合同工期不同、计价方式不同、项目经理不同、付款时间及条件不同、竣工及交付时间不同、违约责任约定不同。(2) 就化昌公司所承包的某花园二标段工程及土石方、基坑支护及高压旋喷桩地基处理标段工程,双方已经进行了结算,化昌公司提交增加工程款的材料,系对双方签字认可的结算报告反悔的行为,依法不应支持。双方于 2014 年 2 月签订的《土石方、基坑支护及高压旋喷桩地基处理协议》,合同价格形式为固定总价合同。工程完工后,双方签署了《工程结算款审核确认单》,已核定金额且工程款已经支付完毕。A 房地产公司与化昌公司针对二标段工程也已经完成结算,双方在二标段合同中约定合同价格形式为固定单价合同。工程完工后,化昌公司与 A 房地产公司进行了工程款结算,并签字盖章形成《基本建设工程结算审核定案表》,A 房地产公司已支付工程款的 95%,剩余 5% 工程款为质保金。(3) 化昌公司的索赔不符合程序要件,不应当予以支持。

法院在审理过程中,化昌公司向某区法院提交鉴定申请,申请对某花园项目土石方、基坑支护及高压旋喷桩地基处理标段及某花园项目二标段 4、5、6、7 号住宅楼工程的漏项、少量、增加及误工损失进行鉴定。某鉴定机构出具《某花园项目土石方、基坑支护及高压旋喷桩地基处理标段及某花园项目二标段 4、5、6、7 号住宅楼工程的漏项、少量、增加及误工损失造价鉴定意见书》(以下简称《鉴定意见书》),载明某花园二标段 4 号住宅楼地上主体部分人工费政策性调差增加价款:申请鉴定金额为 1482413 元、鉴定意见金额 586889 元;某花园二标段 5、6、7 号住宅楼及地下室增加金额:申请鉴定金额 915495 元、鉴定意见金额 488380 元;某花园项目土石方、基坑支护及高压旋喷桩地基处理标段增加金额:申请鉴定金额为 2167656 元、鉴定意见金额为 1524170 元;某花园项目二标段 4 号住宅楼及地下室增加金额:申请鉴定金额为 1724092 元、鉴定意见金额为 634311 元;合计申请鉴定金额为 6289656 元、鉴定意见金额为 3233750 元。某花园项目土石方、基坑支护及高压旋喷桩地基处理标段及某花园项目二标段 4、5、6、7 号住宅楼工程误工损失的鉴定意见为:前期项目立项、土地招拍挂协调,相关经费垫支和 4 号住宅楼南侧山体滑坡与政府协调等相关事宜经费垫支,申请鉴定金额为 692907 元、鉴定意见金额为 0 元,鉴定说明:此项费用不属于委托鉴定内容,鉴定机构不发表鉴定意见;2015 年 7 月 30 日停工损失索赔申请鉴定金额为 1344500 元、鉴定意见金额为 470507 元;2015 年 8 月 12 日停工损失索赔申请鉴定金额为 2202800 元、鉴定意见金额 933693 元;2017 年 11 月 18 日停工损失索赔申请鉴定金额为 181242 元、鉴定意见金额为 140196 元;甲方指定防水发包项目清表的损失,申请鉴定金额为 80536 元、鉴定意见金额为 0 元,鉴定说明:所提供证据显示,索赔利润损失理由不成立。

A 房地产公司对某鉴定机构出具的《鉴定意见书》的质证意见如下。

(1) 不同意鉴定机构作出的关于某花园二标段 5、6、7 号住宅楼及地下室增加金额 488380 元的鉴定结论。理由:对二标段 5、6、7 号住宅楼及地下室部分工程不应进行鉴定。

依据审核定案表，5、6、7号住宅楼及4号住宅楼的绝大部分工程价款结算已经达成协议，且没有任何争议，根据《最高人民法院关于审理建设工程施工合同纠纷案件适用法律问题的解释（二）》（已失效）第十二条的规定："当事人在诉讼前已经对建设工程价款结算达成协议，诉讼中一方当事人申请对工程造价进行鉴定的，人民法院不予准许。"A房地产公司与化昌公司对建设工程价款结算已经达成协议，对该部分工程不应进行鉴定，鉴定意见书中对该部分工程进行鉴定是错误的，不应被采纳作为本案的定案依据。

（2）不同意鉴定机构作出的关于某花园项目土石方、基坑支护及高压旋喷桩地基处理标段增加金额1524170元的鉴定结论。《鉴定意见书》认为高压旋喷桩实际施工长度超过合同约定长度，存在增加工程量，但是双方合同约定是固定总价合同、价格不调整且所有风险均由承包人自己承担的条款，而鉴定机构自行进行了调整，且调整也没有事实依据。双方合同中高压旋喷桩长图纸设计是6—10米的范围区间，双方签订合同时因确定不了具体的长度，故约定固定总价的合同，只要桩长不超过10米，合同价格均不做调整，即如果桩长超过了10米，则超过的部分应当根据实际结算。事实上，化昌公司施工的这部分桩长均没有超过10米，故还应适用本合同约定的固定总价合同的结算方式，不能调整，双方也已经依据协议书进行了结算。鉴定机构应以合同或协议中约定的内容为准，但鉴定机构依据化昌公司提交的资料进行了调整，鉴定单位是以鉴代审。

（3）不同意鉴定机构作出的关于某花园项目二标段4号住宅楼及地下室增加金额634311元的鉴定结论。造价鉴定汇总表序号83，项目名称为外墙面干混砂浆找平层，与2015年的2号签证属于同一项目，存在重复计算。序号84的项目属于外墙保温部分，这部分鉴定单位依据的量、价均存在错误。序号87的项目调增26167.70元，此项目在结算审核报告中属于砌体加固筋，没有超过6%偏差，不符合双方合同约定的调差条件及标准，应视同无差异，且该项目已经包含在审核定案表中，结算已经完成，应按照审核定案表确定的数额计算，不应再计算，也不应再支付。2017年的7号签证实际上双方已经于2019年1月4日达成一致，双方结算的金额为5220.20元，化昌公司的相关负责人杨某某已签字确认，此部分已包含在结算定案表中，不应再重复计算。

（4）不同意1544396元误工损失的鉴定意见。误工损失列表中序号第2、3、4项所列项目名称中技术经济签证单、费用索赔申请表均为化昌公司伪造，在质证中，A房地产公司对这些证据的真实性、合法性、关联性、证明目的、证明内容均不认可，被伪造签名的项目经理出庭作证，证明签字并非本人。化昌公司提交的这些证据不完整，没有A房地产公司的签字及对索赔的处理意见，无索赔事件影响施工的持续时间和内容（即停工时间、复工时间、停工期间损失的具体项目和内容）、索赔金额无具体组成内容和计算过程，正常情况下是无法作出鉴定意见的，但是在不可能作出鉴定意见的事实情况下，鉴定机构却作出了鉴定意见，显然鉴定机构的鉴定意见也是不可信的，是不能被采用的。

（5）鉴定单位遗漏了A房地产公司提供的重要证据。处于A房地产公司提交的证据，鉴定机构没有提及。

（6）关于鉴定报告中工程量及综合单价的计取问题存在错误，没有按照合同约定计取工程量及综合单价。例如价格变动幅度在±6%（含6%）之内不予调整、工程费用增减额≤5000元时不对合同价款进行调整等，鉴定单位均没有按照合同约定鉴定。

（7）鉴定单位多处违反鉴定程序。例如案情介绍错误、送鉴定材料部分未经过质证、多处违反《建设工程造价鉴定规范》（GB/T 51262—2017）、鉴定意见书加盖的是鉴定单位的公章而非鉴定专用章、鉴定意见书的制作不符合《建设工程造价鉴定规范》的格式规范。化昌公司对鉴定结论无异议。

某区法院认为,双方签订的合同合法有效。关于A房地产公司要求化昌公司向A房地产公司支付逾期竣工违约金19023434元,虽然双方签订的建设工程施工合同约定开工日期为2014年4月18日,竣工日期为2016年3月7日,工期总日历天数690天,但因化昌公司的失误或违约责任引起的工期延误和进度过慢,竣工日期不予顺延,A房地产公司也不支付任何超额费用,每逾期1日,化昌公司应按合同价款的0.3%向A房地产公司支付违约金。但因施工期间多次发生影响案涉工程施工的道路及上部山体出现滑坡现象,对临近施工现场及附近建筑构成重大安全隐患,属于不可抗力且A房地产公司也知晓;监理单位及工程质量安全监督部门多次发出暂停施工命令并要求设计单位对部分工程重新设计,致使案涉工程延期竣工交付,责任并非在于施工单位化昌公司,因此不可抗力期间应当扣减。案涉工程4号住宅楼工期共817天,超出合同约定690天工期127天;案涉工程某花园项目工程5、6、7号住宅楼于2016年11月18日竣工验收合格,超出合同约定690天工期255天。由此,化昌公司应当按逾期255天向A房地产公司承担违约金。《最高人民法院关于适用〈中华人民共和国合同法〉若干问题的解释(二)》(已失效)第二十九条规定,当事人主张约定的违约金过高请求予以适当减少的,人民法院应当以实际损失为基础,兼顾合同的履行情况、当事人的过错程度以及预期利益等综合因素,根据公平原则和诚实信用原则予以平衡,并作出裁决。当事人约定的违约金超过造成损失的30%的,一般可以认定为《合同法》第一百一十四条第二款(现《民法典》第五百八十五条)规定的过分高于造成的损失。本案中,双方约定化昌公司的失误或违约责任引起的工期延误和进度过慢,竣工日期不予顺延,A房地产公司也不支付任何超额费用,每逾期1日,化昌公司应按合同价款的0.3%向A房地产公司支付违约金,逾期超过15日(含)的,每逾期1日,化昌公司应按合同价款的0.6%向A房地产公司支付违约金。按约定化昌公司应向A房地产公司支付的违约金已达13319094元,已明显过分高于造成的损失。某区法院调整为化昌公司按每逾期1日以实际工程总价款的0.3%向A房地产公司承担违约金6540582元。又因案涉工程4号住宅楼逾期127天未达255天,故调整的违约金6540582元再调整扣减1/4。由此,化昌公司应向A房地产公司支付的违约金为4905436元。

关于A房地产公司要求判令化昌公司承担质保期维修费。本案中,因化昌公司未履行维修义务致使A房地产公司另行委托他人进行维修支付了维修费,A房地产公司提交了支付维修费用的银行业务回单,该部分维修费化昌公司理应向A房地产公司支付。

关于A房地产公司要求判令化昌公司赔偿A房地产公司迟延交房损失。A房地产公司因迟延向胡某等123户购房户交付其开发的某花园房屋,胡某等123户4、5、6、7号住宅楼的购房业主因A房地产公司逾期交付房屋向某区法院提起诉讼,某区法院依法判决A房地产公司向胡鉴等购房户支付违约金并承担诉讼费,该款项A房地产公司也已向胡某等123户购房业主支付完毕。但A房地产公司明知化昌公司向其交付案涉工程因不可抗力及变更部分设计会导致工程延期交付且责任并非化昌公司造成的,在其与胡某等123户购房户签订商品房买卖合同时应当知道案涉房屋会迟延交付,因A房地产公司自身原因未裁量迟延期限致使逾期向胡某等123户购房户交付房屋,且化昌公司已向A房地产公司承担违约金,由此,A房地产公司请求的该部分违约金及诉讼费应由A房地产公司自行承担。

关于化昌公司反诉要求判令A房地产公司向化昌公司支付工程款(合同内工程款

5622508元,合同外工程款9474368元)合计15096876元及资金利息,再增加支付工程款1138519.50元及资金利息。首先,关于某花园项目土石方、基坑支护及高压旋喷地基处理工程的价款。2014年2月24日,化昌公司作为乙方与A房地产公司作为甲方签订的《土石方、基坑支护及高压旋喷地基处理协议》中约定的工程双方已于2017年1月20日进行工程结算并签订了《工程结算款审核确认单》确认工程结算款为14916648.55元,该花园项目土石方、基坑支护及高压旋喷桩地基处理标段工程款A房地产公司已向化昌公司支付完毕。其次,关于花园项目二标段工程价款。关于《二段标合同》的结算,某咨询公司于2018年2月5日作出了关于花园项目二标段的《工程结算审核报告》审定工程价款83793446元,A房地产公司与化昌公司、咨询公司均在基本建设工程审核定案表中加盖印章确认。本项工程A房地产公司已向化昌公司支付的工程款为78349691.39元,A房地产公司还应向化昌公司支付工程款5443754.61元。最后,关于双方争议的工程价款。关于化昌公司提交鉴定申请,鉴定机构出具的《造价鉴定意见书》,因系某区法院组织质证后法院委托进行的工程造价司法鉴定,该程序合法,鉴定结论某区法院予以采信。

某区法院关于鉴定意见一是否采纳的论述:(1)某花园二标段4号住宅楼地上主体部分人工费政策性调差增加鉴定意见金额586889元。A房地产公司同意某花园二标段4号住宅楼人工费政策性调整增加价款项中,鉴定意见中确定的586889元金额的鉴定结论,该项为审核定案表内不含内容,同意增加。由此,某花园项目二标段4、5、6、7号住宅楼工程应当增加价款586889元。(2)某花园二标段5、6、7号住宅楼及地下室增加金额鉴定意见金额488380元。A房地产公司不同意鉴定机构作出的关于某花园二标段5、6、7号住宅楼及地下室增加金额488380元的鉴定结论。因该增加金额488380元系鉴定机构依据重新设计构造柱、设计变更防水浆打底厚度、原审核漏量少记未计、签证而增加的价款,由此,某花园二标段5、6、7号住宅楼及地下室工程应当增加价款488380元。(3)某花园项目土石方、基坑支护及高压旋喷桩地基处理标段增加鉴定意见金额为1524170元。A房地产公司不同意鉴定机构作出的关于某花园项目土石方、基坑支护及高压旋喷桩地基处理标段增加金额1524170元的鉴定结论。虽然该增加金额1524170元系鉴定机构依据实际施工超过合同约定长度存在增加工程量、少记未计签证工程量而增加的价款,但2017年1月20日,A房地产公司与化昌公司签订并加盖了印章的《工程结算款审核确认单》明确约定经双方在本确认单上盖章确认后,一律不再调整,由此,该1524170元不应当计入某花园项目土石方、基坑支护及高压旋喷桩地基处理工程价款中。(4)某花园项目二标段4号住宅楼及地下室增加鉴定意见金额为634311元。A房地产公司不同意鉴定机构作出的关于某花园项目二标段4号住宅楼及地下室增加金额634311元的鉴定结论,其中4号住宅楼空调板位置砼构造柱变更为矩管及变更为矩管扣减项目,化昌公司申报为扣减5219.80元。因该增加金额634311元系鉴定机构因保温隔热墙面、外墙质感砂胶漆的安全文明施工费及规费未按规定计取及部分项目工程量计算不准确和4号住宅楼地上主体部分人工费调整、4号住宅楼主体结算外签证内容为上报使原审核未计算而增加的价款,又因鉴定机构回复应当扣减砼构造柱金额。由此,某花园项目二标段4号住宅楼及地下室工程应当增加价款629091.12元。

某区法院关于鉴定意见二是否采纳的论述:某花园项目土石方、基坑支护及高压旋喷桩地基处理标段及某花园项目二标段4、5、6、7号住宅楼工程误工损失鉴定意见金额为1544396元(其中化昌主张山体滑坡原因导致误工费470507元;因电梯井道施工图未确定导致严重滞后施工进度造成损失933693元;因外墙装饰设计变更引起材料费及资金占用损失

140196元；前期协调费及办公经费垫资利息不属于鉴定范围；因A房地产公司将会同内防水工程指定他人施工索赔管理费及利润损失0元）。A房地产公司不同意鉴定机构的意见。因470507元损失化昌公司以4号住宅楼东南面某新区6号道路及上部山体出现滑坡导致的误工损失主张的，但该情形系不可抗力，A房地产公司不应当承担该部分损失。因电梯井道施工图未确定导致严重滞后施工进度造成损失933693元，亦因不可抗力导致变更电梯井道施工图，该部分损失A房地产公司也不应当承担。外墙装饰设计变更引起材料费及资金占用损失140196元系A房地产公司的原因造成的，该部分损失A房地产公司理应向化昌公司赔偿。

综上所述，某花园项目土石方、基坑支护及高压旋喷桩地基处理标段工程价款为14916648.55元，某花园项目二标段4、5、6、7号住宅楼工程价款为85497806.12元两项合计的总价款为100414454.67元，A房地产公司已向化昌公司支付某花园项目土石方、基坑支护及高压旋喷桩地基处理工程款14916648.55元、支付某花园项目二标段4、5、6、7号住宅楼工程款78349691.39元合计93266339.94元，A房地产公司尚余某花园项目二标段4、5、6、7号住宅楼工程款7148114.73元（含质保金）未向化昌公司支付。扣除未支付的质保金，本次诉讼A房地产公司应向化昌公司支付的工程款为5865647.64元。A房地产公司还应向化昌公司赔偿损失140196元。

因双方未对欠付工程价款利息计付标准有约定，又因某咨询公司于2018年2月5日出具了关于某花园二标段的《工程结算审核报告》，故依据《最高人民法院关于审理建设工程施工合同纠纷案件适用法律问题的解释》第十七条、第十八条[现《最高人民法院关于审理建设工程施工合同纠纷案件适用法律问题的解释（一）》第二十六条、第二十七条]规定，本次诉讼A房地产公司应支付的工程款中的2873224.43元从2018年2月5日起，按照中国人民银行发布的同期同类贷款利率向化昌公司计付利息至2019年8月19日，2019年8月20日起按同期全国银行同业拆借中心公布的贷款市场报价利率计付利息至款项支付清时止；本次诉讼应支付的工程款中的2992423.21元（质保金）从质保期届满的2020年1月17日起，按照同期全国银行同业拆借中心公布的贷款市场报价利率计付利息至款项支付清时止。

关于A房地产公司要求判令化昌公司就法院生效判决所判决A房地产公司还应付的工程款向A房地产公司开具发票。该请求符合法律规定，化昌公司理应在收到款项后的合理期限内向A房地产公司开具增值税普通发票。

综上，法院判决如下：

（1）限被告（反诉原告）化昌公司在本判决生效后十日内向原告（反诉被告）A房地产公司支付违约金4905436.63元。

（2）限被告（反诉原告）化昌公司在本判决生效后十日内向原告（反诉被告）A房地产公司支付维修费×元。

（3）驳回原告（反诉被告）A房地产公司房地产开发有限公司的其他请求。

（4）限原告（反诉被告）A房地产公司房地产开发有限公司在本判决生效后十日内向被告（反诉原告）化昌公司支付工程款5865647.64元及利息（其中2873224.43元从2018年2月5日起，按照中国人民银行发布的同期同类贷款利率向化昌公司计付利息至2019年8月19日，2019年8月20日起按同期全国银行同业拆借中心公布的贷款市场报价利率计付利息至款项支付清时止；2992423.21元从2020年1月17日起，按照同期全国银行同业拆借中心公布的贷款市场报价利率计付利息至款项支付清时止）。

(5)限原告（反诉被告）A房地产公司在本判决生效后十日内向被告（反诉原告）化昌公司赔偿损失140196元。

(6)限被告（反诉原告）化昌公司在收到原告（反诉被告）A房地产公司支付的款项后30日内向原告（反诉被告）开具相等金额的增值税普通发票。

一审判决后，双方均不服一审判决，提出上诉。A房地产公司上诉请求主要为：将一审判决第一项改判为被上诉人向上诉人支付逾期竣工违约金13319094元。事实理由如下：

(1)上诉人与被上诉人签署的某花园项目二标段工程的《建设工程施工合同》关于违约金比例的约定是有效的，法院应该按约定的违约金比例计算违约金。一审法院在"某区法院认为"部分引用《合同法》第八条（现《民法典》第四百六十五条）及第四十四条（现《民法典》第五百零二条）规定，认可A房地产公司与化昌公司签订的关于某花园项目二标段工程的《二段标合同》是合法有效的，并确认二标段合同条款不违反相关法律规定，在《二标段合同》第7.5.2条双方约定了承包人逾期竣工的违约责任：每逾期1日，承包人应按合同价款的0.3‰向发包人支付违约金。承包人逾期超过15日（含）后，每逾期1日，承包人应按合同价款的0.6‰向发包人支付违约金。违约金不足以弥补因承包人延误工期给发包人造成的损失时，不足部分承包人应予足额赔偿，那么，法院在本案审理过程中应该尊重双方的意思，以合同约定的违约金比例进行判决。即使按照一审法院认定的逾期天数255天来计算，违约金的计算方式应为：（89690874×15×0.3‰）+（89690874×240×0.6‰）=13319094.79，不应将违约金的计算比例统一调整为0.3‰。

(2)一审法院认定以合同约定的违约金比例计算的违约金明显过分高于造成的损失，进而对约定的违约金计算比例及金额进行调整没有事实依据。一审法院对违约金明显过分高于损失的认定依据是《最高人民法院关于适用〈中华人民共和国合同法〉若干问题的解释（二）》第二十九条（现《民法典》第五百八十五条），即当事人约定的违约金超过造成损失的30%，但是在本案中一审法院作为计算依据的损失仅以A房地产公司向业主延期交房的违约金损失为限，这是错误的，化昌公司逾期竣工给A房地产公司造成的损失不仅是延期交房产生的违约金，还包括逾期期间A房地产公司的资金成本损失（利息损失）、延期交工导致A房地产公司延期交房对购房人的赔偿损失、人工费及管理成本损失、律师费、监理费用等损失。其中资金成本损失按A房地产公司母公司实际收取的年利率标准8%计算为9002579元；逾期交房损失为977651.63元；人工费及管理成本为193.5万元，律师费180万元，监理工作延期增加监理费69万元，以上损失共计约为14405230元，所以合同约定的0.3‰及0.6‰的标准与实际损失基本是一致的，并没有超过实际损失的30%，违约金约定符合法律规定，并没有超过法律规定的调整标准。因此，一审法院以违约金过分高于造成的损失为由将违约金统一调整按0.3‰计算是错误的，在此基础上进一步再扣减1/4违约金均没有事实依据，而且导致违约金完全不足以弥补A房地产公司因此遭受的损失。

(3)一审法院将违约金标准错误调整成0.3‰之后再调减1/4的违约金也是错误的。一审法院在判决中载明"由此，化昌公司应当按逾期255天向A房地产公司承担违约金"，但是其在调整违约金时又以4号住宅楼逾期127天为由扣减了1/4的违约金，这一调整没有任何合同依据和法律支撑，二标段合同约定的4、5、6、7号住宅楼是一个完整的工程，逾期竣工天数的计算应以完整的二标段工程为依据，4号住宅楼仅是二标段工程的一部分，一审法院不能以其中一部分的逾期竣工时间为依据来调整整个二标段工程的违约金；即使按照一审法院的计算方式，应当对四栋楼的工程款及施工时间分别计算，计算出四栋楼各自逾期竣工的违约金,从而相加得出二标段工程总的逾期竣工违约金,而不是仅以其中一栋楼的逾期竣工天数不足255天为依据扣减1/4的违约金,一审法院这样做实质上相当于将4号住宅楼整栋的违约金全部扣除,一审法院扣减4号住宅楼整栋的全部的违约金的计算方式是完全没有依据的,而且即便按照其计算方式,调整的违约金金额也是错误的。

综上,即使按照一审法院对逾期竣工天数的认定和计算方式来计算,化昌公司应向A房地产公司支付的违约金应至少应为13319094.79元,一审法院认定事实不清,适用法律错误,应改判化昌公司向A房地产公司至少支付13319094.79元违约金。

(4)鉴定意见书的部分鉴定结论是错误的,错误的部分不能作为本案的定案依据。一审法院将《鉴定意见书》中的部分鉴定结论作为本案的定案依据是错误的。首先,法院委托的鉴定范围超过了合同及法律的规定范围,将双方已经结算完成的项目委托给鉴定机构进行鉴定。其次,化昌公司将双方已经结算完成的分部分项工程打乱再重新组合后以项目未结算再重新提出鉴定,而鉴定机构没有进行核实,将已经结算完成的工程重复计算。再次,鉴定机构对A房地产公司提出的能证明工程最终事实或结算事实的证据完全没有提及,也未到现场进行核实,单方采纳化昌公司的书面资料出具鉴定结论。最后,鉴定机构在出庭接受询问时明确表示可以将争议项或已经完成结算的工程与本次鉴定的工程进行单列对比,但是法院没有要求鉴定机构做这项工作,导致法院将已完成结算的工程再次进行鉴定,导致工程价款重复结算,进而依据鉴定结论作出了错误的判决。部分鉴定结论错误、法院采纳错误的鉴定结论及鉴定结论中部分鉴定金额应扣除的部分。

(5)一审判决项中对利息的起算时间是错误的。①一审判决应付工程款的利息起算时间错误。《二标段合同》中约定竣工验收合格之日起两年无质量问题三个月内付除防水工程质量保修金以外的工程保修金;防水工程五年保修期满无任何质量问题,施工单位提交回访记录后三个月内付防水工程质量保修金。A房地产公司与化昌公司是在2018年2月8日完成结算的,剩余工程款按合同约定应在工程完工审计结束后一个月内支付,也就是说,剩余工程款利息的起算时间最早也应自2018年3月9日开始计算,而非一审法院认定的2018年2月5日。②一审判决质保金的利息起算时间错误。除防水工程以外的工程质量保修金的支付时间是竣工验收合格两年后三个月内支付,4号住宅楼竣工验收时间为2018年1月16日,质保金的利息起算时间应为2020年4月17日,而非一审法院认定的2020年1月17日。

化昌公司上诉,请求按照一审诉讼请求判决,但未在法定的时限内支付上诉费用,就此问题,A房地产公司代理人与二审法院展开了多次争论。具体事实和经过如下。

本案一审判决于2020年12月31日出具,双方上诉期应至2021年2月6日前届满,双方在上诉期内均提交了上诉状,A房地产公司在收到法院出具的支付二审诉讼费通知后在七天内支付了二审的上诉费,但是化昌公司一直未支付二审的上诉费用,一审法院一直未向二审法院移送案卷。后在A房地产公司的多次催促下,一审法院于2022年1月才将案卷移送至二审法院,一审法院在交费期满后近一年才移送二审法院,其理由是一审法院开具给化昌公司上诉费交付通知后,化昌公司未按时支付诉讼费,一审法院等待化昌公司支付。

二审法院于2022年3月16日第一次开庭审理,但化昌公司在第一次庭审中经传票传唤无正当理由未出庭。按照《民事诉讼法》第一百四十七条规定:"被告经传票传唤,无正当理由拒不到庭的,或者未经法庭许可中途退庭的,可以缺席判决。"但法官迟迟未按上述规定缺席判决。

2022年7月20日，法院安排第二次开庭。在庭审当天，二审法院向A房地产公司送达了化昌公司提交的"补充上诉状"。A房地产公司代理人立即要求法庭确认本次庭审是否应审理化昌公司的上诉，要先行对此问题进行核实。A房地产公司代理人认为，按照《最高人民法院关于适用〈中华人民共和国民事诉讼法〉的解释》第三百一十八条规定，未在法定上诉期间内递交上诉状的，视为未提起上诉。虽递交上诉状，但未在指定的期限内交纳上诉费的，按自动撤回上诉处理。故本案应当视为化昌公司撤回上诉，不但补充上诉状的内容不应审理，已经提交的上诉状也不应审理，本案只应审理A房地产公司的上诉请求，化昌公司只能对A房地产公司的上诉请求进行答辩。化昌公司代理人陈述，其承认未按时交纳上诉费，但同意本次当庭交纳上诉费，并表示提交了缓交、免交的申请。法官未支持A房地产公司的合理请求，法官认为不需要确认化昌公司是否享有上诉权利，强行审理化昌公司的上诉请求，要求A房地产公司代理人对化昌公司提交的"补充上诉状"发表意见。在A房地产公司代理人再次坚持先行确认化昌公司是否失去了上诉的权利，是否按照撤诉处理，法官仍要求先行对案件进行实体审理，要求A房地产公司对"补充上诉状"发表意见，并表示其只负责审理实体问题，不负责审理是否交纳上诉费等程序问题，只要有上诉请求，法院就审理，但A房地产公司代理人认为化昌公司是否享有上诉权利的问题，将直接影响案件最终结果，可能直接决定A房地产公司的合法权益能否得到保障。但法官多次拒绝A房地产公司的合法要求，A房地产公司的代理人拒绝答辩，但法官也不审理A房地产公司的上诉，双方僵持之下，本次庭审只能中途停止。法官在一周后再次安排开庭，A房地产公司代理人与法官再次就是否审理化昌公司上诉请求问题发生争议，鉴于法官明显的倾向性，代理律师向法院提出书面的调查取证申请，要求法院出示一审法院向化昌公司出具的交费通知单、申请缓交、免交申请书、一审判决书签收的时间，以明确应交纳的上诉费时限，但是法院拒绝出示上述证据，法官的表现已经在明显地偏袒化昌公司，法官已经不能公平公正地审理本案。

对此，代理人申请法官回避，后法院同意了回避申请，更换了法官。但在第四次开庭时，更换的法官仍然回避化昌公司上诉权的问题，说庭后由合议庭决定化昌公司否有上诉权，是否按照撤诉处理，其自己没有决定权，需要回去商量后才能决定，仍要求代理人对化昌公司的上诉请求进行答辩。代理人拒绝答辩，法官劝说代理人，假设化昌公司有上诉权，让庭审能顺利进行，建议先把流程走完，代理人无奈进行答辩。

2022年12月底，二审判决结果公布。二审判决改判了原一审判决第一项、第二项、第五项。即一审法院判化昌公司向A房地产公司支付违约金4905436.63元，而二审法院在没有任何新证据的情况下强行改判化昌公司向A房地产公司支付违约金1019561元，二审法院支持了化昌公司的上诉请求，少支付A房地产公司约389万元违约金。二审法院在说理的部分认定化昌公司上诉有效，二审法院认定："化昌公司在法定上诉期限内提交上诉状，在一审法院送达交费通知书后未及时交费，本院受理后，化昌公司申请缓交诉讼费，本院未同意其缓交申请，化昌公司遂交纳了全部诉讼费87737.21元，故化昌公司的上诉本院不按撤回上诉处理。"

A房地产公司不服二审判决，认为二审判决违法，于2023年6月向四川省高级人民法院申请再审。

三、商品房买卖纠纷案例

案例：朱某与北京HW房地产开发有限公司（以下简称"HW公司"）于2004年11月18

日就北京市海淀区某公寓×层×号房屋以每平方米19392.44元的价格签订《商品房买卖合同》，该房屋于2006年12月1日交付。房屋交付后，朱某发现该房屋多处不符合合同约定，合同约定应当开通天然气入户，但是该房屋没有天然气管线，不能开通天然气。HW公司的宣传资料中称该公寓为高级酒店式公寓，有走廊吊顶，但是实际公共过道的走廊没有吊顶，各种管线裸露于地面2米左右，并且公共走廊净高低于2.1米。房屋的装修标准不符合双方合同的约定，装修标准过低。根据其样板间宣传资料和样板间照片，厨房和卧室之间应当有玻璃隔断。《住宅建筑设计规范》第4.2.5条规定高层和中高层住宅应预埋电话电缆管，并在每层预埋接线盒，而该房屋没有对电缆管预埋，而是采取龙骨封闭的办法将整面墙包封，占用室内使用面积空间宽度为0.1米左右，长度和宽度为整面墙。其设计和施工不符合国家标准，造成有效使用面积减少，HW公司应当将减少部分房款退回并承担一倍的违约责任。朱某对现有公摊面积有异议，起诉请求判令HW公司履行合同中天然气入户的约定；判令该公司对室外公共走廊进行封闭吊顶；判令该公司履行其公共过道净高不得低于2.1米的国家标准。

HW公司辩称，公司与朱某签订《商品房买卖合同》前，公司已获得天然气的安装许可，已铺装全部天然气管道，并预留了市政天然气接口，但在施工中接到北京市建筑设计研究院第四设计所的《设计变更通知》，内容为北京市燃气审批主管部门要求酒店式公寓将燃气设计全部更改为电力烹饪设施。公司接到该变更通知后，多次与相关部门沟通、协调，但终因天然气安装属于垄断性政府指导行为而未果，只能被迫进行变更。该天然气变更行为，系公司不能预见且不能控制的行为，公司作为该变更的直接受害者对该变更无任何过错，且天然气被迫变更后，公司及时向朱某发出《关于公寓设计变更通知书》，该通知书已经明确告知朱某天然气变更以及朱某的权利等问题。但在规定时间内，朱某未提出解除合同，亦未提出任何书面异议，因此双方已经就变更达成一致，朱某已认可该变更事项。设计变更后，公司需将已经施工的燃气管道全部拆除，并赔偿燃气安装公司的各项损失，此设计变更给公司造成巨大的经济损失。现朱某要求天然气入户根本不能实现，无任何操作履行的可能。朱某要求公司对公共走廊吊顶的要求无事实和法律依据，朱某也未提供证据证明公共走道净高低于2.1米。

原审法院经审理查明，北京市建筑设计研究院第四设计所向HW公司发出了《设计变更通知》，该通知载明："根据市燃气审批主管部门意见，取消某公寓户内燃气设计，而变更为电力烹饪设施，特此通知。"同日，经业务主管部门、甲方代表、设计方代表、施工方代表四方共同签章作出《某公寓楼取消燃气的决议》。法院经审理认为，本案的天然气设计变更是经业务主管部门、甲方代表、设计方代表、施工方代表四方共同签章确认作出《某公寓楼取消燃气的决议》而进行的变更，该变更非HW公司所致，且HW公司及时告知并采用向朱某提供高级电磁炉的方式进行了替代履行，并非HW公司拒不履行天然气入户的约定，现HW公司继续履行天然气入户约定已无事实基础，故朱某要求HW公司继续履行天然气入户约定的诉讼请求法院不予支持。另外，根据证据规则，朱某未提供对公共走廊进行封闭吊顶的证据及公共过道净高不低于2.1米国家标准等相关证据，判决驳回朱某的全部诉讼请求。

朱某不服，提出上诉。二审法院认为，现某公寓已竣工通过验收，并且朱某在知道燃气设计变更的情况下，已实际接收了房屋，鉴于朱某在本案中要求HW公司继续履行天然气入户约定的请求已无事实基础，故对朱某的此项上诉请求不予支持。

REFERENCES 参考书目

[1] 北京房地产估价师和土地估价师协会编:《2008'北京市房地产税费》,地质出版社2009年版。
[2] 北京市国土资源和房屋管理局编:《北京市国土资源和房屋管理法规汇编(2002)》,煤炭工业出版社2003年版。
[3] 高忠智:《中国房地产外商投资法律指南(中英文对照)》,中信出版社2007年版。
[4] 李寿双:《中国外商投资法律环境与风险》,中国法制出版社2007年版。
[5] 蒲杰:《房地产开发法律实务与理论研究》,法律出版社2007年版。
[6] 盛雷鸣主编:《土地储备法律问题研究》,法律出版社2007年版。
[7] 宋宗宇等:《建设工程索赔与反索赔》,同济大学出版社2007年版。
[8] 王凡、刘春花主编:《房地产开发流程与最新报批手册》,人民日报出版社2002年版。
[9] 王宏胜主编:《土地一级开发业务指南》,中国大地出版社2007年版。
[10] 王铁军主编:《中国房地产融资20种模式与成功案例》,中国金融出版社2009年版。
[11] 王文革:《城市土地市场供应法律问题》,法律出版社2005年版。
[12] 周胜主编:《外商投资房地产法律实务》,法律出版社2009年版。
[13] 朱征夫、何海东、贺玉平:《房地产开发经营中的合同问题》,法律出版社2004年版。
[14] 王宏新主编:《土地一级开发实务指南》,化学工业出版社2007年版。
[15] 林鲁海主编:《房地产开发法律服务操作实务》,法律出版社2010年版。
[16] 张庆华:《土地物权疑难法律问题解析》,法律出版社2007年版。
[17] 刘桂林、姜涛编著:《购房疑难有问必答》,中国电力出版社2007年版。
[18] 刘桂林主编:《房地产法律政策适用指引》,中国法制出版社2009年版。
[19] 刘桂林:《房产物业常识》,中国社会出版社2008年版。
[20] 刘桂林:《聪明购得二手房——律师支招》,中共党史出版社2007年版。
[21] 金诺律师事务所编:《政府和社会资本合作(PPP)全流程指引》,法律出版社2015年版。
[22] 北京仲裁委员会、北京国际仲裁中心编:《中国商事争议解决年度观察(2017)》,中国法制出版社2017年版。
[23] 李建立:《完美的章程:公司章程的快速起草与完美设计》,北京大学出版社2016年版。
[24] 中华全国律师协会民事专业委员会编:《房地产建筑律师实务(第2辑)》,法律出版社

2007年版。

［25］陈晓峰编著：《企业并购重组法律风险防范》，中国检察出版社2007年版。

［26］陈昱翰主编：《律师办理非讼法律事务指引》，中国民主法制出版社2009年版。

［27］祝铭山主编：《企业改制纠纷》，中国法制出版社2003年版。

［28］陈文主编：《房地产开发经营法律实务》，法律出版社2005年版。

［29］隋平、罗康：《上市公司并购业务操作指引》，法律出版社2012年版。

［30］吴江水：《完美的合同——合同的基本原理及审查与修改（第三版）》，北京大学出版社2020年版。

［31］中华全国律师协会编：《中华全国律师协会律师业务操作指引》，北京大学出版社2009年版。